楼大为　主编

杭州蓝皮书
2025 年杭州发展报告

（经济卷）

周旭霞　执行主编

浙江工商大学出版社
ZHEJIANG GONGSHANG UNIVERSITY PRESS
·杭州·

图书在版编目（CIP）数据

2025 年杭州发展报告. 经济卷 / 周旭霞执行主编.
杭州 ：浙江工商大学出版社，2025. 4. -- （杭州蓝皮
书）. -- ISBN 978-7-5178-6414-1

Ⅰ. F127.551

中国国家版本馆 CIP 数据核字第 2025NA0570 号

杭州蓝皮书

2025 年杭州发展报告（经济卷）

HANGZHOU LANPISHU
2025 NIAN HANGZHOU FAZHAN BAOGAO（JINGJI JUAN）

楼大为 主编 周旭霞 执行主编

策　　划	陈丽霞
责任编辑	唐　红
责任校对	杨　弋
封面设计	朱嘉怡
责任印制	屈　皓
出版发行	浙江工商大学出版社
	（杭州市教工路 198 号　邮政编码 310012）
	（E-mail：zjgsupress@163.com）
	（网址：http://www.zjgsupress.com）
	电话：0571-88904980，88831806（传真）
排　　版	杭州浙信文化传播有限公司
印　　刷	杭州宏雅印刷有限公司
开　　本	710mm × 1000mm　1/16
总 印 张	73.5
总 字 数	1032 千
版 印 次	2025 年 4 月第 1 版　2025 年 4 月第 1 次印刷
书　　号	ISBN 978-7-5178-6414-1
定　　价	218.00 元（总三册）

编撰委员会

主　任：周国如

副主任：朱学路　章　琪　杨　毅　楼大为

　　　　苏晓松　周小忠

委　员：梁　坤　孙立波　周旭霞　陆文荣

　　　　尹晓宁　赵国青

目录
CONTENTS

典型案例
235

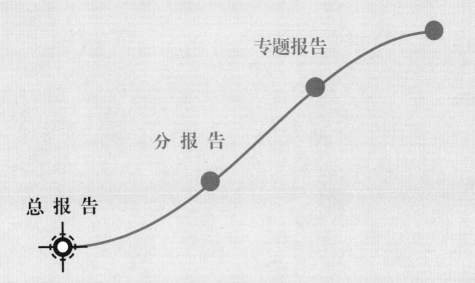

典型案例

专题报告

分 报 告

总 报 告

杭州数字经济发展成效及展望

周旭霞[*]

数字经济是以数据资源为关键生产要素，以现代信息网络为主要载体，以信息通信技术融合应用、全要素数字化转型为重要推动力，促进效率提升和经济结构优化的新经济形态。

当前，新一轮科技革命和产业变革方兴未艾，数字经济已经成为全球经济增长的新引擎。作为数字经济强市，杭州市充分发挥数据资源富集、产业基础雄厚、应用场景丰富的优势，激发人工智能、云计算、区块链等新兴产业创新活力，提速传统产业网络化、数字化、智能化转型，提高城市数字化治理水平，促进数据新要素价值有效释放，形成经济增长新动能，为打造成世界一流的社会主义现代化国际大都市、努力成为中国式现代化的城市范例提供关键支撑。

一、杭州数字经济的结构演进

作为数字经济时代的"先行者"，杭州从"天堂硅谷"到"一号工程"，

---

* 周旭霞，杭州市社会科学院经济所所长。

数字经济在内涵导向上寻求"质"变，在规模量级上形成"量"变，逐渐成为引领杭州城市经济高质量发展的重要支撑。

（一）借助互联网基因，产业结构不断迭代

杭州是最早拥抱数字经济的城市之一，早在 2003 年，杭州就确立了"硅谷天堂、高科技的天堂"的发展目标。2008 年就被授予了"中国电子商务之都"称号。杭州关注互联网产业的内涵迭代，率先意识到，数字经济不但自身是新兴产业，而且还能渗透到千行百业，赋能实体经济。2014 年，杭州提出以"发展信息经济、推进智慧应用"为主要内容的"一号工程"，进一步加快工业化和信息化深度融合。

2018 年，杭州市数字经济核心产业营收突破万亿元，达到 10824 亿元。杭州适时提出打造"全国数字经济第一城"，开始由"中国电子商务之都"向"数字经济第一城"演进。

数字技术、数字经济是世界科技革命和产业变革的先机，是新一轮国际竞争的重点领域，是事关战略全局的"国之大者"。站在数字文明时代的风口浪尖，2022 年，作为数字经济先行者的杭州吹响了"二次攀登"的号角，提出要推进数字产业化，打造人工智能产业发展新高地，扎实推进千兆城市建设，创新发展工业互联网。

2023 年，杭州锚定"高水平重塑全国数字经济第一城"目标，明确提出了未来杭州数字经济发展的六大重点方向和八大攻坚行动。

"杭州是创新活力之城，电子商务蓬勃发展，在杭州点击鼠标，联通的是整个世界。"从阿里巴巴诞生，杭州成为国内电子商务产业先行者，到如今位列全球电商交易规模最大、覆盖范围最广的城市，数字经济让这座城市从链接全国到链接全球。

（二）依托高基数红利，总量规模不断攀升

2015 年，杭州开始对数字经济相关营业收入、增加值等进行统计。数字经济核心产业增加值连续 7 年（2015—2021 年）保持两位数增长。

2018 年，杭州数字经济核心产业主营业务收入首次突破万亿元大关，增加值占 GDP 的比重连续 10 年（2015—2024 年）均超过 23%。

2023 年，杭州数字经济核心产业增加值 5675 亿元，占 GDP 比重达 28.3%，数字经济核心产业增加值占 GDP 比重已超越深圳（28%），在全国 GDP 八强城市中排名第一。到 2024 年，杭州数字经济核心产业增加值高达 6305 亿元，占全市生产总值比重达 28.8%，创历史新高。

如图 1 所示，2015 年，杭州数字经济核心产业增加值年均增速高达 25.8%，近年虽然增速减缓，2022 年增速只有 2.8%，但因杭州数字经济核心产业增加值基数较大，产业总体规模仍然较大。

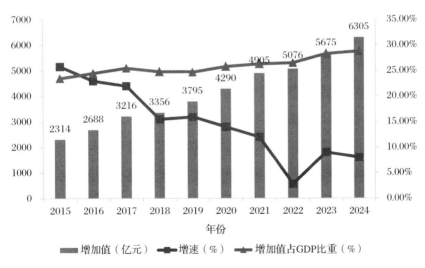

图 1　杭州数字经济核心产业增加值

（三）依托宽领域布局，产业版图不断延展

在全球数字经济的竞技舞台上，杭州不断以一种令人瞩目的姿态重新展现自身形象。曾经，凭借阿里巴巴的崛起，杭州作为电商之都闻名全球，在电子商务领域创造了举世瞩目的成就。事实上，杭州数字经济的版图一直不断延展，在游戏、动漫、网络文学、音乐等细分行业领域取得了一定的发展成果，形成了较好的发展优势。在数字经济产业细分领域里，软件与信息服务产业一直是杭州的强项。如图 2 所示，2015 年，杭州软件与信息服务产业增加值为 1596 亿元，2022 年实现增加值 3835 亿元，超过上海（3788.6 亿元）、深圳（3656.2 亿元）。2023 年杭州完成软件与信息服务产业收入 8100 亿元，增加值高达 4399 亿元，排名全国第四。在工信部 2023 年中国软件名城评估中，杭州位列全国第 2，仅次于深圳。杭州先后获批中国软件名城、国家新一代人工智能创新发展试验区、国家人工智能创新应用先导区，人工智能算力居全国第 2，软件产业规模居全国第 4。

此外，依托独特的互联网经济和文化资源优势，杭州在数字传媒、数字娱乐、数字学习、数字出版等领域形成特色品牌，在游戏、动漫、网络文学、音乐等细分行业领域也成绩斐然，一大批行业领军企业纷纷涌现，如数字动漫等多家动漫企业已拥有强大的作品原创力、产品生产力、品牌影响力和产业拓展力。骨干龙头企业有以中国传统民族艺术文化为动画风格的玄机科技，以 3D 动画电影技术获国际大奖的博采传媒，以独特的定格动画创作名列全国前列的蒸汽工场，以动漫原创作为发展根本的中南卡通，以培养优秀漫画家创作团队、孵化精品漫画内容为核心的翻翻动漫，等等。日本动漫领军企业——东京电视台在杭州投资 1.2 亿元成立都之漫公司，用以开拓动漫内容制造产业。最具人气的二次元视频弹幕网站——哔哩哔哩以及国内最大的漫画在线阅读平台——快看漫画，均将业务板块迁至杭州。

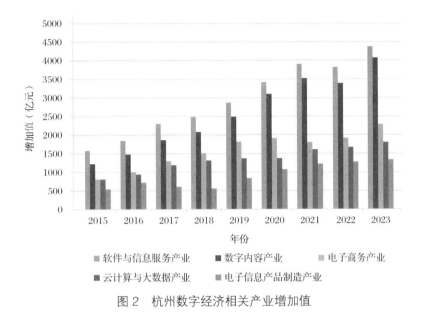

图2　杭州数字经济相关产业增加值

（四）实施软促硬战略，服务能力不断提升

推进新型工业化，发展新质生产力，离不开数字赋能。杭州作为全国数字经济高地，以数字化改革为牵引，加快全球先进制造业基地建设，数字安防产业集群入选国家先进制造业集群名单，战略性新兴产业集群发展工作获国务院督查激励。杭州拥有国家级工业设计中心21个、省级90个，居全国、全省首位。入选国家级两业融合试点2个、省级21个，培育工业互联网、工业App等领域数字工程服务商800多家。全国首个服务型制造研究院落户杭州。

作为全国中小企业数字化转型首批试点城市，杭州积极促进全国中小企业数字化转型。杭州制订出台发展数字服务产业三年计划，组织实施数字工程服务生态伙伴计划，在全国范围内遴选8家总包服务商、52家试点服务商和90家试点培育服务商，为中小企业数字化转型提供服务支撑。

杭州积极开展制造企业与数字工程服务商需求对接活动，搭建了对话平台，让企业与服务商进行询问、答疑以及自由对接，华为云、明度智云、中控技术等数字工程服务商轮番"路演"，介绍企业数字化转型的产品与方案，分享示范项目与经验。内容丰富的对接活动，提高了企业数字化转型的服务效率。杭州聚焦汽车零部件、生物医药及健康、通信设备制造 3 个细分行业，推动 550 家企业实施数字化改造，2025 年，试点行业规上中小企业改造覆盖面达 90%，企业数字化水平达到二级及以上。

杭州借助数字孪生、云计算、大数据、人工智能等技术的天然优势，不断探索数字化实践。在杭州西奥电梯的"未来工厂"，50 多条数字生产线呈现制造模块的运行状态，实现 2 分钟产出 1 台电梯的高效产能。

（五）开拓数字新赛道，产业先机不断抢占

2024 年，杭州市政府工作报告提出，要大力开拓生成式人工智能、人形机器人、合成生物等未来产业新赛道，争创国家未来产业先导区；在"制造业焕新跨越行动"中，制定了"大力开拓生成式人工智能、人形机器人、元宇宙、量子科技、合成生物、脑机接口、未来网络等未来产业新赛道"的任务。

一是人工智能产业先发优势明显。杭州拥有一批在人工智能领域具有核心竞争力的企业和创新平台，如阿里云、海康威视、新华三等国内领先的人工智能技术提供商以及浙江大学、西湖大学、之江实验室等高校和科研机构，生成式人工智能应用探索国内领先，并在机器人、医疗、决策等众多"人工智能＋"领域诞生出申昊科技、蓝芯科技、诺尔康、同盾科技等业内领先代表性企业。截至 2024 年，杭州人工智能产业实现营业收入 2000 亿元，同比增长 25%，占数字经济核心产业营业收入的 33%，成为数字经济发展的重要增长极。专注于人工智能的杭州初创企业 DeepSeek，凭借其卓越的技术实力在全球人工智能领域掀起了巨大波澜，DeepSeek 用"秘密的东方力量"

对抗美国科技封锁禁令，以低成本高性能超越硅谷企业，引发纳斯达克股市震荡下跌，形成一个世界级现象和时代性坐标。

二是类脑智能产业集聚研发和应用的企业，打造了全国首个脑机智能产业园区。杭州集聚了启真未来科技、BrainCo 强脑科技等一批从事类脑智能技术研发的企业。西投启真脑机智能科创中心，诞生穿戴式神经电生理监测与调控治疗设备、智能仿生手、植入式闭环神经刺激器等众多类脑智能应用产品。强脑科技专注于脑机接口技术研发，是全球少数几家掌握脑机接口核心技术的企业之一，它和马斯克的 Neuralink 一起，成为全球仅二家融资超 2 亿美元的公司。强脑科技自主研发的脑机接口设备，能够实现大脑信号的精准采集和分析，为用户提供更加自然、高效的人机交互方式。在医疗康复领域，强脑科技的脑机接口技术帮助众多患者实现了运动功能的恢复和改善，有效提升了患者的生活质量。在 2023 年杭州亚残运会上，运动员用强脑科技的黑色仿生手点燃了火炬。同时，强脑科技还将脑机接口技术应用于智能家居、智能教育等领域，推动了脑机接口技术的普及和应用。

三是杭州智能机器人的生产和应用进入了快速增长的阶段，已有智能机器人本体制造、关键零部件制造、系统集成等各类企业 200 余家。国际机器人四大家族中的 ABB 集团和安川电机在萧山机器人小镇设立了生产基地，德国西门子、韩国机器人产业振兴院、中信重工、新松、钱江等一批在业内颇具影响力的机器人企业也相继入驻，并涌现出一批面向特定行业需求的骨干企业。在 2024 世界机器人大会上，宇树科技的新款人形机器人 G1 更是大放异彩，身高 1.3 米的 G1 在展区自由行走、旋转、跳跃，与观众亲切互动，即便遭受外力推绊，它也能在 0.5 秒内迅速稳住身形，继续直立行走，表现出了出色的稳定性和灵活性。登上 2025 年春晚舞台的宇树科技机器人，展现出高难度动作和精准协作能力，让人们深刻感受到人工智能技术与机器人融合的魅力。

二、杭州数字经济的先行布局

当前，新一轮科技革命和产业变革迅猛发展，人工智能等新技术方兴未艾，大幅提升了人类认识世界和改造世界的能力。"要在以科技创新塑造发展新优势上走在前列"始终是杭州数字经济高质量发展的重要"奥义"，直接体现在杭州对数字经济的先行布局上。

（一）数字平台基础厚实

杭州拥有 5 个省级"万亩千亿"新产业平台，其中，如表 1 所示，杭州紫金港数字信息、杭州余杭未来网络、杭州万向创新聚能城等 3 个产业平台主攻数字经济产业，成为杭州数字经济集聚大项目、谋划大发展的重要抓手。

表 1　杭州省级"万亩千亿"新产业平台

平台名称	主要产业	发展现状
杭州万向创新聚能城产业平台	智能出行产业	电芯项目一期 24 GWh 厂房已完成建设，首条 3.85 GWh 产线正式投产，源网荷储一体化项目、储能系统集成项目、动行智控项目等同步推进
杭州紫金港数字信息产业平台	数字经济产业	目前平台内已聚集一批优质项目，如浙江云谷人才客厅、云谷数字经济产业园、云谷上市企业产业园、云谷集成电路产业园、阿里云总部、菜鸟地网云谷项目等
杭州钱塘新区航空航天产业平台	航空航天产业	平台已聚集西子势必锐、艾美依等一批航空高科技企业，以及浙江大学航空制造高端装备研究中心、中科院技术物理研究所杭州大江东空间信息技术研究院等科研平台
杭州余杭未来网络产业平台	未来网络产业	平台已引育一批未来网络领域细分行业的领军企业，基本形成集研发设计、创新成果转化、终端制造、示范应用于一体的未来网络产业链

根据浙江特色小镇官网（http://tsxz.zjol.com.cn/zcfb/）统计，杭州命名中的特色小镇有 8 个，其中数字经济产业小镇占比达 62.5%；创建中的特色小镇有 21 个，数字经济产业小镇占比为 76.2%；培育中的特色小镇有 14 个，数字经济产业小镇占比高达 78.6%。

杭州始终围绕"全力打造产业更特、创新更强、功能更优、形态更美、机制更活、辐射更广的特色小镇 2.0 版"的最新要求，产业上从传统经典向数字科技延伸转化，功能上从企业集聚向产业生态发展，体制上从政府主导向市场运营转变，形态上从形散空间向聚合生态升级，持续改善小镇软硬件环境，推动小镇继续提质增效，全力打造数字经济全球资源聚合平台。通过举办行业高端活动，营造产业发展优质氛围，提高小镇国内外知名度和美誉度，如西湖区艺创小镇聚焦文化艺术与数字科技的融合创新，搭建促进创作交流、人才培养、商业合作的服务平台，打造文创赋能、业态丰富、多元互动的数字化、智能化生态系统，用"智慧活水"推动文创产业高质量发展，共同打造杭州数字经济产业小镇品牌。

表 2　杭州特色小镇中数字经济产业小镇占比情况

类别	特色小镇数量（个）	数字经济产业小镇占比（%）	数字经济产业小镇名称
命名中的特色小镇	8	62.5	上城玉皇山南基金小镇
			余杭梦想小镇
			西湖云栖小镇
			西湖艺创小镇
			萧山信息港小镇
创建中的特色小镇	21	76.2	江干丁兰智慧小镇
			富阳硅谷小镇
			临安云制造小镇
			下城跨贸小镇
			拱墅运河财富小镇

续表

类别	特色小镇数量（个）	数字经济产业小镇占比（%）	数字经济产业小镇名称
创建中的特色小镇	21	76.2	滨江物联网小镇
			余杭梦栖小镇
			桐庐智慧安防小镇
			滨江互联网小镇
			拱墅智慧网谷小镇
			西湖西溪谷互联网金融小镇
			萧山机器人小镇
			余杭人工智能小镇
			杭州大创小镇
			西湖紫金众创小镇
			萧山图灵小镇
培育中的特色小镇	14	78.6	东方电商小镇
			钱塘智造小镇
			拱墅上塘电商小镇
			西湖云谷小镇
			滨江创意小镇
			余杭淘宝小镇
			富阳黄公望金融小镇
			电竞数娱小镇
			萧山湘湖金融小镇
			滨江智造供给小镇
			拱墅汽车互联网小镇

资料来源：浙江特色小镇官网（http://tsxz.zjol.com.cn/zcfb/）。

（二）数字产业地标鲜明

作为数字经济先行城市，杭州以"开路先锋"之势，布局"五谷"建设，高水平重塑全国数字经济第一城。近年来，"中国视谷""中国数谷""中国元谷""中国飞谷""中国云谷"等产业地标相继启动建设，并结出累累硕果。如表 3 所示。"中国视谷"建设已纳入工信部和浙江省合作协议，在平台建设、会议活动、资源导入等方面形成省部联动推进机制，杭州凭借"中国视谷"正式入选首批国家区域（城市）产业名片打造计划试点名单。2024 年11 月 21 日，杭州市政府在世界互联网大会数字经济产业合作大会上做《中国视谷 杭州数字经济产业新地标》名园展示。浙江大数据交易中心、杭州数据交易所已落户"中国数谷"，累计上架数据产品 1767 个，注册数商 1254家，完成交易 45.75 亿元。"三数一链"框架体系已在金融、生物医药、多媒体等行业的 6 个场景中应用，并率先在同花顺商圈客群洞察、孚临科技涉农普惠金融服务场景中完成首单验证。2024 年 4 月，市委、市政府专题召开全市数字自贸区高质量发展暨数字贸易强市建设推进大会，发布杭州市推进数字贸易强市三年行动计划，启动首个中国数贸港建设，开展全国首部数字贸易地方立法。2024 年 6 月，余杭区举行"中国飞谷"建设暨低空经济高质量发展大会及低空经济产业联盟成立仪式、"中国飞谷"揭牌仪式和"中国飞谷"建设专家顾问团聘任仪式，并进行一系列"低空类"重大平台、重点项目签约，一大批低空经济应用场景，不断"飞"进人们的生产、生活。

表 3　杭州"五谷"丰登产业地标

序号	产业地标	产业基础与展望
1	中国云谷	2024 年 10 月，"中国云谷"先导区在紫金港科技城启动建设，锚定算力创新策源地、智算云产业增长极和智能应用试验场三大维度，构建"智算云"全产业链生态体系，打造杭州"人工智能＋"战略的产业新地标，推动杭州"智算云"产业规模再上一个台阶。到 2026 年底，"中国云谷"将推动"智算云"产业规模达 5500 亿元，为杭州构筑世界级数字科技产业集群打下坚实基础。在城西科创大走廊上，众多"智算云"领域的龙头企业，对杭州的"智算云"产业发展有着带动效应；紫金港科技城、未来科技城、青山湖科技城等高新技术产业园区，为"智算云"产业发展提供了广阔的发展空间；浙江大学、之江实验室、西湖大学等高校和新型研发机构，将为"中国云谷"建设提供丰富的人才储备和科研支撑

续表

序号	产业地标	产业基础与展望
2	中国视谷	2022年10月，"中国视谷"在湘湖畔起步，"中国视谷"已经在杭州集成了孕育万亿级集群的"国字号"发展能级，推动国家区域（城市）产业名片打造计划首批试点城市、首批智能网联汽车"车路云一体化"应用试点城市、国家人工智能创新应用先导区、人工智能创新发展试验区、国家级视觉智能产业技术创新战略联盟的落地。2023年，杭州视觉智能产业总营收达7763亿元，产业规模居全国第一梯队。2024年初，全国首条中心城区智能网联汽车高铁站示范运行线在杭州启动。智能网联汽车成为"中国视谷"的产业"金名片"，为杭州加快建设具有全球影响力的先进制造业基地提供了重要支撑
3	中国元谷	2023年，上城区启动"中国元谷"建设，计划用三到五年时间，重点布局以杭港科技大厦为元宇宙"发展核"及重点平台，以婺江路为中轴，婺江路—富春路—望江路—钱江路合围区域作为核心区域，以笕桥街道米果基地等一批行业级、区域级元宇宙产业基地为"散列点"，打造元宇宙产业发展新高地。目前，"元宇宙应用场景体验馆"已经开馆，"上新"了一系列集成人工智能、5G、区块链、物联网、虚拟现实等元宇宙应用场景。2024年，编制"中国元谷"发展规划，拓展打造一批未来产业特色楼宇，招引人工智能、交互技术、XR终端等细分赛道优质企业100家以上，力争产业规模突破100亿元，争创省级未来产业先导区
4	中国飞谷	2024年6月，余杭区启动"中国飞谷"建设，伸开双臂向天空要GDP。"中国飞谷"以未来科技城核心区建设低空经济产业园为核心，南湖未来科学园产业拓展区和环北航区域产业"两翼"联动，覆盖全区。2019年，迅蚁拿到由中国民航局颁发的编号为"0001"的首张城市场景无人机物流运行牌照。目前，余杭区已有近百家低空经济相关企业，覆盖低空生产制造、技术研发、商业应用、运行服务等领域。"中国飞谷"将围绕低空制造、低空视觉、低空物流、低空数据等重点领域，到2027年，形成产业培育、科技研发、基础设施建设、应用场景创新、人才培育、试点示范"六位一体"的低空经济产业发展体系，争创国家低空经济综合产业示范区核心区
5	中国数谷	"中国数谷"以高新区（滨江）为核心区，同步在全域布局，构建一个大数据产业集群。2024年，"数交所"揭牌，优化了数据流通服务；"数据发票"全国首发，破解了数据交易"全链路合规难"；与中国移动深度合作"数联网"，破解了数据"安全高效流通难"。到2027年，"中国数谷"计划建成不少于10个大模型和数据协同创新中心，孵化一批具有全国甚至全球影响力的先进行业大模型

杭州"五谷"是推动数字经济"二次爆发"、因地制宜发展新质生产力的重要举措。杭州"五谷"从无到有，从蓝图变为现实，数字经济产业规模不断壮大，建设体制机制也不断完善，已与杭州的城市发展基因血脉相融，自带创新"无人区"、经济"高产田"、产业"生态圈"的"发展密码"，展现出一个现象级产业新地标崛起的强劲动能。

杭州正以"五谷"为牵引，以杭州数字经济产业新地标为底气，推动形成城市产业新名片，全球数字产业新地标、新集群，为全国全省数字经济创新提质贡献"杭州力量"，为全球数字经济的产业探索点亮"杭州智慧"。

（三）产业政策精心呵护

很多人在问，"杭州六小龙"公司——宇树科技、深度求索、云深处科技、强脑科技、游戏科学和群核科技横空出世的秘密何在？为什么杭州能孕育出一大批科技企业？在战略层面，2003 年浙江就率先提出"八八战略"，强调发展数字经济，2017 年，首次提出"机器人＋"政策主张。杭州具有良好的创业生态和创新土壤，是一座不折不扣的创新型城市。一般来说，全球创新型城市有三种主流模式：硅谷的"科技（辐射）＋产业（网络）＋制度（环境）"模式；东京都市圈的"工业（集群）＋研发（基地）＋政府（立法）"模式；伦敦的"知识（服务）＋创意（文化）＋市场（枢纽）"模式。杭州被誉为"东方硅谷"，在创业生态与产业政策双向互动、精心呵护的协同作用下，为数字经济的崛起奠定了坚实基础。

杭州人工智能产业飞速发展并非偶然，其背后离不开政策的支持。杭州市政府对人工智能产业的发展给予了高度重视，2022 年，《浙江省人民政府办公厅关于印发建设杭州国家人工智能创新应用先导区行动计划（2022—2024 年）的通知》（浙政办函〔2022〕1 号），为杭州人工智能发展奠定了基础框架，明确了建设国家人工智能创新应用先导区的目标，推动人工智能在浙江省内的应用与创新。

2023 年，《杭州市人民政府办公厅关于加快推进人工智能产业创新发展的实施意见》（杭政办函〔2023〕55 号）出台，从产业创新发展角度出发，提出了一系列支持人工智能产业发展的具体措施，包括技术研发、企业培育、应用场景拓展等，为杭州人工智能产业的快速发展提供了政策指引。

2024 年，《杭州市人民政府办公厅关于印发支持人工智能全产业链高质量发展若干措施的通知》（杭政办函〔2024〕40 号）发布，进一步细化了对人工智能全产业链的支持政策，从算力设施、模型生态、行业应用、产业集聚、人才引育、基金支持等多个方面给予全面支持，为产业发展提供了更有力的保障。《杭州市人工智能全产业链高质量发展行动计划（2024—2026 年）》明确了 2024—2026 年杭州人工智能产业的发展目标和重点任务，包括建设新型算力中心、打造高能级创新平台、加强关键技术攻关、优化数据供给、深化优势行业应用、加快产业集聚等，旨在推动人工智能全产业链创新链融合发展，打造全国领先、国际一流的人工智能产业创新发展高地。

《杭州市未来产业培育行动计划（2025—2026 年）》将通用人工智能列为未来产业的重点领域之一，提出加快夯实大模型、智能算力集群、高质量数据集等核心基础，聚焦模型应用，突破跨媒体感知、自主无人决策、群体智能构建等关键技术，推动通用人工智能产业快速发展。

杭州始终致力于构建完善的人工智能产业创新生态系统，通过"政府引导、企业主体、产学研协同"的创新模式，促进各方紧密合作。截至 2024 年，杭州地区高校、科研机构与人工智能企业已建立的产学研合作项目超过 800 个，参与企业数量达 500 余家。以之江实验室为例，其与阿里云、华为等企业合作开展的多个人工智能科研项目取得了突破性进展。在人工智能芯片研发项目中，经过 3 年的协同攻关，成功研发出具有自主知识产权的人工智能芯片，该芯片的算力相比同类产品提升了 30%，功耗降低了 20%，已在智能安防、智能驾驶等领域实现应用，预计未来 5 年内市场占有率将达到 15%。

2024 年 3 月成立的杭州市人工智能产业联盟，将 200 多家创新企业和机构凝聚在一起，形成了从基础研究、技术开发到应用推广的完整创新链条。产业联盟已组织各类技术交流活动 50 余场，参与人数超过 5000 人次，促进了企业间的技术交流与合作。同时，产业联盟还搭建了公共技术服务平台，为企业提供人工智能算法测试、数据标注等服务，累计服务企业 300 余家，帮助企业解决技术难题 200 余个。在产业联盟的推动下，杭州人工智能企业的技术创新能力显著提升，新产品研发周期平均缩短了 25%。在算力设施建设方面，大力加大"算力券"发放力度，将总额从每年的 5000 万元提升至 2.5 亿元，切实为企业降低智能算力使用成本；对纳入政府统一布局的算力基础设施建设项目，给予每年最高 1000 万元贴息，鼓励企业加大算力投入；政策还总能雪中送炭，艺创小镇对像游戏科学这样的数字内容企业，给予三年内最高 100% 的房租补贴或减免，过渡期内免费提供场所；宇树科技曾在 2017 年耗尽融资却仍未能实现交付，一笔来自杭州的融资让它起死回生。在人才培养和引进方面，通过一系列优惠政策，如人才补贴、住房保障、科研经费支持等，吸引和留住大量人工智能领域高端人才。

政策的持续引导和全方位支持，为杭州人工智能产业发展提供了坚实的政策保障和发展动力。可以预见，杭州过去引领互联网经济，未来将引领人工智能时代数字经济的发展。

三、杭州数字经济的发展展望

产业发展从来没有戏剧性和"天降神兵"，它一直是顶层规划和产业继承的结果。杭州还曾因阿里业绩承压、网红直播泛滥而备受"脱实入虚"的质疑，如今，坐拥"六小龙"的杭州需要再次绘就数字经济发展新蓝图。

（一）依托人工智能，构筑数实融合新实力

由于 DeepSeek 在技术创新和应用潜力上的突出表现，杭州将会成为人工智能产业发展的一片热土，众多行业巨头可能会在此落地生根，推动各行业的人工智能应用发展，形成强大的产业集聚效应，成就颇具影响力的国际市场。城市持续增长潜力不可低估：上一个十年杭州以"数字产业化"引领全国，成为世界互联网经济重要城市；下一个十年杭州将进入"产业数字化"时代，实现数字与产业的深度融合，继续引领世界人工智能发展。

1. 推进人工智能融合，做好全场景智能应用。充分挖掘与释放 DeepSeek 人工智能成果对杭州经济社会发展的赋能作用，全力竞逐人工智能产业赛道，建设"人工智能产业第一城"。加快培育形成与实体经济发展深度结合的人工智能应用体系，以之江实验室、湖畔实验室、北航中法航空学院、浙大南湖脑机交叉研究院、西电研究院超算中心、浙江大学计算机创新技术研究院等重大创新载体为核心，以中国（杭州）人工智能小镇、图灵小镇、5G 创新园等平台为重点，推动人工智能在科学、制造、农业、能源、交通、金融、医疗、教育、电商、媒体、海洋、空天等领域的推广应用。

2. 推进价值创造融合，做好全链条数字赋能。支持"杭州六小龙"等企业的数字融合创新，创新应用人工智能大模型、元宇宙、区块链等技术，重构简洁、高效、智能的生产运营模式。推动软件企业与工业企业联合开展智能制造基础软件、研发设计软件、数据管理软件等的研发，支持产业链上下游企业共同参与建设创新合作平台，制定一批软硬件集成、易于复制推广的数字化改造解决方案，开发集成一批小型化、快速化、轻量化、精准化的数字化产品，培育形成一批数实融合的典型应用场景。推动传统产品数字化升级，支持引导传统优势产品领域加强基础件、标准件、配套件模块化发展，集成传感器、软件、芯片、实时控制、语音识别等数字技术开发智能化组件，实现产品系统功能提升和数字化转型。

3. 推进数据要素融合，做好全流程算力覆盖。加速算力中心等数字基础设施建设，提升大数据应用水平，鼓励算力平台、共性技术平台、行业训练数据集、仿真训练平台等人工智能基础设施资源开放共享，持续激发数据要素潜能，优先在金融服务、商贸流通、科技创新、交通运输、文化旅游、医疗健康、绿色低碳、生态环境等领域，打造"数据要素融合"示范场景。探索打造医药数据协同创新中心、碳数据生产中心、视觉数据协同创新中心等。推进海关、税务、电力、碳交易等行业垂直领域全国数据落地杭州。积极推进数据要素市场化配置，探索建立合规高效的数据要素流通和交易制度，加快构建市场化交易体系，积极抢占数据要素产业制高点。

（二）借力技术牵引，激发数字消费新供给

消费是满足人们对美好生活向往的重要体现，更是拉动经济增长的巨大引擎。习近平总书记强调："要增强消费能力，改善消费条件，创新消费场景，使消费潜力充分释放出来。"杭州应借力数字技术牵引，激发数字消费新供给。

1. 建设消费地标，打响城市消费品牌。以打造国际新型消费中心为目标，加快打造数智消费新天堂，服务构建双循环新发展格局。着力提升武林、湖滨、吴山等商圈品质，精心打造湖滨步行街、延安路商业街、武林路女人街、文三数字生活街区等高品质特色街区，提升百年老字号、国潮新势力、时尚风向标品牌矩阵，打造具有"国际范、中国风、杭州韵"的城市"金名片"。促进"演赛展商旅"联动，积极培育新的消费增长点，打造"赛会之城·购物天堂"。重点构建"一核多点"的空间格局："一核"即以杭州奥体中心为核心，打造杭州赛会经济发展总部；"多点"即以各区县亚运竞赛场馆为依托，挖掘演艺赛会新潜力。推进商业与场馆互补共生，优化商业业态和布局，创新消费场景，培育消费热点，不断挖掘释放消费潜力。从"吃住行

游娱购"全方位入手升级消费体验，打造以赛会为核心的复合型消费场景，着力构建文商旅体深度融合新业态。

2.强化数字赋能，提升数字消费供给。依托数字经济先发优势，扩大人工智能、大数据、云计算等新一代信息技术在消费领域的应用，推动实体商业数字化转型。积极推进新型消费生态圈建设，培育壮大数字零售、社交电商、直播电商等数字消费新模式。积极吸引行业内知名的演艺、体育、展会主办企业及经纪机构来杭开展业务。丰富演艺赛会供给，大力引进国际国内品牌赛事，积极承办各类专业性赛事，结合杭州文化底蕴培育自主品牌赛事，积极举办群众性体育赛事。大力引进国际知名或国内一流的大型演唱会、音乐节等。

（三）强化数字赋能，拓展数字文化新天地

党的二十大报告强调，要增强中华文明传播力影响力，坚守中华文化立场，讲好中国故事、传播好中国声音，展现可信、可爱、可敬的中国形象，推动中华文化更好走向世界。当下，文化"出海"已成为国际交流与合作的重要桥梁。浙江省委十五届五次全会指出，要拓宽文化"出海"通道，打造省域海外传播共同体。

2024 年 8 月，由游戏科学打磨 7 年的中国首款 3A 游戏《黑神话：悟空》自上线以来，全球卖了 2800 万份，这款现象级游戏让中国单机游戏实现从 0 到 1 的突破，不仅在国内掀起热潮，带热了山西文旅，更在海外市场引发了"悟空热"，获得 60 余个国家和地区的网民的关注，成功将游戏圈的"盛世"演变为社交网络的文化"狂欢"。

《黑神话：悟空》爆火出圈，是杭州数字文化产业发展的重要成果浓缩。未来杭州迫切需要把握发展机遇，提升国际形象；锚定重点领域，强化数字战略；打通产业链条，培育领军企业。

1. 把握发展机遇，提升国际形象。着力打造全国数字文化产业发展的"杭州样本"。深化推进文创产业供给侧结构性改革和数字化改革，不断提高杭州数字文化产业发展的规模、实力，发挥其特色、优势，进一步提升产业发展引领力，积极探索产业发展新模式，在数字文化领域贡献"杭州样本"；充分依托联合国教科文组织全球创意城市网络的优势，加强与国际文化城市交流合作，共同探索推进数字文化产业发展。重塑杭州数字文化产业品牌，加强国际传播推广，全力办好中国国际动漫节、杭州文化创意产业博览会等重点文化会展活动，进一步提升"国际化、专业化、产业化、品牌化"水平；持续开展"新杭线"国际文创巡展活动，组织杭州数字文化企业、数字化品牌参与国际专业会展交流。鼓励数字文化企业积极拓展海外文化市场，支持设立海外文化产品分销渠道、国际分公司、跨国企业总部等，主动参与国际文化市场竞争。

2. 锚定重点领域，强化数字战略。发挥国家级文化和科技融合示范基地的引领示范作用，加快建设特色化产业平台。以数字化、网络化、智能化为技术基点，增强文化共性关键核心技术研发能力，特别是加快高端文化装备自主研发及产业化发展。大力发展数字内容、影视生产、动漫游戏、创意设计、现代演艺等重点领域。推进数字音乐、网络视听、文化直播、短视频、微短剧等领域的内容生产和产品服务开发；重点布局完善内容创作、拍摄生产、后期制作、出品发行等产业链关键环节；锚定打造"电竞名城""国际动漫之城"，鼓励动漫精品打造，推进虚拟现实、增强现实、人工智能等新技术在动漫游戏领域的集成应用和创新，增强网络动漫游戏、沉浸式体验、电子竞技等领域的自主研发能力；深化文化创意与设计服务等新型、高端服务业融合发展，加快提升广告设计、建筑设计等设计服务的原始创新和集成创新能力，强化创意设计的引领和支撑作用；提升发展驻场（山水实景）表演、高雅音乐、传统戏曲、原创舞台艺术等，加快打造一批优秀演艺品牌。

深入实施文创产业数字化战略，加快推进文创产业数字化改革，培育扶持数字文创产业发展，推动文创企业数字化转型。着眼于"文化＋"发展趋势，促进文创与科技、金融、制造、旅游等行业融合发展，重点培育数字文创 IP 开发、数字文化原创生产、数字音乐、数字视听、短视频、动漫游戏、电子竞技等新型业态发展，以数字文化产业引领杭州文创产业国际化发展。

3.打通产业链条，培育领军企业。美国迪士尼的成功，在于其从一个绘制卡通形象的手工作坊起家，逐步将经营从单一制作延伸到销售电影和动画片、经营迪士尼主题乐园、购买电视频道等领域，形成紧扣市场的巨大生产链，带动一个席卷全球的庞大产业体系。文创产业的投入产出有三大特点：一是近期投入，远期产出；二是局部投入，整体产出；三是此处投入，彼处产出。杭州只有拥有一个巨大的完整的产业链，才能在文创产业竞争中具有强大的优势，吸引大量的人才，进而在全球产生辐射力和吸引力。所以，杭州要从培育和形成整个产业链的角度考虑，着力打通文化产业链的重要环节，将散落在各处的文创资源连接起来，延伸文创产业链条。同时，抓好领军文化企业培育。加快推进数字内容、影视生产、动漫游戏、创意设计、现代演艺等杭州文创产业优势行业发展，着力打响"全国数字产业发展示范城市""中国动漫之都""杭派影视策源地"等行业品牌，大力培育一批行业龙头领军文化企业、"全国文化企业 30 强"、上市文化企业。

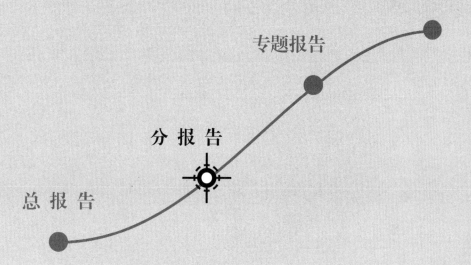

典型案例

专题报告

分　报　告

总　报　告

杭州数据要素交易市场现状、趋势与繁荣对策

刘　航[*]

摘要：随着经济社会数字化转型步伐的加快，数据作为新兴生产要素日益成为一种基础性战略资源，同时也成为变革价值创造方式和实现方式、驱动经济增长的重要因素。在数据要素创造价值的过程中，数据要素交易市场是实现价值的关键环节。本文通过全面分析数据交易市场的政策和产业实践，指出杭州数据要素交易市场的发展现状，并分析当前数据要素交易市场的发展趋势与挑战，进而提出繁荣杭州数据要素交易市场的关键举措。

关键词：数据；数据要素；数据交易市场；数字经济

习近平总书记强调，"数据作为新型生产要素，对传统生产方式变革具有重大影响"，要"构建以数据为关键要素的数字经济"。2023年，我国数字经济规模达到了53.9万亿元，占GDP比重42.8%，数字经济增长对GDP增长的贡献率达到了66.45%。[①]国家工业信息安全发展研究中心分析认为，我

---

[*]　刘航，杭州市社会科学院经济研究所助理研究员。

[①]　中国信息通信研究院：《中国数字经济发展研究报告（2024）》，http://www.caict.ac.cn/kxyj/qwfb/bps/202408/P020240830315324580655.pdf。

国数据要素市场规模在"十四五"期间有望突破 1700 亿元。数字经济在我国国民经济中的地位越来越重要，作为数字经济生产要素的数据，其价值也越来越凸显。

杭州数字经济较为发达，2023 年杭州 GDP 达到了 20059 亿元，正式迈向"2 万亿"台阶。其中数字经济核心产业增加值达到了 5675 亿元，占全市生产总值比重达 28.3%。[①] 数据要素的发展对进一步发展数字经济、高水平重塑"全国数字经济第一城"具有重要意义。因此，需要对当前的数据要素交易市场的发展形势做出准确的分析和判断。在此基础上，对杭州发展数据要素交易市场的产业实践与政策实践做出客观分析，提出能够推动杭州数据要素交易市场进一步繁荣发展的针对性建议。

一、数据要素交易市场的发展背景

（一）学术界对数据要素进行了充分探索

目前，学术界围绕数据、数据要素、数据要素交易、数据产业等方面开展了大量的研究，特别是在数据要素的基本特征、数据要素的定价机制以及数据要素推动"数实融合"发展的作用等方面都有不少进展。

在数据要素的基本特征方面，相关研究认为数据要素具有非竞争性、非排他性、非稀缺性和正外部性、规模报酬递增等经济特性（申卫星，2020；田杰棠等，2020；蔡继明等，2022；刘涛雄等，2023），明确了数据要素的确权对象主要包括数据收集者（李三希等，2023）、个人用户（Jones&Tonetti，

---

① 杭州市统计局、国家统计局杭州调查队：《2023 年杭州市国民经济和社会发展统计公报》，2024 年 3 月 15 日，https://tjj.hangzhou.gov.cn/art/2024/3/15/art_1229279682_4246532.html。

2020）、共享权利（Dosis et al.，2019；汤奇峰等，2022）。

同时，相关研究对数据要素的定价机制也进行了充分的探索，其方式主要有：会计学视角的定价（熊励等，2018），包括收益法（Henderson et al.，2015）、成本法（熊巧琴等，2021）、市场法（刘雅君等，2023）；商品视角的定价，包括大捆绑式销售（Haghpanah et al.，2020）；对数据资产的估值定价（陆岷峰等，2021）。

在数据要素推动"数实融合"发展的作用方面，相关研究认为，以数据为核心生产要素的数字经济能够推动实体经济的发展，包括能够提高要素配置效率（朱华友等，2023），促进技术创新（Yuan et al.，2021），助力绿色创新（史丹等，2023），提升企业生产效率（Aghion et al.，2018），等等。也有学者指出"数实融合"发展的实质是传统产业的数字化（黄宗远等，2023），是数字化向非数字实体经济的应用、渗透和重塑（刘元春，2023）。在推进"数实融合"发展的进程中，数据要素市场化起着非常关键的作用（张帅等，2022），有助于驱动生产技术的改进（Cong et al.，2021），提高市场整合和降低交易费用，从而促进企业数字化转型（徐晔等，2024），最终推动数字经济赋能实体经济的发展。

（二）数据要素发展实践步伐明显加快

近年来，国家层面和产业界都对数据要素给予了高度关注。一是在政策方面，先后出台了系列文件推动数据要素市场的发展。2020年3月，中共中央、国务院印发了《关于构建更加完善的要素市场化配置体制机制的意见》，明确数据作为生产要素的地位。2021年底，国务院办公厅印发了《要素市场化配置综合改革试点总体方案》，要求各地在数据要素市场化配置基础制度建设探索上取得积极进展。2022年6月，习近平总书记主持召开中央全面深化改革委员会第二十六次会议，审议通过了《关于构建数据基础制度更好发挥数据要素作用的意见》，并于年底印发，是为"数据二十条"，是有关数据要素发展的纲领性文件。2023 年 12 月，财政部印发了《关于加强数据资产管理的指导意见》，明确指出数据资产作为一种新兴的资产类别。2024 年 10 月，公开征求意见的《中华人民共和国民营经济促进法》（草案）中的第 28 条提出，支持民营经济组织参与数据要素市场建设，对开放的公共数据资源依法进行开发利用。二是在组织方面形成了工作推进机制。2023 年 10 月，国家数据局挂牌成立，负责协调推进数据基础制度建设，统筹数据资源整合共享和开发利用，统筹推进数字中国、数字经济、数字社会规划和建设等。在国家层面成立专责机构，能够有力促进数据要素技术创新、开发利用和有效治理。国家数据局组建后，立即发布了《"数据要素 ×"三年行动计划（2024—2026 年）》，推动数据产业发展。2024 年 10 月，全国数据标准化技术委员会（SAC/TC609）正式成立，其工作范围包括数据资源、数据技术、数据流通、智慧城市、数字化转型等基础通用标准，支撑数据流通利用的数据基础设施标准，以及保障数据流通利用的安全标准制的修订工作。可以说，当前无论是政府层面还是产业界，都认识到数据要素市场的重要性，各地都在加码推动相关产业发展。

（三）数据要素交易市场是数据产业链的关键环节

数据要素市场同其他要素市场类似，也有产业链的上中下游：上游为数据的生产和再生产，在产业方面表现为各类数据的标注、整理等，形成基本数据商品；中游为数据要素产品的流通交易；下游则为数据要素的具体场景应用。各个地方根据自身资源禀赋和发展基础，因地制宜选择数据要素产业的具体环节。本文研究聚焦于数据要素市场的中游，也就是数据要素产品交易市场的发展状况。

二、繁荣数据要素交易市场的重大意义

（一）数据作为新型生产要素具有较强的经济能动性

自 2020 年起，我国就明确把数据作为一种新型生产要素，成为国际上首次提出"数据要素"术语的国家[①]。基于数据要素本身所具有的非竞争性、非排他性、非稀缺性特征，其价值创造不仅会线性增长，还会带来强烈的乘数效应，因此数据要素的交易流通就成为裂变式增长的关键。同时，数据要素的正外部性、规模报酬递增等经济特性，使得数据量的积累产生质的裂变时，能够创造出更大价值。其典型应用就是大模型对海量数据的学习与利用，只有在一定规模的数据支撑的基础上，才能提高大模型智能的水平。因此，数据要素参与价值创造，有助于提升全要素生产率、形成新质生产力，进而推动经济社会发展。

（二）数据要素交易市场潜力巨大、经济效益明显

数据要素交易市场的源头是数据，我国现有大量的数据生产，但是数据未被有效利用。根据全国数据资源调查工作组（国家工业信息安全发展研究中心）编制的《全国数据资源调查报告（2023 年）》，2023 年，全国数据生产总量达到 32.85 泽字节（ZB），同比增长 22.44%，但全国数据产存转化率仅为 2.9%，大量的数据未被合理利用、价值潜能未能充分发挥。与此形成鲜明对照的是，2023 年，数据交易所需求方是供给方的 1.75 倍。因此加快数据要素交易发展、推动海量数据转化为经济增长新动能，对加快发展新质生

[①] 黄尹旭、杨东：《"利益—权利"双元共生："数据要素 ×"的价值创造》，《中国社会科学》2024 年第 2 期。

产力具有重要意义。而且，数据价值化的直接经济潜力也已经显现。根据工信部"十四五"大数据产业发展规划，2020 年底我国大数据产业规模已超过1 万亿元，"十四五"期间大数据产业测算规模将突破 3 万亿元。根据国家工业信息安全发展研究中心预测，我国数据要素市场在"十四五"期间有望突破 1700 亿元，其当前正处于高速发展阶段。

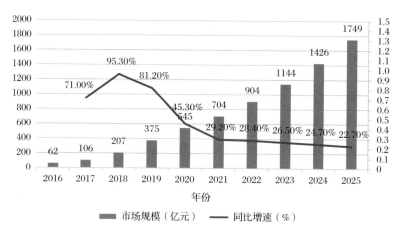

图 1　2016—2025 年我国数据要素市场规模情况①

（三）数据要素交易市场能够加快"数实融合"赋能实体经济

党的二十届三中全会强调，要完善促进数字产业化和产业数字化政策体系。数字产业化和产业数字化的实质是通过"数实融合"赋能实体经济的发展，这也是党中央把握世界科技革命和产业变革大趋势做出的重大部署。而数据要素交易市场正是推动数字产业化和产业数字化的关键桥梁。数字产业化是以数据商品的成熟、流通为基础的，其在生产端和消费端的使用，将有利于

---

① 　数据来源：国家工业信息安全发展研究中心发布的《中国数据要素市场发展报告（2020 ～ 2021）》，2021 年 4 月发布。

拓展经济社会领域各种应用场景、新业态、新领域、新服务；产业数字化则是在数据要素充分利用的情况下，不断为传统产业赋能，推动传统产业向更高级别的产业形态跃迁。然而，当前我国数据经济在各个产业的贡献度还不高，其潜能还没有被充分发挥出来。2023年，我国数据经济贡献度为2.05%，其中第一产业、第二产业、第三产业数据经济贡献度分别为1.01%、1.96%、2.43%[①]，数据驱动经济增长能力已初步显现，但还有很大的增长空间。

三、杭州数据要素交易市场的发展现状

（一）杭州构建了数据要素发展的法律法规政策体系

1.杭州数据要素发展相关法律法规体系逐步健全。制度供给是保障数据要素稳定发展的基础。杭州近年来积极探索，通过地方立法等形式出台了一系列法律法规，有效保障了数据要素、数字经济的发展。在数据流通方面，2024年4月，《杭州市数据流通交易促进条例（草案）》向社会公开征求意见，10月，杭州市第十四届人民代表大会常务委员会第二十次会议正式表决通过了该条例。这是杭州在数据要素层面的一部正式法规，能够在法律层面有效保障各主体权利，有效促进市场主体按照法律规范积极开展相关活动。在数字贸易方面，杭州也出台了全国首部地方性法规——《杭州市数字贸易促进条例》。在数据要素的应用场景方面，杭州率先出台了《杭州市智能网联车辆测试与应用促进条例》，精准把握人工智能、无人驾驶技术等领域，通过法律法规等制度创新，保障数据要素应用场景的发展。

---

① 中国信息通信研究院：《数据价值化与数据要素市场发展报告（2024）》，2024年9月发布，http://www.caict.ac.cn/kxyj/qwfb/ztbg/202409/P020240926365684089988.pdf。

2.杭州推出了系列支持数据产业发展的产业政策。2022 年是中国数据要素市场建设的元年，中央出台了"数据二十条"，鼓励数据产业发展。2023年，杭州全面发力数据产业，并提出了建设"中国数据产业第一城"的设想，力争通过 3—5 年的努力，全面激活海量数据和丰富应用场景的数据要素潜能。2024 年 7 月，杭州颁布了《关于高标准建设"中国数谷"促进数据要素流通的实施意见》，提出聚焦新制度、新设施、新供给、新市场、新生态、新应用等六个方面，统筹推进数据要素市场化改革配置。杭州将依托雄厚的数字经济优势，以"中国数谷"建设为载体，全面推进数据产业发展，特别是在产业支持方面，给出了有着"真金白银"的利好政策，真正让敢于冒险、勇于尝试的企业享受政策红利。

（二）杭州形成了相对成熟的数据要素产业发展生态

1.杭州对数据要素有着旺盛的市场需求。数字经济的增长除了资本投入外，还依赖技术和数据要素的持续性投入。数字经济产业是数据要素密集型产业，发达的数字经济也将产生海量的数据资源。杭州多年来以打造"全国数字经济第一城"为目标，持续推动数字经济发展，根据《2023 中国城市数据经济发展研究报告》中的"2023 数字经济百强城市"排名，杭州位居第四，位于全国第一梯队。在数字经济产业平台方面，杭州拥有杭州高新区和城西科创大走廊两个高能级平台，杭州高新区在国家高新区排名中始终位居第一方阵，该区目前是"中国数谷"建设核心区，其数字经济核心产业增加值占全市生产总值的比重达 78.9%，拥有数字经济领域上市企业 58 家[1]；杭州城西科创大走廊数字经济核心产业增加值占浙江省的 30% 以上。杭州发

---

[1] 杭州市投资促进局：《"中国数谷"，数据要素的杭州畅想》，2023 年 3 月 24 日，http://tzcj.hangzhou.gov.cn/art/2023/3/24/art_1621408_58892362.html。

达的数字经济是数据要素产业最广阔的市场。此外，当人工智能产业发展迅猛时，其对数据的需求是巨量的。2018 年 GPT-1 数据集约 4.6GB，2020 年 GPT-3 数据集达到了 753GB，2023 年 GPT-4 的数据集更是 GPT-3 的数十倍以上 [1]。杭州的人工智能产业占到全省总量的 45% [2]。这些都是杭州发展数据要素市场的重要市场。

2. 杭州建立了促进数据要素交易流通的数据交易所。数据交易所是数据要素交易流通的中介环节，具有充分的市场信息优势，有利于简化数据商品的交易过程、降低交易成本。2023 年，杭州数据交易所成立，且是目前浙江省唯一的数据交易所，主要业务包括数据合规流通和提供其他相关基础服务。截至 2024 年 9 月，杭州数据交易所累计登记交易金额已达到了 31.7 亿元 [3]，上架 1100 多项数据商品或服务。数据商品主要包括数据产品、数据服务和数据工具三大类。其中数据产品包括数据接口 API、数据集等品类，比如城市店铺人流趋势和画像报告数据集、设备画像数据集、ESG 大数据；数据服务方面，有数据出境传输安全评估、城市建设规模扩展监测、卫星遥感等具体服务；数据工具方面，有停车场智能推荐模型、汽车产业创新能力评估模型等。为进一步推动公共数据商品化，2023 年，杭州出台了《杭州市公共数据授权运营实施方案（试行）》，这一方案有利于公共数据的交易流通。

3. 杭州数商市场主体格局已基本形成。数商是指以数据为主要业务对象和商品的企业，是开展数据要素交易流通的主体。当前杭州为推动数据产业发展，形成了国有数据集团、民营数据公司共同发展的基本格局。2024 年，

---

① 中国信息通信研究院：《数据要素白皮书（2023 年）》，http://www.caict.ac.cn/english/research/whitepapers/202311/P020231103487266783845.pdf。

② 汪株燚：《杭州再出招抢占人工智能产业高地》，《每日商报》2024 年 7 月 25 日，第 5 版。

③ 洪郑超：《第三届全球数字贸易博览会：数据要素治理与市场化交流活动在杭州举办》，2024 年 9 月 26 日，https://news.cri.cn/n/20240926/49a5e1fd-f426-3963-8523-2afad004e36d.html。

杭州市成立了杭州数据集团，以政府数字化改革、数据基础设施、公共数据授权运营为业务基础。杭州数据集团具有的公共数据授权运营资格，是杭州数据集团的一项重要资产。为破解数据资产化难题，杭州数据集团正在筹建杭州市数据产权登记中心，推动数据要素高效合规流通。在非国有市场主体方面，杭州发达的数字经济成为杭州数商成长发展的沃土。杭州是中国平台经济的发源地，拥有 120 余家平台企业[①]，拥有超 195 万户规模的市场经营主体产业数据[②]，这些都是数据要素流通交易的重要力量。

4. 杭州超大城市规模和发达的数字经济创造了丰富的数据要素应用场景。数据要素的场景化是产业数字化的关键环节。2023 年，国家数据局等 17 个部门联合印发了《"数据要素 ×"三年行动计划（2024—2026 年）》，提出了推动数据要素在工业制造、现代农业、商贸流通等几乎涵盖经济社会生活各个领域中的应用。杭州的数据要素应用场景经过近两年的发展，已经呈现出百花齐放的态势。2024 年，杭州举办了"数商大会"，发布了"典型应用场景案例'乘数榜'"，发布了《2024 数商产业场景调研报告》，在实践探索中塑造杭州数字要素应用场景的先行者定位。

（三）杭州已经有较为完备的数字化基础设施和技术供给

1. 有较为完备的数字化基础设施。数字化基础设施是培育发展数据要素交易市场的物理底座。杭州在数据中心、5G 基站等基础设施建设方面，已有较好基础。2022 年杭州超大型数据中心已有 8 个，至 2025 年，杭州全市大型（超大型）数据中心控制在 10 个左右，数据中心服务器总数达到 100 万台

---

① 唐骏垚、金子倩：《杭州：高水平重塑全国数字经济第一城》，《浙江日报》2023 年 3 月 31 日，第 15 版。
② 包勇、孙炼栋：《激发数据产业发展活力，杭州为数据流通交易立法》，浙江在线，https://zjnews.zjol.com.cn/yc/qmt/202410/t20241030_30613067.shtml。

左右。① 在数据中心运营方面，龙头企业阿里云的市场份额排名为全球第三、亚太第一。杭州还建设了专门的数据中心。2024 年杭州数据要素运营中心正式启用，成为浙江省内目前唯一一个落地的"可信空间"。此外，从 5G 基站和网络速率上看，2023 年杭州地区 5G 网络建设速度全省领先，建成 5G 基站 5.3 万个，居全省第一；平均每万人拥有 5G 基站数 43.2 个，居全省第二。②

2. 有构建数据要素交易规则的技术基础。数据要素市场化配置的两大制度性难点是确权和定价。目前正在发展中的区块链技术和隐私计算技术则为其实现提供了可能。区块链技术的可追溯性质，可以实现数据可信，构成交易双方的信任基础；隐私计算技术则可以实现数据"可用不可见"，能为数据流动提供技术支撑。杭州在这两个技术领域具有一定的技术积累，已经有不少企业在相关领域耕耘，为下一步建设数据要素市场交易的底层技术提供了基础。比如蚂蚁集团在隐私计算领域申请的专利数量位列全球第一，云象网络、趣链科技等区块链技术企业始终名列中国区块链百强企业名录前十。在 2024 年举办的第三届全球数字贸易博览会上，杭州宣布建成全国首个密态计算中心，以密态形式处理数据要素流动的全流程，保障数据安全。

四、杭州数据要素交易市场发展面临的挑战

（一）数据交易所作用发挥不够

1. 数据交易所或面临发展洗牌期。"数据二十条"印发以后，全国各地数

---

① 杭州市经济和信息化局、杭州市发展和改革委员会：《关于杭州市数据中心优化布局建设的意见》，2020 年 4 月 1 日，http://jxj.hangzhou.gov.cn/art/2020/4/1/art_1229 444191_58935535.html。

② 徐林军：《争创"5G 第一城"的杭州在快速行动 地铁、景区、商场移动信号要好用更好用》，《杭州日报》2024 年 3 月 8 日，第 10 版。

据交易所呈井喷式发展。截至 2024 年 3 月，全国建立了 49 家数据交易机构，覆盖了 25 个省份[①]。杭州数据交易所成立于 2023 年 8 月，成立时间和全国各地数据交易所"井喷"发展期基本同步。从全国来看，必然存在重复建设问题，未来如果政策收紧，自身造血功能不足的数据所，必将面临淘汰出局的风险。从业务范围上看，杭州数据交易所主要业务包括数据合规流通和提供其他相关基础服务。从交易范围上看，大部分数据交易所都仅提供国内或区域服务，提供跨境数据交易服务的较少，只有深圳数据交易所、上海数据交易所等少数一线城市的数据交易所。同其他数据交易所相比，杭州数据交易所还没有形成自身的特色。

2. 数据交易所场内交易不活跃。从交易额上看，杭州数据交易所仍属于前列，如 2023 年，深圳数据交易所年场内交易额超过 50 亿元，北京、贵阳两地数据交易所年场内交易额超过 20 亿元[②]，杭州则为 31.7 亿元。不过与交易所数量激增的形式形成对比的是，数据交易所的"场内交易"还不活跃，我国数据要素场内交易占比不足 5%[③]。这是因为很大一部分数据交易所的交易额，属于备案制，即企业间的数据交易完成后，在数据交易所进行备案。目前，数据交易所在撮合交易中都未收取费用。数据交易所的盈利点来自部分合规认证和培训等。[④] 公共数据的交易流通因数据安全、权属、定价等问题仍然受限，如衡阳市曾以网上竞价的方式，出让衡阳市政务数据资源和智

---

① 汪旭晖：《扎实推进区域数据要素市场建设，不断提升数字经济和实体经济融合发展效能》，《财经论丛》2024 年第 10 期。

② 中国信息通信研究院：《数据交易场所发展指数研究报告》（2024），www.caict. ac.cn/kxyj/qwfb/ztbg/202408/P020240816544947002101.pdf。

③ 中国信息通信研究院：《数据交易场所发展指数研究报告》（2024），www.caict. ac.cn/kxyj/qwfb/ztbg/202408/P020240816544947002101.pdf。

④ 赵艳秋：《全国已成立超 80 家平台，数据交易有哪些新动向？》，澎湃新闻，https://www.thepaper.cn/newsDetail_forward_27644460。

慧城市特许经营权，价格为起价 18 亿元[①]，但不久就被叫停。

3.数据交易所上线产品类型不够丰富。当前，数据要素交易中数据安全、数据合规评估类的业务增长较快。从杭州数据交易所上线的数据产品来看，涵盖数据集、数据服务、数据工具等。但仔细研究后作者发现，在数据 API 商品中，有不少是基于相同数据的二次转化，比如企业信息查询类的数据，基本上是大同小异的。在数据服务方面，有不少是相关企业基于自身数据的研究报告，此类基于数据的研究服务本身可以不依托数据交易所，这也在一定程度上限制了交易所作用的发挥。特别是有不少数据产品，属于企业的直接产品，缺少个性化的定制服务，交易所也仅仅是撮合交易。而且目前上架的数据商品大多为企业数据。在公共数据方面，由于数据质量较高，也有较高的数据安全要求，因此公共数据的商品化进程相较于企业数据发展较慢。

（二）数据交易的信任机制仍待强化

国内大量研究及相关数据交易实践都已证明，数据要素交易"信任机制"的健全与否，会直接影响数据要素交易流通的效率和效果。信任机制与制度、技术等密切相关，其结果是合规、安全的交易。数据要素的流通面临着公共安全、商业秘密以及个人隐私等问题，特别是跨境数据流通问题还与国家安全密切相关，因此存在一定的法律风险。这就导致公共数据虽然开放了，但是如何流通、利用却无从下手；商业数据中公开流动的数据质量普遍不高，有时还需要采购方进行二次加工才能利用。在数据商方面，国有数据企业通常能得到政府的授权，多担负公共数据运营的责任，但从实际情况来看，公共数据商品化的进程比较慢。

---

① 衡阳市公共资源交易中心：《衡阳市政务数据资源和智慧城市特许经营权出让项目交易公告》，2023 年 11 月 10 日，https://ggzy.hengyang.gov.cn/jyxx/gycqjy/czrgg/20231110/i3160451.html。

（三）数据供给方面仍显不足

数据要素交易市场以数据为本，特别是在当前人工智能大发展的时代，对高质量数据的需求特别巨大，而我们当前面临的数据资源现状是可用的数据质量不高、质量高的数据尚未开放。杭州在公共数据开放方面，一直走在前列，2019 年底启动公共数据开放工作，2020 年初步建成公共数据开放平台，经过几年发展，目前已在《中国地方公共数据开放利用报告——城市（2024 年度）》中排名第一[①]。但从公共数据的开放到数据产品的生成还有很多路要走，比如公共数据的定价问题就是其商业化进程中的一大难题，公共数据的收益分配问题同样需要认真研究。特别是公共数据通常数量较大，且多为原始未经处理的数据，从利用角度来看，数据质量低、碎片化，如需利用还要进一步处理；企业数据开放共享程度较低。当前，数据要素受到前所未有的重视，其经济价值巨大。杭州的平台经济较为发达，但平台企业数据都属于企业核心资源，在没有高度的安全保障的情况下，轻易不会开放交易流通。即使开放交易流通，也基于自身经营利益，只向其企业生态闭环内的企业开放数据。

五、繁荣杭州数据要素交易市场的若干建议

（一）打造具有国际水平的杭州数据交易所是关键枢纽

国内数据交易机构显然到了一个拐点，如何在万马奔腾的局面中脱颖而

---

① 复旦大学数字与移动治理实验室：《中国地方公共数据开放利用报告——城市（2024 年度）》，http://ifopendata.fudan.edu.cn/report。

出，打破数据交易所全国同质化的格局，需要另辟蹊径，把握杭州的城市地位、资源禀赋、数字经济优势以及产业特色，因地制宜发展具有杭州特色的数据交易所，形成具有杭州风格的数据商品交易模式、盈利模式。

1. 加快推动交易所数据商品的标准化。数据商品异质性很强，为其流通过程增加了难度，只有均质化才有可比性。比如，在货物贸易领域，集装箱就是一个创新性发明，由于集装箱的标准化，深刻地改变了全球海运物流行业；在虚拟商品领域，期货市场的经验也值得学习借鉴，每一类大宗商品的计量、规格、价格都有一定的标准。因此，在数据商品上，同样需要进行标准化。数据交易所的功能，就在于提供一个标准化的模型，让数据商品进入数据所之后，形成一个标准化的数据产品。

2. 加快推动数据商品交易规则的通用化。当前全国各地都在开展数据要素交易流通的探索，如果没有通用规则势必会增加流通难度。杭州有很强的技术优势和制度创新优势，要在数据交易流通规则方面先行探索。2024 年 10 月成立的全国数据标准化技术委员会（SAC/TC609），下设六个工作组，其中 WG3 工作组负责数据流通利用标准的制修订工作，杭州要在自身标准制定的基础上同相关工作组积极沟通，推动杭州标准上升为行业标准、国家标准；而且全国数据标准化技术委员会（SAC/TC609）对口国际 ISO/IEC JTC1/SC32、ISO/IEC JTC1/WG11、ISO/IEC JTC1/SC42/WG2 及 IEC/SyC Smart Cities 标准组织，也需要追踪研究，探索推进杭州标准成为国际标准的可能性。

3. 加快推动数据商品交易流通的国际化。杭州城市的目标定位是"世界一流的社会主义现代化国际大都市"，现有人口超过 1000 万，属于超大型城市。杭州的数字经济龙头企业在国际上具有相当影响力。杭州有基础、有能力在数据要素交易的国际化方面先行先试。由于当前数据要素相关产业仍处于探索期，国外的经验也未必先进，因此在探索国际化的进程中，不能直接把国外的标准当作金科玉律，要积极同国外的数据产业市场主体沟通、谈判，在自主探索的基础上深化国际合作，共同打造国际标准。同时，要基于各国国情做好数据交易流通的"合规性"服务，将"合规性服务"寓于数据"标准化"过程之中，降低数据跨境流通的合规性成本。

（二）培育具有全球视野的杭州数商是发展壮大的根本

1. 加快推动数商发展壮大。数商是参与数据要素交易市场的主体，同时也是各类数据资源、数据产品、数据技术的创新创造者。要加大力度培育支持多元化、专业化的数商。一是发展壮大杭州数据集团等国有数据企业。国有数据集团发展重点应放在公共数据的授权运营上。公共数据涵盖面较广，单纯靠一个数据集团运营，存在较大的信息不对称性。因此，要加快推动杭州数据集团成立专业数据子公司，比如针对卫生健康领域要推动成立公共医疗数据公司，其他行业成立诸如公共交通数据公司、金融数据公司、城市治理数据公司以及科研数据公司等等。与此同时，政府部门要推动杭州数据集团和各专业数据子公司同数据的行业主管部门做好沟通衔接，共同探讨公共数据授权运营的模式等。二是积极培育专业性数据企业。出台数商培育政策，支持数字经济龙头企业成立专业化数据公司，开展专门化的数据经营业务。基于杭州特点，要在电子商务、金融支付、视频直播、文化旅游、智能物联等特色、优势领域，推动成立一批专业化数据公司，争取打造细分数据领域的"小巨人"，加快推动杭州成为数据要素企业的"单项冠军之城"。三是做好数据要素交易流通领域各链条数商的培育。数据要素市场正处在发展期，各个流通环节尚未形成固定模式，可根据数据采集加工、数据产品供给、数据产品评估、数据基础设施、数据合规、数据分析服务、数据交易等细分市场的需求，制订产业链图谱，有重点地支持一批企业发展壮大。

2. 加快推动数商提升"三个能力"。数据要素交易市场的核心是数据商品交易和数据价值实现。这一目的依赖于数据要素商品化能力、资产化能力以及场景化能力，培育壮大数商就要提升这"三个能力"。一是提升数据要素的商品化能力。如何满足市场中丰富应用场景的需要、如何将数据产品包装成为可交易的数据商品，是数商面临的重大问题。商品的本质是用来交换，因此要提升数据产品的可交换性、可通约性。要积极推动数据行业形成数据商品化共识，加快推进数据产品的商品化形态开发，特别是在当前探索期内，杭州数商要联合起来，充分利用各种先进技术，制定数据商品化标准。二是提升数据要素的资产化能力。数据要素如果不能资产化，就只是一种数据存在，数据要素的资产化就是要将这种数据存在通过各种举措变成具有经济价值和潜在收益的数据资源。数据要素资产化的通用流程包括数据的识别、价值评估、资产入表、资产运营等主要环节。其中数据的价值评估是关键一环，这也是数据能够商品化流通的起点。杭州要抓住"入口"，加快推动杭州市数据产权登记中心的筹建，做好技术支撑和制度支撑，体现市场中立性，确保数据资产安全。三是提升数据要素的场景化能力。数据要素的价值在于应用，应用的关键在于场景。只有和应用场景相结合，数据才能满足人们的需要，解决经济社会生活中的问题。要把握好杭州在数据要素场景化的"三个战场"：数字经济领域是数据要素应用场景化的"第一战场"，工业制造业是数据要素应用场景化的"主战场"，现代服务业则是数据要素应用场景化的"新型战场"。在宏观层面，积极支持促进各类型主体开发数据应用场景，出台类似于制造业领域的"首台（套）"等鼓励性政策。加快推动云计算产业和数据分析产业融合发展。举办全国性行业典型数据应用大赛。在中观层面，要关注细分行业，特别要对教育、医疗、交通出行、食品安全、物业管理等民生领域进行深度挖掘，争取推出一批能破解民生难题的数据要素场景化应用。在微观层面，要选出一批数据挖掘能力强、行业扎根深的链主型企业，牵头推进各个行业的数据应用开发，做好典型示范。

（三）推动数据要素前沿技术突破是发展的支撑

1.加快推动数据要素前沿技术突破。同土地等传统的生产要素相比，数据要素的虚拟性、技术伴生性，决定了其利用过程一定是同技术紧密相随的。要进一步发展数据要素交易市场，需要在各个环节都具有一定的技术储备和探索。在可信执行环境方面，数据要素交易使用的主要是进口的英特尔（Intel）的软件防护扩展（SGX）和英国安谋（ARM）的信任区（TrustZone），境外技术产品存在一定安全风险。[①] 杭州要在可信交易环境的技术研发方面加大投入，研发国产化交易技术环境，同时要注重技术中立性，建立制度上的信任机制。杭州的优势是人才优势、技术优势和资本优势，要集中优势资源进行科研开发，对于算力等基础设施要有一定规模但不要超规模，要紧盯数据要素交易市场的关键环节。

2.加快推动数据要素安全技术突破。数据安全是数据要素交易流通的前提，杭州在数据安全技术方面具有技术优势，无论是隐私计算，还是区块链技术，都有若干头部企业支撑。要继续推动区块链、隐私计算等技术在数据要素领域的应用研究，积极推动新技术的试点应用。要及时关注追踪国内外最新研究成果。比如，伦敦帝国理工学院（Imperial College London）数据科学研究所、哥伦比亚大学（Columbia University）数据科学研究所都十分重视在数据细分领域的应用探索。此外，数据安全的保障还需要制度上的突破。杭州要主动推进完善数据安全类行业规范和标准的制定，加紧同全国数据标准化技术委员会 WG2 工作组的工作协调。要推动数据安全领域社会组织的发展，实施一定的激励政策，引导更多数商履行数据要素安全和隐私保护责任，同时也要做好相关执法工作。

---

① 陈刚、颜斌斌、汤珂：《数据的要素化与资产化：理论辨析与实践探索》，《国际经济评论》2024 年第 5 期。

杭州市中小企业数字化转型举措成效与推进策略

陈明鑫　余　茜　俞益钢[*]

摘要： 中小企业数字化转型对于提升企业成长活力、加快产业变革、提升产业链供应链韧性和安全水平具有重要意义。杭州率先在中小企业数字化转型方面进行了探索，并取得了积极成果，但仍存在一些问题，主要表现为中小企业数字化转型的覆盖面还不够广、程度还不够高，对数据要素的开发利用还不够深。究其原因，主要是中小企业数字化转型思维还欠缺、要素保障还不足、绩效评估还不够。针对这些问题，本文提出推进中小企业从"不想改"向"很想改"转变，从"不敢改"向"大胆改"转变，从"面上改"向"深度改"转变的对策建议。

关键词： 数字经济；中小企业；数字化转型

党的十八大以来，习近平总书记高度重视数字经济、中小企业发展，将数字经济和实体经济深度融合摆在治国理政的突出位置进行部署和推进。中

---

* 陈明鑫，杭州市社会科学院副研究员；余茜，杭州市改革研究与促进中心助理研究员；俞益钢，民盟萧山区委会副主委、萧山区瓜沥镇副镇长。

小企业是实现我国经济社会高质量发展的重要基础，具有强大的灵活性和创新力，为国家贡献了超过 50% 的税收、60% 以上的 GDP、70% 以上的技术创新成果和 80% 以上的就业机会。[①] 数字化转型为中小企业带来提质升级、降本增效、业务创新等发展新机遇，能够显著增强中小企业的生存能力和成长活力，对于加快我国产业变革、提升产业链供应链韧性和安全水平具有重要意义。

为全面推进中小企业数字化转型，我国陆续出台了一批政策标准规范。2022 年 11 月，工信部印发了《中小企业数字化转型指南》，提出从开展数字化评估、推进管理数字化、开展业务数字化、融入数字化生态、优化数字化实践等五个方面增强企业转型能力；从增强供需匹配度、开展全流程服务、研制轻量化应用、深化生态级协作等四个方面提升转型供给水平。同年，工信部制定了《中小企业数字化水平评测指标》，从数字化基础、数字化经营、数字化管理和数字化成效等四个维度综合评估中小企业数字化发展水平，为中小企业数字化转型提供了更加清晰明确的操作指引。2023 年 6 月，财政部和工信部联合组织开展了中小企业数字化转型城市试点工作，明确将制造业关键领域的中小企业作为数字化转型试点的重点方向，并将处于产业链关键环节的中小企业作为本次数字化改造的重点对象，加大应用场景建设和产品解决方案培育力度，充分调动各方面力量积极参与中小企业数字化转型工作，打造良好的中小企业数字化转型生态。

杭州被誉为"全国数字经济第一城"，率先在中小企业数字化转型方面进行了积极探索，并取得了阶段性成果。2023 年，杭州入围了全国首批中小企业数字化转型城市试点，通过企业、行业、区域"点线面"协同，培育"数字化改造标杆中小企业"和"优质数字工程服务商企业"，循序分批地打

---

① 中国经济新闻网：《加强中小企业能力评估体系建设　助力中小企业高质量发展》，2024 年 8 月 8 日，https://www.cet.com.cn/wzsy/sy/10090280.shtml。

造了一批"现场可看、绩效可信、样本可学"的标杆案例。但同时，杭州市中小企业数字化转型整体面临产业链长、企业量大、技术复杂等挑战，给全面推进数字化改造增添了难度。本研究通过政策梳理、走访调查、问题分析，为加快促进杭州市中小企业数字化转型提供对策建议，为其他城市中小企业数字化转型提供经验和借鉴。

一、杭州市中小企业数字化转型现状

（一）杭州市中小企业发展情况

截至 2024 年 6 月底，杭州登记在册经营主体总量超 195 万户、在册企业总量超 100 万户，是浙江首个企业总量破百万的城市[①]。杭州不仅中小企业数量众多，企业质量也在稳步提高，居全国前列，拥有国家级专精特新"小巨人"企业总数达 478 家，国家高新技术企业数量突破 1.5 万家。2024年 9 月，浙江省经济和信息化厅公示的第六批国家专精特新"小巨人"企业名单，共有 400 家浙江企业上榜，其中杭州企业有 157 家，约占全省总量的40%，排名全省第一[②]。

杭州超过 99% 的企业都是中小微企业，许多企业虽然规模不大，但是盈利能力都不错，往往都有"独门秘籍"，在一个个细分领域里发挥着举足轻重的作用，甚至在全球产业链中也拥有重要话语权。例如，杭州莱宸科技有限公司，一直专注于智能计量及智慧水务这一细分市场，其自主研发的智能

[①] 杭州市市场监管局：《杭州企业总量突破 100 万户》，2024 年 7 月 3 日，http://scjg. hangzhou.gov.cn/art/2024/7/3/art_1693481_58926125.html。

[②] 《157 个"小巨人"，蕴藏着杭州打造专精特新名城的密码》，2024 年 9 月 5 日，杭州市经信局"杭州经信"公众号。

水表已覆盖非洲 90% 以上人口的国家和主要经济体，获得知识产权数量超过 80 多项，是杭州智造的口碑代表。又如，杭州贝丰科技有限公司研发出了能替代进口产品应用于重症呼吸机的微型高性能涡轮风机，成为国内唯一一家能生产医用微型涡轮风机的企业，这一产品是呼吸机不可或缺的心脏配件，是事关生命安危的大事情。①

（二）杭州市中小企业数字化转型主要举措

杭州市基于长期积累的数字技术优势和产业发展经验，积极探索"N＋X"数字化改造新模式，充分发挥数字生态建设的支撑作用，通过企业、行业、区域"点线面"协同，推进细分行业中小企业数字化改造工程样本的打造与复制推广，积极出台扶持政策，招引选优一批数字化服务平台和服务商，从供需两侧调动企业数字化改造积极性，积极推动中小企业数字化改造走深向实。

1.搭建系统性的组织架构和政策体系。杭州市高规格成立了中小企业数字化转型城市试点工作专班，高效统筹市区两级资源，全面推进试点工作。围绕国家中小企业数字化转型城市试点工作，结合杭州市实际，制定了《杭州市中小企业数字化转型城市试点工作方案》。梳理出汽车零件、生物医药及健康、通信设备制造三个试点行业 40 余个共性场景（N）、70 余个个性化场景（X），并于 2024 年 3 月编制形成"杭州试点行业 N＋X 数字化改造场景清单"。市经信局、市财政局两部门联合制定了《杭州市中小企业数字化转型城市试点项目及资金管理办法》，规范了从项目组织到资金兑付等 10 个项目管理流程，有序推进各项工作。杭州市成立了中小企业数字化转型城市

---

① 《杭州这家企业填补了呼吸机重要零部件国产化短板》，杭州网 https://hznews.hangzhou.com.cn/jingji/content/2021-09/01/content_8044328.htm。

试点专家咨询委员会，为遴选试点企业和服务商、评选示范试点和项目验收等做好审核把关。

2. 制定中小企业数字化转型的金融支持政策。2024 年 5 月，杭州市制定了《支持中小企业数字化转型金融支持方案》。由市经信局牵头建立备案项目企业融资需求"白名单"，推动建立"政府—企业—担保机构—银行机构"常态化对接协作机制，推进中小企业数字化转型融资促进行动，支持金融机构针对企业研发专属金融服务产品，重点加大对汽车零部件、生物医药及健康和通信设备制造三大行业企业的数字化转型融资支持力度。市融资担保集团负责牵头开发设立"数 e 担保贷"政担银专属产品，发挥"财政＋金融"作用。对符合条件的中小企业，市融资担保集团给予不超过数字化改造实施方案相应预计改造补助金额 10 倍的贷款担保，且单户担保金额最高不超过 1000 万元，担保费率按每年 0.5% 收取。

3. 打造数字化转型工程服务商队伍。杭州市成立了数字工程服务商联盟，打造数字工程服务商能力线上发布平台，开设"工业软件超市"，方便服务商和试点企业对接需求，为企业匹配合适的服务方案。海康威视、浙移集成、华为云、阿里云、明度智云、中控技术、杭自院、新华三等 8 家企业入围试点总包商，44 家企业被列为试点服务商，90 家企业被列为试点培育服务商。围绕汽车零部件、生物医药及健康、通信设备制造三个细分行业中小企业数字化转型（实现数字化水平二级及以上目标），杭州市面向各类服务商征集一批"小快轻准"数字化解决方案产品包，供各试点企业参考选用。例如，海康威视的"离散小微企业产品包"，面向小微离散制造企业，提供视频联网、AR 车间、生产报工管理、设备管理、智能分析等 SaaS 管理服务，帮助企业快速搭建云端数字化运营生产管理平台，实现企业生产、设备等环节的数字化改造提升。

4. 推行"数改特派员"专业人才支持模式。杭州市于 2024 年 4 月制定了《杭州市企业科技特派员助力中小企业数字化转型试点工作方案（2024—2026

年）》。市科技局、市委组织部（人才办）、市教育局从高等院校、科研院所、各级重点实验室和创新平台，以及数字经济相关企业等选了 50 名具有企业数字化改造能力和经验的科技人员，以个人或者团队的形式派驻企业，解决企业数字化转型过程中的痛点和难点问题，指导企业做好数字化转型。根据科技特派员与企业"双向选择"的原则，科技特派员结合自身专长、经验及企业需求，在匹配成功后同企业签订派驻合同，并制订和细化"一企一策"的实施方案。数字化改造项目完成后，科技特派员牵头组织专家开展验收工作，从企业应用成效、数据贯通程度、投入产出比、企业管理体制配套改革等维度进行验收评估。

二、杭州市中小企业数字化转型典型案例

杭州市经信局在微信公众号上开设"杭州中小企业'数改'看样学样"专栏，集中展示一批具有代表性的细分行业中小企业数字化转型典型案例。本文选取万马科技股份有限公司和瀚晖制药有限公司两个案例，展示杭州市中小企业数字化转型成果。

（一）万马科技股份有限公司数字化转型[①]

万马科技股份有限公司是一家专业从事集通信设备产品研发、制造、销售、服务于一体的国家高新技术企业，专注于为通信运营商提供传输网和接入网整套通信网络配线及微模块数据中心产品。然而，通信设备制造行业普

___

① 本案例来自"杭州经信"公众号"杭州中小企业'数改'看样学样"专栏——《万马科技：数字赋能，智造跃升》。

遍面临小批量多品种、多工序生产的难题。同时，供应商产品交付质量不高，经常影响企业的生产计划，导致生产效率下降。为此，该公司加快数字化转型发展，积极打造智能制造体系。一是重点推进车间物联网和 MES 系统建设，形成柔性化、智能化生产制造能力，打通从订单接收、生产计划、执行跟踪、资源管理到绩效分析的生产链路，解决小批量多品种切换的生产难题；二是建设运行 SRM 供应商管理系统，深化供应链协同，加强采购执行和质量跟踪，提高供应链透明度，提升了生产计划的准确性、风险管理能力和供应商协同合作水平。在这个数字化转型过程中，试点培育服务商——杭州瑞正科技有限公司发挥了积极作用，开发实施了 MES、SRM 等系统。企业数字化改造后，公司年人均生产效率由 56 万元提升至 74 万元，采购及时率由 88% 提升至 92.6%，存货周转天数由 118 天缩短为 84 天，产品一次性合格率由 89.89% 提升至 99.3%，达到了工信部的数字化水平二级标准。

（二）瀚晖制药有限公司数字化转型 [①]

瀚晖制药有限公司位于杭州市富阳区，是一家药品生产商，面向中国和全球市场开发、生产和推广符合国际标准的品牌仿制药和专利到期的原研药。目前在中国市场供应 60 多种产品，部分为原研产品和获得国家技术发明奖、国家科技重大专项立项支持的产品，覆盖肿瘤、心脑血管及代谢、抗感染、呼吸、激素、免疫抑制剂等众多领域。然而，随着企业不断发展壮大，虽建立了多个业务系统，但系统与系统间数据不联通、交互性差，导致数据资产管理混乱，功能无法扩展，响应速度跟不上客户需求，沟通协作成本高，总体效率低。针对上述瓶颈，公司加快推进系统集成互联，搭建数据

---

① 本案例来自"杭州经信"公众号"杭州中小企业'数改'看样学样"专栏——《瀚晖制药：数据治理智慧化运营》。

平台，着力提升数据治理水平，重点开展三个方面的工作：一是建立以 SAP ERP 为核心的业务支撑系统，将涉及药物研发、质量管理、仓储管理、营销服务、协同办公等业务领域的 LIMS、QMS、WMS、CRM、e-HR 等多套系统集成，打通端到端的业务流程，增强业务协同和数据共享，提升业务响应速度；二是通过 ETL 数据引擎搭建数据中台，汇聚各部门业务数据，实现覆盖全流程的信息化管理，为各业务部门提供真实可靠的数据；三是搭建决策平台，集成各业务系统的信息数据进行深度加工，建立营销、市场、生产、商务、财务等业务领域的管理主题，如营销全景图、市场全景图、商业库存分析、财务综合分析等，统一展现企业运营状态信息、支撑经营决策。企业数字化改造后，减少了系统间单据的重复录入，实现了数据协同管理，数据资源利用效率达 90%，进而推动生产效率提升 10% 以上，运营管理效率提升 20%，财务核算效率提升 30%，达到了工信部的数字化水平三级标准。

三、存在的问题及原因分析

由于中小企业位于价值链中低端，其数字化基础较弱、改造周期较长，使得其数字化转型依然存在许多困难和挑战，突出表现为不想转、不会转、不敢转的"三不"现象。中国信息通信研究院院长余晓晖认为，出现"三不"现象的原因主要有四个方面：一是生存压力大，导致转型意愿不强；二是行业覆盖广，转型需求各异；三是数字基础薄，转型成本高昂；四是专业能力弱，转型资源匮乏。[①] 对于杭州市中小企业数字化转型过程中存在的这些问题，需要各方深入探索、持续推进。

---

① 余晓晖：《破解中小企业数字化转型"三不"难题》，《学习时报》2024 年 3 月 18 日，第 5 版。

（一）主要问题

杭州率先在中小企业数字化转型领域进行了有益探索，并取得了积极成果。但是，面对量大面广的中小企业，杭州在推进数字化转型过程中还存在一些不足和问题，主要有以下几个方面。

1. 中小企业数字化改造的覆盖面还不够广。虽然近年来杭州通过制订方案、出台政策、打造样本、以点扩面等举措，大力推进汽车零部件、金属加工制造、纺织印染等细分行业中小企业数字化改造，并取得了一定的成效——中小企业数字化改造企业从无到有、从点到面、从浅到深，但对于全市数量庞大的中小企业而言，不管是从行业的覆盖面还是从进行数字化改造的企业数量的占比来看，都远远不够，离杭州市打造"全国数字经济第一城"的目标还有不小的差距。

2. 中小企业数字化改造的程度还不够高。杭州中小企业数字化改造整体处于初、中期，超过80%的中小企业仍在初始状态下探索数字化转型路径，而完成数字化深度应用改造的还不到5%。数字化较多的是在办公、信息集成等方面，而在智能制造、生产工艺等核心业务方面推进缓慢。根据相关调查数据，中小制造企业办公网络平均覆盖率已接近90%，但关键工序的数字化装备应用比例不到45%，只有不足1%的企业能够采用智能化技术支持核心业务发展。

3. 中小企业数据要素的开发利用还不够深。目前杭州大多数中小企业对数据的利用赋能还停留在初级阶段：只是在提高生产效率、降低用工数量和提升安全生产水平等方面展现出数字化改造带来的成效。对已采集的数据进行分析和开发应用的企业的占比还很低。产业链各环节数据采集存在困难，已建系统数据标准不统一，自建数据资源对共享赋能安全保障不信任。这些因素均制约了数据要素的开发，导致决策者不能依据数据实施有效的决策，从而阻碍数字化制造落地，更谈不上基于数据开发进行数字化转型。

（二）原因分析

1. 中小企业数字化转型思维还有所欠缺。从中小企业的诉求变化来看，前些年刚开始推行数字化改造时，大多数企业确实存在"不想改、不敢改、不会改"的问题，但几年下来，越来越多的中小企业"想改了"，却不知道"改什么、怎么改、找谁改"。相当部分中小企业将数字化转型等同于业务信息化，对业务转型、数据赋能以及流程再造的本质缺乏系统性思维，难以提出可实施、见效快的数字化转型切入点。同时，大多数中小企业对数字化转型缺少整体战略及长期规划，对数字化转型路径缺乏思考和谋划，导致目前制造业企业数字化转型普遍面临"改什么、怎么改"的困惑。

2. 中小企业数字化转型要素保障还不足。杭州大部分中小企业存在人才储备不足的问题，尤其是传统加工制造类中小企业普遍缺乏具有业务背景的数字化人才或具有数字化技术背景的业务技术人员，导致数字化与业务的割裂，削弱了制造业企业数字化改造的能力和动力。同时，数字化转型需要投入较大规模的资金，但调查到的绝大多数中小企业都面临资金投入不足的情况，部分企业认为投入产出低且面临风险较大，尤其是在目前经济下行、企业订单不足等严峻的形势下就更为凸显。

3. 中小企业数字化转型后的绩效评估还不够。对已经实施数字化改造的中小企业进行分析，我们发现，除了企业负责人的先进理念、政府的激励政策和数字化改造服务商的积极参与等因素外，大部分中小企业是通过"看样学样"，尤其是看到同行企业数字化改造后所带来的红利来下定实施数字化改造的决心的。目前，杭州正在积极推进细分行业中小企业数字化改造，并通过每个行业打造几个样本企业，然后由样本企业"现身说法"来推动整个行业的数字化改造，但由于缺少直观形象、有说服力的绩效评估，一些中小企业往往还是存在等待观望的心态。

四、对策建议

首先，如何让中小企业感知到并相信企业数字化转型能长远且有效提升企业价值，是切实解决当前中小企业普遍面临的"不想改""不会改""不敢改"问题的关键所在。其次，政府政策的精准实施是推进中小企业数字化转型的主要路径和保障。政府出台的融资、税收等方面的鼓励政策，可以解决中小企业在资金方面的顾虑，降低转型成本、提升试错动力。[①] 最后，在数字化转型初期阶段，只要有部分企业能进入成功转型的第一步，就会产生良性的示范效应，并逐步营造出良好的数字化转型环境。

（一）多措并举，推进中小企业从"不想改"向"很想改"转变

经过杭州市政府多年的努力，越来越多的中小企业对数字化改造的认识从"不想改"转变到了"想要改"，但是从"想要改"进一步到"很想改"仍需要一个较长的过程，建议从以下三个维度加以推进。

一是在宣传上要更精准。有一些中小企业负责人认为，数字化是"高大上"的事物，自家企业与之相比，差距很大、遥不可及。企业产生这种想法缘于政府、媒体宣传的数字化转型企业大多都是一批示范企业、资金投入较大的企业，这使部分中小企业主产生了片面的理解。因此在宣传方面，政府、媒体既要宣传示范企业，更要多宣传成功走出数字化改造第一步的企业的做法，这样也许会有更好的宣传效果。同时，也要积极宣传数字化改造后企业在业务接单方面的优势，增强企业数字化改造的紧迫感。

二是在政策扶持上要更精准。政策制定要以推进企业数字化改造为目

---

① 王勇：《中小企业数字化转型动力机制研究——基于技术接受模型（TAM）视角》，《财会通讯》2024 年第 16 期。

的，在制定政策时要多听取企业意见，出台政策后要多宣传，最好是点对点地宣传，避免企业因错过申报时间而享受不到政策。此外，要进一步简化履行程序，方便企业兑现。例如，萧山区首创轻量化应用产品免费供给模式，面向全区数改 1.0 未覆盖企业发放 3 万元"数改券"，该类券无须企业上线操作，根据名单直接发放至镇街平台账户；面向重点行业数改 2.0 未覆盖企业发放 8 万元"数改券"，企业需线上注册并登录平台进行领取。可以在该模式基础上探索一些操作简单、有效实惠的政策措施，并逐步向其他地区、各类行业推广。

三是在第三方服务上要更精准。第三方服务商对于中小企业的数字化改造非常重要，但很多第三方技术人员对企业生产了解不够，也不愿意花时间去研究生产工艺，使得他们很难有针对性地为企业提供数字化改造方案，也削弱了企业对数字化改造的热情。因此，政府在遴选数字化服务商时，要更加重视其与行业企业的匹配性，服务商在为企业提供数字化改造服务时也要主动选择懂生产的技术人员，从而更好地为企业提供精准服务。鼓励服务商深入行业企业调研，为企业"画像"，厘清企业生产经营的机理、流程、工艺，找准痛点、难点、堵点，系统梳理企业的共性问题和需求，帮助企业明确数字化转型思路、制定转型策略。

（二）强化保障，推进中小企业从"不敢改"向"大胆改"转变

多数中小企业不敢进行数字化改造主要有三个担心：一是担心资金投入大，且效果不好；二是担心改造后运行管理难；三是担心各类数据的安全性。要化解中小企业以上担忧，需要从政府和服务商两方面加以推进。

一是继续加大对企业数字化改造投入的奖补力度。相关职能部门要加大对数字化改造企业的帮扶力度，除了在数字化改造总费用方面给予一定比例的经费补助之外，还要在方案把关、第三方服务商选择、改造过程中指导以

及政策兑现等方面加大服务力度。探索金融和保险行业参与中小企业数字化改造模式，进一步完善"数 e 担保贷"等杭州政担银专属产品，鼓励各区县结合实际情况推出"数改贷"和"数改险"等数改金融保险产品，解决和消除中小企业在数字化改造资金方面的困难和风险。

二是加大优质中小企业数字化转型服务商的支持力度。完善全市中小企业数字化转型服务资源池，公开择优遴选扎根细分行业并熟悉中小企业需求的服务商、服务平台进入资源池，打造小型化、快速化、精准化的数字化系统解决方案和产品，为中小企业提供转型咨询、诊断评估、设备改造、软件应用等一揽子数字化服务，形成一批可复制、可推广的典型模式和样板工程。支持各区县因地制宜制定差异化配套政策措施，打造一批"小灯塔"企业作为数字化转型样本。

三是引导服务商为企业数字化改造提供全程服务。数字化改造服务商在充分了解、熟悉企业生产、销售、管理等情况的前提下，提出解决企业实际问题的数字化改造方案，要落实技术人员做好对改造过程的全程指导，同时要帮助企业对员工进行数字化知识的培训和辅导，让员工能熟练掌握相关操作。此外，要多组织中小企业数字化改造"看样学样"活动，不仅要在公众号上开设专栏宣传杭州中小企业数字化改造"看样学样"，还要积极组织企业负责人、技术人员对完成数字化改造的企业进行实地考察学习，开展数字化知识的培训。

（三）梯度实施，推进中小企业从"面上改"向"深度改"转变

中小企业数字化改造是一项需要持续发力、久久为功的系统工程。面对杭州市中小企业量多面广、经营情况复杂的特点，推进中小企业数字化改造工作不可能一蹴而就，需要循序渐进、梯度实施。既要在打造"点"的示范方面拓展点的数量和代表性，又要在推进"面"的覆盖方面拓展行业的广度

和企业的数字化改造深度。

一是打造更多具有引领性和代表性的中小企业样本。以行业为基础，既要打造一批行业内以"未来工厂"为标准的示范引领性企业，又要根据企业规模、经营情况选出一批不同数字化层次的样本企业。要加快"看样学样"复制推广，对全市中小企业开展数字化水平摸排工作，根据数字化水平对企业进行分类，分类分步实施推进。特别要针对不同行业的特点，开发出一系列门槛较低、见效快、易用性好的数字化转型工具，帮助不同行业的中小企业尝试开始数字化历程，并切身体验数字化的益处。

二是支持中小企业实现"网络化＋链条式"数字化转型。围绕杭州市"五大产业生态圈"建设，加快中小企业产业集群和产业链供应链转型步伐。政府牵头"懂行人"进行调研摸排，选取中小企业较为集中、转型迫切且条件相对成熟、经济社会效益明显的细分行业进行首批重点支持，后续分批次推进。要积极发挥行业头部企业以及设备主机厂的作用，加快推进"链主工厂"配套链建设，围绕省市标志性产业链企业，面向产业链供应链企业提供技术和产业优势的专业化服务，引育产业链供应链核心环节企业，通过上下游配套、开放应用场景和技术扩散等方式赋能中小企业，助力中小企业加速核心业务环节的数字化转型升级。

三是大力开展数字化人才培训。充足的数字化人才储备是实现中小企业数字化转型走广走深的重要基础。高素质的"数字工匠"队伍，是推动制造业数字化转型升级的主力军，是企业数字化转型成功的关键。在数字化转型中，企业工程师和工匠的经验及创新思维将发挥不可取代的作用。[1] 要依托在杭高校资源，为各行业中小企业开展数字化转型专题培训，全面提升企业

---

① 杨礼杉：《广东省中小企业数字化转型的现状分析及对策建议》，《全国流通经济》2024 年第 18 期。

员工的技术水平和综合素质。围绕中小企业数字化转型迫切的人才需求，实施中小企业数字化转型人才培训计划，联合高校、职业学校、行业协会、社会培训机构等，组建人才培训共同体。建立完善中小企业数字化转型人才培养和评价机制，探索推出各行业领域的人才认证标准。

游戏产业助力传统文化传承研究
——以《黑神话：悟空》为例

洪　洁[*]

摘要：本文以《黑神话：悟空》为例，分析游戏产业通过数字化技术还原、创新表达以及产业链的融合互动等方式，能够助力传统文化传承；进而，研判出游戏产业面临着技术滞后、创新能力和意识不足、产业协同不够等困境。为了更有效地通过游戏产业传承传统文化，同步提升产业竞争力和文化影响力，本文提出甄选合适文化资源、培育和打造大 IP，打造精品爆款、彰显产业特色优势，以及加大对游戏产业科技扶持力度、强化游戏产业链协同发展等建议，实现游戏产业和优秀传统文化数字化的高质量发展。

关键词：游戏产业；传统文化；传承；《黑神话：悟空》

游戏作为一种文化娱乐产品，已经成为数字经济的核心组成部分。根据《2023 年中国游戏产业报告》，2023 年我国游戏用户规模已达 6.68 亿人，

---

[*]　洪洁，杭州市社会科学院助理研究员，主要研究方向为环境经济学。

游戏市场销售收入达 3029.64 亿元。[①]2024 年上半年，游戏市场的实际销售收入达到 1472.67 亿元，同比增长 2.08%；用户规模增至 6.74 亿人，增幅 0.88%，创下新纪录。[②]

在文化与科技融合的时代背景下，游戏以其能将传统文化与数字技术相结合的独特魅力，吸引着越来越多玩家的关注。2024 年火爆出圈的《黑神话：悟空》就是中国传统文化创新表达的经典案例，不仅为中国游戏产业树立了新的标杆，也为新时代如何更有效地传承传统文化提供了有益的启示。

一、游戏产业助力传统文化传承的基本路径

（一）科技赋能，展现传统文化魅力

游戏是超级数字场景，这已经是行业共识。技术是数字游戏的骨架，近年来，虚拟现实、数字孪生等新兴数字技术的涌现和多技术的协同运作，使得游戏画面和场景的呈现更加逼真，实现了从现实到虚拟的高清复制，推动游戏以更具智能感、沉浸感和互动感的形式表现传统文化，助力传统文化全面展示其魅力。

1.通过将建筑、音乐、服饰、背景画面等元素巧妙地融入游戏，更智能地展示传统文化的底蕴。《黑神话：悟空》以古建筑、塑像、壁画等为蓝本，通过"虚幻引擎 5"制作，以及对几何细节的超高精度渲染和动态的全局光照效果，使得游戏中的古老建筑纹理、塑像细节展现出惊人的真实感，打造出一

---

① 《2023 年国内游戏市场销售收入首次突破 3000 亿关口，用户规模 6.68 亿人创新高》，https://www.163.com/dy/article/IM3CI0C5051480KF.html。
② 《2024 年上半年中国游戏产业总产值超过 1400 亿元，游戏用户规模 6.74 亿再创新高》，https://www.xhby.net/content/s66a3a070e4b0ac1d26c1c4c8.html。

个充满东方美学意境的虚拟世界，令玩家仿佛置身于真实的文化环境中；配乐则致敬了 1986 年版电视剧《西游记》片头曲《云宫迅音》，既使用了小号、铜管等管弦乐，也展现了古筝、琵琶等中国传统民乐的魅力。此外，游戏中一段非物质文化遗产——陕北说书片段也因其极具感染力的唱腔而备受关注。

2. 通过角色扮演、游戏任务等实践体验，更沉浸地感受传统文化精髓。场景体验的高度沉浸感是游戏的核心之一，也是玩家投入情感的基础。在游戏中，人物角色是玩家深度参与游戏的化身，对玩家感知游戏主题和理解其中的文化内涵起到了十分重要的作用。《黑神话：悟空》的玩家在游戏中扮演"天命人"，通过战斗和完成任务可以获得经验值和各种资源，从而提升角色的等级和属性。同时，玩家还可以收集不同的武器、装备和道具，来增强角色的战斗力。这种角色扮演与成长系让玩家能够切实感受到角色的成长和进步，增强了玩家与角色之间的情感联系，使玩家更加投入到游戏的角色塑造和发展过程中，从而提升了游戏的沉浸感。游戏中的任务关卡设计巧妙，充满了各种挑战和探索要素。每个关卡都有独特的地形和敌人分布，玩家需要不断地探索、解谜，才能找到前进的道路和隐藏的宝藏。在探索过程中，玩家还会发现一些与《西游记》原著相关的故事和情节，例如，在一些隐藏的角落里，玩家可能会发现神秘的佛像、古籍等物品，通过了解这些物品背后的线索，可以了解到更多关于西游世界的秘密，激发玩家的探索欲望，使玩家更加沉浸于游戏的世界中。

3. 通过及时反馈的游戏机制，实现深层次的情感交互，从而建构对传统文化的认同。游戏机制的核心是明确的即时反馈，是决定玩家是否对游戏持续投入精力与情感的关键。玩家进行交互动作和释放技能时会获得文字、音效、动画等形式的反馈。[1] 例如，《黑神话：悟空》中闪身的正反馈很强，让

---

[1] 马芝熠：《国风游戏〈剑网 3〉中的中国传统文化认同建构》，《科技传播》2023 年第 9 期。

玩家感受到自己的操作对游戏进程的影响，从而更加投入地参与游戏；再如虎先锋场景中的血池，通过场景细节向玩家传递信息，使玩家更深入地理解游戏世界，产生情感上的触动。这种情绪价值不仅体现在游戏本身带来的愉悦和满足感上，更体现在游戏所引发的文化共鸣和民族自豪感上。玩家在这个过程中不是被动地接受文化信息，而是通过一种情感交互的形式，形成对传统文化的认同和共鸣。

（二）创意加持，焕发传统文化新生命力

文化属性是游戏中最有价值的部分。[1] 技术固然是文化表达的工具，更是增强文化传播力和吸引力的重要手段，但其核心仍然是文化本身。优秀传统文化宛如一座资源丰富的宝库，只有深入挖掘其精神内核与文化元素，推陈出新，将传统文化的精华与当代数字技术的创新与现代表达的活力巧妙地编织在一起，才能让公众通过更加直观、生动的体验感受到传统文化的不朽魅力。

抛开技术层面的外壳，《黑神话：悟空》在内容方面也展现出优秀文艺作品的特质[2]，甚至可以说，《黑神话：悟空》表面火的是游戏，但真正的制胜秘诀是对传统文化 IP 的创新性改编。游戏并没有单纯复刻《西游记》的故事，而是进行了富有创意的拓展和延伸，既保留了传统文化的精髓，又赋予了现代人文关怀。让玩家在体验游戏的同时，也能领悟到更多的人生哲理。剧情讲述的是取经后的孙悟空，为彻底摆脱紧箍咒的束缚而离世，他六根中的五根被杨戬分发给西游路上的妖怪，第六根则转世成为"天命人"。为了

---

[1] 《从〈黑神话：悟空〉爆火透视文化产业新亮点》，《新华每日电讯》2024 年 8 月 30 日，第 7 版。

[2] 徐宁、陈洁：《从悟空"摇身一变"看文化资源转化——〈黑神话：悟空〉热引发的文化产业思考》，《新华日报》2024 年 9 月 18 日。

探寻昔日传说的真相、找回孙悟空的记忆，玩家所扮演的"天命人"需踏上充满艰难险阻的西行之路。由于每个人对西游意义的理解各不相同，玩家在通关后会解锁多种不同的结局。有的"天命人"戴上紧箍圈重走轮回，也有的从此掌控自己的命运……在游戏中一次次重走西游路，才能领悟到更多道理，诸如信念与认知、个体与团队、情感与责任、成长与束缚等。而在海外，不少玩家一边打游戏一边研究《西游记》"补课"。在外国论坛"红迪"等社交媒体平台上，不少网友就孙悟空和《西游记》背后的故事展开讨论。

孙悟空这个经典角色从早年的动画片《大闹天宫》到周星驰的电影《大话西游》，再到网络小说《悟空传》，不断被重新诠释。《黑神话：悟空》的出色之处在于游戏触及人心的创新，既保留了传统的精髓，又没有被IP所束缚。游戏主创以当下的视角去探寻作品中的人物以及人与人之间的关系，剥开外壳，对人物、人物命运以及故事进行时代化的解读，精准地传递出原著的精神面貌，赋予了悟空这个角色更多的深度与内涵。甚至有人认为，这款游戏不仅是一个成功的娱乐产品，更是一个全新的IP"黑悟空"的创始。这个新的IP将脱离传统《西游记》的框架，成为年轻人心中新的文化象征。

（三）产业联动，衍生传统文化新业态

消费者尤其是年轻一代对于文化产品的消费需求越来越多元化，他们不仅追求产品的实用性和功能性，更注重其背后的文化内涵和情感价值，这是产业联动破圈效应日益凸显的原动力所在。[①] 成功游戏IP的供给，契合了这种消费需求，为文化的跨界联动提供了更多的可能性和技术支持。

《黑神话：悟空》印证了游戏的溢出效应：除了游戏产品的火热销售外，

---

① 《从〈黑神话：悟空〉爆火透视文化产业新亮点》，《新华每日电讯》2024年8月30日，第7版。

还能提升品牌价值和市场竞争力，游戏不仅向动漫影视、周边产品迈进，甚至对于推动产业链发展、实现多业态融合也具有重要意义。

2024 年 8 月 20 日，众游戏迷期待已久的《黑神话：悟空》正式在各大平台向公众发布。据统计，《黑神话：悟空》当天在各大平台的销售量超过 450 万份，总销售额超 15 亿元，Steam 平台的同时在线人数一度突破 200 万。《黑神话：悟空》还带动了周边产品的销售，掀起跨界合作热潮：瑞幸咖啡联名的"黑神话腾云美式"咖啡和周边产品上线后即售罄；"天命人"手办的游戏典藏版实体礼盒同步在电商平台上架，限量 1 万套瞬间被抢完。

《黑神话：悟空》对产业链的推动则凸显在文旅融合上。游戏场景中多处实景扫描的名胜古迹，迎来"泼天流量"：山西晋城玉皇庙因为拥有游戏中高人气 Boss "亢金龙"真身，游戏上线当天，景点售出门票同比增长 300%；华严寺景区的游客接待量与去年同期相比，增长了 50% 以上；在《黑神话：悟空》的带动下，山西国家级旅游度假区三季度住宿预订量同比增长近 2 倍；杭州作为《黑神话：悟空》的孕育地，游戏中出现的灵隐寺等景点也吸引了大量游客尤其是年轻游客群体，他们因游戏而对杭州的相关景点产生兴趣，从而扩大了杭州旅游的市场覆盖范围，为杭州旅游市场注入了新的活力。不仅如此，一些能够畅玩这款游戏的电竞酒店也因此被带火。

二、游戏产业助力传统文化传承的现实困境

（一）技术滞后导致文化还原效果受阻

数字技术是实现游戏文化还原最重要的一环。虽然近年来中国的数字技术水平正在逐步提升，与西方国家的差距明显缩小，但仍然处于相对落后的状态。

首先，我国在游戏底层开发技术方面还发展不足。在物理引擎、图形渲染等高端技术的自研能力上，国产游戏相较西方国家仍有较大差距。部分游戏仍依赖于国外技术，这在一定程度上限制了国产游戏的创新和发展。以游戏引擎为例，游戏引擎作为核心技术，具备如"芯片"对于计算机一样的地位。虚幻引擎（UnrealEngine）和 Unity 等游戏引擎长期占据市场主导地位，虽然随着中国游戏产业的快速崛起，腾讯等国内公司目前已在自研开发相关引擎技术，但国内较为知名的自研游戏引擎如 Cocos2d-x 主要面向 2D 和轻量级 3D 游戏，在 3A 级大作的开发支持上仍显不足。游戏引擎除了在计算机图形学上需要大量研发投入，以保证能及时地迭代更新外，还需大量行业中的专业人员长期对编辑器（Editor）进行打磨，让界面更为友好，使软件能用、好用、易用。《黑神话：悟空》使用的仍然是美国游戏引擎"虚幻引擎 5"。

其次，游戏开发对服务器架构和网络性能要求极高。尽管我国的云计算和大数据技术在快速发展，但在全球范围内的服务器布局、跨国网络优化等方面仍存在不足。这可能导致玩家在跨国游戏中遇到延迟高、掉线等问题。

（二）创新 IP 意识和能力不足导致精品不多

近年来，越来越多的游戏尝试从传统文化中汲取营养。音数协游戏工委开展的文化调研报告显示，84% 的中国游戏企业在游戏角色设计中借鉴了中华传统人物，98% 的企业在游戏环境与物品设计中采用了中华传统文化要素。[1] 但多数游戏并没有深入探索传统文化应有的内涵，只是一味地进行传统文化元素堆叠，并不能真正实现对文化精髓进行准确提炼，所以游戏仅仅是一种披着传统文化"外衣"的空洞皮囊。像《黑神话：悟空》这样的高品

---

[1] 苏墨：《从出圈到出海，文化助力游戏产业逆风翻盘》，《工人日报》2023 年 12 月 31 日，第 4 版。

质单机游戏研发成功的案例相对较少。整体来看，在国内游戏研发领域中，中小团队面临资金、技术、人才等方面的压力，开发大型高质量游戏的能力有限，倾向于沿用"短平快"的游戏制作模式，不愿意投入资金用于文化钻研、创新，导致抄袭模仿等"山寨游戏"现象蔚然成风。这种低成本、高收益的运作模式扼杀了制作者通过挖掘更多的文化遗产来丰富游戏文化内涵的积极性，造成国产游戏的同质化严重。《黑神话：悟空》这种既有创新，又不破坏传统文化内核的作品，自然能脱颖而出。但对于熟悉《西游记》原著及相关经典故事的玩家来说，《黑神话：悟空》剧情的深度和丰富度还不够，难以完全展现原著所蕴含的深刻的文化内涵和哲学思想。比如部分玩家认为游戏中的天庭和如来佛祖等神话形象被塑造成负面的阴谋角色，这与传统文化中的正面形象有较大出入；再如游戏中存在一些情节暗示了悟空与白骨精之间的特殊情感，这更让一些玩家难以接受，觉得这样的改编破坏了大众对原著中孙悟空等经典形象的固有认知。

（三）产业协同不足导致缺乏集成

游戏产业链包括游戏的正片、后续、DLC（游戏拓展包），动画电影和系列番剧，漫画的单行本和条漫，衍生品的联合开发和授权，以及文旅的文化传播和 IP 联动等内容。这涉及多个产业领域，其协调和整合需要耗费大量的人力、物力和财力，并且需要克服文化、理念、收入分配等问题上的分歧，所以实际情况中难以形成有效的合力将游戏中所涉及的文化理念打造成具有广泛社会影响力的大 IP。[①] 以家喻户晓的"孙悟空"形象为例，目前市场中涉及该人物的游戏包括《梦幻西游》《英雄联盟》以及《黑神话：悟空》等

---

① 王开元：《游戏产业助力传统文化数字化传承的路径完善》，《商业经济》2024 年第 9 期。

上百款，虽然这些游戏对"孙悟空"类传统文化元素的传承和创新具有推动作用，但彼此之间未形成完整产业链结构。

而像《黑神话：悟空》这类大型单机买断游戏，因为研发周期长、成本高、风险大，一直以来国内游戏企业对其投入相对谨慎，而将更多精力放在网游、手游等更具盈利性和市场稳定性的项目上，所以缺乏相应的积淀。整套工业流程和人才，国内凤毛麟角。《黑神话：悟空》研发团队当时选择杭州的理由，除了生活节奏与房价因素外，更看重的是这里相对完善的游戏产业生态。杭州不仅汇聚了网易游戏这样的行业巨擘，还吸引了金科汤姆猫、电魂网络、游卡网络等众多知名企业，形成了从技术研发到产品运营的完整产业链，能为《黑神话：悟空》提供强有力的支撑。《黑神话：悟空》虽然很不容易被做出来了，但其实行业整体水平还不能全面达到。因为所有"想要的东西"都关系到技术和工业化流程，创意已经不是决定一切的因素，更重要的是实现。[①] 在宣传视频里，主角会拿起一把刀，为了把这个大多数人意识不到的动作调到平滑顺眼，开发组花了大概两三个月的时间。对比海外大厂的头部大作，我们会发现还是有差距，国外头部游戏企业的基础动作库和对应的数学算法都是黑盒。

三、游戏产业助力传统文化传承的路径完善

（一）甄选合适文化资源，培育和打造大 IP

《黑神话：悟空》的成功要素之一是对经典 IP《西游记》的创新演绎，

---

① 祝佳音：《如今我风华正茂：游戏科学如何制造〈黑神话：悟空〉》，触乐公众号 2020 年 8 月 21 日。

IP 的吸睛力毋庸置疑。IP 的高度创造性、转换性、参互性，或将成为推动文化产业发展的全新制高点。中国文化几千年延续至今的古老文明，其实也是全人类共同的文化遗产。这意味着，如果中国开发者没有充分挖掘以本国文化为主题的游戏，其他国家的开发者可能会抢先一步去做相关游戏。① 一个典型的例子就是三国题材游戏，最成功的并非中国开发者制作的，而是 1985年由日本的光荣公司打造的《三国志》。近年来，随着中国游戏玩家购买力的逐渐提高，越来越多的国外制作商开始注重中国庞大市场的潜力，在其开发的游戏中融入中国传统文化元素。为此，我们应全面梳理传统文化资源，培育和打造更多国产优质游戏 IP，建立起庞大的优秀国产 IP 集群，不仅让更多的传统文化及时得到传承和发展，也让文化娱乐产业的发展为经济高质量发展提供更有力的支撑。

传统文化涵盖的内容极为丰富，在开发游戏时，需要精准筛选出与游戏主题和玩法相契合的 IP。如《西游记》《封神演义》这样的神话传说，众多神通广大的神仙、妖怪以及精彩的法宝系统可融入游戏玩法；又如武侠仙侠类小说，可以构建宏大的武侠世界仙侠门派，采用成长型玩法吸引玩家沉浸其中。在各种文化 IP 中，英雄人物 IP 最能够跨越国家、民族和文化的鸿沟，被全球消费者所认可。比如美国仅漫威和 DC 两大漫画公司，就塑造了超人、蝙蝠侠、神奇女侠、蜘蛛侠、金刚狼等诸多人们耳熟能详的超级英雄形象。日本也有许多可以与之媲美的超级英雄形象，比如奥特曼、假面骑士等。这些人物既有超现实的能力设定，又有英雄的人格魅力，因而深入人心。这些超级英雄 IP 不仅成为相关国家文化产业经济的重要一环，也成为它们传播价值理念的重要载体。其实，我国的美猴王、哪吒、葫芦兄弟、黑猫警长等以中国故事为内核的国漫也具备开发中国的超级英雄 IP 的基础。

---

① 姜李、黄兰岚、岳雯等：《从〈悟空〉看如何激活游戏中的文化基因》，《环球时报》2024 年 8 月 28 日，第 7 版。

杭州作为全国为数不多的拥有完整文化产业链条和浓郁创新型文化氛围的城市，文化 IP 在杭州地区已初步形成集群化的产业发展态势。我们完全有必要也有基础加大力度、挖掘潜力，推动 IP 产业集群真正在杭州落地生根，使得文化 IP 产业成为杭州的活名片。杭州是中国网络文学 IP 的主要生产地之一，大批网络文学作品在杭州被改编为电视剧、漫画、游戏、微短剧、有声阅读书，网络文学产业链已初具规模。近年来精品国漫持续升温，杭州作为"动漫之都"也因此成为国漫 IP 焕发新生的热土。大量杭产动漫佳作如《郑和下西洋》《秦时明月》《乐比悠悠》《舒克贝塔·五角飞碟》等不断涌现。还有一批本土动漫企业成长迅速，如中南卡通、电魂网络、网易雷火、玄机科技等。除了本土孵化的优秀企业外，追光动画等越来越多的知名动漫影视头部力量也在杭布局。杭州正日益成为中国原创动漫发展的新高地。如手握《秦时明月》《天行九歌》《武庚纪》等大 IP 的杭州玄机科技，其自有的动漫 IP 大多以中国传统文化与历史作为切入口，涉及东方武侠、玄幻等题材，广受年轻人青睐。为此，应充分挖掘 IP 资源，包括以 IP 为核心，鼓励作品改编。建立 IP 改编孵化机制，设立专项扶持资金和孵化项目，支持优秀 IP 的改编创作；对于有潜力的网络文学 IP 改编动漫或游戏项目，提供资金资助、技术指导、市场推广等全方位的支持，帮助其顺利实现从文学到动漫、游戏的转化，并确保改编作品的质量和影响力。

（二）打造精品爆款，彰显产业特色优势

动漫、游戏、电竞作为文娱产业链的不同环节，它们之间相互关联、相互依存，杭州应以《关于推进新时代杭州动漫游戏和电竞产业高质量发展的若干意见》为指导，充分发挥自身优势，通过用好整合资源、协同人才培养、举办多元活动以及政策引导等多方面举措，进一步推动动漫、游戏、电竞三大产业的深度融合发展，彰显智力产业特色和优势。

一是支持头部网络游戏研发企业不断进行技术创新，持续做优做强游戏研发，力争拥有更多现象级的拳头产品，在国内游戏发行权及其电竞赛事版权中拥有更多话语权。加快3A游戏在杭州的系统性布局，摸清现有在研的3A产品、制作能力和潜力，加快引进和培育3A游戏中小研发团队，特别是将一些有情怀、有实力、自带资源的中小研发团队纳入政府服务目标，开展企业和项目孵化，出台更具针对性的政策，支持其参加全球游戏开发者盛会（GDC）、德国科隆游戏展、东京电玩展等海外大型游戏展会中的小型专业展。

二是推动游戏、动漫、电竞产业的深度融合发展，鼓励企业之间开展合作，实现资源共享、优势互补。例如，游戏企业与动漫企业合作开发联合IP，共同打造具有影响力的作品；电竞企业与游戏企业合作举办赛事，提升赛事的品质和影响力；等等。电竞赛事可以以热门游戏为基础，结合动漫元素进行赛事包装和推广，如在电竞赛事现场设置动漫、游戏主题的舞台、道具和表演等，增强赛事的观赏性和趣味性。企业也可以联合开展人才培训项目，例如游戏企业与电竞俱乐部合作培养既懂游戏开发又了解电竞赛事组织的复合型人才，动漫企业与游戏企业共同培养具备跨领域创作能力的美术设计人才。这种人才培养模式有助于打破产业间的人才壁垒，提高人才的综合素养与创新能力，为产业的深度融合发展提供坚实的人力支撑。

三是彰显智力产业特色和优势。当前，在各大城市争相入局的现状下，为了实现差异化竞争，杭州应进一步彰显智力产业发展特色。经过杭州亚运会的检验，智力电竞运动已成为杭州最具竞争力的优势项目之一。以《三国杀》为例，经过多年发展已形成了实体桌游、PC和移动等多端互通的数字游戏、电子竞技赛事这样覆盖多场景的游戏内容和交互生态，发展成了一个影响数亿人的国民级文化游戏IP。未来应鼓励本土游戏企业更多地开发智力游戏产品，扩大杭州智力电竞赛事的影响力，擦亮杭州智力电竞和游戏产业特色品牌。

四是通过多种渠道宣传杭州的游戏、动漫、电竞产业品牌，提高品牌知名度和美誉度。例如，利用社交媒体、网络直播、线下活动等进行宣传推广，展示杭州在这些领域的优秀作品、企业和人才，吸引更多的关注和投资。充分发挥杭州直播领域的优势，丰富游戏与电竞赛事传播渠道。目前短视频平台已经成为互联网用户流量的中心，用户流量成本低、用户规模庞大。对于游戏厂商来说，如何利用短视频平台及营销投放工具，快速生产优质内容、快速起量和迅速破圈是目前最重要的事。围绕原生广告、视频、直播、达人引流等，实现游戏营销的策略落地，实现游戏破圈、游戏 IP 打造和私域数字资产积累，从而在游戏存量时代竞争中获得优势。

（三）突出融合发展，拓展产业价值与边界

单一产业难以完整承载游戏产业发展的价值和边界，融合必将是未来趋势。通过游戏产业链条，不断催生新业态、塑造新模式、创建新应用，以"游戏＋"推动新经济高质量发展。

一是丰富游戏体验场景。以游戏为切入点加快虚实融合、线上线下融合，充分发挥游戏作为"元宇宙"等新技术的典型应用场景的优势，支持头部游戏企业将线上 IP 游戏产品向线下实体进行场景转化。甄选包含宋文化、西湖文化、运河文化、良渚文化等杭州元素的游戏，将游戏体验植入博物馆、产业园区、商场、公园等各种产业空间和生活空间。

二是以"游戏＋旅游"为重点，推动游戏与其他产业融合发展。除了打造基于《黑神话：悟空》这样的热门游戏设计的游戏主题线路，让游客亲身体验游戏中的场景外，还可以以游戏所蕴含的历史文化背景为线索设计线路。比如以三国文化为背景的游戏，可以串联起杭州与三国相关的遗迹、景点，打造三国文化主题游，包括富阳的三国文化公园等，让游客在游览中感受游戏文化的底蕴。借鉴国内外成功的主题公园经验，打造以知名游戏为主

题的大型乐园。比如以网易的《梦幻西游》为主题，建设包含游戏场景还原、角色互动、游乐设施等在内的主题公园，游客可以在其中沉浸式体验游戏中的奇幻世界。也可以改造现有景区，开辟游戏主题区域。在一些自然或人文景区中融入游戏元素，进行局部改造，设置与热门游戏相关的互动体验点、打卡点，让传统景区焕发出新的活力，以吸引更多年轻游客。以"游戏＋旅游"为重点，推动游戏与其他产业融合发展，使"电竞＋文化"成为杭州发展电竞产业的特色。

三是打造游戏电竞商业综合体。全国首座亚运赛事标准的专业电竞场馆——中国·杭州电竞中心已正式投入使用，除举办大型赛事活动外，应以电竞馆或者场馆为核心带动周边相关产业的发展。如 EDG 新主场上海国际新文创电竞中心，就涵盖了赛事场馆、电竞酒店、电竞博物馆、零售商店等。未来，杭州应布局建设若干集社交、娱乐、休闲、消费于一体的游戏电竞商业综合体，满足游戏电竞人群一站式娱乐生活需求。支持在特色商业街及传统商圈改造过程中开发游戏电竞新场景，形成汇集电竞社群和游戏文化生态的开放式街区。

（四）加强新技术运用，支持游戏产业做大做强

作为一个工业体系，现代游戏开发已经成为一个高度复杂、跨学科的系统工程。云计算、人工智能、虚拟现实等新一代数字技术，正加快融入游戏的开发过程中。应进一步加强技术运用与创新，积极推动 5G、人工智能、VR、AR、MR 等技术与游戏相结合。

一是优化基础设施，推动核心技术攻关。要加大对 5G 基站、大数据中心、人工智能等新型基础设施和硬件软件建设的投入力度，推动数字内容生产工具、数字文化发展服务平台、超高清视频摄录等核心技术群研发创新和攻关。聚焦前沿技术应用，重点关注大数据中心、AIGC 及 AR 创新平台、渲

染平台、数字制作基地、特效研发基地等公共技术服务平台的建设。

二是推进政、产、学、研、用一体化。鼓励企业加大研发资金投入，引导游戏企业设立专项研发资金，用于探索新技术、新玩法和新的游戏形式。支持游戏企业与浙江大学、中国美术学院等杭州本地高校合作，共同建立游戏技术研发实验室或科研基地。以高校的科研力量为依托，开展游戏引擎开发、人工智能算法优化、图形图像处理等关键技术的研究，加速科研成果向实际产品的转化，为企业培养和输送专业人才。推动企业与高校、科研机构共同申报和开展产学研联合项目，针对游戏产业中的共性技术难题进行攻关。例如在动作捕捉技术、实时渲染技术等方面开展合作研究，以提升杭州游戏产业的整体技术水平。

三是构建人才培育体系，强化技术人才支撑。游戏产业属于创意密集型行业，人才成本占前期研发成本的 90%。换句话说，游戏产业之争，本质上就是人才之争。目前，杭州游戏产业人才总量有 2 万余人，在"新一线"城市中位居前列[①]，但缺乏高水平复合型人才。数字文化新模式、新业态还在不断涌现，需要一批既精通文化行业业务，又懂数字化技术的复合型人才作为中坚力量领军行业发展。为此，一方面，应该加强高校专业教育。鼓励杭州本地高校优化游戏相关专业设置，如增加"虚拟现实技术""人工智能在游戏中的应用"等课程，加强实践教学环节，提高学生的实际操作能力和创新能力，为游戏产业输送更多专业对口的高素质人才。针对游戏产业的不同岗位需求，开展各类职业技能培训，如游戏开发工程师培训、游戏美术设计师培训、游戏测试员培训等，提升从业人员的专业技能水平，满足企业对不同层次人才的需求。另一方面，应该完善游戏人才或者数字文创人才引育留用机制。制定相关人才建设专项规划，完善人才引进、扶持、激励、安居政

---

① 唐骏垚、丁珊、何贤君：《这只猴子为何从西湖边"蹦"出来》，《浙江日报》2024 年 9 月 2 日。

策，依托重大数字文化项目引才留才。完善人才职称评定体系，建立专门的数字文化行业职称评定标准，重点突出对数字技术应用能力、文化项目创新成果、行业影响力等方面的考核。例如，对于有一定知名度和影响力的游戏主播、自媒体创作者等，可依据其作品的传播量、粉丝数量、社会认可度等指标进行职称认定。探索多元化评定渠道，给予企业自主评定权利。

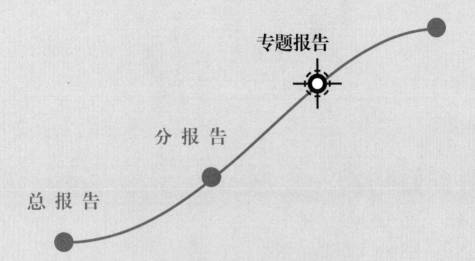

典型案例

专题报告

分 报 告

总 报 告

杭州市电子商务产业焕"新"、加"速"、提"质"发展的对策研究

王光军　潘　进　单子姚　何阳君[*]

摘要： 作为中国电子商务产业的重要发源地，电商产业发展为杭州市打造数字经济"金名片"贡献了重要力量。但杭州市电子商务发展仍面临着新赛道突围压力增大、电子商务新兴领域企业支撑不足及发展生态有待优化等问题，本文从重点发力新兴赛道、完善电商链式体系、加速释放集聚效应、优化要素资源保障、打造一流营商环境等五方面着眼，提出杭州市电子商务产业焕"新"、加"速"、提"质"的发展对策。

关键词： 电子商务；焕"新"、加"速"、提"质"；直播电商；跨境电商

　　作为中国电子商务产业的重要发源地，20余年来，杭州始终走在中国电商产业发展前列，电商产业发展为杭州市打造数字经济"金名片"贡献了重

---

*　本文由国宏（杭州）规划设计研究有限公司课题组完成，组员王光军、潘进、单子姚、何阳君。

要力量。2023 年，杭州实现网络零售额超 12000 万亿元，电商产业增加值占 GDP 比重达 11.5%。近年来，随着科技革命和产业变革的加速演进，电商业态竞争日趋激烈，杭州电子商务发展面临着新赛道突围压力增大、电子商务新兴领域企业支撑不足及电子商务发展生态有待优化等问题，亟须从重点发力新兴赛道、完善电商链式体系、加速释放集聚效应、优化要素资源保障、打造一流营商环境等五方面着眼，推动杭州电子商务产业实现高质量发展。

一、现实基础

（一）量质齐升，电子商务持续引领杭州经济发展

当前，杭州市电子商务产业规模持续扩大，电子商务已成为促进消费、拉动经济增长的重要引擎。2023 年杭州网络零售额突破 12000 亿元，达到了 12321.9 亿元，如图 1 所示，占全省网络零售额的 40.3%，居全省第一；是全市社会零售额的 1.61 倍；[1] 累计完成快递业务量 40.1 亿件，位列全国第五，[2] 同比增长 15.1%；电子商务产业增加值首次突破 2000 亿元大关，达到 2307 亿元，同比增长 13.0%，占全市生产总值比重 11.5%，如图 2 所示[3]。在产业发展方面，杭州凭借网络零售、电商运营、物流管理等多个电子商务产业集群，电子商务产业规模不断扩大，覆盖产业电商、数字零售、数字生活、直播电商、跨境电商等多个领域，培育了阿里巴巴、网易、蘑菇街、张小泉等一批

---

① 张馨予：《2024 "丝路电商日" 正式启动》，《每日商报》2024 年 9 月 26 日，第 6 版。

② 中新经纬：《2023 年快递业务收入同比增 14.3%，粤沪浙位列前三》，2024 年 5 月 10 日，https://baijiahao.baidu.com/s?id=1798664751320207372&wfr=spider&for=pc。

③ 杭州市统计局：《统计年鉴》，2023 年 12 月 4 日，https://tjj.hangzhou.gov.cn/col/col1229453592/index.html。

老牌电商企业和遥望网络、品融电商、碧橙电商、网营科技等一批新兴电商企业,助力毛戈平等企业品牌"出海",逐步形成"电商＋零售""电商＋金融""电商＋物流""电商＋教育""电商＋健康"等多元化产业生态。

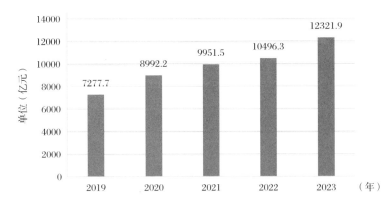

图 1　近 5 年杭州网络零售总额

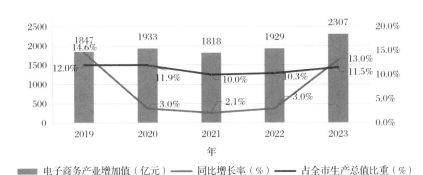

电子商务产业增加值(亿元)　　同比增长率(%)　　占全市生产总值比重(%)

图 2　近 5 年杭州电子商务产业增加值及产业发展变化情况

(二)向新而行,新业态新模式加速崛起发展

直播电商、跨境电商等新电商产业的发展势态异常猛烈。在直播电商领域,引育无忧传媒、交个朋友等一批头部 MCN 机构与直播企业,培育烈儿宝贝、罗永浩、辛巴等一批直播头部达人,在杭电商主播人数近 5 万名。

2022 年，杭州直播电商交易额遥遥领先于其他地市，交易规模占全省直播电商交易总额的 46.9%，直播场次 324.9 万场，位居全省第一。2022 年，在淘宝、抖音、快手等三大直播电商平台实现销售总额超 1700 亿元，电商平台交易量位列全国第一。[①] 在跨境电商领域，杭州作为全国首个跨境电商综合试验区的诞生地，集聚了全国三分之二的跨境电商零售进出口平台，并以跨境电商产业带等方式推动企业融入跨境电商的发展浪潮。2023 年，杭州市全年实现跨境电商进出口规模破千亿元，达 1400.4 亿元，同比增长 16.4%[②]，规模位居全省第二，增速位居全国前列。在数字生活领域，杭州生活服务企业积极进行数字化转型，大力发展数字生活、新零售等新电商产业，其中，数字生活服务引领示范效应明显，已成为引领浙江省乃至全国数字经济的标杆地区，为电商产业发展注入新的活力。

（三）龙头引领，带动电商产业链式集群发展

依托阿里巴巴、网易等头部电商企业的龙头效应，杭州厚植头部企业发展优势，积极引育子不语、珀莱雅、蘑菇街、恒生电子等多家上市企业。2022 年，监测数据显示全市共有电商平台 128 个、平台网店超 1250 万家、"独角兽"企业 39 家、"准独角兽"企业 317 家。分业态来看，直播电商领域，根据浙江省商务部和第三方数据，杭州拥有综合类和垂直类头部直播平台 32 家、电商主播 5 万名，直播相关企业注册量超 5000 家；[③] 跨境电商领

---

① 律新社：《长三角区域品牌所调研：深耕本土"富矿"，新"一体化"呼之欲出》，2024 年 2 月 22 日，http://www.360doc.com/content/24/0222/18/71609669_1114852290.shtml#google_vignette。
② 杭州网：《开放与创新双重驱动　杭州外贸持续增长》，2024 年 10 月 14 日，https://hznews.hangzhou.com.cn/jingji/content/2024-10/14/content_8799575.htm。
③ 网经社：《浙江商务厅：杭州直播相关企业注册量全国第一　每 244 人里就有一个主播》，2023 年 2 月 20 日，http://www.ec100.cn/detail--6624148.html。

域，2022 年，杭州跨境电商卖家数达 5.2 万家，年跨境电商交易额超千万美元的龙头企业有 219 家，规模 2000 万元以上的跨境电商品牌企业有 411 家。此外，杭州积极布局为电商行业提供支撑的物流、支付、代运营、营销等基础性服务和供应链、技术、软件等知识密集型的电商服务企业。以支付服务为例，杭州 PingPong、连连支付、万里汇、珊瑚支付等 4 家头部跨境支付机构服务全国 150 万跨境电商卖家，占据全国七成跨境支付额。

（四）积厚成势，区县（市）基本形成四大发展梯队

近年来，杭州围绕各区县（市）的特色优势，明确各自电商产业功能定位，鼓励各区县（市）错位发展，打造电商产业集聚区，如表 1、图 3 所示，推动电商产业集群式发展。从发展规模来看，已逐渐形成四级发展梯队格局。余杭、滨江为第一梯队，两区网络零售额位列全省前三，网络零售额规模均超 2000 亿元，如表 2 所示。第二梯队为萧山、钱塘、西湖、上城，四区均跻身"千亿俱乐部"。第三梯队为临平、拱墅两区，网络零售额规模均超 500 亿元以上，正奋力跻身过千亿。第四梯队为建德、富阳、临安、淳安及桐庐等五区县（市），通过积极探索"电商＋直播"的新模式，构建农村电商体系，有效拓宽农产品的销售渠道，实现电商产业规模快速增长，2023年，五区县（市）累计实现网络零售额超 620 亿元。

表 1　杭州市各区县（市）电子商务产业功能定位一览表 ①

区域	功能定位
上城区	数智时尚消费第一区
拱墅区	数字新服务示范基地

---

① 前瞻经济学人：《2022 年杭州市特色产业之电子商务产业全景分析（附产业空间布局、发展现状及目标、竞争力分析等）》，2022 年 11 月 3 日，https://baijiahao.baidu.com/s?id=1748462050955734565&wfr=spider&for=pc。

续表

区域	功能定位
西湖区	数字生活示范区
滨江区	直播电商第一区
萧山区	电子商务发展新窗口
余杭区	全球电商产业高地
临平区	数智新电商品质先行区
钱塘区	电商美丽经济样板区
富阳区	数字新零售发展示范区
临安区	农产品电商经济发展示范区
桐庐县	电子商务物流优势示范区
淳安县	生态电子商务示范区
建德市	数字贸易示范区

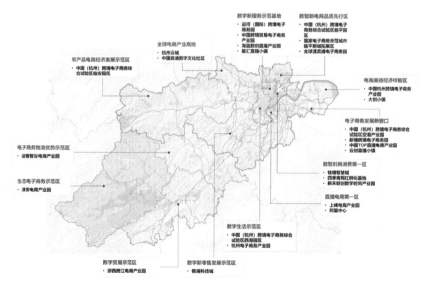

图 3　杭州市各区县（市）电子商务产业功能定位与平台布局①

---

①　前瞻经济学人：《2022 年杭州市特色产业之电子商务产业全景分析（附产业空间布局、发展现状及目标、竞争力分析等）》，2022 年 11 月 3 日，https://baijiahao.baidu.com/s?id=1748462050955734565&wfr=spider&for=pc。

表2 2023年杭州市各区县(市)网络零售额情况一览表 [①]

区域	网络零售额 (亿元)	占杭州市网络 零售总额比重(%)
余杭区	2541.87	20.63
滨江区	2487.97	20.19
萧山区	1308.24	10.62
钱塘区	1261.89	10.24
西湖区	1191.79	9.67
上城区	1187.93	9.64
临平区	931.31	7.56
拱墅区	784.86	6.37
建德市	174.19	1.41
富阳区	152.59	1.24
临安区	137.90	1.12
淳安县	87.15	0.71
桐庐县	74.25	0.60

数据来源:《浙江省2023年1—12月网络零售统计数据》

二、问题短板

杭州电子商务发展已经形成较为完整的电商产业生态圈,总体保持稳中有进趋势,但随着新经济、新技术的渗透及消费者购物习惯的改变,电子商务领域正经历前所未有的转型与重构,以社区电商、直播电商、社交电商、内容电商、生鲜电商等为代表的新电商快速崛起、规模持续扩大,展现出强大的发展后劲。杭州"中国电子商务之都"的领先优势逐渐减弱,面临着重

[①] 金华市商务局网站:《浙江省2023年1—12月网络零售统计数据》,http://swj.jinhua.gov.cn/art/2024/3/7/art_1229398045_4138892.html。

点赛道领域突围存在压力、电子商务新兴领域领军企业支撑不足及电子商务发展生态有待优化等问题。

（一）重点赛道领域突围存在压力

目前全国各地都把发展新电商及跨境电商作为扩内需稳外贸的重点方向。从直播电商领域来看，上海、广州、深圳等国内主要城市纷纷依托自身地缘优势和资源优势，不断出台扶持新电商发展的规划和政策，在新电商领域与杭州展开竞争。虽然杭州拥有最可观的主播数量，但上海拥有大量作为直播主要需求方的品牌且头部直播平台集聚，2023 年，上海直播零售额为4371 亿元，位居城市第一；广州产业供应链完备，直播电商中的"人、货、场"三要素优势明显，网络零售店铺数、直播场次、主播数量等均处于全国前列，综合排名位居全国十大直播之城榜首；深圳拥有以南油为代表的服装、水贝为代表的珠宝、华强北为代表的消费类电子等全国性乃至全球性传统优势产业带。从跨境电商领域来看，2023 年，杭州市跨境电商进出口总额达到1400.4 亿元，同比增长 16.4%，位居全国第五，与排名第三的宁波（2301.8亿元、14.8%）相差约 900 亿元、第四的广州（2000 亿元、45%）相差近 600亿元，与排名第六的郑州（1250 亿元、10%）、第八的成都（1157.9 亿元、21.8%）的差距不显著，存在被赶超风险。

（二）电子商务新兴领域领军企业支撑不足

当前，国内电商格局发生巨大变化，抖音、小红书等新电商平台在一线城市快速崛起，而杭州目前整体电商发展格局仍以阿里巴巴、网易等几家头部电商平台为主导，内容电商、生鲜电商、兴趣电商等电商新赛道缺乏头部、腰部的新电商企业的支撑，目前仅有抖音、快手在杭州设立部分业务，中小企业力量薄弱，行业抗风险能力较差。根据网经社《2023 年度中国电子商务市场数据报告》，2023 年零售电商共有 23 家"独角兽"企业和 24 家"千里马"企业，其中杭州分别拥有 2 家"独角兽"企业和 3 家"千里马"企业，在数量上远少于北京（分别拥有 10 家，6 家）、上海（分别拥有 5 家，9 家）；在 17 家产业电商"独角兽"企业中，杭州仅 1 家企业上榜。

（三）电子商务发展生态有待优化

电商的发展需要强有力的人才储备和基础配套来支撑。目前，杭州市专业人才缺口仍较明显，人才培养与产业发展速度不相配，特别是在直播电商、跨境电商等领域，如杭州跨境电商企业独立站每年人才缺口在 5000 人以上，跨境电商数据分析人才缺口预估在 10000 人以上。[①] 高端人才短缺严重，人才流动大，在主城区之外的区县（市）招引、留住人才的难度大。此外，平台经济"软硬"不平衡，杭州的平台经济以生活消费领域的"软性"平台居多，生产服务领域的"硬性"平台较少。

三、机遇形势

（一）数字消费成为经济增长的重要引擎，为电商创新发展提供了广阔的空间

消费是拉动我国经济增长的"三驾马车"之一，党的二十大报告明确要

---

① 杭州市人民政府网站：《打造跨境电商全球第一流的杭州探索》，2022 年 8 月 2 日，https://www.hangzhou.gov.cn/art/2022/8/2/art_812262_59062519.html。

求，"着力扩大内需，增强消费对经济发展的基础性作用和投资对优化供给结构的关键作用"。2023 年，我国人均 GDP 达到 89358 元，仍处在消费率持续上升的关键阶段，最终消费对 GDP 增长的贡献率连续多年保持在 50% 以上。[1]随着科技革命和产业变革的加速演进，我国消费市场数字化转型加快推进，呈现出消费产品和服务数字化、消费方式数字化、消费场景数字化等趋势，数字消费成为当前消费的主流方式。2023 年，我国网上零售额 15.42 万亿元，同比增长 11%，其中，实物商品网零占社零比重增至 27.6%，创历史新高。[2]电子商务是数字消费的重要形式之一，兴趣电商、直播带货、短视频、即时零售等电商新模式，通过不断覆盖各类消费场景，拓展消费边界，触发潜在消费，释放出巨大的消费动力和潜能，为电商创新发展提供了广阔的空间。杭州是中国电子商务产业的重要发源地之一，共有电商平台 128 个，拥有完善的直播电商生态，此外，在杭州都市圈内部及周边区域也集聚了一批优质的产业带，杭州发展数字消费优势显著。

（二）数字技术进步和应用全面提速，为电商业态创新提供了新路径

随着数字化技术的深入应用和产业数字化转型的快速推进，中国电商发展呈现出新业态、新模式，以直播电商、短视频电商、社交电商、内容电商、兴趣电商等为代表的消费新电商孕育兴起、加速发展，持续满足消费者多元化、个性化、定制化的产品需求，成为凝聚消费潜力、优化供应能力、推动数实融合、促进供需互动的新路径。元宇宙、ChatGPT、数字孪

---

[1] 国家统计局：《赵同录：经济发展提量增质　整体运行韧性彰显》，2023 年 1 月 8 日，https://www.stats.gov.cn/xxgk/jd/sjjd2020/202301/t20230118_1892278.html。
[2] 商务部：《商务部电子商务司负责人介绍 2023 年我国电子商务发展情况》，2024 年 1 月 19 日，https://m.mofcom.gov.cn/article/xwfb/xwsjfzr/202401/20240103467547.shtml。

生、web3.0 等前沿数字技术的持续突破，为新电商创新应用场景提供了新的可能，从营销、生产到物流、服务等产业链各个环节都有望挖掘深层用户需求，衍生新业务模式，升级用户体验，形成新电商行业新生态。这为杭州电子商务融合创新发展提供了无限可能。

（三）利好政策措施连续出台，为杭州跨境电商加速跑提供了政策机遇

跨境电商是中国对外贸易的重要组成部分，中国政府一直积极推动跨境电商发展。从 2014 年政府工作报告首次提及"跨境电子商务"一词，至今已连续第十一次被写进政府工作报告中。习近平总书记指出："中国将推动跨境电商等新业态新模式加快发展，培育外贸新动能。"得益于蓬勃发展的数字经济，2023 年浙江跨境电商进出口额达 5129.3 亿元，规模占全国比重超五分之一，占全省进出口比重达到 10.5%。面对更加复杂多变的国际贸易环境，2024 年，浙江省政府印发了《浙江省加力推动跨境电商高质量发展行动计划（2024—2027 年）》，提出实施五大行动，力争成为全国跨境电商的国际枢纽。在浙江的相关政府规划中，"国际枢纽"这个表述较为罕见，显示了浙江在全球跨境电商领域的雄心。杭州拥有发展跨境电商的良好基础，为未来大力发展跨境电商提供了良好的政策机遇。

四、对策建议

杭州要紧紧围绕擦亮"中国电商之都"这一"金名片"，坚持问题导向、目标导向，以推动杭州电子商务焕"新"、加"速"、提"质"发展为主线，以塑优势、筑生态、优载体、强支撑及善治理为重要抓手，积极推进新兴赛

道做大做强、电商产业生态优化升级、载体集聚效应加速释放、要素资源优化配置、营商环境持续优化，助力高水平重塑"全国数字经济第一城"，为打造世界一流的社会主义现代化国际大都市提供有力支撑。

（一）塑优势，重点发力新兴赛道

1. 全力推动跨境电商加速发展。一是发挥跨境电商综试区优势。持续优化综试区政策体系，加大对跨境电商企业的扶持力度，在税收优惠、资金补贴等多方面给予政策支持。建设跨境电商产业服务平台，提供集物流、支付、通关于一体的电商企业服务，提高企业运营效率。二是深化"跨境电商＋产业带"协同发展模式。依托工业重镇与"电商之都"优势，积极推动杭州本地的丝绸、茶叶、文创等传统产业、特色产业与跨境电商产业协同发展。鼓励产业带内企业开展品牌化建设，提升产品附加值。加强产业带间的企业合作与交流，形成产业集群效应，提高整体竞争力。三是创新跨境电商商业模式。鼓励电商企业加强与国内外电商平台的合作，拓展销售渠道。加强与"一带一路"共建国家和地区的合作，拓展海外市场，通过承办全球跨境电商峰会、博览会等大型活动，提升杭州跨境电商的国际影响力。

2. 大力推进直播电商融合发展。一是推动直播电商与跨境电商产业融合发展。鼓励跨境电商企业利用直播平台拓宽海外市场，提升海外消费者对杭州产品的认知度。支持直播电商企业开展跨境业务，引入海外优质商品，丰富国内消费市场。加强直播电商与跨境物流的合作，提高物流效率，确保商品快速、妥善送达消费者手中。二是加快构建完善直播电商生态系统。加大对直播电商产业园区的建设和扶持力度，持续招引直播电商平台、MCN 机构以及直播技术、数据分析、营销策划等直播电商服务提供商等落户杭州，加快形成产业集聚效应，构建完善直播电商产业链。三是注重品牌打造。鼓励直播电商企业打造自有品牌，提升产品附加值。鼓励企业承办、参加直播电商大赛等活动，扩大杭州直播电商的品牌影响力，提高品牌竞争力。

3. 培育挖掘电商新兴业态。充分发挥电子商务对产业链价值链重构的引领作用，鼓励电子商务企业挖掘用户需求，推动社交电商、内容电商、生鲜电商等新业态健康发展。形成线上线下融合互促机制，积极培育全球品牌。支持电子商务各类企业运用 5G、人工智能、虚拟现实/增强现实、3D 打印等新技术构建形式多样的线上消费场景，探索人机互动新模式。支持电子商务企业利用人工智能、大数据等技术快速捕捉和精准识别消费需求，带动产业链供应链实现协同创新和互促发展。大力发展数字新零售，支持传统零售企业数字化转型，推广自助终端、电子价签、智能货架、弹性供应链、溯源系统等实体门店引入数字科技。

（二）筑生态，完善电商链式体系

1. 巩固平台集聚优势。深化落实平台经济创新发展提质攻坚行动，鼓励平台企业联合产业链上下游企业、科研机构组建创新联合体，围绕平台经济底层技术和"卡脖子"技术开展科研攻关，在大数据、云计算、区块链、操作系统等领域取得一批重大标志性成果。积极发展工业互联网平台，引导"链主"型生产企业结合共性需求打造综合性数字化平台，面向产业链上下游企业输出研发设计、生产制造、经营管理等环节的数字化改造服务。结合杭州五大产业生态圈，遴选一批标志性产业链和先进制造业集群，鼓励其依托工业互联网平台建设数字化的供应链产业链，通过工业电商、供应链服务、工业大数据交易等，实现更大维度的产业生态相融。加快培育一批以工业互联网平台服务商、数字化服务商、数商为代表的数字化市场主体，共同构筑供需协同的赋能生态。

2. 推动供应链拓展。一是加快构建电商产业生态体系。鼓励电商企业利用自身竞争优势，高效整合产业资源，凝聚、协调各环节的企业，打通产业链各环节，推动直播电商、跨境电商等新电商产业化发展。加强设计研发、生产制造、品牌打造、线下网点和仓储物流等产业链各环节的合作与衔接，推动产业链上下游企业的协同发展，形成较为完整的电商产业生态。二是大力支持电商企业建设选品中心。鼓励企业在电商产业园区建立集选品、仓储、物流于一体的选品中心，提高供应链整合能力。积极推动新型产业带的建设，鼓励电商平台与本地特色产业深度融合，促进电商产业链上下游企业集聚和协同发展，积极引导产业带内企业深度合作，共同促进产业结构优化、产业链升级，形成新型集聚优势。

3.积极发展电商服务业。深化电子商务支撑服务体系建设，大力支持电商企业发展电子支付、物流、信息技术等服务，培育一批如云平台提供商、AI解决方案提供商、服务外包提供商等信息技术服务商。鼓励电商企业发展电子商务衍生服务，积极支持培训教育、知识产权、税务服务、营销推广、售后服务、网红孵化与运营、外贸综合服务、数字生活服务等专业电商服务企业发展。建设电商服务促进中心，鼓励各类平台创新服务模式，实现上下游企业与公共平台的互联互通。通过运用搜索引擎、社交媒体等互联网设施，为生产性服务企业精准定位细分市场，提供量身定制的数字升级方案。

4.加大企业引培力度。加大电商招引力度，充分利用杭州电商优势资源，聚焦跨境电商、社交电商、内容电商等电商新赛道领域和现代物流、展会服务等电商服务领域，研究绘制产业链招商图谱，加大对全国范围内电商企业以及项目的招引力度，重点吸引国内新电商企业落户杭州，鼓励其设立区域总部和具有集中研发、运营决策、集中销售、财务结算等管理服务职能的独立法人机构，并常态化开展业务。加快完善电商企业梯度培育体系，建立完善电商企业"领军型、成长型、潜力型"三类企业培育库，着力推动领军型企业上市发展；引导成长型企业快速崛起，持续推进"个转企""小升规""规改股"；加大潜力型企业培育力度，推动优质中小创新企业成长为

"独角兽""哪吒""瞪羚"企业。

（三）优载体，加速释放集聚效应

1.推动电商全域协同发展。鼓励各区县（市）根据电商发展功能定位，同时结合各区域优势和特色，选择特色发展赛道。支持余杭区依托淘宝、抖音、快手、菜鸟全球总部等龙头企业产业生态优势，重点发展直播电商、跨境电商和内容电商；鼓励高新区（滨江）利用头部 MCN 机构优势，重点发展直播电商；支持萧山区依托中国 TOP 直播电商产业园等平台载体及产业带优势，重点发展跨境电商、直播电商和产业电商；支持拱墅区依托商圈、文旅、电竞产业优势，重点发力时尚电商赛道；支持西湖区依托中国（杭州）跨境电子商务综合试验区西湖园区等载体优势，重点发展跨境电商和数字服务贸易；支持钱塘区依托杭州综合保税区，重点发展跨境电商、直播电商；支持上城区依托东谷创业园、新禾联创数字时尚产业园等载体优势，重点发展直播电商；支持临平区依托"服装＋家纺"传统优势产业，重点发展跨境电商和直播电商；支持富阳区依托银湖科技城数字新零售产业集群优势，重点发展数字服务商、品牌运营服务商、视频内容生产商；支持桐庐县依托快递产业优势，聚焦农特产品、针织产品，重点发展直播电商；支持临安区、建德市、淳安县依托特色农业品牌优势，重点发展农产品直播电商。

2.加强电商园区（基地）建设。积极鼓励建设集企业集聚、项目招引孵化、数字化场景应用、供应链整合、新技术新模式实验室打造、人才引进及培育中心建设、共富示范创建等多功能、多业态于一体的新电商园区（基地）。鼓励各类市场主体建设一批产业特色鲜明、功能配套完善的跨境电商产业园。加快"跨境电商＋数字时尚""跨境电商＋专业市场""跨境电商＋工业设计"等特色园区的建设与运营，推动现有园区的提质增效。

（四）强支撑，优化要素资源保障

1.强化电子商务人才建设。创新人才培养方式，支持在杭高校紧跟行业需求，动态优化课程体系，增设"跨境电子商务""数字经济""大数据挖掘与机器学习"等电子商务相关课程。持续深化产教融合、校企合作，大力支持丝路电商产教融合国际共同体、AI电商产教融合共同体建设，鼓励政府、高校、企业、行业组织等，结合地方电子商务特色，联合共建电子商务产教融合共同体。健全人才评价机制，研究确定直播电商、跨境电商等重点电商领域高层次人才认定机制，积极申请将符合条件的电商人才纳入杭州市高层次人才认定范围并享受相关待遇，支持符合条件的电商企业开展人才自主评价。加快建设中亚创新中心，发挥全球电商教育发展联盟、丝路电商产教融合国际共同体作用，创新国际人才和杭州产业常态化对接机制。

2.加大电子商务金融支持。针对新零售、直播电商、跨境电商等新业态、新模式的特点，进一步研究优化政策支持方式，提高政策支持的精准度和有效性。鼓励金融机构与新电商平台合作，创新有针对性的投融资服务。鼓励社会各类风险投资等基金支持新电商产业发展。鼓励金融机构积极运用大数据、区块链等技术，在安全合规的前提下，为小微电商企业提供易申请的金融支持。支持电子商务企业发展供应链金融、商业保理等新型融资方式，优化金融资源配置。支持成长型电商企业开展投融资，鼓励企业积极申请创业板、科创板上市融资。

3.强化物流基础设施支撑。优化航线补贴政策，完善临空经济示范区物流基础设施，积极引进全球跨境电商物流领军企业来杭设立集货仓，打造跨境电商拼箱集货中心。推动"敏感货物航空运输"试点落地，依托萧山国际机场打造国际货运枢纽，联动全省城市货站，探索建立"一个系统、一次理货、一次查验、一次提离"的大通关模式。加快推进低空物流配送基础设施建设，推广"低空＋物流""无人驾驶＋物流"等新模式，统筹研究推进低空航路航线网络布局，打造服务城际、城市、城乡的"干—支—末"无人机航线网络。

（五）善治理，打造一流营商环境

1.优化企业发展环境。维护公共竞争秩序，推进建立平台经济领域滥用投诉举报权甄别和规范机制。推动电商企业合规发展，探索制订电商新业态的责任清单，进一步明晰平台经营者、商品经营者、网络直播者等各类主体的责任边界，压实主体责任，以充分把控好直播产品和服务的质量。创新电子商务监管工作机制，针对电子商务新业态、新模式的性质和特点，探索建立适应新业态创新发展的新型监管方式，研究制订临时性、过渡性监管规则和措施，探索"首单免罚""轻违免罚"等柔性执法举措。

2.推动电商标准化领航。加强对电子商务新业态理论内涵、发展趋势等问题的研究。支持研究机构、高校、行业协会、社会团体和企业结合电子商务行业的特点，开展标准研制及应用。充分发挥在杭 TC 秘书处作用，积极推进电子商务、信息技术、区块链等前沿领域国家标准的制定。支持电子商务协会、社会团体、民办非企业单位及企业结合行业特点和发展需要，在电子商务重点领域开展物流、支付、统计、供应链、诚信等方面标准的研制及应用。建立电子商务新业态、全过程的标准化体系，推动电商内容分级、产品流通、评价鉴定等环节规范化、标准化。

3.推动公共数据合规安全开放。建立健全数据要素的产权归属认定、市场交易、权益分配、利益保护制度，探索建立公共数据、企业数据、个人数据的分类分级确权授权机制。加快推进杭州市数据流通交易促进条例的制定工作，研究制定杭州市数据产权登记管理办法，探索推进数据产权登记服务。探索推进政府数据合规安全开放，推动医疗、教育、养老、交通等民生领域数据深度开放，对数据开放的程度、时效、规范做出明确规定，鼓励企业利用原始数据进行增值性开发，面向终端消费者创造新的产品和服务场景应用。

4.提升为企服务环境。深化政务增值化改革，进一步完善涉企服务，聚焦企业全生命周期发展需要，提供"店小二""保姆式"服务，建立"全方位""全天候"的沟通机制，妥善解决企业发展中遇到的各类问题，为企业的发展提供有力度、有速度和有温度的服务。加强电商维权指导，以建设国家首批知识产权保护示范区为契机，高水平推进知识产权保护中心、维权援助中心、维权援助工作站和商标品牌指导站等载体建设，降低企业经营风险。

加快建设"新电商之都"的杭州路径研究

常 敏 胡 锴[*]

摘要： 杭州是中国电子商务的策源地，已形成较完整的产业生态体系，电商发展在促进经济增长、科技创新、稳定就业、共同富裕等方面发挥了巨大作用。在日益激烈的市场竞争背景下，当前杭州电子商务产业面临主观认识不足、提质升级进度滞后、国际化发展水平有待提升、企业梯队培育亟待加强等难题。为此，杭州以实施三个"一号工程"为引领，在全国率先提出建设"新电商之都"的目标。想要破难题、促升级，杭州要强化"三个发展思维"、明确"四个发展导向"、抓好"六个发展举措"，全面推进"新电商之都"建设，加快推动新质生产力发展。

关键词： 电子商务；新电商之都；杭州路径

"在杭州点击鼠标，联通的是整个世界。"习近平总书记在 G20 峰会上的这句点评，是杭州生态蓬勃的电商产业和动能澎湃的数字经济的生动写照，更是杭州未来驰而不息的发展动力源泉。作为中国电子商务的策源地与中

---

* 常敏，杭州市委党校经济学教研部教授；胡锴，杭州市商务局电商处处长。

心，杭州见证了电商产业从无到有、从强到优的跨越式发展，杭州的电子商务已经形成一套完整的产业体系和生态闭环，并且助推电子商务在中国呈现百花齐放的格局。在迈向中国式现代化的新征程中，浙江省委率先谋划实施三个"一号工程"，推动经济实现高质量发展。杭州市委、市政府以实施三个"一号工程"为引领，提出重塑"全国数字经济第一城"的"1248"行动计划，推动数字经济创新提质。在新一代网络通信、大模型等科技兴起的背景下，杭州直面挑战，加快"新电商之都"建设步伐，努力保持在全国乃至全球的领先地位。

一、杭州电子商务发展情况及重要贡献

全国电商看杭州，新世纪以来的杭州网络零售额（以下简称网零）增幅保持平稳增长，网络零售的规模和渗透率加快提升。根据初步统计，2019 年底全市网零首次超过社零（7277.7 亿元 /6215 亿元），到 2022 年网零更是突破万亿规模（10496.3 亿元）。近年来，直播电商作为广受欢迎的新型网购方式，已经成为电商领域的一支主力军。国内直播电商诞生于杭州，最早可追溯到 2008 年淘宝出现的第一批"淘女郎"；2016 年，直播电商正式走上经济舞台；2020 年以来，杭州直播电商行业相关法律法规相继出台，整个行业开始向规范化、高质量方向发展。杭州直播电商规模体量在全国领先，现有综合类和垂直类头部直播平台 30 余家，有近 5 万主播，直播相关企业注册量超过 5000 家，数量居全国第一。2022 年 6 月，杭州出台了《促进杭州市新电商高质量发展的若干意见》，在全国率先提出建设"新电商之都"的目标。多年来，传统电商、跨境电商、直播电商等各种电商的发展，对杭州稳定就业、创业创新、共同富裕起到了重要作用。

（一）电子商务是经济增长的重要引擎

杭州电商产业的规模总量、发展水平在全省乃至全国都处于领跑梯队。全市网零在增速上长期保持两位数增长；在比重上长期占全省网零的40%左右，约占全国实物网零的7%。杭州市统计局发布，2023年杭州市网上零售增长贡献突出，以互联网汽车零售、直播带货等为代表的互联网消费新业态不断提升网上零售量级；全年限额以上批发零售业通过互联网实现的商品零售额达2099亿元，占限额以上零售额的45.5%，比重比上年提高3.3个百分点；网上零售比上年增长9.5%，拉动全市限额以上零售额增长4.1个百分点。电子商务早已成为促进消费、拉动经济增长的重要引擎。长期以来，杭州电商产业增加值占GDP比重保持在10.0%左右，其对经济增长的贡献不言而喻。2023年全市电子商务产业增加值为2307亿元，同比增长13.0%，占GDP比重11.5%，超同期GDP增幅7.4个百分点。

（二）电子商务是科技创新的"试验场"和"加速器"

杭州拥有阿里巴巴、网易等电商头部企业及中国有赞等电商上市公司10余家，仅次于北京、上海、广州，位列全国第四，电商头部企业引领效应显著。全市现有电商平台120多个、平台网店超1250万家、"独角兽"企业39家和"准独角兽"企业317家，电商平台交易量和第三方支付能力全国第一。阿里通义大模型、网易玉言大模型等在电商领域的探索运用，加快了杭州生成式人工智能创新；5G-A在电商无人配送领域的探索运用，加快了杭州低空经济创新，电子商务无疑成为杭州新科技的"试验场"和"加速器"。

（三）电子商务是稳定就业的"生力军"

截至 2023 年底，全市现有活跃网店超过 15 万家，电子商务直接、间接带动就业岗位超过 120 万个。直播电商等电商新赛道更是吸引了大量的年轻人投身其中，如果按照每年增加 2 万名主播、每增加 1 名主播带动 20 人就业计算，每年将直接、间接带动杭州新就业人员 40 万人。生成式 AI、元宇宙等前沿技术在电商领域的应用，更是吸引了一批海内外高层次人才扎根杭州，杭州已成为电商创业的热土。

（四）电子商务是城市形象的"金名片"

多年前，杭州作为"电商之都"就享誉全国。杭州获批首个国家级综合试验区后，大量杭州企业通过跨境电商给海外买家、卖家树立了杭州良好的城市形象。2023 年 3 月，中央电视台国际频道（CCTV-4）专程派出摄制组来杭拍摄杭州电商专题片，并通过国际频道向全球观众播放。因此，面向境外的直播电商也得到了迅猛的发展，目前在杭外籍主播已超过 500 人。电子商务不仅是做生意的平台，也成了文化传播和交流的桥梁和纽带。

（五）电子商务是脱贫攻坚、共同富裕的"示范田"

近年来，杭州依托阿里巴巴、网易严选等电商平台，创新"网络＋扶贫"的新模式，推动阿里客服迁入丽水山区电商产业园，帮助当地引入和留住年轻人，激活贫困山区的经济活力。网易严选帮助浙江山区的产品向品牌化发展，设立扶贫线上专区等。新电商更加高效且成本低廉的应用，为贫困地区开放式创新打开了通道，从而为社会流动拓宽了路径。黔货出山、硒品入杭，根据不完全统计，杭州帮助黔东南、恩施等结对帮扶地区实现线上线下销售收入超过 5 亿元。杭州持续深化开展农村电商示范培育，以农村电商示范村建设为抓手，持续推动共同富裕。

二、杭州电子商务发展面临的问题和挑战

从全国统计数据来看，线上消费的比重仍然在进一步扩大，电商依旧是社会消费的重要渠道，并且随着消费者线上购物的心理和行为越发成熟，如何满足消费者日益多样化、个性化的需求，成为摆在行业面前的重要研究课题。杭州电子商务发展有必要调整好目标和定位，以发挥更大的作用。当前新技术正在电商领域加快应用，新一代科学技术，如 5G、人工智能、物联网、大数据、区块链、量子计算、硅光芯片、VR/AR/XR、数字孪生、无人机、机器人等，正对电子商务的人、货、场模式进行重构。几乎每一种新的科学技术与电商实现融合后都能产生新的商业模式，并培育一批新赛道企业。电子商务经由"静态网页（图片）"发展到"视频＋直播"阶段后，又进入到"AR 电商＋沉浸式体验产品＋人工智能"的更高级阶段。ChatGPT 及相关生成式人工智能技术的应用将极大地颠覆全球商业模式。杭州的电子商务一方面面临发展新契机，但另一方面也面临重大挑战和主客观问题。

（一）电子商务的主观认识不足

社会各界还存有以下观念误区。一是误认为电子商务"过时了"。数字经济、平台经济近年来发展迅猛，其耀眼的光芒让传统的电子商务黯然失色，很多人误认为电子商务不再重要，或者认为杭州遥遥领先，政府不用管，有龙头企业在，躺平都能赢。实际上杭州作为"电商之都"，要继续保持电商的"长板"优势，需要不断地开拓创新。我们要看到，近年来北、

上、广、深等一线城市纷纷在电子商务领域发力，培养出一个又一个电商巨头，开辟了一条又一条电商新赛道。二是将"直播电商"等同于"电子商务"。电子商务经过近二十年的发展，已经涌现出各种新业态、新模式、新赛道，而直播电商只是这些新模式中的一种。每一种新模式的背后都潜藏或关联着一个或多个巨大的未来产业。比如，内容电商关联的是 AR/VR、元宇宙等未来产业；智慧电商关联的是人工智能产业；等等。

（二）传统电商发展边际效应逐步显现

随着电商产业规模的不断扩大，网零增速、产业增加值增速的下降趋势明显。2016—2021 年，全国网零增速从 28.58% 下降到 10.7%，2022 年网零增速跌至个位数。[①] 电商产业增加值增速从 45.2% 下降到 2.1%。传统电商迫切需要通过技术创新（科技创新和商业模式创新）"跃迁"为"新电商"。尤其是 2023 年的电商市场发生了重大变动，拼多多所代表的下沉电商市场突飞猛进，市值一度超过阿里；抖音电商攀登上新的高峰，总体销售额突破两万亿元，同比增长 49%[②]。新冠疫情结束后，人们消费习惯的改变，小红书、视频号、抖音等新渠道的崛起，都让电商市场的竞争发展格局在不断变化重构，传统电商的发展空间受到挤压。

（三）电商提质升级进度滞后

当前，杭州电商仍然还停留在原有的以"2C"（面向个体消费者）为主

---

① 网经社：《2022 年度中国网络零售市场数据报告》，2023 年 4 月 24 日，http://www.100ec.cn/detail--6626787.html。
② 蝉妈妈：《2023 年抖音电商年报》，2024 年 2 月 5 日，https://aigc.idigital.com.cn/djyanbao/。

的商品互联网模式,业态模式、细分领域拓展不够,产业化升级有所滞后,与北京、上海、深圳等兄弟城市之间的差距在不断扩大。电子商务产业升级的相对滞后,根本原因是电商企业对新科学技术的应用和与之相应的商业模式的适配相对滞后。一线城市的产业基础和深度、新技术的应用、人才的储备、对行业和发展趋势的理解,对新赛道的崛起起到了十分关键的作用。同时,杭州电子商务与产业的融合,特别是传统产业与电子商务的融合模式也亟待创新。

(四)企业梯队培育亟待加强

杭州电商服务业虽大却欠强,"航母编队"式电商生态尚未真正形成。电商产业结构与布局不尽完善,规模企业偏少,小微企业居多。杭州各区县(市)电商发展不够平衡,梯队效应难以显现,离实现从"一超多强"向"多超多强"转变的目标还有不小的差距。多个电商领域缺少龙头企业,内容电商、兴趣电商、生鲜电商、新零售等新赛道龙头企业、头部企业总体偏少,如抖音、快手、小红书、大众点评、美团、哔哩哔哩、叮咚买菜等新赛道头部企业总部均落户北京、上海,杭州只有直播赛道的淘宝直播,但淘宝直播也从 2020 年的行业第一位降至目前的第三位,主播分布从 70% 跌至不足 30%,整个电商大生态进一步分化。在时下热门的元宇宙领域,元创元宇宙研究院发布的企业综合实力排行榜显示,阿里综合分 73 分,位列第三,网易 71 分,位列第五(腾讯 86 分、华为 79 分),硬件、软件等其他维度代表企业总部则多数位于深圳、北京,整个电商大生态有待进一步优化。

(五)电商平台和服务国际化发展水平有待提升

当前,中国最具代表性的国际电商平台速卖通(AliExpress)、SHEIN、

TikTok Shop 与 Temu 被媒体称为"出海四小龙"，在海外市场的表现突出。根据 2023 年 data.ai（国际权威市场调研机构）发布的 iOS 全球购物类 App 渗透率排行，SHEIN、Temu、速卖通（AliExpress）分别位列第二至四位，位居亚马逊之后。杭州虽然是"中国电商之都"，但是电商国际化发展（这里主要指电商平台国际化和电商服务国际化）却相对滞后，"出海四小龙"仅有速卖通总部位于杭州，且其增长幅度、创新模式与 SHEIN、TikTok Shop、Temu 相比有一定差距。

（六）电商在推动其他产业升级方面发挥的作用还不够

杭州制造业企业的电子商务深度应用缺乏有效的发展战略，电商带动制造与制造带动电商需进一步融合、提升。电商可以在产业集群的重新洗牌中发挥巨大作用，通过电子商务的虹吸作用，吸引全国乃至全球的要素资源汇聚杭州，重新定义产业链和供应链，也可以在建设国内统一大市场和更深层次、更高水平地参与国际分工和贸易全球化方面发挥作用。杭州电子商务国际化水平与话语权亟待进一步提升。

（七）电商专业人才缺乏

杭州电商头部企业培养了许多电商行业人才，但原有的人才适应的是传统电商业态，随着新业态和新模式的不断涌现，适应新业态和新模式的专业人才紧缺。人才培养与产业发展速度不相匹配，高端人才严重短缺，人才流动大，主城区之外的区县（市）招引、留住人才的难度大。以"交个朋友"公司为例，企业表示，在招聘高峰期，在近万份简历中，仅有 300 份左右符合企业中高端人才的要求。遥望科技公司则表示，目前在选品、运营、短视频编辑、策划、灯光、摄影、设计、技术开发等专业技术岗位，均存在用人缺口。

三、杭州加快电子商务发展的主要路径

电商高质量发展是电子商务发展的新阶段,是由以往高速增长阶段转向该阶段,这是适应电商发展新常态的主动选择和必然要求,也是贯彻新发展理念的根本体现。当前杭州应以全省三个"一号工程"为引领,强化"三个发展思维"、明确"四个发展导向"、抓好"六个发展举措",全面推进"新电商之都"①建设。

(一)强化"三个发展思维"

1.产业发展的思维。电子商务不仅仅是给其他行业赋能,其本身也是一个非常重要的产业。电子商务产业产出的是数字产品和数字服务。从电子商务的传统产业构成(广义)来看,其主要包括:(1)核心层业务——商务服务业;(2)信息活动支撑层面业务——包含信息传输、软件和信息技术服务业关联业务;(3)物流活动支撑层面业务——包含交通运输、仓储和邮政业关联业务;(4)资金活动支撑层面业务——金融业关联业务;(5)其他衍生业务——包含咨询、技术服务业关联业务等。因此,杭州要进一步摸清电商产业规律,着重完善以下做法。一是围绕产业本身做大做强。在电子商务企业的规模数量上继续保持有效增长。杭州电商企业从数量上看,虽然规模巨大,如全市现有电商平台120多个、平台网店超1250万家,但活跃网店数量不足十分之一,亟须加大发展力度,尤其要强化龙头平台,提升竞争优势。二是积极拓展新模式、新赛道、新领域。杭州以注册电子商务为主营业务的

---

① 这里的"新电商",有别于单纯售卖商品的传统电商模式,是指以用户为中心,应用新一代科学技术对人、货、场进行重构,所形成的线上线下融合、多领域跨界、多场景应用的电商新业态、新模式,包括平台电商、垂直电商、智慧电商、社交电商、社区团购、内容电商、生鲜电商、兴趣电商、跨境电商、直播电商、元宇宙等。

企业已达 8 万多家，但绝大多数是传统电商企业，亟须进一步落实 2022 年出台的新电商政策，按照内涵界定，引导政府、市场的资源更多地投向新电商领域，以拓展壮大新电商产业规模。

2. 转型升级的思维。杭州电商企业体量庞大，但过去成长的大部分是传统电商企业，即 1.0 阶段电商。在当前的形势和背景下，电商产业生态面临着整体升级，即平台、网店（店铺）、电商服务企业、供应链、物流仓储、支付、售后及营销等各个产业环节都要改革创新，重塑新生态、新业态、新模式。当前部分电商生态企业已经开始升级，但绝大部分仍停留在 1.0 阶段。以电商服务企业为例，1.0 阶段的电商服务企业的主要职责是帮助企业上网并代运营，其工作的主要内容基本上就是设计开发网页、拍照上传图片、网络广告宣传，再加上维护好平台关系等等；而 2.0 阶段的新电商服务企业，其经营业务已升级成为品牌运营服务、渠道管理、新渠道探索、品牌孵化、营销数智解决方案、跨境电商、仓储物流等业务。新电商服务企业可根据品牌不同阶段的业务需求搭建品牌策略中心、数据营销中心、顾客体验中心、仓储物流中心等服务中心，从前端到后端为消费者提供最佳的购物体验；能够通过"交易场＋内容场"的双轮引擎驱动策略，为品牌提供电商全链路数据和技术解决方案，包括智能运营平台、大数据系统、私域解决方案、交易系统平台及技术创新平台，帮助品牌形成精细化、专业化的优质内容生态，使其成为引领未来的行业模板。杭州 8 万多家电商企业，亟须实现从 1.0 阶段到 2.0 阶段的"跃迁"，以推动电商产业和数字经济实现二次攀升。

3. 改革创新的思维。一是抓住创新这个"牛鼻子"，全力推动新技术在电商领域的应用。数字经济创新提质"一号发展工程"提出，强化科技创新是经济发展的动力源。要促进数字经济和实体经济深度融合，构建科技创新生态，推动经济稳定发展。发挥数字经济的硬核作用，加快推进数字产业化和产业数字化，进一步推动"数实融合"，打造具有国际竞争力的数字产业集群。二是通过制度安排，解决一系列困扰电商发展的难点、痛点问题，如当前存在境外直播人才缺口较大和外籍人才签证政策相对固化的难题。境外直播电商的主播不仅要具备直播电商专业知识和外语口语表达能力,还要熟悉目的销售国的人文风俗、消费习惯等。目前杭州的境外直播电商人才存在大量缺口。在杭大专院校中有一批留学生,他们中有很多人具有成为外籍主播的能力和基础,但省内的一些签证问题阻碍了留学生人群顺利从事境外直播电商行业。建议政府相关部门能针对优秀的外籍毕业生适当放宽工作签证的门槛或者开辟绿色通道,增加适用于境外直播电商领域的各类工种类型,方便企业快速高效地引进亟须的外籍人才。

(二)明确"四个发展导向"

1. 以招商引资为导向。开展新一轮高水平招商引资。招商引资体现"高起点"(重点突破对龙头企业的招引)、"高站位"(面向产业发展方向和下一轮风口),以一定程度的"高投入",最后实现"高产出"(年增千亿元以上规模税收)。主要包括对国内电商巨头等龙头企业的招引,对第二梯队企业的招引("独角兽"企业、"准独角兽"企业、上市公司),对国外龙头数字经济及电商企业的招引(如 YouTube、Twitter、Facebook、Google 等),以及对国外其他知名企业的招引等。通过举办投资推介会、洽谈会等形式,上门招商、精准招商。通过招商,吸引一批企业落户杭州,快速形成成熟的产业集群,壮大新电商产业规模。

2. 以国际化为导向。推动"地瓜经济"提能升级工程,提出进一步推动国内外合作和优化区域开放布局。杭州要强化顶层设计、优化服务体系,开展更具韧性和活力的国际经贸合作。鼓励并支持杭州电商企业"走出去",加快向全球价值链中高端攀升。杭州作为"电商之都",其电子商务企业已达 8 万多家,在电商领域拥有雄厚的基础和实力,无论是在新技术的应用方面,还是在新电商模式的探索实践方面,都遥遥领先。过去 10 年,杭州为国内其他城市的电子商务发展输送了大量的技术人才、管理人才和先进的发展理念。当下，应当鼓励并支持杭州电商企业"走出去"，积极参与国际竞争与合作，打造国际性的电商企业。从营造国内电商的小生态，奔向打造国际电商的大生态，培育一批电商领域的跨国企业，打造一批数字经济增长引擎。

3. 以升级为导向。以传统电商园区升级为抓手，围绕打造"全国新电商之都"目标定位，杭州应加快创建下一代电商园区（基地、集聚区）。一是打造全国首个外籍主播园区。参照综合保税区思路，开展境外直播，打造全国首个外籍主播园区。在园区内，解决外籍主播的工作签证问题，并确保其无缝稳定地在外网开展直播，使园区成为外籍主播生活、工作的聚居地和首选地。通过 5 年的努力，计划建成 5000 人外籍主播规模的园区。二是建设主题类下一代园区。以龙头企业为抓手，建设主题类下一代园区，如以无忧传媒为主导的萧山无忧城。三是打造"播谷"（Broadcast Valley）。以多个直播园区和企业为主导，形成以直播为主的产业聚集生态，吸引更多的境内外直播企业落户杭州。

4. 以布局新赛道为导向。通过对元宇宙的布局，推动产业实现跨越式发展。一是以元宇宙为龙头，推动实现相关产业的集聚。元宇宙关联芯片、显示、光学、传感器、存储、代工、封装等一批先进产业，涉及区块链、AR/VR、数字孪生、高清视频、高算力服务等高新技术。二是加快元宇宙在电商领域的应用，推动当前电商生态优化，使电子商务快速实现从"视频＋直播"阶段向更高级阶段的演进。元宇宙将重塑电商"人—货—场"商业模式，"Z 世代"将成为元宇宙电商核心用户，商品从实体拓展至虚拟，AR/VR/MR 等新技术将实现多感官交互和"在线即在场"的沉浸式购物体验。三是通过元宇宙推动内容电商、数字藏品（NFT）等商业模式和业态的发展。

（三）抓好"六个发展举措"

1. 聚焦高质量发展，抓好政策落地。积极施行《关于促进杭州市新电商高质量发展的若干意见》，进一步完善政策实施细则，全面开展政策兑现工作，发挥政策引导作用，推动新电商高质量发展。全面落实 2024 年 9 月出台的《杭州市加力推动跨境电商高质量发展行动计划》，加快打造全球一流跨境电商示范中心。到 2026 年底，全市跨境电商出口总量预计提升到 1400 亿元以上，较 2024 年翻一番；培育跨境电商交易额 200 亿元区 2 个，100 亿元区 4 个。

2. 聚焦生态优化，抓好招商引资。落实杭州市委、市政府大力开展招商引资的要求，紧盯电商产业生态短板、电商领域最新业态，加强政策宣传、建强招引队伍、完善招引机制、强化市区联动，招引和推动更多的优质项目落户杭州，促进数据回流，形成良好的电商产业发展生态。

3. 聚焦融合发展，抓好新零售示范之城建设。落实《杭州市新零售五年行动计划》，推动电商平台和实体商业企业的线上与线下双向融合，继续开展新零售企业认定工作，实施新零售示范工程，在全市推广以新零售业态为重点的商业街区建设，扩大杭州智慧商圈、智慧商业覆盖面，不断提升商贸数字化水平。

4. 聚焦电商促消费，抓好重大活动项目开展。开展多种形式的活动，引领新型消费。组织企业参加"全国网上年货节""双品网购节""美好生活浙播季"等专项活动，参加"数商兴农共富"行动，加大对相关区县（市）国家电子商务进农村示范项目建设的指导力度，推动居民网上消费迭代升级。

5. 聚焦共同富裕，抓好直播式共富工坊落实。以建设村级直播点为基础，结合共富合伙人等电商新模式，推进多种形式电商服务中心和乡村直播间建设，引导各类电商企业、电商平台与农民合作社、农村种植大户等合作，构建电商直播式共富工坊全业态矩阵。

6.聚焦基础建设，抓好各项要素支撑。结合职能，配合协同落实《进一步推动平台经济健康持续发展的实施细则》，引导平台企业合规经营，营造良好发展环境。探索新电商统计监测体系建设，加强对电商新趋势的分析研究。依托高校、电商平台及行业协会，开展"新电商"人才培训行动，以提升企业从业人员的素质能力。

杭州市健康服务业发展现状、瓶颈及重点发展领域

李 睿 季一扬 *

摘要： 本文聚焦杭州健康服务业的发展现状及未来方向，旨在为推动行业可持续发展提供参考。研究发现，杭州市健康服务业的规模持续壮大，具有行业发展特色鲜明、优质医疗卫生资源丰富、休养运动健身条件优越、科技创新研发能力突出等优势。然而，健康服务供需矛盾突出、行业资源结构不均、顶层设计不足、政策监管体系不健全等不足之处制约了健康服务业的持续健康发展。本文借鉴国内外先进城市发展经验，提出了健康养老服务、健康保险服务、中医药医疗保健服务、健康信息服务等健康服务业未来发展的重点领域。同时，建议通过完善政策体系与顶层设计、调整优化发展结构、加强行业监管等措施，推动杭州市健康服务业的整体提升。

关键词： 健康服务业；发展现状；重点领域

---

* 李睿，硕士研究生，杭州市发展规划研究院经济师，研究方向为城市国际化；季一扬，硕士研究生，杭州市发展规划研究院经济师，研究方向为服务业发展。

健康服务业主要包括医疗服务、健康管理与促进、健康保险以及相关服务，是 21 世纪最有前景和最为重要的行业领域之一。随着"健康中国"战略的全面实施，预计 2030 年全国健康服务业总规模可达 16 万亿元，其无疑是未来服务业发展的"新蓝海"和"强引擎"。

近年来，随着杭州全市大力实施"五大产业生态圈"建设，主抓生物医药产业发展，健康服务需求同步显著增加，规模也持续扩大。但在后疫情时代，杭州健康服务业开始逐步进入"成长阵痛期"，如何在新形势下，抢抓发展赛道，加快培育产业新增长点，是当下需要思考和关注的问题。为此，本报告聚焦杭州健康服务业发展，剖析杭州健康服务业发展的现状和不足之处，提出未来发展重点方向及建议，为杭州建设健康服务业强市提供重要抓手。

一、现状与问题

（一）发展现状

1.产业总体规模持续壮大。如图 1 所示，2019—2023 年，杭州市健康服务业年增加值从 795.20 亿元增长到 1153.53 亿元，占健康产业增加值比重约七成；年平均增速达 9.75%，高于全市服务业增加值增速近 1 个百分点，高于 GDP 增速超 2 个百分点。2023 年实现营收 1845 亿元（含医疗机构），同比增长 9.1%。

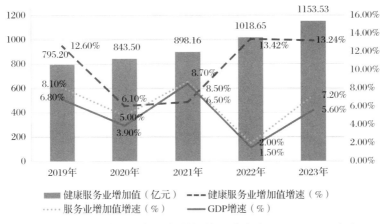

图 1　杭州市健康服务业年增加值及增速（2019—2023 年）

2. 行业发展具有鲜明特色。从行业结构来看，2019—2023 年，杭州市医疗卫生服务行业占据了健康服务业的"半壁江山"，占健康服务业增加值的比重保持在 50% 左右，且整体发展情况较为稳定。药品及其他健康产品流通服务、健康人才教育与健康知识普及行业也较为发达，2023 年增加值占比分别超过 20% 和 10%。健康保障与金融服务等其余行业增加值比重较小，均在 10% 以下。如表 1 所示。

表 1　杭州市健康服务业具体行业增加值及比重（2019—2023 年）[①]

行业		2019 年	2020 年	2021 年	2022 年	2023 年
健康服务业增加值（亿元）		795.20	843.50	898.16	1018.65	1153.53
医疗卫生服务	增加值（亿元）	413.00	438.20	466.28	465.72	522.50
	占比（%）	51.93	51.95	51.37	45.72	45.29
健康事务、健康环境管理与科研技术服务	增加值（亿元）	55.90	60.90	65.39	57.85	61.30
	占比（%）	7.02	7.22	7.36	5.68	5.21

---

① 数据来自杭州统计信息网。

续表

行业		2019 年	2020 年	2021 年	2022 年	2023 年
健康人才教育与健康知识普及	增加值（亿元）	89.20	91.80	86.88	119.56	137.90
	占比（%）	11.22	10.89	9.78	11.74	11.95
健康促进服务	增加值（亿元）	10.70	12.20	23.95	12.36	14.00
	占比（%）	1.35	1.45	2.70	1.21	1.22
健康保障与金融服务	增加值（亿元）	58.20	63.70	66.49	59.22	68.80
	占比（%）	7.31	7.55	7.49	5.81	5.97
智慧健康技术服务	增加值（亿元）	37.70	42.30	46.52	57.25	71.20
	占比（%）	4.74	5.01	5.24	5.62	6.17
药品及其他健康产品流通服务	增加值（亿元）	126.00	129.80	137.47	240.91	271.30
	占比（%）	15.85	15.39	15.49	23.65	23.52
其他与健康相关服务	增加值（亿元）	4.50	4.60	5.18	5.77	6.60
	占比（%）	0.57	0.55	0.58	0.57	0.57

3. 优质医疗卫生资源丰富。作为浙江的省会城市和一座副省级城市，杭州密集分布了浙医一院、浙医二院、省人民医院、省妇保、省儿保等一大批省级医疗机构和以市一医院为首的市属医院等优质医疗资源，聚集了大量的医疗卫生专业技术人才。截至 2023 年末，全市医疗卫生机构共计 6626 个，其中医院 414 个；各类专业卫生技术人员 16.1 万人，其中执业（助理）医师 6.3 万人，注册护士 7.2 万人；各类医疗机构床位 10 万张，其中医院床位 9.5 万张。全年全市医疗机构完成诊疗人数达 16431 万人次。全市定点医疗机构已推广应用电子病历，实现在杭省级医院、市属医院检查检验结果互信共享。同时，拥有微医集团、迪安诊断、丁香园等一批在线诊疗、健康体检、健康大数据等领域的龙头企业。

4. 养生保健品牌进一步彰显。中医药保健属于杭州市发展多年的特色潜力行业，有清河坊、桥西等国药特色街区，有胡庆余堂、致中和、正大青春宝等国内领先的中医药保健品企业和品牌，有江南春堂等以名贵中药材种植加工为基础、养生为主题进行综合性开发的农业龙头企业，有江南养生文化村、淳安县大下姜中医药文化养生基地等省级中医药文化养生旅游示范基地。

5.休养运动健身条件优越。杭州拥有良好的自然生态资源，是我国主要的疗休养胜地之一，为养生、养老等健康服务产业提供了充足的发展空间。近年来，借助举办亚运会契机，杭州全力推进全民健身活动，拥有了较好的体育运动氛围和场馆条件。截至2023年末，全市拥有体育服务业企业3000余家，从业人员约5万人，共有体育场地41917个，场地总面积达3694.6563万平方米，人均体育场地面积2.95平方米，全年举办各类全民健身赛事活动超1.3万场。

6.科技创新研发能力突出。形成了钱塘新区杭州医药港、杭州国家高新区智慧医疗产业基地、杭州湾信息港、余杭生物医药高新技术产业园区、上城高端医疗服务集聚区、桐庐健康小镇等一批健康服务集聚区。拥有浙江大学、西湖大学、浙江中医药大学等多所开设相关专业的高等院校。建有若干健康类科研平台，包括西湖、良渚2家省级实验室以及中科院医学所、浙江大学智能创新药物研究院等10家省级新型研发机构。

（二）存在问题

1.健康服务供需矛盾依然存在。一是作为人口超千万的大城市，杭州正处于人口老龄化速度加快、慢性疾病患者增多、健康环境问题频出等关乎市民健康的重大问题多发期。这对健康服务业的发展提出了更大的挑战。二是市民健康保健意愿强烈，健康的行为和生活方式正在逐步养成，对于健康管理、健康咨询等健康服务需求较为迫切。总体来说，大规模、高品质、多层次、多元化的健康服务需求与健康服务供给不足之间的矛盾还将在一段时间内长期存在。

2. 健康服务资源结构仍需优化。一是医院（尤其是公立医院）是提供健康服务的主体，健康管理、健康咨询、健康保险等健康服务发展相对不足，尤其是高端健康服务、心理咨询与辅导等方面资源不足，无法满足特定人群的需要。二是医疗资源分布不平衡、发展不充分的现象依然存在。全市医疗资源集中分布在中心城区，郊区医疗资源支撑能力严重不足。截至 2023 年底，上城区常住人口平均每千人拥有医疗机构床位 18.3 张、卫技人员 31 人，而余杭区平均每千人拥有医疗机构床位仅 2.2 张、卫技人员 3 人，差距较为明显。优质医疗资源过度集中于大型公立医院特别是三甲医院，基层卫生机构优质医疗资源短缺、信息化管理能力不强等问题突出。

3. 健康服务业顶层设计不完善。一是健康服务业涉及诸多领域，暂无明确的政府牵头部门，不同部门之间存在职能交叉，政策措施和监管标准缺乏有效衔接。同时，基于健康服务业特点的多部门协同联动和互动机制有待加强，难以适应健康服务业快速发展的要求，对全市健康服务业的系统性研究也较为缺乏。二是尚未建立统一公开的统计制度，导致杭州健康服务业的发展情况难以在国内外、区域间进行有效比较，客观上影响了健康服务业相关政策的制定和实施。

4. 相关政策和监管体系尚不健全。健康服务业涉及多个领域，除了公立医疗机构，以中小企业居多，企业机构成分较为复杂，产品和服务质量良莠不齐，行业诚信度有待提升，市场亟须政府部门进行有效监督和指导。但有些领域的行业标准、政策、法律法规等仍有不少空白，行业监管滞后，尤其是对养生保健领域的从业人员缺乏有效监管，容易导致从业人员门槛过低、执业资格监管缺失，严重影响了安全优质的健康服务供给。

二、借鉴与启示

（一）国内城市经验

1.上海：注重顶层设计。上海是我国最早规划、发展健康服务业的省市之一，其经济条件相对较为发达，医疗资源、人力资源等在国内更占优势，因此很早就开始发展健康服务业。从 2011 年至今，上海市政府先后印发了一系列文件，如《上海市健康促进规划（2011—2020 年）》《关于推进健康上海行动的实施意见》《健康上海行动（2019—2030 年）》《关于推进健康服务业高质量发展加快建设一流医学中心城市的若干意见》等，从顶层设计出发，构建与上海城市功能定位和"健康上海"要求相匹配的健康服务体系。加快推动区域范围内健康服务业发展模式健全完善，培育发展具有国际和全球影响力的健康服务，以提升上海在亚洲地区的综合竞争力。

2.深圳：发挥资源优势。深圳健康服务业的快速发展，主要得益于其充分发挥自身的资源优势，创造了良好的发展生态。作为全球重要的电子信息产业基地，深圳新一代信息技术产业优势十分突出，云计算、大数据等技术为生命健康产业发展提供了强大的信息技术支持。因此，深圳作为国家首批生物产业基地，依托强大的信息技术支持，在生命科学技术和生物技术研发方面处于国际领先地位，其新一代测序能力和超大规模生物信息计算与分析能力位居世界第一，华大基因成为世界最大的基因组研发与科技服务机构。

3.成都：产业集群发展。成都市在不同区域进行集群化、差异化发展，发展重点分为成都国际医学城、中医药产业、医疗康复服务、全民健康管理及教育、医学支持平台和健康产业信息化等方面。在成都市温江区，集中发展集预防保健、医疗服务、养生康复、国际医疗旅游、教育研发和商务配套于一体的健康产业服务平台；在中心城区、都江堰市，集中发展以弘扬传统中医药文化、彰显中医药特色为主题，集医疗、养生康复、药膳、健康旅游、中医药美容、护理安老于一体的中医药养生康复体系。同时，成都还引进国际一流医院投资新建国际医院，引进国际医疗保险机构落户成都，打造多学科、多专业的全国知名特色专科。

（二）国际城市经验

1. 美国波士顿：构建强大技术研发能力。波士顿是世界著名的健康、医疗教育和医疗研究中心，集聚了哈佛大学、麻省理工学院、新英格兰医学中心等全美最好的大学医学院及科研机构，为该地区健康产业的发展提供了源源不断的创新成果和充足的智力保障。在此基础上，由于科研机构的集聚，波士顿成为全美获得 NIH（National Institutes of Health，美国国立卫生研究院）资助最多的地区，2012 年获得资助总金额高达 17.8 亿美元，后连续多年居全美之首。大规模的研究投入，不仅大大提高了波士顿健康产业集群的创新能力，也保证了其在医学研究领域的领先地位。

2. 阿联酋迪拜：建设顶级医疗服务机构。2002 年，迪拜提出发展医疗健康服务、建设世界级医药健康服务中心的发展目标。经过二十余年的发展，迪拜逐步形成以迪拜健康城为代表的世界级健康医疗服务业集群，以基础医疗为起点，逐步向高端医疗发展。同时，发展度假疗养区，提供保健护理、医疗美容以及度假休闲等高端健康服务，并建立高端医疗研究中心，致力于研究产业前沿技术在医药健康领域的应用，为医药健康服务提供必要的技术支持。

3. 泰国曼谷：创新发展"旅游＋医疗"模式。曼谷以发达的旅游产业为依托，向医疗旅游领域延伸，打造全球领先的医疗旅游服务城市，目前已形成疾病治疗、整形美容和保健养生等医疗旅游项目。一方面，政府出台政策予以支持，比如对大部分国家以长期疗养为目的和经常来泰国的医疗旅游者给予免签政策；同时，还推出长期居留的医疗签证来满足不同层次的医疗需求。另一方面，通过提高服务品质来吸引世界各国游客。曼谷最大的私立医院——曼谷医院以五星级酒店标准建设，设施配备齐全、服务非常到位。医院为方便游客，还为患者提供签证、旅行、检查、手术、疗养、旅游定制化的一条龙服务。

（三）对杭州的启示

1. 健全完善相关政策体系。为促使健康服务业整体快速发展，在中央出台政策的基础上，各地针对健康服务业薄弱环节纷纷出台了系列配套政策加以扶持。上海、深圳、成都、波士顿、迪拜、曼谷等城市的发展经验表明，每个城市健康服务业的发展都离不开政府的政策支持，包括财政、金融、土地和产业政策。尤其目前杭州健康服务业还处在逐步发展壮大的节点上，与健康制造业、生物医药业相比规模相对较小，因此健全完善健康服务业相关政策体系十分必要，既有利于从宏观层面对健康服务业有整体规划和路径探索，又能提供相关要素支持。杭州在健康服务业政策领域，较其他城市相对空白，仅2014年出台《关于促进健康服务业发展的实施意见》，后未出台过专门针对健康服务业的政策，所以更应当在顶层设计上下功夫，加强更多的政策支持。

2. 与本地资源优势相结合。健康服务业的发展必须以一定的资源、市场和技术作为基础。从各地实践来看，健康服务业发展呼声较高、发展势头较好的地区，往往与当地资源优势密不可分。上海发展健康服务业依托的是全国首屈一指的医疗服务资源，如众多的综合性医院和专科医院等，以及立足上海、辐射全国的医疗服务需求市场。深圳发展健康服务业依托的是先进的生物医药技术，包括研发和制造等。此外，还有一些在健康养老、康复护理、中医药服务方面拥有比较优势的地区也在积极谋划发展健康服务业。杭州作为自然资源较为丰富的城市，尤其在生态环境、中医养生及其文化方面具有得天独厚的优势，因此可以大力发展这些优势。

3.实施链条式集群化发展。集群化发展是健康服务业发展的主要途径，一方面可以形成健康服务产业集群，另一方面可以形成健康服务产业链。通过集群化发展，可降低制度成本，提高产业市场竞争力。国际上的先进城市及上海、成都、深圳等国内城市均形成了不同程度的集群化发展，并逐步构建形成完整的健康产业链。杭州健康服务产业中的各个行业之间的联系相对较弱，与其他城市相比还有差距，健康服务产业与相关机构之间的共建共享与互动合作也较为缺乏。因此，杭州应借鉴各地实践经验，在构建产业链、形成产业集群、打造产业生态等方面大有可为。

三、重点发展领域

（一）健康养老服务

一是研究制定养老机构医疗卫生服务设置标准，加强养老服务和医疗服务资源布局规划衔接。建立健全老年医疗服务体系，鼓励发展老年康复医院、老年保健院、临终关怀医院等机构。推进养老机构与医疗机构之间的合作，鼓励开通养老机构与医疗机构的预约就诊绿色通道，建立健全医养结合机制。二是大力推进传统养老机构向护理型养老机构转型，加强专业养老护理员队伍建设，支持有条件的养老机构增设医疗机构，并纳入医保定点范围，强化机构养老的医疗康复、护理和保健功能建设。加快建设、形成养老照料、康复护理、疾病救治、临终关怀服务相互衔接、功能互补、安全便捷的多元化健康养老服务网络。三是加强社区卫生机构与养老服务机构之间的合作，拓展社区健康养老服务。提高社区为老年人提供日常护理、慢性病管理、康复、健康教育和咨询、中医保健等服务的能力，探索为失能、半失能老人设立"家庭病床"的能力。

（二）健康保险服务

一是大力发展与基本医疗保险有机衔接的商业健康保险，鼓励商业保险机构积极开发与健康管理服务相关的健康保险产品，加强健康风险评估和干预，减少疾病损失。持续优化"西湖益联保"产品方案，切实提高基本医保参保人员健康服务购买能力。二是推进健康保险同医疗服务、健康管理等相关产业融合发展。充分发挥保险机构在医疗行为监管、医疗费用控制、参保人监督管理等方面的积极作用，促进医疗服务行为进一步规范。完善医保定点医药机构协议管理，争取将医保定点准入全流程工作纳入浙江省"智慧医保"平台管理，使各流程环节有效衔接。三是鼓励发展以商业保险为支撑、健康风险管理为核心的健康管理组织等新型组织，支持预防保健服务类消费。

（三）中医药医疗保健服务

一是强化中医药特色优势。以传统名优中成药开发为重点，加强药食两用中药材的种植及产品研发与应用，开发适合杭州环境和居民生活习惯的民间中草药等保健养生产品，推进产、供、销、用一体化发展。支持中医药健康服务技术和产品的研发及推广应用。鼓励和扶持优秀的中医药机构到境外开办连锁机构，培育国际知名的中医药品牌和服务机构。依托中医药资源，建设一批中医药养生基地。二是规范发展中医药养生保健服务。鼓励有资质的中医师在养生保健机构提供保健咨询和调理等服务，制定社会化中医药养生保健服务机构和人员的准入条件、服务规范。三是提升中医药健康服务能力。以等级医院评审和医共体、医联体建设为抓手，以中医专科专病联盟为纽带，推进区域内中医整体质量提升以及中医药服务双循环，促进市域内中医医疗服务能力的共同发展。深入开展基层中医药服务能力提升工程，聚力夯实中医医院绩效考核成效，提升国考成绩，全力推进全市各区县（市）创建全国基层中医药工作示范区（县）。实施中医治未病健康管理升级工程，推动建立覆盖全生命周期的中医药治未病服务体系，加强药食两用等养生保健产品的研发和推广应用。继续引进国医大师、全国名中医、岐黄学者等顶尖中医药人才，并推进全国顶尖中医专家传承工作室落户杭州。

（四）健康信息服务

一是搭建健康信息服务基础框架。建立统一、标准化的健康信息平台，整合各类医疗机构、药品研发企业及相关服务提供者的数据资源，实现医疗信息实时共享，为患者提供个性化的健康管理方案，提升就医体验。同时，借助大数据分析和人工智能技术，对健康信息进行深度挖掘与分析，为医疗决策提供有力支持，从而推动医药研发的进步。二是开发健康信息服务普惠项目。通过推出便捷的健康信息咨询服务、在线健康评估工具和健康教育课程等，帮助更多人获取必要的健康知识和服务，确保每个人都能享受到平等的健康服务。三是拓展健康信息服务新型业态。随着数字医疗和新兴健康服务的不断发展，探索多样化的服务模式显得尤为重要，这也是推动行业创新的重要方向。可结合互联网技术与传统医疗服务，开发新兴健康服务业态，发展远程医疗、在线咨询、智能健康管理等新型服务，有效缓解医疗资源紧张的问题。同时，通过引导医疗消费、构建有序的就医秩序，进一步提升医疗服务效率，增强患者的满意度与信任感。

（五）健康旅游、健康文化、健康体育服务

一是大力发展休闲养生服务。鼓励优质医疗机构与旅游服务机构合作开发与健康密切相关的旅游产品和服务，不断拓展休闲养生养老旅游市场。二是培育健康文化服务。推动健康信息传播产业发展，加强健康文化传播与交流，支持开展创作健康文化精品、举办健康论坛等学术性和群众性文化活动。鼓励社会资本建设健康博物馆、中医药博物馆、中草药博览园等。三是推进体育健康服务。借助筹办亚运会的契机，支持和引导社会力量参与体育场馆的建设和运营管理，开展形式多样的运动健身培训、健身指导咨询等服务。推进政府购买体育健康服务，引导全民增加体育健身消费，探索医保卡个人账户年度结余部分用于特定场所体育健康消费试点。依托专业体育机构和运动休闲基地，培育体育康复产业，探索设立体育康复产业园区。

四、发展建议

（一）将健康服务业融入全市发展的各方面

进一步强化健康服务业在服务业发展中的重要地位和作用。一是依托服务业双月例会，建立多部门协同联动机制，协调相关部门全力发挥管理职能作用，推进部门重点工作任务，及时解决健康服务业发展中的重大问题，定期分析研究健康服务业的发展情况。二是优化健康服务业发展与管理的体制机制，将健康服务业发展情况纳入各部门的绩效考核机制，贯彻落实健康优先的发展战略。三是完善健康服务业人才培养体系，加大健康服务业的职业培训力度，支持和引导专业化、规范化的健康教育健康培训机构的建设和发展。促进人才引进与培育的结合，大力引进健康服务业的专业化人才，鼓励

高校、职业学校开设健康服务业相关教育课程，培养从事健康服务业的专业人才。

（二）强化顶层制度设计，完善健康服务业政策体系

一是加强对健康服务业的系统性基础研究，开展对新业态、新场景、新模式的研讨，明确理念、把握规律，适时启动健康服务业专项规划编制工作，重点聚焦健康服务业的总体布局、相关产业融合发展、与全省经济社会发展密切相关的重大项目投资及保障等方面，为完善政策环境打下良好的基础。二是抓住健康服务业发展的战略机遇和行业特点，逐步梳理适合杭州市定位、发展潜力大的健康服务行业，如医疗卫生服务、护理与康复、养生保健、健康管理、健康信息及健康服务相关支撑产业，将它们列入重点发展行业，扩大多元化、多层次的健康服务供给。三是在《健康服务业分类（试行）》的基础上，做好统计调查和数据分析，及时公布统计监测数据和分析结果，为健康服务业相关政策的制定和实施提供抓手。

（三）调整优化发展结构，构建多层次健康服务生态

调配整合健康服务资源，构建大中小健康服务机构共存、高中低产业层次兼顾的健康服务业组织生态。一是不断提升综合性医院提供全面综合医疗服务的水平，同时发展各类中小型专科医院、诊所、社区（村）医院、养老机构等。继续推动医疗卫生资源向薄弱地区下沉，提升基层健康服务能力，提高医疗卫生服务的公平性和可及性。二是不断完善基本医疗服务体系，满足市民基本健康服务需求，同时发展高端健康服务市场，提供有特色、定制化的健康服务，促进健康服务消费和健康服务业进一步升级。三是发挥原有医疗服务、医药研发优势，通过杭州生物产业国家高技术产业基地、软件产

业国家高技术产业基地等载体，打造医疗服务与医药制造产业集群。结合各地区域资源禀赋和产业基础，打造一批健康服务业基地，开展一批健康服务业试点示范工作，建设一批健康服务业重点项目，培育一批健康服务业骨干企业（机构）。

（四）加强行业综合监管，筑牢群众健康安全屏障

一是建立健全健康服务业综合监管制度，进一步完善健康服务业相关标准，研究出台居家医疗、健康保险、康复护理服务规范，完善医养结合机构的医保政策。二是完善健康医疗数据资源开放共享支撑服务体系，建立统一规范的健康医疗行业数据标准。探索互联网健康医疗服务模式，研究制定网上诊疗、电子处方、医药流转等互联网医疗配套政策、法规、相关标准和规范，加强行业监管。三是搭建健康服务业诚信评价体系，强化行业自律，建立并完善健康服务机构的诚信失信惩戒机制。

（五）推动融合共生发展，全力打响健康服务业品牌

加快促进健康服务业与赛会体育、康养旅游、生态文化、科技金融相融合。一是聚焦赛会体育，加快推动行业从"以治病为中心"向"以健康为中心"转变，大力发展赛会经济、体育健身等运动康体产业。二是聚焦康养旅游，加快推动健康产业与养老、养生、旅游、食（用）品等相关领域深度融合，拓展康养融合应用场景。三是聚焦生态文化，促进健康产业与中医药文化等生态文化相融合，发展有特色、有内涵的健康文化产业。四是聚焦科技金融，加大健康产业相关科技的研发力度，丰富健康金融产品供给，积极发展健康保险等产品和服务。

杭州智能物联领域创新链布局战略研究

杨　瑾[*]

摘要：本文采用资料研究、实地调研、案例分析等研究方法，从关键核心技术与项目攻关、创新平台体系构建、创新主体培育、科技金融赋能等角度，分析杭州智能物联产业总体发展现状。通过三个层面对杭州智能物联产业视觉智能、云计算与大数据、集成电路三个细分领域展开创新链解析，并结合创新发展动态与趋势展开企业典型案例分析。梳理总结了杭州智能物联产业存在产业链断供风险加剧、关键器件依赖进口、复合型人才储备不足等三方面的问题与挑战。最后，结合杭州实际，针对关键核心技术攻坚突破、智能物联强链攻坚、创新平台提能造峰、创新链产业链深度融合、创新生态深化打造等五大方面，提出了推进智能物联高质量发展的对策建议，为政府制定科技创新、产业发展等方面政策提供理论依据。

关键词：智能物联；视觉智能；云计算与大数据；集成电路；创新链

---

* 杨瑾，硕士研究生，杭州市科技信息研究院高级工程师，研究方向为软科学研究、产业研究。

近年来，杭州市委、市政府高度重视智能物联产业的高质量发展。2022年，杭州发布了《关于促进智能物联产业高质量发展的若干意见》（市委办发〔2022〕39号），并明确配套政策实施细则，为企业用地、研发投入、产品应用等都提供了强有力的保障，全力打造智能物联产业生态圈。

一、杭州智能物联产业发展现状

杭州发展智能物联产业具有较强的优势：从上游芯片，到中游射频识别、传感器、存储器、终端设备，再到下游集成服务，产业链条较为完整。截至2023年底，全市智能物联产业总体规模达8435.3亿元，拥有规上企业1206家，其中10亿元以上企业108家、100亿元以上企业13家、500亿元以上企业3家，上市企业90家。

（一）关键核心技术与项目攻关

1.国家重大科研攻关。杭州十分重视智能物联的关键技术攻关，聚焦芯片、核心器件等智能物联产业关键技术，组织杭州智能物联领域企业申报国家重点研发计划、国家科技重大专项、国家科技创新2030重大项目等，积极争取国家重大项目支持。根据初步统计，全市智能物联产业在研国家项目有45个，项目总投入230亿元，其中，11个项目被列入国家"十四五"规划重大工程。

2.省"尖兵""领雁"技术攻关。近年来，智能物联相关企业聚焦智能物联断链断供风险和"卡脖子"技术，芯片、智慧交通、人工智能应用等方向的46个项目获得2023年度省重大项目支持。"超大规模预训练模型云平台"项目基于国产芯片的智能计算测试环境，预期实现自然语言处理及多模态等多个领域的超大模型国产化替代。"高分辨率大成像范围的 3D 视觉传感器研发及产业化"项目以 LX-MRDVS（蓝芯—移动机器人深度视觉系统）赋予并提升移动机器人强视觉感知能力。

3. 市重大科技攻关。2022 年，全市 115 个项目被列入 2022 年度市级人工智能重大科技创新项目计划。项目主要集中在智能计算、计算机视觉、跨媒体智能、智能自主无人技术、自然语言处理、知识服务、数字智能虚拟体、人工智能安全等 8 个技术领域，预计研发投入总额高达 24.3 亿元，预计年增产值 76.6 亿元。另外，部分项目以龙头企业牵头、高校院所支撑、各创新主体相互协同的创新联合体形式开展进行技术攻关，进一步增强产业协同攻关能力。2023 年，30 余个智能物联领域项目获市重点科研计划项目支持。

（二）创新平台体系构建

1. 省技术创新中心。省技术创新中心是技术创新中心体系的重要组成部分，其定位是实现从科学到技术的转化，促进重大基础研究成果产业化，是国家技术创新中心的后备力量。目前杭州拥有 3 家省技术创新中心（全省 10 家），其中 2 家涉及智能物联领域，分别为由浙大科创中心牵头建设的 CMOS 集成电路成套工艺与设计技术创新中心及由海康威视牵头建设的智能感知技术创新中心，2 家省技术创新中心目前进展良好。

2. 研发平台。杭州聚焦智能物联产业链核心竞争力提升，部署各类创新研发平台。目前杭州已争取国家人工智能开放创新平台 2 个（全国仅 15 个），智能物联领域省实验室 2 家、省重点实验室 12 家、省重点企业研究院 80 余家、省企业研究院 200 余家、新型研发机构 12 家。

3. 孵化载体。杭州累计建设市级以上孵化器（众创空间）513 家。其中国家级孵化器 65 家，位居全国省会城市、副省级城市第一位；国家级众创空间 85 家，位居全国省会城市第一位、副省级城市第二位；省级孵化器 127

家，占全省总数的 52%，稳居全省第一位。截至目前，全市智能物联领域相关科技企业孵化器 131 家，在孵企业数量为 1913 家，占比达 43.1%，孵化面积 56 万平方米，占比达 37.2%；智能物联领域相关众创空间 98 家，在孵企业数量为 1056 家，占比达 68.8%，孵化面积 9.1 万平方米，占比达 67.7%。在此基础上，杭州正着力健全"创客—众创空间—孵化器—成果转化园—高新产业园"的全链条式孵化体系，进一步强化平台赋能。

4. 概念验证中心。以成果转移转化首选地建设为契机，杭州市科技局启动实施概念验证中心建设，畅通科技成果转移转化的"最初一公里"。2022年，市科技局围绕五大产业生态圈，认定了 15 家首批杭州市概念验证中心，助力杭州科技成果转移转化。其中，智能物联领域相关的概念验证中心 4 家。2023 年，又新增智能物联领域相关的概念验证中心 4 家。由北大信研院创建的"杭州市北大信研院视觉智能概念验证中心"，围绕中国视谷、智能物联产业的知识创新和技术创新开展概念验证和产品落地，并在视觉智能产业领域系统性推进科技成果转化。

（三）创新主体培育

1. 重点企业。当前，杭州已培育智能物联领域国家级和省级"链主"企业 7 家、市级"链主"企业 8 家、市级"链主"培育企业 14 家。智能物联领域重点企业共计 116 家，主要分布在滨江区与余杭区。作为智能物联产业生态圈主攻赛道的视觉智能细分领域，杭州有规上企业 846 家，2023 年实现营业收入 7763 亿元，增长 7.1%。

2. 国家高新技术企业。近几年，杭州实施科技企业"双倍增"计划，2023 年，杭州新增国家高新技术企业（以下简称国高企）3195 家，国高企总量超 1.5 万家，其中智能物联领域企业占比约 30%。国高企智诺科技主攻以"视频＋AI"为核心的全息智能物联产品，提供高效便捷的 AI 自动化安全管理决策和人居服务应用。鲁尔物联是物联网行业的"准独角兽"企业，在安全物联网领域的前沿核心技术、自主开发的城市级物联网平台的基础上，形成了具有鲁尔特色的安全物联网工具箱，为数字化改革注入更多安全力量。

3. 创新联合体。创新联合体是一种由龙头企业牵头、高校院所支撑、各创新主体相互协同的组织形式。杭州已组建市级企业创新联合体 81 家，其中智能物联领域的有 29 家，占比达 35.8%。浙江华是科技股份有限公司会同浙江工业大学、浙江理工大学等组建了"杭州市 AI 视觉及三维激光企业创新联合体"，各成员单位拥有各自独特、领先的技术长板，可以实现优势互补，共同推动和促成更多视觉智能技术顺利研发和产业化，迅速带动创新链与产业链的融通发展。

（四）科技金融赋能

杭州十分重视智能物联领域的科技金融赋能。围绕智能物联产业，打造基金集群，充分发挥科技金融的引领撬动作用。杭州市引导基金累计合作智能物联领域专项基金 28 支，基金规模达 72.6 亿元，市引导基金认缴出资 8.6 亿元，财政资金放大倍数达 8.5 倍。项目方面，市引导基金参股子基金累计投资智能物联领域项目 435 项，投资额达 64.2 亿元，其中不少公司技术先进且在资本市场上颇受青睐。

产业基金落地运作。在杭州市国资委的指导下，杭实集团、萧山区、滨江区总规模 30 亿元的"视谷基金"完成注册登记，首期备案金额达 10.1 亿元（已到位 2.1 亿元）。基金运作团队已走访调研项目 58 个，成功签约项目 6 个，立项 2 个，重点储备了 24 个项目，项目涵盖 3D 视觉、视频解码器、智能驾驶芯片、工业相机等多个细分领域。

二、智能物联细分领域创新链解析

（一）视觉智能

1.产业创新平台。杭州视觉智能领域涉及的重要产业创新平台共40个，其中国家级2个、省级15个、市级23个。由海康威视牵头建设的智能感知技术创新中心，围绕物联网技术领域多频段信号感知、多模态智能计算、特种材料与精密制造工艺三大主攻方向，建设能够实现多模态信号感知、传输、存储、分析等关键技术国产化和前沿引领的高能级技术创新平台，已经形成4项标志性成果，申请了智能感知领域相关的发明专利105项。

2.创新主体。杭州视觉智能集群创新主体地位不断提升，海康威视、大华股份和宇视科技已成为行业标杆，在全球安防监控领域分别排名第一、第二和第四，另外涌现了申昊、史陶比尔、国自机器人、鲁尔物联、先临三维等龙头企业。2023年，全市新增视觉智能领域国高企和科技型中小企业300余家。部分智能物联龙头企业研发投入占营业收入比长期保持在8%—10%，2022年，杭州视觉智能产业集群整体企业研发投入占营业收入比重达6.7%。北大信研院视觉智能概念验证中心围绕视觉智能领域，开展相关技术概念验证，截至目前，概念验证中心累计入库项目37个，已验证项目16个，已落地转化项目14个，其中已创办企业7家。

3.核心技术领域。近年来，杭州围绕工业视觉、数字安防、虚拟现实（元宇宙）、医学影像、自动驾驶等视觉智能产业细分领域发展，聚焦半导体光源、工业镜头、图像传感器、超高清工业内窥镜等关键核心器件和各类工业应用传感器设计研发。以工业视觉算法为切入点，大力发展自动光学检测设备、X射线工业检测设备、三维扫描测量设备、无人搬运车、装配机器人等硬件设备，以及研发设计类、生产控制类、信息管理类和数据安全类工业软件。全面拓展工业视觉技术在工业可视化、缺陷检测、产品组装定位引导、机器人巡检、人机协作交互等场景下的应用，大力培育一批针对细分领域具有整合能力的工业场景解决方案提供商，围绕重点行业打造一批可复制、可推广的典型应用，助力构建以设备互联互通和分布式智能为核心的未来工厂体系。

4.企业案例。

（1）杭州海康威视数字技术股份有限公司（以下简称海康威视）。海康威视成立于 2001 年，是一家专注技术创新的科技公司，在安防、智能物联领域耕耘 20 余年，业务覆盖全球 150 多个国家和地区。公司致力于将物联感知、人工智能、大数据技术服务于千行百业，引领智能物联新未来，以全面的感知技术，帮助人、物更好地链接，构筑智能世界的基础，以丰富的智能产品，洞察和满足多样化需求，让智能触手可及，以创新的智能物联应用，建设便捷、高效、安心的智能世界，从而实现"助力人人享有美好未来"的企业目标。海康威视基于其摄像头硬件的产品优势，占据了国内外安防领域大部分市场。

2022 年 6 月，由海康威视牵头建设的浙江省智能感知技术创新中心揭牌，该中心有三大主攻方向，分别是物联网感知技术，物联网传输、存储及计算技术，精密加工技术与新型材料。该中心将建设成智能物联领域关键技术创新和前沿技术引领的高能级技术创新平台。

（2）浙江商汤科技开发有限公司（以下简称商汤科技）。商汤科技成立于 2017 年，总部位于上海。其长期投身于原创技术研究，不断增强行业领先的多模态、多任务通用人工智能能力，涵盖感知智能、自然语言处理、决策智能、智能内容生成等关键技术领域，同时包含 AI 芯片、AI 传感器及 AI 算力基础设施在内的关键能力。业务涵盖智慧商业、智慧城市、智慧生活、智能汽车四大板块，其相关产品与服务方案深受客户与合作伙伴的好评。

商汤科技前瞻性打造新型人工智能基础设施——商汤 AI 大装置 SenseCore，打通算力、算法和平台，并在此基础上建立"商汤日日新 SenseNova"大模型及研发体系，以低成本解锁通用人工智能任务的能力，推动高效率、低成本、规模化的 AI 创新和落地，进而打通商业价值闭环，解决长尾应用问题，引领人工智能进入工业化发展阶段。

（二）云计算与大数据

1.产业创新平台。杭州云计算与大数据领域涉及的重要产业创新平台共46 个，其中国家级 5 个、省级 16 个、市级 25 个。之江实验室成为全国首批获批建设的 9 家公共算力平台之一，也是浙江省唯一一家。作为以智能计算为主攻方向的高能级科创平台，之江实验室建有高等级的计算与数据中心，包括云计算区、GPU 区、HPC 区、存储区、托管区和科研试验区等六大功能分区，并部署了自研智能超算集群和异构智算集群等。之江实验室公共算力平台将基于计算与数据中心以及综合科研园区现有的基础设施进行建设，重点解决多集群异构算力的聚合、管理、智能调度、全栈自主可控软件栈等问题。

2.创新主体。杭州拥有分别以阿里云、网易等为代表的龙头企业，其中阿里云不断加大研发投入，开发基于开源技术和国产 CPU 体系的推进服务器软件、操作系统、云原生数据库等高端软件，构建产业生态，并正式推出了大语言模型"通义千问"。另外，随着"云＋AI"成为大模型研发和应用的标配，公共云平台成为决定全球大模型竞争格局的关键力量。阿里云面向智能时代打造了覆盖 IaaS、PaaS 和 MaaS 的云计算技术体系。

3.核心技术领域。近年来，杭州围绕云计算、大数据、高性能服务器等细分领域发展，聚焦云网算网协同、5G-A/6G、千兆光网／万兆光网、高速无线局域网、卫星互联网等新型网络技术，巩固发展路由交换设备、网络通信器件和云平台、云服务，突破发展物联网操作系统、高性能计算架构体系、百亿神经元类脑计算系统、广域协同智能计算系统，布局发展分布式计算、边缘计算、隐私计算、量子计算、类脑计算等领域。

目前，杭州在云计算与大数据领域已形成集底层操作系统、通信器件、系统整机和行业应用于一体的发展格局，总体处于国内领先地位。围绕云计算技术与平台、5.5G/6G 技术、智能感知探测技术、工业互联网四大重点方向，取得了"飞天云操作系统""Comware 网络操作系统""全闪存阵列"等一批国际领先的重大标志性成果。

4.企业案例——阿里云计算有限公司（以下简称阿里云）。阿里云创立于 2009 年，是全球领先的云计算及人工智能科技公司，为 200 多个国家和地区的企业、开发者和政府机构提供服务。阿里云致力于以在线公共服务的方式，提供安全、可靠的计算和数据处理能力，让计算和人工智能成为普惠科技。自 2015 年起，阿里云开始推出 AI 产品，适用于语音识别、图像识别、视觉识别等多个领域。随后，阿里云投资了深鉴科技、寒武纪等芯片公司，涉足更核心的技术领域。

2023 年 4 月，阿里云推出了大语言模型"通义千问"。"通义千问"能够理解复杂指令，具备多轮对话、文案创作、逻辑推理、多模态理解、多语言支持等功能，可用于行程安排、音视频会议、文档写作等办公场景，对话导购、客户服务等购物场景，以及个性化听歌、菜谱查询等居家场景。同时它具有深度定制能力，企业可结合自己的行业知识和场景定制专属大模型，实现更多的企业级应用。

（三）集成电路

1.产业创新平台。杭州集成电路领域涉及的重点产业创新平台共 39 个，其中省级 20 个、市级 19 个。其中士兰微电子、铖昌科技、长川科技等 11 家集成电路企业均建立了省重点企业研究院。在产业平台方面，浙江省微波毫米波射频产业联盟、杭州国家集成电路设计产业化基地、杭州国家"芯火"

双创基地等平台也积极发挥了企业孵化、产业化推进等核心作用，为企业提供 EDA 工具、设计服务、IP 推广、应用方案、工艺开发、设备验证服务，助力加速企业产业化进程。

2.创新主体。2023 年，在集成电路领域，有 107 家企业被认定为省科技型中小企业，60 余家企业被认定为国家高新技术企业；芯云半导体等 5 家企业被认定为省科技"小巨人"企业，长川科技等 4 家企业成长为省科技领军企业。同时，杭州市科技局积极鼓励集成电路企业建立研发机构，光辰芯微电子等 26 家企业建立了市级研发中心，盾源聚芯半导体等 13 家企业建立了省级研发中心，芯昇电子等 11 家企业获批建立了省企业研究院和省重点企业研究院。企业研发机构为集成电路企业招引人才、加强新产品开发搭建了平台。

3.核心技术领域。近年来，杭州在高端芯片、第三代半导体、封测设备等方面组织开展关键核心技术攻关，逐步突破集成电路"卡脖子"环节。杭州有 10 余个集成电路领域项目获 2023 年度省"尖兵""领雁"技术攻关项目支持。市重大科技攻关方面，2022 年全市实施了 115 个市级人工智能重大科技项目，雄迈集成电路"国产基于深度学习的网络数字高清视频智能处理芯片"、万高科技"面向电力端侧 AIOT 的超轻量级人工智能芯片"等项目被列入资助计划。另外，"全自动 8/12 英寸三温探针台研发"等 8 个集成电路领域的项目获 2023 年度市重点科研计划项目立项支持。

4.企业案例。

（1）杭州士兰微电子股份有限公司（以下简称士兰微电子）。士兰微电子成立于 1997 年 9 月，是专业从事集成电路芯片设计以及半导体微电子相关产品生产的高新技术企业。当前，士兰微电子已成为国内最具规模的集成电路芯片设计与制造一体（IDM）的企业之一，在 MEMS 传感器技术、车用模拟电路和功率半导体技术、第三代功率半导体器件技术、高端电源管理芯片技术等多个技术领域保持了国内领先的地位。截至目前，士兰微电子建在杭州钱塘区的集成电路芯片生产线实际月产出达到22万片，8英寸生产线月产能达6万片；位于厦门的12时特色工艺芯片生产线产能已达4万片/月，先进化合物半导体制造生产线产能已达7万片/月。

士兰微电子注重研发的投入和技术的积累，现已成立浙江省士兰功率集成电路重点企业研究院和国家级博士后科研工作站，拥有国内一流的半导体产品设计研发人员400余人，积聚了一批高水平、掌握了多方面核心技术的研发骨干，所研发的相关产品和技术对浙江省产业发展具有强有力的推动作用，成为省内产业创新链短板的核心力量。通过整合IDM模式下的平台和团队资源，士兰微电子在未来三至五年将努力解决一批国家所需、杭州所能的集成电路关键技术，形成一批能够替代进口芯片的集成电路产品。

（2）杭州长川科技股份有限公司（以下简称长川科技）。长川科技成立于2008年4月，是一家致力于提升我国集成电路专用装备技术水平、积极推动集成电路装备产业升级的高新技术企业。公司主营产品包括测试机、分选机、探针台、AOI设备和自动化设备，深耕行业多年，技术水平领先，备受行业认可。公司已于2017年4月17日在深交所创业板挂牌上市（股票代码300604）。公司主要为集成电路封装测试企业、晶圆制造企业、芯片设计企业等提供测试设备，目前主要销售产品为测试机、分选机、自动化设备及AOI光学检测设备等。

长川科技一直专注于集成电路测试装备业，当前产品已经覆盖集成电路后道、中道甚至跨越到前道的全产业链检测装备，产品包含了测试机、分选机、探针台等，综合市占率位列全国第一。随着新能源、5G通信、云计算、人工智能等新兴领域的蓬勃发展，公司更在数字测试机、三温分选机、常高温探针台、晶圆外观检测等高端装备领域展开了一系列技术和产品布局，填补了国内空白，为实现进口替代、保障国内集成电路生产制造提供了强有力的保障。

（3）杭州华澜微电子股份有限公司（以下简称华澜微电子）。华澜微电子成立于2011年，公司立足于国产自主知识产权的集成电路芯片技术，聚焦计算机总线接口、数据存储和数据安全核心技术，提供安全的存储控制芯片、存储模组、存储系统、行业大数据解决方案，是我国极少数以国产芯片出口全世界的芯片设计公司，是国内极少数拥有全系列计算机总线接口 IP 技术的芯片设计公司。公司提供全球存储业界最先进的控制器芯片及解决方案，可应用于存储卡、USB 闪存盘、移动硬盘、固态硬盘、硬盘阵列以及大数据存储系统，并实现了上述产品的芯片级信息安全防护。

华澜微电子聚焦集成电路关键领域的核心技术突破，目前已拥有中国最齐全的存储控制器芯片系列，且拥有这一系列完整的计算机/存储接口核心技术，包括物理层、协议层、链路层 IP 核。通过 10 年来的技术积累，积累了近 20 个 IP 核心技术，具备多种接口固态存储相关控制器芯片的开发能力。

三、杭州智能物联产业发展存在的问题

（一）产业链断供风险加剧，产业结构有待进一步平衡

受国际地缘政治冲突频发、中美经贸摩擦逐渐升级的影响，智能物联企业关键资源要素供应紧张，面临产业链断供风险。尤其是集成电路制备工艺中所需的核心设备、部分零部件尚不能形成自主供给，企业生产经营成本上升，出口预期悲观，国际并购、跨境融资、高端人才交流等也面临诸多限制。美国通过列入实体清单、逼退中概股、联合第三国等形式持续升级对我国重要企业的打压。从产业布局来看，杭州智能物联产业结构仍然偏软，数字赋能传统产业转型虽然有不少成功案例，但总体上传统产业数字化转型水平不高、质效不明显，制造业"低小散"现象仍大量存在，农业数字化处于起步阶段、标志性成果不多。部分智能物联龙头企业出现业务规模增速下滑现象，发展动能有所减弱。

（二）关键器件仍依赖进口，核心竞争力有待进一步提升

杭州智能物联研究领域均面临一些尚未突破的关键技术，尤其是集成电路光刻、刻蚀、薄膜、扩散等四大工艺中所需的核心设备以及光刻胶、半导体用电子化学品及部分零部件等相关技术还需要进一步攻克，跟踪研究居多，技术研究布局分散、缺乏系统性，存在"卡脖子"问题。高端芯片、高端传感器、处理器、存储器等制造业被欧美垄断，并已形成较高的技术壁垒。杭州智能物联产业进口替代成果虽然有所突破，但硬核科技成果总量仍然偏少。龙头企业的产业协同创新带动效应仍有待加强，产业核心竞争力有待进一步提升。

（三）复合型人才储备不足，产业创新生态有待进一步优化

智能物联产业的技术研发和应用大部分依赖多学科交叉创新与协同进步，亟须在硬件、软件和机械制造等方面都配备基础扎实的复合型人才，而杭州在这方面人才储备相对不足，同时还面临集成电路、视觉智能等领域领军人才和专业人才支撑不足的问题，这类人才短缺将导致产业可持续发展能力削弱。此外，集成电路企业整体规模偏小，企业科技创新内生动力和发展后劲相对不足，产业创新生态有待进一步优化。

四、促进杭州智能物联产业发展的对策建议

（一）布局未来方向，实现关键核心技术攻坚突破

要围绕产业链部署创新链、围绕创新链布局产业链，以产业需求为导

向，聚焦智能计算、计算机视觉、新一代智能芯片等重点领域，设立智能物联重大科技专项资金，以"揭榜挂帅""赛马制"等攻关模式鼓励在杭企业、科研院所等聚焦智能物联领域关键技术进行系统创新，促进各分支技术融合发展。鼓励企业积极申报国家、省、市重大创新计划，着力突破一批智能物联关键核心技术。依托之江实验室等高能级平台的创新资源，凝聚共识联动推进智能物联核心技术攻关。支持智能物联领域央企、省内外行业领军企业和知名跨国公司等在杭设立研发总部，鼓励外商在杭依法投资设立研发中心。积极布局智能物联产业未来技术方向的研发攻关，力争取得一系列标志性成果，推动未来形成颠覆性技术创新与突破。

（二）加强成果转化，引领智能物联强链攻坚行动

要聚焦构筑首选地，塑造智能物联产业创新发展强引擎。高水平建设科技成果转移转化首选地，打通智能物联科技成果转化"最后一公里"。打造全国科技成果概念验证之都，构建科技成果评估、转化、投融资等概念验证服务体系，对智能物联相关技术开展概念验证。加快建设技术转移转化中心，打造线上线下相融合的技术交易服务平台，健全职务科技成果产权制度，鼓励在杭高校、国有企业加大智能物联科技成果的转化力度。进一步完善"验证—孵化—小试—中试—熟化—产业化"科技成果转化链条，推进智能物联科技成果就地交易、就地转化、就地应用。充分发挥政府科技创新投资基金的引领撬动作用，采取直接投资、定向基金和非定向基金等投资模式，围绕"卡脖子"前沿技术，提高自主创新能力，逐步打破智能关键器件的技术壁垒。

（三）精准规划定位，助推重大创新平台提能造峰

要支持以城西科创大走廊为核心创建综合性国家科学中心，加快建设国家新一代人工智能创新发展试验区，打造智能物联区域创新高地。强化高水平研究型大学作用，支持西湖大学建设成世界一流研究型大学，支持在杭高校加强智能物联领域"登峰学科"、优势特色学科和一流学科的建设。设立市自然科学基金，强化智能物联底层理论和根部技术研究支撑。加快打造"中国视谷""中国数谷"产业新地标。支持国科大杭州高等研究院、北航杭州创新研究院、北大信息技术高等研究院等智能物联领域新型研发机构加快发展。积极争取培育智能物联国家级创新平台，加大共性平台建设，以应用为导向推动智能物联相关产品迭代更新。

（四）强化协同攻关，促进创新链产业链深度融合

要支持由智能物联领域龙头企业牵头、高校院所支撑、各创新主体相互协同的创新联合体，探索构建"联合研发＋'卡脖子'攻关＋前沿突破"的多层级科技创新推进机制，围绕智能物联的底层技术和"卡脖子"关键技术开展联合攻关，培育壮大智能物联产业发展新增长点，通过产业链创新链双联动推动创新发展。支持有条件的企业通过海外并购等形式，吸收国外智能物联关键零部件的核心技术，逐步推进核心零部件自主生产，克服产业链短板，培育头部企业，构筑具有产业辐射能力和引领作用的智能物联产业集群。发挥既有优势，鼓励智能物联领域具有一定技术领先优势的在杭企业强强联合、协同攻关，开展产业融合创新，完善脑机智能上下游产业链，有效促进智能物联产业长足发展。

（五）引育复合人才，营造良好的科技创新生态氛围

要建立高精急缺创新人才引聚机制，加大外籍智能物联复合型人才引进力度。支持相关企业与高校院所联合设立特色学院、智能物联交叉专业培养基地，开展复合型人才定向培养与输送，构建智能物联全链条人才培育体系。以创新队伍建设为抓手，将复合型人才需求纳入杭州重点需求人才目录，引进或培养一批国内知名的、拥有原创性核心技术的创新型团队，使之成为杭州智能物联发展的中坚支撑力量。全力打造一流创新环境、生态环境，汇聚创新资源适当超前部署。深入推进科技体制改革，完善科技创新治理体系，推动智能物联重点分支领域项目、基地、人才、资金一体化配置，营造良好的科技创新生态氛围，加快推动智能物联产业跨越式发展。

杭州量子科技产业发展趋势及对策研究

余方正　金佳锋　陈　杰[*]

摘要： 本报告梳理了杭州在量子计算领域、量子通信领域、量子测量领域的发展成效，分析了杭州量子产业发展存在的问题，充分借鉴硅谷、合肥、北京、上海、济南等国内外城市量子产业创新发展的经验，从夯实基础创新、汇聚创新人才、提升平台能级、做强企业矩阵、厚植创新土壤等五个方面提出促进杭州量子科技产业发展的对策。

关键词： 量子科技；量子计算；量子通信；量子测量

习近平总书记指出，"量子科技发展具有重大科学意义和战略价值，是一项对传统技术体系产生冲击、进行重构的重大颠覆性技术创新，将引领新一轮科技革命和产业变革方向"。"量子霸权"带来的对传统产业的"归零效应"，关系着国家安全，注定了量子科技产业是全球必争的科技高地。我国量子科技产业快速发展，量子通信产业位列全球第一，量子计算、量子测量

---
* 余方正，浙江省长三角城镇化研究院大数据部副部长，中级经济师；金佳锋，浙江省长三角城镇化研究院大数据部助理研究员，中级经济师；陈杰，浙江神州量子通信技术有限公司常务副总经理，高级工程师。

产业仅次于美国。杭州在量子物态调控和超导量子计算等领域也取得了世界一流的科研成果，是全国为数不多的量子科技产业科研及商业化走在前列的城市。身处变革之中，为了抢抓量子科技产业发展先机，杭州打造量子科技产业强市，正当其时。

课题组调研走访了神州量子、浙江国盾、微伽量子、量安科技等量子科技企业，了解行业发展前沿动向和问题，倾听和吸收量子科技企业一线诉求和建议。

一、趋势背景

（一）产业历程

量子科技产业发展历程可以分为概念理论研究期（1900—1927 年）、第一次量子革命发展期（1928—1979 年）、第二次量子革命技术储备期（1980—2019 年）、第二次量子革命市场引爆期（2020 年至今）四个阶段。

1. 概念理论研究期（1900—1927 年）。量子科技理论，可以追溯到 1900 年德国物理学家马克思·普朗克提出的光的能量和频率成正比并以不连续的量子状态辐射这一概念。海森堡、薛丁格、波恩等科学家又不断深化探索，提出波动力学、波函数、测不准原理，这些原理颠覆了传统世界的实在观，量子力学的概念理论在一系列"不可思议"中建立。

2. 第一次量子革命发展期（1928—1979 年）。这一时期是 1900—1927 年量子科技理论成果的产业化应用阶段。量子力学扩散至其他科学与技术领域，促使了晶体管、集成电路与激光等的发明，推动了半导体及光电产业的蓬勃发展。原子能、半导体、激光、核磁共振、超导和全球卫星定位系统等重大技术的发明相继诞生，革新了人类的生产生活方式。

3.第二次量子革命技术储备期（1980—2019 年）。第二次量子科技革命来源于理论和试验领域的重大突破。如 1980 年，美国阿冈国家实验室的贝尼奥夫提出杜林机（Turing Machine）可以用量子力学的方式来操作的原理；1985 年，英国牛津大学的杜奇提出量子邱奇—杜林机的量子计算机模型；1993 年，查尔斯·H.贝内特阐述了描述量子遥传的理论方法；等等。

4.第二次量子革命技术市场引爆期（2020 年至今）。2020 年 7 月 9 日，中国"量子科技第一股"国盾量子在上交所上市交易，量子科技逐渐被大众熟知。2021 年，IonQ、Arqit、Quantum Computing Inc、Rigetti 等多家企业谋划上市。2022 年 3 月，谷歌容错超导量子计算机公司 Sandbox AQ 宣布脱离 Alphabet；阿里巴巴达摩院量子实验室宣布成功设计并制造出了两比特 fluxonium 量子芯片，单比特、两比特操控精度达全球最佳水平。2023 年，Atom Computing 推出 1225 量子比特的计算机，IBM Quantum 宣布与东京大学和芝加哥大学合作，计划于 2033 年实现 10 万量子比特超级计算机，国内华为、腾讯、百度等科技巨头也纷纷入局。

（二）发展趋势

与通信、信息、材料和能源等领域融合交叉的量子科技，有望成为未来重大技术范式变革和颠覆式创新应用的源泉。该领域已成为各国抢滩布局的重地。

1.量子科技在未来十年可能诞生颠覆性革命。量子计算的指数型能力（量子霸权）、量子通信的完全私密性，以及量子测量的超强探测能力，决定了量子科技产业具有颠覆现有产业的能力。近几年，量子通信、量子测量相关成果已经逐渐走出实验室，应用在军事和部分商业领域，如 IBM 已经研制出 433 量子比特的量子计算，美国军火商洛克希德·马丁公司已经利用量子计算机开发产品。可以预见，未来十年随着量子科技产业的应用下渗，可能会重新定义整个行业并改变人类的生活。

2.中美两国竞争量子科技尖端高地。截至 2022 年 9 月，根据全球投资的不完全统计，量子领域投资已达 160 亿美元以上，中国、美国、德国、日本等 16 个国家已经制定统一的国家 / 地区量子战略，其中中美两国近十年量子科技产业专利申请和论文发表数量最多。重点领域上，量子计算领域最为活跃，中美两国专利申请占比分别为 56%、26%，位居前二强；量子通信和量子测量领域上，中国专利申请数量均处于全球领先，分别占比 54% 和 49%，美国均处于第二位，分别占比 24% 和 32%。

3.国内城市加大量子科技产业抢滩布局。从专利申请分布上看，北京、安徽、浙江、江苏和广东等地区，是量子信息技术研发与应用的创新高地。从量子科技支持政策上看，安徽设置 100 亿元量子产业发展基金，深圳计划 2021—2025 年间投资 1080 亿美元用于量子基础设施建设，山东、浙江、北京等地也先后发布了支持量子产业发展的规划。

4.跨区域合作成为量子科技攻关的显著趋势。当前，量子信息技术整体处于从基础科研与实验探索向产品研发与应用探索过渡的早期阶段，合作研发、企业与高校跨地区合作是提高产出的重要途径。如美国近年来先后与德国、法国等 10 个发达国家签订了量子合作协议。相应地，量子信息技术从科研走向应用和产业化，也需要联合政府、研发部门、龙头企业、社会资金等多方参与。

二、发展现状

（一）杭州量子产业发展成效

从总体上看，杭州量子科技产业处于全国领先队列。杭州在量子物态调控和超导量子计算等领域取得了世界一流的科研成果，成功研制了达到国际先进水平的冷原子干涉绝对重力仪、原子磁力仪等，建成了一批量子科技相关领域的国家级和省级重点实验室。从科研成果上看，截至 2022 年底，以"量子"为关键词，杭州共产出专利（发明申请和发明授权）495 项，发表 WOS 核心合集期刊 9510 篇。从产业化上看，根据量子科技研究机构光子盒统计，截至 2022 年底，全国共有 105 家量子科技核心企业，其中杭州有 8 家，包括九州量子、微伽量子、舜时科技等，如表 1 所示，排名仅次于合肥、北京和深圳，与上海并列第四位。

表 1　杭州量子产业核心机构及企业 [①]

序号	公司名称	大类	相关业务	成立时间	所在城市	创始背景	产业链环节
1	浙江九州量子信息技术股份有限公司	量子通信与安全	量子密钥分发、量子随机数	2012 年	杭州	中国科学技术大学博士	中游
2	阿里巴巴达摩院量子实验室	量子计算	超导量子计算机	2015 年	杭州	阿里巴巴	中游
3	杭州微伽量子科技有限公司	量子传感	量子重力仪	2018 年	杭州	浙江工业大学	中游
4	杭州舜时科技有限公司	量子通信与安全	量子随机数发生器	2020 年	杭州	其他	中游
5	杭州量泓科技有限公司	量子传感	量子传感器、原子气室和量子探测系统	2020 年	杭州	军民融合	中游
6	杭州量安科技有限公司	量子通信与安全	抗量子密码	2022 年	杭州	北京师范大学	中游
7	杭州太元量子科技有限公司	量子计算	量子计算云平台	2022 年	杭州	浙江大学	中游
8	杭州旷澄量子科技有限公司	量子计算	超冷原子量子系统	2022 年	杭州	海德堡大学博士	中游

1. 量子计算领域。2017 年，世界首台光量子计算机于诞生于中国，其研发团队中就有浙江大学和中国科学院—阿里巴巴量子计算实验室的身影。从

[①]　注：数据来自光子盒、天眼查，浙江省长三角城镇化研究院整理。

科研领域上看，浙江大学和之江实验室是国内量子科技研发应用的执牛耳者。浙江大学于 2018 年启动量子计划，并于 2019 年与中国科学院物理所、中国科学院自动化所、北京计算科学研究中心等国内单位共同合作开发了具有 20 个超导量子比特的量子芯片。截至 2022 年底，杭州共发表量子计算 WOS 核心合集期刊 817 篇，其中浙江大学发表 666 篇，占到了 81.5%，其次是杭州电子科技大学、浙江工商大学，分别占比 15.9%、14.8%；量子计算专利（发明申请和发明授权）共 67 篇，主要来自浙江大学（20.9%）、杭州电子科技大学（16.4%）和阿里巴巴达摩院（11.9%），如表 2 所示。从企业培育上看，浙大系孵化出了杭州量子科技产业大军。浙大系中，2022 年，卢丽强教授成立的杭州太元量子科技与浙大联合生产出支持多量子计算机并行调度的超导量子计算云平台——"太元一号"；夏席远创立的杭州旷潼量子科技有限公司，运用基于超冷原子的量子技术，为科研机构提供用于教育及科研的教学设备，为新能源电池、新材料和金融行业提供量子计算服务。阿里系中，尽管阿里巴巴宣布退出量子技术研究，但仍在量子科技产业历史上留下了浓墨重彩的一笔，如实现了"阿里云量子开发平台（AC-QDP）"和"太章"两项应用成果；2022 年 3 月，成功设计并制造出两比特量子芯片，实现了单比特操控精度 99.97%，性能逼近业界主要量子研发团队采用的传统 Transmon 比特。

表 2　杭州量子计算主要机构企业专利情况 [1]

序号	机构 / 企业	专利数量	占比	重点领域
1	浙江大学	14	20.9%	单光子源器件、量子芯片、多光子波导场、高温超导
2	杭州电子科技大学	11	16.4%	无线信道预测、最近邻语义搜索算法、无线信道预测、量子逻辑电路

[1]　注：数据来自 incoPat，含专利申请和专利授权，浙江省长三角城镇化研究院整理。

续表

序号	机构／企业	专利数量	占比	重点领域
3	阿里巴巴达摩院（杭州）科技有限公司	8	11.9%	超导薄膜、钽金属薄膜、超导电路及量子芯片、多超导材料层的制备
4	之江实验室	4	6.0%	可编程量子计算、哈密顿量模拟
5	支付宝（杭州）信息技术有限公司	3	4.5%	隐私计算、多方安全计算
6	浙江工商大学	3	4.5%	量子相干性、多体量子态多体可分离性最小白噪声
7	浙江九州量子信息技术股份有限公司	2	3.0%	量子密钥云平台加密算法、通信链路安全
8	阿里巴巴（中国）有限公司	2	3.0%	量子计算模拟、数据安全通信
9	浙江神州量子网络科技有限公司	2	3.0%	堡垒机系统
10	浙江理工大学	2	3.0%	量子纠缠算法、量子相干性算法、多体量子态多体可分离性最小白噪声

2. 量子通信领域。在量子通信领域，杭州研究者也处于国内领先水平。从科研产出上看，截至 2022 年底，杭州的 355 篇量子通信专利（发明申请和发明授权）中，主要来自九州量子（30.1%）、神州量子（20.6%）、浙江工商大学（14.1%），量子通信产业研究市场化程度较高，如表 3 所示；量子通信科研论文主要来自浙江大学，其占比 89.5%，其次是浙江工商大学、杭州电子科技大学，分别占比 23.1%、14.1%。从企业培育上看，杭州拥有九州量子、舜时科技、量安科技 3 家行业领军企业，创始人分别来自中国科学技术大学、中国科学技术大学上海分院和北京师范大学，科研成果转化处于国内领先地位。其中，九州量子承建和运营了贯通浙江的"全球第一条量子通信商用干线沪杭干线"，是全球量子通信龙头瑞士 IDQ 的第二大股东。量安科技由之江实验室孵化，由院士领衔，专注量子密码、国产密码标准、隐私计算领域，得到余杭区顶尖人才政策支持近亿元。舜时科技专注量子通信领

域，在北京、绍兴均投资有量子产业子公司。此外，杭州迪普科技股份有限公司，是世界首条量子保密通信"京沪干线"项目的安全产品供应商之一。

表3　杭州量子通信主要机构企业专利情况 [①]

序号	机构 / 企业	专利数量	占比	重点领域
1	浙江九州量子信息技术股份有限公司	107	30.1%	多用户远程通信的密钥分配、量子密钥同步、自适应密钥协商
2	浙江神州量子网络科技有限公司	73	20.6%	密钥配置网络、量子密钥分发、多方量子通信隐私放大、密钥分发系统纠错
3	浙江工商大学	50	14.1%	量子隐写协议、抗信息泄露量子对话协议
4	杭州电子科技大学	36	10.1%	电光相位混沌保密通信、反时间光电混沌双向保密通信、属性基加密
5	浙江科易理想量子信息技术有限公司	9	2.5%	量子密码锁、量子密钥云、无线量子密钥分发
6	杭州慧明量子通信技术有限公司	9	2.5%	量子密钥分发、密钥分发相位编码、可调延时干涉仪
7	国网浙江省电力有限公司杭州供电公司	8	2.3%	配电自动化信息加密、加密卫星通信、智慧共享财务平台
8	浙江工业大学	6	1.7%	光接入无源网络、金刚石颗粒与石英光纤复合
9	阿里巴巴（中国）有限公司	5	1.4%	数据加密方法、密钥生成方法
10	浙江国盾量子电力科技有限公司	5	1.4%	量子加密卫星通信、配电站视频传输通信系统、无线终端密钥管理

3. 量子测量领域。杭州在量子测量领域也有布局，尤其是滨江区在2022年10月引进北京航空航天大学，建成"北航量子实验楼"，引入"超高灵敏极弱磁场和惯性测量装置"等项目。从科研产出上看，截至2022年底，杭州共发表量子测量WOS核心合集期刊2317篇，其中浙江大学发表1671篇，

[①]　数据来源：incoPat，含专利申请和专利授权，浙江省长三角城镇化研究院整理。

占到了 84.1%，其次是杭州电子科技大学、杭州师范大学，分别占比 12.0%、11.9%；量子测量专利（发明申请和发明授权）共 73 项，如表 4 所示，主要来自浙江大学（23.3%）、浙江工商大学（23.3%）、之江实验室（13.7%）。如之江实验室在 2019 年公开其"量子精密测量大科学装置"，该装置大幅提升了导航、激光制导、水下定位、医学检测和引力波探测等的准确性和精度。从企业培育上看，杭州拥有量子重力仪企业——微伽量子、量子传感器和量子探测系统企业——量泓科技。其中微伽量子成立于 2018 年，由浙江工业大学理学院院长林强带队，率先实现了商用高精度重力仪的国产化，成为全球量子重力设备的重要参与者。量泓科技由浙江大学和中国科学院博士团队共建，主要从事原子磁力仪、原子气室及磁探系统相关产品的研制与生产。

表 4　杭州量子测量主要机构企业专利情况 ①

序号	机构 / 企业	专利数量	占比	重点领域
1	浙江大学	17	23.3%	量子比特反馈设备、多模波导中光场干涉、量子测量算法
2	浙江工商大学	17	23.3%	抗集体退相位噪声、抗集体退相位噪声鲁棒量子对话协议、半量子私密查询、无信息泄露受控量子对话
3	之江实验室	10	13.7%	SERF 超高灵敏磁场测量、原子磁强计、倍频系统、激光稳频系统
4	浙江工业大学	5	6.8%	原子磁力仪、量子点电场效应、柔性传感器
5	杭州远方光电信息股份有限公司	4	5.5%	LED 量子效率测量、光合辐射照度测量
6	杭州电子科技大学	3	4.1%	贝叶斯压缩宽带频谱检测、分解复用测量点光源
7	中国船舶重工集团公司第七一五研究所	3	4.1%	弱声场信号的弱测量
8	杭州微伽量子科技有限公司	2	2.7%	高速低延迟数字 PID 电路、声光调制器驱动

① 数据来源：incoPat，含专利申请和专利授权，浙江省长三角城镇化研究院整理。

续表

序号	机构 / 企业	专利数量	占比	重点领域
9	浙江好络维医疗技术有限公司	1	1.4%	P 波信息测量
10	中国计量大学	1	1.4%	光纤表面等离子体共振折射率传感器

（二）杭州量子产业发展存在的问题

1.原始创新水平有待提升。如表 5 所示，与国内主要城市相比，杭州量子科技产业的技术知识创新和成果转化尚未达到领跑或并跑水平。专利数量在同级城市中仅排名第 5，WOS 核心合集期刊产出排名第 6。量子计算、量子通信、量子测量三类专利总数，仅为合肥的 22.1%、北京的 30.4%；WOS核心合集期刊数量仅为合肥的 48.3%、北京的 17.6%。同时，杭州在量子科技领域的科研成果转化率偏低，高性能光源、原子钟、原子磁场计等细分领域的科研成果虽然在国内处于领先地位，但尚未形成相关企业孵化。调研中，浙江国盾、神州量子均反映，近期国家出台支持政策密集，但真正从高校和国家实验室转化出来的成果较少，又囿于应用场景不明确、标准和试点缺乏等，新产品被推向市场和被市场接受得更少。

表 5　杭州及国内主要城市量子科技产业专利产出对比

序号	城市	WOS 核心合集期刊数量				专利数量				2022 年GDP（亿元）	专利位次相对 GDP位次
		量子计算	量子通信	量子测量	总计	量子计算	量子通信	量子测量	总计		
1	上海	1491	1715	5342	8548	98	184	14	296	44652.8	−3
2	北京	3968	4695	12021	20684	523	291	95	909	41610.9	—
3	深圳	547	751	1524	2822	116	45	8	169	32387.7	−4
4	苏州	210	290	957	1457	63	61	6	130	23958.3	−5

续表

序号	城市	WOS 核心合集期刊数量				专利数量				2022 年 GDP（亿元）	专利位次相对 GDP 位次
		量子计算	量子通信	量子测量	总计	量子计算	量子通信	量子测量	总计		
5	成都	615	907	1588	3110	95	138	15	248	20817.5	−1
6	武汉	777	892	2854	4523	58	19	2	79	18866.4	−4
7	杭州	665	666	2317	3648	50	209	17	276	18753.0	2
8	南京	1028	1468	3857	6353	129	211	11	351	16907.9	5
9	济南	266	359	1674	2299	91	45	0	136	12027.5	1
10	合肥	1536	1581	4433	7550	658	565	24	1247	12013.1	9

注：主要城市期刊和专利数量的横向对比数据，采用"量子计算""量子通信""量子测量 OR 量子精密测量"中英文关键词筛选，未采用量子科技细分赛道领域关键词进行识别，数据量会少于杭州市数量。检索基于 Web of Science 和 incoPat 数据库。

2. 高端人才引育有待加强。在赛事引才上，北京举办了"量子计算挑战杯"大赛，合肥举办了"司南杯"量子计算编程挑战赛，深圳依托华为 HiQ 已举办了四届量子计算"黑客松"全国大赛，杭州则鲜少有此类赛事举办。在学术会议上，杭州鲜少举办具有地区影响力的国内或国际会议，浙江工业大学举办的第一届量子精密测量研讨会尚未形成行业影响力。而合肥举办了"2020 国际量子大会""2021 量子产业大会""2022 量子信息技术学术交流大会""2022 新兴量子技术国际会议"，北京举办了"2022 量子信息技术学术交流大会""2022 年量子开发者大会"等系列会议，量子产业号召力提升明显。在高校专业人才培育上，清华大学、中国科学技术大学均增设量子信息班，专门培训量子科技人才，杭州高校这方面尚未跟进。调研中，微伽量子反映，既懂技术、又懂管理的超复杂系统"总司型人才"的缺乏，制约了杭州量子科技产业发展。

3. 专业研发机构有待提升。现阶段杭州量子科技研究成果主要集中在浙江大学、杭州电子科技大学等高校，以及九州量子、神州量子等市场化企业，尚未设立共享开放的量子科技领域的专业化研发机构。对比其他城市，如北京已设立量子信息科学研究院，合肥拥有中国科学院量子信息与量子科技创新研究院，昆明建有云南量子产业技术研究院等专业化研发机构，杭州赋能量子产业创新尤其是量子科技企业创新的能力偏弱。

4.大中小企业集聚能力有待提高。如表6所示，从龙头企业上看，杭州量子科技产业涌现出九州量子、微伽量子等8家量子科技产业头部企业，与合肥的21家、北京的19家相比仍有较大的差距，同时，杭州仅有浙江东方、迪普科技2家量子科技相关上市企业，而合肥有4家、北京有5家。从中小企业上看，2018—2022年杭州新增量子科技相关企业4家，低于合肥的5家、深圳的5家、北京的10家，2023年杭州未有新增量子科技企业，合肥、上海、苏州则各增加1家。从产业集群上看，合肥有云飞路"量子一条街"，紧邻中国科学技术大学、合肥工业大学等高校和中国科学技术大学先进技术研究院、中国电子科技集团公司第十六研究所创新基地等科研机构，集聚了20多家量子科技企业，初步形成了从基础研究、应用技术研究到关键核心技术集成，再到工程化、产业化的相对完整的链条。深圳围绕粤港澳大湾区量子科学中心建设"量子谷"，由南方科技大学、香港科技大学等高校牵头，集聚量旋科技等上下游企业。杭州在萧山设有九州量子产业园，但园区规模较小，且距离浙江大学、浙江工业大学等高校和科研院所距离较远，园区内量子科技企业多为九州量子分子公司，规模化的产业集聚效应较弱。

表6　国内主要城市核心量子科技企业数量 [①]

序号	城市	领军企业数量	主要领域	领先技术节点	代表企业
1	合肥	21	量子计算、量子通信、量子传感	超导及离子阱量子计算机、量子随机数芯片、量子磁测量、量子探测器	国盾量子、国仪量子、本源量子

---

① 数据来源：ICV、光子盒。

续表

序号	城市	领军企业数量	主要领域	领先技术节点	代表企业
2	北京	19	量子计算、量子通信	超导量子计算机、原子钟、二极管激光器、量子密钥分发	国舜科技、中创为量子、星汉时空科技
3	深圳	10	量子计算	量子计算云平台、超导量子计算机	华为 HiQ、腾讯量子、量旋科技
4	杭州	8	量子计算、量子通信、量子测量	超导量子计算机、密钥分发、量子安全中继、量子重力仪	九州量子、微伽量子、太元量子
5	上海	8	量子通信、量子计算	光量子计算机、连续量子密钥分发、量子增强型安全芯片	国科量子、循态量子、图灵量子
6	武汉	8	量子通信、量子计算	量子通信网络建设、中性原子量子计算机	星际量子、航天三江量子、长江量子
7	南京	5	量子通信	量子保密通信	启天量子、科信量子、易科腾信息
8	成都	4	量子传感、量子通信	原子钟、量子随机数发生器	天奥电子、同相科技、中国电子科技网络信息安全有限公司
9	重庆	4	量子设备	光电子器件、光量子芯片	重庆连芯光电科技、中国电科芯片技术研究院、中国电子科技集团公司第四十四研究所
10	济南	3	量子计算	超导量子计算机	浪潮集团、国迅量子

5. 创新协作能力有待加强。当前，杭州量子科技产业关键、难点问题进入无人区，需要市内单位和团队联合突围，甚至引入国内、跨国资源。如表 7 所示，杭州量子科技产业专利中，94.5% 为单一企业或机构申请，发生专利合作仅 11 项，占比 2.2%，与市外企业合著专利数量仅 3 项，占比仅 0.06%，不足 1%；而合肥专利合作共有 641 项，占比 23.8%，其中市外合作共有 144 项，占比 5.4%。同时，杭州也缺乏量子科技领域行业协会或产业联盟，微伽量子、浙江国盾等企业表示与市内其他量子科技企业并无交流，也缺乏相关平台引荐，使得市内企业合作较少、信息在产业链中流动不畅。

表7　杭州量子科技专利申请合作情况 [①]

量子科技领域	单一申请人占比		企业/机构合作				总计	合作城市及单位
	数量	占比	市内合作	市外合作	国际合作	小计		
量子计算	64	97.0%	0	1	1	2	66	无锡（国家超级计算无锡中心）
量子通信	346	95.2%	8	1	0	9	355	宁波（浙江宇节信安科技有限公司）
量子测量	69	94.5%	3	1	1	5	73	青岛（中国海洋大学）
总数	479	94.5%	11	3	2	16	494	——

三、案例借鉴

（一）硅谷：打造量子创新生态体系集聚全球量子企业

纽约是全球量子科技产业发展的高地，依托完善的量子企业市场孵化机制和投资并购，逐渐形成了以企业为创新主体的量子科技产业集聚效应。硅谷 Y Combinator 加速器，可以为优质量子科技初创企业提供 12.5 万美元启动资金换取 7% 的股权，并对接量子领域专业导师、企业家和风投资本等资源，加速量子科技企业创新孵化，成功孵化出 Rigetti、Atom 等量子科技头部企业，如前 IBM 应用物理学家 Chad Rigetti 的量子计算企业 Rigetti Computing，在 Y Combinator 孵化期间获 250 万美元种子轮融资后，在 A 轮和 B 轮又获得了 6920 万美元融资。投资并购也是硅谷提升其量子科技实力的重要途径，如谷歌于 2015 年通过收购 DeepMind，切入"量子计算机芯片"研究队列，并与

---

① 数据来源：incoPat。

内部项目相匹配，推进量子科技产业化应用，红杉资本等风投机构、半导体和光子学领域的专业知识还吸引了 PsiQ、Riverlane 等欧洲企业来创业。

（二）合肥：依托顶尖人才团队促进量子科技产业落地

依托于中国科学技术大学，2023 年初 ICV 发布的全球未来产业发展指数报告中，合肥在量子信息领域仅次于纽约，位列全球第二。一方面，依托中国科学技术大学、科研单位集聚创新人才，如 1999 年，中国科学技术大学成立"中国科学技术大学量子通信与量子计算开放实验室"，走出了郭光灿、潘建伟、杜江峰、彭堃墀、孙昌璞等五名中科院院士；同时，将一批优秀的青年学术骨干从欧洲引进到中国科学技术大学工作。另一方面，合肥依托中国科学技术大学推进科研成果走出实验室，当"量子"在很多地方还处在概念阶段时，安徽省就鼓励科研人员在起步初期将成果转化落地。如潘建伟团队缔造了"量子科技第一股"国盾量子；郭光灿教授与学生先后成立了问天量子和本源量子，后者成为国内量子领域首个"独角兽"企业。又如在 2022 年，创新量子通信在电子政务中的应用，上线包含 8 个核心网站点和 159 个接入网站点的合肥量子城域网络，带动了量子信息领域的技术创新和人才储备。如今离合肥高新区不足百米的云飞路，聚集了 5 家量子企业和 20 多家相关企业，成为国内知名的"量子大道"。

（三）北京：政校企联合推进量子科技产业创新发展

2017 年，由北京市政府牵头，联合中国科学院、清华大学等顶级学术单位，成立北京量子信息科学研究院，邀请诺贝尔奖得主克劳斯·冯·克利钦和托尔斯·汉斯·汉森为北京量子科技的发展提供咨询和指导，同时积极引进其他国际量子人才，并提供 70 万元的底薪和最高 300 万元的资助。此外，北京量子信息科学研究院联合百度、中国移动等8家单位，成立国内首个"量子计算产业知识产权联盟"，共同推动高价值专利培育、专利交叉授权许可，为企业搭建技术交流合作平台。通过人才双聘、联合攻关、知识产权共享等系列措施，北京量子信息科学研究院实现多项引领性原创成果重大突破，如"615公里光纤量子通信""长寿命超导量子比特芯片"等。

（四）上海：借力长三角提升量子科技产业创新动能

上海量子科技产业整体实力距离合肥、北京有较大差距，但其通过协同参与长三角量子产业资源，极大增强了量子科技产业实力。2011年，中科院"墨子号"立项，上海积极参与，借机推动中科院上海技术物理研究所在量子元器件方面的技术发展；2017年，上海进一步加强和合肥的创新联动，成立合肥量子信息国家实验室分部，先后自合肥引入金贤敏、陆朝阳等量子科技顶尖人才。同时，上海携手杭州、苏州等九大城市，联合国科量子、中电信量子等上海本地量子企业，成立"长三角G60科创走廊量子密码应用创新联盟（中心）"，增强了本地量子科技产业创新能力。

（五）济南：政府主导推动量子科技产业集聚发展

济南市聚焦"科技研发＋产业孵化"体系，在世界首颗量子微纳卫星"济南一号"升空后名声大噪。早在2011年，由济南市政府牵头，成立了正局级事业单位——济南量子技术研究院，负责全省量子科技人才引进、攻关量子科学基础研究，为量子科研成果转化提供技术支撑，先后获批省博士后创新实践基地、省科普教育基地、省新型研发机构。目前，该研究院已形成两院院士掌舵、国家级人才领衔、优秀硕博青年集聚的130余人量子专业团队，承接首个国家实验室济南基地，承担全国量子计算与测量标准化技术委员会秘书处工作，担任国际电信联盟量子信息技术焦点组主席单位，申请国家专利100余项，在 *Nature*、*PRL* 等国际知名学术期刊上发表论文150余篇。

（六）对杭州的启示

一是校企联动，推动实验室成果产业化。合肥的中国科学技术大学依托院士团队孵化量子企业；而硅谷的 IBM、谷歌直接参与高校课程设计，加强校企联动。二是展会交流，加速前沿量子成果碰撞。北京、合肥通过举办量子相关的大会，分享展示各地区先进量子成果。三是平台引领，协作攻关重大难题。合肥、北京、上海均聚集高校、企业、研究机构等资源，成立高能级量子平台，共享设备仪器，携手攻关量子引领性难题。四是重视人才，提供环境资金支撑。北京发挥政策优势吸引全球量子人才，并提供充足而优越的科研经费和环境，提升量子基础水平。五是政企合力，打造量子产业集群。量子产业集群的形成，需要政府和量子科技企业不断探索试验，催生新的应用场景。

四、建议对策

（一）夯实基础创新，构建保护量子科技产业的安全舱

一是做强量子科技创新的核心力量。不断提高高校量子科学基础研究支持力度，组建"超导量子计算机""密钥分发""量子安全中继"等关键技术节点攻关团队，提升前沿技术研究突破能力。支持九州量子、浙江国盾等头部企业通过并购扩大企业规模和能力。二是构建量子科技前沿成果转化机

制。围绕浙江大学朱诗尧、浙江工业大学林强等领军团队，鼓励科研人员创办企业，增强实验室场地、关键仪器、科研资金等基础保障。探索高校领军人才在企业持股和任职体制机制，创新在外创办企业的体制内人员职务成果合理分配。三是强化校企合作力度。新兴产业落地需要找客户、找场景、找应用，建议联合政府、浙江大学、西湖大学共同打造产教融合共同体，推动企业"出真题"、吸引高校"真答题"，强化科研院所与华东医药、浙大附属医院、蚂蚁金服等头部企业合作，定制医疗、金融、超算等领域示范应用方案。四是加大创新应用场景支撑力度。在金融、政务、军事、电力等保密要求较高的业务部门，加大量子科技产业的创新应用。加大量子科技领域的建设力度，研究"杭州量子城域网"建设的可行性。

（二）汇聚创新人才，储备发展量子科技产业的助燃剂

一是创新高层次人才柔性引进机制。授权浙江大学、西湖大学等强院强所自主认定高层次人才，实施对引入的高层次人才高级职称评审不受资历和工作年限等条件限制、对引进亟须紧缺外籍人才不受年龄限制、适当放宽外国留学生在杭州工作限制等相关政策。二是建立健全科研人才产学研联合培养机制。支持九州量子、神州量子等龙头企业与浙江大学、杭州职业技术学院等院所开展定制化、应需化人才培养培训计划，适时设立一批大学生实习基地、博士后工作站、创新实践基地等，建立以项目为纽带的产学研联合培养模式。积极接洽 UC Berkeley 等知名高校、Google 等跨国企业开展高端创新人才国际化培养计划，挖掘和培育能够适应超复杂系统开发、既懂技术又通管理的"总司型"人才。三是加大会展引才、以赛引才力度。依托浙江大学、浙江工业大学、九州量子等高校和头部企业，举办量子科技产业峰会、论坛、竞赛等产业合作和学术交流活动，扩大行业影响力，向全球招募优秀人才，引进先进项目。

（三）提升平台能级，打造对接量子科技产业的空间站

一是由政府牵头成立量子产业研究院。由杭州市政府牵头，联合浙江大学、浙江工业大学、西湖大学等多家顶级学术单位共同成立专业化研究机构，整合杭州现有量子物态科学、量子计算、量子通信、量子材料与器件、量子精密测量等领域优势资源，瞄准世界超导量子计算科技前沿方向和国家在量子计算领域的战略需求，建设超导量子计算科技综合性实验和研发平台，开展重大科技任务攻关。二是不断推进重大仪器设备开放共享。依托浙江省大型科研仪器开放共享平台，参考上海《上海市大型科学仪器设施共享服务评估与奖励办法》，出台相关奖励政策，持续推进各研究机构量子效率测试仪、量子级联激光器等大型量子设备的入网登记，促进科研资源的充分利用。三是谋划共建长三角新型研发机构。学习南京"百校对接"计划经验，推动杭州与中国科学技术大学、上海交通大学、合肥量子信息国家实验室等长三角强校强院的全面对接，依托高校院所的优势学科、国家级研发平台等，重点在城西科创大走廊区域引进培育一批"老母鸡"式的新型研发机构，弥补杭州量子科技创新资源尤其是高端研发资源不足的短板。

（四）做强企业矩阵，打造完善量子科技产业的产业链

一是成立量子产业专项基金。探索组建一支专注于投资量子科技产业上下游企业和初创企业的量子科技产业基金、天使投资引导基金，撬动社会资本投入杭州量子科技产业。同时，定期跟踪林强、王浩华等高校科研团队，找寻处于实验室阶段的潜力量子项目，加速孵化为初创公司。二是做大做强本土龙头企业。围绕浙江国盾、九州量子、微伽量子等头部企业，摸排和集聚上下游合作商，在城西科创大走廊打造量子产业园，做好住宅、学校、医院等设施配套，招引配套和上下游企业落户产业园。三是积极对接引进量子

科技细分产业龙头企业。规划量子科技产业发展重点、方向、路径和举措，引进日立、荷兰 QuiX 等头部企业，与杭州本地的九州量子、神州量子等龙头企业一起形成多个"龙头抬头、躯干驾雾"的量子科技产业链。

（五）厚植创新土壤，促成量子科技协同创新的生态圈

一是加强量子科技机构长三角创新协同。鼓励杭州企业、高校在合肥、上海等先行城市设立研发基地，与上海量子科学研究中心等平台合作，学习前沿量子技术。同时，积极参与"量超协同""量子通信干线网络建设"等长三角协同项目，既铺设量子基础设施，也推动杭州在量子计算、量子通信方面的技术发展。二是组建量子科技产业知识产权保护联盟。支持浙江大学、之江实验室、九州量子等专业机构、龙头企业建立量子科技知识产权资源库和量子科技知识产权保护联盟，提供高质量、专业化的知识产权服务，并探索专利交叉授权许可机制，大力推动联盟参与国际、国内量子产业标准的制定。三是加大量子科技产业科普宣传。以漫画、海报、公益广告等通俗易懂的形式，扩大量子科技产业宣传对象范围，将教育的内容延伸至小学，探索将量子科技产业列入党政领导学习课程。鼓励浙江大学、西湖大学等高校邀请诺贝尔奖得主进行量子知识科普，并设立在线量子教育课程。开放参观量子计算创新工坊等高能实验室，激发公众对量子科技的兴趣。

数字经济的价值创造、法律规制与创新提质

周明宝 *

摘要： 面对新一轮科技革命和产业革命，我国大力实施创新驱动发展战略和数字中国战略，网络化、数字化、智能化迅猛发展，数据正在成为重要的生产要素。浙江率先布局和深耕数字经济，快速建成数字经济先行省，数字化应用形成了"雁阵"体系，省域进入整体智治格局形成期。杭州全力打造数字变革策源地，成为名副其实的"数字经济第一城"。数字经济发展福忧相依，衍生出系列科技伦理治理与法治建设问题。要守住科技伦理边界，系统深化数字经济的法链建设，形成在发展中规范，在规范中发展的路径，做强做优做大数字经济。由于数字经济发展依然处于生成和"裂变"的发展期，数字经济的法律规制要兼具引导性、包容性、前瞻性和规制性，在有效管控风险中不断推进数字经济创新提质，赋能高质量发展。

关键词： 数字经济；风险社会；科技伦理；法链；应用场景；创新提质；高质量发展

---

* 周明宝，浙江外国语学院"重要窗口"研究所副所长、继续教育学院副院长，主研方向为习近平新时代中国特色社会主义思想、发展社会学。

当今世界正经历百年未有之大变局，我国在"百年未有之大变局"中奋力实现中华民族伟大复兴。科技是国家发展的重要战略性支撑力量。近年来，以美国为首的西方国家以"卡脖子"的方式强力打压中国的创新发展，试图通过对关键核心领域的技术出口限制和对"芯片"等高科技产品的控制，扼住中国的发展"咽喉"。在大国博弈竞争的较量中，我国实施创新驱动发展战略，建设创新型国家，并抓住了互联网发展的红利。中国互联网络信息中心（CNNIC）在京发布第 53 次《中国互联网络发展状况统计报告》（以下简称《报告》），报告显示，截至 2023 年 12 月，我国网民规模达 10.92 亿人，较 2022 年 12 月新增网民 2480 万人，互联网普及率达 77.5%。中国互联网信息中心在 2024 中国国际大数据产业博览会上公布第 54 次《中国互联网络发展状况统计报告》，报告显示，截至 2024 年 6 月，我国网民规模近 11 亿人（10.9967 亿人），较 2023 年 12 月增长 742 万人，互联网普及率达 78.0%。依托互联网和新技术研发，我国的网络化、数字化、智能化迅猛发展，数字经济已成为推动经济增长的主要引擎之一；2022 年我国数字经济规模达到 50.2 万亿元，占 GDP 比重 41.5%，已连续 11 年高于 GDP 增速；我国已建成全球规模最大、技术领先的数字基础设施，算力总规模位居世界第二。中国信息通信研究院发布的《中国数字经济发展研究报告（2024 年）》显示，2023 年我国数字经济规模达 58.9 万亿元，较上年增长 3.7 万亿元，占 GDP 比重达 42.8%。与此同时，我们看到，以 5G、人工智能、云计算、大数据、新能源等为代表的数字技术在新技术领域逐步形成了领先的"硬科技"力量，数据正在成为重要的生产要素和经济转型升级的新动能，催生着制造业转型发展和电子商务、移动支付等新业态呈现"裂变式"的发展态势，有力推动了经济高质量发展和社会治理体系、治理能力现代化。党的十九届五中全会明确提出，要"加强数字社会、数字政府建设，提升公共服务、社会治理等数字化智能化水平"；2021 年 10 月，习近平总书记在主持中央政治局集体学习时强调，要不断做强做优做大我国数字经济；党的二十大报告指出，要"加快发展数字经济，促进数字经济和实体经济深度融合，打造具有国际竞争力的数字产业集群"，党的二十大从事关国家发展大局的高度，对加快发展数字经济做出了战略部署。

一、数字经济发展的价值意蕴：牵引高质量发展

创新是一个民族进步的灵魂，是一个国家兴旺发达的不竭动力，一个没有创新能力的民族，难以屹立于世界先进民族之林；开拓创新是中华民族最鲜明的民族禀赋、最深沉的文化内蕴。浙江是改革开放先行地，敢为人先的创新是浙江省域最鲜明的时代特征，这里不仅有着实力雄厚的传统制造业的供应链、商品贸易的流通链，还先行建成了大数据产业的生态链。浙江在全国最早提出建设创新型省份的发展战略，在持续打造创新强省实践中，以产业创新为核心，紧紧抓住科技创新这个牛鼻子，勇当新时代科技创新的"拓荒牛"，破除了资源禀赋的短板，实现了创新加速跑。近年来，浙江大力推动政府数字化转型，深入实施数字经济"一号工程"，构建以数字经济为核心的现代化经济体系，数字经济已成为浙江高质量发展的一张"金名片"；2019年，浙江数字经济总量达到2.7万亿元，占GDP比重达到43.3%，成为全国首批数字经济创新发展试验区。2023年全省数字经济实现增加值4.33万亿元，同比增长10.1%，占GDP比重达到52.5%，增速列全国各省（区、市）第一；数字化综合发展水平连续两年居全国第一。

面对新冠疫情这份特殊考卷，浙江善于危中寻机，充分利用数字经济先发优势，推行"一图一码一指数"，精密治控和复工复产，实现了疫情防控和经济社会发展双胜利。数字经济平台催生着新的工作、生活和交往方式，起到了经济基础性稳定器的作用。当前，浙江以数字化技术、数字化思维、数字化认知全域、全系统、全方位推进创新发展，在数字经济、数字政府、

数字社会和数字法治等方面形成了综合应用体系。为打通政务服务的"最后一公里",让老百姓少跑腿,让数据多跑路,"最好一次都不要跑",从数字经济传导到政府数字化转型,浙江以"最多跑一次""最多跑一地"改革,率先找到了全国"放管服"改革在省域实践的"桥"和"船",牵引着掌上办事、掌上办公领域的服务便捷和效能转变。

数字经济是构建现代化经济体系的重要引擎。随着数字产业、数字贸易、数字市场监管、数字金融、智慧政务、智慧司法、智慧交通、智慧停车、智慧医疗、数字教育、数字乡村、数字农业、数字安防、数字物流、数字抗疫、数字养老、数字生态环境保护、数字农贸市场(如杭州骆家庄农贸市场通过数字化建设实现了农产品溯源、行情预测、质量把控、生产指导,提升了智慧体验,线上可"云买菜""5G+VR"全景直播,构建了"数字+智理"模式)等的广泛应用,浙江进入了整体智治格局形成期,健康码、企业码、浙农码……数字浙江"雁阵"体系使得精密智控的浙江模式成为全国样板。以数字乡村为例,浙江先发启动了以农业数字化改造、农村数字化治理、农民数字化生活为核心的县域数字农业农村建设。

面对信息科技发展趋势,习近平同志深刻洞察,因时因势因地作战略部署和推动落实。2003年,时任浙江省委书记的习近平同志指出,要坚持以信息化带动工业化,以工业化促进信息化,加快建设"数字浙江"。特大城市管理是检阅数字化管理现代性水平的场域。城市大脑以数字化场景的形式,发展成为城市智慧管理的数字资源管理体系和智能中枢,这是杭州献给世界的礼物。2020年春天,习近平总书记在浙江考察时专程调研了杭州城市大脑运营指挥中心,他在杭州城市大脑运营指挥中心,观看"数字杭州"建设情况,了解杭州运用健康码、云服务等手段推进疫情防控和复工复产的做法。习近平总书记说,城市大脑是建设"数字杭州"的重要举措。通过大数据、云计算、人工智能等手段推进城市治理现代化,大城市也可以变得更"聪明"。从信息化到智能化再到智慧化,是建设智慧城市的必由之路,前景广阔。① 借亚运会筹备之机，杭州紧紧抓住数字经济发展的机遇，以数字经济、平台经济的快速发展为依托，快速崛起成为"全国数字第一城"。

二、福忧相依：以数字化法治建设应对新挑战

经济数字化转型是世界经济发展的新形势、新趋势，2019 年，全球数字经济规模占世界 GDP 的比重在 4.5%—15.5% 之间。中国信息通信研究院发布的《全球数字经济白皮书（2023）》指出，数字经济加速构筑经济复苏关键支撑，2022 年，测算的 51 个国家数字经济增加值规模为 41.4 万亿美元，占 GDP 比重的 46.1%。在我国，数字化发展让人的"聪明升级"得以充分展现，革新了生产关系、生活方式甚至人、财、物的形态，解放了人力，打破了部门办事的"碎片化"，拓展了人的活动空间，提升了便利指数。如同互联网发展是一把双刃剑，数字经济发展也伴生着各种挑战与风险，如在各种数据确权、数据安全、隐私保护、开放共享等方面尚未系统建立标准化管理体系，网络侵权、涉网纠纷、网络刷单、电信诈骗、金融诈骗相关案件层出不穷。此外，青少年沉溺网游严重危害其身心健康。为此，数字经济发展的行稳致远除了依托科学研究和技术集成外，开展面向数字经济、数智治理的法理研究和立法实践有着空前的必要性和紧迫性。

在亲自部署并不断推进做强做优做大我国数字经济的同时，习近平总书记深刻洞察到，"同世界数字经济大国、强国相比，我国数字经济大而不强、快而不优。还要看到，我国数字经济在快速发展中也出现了一些不健康、不规范的苗头和趋势，这些问题不仅影响数字经济健康发展，而且违反法律法

---

① 张晓松、杨维汉、朱基钗：《习近平：运用信息化让城市变得更"聪明"》，2020 年 4 月 1 日，http://news.china.com.cn/2020-04/01/content_75885521.htm。

规、对国家经济金融安全构成威胁，必须坚决纠正和治理"[1]。习近平总书记指出，"数字经济、互联网金融、人工智能、大数据、云计算等新技术新应用快速发展，催生一系列新业态新模式，但相关法律制度还存在时间差、空白区。网络犯罪已成为危害我国国家政治安全、网络安全、社会安全、经济安全等的重要风险之一"[2]。"法与时转则治，治与世宜则有功"，法律要赶上日新月异的社会变迁，保障公民的正义诉求和权利。数字经济立法成为经济社会高质量发展和完善社会主义法治的内在需求。2017 年 6 月 1 日，《中华人民共和国网络安全法》正式施行，为网络数据传输和个人信息安全拴上了法链保护。

然而，随着数字经济的快速发展，数字经济的技术红利和风险以各种新的形式生发并存，突出表现在以下几个方面。（1）个人信息泄露和过度采集个人信息导致的消费行为陷阱。各种以实名制 App 等为载体的大型互联网平台充分掌握了网络行为个体的数字足迹、消费偏好和金融信息，通过信息集中和大数据分析后，数据共享的利益相关平台做出"精准营销"，以及发布各种诱导性、透支型信贷。（2）人工智能技术应用的管控考验和法律拷问。人工智能技术的飞速发展与应用，给社会公共安全带来了新的风险。20 世纪末，美国以电脑特技推出著名科幻电影"终结者"系列，预想了一个未来的世界，天下由机器人来操控，面对人工智能技术的反噬，人类付出了血淋淋的代价。时下，天空中迅驰的智能无人机、地面上已然问世的无人驾驶汽车，车间里代替人作业的智能机器人，以数据、代码集成的各种智能产品，无不碰触着传统工业社会所建构的法律、伦理、道德、安全的秩序，围绕着无人驾驶的交通管理需求、事务责任认定等问题，严峻挑战着现有法律法规体系的边界。（3）西方国家核心技术的垄断和降维打击。这让"缺芯少

---

[1] 习近平：《不断做强做优做大我国数字经济》，《求是》2022 年第 2 期。

[2] 习近平：《坚定不移走中国特色社会主义法治道路　为全面建设社会主义现代化国家提供有力法治保障》，《求是》2021 年第 5 期。

屏""缺芯少魂"（操作系统）的中国产业经济感受到了被吊打和控制的切肤之痛；我国数字经济所依赖的基础技术以及核心技术还没有摆脱受制于人的局面，"缺芯少魂"的情况依然严峻。（4）数字经济运行模式重塑传统经济形态。一些互联网头部平台通过巨额补贴抢占市场份额，引发如网购与街区零售（乃至线下连锁超市）、网约车与出租车、社区团购与传统菜贩等方面的利益对冲和弱势群体的焦虑。（5）老年代际群体的数据鸿沟等新问题、新矛盾突出。在出行、就医、消费、文娱、办事等方面，老年人会遇到适应新技术的各种困难，在理财服务领域甚至出现以机器换人的超前、机械、冷漠服务现象。

面对数字经济衍生的各种新挑战，研究者杨东认为，在从工业经济"生产大爆炸"向数字经济"交易大爆炸"转型的特殊时期，新技术集群的颠覆式创新与发展对于现行法律体系，包括法律主体、法律客体和法律关系产生了巨大的冲击与突破。打破工业时代的法律理论和体系束缚，加强同民法典相关联、相配套的法律法规建设，重构数字经济和数字社会的各种制度和法律保障，是后疫情时代、民法典时代交给我们的使命和担当。[1]

浙江是全国数字经济先行省，为防范数字化时代的重大系统性风险，有力推动数字经济成为展示"重要窗口"的标志性成果，浙江积极地以法律拥抱科技，先行探索推进数字经济地方立法，以法律、条例为数字经济保驾护航。2020 年 8 月 1 日，中国首部省域公共数据开放立法《浙江省公共数据开放与安全管理暂行办法》正式实施，该办法围绕促进和规范公共数据开放、促进政府数字化转型、推动数字经济和数字社会发展、保障公共数据安全，提出了浙江方案和措施，也首次明确了大数据局主管部门的法定地位和相应责任。

---

[1] 杨东：《民法典开启构建数字经济法律体系新时代》，https://www.spp.gov.cn/spp/llyj/202007/t20200709_472573.shtml.

杭州既是"互联网＋"和大数据信息技术应用先锋城市，也是数据立法先行城市，为维护互联网空间秩序，杭州司法主动适应互联网发展大趋势，回应社会司法需求，探索建立与互联网时代相适应的审判模式——互联网法院。为精准破解超大城市病的困局，杭州城市大脑发展成了治理神器，它还肩负着以高水平整体智治打造治理现代化"头雁城市"的使命。研究者刘靖认为，"囿于数字化转型在政府、市场和社会领域的不同步，导致在公共服务和城市治理上企业和社会组织的参与度不高，数据安全和隐私保护的规范标准尚未健全，也让非政府主体的数据共享畏手畏脚。为此，杭州城市大脑要从整体社会出发，不光是通过数字改革构建整体政府，还要通过数据共享将经济、政治、社会、文化、生态全领域内各个治理主体贯通起来，在立法和政策层面对数据的产权、数字治理与个人隐私的关系等做出更加明确的规定，从而实现整体智治"①。法律与科技的融合还在杭州不断深化，2021 年 3 月 1 日，我国首部数智治理的地方立法《杭州城市大脑赋能城市治理促进条例》正式实施，该条例的出台为杭州未来的数字化改革提供了坚实的法治保障，也为各省、市域现代化治理提供了可资借鉴的地方样本。

三、有效管控风险：数字经济立法的包容性、引导性、前瞻性与规制性

数字经济是全球化时代全新的产业形态，数字技术是在技术"无人区"的"勇闯天涯"，数字科技为经济高质量发展赋能和增值。数字技术与实体经济的深度融合正在引发一场产业形态、行政管理、组织形态和社会治理的

---

① 刘靖：《用城市大脑助推全域数字化改革　杭州这样做》，《杭州日报》2021 年 3 月 1 日，第 5 版。

深刻变革。2015 年 7 月，国务院发布了《关于积极推进"互联网＋"行动的指导意见》，提出了 11 个具体行动，并指出到 2025 年，"互联网＋"新经济形态初步形成，"互联网＋"成为我国经济社会创新发展的重要驱动力量。由此，各地充分发挥数字技术的工具价值，以简政放权、去繁从简为范式，雨后春笋般创设出一系列地方政务服务模式，如浙江省率先启动"最多跑一次"改革，上海实施"一网通办"，湖北武汉提出"马上办、网上办、一次办"的"三办"改革，江苏探索"不见面审批"，等等。从业务驱动到数据驱动，浙江省政府部门把自身作为改革自变量，系统深化组织协同和公共服务能力，创设"浙里办"等新应用，有效提升了基层治理效能。

如前所述，当前数字经济的发展福忧相依，关于互联网企业垄断的一家独大与公平竞争发展格局的有序性、数据的经济价值和个人信息安全的平衡等方面备受社会关注，"中国有这么多人，你们还造机器人？"等热门话题引发舆情叩问、观念激荡和思想博弈。但是放眼当前，数字政府、数字经济、数字社会、数字法治的融合发展还有极大空间，特别是在中国互联网发展之5G、人工智能、云计算、大数据等新兴科技发展领域，我国目前还在跟跑、并跑和领跑的大国博弈中进行坚毅的原创性探索。当前，数字经济尚未定型，在人工智能、量子信息、集成电路等前沿科技领域，自主创新技术决定着国家和地区未来发展的主动权；新冠疫情催生了教育领域、文博馆所的基础设施保障和开放教育平台，以及各种远程办公、消费平台的建设，传统产业与电子、信息通信、软件、互联网融合发展形成的智能制造、智能汽车等新业态、新模式，带动着"数智化"经济向纵深领域发展。

机器人是"制造业皇冠顶端的明珠"，大家更加意识到，随着高科技走进生活，人工智能产品的人格化，使得机器人已经由机器设备向人的方向发展，从实验室走向产业园、走向工厂、走向大众，成为工程作业攻坚尖兵和人们高质量生活的好伴侣、好帮手。如 2020 年，我国自主研发的机器人"海斗一号"在马里亚纳海沟下潜深度达 10907 米，刷新了中国无人潜水器最大下潜深度及作业深度纪录；2021 年，央视春晚机器人"牛犇犇"写得了毛笔字，做得了俯卧撑，跳得了舞，卖得了萌，看着既喜庆又很有科技感，更有意思的是，下了台，它们"脱下"演出服就送起了盒饭，不少网友都被它们圈了粉，说它们台上够炫酷，台下够勤恳。2025 年蛇年央视春晚娱乐与炫技融合舞蹈节目《秧 BOT》霸屏春晚，爆了热搜；一群穿着花棉袄的机器人在现场扭起了秧歌，机器人还会变换队形、舞动身体，多角度转手绢。当前，智能机器人还在安防巡检、现场勘测、公共卫生防疫、仓储物流等诸多领域代替着人类担负各种危、重、脏、险的任务。

为此，要抢抓全球治理体系变革和产业链重构的重要战略机遇，在国家规划和政策引导下，创设鼓励勇于原创、智力价值被更大认可和科技成果转化便利的发展环境，对于数字技术的一些"优先发展"领域，要施行有耐心的审慎监管、树立科学立法观念，逐步建立有法可依的数字经济法治体系。与此同时，数字经济立法要体现包容性、引导性与前瞻性。丁祖年专家提出，"数字经济立法有特殊性，目前数字经济还在高速发展变化中，所以立法在强调具体、可行的同时，也要尊重数字经济发展的特点，对于目前还'猜不准''吃不透'的议题，留下足够的空间，保持开放和包容"[1]。笔者认为，对于数字经济发展进程中急须解决的问题，要先行探索政府管理条例、企业行业标准、平台自治规章等多元治理举措，规范建立准入、监管机制；传统中适配工业经济时代的法治体系要与时俱进实现迭代升级，随着网络经济的蓬勃发展，当前制定数字经济时代竞争法律制度体系的工作已经刻不容缓（对于踩到国家政策红线、对中国金融体系产生潜在系统性风险的金融科技和巨无霸数字企业，要视情况约谈了解、限期整改乃至用好退出机制，防范平台垄断），并在此基础上把行之有效的相关做法、经验、制度逐步上升为新型法律制度。以浙江为例，2021 年 3 月起《浙江省数字经济促进条例》

---

① 何泠瑶：《立法保障数字经济发展》，《浙江人大》2020 年第 10 期。

正式实施，该条例是中国首部以促进数字经济发展为主题的地方性法规。

四、创新提质，破局数字化迷失，护航数字经济高质量发展的探索与实践

数字经济事关国家发展大局，当前，我国正加快培育一批专精特新企业和制造业单项冠军企业，力求实现突破。2022 年 12 月召开的中央经济工作会议要求，要大力发展数字经济，提升常态化监管水平，支持平台企业在引领发展、创造就业、国际竞争中大显身手；抓住全球产业结构和布局调整过程中孕育的新机遇，勇于开辟新领域、制胜新赛道。要在此基础上，大力推进数字产业化、产业数字化和治理数字化。党的二十届三中全会提出要"健全促进实体经济和数字经济深度融合制度"，"加快构建促进数字经济发展体制机制，完善促进数字产业化和产业数字化政策体系"。

在数字经济规范方面，习近平总书记要求，要纠正和规范发展过程中损害群众利益、妨碍公平竞争的行为和做法；《法治政府建设实施纲要（2021—2025 年）》中明确提出"全面建设数字法治政府"的目标。依法治国是党领导人民治理国家的基本方略，为规范和促进数字经济健康、高速和可持续发展，要与时俱进深化法治化改革，推进"数智化"法治体系的建设。

关于完善数字经济治理体系，习近平总书记深刻指出，"要完善数字经济治理体系，健全法律法规和政策制度，完善体制机制，提高我国数字经济治理体系和治理能力现代化水平。要完善主管部门、监管机构职责，分工合作、相互配合。要改进提高监管技术和手段，把监管和治理贯穿创新、生产、经营、投资全过程。要明确平台企业主体责任和义务，建设行业自律机制。要开展社会监督、媒体监督、公众监督，形成监督合力。要完善国家安全制度体系，重点加强数字经济安全风险预警、防控机制和能力建设，实现

核心技术、重要产业、关键设施、战略资源、重大科技、头部企业等安全可控。要加强数字经济发展的理论研究"[1]。结合习近平总书记关于数字经济的重要论述，笔者认为，应从如下方面开展"数智化"法链建设，推进数字经济创新提质，优化数字经济生态，为高质量发展赋能和护航。

（一）合理设置数据安全等级，加强数据应用边界立法

针对新经济环境下出现的过度采集个人信息、信息泄露、信息窃取、恶意扣费、诱导消费等个人信息保护和消费者权益保护问题，要加强数字立法，制定数据隐私保护法律法规，明确数据应用边界。研究者程晟提出，"要立法规范数据采集，推动数据保护。合理设置安全等级，对数据进行等级化区分，同时完善数据安全风险测评与应急防范等制度，并明确危害数据安全行为的法律追责。限定数据应用边界，明确什么样的情况下可获取数据以及获取数据的范围，明确如何使用数据、使用的界限等。成立专门负责个人数据保护的机构，为用户提供数据采集、应用、维权申诉等'一站式'服务"[2]。面对爆发式增长的数据，要在法律探索中明晰数据确权，在明确产权归属的基础上，给个人隐私保护和信息数据安全上一道信用监管的法链。对于依托短视频等平台的网红经济这些新兴消费形态，要规范收入营收和缴税机制，填补监管空白。

（二）完善数字金融监管，防范数字经济垄断风险

随着人们理财意识的不断增强，不同金融行为主体的新型数字金融产品

---

① 习近平：《不断做强做优做大我国数字经济》，《求是》2022年第2期。
② 程晟：《深化"数字浙江"的法治建设》，《浙江日报》2020年9月24日，第6版。

名目繁多、层出不穷。由于监管滞后，一些超级互联网平台利用数字支付优势，以滚雪球的方式吸纳和信贷巨额民间资本，并利用大型互联网平台和风险投资优势，以非正常补贴、低价营销的手段聚拢客源，一家独大后操纵商品和服务价格、抽取高额佣金，形成赢者通吃的市场"收割"模式，这在无形中加剧了中小企业和底层群体的生存压力，激发了社会阶层矛盾。政府部门要监管前置，建立平台经济的准入条件、负面清单和备案制度，要规制数字经济中涉嫌垄断的行为，防止资本无序扩张，尽快建立头部平台反垄断法律条款。对于平台反垄断的"分类监管"，在类别上应主要针对大型互联网平台或超级互联网平台；监管的目标不是限制其发展，而是防范和控制其滥用市场支配地位或滥用优势地位，保护消费者利益和中小企业利益。[①] 要推动建立数字企业经济行为和产业生态的社会责任体系，探索建立金融科技企业伦理自律机制，回应社会对头部平台不正当竞争机制的关切和忧虑。

（三）破除指尖上的形式主义，立法护航跨越数字鸿沟

扫码点餐、在线挂号、自助缴费、移动支付、网络约车……这些操作流程成为主流生活方式后，老年群体在就餐、就医、办事、出行、文体活动等各种生活消费中常常遇到困惑。国家卫生健康委发布数据显示，截至 2021 年底，全国 60 岁及以上老年人口达 2.67 亿，预计"十四五"时期，60 岁及以上老年人口总量将突破 3 亿。同时，《中国互联网络发展状况统计报告》显示，截至 2021 年 12 月，中国 60 岁及以上老年网民规模达 1.19 亿，互联网普及率达 43.2%。面对出行、消费、就医、办事等日常生活的现实需要，老年群体对互联网科技赋能助力银发生活，提出了适老化改造考量。为此，要强化数字经济立法实践中的老年人权益保障，对人民群众特别是老年群体，

---

① 刘继峰：《完善平台反垄断立法　助力数字经济发展》，《经济》2021 年第 2 期。

有温度、有感情的服务不能缺席：一方面要为老年人提供现金支付、现场取号、人工服务等传统服务；另一方面要修订老年人权益保障条例，把数字运用中的高频事项纳入老年人继续教育体系，规范平台和机构的思想观念和服务供给，开发适老化智能应用产品，共享数字发展红利。

（四）培养数字经济立法人才，推进数字赋能法治建设

5G 时代，科技让万物智能互联，变革深入各行各业。习近平总书记强调，要"使法学学科建设跟上时代发展，体现坚持和发展中国特色社会主义的客观要求"。要创新高校学科交叉人才培养体系，推进"新工科、新农科、新医科、新文科"建设，加强数字经济领域关键核心技术人才的法理学、经济学、社会学教育，并将其纳入各级政府人才支持政策体系；要适应新时代法治要求，在以法治规范数字化的法律实践中探索推进数字法学学科体系和学科人才培养。

党的二十大深刻指出，全面依法治国是国家治理的一场深刻革命，关系着党执政兴国，关系着人民幸福安康，关系着党和国家长治久安。面对日新月异的"数智化"发展，要深入推进数字赋能科学立法、公正司法、严格执法的法治建设进程，发挥互联网法院建设经验优势，探索建立智慧司法形象大使、云司法小程序等，推进智能咨询、视频咨询、音频咨询等在法律服务中的应用，要发挥普法数字化、智能化建设经验优势，推广创设场景式智能、精准、鲜活的法律公共服务体系，以数字经济牵引法治建设大众化、生活化，建设人民群众看得见、摸得着、感受得到的法治中国。

（五）激发数字经济新动能，打造创新提质增长极、示范区

数字经济是建立在 5G、云计算、大数据、区块链、人工智能、量子芯片

等高新技术迭代发展基础上的，是政务、市场、社会场景中"数智化"技术的大系统综合集成。要锚定数字经济新赛道，因地、因时、因势打造"未来工厂"，并在人工智能、区块链、元宇宙等新兴领域培育新兴产业集群，全域打造数字经济新兴产业试验区，孵化数字产业新增长极，建成数字经济创新提质示范区，努力把数字经济这一"重要引擎"转化为高质量发展的"最大增量"。要完善数字技能人才培育机制，深化政府、企业、行业、院校、社会机构等联动融合培育数字技能人才，加快培育数据要素市场，深挖数据资源新价值，在数字工厂里建成工程师与人工智能机器人融合智造的工作场景和创新工坊，真正把数字经济打造为勇立第四次科技革命潮头的战略高地。

杭州市滨江区打造特色人文经济集群研究

周　膺　周易知　邢　滟[*]

提要：杭州市滨江区是浙江省产业发展水平最高的地区之一，也是人文经济的先发区。滨江区突出优势系统，建设人文经济发展生态，以数字经济和创意经济为重点集聚人文经济能量，以古镇为核心整合历史文化资源，培育网络文学群落，构建时尚生活经济集群，建设人文社会生态。未来滨江区要进一步以人文经济理念为导向，提高消费者剩余和生产者剩余，基于价值论调整经济发展战略。发挥区域优势发展特色人文经济集群，重点是构建专业性与综合性互补的数字人文经济集群，以大旅游观打造多元人文旅游经济集群，增强溢出效应做大网络文学经济集群，建设标杆性时尚生活经济集群。

关键词：人文经济；集群；滨江

杭州市滨江区是浙江省区域面积最小的袖珍区县（市）级行政区，但其利用外资和高新技术使经济发展长期名列全省前茅，近几年又十分重视发

---

* 周膺，浙江省历史学会副会长、研究员；周易知，杭州科技职业技术学院讲师；邢滟，杭州图书馆馆员。

展人文经济，GDP 和财政收入位居全省前列。2023 年，滨江区人均 GDP 达 41.4 万元（5.88 万美元），在浙江省 90 个区县（市）中是唯一一个达到中高等发达国家水平的区。滨江区以数字经济和创意经济为主体，打造人文经济集群，未来应进行系统的战略设计，更高水平地发展人文经济，实现跨越式发展。

一、突出优势系统建设人文经济发展生态

（一）以数字经济和创意经济为重点集聚人文经济能量

滨江区文化产业一直呈快速发展态势，形成较大优势。2023 年，文化产业及相关产业增加值达 777.8 亿元，同比增长 10.4%，占 GDP 比重 31.52%。全区累计登记注册文化企业数量超过 8400 家。其中当年新引进近 2000 家，同比增长超 30%。152 家规模以上文化及相关产业企业实现营收达 1831.3 亿元，增速 17.1%，其中数字文化企业营收占比 87.4%。532 家核心文化企业累计缴纳税金为 127.77 亿元。现有文化上市企业 7 家，培育上市后备企业 8 家。

滨江区最具特色的文化产业是数字文化产业，是国家动画产业基地、国家文化出口基地，一直保持着全省动漫游戏产业"第一区"优势。2023 年，32 家规模以上动漫游戏企业实现营收达 859.48 亿元，同比增幅 23.5%。网易伏羲人工智能实验室获"十四五"国家重点研发计划项目，并与央视合作打造网络春晚首个元宇宙会场。网易区块链项目亮相 2023 年中国国际数字和软件服务交易会，并获创新竞争力产品奖。杭州友诺动漫有限公司的动画剧本《下姜村的绿水青山梦》、杭州流彩动画有限公司的动画剧本《白素贞》及人物小传获首届浙江省知识产权奖，《下姜村的绿水青山梦》获浙江

省第十五届精神文明建设"五个一工程"优秀作品奖。四年一班（杭州）文化科技有限公司的动画《美好的童年》、杭州玄机科技股份有限公司的动漫《斗罗大陆》获得第 20 届中国动漫金龙奖。杭州量子泛娱影视文化传媒股份有限公司与旗下杭州獭獭文化传媒有限公司联合出品的奇幻仙侠剧《长月烬明》在优酷独播且收官数据亮眼，并带动了取景地文化旅游业的发展。杭州若鸿文化股份有限公司的漫画改真人剧《武神主宰》在优酷开播。杭州量子泛娱影视文化传媒股份有限公司的《转生的巨人》获 2023 中国科幻大会最佳科幻动画短片第一名。浙江中南卡通股份有限公司的动画片《半神之境》、杭州友诺动漫有限公司的动画片《杀手古德》上线爱奇艺网站。浙江大丰数艺科技有限公司、浙江昌盛影视发展有限公司、杭州新片场科技有限公司、杭州遇博科技发展有限公司等一批具有优秀作品（产品）创造力和发展潜力的数字文化企业及项目在滨江区落地。杭州游卡网络技术有限公司构建服务人才、扶持创业、促进创新的众创空间"启梦空间"，打造集专业赛事、娱乐属性和品牌联动于一体的电竞产业园。杭州网易雷火科技有限公司、浙江中南卡通股份有限公司、杭州若鸿文化股份有限公司等 5 家企业入选"2023—2024 年度国家文化出口重点企业"。杭州电魂网络科技股份有限公司、杭州玄机科技股份有限公司等 5 家文化企业获评浙江省数字文化企业梯度培育领军企业。浙江中南卡通股份有限公司入选"浙江省数字贸易标准化试点基地"。华数数字电视传媒集团有限公司获评第十四届"全国文化企业 30 强"。

滨江区也是中国国际动漫节的举办地。2023 年举办的第十九届中国国际动漫节吸引了 67 个国家和地区的 567 家中外企业和机构的 2305 名客商和专业人士参展参会。滨江区主、副会场观众人数达到 21.3 万人次，现场意向签约及成交额达 14.85 亿元。2023 年承办的第十七届（2023）杭州文化创意产业博览会，吸引了 66 个国家和地区的 6500 余名客商和专业人士参与，参观主会场白马湖国际会展中心、分会场杭州中国动漫博物馆及参与相关活动的观众达到 15.2 万人次，现场签约及成交额达 29.02 亿元。

滨江区政府不断加大对文化企业的扶持力度。2023 年以来累计拨付区级文化产业专项资金 3449.6564 万元，同时首次获批浙江省文化产业发展专项资金（2023—2025 年）每年 1000 万元，转移支付杭州市文化产业专项资金 3014.57 万元，惠及文化企业 100 多户（次）。区产业基金参股合作子基金投资文化产业项目 5 个，合计 2515 万元。

（二）以古镇为核心整合历史文化资源

滨江区地域面积较小，自然和文化旅游资源不多，但也有西兴、长河和浦沿 3 个古镇，是中国大运河的组成部分，浙东运河西源、"浙东唐诗之路"的主入口，钱塘江诗路、大运河诗路的交汇地。自西晋贺循首开西兴运河以后，宁绍平原的水利、交通、经济、社会、军事条件得到大幅度改善，今滨江区境域更是成为商业重镇，以过塘行为代表的特色经济使农耕经济向手工业、商业经济转变，使之很大程度上成为浙东运河经济的纲领。借助大运河的南北交通和钱塘江、东海的对外交流，滨江区也成为对外贸易或国际经济技术交流的窗口，改革开放以后更是成了浙江、杭州最早的高新技术产业开发区。

滨江区有许多与中国大运河、钱塘江有关的文化遗产。大运河西兴码头与过塘行建筑群是全国重点文物保护单位，2014 年随中国大运河一同列入《世界遗产名录》。包含滨江区西江塘、北海塘在内的江浙沪海塘是贯通长江三角洲的巨型线性文化遗产，符合申报《世界遗产名录》条件。除古镇外，滨江区还有许多与水相关的商耕渔聚落，如河边村、沙地村、里畈村等。古镇、古村落留有大量历史建筑，包括水利设施、商业设施、人居建筑等。2022 年，"西陵津渡"入选首批"浙江文化标识"培育项目，成为可感知、可触摸、可体验、可分享的具有中国气派、浙江辨识度的文化标识。"西陵津渡"是一种地域象征,指称的是滨江区作为江河要津特殊的历史地位,准确地表达了其历史地理信息,更本质性地反映了一种开放性的区域文化特征,是巨大的精神标识。

西兴古镇有钱塘江古渡,依江临水,扼固陵驿道、浙东运河之咽喉,通南北商路,有"两浙往来一都会"之称。境内有铁陵(岭)关、西兴驿(固陵驿)、西陵渡、古妆亭、城隍庙、樟亭、取石亭、明化寺、宁济庙、慧济寺、资福桥、屋子桥等古迹。西兴驿是宁绍地区最悠久的驿站,也是入境浙东的首站。西兴又是"浙东唐诗之路"的主入口,钱塘江诗路、大运河诗路的交会地。六朝时因会稽一带富裕安定,大量北方人乃至世家大族南迁借道于此,其中有王羲之、王献之、谢安、谢灵运、谢道韫、谢惠连等名人。唐代有 400 多位诗人经此去浙东领略山水之美,如贺知章、孟浩然、李白、杜甫、白居易、元稹、李绅等。他们在西陵渡和西陵驿经停,留下了许多瑰丽诗篇。宋、元、明、清各代经西兴入越的名人更多,如宋代王安石、苏轼、秦观、陆游、范成大,元代萨都剌,明代姚广孝、唐寅、王守仁、徐渭、魏骥、来集之,清代毛奇龄、朱彝尊,等等。而浙东人士北上从政、赶考、经商,也要从这里路过。西兴是沟通外江与内河的中转码头,素为商旅繁盛之地。南宋迁都临安后,浙东运河成为国家经济命脉,宁绍平原大批漕粮、棉花、山货源源不断地由此运至西兴,再越江转运北上。明代西兴一度成为茶叶、烟草、土布、江盐等商品的集散地,政府在此设盐课司。鸦片战争后,西兴又成为对外通商口岸——宁波的重要通道。2013 年,大运河西兴码头与过塘行建筑群被列入全国重点文物保护单位;2014 年,又作为中国大运河遗产点列入《世界遗产名录》。目前留存的西兴老街主要沿浙东运河呈带状分布,在浙东运河西兴段南北岸形成与其平行上大街(今西兴街)、下大街(今官河路)两条主干道,自板桥至铁岭关长约 1500 米,宽 1.6—2.5 米。西兴老街保存了明清历史街区格局,2005 年被列入杭州市历史街区,2016 年被列入浙江省历史文化街区。目前留存的部分长约 960 米,总面积约 25 公顷,有 500 多户共 3000 多人居住，约 70% 的建筑保留清末民国初风格。

长河古镇的兴旺与北宋靖康之乱时来、汤、周、王、单、任、孙、李、韩、孔、张、陈氏等家族的迁入有关，长河老街就是以来氏、汤氏聚族而居的血缘村落为基础发展而成的。这些家族兴学重教，明清时在境内办有石淙书院、龙潭书屋、眉林书屋、绿香山馆等，另外还有众多社学、义学，读书人数在萧山县（今萧山区）首屈一指。仅来氏家族在明、清两代就出了贡生 97 人、举人 54 人、进士 24 人，故坊间有"无来不出榜"之说。又有内阁大学士、礼部尚书到知县、教谕等大小官员 387 人，分布于 22 省，还涌现了 250 余名诗人、文学家、经学家、史学家。经商者也不少，他们交通南北、兴市富民。长河因此与塘栖、西塘、南浔、乌镇等古镇齐名，俗称"萧山长河头"。明代已基本形成泽街和槐街。长河老街较清晰地保存了明清历史街区格局，2000 年被列为杭州市历史街区，2016 年被列为浙江省历史文化街区。同济大学教授常青评价称，长河老街建筑与故宫出自同一批工匠之手，无论单体等级、规模还是造型，都堪称江南水乡代表之作。

唐代浦沿古镇曾为永兴县县治。目前的浦沿老街形成于清代中叶。当时浦沿河西有居民经营酒和炒货等，后渐成集市，自东南至西北长约 150 米。街面狭窄，相向店铺檐口相吻，故称"烟管街"，又称"泥鳅街"。如今，浦沿老街的历史风貌部分得以保留。

白马湖原有河道连接钱塘江，出水口在西兴。南宋时白马湖约有水面 200 公顷，后因淤积和围垦逐渐减小，民国时期湖中沙洲就达 39.7 公顷。到 1984 年湖面缩减至 115 公顷，湖岸线周长减为约 10 千米。湖中有马湖桥，还有大小不等的天然绿洲 12 块，如西渡墩、天香炉、大鼻头等。长河街道境内的泽河、槐河，浦沿街道境内的浦沿河，萧山区闻堰街道境内的沿山河等水系皆汇入此湖。白马湖除与萧山区的湘湖连通外，还与西兴浙东运河相通。目前白马湖区域已被改造为滨江区最大的亲水公园——白马湖生态文化公园，总面积 1500 多亩。白马湖生态创意城与之融为一体，构成集人文表现、生态展示、休闲体验、创意交流等功能于一体的特色公园。这里每年举办中国国际动漫节、杭州文化创意产业博览会、中国网络文学周、草莓音乐节等大型主题活动。

（三）培育网络文学群落

中国网络作家村是一个集网络文学作品创作、项目孵化、版权交易、形式改编、互动交流、影视动漫游戏衍生开发等于一体的产业集群。居地分为神仙居和天马苑两个区块。神仙居坐落在长河街道山一社区孔家里自然村，由农居 SOHO 构成，布局巧妙，先后有唐家三少、月关、管平潮等网络作家入住。天马苑位于山一社区海山公园 3 号楼，以孵化器为主要功能。一楼是活动区和展示区，除了展示中国网络文学发展历程外，还播映《芈月传》《甄嬛传》《花千骨》等影视改编剧片段，以及由网络文学作品改编成的动漫作品；二楼、三楼是 10 多间面积不等的网络作家工作间。中国网络作家村的建设目标是建成中国网络文学事业和网络文学产业发展的核心区和示范区，其在 2022 年被授予全国版权示范园区（基地）称号。

中国网络作家村是典型的创意生态谷，其优良的生态环境和创业环境为网络作家提供了文学艺术创造和自我实现的土壤。中国网络作家村成立于 2017 年，入驻网络作家从当年的 176 名快速增加到目前的 275 名。通过谋划设计，构建了网络文学产业孵化园区。通过"摘星园"项目，成功招引网络作家创新创业项目、优质网络文学企业和配套项目入驻。中国网络作家村积极承办中国国际网络文学周，吸引来自世界各地的知名网络作家、网络文学行业代表、专家、读者，并举办网络文学产业博览会、网络文学产业论坛等重点产业活动。入驻网络作家普遍具有创意、实现快乐体验，因而硕果累累。

（四）构建时尚生活经济集群

滨江区全区常住人口平均年龄 33.5 岁，是浙江省人口年轻化率最高的区县（市），滨江区也是有海外生活背景的人员最多的地区之一，具有较浓重的时尚生活气息。自设区以来，便发展了许多时尚商业区和时尚文化区，如大型商业空间星光大道、星耀城、龙湖天街、宝龙城等，公共文化空间——槐花深处、滨江工业遗产公园等，特色演艺设施——西戏·XIXI LIVE 等，特色体育设施——杭州奥林匹克体育中心、嵌入式体育设施（海康威视三期项目 G 座顶楼、矽力杰大厦空中跑道、龙湖天街空中体育公园、冠山农贸市场五楼综合运动场）等，特色博物馆、艺术馆——中国杭州低碳科技馆、中国动漫博物馆、浙江中医药博物馆、沃尔沃汽车博物馆、钱江湾艺术馆等，特色文化创意园——天官文化创意园 moments 摄影基地、Chao Space 艺术空间等，以及特色咖啡吧——猫草院子、无羁派 coffee、UFO outside、Back Road、Goowa coffee & Bar、Goto coffee、The Frame Space 等，构成浙江省时尚生活消费设施最全的区域。

（五）建设人文社会生态

为了支持经济发展，滨江区不惜成本开创性地设立产业社区。2023 年首个产业社区——星光产业社区正式成立，未来还将再建 14 个。星光产业社区辖地原属于长河街道中兴社区，由于居民委员会同时要服务商贸区和居民区两个层面，存在企业服务不充分、企业对社区归属感不强、产业人口与社区黏性不够等问题。新设立的星光产业社区负责管理大型商业综合体 1 座、大厦 30 座、酒店式公寓 7400 余套和入驻企业 1700 余家，在明确功能定位的基础上形成自成一体的治理体系，为经济发展增添了人文环境色彩。

杭州海康威视数字技术股份有限公司将位于杭州市滨江区物联网小镇内

总部西区的房产用于建设海康威视幼儿园，该幼儿园为滨江区教育局直属公办幼儿园，也是杭州市首批产业园区嵌入式幼儿园。该幼儿园硬件按照省一级幼儿园标准配备，室内面积 2994 平方米、室外面积 3761 平方米，开设 12 个班级（含 3 个幼托班），可招收包括户籍不在本地的企业员工子女，托管时间与职工上下班时间同步。该幼儿园配备美术馆、项目活动馆、绘本馆等专用活动室，依托企业技术优势，提供特色化教育、安防、信息支持，拥有智慧、物联等硬件设施，如 3D 屏、VR 教学设备、慧影实训教学仪、纳米黑板、双目测温仪设备等，能高效、智能地开展保育教育工作。该幼儿园以"见远，行更远"（See Far, Go Further）为办园理念，践行"科幻＋"园本课程，以"让孩子乐享幸福童年，让家长成为智慧父母，让教师实现职业价值，让社会收获产教融合"为办学目标。2014 年滨江区又建成滨江物联网小镇幼儿园。

滨江区还建设了许多符合现代理念的运动健身设施。如矽力杰大厦空中跑道连接两幢大楼，长 400 米，有室内、室外两个部分；海康威视三期项目 G 座设有 2500 平方米的大型健身房，另外还有篮球场；龙湖天街空中（七楼楼顶）体育公园设篮球场、足球场、轮滑场等体育设施 4 片，面积 3000 平方米；冠山农贸市场五楼社区综合运动场有健身房、舞蹈室、篮球场、羽毛球场、乒乓球场和台球场等场馆。自 2022—2024 年，滨江区新增体育场地 25 万平方米，其中嵌入式体育场地 4.56 万平方米。

二、人文经济理念的强化与战略引导

（一）提高消费者剩余和生产者剩余

人文经济以人性需求为价值目标，并以人性需求为基本动能，有强烈的精神特征，而非追求简单的生理或生存需求。它能较好地协调人与人、人与社会、人与自然之间的关系，在繁荣经济、发展文化、保护人权、健全人格、保护生态等基础上给人以更多的精神实现。就经济学原理而言，人文经济的优势在于更大限度地创造消费者剩余（Consumer Surplus）和生产者剩余（Producer Surplus）。消费者剩余也称"消费者盈余""消费者福利"，是指消费者在购买商品或服务时愿意支付价格与实际支付价格之间的差额，其数学公式表述为 Consumer surplus=willingness to pay（WTP）-Price，是消费者从购买中获得的净收益，在消费者的主观感受上像是额外利益。生产者剩余也称"生产者盈余""生产者福利"，是指因生产要素或产品最低供给价格与市场销售价格之间存在差异而给生产者带来的额外收益，其数学公式表述为 Producer surplus=Price-willingness to sell（WTS），是生产者在市场交易中实际获得的收益与其愿意接受的最小收益之间的差额。消费者剩余和生产者剩余两者之和构成市场福利。

国内外学者对消费者剩余和生产者剩余的研究较多关注外在因素，如垄断、政府规制、税收、寻租、国际贸易等对消费者剩余的影响，垄断、可变要素价格、价格政策等对生产者剩余的影响，而缺乏根源上的研究。产生消费者剩余和生产者剩余的真正根源是免费成本。一般而言，要获得消费者剩余必须支付一定的成本，但消费者在消费中作为剩余获得免费收益的成本并非由消费者支付，它在很大程度上是由消费者的前人和后人承担或提供的；生产者的免费收入循同此理。而前人承担的成本主要体现在文化上，如知识、科学技术、品牌性文化等方面。社会消费和生产在很大程度上其实都建立在前人创造的文化成果上。在这种意义上，一切经济其实都是文化经济。不仅如此，除了文化因素以外，一切经济活动也大量带入了人的思想感情即精神因素，如商品的人性化体验因素、思想性构成等。文化和精神这两种要素的融合就是所谓的"人文"，它们同时融入经济构成超越一般文化产业的人文经济，会带来更多的消费者剩余和生产者剩余。

滨江区有良好的自然环境和历史文化，但相对改革开放以来逐渐强化起来的现代科技文化尤其是现代数字文化、时尚文化而言，更具有特色和个性优势，形成创意文化发展高地，高学历人才集聚和政府长期推行的具有人文关怀特征的政务文化则构成一种人文环境，使滨江区整个经济体系相对于其他地方而言更具有人文经济特质，因而创造了更多的消费者剩余和生产者剩余，带来了更大的市场福利和社会福利。

杭州玄机科技有限公司制作的大型历史动漫剧《秦时明月》深度挖掘传统文化元素，成为常盛不衰的大制作。其第一部《百步飞剑》于 2007 年上映，此后又续作《夜尽天明》《诸子百家》《万里长城》《君临天下》《沧海横流》《亡秦必楚》，并增加了"秦时前传"《天行九歌》，自第一部至今已经历时 16 年。该作品改编自温世仁的小说，是一部以武侠为主题的全龄型动画片。时代背景从秦灭六国、建立秦帝国开始，到刘邦灭楚收尾，时间跨度 30 多年，讲述了少年天明成长为影响历史进程的盖世英雄的故事。该剧的剧情融武侠、传说、奇幻于一体，引入诸多文化元素，在浓郁的中国风中注入鲜明的时代感，更是加入了浓重的精神文化要素，构建了一个瑰丽多姿的精神艺术世界。各种历史事件和民间传说纷呈迭起，仗剑游走江湖的名士侠隐和对现代中国产生深远影响的诸子百家在这个合纵连横的大时代中悉数登场。该剧先后在全国 600 余家电视台热播，并在全球 37 个国家和地区发行，总播放量超过 160 亿次。《秦时明月》每集的标题下都标有一句话："历史为骨，艺术为翼。"这正是它成功的奥秘。浙江中南卡通股份有限公司原创动画片《苏东坡与杭州的故事》讲述了苏轼治理杭州的故事。苏轼离开朝堂抵达杭州，在百姓的期待中振作精神，恢复重建了遭受天灾和瘟疫双重打击的杭州，展现了"守其初心，始终不变"的理想信念、"为国不可以生事，亦不可以畏事"的治国理念，以及"苟非吾之所有，虽一毫而莫取"的人生操守，同样注重人文情怀的表达。该片入选国家广播电视总局"中国经典民间故事动漫创作工程（网络动画片）"，是 2022 年浙江省唯一一个入选该工程的作品。像《秦时明月》《苏东坡与杭州的故事》这样的作品都具有产生消费者剩余和生产者剩余的巨大能量。

（二）基于价值论调整经济发展战略

现代经济的发展带来诸多社会问题，如垄断、异化、生态破坏等方面的问题；现代工业生产方式也已经向智慧化、生态化方向发展。现代经济开始逐渐向后现代经济转变，工业社会也逐渐向后工业社会转变。当代经济的发展则已开始由为利润的经济转向更多为人的经济。伴随而来的是经济观念的转变。人们已经意识到，经济发展只有以人的发展作为自身发展的前提条件，才有可能长足繁荣。如果背离了这一先导因素，经济发展就会出现危机，甚至倒退。

滨江区是中国的先进制造业基地，以技术密集型产业为主，通过使用高技能劳动来提高劳动生产率，减轻劳动强度，减少劳动时间。这种劳动不但付出体能，更重要的是用人的智慧进行创造性工作，突出人的主体性，依靠主观能动性，与"物化劳动"相对应，可以称为"观念劳动"。"观念劳动"是更具活力、更富创造精神的新质生产力，由它构成的观念劳动经济可以超越物化劳动经济的局限，成为后现代经济或人文经济的根基。从现代经济转向后现代经济或人文经济，就如同"物化劳动"向"观念劳动"转变一样，是生产力发展到一定水平时人的观念的转变。

审美和创意是人文经济的重要内核和重要表征，也是其内生驱动力、内涵价值论因素。网易公司的许多业务如网易音乐、网易旅游、网易严选等都具有浓重的审美和价值论色彩。以浙江中南卡通股份有限公司为代表的一大批动漫企业在创业初期曾长期亏损，但企业家们却不放弃对美学品位和美学经济的追求。美国经济学家约翰·肯尼斯·加尔布雷思（John Kenneth Galbraith）的《经济学和公共目标》一书指出："消费发展到某一限度时，凌驾一切的兴趣也许是在于美感。这一转变将大大变更经济体系的性质和结构。"① 丹尼尔·贝尔（Daniel Bell）的《资本主义文化矛盾》一书指出，审美是资本主义社会的最基本动因之一，② 但他没有深入研究这一论题。从事品牌和消费文化研究的法国哲学家奥利维耶·阿苏利（Olivier Assouly）的《审美资本主义：品位的工业化》一书对此进行了系统探讨。阿苏利指出："审美陈规和传统的实效，即审美品位的更新，标志了资本主义崛起中的一个重要阶段。"③ 他不仅论述了"品味"的经济价值及其意义，还阐释了"审美动因"为何成为经济增长的主要动力。④ 在一定意义上，"审美动因"成了阿苏利整个思想体系的基石。阿苏利指出，资本主义进入高级阶段以后逐渐发展为审美品位经济，审美活动已经从经济的对立面转变为同一面，消费者的品位推动制造业和服务业发展，"审美动因"成为社会发展的根本动力。"网易云音乐"是著名音乐品牌，其获利主要归音乐作品作者，网易公司却以审美和人文经济为导向始终坚守这一阵地，构建了巨大的社会产业链，也为众多企业和作者创造了经济效益。而网易公司其实也借助"网易云音乐"打造了强大的主体产业游戏产业。网易严选不惜增加成本和风险自持库存，为消费者提供优质甄选商品，提供"美好生活解决方案"，其境界也是高于其他模式的。

人文经济强调经济发展的内生动力，尊重人的主体地位，主张发挥人的创造性，实质上是一种创意经济。创意经济能最大限度地实现人文经济所追求的人的自我实现愿望，是合乎目的的融合型经济。创意经济使劳动与资

---

① 约翰·肯尼斯·加尔布雷思：《经济学和公共目标》，蔡受百译，商务印书馆1980年版，第70页。

② 丹尼尔·贝尔：《资本主义文化矛盾》，严蓓雯译，江苏人民出版社2012年版，第6页。

③ 奥利维耶·阿苏利：《审美资本主义：品位的工业化》，黄琰译，华东师范大学出版社2013年版，第59页。

④ 奥利维耶·阿苏利：《审美资本主义：品位的工业化》，黄琰译，华东师范大学出版社2013年版，第2—8页。

本、生产与消费相统一，劳动就是资本，资本就是劳动，知识和创意成为生产要素，生产与消费合于同一目的，人的本质回归于存在之中，人从"理性的经济人"进入自在自为的自由状态。创意经济本质上是崇尚自由的体验经济。在体验经济时代，消费者需求层次逐渐向高端转移，表现为追求个体意识的自我实现，并对情感和体验因素的需求日益高涨，从而带来经济范式的革命性改变，即经济由传统的"理性"转变为"快乐性"。创意经济不仅可以为消费者生产快乐，而且给生产者本身带来创造和自由的快乐。在法兰克福学派那里，快乐体验可以在高于生活的艺术创造中得以实现；而在后工业时代，产品只是一种道具，生产所提供的真正产品是一种新的生活方式，快乐未必仅仅是艺术体验，人人其实都可以在日常消费中实现对平庸的超越。

滨江区未来要以价值论为核心，制定经济社会长期发展战略，强化人文经济理念，突出审美和创意，将经济总体打造为人文经济体系。

三、发挥区域优势发展特色人文经济集群

（一）构建专业性与综合性互补的数字人文经济集群

滨江区最具发展优势的是数字人文产业，其中又以游戏、动漫类最具特色，工业设计、声音等产业也逐渐兴起。这些产业过去总体上还局限于文化产业，未来应当更多地注入人文因素，从人性体验方面优化内容和形式，增强和丰富精神内涵，以增加消费者剩余和生产者剩余，构建特色数字人文经济集群。

滨江区拓展数字人文经济跨界全产业链发展新领域取得了较大成效。如及时捕捉动漫游戏、影视传媒、虚拟现实等行业企业对配音、混音、音乐、新兴宣发渠道等方面的迫切需求，积极探索声音经济产业等文化新赛道。与

上海哔哩哔哩科技有限公司全资子公司北京喵斯拉网络科技有限公司（猫耳FM）共建"M·声音实验站"，拓展声音经济产业发展新赛道。中国网络作家村、华数探索商务咨询（杭州）有限公司、浙江中南卡通股份有限公司、杭州电魂网络科技股份有限公司、浙江瞬心悠悠文化有限公司等多家平台企业与"M·声音实验站"开展声音经济产业发展战略合作，加快从"声音朋友圈"到"声音经济生态圈"的迭代升级。举办"时代新声力——声音文化新力量论坛""IP直通车"有声文化专场暨读书分享会，并以此为核心内容开启"声动亚运·音潮滨江"2023数字文化嘉年华暨声音文化艺术季系列活动。又如在网络游戏、电竞、工业设计等领域进行联动发展。杭州阜博科技有限公司与湖南芒果超媒股份有限公司就版权保护与海外市场内容投放变现进行深入合作。杭州电魂网络科技股份有限公司与杭州网易智企科技有限公司签订推动游戏AI创新发展战略合作协议，并成立"游戏人工智能联合实验室"。华数传媒网络有限公司与无忧传媒集团有限公司开展网络视听领域战略合作。杭州游卡网络技术有限公司与华为投资控股有限公司开展鸿蒙生态游戏先锋合作。滨江区进一步加大对电竞全产业链生态培育支持，抢抓亚运会契机推进"滨江电竞馆"电子体育中心建设。迭代升级相关扶持政策，重点扶持电竞经纪公司、俱乐部、承办职业赛事的机构、服务电竞产业的各类专业平台、参与重大电竞场馆建设的投资主体。杭州电魂网络科技股份有限公司的《梦三国2》入选亚运会电子竞技正式比赛项目，10个国家及地区代表队参加赛事，中国电竞国家集训队喜获该项目金牌。滨江区的数字工业设计产业逐渐规模化。建成瑞德工业设计产业基地，杭州瑞德设计股份有限公司获10项国际空间设计奖项。杭州两平米智能家居科技有限公司被认定为省级工业设计中心，杭州热浪创新控股有限公司申报了国家级工业设计中心。杭州瑞德设计股份有限公司、杭州热浪创新控股有限公司、浙江凸凹文化发展有限公司都申报了2023年省工业设计领跑企业。这些领域都应当作为专业特色方向构建产业集群。

滨江物联网小镇规划面积 3.66 平方千米，总建筑面积 580 万平方米，为全国首批设立的物联网产业园，也是第四批省级特色小镇。其规划布局为"一心两翼两轴"："一心"即中部产业核心区，"两翼"分别是南部复合区和北部商业配套区，"两轴"即江南大道城市发展轴和西兴路产城融合轴。小镇先后被列入国家质量基础设施集成服务基地、首批国家数字服务出口基地、国家数字贸易先行示范区、国家 3A 级旅游景区、国家首批专利导航产业发展实验区、国家创新型产业集群（数字安防产业）、国家物联网产业示范基地，浙江省十佳开放平台、浙江省首批建设类高新技术特色小镇、浙江省特色小镇"亩均效益"领跑者、浙江省数字贸易先行示范区核心区、浙江省军民融合产业示范基地、浙江省经信领域标杆小镇、浙江省数字化示范园区、杭州市服务贸易示范园区，连续获得省级特色小镇年度考核优秀、省级特色小镇"亩均效益"领跑者第一名荣誉。小镇形成了以物联网、云计算、大数据、移动互联网、信息安全、先进传感设备和 5G 为主导的高、精、尖数字经济产业链，集聚了一批具有国际竞争力和行业领导力的数字服务领军企业。其中有上市企业 19 家、世界 500 强投资企业 15 家、"独角兽""准独角兽"企业 16 家、国家高新技术企业 203 家、专精特新企业 64 家、专精特新"小巨人"企业 6 家。著名的有数字安防类的杭州海康威视数字技术股份有限公司、浙江宇视科技有限公司，网络信息安全类的杭州安恒信息技术股份有限公司、杭州宏杉科技有限公司，芯片设计类的矽力杰半导体技术（杭州）有限公司、联芸科技（杭州）股份有限公司，区块链类的杭州趣联网络科技有限公司，智慧医疗类的浙江和仁科技股份有限公司、医惠科技有限公司，环境能源类的聚光科技（杭州）股份有限公司、杭州林东新能源科技股份有限公司，智能驾驶类的浙江零跑科技股份有限公司、吉利汽车控股（杭州）有限公司，等等。2023 年，小镇实现工业产值 1712 亿元，同比增长 5.2%；亩均税收 506 万元；服务贸易出口额 27.12 亿美元，同比增长 10.1%，其中软件和信息技术服务出口额占 90%。滨江物联网小镇这样的综合类项目与上述特色专业类项目相结合，可以做到优势互补、生态共建。

（二）以大旅游观打造多元人文旅游经济集群

滨江区的文化遗产有许多是中国水利和农业文化的重要代表，西兴、长河和浦沿 3 个古镇不仅具有原始生态面貌，而且也是明清以来古镇规划和建筑的经典范本。经过环境整治和修复，已经初步形成文化旅游气候。未来可以进一步优化战略规划和布局，强化"浙东运河西源""浙东唐诗之路主入口""钱塘江诗路、大运河诗路的交汇地""浙东运河古镇""白马湖生态园""中国数字经济园"等标识，用好人文因素对旅游资源进行新的改造提升，高水平构建人文旅游经济集群。长河泽街西端可连接冠山，泽街在某种意义上是周边地区的一条朝圣之路，是滨江区古代聚落地脉和空间肌理的控制性要素，可以一体规划泽街、槐街和冠山名胜，将长河古镇打造成规模化人文旅游板块。

滨江区的许多产业园区或企业都是花园式构造，构成了集创业与生活于一体的创意文化生态区，具有文化旅游经济开发的广阔前景。如滨江互联网小镇、滨江物联网小镇、华为科研基地、海外高层次人才创新创业基地、网易滨江园区、阿里巴巴滨江园区、海康威视监控智能产业化基地、杭州国家动画产业基地、金盛科技园、电魂网络大厦等，都可以打造成产业旅游园区。

（三）增强溢出效应做大网络文学经济集群

滨江区制定出台了鼓励网络作家及相关企业落户的扶持政策，根据作家的实际需要和企业发展的不同阶段给予精准扶持。在政府引导下，平台公司发起设立支持网络文学产业发展的创投基金，并开展版权保护、作家联谊等活动。举办中国网络作家村 IP 直通车 22 期，累计成交项目 80 项，成交额 14.5 亿元，为网络文学作品创作、项目孵化、版权交易、作品改编、影视动漫游戏衍生开发等提供了有力支持，形成崭新的网络文学 IP 全产业链新生态。又致力于打造"数智作家村"，建设"一库一网一平台一体系"（村民作品数据库、一体化链接网络、智慧化服务平台、数字化治理体系）。启动中国网络作家村"大树计划"，每年遴选一批具有发展潜力的新人作家，以创作辅导和项目转化为核心，在作品出版、出海、出圈等方面予以支持。根据玄幻、科幻、言情和微短剧等热点开展重点攻坚，推动杭州趣阅信息科技有限公司、北京九州文化传媒有限公司、杭州笔下惊鸿网络科技有限公司、杭州宝刊网络技术有限公司、杭州作客文化传媒有限公司、杭州时戳信息科技有限公司（无界 AI）、杭州电魂网络科技股份有限公司、上海哔哩哔哩科技有限公司、希捷（杭州）数据恢复服务有限公司、网龙网络控股有限公司、北京腾飞克科技有限公司（飞卢小说）等影视、动漫产业上下游企业与作家合作。滨江区应当整合现有资源，系统构建"数智作家村"，进一步将网络作家村等资源与企业衔接，实现超地域发展。

滨江区建立了较为健全的图书馆系统，包括 1 个总馆——杭州高新技术产业开发区（滨江）图书馆（杭州图书馆科技分馆），儿童健康、互联网、物联网和智慧交通 4 个主题分馆，49 个城市书房，29 个智慧借阅点。总馆是杭州市第一家主打科技和阅读体验的专业主题图书馆，面积 7000 平方米，有阅览座位 875 个、藏书 70 余万册，年外借图书 50 余万册次，年均接待读者百万人次。馆内拥有"八大行星科普展示体验设备"以及 72 个长江三角洲地区最先进、规模最大的智能书架馆藏管理智能系统。城市书房和智慧借阅点设在社区和企业。图书馆注重发挥"书香科技城民间阅读联盟"和"杭州市 STEAM 创客教育联盟"等社会力量的作用，通过"科普＋阅读推广"的方式和"乐趣童年、乐活青年、乐享老年"三大主题开展丰富多彩的阅读推广活动，年均开展各类活动千余场次。"图书馆＋玩具借阅""为地球朗读""杭州市创客节"等年度大型公益特色阅读活动受到市民的广泛关注和欢迎，成为知识文化中心、学习教育中心、交流互动中心以及科技文献资源保障基地、科技信息服务中心、科技体验与交流展示中心。部分城市书房如设在杭州电魂网络科技股份有限公司的硅谷书房（电魂自在里文化空间），具有借书、阅览、展览、表演、轻餐等多种功能，其也是中国网络作家村数字文化基地。建筑面积1200多平方米，拥有阅览座位60个、馆藏图书近5万册。由滨江区图书馆提供自助借还及门禁系统等设备，并负责图书配送和流通。硅谷书房持续举办创客节，开展"科技×音乐主题夜""创客科技展""创客赛事""科技×电影主题日"等活动。滨江区的书店也是读书场所。钟书阁滨江店是钟书阁第三家门店，也是钟书阁走出上海的第一家分店。钟书阁以书籍为主要装饰元素，滨江店总面积1000多平方米，有一个200多平方米的环幕阅读大厅，整面环形墙全部用书籍填充。大门入口处是占据书店四分之一面积的"森林阅读区"，读者可以坐在"森林"间的沙发上休息、看书。可以以中国网络作家村为龙头，整合图书馆、书店系统资源，构建网络文学经济集群。目前滨江区这两方面的整合度还不够，未来可以在中国网络作家村和部分城市书房有机性系统打造网络文学景观，形成特色人文旅游经济集群。

（四）建设标杆型时尚生活经济集群

滨江区是浙江省时尚度最高的区域之一，城市与商业、娱乐、运动、文艺互融，形成一种时尚文化景象，集合了较多中外文化元素，社会生活国际化程度较高。应当进一步引进国际化元素，对各种资源进行有效分类整合，对传统元素进行创新性改造、创造性转化，串联点线，勾画时尚生活地图，凝聚规模和特色优势，形成具有较强辐射力的时尚生活经济集群。

杭州奥林匹克体育中心自2021年启用以来，除举办亚运会、世界羽联世界巡回赛总决赛、"韵味杭州"2023年全国游泳冠军赛等体育赛事外，还举办了多场大型文艺演出和会展活动，如2023年的毛不易"幼鸟指南"全国巡回演唱会、李荣浩"纵横四海"世界巡回演唱会，2024年的告五人"宇宙的有趣"新世界巡回演唱会、薛之谦"天外来物"世界巡回演唱会、周杰伦2024"嘉年华"世界巡回演唱会，等等。2024年4月18—21日举办的周杰伦2024"嘉年华"世界巡回演唱会门票收入约3.2亿元，拉动GDP数十亿元。杭州奥林匹克体育中心体育场可容纳8万观众，演唱会时外围汇聚了约10万人。西戏·XIXI LIVE集剧场、展览馆、影院功能于一体，实现多种艺术的跨界融合。自2015年开业至今，已经与来自40多个国家和地区超过350个艺术团体合作，并独立策划举办了600多场文化艺术活动。如结合年轻人的文化需求设置《你好，滨江》素人剧场，通过100位普通人的"独白"讲述"我与滨江共成长"的故事。2023年3月美国乐坛天后泰勒·斯威夫特开启151场全球"时代巡回演唱会"，在美国半年时间就创造GDP50亿美元，超过50个国家的GDP。2023年8月至2024年底在全球18个城市继续演出，再创造GDP100亿美元以上。各演出城市酒店订量和房价普遍增长50%以上，不少达到1倍以上。旅游景点客流量增长数倍。演唱会一般以1∶4.8的比例拉动消费。哈佛大学等7所美国大学和英国、比利时、菲律宾的多所大学专门开设斯威夫特经济学课程研究这一现象。据国家统计局等报告，2023年中国体育赛事经济市场规模427亿元，全球451.37亿美元。建议滨江区紧追世界潮流，实施演赛大市场拓展计划，邀请国际、国内著名人才或网红明星举办大型活动，打造"演赛滨江"品牌。滨江区未来要充分利用各种设施引进国内外资源，发展演唱会经济，增加"开心"GDP。只有全面提升城市软硬件和城市治理水平，演唱会经济才能由"一时火"变为"一直火"，让"头回客"变成"回头客"。

星光大道全称为"中国（杭州）文化艺术星光大道"，是经中共中央宣传部批准、中国文学艺术界联合会支持、中国电影家协会和杭州市人民政府共同命名、华联发展集团有限公司投资建设的内地首条电影文化艺术主题商街。全长 1.3 千米，占地面积 5 万多平方米，总建筑面积约 37 万平方米。星光大道是集影视文化、休闲旅游、特色商业于一体的一站式国际化体验型商业街区，也是滨江区首个商业综合体项目、杭州市政府百个优先发展的城市综合体之一，曾获得杭州市高品质步行街、浙江省高品质步行街、第一批浙江省夜间文化和旅游消费集聚区以及杭州市夜间经济集聚示范区等荣誉。星光大道设立了两个固定的"文艺赋美"点位，分别为一期中心广场舞台和二期 2 楼中庭舞台，以应对天气变化。自 2009 年开业以来，累计演出近 200 场。表演者为专业剧团和社区、学校等的社团组织。

龙湖天街不仅人气火爆，而且发展了颇具特色的"夜经济"，晚上 10 点之后的营业收入占总营业收入的 10%—20%。龙湖天街注重打造"夜宵＋文化"一条龙业态，以酒吧、火锅、娱乐为中心营造夜经济氛围，吸纳了国内优质人气夜宵品牌哥老官、小龙坎，还有创新茶饮凑凑火锅等，以及美式餐＆酒吧蓝蛙、inches 等，引入韩国优质影院 CGV 等。这些规模商业设施要强化创意策划和设计，与国际接轨，打造时尚文化亮点。

天官文化创意园 moments 摄影基地前身为杭州双鱼不锈钢厂。项目改造坚持"消解、重塑、共生"的原则，不完全推翻、不照旧保留，在曾经的基础上融入当下创意，如保留更新了原来的宿舍、厂房、水塔、洗手池等，修缮了保存尚好的建筑碎片，清理了无法修理的部分，加固了地基结构。现代材料与老旧意境在同一时空相互碰撞、包裹、融合，在交错中对话。设置了咖啡吧、酒吧、买手店以及展厅等场景，既满足多元化拍摄需求，也满足商业消费需求。引进的 24 个特色商业品牌都是创新性、年轻化的业态。项目总投资约 7000 万元，仅 1 年即收回成本。Chao Space 艺术空间是沉浸式主题摄影空间，包括白日梦境、蒸汽电子、神奇泳池、幻象丛生、幻想立方、火星集市、社交恐惧、电机故障、超甜橙心、手写从前十大主题，契合年轻人的心理消费需求。滨江区形形色色的咖啡吧引领时尚潮流，有江湖风、露营风、汉堡风、佗寂风、ins 风、拍摄基地风等。滨江区应当系统总结这些项目的开发经验，在提升它们发展水平的同时，在全区推广先进经验，全面提升各种资源的效用。

中国杭州低碳科技馆是全球第一家以低碳为主题的大型科技馆，集低碳科学知识普及、绿色建筑展示、低碳学术交流和低碳信息传播等职能于一体。建筑面积 34009 平方米，采用太阳能光伏一体化、日光利用与绿色照明和冰蓄冷等十大节能技术，内部装潢、展品和布展、材料及制造等均坚持绿色低碳理念，获得住房和城乡建设部颁发的"三星级绿色建筑标识证书"，是国内第一家获得此项认证的科技馆。展陈以"低碳生活，人类必将选择的未来"为主题，设有碳的循环、低碳城市、全球变暖、低碳科技、低碳生活、低碳未来、儿童天地 7 个常设展厅。另外还有 3 个临时展区，巨幕和球幕两座特效影院，以及学术报告厅、科普实验室等。通过"碳的形成与存在""全球变暖""低碳生活之旅"和"漫游低碳未来"等 100 多个集科学性、趣味性和互动性于一体的展项，向公众普及科学知识、弘扬科学精神、传播科学思想、倡导科学方法。中国动漫博物馆是国家广电总局和中国动画学会批准设立的动漫博物馆，占地面积 2.77 公顷，建筑面积 30382 平方米，设有剧场、影视区、图书馆、视听室、电竞馆等配套设施。设有遐想、回忆、今天、未来四大常设主题展，藏有原画、台本、史料、刊物、模型周边等各类动漫藏品 2 万余件。浙江中医药博物馆坐落于浙江中医药大学内，陈列主题为浙江中医药大学校史陈列馆、浙江医史馆和中药标本馆。最有特色的是中药标本馆，收藏名贵药材 1800 多种，其中罕见的药材 60 余种，另外还藏有许多民间药方。浙江吉利控股集团有限公司的沃尔沃汽车博物馆引进瑞典哥德堡市（Gothenburg）阿伦达尔（Arendal）地区沃尔沃工厂内的沃尔沃汽车博物馆概念，是一个综合性汽车文化传播和体验平台，建筑面积 4800 平方米。展陈围绕沃尔沃"以人为尊"的品牌理念，突出"设计""历史""品牌资产"三大主题，展示沃尔沃品牌自 1927 年至今的发展历程，以及不同历史时期的代表车型。该项目入选杭州亚运人文体验点。

曾任故宫博物院副院长的段勇在《当代美国博物馆考察》一书中指出，陈梦家1946年2月15日致函马衡先生介绍他在美国的观感时说，"（在美国）城市无分大小，其博物院皆为艺术文化之中心"。博物馆在美国当代文化中的地位、文化在美国现实社会中的地位，于纽约可窥见一斑。一般人都知道纽约是世界财经和商业中心，曼哈顿更是银行、金融业密集之地，然而面向旅游者的《纽约官方文化指南》副标题却是"纽约——世界最佳文化都市"。该指南介绍了纽约88家各类主要的文化机构，其中一半以上是博物馆。其他许多大城市也都有博物馆"扎堆儿"的现象。《华盛顿邮报》称：当代美国的博物馆已经成为"新的城市广场"，举办从爵士音乐会到教育研讨会的各种活动，没有任何别的场所能像今天的博物馆一样把各种不同的人聚集到一起。参观博物馆在发达国家是普遍的生活方式。滨江区要充分利用现有博物馆设施，并积极兴办新的特色博物馆，建设博物馆大区，打造高水平时尚文化区，支持时尚文化和时尚产业发展。

杭州市集成电路产业高质量发展的对策建议

陈小玲　袁嘉琪　赵立龙　杨蓓蓓[*]

摘要： 本文结合当前我国集成电路产业集聚分布以及全国集成电路产业综合实力情况，重点选取上海、北京、深圳、无锡、合肥、武汉、南京、苏州 8 个城市作为杭州对标地区，从规模实力、引领能力、创新活力、生态聚力、成长潜力、工作推进力六个方面进行对比。本文通过对标找差，明确杭州处于全国集成电路产业第二梯队的领先位置，设计领域优势突出、全产业链加速成长。但相比第一梯队地区，在规模、企业、平台上仍存在差距；相比第二梯队地区，优势存在弱化风险。建议未来：一是建设高能级平台，加大领航型企业项目招培联动；二是设立专项投资基金，逐步辐射全产业链；三是协同智能物联产业生态圈相关赛道的发展优势，加快新兴领域芯片突破，聚力打造具有核心竞争力的千亿级集成电路产业集群。

关键词： 集成电路；对标地区；对标找差；智能物联

---

* 陈小玲、袁嘉琪，杭州市工业和数字经济研究院；赵立龙、杨蓓蓓，浙江省工业和信息化研究院。

集成电路（Integrated Circuit，IC）是指通过采用一定的工艺，把电路中所需要的晶体管、电阻、电容等元件集成到一个半导体芯片上的微型电子电路。集成电路产业作为信息时代的万物核心，被誉为"现代工业的粮食"，其广泛应用于计算机、通信、消费电子、汽车、军事等领域，是支撑经济社会发展和保障国家安全的战略性、基础性和先导性产业。杭州将集成电路产业作为万亿级智能物联产业生态圈的主攻方向之一。

一、集成电路产业构成及趋势特点

（一）产业构成

如图 1 所示，从产业链构成来看，集成电路产业链条长、集成度高、成套性强，主要包括设计、制造、封装测试三个环节，材料和设备是整个集成电路产业发展的重要支撑。从具体环节来看，集成电路设计环节主要包括原材料硅片、设备、电子设计自动化（EDA）、知识产权核（IP 核）等；晶圆制造环节属于资本和技术密集型产业，包括晶圆制备、光刻、刻蚀、离子注入、氧化、沉积、金属化等复杂工艺流程；封装测试环节主要是将芯片封装在支撑物内，以增加防护并提供芯片和印制电路板（PCB）之间的互联，该环节技术含量最低，属于劳动密集型产业。随着产业分工高度专业化，集成电路产业各个环节之间的关联性、协同性要求越来越高，从而共同支撑整个产业稳步前进。

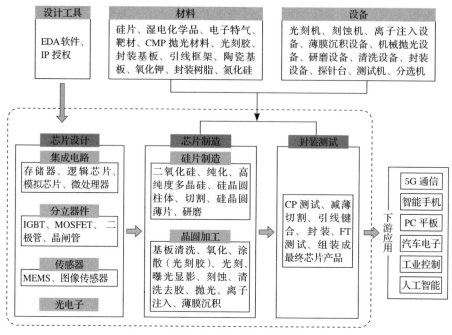

图 1　集成电路产业链

（二）趋势特点

随着全球数字化进程持续加速、对计算能力的需求不断增加，集成电路芯片作为电子信息产业最重要的核心零部件，将持续带动集成电路快速发展。根据芯片光刻机供应商阿斯麦（ASML）预测，2020—2030 年全球集成电路市场规模将保持 9% 的年均复合增长率，2030 年市场规模将达到 10980 亿美元。从三大环节以及材料和设备支撑来看，具体趋势特点如下。

1. 从设计环节来看：在芯片设计领域，我国竞争力处于世界领先水平，自主可控程度高。但从设计工具来看，Synopsys、Cadence 和 Mentor 占超 90% 以上 EDA 软件市场份额，国内 EDA、IP 核模块仍存在较多未实现国产化的空白领域。

2. 从制造环节来看：目前全球芯片制造主要集中在我国台湾地区，以台积电、联电、力积电等企业为主。我国以中芯国际、华虹等企业为主，工艺已国产化但技术尚未达到世界先进水平，制程能力尚待提升。

3. 从封装测试环节来看：我国封测产业与国际先进水平已展开全面竞争，随着国际知名芯片设计公司逐步将封装测试订单转向中国大陆企业，国内封测产业正迈入高速发展和快速放量阶段。

4. 从材料和设备支撑来看：在半导体材料领域，目前全球市场主要被美国、日本、韩国等海外厂商垄断，我国半导体材料自给率近30%，封装材料大部分能适配国内需求，但技术壁垒较高的多种晶圆制造材料如电子特气、光刻胶等对外依存度高。在半导体设备领域，目前全球市场主要被美、日、荷三国垄断，我国集成电路设备自给率仅为10%，存在技术先进性不足、良品率偏低等问题。

二、对标先进地区，杭州市集成电路产业竞争力分析

（一）规模实力：产业规模仍待提高，发展势头保持强劲

从整体来看，与对标地区相比，杭州市集成电路产业规模仍偏小，亟待加快进位跃升。根据世界集成电路协会（WICA）发布的《2023年全球集成电路产业综合竞争力百强城市白皮书》，中国2023年集成电路产业综合竞争力前十强城市分别是上海、北京、无锡、深圳、苏州、成都、南京、武汉、西安、杭州，上海和北京分别位列全球百强城市第5名和第9名，杭州仅排第40名，存在一定差距。

如表1所示，从产业规模来看，据不完全统计，2022年杭州集成电路产业营收为787亿元（2023年杭州营收为848亿元），规上企业139家，与上海、无锡、深圳、北京、武汉等地存在一定差距。其中，上海集成电路产值

超过 3000 亿元，规模排名全国第一，集聚重点企业 1200 余家，被称为"中国芯片企业最密集的地区"；无锡集成电路产业营收高达 2091 亿元，仅次于上海，全国排名第二，规上企业超过 200 家；深圳集成电路产业营收 1608.9 亿元，集聚集成电路企业 587 家；北京集成电路产业销售规模约 1200 亿元；武汉集成电路产业营收超 1000 亿元。这些城市的产业规模均明显高于杭州。

如图 2 所示，从规模增速变化来看，2020—2022 年，杭州集成电路产业营收规模年均增速为 54.52%，而同期南京为 31.50%、苏州为 30.03%、合肥为 25.41%、无锡为 21.35%、上海为 20.36%，北京为 15.47%、深圳为 11.25%，对比来看，杭州增速在对标城市中居首位，产业发展势头迅猛。

表 1　2022 年杭州与对标城市集成电路产业规模对比 ①

城市	产业规模
杭州	2022 年，杭州市集成电路产业实现营收 787 亿元，集成电路规上企业 139 家，2020—2022 年年均增长达 54.52%
上海	2022 年，上海市集成电路产业销售收入超过 3000 亿元，2020—2022 年年均增长 20.36%。集聚了超过 1200 家行业重点企业，汇聚了全国 40% 的产业人才，集聚了国内 50% 的行业创新资源
北京	2022 年，北京市集成电路产业销售规模约 1200 亿元，2020—2022 年年均增长 15.47%。集成电路相关企业 484 家，累计上市公司超 30 家
深圳	2022 年，深圳市集成电路产业营收 1608.9 亿元，集成电路企业 587 家，2020—2022 年年均增长 11.25%
无锡	2022 年，无锡市集成电路产业营收达 2091 亿元，2020—2022 年年均增长 21.35%。集成电路企业 600 余家，其中规上企业超 200 家，累计上市企业 14 家
合肥	2022 年，合肥市集成电路产值达 475 亿元，2020—2022 年产值年均增长 25.41%。全市有集成电路企业超 400 家
武汉	2022 年，武汉市集成电路产业营收超 1000 亿元，仅武汉东湖高新区（光谷）就集聚集成电路企业超 200 家

① 杭州数据来自杭州市经信局提供的资料，其他对标城市数据来自各地政府官方新闻和相关部门工作动态等，统计口径未统一，仅供比对参考。

续表

城市	产业规模
南京	2022 年，南京市集成电路产业营收达 568.03 亿元，2020—2022 年年均增长 31.50%。集成电路规上企业近 200 家，引进了台积电、华天科技等一批旗舰型企业，华大半导体等芯片设计领域国内排名前十的企业已有半数落户江北新区
苏州	2022 年，苏州市集成电路产业营收达 568.03 亿元，2020—2022 年年均增长 30.03%。仅苏州工业园区就集聚集成电路重点企业近 200 家，园区累计培育集成电路上市公司 10 家，吸引了全球十大封测集团中的六家进驻

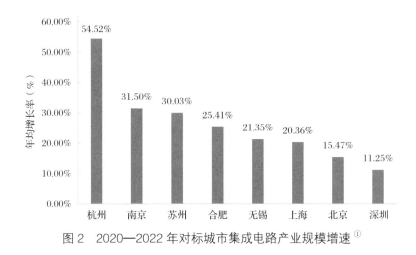

图 2　2020—2022 年对标城市集成电路产业规模增速①

（二）引领能力：链主企业缺乏，芯片设计和特色工艺制造形成优势

　　杭州集成电路领域企业主体实力偏弱，缺乏具有较强产业控制力和引擎带动性的链主龙头企业。根据集微咨询数据，如表 2 所示，2023 年中国半导体企业 TOP100 城市分布中，上海 27 家最多，深圳 15 家次之，北京 8 家居

---

① 数据来自各地政府官方新闻和相关部门工作动态等，武汉存在数据缺失，考虑数据可得性，合肥使用产值增速，其他对标城市使用营收增速，统计口径未统一，仅供比对参考。

第三，苏州 6 家居第四，无锡 5 家居第五，杭州仅有 4 家企业入围，列全国第六。从"独角兽"企业来看，根据 2023 年胡润全球"独角兽"榜，在半导体领域中，杭州上榜 2 家，相比北京、上海、深圳分别有 7 家、7 家、6 家，存在一定差距，如表 3 所示。

表 2　2023 年中国半导体企业 TOP100 主要地区分布情况[①]

地区	上榜企业数量（家）	全国排名（位次）
上海	27	1
深圳	15	2
北京	8	3
苏州	6	4
无锡	5	5
杭州	4	6
天津	3	7
珠海	3	7

表 3　2023 年对标城市"独角兽"企业名单[②]

城市	企业简称	估值（亿元）	细分领域
杭州	中欣晶圆	220	晶圆制造
	芯迈	205	模拟芯片／功率器件
上海	兆芯集成	180	通用处理器
	壁仞科技	145	图形处理器（GPU）
	积塔半导体	145	晶圆制造
	南芯科技	110	电源芯片
	沐曦集成	100	GPU
	瀚博半导体	100	GPU
	思朗科技	80	代数处理器（MaPU）验证芯片

① 数据来自集微咨询。
② 数据来自 2023 年胡润全球"独角兽"榜（中国半导体领域）。

城市	企业简称	估值（亿元）	细分领域
北京	集创北方	300	显示芯片
	摩尔线程	250	GPU
	屹唐半导体	205	半导体设备
	天科合达	180	碳化硅（SiC）晶片
	昆仑芯科技	140	人工智能（AI）芯片
	芯驰半导体	140	汽车芯片
	奕斯伟	105	芯片与方案／硅材料／生态链投资孵化
深圳	嘉立创	370	PCB
	比亚迪半导体	100	汽车芯片
	航顺芯片	90	微控制单元（MCU）
	云英谷	80	显示芯片
	云豹	69	数据处理器（DPU）
	飞骧科技	69	射频芯片
武汉	芯擎科技	90	汽车芯片
苏州	英诺赛科	205	氮化镓外延及器件

从产业链细分领域来看，经过多年的培育和发展，杭州在集成电路设计和芯片特色工艺制造领域形成了较强优势，并逐步延展至材料、设备、封测等领域。在设计领域，2023 年，杭州集成电路设计业销售额增长 18.9%，增速居全国第三，集成电路设计业销售规模排名全国第四。在芯片制造领域，杭州相继推动士兰微 8 英寸生产线扩产项目、富芯半导体模拟芯片 IDM 项目（12 英寸）等一批芯片制造项目建设。

与杭州不同的是，北京、上海等地集成电路发展优势主要在于全产业链的强势布局。北京在设计工具领域有国产 EDA 龙头华大九天，设备领域有平台型半导体设备龙头北方华创，材料领域有国内半导体靶材龙头有研新材，设计领域聚集了寒武纪、兆易创新、圣邦股份等芯片龙头企业。上海在设计和晶圆制造领域全国引领地位突出，设计规模多年保持全国第一，晶圆制造领域有中芯国际、华虹这两个全国第一、第二的晶圆代工巨头支撑。深圳拥有海思半导体、中兴微电子等一批设计龙头企业。武汉拥有长江存储、高德红外、光迅科技等龙头企业，在存储类芯片、红外芯片和光芯片等领域全国领先。南京聚焦 5G 通信及射频芯片，汇集了华天科技、芯德半导体等一批国内封测领军企业。

经过多年发展，杭州虽然在设计领域有一批龙头企业支撑，在特色工艺制造领域有所突破，但与上海、深圳、北京、无锡等设计和制造巨头集聚地区相比，仍存在差距，尤其是在国内较为成熟的封测领域企业偏弱，在集成电路制造设备、材料等领域虽有布局，但多以初创企业为主。与武汉、南京等地相比，特色主攻领域并不明晰，缺乏龙头骨干企业支撑，短期内难以形成集聚引领优势。

（三）创新活力：企业创新能力弱，高能创新平台布局少

从创新投入来看，杭州集成电路企业研发投入实力相对偏弱。根据 Wind、集微网数据，2023 年，全国半导体上市公司研发支出 TOP50 中，杭州仅有士兰微、长川科技 2 家企业上榜，分别排名第 25 位和第 27 位，企业平均研发投入费用为 8.35 亿元，而同期上海上榜 14 家、无锡上榜 4 家，企业平均研发投入费用分别为 14.43 亿元、11.06 亿元，明显高于杭州。进一步从研发投入占比来看，北京的龙芯中科高达 103.47%，苏州的裕太微为 81.07%，广州的云从科技为 78.10%，杭州最高的晶华微为 62.12%，相对偏低。

从创新产出来看，伴随美国芯片禁令升级，各地集成电路产品和技术创新升级步伐加快。在设计领域，深圳华为海思、紫光展锐等不断创新、打破封锁，南京新思科技等企业开始将 AI 算法与 EDA 工具相结合，进一步推动

芯片设计流程智能化；在制造工艺领域，武汉依托"世界光谷"加快突破超高层三维闪存工艺等关键技术，上海中芯国际研发出了领先 ASML 的 14 纳米工艺技术；在材料设备领域，上海微电子正致力于研发 28 纳米浸没式光刻机，北京、南京等地凭借大院大所集聚优势，在先进板级封装材料、大尺寸碳化硅材料等领域不断实现重大突破。对比来看，杭州企业虽承担了一些国家级、省级重大科技专项攻关重任，但仍然处于研发积累和客户验证阶段，产品尚未实现大规模市场化应用。进一步从创新成果来看，"中国芯"优秀产品征集活动被誉为国内集成电路产品和技术发展的"风向标"，2023 年全国共有 125 家集成电路企业获奖，如图 3 所示，但是杭州仅有 5 家，与上海21 家、深圳 17 家、北京 16 家相比，存在一定差距。

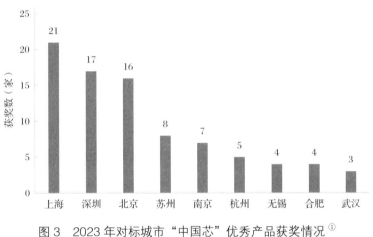

图 3　2023 年对标城市"中国芯"优秀产品获奖情况 ①

从创新平台支撑来看，杭州集成电路领域具备原始技术突破和引领支撑能力的大院大所、国家级战略性创新平台布局较少。与集成电路相关的全国 42 所 B 类以上高校中，杭州仅有浙江大学、杭州电子科技大学 2 所；在

①　数据来自中国电子信息产业发展研究院。

28 所国家示范性微电子学院中，杭州仅有浙江大学 1 所。与北京、上海相比，存在差距。进一步从高能级创新平台来看，上海有国家集成电路创新中心，无锡有国家集成电路特色工艺及封装测试创新中心，南京有国家集成电路设计自动化技术创新中心，加上科技部在全国布局国家第三代半导体技术创新中心时选定的深圳、南京、苏州、北京、山西、湖南 6 个分中心，杭州未入选。

（四）生态聚力：产业平台能级不足，产业生态相对优越

平台园区有利于促进同类产业的集聚和整合，是形成产业集群的有效形式和重要载体。对比来看，虽然目前杭州形成了以滨江为核心，钱塘、余杭、西湖、临平等多点支撑的产业平台格局，但是平台承载能级不高，较为分散，对大企业引擎项目支撑承载能力偏弱。根据 2023 年中国集成电路园区综合实力 TOP30 榜单，如表 4 所示，杭州排名最高的滨江区列第 13 位。上海张江高科技园区排名第 1 位，产业规模已超过 2000 亿元，是唯一一个拥有设计、制造、封测等全产业链布局的园区，集合了 600 多家公司、100 家上市企业。排名第 2、第 3 的无锡高新区、深圳高新区，产值均超过 1000 亿元，初步形成了产业链，同样集聚 400—600 家企业。

表 4　对标城市集成电路产业核心集聚区情况 [①]

城市	核心集聚区	2022 年集成电路产业规模	产业重点方向	园区综合实力在全国排名
杭州	杭州滨江区	营收 281.78 亿元	集成电路设计	13
上海	上海张江高科技园区	营收 2011 亿元	全产业链	1

[①] 数据来自网络公开资料，园区综合实力全国排名来源于《中国集成电路园区年度报告（2023）》。

城市	核心集聚区	2022 年集成电路产业规模	产业重点方向	园区综合实力在全国排名
北京	北京经开区	营收约 600 亿元	制造、设备	6
	中关村集成电路设计园	产值约 460 亿元	泛集成电路设计	9
深圳	深圳高新区	营收超 1000 亿元	全产业链	3
无锡	无锡高新区	营收 1352 亿元	全产业链	2
合肥	合肥高新区	产值约 380 亿元	高端集成电路设计、晶圆制造、半导体设备	8
武汉	武汉光谷	营收约 400 亿元	存储芯片、光电子芯片设计制造一体化	5
南京	南京江北新区	营收约 270 亿元	芯片设计	15
苏州	苏州工业园区	营收 804 亿元	芯片设计、封测	4
	苏州高新区	营收约 220 亿元	芯片设计、封测、材料	10

从公共服务平台支撑来看，杭州集成电路领域的公共服务创新支撑相对健全，优于合肥、南京、无锡、武汉等地区。杭州 2018 年获批建设杭州国家"芯火"双创平台，建成投用 EDA 工具公共服务平台、集成电路流片服务平台、封装测试服务平台、IP 应用服务平台等，为本地集成电路企业提供 EDA 技术服务、流片服务、测试封装以及 IP 技术服务。全市拥有杭州国家集成电路人才培养基地、杭州国家集成电路设计企业孵化器等公共服务平台，营造了全国领先的科创和公共服务环境。

（五）成长潜力：重大项目加速推进，发展后劲持续增强

从重大项目建设来看，杭州集成电路领域加快推动一批百亿级、引擎型项目落地。先后推动落地总投资 180 亿元的富芯 12 英寸模拟集成电路芯

片生产线项目（一期）、总投资 60 亿元的中欣晶圆半导体大硅片（200mm、300mm）项目、总投资 51 亿元的杭州极电电子科技有限公司高端智能汽车电子零部件项目等一批重大项目。相比苏州、南京、武汉、无锡等地，杭州集成电路产业项目投资金额更高，伴随项目建设及产能陆续释放，未来杭州集成电路产业发展将进一步提速。

如图 4 所示，从代表未来潜力的企业融资情况来看，根据 IT 桔子数据，虽然杭州 2019—2022 年集成电路领域融资事件总数与上海、北京、深圳等地存在一定差距，但从近年变化来看，杭州集成电路投融资市场保持平稳增长态势。2023 年杭州集成电路领域市场融资事件 35 起，较 2022 年增加 6 起，较 2021 年增加 5 起，同期北京、上海连续三年融资事件数量呈下降态势，北京从 2021 年的 106 起下降到 2023 年的 52 起，上海从 2021 年的 152 起下降到 2023 年的 111 起。对比来看，在 5 个对标城市中，杭州是为数不多的保持增长势头的城市，这表明杭州市集成电路产业正在加快成长壮大，具备较大发展潜力。

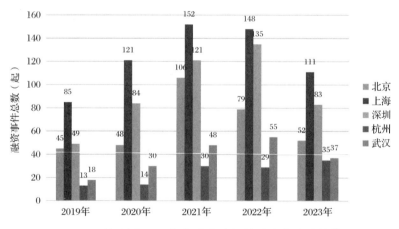

图 4　对标城市近五年集成电路领域融资事件总数 ①

---

① 数据来自 IT 桔子。

（六）工作推进力：政策支持力度中等，产业专项基金欠缺

如表 5 所示，从顶层战略支持看，与上海、深圳、无锡、合肥、南京、苏州等地类似，杭州高度重视集成电路产业发展，持续延续和迭代 2018 年集成电路专项政策，在 2022 年出台了《杭州市促进集成电路产业高质量发展的实施意见》，进一步扶持和鼓励集成电路产业发展。尤其是对市场前景好、产业升级带动作用强、地方经济发展支撑力大的特别重大产业项目，给予综合扶持政策。通过项目扶持，中欣晶圆、长川科技、杭可仪器等材料、设备企业加快发展，推动了国产替代的进程。

表 5　2020 年以来对标城市已出台集成电路相关政策文件 ①

城市	政策文件	
	全市层面	核心集聚区
杭州	先后出台《杭州市人民政府办公厅关于促进集成电路产业高质量发展的实施意见》《关于促进智能物联产业高质量发展的若干意见》《杭州市智能物联产业政策实施细则》等政策	杭州滨江区出台《关于进一步推动集成电路和算力产业高质量发展的若干政策》
上海	先后出台《上海市战略性新兴产业和先导产业发展"十四五"规划》《上海市先进制造业发展"十四五"规划》《上海市新时期促进上海市集成电路产业和软件产业高质量发展若干政策》《上海市电子信息产业发展"十四五"规划》《上海市集成电路和软件企业核心团队专项奖励办法》等政策	浦东新区出台《浦东新区促进制造业高质量发展"十四五"规划》《浦东新区促进集成电路和新一代通信产业高质量发展专项操作细则》等政策
北京	先后出台《北京市"十四五"时期高精尖产业发展规划》《北京市促进未来产业创新发展实施方案》等政策	
深圳	先后出台《深圳市培育发展半导体与集成电路产业集群行动计划（2023—2025年）》《深圳市关于促进半导体与集成电路产业高质量发展的若干措施（征求意见稿）》等政策	

---

① 数据来自网络公开资料。

续表

城市	政策文件	
	全市层面	核心集聚区
无锡	先后出台《无锡市"十四五"集成电路产业发展规划》《无锡市政府印发关于加快建设具有国际影响力的集成电路地标产业的若干政策的通知》等政策	无锡高新区出台《无锡高新区集成电路产业"十四五"规划》《无锡高新区（新吴区）集成电路产业集群发展三年行动计划（2023—2025 年）》及《无锡高新区关于进一步加快推进集成电路产业高质量发展的政策意见（试行）》等政策 无锡经开区出台《无锡经济开发区关于支持集成电路产业发展的若干政策意见（试行）》
合肥	先后出台《合肥市"十四五"新一代信息技术发展规划》《合肥市加快推进集成电路产业发展若干政策》《合肥市加快推进集成电路产业发展若干政策实施细则》等政策	合肥经开区出台《合肥经济技术开发区支持软件和集成电路产业发展若干政策》
武汉	先后出台《武汉市加快集成电路产业高质量发展若干政策》《武汉市人民政府办公厅关于促进半导体产业创新发展的意见》《武汉市集成电路产业发展若干政策专项资金管理办法（2023 年修订版）》《武汉市促进车规级芯片产业创新发展实施方案（2023—2025 年）》等政策	武汉高新区出台《武汉东湖新技术开发区发展"十四五"规划》
南京	先后出台《南京市推进产业强市行动计划（2023—2025 年）》《南京市加快发展第三代半导体产业行动计划（2023—2025 年）》《南京市加快推进集成电路产业链高质量发展三年行动计划（2023—2025 年）》等政策	南京江北新区出台《南京江北新区促进集成电路产业高质量发展的若干措施》
苏州	出台《苏州市促进集成电路产业高质量发展的若干措施》	苏州工业园区出台《苏州工业园区全面推进集成电路产业创新集群发展行动计划（2022—2025 年）》，发布集成电路产业人才政策等 苏州高新区出台《苏州高新区推进集成电路产业创新集群发展工作方案（2022—2024 年）》

对比各地政策，北京、上海、无锡等地更注重系统性和全面性，针对各环节出台激励措施，政策覆盖面较广。如上海新一轮集成电路和软件产业支持政策，27条全面支持重点环节突破，政策不仅对龙头项目进行支持，还关注到了集成电路中小设计企业和软件创新平台，指出要加强产能保障，并且设置应急保供联席会议机制，从而优先服务、满足承担国家技术攻关任务或研制重要产品的中小设计企业产能需求。无锡芯片36条就更注重"精细"，强调对产业发展全流程支持的精细设计和对企支持的精细服务，支持范围不仅包括对流片等关键步骤，还明确将对IP购买、掩模板制作、公共服务购买、资质备案等其他环节进行补贴或奖励。对于杭州，在现有集成电路2.0政策的基础上，应聚焦集成电路不同时期企业发展问题和特征需求，细化专项领域政策，进一步提升政策的覆盖面，推动产业加快全产业链升级。

从产业基金来看，杭州的集成电路产业基金模式为引导大类基金向集成电路领域倾斜，尚未形成专项基金，相比上海、北京、无锡有所落后。2023年，杭州设立的"3＋N"产业基金集群重点支持包括集成电路在内的五大产业生态圈发展。同期上海设立了450亿元的集成电路产业母基金，聚焦设计、制造、封测等领域；北京设立了85亿元的集成电路产业投资基金；无锡设立了50亿元的集成电路专项母基金。如表6所示。

表6 对标城市集成电路产业基金对比 ①

城市	基金类型	基金情况
杭州	大类基金	发挥"3＋N"杭州产业基金集群投资引导作用，通过国有资本引导和撬动社会资本、金融资本重点投向集成电路产业。2024年，"3＋N"杭州产业基金集群新增基金规模400亿元，总规模增加到2400亿元

---

① 数据来自网络公开资料。

续表

城市	基金类型	基金情况
上海	专项基金	2024 年 7 月，设立 450 亿元集成电路产业母基金，重点投向集成电路设计、制造、封测、装备材料和零部件等领域
北京	专项基金	2024 年 8 月，设立 85 亿元北京集成电路产业投资基金（有限合伙），由中关村发展集团股份有限公司、北京中关村资本基金管理有限公司共同出资
无锡	专项基金	2024 年 9 月，设立 50 亿元江苏无锡集成电路产业专项母基金（有限合伙），执行事务合伙人为无锡战新私募基金管理有限公司

三、对标分析结论与建议

基于以上分析，本文对杭州市集成电路产业高质量发展提出以下总体判断和建议。

（一）分析结论

一是经过多年发展，杭州市集成电路产业由设计的先发优势，延展至材料、设备、制造、封测等全产业链，"由软到硬"发展趋势日趋明显，处于全国集成电路产业第二梯队领先位置。但与上海等国内集成电路产业第一梯队地区相比，无论是在产业整体规模、链主型龙头企业数量上，还是在大院大所等高能级平台技术创新成果突破上，都存在一定差距，尤其是杭州集成电路产业"偏软"的格局未根本转变，材料、设备／软件、封测等环节仍较薄弱。

二是从未来发展来看，与同处于国内集成电路产业第二梯队的城市相比，杭州集成电路产业优势存在弱化的风险。当前，杭州集成电路的优势主要在设计领域，特色工艺制造领域的优势并不突出，还存在平台支撑弱等产业发展短板问题。相比之下，处于第二梯队的其他城市集成电路产业发展更为聚焦，发展特色日趋明显，随着龙头企业加快成长以及项目布局强势推进，其发展后劲日趋强劲。苏州凭借制造优势，汇集了 20 余家集成电路上市公司，集成电路产业链不仅齐全，且在制造、封测等领域已全力布局一批项目；合肥、武汉等地聚焦存储、显示驱动等特色芯片领域持续发力，并拥有一批支撑强劲的上市公司和重量级项目。

（二）发展建议

一是全力建设高能级专业型集成电路产业平台，加大生态领航型、关键节点型企业项目招培联动，打造产业集群发展生态。针对杭州全市集成电路产业除滨江高新区平台能级和集聚水平相对较高外，余杭、钱塘、临平等地仍相对分散的发展态势，学习先进地区经验，突出全市"一盘棋"的发展理念，以城东智造大走廊为核心区域，加快谋划布局高能级集成电路产业高能级产业平台，以链条为纽带，打破区划限制壁垒和考核机制，推动跨区域协同布局和发展。聚焦模拟芯片、测试装备领域，加大力度培育杰华特、矽力杰、士兰微、长川科技等领航型关键节点型企业。借鉴苏州引进韩国存储芯片企业海力士的优秀经验，紧盯国际性集成电路头部企业产能扩张、转移等需求，加大引擎性、重量级项目招引布局，积极争取国家重大战略布局落地杭州，加快实现杭州集成电路产业"硬"突围。

二是借鉴上海、北京、无锡成立集成电路专项基金的模式，设立杭州集成电路产业专项投资基金，首先投入设计环节，并逐步延展至材料、设备、制造、封测等全链产业链。鼓励集成电路企业在境内外多层次资本市场开展股权融资，支持风投、创投机构加强对集成电路初创企业的投资并购。

三是面向未来，协同智能物联产业生态圈相关赛道的发展优势，加快在人工智能、自动驾驶、高性能计算等新兴领域寻求芯片研发突破。杭州应充分发挥在人工智能、智能计算、大数据等领域全国领先和基础雄厚的优势，以及创新驱动平台和企业创新主体作用，实施关键核心技术攻关工程，着力突破一批"卡脖子"技术瓶颈，力求在新能源汽车、高性能计算产业领域芯片的设计和制造技术上实现突破，培植未来集成电路新增长点，加快实现产业能级跃升。

产业社区的生成逻辑与治理体制研究
——杭州市和宁波市实践案例分析

何泽邦　李　斌[*]

摘要： 近年来，各地在推进产业园区治理和服务的实践中，探索建立产业社区，形成了产业社区治理模式。杭州市滨江区、宁波市北仑区、杭州市拱墅区等地探索推进产业社区实践，在实践基础上厘清产业社区的生成逻辑和蕴含价值，分析探讨产业社区的分类、特征和体制机制等方面，以推动完善产业社区治理的制度建构。产业社区可以从两个角度去理解：它既是与城乡居民社区相对应的一种独特社区类型，又是作为产业园区的一种治理服务模式。可根据产业类型和治理基础，以企业及员工为服务主体，搭建合理的社区治理组织架构，优化运行体制机制，发挥产业社区在浙江推进现代社区建设和共同富裕中的独特作用。

关键词： 产业社区；生成逻辑；体制机制

---

* 何泽邦，杭州电子科技大学法学院社会学专业学生；李斌，杭州市社会科学院社会学研究所副研究员，主要研究方向为社会治理、文化与旅游发展、区域发展等。

近年来，在推进经济高质量发展、优化营商环境、加强社会治理、提升公共服务水平的新要求下，各地积极探索产业园区发展与治理的新途径、新方式，产业社区及其治理逐渐成为一种实践模式。作为创新探索，各地在实践中对产业社区的构建做法不完全相同，学界对产业社区的概念定位也有多种理解，有把其视作一种新型产业形态，也有认为其是一种城市化形态，还有将其作为一种特殊类型社区及其治理模式。作为新生事物，一些地方通过产业社区试点实践，已经产生了较好实效，并得到面上推广。分析产业社区的实践经验和体制模式，以总结探究其规律性，具有重要的理论价值和现实意义。本文在辨析产业社区定义内涵和类型特征的基础上，以杭州市滨江区、宁波市北仑区、杭州市拱墅区产业社区的实践为分析对象，探讨产业社区的生成逻辑、治理模式和优化路径，以期推动产业社区健康发展。

一、产业社区的概念内涵

"产业社区"是由"产业"＋"社区"组成的合成词。按照传统定义，产业一般泛指生产物质产品和提供劳务活动的集合体，包括农业、工业、交通运输业、商业服务业等部门，属于经济学范畴；社区，是指具有某种互动关系和共同文化维系力，由相互关联的人群形成的共同体及其活动区域，属于社会学范畴。作为产业与社区的结合体，产业社区既具有经济属性，又具有社会属性。正因为产业社区具有与城乡居民社区不同的多重属性，各地在产业社区建设实践中呈现多样化模式，学术界对于产业社区的概念定义和内涵特征也呈现多样化理解。

从现有文献和各地实践来看，产业社区定位理解主要有三种视角。

（一）经济学视角：作为一种新型产业形态，推动园区转型升级

这一视角认为，产业社区是将现代社区管理服务理念和促进产业升级发展相结合，做强配套服务，利用优势资源，培育创新产业平台，从而将原有的工业园区转型升级成为高端园区①。这一视角主要是将产业社区作为产业发展载体，以新的空间组织成长来促进产业升级。例如，佛山市南海区为推动专业镇转型，提出并实践都市型产业社区建设，依托和服务专业镇的特定产业集群，将促进产业升级发展的需求和现代社区管理服务的理念相融合，达到以城市化的社区培育产业，以产业推动城市发展的双重目标。又如，上海市漕河泾开发区在转型改造过程中，以打造智慧产业社区为目标推动工业园区向产业社区升级，促进产业升级、解决园区固有顽疾，盘活存量资产、完善城市功能。

（二）社会学视角：作为一种城市社会形态，推动园区人产城融合

这一视角认为，产业社区以企业的聚集为基础，以产业员工为主要服务对象，兼具产业聚集与社区服务的特点，使都市化生活方式与现代产业发展相融合，从而实现宜商与宜居环境共生的和谐形态。这一视角是将产业社区放到整体城市化背景下，考察经济生产与社会生活如何更好融合，更加贴近新型城镇化中产城融合的理念。例如，成都市在产业兴城的战略下，提出在全市统筹布局 5 个产业体系、14 个产业生态圈、66 个产业功能区的三级协同支撑发展战略，将产业社区作为一种升级的工业园区模式，以集群新建方式推进产业功能区发展。

---

① 吴莹：《中国新型城镇化背景下的产业社区营造与精细化治理》，《北京工业大学学报（社会科学版）》，2022 年第 3 期。

（三）党建与治理视角：作为一种治理服务模式，推动园区社区化治理

这一视角认为，产业社区可视作与城市社区、乡村社区相对应的一种特殊社区类型，根据社区特定空间特征和社会生活特质，可细分为园区型社区、楼宇型社区、特色小镇型社区等类别。这一视角突出"社区"属性，认为产业园区是基层治理单元和基本服务单元，用社区化理念推进产业园区治理与服务，建设社会共同体。比较典型的有杭州市滨江区现代产业社区模式、宁波市北仑区工业集聚区社区化管理服务的工业社区模式、杭州市拱墅区商务楼宇服务的商务社区模式。

（四）产业社区概念内涵的多视角审视

从上述几种视角对产业社区的理解与实践来看，一类是侧重于产业园区的产业转型与空间优化，其治理本质也关注产业园区发展本身；另一类是侧重于产业园区的社会治理，虽然各地实践中有产业社区、现代产业社区、工业社区、商务社区、楼宇社区、企业社区等多种提法，但目的都是探索优化对企业及员工的管理与服务，以社区化理念推进基层自治与共同体构建。

本文对产业社区及产业社区治理做如下界定：（1）产业社区是指在产业园区（包括商务楼宇、特色小镇等产业功能区）内，以党建为引领，建立社区组织架构和治理体系，引入社区治理和服务居民的理念，有效联结政府、企业、群团组织、社会力量等多元主体，共同参与园区治理、服务企业生产生活的特殊类型社区，是与城市社区、农村社区相对应的一种特殊类型社区，是基层治理和服务的特殊基本单元；（2）产业社区治理模式是指通过对产业社区的融合型治理，既促进产业园区优化营商环境、助推产业发展，又组织辖区内企业和职工自治，整合各方资源、推进公益事务、优化公共服务

供给，实现产业园区的高效能治理和高品质服务。

二、产业社区的生成逻辑

（一）逻辑起点：产业园区特殊社区客观形成

改革开放以来，我国经济社会发生了一系列结构性变迁。其中的一个显著变化就是生成了一些新的特殊社会区（以下简称特殊社区），比如开发区、工业园区、特色小镇、商务楼宇等[①]。这些特殊社区具有共同特征：一是经济结构业态多样，一些园区既有大型企业也有众多中小企业；二是构成成员以企业及其员工为主，而且部分社区外来人口比重高、人口流动性大；三是空间格局生产、生活、生态相互嵌套，社会形态、城乡社会元素彼此渗透。这些特殊社区不同于传统的城市社区和乡村社会，有其独特性和复杂性，尤其是管理服务对象及事务的特殊性，导致传统的城乡社区治理模式遇到严峻挑战，甚至出现一系列失灵的情况。比如，在新冠疫情期间，这些特殊区域往往容易成为监管"盲区"，致使治理工作无序化。特殊社区需要特殊的治理资源和治理制度作支撑，产业社区由此成为重要选择。

（二）制度逻辑：产业园区管理组织完善需要

产业园区的传统管理模式通常有两种：政府主导型的管委会模式和市场主导型的企业模式。前者较适用于企业体量大、数量多的大型园区，但作为政府派出机构，需要配备专门的人员编制；后者管理方式灵活、效率高，但

---

① 卢福营：《二元到三元：基层社会治理的结构变迁》，《社会科学》2020 年第 5 期。

在调动整合政府部门资源方面相对欠缺。近年来，按照浙江整合提升开发区（园区）、清理规范开发区（园区）管理机构的要求，每个区县（市）一般整合为一个开发区（园区），原有的管理机构相应撤并。比如，杭州市 13 个区县（市）的产业园区从 300 多个整合为 16 个，但分布于不同地理位置的小微园区仍然需要有组织机构去有效管理和有力服务。产业社区的建立，不但在某种程度上解决了管理机构缺失问题，而且产业社区治理与服务并重，既弥补了园区原有管理模式的缺陷，又补强了产业园区基层治理和服务的弱项。

（三）现实逻辑：基层治理服务客观需要

在推进经济高质量发展和优化营商环境的竞争态势下，随着产业园区、特色小镇、商务楼宇的发展，由于传统的城乡社区治理制度无法适应产业园区等此类特殊社区的发展要求、社会环境和治理条件，由此产生了治理体制与治理条件之间的矛盾，影响了治理和服务的有效性。特别是目前商务楼宇由传统城市社区管理，但城市社区功能只服务于城市居民，社工也没有服务经济发展的经验，导致城市社区管理楼宇力不从心。比如，滨江区星光产业社区成立前，中兴社区既要管中兴小区等住宅区，又要管星光商务综合体区域，既管不了也管不好；拱墅区的楼宇经济较为发达，但要城市居民社区的社工去管楼宇经济，专业力量缺乏。因此，建立产业社区，可根据特殊社区的具体环境和条件，实施多样化实践探索和制度创新，这样既能实现专业的人管专业的事，又能有效推进管理与服务，这是对传统基层社会治理体制的局部突破。因此，特殊社区的治理方式必须转换，应探索新时代特殊社区基层治理的创新目标和创新策略。

三、产业社区的实践案例分析

近年来，浙江省各地积极探索推进产业社区建设。其中，杭州市滨江区、宁波市北仑区、杭州市拱墅区的实践较为典型。这 3 个区不仅试点探索了一批不同类型产业社区个案，而且在区级层面实践推行产业社区。本文对这 3 个区进行了实地调查，访谈 3 个区组织、社会工作、民政等部门以及所属街道、产业社区、企业负责人，以点面结合、问题导向，分析产业社区的探索历程、实践成效和治理模式。

（一）杭州市滨江区现代产业社区实践

杭州市滨江区区域总面积 72.2 平方公里，下辖 3 个街道；该区与杭州国家高新区实行"区政合一"体制，区域内高新技术企业密集、年轻人口比例高。近年来，滨江区针对经济社会特点，探索基层社会治理变革，走出了"产业园区—产业社区—现代产业社区"的跃迁之路。2020 年 4 月，滨江区委、区政府提出"依托产业园区、特色小镇或企业集聚的辖区社区，试点推进产业社区建设"。2021 年 1 月，该区挂牌成立首个产业社区（物联网产业社区），探索产业社区 1.0 版本。2023 年 5 月，成立首个实体运作的现代产业社区（星光产业社区），探索产业社区模式的 2.0 版本。目前，滨江区制定出台了《关于建设党建统领现代产业社区的实施意见（试行）》《现代产业社区治理与服务规范》《滨江区现代产业社区治理委员会选举规程（试行）》《高新区（滨江）现代产业社区规划布局图》，形成了产业社区建设的一整套政策和标准体系，规划设立现代产业社区 14 个。

案例 1：滨江区产业社区 1.0 版本——物联网产业社区

2021 年 1 月，滨江区物联网特色小镇挂牌启用，是全省首个产业社区

（非实体运行）。社区区域面积 0.4 平方公里，下辖大厦 6 座，涉及海康威视、聚光科技、芯图科技、和仁科技等企业 467 家，服务人口约 3 万人。

1. 管理体制。隶属于滨江区物联网产业园发展服务中心（事业机构），在平台机构的领导和管理下开展工作。

2. 人员配置。产业社区党委与社区治理委员会由平台工作人员、园区企业与新阶层联盟成员等 15 名成员组成，另配备专职社工 2 名。

3. 治理模式。搭建社区党组织、社区治理委员会、社区公共服务工作站"三位一体"的组织架构，成立"政府指导、企业协同、社区参与"的新阶层自治联盟，形成社区党组织领导下的治理委员会、公共服务工作站、新阶层自治联盟等协同治理联通机制。

4. 服务场地。物联网产业社区拥有 1033 平方米的"小镇客厅"，设置社区公共服务工作站、就业创业服务中心、企业 E 家、大咖俱乐部等场景，实现政务、双创、文化、休闲等服务"一地集成"。

5. 服务布局。参照未来社区模式打造 6 大场景：一是服务场景，打造企业事项全流程网办平台——"企业 E 家"，实现企业开办变更、投资项目审批、知识产权保护等事项"办事不出园"；二是健康场景，健康小屋能够满足员工家门口的名医专家服务；三是教育场景，开办全省首家产业园嵌入式幼儿园，实现"带娃上班"梦想；四是生活场景，引入咖啡、烘焙、洗衣等社会组织，提供高品质便民服务；五是创业场景，建立社区学院，开展党建、创业、职业和兴趣四类主题教育服务；六是交通场景，定制公交线路，精准连接家门到企业、园区到地铁，让员工出行无忧。

案例 2：滨江区产业社区 2.0 版本——星光产业社区

2023 年 2 月，星光产业社区经区政府批复成立，为全省首个实体运行的现代产业社区，占地面积 0.96 平方公里，下辖大厦 30 座（含大型商业综合体 1 座、酒店式公寓 7400 余套），入驻企业 1700 余家，服务人口 2.8 万余人；

其中户籍人口 170 人（集体户）、流动人口近 1200 人、产业员工等人口 1.6 万余人。

1. 管理体制。该社区范围内没有园区管理机构覆盖，因此在所属街道的领导和管理下开展工作；拥有明确的四至范围，与周边建制社区管辖范围不交叉、不留白。

2. 治理模式。纵向建立"区级＋产业平台（街道）＋产业社区＋楼宇园区＋微网格"五级治理体系；横向参照建制城乡社区模式，构建以社区党组织为核心、社区治理委员会为新自治单元、社区公共服务中心为载体、企业社会工作站为支撑、新阶层自治组织及其他社会力量共同参与的治理架构，完善"党建统领、政府主导、企业参与、社会协同"的治理模式。

3. 人员配置。配备专职社工 14 名，并纳入专职社区工作者队伍统一管理，享受同等政治待遇及薪酬，实行有别于传统建制社区的岗位设置，设置企业服务岗、员工服务岗、综合治理岗。同时，保留原有网格划分格局，创新"一长二员"模式，企业楼宇配备"楼宇管理长、助企联络员、平安宣传员"队伍，商住公寓配备"楼宇管理长、协理服务员、综合保障员"队伍。

4. 服务场地。产业社区党群服务中心设置议事、休闲、阅读、童玩四大功能区，建设服务驿站，引入 24 小时云审批服务机、云诊室、硅谷书房等便民服务设施；打造"星光会客厅"，满足企业办事审批、创新创业、交流共享等需求。

5. 服务布局。主要布局党群建设、企业服务、生活服务、休闲服务、人才服务、团队建设等六大功能模块。同时，根据辖区青年人才集聚的特点，聚焦"一小一人才一老"的特色服务，联合辖区幼儿园提供小时托幼、入园倾斜等服务，为员工提供通勤出行、职业辅导、社交团建等服务，帮助辖区员工联系在区内的养老机构等单位让父母短期住宿，让青年安心奋斗，无后顾之忧。

（二）宁波市北仑区工业社区实践

北仑区陆域面积 614.57 平方公里，下辖 11 个街道，区域内拥有国家级宁波经济技术开发区等开发区，是制造业强区。自 2008 年以来，北仑区持续探索工业园区社区化治理、集成式服务的"工业社区"模式。2021 年，总结北仑区实践制定的浙江省地方标准——《工业集聚区社区化管理和服务规范》正式发布，为工业集聚区治理与服务提供可复制推广的样本。目前，北仑区根据地理位置、产业类型、区域组成等的不同，已建立各类工业社区 15 个，覆盖了所有的产业集聚区和小微企业园，共服务 6000 多家企业和约 30 万名产业工人。[①]

案例：大港工业社区

2008 年 3 月，大港工业社区设立，为全国第一家工业社区，也是首个不设居委会的纯工业型社区，面积 6.7 平方公里，拥有企业 578 家、产业工人近 10 万名。

1. 构建科学化治理机制。构建"四位一体"基层治理服务体系，以社区党委为核心领导，以社区公共服务中心为服务管理平台，以社区和谐共建理事会为共建共享纽带，以社区社会组织服务中心为抓手。

2. 推进精准化服务内容。有专职社工 10 名。社区公共服务中心承接工业园区的公共服务和社会管理职能，与企业发展、职工生活紧密相关的 30 大类 105 项服务事项均可在社区公共服务中心"一站式"办理。

3. 探索标准化服务体系。坚持问题导向、需求导向和目标导向，构建一套符合各自园区发展需求的清单化、项目化的服务体系。制定了《工业社区

[①] 林静芬、王侃：《小微工业园区社区化治理的探索与创新——以宁波北仑为例》，《观察与思考》2022 年第 2 期。

服务标准清单》，内容涵盖企业党建、公共设施服务、社区治理、公益慈善、秩序维护、应急管理、公共卫生、技能培训、政策咨询、孵化服务等方面，让企业和职工在"家门口"就能享受优质的服务。

（三）杭州市拱墅区商务社区实践

拱墅区地处杭州城市繁华商圈和商务楼宇主要集聚区。2011 年，当时的下城区（现属拱墅区）就在全省率先探索楼宇社区党建。2022 年以来，该区聚焦破解融合型大社区大单元的体制上"小马拉大车"、服务上"远水难解近渴"、治理上"雨过地皮湿"等难题，在楼宇、商圈、市场、商贸综合体和"两新"组织相对集聚区域建立商务社区，探索社区体制重构、优化服务要素、强化资源协同，打造实体化运作、集成化服务、多元式共治的社区单元治理新模式。目前，已成立 20 个商务社区，覆盖楼宇 202 幢、企业 1.4 万余家。

拱墅区商务社区模式的特点如下。

1. 体制重构，创新商务社区组织体系。制定了《党建统领商务社区建设工作规范指引》《关于商务社区服务事项准入的若干意见》。建立了以商务社区党组织为核心、综合服务中心与楼宇治理委员会为两翼的"一体两翼"实体化运作组织。按照楼栋和企业分布划定专属网格，向下细分楼宇微网格，探索形成"社区党组织—片区（专属网格）党组织—楼宇（微网格）党组织—楼宇企业党组织"的树状组织架构。选优配强商务社区工作力量，打造党建指导员、管理员、安全员、办事员、联络员等的"一楼六员"服务管理团队。

2. 优化要素，建立精准集成服务机制。整合阵地，围绕企业、职工全生命周期事项"最多跑一次"窗口在商务社区落地集成，通过党群服务中心进行提升改造、党建联建共享企业阵地等方式提供政策咨询、证照办理、培训学习、组织活动等服务。在楼宇就近布点小型服务驿站，作为服务中心的补充。依托社区智治在线等平台，贯通楼宇、企业、人才等数据资源，搭建应用场景，构建企业诉求一键直达机制。因地制宜地建设企业信用修复、消费权益等特色楼宇服务站。

3. 资源协同，强化特殊单元治理效能。社区走访精准对接需求，建立经济部门结对商务社区工作机制，开展面对面、零距离为企服务，形成企业所需、职工所盼、社区能为"三张清单"。创新载体做优社区营造，以地缘、业缘、趣缘为纽带组建文体公益团队。探索"党组织—楼委会—物业企业"新三方协同治理模式，通过联席会议等协调机制，推动经济、社会、民生项目落地。

四、产业社区治理体制机制的构建探讨

（一）产业社区的科学分类

产业社区作为依据产业园区主导功能和社会形态划分出的一个操作性的社区类型，对产业社区进行科学分类，有利于产业社区治理模式的合理选择和体制机制的科学构建。产业社区主要可分成以下几类。

1. 工业园区型产业社区。以厂房、矮层独栋集聚形成的园区，企业以从事制造加工业为主，此类产业园区空间集约程度较低，往往是一个相对封闭的区域，与园区外的社区主体普遍联系较少，部分园区还设有管理机构负责运营。此类产业园区设立产业社区后，可在园区设置服务阵地，与园区管理机构共同开展服务。例如宁波北仑区的工业社区大多是园区型产业社区，在园区内有部分职工居住，因此园区内配有餐饮和小商业，职工不出园区就可满足其基本生活需求。

2.商务楼宇型产业社区。辖区企业办公场所呈现商务办公写字楼形态，空间集约程度高、人流密集。社区可依托楼宇中的物业服务企业进行有效组织，通过与楼宇企业联动，推动入驻企业公共空间资源、技术资源、人才资源与社区共享。比如，杭州市拱墅区新天地商务社区就属于楼宇型产业社区。以楼宇为中心，企业员工的工作场景与消费场景融为一体，社区依托独特的地理空间优势，打通企业、员工与居民之间的隔离。楼宇内的公建配套公共空间可打造为社区延伸服务的站点，既能为企业及其员工提供便捷的公共服务办理，也能响应社区中从业居民的公共服务和公共空间需求。

3.特色小镇型产业社区。近年来，各地发展特色小镇模式，形成了一批产业人文融合的城市产业社区。特色小镇作为产业空间平台，在经济功能基础上充分挖掘和提升社会属性功能作用，适应城市社会、数字社会、知识型社会产业与社会同步演进的需要。此类产业社区是一种多元主体的社区，通过服务企业和职工，营造更优的营商环境，实现了作为经济属性的城市产业得到作为社会属性的城市社会服务的支持。例如杭州市滨江区物联网产业社区就是此类产业社区。

4.商业街区型产业社区。街区由多栋用途近似的商业建筑或办公楼宇组成，空间集约程度较高，并通过道路系统的分级和立体交通的介入具有较高的开放性和分散性。商业街区型产业社区不设围墙与隔断，是一个完全开放的空间；街区内的道路公共化，可与外部环境相连贯通。在治理方面，社区可通过园区管理机构或与各企业间建立联系。例如拱墅区天水商务社区、滨江区星光产业社区就是街区型产业社区，它用开放、院落式的布置方式，融合生产、购物、生活等多种场景，实现"人、城、境、业"的和谐统一。

（二）产业社区的治理特征

产业社区既要兼顾产业发展，还要瞄准产业人群需求，在治理服务对象、治理服务内容、治理策略机制等方面与城乡居民社区存在明显差异。

1.治理服务对象：企业＋员工＋居民。传统社区的服务对象主要是辖区居民，但产业社区的服务对象主体是园区企业和企业职工，以及少量的居民住户。服务对象的多元化、人员需求的多样性、服务内容的复杂性，要求社区要通过机制设置在助力产业、服务职工、服务居民三者之间找到平衡。服务对象的多元化，意味着社区共建主体更丰富、潜在资源更多样，也向社区服务能力提出了挑战。通常情况下，城乡居民社区工作人员配置是按住户居住规模设置的，虽然驻区企业及职工不是配置社区工作人员的依据，却是社区需要服务的对象。而在产业社区，工作人员对应的是辖区大量的企业、职工和居民，并且企业和职工的需求往往带有专业指向，这向社区的服务提出了专业化要求。

2.治理服务内容：生产服务＋公共服务＋生活服务。一般的居民社区主要围绕居民的公共服务和生活需求开展工作，而产业社区治理服务内容因主体的丰富而形成三大主要板块，基本涵盖企业、员工、居民等服务对象所需的全量社区服务：第一块是生产服务，聚焦优化政务服务等营商环境，提供招商引才等项目服务，以及为企业提供政策对接，法律、金融等第三方支持性资源链接，为园区及企业的生产活动提供支持，助力产业发展；第二块是公共服务，主要提供产业园区的就业保障、医疗卫生、文化教育等服务，以及员工职业发展、社交服务等特色服务；第三块是生活服务，协调社会服务商户驻点社区为企业员工提供高品质的便民服务。

3.治理策略机制：政府主导＋社会机制＋市场机制。一般的居民社区主要围绕组织和服务居民开展工作，其治理策略是在社区"两委"的组织下，通过党建引领、民主协商、社会组织专业介入，将各治理主体和服务对象以社会化的方式建立连接，使其由零散的个体转变为有组织的集群，有序参与社区公共事务的讨论、决策、执行和监督。而在产业社区中，除去人群服务需要采取社会机制的治理策略外，园区和企业作为生产性单位也有着清晰的产业发展诉求，园区及其企业既是市场主体又是治理主体。因此产业社区的治理策略是行政主导下的社会化和市场化相结合的多方联动，在治理机制上要构造以政府主导的社会机制和市场机制并重的产业发展与职工服务场景。

（三）产业社区组织体制架构

由于产业社区的特殊性，应构建纵向贯通、横向整合的治理体系和组织架构。在纵向上，建立"区级＋产业平台（街道）＋产业社区＋社区微网格"的治理体系；在横向上，构建以社区党组织为核心、社区治理委员会为自治组织、社区公共服务中心为服务载体、企业社会工作站和社区社会组织及其他社会力量共同参与的组织架构。产业社区治理主体主要包括以下几种。

1. 产业社区党组织。基层党组织处于我国基层社会治理中的政治核心地位，产业社区应建立健全党组织。在产业社区组织治理架构中，党组织发挥领导核心地位，并在整个产业社区治理中发挥统筹协调作用，整合辖区企业的党建资源，讨论和决策现代产业社区治理与服务的重大问题，加强精神文明建设，团结带领所属党员，衔接企业党组织及社区内各种社会力量，做好现代产业社区建设的各项任务。按照区域化党组织属性，设立产业社区党委；根据产业社区所辖党员人数，在产业社区党委下设党支部等组织。

2. 产业社区自治组织。根据产业社区的不同分类，建立产业社区治理委员会、楼宇社区治理委员会、商务社区治理委员会等作为产业社区自治组织。条件成熟的产业社区，可建立社区代表会议，设立社区治理委员会。需探索解决以下两个问题。

一是社区治理委员会是否选举的问题。目前，绝大多数的产业社区治理委员会实行委任制，少部分实行选举制。如拱墅区规定，楼宇治理委员会从入驻企业、产权方、物业方等涉及园区（楼宇）治理、经济、服务的人员中选拔优秀代表组织。而滨江区 2.0 版产业社区则实行选举制。2023 年 7 月滨江区出台的《滨江区现代产业社区治理委员会选举规程（试行）》规定，"现代产业社区治理委员会由主任、副主任和委员组成，一般配置 5 至 9 人，其中非专职社区工作者身份的副主任 1 至 2 名，委员不少于 1 名，具体职数根据社区的人口规模、管辖范围等实际情况确定。社区治理委员会每届任期五年，其成员可以连选连任，届满应当组织换届选举，但应当与社区居委会同期组织换届，因特殊原因不能进行本届选举的，须经区人民政府批准"。

二是社区治理委员会法人身份的问题。2017 年 10 月 1 日施行的《中华人民共和国民法总则》明确了村（居）民委员会具有基层群众性自治组织特别法人资格。2021 年 1 月 1 日施行的《中华人民共和国民法典》规定，"居民委员会、村民委员会具有基层群众性自治组织法人资格，可以从事为履行职能所需要的民事活动。未设立村集体经济组织的，村民委员会可以依法代行村集体经济组织的职能"。由于产业社区是新生事物，现行的法律法规对产业社区治理委员会是否拥有法人资格尚未明确规定，这给产业社区的管理与运行带来很大阻碍，使产业社区治理委员会处于"有实无名"的尴尬境地。因此，可开展创新试点，允许通过选举规范设立的产业社区治理委员会拥有独立法人资格，依规取得法人统一社会信用代码证书，推动产业社区名正言顺地并展工作，促进产业社区健康持续发展。

3. 产业社区服务组织。目前，产业社区服务组织一般设置为综合服务中心、公共服务中心、党群服务中心。比如，杭州市拱墅区商务局《关于同意成立拱墅区长庆街道汇金国际商务社区综合服务中心的批复》指出，社区综合服务中心业务范围为：在本辖区开展党建活动、公共服务、社会工作、经济服务、社会公益、商务社区工作规范化建设服务等政府委托的相关事宜。杭州市滨江区规定产业社区公共服务中心主要应具有代理代办政府在社区的公共服务功能，协助政府部门开展社会治理的功能，执行社区党组织、社区治理委员会要求开展的工作事项等功能。

4.产业社区社会组织。在产业社区党组织的引领和社区治理委员会、社区公共服务中心的协同作用下，推动产业社区公益类、经济类、文化类、体育类等社会组织发展，是发挥产业社区服务企业及员工的重要途径。因此，要根据不同类型的产业社区以及企业及员工的不同需求，积极推动发展各类社区社会组织，打造特色化、专业化、品牌化的志愿者服务队伍，指导各类社会组织规范运作。

5.产业社区运行机制。坚持党建引领，以组织体系创新推动管理体制改革，构建社区化实体化服务体系。坚持共建共治、协同联动，形成党委、政府、企业、社会全方位参与的服务机制。坚持需求导向、主动作为，以"企业有所呼，社区有所应"为导向，提升园区生产、生态、生活管理服务能力。在运行机制上，针对不同产业社区类型，各地探索形成了创新做法。比如，有的社区通过建立产业社区"企业所需""职工所盼""社区所能"三张清单，精准回应企业及职工的诉求，取得了较好的成效。

五、结论与讨论

产业社区作为与城市社区和农村社区相对应的特殊社区，可以从两个角度去理解。一是作为一种独特社区类型。与普通的城乡居民社区不同的是，产业社区以产业功能为主导，以企业、员工和居民为治理服务对象，应从助力产业高质量发展、兼顾生产生活生态出发，搭建合理的产业社区治理服务组织架构。二是作为一种治理服务模式。在推进经济高质量发展、优化营商环境、加强社会治理、改进公共服务的背景下，根据产业类型、人口特质、环境基础和自治基础去确定社区治理重点和营造内容，其实质就是精细化治理，因地制宜、分类施策是有效治理都可行的模式。

产业社区作为基层治理模式创新，在构建制度体系中要注意三个方面。

一要借鉴吸收城乡社区共性制度优点。产业社区治理与传统城乡基层社会治理是紧密联系的，具有基层社会治理的一般性，需要遵循基层社会治理的基本原则和基本制度。传统城乡社会治理体制包含的共性治理制度，可以传承或微调后融入产业社区治理制度体系。二要体现产业社区治理鲜明特色。产业社区治理创新在于其经济社会发展的特殊性，正是其独特结构决定了建构特殊治理模式。当前产业社区治理创新还处于探索阶段，应根据治理目标与要求迭代创新，建构全面系统、特色鲜明的体制机制，增强制度全面性、配套性、协调性。三要探索产业社区治理有效实现形式。产业社区具有多样形态，而且每个社区的具体情况不同，要鼓励各地自主创新，回应当前产业社区治理需求和问题，探索各类产业社区治理有效实现形式，形成统一性与多样性相结合的产业社区治理格局。

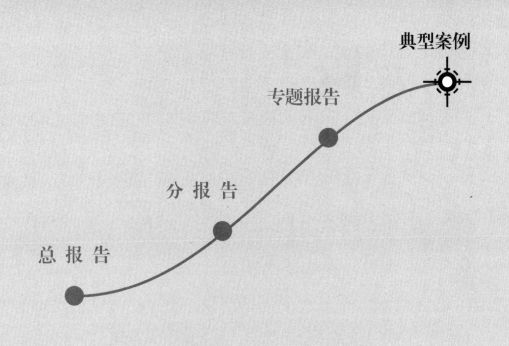

典型案例

专题报告

分报告

总报告

数字技术赋能文旅融合的杭州探索

胡秀丽[*]

摘要：随着数字化技术的不断迭代，文旅融合领域的数字化应用也越来越普遍。杭州是旅游目的地城市，在数字赋能文旅融合方面发力较早、着力较多，取得了很多创新成果，但也存在科技成果应用不足、多样化与个性化市场需求响应不够、数据信息不匹配、复合型人才短缺等方面的问题。本文从五个方面提出充分利用数字技术优势，加速文旅产业数字化转型和深度发展，推动数字技术成为文旅融合的深层驱动力的措施，即：一要做好顶层设计，确保资源优化配置；二要推广数字技术，推进数字景区建设；三要贴近社会需求，推出更多优质数字文旅产品；四要巧抓节点热点，力推文旅西进；五要健全人才培养体系，做大人才"蓄水池"。

关键词：数字化；文旅融合；沉浸式；推动措施

---

* 胡秀丽，浙江师范大学文学硕士，中共杭州市委党校副教授，主要研究方向为城市文化建设理论与实践。

近年来，我国坚持以文塑旅、以旅彰文，推进文化和旅游的深度融合发展，创新创造活力不断迸发。随着数字化技术的不断迭代更新，文旅融合领域的数字化应用也越来越普遍。数字化不仅催生了更多的创新文旅产品和业态，也推动了文旅行业服务方式、管理方式、传播方式的深刻变革，文旅融合的新项目、新业态、新场景、新渠道不断呈现，极大地丰富了人们的精神文化生活。杭州是历史文化名城、著名风景旅游城市，不仅拥有西湖、良渚、大运河等世界文化遗产，还有钱塘江、西溪湿地、天目山森林公园等自然风景名胜，"城、乡、山、水"联动发展，是众所瞩目的旅游目的地城市。2024 年上半年，全市接待游客 1.37 亿人次，同比增长 11.9%，全域旅游收入为 1786.8 亿元，接待入境游客 56.71 万人次。下半年，国庆 7 天长假，全市各景区景点（含乡村旅游）累计接待游客 1758.58 万人次，同比增长48.07%；涉旅行业总消费 161.71 亿元，同比增长 31.78%。[①]

一、杭州数字赋能文旅融合的主要成效

杭州市高度重视文旅融合，构建了"一核三带三极"[②]的文旅空间格局，打造了一批文旅融合标志性成果和经典文化体验场景，连续举办了全球旗袍日、苏东坡文化旅游节、"杭州宝贝过大年"、"文旅市集·杭州奇妙夜"等一系列具有杭州特色的文旅活动，推进了文化旅游与文创、时尚、电竞、动

---

① 杭州市文化广电旅游局：《2024 年国庆假日文化和旅游市场情况综述》，2024 年 10 月 8日，https://wgly.hangzhou.gov.cn/art/2024/10/8/art_1692916_58957185.html。
② "一核三带三极"指以西湖、大运河、良渚古城遗址、南宋皇城遗址、西溪、湘湖等为核心的都市旅游休闲核，杭黄世界级自然生态和文化旅游廊道（"诗路文化·三江两岸"水上黄金旅游线）、大运河诗路文化旅游带、"天目叠翠·吴越千年"文化旅游发展带等 3条发展带，淳安和建德西部滨水度假、临安和余杭北部山地休闲、桐庐和富阳中部乡村旅游等 3 个发展极。

漫、电商、养老、体育、研学、健康的融合发展，不断扩大文旅融合的影响力。智慧旅游、数字文旅发展迅速，亮点突出。

（一）数字技术提升文旅服务品质

随着"数字杭州"战略的推进，大数据、云计算、AI、AR/VR 等技术在杭州广泛应用，为城市发展注入了新的活力。在提升文旅服务方面比较突出的应用，主要有城市大脑"多游一小时"、"发现杭州"文旅总入口、AI"杭小忆"等项目。

1. 建设城市大脑文旅系统——"多游一小时"。杭州城市大脑文旅系统是构建于城市大脑中枢之上的综合性系统，以"数据线上跑、用户线下游"为建设思路，文旅系统通过汇聚政府数据和商业数据，叠加交通管理、公共出行、城管停车、治安平安等业务协同，优化在线服务，创新文旅治理模式，推出了"10 秒找空房""20 秒景点入园""30 秒酒店入住""数字旅游专线"和"长三角文化旅游年卡"五大便民服务，实现了文旅产业的智慧化管理和服务。在此基础上，杭州推出了"跟着城市大脑游杭州"应用平台，实现了"千人千面"的个性推荐和"心有灵犀"的消费体验。

2. 上线"发现杭州"文旅总入口——"CityPass"。杭州 CityPass 的前身为亚运 PASS，亚运 PASS 在亚运会筹备期间推出，整合公共交通、文化生活、体育健身、旅游休闲、医疗服务等多重服务，2021 年 9 月被文化和旅游部列为全国文化和旅游科技创新工程项目。2023 年杭州亚运城市体验平台——"发现杭州"文旅总入口正式上线，实现了景区入园、地铁公交、文博场馆预约等环节一码畅游，尽最大可能提升了旅客便利度。

3. 推出国内首个城市文旅智能体——AI"杭小忆"。2024 年国庆前夕，AI"杭小忆"正式上线支付宝，串联起旅行中所需的攻略、交通、票务、酒店四个方面，并实时提供城市旅游导览、景区客流量查询等服务。2024 年国庆假期，杭州市 A 级以上景区、酒店、主要商圈等地设有 4 万多个服务点位，游客使用手机碰触服务点的蓝色"杭小忆智能贴"，或在支付宝 App 首页下拉，都可唤出支付宝上的"杭小忆"智能体，让 AI 帮助出行指路、预订酒店、导览景区、领取优惠。在"碰一下，杭小忆伴你游杭州"活动中，"杭小忆"服务中外游客近 250 万人次、带动消费超 10 亿元。①

4.创新推出行李寄存与动态多场景托运（快递）服务——"轻松游"行李服务。该服务以"政府引导、企业主体、市场运作"为原则，实现景区、酒店、商圈、交通站点间的动态多场景托运，解决了游客出游携带行李的不便。以行李寄存服务为例，游客可以在全市 87 个"轻松游"行李服务点、350 余处寄存设施寄存行李，这些服务点遍布杭州的主要景区、交通枢纽和酒店周边，通过手机扫描即可寄存行李，使游客旅行更加轻松自在。

（二）数字技术丰富文旅融合业态

数字技术深刻改变了文旅呈现方式。虽然不同场所、线路、内容对于数字技术的利用程度不同，呈现的深度广度有很大差别，但都为游客提供了全新的文旅体验。

1.多点布局数字文化体验点。杭州众多的博物馆、科技馆都推出了数字文化体验点。比如，位于拱墅区的京杭大运河博物馆，展示了漕船北行经过杭州、嘉兴、苏州、扬州、北京等地两岸的建筑与风光，能够让观众沉浸式感受到运河两岸的繁华；上城区德寿宫的"词雨弄潮"互动沉浸式长卷，运用了全息影像、互动投影等数字化技术，打造了沉浸式的诗词体验空间；位于余杭区的良渚古城遗址公园，游客可以利用 AR 技术沉浸式体验世界文化

---

① 吴燕：《杭州递出"数字文旅第一城"城市新名片》，2024 年 11 月 5 日，https://ori.hangzhou.com.cn/ornews/content/2024-11/05/content_8809544.htm。

遗产的魅力；西湖区打造的首个数字文娱极致体验产业集群 M511，依托大空间 LBE 行进式 VR 技术，带领游客跨越时空感受巴黎圣母院的恢宏景象；富阳区的富春山居·数字诗路文化体验馆，通过"任意门"技术，游客眼前可以出现龙门古镇等景点景区的实时场景。

2. 创新一批沉浸式演艺节目。数字技术改变文化内容的呈现方式，杭州通过数字化演绎、科技化呈现和现代化表达，深刻传递出特有的文化底蕴。比如，《今夕共西溪》在巧妙借用西溪湿地自然实景的基础上，通过行为艺术、歌曲、舞蹈、吟诵、戏剧等艺术融合表演形式，再以艺术灯光、全息音响系统、喷泉、雾森、全息投影、仿真技术、多媒体控制等高科技呈现形式，将西溪的美、人文的雅、科技的炫完美融合，为观众呈现了一场具有国内创新标杆意义的宋韵实景大戏；《如梦上塘》集合了李煜、柳永、晏殊、欧阳修、苏轼、李清照、岳飞、辛弃疾、陆游等九位词人的故事，利用光影、音乐、舞蹈等多种元素，讲述他们的"词"话人生，为观众带来了身临其境的观赏体验；《湘湖·雅韵》通过数智人的视角，带领观众跨越时间的长河，体验跨湖桥文化、良渚文化、吴越文化、宋韵文化直到现代社会文明的薪火相传，演出中包含了《国风雅韵》、吉祥物"江南忆"逐浪竞争流、绝美白鹭《山水共清晖》以及《相知无远近，万里尚为邻》等经典元素和场景，为观众呈现了一场如梦如幻的视听盛宴。

3. 数旅联动催生文旅新场景。杭州以数字化改革为牵引，探索数字变革引领高质量发展路径，通过数字化手段赋能文旅产业，推动城乡居民精神共富和物质共富。比如，杭州书房以图书借阅为圆心，链接全民阅读、文化交流、艺术展览、视听体验等活动，成为线上线下相结合的资源平台，为游客和市民提供了丰富的文旅体验；2020 年，杭州开展了"数字经济旅游十景"遴选活动，阿里巴巴、海康威视、云栖小镇 & 杭州城市大脑公司、萧山信息港小镇、图灵小镇、阿里云 supET、大创小镇、大华智联、机器人小镇、华数集团等成为商务游、研学游的新场景，生动诠释了"全国数字经济第一城"的深刻内涵，打造杭州文旅消费新标杆。"i 杭州数智文旅共富场景"打通城乡互动文旅链接"结点"，推进"文化＋旅游""线上＋线下"深度融合，通过数字化手段赋能文旅产业；文三数字生活街区 0101PARK，汇集了影视、动漫、游戏多重 IP，依托"网红前店＋数智后厂"的模式，借助虚拟与现实交织的沉浸式玩法，向游客呈现了截然不同的夜游体验。

（三）数字技术拓展营销传播渠道

互联网拉近了人与人之间的距离，产生了极大的聚合效应和传播效应。借助网络传播，每年都会有不同的文旅热点，带火了不同的城市、活动、项目、产品等，给城市带来全方位、立体化的展示机会。比如成都、重庆、西安、淄博、哈尔滨等，虽然是热热闹闹的"你方唱罢我登场"，但城市的影响力、软硬件建设、管理能力都得到了提升。这些城市的各种文旅元素，在互联网上的影响是经久不衰的。杭州虽然没有刻意营造城市热点，但数字化传播是非常普及的，成效也非常明显。

1. 借助新媒体传播城市文化。"杭州宝贝过大年"系列活动以"云拜年、秀宝贝、嬉新春"为主题，开展了线上送专属拜年帖、云上看展览，线下创意作品征集、博物馆打卡等内容，得到人民网、文博圈、浙江电视台、杭州发布、学习强国等融媒体的报道转发，媒体总曝光量超过 4 亿次。"旗开得胜 好运杭州"活动获得新华网、浙江电视台新闻频道、《浙江日报》、《杭州日报》、《钱江晚报》、杭州网、杭州发布、网易、百度等近 20 家媒体报道 30 余篇，并通过 Facebook、Instagram、YouTube 等海外社交媒体同步推送，新蓝网、中国蓝 TV、央视频、新华社现场云进行现场直播，活动总曝光量超过 3000 万次。"互联网＋"非遗保护传承新模式借助数字化手段助力优秀传统文化创造性转化、创新性发展，在淘宝网推出"108 匠"专区，通过淘宝商城、集合店和宣传引流等多渠道推介非遗手工艺产品，平均每期引流近 10

万人次，带动了销售额的大幅增长。

2. 用好数字媒体营销代言人。杭州引进《丁真的自然笔记》等热门综艺节目，以"走读解码"重塑杭州城市标签，推广杭州特色文化和生活，腾讯视频播放量近 250 万次。"约'惠'杭州·精彩一夏"文旅产品直播活动由 7 位文广旅体局局长（副局长）介绍特色文旅资源，带领大家云旅游、云体验、云互动、云购物。观众不仅可以在线观看直播，了解各地的文旅资源，还可以通过互动环节与主播进行实时交流，实现了从了解到购买的无缝衔接。"我的家乡我代言"系列主题宣传视频，邀请俞飞鸿等知名人士拍摄，并在电视台连续投放，电视播出覆盖 2.5 亿人次，新蓝网客户端观看量达到 200 万人次。发动杭州市民上传杭州主题短视频和图片分享杭州美好生活，市民上传作品千余个，内容涵盖了杭州的自然风光、人文景观、日常生活、美食文化等，作品点赞数达到 45 万，活动页面浏览量达到 180 万。

3. 用好海外数字化平台。杭州文旅海外社交媒体平台通过粉丝互动、影响者营销以及品牌合作，全方位讲好杭州故事，形成集品牌宣传、互动沟通、服务咨询于一体的自有海外传播阵地，不断提升杭州旅游的国际传播能级。利用 Facebook、Twitter 等海外社交媒体平台，发布杭州的美景、美食、文化等帖文，并与海外知名博主、网红进行合作，邀请他们来杭州进行直播或打卡，并在海外社交媒体平台上分享他们在杭州的所见所闻所感，提升杭州的知名度和美誉度。新冠疫情期间，"治愈系杭州与海外粉丝温暖同行""属于你的杭州时刻"等线上主题活动不仅展示了杭州的多样魅力，还增强了用户对杭州的情感认同和归属感，为杭州的国际化发展注入了新的活力。2024 年 7 月，借助世界旅游联盟举办"中欧旅游对话"的契机，杭州文旅推介团推出"5000 年中国看杭州"这一国际旅游产品，展示了"后亚运时代"杭州人文与自然完美融合、历史与现实交相辉映的独特魅力，带领人们走进良渚古城遗址、大运河、西湖三大世界文化遗产以及西溪湿地、千岛湖、钱塘江等地标性景点，让杭州这座爱情之都、数字经济之城、创新活力之城以更生动、有活力的形象展示在海外嘉宾面前。

此外，杭州还依托城市大脑，实现精准营销。把政府部门数据与商业平台数据多维度叠加，实现对游客搜索、预订、轨迹、消费以及评价等数据的动态监测，有针对性地开展分众化、精准化营销。除了政府数字驾驶舱外，杭州还打造了汇集 77 个景点和 1322 家酒店的总经理数字驾驶舱，把部分监测数据、预测数据按开放权限共享给酒店、旅行社等，因此对于杭州文旅企业来说，政府不仅有政策支持、项目扶持，还有"数据加持"，能指导企业更好地把握消费需求，通过价格调整、产品创新等手段来应对市场变化。

二、杭州数字赋能文旅融合发展存在的不足

尽管杭州在推进文旅融合数字化方面发力较早、着力较多，但从整体来看，景区之间、区县之间、城区之间，在数字化基础设施建设和数字技术应用方面仍然存在明显差距，影响了整体文旅体验的提升。

（一）科技成果应用不足

随着 AIGC（人工智能生成内容）、元宇宙等新技术在文旅行业的应用越来越广泛，如何将这些技术应用到实际业务中成为一大挑战。以 AIGC 为例，虽然它在文旅行业具有广阔的应用前景，但如何将其有效应用到实际业务中并评估其投资回报率却是一个难题。一些文旅企业可能由于技术、资金或人才等方面的限制，难以充分利用新技术进行业务创新。此外，一些景区的智能化程度仍然较低，缺乏智能导游、智能导览等数字化服务，导致游客的体验不佳。还有一些景区的数字化应用只停留在表层，即智能的导览、酷炫的技术、华丽的场景等，尚未在文化创意内容生成、产业协同等方面形成完整

的融合体系，创新特色不足。

（二）多样化与个性化市场需求响应不够

文旅融合市场需求呈现出多样化、个性化的特点，不同年龄、不同职业、不同兴趣爱好的游客对文旅产品的需求各不相同。这就要求文旅企业密切关注市场需求变化，及时调整产品和服务策略，以满足游客的多样化需求。作为国家历史文化名城，杭州对于文化旅游资源的挖掘还远远不够，缺乏类似北京环球影城、上海迪士尼乐园、西安长安不夜城、郑州"只有河南·戏剧幻城"、无锡"灵山小镇·拈花湾"等的大型文旅场景，更多的体验场景存在于"密室逃脱"等新型业态、小众范围，存在中低端产品过剩和高端产品供给不足的结构性问题，缺乏符合市场新需求的创新产品。杭州需要进一步挖掘本地市场和区域市场的消费潜力，满足文化旅游市场的多元化、个性化、品质化需求。同时，主城区和县市之间、县市与县市之间，在重视程度、资源禀赋、基础设施、文旅服务等方面也存在着较大差异，成为影响游客体验的瓶颈。

（三）数据信息不匹配

数据共享和整合是数字赋能文旅的关键环节之一。目前，旅游领域的数据孤岛现象普遍存在，同一城市的不同区域之间尚未建立起旅游信息流通、数据共享的协作机制，部门与部门之间缺乏有效合作机制，阻碍了数字技术赋能文旅融合的作用范围。杭州也是如此。例如，不同部门之间的数据壁垒可能导致数据无法有效流通和共享，数据标准不统一可能导致数据在整合过程中出现错误或遗漏等等。游客在规划旅游行程时，可能需要从多个平台获取不同的文旅资讯，如景点介绍、交通信息、住宿推荐等。这些资讯往往较为分散，缺乏统一的标准，也没有进行整合，导致文旅信息碎片化。另外，文旅行业在运营过程中产生了大量的数据和信息，这些数据和信息同样也分散在各个部门和系统中，企业无法充分利用这些数据和信息进行决策和营销。

（四）复合型人才短缺

数字文旅是一个复合型产业，需要的是具备数字化技术和文化旅游专业知识的复合型人才，他们要既能熟练运用数字化技术，又能设计精品化文旅产品、打造新媒体传播热点，但目前市场上这类人才相对稀缺。这导致一些初创企业和中小企业在招聘和留住人才方面面临困难，影响了企业的创新能力和发展速度。许多文旅产品也缺乏跨学科的创新思维和高水平的人才支持。

三、强化数字赋能文旅融合的对策建议

随着 VR、AR、人工智能等新兴技术的兴起，数字技术越来越成为赋能文旅产业融合发展的重要动力。充分利用数字技术的优势和潜力，加速文旅产业数字化转型和深度发展，是未来文旅产业发展的必由之路。

（一）做好顶层设计，确保资源优化配置

根据文旅产业的发展趋势和市场需求，制定符合地方特色的文旅产业发展规划，明确数字赋能文旅融合的发展目标和定位。探索建立跨部门的创新政策联席制度，通过文旅数字化平台打通文化和旅游在政策规划、公共服

务、市场监管、产业发展、宣传推广等方面的行业隔阂，实现文化和旅游的深度融合。完善包括财政支持、税收优惠、人才引进等在内的政策体系，为文旅企业和数字企业提供更多的支持和保障。依托"杭州文化和旅游数据在线"平台，加强跨部门、跨领域的协作与配合，确保顶层设计的顺利实施。加大对中小微文旅企业的支持力度，鼓励社会资本参与数字文旅建设，加大对文旅数字化关键性技术的研发和应用，提升文旅企业自主创新能力。迭代深化"文管在线"，通过建设数字化监管平台、推广电子合同和在线支付、加强智能监控和预警、完善数字化监管法规等措施，加强知识产权保护，个人数据、文旅业态安全监管，不断提升文旅市场监管的效率和精准度。

（二）推广数字技术，推进数字景区建设

要加强 5G 网络、IPv6、AIoT（人工智能物联网）等数字文旅基础设施建设，鼓励景区利用数字技术手段，为游客提供旅游资讯、在线预约、智能导览、云旅游等多元化服务，创新开发沉浸感知、智能交互、虚拟景观等应用，全面提升景区运营管理的智能化水平。鼓励制造企业研发可穿戴设备、全息投影等数字旅游装备，创建一批国家级旅游装备制造业示范基地，选取一批具有代表性和示范性的项目，展示数字技术广泛的应用场景，进一步促进数字技术的创新应用和推广。腾讯 SSV 数字文化实验室用现代数字科技保护和传承文化遗产，研发了"北京中轴线时空舱""繁星时光镜""数字藏经洞"等数字文化产品，将宝贵的文化遗产以更加生动的方式呈现给大众。杭州也可以鼓励更多企业通过 3D 扫描、摄影测量等技术，将更多文化遗产转化为数字模型，推出更多虚拟现实交互旅游场景；在西湖、灵隐寺等著名景点设置 VR 体验区，让游客身临其境地感受杭州历史文化和自然风光；选取有代表性的历史人物、传说故事，创作一批数字艺术品、动画短片、互动游戏等，丰富游客文旅体验。引导旅行社把握数字文旅消费市场细分化和升级

化趋势，建立服务增值、产业链拓展等经营发展新模式，设计数字化的旅游产品和旅游线路。

（三）贴近社会需求，推出更多优质数字文旅产品

当前，文化数字化已上升到国家战略的高度，要加快推进文化资源数字化，通过"政、产、学、研"协同将杭州底蕴丰厚的传统文化资源整理、展示出来，实现文化数据供给侧和需求侧的有效匹配，在满足市民多样化文化需求的同时，也为企业的市场化运营提供更多机会和可能。当下，文化生产者和消费者对文化产品娱乐性和审美性的要求越来越高，围绕"全国数字经济第一城"建设目标，要创新文旅产业的呈现方式、体验模式和服务方式，推动数字化博物馆、图书馆、美术馆、非遗馆、文化馆等文化场馆建设。为了应对文旅 IP 化发展倾向，要深化文化基因解码工程，将传统江南文化资源与现代创新城市的数字化、智能化资源转化为更多可知可感的文化产品、文化项目、文化场景。借鉴河南省实施"中华文化超级 IP 工程"的相关经验，推动良渚古城遗址、西湖、大运河等世界文化遗产和丝、茶、琴、篆等非遗技艺的价值阐释展示传播，形成一系列现象级文旅 IP，提升文旅影响力。回应当前消费者情绪价值、社会满足、悦己消费等个性化需要，支持市场主体依托旅游景区、度假区、休闲街区、工业遗产、博物馆等场所，运用 AR、VR、数字孪生、全息影像等数字技术和装置设备，将"剧本杀"、密室逃脱、数字展览等潮流娱乐形式与传统文旅项目深度融合，打造贴合 Z 世代等不同群体需求的文旅消费产品。

（四）巧抓节点热点，力推文旅西进

近些年，淄博赶"烤"、尔滨出圈、菏泽"树先生"以及各地应风而起

的"王婆说媒"等，给二、三线城市带来了巨大流量。对一直深耕内涵式发展的杭州文旅来说，西湖、西溪湿地等主城区景区一直游客不减。相对而言，临安、建德、淳安、桐庐、富阳等地，虽然有深厚的文化底蕴、优美的自然风光，也有重金打造的演艺节目、文旅景区，但是仍然需要因势、应势、造势，推进大杭州文旅一体化。要加强西部地区文化遗产的保护和传承，鼓励和支持西部地区与关联企业合作，协同推进旅游产业升级创新。创新线上乡村历史文化遗产观光游览新形式，培育乡村历史文化"直播秀"，发展"网红经济""乡愁经济"，让"沉睡"的自然资源真正变成"流动"的文化资产。运用高流量传播媒介，拓宽文旅宣介渠道，通过包装开发网红打卡点、优化城市视觉形象系统、办好大型活动等途径，推动文化传播，提升游览黏合度、获得感。探索"互联网＋乡村文旅服务体系"的工作模式，围绕阵地打通、人才融通、资源汇通、服务直通等标准，将优质服务资源延伸到偏远乡村，借助互联网和新媒体推动乡村文旅转型升级。

（五）健全人才培养体系，做大人才"蓄水池"

面对行业人才缺失和流失问题，需要建立健全多层次、多领域的文旅人才培养体系。建立数字文旅人才服务平台，提供人才咨询、培训、招聘等一站式服务，引进和培养既懂旅游又懂数字技术的复合型人才，鼓励不同专业背景的人才跨界合作，共同推动数字文旅的创新发展。通过共建研究中心、实验基地等形式，加强行业和学术界的对接，促进人才流动和共享，提升数字文旅行业的创新能力和竞争力。加强高职院校、旅游学院等相关专业的建设和招生，培养具备数字技术、旅游管理、市场营销等多方面知识的复合型人才。推动校企合作，通过共建实习实训基地、开展联合培养等方式，提高学生的实践能力和综合素质。探索设立"国际人才发展引领区"，通过政策吸引、项目招引、同人聚合等方式，引进国外文旅专家和管理人才，特别是那些具备数字文旅领域丰富经验和先进理念的人才。通过国际学术会议、留学交流等途径，促进国内外文旅人才的互动和交流，提升数字文旅人才的国际竞争力。

打造"全国低空经济领军城市"的杭州实践

潘 扬 龚 勤 蔡 杰[*]

摘要： 近年来，受到民用无人机产业高速发展、低空空域改革试点工作持续深化等的影响，我国低空经济产业高速发展，2023 年中国低空经济规模达到 5059.5 亿元，增速高达 33.8%，有望成为下一个万亿级产业。2024 年 6 月，杭州市出台了《杭州市低空经济高质量发展实施方案（2024—2027 年）》，明确了打造"全国低空经济领军城市"的总体定位。本文通过调研杭州市低空经济发展现状，分析杭州市低空经济发展的优势和不足，提出打造"全国低空经济领军城市"的杭州策略。

关键词： 低空经济；空域管理改革；无人机

低空经济是指在 3000 米以下空域内，以有人驾驶和无人驾驶航空器的低空飞行活动为牵引，辐射多领域的综合性经济形态。2024 年，在全国"两

---

* 潘扬，杭州市科技信息研究院助理研究员，研究方向为产业创新；龚勤，杭州市科技信息研究院研究员，研究方向为软科学研究；蔡杰，北航杭州创新研究院综合技术创新中心主任，研究方向为低空经济。

会"上，《政府工作报告》首次提出要积极打造低空经济等新增长引擎，"发展低空经济"成为打造新质生产力、推动经济高质量发展的关键词。

一、低空经济的发展态势

（一）低空空域管理改革逐步推进，国家层面顶层设计日趋完善

从 2000 年起，我国经历了 3 轮较大规模的低空空域管理改革试点。目前发展低空经济由国家机构统一规划、制定政策，但具体管理和实施层面的事权已下放到地方政府。2023 年至今，国家层面接连发布了《无人驾驶航空器飞行管理暂行条例》《民用无人驾驶航空器生产管理若干规定》等 5 项法律法规、《绿色航制造业发展纲要（2023—2035 年）》《通用航空装备创新应用实施方案（2024—2030 年）》等 2 项重点规划，政策体系逐步完善，低空经济迎来重大机遇期。

（二）低空经济发展空间广阔，预计 2026 年市场规模将超万亿级

近年来，我国低空经济产业高速发展。根据赛迪顾问发布的《中国低空经济发展研究报告（2024）》，2023 年中国低空经济规模达到 5059.5 亿元，增速高达 33.8%。低空经济呈现出产业链条强劲、应用场景复杂、使用主体多元、辐射效果明显等特点，投入产出比约 1∶10，就业带动比约 1∶12，具备形成万亿级产业的潜能，有望成为下一个"新能源汽车产业"。

二、杭州低空经济发展的基础和优势

（一）产业基础扎实、应用场景丰富，适宜低空经济发展

2023 年，杭州实现从特大城市到超大城市的跨越，城市整体经济水平较高，电商产业发达，拥有海量物流需求。拥有由菜鸟集团、"三通一达"组成的世界级物流集群，物流网络建设、技术创新、供应链管理等方面领先全国，为低空经济发展提供了有力支撑。杭州市还拥有较多山地地形，旅游资源丰富，城市大脑建设领先全国，智能安防、智慧农业产业发达，拥有发展低空经济所需的优质的产业要素基础，适宜低空经济在物流、旅游、农业、城市管理等各领域的商业化推广，具备低空经济规模化发展的条件和能力。

（二）起步较早，基础设施相对完善

2020 年，杭州入选首批国家民用无人驾驶航空试验基地（试验区），试验区的申报空域面积 1000 余平方公里，除萧山机场、笕桥机场禁飞区域外，在符合管控要求和航线报备等前提下，杭州其他区域均可实现无人机低空飞行。杭州市拥有 A1 类通用机场——建德千岛湖通用机场，空域面积 5700 平方公里，是全国最大的单片低空空域，被列为浙江省航空应急救援主运行基地，已开通建德至浙江舟山、安徽黄山、上海金山、江苏镇江等省内省际低空航线。推动 5G 网络在低空领域的广泛覆盖，目前已建成超过 1 万个 5G 基站，覆盖面积超 1600 平方公里。在余杭区划设了 25 平方公里空域范围专门用于无人机户外测试场建设，便于针对不同运行场景，进行无人机地面起降点和起降场的建设。

（三）积极开展各类应用运行试点

杭州市是最早在城市物流、应急医疗配送、应急保障等场景进行无人机应用探索的城市之一。杭州打造了包括低空气象服务中心、低空情报服务中心和航空应急救援飞行服务中心在内的全方位保障体系。2020 年，杭州市自主研发了城市级无人机运行管理服务平台，实现与美团、顺丰、迅蚁科技等 8 家主要无人机企业的数据共享。2021 年，杭州建立了国内首个无人机医共体检测样本配送网络，组织国内无人机物流头部企业开通 13 条航线、设置 15 个临时公共起降点，累计飞行 43346 架次，服务超 7000 万人次，实现全球首例人口稠密地区多主体大规模无人机协同运输。在第 19 届亚运会和第 4 届亚残运会举办期间，无人机被多方位用于赛事航拍、赛事保安巡逻、后勤运输保障等，同时建立了全天候航空器及空飘物管控网络，确保空中"高速公路"上的航空器安全、有序飞行。

（四）在细分赛道集聚一批优质企业

在综合运营服务方面，迅蚁科技、这里飞科技、昊舜视讯、森航科技等企业聚焦无人机物流配送、安防巡检、培训等运营服务。其中，迅蚁科技早在 2019 年就拿到了中国民航局颁发的编号为"0001"的首张城市场景无人机物流运行牌照，目前已在全国 23 个城市开辟常态化航线，飞行里程超 80万千米，参与 3 项民航行业标准的制定工作，是城市无人机物流商业化运行的先行者。在无人机生产制造方面，零零科技生产的便携式无人机、哈浮飞行相机等产品占据市场优势，并斩获 Red Dot（红点）最佳设计奖等多项国内外大奖。华奕航空生产的两架 650 千克起飞重量的 HY600T-P 无人直升机，斩获南方电网大单，创造了建德航空小镇历史上单品价值最高的无人机交易记录。国内工业级无人机头部企业——联合飞机集团，已在 2024 年 5 月将华东总部落地上城区。在飞机零部件制造方面，西子势必锐获得 5 大国际航空制造商的 287 项认证，成为大中型机身结构件一级供应商。艾美依在飞机自动化调姿对接、自动化钻铆、复合材料自动化铺丝等领域处于国内领先地位，其产品全面应用于国内各大主机厂。

（五）创新策源为产研融合持续发力

杭州聚集北京航空航天大学杭州创新研究院（以下简称北航杭研院）、北航中法航空学院、浙江大学航空航天学院等一批高等院校，为杭州的低空经济产业发展提供了技术动能与人才支持。拥有专研航空技术的省实验室——天目山实验室，之江实验室、浙江大学城市学院也开展了相关的攻关研发。在联合技术攻关方面，迅蚁科技与北航杭研院共建城市空中交通联合实验室，其开发的城市无人机操作系统 uamOS 悦翼荣获世界无人机大会"小巨人奖"。迅蚁科技与北京理工大学、北京航空航天大学、清华大学等单位合作完成的"低空智慧物流平台关键技术研究与应用"项目获得 2020 年中国航空运输协会民航科学技术奖一等奖。

三、杭州低空经济发展存在的主要问题

（一）低空经济产业顶层设计不足

2023 年以来，以深圳、杭州、合肥、广州、苏州、南京等为代表的 20 多个省市地方政府密集出台政策支持低空经济发展和生态打造，抢抓低空经济发展战略机遇期。深圳出台了全国首部低空经济相关法规——《深圳经济特区低空经济产业促进条例》，破解了无人机空域使用"无法可依"、低空空

域资源利用不足、低空运行和保障服务不优等问题。2024 年 6 月 6 日，杭州市余杭区发布了《打造"中国飞谷"品牌 推动低空经济高质量发展行动方案》和《余杭区推动低空经济高质量发展若干政策意见》，要求打造余杭区"中国飞谷"低空经济产业品牌，争创国家低空经济综合产业示范区核心区；6 月 27 日，杭州市出台了《杭州市低空经济高质量发展实施方案（2024—2027 年）》，明确了打造"全国低空经济领军城市"的总体定位。当前还急需研究制定杭州市低空飞行安全保障、空域协同管理、布局产业化发展的一揽子配套政策。根据调研，企业对政策知晓度不高，政策宣传推广力度仍需加大。

（二）低空空域开放通用机场数量不足

当前杭州市低空空域开放区域在余杭区民用无人驾驶航空试验区以及建德航空小镇，主城区的空域尚未常规性开放，无法开展商业化、常规化的低空飞行。目前全市共有 6 家通用机场（如表 1 所示），其中 1 家取得 A1 级通用机场使用许可证，5 家完成非经营性直升机场备案。与深圳（25 家，2023年新增 7 家）、北京（11 家）、上海（11 家）相比仍有较大差距，难以满足未来低空航空器起降、备降、停放、维保等各类需求。

表 1 杭州市通用机场名录

机场名称	机场类型	级别	机场状态
建德千岛湖通用机场	跑道型机场	A1	已取证
杭州邵逸夫医院直升机场	高架直升机场	/	已备案
萧山杭州之门直升机场	高架直升机场	/	已备案
杭州浙大二院解放路院区直升机场	高架直升机场	/	已备案
杭州浙大二院滨江院区直升机场	表面直升机场	/	已备案
杭州娃哈哈电商大厦直升机场	高架直升机场	/	已备案

（三）企业集聚效应不明显，缺少龙头企业

据统计，我国低空经济领域已有超 5.7 万家企业，其中约 50% 为近五年新成立的企业。杭州有超过 250 家无人机研发、生产制造、培训、运营等相关企业，企业数量排名全国第 13 位，落后于深圳、广州、北京、成都、长沙、西安、南京、上海、武汉、郑州、合肥和苏州，企业集聚效应不强。国内头部企业主要分布在深圳（大疆、丰翼科技、道通智能、路飞智能、天鹰装备）、北京（观典防务、汉飞航空、中飞艾维、天和智航）、上海（峰飞航空、时的科技、沃兰特和御风未来等）、广州（亿航智能、小鹏汇天）等地。

（四）无人机、eVTOL 等关键产业链存在缺失

2023 年以来，作为低空经济主导产业的民用无人机、eVTOL（电动垂直起降飞行器）商业化进程不断加快。eVTOL 因其纯电驱动、性价比高、适合城市飞行等优势，预计 2025 年市场规模可达 5000 亿元。除传统航空资源汇聚地北京和四川外，无人机与 eVTOL 产业在广东、上海等地已经成为特色产业，行业创新驱动明显。杭州市低空经济产业链在无人机 /eVTOL 飞行器制造、飞控系统、传感器、电池等热点关键环节均存在缺失。

四、打造"全国低空经济领军城市"的杭州策略

（一）建立健全支持低空经济发展的制度规范

在《杭州市低空经济高质量发展实施方案（2024—2027 年）》的基础上，

开展低空空域管理改革试点，探索低空空域精细化划设，简化飞行审批流程；建立健全空间无人机准入法规标准，优化无人系统市场准入规则机制，为低空经济发展赋能添翼。依托国家民用无人驾驶航空试验区建设，促进无人机产业升级发展，跟踪国家政策，推进国家低空经济产业综合示范区申报建设。积极开展低空飞行试点，选择 2—3 个产业基础较好的区县（市）开展低空经济先行示范，形成可操作、可复制、可推广的经验做法和发展模式，以点带面，推动全市低空经济高质量发展。

（二）适度超前布局低空基础设施

围绕完善区域通用机场布局，打造综合性、智能化、集成型的起降场所和服务基地，力争尽早实现通用航空服务覆盖所有县级行政区。选取部分大型景区、重点广场、商业区、三甲医院等区域，增设直升机场站或停机坪，利用通用机场或飞行营地建设固定运营基地（FBO）、航空飞行营地，完善公共类无人机起降、停放、气象监测等服务设施。结合 5G 基础设施建设优势，开展超视距通信技术验证、实时监控操作能力验证，探索无人机通信应用解决方案。加强无人机防撞技术研究，寻求基于高精度传感器的自主避障策略，保障无人机安全、高效飞行。

（三）内培外引低空经济链上企业

深挖杭州"种子企业"产业资源，推动低空经济链上企业做大做强。以西子势必锐、华奕航空等制造企业为重要抓手，支持企业增值扩产，加快推进新项目产线建设和产能释放。瞄准以地理测绘类无人机、农业植保类无人机为代表的工业级无人机，以及 eVTOL 等新型飞行器整机制造及关键零部件环节配套，进行重点企业招引，对新落户企业的落户奖励、空间保障、场地建设、设备购置、人才引进等方面予以综合支持。依托建德航空小镇等已有基础的航空产业园区建立低空经济示范园区，加快形成低空经济产业集聚效应和创新生态。

（四）支持科技成果转化与推广应用

依托之江实验室、浙江大学计算机研究院、浙江大学城市学院等研发载体，重点开展飞控系统、导航系统等低空经济关键核心技术的开发。推动天目山实验室、中国空间技术研究院杭州中心、北航杭研院等研发平台，将国防科技先进技术、工艺、材料等向低空产业装备领域转化应用。加强创新协同，引导支持企业参与共建产业共性技术联合创新平台。完善金融支持创新体系，鼓励校企联合申报省、市低空经济"揭榜挂帅"项目，为杭州低空经济产业发展提供技术动能与人才支持。

（五）需求牵引丰富低空经济新业态

依托杭州市新入选的现代商贸流通体系试点企业，鼓励开通低空物流配送新航线，对接重点物流企业，推广迅蚁科技"送吧"模式，构建城市空中配送网络，做大低空物流市场规模。鼓励通用航空公司依托杭州市丰富的湖泊、岛屿等重点旅游资源，开发空中游览、航拍航摄、航空运动等特色项目，拓展文体旅游场景应用。发挥杭州智慧农业、数字乡村、智慧城市等企业资源优势，对接招引无人机测绘、农业植保等企业，拓展无人机在应急救援、消防、电力巡检、测绘等公共服务领域的应用。持续强化空天信息大会品牌效应，积极举办具有国际影响力的低空航空器、服务产品博览会，为杭州低空经济产业发展激发多元科技创新活力，提供科技信息交流平台。

"四创"融合振兴乡村产业的建德路径

陈哲敏 *

摘要：建德市是杭州争当浙江高质量发展建设共同富裕示范区城市范例的重点区域和薄弱区县（市），促进乡村产业高质量发展是推动杭州西部县（市）共同富裕的首要任务。本报告以建德市为例，分析了振兴乡村产业面临的发展机遇，借鉴国内安徽肥东县、河南光山县、浙江松阳县等地的发展经验，从数创、科创、文创赋能农创实现"四创"融合的视角，着力探索一条适合杭州西部县（市）乡村产业高质量发展的路径。

关键词："四创"融合；振兴乡村；产业；建德

建德市、桐庐县、淳安县等杭州西部区县（市）的共同富裕是杭州争当浙江高质量发展建设共同富裕示范区城市范例的重点、难点和薄弱环节，而促进乡村产业高质量发展是推动杭州西部区县（市）共同富裕的首要任务。乡村产业高质量发展要充分体现新发展理念，因地制宜地发展乡村新质生产力。为促进杭州西部县（市）乡村产业高质量发展，夯实共同富裕物质基

---

* 陈哲敏，杭州运河集团建设管理有限公司中级经济师。

础，本报告以建德市为例，从数创、科创、文创赋能农创实现"四创"融合的视角，提出着力探索一条适合杭州西部县（市）乡村产业高质量发展的路径。

一、发展现状

（一）建德乡村产业发展基础扎实

一直以来，特别是国家实施乡村振兴战略以来，建德市始终把破解"三农"问题作为市委、市政府重要工作，坚定不移践行"绿水青山就是金山银山"的发展理念，乡村产业保持了良好发展态势。一是特色优势农业实力稳步提升，先后荣获"中国草莓之乡""中国有机茶之乡""中国优质柑橘之乡""中国高山蔬菜之乡""中国西红花之乡"等称号，形成了草莓、茶叶、中药材等优势产业和畜禽、蔬菜、柑橘、莲子等特色产业，成功创建国家有机产品认证示范区、国家有机食品生产基地建设示范县（试点）。2023年，建德市农林牧渔业增加40.53亿元，同比增长3.9%。农林牧渔业总产值64.18亿元，增长4.1%。其中，种植业产值41.65亿元，增长2.1%；林业产值4.43亿元，增长14.4%；牧业产值15.56亿元，增长6.6%；渔业产值2.54亿元，增长8.4%。二是乡村旅游业提质升级。三都镇三江口成功创建杭州市"文旅赋能·乡村共富"乡村旅游产业集聚区；严州古城荣获全省示范级文旅融合 IP；寿昌镇成功创建省级夜间文化和旅游消费集聚区；严州古城步行街被评为省级旅游休闲街区；寿昌镇被评为5A级景区镇；新安江城区被评为省首批4A级景区城；航空小镇创成国家4A级旅游景区。圆满完成杭州第4届亚残运会火炬传递建德站任务，成功举办隅田川咖啡17℃新安江音乐节、夏日冬泳、马拉松、航空飞行大会等品牌活动。精心策划"宋韵严州"人文之旅、"17℃新安江"寻源之旅、"运动休闲"潮玩之旅等 3 条亚运旅游线路。2023 年，全年接待游客 618.63 万人次，同比增长 24.45%；实现旅游总收入 54.3 亿元，同比增长 0.5%。三是乡村产业新业态兴起。草莓小镇、橘子小镇、稻香小镇、荷美小镇等农旅融合品牌知名度持续提升。建德豆腐包入选 2023 年"浙江十大农家特色小吃"名单。以建德果蔬乐园品牌为平台，积极推动农业直播经济发展。举办大型民族交响音画《宋韵·华章》2023 年建德音乐会、"红耕大洋埠·共富兰江畔"建德市第十届乡村文化节闭幕式（第十五届农村文艺调演）暨大洋镇第二届江鲜节等农文旅商融合活动。整合建德草莓、建德苞茶、建德鸡蛋等特色产品资源，打造"宜品建德"区域公用品牌，提升农村电商产品品牌价值。建德市乡村产业发展虽然已经取得了不少成绩，但仍有诸多制约其高质量发展的因素。如土地流转结构不合理，委托流转、长期流转等稳定流转少；受农产品价格"天花板"和成本"高地板"的双重挤压，农业效益提升较为困难；农业功能形态拓展不够，农业与文旅体商的结合有待进一步加强；乡村第三产业拉动经济增长的潜力尚未充分释放。

（二）建德农创客培育发展省内领先

近年来，为增强乡村产业发展新动能、新动力，建德市启动了农创客培育发展工作，积极引导青年群体返乡就业创业，直播带货、农旅融合、共富工坊等创新模式不断涌现。截至 2023 年底，建德市农创客数量已达 3000 余人，是全省农创客最活跃县市之一。主要举措有 3 点。一是突出政策引才。出台农创客创新创业扶持专项政策，每年安排不少于 300 万元专项资金扶持农创客创新创业。将农创客纳入高层次人才分类认定目录，经认定的农创客最高可参照杭州市 D 类人才标准享受相关优惠政策，现已认定杭州市 E 类人才 1 名、建德市 F 类人才 10 名。二是强化全程育才。整合"建德师傅"培训资源，协同推进实习实践基地、师资队伍、课程开发和授课、人才培养质量评价等教育培训环节建设。积极组织农创客外出学习、参加技能比武，学习取经，促进农创客对内对外的学习与交流。创新举办长三角大学生"农创日"活动，开设"长三角农创客成长营"实验班，聘请全国优秀农村创业企业家为长期创业导师。聚焦农创客技术需求，组建中国农科院、浙江省农科院等专家服务团，实行"一镇一专家"，设立院士专家工作站13家，提供科技推广、技术指导、项目合作等服务。三是坚持事业留才。按照"一镇一中心"要求，推进农创客服务中心建设，提供农产品展示展销、农创客办公培训、农业公共服务和社会化服务等综合服务。指导成立建德市农创客发展联合会，聘请浙江省农科院、浙江农林大学等研究院所、高校专家为农创客提供服务。总结提升草莓"标准地"实践经验，因地制宜在大同、杨村桥、航头等乡镇推出茶叶、中药材、蔬菜、水果领域标准地建设项目，实现农创客"拎包入驻"。持续举办乡村人才振兴促进共同富裕大会、长三角大学生"农创日"等农创客赛会，链接市外、省外技术、专家、资本等各类高端农创资源，落地一批优秀农创项目。建德市人大通过立法，将长三角大学生"农创日"活动举办日（6月5日）设为"建德农创日"，让农创客拥有自己的节日。

尽管建德市乡村产业发展已有较好基础，其农创客培育发展工作在浙江省内居于领先地位，但是其乡村产业要培育发展新质生产力、实现高质量发展仍存在诸多问题与不足。一是数字经济发展水平不高。2024年，全年数字经济核心产业增加值仅21.07亿元，占GDP的比重为4.7%，在杭州各区县（市）中排名相对落后，无法为包括乡村产业在内的全市经济数字化转型提供有力支撑。二是农业技术力量较为薄弱。与科研机构、高校的合作机制不够灵活，缺乏长期稳定的合作关系，农业技术人员不足，农业科技创新能力相对较弱，农业技术推广体系尚不健全，难以适应现代农业发展的需求。三是文化赋能产业发展不够。建德市拥有深厚的文化底蕴，严州古城历经三期开发已经成为全市旅游休闲产业的核心景点。但总体来说，在挖掘提升乡村人文价值、推动文化资源要素融入乡村经济社会发展方面，建德市尚未找到有效结合点，文化对乡村产业发展的助力作用发挥得仍不够。

二、面临机遇

（一）数字乡村正成为乡村振兴的重要引擎和战略方向

在信息化、网络化和数字化浪潮的推动下，中央网信办、国家发展改革委等六部门于 2024 年联合印发了《数字乡村建设指南 2.0》，按照"建什么、怎么建、谁来建"的思路，从建设内容、建设方法和保障机制等方面构建了升级版的数字乡村建设框架，不仅为数字乡村建设提供了明确的方向和路径，更为乡村振兴注入了新的活力和动力。《数字乡村建设指南 2.0》把以农村电商为核心的乡村数字富民产业作为数字乡村建设的一项重要内容，提出实施农村电商高质量发展和"互联网＋"农产品出村进城工程，深化电子商务进农村综合示范，加快畅通农产品上行与工业品下行的双向流通渠道，全面提高农村电商水平，并鼓励创新乡村数字经济新业态、新模式，包括乡村沉浸式旅游、乡村旅游景点设施接入互联网服务平台、数字技术赋能农特品牌网络运营和特色产业转型升级、农产品生产全过程可视化监控和展示、农产品溯源服务、共享农田等。国家和省市数字经济发展和数字乡村建设的深入推进，为建德市乡村产业高质量发展提供了重要契机。

（二）科技创新成为推动乡村产业全面振兴的核心动力

当前，科技和经济社会发展加速渗透融合趋势越来越明显，科技创新日益成为区域经济竞争的焦点，乡村产业领域科技进步作用也在不断凸显。科技突破使得农业生产方式得以革新，社会对环保、食品安全的需求也推动了农业科技的应用发展，智能农机、智能农业、再生农业、生物农业、分子农业等农业科技发展已成趋势。2025年初"中国经济高质量发展成效"系列新闻发布会公布数据显示，2024年农业科技进步贡献率超过63%，已成为我国农业农村发展的基础性、战略性支撑。2003年4月24日，时任浙江省委书记习近平同志到淳安县枫树岭镇下姜村调研时说，"我们要用现代发展理念指导农业，抓住当前科技进步的机遇，建立现代生产要素流向农业的机制，着力转变农业增长方式"，正式启动实施科技特派员制度，为提前完成脱贫攻坚任务发挥了重要作用。2023年，《科技特派员服务和管理规范》省级地方标准正式发布，进一步规范和引导科技特派员服务和管理工作。建德市应把握农业科技发展趋势和科技特派员等地方特色制度创新成果，积极推动特色优势农业和现代科技有机融合，大力发展现代农业。

（三）文化赋能乡村产业高质量发展成为国家重要部署

习近平总书记指出，要推动中华优秀传统文化创造性转化、创新性发展，以时代精神激活中华优秀传统文化的生命力。党的二十大报告指出，要加快建设农业强国，扎实推动乡村产业、人才、文化、生态、组织振兴。乡村文化振兴是乡村振兴的重要内容。为全面贯彻习近平文化思想和乡村振兴战略，文化和旅游部、农业农村部等六部门于2022年印发了《关于推动文化产业赋能乡村振兴的意见》（以下简称《意见》），要求充分发挥文化赋能作用，推动文化产业人才、资金、项目、消费下乡，促进创意、设计、音乐、美术、动漫、科技等融入乡村经济社会发展，挖掘提升乡村人文价值，培育乡村发展新动能。《意见》鼓励各地建设文化产业赋能乡村振兴人才库，探索实施文化产业特派员制度。在这方面，河南等地已经率先开展了探索，浙江也在 2024 年启动了文化特派员制度，首批来自机关、高校、企事业单位、社会组织的 100 名文化特派员已经奔赴乡镇，提供为期两年的服务。建德市拥有深厚的文化底蕴，可以充分利用文化特派员制度等赋能乡村产业高质量发展。

（四）培育新农人将为乡村产业高质量发展注入新动能

为了贯彻落实 2024 年初浙江省委"新春第一会"将现代"新农人"培育纳入"三支队伍"建设的总体部署，省农业农村厅提出打造"1111"乡村人才矩阵，即 1000 名"浙农英才"、1 万名产业振兴"头雁"、10 万名农创客和 100 万现代"新农人"。杭州发布《现代"新农人"培育行动计划》（以下简称《行动计划》），聚焦农业生产经营、农业农村科技、乡村电商促富、乡村农旅发展、乡村实用技术、乡村文化艺术、乡村规划建设、乡村公共服务、乡村经营管理和乡村数字化等"十路人才"，努力打造中国式现代化乡村振兴的杭州范例。到 2027 年，培育"浙农英才"300 人以上、乡村产业振兴"头雁"1000 人以上、农创客 1 万人以上，现代"新农人"总量达到 10 万人以上。《行动计划》提出"村播成长计划"、"乡村运营师引育计划"、复合型"农业产业工人"培育计划等具体举措，着力激发人才扎根乡村热情，构筑乡村人才创业创新"新天堂"。省市实施"新农人"培育行动将有力助推建德市实现乡村人才集聚发展。

三、总体设想

发展乡村新质生产力是推动乡村产业高质量发展的内在要求和重要着力点，而乡村新产业则是乡村新质生产力的重要支撑。建德市推动乡村产业高质量发展应把培育乡村新质生产力作为重要目标，以农创为底盘，依托农创客的创新创业加快发展乡村新产业，并以数创为引擎、科创为支撑、文创为内涵，在"四创"融合中培育发展乡村新质生产力，引领建德市乡村产业加快实现高质量发展。

1.以数创为引擎。持续推进乡村信息基础设施优化升级，特别是直播基地、智慧农场等重点区块的信息基础设施。充分发挥数字技术在推进生产、加工、储运、销售各环节高效协同和产业化运营中的重要作用，探索通过"飞地经济"模式招引以电子商务为代表的数字经济资源，促进数字经济和乡村产业的深度融合，在提升乡村产业经营主体竞争力的同时，培育出一批数字经济新业态、新模式。

2.以科创为支撑。科技创新是发展新质生产力的核心要素，要坚持科技赋能乡村产业发展。针对建德市乡村科技基础相对薄弱的实际情况，把市外高校、科研院所、行业龙头企业科技创新资源的整合利用放在重要位置，搭建好乡村产业科技创新平台，为科技助力乡村产业发展提供精准服务，及时将科技创新成果应用到草莓、柑橘、茶叶、荷莲、蔬菜等特色优势农业上，提升农业现代化水平。

3.以文创为内涵。统筹推进严州文化、水文化、"浙大西迁"第一站、千鹤妇女精神、唐宋诗词等建德优秀文化的保护传承和创新发展，充分发挥文化赋能作用，挖掘提升乡村人文价值，推动优秀文化元素融入农业、乡村商贸业、乡村服务业、乡村旅游业等乡村产业，以一流的水准讲好具有时代特征的建德故事，提升传统乡村产业的文化内涵和产品附加价值，培育发展农、旅、文、体、商融合业态。

4.以农创为底盘。充分发挥近年来建德市在农创客培育发展方面积累的丰富经验和基础优势，进一步把农创客这一乡村产业发展增量作为承接数创、科创、文创等新质生产力赋能的主阵地，通过加强政策引导和市场推动，促进农创与数创、科创、文创在推动乡村产业高质量发展过程中实现

"四创"协同作用和深度融合，进而引领带动建德市域乡村产业以效率变革、动力变革促进质量变革。

四、重点路径

（一）聚焦聚力重点领域，提升乡村产业市场竞争力

1.大力发展宜"数"宜"建"乡村产业。随着国家乡村振兴、数字经济等方面政策的持续推动和大型电商平台的不断下沉，广大乡村地区经济社会的全面数字化转型加速推进，从流通端的农村电子商务切入，逐步向农业产业链上游延伸，渗透到农业生产、加工、流通等环节，助力农业实现全产业链的数字化转型。但是，各类农产品对数字化的适配程度不一样，合理选择宜"数"产业非常重要。农业农村部管理干部学院和阿里研究院联合发布的《"数商兴农"：从阿里平台看农产品电商高质量发展》显示，三类农产品在电商渠道最受欢迎：一是深加工农产品，包括纯牛奶、肉类零食、酱类调料等；二是耐储运农产品，包括茶叶、坚果、大米等；三是受益于冷链物流设施不断完善能够保鲜的鲜花、水果等。其中，福建安溪（铁观音）、江苏沭阳（鲜花）、福建武夷山（大红袍）、福建福鼎（白茶）、江苏丰县（樱桃）、江苏兴化（坚果）、江苏东海（鲜花）、江苏邳州（鲜花）、浙江义乌（养生茶）、江苏新沂（核桃仁）位列农产品数字化百强县名单的前十。在数字化升级过程中，农村电商的内涵也在不断丰富，除了实物农产品交易外，共享农庄、订单农业、休闲旅游、康养等体验类、服务类数字产品交易也在不断增加。结合建德市产业基础，茶叶、草莓、稻米、柑橘、乡村旅游等无疑是既宜"数"又宜"建"，应重点数字化发展的乡村产业。

案例1：肥东县实施"数商兴农"工程

安徽肥东县立足农产品资源丰富和电子商务的发展优势，积极实施"数商兴农"工程，推动农村电商和乡村振兴紧密结合。一是政策赋能。连续多年出台电商支持政策，认定一批电商示范企业、示范园区，新建设直播电商基地。二是快递物流畅达。在全省率先部署"快递进村"体系建设，全县建制村基本实现"村村通快递"。三是实施一批帮扶项目。运用财政资金推广"企业＋电商＋农户"利益联结项目，带动更多村集体和农户稳定增收。四是打造一批精品网货。培育的真心食品等获全省"十佳好网货"称号，同时建设一批网货产品线下体验馆。

---

2. 支持特色优势领域农创客发展。充分发挥农创客在新理念、新技术等方面的优势，聚焦乡村产业重点领域的建圈强链，把农创客培育成为乡村产业链"领头雁"。重点培育草莓、茶叶、中药材、柑橘、莲子等特色优势农业领域的农创客，引导水稻、甜瓜、葡萄、樱桃、蜜桃、蜜梨、食用菌、花卉苗木、生猪、山羊、禽蛋、肉牛、特种水产养殖、珍稀树种等特色种养领域的农创客加快发展。大力支持"接二连三"领域农创客发展，重点发展粮食、油料、果品、蔬菜、茶叶和中药材等农产品初加工，预制菜肴、杂粮挂面、果蔬饮料等特色农产品精深加工；推进农业与旅游、养生养老等产业深度融合，发展采摘游、养生游、工会疗休养、农家乐、民宿等多种形式的"农业＋"融合业态；参与构建农产品仓储冷链物流等社会化服务体系；参与"建德草莓""建德苞茶"等农产品区域公用品牌的创建维护、宣传推介；等等。

3. 推动文创与乡村产业深度融合。依托建德市深厚的文化底蕴，引导文创产业赋能乡村产业高质量发展。一是深入挖掘严州文化。以省市开展宋韵文化研究传承和南宋文化品牌塑造为契机，以"宋韵严州"为主题，以宋朝州府文化和诗词文化为重点，深入挖掘、传承和利用建德宋韵文化，形成与杭州主城区的南宋皇城文化优势互补、相得益彰的宋韵文化展示新地标，并带动周边乡镇群众共享文化赋能旅游发展的成果。二是打造红色文化游名片。深挖千鹤妇女精神、"浙大西迁"第一站等红色文化的当代价值，开发体验型、研学型、追忆型等的系列红色游产品。三是全域推进乡村旅游。充分挖掘美丽乡村资源，积极发展一批草莓村、柑橘村、苞茶村、渔家村、民俗村等主题村，策划一批主题突出、丰富多彩的节庆活动，品味农耕文化，丰富乡村旅游体系。四是弘扬美食文化。大力推进"诗画浙江·百县千碗"工程，融合"五加皮酿酒""严州府菜点"等非物质文化遗产，融入养生理念，融汇地方特色农业资源，打响"建德十大碗""建德豆腐包"等美食品牌，培育打造"美食＋旅游＋购物"的复合型消费链条。

案例 2：光山县以"文化产业特派员"助力高质量发展

河南光山县立足其独特资源禀赋，引入"文化产业特派员"制度，赋能一、二、三产业融合发展。一是建立政策支持体系。出台"文化产业特派员"系列政策，从资源投入、关爱帮扶、宣传引导等多方面为文化产业特派员提供政策保障。二是加强与多元主体合作。省乡村赋能中心先后引荐 8 批 27 个项目团队赴光山县洽谈合作，引入洛阳卡卡等文化产业项目。三是充分发挥国有企业的平台作用。以三个县属国有投资公司为依托，推进"投、融、建、运"一体化。四是推进文化与相关产业融合发展。支持用文创产品包装设计"光山十宝"等产品。

（二）聚焦聚力平台赋能，加快培育乡村新质生产力

1.引培高水平电商平台，拓展产业无限市场空间。充分发挥平台经济赋能乡村产业提高资源配置效率、推动技术和产业变革、提升公共服务水平的重要作用，以浙西跨境电了商务产业园为核心，以各镇街中心村的共富风貌驿、农创客服务中心、文化大礼堂等公共空间为支点，加快建设一批直播电商基地，优化"1＋N"的建德市域农村电商产业基地布局。按照"直播电商＋产业带模式"，支持各镇街通过直播平台和主播等将特色优势产业的产品、品牌、文化等进行展示、推广和销售，实现特色优势产品与消费者之间的直接对接和互动。凝聚政府、电商平台、自媒体平台、农业龙头企业、社会组织及广大村民等各方力量，加大"宜品建德"区域公用品牌的打造力度，构建农特产品品牌体系，开启建德农特产品数字化、品牌化发展的快车道。

案例3：松阳县网红经济赋能美丽乡村

　　浙江松阳县在浙江省率先探索网红商学院和新的网红经济运作模式。一是打造直播电商基地。以山水风光、特色工坊、百年古民居等为基础，设立了网红达人服务驿站、共享直播间等模块，实现线上线下融合，集孵化、营销、内容生产传播于一体。成立网红学院，加速孵化"新农人"IP。二是打造服务平台。通过镇强村公司与电商公司共同出资打造"共享小院"，通过直播销售泡豆腐、白老酒等特产，吸引游客，实现旅游资源、销售渠道和人才资金共享。三是招商引资、招才引智。通过举办创业创新大赛，吸引生态农业、网红直播、文创策划等不同领域的团队参加比赛，并让许多电商网红、农业创业团队、在外乡贤在松阳集聚发展。

2.共建高质量产业平台，打造特色优势产业集群。持续推进杨村桥草莓小镇、三都柑橘小镇、大同稻香小镇、大慈岩荷美小镇等农业特色小镇加强产业升级、动能培育和品牌建设，发挥对区域乡村产业发展的引领示范作用，建设成为主导产业特、农耕文化浓、融合程度高、经济效益好、带富效应强的农业特色产业发展集聚区。依托"一镇一特""一村一品"和农业产业强镇、特色农业强镇等国家重点支持农业产业平台建设政策，大力培育"建德果蔬乐园"基地、有机产品认证企业、规范化农民专业合作社、示范性家庭农场等新型农业经营主体。围绕消费升级、农产品深加工等，探索与余杭区、滨江区等经济强区及在杭高校、科研院所共建乡村产业合作发展区。

案例4：庆元县以甜橘柚产业探索山区共富路径

　　浙江庆元县黄坛村牢记时任浙江省委书记习近平同志调研时"要大力发展'人无我有、人有我优'的特色农业产品，才能做大规模、做大产业"的嘱托，通过规划先行、模式创新、机制改革、数字赋能等举措大力发展甜橘柚产业，使甜橘柚产业成为山区农民的"致富果"。一是做好全县甜橘柚产业规划。规划建设了甜橘柚产业园、甜橘柚精深加工园、浙闽边界最大的仓储物流中心、全国最大的甜橘柚交易中心等一批产业平台。二是实施助农增收行动。通过"企业＋基地＋农户"、农技干部和甜橘柚种植户"一对一"精准帮扶、"校企地"科研合作等不同主体之间的多种合作模式，有效提高农民收入。三是以数字科技赋能甜橘柚智慧果园。加大数字科技的投入力度，对育苗、生产、贮藏、销售全过程进行数字化改造。

3.搭建高能级科创平台，提升乡村产业科技含量。积极争取将建德市纳入杭州城西科创大走廊范围，推动建设以服务乡村产业振兴为主题的科创大走廊建德拓展区，深化与杭州市区科技创新领域的合作交流，承接城西科创大走廊的技术、人才、产业等高端资源要素溢出。围绕草莓、莲子、茶叶、柑橘等特色优势农业产业，加快建立一批以乡村科技服务为核心的现代农业综合服务体，汇聚高校、科研院所等各方科技能力，为农创客、种植大户提供科技培训、科普、技术指导等科技服务，促进优质科技服务资源与乡村科技需求精准对接，培育发展现代农业。推动农业科技园区、科技小院等农业科创平台高质量发展。

案例 5：中国农科院为台州山村量身打造特色产业集群

浙江仙居县杨丰山村村民们几千年来把山坡改造成梯田，形成悠久的农耕文化遗产，但当前面临劳动力外出、大部分梯田荒废的困境。中国农科院中国水稻研究所与杨丰山村以党建联建的方式建立了结对帮扶关系，提出保护开发古梯田，围绕稻文化发展优质稻米和旅游产业的总体思路，在荒芜的山间建起院士试验田，引进 20 多个优质水稻新品种开展试验示范。在专家的带动下，杨丰山村大批村民返乡创业，梯田面积由不到 800 亩扩大到近 3000 亩，大米价格由 5 元 / 斤提高到 15 元 / 斤以上，每年举办"插秧节""星空露营节"等活动，带动村民致富效应明显。2022 年，杨丰山村入选仙居县第一批共富示范村试点，被誉为"浙东香格里拉"，中国水稻研究所也成功探索出"一粒米"撬动一座山、带富一片村的强农共富模式。

（三）聚焦聚力人才赋能，增强乡村产业持续增长力

1.全力汇聚各类乡村人才。把乡村产业人才引进放在各类引才引智计划的重要位置，围绕乡村振兴人才示范区的目标定位，打好"乡愁牌""亲情牌""优势牌""服务牌"，推动乡村产业人才引进工作阵地前移。盯牢"农二代"、"涉农"大学生、乡贤、退役军人、农业科技人员等重点群体，通过实习见习、座谈会、宣讲会、创新创业大赛等多种形式，引导各类人才返乡下乡创业、抱团发展。

2.完善乡村人才培育体系。紧密衔接乡村人才发展需求，整合农创客和

"草莓师傅""豆腐包师傅"等"建德师傅"培训资源,聚焦乡村产业重点领域,加强与浙江省农科院、浙江大学等科研机构、高等院校合作,选聘优秀高校教师、科研人员,以及行业协会、农业龙头企业业务骨干,联合创办乡村人才培训学院,协同推进实习实践基地、师资队伍、培训课程、人才培养质量评价等环节的共建共享,打通人才培养与乡村产业需求之间的"最后一公里",打造集实践教学、科技研发、生产实习、就业创业于一体的实体性人才培养体系。

3.优化乡村人才服务管理。建立健全"初、中、高"三级梯次乡村人才培育库,做到符合条件的乡村人才应入尽入、能入快入,并实行动态管理、重点培育、分类指导、跟踪服务。对接浙江省和杭州市"新农人"培育工作总体部署,深入实施乡村人才大培训行动,加快形成一支梯队结构合理、专业能力较强的本土乡村人才队伍,造就一批致富带富能力强的科创型、领军型乡村人才。充分发挥建德市农创客发展联合会、建德市豆腐包协会、建德市草莓协会等协会组织的作用,鼓励和引导各类公益性乡村人才创新创业组织高质量发展。

案例 6:南充市用好人才发展联盟赋能乡村高质量发展

四川南充市整合各方资源,组建"1+17"人才发展联盟,着力培育一支"永远带不走"的本土人才队伍。一是建立联盟组织体系。在市委组织部设置总联盟秘书处,在17个职能部门设置分联盟秘书处。对在联盟中受表彰奖励的人才,在提拔晋升、培训研修、项目申报时优先考虑。二是建立工作运行体系。构建乡村一线"列单子"、市县联动"派单子"、人才"接单子"、用才主体"评单子"联盟工作推进机制。三是建立联盟典型引领体系。按照"乡村出题、人才揭榜、成果共享"思路,面向全国"张榜求贤"。四是建立人才培育体系。遴选"发展导师",建立"师带徒"机制,打造开放性、沉浸式、专业化的乡村人才实训基地。

(四)聚焦聚力政策支持,加强对乡村产业的引导力

1.加强市级引导,全面推进"西进行动"。自 2001 年实施"旅游西进"战略以来,杭州先后推出"交通西进""科技西进""文创西进""人才西

进""现代服务业西进"等"五大西进"行动，让市区优质资源向西部区县（市）辐射和延伸，开始乡村振兴的杭州探索，并取得显著成效。迈入新时代，杭州亟须启动以数字赋能、消费升级为代表的新一轮"西进行动"：通过"数字西进"，提升西部区县（市）网络基础设施供给能力，推进"数商兴农"和"互联网＋"农产品出村进城工程，实现农产品直播基地等重点场所网络深度覆盖和农村电商高质量发展；通过"消费西进"，打造一批顺应消费升级趋势的消费新场景，培育一批农文体旅融合发展业态，给城市居民带来更丰富的消费体验。

案例7：航天科技集团创新消费帮扶方式

航天科技集团深入贯彻落实国务院国资委"央企消费帮扶"系列活动有关要求，依托集团"团生活"平台为消费帮扶工作提供强有力的支撑，助力陕西省太白县农产品组团闯市场。一是创新"互联网＋"消费帮扶模式，借助集团"团生活"电商平台，让产品变商品、作坊变电商、手机变农具，将太白县的蜂蜜、木耳、香菇等优质农产品通过电商平台销往各地。二是落地"团生活"实体店。为太白农产品的策划包装、搭建链条、售卖"出圈"出谋划策，并运往"团生活"线下实体超市。三是培育新型消费模式。帮助建立太白高山蔬菜体验园，依托独特的自然环境条件，种植多种高山蔬菜，打造"团生活"航天特色文旅项目，让游客在园区既可欣赏到自然风光，也可体验采摘的乐趣、品尝蔬菜的"鲜味"。

---

2. 优化顶层设计，挖掘弘扬"州府文化"。习近平总书记明确指出，"推动高质量发展，文化是重要支点"。经济为文化发展提供物质基础，而文化则赋予经济发展人文价值和持续竞争力。赋予高质量发展以人文底色，可以塑造更为强大的区域核心竞争力。杭州西部的建德市、桐庐县、淳安县三县（市）同属古严州府所辖范围，具有深厚的历史文化底蕴。但长期以来，严州文化淹没在以南宋皇城文化、大运河文化、良渚文化等为正统的文化热潮中，在杭州市级决策层的能见度很低。杭州要推动文化事业和文化产业繁荣发展，应着力推动杭州西部县（市）以严州文化为代表的深厚历史文化底蕴转化为新时代高质量发展优势，加强严州文化保护、传承和弘扬的市级层面统筹。

3.加强资金支持，培育壮大"耐心资本"。积极争取各类更加重视项目长期投资回报或者外部公共效益的"耐心资本"，引导其加大对乡村产业发展的支持力度。一是争取财政和各类政策性资金。稳步扩大县本级支持乡村振兴资金规模，积极争取国家和省市政府各类资金支持。充分利用政策性金融贷款期限长、资金成本低等优势，全面深化与农业发展银行等政策性银行的战略合作。二是用好区县协作资金。运用好区县协作机制和资金，强化对影响力大、带动性强的协作项目的遴选和评价，提高产业帮扶精准性和长效性。三是调动乡贤资金。发挥在外乡贤"资金池"作用，注重优质乡村产业项目的谋划、储备及推介。四是盘活乡创资本。积极引入致力于未来乡村产业发展的天使及风险投资机构，盘活海量乡村优质资源，让资源与资本高度结合。

案例 8：北京德青源公司推动企农资产联合

北京德青源公司以蛋鸡产业为抓手，依托财政资金和政策性金融，探索形成一套"三权分置"（项目资产所有权归地方政府，经营权归德青源公司，收益权归农民）、合作共赢的德青源金鸡产业联农带农新模式。一是整合县涉农财政专项资金，依据金鸡项目周边重点村、农民数量，将财政资金分配到乡镇主导管理的专业合作社，按照农户数量折股量化。二是县政府设立农业资产公司，用合作社入股资本金按照 1:1 的比例向银行贷款，政府购买服务搭建信用结构。三是项目建成后，德青源公司每年按照固定资产投资总额的 10% 缴纳租金，租金收入偿还金融机构本息后，剩余部分按股份配给合作社，确保农户获得稳定股权收益。

"数实融合" 提升杭州制造业竞争力的政策支持

艾冬玉　郑　悦　陈旭艳　余　璐　郑蓉蓉[*]

摘要： 杭州市委十三届七次全会提出打造全国数字经济创新中心、全球"数实融合"创新之都。市发展规划研究院通过调研，分析了杭州制造业"数实融合"的现状和存在问题，研判未来的发展趋势，借鉴先进城市的政策做法，针对性提出四大政策建议。杭州应当充分发挥数字经济先发优势，把握"数实融合"发展机遇，加快打造全球"数实融合"创新之都。

关键词： "数实融合"；杭州；制造业

党的二十届三中全会提出健全促进实体经济和数字经济深度融合制度，杭州市委十三届七次全会亦提出打造全国数字经济创新中心、全球"数实融合"创新之都。杭州数字经济优势突出，但制造业短板比较明显，产业核心竞争力还不够强。如何充分发挥数字经济先发优势，通过"数实融合"提升

---

* 本文由杭州市发展规划研究院课题组完成，组员为艾冬玉，杭州市发展规划研究院高级经济师；郑悦、陈旭艳、余璐、郑蓉蓉，杭州市发展规划研究院经济师。

制造业竞争力已成为杭州加快新旧动能接续转换，实现产业高质量发展的关键所在。为此，市发展规划研究院成立课题组，重点聚焦"数实融合"提升制造业竞争力的路径与做法，组织召开相关部门座谈会，走访 7 个区县（市）30 余家企业，摸清发展现状和存在问题，研判未来发展趋势，梳理借鉴先进城市做法，针对性提出相关对策建议，供市委、市政府决策参考。

一、现状问题

杭州"数实融合"发展成效明显。一是融合水平走在全国前列。2023 年，杭州市两化融合指数达 123.6，[①] 连续 11 年居全省第一（浙江省产业数字化指数连续三年名列全国第一），并获得国务院首次开展的产业数字化成效明显城市督查激励表彰。二是融合生态活力加速释放。涌现出网络协同制造、大规模个性化定制、远程运维服务等先进制造业的新模式、新业态。如海康威视面向质量检测、机械臂定位，推出"视觉检测""视觉定位"产品；浙江讯飞针对装备运行监测和维护，推出"工业听诊器"；等等。三是示范引领效应持续放大。累计创建省级"未来工厂"19 家、智能工厂 64 家、数字化车间 58 家、工业互联网平台 45 家，认定部级智能制造示范工厂 8 个。四是数字化服务能力持续加强。截至 2023 年底，在杭数字工程服务企业近 800家，涵盖智能硬件、网络设施、云服务和大数据、工业软件和应用服务等领域，省级产业数字化服务商 101 家。

此外，课题组在调研中发现，杭州市在"数实融合"提升制造业竞争力方面还存在如下问题。

---

① 数据由浙江省经信厅发布。

（一）融合深度广度尚待提升

一是"学样仿样"未形成"滚雪球效应"。调研发现，企业在复制推广"未来工厂"和数字化改造试点建设样本时，存在技术要求差异大、解决方案不适用、数据标准不统一、推广复制难度大等诸多问题，"滚雪球效应"尚未形成。二是效益下滑影响企业数字化改造意愿。部分企业反映，随着经济下行风险加剧，行业"内卷"严重，企业利润明显缩水，陷入"增产不增收、增收不增利"，甚至"营收增长、利润下降"的"恶性循环"，企业发展更倾向于"保订单、稳生产、求生存"，而暂缓数字化改造。如在萧山区金属制品、汽车零部件等 9 个细分行业中，三分之二的企业数字化改造意愿不强。三是数字技术未能深度渗透到产品制造关键环节。部分企业数字化改造尚处于浅层次应用阶段，办公、运营管理、研发设计环节覆盖率较高，生产制造、供应链环节覆盖率较低。部分企业尤其是中小企业多处于半自动化生产阶段，核心生产环节数控化率较低。

（二）应用新场景尚待拓展

一是"人工智能＋"制造业未实质性破局。目前，AI 大模型在制造业的应用主要集中在生产设计、质量检测、设备故障诊断、生产效益分析等少数环节。企业普遍对 AI 大模型赋能制造业具有浓厚兴趣，但具体路径仍处于探索阶段，尚未形成具有操作性、示范性、引领性的典型模式。二是"数据要素 ×"潜能未充分释放。企业经过长期数字化改造积累了海量数据，但这些数据仍处于归集状态，尚未被深度开发利用。某厨电企业表示，通过未来工厂、数字化改造等沉淀的大量工业数据，暂未找到释放数据要素价值的有效路径。

（三）协同数字化尚待深化

一是工业互联网"倍增器"作用发挥不够。工业互联网平台多由行业龙头企业搭建运营，接入的上下游企业数据共享不足。某纸业龙头企业反映，自建的 Epack-ET 工业互联网平台已有行业上下游 8000 多家企业注册，但注册企业仅依托平台做设备连接、获取订单信息，数据共建共享意愿低，难以实现协同制造。二是跨企业、跨区域的供应链协同有待提升。出于数据保密原因，部分企业数字化系统不对外开放，形成"数据孤岛"。此外，因技术标准不统一，多数企业未建立跨企业、跨区域的业务平台或系统，尚未通过数字化手段赋能产业链供应链协同发展。

（四）要素支撑能力尚待加强

一是公共服务平台支撑不足。因缺乏供需匹配的公共服务，现有系统集成商很难满足企业个性化的智能制造改造需求，而企业也无法便利找到适配的专业供应商。比如，某机械制造公司反映，因缺乏公共服务平台推荐的本土企业，只能自行选择了专业性、可靠性更强的日本三菱电机供应商。二是中小企业数字化转型资金面临压力。比如，某纸业企业反映，随着宏观经济环境承压，财政资金压力大，导致很多政策兑现周期变长，进一步加大了企业数字化转型的资金压力。三是"数实融合"专业技术人才缺乏。传统制造业特别是中小企业对高端数字化人才的吸引力不够，加之数字高端专技人才、数字工匠结构性短缺，制约企业数字化转型。

二、先进城市的主要做法

（一）强化"人工智能＋"助推制造业发展

上海实施了"智能机器人＋"行动，以"服务租赁＋系统集成"模式扩大工业机器人应用，以"人工智能＋"焕发制造业"数实融合"新动能。深圳打造了人工智能先锋城市，加速人工智能产品落地，强化制造业智能产品创新布局；鼓励企业建设大模型赋能中心，会同制造企业打造一批具有引领性的行业大模型。

（二）释放工业互联网平台赋能效应

上海实施了产业互联网平台跃升行动，培育非标零部件采购平台，支持企业构建"以图搜厂"订单系统、采购行为分析系统；培育新型互联网平台，开展工业企业互联网营销行动，为工业企业设立专属服务包。北京实施了通用人工智能产业创新伙伴计划，搭建产业协同、资源互补、应用落地、合作机制灵活的人工智能大模型开放合作平台，赋能制造业数智化转型。

（三）强化算力对制造业创新的支撑

北京编制算力基础设施建设规划，进一步加快推进公共算力中心建设，为"数实融合"提供算力支撑。深圳实施了算力赋能行动，推动算力赋能智能检测、故障分析、人机协作等先进技术迭代；加强多元算力服务与人工智能、物联网等技术融合创新，开展算力应用优秀案例评选，打造算力应用标杆。

（四）积极打造"数实融合"人才矩阵

北京发布了《北京市加快数字人才培育支撑数字经济发展实施方案（2024—2026 年）》，推出 16 条硬核措施培养数字人才，着力培养数字战略科学家、数字领军人才、数字技术人才和技能人才四类数字领域人才。上海发布了《上海市工程系列数字技术专业职称评审办法》，明确 14 个"数实融合"专业方向人才评价标准，探索实施代表作制、举荐制等符合数字技术职业特点和人才职业发展需求的职称评审制度。深圳围绕关键领域紧缺数字人才需求，推出鸿蒙、人工智能、半导体与集成电路等十大门类"数字技能公益学堂"共 69 门课程，每年培养约 10000 名创新型、复合型数字技能人才。如表 1 所示。

表 1　北京、上海、深圳打造"数实融合"的政策支持

地区	相关政策与做法
北京	2024 年 7 月，发布了《北京市加快数字人才培育支撑数字经济发展实施方案（2024—2026 年）》，出台 16 条具体措施，以数字产业化和产业数字化为核心，着力培养数字战略科学家、数字领军人才、数字技术人才和技能人才四类数字领域人才，发挥国家实验室、国家科研机构、高水平研究型大学、科技领军企业的作用，重点打造一批行业特色鲜明、集聚创新人才的平台
	2023 年 5 月，发布了《北京市通用人工智能产业创新伙伴计划》，征集五类伙伴（算力伙伴、数据伙伴、模型伙伴、应用伙伴和投资伙伴），搭建产业协同、资源互补、应用落地、合作机制灵活的人工智能大模型开放合作平台，赋能制造业数智化转型
上海	2024 年 7 月，发布了《上海市促进工业服务业赋能产业升级行动方案（2024—2027 年）》，实施产业互联网平台跃升行动。支持工业品采购平台开发 RPA（机器人流程自动化）、AI 产业助手等数字化系统，提升制造业备品备件供需效率；培育非标零部件采购平台，支持企业构建"以图搜厂"订单系统、采购行为分析系统，提升"上海制造"全球服务能力；培育新型互联网平台，开展工业企业互联网营销行动，为工业企业设立流量补贴、零佣金运营、零费用入驻、采销对接等专属服务包
	2024 年 7 月，发布了《上海市工程系列数字技术专业职称评审办法》，聚焦新职业，突出数字技术专业特点，建立符合数字技术职业特点和人才职业发展需求的职称评审制度；实行代表作制度，加强数字技术实践和应用能力评价；探索实行"举荐制"，不拘一格选人才；衔接数字技术工程师培育项目和中青年工程师创新创业大赛，探索育评结合、以赛代评新机制，形成集聚和培育数字技术人才的合力

续表

地区	相关政策与做法
上海	2024 年 6 月，发布了《上海市加快推进新型工业化的实施方案》，实施"工赋链主"和智能工厂领航计划，以 40 家"工赋链主"企业带动行业"智改数转网联"；实施"智能机器人＋"行动，以"服务租赁＋系统集成"模式扩大工业机器人应用，力争新增装机 2 万台以上，推动制造业重点产业工业机器人密度达 500 台／万人；实施大模型创新扶持计划，以底层技术突破支撑人工智能迭代升级，丰富智能算力、高质量语料供给，加快核心技术突破，建设"模速空间"创新生态社区
深圳	2024 年 7 月，发布了《深圳市加快打造人工智能先锋城市行动方案》，打造人工智能先锋城市，加速人工智能产品落地，强化制造业智能产品创新布局。鼓励企业建设大模型赋能中心，会同制造企业打造一批具有引领性的行业大模型。聚焦研发设计、生产制造、质量检测、供应链管理等环节，释放工业数据价值，带动制造业智能化水平持续跃升。在智能产品、应用场景、智能网联汽车等领域重点发力，打造"全栈创新先锋、智能产品先锋、数据跨境先锋、场景应用先锋、智能驾驶先锋"
	2024 年 6 月，发布了《深圳市算力基础设施高质量发展行动计划（2024—2025年）》，实施算力赋能行动。聚焦工业、先进制造业等优势重点行业，积极开展算力应用创新，提供算法公共服务。持续推进算力对工业创新应用的支撑，推动算力赋能智能检测、故障分析、人机协作等先进技术迭代，不断提升不同工业场景业务处理能力。深化算力对行业数字化转型的赋能作用，面向传统行业，加强多元算力服务与人工智能、物联网等技术融合创新，打造不少于 20 个的算力应用标杆
	加强数实融合数字技能人才培养。围绕"20＋8"产业集群、先进制造业、现代服务业等关键领域紧缺数字人才需求，依托深圳市高技能公共实训基地，推出鸿蒙、人工智能、半导体与集成电路等十大门类"数字技能公益学堂"共 69 门课程，每年培养约 10000 名创新型、复合型数字技能人才

三、对策建议

当前，"数实融合"正在快速向生态化、系统化、耦合化迈进，"AI 大模型"等智能技术集成运用将引领行业持续创新，新技术、新场景的不断涌现为新型工业化提供了无限可能和广阔前景，"数据要素 ×"成为撬动新型工业化发展的新引擎。杭州应当充分发挥数字经济先发优势，把握"数实融合"发展机遇，加快打造全球"数实融合"创新之都。具体提出以下建议。

（一）聚力攻关"数实融合"关键核心技术，助推"数实融合"突围高端竞争

一是实施"数实融合"科技攻关专项。依托浙江大学、西湖大学、杭州电子科技大学等平台，构建"数实融合"科技力量矩阵，在工业认知智能、大规模异构互联、智能调控、工业软件领域实施"数实融合"科技创新重大专项，开展垂直行业"数实融合"关键核心技术协同创新，提升技术解决方案供给能力。二是高标准建设"数实融合"行业共性技术平台。针对新一代信息技术、医药健康、智能制造、新材料、绿色能源与节能环保等高精尖产业，高标准建设一批"数实融合"行业共性技术平台，创新管理运行体制机制，面向产业需求组织开展前沿引领技术、现代工程技术、颠覆性技术研发。三是打造"数实融合"创新联合体。探索"链主"企业牵头、重大攻关任务导向的"数实融合"创新联合体模式，建立技术创新中心、制造业创新中心等，推动形成大中小企业协同创新和融通发展的创新生态。

（二）创新"数实融合"赋能制造业应用场景，推动"数实融合"向新向实

一是分类打造"数实融合"引领超级场景。围绕智能物联、生物医药、高端装备、新材料和绿色能源五大产业生态圈，分类打造"数实融合"超级场景，推进数字智造场景示范工程，推动产业链多场景创新融合发展。二是加快实施"数据要素×"智能制造行动。创新研发模式，支持制造企业融合设计、仿真、实验验证数据，培育数据驱动型产品研发新模式，提升企业创新能力。推动协同制造，支持链主企业打通供应链上下游设计、计划、物流等数据，实现敏捷柔性协同制造。借鉴深圳经验，实施算力赋能行动，以之江实验室智算资源、杭州人工智能计算中心等为基础，充分发挥算力对工业

创新应用的支撑。三是大力推动大模型产业化落地。借鉴北京实施通用人工智能产业创新伙伴计划的做法，大力推进人工智能训练场建设和阿里大模型开发，深入实施"AI＋未来工厂"创新引领行动，围绕"未来工厂"十大场景，探索通用大模型、行业专属模型、企业部署模型协调应用模式。依托杭州市级人工智能产业公共服务示范平台，促进人工智能技术在制造业细分领域的创新应用，深化推进人工智能供给与制造业需求精准对接，加快打造省级未来产业先导区，催生人工智能与制造业融合发展新模式。

（三）探索一批"数实融合"系统解决方案，引领"数实融合"聚链成势

一是探索推出一批行业解决方案。组建产业集群工业互联网服务联合体，深耕智能物联、生物医药、高端装备、新材料和绿色能源等重点产业，联合制订一批适合行业特征的工业互联网解决方案。动态征集数字化转型特色场景，以政策引导工业互联网服务商开展精准研发，推出一批软硬集成、可复制推广的解决方案。二是培育开发一批特色工业应用。借鉴上海实施"工赋链主"计划的做法，打造行业性工业互联网标杆平台，支持工业互联网平台共享工业知识、算法、工具组件，开发一批行业专用和基础共性工业 App，培育面向产业链协同、工业设计、供应链管理、质量管理等场景应用的工业 App 商店或工业软件"超级市场"。三是遴选推广一批"数实融合"标杆。培育国家级智能制造标杆企业、国家智能制造示范工厂，分行业培育一批智能制造示范工厂与优秀场景，树立一批"数实融合"的典型标杆，形成一套可复制、可推广的"杭州智造"新模式。

（四）强化专业化服务要素供给，助力"数实融合"扩面提质

一是建设"'数实融合'能力中心"。以长三角（杭州）制造业数字化能力中心为基础，加快建设全场景数字孪生生产线、"产业大脑＋未来工厂"融合展示中心、未来工厂体验中心、IDE 创新中心和萧山智造走廊，打造沉浸式体验环境，输出数字化服务。二是搭建"数字化诊断服务平台"。对照工信部《智能制造能力成熟度模型》，建立在线企业信息化成熟度评估系统，推行在线诊断，通过大数据检索、关键字匹配手段主动搜集推送解决方案及方案提供商。三是大力引育数字化转型专业服务机构。针对中小企业量多面广、数字化水平低的实际，深化实施数字化工程服务伙伴计划，梳理落实数字化工程服务企业扶持政策，进一步扩大服务商资源池。四是打造"数实融合"人才矩阵。积极推动科技特派员工作扩面，服务中小企业"智改数转"。借鉴北、上、深经验，优化数字人才职称晋升通道，着力培养数字战略科学家、数字领军人才、数字技能人才等专业人才，引导有条件的制造企业与高等院校、职业院校共同建设人才实训基地。

传统服装产业数字化改造：衣邦人案例

毛　薇　韩子阳　蔡　源　邓俊绵[*]

摘要： 随着数字化进程的推进，数字化能力已经成为企业发展的重要动力之一。衣邦人（杭州贝嘟科技公司）作为重新定义中国服装定制的创新企业，构建了数字化平台型生态模式。衣邦人 C2M（用户直连制造）定制平台一边连接了实体的服装定制工厂，另一边连接了广大的顾客定制需求。本文介绍了衣邦人如何通过自身平台实现数字化创新赋能传统服装产业供应链、建设企业生态的模式，借助平台打通上下游信息壁垒，提升全产业链价值，推动数据赋能服装全产业链数字化改造的实现。

关键词： C2M；数字化改造；企业生态；交互赋能理论

本文以衣邦人为案例，剖析数字化如何赋能传统服装产业，实现高质量发展，旨在为传统产业模式的升级与转型提供典型示范，进而推动当地经济迈向高质量发展新阶段。

---

* 毛薇，博士，副研究员，杭州电子科技大学管理学院，研究方向为数字经济、物流与供应链；韩子阳，硕士研究生，杭州电子科技大学管理学院，研究方向为供应链管理与应用；蔡源、邓俊绵，本科生，杭州电子科技大学管理学院工业工程专业。

一、数字化赋能传统产业的价值

数字化技术的兴起推动了产业数字化与数字产业化的发展，成为经济社会转型与高质量增长的关键。下面，综述相关研究成果，探讨其对经济社会发展的深远影响。

（一）数字产业化影响

随着数字经济的蓬勃发展，数字产业化作为其核心组成部分，对经济社会的各个方面产生了深远影响。张超、毛艳华（2024）揭示，数字产业化通过强化城市创新能力和推动产业结构高级化，有效增强了产业链韧性。[①] 艾阳等（2023）进一步表明，数字产业化促进了产业结构的服务化转型，并产生了积极的空间溢出效应。[②] 张钟方等（2023）发现，数字产业化显著提升了高技术产业的研发效率，这一提升受到企业规模、技术密集度和市场化程度等因素的正向调节。[③] 宋旭光等（2022）则强调，数字产业化对实体经济发展具有显著的推动作用，提高了工业企业的全要素生产率。[④]

---

① 张超、毛艳华：《数字产业化能否增强城市产业链韧性？》，《现代经济探讨》2024年第6期。

② 艾阳、宋培、李琳：《数字产业化的结构转型效应研究——理论模型与实证检验》，《经济与管理研究》2023年第12期。

③ 张钟方、侯立军：《数字产业化与高技术产业研发效率——基于随机前沿方法的实证研究》，《工程管理科技前沿》2023年第4期。

④ 宋旭光、何佳佳、左马华青：《数字产业化赋能实体经济发展：机制与路径》，《改革》2022年第6期。

（二）产业数字化效应

近年来，产业数字化在推动经济社会发展中展现出显著效应。赵晨帆（2024）基于区域数据发现，产业数字化能提升流通效率，为数字化转型提供政策建议。[①] 林晨等（2024）指出，城市需构建适应自身发展阶段的数字创业生态以驱动产业数字化。[②] 田晖等（2024）研究揭示，产业数字化能促进碳生产提升，且产业结构优化和环境规制起中介与门槛作用。[③] 冯茜（2023）发现，产业数字化通过提升流通产业集聚促进居民消费扩张，为居民消费扩张提供理论参考。[④]

（三）数字化赋能传统产业发展

数字化赋能传统产业，对推动传统产业提质增效、促进经济高质量发展起到关键作用。赵丹丹、赵秀凤（2024）指出，产业数字化对共同富裕有显著正向影响。[⑤] 孙晓曦等（2023）则强调，传统产业数字化转型对实现"双碳"目标至关重要，尤其是在生产方式低碳化和资源配置效率提升方面。[⑥]

[①] 赵晨帆：《产业数字化对区域流通效率的影响研究——以京津冀区域为例》，《商业经济研究》2024 年第 14 期。

[②] 林晨、赵晨、周锦来等：《数字创业生态影响产业数字化的组态效应研究》，《科研管理》2024 年第 7 期。

[③] 田晖、程新如、秦佳奇：《产业数字化对碳生产力的影响研究》，《工业技术经济》2024 年第 7 期。

[④] 冯茜：《产业数字化对居民消费扩张的影响——基于流通产业集聚的中介效应》，《商业经济研究》2023 年第 21 期。

[⑤] 赵丹丹、赵秀凤：《产业数字化赋能共同富裕：理论机制与实证分析》，《江汉论坛》2024 年第 2 期。

[⑥] 孙晓曦、苗领、王彦杰：《传统产业数字化转型赋能"双碳"目标实现——传导机制、关键问题与路径优化》，《技术经济与管理研究》2023 年第 12 期。

刘众（2023）以纺织服装产业为例，分析了工业互联网如何市场化地赋能传统产业转型，凸显市场在技术创新中的核心作用。[①] 黄宗远等（2023）则从数据要素和技术创新的角度，深入探讨了数字化对传统制造业的正向赋能，为制造业把握数字化机遇、加速转型提供了理论支撑和实践指导。[②] 魏冰（2024）揭示，在新质生产力下以数字化赋能传统产业转型升级为核心，并提出一系列针对性措施，为各个地区传统产业转型提供参考。[③]

数字化技术推动了产业数字化与数字产业化，为经济社会转型提供动力。产业数字化不仅增强了产业链韧性，还显著提升了运营效率；而数字产业化则通过优化流通环节，促进了节能减排。此外，数字化赋能传统产业，为实现高质量发展开辟了新路径。

二、衣邦人企业数字化的实践

在数字化发展的浪潮中，传统的服装行业面临着诸多的机遇与挑战。平台经济的发展是帮助传统企业实现生产效率提升、赢得市场竞争的重要助力。

衣邦人创始人方琴拥有浙江大学计算机科学与技术专业学士学位、浙江大学管理学硕士学位，是一位优秀的复合型人才。2014 年，方琴建立了衣邦人公司，首创“上门量体＋互联网＋工业 4.0”模式，统一调配分散的服装生产企业的生产力。传统的西装定制采取的门店经营模式会产生巨大的租金、店面成本，导致定制西装价格普遍较高。然而，随着大众生活水平的提

---

① 刘众：《工业互联网赋能传统产业数字化转型的市场化逻辑与实现路径——以纺织服装产业为例》，《科技管理研究》2023 年第 8 期。

② 黄宗远、王凤阳、阳太林：《数字化赋能传统制造业发展的机制与效应分析》，《改革》2023 年第 6 期。

③ 魏冰：《新质生产力视阈下数字化赋能传统产业发展研究》，《经济师》2024 年第 10 期。

高，消费者对于定制化、个性化服装的需求也随之上升。衣邦人敏锐地察觉到"互联网＋服装定制市场"的巨大潜力，在2014年公司创立之初就放弃了传统西装的门店经营模式，直接选派专业的量体师提供上门量体裁衣服务。长期以来，衣邦人坚持从数字化角度改造传统服装生产模式。利用自身平台优势发展至今，衣邦人已经是一个集服装选配设计、服装生产协同、原料供应调配、产品运营销售于一体的平台型企业，主要经营高端定制西服，旗下还拥有运动西服、男士西装、男士衬衫、女士西服等12个系列的产品，其数字化改造已深入供应端、制造端。公司的发展历程如图1所示。

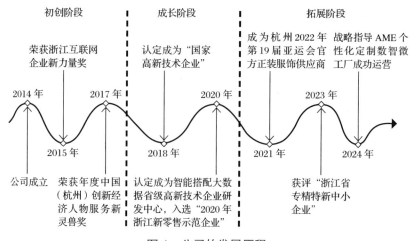

图1　公司的发展历程

在企业的发展过程中，衣邦人的"云裁剪"平台对企业经营模式与企业生态构建都发挥着重要作用。在经营管理方面，衣邦人的"互联网＋上门量体＋工业4.0"的C2M模式与传统的制造企业的经营方式产生了差异，其依托平台进行信息链接，C2M模式使企业动态掌握了用户需求，实现了"以销定产"，有效避免了库存堆积进而降低库存成本。而通过对脱敏后的需求数据进行分析，帮助供应商与服装生产企业及时分析市场变化，既加快了服装企业的反应能力，又打通了企业间的信息壁垒，实现了各环节互相影响、互相促进的交互赋能作用。

平台具有可扩展性，使得衣邦人可以通过平台搭载的方式实现对新技术的快速部署应用。依托平台所形成的新技术快速应用的模式有效缩短了技术应用于生产所需的时间，提升了企业生态圈的敏捷性。通过分析市场需求，衣邦人能够为原料供应企业提供原料生产指导，打通原材料与市场需求的连接，保障供应链稳定性，深刻践行了交互赋能理论，激发产业链各环节的主观能动性，有效提高了企业的动态响应能力。

衣邦人围绕自身平台，打造企业生态，引导助力中小企业数字化转型，实现产销结合，提升全产业链价值。根据用户定制习惯的分析，企业本身能够及时把握市场潮流，并根据市场需求，在2023年成功推出运动西服产品，引起了良好的市场反应。依托平台所建立的企业生态也为企业带来了快速反应的能力，接到订单以后，每个服装样板都有着自己的ID，详细记载产品的材料、款式、纹样、工艺细节等内容。衣邦人平台模式的实践，既为企业发展提供了广大生产力储备，也为传统服装产业数字化改造开拓了一条崭新路径。

综上，企业平台模式帮助上游服装企业进行数字化改革，提升了产业链整体的动态能力。依托于平台经济模式建设的生态模式极大地提高了加工企业的灵活性，通过平台链接，服装企业既可以实时获得市场需求信息，以及脱敏后的顾客信息，还可以根据品牌用户画像灵活地安排生产，由此降低合作企业面临的转型成本与风险。

三、衣邦人数字化改造的实践路径

衣邦人通过数字化平台的建设，集成内部管理系统，融合内外部产业链的数据资源，实现了精准决策与效率提升，提升了智能化、智慧化管理水平，最终实现了数字化、智能化，为传统服装行业持续赋能。这一模式不仅带动了产业链企业整体数字化水平的提升，也为科技企业参与赋能制造业转型提供了强有力的抓手。衣邦人平台模式也践行了交互赋能理论，为中小服装企业走出困境、实现数字化转型提供了新的途径，为全产业链带来了收益，提高了企业动态能力。其在实践当中扮演了如下角色。

（一）衣邦人定制平台是服装业 C2M 模式的引领者

衣邦人是一家有自己的品牌却没有自己工厂的生产型服务类企业，巨量的订单需要通过平台进行生产制造的协同。订单的信息化是保证其能在"云端"流通的重要基础，企业创立之初，就已深知信息化的重要性，自主研发了线上预约平台和智能顾问终端程序，以保障订单信息在"云端"的顺利运行。线上预约平台包含了专属 App、微信小程序、官网等线上销售和服务渠道，帮助顾客可以轻松地找到线上预约渠道并一键预约专业着装顾问上门量体，降低了消费者的定制门槛。量体团队使用的程序中，AI 系统已全部实现了 26 项量体数据在线录入、实时校验，顾客可选择并动态确认服装面料及款式。该程序为着装顾问提供了辅助决策功能，进一步简化或减少了审批流程，迅速提升了服装订单确认效率。

（二）衣邦人定制平台是应用数字样板简化生产流程的探索者

衣邦人依托互联网技术与数字化技术，创新性地研发出数字化样板技术，这项技术加快了企业间的信息交流速度，有效解决了服装定制化业务中为了满足顾客个性化需求而产生的订单变动问题。相较于传统的服装定制企业，衣邦人的数字化样板技术凭借其快速的信息交互能力，显著缩短了打样的时间成本。

原先众多传统服装生产企业缺乏信息化的手段，也未找到数字化转型的有效切入点。实现数字化转型，意味着这些工厂需在生产过程中融入信息化工具，以便高效传输样板文件，并迅速反馈生产状态。这一转型过程需要理论与实践的紧密结合，衣邦人通过运用服装定制样板自动化及排料系统、订单分派系统、面料供应反馈系统以及订单进度反馈系统等模块，实现了订单数据的实时更新，保证企业之间传递的信息无误，极大地缩短了企业生产加工周期，最终成功地将数字化技术深度融入服装定制产业。衣邦人利用数字化技术在传统服装定制产业中实现了创新，不仅显著提升了生产效率，更将数字化技术的作用提升到了推动服装定制产业全面升级的范畴。这一变革不仅为传统服装产业带来了新生机，也充分展示了数字化在赋能传统产业转型升级中的巨大潜力和价值。

通过数字化技术的赋能，衣邦人不仅实现了传统服装定制产业生产效率的显著提升，更为整个服装行业的转型升级提供了明确的方向。凭借数字化的精准管理与高效运营模式，衣邦人正引领传统服装定制行业向智能化迈进。

（三）衣邦人定制平台是"数字化＋工具"产业数智化改造的赋能者

通过构建运营管理系统打造了生产信息汇总与分析、生产资源统筹调度等一系列数字化能力，建立定制平台，搭载兼容专业软件实现了服装定制化和柔性生产的数字化生产模式。一方面，衣邦人将自身平台处理的数据与生产企业实现共享，帮助企业减轻数据收集处理压力，深化企业数字化改造程度；另一方面，衣邦人平台能处理大量数据，不断完善企业自身模型，提高预测精确程度，监控企业生产进度，及时发现市场潜在需求。

从企业发展角度来看，衣邦人统筹了大量信息，实现了对传统服装生产供应链的数字化改造。一方面，使用数据分析技术对资源与订单进行了预估调配，平衡了各个合作企业之间的生产负荷，极大地优化了生产效率；另一方面，衣邦人基于自身大模型实现了对顾客需求的提前预测及将顾客需求反馈直达企业，缩短了信息反馈时间，提升了企业依据市场现状调节自身生产的敏捷性。

从交互赋能角度来看，衣邦人则通过平台实现对外部环境变化的快速感知，以感知数据为基础构建起组织运营系统，并使用系统来统筹整体供应链组织运营管理，提高了供应链的敏捷性，推动相关合作企业实现数字化转型。具体来说，衣邦人以顾客数据为入口，借助自身平台，使用平台技术实现云端统筹运营数据，同时根据运营情况进行动态调整，打通产需链条，实现了对生产需求变化的及时响应以及对定制生产的数字化感知。除此之外，衣邦人在自身管理系统的支持下，实现了生产资源的动态调度，优化了资源组合配置。其具体机理结构如图 2 所示。

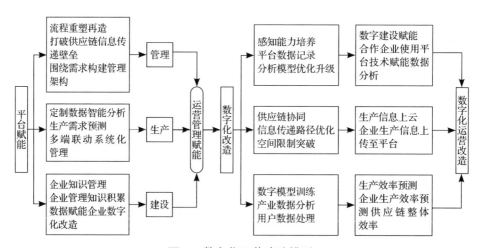

图 2　数字化运营改造模型

（四）衣邦人定制平台是传统服装制造供应链的重塑者

信息化的订单建立后，生产信息与平台连接。服装产品在其制造过程中有多道加工工序，只有对供应链整体实施动态的监控和管理，才能保证服装产品的品质。衣邦人"云裁剪"平台的应用，打通了前端数据与后端工厂的信息壁垒。智能化、标准化的生产方式，能够实时追踪制衣进度，在确保品控的同时实现降本增效。这一创新系统不仅提升了企业的生产效率，还提升了顾客的定制体验。该系统涵盖了从订单到交付的全部流程，为供应商提供了包括订单管理、生产管理、仓储管理、物流管理等功能在内的数字化系统，对上下游供应链的数字化赋能统筹，实现了用平台赋能服装生产、用生产数据改善平台的良性循环，推动全产业链的动态能力提高。凭借供应链管理数字化的实施，衣邦人开创了"面料全球直采、工厂全国合作、顾客全国覆盖"的"云端工厂"模式。

借助自身平台，衣邦人建立起了完善的供应链管理系统，为供应链各个相关企业都带来了新的发展动力，研究组也绘制了概念模型，如图 3 所示。

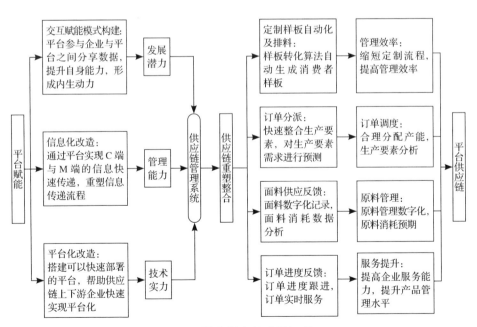

图 3　平台供应链建设机理

（五）衣邦人定制平台是数字化转型实践标准化的推动者

平台模式的建设需要标准的信息输入。没有统一的生产标准也是传统服装产业数字化改造所面临的阻力之一，服装生产制造的标准化体系还有待完善。衣邦人积极参与服装定制与智能制造标准的制定，截至目前，主导起草服装定制数字化相关团体标准 3 项，参与起草团体标准与地方标准 5 项，牵头申请纺织智能制造行业标准立项并获批 1 项。衣邦人通过制造业订单信息化、供应链管理数字化、工厂智能化提升、产业融合标准化构建等手段，推动企业对标准的接受与应用，探索形成了服装个性化定制的"云端工厂"模式，破解了传统服装行业高库存的行业痛点，实现了服装领域"市场快速响应、资源全网利用、要素动态配置、业务高效协同、能力开放共享"的新制造形式，有助于企业运用数字化技术解决服装定制全流程的问题，对数字化赋能服装行业的高质量发展具有实践指导意义。

（六）衣邦人平台模式是服装定制数智微工厂运营的战略指导者

在 2024 年 5 月 AME 服装智能制造展览会现场，衣邦人平台模式助力 AME 个性化定制数智微工厂首次成功运营，该运营成功融合了个性化与高端定制这两大特征。衣邦人"云裁剪"系统及大数据应用，为战略指导企业提供了数据驱动技术支持，现场串联了吊挂、缝制、裁床、熨烫、绣花等设备及系统的数据接口，衣邦人与衣拿（吊挂设备及系统企业）、上工申贝（缝制设备及系统企业）、经纬（裁床设备及系统企业）、威士（熨烫设备及系统企业）、信胜（绣花设备及系统企业）等定制上下游产业携手共同打造了数智化的生产线。这条数智生产线在现场成功实现了从顾客定制化的衬衫需求设计到成品产出全流程的数智化，仅需 2 小时即可完成高级定制衬衫的生产设计、加工及现场交付，推动了服装产业数字化、智能化的转型升级。

近年来，衣邦人在服装行业的信息化、数字化领域持续投入研发资源，自主搭建了大数据系统、数字化供应商平台、"云裁剪"平台、云端智能的分单系统、AI定制系统等，打造了服装智能制造数据的体系，已实现了多家服装供应链端工厂的高效协同，赋能传统服装企业提升其柔性生产制造能力。通过应用数据管理系统，相比传统门店服装定制，订单效率提高了2.1倍。借助平台模式，衣邦人将自己的业务范围扩展到全国各地，当前衣邦人在全国范围内已经拥有49个定制体验中心，为1280个区县提供服务，其依托自身"云裁剪"平台所构建的平台经济模式，除了为衣邦人企业自身带来经济利益之外，也有力推进了服装定制产业链的持续技术革新和数字化的迭代。企业依托自己的浙江省智能搭配大数据研发中心的核心技术及数据优势，赋能了全行业数字化、智能化转型升级。

四、研究结论及对杭州的启示

衣邦人展示了如何通过数字化技术赋能传统服装产业，成功实现了服装定制化，并打造出一个典型的新模式，为传统产业模式的升级与转型提供了示范，推动了当地经济向高质量发展新阶段迈进。

未来，数字化赋能传统产业，将极大地改进传统服装产业。借助智能制造、物联网等技术的深入应用，服装企业将能够实现生产流程的自动化与智能化，从而显著提高生产效率并进一步优化产品质量。这些先进的技术还将助力企业优化供应链管理，有效降低运营成本，进而增强市场竞争力。针对上述前景，提出以下建议。

（一）引导、鼓励数字化投入与技术革新

政府应引导和鼓励传统服装企业进行数字化变革，通过设立专项基金、提供税收优惠等激励措施，引导企业大幅度增加数字化投入。通过推广使用前沿的数字化设备与高效系统，支持企业进行生产流程的智能化改造与升级，从而从根本上提升生产效率与运营的灵活性，为传统服装产业的转型升级奠定坚实基础。

（二）推动产品设计优化与市场多元化

企业应使用大数据分析、人工智能等，优化产品设计流程，实现产品的快速迭代与定制化生产。通过搭建数字化平台，促进企业与消费者之间的直接沟通，精准捕捉消费者的个性化需求，推动商业模式的革新，以全方位满足市场的多元化与个性化需求，增强市场竞争力。

（三）加强环保应用，推动绿色发展

传统服装企业应高度重视环保与可持续发展，将数字化技术与环保理念深度融合。通过设立环保专项基金、提供技术支持与培训等方式，鼓励企业加强数字化技术在环保领域的应用，推动服装产业向低碳、绿色方向转型升级。同时，应积极响应国家"双碳"目标，制定相关政策与标准，推动行业实现经济效益与生态效益的双丰收。

"非遗手工＋设计师＋互联网"新商业模式："王的手创"案例

毛　薇　陈林浩　农寿骐[*]

摘要：随着数据成为新的关键生产要素，数字经济一跃成为当下最受关注的经济形态。本研究探讨了数字经济时代非物质文化遗产保护与传承的创新路径，分析了电商平台在促进非遗文化传播和商业化中的重要作用。通过对非遗产业案例"王的手创"进行分析，本研究揭示了电商平台如何通过数字化手段提升非遗产品的市场竞争力，提出了促进非遗文化可持续发展、实现共同富裕的策略，以期为其他地区的非遗保护与传承提供借鉴和参考。

关键词：数字经济；非遗保护；商业模式；发展策略

非物质文化遗产是中华民族传统文化的重要组成部分。我国拥有丰富的非物质文化资源，涵盖了民间艺术、传统手工艺、民俗文化等多个领域。随着文化强国战略的不断推进，非物质文化遗产的再开发利用已成为备受世

---

* 毛薇，博士，副研究员，杭州电子科技大学管理学院，研究方向为数字经济、物流与供应链；陈林浩，硕士研究生，杭州电子科技大学管理学院，研究方向为数字经济；农寿骐，本科生，杭州电子科技大学管理学院工业工程专业。

界关注的问题。中国共产党第二十次全国代表大会上，习近平总书记再次强调了文化遗产保护的重要性，提出要健全现代文化产业体系和市场体系。当前，非物质文化遗产相关的文创产品不断涌现，展现出强劲的发展势头。2021 年 8 月，中共中央办公厅、国务院办公厅印发了《关于进一步加强非物质文化遗产保护工作的意见》，指出"利用互联网平台，拓宽相关产品推广和销售渠道"。2021 年浙江省发展和改革委员会发布了《浙江省数字经济发展"十四五"规划》，提出"要推动数字经济与文化产业深度融合，利用电商平台推广非遗产品，促进非遗的数字化保护和传承"。

电商平台已成为非遗保护与传承的新舞台。吕云在其研究中强调了非遗数字化的重要性，指出数字化不仅是非遗传承与推广的关键，也是其融入现代生活、激活产业潜能的必经之路。[1] 余红卫的研究聚焦新媒体语境下非遗的数字化传播，指出新媒体技术的发展为非遗的保护和传播提供了新的机遇。[2] 傅才武的研究则从政策角度探讨了抖音等平台技术环境下非遗传播的传承路径与政策创新，提出将抖音等技术平台纳入政策范围，可以产生重大的政策效益与管理效益。[3]

本文通过对"王的手创"案例进行分析，探讨了此种新兴的商业模式——"非遗手工＋设计师＋互联网"，将非物质文化遗产与电子商务相结合，既传承了非遗文化，又创造了现代商业价值。

---

① 吕云：《非物质文化遗产传播路径》，《山西财经大学学报》2024 年 A2 期。
② 余红卫：《新媒体语境下非物质文化遗产数字化传播》，《新闻爱好者》2024 年第 7 期。
③ 傅才武：《"抖音注我"开新局：平台技术环境下的非遗传播传承路径与政策创新》，《图书情报知识》2024 年第 3 期。

一、平台经济赋能非遗文创产业，"王的手创"品牌乘势而上

随着平台经济的广泛普及，非遗文创产品的销售渠道也得到了拓展。2023 年，淘宝平台上非遗相关的店铺数量已达到了 3.6 万家，同比增长了 17.6%；同期，非遗交易额达到了 1073.2 亿元，同比增长了 37.7%，非遗商品的消费者规模已突破亿级。在数字化浪潮的推动下，电商平台作为一种新型经济形态，正在深刻地改变着传统产业的发展模式。本案例研究的"王的手创"品牌，积极探索平台经济如何赋能非遗文创产业，作为一家深植于传统手工艺精髓并勇于创新的非遗文创品牌，"王的手创"拥有一支技艺精湛的手工艺人团队，吸引了 104 万粉丝关注，实现了非遗文化的保护、传承与创新发展。

（一）"王的手创"品牌发展及现状

"王的手创"品牌成立于 2013 年，由王丹青女士创立，该品牌专注于将传统手工艺与现代设计相结合，打造具有非遗文化特色的文创产品，经营方向是挖掘地方文化与手艺人的商业价值，经营理念是"有良知的商业是最大的公益"。品牌初期以苗绣为核心，团队深入贵州黔东南等地区，与当地的绣娘合作，将传统苗绣技艺与现代设计相融合，开发出一系列符合现代审美的手工刺绣产品，并通过电商平台进行销售。2015 年，开启了公司化运营模式。随着品牌的发展，"王的手创"开始探索与不同正版 IP 的联名合作，拓宽产品线，提升品牌影响力，逐渐发展成为自身具有足够影响力、可以反哺非遗文化、推动非遗文化传承与发展的品牌。品牌发展历程如图 1 所示。

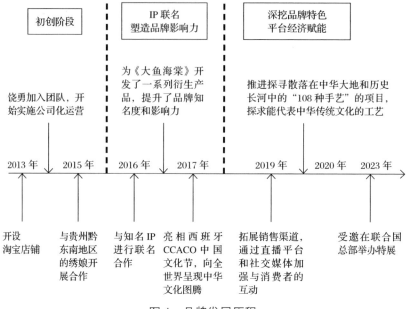

图1　品牌发展历程

（二）企业创始人简介

王丹青女士毕业于贵州民族大学美术学院民间艺术设计专业。她以其独特的艺术视角和坚定的传承信念，将"王的手创"打造成了一个具有广泛影响力的手工艺品牌。"王的手创"品牌在杭州创立，与饶勇先生合作，致力于将传统非遗技艺与现代审美相结合，创造出既具有文化底蕴又符合现代审美需求的手工艺品。她亲自设计、制作每一件产品，从图案设计到配色选择都倾注了大量心血。随着品牌的不断发展壮大，"王的手创"不仅吸引了众多消费者的关注与喜爱，还获得了多个热门IP的正版授权，并与多家国家级博物馆展开合作。"王的手创"通过电商平台将非遗产品推向更广阔的市场，注重积极挖掘和培养手艺人才。

（三）"王的手创"平台化实践

"王的手创"在资源整合上采取了多元化的策略。首先，品牌通过与非遗传承人的合作，将传统手工艺与现代设计相结合，创造出具有文化特色的产品。其次，品牌利用数字化工具和平台，整合线上线下资源，提高了运营效率和市场响应速度。最后，品牌还通过与政府、教育机构、文化组织等的合作，获取到更多的支持和资源，为非遗文化的传承和创新提供了更广阔的平台。

"王的手创"注重手工艺的可持续发展，通过与当地社区的合作，保护和传承传统手工艺，同时也为当地社区带来了经济收益，这与可持续发展理论相符合，即在发展经济的同时保护文化和环境资源。

"王的手创"不仅是一个商业品牌，还积极承担社会责任，关注社会效益和文化传承。品牌通过与非遗传承人合作，提供了就业机会和技能培训。这种方式不仅改善了绣娘的生活条件，还促进了非遗文化的传承与发展，展现了企业在社会责任方面的积极作为。

二、电商平台赋能非遗文创产业的实践路径

针对非遗传播工作的多元化时代要求，"王的手创"形成了"非遗资源＋数字经济＋技术创新＋运营创新"的典型新方式，"王的手创"的实践路径主要包括营销渠道数字化、销售渠道数字化以及非遗文化保护途径数字化等方面。该品牌通过这些路径，实现了非遗文创产业的创新发展，"王的手创"在创建的11年中诠释了如何实现传统手艺与市场需求接轨，如何为传统的手工艺塑造可持续发展的产业供应链，如何让手工艺人能够通过劳作获得回报。

（一）全面挖掘与传承非遗文化，通过电商平台创新非遗技艺的保护形式

非遗文化的传承需要对非遗文化进行全面的挖掘。"王的手创"在商业化的过程中，在使用各种非遗技艺之前，会对当地的非遗文化资源进行全面深入的挖掘和整理，包括传统技艺、民俗活动、民间艺术等多个方面，这些资源既是非遗文化传承的基石，也是非遗文创企业可持续发展的根基。

为了实现对非遗文化的深度挖掘，从 2020 年开始，"王的手创"积极推进探寻苗绣之外的散落在中华大地和历史长河中的"108 种手艺"的项目，主要目的是探求能代表中国传统文化的工艺、文化本身的价值，这些手艺遍布全国各地。自 2020 年项目启动以来，"王的手创"团队已勤勉耕耘，预计至 2027 年完成全部"108 种手艺"的收集与记录工作，当前已成功整理并编撰了 67 种手工艺资料。

（二）"电商＋手工帮扶"，推动非遗文化可持续发展

早在 2006 年，主要流传在黔东南地区苗族集聚地的苗绣就被列入第一批国家级非物质文化遗产名录，"王的手创"传承了具有千年悠久历史的苗绣。2014 年，随着淘宝店订单不断增加，"王的手创"开始挖掘绣娘的技艺。对非遗的保护传承，重在其融入了现代生活，也实现了其当代价值。公司一直积极践行"手工产业帮扶"的理念，使苗绣非遗技艺走进千家万户。"王的手创"提倡与苗寨的绣娘合作，在苗绣的发源地——黔东南，寻找手工技艺精湛的绣娘，通过计件工资的方式，让她们加入手工刺绣团队。在延续苗绣传统的过程中又积极探寻创新变革，"王的手创"每一件作品都源自对传统文化的深度理解。"王的手创"刚开始在黔东南的 4 个县建立了手工村落，帮助超过近千名绣娘实现了脱贫，随后几年间，"王的手创"在贵州、云南、

四川等地设立了 10 多个手工基地。2020 年，"王的手创"被国务院扶贫办评为 2019 年度全国企业精准扶贫 50 佳典型案例。2021 年，贵州省台江县人民政府授予"王的手创""东西部扶贫协作爱心单位"的荣誉称号。

（三）溯源非遗文化的手艺人，展现中华传统文化的深厚底蕴和工匠精神

自 2020 年起，"王的手创"开发了"108 种手艺"项目，将苗绣的成功商业模式经验复制到扎染、手织布、油纸伞、剪刀等多种非遗技艺的发展中，帮助更多的手工艺人拓宽非遗产品的销售渠道。"王的手创"针对每一种手艺类型，在中国只寻找一位手艺人，这些艺人中有国家级工艺美术大师，也有乡村手艺人。目前"108 种手艺"已收集了 67 种，包括钧瓷、绞胎瓷、泥泥狗、布堆画、马勺脸谱等手艺，相关手艺的视频已在"王的手创"网站上播放。视频体现了工艺师傅追求卓越的工匠精神，展现了中华传统文化的深厚底蕴。通过深挖传统文化新的表现形式，传统的非遗文化获得了新知、新的生命力。在"王的手创"线下空间内，有照片墙展示了"108 种手艺"中目前已找到的手艺人。"王的手创"用镜头记录下每一件器物的诞生过程，用创新的商业手法赋予了传统手艺新的价值，让更多的手艺人被大众知晓。

（四）提供非遗手艺聚合平台，实现传统技艺与现代元素的创新融合

"王的手创"一直秉承"保护非遗传统手工技艺，让传统文化变得更有趣"的经营理念，通过传统技艺与现代时尚元素的结合，推动手工艺作品在电商平台上销售。目前团队还将目光投向更多种类的传统手工艺，"王的手创"作为传统手艺的聚合平台，自创建以来一直致力于非物质文化遗产的创

新，将传统手艺与互联网技术相融合，将民间的手工艺推向了更广阔的市场，形成"非遗手工＋设计师＋互联网"的新商业模式。

（五）数字化转型拓展销售渠道，加深与消费者的互联互通

"王的手创"作为传统手艺聚合平台，积极拥抱数字化转型，利用互联网技术和平台，实现产品设计、生产、销售、服务等环节的数字化管理。品牌通过大数据分析消费者行为，优化产品设计和营销策略，提升了用户体验，借助电商平台和社交媒体平台，实现了非遗文创产品的在线销售和品牌推广，拓宽销售渠道。品牌还利用社交媒体、直播等新媒体工具，与消费者进行互动与沟通，提高了品牌影响力和市场竞争力。通过品牌在媒体平台、直播平台上的影响力，为非遗传承人宣传他们的手艺和产品。通过拍摄纪录片、直播带货、出版书籍等方式，让更多人了解到中华文化历史长河中的优秀传统手艺，使得非遗文化得到更加完善、持久、稳定的保护。

近年来，"王的手创"开辟了新的营销渠道，先后在小红书、抖音、微博、微信公众号等渠道发布了种类繁多的新品，如用短视频详细讲解绣法，来吸引更多的年轻人参与尝试。从 2017 年开始，"王的手创"开辟了新产品赛道，通过手作的 DIY 形式切入了消费市场，比如香囊、挂饰，产品涵盖了配饰、玩具公仔、DIY 材料包、节庆礼品等。"王的手创"每年都会推出生肖系列产品，在端午节也会推出刺绣艾草 DIY 小香囊，用户可以购买 DIY 材料包，根据网站上的制作视频，自己动手缝制，从而提升体验感。

（六）非物质文化遗产的数字化保护与发展，激发公众的关注与支持

非物质文化遗产和其蕴含的精神价值通过数字化手段被更加广泛地传

播，促进公众对非遗的全面认知和了解，激发更多人来关注与支持。非遗文化的传承形式也需要创新，要用迎合时代的方式宣传非遗文化。在实施探寻"108 种手艺"项目的过程中，通过跨越 300 多个村落与手工艺发源地的实地探访，"王的手创"团队不仅与超过 200 位手工艺人建立了深厚感情，还翔实记录了每种手艺的独特制作过程与文化背景。这些珍贵的资料已累积超过 10TB 的数据量，并已拍摄成纪录片，精心编纂成书籍即将出版，通过各种媒体平台进行线上线下广泛传播，累计阅读量已突破百万次，将这些非遗技艺融入产品制作过程，极大地提升了公众对传统手工艺的认知与兴趣。

非物质文化遗产的数字化保护与发展，不仅在于提高非遗的社会能见度、拓宽相关非遗产品的销路，更在于能带来非遗保护传承理念的创新，进而为非遗衍生品的设计、研发、生产等提供助力，在保护、传承中形成一种新的知识生成和经验传递的媒介。在数字化世界里，非遗的保护可以通过数据的收集、数字化的存储、立体的展示等先进的技术手段，赋予古老的手工技艺以新的生命力。

（七）与知名 IP 进行联名合作，借助文化热潮寻求市场机遇

非遗文创产业可以通过与知名 IP 进行联名合作，拓宽产品线，利用知名 IP 的网络影响力来提升品牌知名度。通过 IP 联名，成功走出"用商业反哺传统"的新路径，并赋予每一个 IP 生命力和商业价值。在公司发展的关键转折点，"王的手创"以其独到的市场敏锐度和前瞻性的战略眼光，精准地把握住了动画电影《大鱼海棠》所带来的文化热潮与市场机遇。这次合作不仅借势《大鱼海棠》在媒体平台上的火爆效应，迅速扩大品牌影响力，还能在产品设计与制作中，融入影片中的文化精髓与美学理念，创造出既具有传统韵味又不失现代时尚感的手工艺品，从而满足广大消费群体的审美需求与情感共鸣。"王的手创"已获得洛天依、《大鱼海棠》、《你的名字。》、《大护法》、

《熊出没》等一线 IP 的正版授权，为上述热门 IP 设计了衍生产品，并与中国国家博物馆、颐和园等进行合作，既扩宽了产品的销售市场，也增加了绣娘的收入。

三、案例研究结论与启示

近年来，电子商务的快速发展为非遗产品与电商的融合发展带来了更多的机遇，通过"非遗手工＋设计师＋互联网"模式拉近了非遗产品与消费者之间的距离，为非遗产品带来了更大的商业经济价值空间。电商既提供了非遗产业发展和品牌塑造的新路径，也为非遗产品打开了新销路。"非遗手工＋设计师＋互联网"不仅是简单的商业活动，更是一种对传统文化传承与传播的新路径，让非遗在产业融合中获得新的生命力。

"王的手创"充分展现了数字技术对传统营销手段的积极影响，体现出电商平台能够有效赋能非遗文创产业，实现非遗文化的推广与创新发展。对于其他非遗文创企业而言，可以借鉴"王的手创"的经验和做法，利用平台经济模式，通过整合资源、创新产品来提升品牌影响力，实现可持续发展。"王的手创"向消费者展示了其对传统文化的尊重与传承，以及对现代设计的独特理解与创新，为文创产业多元化发展贡献了自己的力量。

结合杭州市的实际情况，本研究提出以下建议，旨在通过电商平台的力量，促进杭州非遗的传承与保护工作，进而以文化推动经济的高质量发展。具体建议如下。

（一）制定电商平台非遗保护政策的框架

为确保电商平台在非物质文化遗产保护中的有效参与，杭州市应制定专门的政策框架，包括税收优惠、资金补贴和技术支持，以促进非遗资源的数字化保护和传承。政策框架还应包含对电商平台的监管指导，确保其在非遗保护活动中遵守相关法律法规，从而保护非遗的真实性和完整性。

（二）构建非遗数字化展示与交易平台

鼓励电商平台构建专门的非物质文化遗产数字化展示与交易平台，利用现代信息技术手段，如虚拟现实（VR）、增强现实（AR）等技术，为非遗项目提供互动性强、体验感好的在线展示平台，同时为非遗产品的交易提供更便捷的线上展销渠道。这一平台应成为非遗项目展示、教育、交流和商业化的综合性空间，以促进非遗文化在全球范围内的传播和认可。

（三）实施非遗传承人电商培训计划

开展针对非物质文化遗产代表性传承人的电商平台培训计划，提升他们在电商平台上的运营能力和市场拓展能力。通过培训，非遗传承人可以更好地利用电商平台进行非遗文化的宣传、展示和产品销售，增强非遗项目的自我发展和传承活力。

（四）加强非遗知识产权保护与管理

在电商平台上加强对非物质文化遗产知识产权的保护和管理，制定严格的监管政策，打击侵权行为，保护非遗传承人的合法权益，维护非遗文化的原创性和独特性。电商平台应与政府机构合作，建立非遗知识产权数据库，为非遗项目的版权保护提供法律和技术支撑，确保非遗文化在数字化转型中的安全和可持续发展。

楼大为 主编

杭州蓝皮书
2025 年杭州发展报告

（社会卷）

陆文荣 执行主编

李 斌 执行副主编

浙江工商大学 出版社
ZHEJIANG GONGSHANG UNIVERSITY PRESS

·杭州·

图书在版编目（CIP）数据

2025 年杭州发展报告. 社会卷 / 陆文荣执行主编.
杭州：浙江工商大学出版社，2025. 4. —— （杭州蓝皮
书）. —— ISBN 978-7-5178-6414-1

Ⅰ. F127.551

中国国家版本馆 CIP 数据核字第 2025DX7331 号

杭州蓝皮书

2025 年杭州发展报告（社会卷）

HANGZHOU LANPISHU
2025 NIAN HANGZHOU FAZHAN BAOGAO（SHEHUI JUAN）

楼大为 主编　陆文荣 执行主编　李　斌 执行副主编

策　　划	陈丽霞
责任编辑	熊静文
责任校对	胡辰怡
封面设计	朱嘉怡
责任印制	屈　皓
出版发行	浙江工商大学出版社
	（杭州市教工路 198 号　邮政编码 310012）
	（E-mail：zjgsupress@163.com）
	（网址：http://www.zjgsupress.com）
	电话：0571-88904980，88831806（传真）
排　　版	杭州浙信文化传播有限公司
印　　刷	杭州宏雅印刷有限公司
开　　本	710mm×1000mm　1/16
总 印 张	73.5
总 字 数	1032 千
版 印 次	2025 年 4 月第 1 版　2025 年 4 月第 1 次印刷
书　　号	ISBN 978-7-5178-6414-1
定　　价	218.00 元（总三册）

编撰委员会

主　任：周国如

副主任：朱学路　章　琪　杨　毅　楼大为

　　　　苏晓松　周小忠

委　员：梁　坤　孙立波　周旭霞　陆文荣

　　　　尹晓宁　赵国青

目录
CONTENTS

专题报告
173

典型案例
375

典型案例

专题报告

分报告

总报告

杭州市公共服务"七优享"发展报告

陆文荣[*]

摘要：党的二十届三中全会提出，在发展中保障和改善民生是中国式现代化的重大任务。必须坚持尽力而为、量力而行，完善基本公共服务制度体系，加强普惠性、基础性、兜底性民生建设，解决好人民群众最关心最直接最现实的利益问题，不断满足人民对美好生活的向往。要完善收入分配制度，完善就业优先政策，健全社会保障体系，深化医药卫生体制改革，健全人口发展支持和服务体系。杭州市委、市政府高度重视公共服务和民生福祉，深入实施《浙江省公共服务"七优享"工程实施方案（2023—2027年）》和《杭州市公共服务"十四五"规划》，在民生建设和公共服务领域取得了卓越成就。杭州市社会发展综合水平连续多年位居全省第一和全国副省级城市第一，连续18年获得"全国最具幸福感城市"殊荣，在全国公共服务质量监测中连续多年位居前列，展现了其在公共服务领域的高水平和高质量。该文聚焦于"七优享"工程的实施成效，系统梳理杭州在促进幼有所育、学有所教、劳有所得、病有所医、老有所养、住有所居及弱有所扶等七大民生领域的公共服务

---

* 陆文荣，杭州市社会科学院社会学研究所副所长、助理研究员。

方面所取得的突出成就，深入剖析了各项工作的独特优势与亮点。对照中国式现代化城市范例标准要求和市民的多样化需求，杭州在公共服务和社会事业发展过程中仍面临一些问题和挑战。借鉴国内外先进城市公共服务发展经验，文章提出了优化杭州公共服务的若干政策建议。

关键词： 公共服务；"七优享"；政策取向

公共服务事关民生改善和民生保障，公共服务的高质量发展是顺应新时代我国社会主要矛盾转变的必然要求，也是实现发展成果更广泛、更公平地惠及全体人民的重要途径。随着人民生活水平的提高，人民对公共服务的需求日益多样化和高品质化，不仅要求"有"，更要求"优"。习近平在全国民族团结进步表彰大会上强调："坚持在发展中保障和改善民生，增强基本公共服务均衡性和可及性，多办顺民意、惠民生、暖民心的实事，不断满足各族人民对美好生活的向往。"为满足人民对美好生活的向往，需要着力补齐民生短板，破解民生难题，兜牢民生底线，办好就业、教育、社保、医疗、养老、托幼、住房等民生实事，全面推进幼有所育、学有所教、劳有所得、病有所医、老有所养、住有所居、弱有所扶，提高公共服务可及性和均等性。确保公民享有基本公共服务是他们的基本权利，而确保每个人都能获得这些服务是政府的主要职责。政府致力于促进机会平等，努力使所有公民都能平等地获得基本公共服务，确保服务的公平性和普遍性。在这一背景下，杭州深入贯彻落实中央和省委、市委经济工作会议精神，聚焦"幼有善育、学有优教、劳有所得、病有良医、老有康养、住有宜居、弱有众扶"七大领域，部署公共服务"七优享"工程，旨在大力推进公共服务的均衡以及优质，持续增强人民群众获得感、幸福感和安全感。

党的二十大报告指出，要深入贯彻以人民为中心的发展思想，在幼有所育、学有所教、劳有所得、病有所医、老有所养、住有所居、弱有所扶上持续用力，促进人民生活的全方位改善。国家发展改革委等部门联合印发的《"十四五"公共服务规划》确立了通过标准化手段推动基本公共服务均等化的目标，首次将更全面覆盖、内容更丰富、满足更高层次需求的非基本公共服务，以及与公共服务紧密结合、有序衔接的高品质和多样化的生活服务纳入规划范畴，提出了支持全面提升公共服务效率和效果的政策。2021年6月，浙江省委明确了高质量发展建设共同富裕示范区的"两阶段发展目标"，即到2025年，浙江省推动高质量发展建设共同富裕示范区取得明显实质性进展，到2035年，浙江省高质量发展取得更大成就，基本实现共同富裕。顶层设计为"七优享"工程的实施提供了明确的指导和方向。2023年，浙江省将公共服务"七优享"列为"十项重大工程"之一，明确聚焦七大领域，即幼有善育、学有优教、劳有所得、病有良医、老有康养、住有宜居、弱有众扶。"七优享"公共服务体系的提出，旨在通过优化资源配置、创新服务模式、提升服务质量，实现教育、医疗、养老、文化、体育、交通、环境等七个领域的全面升级，打造高品质的公共服务体系。这不仅有助于提升市民的幸福感，还能促进社会的公平与和谐。"七优享"公共服务体系的提出，是顺应时代发展、满足人民需求的必然选择。它不仅体现了以人民为中心的发展思想，还为实现共同富裕、促进社会公平正义提供了有力支撑。通过不断优化和提升公共服务水平，我们能够进一步提升市民的获得感和幸福感，推动城市经济社会的高质量发展。

杭州市在"十四五"期间，不仅经济总量稳步增长，而且数字经济蓬勃发展，成为推动经济增长的重要引擎，凭借其坚实的经济社会发展基础，在民生建设和公共服务领域取得了卓越成就。市委、市政府高度重视公共服务和民生福祉，在深入实施《浙江省公共服务"七优享"工程实施方案（2023—2027年）》和《杭州市公共服务"十四五"规划》的同时，布置开展了一系列创新举措，如"智慧城市"建设和数字政府改革，显著提升了公共服务水平和治理效能。在基本公共卫生服务方面，杭州市连续在全省基本公共卫生服务项目绩效评价中综合排名第一，钱塘区、萧山区、桐庐县、淳安县等区县在某些指标评价中表现突出，建立了大量居民电子健康档案，各类健康管理服务率和控制率稳步提升，家庭医生签约服务人数众多。杭州市在公共文化服务方面投入巨大，不仅在公共文化服务现代化发展指数中名列前茅，还通过丰富多样的文化活动和完善的文化设施建设，极大地丰富了市民的精神文化生活。从"15 分钟品质文化生活圈"和"文化客厅"的打造，到各类博物馆、图书馆的建设，杭州正逐步构建起覆盖城乡、便捷高效的公共文化服务体系，新型的公共文化空间生态集群初显。在社会治理方面，杭州积极探索市域社会治理现代化路径，构建了"六和塔"工作体系，实现了精准高效的社会治理。通过数字化改革和智慧城市建设，杭州在风险化解、突发应急、疫情防控等方面展现出强大的治理能力和惊人的应急响应速度。杭州市社会发展综合水平连续多年位居全省第一和全国副省级城市第一，连续 18 年获得"全国最具幸福感城市"殊荣 [1]，在全国公共服务质量监测中连续多年位居前列，展现了其在公共服务领域的高水平和高质量。本文聚焦"七优享"工程的实施成效，系统梳理杭州在促进幼有所育、学有所教、劳有所得、病有所医、老有所养、住有所居及弱有所扶等七大民生领域方面取得的突出成就，深入剖析了各项工作的优势与亮点。

幼有善育。杭州市积极响应国家号召，将婴幼儿照护服务纳入市政府民生实事工程，并成功入选首批全国婴幼儿照护服务示范城市，幼有善育工作成绩在全省排名第一。杭州市已经形成了较为完善的普惠托育服务体系、便捷的照护服务圈、专业的育儿指导体系、有力的政策支持和示范引领体系以及社区共建共治共享的良好局面。一是深化医育结合工作。加强对提供 2 岁

---

① 《杭州连续 18 年入选最具幸福感城市》，2024 年 12 月 23 日，https://www.hangzhou.gov.cn/art/2024/12/23/art_812262_59106840.html。

以下托育服务机构的卫生保健指导，支持托育机构从业人员到签约的基层医疗卫生机构开展"医育跟诊"学习，鼓励托育机构定期监测在托婴幼儿生长发育情况，并为其建立健康档案。杭州市出台《婴幼儿成长驿站管理与服务规范》地方标准，填补了国内相关领域空白。根据杭州市妇联（市政府妇儿工委办）、市统计局2024年5月联合发布的2023年杭州市儿童发展情况监测报告，新生儿死亡率、婴儿死亡率、5岁以下儿童死亡率保持3年持续下降，5岁以下婴幼儿肥胖率从2.41%降到1.85%，全市19万名学生实现"午休躺睡"①，0—3岁儿童发育监测筛查率达60.21%，培育市级"医防护"儿童健康管理中心41个②。二是提高托育服务质量。杭州市卫生健康委员会印发《杭州市推进2岁以下婴幼儿托育服务工作方案》《杭州市普惠托育服务"降本增效"行动方案》，规范保育收费，保证服务质量。杭州将2岁以下婴幼儿托位占比、从业人员岗位培训等纳入杭州市"幼有善育"公共服务优享工程绩效评价指标，加强对托育服务质量的评估和指导。注重提升托育服务质量，定期开展育儿指导和家长养育技能提升课程，如拱墅区建立健全"阳光小伢儿"普惠托育照护服务体系，开展婴幼儿家长养育技能提升专业课堂等各级民生实事项目。三是加大托育服务投入。一方面是推动实施"托育一件事"项目，连续多年加大财政投入，着力打造科学化、规范化、智慧化婴幼儿照护服务体系，为婴幼儿照护与健康成长保驾护航。③另一方面是发放托育补助。出台《杭州市西部区、县（市）卫生健康公共服务优质提升行动计划（2024—2025年）的通知》《杭州市西部区、县（市）养育照护补助发放实施方案》，为西部区、县（市）户籍0—3岁婴幼儿家长发放养育照护券，将养

---

① 《杭州伢儿们过得怎么样？2023年杭州儿童发展报告发布》，2024年5月30日，https://ori.hangzhou.com.cn/ornews/content/2024-05/30/content_8737211.htm。
② 《2023年杭州市公共服务"七优享"工程上半年推进情况》，2023年7月13日，https://www.hangzhou.gov.cn/art/2023/7/13/art_1566998_59084468.html。
③ 《补短板、增供给！杭州财政推动"幼有所育"到"幼有善育"》，2022年4月13日，https://czj.hangzhou.gov.cn/art/2022/4/13/art_1651747_58955601.html。

育照护券分为托育券和发育筛查券。以富阳区为例，发放针对全区的婴幼儿家庭养育照护补助，其中包含"托育补助"和"发育筛查补助"两大类。托育消费券分为乳儿班、托小班、托大班三档，分别对应不同的补助金额，发放养育照护补助，减轻了家庭的经济负担。四是增加托位供给。杭州市卫生健康委员会印发《杭州市推进 2 岁以下婴幼儿托育服务工作方案》，明确增加托位供给的目标和措施。例如，托育综合服务中心婴幼儿生活单元位于一层的，应设置乳儿班、托小班，鼓励街道社区、用人单位举办的普惠性托育机构提供 2 岁以下婴幼儿托育服务。出台《杭州市婴幼儿照护服务设施配建办法》和《杭州市普惠性婴幼儿照护服务机构认定管理暂行办法》，将婴幼儿照护服务设施纳入城市规划基本配套，保障婴幼儿照护服务机构健康运营。截至 2024 年 9 月 19 日，全市婴幼儿照护服务机构有 1537 家，总托位数达 5.9 万个，每千人口拥有 3 岁以下婴幼儿托位数达到 4.7 个，提前实现"十四五"规划目标任务。[1] 积极推进幼儿园"托幼一体化"工作，市教育局会同相关部门出台《关于推进杭州市幼儿园"托幼一体化"工作的实施意见》，市、区县（市）建立幼儿园托幼一体化工作专班，强化工作协同。2024 年秋季，杭州市区各类幼儿园开设近 800 个托班，可提供近 2 万个托位，基本能满足家长相对就近入托的需求。[2] 实施普惠托育服务"降本增效"行动，通过提供办托用房、免费给予装修、降低运维费用等方式，减轻托育机构的运营成本，鼓励更多机构参与托育服务供给。部分区域对幼儿园进行升级改造以适应托育需求，如杭州市西湖区水晶城幼儿园对托班教室生活设施进行升级，杭州市行知金陶幼儿园调整园区班级分布、进行硬件设施改造等。

---

① 《杭州婴幼儿照护成规模，总托位数达 5.9 万个》，2024 年 9 月 30 日，https://www.zj.gov.cn/art/2024/9/30/art_1229463129_60234434.html。

② 《好消息！宝爸宝妈们注意了，还有部分空额！杭州这项政策太贴心》，2024 年 11 月 1 日，https://baijiahao.baidu.com/s?id=1814522302491414574&wfr=spider&for=pc。

学有优教。杭州在推进学有优教工作中展现出卓越成效,通过一系列创新举措和政策实施,不仅大幅提升了教育资源配置的效率与质量,还获得了多项教育领域的荣誉与认可,为全市乃至全省的教育事业树立了标杆,为杭州市教育事业高质量发展注入强大动力,赢得了广泛赞誉,市民群众对教育的满意度和幸福感不断提升。一是均衡教育资源分布,促进教育公平与高质量发展。出台《杭州市公共服务"七优享"工程"学有优教"专项实施方案(2023—2027年)》,明确推进教育资源均衡的目标和举措,进一步支持推进"学有优教"的政策,实施办学资源共建共享、农村教师素质提升、农村学校"提、撤、并"、农村学生健康成长等西部区、县(市)教育公共服务"新四项工程"。通过市级专项资金补助和引导属地政府加大资金投入,支持西部区、县(市)老旧学校改造升级,撤并一批小规模学校。连续5年将中小学、幼儿园建设列入市级民生实事项目,加大力度推进基础教育学校建设。2024年,全市共完成新建中小学、幼儿园96所,新增学位10.09万个。5年来,累计建成中小学、幼儿园543所,新增学位48.3万个。[①]绝大部分新建学校坐落在人口流入多、流入人口年轻化的区域,通过名校领办,输出优质教学团队和成熟管理模式,让新校能够高起点办学。"教育共富城乡一体"被写入《杭州市教育高质量发展行动方案(2023—2027年)》中,通过教师交流、教学资源共享等方式来推动城乡教育一体化发展,持续推进面向西部区县(市)、杭州城西科创大走廊的跨区域教共体建设和高中集团化办学。开展"百人千场"专家名师送教下乡活动,向山区和海岛县倾斜,组织落实相关送教工作。二是提升教师队伍水平,激发教育发展活力。《关于开展2024年杭州市优秀教师、优秀教育工作者、农村教师突出贡献者典型选树工作的通知》明确了选树对象与范围、选树条件等内容,激励教师队伍

---

① 《841个!年度投资2800亿元!杭州重大项目建设最新进展来了》,2024年12月30日,https://m.thepaper.cn/baijiahao_29800372。

发展。全面启动杭州市中小学名师名校长培养工程，构建新时代教师培养模式，以"重实务、重融通、重展示"为导向，注重师德引领与实践考核，实行全程动态化"准入"管理。例如，富阳区依托教师"成长宝"应用，实现档案数字化、考核一体化以及数据互通，自 2022 年 9 月上线以来，"成长宝"已经开发了数字记载卡、数字年度考核、电子合同、电子岗位聘任书等 10 余个与教师日常业务息息相关的应用场景。2023 年 12 月，"成长宝"应用在富阳全区学校、青少年宫推广使用，覆盖全区 169 所学校，18 万名师生家长。① 三是有效落实"双减"政策，深化校内义务教育阶段的课后服务。保持"两个全覆盖"，校外培训机构管理持续加强，建立"四不两直"联动巡查检查制度，对全县所有非学科类校外培训机构进行分类管理，非学科类校外培训机构均须开设预收费监管专户。做好"双减"期间紧急压减的非营利性学科类校外培训机构剩余资产处置工作。做好假期前宣教工作，提醒家长谨慎选择校外培训机构，开展校外培训违规学科广告专项治理工作。四是加强职业教育与培训，提升社会人员的职业技能水平。杭州市努力构建完善的现代职业教育体系，强调职业教育在培养复合型技术技能人才中的核心作用，为本市经济发展提供强有力的支持。2023 年，市本级职业教育投入 21.27 亿元，占市本级教育投入总支出的 22.47%。2022—2024 年，中等职业教育资源得到有效扩充，6 所中职学校校区相继落成并启用。紧盯新技术和新兴产业趋势，增设了一批新专业，引导高等院校加快传统学科与数字技术融合交叉项目建设、鼓励职业院校推广普及智能制造类专业课程体系、支持中职教育畅通人才培养通道。2022—2024 年，全市共有 24 所中职学校新开设了 44 个新兴专业。贯彻"职业学校教育和职业培训并重"的法定要求，面向包括企业职工在内的社会各类人员开展相关职业技能培训，2023 年

---

① 《"数据仓库"赋能教师成长》，2023 年 12 月 26 日，http://www.zjjyb.cn/html/2023-12/26/content_45544.htm。

全市中等职业教育培训（32 学时以上）完成 156342 人次，有效提升了全市劳动者的职业技能水平和就业创业能力。开展职业技能提升行动，2023 年投入职业技能提升行动资金 3686 万元，2024 年投入 3720 万元，用于支持实施新时代浙江工匠培育工程，重点聚焦智能互联、生物医药、高端制造、新材料、绿色能源五大产业生态圈等重点领域，大规模开展有针对性的职业技能培训。[①]

劳有所得。杭州市实施一系列创新性的就业促进政策、强化劳动者权益保障、提升劳动者技能水平等措施，不仅有效推动了就业市场的繁荣稳定，还成功打造了技能人才高地，赢得了社会各界的广泛赞誉和高度评价。杭州着力加强培育新时代"名城工匠"，完善工资收入分配制度，保障劳动者合法权益，制订落实新一轮大学生就业创业三年行动计划，积极推进萧山技师学院、杭州市第一技师学院临安校区等重点项目，率先形成"人人有事做、家家有收入"的高质量就业创业体系。一是完善高质量就业创业体系。杭州重塑并形成"1+4+N"具有杭州辨识度的就业创业政策体系，坚持就业优先战略，深化青年发展型城市建设，为劳动者提供更多的就业机会和创业支持。加大高层次人才的招引力度，坚持"高精尖缺"导向，为各类人才提供良好的发展环境和优厚的待遇。制订落实新一轮大学生就业创业三年行动计划，鼓励大学生创业创新，为大学生提供更多的就业机会与创业支持。《杭州市公共服务"七优享"工程实施方案（2023—2027 年）》包含了"劳有所得"方面的规划和部署，为就业相关工作提供政策依据和方向指引，《杭州市就业创业政策实施细则》为劳动者提供更加全面、精准的就业创业服务。在人才培育方面，全力打造"名城工匠"品牌，积极推进萧山技师学院、杭州市第一技师学院临安校区等重点项目，培养更多高技能人才，为产业发展提供人

---

① 《杭州市教育局关于杭州市十四届人大四次会议富阳 9 号建议的答复》，2024 年 11 月 25 日，https://www.hangzhou.gov.cn/art/2024/11/25/art_1229505913_4316374.html。

力支撑，提高劳动者的就业竞争力。2023 年杭州市完成职业技能培训 23.06 万人，新增技能人才 6.79 万人、高技能人才 2.4 万人。[①] 截至 2024 年 11 月底，杭州市已培养持证数字高技能人才 1.94 万人，提前超额完成该市民生实事中"7500 人"的目标任务。[②]2023 年 6 月、9 月，杭州选手先后在第二届浙江技能大赛、第二届全国职业技能大赛获 30 个一等奖、24 个二等奖、35 个三等奖和 1 金 5 银 1 铜 25 优胜好成绩。[③] 对就业困难群体提供更有针对性的就业帮扶，开展职业技能培训与就业推荐相结合的服务模式，针对不同群体特点和需求提供个性化的就业解决方案。二是畅通供需渠道，大力推进创业就业。除线下招聘活动外，大力发展线上招聘平台，拓展招聘渠道。2024 年杭州市人力社保局将坚持就业优先战略，力争实现城镇新增就业 25 万人以上，城镇调查失业率控制在 5% 以内。2024 年 1—4 月，杭州市城镇新增就业人数为 10.68 万人[④]；1—6 月，城镇新增就业人数达到 15.77 万人[⑤]。杭州市还通过举办各类活动来促进就业，如"乐业杭州　创享未来"2024 杭州市高校毕业生暨青年就业促进大会系列活动，吸引了众多高校大学生及企业的参与。此外，杭州市还推出了"春雨计划"，作为 2024 杭州十件民生实事之一，计划新增城镇就业 25 万人，培养持证数字高技能人才 7500 人，为离

---

① 《2023 年市人社局民生实事项目第二季度进展情况》，2023 年 7 月 10 日，https://www.hangzhou.gov.cn/art/2023/7/10/art_1566998_59084251.html。

② 《杭州前 11 月已培养持证数字高技能人才 1.94 万人》，2024 年 12 月 26 日，https://baijiahao.baidu.com/s?id=1819512407293945871&wfr=spider&for=pc。

③ 《技能人才总量位居全省第一！名城育工匠，杭州何以居于前列？》，2024 年 6 月 21 日，https://hznews.hangzhou.com.cn/chengshi/content/2024-06/21/content_8747536_0.htm。

④ 《杭州市 2024 年 1-4 月人力资源社会保障数据》，2024 年 5 月 31 日，https://hrss.hangzhou.gov.cn/art/2024/5/31/art_1229196702_4272264.html。

⑤ 《杭州市 2024 年 1-6 月人力资源社会保障数据》，2024 年 7 月 31 日，https://hrss.hangzhou.gov.cn/art/2024/7/31/art_1229578393_4287619.html。

校 2 年内未就业的高校毕业生提供见习岗位 1.1 万个 [①]。还比如从需求侧入手，余杭区人力社保局以助企小分队的形式提前调研企业用工需求。三是强化高水平人才支撑。紧紧围绕省委"三支队伍"建设和市委"深化改革、强基固本"主题年、"春雨计划"等重大战略部署，积极推进安心育才、用心引才、尽心留才、贴心助才，切实推动人才服务各项工作稳进增效、再添动能。重点做好全面优化大学生就业创业服务、拓宽区域内外人才招引渠道、提升人才公共服务质量、扩面增效"春雨计划"等四大工作，全力打造最优人才生态城市。《中国城市人才吸引力排名 2024》显示：2023 年杭州的人才净流入率为 1.2%，杭州位列 2023 年最具人才吸引力城市 100 强第 5 位。[②]2024 年 11 月，智联招聘和泽平宏观联合推出的《中国城市 95 后人才吸引力排名：2024》报告显示，95 后人才倾向前往东部地区，尤其是长三角珠三角城市群。杭州跻身"95 后最向往城市"前五，仅次于深圳、北京、上海、广州。[③]2020 年以来，杭州新引进青年大学生超过 180 万人，人才净流入率连续多年位居全国第一。[④]《2024 海外留学人才就业发展报告》显示，在海归人才吸纳力和吸引力两大维度上，杭州均位列全国第五，仅次于北上广深。杭州以电商、直播、生命健康领域等为代表的产业发展迅速、人文环境宜居且平均招聘薪酬较高，2023 年超深圳、广州，在重点城市中位列第

① 《定了！杭州市政府 2024 年度十件民生实事出炉！》，2024 年 2 月 2 日，https://www.hangzhou.gov.cn/art/2024/2/2/art_1229680103_59093389.html。
② 《人才吸引力下降，杭州正在逐步变得留不住人才》，2024 年 6 月 4 日，https://baijiahao.baidu.com/s?id=1800937997456749161。
③ 张留、丁书童：《杭州，榜榜有名》，2024 年 12 月 31 日，https://baijiahao.baidu.com/s?id=1819955007901407578&wfr=spider&for=pc。
④ 《青年"奇遇"——杭州邀你在"第一站"开启城市"副本"》，2024 年 8 月 29 日，https://news.sina.com.cn/zx/gj/2024-08-30/doc-incmkumk3618119.shtml。

三。① 四是保障劳动者权益。完善工资收入分配制度，保障劳动者能依据自身的劳动贡献来获得合理的报酬，推动收入分配更加公平公正。加强工资宏观调控，建立工资指导线制度，发布企业工资增长指导意见；完善最低工资标准调整机制，确保最低工资标准能保障基本生活需求并适时调整。2023 年杭州市立案欠薪案件 4636 件，欠薪线索动态化解率为 95.14%。②2023 年全市共为 9.4 万余名劳动者追发工资待遇 9.6 亿余元。③ 在劳动关系和谐稳定方面，全方位保障劳动者的合法权益，涵盖劳动安全保障、劳动时间合理规定、防止劳动歧视等多方面内容。2023 年杭州市有效办结劳动纠纷 28990 件，劳动争议仲裁结案率为 85.96%。④2024 年杭州开展"开工第一课"，组织法治培训 730 余次，服务用人单位 4.2 万余家，发送维权短信 700 万余条，宣传欠薪违法典型案例 1000 余个。各类劳动保障法律法规、典型案例宣讲走进基层、走进企业项目部、走到劳动者身旁，帮助提升用人单位依法用工意识和劳动者依法维权能力，从源头降低欠薪事件发生概率。2024 年上半年，杭州全市已检查用人单位 8.2 万余家，为 2.68 万余名劳动者解决工资待遇 3.36 亿余元。杭州还通过开展根治欠薪"提升年"行动，检查项目 2215 个，下发整改通知书 1762 份，约谈企业 1040 家；开展在建项目"一月一巡查""月清月结"等行动。⑤ 杭州市在全省率先推行新时代和谐劳动关系街道评价标准，通过机制

---

① 《2024 中国城市人才吸引力排名发布 杭州位列全国第五》，2024 年 6 月 4 日，https://hznews.hangzhou.com.cn/chengshi/content/2024-06/04/content_8739143.htm。

② 《2023 年杭州市公共服务"七优享"工程上半年推进情况》，2023 年 7 月 13 日，https://www.hangzhou.gov.cn/art/2023/7/13/art_1566998_59084468.html。

③ 《杭州今年为 9.4 万余名劳动者追发工资待遇 9.6 亿余元》，2023 年 12 月 20 日，https://www.hangzhou.gov.cn/art/2023/12/20/art_812266_59091157.html。

④ 《2023 年杭州市公共服务"七优享"工程上半年推进情况》，2023 年 7 月 13 日，https://www.hangzhou.gov.cn/art/2023/7/13/art_1566998_59084468.html。

⑤ 《我市今年已为劳动者解决工资待遇 3.36 亿余元》，2024 年 7 月 29 日，https://www.hangzhou.gov.cn/art/2024/7/29/art_812262_59100565.html。

共建、平台共创、效益共享,推动和谐劳动关系深入开展创建活动;加强劳动争议调解仲裁效能,建立新业态劳动纠纷调解"一站一室一厅"。

病有良医。在病有良医理念的指引下,杭州在解决民众"看得了病""看得起病""看得好病"等方面取得了突出成绩,目前杭州已实现三甲医院区、县(市)全覆盖,连续3年被评为全国健康城市建设样板市,连续4年在浙江省中医药发展指数中排第一。同时,杭州积极支持"西湖益联保"健康发展,促进中医药传承发展,并健全发展公共卫生体系,被评为全国医疗卫生先进城市,努力让市民在家门口就能看得上病、看得好病,甚至提前预防,治"未病"于当下。一是优化医疗资源配置。统筹市域卫生服务体系建设,促进全市卫生健康资源配置均等化;推进三甲医院在区、县(市)的全覆盖;按照相关政策投入专项资金用于基层医疗设施建设,并制定人才激励政策(如对到基层服务的医护人员给予优厚补贴和晋升机会),出台《杭州市医疗卫生服务体系暨医疗机构设置"十四五"规划(杭州市区域卫生"十四五"规划)》,合理规划医疗机构地理位置分布,在医疗资源薄弱区域加大投入(新建或扩建医院、引进设备和人才),推进重点工程建设(如杭州市推进市一医院新院区、市西溪医院二期等建设,以及职业病防治院迁建),积极推进市疾控中心实验室和物资储备库扩建项目、市中医院丁桥院区(市丁桥医院)重大疫情救治基地、市西溪医院二期工程、市第九人民医院二期工程、市第一人民医院城东院区等关键项目①,便于群众就近就医。二是推进智慧医疗建设。积极应对市民就医的迫切需求,不断完善智慧医疗体系,推出了一系列创新措施,如"诊间结算""先看病后付费"和"医学检查检验结果互认"等,以简化就医流程,提升医疗服务的便捷性、规范化和智能化。创新互联网医疗服务模式,推出杭州市互联网医院平台,实现了从看病、查看

---

① 《杭州市"平急两用"公共基础设施重大项目开工》,2023年11月30日,https://hwyst.hangzhou.com.cn/xwfb/content/2023-11/30/content_8652120.htm。

报告、复诊、配药到结算的全流程线上服务闭环。截至 2024 年 8 月，杭州市已有 13 家市级医院、25 家区县级医院和 159 家社区卫生服务中心加入线上平台，平台上有超过 3000 名医生提供网络医疗服务，共完成了 83 万次的在线诊疗服务，市民累计访问 1894 万次。[①] 杭州市卫生健康委员会于 2023 年 7 月在全市所有 45 家二级及以上医院统一部署了数字化陪诊服务。截至 2024 年 8 月，该服务的日均使用量已经超过 10 万人次，平均每名患者通过这项服务可以节省大约 15 分钟的就诊时间。[②] 此外，拱墅区开出全市首张社区医院"互联网＋医保"处方订单，并率先实现社区卫生服务中心全覆盖；红石板社区建成全省首家社区数字中医馆，其"标准处方放心云煎药＋城市共享中药房"入选共富试点项目；杭州市第一人民医院基于实体医院建成线上全流程闭环互联网医院。西湖区打造"浙里康养"医养融合西湖模式，上榜全国医养结合典型案例，"全民共享智慧健康养老"被列入健康浙江行动优秀案例。三是健全医疗保障制度。深入实施《关于深入推进医疗健康与养老服务相结合的实施意见》，积极探索并完善医疗保障制度，扩大商业补充医疗保险的覆盖范围并发挥其补充报销作用，将符合条件的医养结合机构中的医疗机构按规定纳入基本医疗保障协议进行管理，促进"西湖益联保"健康发展，为参保居民提供医保报销后剩余费用的再次报销，减轻患者的医疗负担，探索杭州全民健康实践。从 2021 年到 2023 年，"西湖益联保"的保费规模累计超过 21 亿元，赔付率达到 101.84%。截至 2024 年 10 月底，"西湖益联保"已累计赔付超过 286 万人次，惠及 35.59 万人，总赔付金额达到 26.68 亿元。[③] 四是推动中医药服务特色发展。以创建浙江省中医药综合改革

① 《杭州以智慧之帆加速实现卫生健康现代化》，2024 年 8 月 18 日，https://baijiahao.baidu.com/s?id=1807685818022352841。
② 《杭州以智慧之帆加速实现卫生健康现代化》，2024 年 8 月 18 日，https://baijiahao.baidu.com/s?id=1807685818022352841。
③ 《"西湖益联保"：探索全民健康杭州实践》，2024 年 12 月 6 日，https://www.hangzhou.gov.cn/art/2024/12/6/art_812262_59106243.html。

先行区为抓手，制定从中医人才培养到中医医疗机构建设等多方面的政策。发挥中医优势，全市县级中医医院达二级甲等以上水平，所有社区卫生服务中心（乡镇卫生院）开展中医药服务，推广中医适宜技术，注重中医人才培养（如举办培训班、师徒传承等），在基层推广中医适宜技术（针灸、推拿、艾灸等）；推广中医药文化，建设景区特色中医药体验馆、博物馆、膳食馆、养生馆，萧山区推出健康生活体验馆，拱墅区打造桥西中医药特色品牌街区。桐庐县"中医处方一件事"入选全省综合医改"十佳典型案例"，优化了服务流程，为中医药传承发展提供支撑。五是健全公共卫生体系。深入实施《健康杭州三年行动计划（2023—2025年）》，构建健康杭州建设新格局，促进人民健康政策体系建设，健全公共卫生体系。加强公共卫生应急物资储备，建立健全应急物资管理机制，高水平推进"红十字救在身边"工作，构建全人群全周期健康服务体系，推进传染病防控预警、诊疗行为监测预警、医疗行为质控管理等公共卫生服务。截至2024年6月底，杭州市共有8282台AED（含待审核）统一纳入管理信息平台，机场、火车站、地铁站等人流密集场所已基本覆盖。[①] 六是注重提升基层医疗服务能力。加强基层医疗机构建设，开展"优质服务基层行"活动，提升县级医院服务水平，开展基层医疗机构优化布局调整试点，实施高水平县级医院"七大行动"建设，深化医疗卫生"山海"提升工程，实施中医药特色专科"百科帮扶"项目，推广"浙里智医"平台，推进"浙里护理""数字健康人"等数字应用建设。桐庐县开展"百医进百村"系列活动，各医共体下沉县级专家2060人次，各成员单位赴总院学习14人次。开展基层医疗机构优化布局调整试点工作，在城南、凤川、横村、钟山等4个镇街开展试点，县财政投入300万元，在县中医院医共体配置农村巡回医疗车，安装车载DR、移动B超等医疗设备，

① 《急救"零距离"！TA两周岁了》，2024年7月15日，https://wsjkw.hangzhou.gov.cn/art/2024/7/15/art_1229113673_58938341.html。

为 4 家卫生院配置卫生健康直通车，配合随车移动医疗工作站，开展巡回医疗工作，满足群众家门口就医需求。①

老有康养。通过统筹谋划、创新突破和精准发力，着力构建"大社区养老"新格局，推动养老服务供需精准对接、更可持续，在智慧养老、家庭养老床位建设、困难老年人家庭适老化改造等方面取得重要进展，多项工作入选全国或全省优秀案例，养老服务工作获得国务院的督查激励。"老"的保障进一步完善，基本养老保险应保尽保，高龄津贴制度不断完善，失能失智老年人都能得到长期照护保障；"有"的布局进一步优化，养老服务设施布局不断优化、资源配置更加合理，高品质养老服务机构不断增加，养老机构床位不断优化，护理型床位和认知障碍床位明显增加，形成一批可复制可推广有影响的机制创新成果；"康"的品质进一步提升，大中型养老机构"阳光厨房"全覆盖，医养康养结合更加紧密，区、县（市）安宁疗护病区全覆盖，基本形成康养联合体乡镇（街道）全覆盖；"养"的覆盖面进一步拓宽，"老有康养"重点任务以动态形式迭代推进，老年人享受的公共服务数量质量双提升。老年人不分户籍均能享受养老服务设施，越来越多的老人家庭开展适老化改造，助餐送餐服务覆盖面不断扩大，助餐人次逐年增加，养老服务智能服务终端配备率明显提高，公共服务协同一体化成效更加显著。一是健全基本养老制度体系，不断加强"老"的保障。积极健全多层次多支柱养老保险体系。稳步推进灵活就业人员、新业态从业人员参保，推进基本养老保险应保尽保。合理调整基础养老金标准，为老年人的生活提供更坚实的保障。积极稳步地推进长期护理保险制度试点和扩面工作。在桐庐试点中，截至 2023 年 12 月，桐庐全县参加长期护理保险的共 41.25 万人，累计享受待

---

① 《桐庐县卫健局 2023 年工作总结及 2024 年工作思路》，2024 年 1 月 24 日，https://www.tonglu.gov.cn/art/2024/1/24/art_1229247108_4234984.html。

遇人数 6167 人，支付待遇金额 9898 万元。[①] 在淳安，商业化长期护理保险参保人数达到了 18.19 万人。[②] 推行公办养老机构改革，鼓励市县社会福利中心和敬老院改制为国有企业或公建民营企业，使公办养老机构的运行机制更灵活，市场竞争更有力，服务老人更专业。实施《杭州市居家养老服务条例》，推动《居家养老助餐服务规范》列入国家标准制定计划，先后形成《居家养老服务质量规范》《养老机构服务安全基本规范》等地方标准。二是优化养老服务资源布局，不断提升"有"的质量。杭州抓好《杭州市养老服务设施布局专项规划》落地，将成果纳入国土空间规划"一张图"中。以社区服务综合体为重要抓手，完善居家社区养老服务的设施和网络，大力推进居家生活照料、巡诊、康复护理、送餐助餐、助浴等"一站式"为老服务。因地制宜发展"中央厨房＋中心食堂＋助餐点"，就近就便满足老年人用餐需求。扩大老年教育资源覆盖面，2023 年全市乡镇（街道）老年学校实现全覆盖，让老年人的终身学习理念得以落实，加快老年教育人才培养，鼓励有条件的高校设立老年教育相关专业，培养老年教育专业人才。通过完善"固定＋流动"的乡村基层医疗卫生服务模式，西部区、县（市）共配置了 37 辆巡回医疗车，设立了 209 个巡回医疗点，确保了人口在千人以上的行政村医疗卫生服务的全覆盖，实现了医疗空白村的"动态清零"。三是推动医养康养融合，不断提高"康"的水平。开展医养康养结合深化行动，加大医养结合保障力度，多渠道增加医养康养结合服务供给。深化医疗卫生机构与养老服务机构签约合作，积极发展居家社区医养结合服务，实施社区医养结合能力提升行动。积极推进中医药健康服务进社区行动，鼓励社区卫生服务中心和乡镇卫生院设置中医康复诊室和康复治疗区，开展基层医务人员中医药

---

① 《桐庐县医疗保障局 2023 年度工作总结和 2024 年工作思路》，2024 年 8 月 12 日，https://www.tonglu.gov.cn/art/2024/8/12/art_1229247108_4290348.html。
② 《关于〈杭州市居家养老服务条例〉贯彻实施情况的报告》，2024 年 8 月 29 日，https://z.hangzhou.com.cn/2024/rddsjchy/content/content_8780253.html。

康复技术培训。推进医疗机构安宁疗护病区（房）建设，推动基层医疗卫生机构和民办医疗机构提供安宁疗护服务，创新推广"居家—社区—门诊—病床"多元一体的安宁疗护服务模式。稳步提升公共卫生服务的质量和效率，深化家庭医生签约服务与社区网格化管理的融合。2021—2023年，共设立家庭病床27228张，为超过159万名老年人建立了电子健康档案。四是提升养老服务质量，不断拓展"养"的覆盖面。开展养老机构食堂质量达标行动，加强食品安全设备和管理能力的提升。到2027年，养老机构食堂量化等级全面消除C级，大中型养老机构"阳光oven"全覆盖。通过实施养老护理员岗位津贴政策，激励和培育专业护理人才，有效提升了养老服务人才的专业水平和服务质量，使得杭州市每万名老年人拥有的持证养老护理员数量达到27人。持续推进养老机构开展认知障碍照护专区床位建设，2024年全市新增认知障碍照护专区床位1202张，完成率达到120.2%。[1] 为了更好地满足老年人的养老服务需求，杭州市在2022年10月1日之前，对已建成的住宅小区进行了养老服务设施的补充建设，共补足了317个养老服务圈，总面积接近10万平方米。[2] 2021年以来，杭州市共建成居家养老服务用房面积超过21.26万平方米，其中交付使用的面积达到了16.81万平方米。

住有宜居。杭州"七优享"工程中的"住有宜居"工作取得了诸多荣誉，西湖区"幸福荟"民生综合体获得省级奖项并入选最佳实践案例，拱墅区的浙工新村小区危房改造项目获得省建设厅、市建委的高度评价和省、市领导的肯定批示，杭州市整体"七优享"工程在省级评定中一季度、二季度均获五星等次，这一系列成果彰显了杭州在住房保障、社区服务等多方面朝着"住有宜居"目标迈进的显著成绩。一是优化住房保障体系，满足不同群

---

① 《2024年市民政局民生实事项目第四季度进展情况》，2025年1月3日，https://www.hangzhou.gov.cn/art/2025/1/3/art_1566998_59108057.html。

② 《关于〈杭州市居家养老服务条例〉贯彻实施情况的报告》，2024年8月29日，https://z.hangzhou.com.cn/2024/rddsjchy/content/content_8780253.html。

体的住房需求。出台《杭州市人民政府办公厅关于印发杭州市加快保障性租赁住房实施方案》等保障性住房的相关政策文件，建立多主体供给、多渠道保障、租购并举的住房制度，满足不同群体的住房需求。2024年，住房保障工作被列入杭州市民生实事项目，明确分配公租房实物配租房源6000套，新开工保障性住房100万平方米，推出保障性租赁住房8000套，推出青荷驿站房源500套（间）。2024年全市实际推出公租房实物配租房源10665套，新开工保障房145.48万平方米，推出保障性租赁住房13114套，推出青荷驿站房源1717套（间），超额完成民生实事目标，为更多市民构筑了"安居梦"。[①] 截至2024年8月，杭州已累计开工建设约7500套配售型保障性住房。[②] 坚持数字赋能，通过大数据自动比对审核，实现公租房货币补贴按月自动发放、精准识别保障对象并提供主动保障服务，以及"亲清在线"大学生租房补贴一键兑现。二是推动老旧小区改造，实现住房居住品质的跃升。老旧小区改造政策涉及社区内部道路修缮、绿化提升、公共活动空间打造等内容，推动社区内住房与养老、托育、医疗等民生服务设施的配套建设，融合住房与民生服务。截至2024年10月底，已开工省民生实事计划270个、3000栋，开工率达104%；已开工市民生实事计划201个，完工率达101%。[③] 近年来杭州老旧小区改造涌现出的典型案例包括：上城区特有爱·荷湾幸福街区推出"乐荷时光·幸福共享体"幸福邻里食堂、便老带小融合服务、特有爱"合伙人"等项目；西湖区"幸福荟"民生综合体获得省级奖项，汇聚

---

① 《2024年度住保房管民生实事超额完成！用心用情用力书写幸福篇章》，2024年12月26日，https://www.hangzhou.gov.cn/art/2024/12/26/art_1229820131_59107032.html。

② 《上半年全市开工建设配售型保障性住房约7500套 杭州扎实推进保障性住房建设》，2024年8月19日，https://hznews.hangzhou.com.cn/chengshi/content/2024-08/19/content_8775315.htm。

③ 《100%完成！今年杭州老旧小区改造省市民生实事提前超额完成》，2024年11月10日，https://baijiahao.baidu.com/s?id=1815335001679827557&wfr=spider&for=pc。

了 20 余个民生服务部门的力量及 11 个镇街的资源，统一规划助老、健康、活力、教育、治理、生活和至善七大空间，开拓挖掘了 20 余项个性化、特色化服务，打造公共服务"15 分钟幸福圈"升级版的项目；杭州市住保房管部门推出"美好家园"住宅示范小区评选[①]；拱墅区通过拆改结合在和睦新村打造了总面积达 1 万平方米的"阳光老人家·颐乐和睦"综合养老服务街区。三是实施危旧房重建工作，保障城乡房屋安全。杭州市开展城市体检与城市有机更新的深度融合，推动市、区县（市）两级全面开展城市体检。明确城市房屋安全管理的责任和要求，制定危旧房改造的相关政策和标准。按照"居民主体、政府主导、住建主推、街道主抓、街校主责"基本原则，实施危旧房拆除重建等工作。推进农村困难家庭危房改造即时救助政策，推进农村危房实质性解危工作，如对 C、D 级危房进行拆除、修缮解危，制定一户一策一方案。比如杭州富阳区 2023 年完成农村困难家庭危房改造救助 48 户、拨付资金 231.8 万元，拆除 C、D 级危房 31 户、修缮解危 21 户。[②] 四是吸引多方资本投入，全面推动城市更新。城市更新包括居住区综合改善、产业区聚能增效、城市设施提档升级、公共空间品质提升等多个方面。杭州的城市更新计划不仅体现在顶层设计的政策上，更体现在对多方资本的吸纳上，推动城市更新领域各类资金整合和统筹使用。在政策支持层面，2024 年，杭州市发布《杭州市全面推进城市更新行动方案（2023—2025 年）》，为全市高质量实施城市更新行动列出了时间表、绘制了路线图，计划在 3 年内实施更新项目多达 4952 个[③]。《杭州市城市更新条例》已被列入市人大立法预备

---

① 《113 个！2023 年杭州市"美好家园"住宅示范小区评出来啦》，2023 年 11 月 9 日，https://www.zj.gov.cn/art/2023/11/9/art_1229410577_60181258.html。

② 《我区公共服务"七优享"住有宜居三季度考核获评五星等次》，2024 年 5 月 30 日，https://www.fuyang.gov.cn/art/2024/5/30/art_1229351626_59361980.html。

③ 《杭州发布城市更新路线图 三年 4952 个项目，让城市更新生活更美》，2024 年 3 月 16 日，https://hznews.hangzhou.com.cn/chengshi/content/2024-03/16/content_8702282.htm。

项目，为城市更新提供了法律保障。在资金投入方面，杭州市成功入选首批15个中央财政支持城市更新行动试点城市，城市更新项目获得了政策和资金方面的大力支持。除了强化市区两级的财政资金投入，杭州市积极撬动社会资本参与城市更新。还做了两项探索：积极引导专营单位出资，移动、电信、联通、电力、水务、燃气等国有企业大力承担老旧小区管网改造、弱电线路割接等费用约5亿元；推动社会力量参与，如上城区新工社区引入玉皇山南停车公司投资1100万元建设运营停车楼项目，拱墅区大关西苑引入民间资本800余万元建成全市首个老旧小区立体停车库；拱墅区和睦新村引入全省首家民营康复医疗中心（浙江慈继医院管理有限公司）投资600万元改造老年康养中心，引进华媒维翰幼托机构投入350万设立婴幼儿照护中心；上城区及西湖区翠苑街道等引入宋都和绿城等品牌物业实施综合大物业工作机制。① 从具体项目来看，2024年度，杭州全市计划实施城市更新行动10大类26项任务共1626个项目，截至6月底，项目实施数1682个，实施率103.4%；其中938个项目完成年度目标；累计完成投资500亿元。第一批18个重点片区年度累计完成投资额达34.6亿元，共有6个片区已开工实施，其中萧山火车西站更新片区、余杭街道历史保护街区更新片区、建德城南新区更新片区进展已过半。第一批123个重点项目年度累计完成投资50.2亿元，51个项目已完成。② "杭州市全面推进城市更新行动"成功入选2024年度第一批全省城乡建设系统改革典型案例拟入选名单。③

弱有众扶。2023年9月，习近平总书记在浙江考察时强调，浙江要在推

---

① 《杭州市城乡建设委员会关于市政协十二届二次会议第72号提案的答复》，2023年6月15日，https://www.hangzhou.gov.cn/art/2023/6/15/art_1229505914_4173844.html。
② 《杭州城市更新建设"半年报"：项目实施数1682个，实施率103.4%》，2024年8月2日，https://www.toutiao.com/article/7398483239933673000/?upstream_biz=doubao%7Binsert_element_1_%7D&source=m_redirect。
③ 《杭州已实施十大类城市更新项目1872个》，2024年9月20日，https://www.hangzhou.gov.cn/art/2024/9/20/art_812269_59102750.html。

进共同富裕中先行示范，低收入群体是促进共同富裕的重点帮扶保障人群。杭州市扎实推进"弱有众扶"社会救助综合改革试点工作，创新打造具有杭州特色的"12345"模式的社会救助服务联合体，使社会救助综合服务效能持续提升，困难群众的获得感和幸福感显著增强。2023 年，"弱有众扶"社会救助综合改革获省共富优秀试点及中期评估优秀等次，低收入人口动态监测帮扶应用案例获全国创新实践优秀案例第一名，相关帮扶成果获评全省共富第三批最佳实践。一是健全"弱有众扶"制度体系，实现"弱"的全覆盖。制定出台《杭州市"弱有众扶"体系建设导则》等文件，修订《杭州市临时救助办法》。创新探索"未贫先防"机制，全力打造"五型救助圈"，将发展型、关爱型潜在救助对象纳入社会救助中。创新实施"低收入人口动态监测帮扶"场景，出台《杭州市低收入群体动态监测与帮扶机制》，对全市约 15 万户低收入家庭进行持续监测，并对超过 1.8 万户触发预警的家庭提供多样化的帮扶服务。借力数字化技术实现救助范围、方式和内容的转变。将救助对象从"登记在册"扩展到"潜在需求"，救助方式从"事后补救"转变为"事前预防"，救助内容从"基本生活保障"拓展到"全面支持"。[①] 出台《杭州市低收入群体动态监测帮扶机制》，形成全流程预警监测帮扶救助闭环体系。二是搭建"弱有众扶"发展平台，实现"有"的强支撑。全面推进党建统领"弱有众扶"共同体建设，联合市委组织部在"西湖先锋"平台开设"爱心驿站"，设立困难群众"心愿池"，畅通全市党员与困难群众之间的爱心通道。联动人力社保、残联、农业农村等部门，开展"双低双岗"就业促进行动，帮助劳动年龄段内有劳动能力的低保低边对象实现"家门口"就业。统筹党群服务中心、社工站、慈善基地等实体功能，积极构建县（市、区）助联体、镇（街）助联体服务站、村（社）助联体服务点三级网络，为困难群众提供"一

---

① 《紧扣共富　弱有众扶　加快推进社会救助事业高质量发展》，2023 年 8 月 21 日，https://www.mca.gov.cn/n152/n166/c1662004999979994537/content.html。

站式"救助帮扶。三是推动"弱有众扶"资源优享，实现"众"的大聚合。在党委层面，杭州市通过搭建"爱心驿站"，链接全市 70 余万名党员和 4 万多个基层党组织，完成困难群众微心愿 37 万余个。在政策层面，市委、市政府出台《杭州市"弱有众扶"社会救助综合改革试点实施方案（2022—2024 年）》《关于进一步加大困难群众援助力度推进共同富裕的实施意见》等文件，全方位统筹实施救助保障政策。在部门层面，市民政局联合人社、残联等部门，探索建立公益性岗位储备制度，摸排形成 3600 个储备岗位，连续两年开展"双低双岗"就业促进行动；联合农业农村等部门，依托区县资源优势，打造手工业、电商培训（就业）、农村种植（养殖）等多种模式的幸福增收基地。截至 2024 年 8 月，全市建成幸福增收基地 100 家，帮助 180 余户困难家庭增收 700 余万元，让困难群众实现"家门口"就业增收。在社会层面，全市各级民政部门培育孵化救助类社会组织 700 余家，设立救助类慈善信托 11 亿余元，打造"善居工程"等品牌项目 30 余个。四是推动"弱有众扶"协作共建，实现"扶"的高效能。2024 年是杭州市"弱有众扶"改革试点收官之年，全市现有 14 家区县助联体、192 个镇街助联体服务站、3222 个村社助联体服务点，提供 9 大类 31 项帮扶服务、汇集帮扶项目 2600 余个，精准匹配困难群众需求 14 万余个，不仅能够兜底保障困难群众的生活，更能够助力困难群众创造美好新生活，全国 100 余批省内外考察团来杭学习交流，成为社会救助领域共富实践的"展示窗口"。全市共有 250 余家社会组织等团体入驻助联体，拓展了杭州市各类社会主体参与救助帮扶的渠道，有效满足了困难群体个性化、多样化的需求，填补了政策救助的空隙，促进了政府救助和慈善帮扶高效衔接。市财政投入超过 500 万元的福利彩票公益金，启动了包括"幸福供养""共富助联体""共富小店"等 20 多个公益创投项目，持续推进"救助直通车"项目，为困难家庭中的重病患者提供专项资助。专门设立了 1000 万元救助帮扶慈善信托基金，重点打造"靓厨行动""公民爱心日""童享幸福"等品牌项目，使超过 8 万名困难群众受益。打破救助标准"二元机制"，救助标准实现全市域统一，2023 年低保人均月标准达 1259 元，居省会城市首位。连续开展民生共富结对共建，优化西部三县市"一老一小一困"服务。开展"双低双岗"就业促进行动，帮助 1000 余名有劳动能力的困难群众实现了就业脱保。

尽管成绩斐然，杭州在公共服务和社会发展过程中仍面临一些问题和挑战。首先，公共服务的供需之间存在结构性失衡。随着外来人口的持续涌入，城市中心的教育、医疗和养老服务资源日益紧张。特别是学龄儿童数量的快速增长，使得基础教育设施的建设压力增大，其中学前和高中教育的资源供需矛盾尤为突出。此外，基层医疗服务能力亟须提升，基层医疗机构在服务项目、业务水平、公共卫生应急能力等方面存在不足。在一些偏远乡镇，养老设施的利用效率低下，社区居家养老服务中心的可持续性发展机制尚未健全。其次，公共服务在不同区域之间的分配不均。财政投入的不平衡导致民生支出保障能力在不同区域之间存在差异。虽然市区的社会保障如医保、养老金和低保标准等正在逐步实现一体化，但与西部三县市的差距依然明显。在教育、医疗、文化和养老服务等方面，区县市之间的资源配置和服务水平也存在不匹配和质量差距，西部三县市的公共服务设施相对不足，主城区与其他新区之间的差距仍然存在。再次，公共服务的标准化建设需要进一步加强。在标准的制定、执行、应用、宣传以及城乡均衡、动态调整和监测评估方面，创新和探索还不够。基本公共服务的资源和信息共享不充分，由于涉及的管理部门众多，对基本公共服务设施资源的数据统一管理和利用尚未实现，部门之间的信息壁垒尚未完全消除。最后，公共服务的供给主体和方式较为单一。市场力量和社会力量参与公共服务的渠道不畅，参与度有待提升，政府、市场和社会三方的合作机制需要进一步完善。政府购买公共服务的机制尚不完善，政府与社会资本的合作模式尚未形成，同时，社会组织在参与政府购买公共服务中存在服务供给困境，具体表现为服务目标是出于公共需求还是行政需要、服务过程是重实效还是赶任务和服务能力是专而精还是泛而空三个层面。杭州公共服务标准化建设同时也面临着一些挑战。一方面，凝练提升有待加强。公共服务标准化创新实践在杭州市上城区取得了一定成效，但在整个杭州市的推广过程中，还需要进一步深入开展调查研究，系统评估标准成效，以更好地指导实践。另一方面，社会公众认识与支持度有待提升。虽然各级政府通过实施政府管理和公共服务标准化，为各职能部门建立"权力清单"，明确了政府职责，提高了审批效率，但部分民众对公共服务标准化的认识还不够深入，参与度不高。此外，标准适用性与操作性需要强化。目前已有的标准在实际应用中可能会遇到一些问题，需要根据不同地区、不同领域的实际情况来进行调整和完善，以提高标准的适用性和操作性。最后，标准实施监督机制参差不齐。杭州市在推进公共服务标准化建设过程中，需要建立健全统一、有效的监督机制，确保标准的严格执行，提高公共服务质量。

为此，我们提供以下政策建议。

一是明确战略定位，确保公共服务的目标清晰。在公共服务体系的构建中，首要任务是确立明晰的战略定位，以明确杭州公共服务的发展方向与核心目标。此举不仅为公共服务的持续优化提供了指引，还确保了资源的高效配置与精准投放。首先，强化组织领导力，构建协同推进机制。成立由市委、市政府主要领导领衔的公共服务发展领导小组，负责顶层设计与总体协调，确保政策方向的正确性与实施力度的到位。同时，建立健全内部管理机制，明确各成员单位的职责分工与任务目标，形成上下联动、左右协同的工作格局，促进政策措施的高效落地与执行。其次，锚定数字经济核心，驱动公共服务智能化转型。2023 年，杭州数字经济核心产业增加值达到 5675 亿元，占 GDP 的比重为 28.3%[①]，《2024 浙江省数字经济发展综合评价报告》显示杭州市连续 7 年

---

① 《杭州数字经济　积蓄发展新动能》，2024 年 1 月 30 日，https://www.hangzhou.gov.cn/art/2024/1/30/art_812262_59093157.html。

位列第一。① 杭州作为"数字经济第一城"，应继续将数字经济作为战略核心，推动云计算、大数据、人工智能等新兴产业与"幼有善育、学有优教、劳有所得、病有良医、老有康养、住有宜居、弱有众扶"七大领域的有机融合，形成具有国际竞争力的数字产业集群，从而提升公共服务的智能化水平，打造数字城市治理典范。最后，聚焦创新示范项目，引领公共服务品质化提升。杭州市在公共服务领域推出了多个具有创新性和示范性的项目，如市妇联的"一米"服务模式、西湖区的"星月式"民生综合体等优质项目。这些项目在实践中取得了显著成效，为公共服务品质的提升树立了标杆。未来，杭州市应聚焦示范项目，组织各区制定年度拟实施项目清单和示范项目清单，定期进行专题调度，确保项目按计划推进。同时，加快编制案例指引，总结示范项目的成功经验，以示范项目引领公共服务品质持续提升。

二是跨越数字鸿沟，实现公共服务的包容普惠。在数字化时代背景下，老年群体在享受智能技术所带来的便捷服务时面临显著障碍，成为"信息中下层"的典型代表，从而加剧了数字鸿沟现象。截至2023年末，杭州市60岁及以上的人口为245.9万人，占总人口的19.6%，比上年上升1.2个百分点，其中65岁及以上人口为171.7万人，占总人口的13.7%，比上年上升0.5个百分点。② 鉴于杭州市人口老龄化趋势加速，当务之急是跨越"数字鸿沟"，提高公共服务的普惠性。首先，优化服务供给模式，促进服务一体化

---

① 《〈2024浙江省数字经济发展综合评价报告〉发布，杭州市连续七年位列第一》，2025年1月8日，https://mp.weixin.qq.com/s?__biz=MzA5MzgyNzcxMg==&mid=2650038873&idx=1&sn=65e1432b4c5da137f6d25d1ee7c903a7&chksm=8953a6c4154f5828d5ee1f4ab747a9f31a1ffc910fec2cb6d135cf95cc3667383120a94d89e1&scene=27。

② 《2023年杭州市人口主要数据公报》，2024年3月4日，https://www.hangzhou.gov.cn/art/2024/3/4/art_1229063404_4243341.html#:~:text=2023%E5%B9%B4%E6%9C%AB%E5%85%A8%E5%B8%82，0.5%E4%B8%AA%E7%99%BE%E5%88%86%E7%82%B9%E3%80%82。

与高效化。面对老年群体在数字技术应用上的困境，公共服务供给模式亟须从传统的分散状态向集中、高效的一体化方向转变。各公共服务提供者需加强跨部门协作，利用云计算、大数据等现代信息技术手段，整合服务资源，实现服务需求与内容的精准匹配与高效对接。建立统一的服务平台，集中展示各类服务信息，简化服务流程，从而降低老年人获取服务的门槛，确保公共服务的可及性与便捷性。其次，深化信息教育普及，提升全民数字素养。针对老年人和教育水平较低人群的信息技能短板，相关部门应通过多种渠道和方式来加强信息教育与技能培训，从而推动杭州市公共服务向更加包容、普惠的方向发展。如利用社区、图书馆、网络平台等资源，开展形式多样的信息知识普及活动；结合老年人的学习习惯与特点，设计易于理解、操作性强的培训课程。同时，倡导终身学习理念，将信息教育融入日常生活中，鼓励全民积极参与数字技能学习与实践活动，共同提升社会的整体数字素养水平。最后，建立健全评价机制，强化公众参与与监督。为确保公共服务的高质量供给，必须建立健全服务评价机制，保障公众特别是老年群体的参与权、表达权和监督权。政府部门应主动公开服务信息，建立制度化的公众评价、反馈与监督机制，提高公共服务的透明度。在评价过程中，政府应充分重视弱势群体的声音，将其反馈与满意度作为衡量服务质量的重要因素。在此基础上，及时调整服务策略，不断优化服务流程与内容，以满足不同群体的多元化需求。

三是完善制度体系，确保公共服务的规范高效。《国家"十四五"规划和2035年远景目标纲要》将"健全国家公共服务制度体系"单独列为一章，提出加快补齐基本公共服务短板，着力增强非基本公共服务弱项，努力提升公共服务质量和水平。杭州作为一座快速发展的现代化城市，亟须加快完善市本级公共服务制度体系，保障公共服务的规范统一与高效供给。首先，吸引社会资本投入，确保公共服务经费的稳定增长。按照社会政策要兜牢民生底线的要求，杭州聚焦办好十方面的民生实事，在公共服务上投入巨大，市财政 2024 年预算安排 148.7 亿元，充分发挥了财政保障作用。[1] 除了政府财政投入外，杭州还应积极探索多元化的资金来源渠道，如吸引社会资本参与公共服务建设和运营，利用金融工具进行融资等，以便缓解政府财政压力，提高公共服务项目的资金运作效率和可持续性。其次，优化资源配置，合理布局公共服务设施和资源。针对公共服务中存在的要素资源分配不合理、城乡区域发展不协调等短板问题，杭州应根据城市发展规划和人口分布情况，科学规划公共服务设施的布局和数量。统筹考虑不同区域、不同群体的服务需求，合理设置教育、医疗、养老、文化等公共服务设施，确保服务覆盖的全面性和均衡性。同时，根据城市发展和居民需求的变化，杭州应定期调整公共服务资源的配置情况，不断优化资源配置方案，确保公共服务设施和资源始终满足市民的实际需求。最后，加强服务监管，建立内外结合的监管模式。杭州市公共服务领域的评估监管成效显著，根据国家市场监管总局通报的全国 120 个城市公共服务质量监测结果，杭州市的总体满意度居第一位。[2]除了政府内部的监管外，杭州还应加强社会监督和公众反馈机制的建设，通过公开服务信息、接受社会监督、及时处理投诉和反馈等外部监管模式，增强公共服务的透明度和公信力，共同推动杭州市公共服务质量的持续提升。

四是创新供给模式，促进公共服务的协同共享。公共服务资源经常涉及多个主体，横跨不同区域，这就需要促进多主体协同合作。首先，深化政社合作，拓宽社会组织参与路径。社会组织是社会治理多方主体之一，也是推进国家治理现代化的重要参与者。杭州社会组织发展良好，数量和质量在省内乃至全国都具有领先地位。为充分利用社会组织的力量，杭州需积极促进政府与社会组织之间的深度合作，确保在公共服务项目的规划、设计、实施

---

[1] 《杭州市人民政府印发关于进一步推动经济高质量发展若干政策的通知》，2024 年 10 月 8 日，https://www.hzsc.gov.cn/art/2024/10/8/art_1229458539_59079937.html。
[2] 《杭州市企业总量突破 100 万户》，2024 年 6 月 29 日，https://hznews.hangzhou.com.cn/jingji/content/2024-06/29/content_8751780.htm。

及评估全链条中，充分吸纳并尊重社会组织的专业见解与民众需求，形成优势互补、资源共享的良好局面。其次，推广公私合作模式，激发市场活力。目前大多数老年人倾向于居家养老，但居家养老服务人员的薪资待遇落后，缺乏专业技能培训。为此，杭州可以鼓励企业资本与政府力量深度融合，通过公私合作模式（PPP）来筹措资金，拓宽融资渠道，从而有效满足老龄社会所带来的日益增长的养老服务需求。最后，强化企业社会责任，引领创新服务。杭州可以通过政策引导与舆论宣传，鼓励企业将自身优势融入公共服务供给中。同时，政府可以设立公共服务创新奖励基金，表彰在公共服务领域中做出突出贡献的企业，形成示范效应。支持互联网企业等高科技企业运用科技力量，开发适老化数字服务产品，提升老年人使用公共服务的便捷性与舒适度，从而增强公共服务的包容性。此外，政府还应加强与企业的沟通与合作，建立定期交流机制，共同探讨公共服务创新的新思路、新方法，促进公共服务体系的不断完善与升级。

五是优化资源配置，强化区域协调发展策略。在构建更加高效便捷的公共服务体系的过程中，杭州面临着如何精准对接市民需求、高效利用有限资源以及提升服务触达能力的多重挑战。为此，杭州需要精准识别服务需求，推动资源整合，完善交通设施，从而实现公共服务的均等化和优质化，满足市民对美好生活的向往，并推动城乡区域的协调发展。首先，精准识别服务需求，科学配置资源。通过广泛的社会调研、大数据分析等手段，精准识别不同区域、不同群体在不同时间的公共服务需求。基于调研和数据分析结果，杭州应科学规划公共服务设施的布局，要充分考虑服务半径、人口密度、交通状况等因素，减少服务盲区。其次，推动资源整合，提升服务效率。在杭州西部山区，如淳安、临安、建德、桐庐等地，在教育、医疗、住房、社保等一系列公共服务建设上相对不足。为此，杭州应加强不同部门之间的协同合作，打破"层级""区域""领域"壁垒，优化资源配置流程，实现信息、设施、人员等资源的共享利用，推动公共服务资源的共享与整合。同时，建立跨区域的公共服务合作机制，加强区域间的联动与协作，共同提升公共服务水平。最后，完善交通设施，保障服务可达。杭州应持续优化城市交通网络布局，通过加密公交线路、延长运营时间、推广轨道交通等方式，降低市民出行成本和时间成本，提高公共交通的覆盖率和便捷性。同时，加强交通枢纽建设，实现不同交通方式之间的无缝衔接和高效换乘，提高市民出行的便利性和舒适度。此外，还应关注农村和偏远地区的交通基础设施建设，确保公共服务能够覆盖到每一个需要的人群。

六是标准化引领，提升公共服务品质。为确保公共服务质量的一致性与高效性，标准化建设势在必行。首先，细化服务标准，构建多维度评价体系。针对教育、医疗、公共交通等关键领域，明确质量、数量、时间等多维度标准。例如，教育服务应细化师生比、课程设置及教学质量评估标准；医疗服务则需规范医疗技术水平、设备配置标准及医护人员资质等。其次，强化标准认证，确保服务质量可控。成立独立的公共服务标准认证机构，对各类服务机构进行权威认证，为其颁发资质证书及标识，便于公众辨识与选择。同时，对未达标机构实施限期整改措施，确保整体服务水平持续提升。此外，通过互联网、微信公众号、官方微博等多种渠道宣传，定期举办标准培训班、研讨会等活动，邀请专家来进行深度解读与指导，提升公众及服务提供者对标准的认知度，确保服务提供者能够熟练掌握并有效执行标准。最后，动态调整标准，推动标准化与数字化的深度融合。充分利用大数据、云计算、人工智能等现代信息技术建立公共服务数字化平台，收集和分析服务提供过程中产生的数据，及时调整和优化服务标准，以适应不断变化的社会需求和技术进步，从而实现服务标准的智能监控和管理。

典型案例

专题报告

分 报 告

总 报 告

政策"春雨"，沁润青年：杭州市多举措解决青年住房问题的实践与思考

任建宇　徐志涛　魏亚飞 *

摘要：随着我国城镇化进程的深入推进，大量青年涌入大城市寻求就业机会。然而，高昂的房价与有限的购买力成为青年在大城市安居的难题。青年人是社会成员中极具活力与潜力的群体，为城市的发展不断注入勃勃生机与新鲜血液，是不可或缺的人力资本，支撑着城市的进步与繁荣。当前，破解青年群体住房难题、促进青年安居已经成为维护国家和社会和谐稳定、促进经济高质量发展和全面建设社会主义现代化国家的重要任务。为全方位保障青年就业、创业和生活，杭州市将青年发展纳入总体规划，并实施"春雨计划"，面向青年群体进一步加大公租房、保障性租赁住房的供应，切实解决青年群体的住房问题。深入剖析杭州市"春雨计划"的基础条件与实际成效并提出相应的政策建议，对于进一步解决青年住房问题，吸引青年来杭、留杭具有重要意义，同时也为其他城市提供了有益的借鉴，有助于在全国范围内推进青年发展型城市的建

---

* 作者简介：任建宇，博士，浙江工商大学经济学院讲师，研究方向为房地产市场与政策。徐志涛，浙江工商大学经济学院硕士生，研究方向为人口与住房发展。魏亚飞，浙江工商大学经济学院博士生，研究方向为住房保障、公共住房政策。

设，共同促进青年群体的安居乐业。

关键词： 青年；住房保障；城市发展

伴随着城镇化进程的深入推进和城市人口的持续集聚，截至 2020 年，我国共有 3.76 亿流动人口，其中北京、上海、广州、深圳、杭州等大城市成为青年群体等大量流入寻求就业的热门地区。然而，相对有限的购买力和高企的房价成为青年群体在大城市安居乐业的桎梏。在新时代推进城市高质量发展的过程中，住房作为青年群体生存与成长不可或缺的物质基石，其需求的满足不仅是解决社会住房难题的关键所在，更是增进民生福祉，提升我国青年群体满意度、幸福感及安全感的必然要求。近年来，全国各地积极响应中央政府的号召，致力于推进青年发展型城市建设，通过开展打造精英公寓、青年住宿中心及保障性租赁住房等措施，积极促进青年群体安居乐业，进而加速城市人力资本与知识技术资源的积累，为城市高质量发展奠定坚实的基础。作为全国首批青年发展型城市建设试点城市，杭州市委、市政府将青年发展纳入城市发展总体规划，并下发《关于实施"春雨计划"的意见》，旨在通过强化就业创业支持、完善住房保障和供应体系、有效提高生活品质和构建完善城市合伙人制度这 4 个方面 16 条举措，全过程、全方位、全周期保障青年群体来杭就业、创业和生活。深入剖析杭州市"春雨计划"实施的基础条件与实际成效，不仅对于杭州市持续优化青年住房环境、增强城市对青年的吸引力具有深远意义，而且能为全国其他城市提供宝贵的经验和有益借鉴。

一、城市青年住房现状及问题

国家统计局数据显示，目前我国常住人口城镇化率从 2015 年的 56.1% 提升至 2023 年的 66.16%，城镇常住人口达 93267 万人。[①] 根据《中国农村发展报告（2021）》的预测，至 2035 年，我国常住人口城镇化率在 72% 左右。随着我国城镇化的加速推进，为寻求更为优质的教育资源与广阔的就业舞台，大量青年群体向城市汇聚，成为推动社会进步与经济发展的核心力量。作为我国新时代住房保障体系的重要保障对象，青年群体的住房问题已经成为重要的经济发展问题和民生福祉问题，关乎国家与社会的长治久安。第七次人口普查数据显示，全国流动人口达 3.76 亿，比"六普"增长 69.73%，这些流动人口主要流向经济发达的沿海地区和大城市。同时，我国每年有规模庞大的新就业大学毕业生，这两个群体汇合在一起，带来了巨大的租房需求。[②] 因此，城镇化进程的深入推进不仅标志着城市青年群体规模的显著扩大，也对各级政府促进青年群体在城市的安居工作提出了新的挑战和要求。目前，城市青年群体主要面临住房支付能力差、住房权益保障难、住房供需不平衡等问题。

（一）住房支付能力差

对于青年群体而言，购置商品住房是提升生活稳定性的重要途径之一，然而，随着大量青年人口涌入大城市，住房供应与需求之间的不平衡现象愈发显著。高昂的房价使得多数青年面临购房能力受限的困境，其住房需求难以单纯依靠市场机制得以充分解决，只有少数青年可以凭借卓越的职场竞争

---

① 数据来源：国家统计局官网，https://www.stats.gov.cn/。
② 数据来源：国家统计局官网，https://www.stats.gov.cn/。

力或家庭提供的优厚经济支持获得商品住房。房价的快速上涨限制了青年群体的购房能力，购房首付能力不足、月供压力巨大、掏空"六个钱包"等成为大部分青年人面临的问题，很多青年因此陷入"因房致贫"的困境。《中国统计年鉴 2023》数据显示，全国人均居住消费支出由 2012 年的 1484 元上升至 2022 年的 5882 元，居住支出占全部支出的比例在 10 年内从 8.9% 上升到24.0%。其中，北京、上海两地的人均居住支出分别为 17170 元和 17074 元，远高于其他地区，占消费支出的比重分别为 40.2% 和 37.1%，浙江人均居住支出位列第三，为 10558 元。鉴于主要城市青年人口的大规模涌入与住房有效供给的短缺的问题，众多青年仍难以撼动住房阶层固化与住房资源分配不均的社会格局。房价高企与青年群体住房支付能力薄弱之间的矛盾，已成为我国经济社会迈向高质量发展阶段所必须正视的紧迫议题。[1] 沉重的住房负担，无疑成为青年群体城市定居意向的重要制约因素，深刻影响其经济活力与生活品质。它不仅压缩了青年在日常消费需求、社交活动及自我提升方面的投资空间，还抑制了青年的创新思维和社会参与欲望，不利于国家和社会的可持续发展。[2]

（二）住房权益保障难

目前，住房租赁主要以个人或者中介为主，尚未全面整合至统一的租赁管理体系之中，导致备案覆盖率偏低，管理状态呈现无序化特征，进而使得青年群体的居住权益面临保障不力的困境。一方面，租赁市场中广泛存在着多样化的非标准房源，包括房改房、安置房、农村自建房，以及地下室、小

---

① 吕萍、于淼:《我国青年住房问题识别和解决路径——基于租、购房压力的测算和分析》,《价格理论与实践》2019 年第 12 期。
② 胡小武:《青年的住房压力与社会稳定的探讨——大都市"房怒族"形成的社会化逻辑》,《中国青年研究》2014 年第 10 期。

产权房等，部分房屋缺乏必要的装修和维护服务，在社区服务、市政配套设施等方面尚不完善，且存在着建筑质量参差不齐以及维护不善、管理缺失等问题，进而在居住安全性与适宜性方面展现出显著的缺陷与不足。[①] 然而，这些未达到法定标准的租赁房源往往以低廉的租金为诱饵，吸引了不少“捡便宜”的租客，但在地方政府推进租赁市场规范化整治的进程中，此类不合规房源首先面临整顿，导致租户不得不面临搬迁的困境，其合法权益的保障成为亟待解决的问题。另一方面，部分中介机构出于追求更高佣金的目的，在租赁流程中倾向于抬高租金标准并隐瞒房源的真实状况，一些运营不规范的住房租赁企业并未按规定在租赁信息平台上注册登记，导致政府部门在掌握租赁市场供需基础数据方面存在缺失，难以精准把握市场动态，往往是在纠纷发生后才被动介入，极大地限制了其有效监管的能力。因此，在住房租赁市场中，房东随意涨价、驱赶租客以及“二房东”“黑中介”等现象屡见不鲜，青年群体面临频繁搬家的情况，极大地削弱了其归属感和安全感。此外，与购房者相比，租赁住房的青年群体还面临着一系列不平等的权益问题。例如，某些学校设立的入学门槛，常常将学区内的房产所有权及居住时长作为必要条件，这种“业主优先、租客次之”的政策导向，直接导致租房者的子女在教育资源的获取上遭遇障碍，如难以入学等。住房权益难以得到有效保障是青年群体在大城市安居乐业的重要问题，如何加强对住房租赁市场的管控，创建良好的住房租赁秩序，已成为各地推动住房租赁市场平稳发展、助力青年群体实现“安居梦”的重要挑战。

[①] 何元斌：《保障性住房政策的经验借鉴与我国的发展模式选择》，《经济问题探索》2010 年第 6 期。

（三）住房供需不平衡

充分满足青年群体住房需求，实现青年安居，关键在于维持供需关系的合理与平衡。绝大多数城市的青年群体面临着"市场供给"和"个人需求"之间的错配难题。[①] 鉴于青年群体在住房方面的困境，现有的住房政策框架尚需深度优化以调整和平衡住房市场的供需两端，从而切实满足青年人群的居住需求。在供给侧方面，我国大城市的保障性住房主要由政府主导建设供给，社会参与较少，供给总量受限，且保障性住房的受众通常为中低收入家庭，新市民、青年群体等往往由于工作变动、户籍限制等原因，难以获得保障性住房。同时，一些市场上的租赁住房居住环境和条件较差，物业管理水平较低，且周边的公共基础设施不完善，缺乏必要的公交以及地铁站点，给青年人上下班出行带来不便，无法满足青年群体的基本生活需求。在需求侧方面，随着中国城镇化的不断推进，大量青年人口不断向城市迁移，这一趋势显著提升了他们对住房的迫切需求。但由于青年群体往往正在经历家庭生命周期的初级阶段，对小户型住房的需求居多，对公寓型租赁房源的需求较大，而市场上的住房供给与青年群体的住房需求脱节，无法满足青年群体个性化、差异化的住房需求。当青年群体在市场中难以找到符合个人偏好且能负担的住房时，他们往往被迫调整自身的住房需求，以适应住房市场的客观现实。

二、解决城市青年住房问题的必要性

青年群体作为社会成员的重要组成部分，是最有朝气、最具活力的因

[①] 赵丽梅：《重点解决青年群体住房问题》，《中国青年报》2021 年 12 月 14 日，第 5 版。

素，为城市发展带来了未来机遇、注入了无限活力与新鲜血液，是支撑城市快速发展不可或缺的人力资本。近年来，各城市纷纷出台了一系列人才引进政策，汇聚了大批青年才俊，为城市发展提供强劲动力。然而，"引才"仅是第一步，如何用心做好人才工作，通过更优质服务实现"留才""用才"，变"流量"为"留量"，才是城市持续繁荣的关键所在。特别是在那些人口持续净流入的大城市，青年群体所面临的一大现实挑战便是相对有限的经济实力与高昂的居住成本之间的矛盾。[①] 因此，切实解决青年住房问题，让青年人更好地圆梦安居，放开手脚为美好生活奋斗，不仅是实现国家和社会和谐稳定、促进经济高质量发展的核心要务，更是中国在推进现代化发展进程中所面临的一个核心议题与重要挑战。

（一）解决青年住房问题是落实中央重大决策部署的必然要求

在国家政策层面，已将解决新市民及青年群体面临的住房问题提升至重要议程，对保障性租赁住房的建设给予了高度重视，并相继实施了一系列针对性措施。2020年，《中共中央关于制定国民经济和社会发展第十四个五年规划和二〇三五年远景目标的建议》强调要有效增加保障性住房的供给，并提出"保障性租赁住房"的基本概念，成为青年群体在城市安居乐业、扎根发展的重要基石。2021年3月，《政府工作报告》中首度将"青年人"群体与"新市民"列为住房困难群体，并确立了保障性租赁住房、共有产权住房及长期租赁房作为三大核心保障策略。2021年7月，国务院办公厅发布了《关于加快发展保障性租赁住房的意见》指出，"各地要把解决新市民、青年人等群体住房困难问题摆上重要议事日程，高度重视保障性租赁住房建设"，

---

① 张耀军、陈芸：《留城或返乡：城市住房对流动人口回流的影响》，《人口研究》2022年第2期。

"保障性租赁住房主要解决符合条件的新市民、青年人等群体的住房困难问题"，"人口净流入的大城市和省级人民政府确定的城市，应按照职住平衡原则，提高住宅用地中保障性租赁住房用地供应比例，在编制年度住宅用地供应计划时，单列租赁住房用地计划、优先安排、应保尽保"。这些政策明确新市民、青年人是现阶段住房保障的主体对象，提出应保尽保、职住平衡的供给要求及系列支持保障性租赁住房发展的政策组合。2022 年 7 月，国家发展改革委印发《"十四五"新型城镇化实施方案》提出："以人口流入多的大城市为重点，扩大保障性租赁住房供给，着力解决符合条件的新市民、青年人等群体住房困难问题。"2023 年《政府工作报告》也就"加强住房保障体系建设，支持刚性和改善性住房需求，解决好新市民、青年人等住房问题"进行了部署。有效解决了青年群体的住房问题，对于增进其在城市生活中的安全感、归属感与幸福感具有积极作用，是深入实施以人为本的新型城镇化战略的必然要求。[①]

（二）解决青年住房问题是维护社会和谐稳定的重要前提

青年作为社会发展的驱动力，他们的生活质量与发展状态对社会整体进步与和谐具有深远的影响。在新型城镇化快速推进的背景下，住房问题已成为众多青年必须面对的一项重大挑战，特别是在房价高企的大城市中，购房成为普通青年难以跨越的鸿沟。由于经济压力，许多青年不得不选择租赁住房，而群租和狭小空间的居住方式，成为他们无奈的选择。此种居住模式不仅降低了青年的生活品质，还可能对他们的心理健康状态带来不利的影响。长期生活在拥挤、嘈杂的环境中，部分青年可能会因为个人境遇的艰难而感

---

① 郭小弦、周星辰：《住房产权与青年群体的阶层认同：三种效应的检验》，《中国青年研究》2023 年第 3 期。

到焦虑、抑郁，甚至对社会产生不满和疏离感，从而引发一系列社会问题，如高离婚率、低生育意愿等。稳定的住房条件将有利于青年人建立自己的家庭，进而促进社区的发展和社会关系网的构建。那些拥有稳固住房基础的家庭更容易融入社区生活，并且更有可能参与社区活动，增强社会凝聚力。因此，需要制定相应的政策来解决青年住房问题。既要激励有相应经济实力的青年群体通过购房途径来实现资产增值与居住稳定，又要通过租赁市场为暂时面临购房困难的青年群体提供稳定可靠、品质优良的居住环境，从而减轻青年因居住状态不确定而引发的心理焦虑，强化其在城市中的安全感与归属感。同时，规范的租赁市场秩序和有效的租金补助机制，将有效缓解青年因高额租金承受的经济负担，促进社会资源的均衡配置，缩小住房差异带来的社会阶层隔阂，推动更加公平公正社会环境的构建。切实解决青年群体的住房问题，维护青年群体的居住权益，不仅有利于提升青年群体的幸福感，还有利于促进邻里间的和睦相处与社区文化的繁荣发展，也从细微处增进了社会内部的团结与向心力，为社会的整体稳定与和谐发展奠定了微观基础。[①]

（三）解决青年住房问题是促进经济高质量发展的必由之路

青年群体是我国劳动力资源的核心部分，其数量与质量是衡量城市吸引力和未来增长潜力的关键指标。当前，我国正处于由"人口红利"向"人才红利"转型的关键阶段，青年作为最具潜力的人力资本，将成为推动这一转型发展的核心动力。切实解决青年住房问题，不仅是增进民生福祉与实现公平正义的必然选择，更是促进经济高质量发展的必由之路。青年作为社会最具活力与创新潜力的群体，其住房状况直接影响到消费能力的释放、人力资源的优化配置、房地产市场的健康发展和新型城镇化的推进。首先，青年是

[①] 王帆、雷薇田：《完善住房支持体系　助力青年幸福安居》，《群众》2024年第10期。

消费市场的重要群体，通过解决青年群体的住房问题，可以激发他们的消费热情，这将不仅有助于扩大内需、促进经济增长，还可以带动相关产业的发展和升级，为教育、休闲、文化等领域带来新的发展机遇，也为经济增长提供内生动力。其次，通过为青年群体提供稳定的住房条件，可以缓解他们的住房压力，减少因居住问题导致的人才流失，促进城市人才集聚，进一步实现人力资源配置的优化，激活青年群体创新创业新动能，从而提升整体经济运行效率、推动产业升级和经济转型。再次，青年群体是购房市场的重要力量，解决青年住房问题，如提供适中的房价、优惠的贷款政策等，可以激发青年的购房需求，从而增强房地产市场的活力。且解决青年住房问题不仅限于传统的购房方式，还可以包括增加保障性租赁住房、共有产权房等多种形式的住房供应，这将有助于推动房地产市场的多元化发展，降低市场风险，从而缓解住房供需矛盾，促进房地产市场的平衡发展。最后，青年作为推进新型城镇化的重要支撑，他们的住房问题解决得如何直接影响到其市民化意愿和城镇化进程。如果住房问题得不到有效解决，青年可能会选择离开城市，这将不利于新型城镇化的深入推进和城市的可持续发展。通过解决青年住房问题，可以增强他们对城市的认同感和归属感，促进他们更好地融入城市生活，从而推动城镇化向更高质量发展。[1] 因此，青年作为驱动城市经济发展的重要人力资本要素，解决青年住房问题，将促进建立构建青年与城市的良性互动机制，实现人才与城市共兴共荣，推动经济社会高质量发展。

---

① 张占斌：《新型城镇化的战略意义和改革难题》，《国家行政学院学报》2013年第1期。

三、杭州解决青年住房问题的现实基础

杭州市在解决青年住房问题上具备坚实的现实基础。首先，"千万工程"推动了城乡一体化进程，促进了共同富裕，为青年提供了更多就业机会和收入来源，且各区县可依托自身独特资源与发展优势，灵活采取多样化措施，积极助力青年实现安居梦想。其次，数字经济的高速发展，不仅增强了杭州的经济实力以保障青年群体的基本住房需求，还凭借数字经济的巨大优势和红利，提高了青年群体的收入水平，为购房和租房提供了经济支撑。最后，杭州"城市大脑"作为智慧城市建设的核心，通过数字化、智能化手段，提升了公共服务水平，优化了民生资源配置，增强了民生保障能力，为市民提供了更加便捷、高效、精准的公共服务。未来，"城市大脑"还将在统筹住房资源、解决青年住房问题、缓解职住平衡等方面发挥重要作用，为政府提供科学依据和定制化解决方案。杭州市凭借"千万工程""数字经济"和"城市大脑"等多方面的优势，为解决青年住房问题提供了良好的基础和有力的支持，助力青年在杭州更好地安居乐业。

（一）"千万工程"绘就杭州共富画卷

自 2003 年起，浙江省启动了"千村示范、万村整治"工程，其核心目标在于优化农村居住环境，增强乡村基础设施与公共服务效能，以此作为促进城乡融合发展的重要举措。这一工程不仅深刻重塑了浙江农村的风貌，而且树立了全国乡村振兴战略中的标杆典范。杭州作为浙江省的省会城市，在践行"千万工程"工程中不遗余力，聚焦缩小地区差距、城乡差距、收入差距等方面，致力于提升发展的均衡性与协调性，稳步迈向全体人民共同富裕的宏伟目标，绘制出一幅通往共同富裕的美丽画卷。

杭州在"千万工程"建设中取得了显著成就，各区县根据自身的资源禀

赋和发展特点，采取了针对性的政策措施，形成了各具特色的共同富裕发展模式。这些经验不仅为杭州自身的发展提供了动力，也为全国其他地区提供了可借鉴的经验。其中，临平区运河街道新宇村"共富工坊"于 2019 年创立，依托"杭畔"西湖果莲品牌，与盒马鲜生合作"以销定产"，推出采莲、剥粒、检验、包装等就业岗位，帮助本地村民实现"家门口"就业增收，吸纳就业人员 200 余人，平均年龄 65 岁，人均年增收万元以上，获评 2024 年全省定向招工式"共富工坊"优秀实践案例。桐庐县更是杭州共同富裕的典型，已累计建设"共富工坊"192 家，吸纳就业人数 6523 人，有效促进了农民增收、村集体增益。同时，桐庐县坚持"绿水青山就是金山银山"理念，推动自然风光、人文底蕴、旅游产业深度融合，践行全域美丽，打造低碳民宿产业主平台，提升生态环境质量和固碳能力。通过扎实推动新时代"千万工程"的深化、拓展与升级，杭州市城乡居民收入倍差从 1.75 缩小至 1.67，一跃成为全国范围内收入均衡性最突出的地区之一，朝着构建共同富裕先行示范区的目标稳步前行。杭州市在推进共同富裕的过程中，展现出强大的经济实力和创新能力，为解决青年群体的住房问题打下了坚实的基础，同时，各区县也可以根据自身特色和发展优势，采取多种措施助力青年安居。

（二）"数字经济"汇聚杭州发展动能

2019 年，杭州市政府以前瞻性的战略眼光，推出了"新制造业计划"，这一创举使数字经济与制造业并驾齐驱，共同确立为推动城市高质量发展的强大"双引擎"。经过 5 年的精心培育与深耕发展，数字经济已赫然崛起，成为杭州崭新的城市名片，充分展现了这座城市在转型升级过程中的盎然生机与非凡成就。根据杭州市统计局于 2023 年发布的数据，杭州以高达 2.0059 万亿元的 GDP 总量，傲然跻身全国第八座"两万亿之城"，彰显了雄厚的经济实力与蓬勃的发展态势。

　　杭州经济的高质量发展，显著得益于数字经济平台所提供的强劲驱动力，这一驱动力加速了"数字产业化"与"产业数字化"双轮驱动战略的深入实施。在数字产业化层面，杭州不遗余力地推进之江实验室、西湖大学以及阿里巴巴达摩院等顶尖科研机构的建立与完善，深入耕耘电子商务、云计算、大数据、物联网以及人工智能等前沿领域，持续增强创新能力和推动产业升级。而在产业数字化方面，杭州则深化实施了"互联网＋制造"战略，从"机器换人"到"工厂物联网"，再到"企业上云"和由"ET工业大脑"引领的智能转型，这一系列举措将数字技术深度融入全产业生态中，有力地推动了制造业的智能化进程，为产业升级全方位赋能。未来，杭州将进一步打造海洋数字经济示范城。预计到2030年，杭州的海洋经济总量将实现翻番，海洋生产总值将达到3400亿元，占GDP比重达10%，海洋数字经济增加值达到200亿元，同时聚力发展全省领先的千亿级海洋科研教育管理服务业，加快打造海洋数字经济、海洋生物医药、海洋交通运输3个百亿级产业，积极培育5个潜力型和若干个未来海洋产业。杭州正努力成为全国具有影响力的海洋科技创新策源地、海洋人才高地以及海洋数字经济示范城市，为未来的繁荣发展奠定坚实基础。

　　2023年，杭州数字经济发展取得了显著成就，其核心产业增加值已高达5675亿元，占据了全市GDP比重的28.3%，这一数据不仅彰显了杭州在数字经济领域的领先地位，也反映了其经济结构优化升级的显著成效。随着数字经济的迅猛发展，杭州对人才的吸引力也在日益增强。众多高端科技企业和创新平台的涌现，为各类人才提供了广阔的发展空间和丰富的就业机会，越来越多的国内外优秀人才被杭州的数字经济魅力所吸引，纷纷选择在这里定居和创业，这进一步推动了城市的人才集聚效应。同时，数字经济的繁荣为解决青年群体的住房问题提供了有力的经济支撑。随着收入水平的提升和就业机会的增多，青年们在杭州购房和租房的能力得到了相应增强。政府和企业也积极推出了一系列针对青年群体的住房优惠政策，以减轻他们的经济压力，让他们能够更好地在杭州安居乐业。

（三）"城市大脑"凸显杭州民生底色

杭州"城市大脑"项目始于 2016 年 4 月，聚焦于交通领域，开启了利用大数据改善城市交通的探索，如今已实现了从单纯缓解交通拥堵到全面治理城市管理的飞跃，并取得了许多阶段性的成果。杭州"城市大脑"的应用场景持续扩展，形成了警务、交通、文旅、健康等共计 11 个大系统、48 个场景协同并进的良好局面。"城市大脑"为城市生活构建了一个数字化平台，通过大数据、云计算、人工智能等手段推进城市治理现代化，市民能够借此平台直观感知城市的脉搏与温情，享受便捷的城市服务，而城市管理者则能更加高效地配置公共资源，做出科学合理的决策，显著提升治理效能。

"城市大脑"作为杭州智慧城市建设的核心引擎，以其卓越的数据处理与分析能力深度融入并优化了城市管理的各个环节，从而极大地凸显了杭州在民生领域的深厚底色。这一创新举措不仅展现了杭州对民生福祉的高度关注，更通过智能化、精细化的管理手段，有效提升了市民的生活质量，让每一个生活在这座城市的居民都能深切感受到科技带来的温暖与便利。首先，"城市大脑"提升了公共服务水平。通过多元化数据资源的深度融合，借助智能算法和自我学习，促进了基础设施数字化改造、民生服务数字化转型和政务服务数字化升级，从惠民利民的关键小事切入，推出了众多应用场景，如舒心就医、便捷泊车、一键护航等，使得公共服务更加普惠、便利、快捷和精准，显著提升了市民的生活质量。其次，"城市大脑"优化了民生资源配置。通过数据分析，政府可以更加精准地把握民生需求，优化资源配置。如在医疗领域，可以根据实时就诊人数调整医疗资源分配，减少患者等待时间；在交通领域，可以根据实时路况信息调整信号灯配时，提高道路通行效率等，促进了资源的有效利用。最后，"城市大脑"增强了民生保障能力。通过实时监测和预警机制，政府可以迅速响应各类突发事件，保障市民的生命财产安全。如在急救领域，通过"城市大脑"与交警协同，可以实现急救车优先通行，缩短急救时间；也可以通过数据协同和运算，实现政策自动匹配和补助精准发放，使政策红利能够直接惠及群众，减少了中间环节和人为干预，提高了政策落实的效率和公平性。

杭州"城市大脑"作为智慧城市建设的标志性成果，具有重要的民生意义。该项目借助数字化与智能化技术，不仅为市民提供了更为便捷、高效且精准的公共服务体验，还以深入的数据剖析与科学的决策辅助，助力城市管理者精准规划城市发展蓝图，优化资源配置策略，实现城市的绿色、低碳、可持续发展。未来，杭州"城市大脑"将在更多领域发挥重要作用，特别是在统筹全市住房资源方面。"城市大脑"将凭借其强大的数据处理和分析能力，对全市的住房资源进行精准统计和动态监测，为政府制定住房政策提供科学依据。在解决青年群体住房问题上，"城市大脑"可以通过分析青年群体的住房需求和支付能力，为政府提供定制化的住房解决方案，如推出青年公寓、共有产权房等举措，切实保障青年群体的住房权益。此外，"城市大脑"还将致力于缓解职住平衡问题，通过分析市民的就业地点和居住地点，为政府提供优化职住布局的建议，如推动产业园区与居住区的融合发展，缩短市民的通勤距离和时间，提高城市的宜居性和吸引力。

四、多举措解决青年住房问题的杭州实践

青年因城市而聚，城市因青年而兴。近年来，杭州市以其蓬勃的发展活力吸引了大量青年才俊，形成了城市与青年共同繁荣的良好局面。随着城市吸引力的提升，杭州城市人口呈现持续流入态势，杭州市中心城区人口已超千万，步入超大城市行列。其中，青年人口作为新市民的主体，在短期内实

现了快速增长。第七次全国人口普查数据显示，杭州常住人口的平均年龄为38.77 岁。在 2023 年，杭州新引进 35 周岁以下大学生 39.7 万人，青年群体规模持续扩大。为此，杭州市推出了"春雨计划"，围绕 500 多万名在杭青年的住房需求，以打造"青年安居"工程为着力点，坚持"保障＋市场"双向发力，着力优化住房保障的供给结构，创新发展多元化保障体系。杭州市"春雨计划"主要采取了"租房信息一张图""住有宜居低成本""公积金缴存新模式"等举措，全面推进住房保障和供应体系不断完善，为青年群体在杭州的发展提供坚实基础，共同书写城市与青年共生共荣的新篇章。

（一）"租房信息一张图"便捷青年租房

杭州市住房保障和房产管理局积极响应青年群体的租房需求，于 2023 年底在"浙里办 App—e 房通"和"市民卡 App—春雨计划专区"成功上线了"租房信息一张图"应用。这一创新举措以地图和列表的直观形式，全面展示了包括集中式长租公寓、蓝领公寓、人才专项租赁住房、公租房等在内的各类房源信息，为用户提供了极大的便利。"租房信息一张图"不仅集成了租赁政策查询、房源查询、资格自查等多重功能，还允许用户通过手机定位、关键字搜索、城区选择、租金及面积区间筛选等多种方式，快速定位到符合自身需求的房源。该平台以就业创业的青年群体租房需求为导向，展示了集中式长租公寓、蓝领公寓、人才专项租赁住房、公租房等四类租赁房源，从而极大地丰富了青年群体的租房选择，提升了租房效率。为了进一步优化用户体验，平台还贴心地推出了在线预约看房功能。用户只需在项目详情页点击"在线预约"，填写看房日期和时间段，即可享受由项目运营单位安排的专人接待服务。这一功能不仅节省了用户的时间和精力，还让他们更加安心、放心地选择心仪的房源。截至 2024 年 12 月，"租房信息一张图"平台已上线项目数量达到 290 个，展示房源总量高达 8.03 万套（间），其中可租房源达 2.24 万套（间）。这些丰富的房源信息为青年群体提供了广泛的选择空间，满足了他们不同的租房需求。"租房信息一张图"平台的推出，是杭州市为青年群体提供的一项贴心服务，不仅简化了租房流程，还提高了租房效率，为青年群体打造了一个全面、便捷、安心的住房租赁环境。

（二）"住有宜居低成本"缓解青年压力

为应对青年在杭州面临的居住挑战，"春雨计划"适时推出了"住有宜居低成本"举措。该举措特别针对新市民及青年群体，旨在大幅增加公租房与保障性租赁住房的供给。自 2011 年始，杭州在全国范围内率先突破户籍限制，创新建立公共租赁住房保障制度，将新就业无房职工和稳定就业的外来务工人员纳入保障范畴，使环卫工人、公交司机、青年教师及青年医生等众多新杭州人得以共享城市的繁荣果实。截至 2024 年 12 月，杭州公租房保障的家庭数量已接近 21 万户，其中 5 万户家庭通过实物配租获得了安居之所，16 万户家庭则享受着货币补贴的实惠。相较于公租房，保障性租赁住房在申请上未设置收入门槛，且房源更为丰富多样。2024 年，杭州积极响应青年发展型城市建设的号召，并依据"春雨计划"的部署，发布了《关于多渠道筹集发展保障性租赁住房的通知》。该通知明确鼓励通过多种途径筹集房源，如盘活改造闲置住房、租赁转化富余的安置房、综合开发地铁 TOD 上盖物业及公交场站、建设工业邻里中心等。截至 2024 年 12 月底，杭州已成功筹集 126 个保障性租赁住房项目，房源总量达到 6.01 万套（间），超额完成了市政府设定的 6 万套（间）年度筹集目标。同时，杭州积极推出房源，围绕"春雨计划"明确推出保障性租赁住房 8000 套的目标，开展项目梳理、明确时间节点、做好点位确认，按计划稳步推出房源。截至 2024 年 12 月底，已推出保障性租赁住房项目 16 个（含续推项目）、房源 1.31 万套（间），持续增加满足青年群体居住需求的"小户型、低租金"房源供应。

为增强对大学毕业生的吸引力，促使他们选择并扎根杭州，杭州特别为来杭求职的青年人才推出了"青荷驿站"服务。该服务专门为非杭州户籍且无房的应届毕业生设计，提供 7 天免费短期住宿及就业创业指导，旨在降低他们的就业创业成本，展现了城市的温暖与包容。"青荷驿站"作为来杭青年的首站，对于提升城市对青年人才的吸引力、凝聚力和承载力具有重要意义。为扩大房源供应，杭州采用了"酒店式＋公寓式"两种筹集模式，分别设于定点合作酒店和人才专项租赁住房等地，以满足不同青年的需求。驿站的选址精心考虑青年就业创业需求，优先布局于交通便利、产业集中、青年聚集的区域，以及轨道交通站点附近，实现全市区域覆盖。同时，驿站内还配备了健身房、图书阅览室、便利超市等公共设施，生活便利，功能完善。此外，各区、县（市）还结合当地实际，提供贴心的就业创业服务。例如，滨江区在驿站内宣传人才政策，开展职场启航活动，邀请职业指导师为求职者提供一对一指导，帮助他们解决简历优化、面试技巧等问题。截至 2024 年 12 月底，杭州已累计设立 65 个"青荷驿站"，提供房源 2902 套（间）。未来，杭州将继续优化驿站布局，聚焦青年需求，为他们提供更多便利和支持，助力他们在杭州开启美好的职业生涯。

（三）"公积金缴存新模式"助力青年安居

杭州市紧紧围绕城市发展大局，将公积金工作深度融入"春雨计划"中，通过全方位支持保障性住房建设、积极推动青年发展型城市构建以及确保房地产市场的稳健发展，着力提升公积金制度在市民生活中的实际效用和价值。在此背景下，杭州市积极探索并推出了公积金缴存的新模式，为灵活就业人员提供了更为灵活的缴存选择。根据新政策，灵活就业人员可按照 10%—24% 的比例自愿缴存住房公积金，提取住房公积金可用于购买自住住房、支付房租、偿还住房贷款本息等，购买自住住房时可申请个人住房公积金贷款。值得一提的是，对于无房的新市民和青年群体，允许他们全额提取每月缴存的住房公积金用于支付房租，这一举措极大地减轻了他们的居住负担，有效提升了生活质量。公积金缴存新模式的推出，不仅为灵活就业人员提供了更多的住房保障途径，更在提升新市民和青年群体生活品质和幸福感方面发挥了积极作用。同时，这一政策也促进了住房保障体系的进一步完善，增强了社会的和谐与稳定，对于吸引人才、激发城市活力具有重要意义。在房地产市场持续调整的大环境下，公积金作为支持居民住房消费的重要工具，其管理和使用的优化显得尤为重要。杭州市在住房公积金政策的制定与实施中，不仅注重资金安全的保障与服务质量的提升，更强调公积金在促进经济社会发展大局中的重要作用。这种对住房公积金功能的深化认知，体现了杭州市在住房公积金政策上的前瞻性和创新性，也为其他城市提供了有益的借鉴和参考。

五、政策建议

针对当前青年住房问题的紧迫性与重要性，杭州"春雨计划"取得了显著成效，为多措并举持续完善住房保障和供应体系、促进青年安居提供了方向。首先，可以通过激活土地资源、多元化筹集房源，构建层次分明、全面覆盖的住房供给体系，确保青年群体"有得住"。其次，可以推广多元化的租赁住房模式和实行分类化的住房补贴政策，借助数字化平台实现供需精准匹配，确保青年"住得起"。最后，加强住房品质保障同样至关重要，利用数字化工具精确捕捉青年住房需求，打造智慧化居住空间，为青年提供更加舒适、便捷、智能化的居住环境，确保他们"住得好"。这些措施旨在通过为青年群体拓宽住房供给渠道、加大住房支持力度，以及提升住房品质和服务水平，助力他们真正实现安居乐业，进而为城市的高质量发展注入新的活力。

（一）完善住房供给体系，让青年"有得住"

政府需要携手市场主体与社会力量，致力于激活并优化现有土地资源，多渠道筹集房源，构建一个全面覆盖、层次分明的住房供应体系，让青年"有得住"。首先，在住房市场的增量提升方面，政府扮演着至关重要的角色，需要与市场主体及社会资本建立紧密的合作关系，共同探索和创新住房建设的新模式。为了充分挖掘现有土地的潜力，政府需要制定一系列优惠政策和激励措施，鼓励市场主体积极参与住房建设，特别是在城市中心的高需求区域，可以规划建设小户型公寓与宿舍，以满足青年群体的住房需求。同时，政府还需要在城郊交通便捷区域开发新项目，利用这些区域的土地资源和交通优势，打造一批具有吸引力的住房项目，吸引部分青年群体向城郊流动，缓解城市中心的人口压力。其次，在住房市场的存量激活方面，需要鼓励产业园区和大型企业利用自有土地建设租赁住房和人才公寓，整合社区及市场中的空置房源，为有短期居住需求的青年群体提供便利。在轨道交通沿线及公共基础设施完善的区域，政府可以重点盘活闲置空地和市场房源，收储销售不畅但质量合格的商品房，并将其改造为保障房，以满足青年群体多样化的住房需求。此外，政府还将利用数字化平台整合资源，提供一体化租房服务，以提升住房周转率，优化住房资源配置。通过优化中心城区与郊区租赁资源配置，收储市区二手房并将其转化为针对中心城区就业青年的保障性租赁住房，重点解决"职住分离"的难题。这一系列举措旨在进一步拓宽住房供给渠道，实现住房资源的合理配置与高效利用，助力青年安居。

（二）健全住房支持机制，让青年"住得起"

为了建立健全的青年城市住房支持体系，确保青年群体能够"住得起"，政府应致力于构建一个全面覆盖、阶梯式递进的住房保障体系。政府需要从"关注人才"向"普惠全体青年"转型，不仅要满足高学历、高层次青年人才的住房需求，也要兼顾普通白领、新业态青年、灵活就业青年及产业工人青年等广泛群体，细分不同青年群体的租金承受能力，精准施策，为他们提供经济实惠、品质优良、性价比高的住房选择。为此，政府应推广"一张床、一间房、一套房"的多元化租赁住房模式，以适应不同发展阶段、收入水平和家庭结构的青年住房需求。同时，实行分类化的住房补贴机制，根据青年的年龄、收入和婚育状况，提供针对性的实物补贴、货币补贴或信贷补贴，并优化公积金政策，为初婚的青年家庭提供稳定的长租房源，在首套房购买上给予政策倾斜。同时，政府需着力提升青年群体住房服务效率，加速住房服务领域的数字化转型。为此，应完善住房服务平台功能，优化用户体验，构建一个高效且用户友好的在线服务系统。在此基础上，充分利用大数据分析与人工智能算法，实现住房供需的精准匹配，打破市场信息不对称的壁垒，确保租赁双方能够基于全面准确的信息做出合理选择。通过构建智能化平台，政府可以实时监测青年住房需求的变化，并及时推送经济实惠的房源或个性化的补贴方案，为青年群体安居提供支持。

（三）加强住房品质保障，让青年"住得好"

为了让青年群体真正实现安居乐业，仅仅提供房源供应和住房支持是远远不够的，关键在于加强住房品质的全面保障，确保青年能够"住得好"。首先，政府需要对保障性住房实施严格品质控制，引入智能管理系统，确保居住既安全又便捷，为青年营造高标准、智能化的生活环境。同时，应鼓励房地产项目采用绿色建筑与智能家居技术，引领居住品质升级，并特别注重老旧住宅区的改造，为青年提供更宜居的居住选择。其次，政府需要进一步优化公共服务设施配置，应在保障性住房社区及周边增设图书馆、健身房等文化体育设施，以及公共食堂等生活服务设施，以促进社区文化繁荣与居民交流融合。同时，还需优化公共交通网络，缩短青年通勤时间，提升其出行效率。再次，要进一步落实租购同权政策，稳定租赁关系，推进租赁住房所享受的公共服务均等化，保障承租青年在合同范围内享受合理使用住房及相关教育、医疗、就业等方面的权利。最后，为有效满足青年的住房需求，应充分利用数字化工具，精确捕捉青年的住房需求，为他们提供更加有效的住房服务，并借助"智慧社区"建设的强大动力，打造智慧化的青年居住空间，不断升级青年的租住体验，为他们提供更加便捷、舒适和智能化的居住环境。

杭州市医养结合服务的有效模式及实现机制研究

黄 娟 陆思佳 郭伊珈 杨 轩[*]

摘要：杭州市作为浙江省医养结合服务的先行试点，通过整合医疗和养老资源，为老年人提供了一种全方位的康养选择。该文梳理了杭州市三种医养结合服务模式：整合互补式、协议合作式和社区嵌入式。整合互补式依托医疗与养老机构资源共享，提供无缝对接的康养服务；协议合作式通过机构间协议实现资源联动，满足老年人的多层次健康需求；社区嵌入式则将医养结合服务嵌入社区，为行动不便的老年人提供日常照料等。杭州市在医养结合服务的推广中，有效提升了养老服务水平，促进了"银发经济"发展；但也面临实施标准不统一、合作成本高、专业人才短缺、多元化需求难满足、供需匹配难题等挑战。建议通过加强政策支持、优化资金保障和激励机制，推动信息化建设，规范医养合作和人才培养等多种措施，进一步完善"医、康、护、养"一体化服务体系，以满足不断增长的老龄化需求。

关键词：医养结合；养老服务；资源整合；康养创新

---

* 黄娟，经济学博士、博士后，浙江工商大学中国化时代化马克思主义研究院研究员，浙江工商大学马克思主义学院数智化办公室主任，讲师，硕导，研究方向为中国特色社会主义政治经济学。陆思佳、郭伊珈、杨轩，浙江工商大学本科生。

党的二十届三中全会审议通过《中共中央关于进一步全面深化改革、推进中国式现代化的决定》，强调积极应对人口老龄化，要求完善养老事业和养老产业政策机制，部署各地推进新时代养老服务体系建设，解决我国超大规模老年人口的养老服务难题。

随着我国老龄化程度的加剧，养老需求日益多元化和复杂化。杭州市作为浙江省医养结合试点城市，积极探索医养结合服务模式，通过整合医疗和养老资源，推动养老服务创新发展。基于公共服务"七优享"工程中的"老有康养"和"弱有众扶"专项，杭州市致力于提升医疗保障与养老服务的融合度，以应对老年人群体对健康和生活质量的需求。本文聚焦于杭州市医养结合服务的发展现状，分析其典型模式及实现机制，探索三种典型模式在提升老年人生活品质、优化资源配置方面的成效及其所面临的挑战，并提出进一步完善的建议，以期为提升养老服务质量、共建老年友好型社会提供参考。

一、医养结合服务的内涵和作用

（一）医养结合服务的内涵

医养结合服务是一种综合养老和医疗资源，以满足老年人多层次需求的新型康养模式。这一模式超越传统养老模式，将健康管理、康复护理及心理支持等服务融入其中，为老年人提供一站式服务。医养结合服务可分为三类：整合互补式，通过整合养老机构和医疗机构资源，实现服务内部化；协议合作式，以医疗与养老机构签约为基础，资源分散但功能联动；社区嵌入式，将医养服务嵌入社区，适用于照顾低自理能力的居家老年群体。

不同模式下的医养结合服务有机衔接，确保了老年人能够便捷地获取日常生活支持和紧急医疗服务，提升了资源利用率并加快了服务响应速度。通过调查发现，杭州市的医养结合服务强调养老机构与医疗资源的深度整合，通过政策引导和试点创新，初步构建了以满足全人群、全生命周期服务需求为目标的康养服务体系。

（二）医养结合服务的作用

1. 有利于优化资源配置

医养结合服务通过资源整合和功能共享，能有效减少重复建设和资源浪费。医疗机构内闲置的床位可用于养老，养老机构的设施则可与医疗资源共享，提升了床位利用率和资源互补性。杭州市的医养结合服务为资源的高效利用和合理配置提供了示范，在不增加医疗机构负担的情况下实现了老年人医疗和康养服务的并行发展。

2. 有利于提高老年人的生活质量

医养结合服务通过多层次服务满足老年人日益多元化的需求。不同于传统养老模式，医养结合不仅限于生活照料，还融入了健康监测、康复护理和心理慰藉等服务，使老年人能够享受更全面的生活支持。杭州市"七优享"工程中的"老有康养"项目，正是通过这一模式为老年人提供个性化、便利化的综合康养服务，提高了他们的幸福感和获得感。

3. 有利于促进医养服务创新

医养结合服务打破了传统医疗机构和养老机构间的功能壁垒，实现了资源共享和优势互补。杭州市通过探索多种模式，形成了"医、康、护、养"一体化服务体系，为老年人群提供专业且个性化的医养服务。不仅医疗机构能提供专业的诊疗和康复护理，而且养老机构具备了适老化的日常生活支持能力，从而实现了医养资源的无缝对接。

4. 有利于推动"银发经济"发展

作为一项创新型养老模式，医养结合带动了"银发经济"的发展。杭州积极引导社会资本和服务机构参与医养服务，创建了多层次、多元化的康养服务生态。以健康管理、康养服务和智能养老等为支撑的医养结合服务，不仅满足了老年人的多样化需求，也为社会资本开辟了新兴的投资领域，从而实现了经济和社会效益的双赢。

5. 有利于政府制定相关政策

医养结合服务还为老龄化社会的政策制定提供了丰富的数据基础。杭州市在推动医养结合模式发展的过程中，积累了大量的实践数据。这些数据为政府制定相关政策提供了有力的支撑，帮助其构建完善的养老服务体系并提升了政策实施的精准度，科学评估其在健康管理、慢性病护理、生活质量提升等方面的成效。

二、杭州市医养结合服务的现状与问题

（一）杭州市医养结合服务的现状

1. 政策支持与发展概况

杭州市在医养结合服务方面的发展得到了国家和省级政策的强有力支持，构建了以政府为主导、多方机构协同推进的政策支持体系。在国家层面，《中共中央关于进一步全面深化改革、推进中国式现代化的决定》明确提出要完善养老和医疗服务机制，积极应对人口老龄化所带来的社会压力。在此背景下，杭州市积极响应中央号召，全面启动了"七优享"工程，其中特别强调了"老有康养"项目的建设，旨在确保老年人能够享受到优质的医疗服务供给。

杭州市政府通过制定并实施了一系列政策措施，如《关于加快建设基本养老服务体系的实施意见》，为医养结合服务提供了坚实的制度保障。这些政策措施涵盖了医疗资源整合、养老服务体系建设等多个方面，力求通过多维度的支持，促进医养结合服务的全面发展。在财政和税收方面，杭州市政府也出台了相应的激励措施，鼓励社会资本投入康养行业中，推动养老机构、医疗机构以及社区卫生服务中心之间的合作，共同促进医养结合服务的创新与发展。

2. 示范性项目与实践经验

在具体实践中，杭州市的医养结合服务取得了显著成效，并为其他地区医养结合服务的推广提供了宝贵经验。示范性医养结合试点项目通过与周边医院建立合作关系，实现了医疗资源的有效共享与整合，提高了医疗服务的可及性和便捷性。借助信息技术的力量，杭州市搭建了医疗信息共享平台，不仅提升了服务效率，还方便了患者就医，降低了老年人就医的时间成本。

在医养结合服务机构的设计上，杭州市注重医疗与养老功能的无缝对接。医疗区域与养老区域经过科学规划与合理布局，确保老年人在健康状况发生变化时能够得到及时有效的治疗。这种一体化的设计理念不仅提高了医疗护理的质量，也为医护人员对老年人健康状况的连续跟踪和预防性医疗服务提供了便利。为了实现"住有宜居"的目标，医养结合机构配备了无障碍通道、扶手、紧急呼叫系统等一系列适老化设施，为老年人创造了一个安全、便捷的生活环境。

（二）实践中面临的挑战

尽管杭州市在医养结合服务方面取得了一定成效，但在实际操作过程中仍然面临诸多挑战，这些问题限制了服务的进一步推广和发展。

1. 服务标准不统一

杭州市在医养结合服务中，医疗机构和养老机构各自的服务标准存在较大差异，这直接影响了服务流程的一致性和连贯性。双向转诊、健康管理、康复护理等关键环节缺乏统一的操作规范，导致不同机构之间在服务衔接上存在障碍。标准化程度的不足，不仅使责任分工变得模糊不清，还严重影响了服务质量的可控性和可预测性。这种状况不利于形成一套行之有效的服务模式，制约了医养结合服务的整体效能。

2. 合作成本较高，资源整合难度大

医养结合服务的推行涉及多方面的高成本投入，包括但不限于设备购置、场地改造升级、人员培训等。对于公立医疗机构而言，这些额外支出往往成为沉重的财务负担。而对于养老机构来说，引入医疗服务资源意味着需要对硬件设施进行大规模升级，进一步增加了资金压力。虽然杭州市政府提供了一定的财政补贴，但由于补贴额度有限，难以完全弥补因合作带来的增量成本，部分医疗机构和养老机构参与医养结合项目的积极性不高。此外，资源整合本身也是一项复杂的任务，需要跨部门协调与配合，增加了操作难度。

3. 专业复合型人才短缺

杭州市的医养结合服务迫切需要一批具有老年病学、康复护理等专业知识的复合型人才，但目前市场上此类人才供应严重不足。一方面，由于行业薪酬相对较低，且工作强度大，很难吸引高素质的专业人才进入养老护理领域；另一方面，现有的职业培训体系和激励机制尚不健全，导致护理、康复等专业人才的培养速度跟不上需求增长的步伐。这种人才短缺状况已成为制约医养结合服务供给的主要因素之一。

4. 多样化需求难以满足

杭州市的老年群体在年龄结构、经济状况、健康状态等方面呈现出显著的个体差异性，这使得他们的需求更加多样化和复杂化。然而，现有的医养

结合服务模式往往以基础护理和常规健康管理为主，难以满足老年人对心理健康支持、慢性病管理、健康促进等方面的个性化需求。尤其是社区嵌入式医养结合模式，面向拥有不同基础背景和服务需求的老年人的服务设计还不够精细，未能充分考虑到他们的特殊需求，导致服务利用率不高，老年人的服务体验感不佳。

5. 供需匹配难题

尽管杭州市已经在医养结合服务方面增加了供给量，但供需之间的错配问题依然存在。部分地区医疗资源相对集中，而养老服务设施却相对匮乏，导致资源分布不均衡。特别是对于那些自理能力较弱，甚至失能的老年人而言，他们对高质量护理服务的需求更为迫切，但现有的服务不足以满足这一庞大人群的需求。这种供需不匹配不仅影响了老年人的福祉，还造成了资源使用的低效，阻碍了医养结合服务效能的充分发挥。

三、杭州市医养结合服务模式的有效性分析

杭州市在医养结合服务体系建设中，根据实际需求与资源情况，逐步形成了整合互补式、协议合作式和社区嵌入式三种典型模式。这些模式分别通过不同的资源整合方式，覆盖了老年人多层次的健康和生活需求。整合互补式实现了"医""养"资源在同一空间内的集中配置，方便老年人获得持续的医疗和护理支持；协议合作式通过协议方式来联结医疗机构和养老机构，在不受空间限制的前提下，灵活地满足老年人阶段性健康需求；而社区嵌入式则以社区为依托，提供贴近生活的日常健康管理和照护服务。这三种模式在政策支持、信息化保障和社会资本引入的推动下，不仅优化了资源配置和服务效率，还为其他地区提供了可参考的经验和创新思路。

（一）整合互补式

整合互补式是杭州市在医疗和养老资源的基础上，通过空间整合和功能重组，打造的一体化医养结合服务模式。这种模式整合了医疗、护理、康复和养老资源，为老年人提供高效的健康管理和生活照护。通过在医院内新设养老功能区，或在养老机构内增设医疗资源的方式，该模式实现了医养功能在同一空间内的紧密衔接，提升了资源的利用效率和服务的连贯性。国家卫生健康委也支持具备条件的养老机构开设医务室、护理站，进一步降低了医养结合的准入门槛，有效推动了专业化的医养服务在养老机构中的普及。

1. 典型案例分析

整合互补式在实际应用中，通过一体化的医养服务和跨机构合作为老年人提供了从治疗到康复的连续性支持。以下是杭州市的几个典型案例。

（1）浙江医院三墩院区。作为老年病诊疗中心，浙江医院三墩院区整合了"医、康、护、养"服务，建立起覆盖疾病治疗、康复护理和心理支持的全链条体系。通过与西湖区中西医结合医院合作，建立了便捷的双向转诊机制，在老年人病情加重或有急救需求时，及时提供上级医院的支持。浙江医院对老年患者的康复和心理需求尤其重视，专门设置康复团队和心理护理人员，在治疗过程中关注老年人的心理慰藉需求，为老年人提供更加人性化的服务。

（2）钱爱仁堂中医医院。余杭区的钱爱仁堂中医医院结合中西医门诊，以中医慢性病调理和身体康复为特色，为老年人提供"医、护、养"一体化支持。该院内设养老院，以中医优势为老年人的长期调理、康复治疗和健康维护提供保障，形成"吃、住、医、护、养"五位一体的医养结合服务模式，实现了治病医养同步行。

（3）杭州四惠医院。作为医保定点护理院，四惠医院以医疗、康复和护理一体化服务为特色，为自理能力较弱的老人提供个性化的长期照护服务。

该院依托医保政策，提供经济便捷的护理服务，服务对象包括半自理或完全依赖护理的老人，并提供术后康复、肿瘤康养等特色服务，展示了整合互补式在民营护理院中的应用效果。

2. 实现机制

整合互补式通过资源的深度整合和各方协作，形成了一站式的医养服务体系。该模式主要通过以下几个方面的机制实现。

（1）一体化服务链建设。整合互补式通过一体化的医疗、康复、养老和心理咨询服务，实现了医养功能的无缝衔接。各机构不仅在同一场所为老年人提供多样化服务，还确保了各个环节的资源共享，避免了重复建设和资源浪费。服务链从入院评估、日常护理到紧急医疗，覆盖了老年人健康管理的各个阶段。

（2）信息化平台支持。杭州市鼓励医养结合机构通过信息化平台共享健康数据，实现对老年人健康状态的远程监测和信息联通。通过物联网技术，整合了医疗信息和养老服务数据，不仅加快了服务响应速度，还实现了各机构间的有效沟通，为医养服务提供了更高效的技术支持。

（3）政策激励与人才培养。杭州市通过财政补贴、税收优惠等政策鼓励医养机构整合资源，并出台了相关激励政策吸引更多护理人才。政府还推动专业人才培训和继续教育，提升从业人员的技能，确保机构能够提供优质的医养服务。同时，鼓励退休医务人员进入医养结合行业，为养老服务提供有经验的专业支持。

3. 优势与局限性

整合互补式的优势主要体现在高效的资源利用和服务的连续性上。该模式通过医疗和养老资源的内部化配置减少了老年人频繁转诊的需求，使老年人在同一机构内完成从疾病治疗到康复的全过程。例如，浙江医院三墩院区整合康复病区和心理慰藉服务，使老年人能够在一个熟悉的环境中接受连续的健康支持，有效提高了其生活质量。

然而，整合互补式对场地、设备和护理人员配置的要求较高，特别是护理专业人员的缺乏限制了其在资源紧张的地区推广。此外，该模式的推广需要政府、医院、养老机构的高度协作，监管和资源分配的复杂性增加了实施难度。因此，在未来推广过程中，杭州市可以继续优化信息化建设，增加支持资源，进一步推动整合互补式的应用与普及。

整合互补式在杭州市的应用展示了其资源整合的高效性和服务的连贯性，通过在一个场所内实现医疗与养老服务的无缝对接，不仅提高了老年人的健康管理质量，还减少了医疗资源的浪费。该模式在空间布局、信息化支持和人才培养等方面为其他地区提供了良好的借鉴。未来，通过进一步完善信息系统、优化政策支持和增强跨机构协作，杭州市有望将整合互补式推广至更多医疗机构与养老机构，为老年人提供全面、优质的医养结合服务，满足其不断增长的健康需求。

（二）协议合作式

协议合作式通过医疗机构与康养机构签订协议，实现了资源的跨空间整合，为老年人提供稳定的医养服务。该模式在空间上虽相对独立，但通过双向转诊、远程诊疗等机制，实现了资源的协调联动。与传统单一机构的医养服务不同，协议合作式注重各方的协作与共享资源的灵活性，一定程度上解决了养老机构独立运营中的医疗资源不足和医疗机构面临资源闲置的问题。更为重要的是，通过合作不仅降低了服务成本，也让老年人享受到更专业化、个性化的服务。

1. 典型案例分析

协议合作式在杭州市逐步推行，典型案例包括杭州市第三社会福利院与杭州市中医院、绿城康养集团与西溪医院，以及安诺新程国际康养中心与邵逸夫医院的合作。这些合作模式通过医疗和养老资源的协同，实现了医养结合服务的高效供给。

（1）杭州市第三社会福利院与杭州市中医院。2024 年，杭州市第三社会福利院与杭州市中医院签署合作协议，作为"七优享"工程的一部分，双方共同探索了均衡化供给和一体化协作的医养结合模式。第三社会福利院作为杭州市最大的公办养老机构，与具备"老年友善"特色的杭州市中医院合作，在双向转诊、派驻医护团队等方面建立了系统化机制。双方通过资源联动，确保了老年人急需医疗服务时能够及时获得支持，同时在日常生活中为老年人提供中医健康管理，显著提升了个性化的服务水平，为杭州市公办养老机构在医养结合服务领域的推广提供了示范经验。

（2）绿城康养集团与西溪医院。绿城康养集团作为高端养老品牌，与杭州市西溪医院达成战略合作，建立了快速转诊的"绿色通道"。绿城康养中心的老人可在突发状况时便捷转诊至西溪医院，同时享受个性化的医疗支持。西溪医院则依托其完善的医疗技术和资源，为康养机构提供了健康监测、会诊和紧急救护支持，满足了康养人群的多样化需求。该合作模式充分利用西溪医院的临床技术与设备资源，使医养服务的效率和质量得到了提升。

（3）安诺新程国际康养中心与邵逸夫医院。安诺新程国际康养中心作为高品质的一站式康养中心，与邵逸夫医院合作提供国际化的医疗支持。邵逸夫医院在医疗水平和技术上与国际接轨，并且是美国梅奥医疗联盟（Mayo Clinic）的成员，具备远程会诊和高级诊疗服务。这一合作在保障国内老年人需求的同时，还提供了接轨国际标准的服务。通过远程会诊和双向转诊机制，双方实现了资源的深度共享，为有高端康养需求的老年人提供了高质量的医养服务。

2. 实现机制

协议合作式的实现依赖于多层次的政策支持和强有力的资源整合，其涵盖了外部政策和内部运行机制的协同作用。

（1）政策支持与导向。国家近年来高度重视养老服务体系的建设和医养结合服务的发展。2024 年，国务院办公厅出台《关于发展银发经济增进老年人福祉的意见》，鼓励医疗和养老资源的有效整合。《健康杭州三年行动计划（2023—2025 年）》进一步明确了在养老机构与医疗机构间建立签约机制的要求，为协议合作模式的发展提供了政策框架。同时，国家在"银发经济"市场起到的调控和政策引导作用，为医养服务的协调发展奠定了政策保障。

（2）资源联动和互惠机制。协议合作式依托养老机构和医疗机构各自的资源优势，将医疗和康养资源互通，形成服务链。养老机构借助医疗机构的支持，深化了健康管理和护理服务；医疗机构则利用养老机构的平台拓展了业务领域。双方通过签订合作协议，构建远程接诊、双向转诊和日常健康巡诊机制，确保老年人能够获得稳定的医疗支持。通过双向转诊机制，老年人能够在突发情况下快速获得急救服务，同时康养机构的老人在非急诊状况下也能获得相对低成本的健康监测与慢性病管理支持。

（3）人才和信息共享。协议合作式依赖高素质医养服务团队的配合。为此，杭州积极推进医养结合的人才培养，鼓励护理人员、康复师等专业人员参与医养服务。此外，通过健康档案共享平台实现数据同步，使健康数据能够在各合作机构间流转，确保老年人的健康数据可以得到实时跟踪和管理，为日常健康管理和紧急医疗决策提供数据支持。

3. 优势与局限性

协议合作式的优势主要体现在灵活的资源配置和精准的服务匹配上。通过合作协议，医养资源在时间和空间上实现了灵活调度，使服务能够根据老年人的需求变化进行调整。双向转诊和远程会诊机制让老年人在需要时能迅速得到专业支持，减轻了养老机构的医疗服务负担，也减少了老年人外出就医的困难，提升了供给效率。

然而，该模式的局限性在于跨机构协调难度较大。在杭州市协议合作式的实践中，信息化水平的不足可能影响数据共享和应急响应速度，特别是在突发事件中，医疗机构与养老机构的沟通不畅可能会影响服务的及时性。不同机构在服务流程和标准上的差异也带来了管理挑战，如医疗机构侧重急救和治疗，而养老机构则更关注日常健康维护，两者在服务衔接上容易出现断层。此外，协议合作式需要持续的政策支持和稳定的资金投入，以确保各方在合作中的资源需求得到满足并实现良性互动。

总体而言，协议合作式通过医疗和养老资源的跨机构协作，为老年人提供了专业、灵活的医养支持。杭州市的实践经验表明，协议合作式能够适应不同老年群体的健康需求，具有推广价值。未来，随着信息化水平的提升和政策的持续支持，该模式将有助于拓展医养结合服务的广度和深度，为应对老龄化挑战提供有力保障。

（三）社区嵌入式

社区嵌入式是一种将传统养老服务和医疗服务有机融合并嵌入社区的创新养老模式。该模式通过政府购买服务的方式，由专业化机构运营，为周边半自理和轻度失智、失能的老人提供全天候护理照料，同时通过日托、助餐等服务辐射至有需求的其他老年群体。杭州市积极推进社区嵌入式养老服务，促进社区养老中心与医疗卫生机构签约合作，建设居家养老服务基础设施，并吸引专业医养人才，为老年人营造便利、安全的社区养老环境。这种模式的特点是服务便利、医养融合和个性化，提供了医疗、养老、康复等多元化服务，显著提升了老年人的生活质量和幸福感。

1. 典型案例分析

杭州市通过多年探索和试点，在社区嵌入式医养结合服务上积累了丰富经验。社区嵌入式的核心在于形成政府、社会、居民共同参与的多元协同机制，从无偿服务逐渐转变为"公益＋市场化"的无偿、低偿、有偿相结合的运营模式。

（1）红巷长青颐养园。长青颐养园位于杭州市上城区小营街道内，是典型的社区嵌入式养老服务案例。长青颐养园于 2014 年成立，由上海佰仁健康产业有限公司管理，是全省率先引进连锁管理模式的 4A 级社会组织。作为小营街道公建民营的示范点，长青颐养园通过托管养护的方式为社区老年人提供便捷、可负担的养老服务。颐养园通过将老年人日常生活照料与康复护理结合，激发了社区老年人居家养老的内生动力，并以其高质量的服务满足了社区老年人的多元需求。

（2）南肖埠社区康养中心。南肖埠社区康养中心是本土养老服务与第三方机构合作的典型案例，提供集健康管理、日托、餐饮、康复于一体的综合服务。该中心整合资源建立了 1600 平方米的为老服务综合体"凯乐居"，以满足社区内老年人"食、住、健、医、学、养、乐"等方面的需求。南肖埠社区康养中心自运营以来，服务社区老年人超万人次，拥有持续运营 20 年的老年食堂。康养中心还依托群众的自治力量和智慧管理技术，通过"南肖埠陆号"等社会组织全方位守护老年人的安全，将养老服务嵌入社区日常生活中，形成生活化、医疗化的康养综合体。

2. 实现机制

杭州市在实施社区嵌入式医养结合服务的过程中，通过政策引导、信息化支持、人才培养等措施逐步完善服务体系，全面提升老年人生活质量。

（1）科学规划与设施布局。杭州市注重优化社区养老设施的布局，科学规划服务设施的位置和规模，以确保老年人能够在家门口便捷地享受优质服务。注重养老设施的功能性和舒适性，社区养老中心具备护理、日托、休闲娱乐、健康管理等功能，营造安全、舒适的生活环境，为老年人提供了全方位的关爱和支持。

（2）信息化与智慧养老服务。杭州市充分利用智慧养老技术，通过"浙里办"App 推出"杭向颐养"应用，实现社区医养服务的智能化和信息化。依托互联网、大数据和人工智能等先进技术，"杭向颐养"集成了健康监测、紧急救援、生活照料等服务模块，使服务更加精准、智能。南肖埠社区康养中心引入智慧驾驶舱等管理系统，通过实时数据监控老年人健康状况，并提供紧急呼叫、健康提醒等服务，提升了老年人日常生活的安全感。

（3）多层次、多样化服务。杭州市通过社区养老中心与医疗卫生机构的签约合作，为社区嵌入式养老模式提供了医疗支持。社区嵌入式不仅包括常规的养老和护理服务，还逐步引入康复医院、护理院和安宁疗护中心等专业机构，提供从健康管理、日常照护到专业医疗服务的全方位支持。这种社区嵌入式的医养结合模式有效弥补了轻度失能老年人和半自理老年人在社区养老中遇到的健康需求难题。

（4）人才吸纳与培训机制。社区嵌入式对专业护理人员和康复师的需求较大。杭州市加强了医养服务人员的培训，鼓励各类医养专业人才加入社区养老机构，并提供系统的继续教育计划，不断提升人员的专业能力。此外，通过定期开展社区内的健康讲座和志愿服务，形成以社区为核心的医养服务支持网络，使老年人可以在熟悉的环境中获得医疗和生活支持。

3. 优势与局限性

社区嵌入式的主要优势在于便利性和灵活性。将医养结合服务嵌入社区，不仅缩短了老年人获取服务的路径，还降低了服务成本。这种模式在空间上更接近老年人的生活环境，特别适合居家养老和半自理老年人。此外，社区嵌入式以社区资源为依托，能够根据社区老年人的多样化需求提供差异化服务，增强了服务的针对性。这种模式还具有较高的适应性和复制性。通过社区养老中心与本地医院和卫生服务中心的合作，杭州市实现了医养资源的高效配置，为有健康管理和日常照料需求的老年人提供了精准支持。这种模式在提升老年人生活质量和满足社区养老需求等方面成效显著，已逐渐成为杭州市医养结合服务的重要组成部分。

社区嵌入式也存在一定的局限性。由于社区嵌入式的服务主要面向轻度失能和半自理老人，对于需要长期护理或重症治疗的老年人，其服务仍存在不足。此外，社区护理人才的缺乏制约了服务的专业化发展，难以满足更多重症老人的护理需求。因此，进一步加强专业人才的培养，并通过激励机制吸引护理人员、康复师等专业人才进入社区嵌入式养老领域，将是该模式未来发展的重点。

总体而言，杭州市的社区嵌入式通过整合社区资源和专业化医养服务，为老年人提供了安全、便捷的居家养老环境。这一模式不仅提升了老年人的生活质量，也为其他地区发展社区医养结合服务提供了宝贵的实践经验。

四、结论与对策建议

本文以杭州市为例，通过总结整合互补式、协议合作式和社区嵌入式三种医养结合服务模式，分析典型案例，评估其有效性，并探索了医养结合服务的实现机制。研究发现，医养结合服务通过有效整合医疗和养老资源，形成了多元化服务体系，确保了老年人在健康管理和日常照护方面的全方位支持，不仅提高了服务的连续性和针对性，而且有效降低了医疗成本。同时，依托多学科团队和信息化手段实现了健康数据共享和个性化照护方案，推动了医养结合服务的高质量发展，具有显著的社会和经济价值。杭州市的经验表明，医养结合服务在改善老年人生活质量和促进医养资源高效配置方面发挥了重要作用，为进一步优化提供了方向。为此，本文提出以下优化政策建议。

第一，强化政策支持与法规保障。政府应积极出台明确的政策和法规，确立医养结合的标准和发展目标，包含行业监管机制和参与主体的权益保障。建议设立专门的政策执行和监督机构，负责协调和监管政策落实，推动医养结合服务的标准化和持续发展。此外，应为医养结合机构提供有效的财政和税收支持，确保政策落实到位，以激励更多主体参与医养服务。

第二，优化资金保障和激励机制。为确保医养结合服务的可持续发展，建议建立多元化的资金投入机制，鼓励社会资本参与，并通过政府和社会资本合作模式（PPP）来吸引企业参与合作。通过设立专项资金、提供税收优惠和财政补贴，减轻机构成本压力，形成稳定的资金来源，进一步完善资金保障体系，为老年人健康和照护需求提供有力支持。

第三，加强复合型专业人才的培养。制订系统的人才培养计划，鼓励高校和职业院校增设医养结合的相关课程，提升专业人才数量和质量。应加大对现有从业人员的继续教育力度，提升其服务技能和专业水平。同时，建立职业认证体系，提供清晰的职业发展路径，吸引更多人才进入医养结合服务行业，缓解当前的专业人才短缺问题。

第四，完善综合评估机制。建立科学合理的综合评估机制，统一医养结合服务标准。该机制应包括健康状况、资源利用效率和服务满意度等量化指标，并定期开展评估和反馈，以便及时调整服务方向。通过数据共享平台的支持，使评估结果为政策制定和服务优化提供有效依据，推动医养结合服务的质量提升。

第五，推动信息化建设与数据共享。加快推动医养结合服务信息化建设，开发统一的信息管理平台，实现医疗和养老数据的实时互通，确保各方服务的协调性和精准性。通过智能技术的应用，提升老年人个性化服务水平，提高医养结合的整体服务效率和质量，平衡服务供给和多样化需求，进一步实现健康管理的智能化和便捷化。

杭州市以体育场景激活城市剩余空间的实践探索与路径启示 ①

汪欢欢　姚　南 *

摘要：城市剩余空间是建设体育场景的新载体，体育场景创建是城市剩余空间重新激活的新机遇。该文运用文献资料、案例分析、实地考察等方法，对杭州在高架桥下、基础设施周边、滨河空间、废弃厂房等城市剩余空间植入各类体育场景的实践探索进行考察与总结，探讨所面临的问题，并从分类改造、业态融合、文化浸润、科技赋能、多方参与等维度提出路径启示。

关键词：体育场景；体育空间；城市剩余空间；城市更新

2019年12月召开的中央经济工作会议首次强调了"城市更新"这一概念，提出加强城市更新和存量住房改造。随后，《"十四五"规划和2035年

---

① 本文系国家社科基金一般项目"'体文旅'产业融合发展的逻辑机制、场景生成及实现路径研究"（23BTY026）的研究成果。

* 汪欢欢，女，博士，杭州市社会科学院社会学研究所副研究员，主要研究方向为体育城市与体育经济。姚南，女，博士，成都市规划设计研究院规划二所所长，教授级高级工程师，主要研究方向为体育设施布局规划。

远景目标纲要》和党的二十大报告中，均提到实施城市更新行动的内容，这是我国进入新发展阶段的重大战略部署。党的二十届三中全会进一步提出，要建立可持续的城市更新模式和政策法规。城市剩余空间是城市更新的重要场域。此前，其在管理上不被重视、形象上不够美好、环境上通常脏乱差，且具有较大安全隐患，严重影响居民对城市的感知体验和城市的高质量发展。激活城市剩余空间不仅是深入践行人民城市理念、满足人民群众对美好生活向往的实际行动，更是扩大有效投资、改善人居环境、提升城市品质的重要抓手。人民群众对美好生活的向往还体现在随着经济发展与收入增加而日益增长的健康需求、体育需求上，然而我国公共体育设施的空间供给与居民不断增长的健身需求之间存在较为突出的矛盾。一侧是未被合理利用的城市剩余空间，一侧是无法满足居民健身需求的体育空间配置，将二者勾连，以体育空间激活城市剩余空间，是居民、城市与体育的共赢之策。同时，体育发展正在进入场景时代，传统体育空间正在向消费者视角的体育场景转型。2024 年 6 月，国家发展改革委同农业农村部、商务部、文化和旅游部、市场监管总局联合印发《关于打造消费新场景培育消费新增长点的措施》，要求培育包括文旅体育在内的 6 方面消费新场景，从体育场景维度来激活城市剩余空间，对培育新消费与创造新供给、缓解人民群众日益增长的健康需求与体育场地有效供给不足之间的结构性矛盾具有重要现实意义。

面向后亚运时期，杭州将打造国际"赛""会"之城的战略目标与群众体育的蓬勃发展有机结合，积极盘活公园绿地、闲置土地、高架桥下、建筑屋顶等城市的"金角银边"，把体育设施建到百姓家门口，建设高质量的"10 分钟健身圈"，使体育成为城市文化和居民生活的一部分。本文通过考察杭州已开展的不同类型剩余空间体育场景建设的实践形式，提出以体育场景激活城市剩余空间的路径启示，以期对体育场景植入、城市剩余空间激活等议题提供理论支撑和实践经验。

一、概念界定

（一）体育场景

起源于新芝加哥学派的场景理论是以消费为导向的城市发展解释模型，具体内容是，随着后工业社会的来临，城市形态由生产型向消费型转型，场景"以消费为导向，以生活娱乐设施为载体，以文化实践为表现形式，推动着经济增长，重塑后工业城市更新与发展路径"。[1] 从场景理论来看，体育场景并非单纯指物理空间的运动场所，而是从消费者视角重新定义的运动场域，是至少包含视觉维度、技术与服务维度、媒介维度、心理维度和商业维度在内的运动消费情境下多业态内生耦合的商业模式。[2] 从场景视角来定义城市体育空间，有助于真正从在地居民或体育参与者角度出发，实现居民日常生活与体育城市、体育强国等战略目标的有机结合。本文所指的体育场景可以归纳为：以物理空间的运动场所为载体，通过其独特的设计、氛围营造和技术应用，促进参与者的情感体验、社交互动与文化认同，是体育活动与其所处环境综合交织而成的一个功能性与体验性并重的社会文化空间。

依据体育活动受众群体的不同类型，即从消费者视角出发，将体育场景大致分为以下类型：面向竞技赛事群体的专业竞技体育场景、面向健身运动爱好者的大众健身体育场景、面向全年龄段群体的休闲社交体育场景、面向极限运动爱好者的极限体验体育场景。具体如表 1 所示。当然，对这些场景的分类并不绝对，因为体育参与者的爱好通常是多元的，上述场景可单独布局，也可混合实施，还需要与体育场景的承载空间特质进行匹配。

---

[1] 吴军：《城市社会学研究前沿：场景理论述评》，《社会学评论》2014 年第 2 期。
[2] 鲍明晓：《论场景时代的体育产业》，《上海体育学院学报》2021 年第 7 期。

表1 按受众群体分类的体育场景

体育场景类型	目标人群导向	场景描述
专业竞技体育场景	竞技赛事群体	可进行体育竞赛或专业训练的专业化、组织化场景
大众健身体育场景	特定健康目标追求者或运动爱好者	通常具备健身房、体育馆、游泳池等专业健身场所，多面向有规律的体育锻炼人群
休闲社交体育场景	有一定社交需求的全年龄段群体	多在公园、户外空地、社区广场等开放空间进行，环境更自然，适合多人参与，便于社交互动
极限体验体育场景	极限运动爱好者、特定兴趣社群	以高风险、高技巧要求、具挑战性的运动项目为主，往往追求超越常规的体验，给参与者带来强烈感官刺激和成就感

（二）城市剩余空间

城市剩余空间是一个相对于有意识地规划建设形成的"正规空间"的概念。简·雅各布斯（Jane Jacobs）在《美国大城市的死与生》一书中提到的"空寂地带"是指那些空间活力不足、面临荒废的城市"真空地带"；芦原义信在《外部空间设计》中提出的"消极空间"是指无计划的、混乱或是被忽略了的空间；罗杰·特兰西克（Roger Trancik）在《寻找失落的空间——城市设计的理论》中将"失落的空间"定义为城市中未被充分利用且衰败、令人不愉快、需要重新设计的城市空间。国内学者在"消极空间""失落空间"等已有研究的基础上提出"城市剩余空间"概念。侯晓蕾等认为，"城市剩余空间"中"剩余"代表空间主体已被利用，空间本体未被合理、充分使用并且功能定义不明确，是在城市建设后被忽略、存下或多余的空间。[1] 刘斐等聚焦与居民日常生活联系紧密的小微公共空间，指出城市剩余空间是城市中

---

① 侯晓蕾、刘欣、姚莉莎等：《北京高架桥桥下空间更新补足健康城市开放空间》，《北京规划建设》2022年第6期。

面向全体公众开放的、可发挥公共效益的、未被充分合理利用的存量空间。[①]
结合上述研究，可将城市剩余空间定义为位于城市建成区中容易被忽视、未
被充分利用、缺乏合理规划设计引导的空间，根据其区位与具体形态，可进
一步细分为桥下空间、街旁空间、地下空间、基础设施周边空间、屋顶空
间、滨河空间与闲置空间 7 大类 15 小类，具体如表 2 所示。

表 2　城市剩余空间分类示意

大类	小类	定义
桥下空间	高架桥下空间	城市道路高架、轨道高架、跨线桥下方的空间
	立交桥下空间	立交桥匝道下方的块状用地
	路基涵洞	在公路、铁路路基下方形成的通行空间
街旁空间	街角地块	街道两侧缺乏设计和维护的零碎地块
	建筑退界空间	建筑物后退道路红线的空间
地下空间	地下过街通道	为行人横跨道路而设置的地下慢行通道
	人防工程	地下防护建筑，包括人员和物资掩蔽工程、疏散干道工程
基础设施周边空间	铁路、高速路两侧空间	铁路轨道、高速路两侧沿线空间
	邻避设施周边空间	包括变电站、污水处理厂、生活垃圾转运站等邻避设施周边未有效利用的空间
	人行天桥	指专门为跨越铁路、高速路、快速路、城市主要干道修建的慢行高架通道
屋顶空间	公共建筑屋顶空间	可面向公众开放的公共服务设施、市政基础设施或商业设施等建筑的屋顶空间
	车辆段上盖空间	对城市轨道车辆进行运营管理、停放及维修、保养场所上方的建筑空间
滨河空间	河道沿岸空间	水岸环境、功能有待提升的滨河地段
闲置空间	老旧厂房	已停产且空置的厂房
	短期暂不开发土地	短期内无开发计划且处于闲置状态的地块

---

① 刘斐、王曼曼、青雨馨等：《城市建成区剩余空间更新利用与实施路径——以杭州市
主城区为例》，《规划师》2023 年第 10 期。

二、以体育场景激活城市剩余空间的杭州实践

2022 年 7 月,《杭州市嵌入式体育场地设施建设三年行动计划(2022—2024 年)》发布,由此开启了以嵌入式体育场地为抓手推进城市更新行动的创新之举。杭州根据不同类型城市剩余空间的特点,植入与其适配的体育场景,不仅弥补了体育设施短板,还激发了城市活力,使剩余空间从城市的"边角余料"变为"金角银边"。截至 2023 年底,杭州共建成嵌入式体育场地设施 4341 片,共计 147.4 万平方米,实现群众身边的体育设施普惠可及。

(一)高架桥下空间改造为专业篮球空间

2012 年,农都老市场搬迁至石德立交西南侧,桥下空间成为农都市场建设临时项目部,不仅环境脏乱差,还有安全隐患。2022 年,由市城管局牵头,市路桥集团对该区域进行建设运营。改造后形成的篮球公园,是浙江首个嵌入式城市篮球场,也是国内最大的立交桥下篮球公园。总面积约 2.08 万平方米,由 4.5 个篮球场、2 个篮球网球复合场、1 个网球场、1 个 5 人制足球场、1 个气排球场组成,配备 150 多个停车位以及城管驿站。篮球公园实行"7×24"不熄灯管理,配套建有集微型图书馆、智能驿站、党群服务于一体的"综合体",惠及周边地区 2 万多居民,累计入园运动人数达 8 万余人。

(二)基础设施周边空间改造为全民体育公园

杭州跑步中心位于临平区,总用地面积为 101293 平方米,原本是沪杭铁路沿线夹角区域的荒地,位于两条铁路线的夹角处,建设开发受土地条件和地理位置的限制极大。经过资源整合与"微改造、精提升",由浙江理想体旅发展有限公司开发运营,成为社会力量办体育建设嵌入式体育场地

的典范，并被评为 2023 年度浙江省运动休闲旅游示范基地。杭州跑步中心以"全民体育"为主题，设有 6 类专业球馆、健身中心及营地、驿站，综合了日常健身、体育培训、赛事、休闲等多种功能，以大众健身体育场景、休闲社交体育场景为主，日均流量超过 2000 人次。重视景观设计与美学体验，通过一米田园、五彩农业、铁路轨道特色景观的打造，以运动为基础，以色彩为主题，将中心打造成网红打卡胜地。重视业态融合，引进开发了卡丁车基地、户外帐篷区、农业观光区等，将体育健身与自然生态融为一体，以农文旅体为特色，倡导市民健康生活，已成为周边市民的节假日健身锻炼和休闲游憩的首选之一。提供高质量的社区体育服务，营造出浓郁的体育氛围，这是体育场景实现"下沉"的关键。

（三）滨河空间改造为全龄友好运动空间

位于萧山区江南之星北侧的绿地公园，北临北塘河，东至博奥路桥，西接北塘河绿地，总占地面积为 24405 平方米。这里曾是一座水泥厂的拆后空地，因为周边缺少绿化，常年尘土飞扬，环境堪忧，严重影响了滨河人居空间的品质。2021 年下半年，公园建设项目启动，2022 年 6 月起向市民开放。改造后的绿地公园集休闲娱乐、运动健身、游览观光功能于一体，配备了篮球场、网球场、小型足球场和儿童游玩区。公园总体设计采用灰白相间的线条铺装，象征钱塘江波涛，与北塘河沙地文化相呼应。绿植的配置加入了樱花、茶梅、八仙花等众多品种。曾经"人人绕着走"的荒地，如今成了周边居民的健身场地，能满足不同人群的休闲娱乐需求。

（四）废弃厂房改造为专业羽毛球空间

原创壹号羽毛球馆是利用废弃厂房"变闲为宝"，改造配建而成的嵌入式体育基地。占地共计 4600 平方米，内设 28 个羽毛球场和 1 个标准篮球场，是目前杭州规模较大、软硬件设施较完善的专业羽毛球馆，也是萧山区羽毛球队后备人才训练基地。场馆在面向社会开放的同时，全力助推羽毛球的群众性普及和后备人才培养工作。球馆采用"政府提供土地＋社会力量投资"的集合运营模式，原创壹号（杭州）体育有限公司总投资 800 万元左右，由浙江省著名羽毛球运动员、前国家队队员叶炳宏牵头，多位羽毛球资深教练组成教练员团队，这是萧山区社会力量参与体育工作的积极尝试。同时，该球馆还是专业羽毛球赛事的承办地，例如杭州市第十五届羽毛球俱乐部联赛、2023"立印杯"第五届中国高校浙江校友羽毛球赛等均在此球馆举行。

三、以体育场景激活城市剩余空间面临的问题

（一）体育空间的场景化任重道远

杭州以嵌入式体育场地为抓手来激活城市剩余空间，为全面实施城市更新行动提供了"小切口"与"微案例"。但目前建设的嵌入式体育场地仍偏向传统体育空间，多聚焦体育本体产业，其功能与新兴体育场景相比存在较大差距，后者更注重运动场景化，以及消费驱动的多产业聚集和新需求创造。一是杭州依托城市剩余空间建设的嵌入式体育场地设施目前仍以满足大众健身需求的"三大球""三小球"及门球为主，对于极限运动、时尚运动等体育场景还有待开拓，例如温州就将滨江 CBD 桃花岛片区污水处理厂顶部创新性地改造为新兴的冰雪运动中心，杭州在这方面则比较缺乏。二是目前的体育空间多为社区型，目标客群以当地居民为主，较缺乏文化设施、新兴商业业态等时尚消费场景，空间功能不够丰富，还需要进一步突出具有区域特色的主题消费体验品牌。

（二）部门合作与管理运营还需创新

杭州创新性出台了《杭州市嵌入式体育场地设施建设三年行动计划（2022—2024 年）》《杭州市嵌入式体育场地设施建设导则（试行）》等指导文件，用于指导杭州市嵌入式体育场地设施建设，已经形成了相当程度的部门合力。但城市剩余空间种类多，各类嵌入式场地又分属不同管理部门，杭州的城市更新工作也涉及 17 个部门之多，尚未形成整体性、广泛性的治理体系。同时，体育场景的用地保障压力大，嵌入式体育设施作为无差别开放设施存在易损坏、易产生占场冲突的特点，其运行管理难度大，折旧与维护费用较高，这些都是下一步有待探索解决的问题。

（三）市场主体活力需进一步激发

尽管部分项目已有市场主体参与运营，甚至参与投资建设，但总体上来看，目前绝大多数剩余空间的体育场景项目都是由政府投资，社会力量的参与路径和方式还不够畅通，各方参与的积极性也不高。一个重要的原因是基于剩余空间植入的体育空间往往是小型化、社区型的，难以达到大型机构的标准化、连锁化服务水平，商业业态难以布局，服务质量和客群规模较难保障，进而影响运营的稳定性，导致市场力量参与建设运营的动力不足。此外，剩余空间尽管相比大型城市更新项目不被关注且往往具有负外部性，社会资本可以以较低成本获得其改造经营权，但存在盈利较少、资金平衡较难的问题，同时面临大量与群众沟通的工作，市场主体难以独立完成，这就需要政府、社会组织、社区、居民在共同缔造的机制上进行探索创新。

四、以体育场景激活城市剩余空间的路径启示

（一）分类改造，为城市剩余空间匹配体育场景

根据城市剩余空间不同的形态特征，可匹配与之适应的体育设施及场景。如立交桥下空间、街角地块、建筑退界空间、邻避设施周边空间、短期暂不开发土地等块状空间适宜布局球类场地、居民健身、儿童游乐等设施，打造成为大众健身和休闲社交的体育场景；路基涵洞、地下过街通道、人行天桥等较窄的线性空间，仅能植入骑行绿道、健身步道、跑道等功能，成为大众健身体育场景的组成部分；高架桥下、铁路及高速路两侧、河道沿岸较宽较长的带状空间，可在大众健身体育场景之外植入如轮滑滑板场地、飞盘场地等极限体验体育场景，成为全龄友好的运动空间；公共建筑屋顶空间、车辆段上盖空间（室外部分）可植入空中跑道、笼式球场等，成为大众健身体育场景的有益补充；人防工程、车辆段上盖空间（室内部分）和老旧厂房均可打造为包含健身房、游泳池、射击馆等各类室内运动项目的综合体育场馆，具备条件的甚至可以承办专业体育竞技活动，如首钢的原精煤车间被改造为国家冬季运动训练中心，不仅在北京冬奥会上发挥了重要作用，还承接了若干国际重要赛事。

（二）业态融合，为多元客群打造时尚消费场景

无论是综合型体育场景还是专业型体育场景，均可在业态选择上围绕目标人群进行多元配比。主要目的在于丰富空间功能，促进城市剩余空间的可持续运营，进一步推动城市空间增值。一是积极发展体文旅融合业态。在城市体育空间中增加文旅业态，可推动体育的高参与度，加速"变现"为城市的新兴消费"留量"。一方面，伴随体育设施布局小型剧场、移动书屋、露

天影院等文化活动场地吸引周边居民更多驻留；另一方面，可着眼于更大范围的消费人群布局露营基地、儿童游乐、时尚潮玩、都市农业等中小型文旅项目，以新兴业态植入增强消费吸引力。二是营造商业业态融合格局。可考虑商业区域与体育设施的灵活融合，如在体育设施周边设置咖啡厅、健康餐厅、体育用品商店等，这些商业空间不仅能为运动人群提供便利服务，还能吸引非运动时段的顾客。引入健身课程、瑜伽工坊、营养讲座等服务，培育居民形成健康的生活习惯以形成消费黏性。招引著名品牌对空间进行整体营造，统筹和协调品牌商业元素形成商业主题，以强品牌 IP 吸引人群集聚，激发和保证城市剩余空间商业的长久活力。三是围绕特定群体塑造主题消费体验。围绕现代家庭消费需求在体育场景中注重亲子消费场景的设计，设置亲子运动区，引入亲子科学探索角、运动技能工作坊等寓教于乐的商业活动，提供儿童餐饮、哺乳室、家庭更衣室等便利设施，进一步提升体育场景的整体吸引力。关注年轻群体的消费需求，充分考虑年轻人的生活方式、兴趣偏好以及对科技的依赖，从而设计出既符合他们审美又满足其多元化需求的场景。例如构建如运动社群、挑战赛报名系统、成绩分享板等线上线下结合的社交平台，鼓励年轻人在运动中结识新朋友，互相分享健身成果，满足他们的社交需求，增强年轻群体的凝聚力。

（三）文化浸润，为物理空间赋予人文美学体验

注重历史文脉延续、加强人文关怀和交互式体验的空间设计、强化空间的标识性和特色性、雕琢别具一格的视觉效果是以体育场景激活城市剩余空间成功实践的共性。一是在城市剩余空间的更新中延续城市文脉。研究城市剩余空间所处的周边区域文化风貌特征，将历史文脉保护根植于改造过程中，实施空间"微改造"与体育新场景相结合，推动城市文脉的新老融合，使人们深入理解城市的历史遗存和文化记忆。二是以艺术介入提升体育空间

的人文气质，进而推动融入城市整体文化氛围。或将体育与音乐、艺术、传统文化等元素结合起来举办跨界活动，如音乐会跑、艺术展览、街头演艺等，或可在体育场景中植入艺术装置、雕塑等。将体育运动的体验感和沉浸感与场景设计的创意感和美感结合，推动城市剩余空间成为城市新的"文化磁极"。三是以景观设计来增强美学体验。城市剩余空间给人的感觉往往是昏暗、消极、单调、乏味的，进而影响人们在城市中形成连续的、美好的空间感受。通过精细化、高质量的景观设计，将剩余空间转变为明亮、多彩的积极空间，使宜人的城市空间环境得以延续。围绕体育场景的景观设计应当注重生态性、舒适性和趣味性原则。例如通过场景中多种植物在外形、色彩、质感、比例上存在的差异和变化来显示景观的多样性以提升空间的生态性，通过温暖安全的场地照明来提升空间的舒适性，通过主题明确的场地小品与富有创意的立面彩绘来提升空间的趣味性。

（四）科技赋能，为新兴技术运用提供试验场域

以体育场景为主导的城市剩余空间是新技术运用的绝佳试验场。一方面，可以通过新兴技术提升城市剩余空间的改造效率与绩效，增强消费者体验；另一方面，也有助于新技术转化为创新成果，进而发展形成体育新质生产力。一是加快数字技术应用建设智慧场景。加快智慧化场地或设施建设，推广物联网、云计算、人工智能、5G技术等运用，建设智能健身设备、健康步道与智能跑道、趣味运动场、儿童智能游乐区、智慧导览与预约系统、环境监测与管理系统等线上线下场景，满足各类人群的个性化需求，提升居民的运动体验和健康管理水平。探索虚拟现实（VR）与增强现实（AR）等在体育场景中的运用，如VR健身房模拟户外跑步场景，AR技术在地面投影游戏化运动路径，增强运动的趣味性和互动性，为居民提供沉浸式运动体验。二是加大绿色低碳技术的运用，打造绿色运动场景。在体育场景中推广绿色

建筑材料应用、可再生能源利用、智能能源管理系统建设、废弃物回收管理、绿色制冰技术应用等绿色低碳举措，如利用太阳能板为智能设施供电、运用智能灌溉系统节水养护绿化、采用环保材料建造运动场地等，体现体育新质生产力的绿色可持续发展特征。尤其重视通过环境改造策略来塑造体育场景，强调利用植被景观的自然调节能力，如水分管理与光热效应，以创造更加舒适和可持续的运动环境。

（五）多方参与，为共建共治共享搭建协作平台

城市剩余空间的更新改造是城市发展进入精细化治理阶段的重要体现，需要建立政府、市场主体、社会组织、居民等多元主体共同缔造的可持续城市更新模式。以消费者为导向的体育场景更是需要充分考虑本地居民与社区的参与。一是在谋划设计阶段着重解决"改哪里"以及"改成什么"的问题。即优先遴选出环境恶劣且周边居民投诉强烈的剩余空间作为改造对象，在专业部门的指导下，对居民体育需求进行充分调研，充分征询居民的意见形成剩余空间的改造设计方案，并获得居民的认可。二是在建设实施阶段着重解决"谁来建""如何建"的问题。积极探索场地租用、自主打造、承包认领等对城市剩余空间的利用和改造方式，以多渠道筹措建设资金并实施落地，既可由政府出资打造为纯公益性项目，亦可引入社会资本参与建设运营，还可通过众筹对建设资金进行补充，建设过程应全程接受居民的监督。三是在运维阶段着重解决"谁来管""如何用"的问题。体育设施的使用具有排他性。对于较热门的纯公益性体育设施，可由社会组织或居民自组织建立使用、管理及维护机制，以免出现设施无序争夺，引发邻里矛盾；对于社会资本参与建设运营的体育设施，鼓励建立对本社区居民低偿服务、特定时段免费或开设公益活动等公益贡献机制，强化体育场景与当地居民的联结。

杭州市职业教育形象建构与传播研究[①]

刘良模　李晟瞳[*]

摘要：职业教育形象影响着公众对职业教育的态度以及职业教育的改革成效。通过对官方媒体报道内容和用户反馈的分析，可揭示杭州职业教育形象建构与传播的现状。通过爬取网络文本数据，采用 LDA 主题聚类分析和情感分析方法，研究发现官方媒体对杭州职业教育的报道呈现客观与积极并存的话语特征，用户反馈则呈现出以积极倾向为主的情感特征，且职业教育形象建构与反馈存在正相关的匹配特征。但是也存有宣传重点不突出、内容不够深入、主题单一等问题以及用户基于经验导向的极性情绪化解读特点。基于此提出融合内容持续报道、融合渠道多模态传播、融合用户深层次互动的建议，旨在优化杭州职业教育形象，推进职业教育高质量发展，助力杭州成为构建现代职业教育体系的先行者。

关键词：职业教育；媒介传播；形象建构；杭州；工匠精神

---

① 本文是 2023 年浙江省中华职业教育科研项目（ZJCV2023A12）的阶段性研究成果。

* 刘良模，浙江机电职业技术大学马克思主义学院副教授。李晟瞳，浙江日报传媒有限公司记者。

一、问题的提出

党的二十大报告指出："统筹职业教育、高等教育、继续教育协同创新，推进职普融通、产教融合、科教融汇，优化职业教育类型定位。"[1] 作为一种类型教育，职业教育与人民的生产生活息息相关，具有鲜明的公共服务属性，是培养高素质技术技能人才、建设技能型社会的重要途径，更是推动产业转型与经济社会发展的关键力量。目前，我国职业教育在规模建设上取得了巨大成就，为各行各业输送了大量的技术技能型人才，培养了一大批大国工匠。然而，职业教育在发展过程中也面临着诸多挑战。例如，社会对职业教育的认可度仍然有待提高，部分人存有对职业教育的偏见，认为职业教育是"次等教育"，因此，对职业教育的形象传播仍需加强，以提升职业教育的吸引力。党的二十届三中全会指出，深化教育综合改革，要加快构建职普融通、产教融合的职业教育体系[2]，为我国职业教育的内涵式发展，也为职业教育的形象建构指明了方向。在新时代推动职业教育高质量发展，需要进一步提升职业教育的吸引力与影响力。

党的十八大以来，杭州不断完善职业教育和培训体系，发挥职业教育服务现代化经济体系、满足人民需求的作用，并取得了明显成效，职业教育整体发展水平较高。2019 年起，杭州把每年的 9 月 26 日设立为"工匠日"，成为全国首个设立"工匠日"的城市。2021 年，出台了《杭州市深化职业教育改革实施方案》，对标国家"职教 20 条"以及浙江省职业教育改革实施方案，按照建设"美好教育"的需要，提出了 8 个方面 23 条政策措施，为推

---

① 习近平：《高举中国特色社会主义伟大旗帜　为全面建设社会主义现代化国家而团结奋斗——在中国共产党第二十次全国代表大会上的报告》，《人民日报》2022 年 10 月 26 日，第 1 版。
② 《中共中央关于进一步全面深化改革　推进中国式现代化的决定》，《人民日报》2024 年 7 月 22 日，第 1 版。

进市域职业教育走在全国前列，助推杭州打造"数智杭州·宜居天堂"、建设社会主义现代化国际大都市、奋力展现"重要窗口"的"头雁风采"提供了人才和制度支撑。在工匠精神弘扬、职业教育宣传方面，杭州通过政府、媒体、职业院校之间的协同互动，不断营造职业教育发展的良好社会氛围，提升公众对职业教育、工匠精神的认知，助力市域技能型社会建设与职业教育的高质量发展。

职业教育的形象，体现了公众对职业教育的看法和认知，体现出公众的职业教育价值观。官方媒体作为职业教育信息传播的重要渠道，对职业教育形象的建构具有不可忽视的影响力，其对于职业教育形象的建构不仅反映国家的宏观教育政策，而且对社会公众的职业教育认知产生重要影响[1]，是职业教育高质量发展的重要力量。本文以职业教育的媒介形象建构为视角，将杭州官方媒体对职业教育的形象建构作为切入点，通过对官方媒体报道内容和用户反馈的内容及情感进行分析，探寻其在塑造杭州职业教育形象上的积极作用与潜在问题，探讨杭州职业教育形象建构的现状与未来发展路径，从而不断提升杭州职业教育公共服务的普惠性与满意度。

二、研究设计

（一）研究对象及样本构成

本研究通过 Python 编程语言网络爬虫功能进行网络数据爬取并开展相关分析。为了使研究数据具有时效性和代表性，本文选择 2024 年 1 月 1 日至

---

① 崔蓬克：《我国当代职业教育形象研究——基于 1949—2018 年间〈人民日报〉的文本分析》，《职业技术教育》2019 年第 24 期。

2024 年 10 月 15 日之间的杭州市官方媒体信息。原因主要基于两方面：第一，该时间段内国内一批高等职业教育院校升格为职业本科高校，引起网民的广泛关注。浙江省教育厅也于 2024 年 8 月 12 日公示了以杭州职业技术学院为基础拟设立杭州职业技术大学的事项，对该时间段内的媒介分析具有一定的参考意义。第二，该时间段内正值高考招生季，社会（包括媒体和公众）对于高分考生主动报考职业技术院校这类事件进行了更为频繁的讨论，这有利于数据量的扩大，使得研究结论更加客观、科学。

本研究针对微博、抖音、快手、微信公众号等社交媒体平台，设置了诸如"杭州职业教育""杭州职业大学""杭州职业技术""杭州技术大学""杭州技能人才""杭州技能型社会""杭州工匠精神"等关键词，确保能够准确地获取与杭州职业教育相关的数据。根据检索数据，筛选以官方媒体作为内容传播主体的字段。相关媒体包括杭州发布、杭州日报、杭州网、都市快报、韵味杭州、钱江视频、杭州交通 918、钱江晚报、潮新闻、萧山发布、西湖发布、富阳日报等。经过筛选，去除重复、无效或不相关的数据，保证数据质量和可用性，最终获得共计 2240 条文本数据（媒体博文 384 条，评论文本 1856 条）。研究框架如图 1 所示。

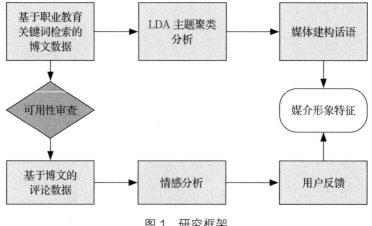

图 1　研究框架

（二）LDA 主题聚类分析

数据分析首先采用潜在狄利克雷分配（LDA）算法对爬取的文本数据进行主题分析。LDA 是一种 3 层贝叶斯概率模型，通过无监督的学习方法发现文本中隐含的主题信息[①]，它可将单个文本表示为所有隐含主题的特定比例的混合。在这一过程中，先对文本数据进行包括去除停用词、词性标注等预处理操作，从而提高主题分析的准确性。去除停用词可以去除对主题分析贡献较小的常见词汇，如"是""的""在"等词，提高主题分析的准确性和针对性；针对"杭州职业教育"的相关主题，由于此前已在检索中进行了一定筛选，已经达到了研究对象范围的筛选效果，但其中诸如"杭州""杭州市"等用以限定地域的词语过于频繁地出现容易干扰主题分析，因此本研究同样将此类词语归纳为停用词。词性标注则可以为每个单词标注其词性，如名词、动词、形容词等，进一步增强主题分析的准确性和可靠性。进行预处理后，本研究通过 Coherence（主题一致性）评价指标来确定文档中的最优主题个数，挖掘出数据中的潜在主题。详见图 2 和表 1。

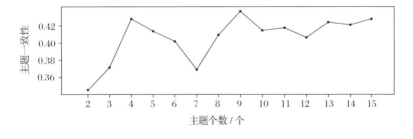

图 2　主题一致性

---

① 安璐、胡俊阳、李纲：《基于主题一致性和情感支持的评论意见领袖识别方法研究》，《管理科学》2019 年第 1 期。

表 1　官方媒体博文主题及关键词

主题	关键词（取前 10）	占比 /%
Topic0 （落户就业政策）	落户，工作，大学，大专，浙江省，放宽，企业，发展，就业，学生	8.2
Topic1 （高技能人才激励）	高技能，落户，教育，技师，全国，钱塘，大师，补贴，购房，工作室	14.5
Topic2 （大学选择与技能）	大学，小哥，学院，考生，技术，整理，游泳，本科，选择，瓷砖	4.7
Topic3 （工匠技术创新）	工匠，高技能，技术，工作室，创新，职工，认定，工人，劳模，职业技能	8.2
Topic4 （女性工作者技能与 学历提升）	落户，大学，技术，女生，高考，奖励，技师，学历，企业，大专	8.5
Topic5 （技能教育与大赛）	学院，全国，技术，技师，大赛，项目，教育，培养，冠军，人才	13.8
Topic6 （工匠竞赛与奖励）	奖励，工匠，技术，职业技能，大赛，竞赛，全国，高技能，落户，认定	8.2
Topic7 （落户补贴与技能）	补贴，浙江省，落户，奖励，证书，技术，公司，高层次，购房，标准	10.1
Topic8 （高考教育与选择）	技术，大学，高考，女生，教育，考生，录取，专业，就业率，技能型	23.9

如图 2 和表 1 所示，所得主题一致性在 9 时达到峰值，因此，本研究拟定最佳主题数量为 9 个。即官方媒体对于杭州职业教育的报道的主题聚类结果为落户就业政策、高技能人才激励、大学选择与技能、工匠技术创新、女性工作者技能与学历提升、技能教育与大赛、工匠竞赛与奖励、落户补贴与技能、高考教育与选择九大主题。

（三）情感分析

本研究援引 Snownlp 情感分析第三方库对用户评论的文本数据进行情感

分析。将用户评论分为积极、消极两种情感类别。通过分析不同情感类别评论的比例和特点，可以了解公众对杭州职业教育的满意程度、担忧问题以及期望建议等。Snownlp 工具包是对文本进行正向情感值偏向分析的一个工具，其阈值在 [0，1] 之间，当数值越偏向 1 时，文本越正向，反之亦然。一般认为，[0.5—0.6] 表示较为负面，[0.6—0.7] 表示较为正面[1]。本研究用户评论情感分析部分结果如表 2 所示。

表 2　官方媒体博文的杭州职业教育用户评论情感分析

排序（取前 5）	评论	情感值
1	我国是制造大国，应该重视技术人才，支持职业教育发展	0.827
2	能不能说一说是比拼啥技能，我也想试试	0.630
3	现在越来越注重职业技术了	0.610
4	三百六十行　行行出状元	0.710
5	C 类?? 能到 E 类都很可以了，我们事业单位高级职称也才 E 类	0.421
……	……	……
均值	0.605	

三、研究发现

（一）媒介建构：客观与积极并存的话语特征

官方媒体在构建杭州职业教育形象时，呈现出客观与积极并存的话语特征。一方面，媒体客观地报道职业教育的发展现状、面临的问题以及取得的

---

[1]　王宇荣、项国雄：《留守儿童媒介形象的差异化建构——基于新闻、评论文本的分析》，《现代传播（中国传媒大学学报）》2019 年第 6 期。

成就；另一方面，媒体积极宣传职业教育的重要性和价值属性，强调职业教育对杭州经济社会发展、人民美好生活的贡献。

从客观的角度来看，官方媒体在报道中全面且真实地呈现了职业教育的发展现状。在"落户就业政策"主题中，详细阐述了职业教育与落户、就业等现实问题的紧密关联。这不仅反映了职业教育在解决学生就业和人才流动方面所发挥的实际作用，还客观地指出了当前政策在实施过程中可能面临的挑战，如不同地区落户政策的差异对职业教育吸引力的影响等。在"大学选择与技能"主题中，通过对职业教育作为一种类型教育选择的深入剖析——包括不同专业的设置、考生的选择依据以及职业教育与普通本科教育的对比等方面，客观呈现了职业教育在国民教育体系中的独特位置和类型特色。此外，在"技能教育与大赛"主题中，官方媒体对各类技能大赛进行了相对全面的报道。一方面，展示了职业教育在培养学生技能方面所取得的丰硕成果，如学生在大赛中获得的优异成绩、学校在技能教育方面的创新举措等；另一方面，不回避在大赛中暴露出的问题，如部分项目的竞争激烈程度超出预期、学生在某些技能上的不足以及学校在技能培训方面的短板等。这种客观的报道态度有助于社会各界全面了解职业教育的真实情况，为进一步改进和发展职业教育提供了重要依据。

就积极方面而言，官方媒体积极宣传职业教育对社会发展和人民生活的重要性，为职业教育的发展注入了强大动力。"高技能人才激励"主题大力强调了对高技能人才的重视和激励措施。通过报道各种补贴政策、购房优惠、工作室支持等具体措施，传达出职业教育对于培养高素质技术技能人才的积极作用。这不仅能够吸引更多的学生选择职业教育，还能够激励在职人员不断提升自己的技能水平。"工匠技术创新"和"工匠竞赛与奖励"主题则突出了职业教育在培养工匠精神、推动技术创新方面的贡献。官方媒体通过宣传工匠的先进事迹、技术创新成果以及竞赛奖励机制，激发了社会对职业教育的广泛关注和高度认可。例如，浙江经视2024年3月14日的报道《＃足浴师获评杭州 C 类人才 # 拿到 125 万购房补贴，在杭州安家落户》，呈现了足浴师赵展展在全国大赛中获得了第三名，又获得杭州市奖励的相关内容，生动地展示了职业人才的社会价值以及社会对职业技术人才的重视。"女性工作者技能与学历提升"主题关注女性在职业教育中的发展，展示了职业教育为女性提供的提升技能和学历的宝贵机会。这体现了职业教育的公平性和包容性，同时也为女性的职业发展开辟了更广阔的道路。通过宣传女性在职业教育中的成功案例，鼓励更多的女性勇敢地追求自己的职业梦想。"高考教育与选择"主题积极宣传职业教育作为高考后一种重要的教育选择，强调其专业特色、就业率等优势。官方媒体通过对比职业教育与普通本科教育的不同之处，为学生和家长提供了更多的教育选择参考。例如，媒体通过介绍杭州各大职业院校的特色专业在就业市场上的竞争力、职业教育毕业生的职业发展前景等，引导学生和家长理性看待职业教育，做出适合自己的教育选择。

官方媒体客观与积极并存的话语特征不仅为职业教育的发展营造了良好的舆论氛围，还为社会各界了解和支持职业教育提供了重要的窗口。同时，也为职业教育机构进一步改进教学质量、提升公共服务水平提供了有力的指导和借鉴。但是，媒体在宣传职业教育时，仍存在重点不突出、内容不够深入、主题过于单一等问题。例如，在宣传职业教育的就业优势时，相关媒体均只是简单地列举数据，却没有深入分析职业教育毕业生的就业质量、职业发展前景等方面的具体情况。此外，目前的宣传话语缺少对于职业教育典型案例的长期跟踪与报道，一定程度上切断了媒体和用户之间的空间联系。

（二）用户反馈：积极倾向为主的情感特征

如表 2 所示，从用户评论的情感分析均值来看，用户对杭州职业教育媒体内容的反馈呈现出以积极倾向为主的情感特点。在社会发展和国家重视的大背景下，公众逐渐认识到职业教育对于个人发展和社会进步的重要性。部分用户根据自身经历或对职业教育的了解，对此给予了积极的评价。他们看到职业教育在培养技术技能型人才上的成效，认可职业教育为个人发展提供的多样化途径和机会。用户的积极反馈表明，随着社会对技术技能型人才需求的不断增加以及职业教育自身的不断发展和完善，人们对职业教育的认知正在逐渐转变。例如，一些用户在评论中提到"我国是制造大国，应该重视技术人才，支持职业教育发展"，体现出对职业教育在国家发展中重要作用的认同态度。同时，也有用户表示"现在越来越注重职业技术了"，反映出社会越来越关注职业技术。值得一提的是，用户的这种正向情感反馈是基于社会现状而言的，与用户的经历、现状、利益结构呈现一定的关联度。例如基于落户、就业、教育等社会现状和既有政策，部分网络用户会给出为政策点赞、支持教育多元性等反馈，这也体现出杭州市政府在办好人民满意的教育等公共服务方面的扎实举措和实践成效。

但值得注意的是，部分用户对杭州职业教育媒体内容的反馈呈现出基于经验导向的极性情绪化解读特点，认为职业教育的教学质量不高、就业前景不好，表现出消极的情感倾向。例如在"高考教育与选择"主题下，积极评价的用户可能聚焦于职业教育为个人带来的实际技能提升和就业机会扩大，而消极评价的用户则可能强调职业教育在某些专业领域的发展不足或教学质量参差不齐，从而把职业教育定位为"次等教育"。这种基于经验的极性情绪化解读，反映了用户对职业教育的认知存在较大差异，也凸显出用户在评价职业教育时缺乏全面、客观的视角，容易形成刻板印象。

（三）传播效果：形象建构与反馈正相关的匹配特征

在当前的传播环境下，职业教育的媒介形象建构与用户反馈呈现出正相关的态势。官方媒体通过积极宣传职业教育的重要性、价值和成就，同时以客观的新闻报道来提升职业教育传播的信息透明度，为职业教育树立了良好的形象。用户在接收到信息后，也给予了积极的反馈，进一步强化了职业教育的正面形象。

从官方媒体的主题聚类结果可以看出，多个主题都围绕着职业教育的积极方面展开，如高技能人才激励、技能教育与大赛、工匠技术创新等。这些主题的传播，让公众更加全面地了解了职业教育的优势和特色。而用户的反馈也与之相呼应，其积极评价职业教育为个人和社会带来的实际效益。同时，官方媒体的各类主题涵盖了职业教育的多个方面，为用户提供了全面了解职业教育的视角，也促进了用户对职业教育的积极反馈。

从情感态度来看，虽然情感分析中仍存在部分消极评价，但以积极情感类的评论为主，表明用户对职业教育的认可度在逐渐提升，也彰显出杭州现代职业教育改革的成效。在未来的职业教育形象宣传与建构中，可以进一步加强官方媒体与普通用户之间的互动，共同推动职业教育的持续发展和形象提升。

但是，这种匹配度也存在一定的差异性。官方媒体积极构建的职业教育形象与用户基于经验的反馈存在一定差距。一部分用户评论的情感趋向于消极情感，与官方媒体所进行的以正面报道为主的媒介形象建构与传播所期望达到的效果不符。这种差异可能缘于用户对职业教育的认知偏差、媒体宣传的不足以及职业教育自身存在的问题等。用户对职业教育的认知偏差可能导致他们对职业教育的价值和前景产生误解，从而影响他们对职业教育的评价。例如，有用户认为职业教育只适合成绩不好的学生，而忽视了职业教育在培养专业技能、满足社会需求方面的重要作用。

四、展望与建议

基于网络数据以及结果分析，研究发现媒体对杭州职业教育形象建构已取得了一定成效，赢得了大部分用户的认可和正面反馈，但在宣传策略与和用户互动上仍需进一步加强，从而提升杭州职业教育形象传播的效果。

（一）融合内容持续报道，提升杭州职业教育宣传效果

媒体宣传的持续性报道能够使报道内容深入人心。官方媒体关于职业教育的宣传和报道应当秉持这一原则和策略，持续关注职业教育的发展动态，将职业教育的正确价值观、亮点与成就、创新举措与改革成果等作为长期的宣传主题。例如，在宣传职业教育正确价值观方面，可以通过讲述职业教育培养出的学生在各自岗位上展现出的工匠精神等案例，向社会传递职业教育不仅注重技能培养，更注重品德塑造的理念。此外，在长期的宣传报道中，可以充分发挥正面案例的建构作用。数据样本显示，有典型形象的案例具有更好的传播效果。如《杭州日报》于 2024 年 1 月 15 日于微博平台发布的《#00 后小伙获评杭州 C 类人才奖励 150 万元购房补助 #：新年愿望是找个心仪对象一起买房》一文，评论数量达 110 条，远高于其他相关博文评论数据，达到了较好的传播效果。在展示亮点与成就时，可以深入挖掘杭州市一些职业院校在各类技能大赛中取得的优异成绩，通过典型案例来彰显职业教育人才培养质量以及职业教育的改革成效。

分阶段推出不同侧重点的系列报道，能让社会大众更全面地了解职业教育。如在招生季重点宣传职业教育的专业特色与就业前景，在学期中展示职业院校的教学实践与学生成长，在毕业季突出职业教育毕业生的成功案例。通过这种组合式的持续报道，让社会大众全方位、多层次地了解职业教育，并逐步消除对职业教育的偏见，提升职业教育在公众心目中的地位和形象。值得注意的是，本文所提及的持续性，并非仅适用于宣传，更重要的是能够发挥官方媒体的社会功能和权威性优势，将杭州职业教育的全貌进行长效传播，帮助市民全方位了解杭州职业教育的最新动态。

（二）融合渠道多模态传播，强化杭州职业教育解释框架

媒体宣传的不足可能使得用户无法全面了解职业教育的发展成果和优势，进而导致他们对职业教育的印象不够正面。例如，在宣传职业教育类型的特色以及产教融合、科教融汇成果时，全方位多模态的宣传内容较少，导致用户仅能基于自身经验进行价值判断，一定程度上阻碍了职业教育的进一步发展。为了解决这一问题，官方媒体、职业教育机构和社会各方需要共同努力，在传统媒体的基础上，融合两微一端一抖等多种渠道进行多模态传播，加强职业教育的解释性宣传和推广，提升公众对职业教育的认知。

媒体作为信息传播的重要载体，肩负着解释政策、引导舆论的重要功能。在职业教育的传播中，官方媒体应充分发挥这一功能。对于国家和地方出台的职业教育政策，要进行深入解读和广泛宣传，让公众了解政策的背景、目标和具体措施，增强对职业教育的信心。同时，对于职业教育中的一些热点问题和争议话题，媒体要及时进行客观、公正的分析和解释，引导公众理性看待职业教育。例如，针对职普融通、产教融合、科教融汇等专业性的内容进行通俗解释，对于不同职业教育项目进行解释性传播，对于技能型人才的就业优势和就业现状进行社会化统计等，为公众答疑解惑，消除误解，从而强化杭州职业教育解释框架。

（三）融合用户深层次互动，提升杭州职业教育公众认可度

用户的反馈是职业教育形象传播不断发展和完善的重要依据。从用户互动的角度出发，需提升政府、媒体、职业院校与普通公众间的深层次互动。

一方面，通过互动提升用户的批判性思维，减少盲目跟风、负面评价等现象。例如，针对网络上仅因部分关于职业教育教学质量参差不齐的报道，就全盘否定整个职业教育体系的现象，要积极引导用户理性看待；同时也不

能片面夸大职业教育的优势，避免过度理想化职业教育而忽视其现存的问题。用户可以通过深入分析不同媒体渠道的信息来源、报道角度和立场，来形成自己独立的判断。例如，当面对一些关于职业教育就业前景的报道时，用户可以结合实际案例进行分析。如在杭州市某职业技术学院，有毕业生成功进入知名企业并获得良好的职业发展，也有部分毕业生在就业初期面临一些挑战。用户可以参考这些实际案例，并结合所在行业的发展趋势，如当前智能制造领域对技能型人才的需求不断增长，理性评估职业教育在个人职业发展中的作用。

另一方面，可引导用户发挥网络平台的互动渠道优势，针对职业教育积极地提供可参考的建议。例如，用户可以在微博、微信公众号等平台上分享自己在职业教育学习过程中的体验和建议。若有用户指出某职业院校的实践课程设置不够合理，那么可以详细阐述自己的观点，提出增加实践课程时长、引入更多实际项目等建议。政府、媒体和职业院校通过加强与公众间的深层次互动，不断提升职业教育的社会形象以及职业教育的改革成效，满足人民对职业教育可适性、普惠性与多样性的需求。

在中国式现代化的征程中，职业教育肩负着培养高素质技术技能人才、推动经济社会发展的重任。本研究以杭州职业教育宣传为切入点，分析了其形象建构与传播的现状及问题。通过对官方媒体报道和用户反馈的研究发现，一方面，官方媒体在职业教育形象建构中发挥着重要作用，呈现出客观积极的话语特征，但仍需进一步加强持续性报道，充分发挥其社会功能和权威性优势，让职业教育的类型特色深入人心。另一方面，用户反馈以正面积极情感为主，但也存在极性情绪化解读，表明公众对职业教育的认知存在偏差。这需要媒体加强解释功能，为公众答疑解惑，同时引导用户提升媒介素养，理性看待职业教育，并积极提供建议，为杭州的现代化职业教育提供有力支撑。

杭州市"平急两用"公共基础设施建设研究

胡小波*

摘要："平急两用"公共基础设施是集公共卫生、应急医疗和物资保障为一体的重大工程设施，不同于一般公共基础设施系统工程，其要兼顾政府与市场、成本与收益、平时与急时等各个方面。该文主要围绕杭州在医疗服务设施、城郊大仓、旅游居住设施、高速公路服务区等4类重点领域示范性工程项目建设，开展实地调研与情况分析。研究发现这些工程项目主要存在如何解决好整体规划布局、标准体系规范、资源循环利用、投资融资方式、功能转换效能、运营管理效益等6个方面的问题，并提出相应建议：注重长远战略与短期发展平衡，加强统筹规划布局；注重政策法规与标准体系的完善，创新工作体制机制；注重新建增量与盘活存量并进，促进资源良性循环；注重政府调控与市场机制结合，引导社会资本进入；注重经济效益与社会效益兼顾，推进转换体系建设；注重运营模式与管理制度创新，降低管理运营成本，从而进一步完善城市治理体系、提高城市治理能力，提升城市高质量发展的安全韧性。

---

* 胡小波，硕士，中国美术学院教师，主要研究方向为公共服务、未来社区、教育、产教融合、数字化改革等。

关键词：杭州；平急两用；公共基础设施；规划建设

2023 年 4 月 28 日，中央政治局会议提出"平急两用"概念，指出：在超大特大城市积极稳步推进城中村改造和"平急两用"公共基础设施建设。7 月 14 日，国务院常务会议审议通过《关于积极稳步推进超大特大城市"平急两用"公共基础设施建设的指导意见》，并于 7 月 25 日印发实施。"平急两用"公共基础设施建设，既是对传统基础设施建设模式的创新和突破，也是对未来基础设施建设方向和国内外社会发展形势的探索，可有效缓解城市人口密度过高、资源环境压力过大、基础设施不足等问题，提高城市运行效率和发展质量，提升应对重大公共突发事件的能力和水平，提高城市发展过程中应对各类风险的能力，实现发展与安全的动态平衡。

一、基本情况

2023 年 7 月以来，杭州市深入贯彻党中央、国务院关于积极稳步推进超大特大城市"平急两用"公共基础设施建设的部署要求，加快提升城市在应急保障方面的能力，进一步完善现代流通领域体系建设。研究制定了"1＋4"实施方案和五年行动计划，在全国率先出台了覆盖医疗应急服务点、城郊大仓、旅游居住设施、开放式高速公路服务区"四大建设场景"的城市级建设规范，并发布了第一批 116 个项目清单。一是医疗服务设施项目。共计 32 个，总投资 341.75 亿元，重点推动优质医疗资源均衡布局，建设杭州市疾控中心实验室和物资储备库（扩建）、杭州市中医院丁桥院区（市丁桥医院）重大疫情救治基地、杭州市西溪医院二期、杭州市第九人民医院二期、杭州市第一人民医院城东院区等项目，计划 2025 年底前实现三甲规模医院区、县（市）全覆盖。二是城郊大仓项目。共计 12 个，总投资 69.88 亿元，重点围绕生活必需品的保供能力，在钱塘区、萧山区新建 2 个大仓，在富阳区、临安区、桐庐县、淳安县和建德市新（扩）建 5 个郊区卫星仓。三是旅游居住设施项目。共计 68 个，总投资 323.16 亿元，折合房间数约 18908 个，重点围绕"诗路文化·三江两岸"水上黄金旅游带进行布局，计划在桐庐县梅蓉村、合村乡，淳安县桐子坞村、郁川村等地开展"平急两用"新型乡村社区建设试点。充分利用研学基地、度假区，集成式打造临安天目山自然生态研学城、富阳阳陂湖青少年研学营地、余杭鸬鸟温泉文旅综合体等"平急两用"旅游休闲综合体。四是高速公路服务区项目。共计 4 个，总投资 35.56 亿元，重点是因地制宜地推动服务区向多业态商业综合体转型，将打造国内首个"开放式服务区＋田园综合体"示范项目。重点在绕城西复线富阳服务区、杭新景高速建德服务区、杭淳开高速汾口服务区等高速公路服务区开展开放式高速服务区建设试点。

（一）出台政策制度

紧扣国家相关政策制度，搭建与杭州城市发展相适应的"平急两用"公共基础设施建设的"四梁八柱"，总体形成"1＋1＋4＋N"政策体系：出台了 1 个《杭州市"平急两用"公共基础设施建设实施方案》、1 个《杭州市"平急两用"公共基础设施建设五年行动计划（2023—2027 年）》，编制了医疗卫生设施、城郊大仓、旅游居住设施和高速公路服务区 4 个重点领域实施方案，制定了《杭州市级"平急两用"城郊大仓建设财政补助资金管理办法》《杭州市级"平急两用"旅游居住设施建设财政补助资金管理办法》等嵌入隔离设施的市级财政贴补方案，后续将制定若干配套措施，重点落实设施投用后的"平急转换"机制等。

（二）建立标准体系

在全国同类城市中率先编制出台了《杭州市医疗应急服务点"平急两用"设计指南（试行）》《杭州市旅游居住建筑"平急两用"设计指南（试行）》《杭州市城郊大仓基地"平急两用"设计指南（试行）》《高速公路开放式服务区"平急两用"设计指南（试行）》4 类"平急两用"设施建设地方规范。其中医疗应急服务点、城郊大仓基地、旅游居住建筑三类"杭州标准"，补充完善或者适当提高了现有规范标准，同时兼顾成本控制和平急转换；高速公路开放式服务区"平急两用"设施建设设计指南则是在浙江省的指导下，结合杭州发展实际情况，共同编制完成，指导杭州创新开展"高速公路服务区＋"交通旅居综合体建设。

（三）推进项目建设

围绕"医、食、住、行"四大领域，强化"平急两用"项目成熟度评估和纳库前的审核，对医疗卫生领域项目安排统筹考虑财政承受能力，做好年度专项预算平衡，对其他领域项目重点评价相关建设主体的建设成本和运营收益平衡度，对资金难以筹措、难以保障的项目，不强推，待条件成熟时再启动。截至 2024 年底，杭州入选全国超大特大城市"平急两用"公共基础设施管理库中的项目，已开工建设 44 个，累计完成投资 99.6 亿元。

1. 医疗卫生设施类

（1）浙大二院萧山院区项目

该项目位于萧山区，总用地面积约 501 亩，总建筑面积 70 万平方米，其中地上建筑面积 36 万平方米，地下建筑面积 34 万平方米，设计床位数 2635 张，规划有门诊、心脏中心、日间中心、脑科中心、肿瘤中心、报告厅、科研楼、平疫结合转换医疗楼（感染楼）及其他设备功能用房等。日间中心、脑科中心、心脏中心、综合住院楼、门诊楼、医技楼等几大学科中心的病房塔楼高度逐级上升、逐级攀登,打造医疗服务优质典范、学科深度交叉平台、临床技术创新中心、医学人才培养乐园、一流学科孵化基地。新院区将实行"大综合+大专科"的模式,以价值医学理念为导向,为患者提供更优质、更精准、更人性化的医疗服务。综合服务全覆盖,实现"高效有序整合",打造综合创伤中心,拟建设智能化病房、一站式日间手术室、全球联通的网络医学中心等;专科服务以学科群为导向,建设心血管病、脑科、肿瘤、骨运动、康复、消化等若干"专病中心"。

(2)杭州市公共卫生中心实验室和物资储备库扩建设计项目

该项目位于上城区,用地面积约69亩,新建实验室综合楼总建筑面积达2.6万平方米,以提升公共卫生服务能力为核心,通过现代化的建筑设计,创造出集公共卫生监测预警、风险评估、突发公共卫生事件处置、慢性病防治、检验检测、流行病学调查于一体的现代公共卫生服务综合体。主要涉及应急物资储备库、负压状态二级生物安全实验室、PCR实验室、全自动微生物仪实验室、等离子体质谱检测室(ICP-MS室)、媒介饲养实验室、NGS实验室、生物样本库、放射化学实验室等设施建设,旨在增强杭州在公共卫生事件中的应对能力。

(3)杭州市中医院丁桥院区(市丁桥医院)重大疫情救治基地

该项目位于上城区,总投资1.3亿元,总建筑面积2.37万平方米,严格按照"平战结合"要求进行设计和建设,通风系统、消毒系统、气密设备、墙壁强度、卫生间等设施均遵循"三区两通道"的标准建造。建成后由杭州市中医院一体化管理运行,平时作为中医妇科大楼使用,遇有重大疫情发生时(战时),不用大规模进行改造,即可迅速转换成传染性疾病救治病区。

2. 城郊大仓类

(1)东郊仓配一体化中心项目

全国首个新建的"平急两用"城郊大仓项目,从前期谋划、酝酿到正式开工建设，仅用了 11 个月时间，堪称"杭州速度"。该项目位于钱塘区，总投资 20 亿元，总用地面积 453 亩，一期占地约 179 亩，建筑面积约 24 万平方米，总投资约 12 亿元，以争创国家骨干冷链物流基地、全力打造全省乃至全国范围内"平急两用"设施标杆为目标，以"高标准、高品质、高利用率"为建设标准。从功能上看，它是"立体仓"，创新采用"局部四层＋二层"的立体结构，并通过盘坡道实现"层层兼首层"，最大限度地提高了土地利用率；也是"一体仓"，仓库集成了丙一、丙二类干仓，冷库，中央厨房，一体化配送中心等内容，可全方位覆盖生产与生活物资的仓储与流通需求；更是"智慧仓"，项目按标准规范嵌入"平急两用"功能，通过深度融合前沿数字技术与智能硬件可快速实现平急转换，确保日常运营的流畅与紧急物资调度的迅速响应。建成后将有效补齐杭州城东区块在生活物资物流仓储上的短板，有力增强了城市的保供能力，进一步健全了长三角区域的物流枢纽体系。

（2）发网智能物流设备物联网产业化项目

该项目位于临安区，总投资 11.3 亿元，总用地面积 175 亩，总建筑面积 20.6 万平方米。建设内容主要包括通用设备制造业标准厂房，用于生产高端智能物流装备及智能仓储和供应链仓配订单履约产品，生产规模 1 万台／年、5000 万单／年。建成后将成为上海发网供应链管理有限公司华东区域的运营中心，主要包含智能制造示范基地、智能制造基地和供应链运营基地。其中，智能制造示范基地及智能制造基地将成为整个物流智能硬件设备的制造核心，供应链运营基地则为年产 10 亿履约能力的智慧运营仓储。

3. 旅游居住设施类

（1）旅游休闲综合体

天目未来谷项目。该项目位于临安区，是华东地区最大的"平急两用"公共基础设施项目，总投资 45 亿元，总用地面积 2422 亩，总建筑面积 10 万平方米，主要分为研学中心、生态度假酒店、生态展示馆 3 个功能区块，充分利用天目山生态资源,展现数字赋能、零碳永续等发展理念,是一座集会议会展、生态度假酒店、生态博物馆、配套商业、水上乐园于一体的研学度假综合体。建设内容主要包括水世界乐园、重力坡乐园、生态研学城、大自然研学中心、园区配套(道路、绿化提升、河道改造等公共配套设施建设)。配套酒店可提供约 300 间客房,平时功能为旅游、研学、康养、休闲目的地及承接各种类型会议,急时功能为隔离场所、疏散场所,满足应急隔离、临时安置等需求。水世界乐园以其独特的设计、丰富的娱乐设施和创新元素,力争打造为长三角地区的一个集休闲、娱乐、教育和社交于一体的度假天堂。建成后有助于带动周边群众的就业和周边地区的联动发展,提升其旅游和居住品质,解决现有设施供给能力不足和应急标准不高等问题。

富春江镇文旅康养度假村综合项目。该项目位于桐庐县,东临富春江,南接金恪桐庐溢美国际酒店,总投资 6 亿元,总建筑面积 8.5 万平方米,规划了综合服务楼(幸福通俱乐部)、高端康复护理中心、康养生命公寓、度假酒店及配套综合楼、综合宴会厅、会议中心、沿江商业游廊等多种业态,提供一站式康养生活圈。项目建筑在材料、色彩等方面采用地域元素,整体景观打造极具江南特色,开放式沿江游廊与桐庐溢美酒店无缝衔接,为商务、度假人士提供了良好的休闲商业配套环境。建成后将成为整合康养、文化、生态等各类元素,构建全龄化及全场景健康生活管理服务的养生旅居康养小镇。

(2)新型乡村社区

桐庐梅蓉村。该项目位于桐庐县,整体定位为富春山居,诗画梅洲的新型乡村社区。在规划结构上,全域形成"五带十二景、生境分韵"的总体结构,其中"五带"为山林康养休闲带、大地艺术田园带、诗意栖居体验带、田园野趣游乐带、锦江春色风光带五条功能带,"十二景"包括青梅煮酒、梅洲春风、印象梅蓉、东篱雅舍、乡野之乐、生态悠居、春江梦花园、临江小筑、江风夜眠、机械天地、匠心天工、富春山馆十二处景观节点。在功能布局上，以山水田园观光、生态村落、休闲游憩、运动康养为重点，打造国际视野最酷的大地艺术公园、山水之间诗意的国际生态村落、富春江畔最美的山水归居画境，加强对农居体系、交通体系、空间体系、景观体系、业态体系、水文体系、时序体系的控制。

4. 高速公路服务区类

（1）富阳开放式服务区田园综合体

该项目以杭州绕城西复线（S43）富阳服务区作为浙江省内首个开放式服务区试点，是国内首个"开放式服务区＋田园综合体"示范项目。通过开放式服务区建设，打通高速公路客流与地方道路人流的交通屏障，拓展"服务区＋旅游目的地"概念，共同打造融合未来乡村发展示范、产业枢纽创新场景、美丽茶乡山居环境等三大功能于一体的"开放式服务区＋田园综合体"示范项目。该项目位于富阳区春建乡，总用地面积3000亩，依托养心、养育、养生的策划理念，规划了浪漫茶园、生态农业、旅居度假三大板块，拟建设康养公寓、康养会所、健康管理中心、酒店民宿、文化街区等配套设施，旨在结合城市近郊微旅游，打造杭州"一小时交通圈"内的生态度假康养旅居胜地。建成后服务区在吸引人流和消费的同时，将打响"富春山水微旅枢纽"地域品牌，提升片区旅游热度，带动区域经济和土地价值的持续提升，从而实现片区经济的整体开发，助力发展高质量共同富裕，成为"地方特色的窗口，乡村振兴的入口"。

（2）杭新景（杭千）高速公路建德服务区

该项目位于建德市下涯镇，是按五星级服务区标准打造的现代化高速公路服务区，总用地面积26.7万平方米，分为南区（杭州方向）、北区（建德方向），两区停车位共计400余个。服务区设计融入了"鱼、荷、水"等建德特色文化，引进建德名特优产品超市和特色餐饮，真正做到集餐饮、休闲、购物、娱乐于一体，是目前杭州西部地区经营面积最大、服务最全面、整体品位最高的高速公路服务区。服务区以廉洁文化为主题，打造了多个廉洁文化活动场景以及集购物、休闲、文化体验于一体的廉洁文化空间，营造清雅质朴的环境氛围，讲述杭州清廉人、清廉事，既给人以美的享受，增加轻松愉悦的心情，又以沉浸式、体验式的方法，弘扬和传递廉洁文化，为中国最美高速——杭新景高速公路再添文化色彩。服务区还不定期地举办共同富裕特色产品展销、主题书画展、手工艺教学等活动，受到司乘人员的欢迎。服务区目前拥有美食类档口 14 个，包含多个国内外知名品牌，两侧服务区可同时容纳 1356 人就餐。世纪联华超市首次进驻服务区，并承诺执行同城同价。建成后的服务区在其得天独厚的地理优势下，充分利用周围分布着的诸多景点，为来往司乘、游客等提供周边景点门票打折预订、住宿查询、自驾路线制定等行程服务，让游客尽情赏玩浙西别样风情。

（3）杭淳开高速汾口服务区

汾口服务区将建设成为国家一流、国际标准的开放式服务区。计划分三期建设，一期约 270 亩，二期约 885 亩，三期约 720 亩，打造高速观湖打卡、水上活动、酒店民宿、商业娱乐等综合性业态，并依托千岛湖风景区的自然风光和特色美食，成为观湖品湖旅游目的地。汾口镇，重点实施中心城镇建设，实现区域差异化、特色化、集约化发展。汾口产业园，打造成为加工全产业链的深绿产业园区，现已吸引中盛路桥科技项目（预计总产值达 1.8 亿元）、杭州爱福艺展柜项目（预计年产值约 1 亿元）等聚集落地。在现代农业产业方面，千岛玫瑰园车厘子项目集车厘子种苗培育，游客参观、采摘，科普教育等功能于一体，投产后年产值可达 3000 万元。"稻立方"高效生态农业示范园建设项目，占地约 2000 亩，辐射带动茅屏村、云林村、禾田村、鲁村村、桃林畈村等 5 个行政村的农业发展。"大下姜"区块，依托共同富裕示范区、农村综合性改革、党建联建乡村治理共同体等试点，大力发展文旅和农林产业。先后推进大下姜文旅客厅、大下姜自由墅研学营地、艾草大健康产业园、共享茶厂、白马番薯标准化生产基地等产业项目建设。

二、主要难点问题

（一）如何解决好整体规划布局问题

"平急两用"基础设施具有建设周期长、投资规模大和"两用"设计专业要求高等特点，特别是针对土地性质复杂、人文环境特殊地段、兼顾周边乡村振兴、结合盘活农村闲置宅基地和农房等情况，所利用到的闲置住房地段选择、产权使用年限、远景使用年限等问题需要统筹考虑，增加了规划设计的复杂性和建设过程的工作量。同时，如何有效避免重复建设和资源浪费成为首要考虑的问题。

（二）如何解决好标准体系规范问题

"平急两用"基础设施由于涉及紧急状态，建设过程中涉及的领域多、业态多、范围广、标准高、专业性强等，需遵循统一且严格的规划、设计、建设等相关领域的技术标准。目前，一般性基础设施建设的要求、防护设备的标准、建设质量的监督检查、竣工验收机制等相对比较健全，但对于兼顾突发状态下基础设施的设备维护管理、组织建设、工程技术保障、转换措施落实等尚没有明确制度，研究还不够深入，缺乏一套系统的且操作性强的规范标准。

（三）如何解决好资源循环利用问题

部分地区可能会出现过度投资、重投入轻产出的问题。部分地方政府对盘活存量资产、形成投资良性循环的意义认识不足，对基础设施 REITs（不动产投资信托基金）和 ABS（资产支持证券）等创新型金融工具特性的了解缺乏主动性。国有资产发行基础设施 REITs 仍需履行产权交易所挂牌程序，导致发行效率较低。在股权或资产转让过程中可能面临较高土地增值税和所得税的负担，投资者可能面临双重征税，降低了各方参与盘活存量资产的积极性。

（四）如何解决好投资融资方式问题

"平急两用"基础设施改善的是城市功能，建设对象在物理性质上有别于过去，但其基本属性并未发生实质性改变。当前公共基础设施大部分由政府和国有企事业单位主导，资金占比分别为21%和55%，社会民间其他资金占比仅11%，未能充分发挥市场主体的作用。近年来，在减税降费、非标融资管理趋严、土地出让收入下滑的背景下，政府的财政收支压力不断增大，如何拓宽并创新资金来源，将是基础设施建设需要面临的长期问题。

（五）如何解决好功能转换效能问题

"平急两用"基础设施建设投入使用后将多用于民用，并大部分要按照市场化方式运作，能够产生一定的经济效益，这样可能会导致在应急情况发生时紧急功能的设计在长时间闲置情况下不能得到及时升级、更新和维护，难以确保在紧急状态下工程、设备处于完好状态。部分设施的用途可能更多考虑的还是经济效益和业主平时的方便使用，紧急功能并没有引起足够重视，在危机事件发生后，很难保证快速实现功能转化，最大限度地发挥其急时效能。

（六）如何解决好运营管理效益问题

在"平急两用"基础设施项目投资建设过程中，大部分利润集中在建设期，使得项目各参与方往往重建设、轻运营，导致建成后项目运营效益不佳。目前，我国公共基础设施的经营权主要掌握在政府手中，导致经营单位缺乏忧患意识和竞争压力。存在生产和运营效率低下、技术和管理创新乏力、人员大量冗余，政府财政负担过大、企业经营包袱沉重等问题。政府机构众多、业务交叉，部门之间权责划分不够清晰，易造成政出多门、管理分散的现象。

三、意见建议

"平急两用"公共基础设施建设是一项综合系统性工程，围绕新建增量与盘活存量、政策体系与工作机制、资源成本与运营管理等各个方面运行，解决好"建多少、在哪建、怎么建、用什么地、如何配套、如何管理"等问题，从而进一步完善城市治理体系、提高城市治理能力，增强城市高质量发展的安全韧性。

（一）注重长远战略与短期发展平衡，加强统筹规划布局

根据城市发展情况和应急需求，将"平急两用"公共基础设施建设与城市整体发展同步规划，尤其要注重与周边农村的发展衔接，进一步加强规划的适用性，坚持因地制宜、一体推进，有效平衡好长远和短期战略目标，明确"平急两用"公共基础设施建设的目标、范围和重点。在规划过程中要深度结合周边居民生产生活需求，在不破坏原先发展生态的情况下，按照独立性、隔离性、交通性、安全功能性、经济活力性、生活舒适性等要求做好"平急两用"建设选址，完善"平急两用"空间治理，从而更好地促进城乡融合统筹发展。

（二）注重政策法规与标准体系完善，创新工作体制机制

1. 建立完善政策标准体系

研究制定《大型公共建筑应对突发事件"平急两用"改造技术指引》《"平急两用"公共基础设施规划设计和实施标准》《"平急两用"公共基础设施验收管理办法》《民间资本参与"平急两用"基础设施建设准则及优惠补助办法》《"平急两用"公共基础设施市场化运营管理细则》《"平急两用"公共基础设施土地使用规定》等较为系统的行业标准和相关法律法规。强化财政、货币、土地、产业、税收、社会保障等政策之间的协同性和适配性，针对区域发展的差异性，应制定更小尺度、更有针对性的制度政策。

2. 创新建设推进工作机制

建立"平急两用"公共基础设施建设工作领导小组，下设办公室（挂靠在市发展改革委），构建决策层、协调层和执行层协同合作的"三级运作"机制，主要研究制订年度建设工作计划、审议阶段性重点工作、讨论重大举措实施方案、协调解决建设过程中遇到的难点问题等。加强省、市、区工作信息互融互通，形成"上下联动、统分结合、各负其责"的工作机制，强化分工合作，提供从项目入库到建设批复的闭环服务。对于特殊重大问题，采取"一事一议、集体会诊、靶向治疗"等举措，提高工作效率，同时建立项目动态更新汇总工作体系，建成项目数据库，做到数据化、精准化管理。

（三）注重新建增量与盘活存量并进，促进资源良性循环

1. 稳妥利用好农村闲置资源

统筹用好建设用地复垦、城乡建设用地增减挂钩及集体经营性建设用地入市等政策，引导村级组织或村民有偿退出闲置农村集体建设用地，推动"地换钱""地换地""地换房"等交易。支持有条件的地区成立镇级联合发

展平台，村集体之间通过入股联合、项目开发、委托经营、合资合作等多种方式实现"抱团"发展。将农村集体闲置资产纳入各级农村产权交易平台开展分级交易，规划建设成集农业、旅游、民宿等于一体的新型乡村社区和乡村综合体等。

2. 盘活国有经营性资产资源

梳理综合交通枢纽改造、工业企业退城进园等一批权属清晰、回报机制明确、现金流稳定的基础设施项目，将其纳入"平急两用"基础设施储备、建设及改造范畴，采取基础设施 REITs、ABS 等方式盘活。建立存量项目库，并面向社会公开，便于社会资本、金融机构更好更及时地参与项目投资与运营。一是完善税收机制，避免资产转让过程中的重复征税。遵循税收中性原则，设置契合产品运作的税收体制，避免双重征税，降低资产转让过程中额外的税收负担。针对基础设施 REITs 和 ABS 产品"公众拥有、公众使用、公众受益"特性，在企业所得税、增值税、印花税等方面给予优惠政策，提高社会盘活存量资产和参与投资的积极性。二是优化盘活存量资产过程中的国有资产转让程序。简化 REITs 和 ABS 过程中国有股权转让程序，可依法依规豁免挂牌转让程序。在项目运营稳定且公众利益得到有效保障的条件下，适当放宽基础设施项目权益转让条件，允许原始权益人将所有股权或大部分股权进行转让。

（四）注重政府调控与市场机制结合，引导社会资本进入

1. 充分激发市场主体活力

激发包括非公有资本在内的各类资本活力，发挥市场机制作用，调动民间投资的积极性，鼓励行业头部企业积极进入"平急两用"公共基础设施建设领域，并发挥示范作用，以此吸引更多国内民间资本进入。大力弘扬企业家精神，支持企业家推动生产组织创新、技术创新、市场创新，引导其做创

新发展的探索者、组织者、引领者。

2. 加快构建基础设施建设融资体系

谋求适合项目自身特点，在地方财政可承受能力范围内有序开展项目投融资模式的设计和组合，探索可行的投融资模式。一是完善债务融资机制，加强债市对基础设施建设的支持。通过债券、银行贷款等债务渠道获取资金。扩大信用类债券规模，加大地方政府专项债、城投债等债券资金的支持力度，鼓励企业发行绿色债券、专项债券等。提高专项债适用范围和额度，适当降低门槛，发放长期低息贷款，推进政府和社会资本的合作，利用税收、价格、投资以及特许经营权等方式，规范社会资本，建立基础设施补偿机制。二是创新基础设施投资模式。突破 ABO（授权—建设—运营）、BOT（建设—经营—转让）/TOT（移交—经营—移交）、DBFO（设计—承建—融资—运营）、PPP（公共私营合作制）等传统投融资模式，探索新的融资模式，进一步降低政府财政压力，提高基础设施建设运营效率与质量。探索拓展基础设施 REITs 产品项目，深化"公募＋单一基础设施 ABS"等模式，带动非标转标、提高直接融资比例、改善银行期限错配问题、增加社会权益性资本介入、盘活存量资产并化解地方政府隐性债务等。三是建立投融资担保体系，充分发挥银行作用。在基础设施建设的投融资模式中，建立银行与担保人合作关系，即银行、金融机构共同防范财政金融、生态和安全生产等风险。对于资金实力雄厚、有能力权衡收益风险的银行，在风险防控范围内，可以适当降低限制性条件，鼓励资金流向基础设施建设领域。

（五）注重经济效益与社会效益兼顾，推进转换体系建设

结合区域产业结构，合理布局适度超前的基础设施建设，避免成为经济社会发展瓶颈，建设供给可不囿于短期需求，应根据宏观经济调控需要适当加快或放缓节奏，推动基础设施与产业融合发展。在经济下行压力大的形势

下，加快基础设施投资节奏，短期内有利于扩大内需、稳定就业，中长期内有利于提升潜在产出水平，促进经济结构转型和区域均衡协调发展。平衡好应急功能与民用功能，发挥好基础设施"平急两用"中的商业价值，有效而快速地实现功能转化，更好地引导金融机构和民间资本投向公共基础设施建设与维护运营，形成良性循环，争取经济效益和社会效益最大化。

（六）注重运营模式与管理制度创新，降低管理运营成本

1. 提升运营收益水平

健全基础设施使用价格和收费动态调整机制，推动项目实现市场化收益。通过土地资源配置、税收返还支持等措施，探索将基础设施项目外部收益内部化。创新基础设施项目商业运营模式，挖掘项目商业价值。培育和支持一批基础设施项目的专业运营商，提高项目运营水平，降低运营成本。探索开发商业用途、规划急用场景，通过运营收入及政府采购、税费补贴、应急资金补偿等方式实现"闭环"。

2. 提升管理服务效能

政府各个部门之间充分发挥好各自职能的作用，强化信息互联互通，同时加强与各个行业部门的配合和协调，建立起统一、协调、多元的管理服务体系，将管理环节和实施环节相关联，将统一经营与分散经营相结合，实现科学规范化管理。建立良好的维护机制，定期开展检查和维修，提升公共基础设施的平时运转效率和应急使用的可靠性。

构建杭州市城镇危房治理常态长效机制的建议

曾　辉　徐宗祥　王　津　虞晓芬　蔡阳军　郑啟帆*

摘要：危房治理是城市更新的重要内容，近年来，杭州市在危房治理方面取得了很大成效，但现阶段仍存在常态化、长效化治理机制不健全的问题。浙江工业大学课题组通过政府部门访谈、项目实地调研、居民意见征询等方式，对杭州市城镇危房解危现状与问题做了深入调研。调研发现，当前杭州市危房治理存在的主要问题是资金筹集较难、居民期望过高、政策差异较大、规划限制较多及组织保障不足。在此基础上，提出了统一危房解危标准模式、明确危改出资责任、拓宽项目融资渠道、挖掘项目空间资源、简化办事流程手续等五项工作重点，以及制定杭州市《城镇危房治理实施办法》、设立危房解危专项资金、完善危房解危支持政策体系、强化危房解危管理制度保障、加强危房解危政策宣传等五项对策建议。

关键词：城镇危房；危房治理；长效机制

---

* 曾辉，博士，浙江工业大学管理学院副教授，研究方向为城市更新。徐宗祥，杭州市住房保障和房产管理局房屋安全处处长，研究方向为城镇危房治理。王津，浙江工业大学管理学院硕士生，研究方向为城市更新。虞晓芬，博士，浙江工业大学中国住房和房地产研究院院长、教授，研究方向为房地产政策与经济。蔡阳军，杭州市房屋安全和更新事务中心主任，正高级工程师，研究方向为城市更新。郑啟帆，杭州市房屋安全和更新事务中心工程师，研究方向为城乡危房治理改造。

近几年，杭州市稳步推进自建房安全专项整治、危房治理攻坚行动，实现了城镇危房存量基本清零、新增迅速治理的工作目标。但是，过去危房治理成绩的取得有赖于政府资金的大力支持，这种"政府主导、大包大揽"的模式存在不可持续性。此外，危房是一个动态形成的过程，杭州市有不少 20 世纪七八十年代建造的低质量住房尚在使用，这些房屋多已接近使用寿命极限，虽经旧改后面貌焕然一新，但旧改"治标不治本"。随着时间的推移，这些房屋将越来越多地暴露出结构、消防等各类安全隐患，甚至容易出现坍塌的风险。因此，杭州市房屋使用安全管理、危房解危工作依然任重道远。

一、杭州市城镇危房解危治理现状

近年来，杭州市通过项目带动、拆改结合、"三不重建"、维修加固、回购置换、直接补助等模式，大力推进城镇危房解危工作，危房治理取得了较好成效。据市住房保障和房产管理局统计，截至 2024 年 6 月，杭州市累计完成"拆、修"解危销号 C、D 级城镇危房 2424 处，未"拆、修"解危销号 C、D 级城镇危房 108 处。未"拆、修"的 108 处中，防危监控 5 处，解危实施中 19 处，腾空管控 84 处。目前已基本建立"发现一处、防控一处""成熟一处、治理一处"的常态化长效管理机制，并在持续推进房屋排查鉴定和危房治理改造过程中不断完善。

根据市房屋安全和更新事务中心的调查统计，杭州市老旧小区体量较大，其中大部分住房于 20 世纪八九十年代建成（见表 1）。按设计寿命 50 年推算，这些住房已进入使用寿命的末期，房屋结构及其附属设施设备日益老化，变成重度危房的概率越来越大。因此，未来杭州市危房解危的压力也将不断增大。

表 1　杭州市老旧住房存量分类统计

年代	数量 / 幢
20 世纪 50 年代之前	4551
20 世纪 50 年代	569
20 世纪 60 年代	680
20 世纪 70 年代	1914
20 世纪 80 年代	8919
20 世纪 90 年代	21801
累计	38434

资料来源：杭州市房屋安全和更新事务中心提供，截至 2023 年 11 月的数据。

二、杭州市城镇危房解危治理面临的主要问题

2023 年 8 月至 12 月，课题组对杭州市城镇危房治理情况做了深入调研，采取基层政府部门访谈、项目实地调查、居民意见征询等方式。调研发现，当前杭州市危房解危治理过程中主要面临以下几个突出问题。

（一）资金筹集较难

危房解危动辄涉及几百万、几千万，甚至上亿元资金，因此资金筹集是危房解危最核心的难题之一。《浙江省房屋使用安全管理条例》已经明确界定了房屋使用安全责任人以及危房解危费用的承担机制：如因使用不当、不可抗力、超过设计使用年限造成房屋危险的，解危费用由房屋使用安全责任人承担；因第三方侵权行为或者设计使用年限内的工程质量缺陷导致房屋危险的，解危费用由实施侵权行为的第三方或者建设单位承担。同时规定，设区的市、县（市、区）人民政府应当建立解危救助制度，安排资金用于补助低

收入家庭房屋和因不可抗力损坏房屋的房屋安全鉴定和危险房屋治理改造、应急处置等费用。

从表面上看，《浙江省房屋使用安全管理条例》对危房治理的责任做了明确的、完整的规定。但实际上，部分房屋（如房改房）在设计使用年限内出现危房问题，是难以追究建设单位以及勘察、设计、施工、监理单位的责任的。这是居民不愿意出资的一个重要原因。此外，居民普遍存在依赖政府的心理，认为危房关系百姓生命安危，理应由政府负责，如果政府不负责就是对百姓的不负责。而财政也根据《浙江省房屋使用安全管理条例》相关规定不能将危房鉴定、动态监测和治理等费用列入年度预算，使得危房治理资金的筹集面临巨大的障碍。

（二）居民期望过高

居民期望过高主要体现在以下两个方面：一是对居住品质提升的期望高。杭州市危房治理改造遵循"除隐患、保安全"原则，在保障安全的基础上适当提升居住品质。目前，由于受政策和法规的限制，杭州市危房解危多采用维修加固或"三不重建"方式。调查发现，居民对这两种解危方式的满意度相对较低，主要原因是老旧房屋户型面积小和布局不合理，通过维修加固或"三不重建"方式解危并未显著提升居民的生活品质，部分维修加固项目还可能导致实际使用面积减小。二是对安置补偿的要求高。征迁补偿标准远远高于危房解危的安置补偿标准。因此，居民普遍期待将危房纳入征迁范围，能够按照征迁标准获得补偿。但由于征迁、成片改造等方式对项目本身条件、资金筹措要求较高，难以在危房改造项目中广泛实施。此外，由于居民数量众多，往往很难达成一致的补偿意见。

（三）政策差异较大

目前，各区县（市）因危房解危有考核和安全双重压力，在实施解危过程中往往只考虑当前的解危任务指标，没有对政策进行深入研究、统筹考虑，因而没有将拆改结合、"三不重建"、维修加固等不同整治模式中政府与居民的出资比例政策化和透明化，补助标准存在一定的随意性，长此以往将不断提升群众的预期值。此外，从前期工作实际看，城镇房屋使用安全管理和既有建筑更新改造均在政策制度体系、工作保障体系、项目操作模式等方面存在不足。既有房屋改扩建、新建相关的审批制度、标准不够完善；业主主体、多方参与的项目推进模式和筹资模式还需进一步探索。

（四）规划限制较多

规划限制主要体现在拆改技术指标受约束上，且目前尚未形成统一的指标优化管理程序和办法。由于受老旧小区现行条件的影响，通过成片拆改的模式来实施危房解危，在指标上必定需要一定的优化和突破。但受现行技术指标的限制，往往出现工作人员"不敢批"，需要领导"开会定"的情况，目前实施的几个拆改结合项目，前期在指标优化协调上均花费了大量的精力。

（五）组织保障不足

城镇危房解危工作环节多、链条长、涉及面广、政策性强，是一项复杂的系统工程。同时，随着房龄的增长或受到外部因素的影响，危房会不断出现，导致危房解危成为一项长期任务。因此，危房解危工作需要加强组织领导，从技术、资金、人员力量等方面做好保障。目前，杭州市危房解危尚存在组织保障不足的问题，主要体现在缺乏专门的危房管理机构、人力配备相对不足、权限过于有限以及协调机制不够完善等。

三、构建城镇危房治理常态长效机制的工作重点

课题组认为，构建城镇危房治理常态长效机制，应当遵循"业主主体责任、政府政策支持、社会力量参与"的原则，根据危房区位、规模等不同因素实施分类治理，以实现"最大限度改善居住品质、增进民生福祉""最大程度减轻政府和居民经济负担""持续提升城市功能的品质与活力"等治理目标。重点应聚焦以下几个方面的工作。

（一）统一危房解危标准模式，明确各自适用条件

根据规模的大小，危房可划分为成片C、D级城镇危旧房屋和零星C、D级城镇危旧房屋。其中，成片C、D级城镇危旧房屋，应优先采用成片改造模式，由区县（市）人民政府主导，在统一规划的基础上依法整体征收并重建，或纳入片区、社区、城市更新单元进行整体改造。零星C、D级城镇危旧房屋，可采取维修加固、"三不重建"、拆改结合和"回购置换"等方式解危。其中，C级危房原则上采用维修加固方式解危。如果经测算和论证，维修加固成本过高，经济上不合理，且小区业主能主动形成统一意见，那么该危房才可拆除重建。部分危旧房屋建设年代较早、建设标准不高，虽可通过维修加固方式解危，但居民重建意愿强烈的项目也可纳入重建范围。D级危房明确应立即腾空，原则上采用拆除重建方式解危。如经评估论证，尚具有加固价值的，也可以通过维修加固方式解危。此外，受土地、规划或其他原因限制，无法通过成片改造、拆改结合方式解危的，可以通过"三不重建"

和"回购置换"方式解危。除成片改造方式由政府主导外，其余解危方式应通过"政府引导＋业主主导"的方式实施。

（二）明确危改出资责任，完善政府补助体系

产权人是房屋安全责任的主体，这是全国各地房屋安全管理条例的共识。因此，由政府承担主要危房解危费用，既不符合法律法规的规定，也无法实现危房治理工作的可持续推进。但在特定情形下，政府在危房解危过程中也有不可推卸的责任。因此，要进一步明确危房治理的成本分担机制。如因使用不当、不可抗力、超过设计使用年限造成房屋危险的，解危费用按照"业主主体＋政府补助＋政府救助"的机制分担。因第三方侵权行为导致房屋危险的，按照"有责追偿"的原则，由造成主要危险的责任单位或者责任人承担房屋排危解危的主体责任。政府应对低收入家庭提供额外补助，对特困家庭提供全额资助。

房改房由于年代久远，当时建设管理体系不健全，出资责任应有所区别。设计年限内出现危房问题的房改房，首先采用维修加固方式解危，解危费用按照"单位资助＋政府补助＋政府救助"的机制分担。设计年限内出现危房，原设计、建设、施工单位等都有责任，但房改房年代久远，原设计、建设、施工单位都可能难以追责。如果原建设单位还在，由原建设单位承担相应资助责任；单位改制或消失的，由改制企业产权持有单位负责补助，改制企业产权持有单位不存在的，由上级主管部门负责补助。政府按标准给予适当补助，并对低收入家庭提供额外补助，对特困家庭提供全额资助。其次采用拆除重建方式解危，解危费用按照"业主主体＋单位资助＋政府补助＋政府救助"的机制分担。单位资助标准应考虑房屋的剩余使用年限（如剩余使用年限为 10 年，则原建设单位承担原面积 20% 的解危费用），政府按标准给予适当补助，并对低收入家庭提供额外补助，对特困家庭提供全额资助。

（三）拓宽项目融资渠道，吸引社会力量参与

不断创新危房改造资金投入机制，建立健全"居民主体、政府补助、金融机构支持、产权单位履责、社会资本参与"的多渠道资金筹措方式。在强化居民出资责任、不断完善政府补助体系的基础上，应进一步加强金融支持。鼓励通过发行地方政府债券等方式，筹集改造资金；鼓励金融机构依法开展多样化金融产品和服务创新，满足危房改造融资需求。如允许居民申请危房拆除重建贷款，在住房产权消亡阶段，由政府为居民提供贷款担保。此外，应积极吸引社会力量参与。地下空间、腾退空间和闲置空间充足，项目资金平衡能力较强的危改项目，可通过市场化机制吸引各类社会力量参与。应明确社会资本的引入程序，鼓励社会资本通过提供公共服务和增值服务来增加创收。最后，应加大税费减免力度。依规依法免除城市基础设施配套等行政事业性收费和政府性基金以及经营服务性收费。出台支持社会力量参与的增值税、契税、房产税等的优惠政策。

（四）挖掘项目空间资源，增强资金平衡能力

深度挖掘空间价值，提高空间资源的利用效率，增强项目的营收能力，降低政府和居民的资金压力。一方面，要加大土地规划政策的支持，允许适当利用地下空间、腾退空间和闲置空间补建区域经营性和非经营性配套设施，且给予配套设施用地不计入容积率的优惠政策；允许适当提高容积率，增加住房建筑面积，改善居民居住品质，提高居民的满意度。另一方面，应充分挖掘项目"造血点"和"激活点"，结合项目周边情况和发展要素，有条件地拓展商业化运营内容，为市场主体参与危旧小区改造工作提供经济利益点。项目经济收益可以从公共民生和商业运营两个角度进行拓展，公共民生主要是面向政府，拆除重建的危房改造可以通过适度增量建设，为保障性

住房、人才房等公共政策需求提供资源补充；商业化运营拓展可重点考虑物业、托老托幼等有偿服务，人才公寓、精品酒店等功能置换，临街店面运营，等等。

（五）简化办事流程手续，统一标准规范

建议进一步简化行政审批流程，加速项目推进，以减少危房改造项目的过渡安置成本。此外，危房改造项目往往场地有限，无法满足当前规划设计标准的要求，应对接上级部门探索试点，制定专门的标准规范和工作流程，保障危房改造项目设计、施工的合法性、合规性。具体措施包括允许市县政府授权建设部门牵头，组织有关部门联合审查改造方案，认可后由相关部门直接办理立项、用地、规划审批；不涉及土地权属变化的项目，可用已有用地手续等材料作为土地证明文件，无须再办理用地手续；探索将工程规划许可和施工许可合并为一个阶段，简化相关审批手续；项目完工后，可由项目建设单位召集相关部门、参建单位、居民代表等进行联合验收；等等。

四、构建城镇危房治理常态长效机制的政策措施

（一）制定杭州市《城镇危房治理实施办法》

实施办法的核心内容包括下面几点：一是危房解危的模式及适用条件。根据国内外实践和立法经验，明确具体的、适用于不同解危模式的技术经济指标标准。二是危房解危安置办法。参照国内外最新政策，明确过渡期安置补偿原则和补偿标准，制定居民原址安置和异地安置的资金分担机制。三是居民意见征询。一方面参照《中华人民共和国民法典》及其他省市的规定，

明确居民赞同比率的最低要求；另一方面，借鉴日本等国实施的买取请求权制度，明确未赞成者的权利义务及保障机制。

（二）设立危房解危专项资金

目前城镇危房解危缺乏专项资金支持。通过设立危改专项资金，主要解决政府方承担的解危费用，包括低收入家庭、特困家庭无力承担房屋鉴定、监测、维修加固或重建费用，设计年限内出现危房问题且责任主体消亡的房改房或商品房的鉴定、监测、维修加固或重建费用等。建议明确危改专项资金来源：一是财政预算资金，将危改专项资金纳入市级财政预算，各区县（市）政府应安排匹配资金；二是住房保障专项资金，如将新增住宅面积转化为保障性住房，可按比例提取相应的住房保障专项资金；三是新增建筑规模出租出售收益、新增经营性用房和新增住房面积出租出售的收益应纳入危改专项资金池；四是发行危改专项债，可依据有关政策通过发行地方政府债券等方式筹集改造资金。

（三）完善危房解危支持政策体系

着力构建统一、规范的土地、税收、规划等支持政策体系。一是土地政策。建议简化供地手续，允许原址改造项目原土地使用性质及使用年限不变，不需再重新办理供地手续。二是税费减免政策。依规依法减免城市基础设施配套等行政事业性收费、政府性基金及经营服务性收费，对社会力量参与项目的增值税、契税、房产税等依法予以优惠减免。三是规划政策。除历史文化保护街区、风景名胜区等特殊区域外，可允许适当提高容积率，并统一容积率激励标准。有效落实自然资源部关于容积率免计和容积率免控的有关规定。

（四）强化危房解危管理制度保障

一是优化审批制度。建议进一步简化项目审批流程，从立项、开工建设、验收到产权登记，全面精减审批项目、压缩审批时间。二是完善审图标准。建议适当放宽危改项目审查标准，如原址重建项目的建筑间距、消防、节能等可按不低于原建筑物建成时的国家技术标准执行。三是制定产权登记制度。建议明确危房改造完成后，可持原不动产权证到不动产登记机构按新测绘面积办理变更登记后换发新证，新证按原供地方式进行登记。

（五）加强危房解危政策宣传

加强危房解危政策宣传，提高公众对政策的知晓度和参与度，推动政策的有效实施。一是多渠道广泛宣传。利用电视、广播、互联网、社交媒体等，及时向公众传达最新政策信息。二是专业问题通俗化表达。危房解危专业性很强，将关键信息以简洁、通俗易懂的方式予以呈现，便于公众理解。三是举办专题活动和讲座。邀请部分领导、专家学者解读危改政策，回答公众的疑问，促进公众与政策制定者之间的互动和交流。四是设立专门微信公众号和官方网站，及时发布、解读政策信息和案例内容等。

杭州预付式消费法律规制的实践探索及其经验启示

林　林　金志华　唐晔旎 *

摘要：近年来，预付式消费闭店跑路纠纷多发，既导致消费者权益受损，又影响社会稳定，成为预付式消费面临的关键问题。如何平衡经营者和消费者双方的利益，在保护消费者权益的同时又不会压制市场活力，这是预付式消费问题治理的难点，也是法律规制的难点。该文介绍了预付式消费的概念和法律定性，梳理了当前法律规制的状况和现有预付式消费法律规范存在的问题，通过分析认为出现问题的根本原因在于预付式消费信用治理体系不健全，并针对性地提出了法律规制的路径选择：应当建立以市场信用机制为主，政府和多主体共同参与的治理体系。

关键词：预付式消费；法律规制；信用治理

预付式消费是一种"双赢"的新型消费模式，为经营者和消费者带来了

---

* 林林，杭州市司法局副局长。金志华，杭州市司法局立法处处长。唐晔旎，杭州市司法局一级主任科员。

实惠，据中国产业研究院相关报告，2023 年全国预付卡经营主体超 1 亿户，年预付交易金额超 10 万亿元。预付式消费市场规模大，对拉动消费、促进经济发展发挥了积极作用。但预付式消费纠纷逐渐成为投诉热点，主要涉及退费困难、未按合同履约、经营主体变更等问题，特别是商家关门停业、卷款跑路的群体性事件多发，既导致消费者权益受损，又影响社会稳定，成为预付式消费面临的最关键问题。

一、预付式消费的概念、法律定性和法律规制现状

（一）预付式消费的概念和特征

预付式消费，是指为了获得特定的商品或服务，消费者向经营者预先支付一定款项以获得会员卡资格，然后按期限或次数进行消费的一种新型消费方式，通常以预付卡作为凭证。根据发行主体和使用范围的不同，预付卡分为单用途预付卡和多用途预付卡。前者是指由发卡机构自行发行并在其经营范围内使用的卡，如日常生活中常见的美容卡、超市购物卡、健身卡等；后者是指由专门的第三方发卡机构发行，然后发卡机构与众多联盟商户如大型的商场、超市等签约，消费者可以跨地区、跨行业使用的卡。[1] 因日常生活中较常见的是单用途预付卡纠纷，因此本文所讨论的主要是单用途预付卡消费相关内容。

---

[1] 　王艳华：《预付式消费模式的法律风险及防范对策》，《行政与法》2017 年第 12 期。

（二）预付式消费的法律定性：建立在市场信用机制上的新型消费方式

预付式消费是商业信用发展的产物，是建立在市场信用机制上的一种新型消费方式。在预付式交易中，消费者预先向经营者付款，这是基于一种对经营者的"信任"，即相信经营者会在未来一段时间内向其提供符合约定的商品或者服务。从本质上看，预付式消费是一种预约合同，而非本约合同，合同的订立很大程度上依赖于经营者的商业信用，即预付式消费方式必须以经营者的商业信用作为保证，必须以完善有效的信用机制为基础[1]，否则容易出现欺诈、不履行义务、经营不善等情况，扰乱市场秩序，侵害消费者权益。预约合同对当事人的诚实与信用有更高的要求。但是，由于当前我们尚未有健全的社会信用体系，因此，先付款后消费的模式往往使消费者成为经营者经营风险的最终承担者。从经营者端来说，预付资金是经营者重要的流动资金来源，客观上具有一定的融资替代作用。尤其是小微经营者，从银行获得授信的难度较大，预付式消费对于经营者来说是一种方便、快捷的通过商业信用获取资金的途径，但由于缺乏相应的风险控制机制，一些经营者容易过度发卡，使预售资金规模难以控制。[2] 从消费者端来说，相较于企业之间和银行对企业的授信关系，在预付式消费中，由于信息不对称、地位不对等，消费者开展信用管理的能力较弱，难以完全识别和控制经营者的信用风险，需要通过许多具体机制的安排来促进，而当前消费者缺乏相应工具。

---

[1] 王建文：《我国预付式消费模式的法律规制》，《法律科学（西北政法大学学报）》2012 年第 5 期。

[2] 许荻迪、韩家平：《我国单用途预付卡信用治理：逻辑、体系与机制》，《征信》2023年第 2 期。

（三）预付式消费法律规制现状

当前对于预付式消费，国家层面没有制定专门的法律法规，相关的规定主要依赖《中华人民共和国民法典》中关于合同编的规定，以及《中华人民共和国消费者权益保护法》及其实施条例。在司法实践中，处理预付式消费纠纷的还有《中华人民共和国民法典》中的侵权责任编以及《中华人民共和国刑法》等，如对非法集资行为的规定、对合同欺诈行为的监管等。部门规章有专门规范单用途预付卡的《单用途商业预付卡管理办法（试行）》，同时《侵害消费者权益行为处罚办法》对预付式消费中侵害消费者权益的行为有相关规定。地方层面，各地也先后出台了相关的地方性法规和政府规章，针对预付式消费的地方性法规主要分为两类——消费者权益保护法规体系和单用途预付消费卡管理法规体系。消费者权益保护法规方面，2012 年《单用途商业预付卡管理办法（试行）》（商务部令 2012 年第 9 号）实施，2013 年《中华人民共和国消费者权益保护法》第二次修正后，各地的消费者权益保护条例针对预付式消费进行规制成为主流。例如 2014 年修订的《上海市消费者权益保护条例》，首次在地方消费者权益保护条例中使用了"预付卡"这一表述，也首次在地方性法规层面将预付式消费这一行为与预付卡这一概念正式关联起来。2017—2018 年是各省（区、市）消费者权益保护条例实施和修正的频繁时期，浙江、江苏、山东、山西、湖南、西藏、河北等地分别实施或修正了地方消费者权益保护条例，条例中均直接规定了预付卡相关内容，其中《浙江省实施〈中华人民共和国消费者权益保护法〉办法》和《江苏省消费者权益保护条例》最具代表性。《浙江省实施〈中华人民共和国消费者权益保护法〉办法》用了两条共十款进行规定，首次使用"单用途商业预付凭证"的表述对单用途预付卡制度进行了大量创新。《江苏省消费者权益保护条例》融合了《单用途商业预付卡管理办法（试行）》的部分规定，同时增设了发卡经营者担保义务和"十五天无理由退卡"。其对发卡经营者担保义务的规定开了全国的先河。对于单用途预付消费卡管理，采用单行法形式发布相关规定，比较有代表性的是两部地方性法规和一部地方政府规章，即2019年施行的《上海市单用途预付消费卡管理规定》、2022年施行的《北京市单用途预付卡管理条例》和2021年施行的《江苏省预付卡管理办法》。（详见表1）

表1　不同层级预付式消费相关立法情况一览表

层级	名称	性质
国家层面立法	《中华人民共和国民法典》《中华人民共和国消费者权益保护法》	法律
	《中华人民共和国消费者权益保护法实施条例》	行政法规
	《单用途商业预付卡管理办法（试行）》	部门规章
有代表性的地方立法（预付卡的单行立法）	《上海市单用途预付消费卡管理规定》	地方性法规
	《江苏省预付卡管理办法》	地方政府规章
	《北京市单用途预付卡管理条例》	地方性法规
有代表性的地方立法（消费者权益保护法中涉及预付式消费内容）	《上海市消费者权益保护条例》	地方性法规
	《浙江省实施〈中华人民共和国消费者权益保护法〉办法》	地方性法规
	《江苏省消费者权益保护条例》	地方性法规
	山东、山西、湖南、西藏、河北等地的消费者权益保护实施条例也都对预付式消费进行了规定	地方性法规

二、现有预付式消费法律规范存在的问题

对现有立法的梳理表明，我国目前尚未建立起完善的关于预付式消费模式的规制体系，现有的相关法律规范仍存在不少缺陷。从形式上看，缺乏专门的高层级立法对其进行规范，也缺乏系统性。如《中华人民共和国民法典》和《中华人民共和国消费者权益保护法》只是对经营者和消费者之间交

易行为的一般规定，并非对预付式消费模式的直接规制。从内容上看，无论是民事法律关系的规制还是行政、刑事规制手段的规定，都还存在缺陷，导致消费者权益得不到保障。

（一）民事规制手段：民事诉讼救济"不足"

预付式消费行为是发生在平等民事主体间的私法行为，因此首先受到民法的制约。《中华人民共和国民法典》中关于合同的规定同样适用于预付式消费行为。同时《中华人民共和国消费者权益保护法》第五十三条专门规定了预付款消费的违约责任，还有其他条文规定了损害消费者权益的违约责任。在预付式消费模式下，一旦发生经营者关门跑路，消费者权益就容易受到侵害，往往连基本的资金安全都没法得到保障。但是对于关门跑路的行为，除了让消费者自己通过民事手段起诉外，目前没有任何制约措施。课题组从调研收集的一些案例中可以看出，出现预付式消费关门跑路的情况时，消费者只能通过民事诉讼途径维权。预付式消费涉诉纠纷具有小额、涉众的特性，举证难度大、审理期限长、维权成本高，导致消费者对于通过民事诉讼途径解决纠纷的积极性不高，即使胜诉，但最后因为经营者没有可以执行的财产，也还是无法保障消费者的合法权益。

（二）行政规制手段："备案＋资金存管"的措施执行效果不及预期

最早在立法中规定"备案＋资金存管"监管措施的是《单用途商业预付卡管理办法（试行）》（商务部令 2012 年第 9 号）。2018 年以来，上海、北京等地陆续出台了关于预付式消费专门的地方性法规，其核心的监管思路也是"备案＋资金存管"。但从实践中的执行情况来看，市场主体的积极性不高，效果并不理想，系统接入率和违法查处率都极低，造成虽貌似有法可依但实际处于无效的状态。原因在于，资金存管制度虽然可以从事前监管的角度有效避免经营者滥用预付款的现象，但是经营者和消费者的利益总是此消彼长的，对消费者权益的保护必然会加重经营者的义务和责任，从而增加经营者的交易成本。对于经营者来说，这一措施并不利于将商业信用利益最大化。经营者不得不依法将部分甚至全部预付资金存管，意味着经营者无法部分或者全部将其商业信用变现。如果将预付款存入银行的资金托管专户而经营者又不能随意使用的话，预付款消费对于经营者的回笼资金功能及其他金融功能基本丧失。特别对于中小企业来说，由于无法像大企业那样有足够的担保可以获得银行的融资，预付资金可能是其主要的资金来源，如果对于这部分资金要求强制存管，那么预付款对于经营者来说就失去了意义。对于消费者来说，预售资金即使处于存管状态，但依然属于经营者的资产，当经营者破产时，消费者对该资金并无优先受偿权。①

（三）刑事规制手段：追究刑事责任极少，威慑力不足

当前关于经营者"卷款跑路"是否构成犯罪，从调研情况看，将其认定为犯罪的少之又少。在调研中，公安机关相关工作人员认为，预付式消费中的经营者由于经营不善才"卷款跑路"，属于民事纠纷，这种情况公安机关一般都不予刑事立案。但是这种判断太过一刀切。预付式消费中的经营者虽然表面上都是关门闭店，但实际上可能是完全不同的两类情形：第一类确实是因为经营不善，正常转让或者闭店。第二类却是因为前期经营不善，后期开始恶意逃避债务，有些还与所谓的"安全闭店"团队（职业闭店人）合作：首先商家提前更换法人代表、缩减注册资本；其次，以店庆、年终回馈等为借口，做一场低价的大型促销售卡或充值活动，在跑路前还要再圈一笔

---

① 江隐龙：《单卡时代——中国单用途预付卡制度演进史》，上海辞书出版社 2021 年版。

钱。更有甚者，原法人代表换个门店继续圈钱。所谓"安全闭店"的核心就是更换法人代表（或股东），新法人代表大概率会是农村或者老、少、偏穷地区的居民。等到消费者警觉，追讨债务时，机构已经人去楼空，新股东或者法人代表也是一穷二白，没有还款能力，而之前的实控人却实现了"金蝉脱壳"。"安全闭店"的操作模式，事实上可能涉嫌妨害清算罪、非法经营罪、合同诈骗罪。但在实务中，由于对有预谋的跑路查处起来难度较大，一些地方的公安机关不愿介入。消费者由于维权沉没成本高，也无法通过民事诉讼保障自己的利益，最终导致不法商家钻法律和监管的漏洞。

三、原因分析：预付式消费信用治理体系不健全

预付式消费是建立在市场信用机制上的新型消费方式，但是各地当前的监管措施和相关制度设计未能从根本上解决预付式消费信用的风险问题，信用治理体系尚未建立，导致监管效果不如预期。具体体现在以下方面。

首先，信用信息采集共享机制不健全。信用信息分散或者缺失是导致当前预付式消费问题频发的重要原因。消费者作为信息劣势的一方，自行调查以获得信用信息的能力和资源不足，消费者通过新闻媒介、政府部门等公开渠道获得信用信息的机制尚不健全，获得相关信息的渠道也不畅通。同时，在预付式消费中，发卡服务机构、金融机构、平台企业、信用服务机构、行业组织等第三方机构不同程度地参与了各个业务环节，各行业部门也掌握了各类不同的信息，但缺乏相应的机制将多类主体连接起来，各类主体难以充分获取和反馈信息。[①] 例如，当前虽然国家建立了企业信用信息公示系统，

---

① 许荻迪、韩家平：《我国单用途预付卡信用治理：逻辑、体系与机制》，《征信》2023年第2期。

但是信息以工商登记为主，其他信用信息尚未能归集连接，无法生成有效的预警信息。

其次，信用评价体系未建立。预付式消费中，消费者信息不对称现象尤为突出，消费者在知情权难以得到保障的情况下，对于借助具有公信力的信用评价体系对经营者的经营风险进行预判有着较强需求，但在预付式消费制度体系中，目前尚缺乏运行有效的信用评价体系，国家层面也缺乏通用型的信用风险分类体系标准，各地尚未开展预付式消费经营者信用评价和相应的动态分级分类管理。同时，由于缺乏评价体系，实践中出现的一些信用信息不能很好地得到利用和反映，例如法定代表人的变更、营业地址的频繁变更，甚至是被法院限制高消费后，国家企业信用信息公示系统仍然未将其列入企业经营异常名录和严重失信名单。

最后，失信惩戒不足。一方面，预付式消费信用约束机制的责任承担主体范围过窄。对于作为企业的经营主体，当前相关法规规定的法律责任承担主体很多仅限于企业法人，而有严重失信行为企业法人的法定代表人、主要负责人、实际控制人、直接责任人员等被排除在失信惩戒机制之外。[1] 特别是在"职业闭店人"出现后，原企业的法定代表人通过变更法定代表人逃脱责任。另一方面，失信惩戒力度不足。预付式消费中最大的问题之一是关门跑路行为，但现有的行政处罚等措施未能有效震慑关门跑路行为，究其原因在于现有的惩戒措施力度不足，行政处罚规定对于关门停业或者即将破产的企业来说毫无意义，公安机关又很少予以刑事立案，威慑力不足。

---

[1] 刘天祎：《信用监管：规范预付式消费的有效路径》，《人民论坛·学术前沿》2011 年第 1 期。

四、杭州对预付式消费规制的探索

针对日益突出的预付式消费矛盾纠纷，杭州也在积极探索解决方案，虽然还未有专门的地方立法对其进行规制，但近几年先后在不同地区进行试点，分别出现了"备案＋预付资金存管"的富阳方案、"预付式消费风险研判预警"的拱墅方案，以及由市级有关部门牵头的预付式消费市场化改革方案。杭州的地方立法拟在这些不同的模式试点取得一定效果后，再将好的经验做法上升为立法予以固化。

（一）"备案＋预付资金存管"的富阳方案

杭州市富阳区开发上线"富春预付码"数字监管服务平台，建立预收资金全额托管机制，针对消费者充卡后资金管理难、维权追偿难等问题，探索实行预付资金专户监管，推广标准规范合同，全力保障消费者的资金安全。一是推广资金存管协议。落实预付卡经营准入备案要求，明确要求发售预付卡的规上企业必须签订备案资金存管协议，鼓励规下企业、个体工商户与金融机构签订资金存管协议，纳入"富春预付码"平台管理并在线享受政策扶持和信贷支持。消费者可通过"富春预付码"平台，查询商户的备案信息，选择已签订相关资金存管协议的商户进行在线购卡。二是推广预付资金"全额托管"。基于各发卡商户与银行机构签订的资金托管协议，探索设立"托管账户"，试行"预付资金"专户监管，消费者预付资金全部由银行"托管"。消费者每消费一笔，银行释放一笔预付资金给商户结算账户，实现预付资金全过程监管。三是推广使用规范合同。制定《富阳区单用途商业预付卡服务合同》，分行业、卡种梳理规范权益，对消费者、经营者双方的权利义务、约定内容、冷静期、退费、违约、合同解除等情形做了明确规定，最大限度地保障双方权益。利用"富春预付码"平台，推广规范合同样本，消费者购卡时可在线智能生成合同。一旦遇到消费纠纷甚至商家"爆雷"，消费者可以依据合同一键申请退卡，卡内余额实时返还，牢牢管住"钱袋子"。

（二）推行"预付式消费风险研判预警"的拱墅方案

拱墅区着眼预付式消费风险防范这一小切口，创新开发预付式消费风险研判预警系统，通过线上预警、线下核查、线上定级、线下处置"两上两下"机制，推动预付式消费风险处置由"信息滞后被动处置"向"线上预警提前防范"转变。自 2023 年 10 月系统边运行边改造以来，全区范围内涉预付式消费纠纷量逐月递减。一是数据底座实时更新。依托上级数据，盘活现有资源，实时归集全市 12345 信访投诉、纠纷警情等数据，导入区级工商注册、信访、警情、诉讼、税务、网格巡查等 6 类信息，实现数据底座实时更新。二是数据资源精准碰撞。跟踪分析区内闭店爆雷企业全生命周期特征，梳理形成"职业背债人、闭店前大额圈钱、经营地频繁变更"等特性标签 75 个，构建预付式消费企业风险通用算法模型以及美容美发、健身、教培 3 个行业模型，利用 AI 大模型技术精准抓取数据，让风险研判更加精准、预警处置抓早抓小。三是分色分级闭环处置。按照"区级强指挥、部门多联动、街道快协同、网格细落实"原则，制定《预付卡企业风险预警处置工作机制》，细化"预警—核查—定级—处置"分级处置闭环流程，对预付式消费企业风险进行"蓝、黄、红"三色预警、分级处置，确保顶层设计科学、中层运转顺畅、底层执行到位。

（三）预付式消费市场化改革方案

近年来，杭州市加快预付式消费市场化改革，指导蚂蚁集团、杭州银行率先在全国创新推出预付式消费领域"安心付""安心贷"两个产品,以更好地保护消费者的合法权益,规范商家的经营行为。"安心付"产品由支付宝推出,有周期卡和金额卡两种服务模式。使用周期卡,消费者可以先享受服务,再按次或按月付款;使用金额卡,先充值资金存在银行专用账户中,只有消费者发出指令,对应金额的资金才会拨到商家账户,关店可退,笔笔透明。"放心贷"是杭州银行为预付式消费相关企业推出的产品,经营者可以根据预付式消费流水申请贷款,享受"三多一快"(利率优惠多、贷款类型多、权益内容多、流程方便快捷)的便利服务。[①]

五、法律规制路径选择:构建以市场信用机制为主、政府和多主体共同参与的治理体系

杭州的这些实践探索为地方立法规制积累了经验。调研发现,预付式消费交易规模不断扩大,业务领域不断扩展,几乎覆盖了全部的民生领域;同时,鉴于其与平台经济紧密结合,形式更加灵活多样,风险也更大。因此,单纯强调政府视角的行政规制不能满足要求,而需要政府和市场相互作用,建立以市场信用机制为主、政府和多主体共同参与的治理体系。这种信用治理体系的建立能有效防止行政权力对市场介入过深,避免"一管就死,一放就乱"的情况出现。因此,本文认为预付式消费立法规制的有效路径是:建立预付式消费的信用治理体系,帮助消费者把不同信用风险等级的经营者甄别出来,从而引导消费者优先选择信用良好的商家,通过市场机制实现"良币驱逐劣币"。具体包括以下内容。

[①] 《浙江杭州加快预付式消费市场化改革 率先在全国创新推出"安心付""安心贷"两个产品》,2024 年 7 月 3 日,https://www.cqn.com.cn/zgzlb/content/2024-07/03/content_9055789.htm。

（一）完善信息收集披露机制

信息披露是消费者判断兑付风险和服务风险的重要途径。预付式消费体现的是长期的债务履行关系，消费过程具有明显的期间跨度，其呈现出来的消费者与经营者之间的信息差异程度要远超传统的消费模式。为此，一方面要建立和完善政府信息监管系统，通过开发数字化治理平台，协调有关部门，推进市场监管、水电、税务、社保、公积金等关联数据与平台对接，充分整合企业信用信息、消费投诉信息、行政执法信息等，加强对经营者信用信息的收集和整理，实现数字化跟踪，为监管评级奠定基础。另一方面要压实经营者信息披露责任，规范信息披露的义务和内容，使信息优势的一方主动提供信息和保障；同时，应当明确消费者获知消费信息的权利并不限于订立消费合同之时，还应包括消费合同履行的全过程，只要后续的消费过程中出现了关涉消费者权益、影响到消费者决策的重要信息，消费者均应当享有知情权，经营者应当履行信息告知义务。经营者如果不履行告知义务，不但需要强制披露信息，还将承担相应的法律后果。

（二）健全信用评价体系

在预付式消费业务中，信用评价对降低信用风险、维护正常的经济秩序具有重要作用。预付式消费的征信体系可以由政府、行业协会、市场三个层面的信用评价标准构成。政府信用评级可以以政府信息监管系统收集的相关数据为基础，结合经营者的行业特征、信用承诺、资金保障和数据报送情况等，依据相应的法律法规进行基础性的信用评级，定期将评价结果推送至相关政府部门、金融机构以及行业协会、商会，供其参考使用，并将信用评级制定标准和结果向社会公示。行业协会可以针对会员进行信用评级，也可以经过政府委托或授权进行信用评级并公示。其他市场主体可以通过市场化手段对经营者进行信用评级，并自行选择市场化的宣传方式。通过政府监管评级和市场化信用评价，揭示经营者的信用状况，引导消费者优先选择信用良好的商家。待信用评价体系健全后，政府要引导消费者在进行预付式消费前，查阅商家的信用评级情况，对于评级低的商家，谨慎充值，做好事前防范。

（三）根据信用评级采取分类监管措施

在充分掌握信用信息、综合研判信用状况的基础上，以公共信用综合评价结果、行业信用评价结果等为依据，对监管对象进行分级分类，根据信用等级高低采取资金管理、信用担保、风险预警和现场检查等差异化的监管措施。如对信用较好、风险较低的市场主体，可合理降低抽查比例和频次，减少对正常生产经营的影响；对违法失信、风险较高的市场主体，适当提高抽查比例和频次，依法依规实行严管和惩戒。同时，根据业态特征规定不同的预收款金额、期限的上限、资金监管要求等。例如资金管理措施，适宜的资金监管能有效降低预付式消费的信用风险。资金存管可以从事前监管的角度有效避免经营者滥用预收款的现象，进而保障消费者获得满意的服务或充足的赔偿。出于盘活闲置资金释放市场活力的考量，不应一刀切地设置严苛的资金存管制度，而应根据不同业态制定适合的资金管理措施。例如，对于教育培训、交通运输等行业，由于涉及资金往往较大，可以采取适当的资金存管措施，目前《交通运输新业态用户资金管理办法（试行）》《校外培训行政处罚暂行办法》都对资金存管进行了规定，从执行这些政策的地区来看，实施效果良好。但是对于更多量大面广的小微企业、个体户商家，是否均能采用预付资金存管措施，值得商榷。对这些市场主体可以通过担保、信用承诺、信息披露等方式进行规制。

（四）加大信用奖惩力度

要对优质信用经营者提供有力的正向激励，例如提供精准的政策支持和服务，包括政府贴息的无抵押、无担保的信用贷款扶持，以及白名单告知、可信企业挂牌等正向宣传，形成诚信示范效应。对失信行为予以一定的惩戒约束，对严重违法失信主体采取市场禁入或者服务限制等措施。进一步明确信用惩戒责任人，除法人和非法人组织外，还应当将法定代表人、主要负责人、实际控制人等纳入惩戒范围。特别是对于出现闭店恶意逃避债务的情形，虽然法定代表人发生了变更，但是原来的法定代表人应当作为实控人，仍需要承担责任。完善公益诉讼、小额诉讼等制度，降低消费者司法维权的成本，使失信惩戒的前提条件易于实现。需要强调的是，要转变"不敢""不愿"对预付式消费关门跑路刑事立案的理念。如果商家因为经营不善正常转让，那么出现纠纷时应当按照民事法律关系进行处理。但如果前任老板恶意规避债务，还与所谓"安全闭店"团队合作，就涉嫌触犯了《中华人民共和国刑法》中的"妨害清算罪"，"安全闭店"团队可能涉嫌"非法经营罪"。如果接盘团队为了再赚一笔钱，在接盘后又销售一轮再闭店，可能涉嫌"合同诈骗罪"。因此，对于预付式消费合同中认定是否有非法占有的目的，可以参考《最高人民法院关于为促进消费提供司法服务和保障的意见》[①]（以下简称《意见》），《意见》认为："合同从磋商、订立、履行到终止，体现为一个动态过程。预付式消费合同的特点在于，消费者预先履行了全部付款义务，而经营者提供商品或者服务的义务则需要一个长期的过程，消费者承担了全部履约风险。经营者即使在订立合同时没有欺诈故意，其在收到预付款后履行全部义务之前，形成非法占有预付款之故意的，亦可构成欺诈。而

---

① 《意见》虽然是对民事欺诈的认定，但是在对刑事案件认定中，如合同诈骗罪是否具有非法占有目的的认定也可以参考借鉴。

且，经营者在订立合同之时的主观状态难以证明，但其恶意逃避履行义务、卷款跑路之行为显而易见，该行为体现了经营者非法占有消费者预付款之主观恶意。"建议公安机关依法对关门跑路、集资诈骗等行为及时立案并追究刑事责任，对于一些严重侵权案件及时曝光震慑，引导市场"良币驱逐劣币"。

（五）发挥平台企业在信用治理中的作用

平台企业在经济发展中具有特殊重要性，它通过数字化的方式，打破传统实体经济中的信息壁垒和地理限制，连接供需双方，为供给方降低成本、扩展客户群体，为需求方提供透明的选择。在预付式消费中，平台企业可以应用内部管理手段和数字技术，对经营者资质、资金、兑付、退费等方面进行管理，通过平台经济治理"以网管网"的思路，在消费者和商家之间引入第三方平台，变"政府监管商家和预付款"的传统模式为"政府监管平台、平台监管商家、第三方监管预付款、协会推动商家上线"的全新模式，从充值给商家转变为充值给平台，以第三方平台信用为基础，将预付资金交由第三方平台进行监管。平台依据消费指令支付预付资金给商家，商家不能随意划转消费者预付的资金，打造"信任消费"的一种新模式，从而防范风险，着力保护消费者权益，同时引导商业模式优化，实现多方共赢，助力服务业数字化高质量发展。因此，在进行法律规制时，可以鼓励和支持平台企业积极参与预付式消费，为市场化改革提供法律支撑。

杭州市西部山区农村医疗资源共享模式研究
——基于临安区的调查研究

徐丹玉 *

摘要： 该文以西部山区农村医疗资源共享模式为主要研究对象，对杭州市临安区实践探索进行分析，通过案例分析、数据对比、访谈调研等主要手段发现山区农村普遍存在就近看病配药难、小病未病预防发现难、居家护理诊疗难、签约医生服务优化难等"四难"问题，总结提炼临安区打造"流动医院"、搭建"云上医院"、构建"健康管家"、培养"赤脚医生"等经验做法，从顶层谋划、科学理念、工作机制、制度建设四个维度梳理实践启示，为西部山区农村医疗资源优质共享提供方法路径。

关键词： 山村医疗；优质共享；巡回诊疗

习近平总书记强调："以基层为重点，就是根据统筹城乡区域发展和城镇化建设的需要，把以农村为重点扩展到城乡整个基层，增强基层防病治病

---

* 徐丹玉，硕士，杭州市改革研究与促进中心助理研究员，研究方向为经济和社会发展领域的理论、应用。

能力。""引导医疗卫生工作重心下移、资源下沉，把健康'守门人'制度建立起来，是满足人民群众看病就医需求的治本之策，也是一条重要国际经验。"2022 年 5 月以来，杭州市临安区围绕山村群众就近看病配药难、小病未病预防发现难、居家护理诊疗难、签约医生服务优化难等"四难"问题，创新实施以"一村一团队、一人一档案、一户一家医"为主要内容的乡村医疗资源优质共享改革，构建集巡回诊疗、就医配药、疾病预防等于一体的基层医疗服务新模式，出台了 24 项系列政策、6 项工作标准，涵盖服务开展、信息化建设、车辆及药品配置、人员考核等内容，推动优质医疗服务进山村、进企业、进养老院。

2022 年，该项改革入围国家卫生健康委"助力乡村振兴——乡村医疗卫生体系健康发展"基层卫生健康优秀创新案例年度榜单并做经验交流，获得浙江省改革突破奖铜奖，入选国家发展改革委共同富裕示范区第一批典型案例。2023 年成功创建杭州市地方标准《乡村医疗巡回诊疗服务规范》。2024 年 3 月，启动省级地方标准项目申报制定工作。同时该项目连续获得时任浙江省委书记易炼红等省、市领导的肯定批示。

一、临安区山村医疗资源供给的突出挑战

临安区山区面积占 90%，全区 63.5 万人中，山区乡村人口约 20 万人，其中 65 岁以上农村老人约 5.8 万人，山村群众"看病难"问题成为临安区保障人民生命健康的关键一环。

（一）就近看病配药难

临安区山区面积占绝大部分，看病距离远、交通不便等因素制约村民就

近看病、就近配药。（1）看病距离远。临安区东西横跨 100 千米，南北跨越 50 千米。远的自然村距乡镇卫生院有 50 千米，公交车程达 1 个小时以上，部分自然村远离集镇，没有直达公共交通，找车难、路程远成为村民外出就医的主要障碍。（2）交通不便影响急救急诊。部分自然村没有直达至镇上的公交车，当有人突发严重疾病时，找车难，且路程时间要 30 多分钟，有可能导致患者失去最佳救治时机，急救不高效成为山村特别是一些自然村的难题。

（二）小病未病预防发现难

山村普遍存在村医力量薄弱、药品较少、医疗器械更新慢等现象，使得村民在医治小病、身体检查、预防疾病等方面存在短板。（1）村医力量有限。经过几轮行政村撤销合并后，部分自然村村医务室合并至较大行政村，山村医务人员减少，加上年轻村医缺乏，普遍存在山村医生年龄偏大、力量薄弱的问题。（2）山村药品短缺。行政村医务室药品多为非处方用的急需药品，比如感冒药、退烧药、腹泻药等，还有一些少量保健品配售，配置处方药甚至一些慢性病药都需要去镇上购买。（3）村镇医疗设备更新慢。当前医疗器械及医疗相关知识更新较快，智能化和信息化不断进步，由于经费有限，老的村镇卫生所医疗设备更新迭代较慢，无法满足群众更高的医疗需求，特别是像 B 超、CT 等只能跑到县里大医院去做。

（三）居家护理诊疗难

目前，山村多为老人、儿童留守，且村医力量弱、医生经费保障不足等问题造成居家护理诊疗难。（1）常住人口多为老人、儿童。临安区山村日常居住大多是留守老人、儿童，特别是失能老人自身行动不便，加上子女平时在外工作，看病医治成为这个群体的"最大事"。（2）村医后备力量不足。

乡村医生的年龄普遍较大，年轻的乡村医生较少，造成医疗服务人员年龄断层现象，即使有稍微年轻点的村医，他们中大部分人也在抓紧备考，想考出山村。留人难，留年轻人更难，这种情况造成偏远卫生所长期缺后备村医，村民无法随时享受优质医疗服务。（3）山村医生经费保障不足。据了解，乡村医生的收入构成主要来源于公共卫生服务补助费和医疗费。补助费用每年由财政拨款，而医疗费用随着在农村就医人数的减少也大幅下降，造成村医收入低。除收入低外，乡村医生还要承担药品积压、医疗器具年检、卫生所室日常运行等费用压力。

（四）签约医生服务优化难

（1）签约医生服务有限，签约医生知晓度不高。很多村民对家庭医生签约认知度不高，即使签了也不清楚具体是谁。在实行签约医生制度后，看上去每个人都有签约医生，但实际处理日常医务工作的仍为村医，且村医并非一天 24 小时都在岗，有些只有白天在，晚上也会选择性地回家居住，所以半夜突发疾病的村民只能扛。（2）签约医生作用有限。家庭医生政策对村民的吸引力不够大，同时还存在医院推进动力不足、信息化建设落后、被签约形式化等不少困难和问题，导致签约医生服务质量下降。

二、临安区山村医疗资源共享的模式探索

医疗健康是群众最关心、最期盼、最有获得感的公共配套服务之一，对山区百姓来说尤甚。杭州市临安区针对目前山村医疗卫生服务普遍存在的问题，以山村医疗资源共享为理念，开展深化医养防救一体化改革，大大提升了山村群众的医疗服务水平。

（一）聚焦偏远山村"就医难"，打造行走乡间的"流动医院"

根据山区群众日常检查需求，先后配置包含心电图机等设备的签约服务随访车、包含超声等仪器的综合巡回诊疗车、移动CT车等车辆26辆，推动优质医疗资源下沉，定期开展下村巡诊，让群众在"家门口"就能享受到检查、诊疗、配药等医疗服务。目前服务已覆盖165个偏远行政村，人均就医时间节约近1小时。主要做法是组建网格化诊疗服务团队、配置便利化诊疗服务设备、创建常态化诊疗服务机制。

1. 组建网格化诊疗服务团队

统筹"区、镇、村"三级力量，建立由医共体牵头，区级医院专科医生、卫生院全科医生、卫生室乡村医生组成的"1＋1＋1"服务团队，每个团队固定负责2—3个村的签约、诊疗、检查等服务，构建"包干到村、责任到人、服务到家"的"一村一团队"组合型服务模式。

2. 配置便利化诊疗服务设备

先后配置20台"签约服务随访车"、5台"综合巡回诊疗车"、1台"移动CT车"，并开通5G网络，提供较全面的诊疗、体检、远程诊断、医保结算等服务，实现"家门口"签约、检查、诊疗、配药等服务全覆盖。

3. 创建常态化诊疗服务机制

设定"签约服务随访车"每周2次、"综合巡回诊疗车"每月1次、"移动CT车"每年1次的入村频率，对165个地处偏远山区且无村医的行政村开展定时定点定团队的"医防融合"巡回诊疗服务。如2022年7月，移动CT车在於潜镇双坑村诊疗，一上午就检查出4例肺癌早期，均进行了及时治疗。2022年10月，在太湖源镇碧淙村巡回诊疗时，发现一名心肌梗死患者，立即启动抢救流程，将患者转运至区第一人民医院进行冠状动脉溶栓术并植入支架，成功挽回了患者的生命，另发现早期肿瘤10多例。

根据临安区"天目医享"改革办公室统计，截至2024年9月，"巡回诊疗"服务团队共派出医务人员 3.4 万人次，开展巡回诊疗入村服务 1.4 万次，服务群众 56.3 万人次，为全区 165 个偏远山区行政村、20 家养老院和 13 家规模企业提供体检、诊疗、配药、职业病筛查等服务，筛查出各类疾病 1.74 万例。山村巡回诊疗被评为让百姓获得感最强的服务，受到山村群众的广泛好评。

（二）聚焦就近配药难，搭建足不出户的"云上医院"

创建"临医在家"可视化诊疗平台、"浙里办 - 健康临安"App 诊疗平台，村民在家打开电视机和手机，就能享受咨询、问诊、会诊、配药、医保结算、送药上门等服务，并可预约上级医院检查项目。目前全区公立医院全部接入"智慧云药房"平台，实现"云端"配药，并由顺丰快递配送到家。

1. 开通电视问诊

建立"临医在家"可视化看病系统，打通"互联网诊疗""云药房""华数电视"数据，搭建起区级医院、卫生院与老年人家庭三级联动的服务平台，依托"诊间结算"功能，通过"远程"扫码，在线完成处方开具和医保结算。特别是失能、半失能老人，只需在家打开电视机，通过一键呼叫，就能与医生线上面对面问诊。截至 2024 年 9 月，5 个镇街 100 户失能、半失能老人和 27 家养老机构、照料中心及部分失能老人家庭均已接入该系统。

2. 实行"掌上"诊疗

截至 2024 年 9 月，"浙里办 - 健康临安"互联网诊疗平台已入驻 365 名医生，涵盖"云"上健康信息查询、巡回排班、预约检查、看病配药等功能，患者可直接通过平台进行在线就诊、在线结算、在线配药、预约 CT 及磁共振等检查，实现"掌上"诊疗服务。

3. 强化"云端"配药

临安区 4 家医共体牵头医院、20 家镇街卫生院全部接入杭州"智慧云药房"平台，药品目录达到 2116 个，配送药品处方 1.1 万多张，同时研发上线药房智能核对系统，发药核对时如发现药品不匹配，系统会自动语音预警提示并中止发药，有效解决人工核对药品效率低、易发错等问题，构建"线下巡回诊疗、线上诊疗开方、快递配送到家"全闭环医疗服务机制。

（三）聚焦小病未病预防难，构建智慧专业的"健康管家"

为全区 56 万群众建立集"健康指数、健康画像、健康报告"于一体的"一人一档案""数字 3D 健康档案"，探索老年人医疗、康复、护理一体化智慧服务路径，实现健康档案随时可查。重点聚焦慢性病管理，提前向高血压、糖尿病患者发送配药提醒短信，投放智能穿戴设备，运用"AI 慢病助手"系统实时监测，实施路径化分色管理。

1. 用画像预警疾病

基于大数据、人工智能算法的疾病风险预测模型，开发集"健康指数、健康画像、健康报告"于一体的"数字 3D 健康档案"，完成全人群升级版 3D 健康档案 56 万份，用画像来预警疾病，让群众提早进行自我健康管理。

2. 用 AI 管理慢病

上线"AI 慢病助手"应用，对"两慢病"患者实施路径化、可视化管理。如临安区第四人民医院湍口分院创新研发公卫数据地图，将高血压患者、糖尿病患者、老年人等群体的公卫随访日常工作和地图打卡定位功能结合起来，通过移动数字化应用增强慢病管理的有效性、规范性和真实性。

3. 用图谱辅助决策

聚焦疾病预防难，建立面向决策、管理、应用、服务的健康分析指标体系，归集诊断、用药、检查等 5000 余万条数据，形成个人健康数据集，绘出全区健康疾病图谱，重塑健康管理模式，实现从"人管健康"向"数管健康"的转变。

4. 分色管理提前预防

通过卫生院、村卫生室、居民三级健康管理平台，向全区高血压、糖尿病等患者投放智能穿戴设备 3580 台，对血压、血糖患者开展实时在线监测，并建立"两慢病"的红、黄、绿三色分级管理，实现疾病"早发现、早干预、早治疗"。截至 2024 年 9 月，数字健康档案调阅量达 10 余万次，累计推送提醒短信 51.5 万条，提供智能穿戴服务 143.2 万人次、AI 健康分析 28.3 万人次。

（四）聚焦签约医生服务优化难，培养能中会西的"赤脚医生"

按照"优转、老退、劣汰、严进"总策略，深化乡村医生队伍管理、薪酬、晋升等机制体制，建立健全乡村医生工作绩效评估体系、评定标准、考核办法，进一步迭代升级乡村医生队伍。完善"巡回＋带徒""晋升＋下沉"等乡村医生培养机制，巩固"1＋1＋1"团队的服务机制，全面打造新时代乡村医生队伍。

1. 创新培养模式

联合浙江中医药大学、杭州医学院等院校，通过定向委培、组团帮带、实践培养，以"学校＋师承"模式定向培养一批本地户籍、能中会西的乡村医生，培育新型"赤脚医生"。2020—2022 年共招收 3 期"师承制"学员 67 人，其中 33 人已分配至户籍地的村卫生室服务，2020—2024 年"定向委培制"学生已毕业 84 人，2025—2027 年将毕业 81 人，将分配至乡镇卫生院及区属公立医院等。依托巡回诊疗服务，建立医院专科医生和乡村医生"师徒帮带"制度，全力提升乡村医生的诊疗能力和专业素养。

2. 创设晋升通道

制定《临安区重塑新时代乡村医生队伍管理机制方案》，打通区级医院、卫生院、卫生室人员流动渠道，推动乡村医生择优入编。出台《临安区乡村医生管理办法》，建立"聘用、晋升、考核"机制，并拿出一定名额，面向现有乡村医生公开招聘纳入事业编管理。

3. 健全激励机制

出台《临安区家庭医生签约服务暨山区乡村医疗优质共享绩效评价方案》，促进"签而有约"向"签而优约"转变。重建制度保障体系，制定以"服务数量、服务质量、群众满意度"为核心的"1＋4"考核体系，设置巡回出勤、巡回签约、基层就诊率、"临医在家"等 7 大类 19 项考核指标，通过考核杠杆倒逼医疗资源下沉，提高资金使用效能，推动签约医生接触群众常态化。

（五）聚焦山村急救难，重塑院前急救"救护队"

围绕山村急救难，创新推动山区乡村急救体系重塑及优质共享综合集成改革，通过成立综合急救快速反应指挥中心、构建"1＋5＋13＋25"急救体系、建立急救优先分级调度系统等举措，平均急救反应时间从改革前的 15 分 56 秒提速至 11 分 10 秒，急救效率提升 29.9%，为挽救生命赢得了宝贵时间。

1. 成立指挥中枢

高效统筹指挥调度，联合 11 个部门多跨协同，挂牌成立"区综合急救快速反应指挥中心"，将 120 急救调度、红十字"急救侠"调度和 122 交警合署办公，并与 110、119 等平台联动，做到接警信息"一个口子进"，调度指令"一个口子出"，打造"综合急救指挥大脑"，融合形成急救"一张图"，实现一键调度、一体响应。

2. 构建急救网络

以急救中心为核心，构建"1 个急救中心＋18 个急救站点＋25 辆巡回车辆"覆盖全区镇街的急救网络，智能调配最近的持证急救人员和急救车辆赶赴现场施救，确保平均急救反应时间城区 11 分钟以内、农村 14 分钟以内。

3. 建立补救机制

组建由交警、网格员、快递骑手等组成的"急救侠"队伍，弥补救护车赶到前的急救缺位。改革实施以来，服务半径和反应时间缩短 50% 以上，巡诊车在救护车到达现场前先期主导施救 68 次，并成功施救 16 人。打通 120 救护车与医院急诊室、住院系统的数据通道，实现"上车即急诊救治""上车即入院"。

三、临安区山村医疗资源实践的相关启示

临安区立足实际，强化组织保障、制度保障、资金保障，持续深入推进山村医疗资源共享改革，努力构建全民全程健康服务体系，着力加强基层医疗卫生体系建设，在共富之路上让山区千家万户享有优质医疗资源，努力为高质量发展建设共同富裕示范区提供"临安样本"，主要启示如下。

（一）顶层谋划是关键

一是高站位推动改革聚心聚力。临安区委、区政府主要领导高度重视乡村医疗资源优质共享改革工作，多次对此做出重要指示批示，凝聚共识、牵头抓总、亲自部署。二是顶层设计谋划改革走深走实。从顶层设计出发，推动医疗资源共享从理念设想到具体实践，改革成效初显，群众满意度高。三是承接天线放大改革效应。临安区全面承接省"好医到家"微改革，是全省医疗资源共享改革 4 个试点地区之一，对于临安区医疗卫生事业持续领跑起到了很好的助推作用，同时也进一步放大了卫生健康领域的改革效应。

（二）科学理念是核心

一是始终坚持以人民为中心的发展思想。临安区坚持"党建联建、普及

群众"的理念，根本点就是坚持以人民为中心的发展思想，坚持为人民健康服务，强调政府统筹协调的责任，突出依靠群众，调动全社会参与的积极性、主动性、创造性。二是坚持资源共享、优势互补的改革思路。临安区以"资源共享、优势互补、相互促进、共同提高"为改革思路，按照"偏远山区先行、村医能力薄弱先行、村医老龄化严重先行"路径，开展每村每月1次"综合巡回诊疗车"、每月8次"随访服务车"、每年1次移动CT车"1＋8＋1"巡回诊疗机制，提供诊疗、体检、远程诊断、医保结算等一条龙服务。

（三）工作机制是保障

2022 年 5 月，区委、区政府从项目实际出发，形成党政齐抓共管的工作机制。一是创设成立"天目医享"项目办公室。强化牵头抓总，形成目标同向、信息互通、高效协同的推进机制。二是形成日常工作联动机制。日常由项目办公室统筹协调、部门各司其职，协同联动区发改局、区卫健局、区财政局、区医保分局、区编办等单位，打破部门壁垒，形成联合战役中枢。

（四）制度建设是抓手

一是制订改革方案。出台《推进乡村医疗优质共享改革试点实施方案（2022—2024 年）》，在优化山区医疗资源配置上拧成一股绳、聚成一股劲，打造集体检、诊疗、配药及医保结算于一体的全闭环基层医疗服务体系，为改革创新提供了资金保障、制度保障，推动织密山区群众健康保护网。二是制定服务规范。制定乡村巡诊服务规范，并通过省级标准制定立项，将其纳入 2024 年第一批浙江省地方标准制定计划。

杭州市法治政府建设量化评估

彭志芳　吕　炜　周　豪　张清媛[*]

摘要： 法治政府建设是全面依法治国的重点任务和主体工程，是推进治理体系和治理能力现代化的重要支撑。该文以《法治政府建设实施纲要（2021—2025年）》为评估依据，以《市县法治政府建设示范指标体系》（2021年版）为评估标准，通过对杭州市法治政府建设情况进行可视化分析，全面审视总结2021年以来杭州法治政府的建设情况，发现问题，提出对策，以评估促提升，以提升促发展，进一步推动杭州市法治政府建设走深走实、率先突破、示范引领，加快打造法治政府示范市。

关键词： 法治政府；依法行政；评估

2021年8月，中共中央、国务院印发《法治政府建设实施纲要（2021—

---
[*] 彭志芳，杭州市司法局市委全面依法治市委员会办公室秘书处处长。吕炜，杭州市司法局市委全面依法治市委员会办公室秘书处副处长。周豪，杭州市政府法制建设服务中心副主任。张清媛，萧山区司法局区委全面依法治区委员会办公室秘书科干部。

2025 年）》①，明确提出要将政府行为全面纳入法治轨道，健全职责明确、依法行政的政府治理体系，完善行政执法体制机制，提升行政执法质量和效能，增强对突发事件的应对能力，全面建设职能科学、权责法定、执法严明、公开公正、智能高效、廉洁诚信、人民满意的法治政府。杭州市于 2022 年 4 月发布《关于持续深入推进依法行政全面建设法治政府的实施意见》，提出杭州市的法治政府建设要继续在全省发挥龙头领跑示范带动作用，走在全国重要城市前列。

近年来，杭州市坚持以习近平新时代中国特色社会主义思想为指导，深入学习贯彻习近平法治思想，全面落实党中央、国务院关于法治政府建设的决策部署，以"省会担当"推动法治政府建设率先实现突破。市第十三次党代会提出"打造良法善治的新天堂"，市委全面依法治市委员会第六次会议进一步提出"建设法治政府示范市"，奋力推进中国式法治现代化的杭州实践。杭州市在 2023 年度法治浙江考核中排名全省第一，"依托城市大脑推进法治政府数字化转型"获评全国法治政府建设示范项目，连续三年在《中国法治政府评估报告》中总评分保持全国百个城市前四，连续四年蝉联全国工商联"万家民企评营商环境"全国城市第一，入选国家首批营商环境创新试点城市……杭州法治政府建设品牌被不断擦亮，法治建设的辐射面更广、影响力更大、美誉度更高。

2025 年是《法治政府建设实施纲要（2021—2025 年）》实施收官之年。杭州法治政府建设取得了一定成就，但对标法治政府建设的更高要求，有必要对近年来杭州法治政府建设情况开展一次全面系统的评估，通过挖掘、剖析法治政府建设中的突出问题，分析并提出具体、有针对性的解决之策，进而推动法治政府建设的各领域、各方面都再上新台阶，更好地打造良法善治新境界。

---

① 《中共中央　国务院印发〈法治政府建设实施纲要（2021—2025 年）〉》，《国务院公报》2021 年第 24 号，https://www.gov.cn/gongbao/content/2021/content_5633446.htm。

一、评估说明

（一）评估依据和评估范围

本次法治政府建设评估主要依据 2021 年中共中央、国务院印发的《法治政府建设实施纲要（2021—2025 年）》、中央依法治国办《关于开展第三批全国法治政府建设示范创建活动的实施方案》以及《市县法治政府建设示范指标体系》（2021 年版）[①] 开展。

评估范围为 2021 年以来杭州市法治政府建设情况。

（二）评估指标及评估方法

评估分为九大项指标，包括：政府职能全面履行、依法行政制度体系完善、重大行政决策科学民主合法、行政执法严格规范公正文明、行政权力制约监督科学有效、社会矛盾纠纷依法有效化解、重大突发事件依法预防处置、政府工作人员法治思维和依法行政能力全面提高、法治政府建设组织领导落实到位。

评估方法主要包括网络检索、材料查证、实地核查、案卷评查、随机抽考、座谈访谈、随机电话访谈等。

（三）评估过程

评估过程包含材料审核和实地调研两个阶段。

---

① 《市县法治政府建设示范指标体系》（2021 年版），2021 年 8 月 27 日，https://www.moj.gov.cn/pub/sfbgw/qmyfzg/fzgzzffz/202108/t20210827_436306.html。

　　材料审核阶段，评估标准主要分为三种情况：一是以考察"是否开展某类工作"或者"有无建立某种制度"等客观事实进行赋分；二是根据考察各项工作的"多寡"或者"频率"等具体情况分层赋分；三是对于无法通过信息检索和材料汇总情况进行赋分的指标，根据实地调研核查后再进行赋分。网络检索主要通过杭州市和各区、县（市）政府及两级政府职能部门的官方网站，辅以百度、中国裁判文书网等间接渠道，获取有关信息和资料。在网络检索的基础上，结合各项指标情况说明、政策文件、影像资料、数据表格、工作报告等不同类型的材料，进行客观、全面、深入分析，对各项指标进行综合评分。同时，对部分易引发争议或者具有模糊性的信息数据和评分结果进行讨论，逐一核实各项指标评分情况。

　　实地调研阶段，领导干部访谈和执法人员访谈方面，共访谈政府工作人员 35 人，其中领导干部 15 人，行政执法人员 20 人，覆盖公安、司法行政、住建、应急、交通、卫健、文旅、农业农村、市场监管、综合执法等具有行政执法权尤其是行政处罚权的部门。案卷评查方面，评查《杭州市城市照明管理办法》等政府规章 7 件；抽查行政处罚案件案卷 250 份，涉及罚款、没收违法所得、扣押、责令停止经营等，覆盖市县两级单位 50 个；抽查行政复议案卷 200 份；抽查涉及经济、社会民生的规范性文件 200 件；抽查市县两级重大行政决策事项文件 120 份。随机电话访谈方面，从政府法律顾问等专家、行业协会及商会会员中随机抽取 10 人进行电话访谈。实地走访方面，走访杭州市本级及 10 个区县的政务服务中心、企业服务中心。

二、评估的基本情况

（一）法治政府建设稳步推进

从评估结果看，杭州市总体得分率为 90.55%。其中，法治政府建设组织领导落实到位指标得满分，相关工作均符合评估指标要求；政府职能全面履行、重大突发事件依法预防处置、行政执法严格规范公正文明、依法行政制度体系完善等 4 项指标得分率在 90% 及以上，高于平均得分；重大行政决策科学民主合法指标得分最低，仅 81.15%。（各项指标得分情况见表 1）

表 1　杭州市法治政府建设评估结果

指标内容	得分率 /%
政府职能全面履行	96.50
依法行政制度体系完善	90.00
重大行政决策科学民主合法	81.15
行政执法严格规范公正严明	91.14
行政权力制约监督科学有效	86.11
社会矛盾纠纷依法有效化解	87.14
重大突发事件依法预防处置	94.29
法治思维和依法行政能力全面提高	87.50
法治政府建设组织领导落实到位	100.00

（二）党对法治政府建设的领导作用明显

法治政府建设组织领导落实到位方面得分最高，为满分，反映了地方党委对法治政府建设的重视程度高、推进力度大、组织保障强。近年来，杭州市制定《法治杭州建设规划（2021—2025 年）》《关于持续深入推进依法行政全面建设法治政府的实施意见》《全面推进乡镇（街道）法治化综合改革行动计划（2022—2025年）》等规划性文件。市委召开法治杭州建设工作会议，每年通过市委常委会、市委全面依法治市委员会会议、政府常务会议专题研究部署法治建设工作。出台市直部门主要负责人履行推进法治建设第一责任人职责共性清单和个性清单。常态化开展党委理论学习中心组专题学法、政府常务会议会前学法讲法、领导干部法治能力培训、领导干部任前法律知识考试。领导干部年度述法、宪法宣誓"双覆盖"，2021年以来，市县乡村四级主要负责人述法超3万人，市管干部参加述职述法4400余人次，村级述法工作获司法部推广。出台《法治督察工作实施办法》，加强法治督察与纪检监察监督协作配合，打造全域数字法治监督体系，探索将法治工作纳入党委巡察内容。市领导带队开展法治政府建设综合督察和习近平法治思想学习贯彻、营商环境法治化等专项督察，市政府领导带头出庭应诉。法治杭州作为专项纳入年度全市综合考评体系。

（三）法治政府建设具有较强的创新性、主动性

政府职能全面履行（96.50%）、重大突发事件依法预防处置（94.29%）、行政执法严格规范公正严明（91.14%）等3项指标得分较高，这反映了杭州市全面、规范、创新地履行现代政府服务职能，为政府职能转变、营商环境优化等工作提供了有益样板，切实发挥了省会城市头雁示范和辐射带动作用。如杭州市制定全国首部数字贸易促进条例、全省首部优化营商环境条例和社会信用条例，打造的"亲清在线·政策超市"被世界银行作为中国优化营商环境典型案例向全球推介。开展法治服务增值化改革，全覆盖建立市县两级企业法治服务专区。制定《关于促进平台经济高质量发展的实施意见》，打造数字经济产业知识产权保护中心，发布全国首个《数据知识产权交易指南》地方标准。构建全行业、全灾种区域覆盖的应急预案体系，建立突发事件预警信息全媒体发布、突发事件应对等工作机制和数字应急管理体

系。又如杭州市全面推进"大综合一体化"行政执法改革，综合执法事项覆盖 62.5% 的执法领域，全覆盖挂牌镇街综合执法队，执法力量在区县、镇街下沉率分别达 89.77%、71.78%，建立综合执法指挥中心和法制审核中心。创新轻微违法行为不予行政强制、不予行政处罚、企业行政合规指导"三张清单"，探索推进"互联网＋监管""信用＋监管""综合查一次""亮码检查"等执法方式，建立行政裁量权"1＋8"多元基准体系，在中国数谷试点"沙盒监管"。

（四）法治政府建设仍不平衡、不充分

从评估结果看，依法行政制度体系完善（90.00%）、政府工作人员法治思维和依法行政能力全面提高（87.50%）、社会矛盾纠纷依法有效化解（87.14%）、行政权力制约监督科学有效（86.11%）、重大行政决策科学民主合法（81.15%）等 5 方面得分低于平均得分率（90.55%）。各项指标具体得分情况见表 2—表 6。其中，重大行政决策科学民主合法得分最低，比全市平均得分低 9.4 个百分点。上述情况反映出当前杭州市法治政府建设仍存在明显的短板和弱项，法治政府建设存在不平衡、不充分的问题，特别是在规范行政权力运行方面存在较大的提升空间。近年来，在健全行政决策制度体系上，杭州市分级分类探索制定重大行政决策事项标准，出台市政府重大行政决策程序规则，探索决策后评估机制，全省率先全域任命首批县乡法治审查员，实现重大行政决策目录化管理市县乡三级全覆盖。在行政执法监督体系建设上，建立"七联一体"行政执法能动监督、行政执法监督新闻媒体和行业协会联系点等工作机制，实施行政执法"公述民评"。在行政争议预防化解上，开展信访导入复议全国试点，全国首创行政复议员任命和分级管理、巡回复议等多项制度，复议诉讼比 4.1∶1，复议案结事了率为 93.96%。全省率先出台行政案件败诉约谈工作细则，全市一审行政诉讼案件败诉率逐

年下降，近三年市本级零败诉。但是对标"职能科学、权责法定、执法严明、公开公正、智能高效、廉洁诚信、人民满意"的法治政府建设的更高要求，杭州市法治政府建设还需继续坚持系统化部署、一体化推进，巩固政府职能转变带来的改革优势，强化法治政府建设的穿透性，进一步将制度优势转变为治理效能。

表 2   "依法行政制度体系完善"得分情况

指标内容	得分率 /%
健全地方政府制度建设机制	100.00
提高公众参与度	85.00
加强行政规范性文件监督管理	80.00
及时开展备案审查和梳理工作	95.00

表 3   "政府工作人员法治思维和依法行政能力全面提高"得分情况

指标内容	得分率 /%
树立重视法治素养和法治能力用人导向	75.00
强化对政府工作人员的法治教育培训和考查	100.00

表 4   "社会矛盾纠纷依法有效化解"得分情况

指标内容	得分率 /%
健全依法化解纠纷机制	100.00
加强行政复议工作	77.50

图 5   "行政权力制约监督科学有效"得分情况

指标内容	得分率 /%
自觉接受各类监督	95.83
加强行政监督	100.00
全面推进政务公开	50.00

表 6 "重大行政决策科学民主合法"得分情况

指标内容	得分率 /%
依法决策机制健全	100.00
公众参与	66.67
专家论证、风险评估	92.50
合法性审查	100.00
集体讨论决定	50.00
强化决策规范化建设	85.00

三、评估反映的主要问题

(一)案卷规范有待进一步加强

当前,案卷管理的规范化水平仍需提升。首先,在评估报告的编制过程中,对于规章和规范性文件的合法性、合理性和可操作性的深入分析不足,部分报告内容繁杂冗长,重点不突出,非必要信息过多,影响到评估报告的权威性和指导性。其次,档案管理机制不健全,个别区、县(市)政府尚未建立重大行政决策全过程记录、材料归档和档案管理制度,导致重大行政决策年度目录事项未能全部立案归档,影响到后续的查阅、审计。此外,部分行政规范性文件、执法案卷中文书材料缺失、内容不完整或表述不清,削弱了文书的法律效力和执行力。

(二)公众参与有待进一步加深

公众参与是民主决策不可或缺的一环。但从杭州市各级政府在做出重大行政决策前征求公众意见的实际效果看,公众在重大行政决策程序中的参与度还有待提升。如个别重大行政决策和行政规范性文件公开征求意见时长不符合法定要求，限制了公众充分表达意见的机会。部分文件公开征求意见后，政府部门收到的公众反馈意见也往往比较有限，甚至出现了"零反馈"的情况，涉及企业和特定群体、行业利益的重大行政决策无法充分吸纳相关群体意见。此外，公众参与意见征集的形式也较为单一，除传统的向社会公开征求意见外，通过座谈会、听证会、实地走访等更积极主动的方式来征求公众意见的举措不多。

（三）决策及执法程序有待进一步改善

决策及执法程序的规范化、科学化是依法行政的基本要求。杭州目前仍存在一些问题亟待解决。个别行政规范性文件的合法性审核流程不够严谨，审核时长不符合法定要求。重大行政决策集体讨论的表决情况记录不详细、不完备，难以准确反映决策过程的真实情况。重大执法决定法制审核意见简单，有的仅有审核人员签名而无具体审核意见，审核流于形式，有少部分案件以法律顾问意见代替法制审核意见。行政处罚引用裁量基准，但未进行说理，未能有效体现从重、从轻、减轻的事实和法律依据。部分执法决定存在逾期作出、延期决定书缺失或实际决定时间超出延期时间等问题，这种情况不仅损害了执法机关的公信力，也侵犯了当事人的合法权益。个别执法决定在执行过程中还存在不到位的情况，如逾期执行的相对人仅缴纳了罚款而未缴纳滞纳金等，严重削弱了法律的严肃性和执行力。此外，访谈中，有不止一个基层执法人员反映还存在上级下达行政处罚指标，并与考核考评挂钩的情况。

（四）政府信息公开有待进一步改进

政府信息公开是保障公民知情权、参与权和监督权的重要途径。近年来，政府信息公开案件被复议纠错和被法院判决败诉的数量居高不下，仅2021、2022年，全市分别有50件和12件政府信息公开案件被复议纠错和被判决败诉，反映出部分政府部门在信息公开工作中存在程序不当的情况。行政复议决定书网上公开制度落实不到位，向社会公开的文书数量不充分，难以满足公众知情权的需求。在突发事件信息发布方面，也存在机制落实不到位的问题，个别特别重大、重大突发事件的政务舆情未能在24小时内通过举行新闻发布会的形式向社会公开，导致信息传递滞后、谣言滋生。

（五）法治思维和依法行政能力有待进一步提升

法治思维和依法行政能力是政府工作人员的基本素质要求。在实践中，少数领导干部对法治政府建设的重视程度不够高，片面强调工作熟悉度而忽视了对法律法规的学习和掌握。座谈、访谈中发现，个别领导干部在回答相关问题时显得力不从心甚至念稿应付。部分领导干部对本部门行政处罚案件、行政复议和行政诉讼的情况了解得不够深入全面，对本业务领域在全国范围具有重大影响案件的基本案情和法律意义缺乏足够认识。此外，部分执法人员对重要的法律、法规和规章的熟练掌握程度还不够高，在执法过程中容易出现理解偏差或操作失误等问题。

四、进一步加强法治政府建设的对策建议

（一）进一步完善行政规范性文件制定全过程管理

一是依法制定行政规范性文件。严格遵守评估论证、公开征求意见、合法性审核、集体审议决定、向社会公开发布等制发程序的工作流程，加强制发程

序的管理，确保制发工作规范有序。对于专业性、技术性较强的行政规范性文件，应组织相关领域专家对其进行评估论证，评估论证结论在文件起草说明中写明，作为制发文件的重要依据。二是继续加强清理工作。健全行政规范性文件动态清理工作机制，定期对规范性文件进行全面清理，必要时开展专项清理或者即时清理，并及时公布继续有效、拟修改、废止和失效的行政规范性文件目录，增强清理工作的实效性。三是完善立法后的评估机制。增强立法后评估报告的针对性，根据最新的客观情况对行政规范性文件条文尤其是重点条文的合法合规性、公正性、科学性做出评价，为后续立法的修改废提供依据。

（二）进一步增强重大行政决策的民主性、科学性

建设法治政府和服务型政府，必须坚持以法治思维和法治方式推进重大行政决策，健全依法决策机制，厘清"市场"与"市长"的关系[1]，确保在法治的轨道上推进改革。一是提高公众参与程度。具体措施包括：加强决策宣传引导，提高公众对决策的认知度和关注度；丰富公众意见征集方式和渠道，如线上问卷调查、听证会等，确保公众意见得到充分表达；特别要关注保障特定群体的利益。二是严格履行集体讨论程序。集体讨论是确保决策科学、民主的重要环节。应完善集体讨论记录制度，确保讨论过程可追溯、可查询；强化行政机关主要负责人的责任，使其在集体讨论中发挥引领作用；加强集体讨论制度培训和宣传，提高行政机关工作人员对集体讨论的重视程度和执行力度。三是加强重大行政决策档案管理建设。要形成包括全过程记录、材料归档和档案管理的相关制度和规范，明确档案的内容、形式、范围和责任主体，实现决策过程可回溯；要加强对重大行政决策档案的监督和检

---

[1] 应松年：《加快法治建设促进国家治理体系和治理能力现代化》，《中国法学》2014 年第 6 期。

查，加强数字化和信息化建设。

（三）进一步提高行政执法的合法性、规范性

要深化行政执法规范化建设，"行政执法是行政机关最主要的职能，也是与人民群众联系最直接、最密切的职能，严格执法是法治政府建设的主要内容"[①]。一是落实合法性审查。重大执法决定法制审核意见应由执法机关内设法制部门做出，并应围绕执法主体、执法权限、执法程序、案件事实、证据、法律依据适用、裁量基准适用、文书规范等内容进行阐述。二是确保在法定期限内做出行政执法决定。行政执法部门在办理案件的过程中，通过各种技术性的制度安排，对案件承办人员进行提醒，保证执法决定在法定期限内做出。对于因存在特殊情形依法可以延长期限的案件，及时向行政相对人出具延期决定书。三是全面实现行政处罚和考核考评脱钩。《中华人民共和国行政处罚法》第七十四条第三款明确规定："罚款、没收的违法所得或者没收非法财物拍卖的款项，不得同作出行政处罚决定的行政机关及其工作人员的考核、考评直接或者变相挂钩。"国务院办公厅印发的《关于进一步规范行政裁量权基准制定和管理工作的意见》[②]再次明确，严格禁止以罚款数额进行排名或者作为绩效考核的指标。市县两级行政执法部门要加强自查，落实行政处罚和考核考评脱钩的要求，避免行政执法人员因未完成行政处罚案件的办案量、罚没款数额未达标等而受到不当处理，杜绝以"任务指导书"等隐晦方式变相规定行政处罚任务量的行为。此外，中共中央办公厅、国务院

---

① 马怀德：《加快法治政府建设 推动政府治理现代化》，《审计观察》2023 年第 4 期。
② 《国务院办公厅关于进一步规范行政裁量权基准制定和管理工作的意见》（国办发〔2022〕27 号），2022 年 8 月 17 日，https://www.gov.cn/zhengce/zhengceku/2022-08/17/content_5705729.htm。

办公厅印发《关于加强行政执法协调监督工作体系建设的意见》[①]，要求完善行政执法监督法规制度体系。"加强对行政执法活动全流程、全方位、全覆盖的监督，是深化行政执法体制改革、促进行政执法法治化的重要保障"[②]，杭州要强化行政执法监督职责，发挥"七联一体"行政执法能动监督固有机制的作用，推动各类监督有机贯通、相互协调。

（四）进一步发挥行政复议主渠道作用

一是拓宽服务渠道。行政复议的案件受理数量是检验主渠道作用是否有效发挥的关键因素之一。要充分发挥巡回复议等制度优势，进一步扩大基层行政复议咨询服务点的覆盖面，将行政复议服务送到群众身边，打通复议为民"最后一公里"，确保复议案件"应收尽收"。二是坚持复议为民。要注重在个案中实现争议化解，提升行政复议工作质效。进一步将实质性化解争议这一核心摆在突出地位，着眼于"申请人合法权益能否得到保护、争议涉及实质问题能否得到解决"，坚持应调尽调原则，将调解贯穿于行政争议办案全过程，努力将行政争议解决在早、化解在小。进一步强化制发意见书、约谈、通报等复议监督方式，推动行政争议案结事了，有效提升行政复议实效性和公信力。三是严格行政复议决定书制作规范。行政复议决定书是行政复议机关对行政复议案件进行权威性判定的法律文书，其集中反映了行政复议案件的办理质量和专业水平。为进一步提升行政复议决定书的规范化，可以进一步细化行政复议决定书的制作规范，明确文书制作要求，提升复议案卷

---

① 《中共中央办公厅　国务院办公厅印发〈关于加强行政执法协调监督工作体系建设的意见〉》，2024 年 5 月 14 日，https://www.gov.cn/yaowen/liebiao/202405/content_6950939.htm。

② 罗智敏：《深化行政执法体制改革　加快推进法治政府建设》，《中国行政管理》2024 年第 6 期。

质量。四是强化复议监督。要着力推动行政复议决定书的网上公开工作，进一步增加复议文书的公开数量，有效保障群众的知情权、监督权，进一步加强办案效果。

（五）进一步强化政府工作人员的法治观念和依法办事能力

习近平总书记指出，各级领导机关和领导干部要提高运用法治思维和法治方式的能力。一方面，要抓住领导干部这个"关键少数"，避免任意理解的"法治方式"成为权力率性行使的工具。[①] 在对领导干部和行政执法人员开展法治培训的过程中，要始终坚持习近平法治思想的全面指导地位，做到对习近平法治思想全面系统学、及时跟进学、深入思考学、联系实际学，不断提高全体政府工作人员运用习近平法治思想推动依法行政、化解社会矛盾、应对突发事件的能力。杭州市各级领导干部要进一步提高法治学习的积极性与主动性，充分利用"会前学法"环节，聚焦特定专题进行学习，加大对行政许可法、行政处罚法、行政强制法、行政复议法、行政诉讼法、政府信息公开条例、重大行政决策程序暂行条例等同政府依法行政具有高度关联性的法律、法规的学习深度。另一方面，进一步优化行政执法人员尤其是一线执法人员培训的内容，开展行政执法方面重要法律、法规和规章的专题培训，邀请基层领导干部、执法人员结合工作实践开展授课，改进行政执法培训方法，综合运用研讨、案例分析、模拟、体验、访谈等方式，加大案例教学比重，侧重业务实操，增强行政执法培训的针对性和实用性。

---

① 陈金钊、杨铜铜：《界定"法治方式"的依据》，《法学》2017 年第 5 期。

（六）进一步提升群众对法治政府建设的满意度、获得感

社会满意度是一种体验性评价，也是当前需要给予特别关注的。党的二十大报告强调"必须坚持人民至上""要站稳人民立场、把握人民愿望、尊重人民创造、集中人民智慧"的原则要求，为我们加强法治政府建设成效评价中重视人民群众的参与，明确了政治要求，提供了根本遵循。在法治政府建设成效评价中，社会公众关注的是个体实际的法治获得感，这也是合法性与效能性的有机结合。在加大政府信息公开力度、完善信息发布机制、提高信息透明度、保障公众知情权的基础上，一方面，要积极发挥法治平台作用，重视法治实践平台建设，让社会公众充分参与到政府立法、行政执法听证程序、行政复议案件办理公开调查与审理等法治实践中，进行各种交流、互动和反馈活动，通过广泛的体验式实践活动，使社会公众感悟、认知、理解和掌握法治的精神和实质。另一方面，在"做好实事"的同时，还要"讲好故事"，尤其是要把杭州的亮点、创新、经验、模式进行提炼归纳。通过电视、报纸、网络等各种途径，加强宣传和推广。此外，要切实加强基层基础建设，在基层组织建设、行为建设、作风建设、能力建设等多个方面持续发力，更好地缓解人民群众不断提升的法治政府建设需求和不同层级法治政府建设不平衡、不充分的矛盾，增强市县两级法治政府建设的穿透性。

五、结语

法治兴则国兴，法治强则国强。本次法治政府建设评估旨在通过较为全面的量化评价，指出杭州法治政府建设中的优势与不足，为未来的发展提供方向思路，更好地发挥法治固根本、稳预期、利长远的保障作用。党的二十届三中全会吹响了进一步全面深化改革的新时代号角，也明确了法治领域改

革的一系列目标任务，杭州市要坚定以人民为中心的发展思想，紧紧围绕治理体系和治理能力现代化的核心目标，不断深化改革，完善制度，强化法治，通过提升各项工作的制度化、规范化、法治化水平，确保政府决策科学民主、行政行为公正透明、社会矛盾有效化解，推动法治政府建设向更高层次、更深领域发展，为奋力打造世界一流的社会主义现代化国际大都市、努力成为中国式现代化的城市范例注入强大的法治动力。

典型案例

专题报告

分 报 告

总 报 告

杭州市城市更新视域下"旧改＋加梯"的实证研究

沈春芽　钱之茜　吴颖群　丁希美 *

摘要： 老旧小区住宅加装电梯是深入贯彻习近平新时代中国特色社会主义思想和党的二十大精神的重要内容，也是顺应人民群众对美好环境和幸福生活新向往的迫切需要，在实现城市有机更新、补齐功能短板、提升基层治理能力方面具有重要意义。基于杭州较早进入人口老龄化、居民对加装电梯需求较大的实际，市住房保障和房产管理局在扎实推进老旧小区加装电梯过程中，围绕如何进一步扩大加装电梯覆盖面、提升工作质效，深入调研，积极探索。该文通过调研西湖区、滨江区、临平区老旧小区住宅加装电梯和老旧小区综合改造提升工程有机结合，认真分析、总结、思考，并提出"旧改＋加梯"推进路径。

关键词： 老旧小区住宅加装电梯；老旧小区综合改造提升；城市更新；旧改＋加梯

---

* 沈春芽，杭州市房屋安全和更新事务中心副主任。钱之茜，杭州市房屋安全和更新事务中心电梯加装科科长。吴颖群，杭州市房屋安全和更新事务中心综合管理科负责人。丁希美，浙江智仁律师事务所三级律师。

党的十九届五中全会审议通过的《中共中央关于制定国民经济和社会发展第十四个五年规划和二〇三五年远景目标的建议》首次提出"实施城市更新行动"，并将其列为"十四五"规划和 2035 年远景目标纲要的重大工程项目。党的二十大报告提出，提高城市规划、建设、治理水平，加快转变超大特大城市发展方式，实施城市更新行动，加强城市基础设施建设，打造宜居、韧性、智慧城市。何为城市更新？巫喜丽认为，城市更新主要是指城镇化发展接近成熟期时，通过维护、整建、拆除、完善公共资源等合理的"新陈代谢"方式，对城市空间资源重新调整配置，使之更好地满足人们的期望需求，更好地适应经济社会发展实际。推进城市更新，离不开法治保障。近年来，各地不断出台条例，规范城市更新活动，如《上海市城市更新条例》《北京市城市更新条例》《辽宁省城市更新条例》《深圳经济特区城市更新条例》，当然也有城市虽然未出台与城市更新相关的条例，但是也在积极稳步地推进城市更新。在杭州，有一批建造于 2000 年以前的老旧小区，由于配套不全、电梯缺位，住在其中的老年人日常生活极为不便，他们的上下楼问题越来越受到社会关注，亟须进行更新。

为满足人民群众日益增长的生活品质需要，杭州已连续多年将老旧小区综合改造和加装电梯工作列入民生实事持续推进[1]，并出台《杭州市人民政府办公厅关于全面推进城市更新的实施意见》《杭州市人民政府办公厅关于全面推进城镇老旧小区改造工作的实施意见》《杭州市老旧小区住宅加装电梯管理办法》等文件，为贯彻落实城市更新的决策部署提供了配套措施。

老旧小区综合改造和加装电梯作为城市更新的范例项目，如何做好两者结合的文章，实现"最多改一次"？调研组对西湖区、滨江区、临平区旧改

---

[1] 吴黎梅、沈春芽、钱之茜：《聚焦"五个持续"打造既有住宅加装电梯"杭州样本"》，《住宅产业》2021 年第 7 期。

加装电梯的相关情况进行实证分析，探索城市更新视角下"旧改＋加梯"的推进路径。

一、老旧小区综合改造与加装电梯结合概况

老旧小区住宅加装电梯工作与老旧小区综合改造提升工作作为广大群众家门口的工程，是近年来的社会热点，更是群众关心的焦点问题。两者一直有着千丝万缕的关系。

在顶层制度设计上，加装电梯工作在 2017 年 11 月制定出台《关于开展杭州市区既有住宅加装电梯工作的实施意见》的基础上，总结 3 年多工作实践，于 2021 年 1 月出台全国第一个加装电梯规章——《杭州市老旧小区住宅加装电梯管理办法》，名称也从"既有住宅"改为"老旧小区住宅"，明确提出"各区、县（市）人民政府可以将老旧小区住宅加装电梯工作统筹纳入本辖区老旧小区成片更新改造"。针对老旧小区综合改造工作，2019 年，杭州市政府发布《杭州市老旧小区综合改造提升工作实施方案》《杭州市老旧小区综合改造提升四年行动计划（2019—2022 年）》，明确到 2022 年底，全市改造老旧小区约 950 个。2022 年，为高质量推进杭州市城镇老旧小区改造工作，杭州市人民政府出台《关于全面推进城镇老旧小区改造工作的实施意见》，明确指出在"十四五"期间，开工改造城镇老旧小区不少于 1000 个，基本完成 2000 年底前建成需改造城镇老旧小区的改造任务，形成城镇老旧小区改造持续推进机制。2023 年又补充制定《杭州市城镇老旧小区改造三年行动计划（2023—2025 年）》，明确了分年改造计划，力争到 2025 年底全面改造完成 2000 年底前建成的城镇老旧小区。

在具体组织实施过程中，市住房保障和房产管理局勇于探索、积极创新，自 2018 年开始，提前谋划推动加装电梯与老旧小区综合改造相结合，

并指导拱墅区渡驾新村开展加装电梯与旧改工作，实行统一设计、统一施工，2019 年该项目顺利完工，成为全市首个"旧改＋加梯"案例，并完成了小区 23 台电梯加装。在此基础上，自 2020 年开始，每年以各地老旧小区改造任务量为基础，分解各地加装电梯目标任务，并将加装电梯与老旧小区综合改造提升的结合率作为重要指标纳入年度综合考评。此后，全市"旧改"实施的加装电梯项目占年度总量的比例逐年上升，以 2021—2024 年为例，2021 年结合"旧改"实施的加装电梯项目占年度总量的 40%，2022 年已上升到 50%，2023 年和 2024 年均已达到 60%（见图 1）。截至 2024 年 12 月 31 日，全市累计加装 6499 台电梯，有 51 个小区实现加装电梯"全覆盖"，预留加装电梯位 2000 余处。

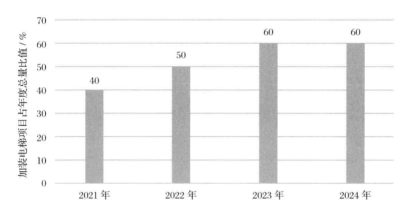

图 1　2021—2024 年结合"旧改"实施的加梯项目占年度总量情况

注：数据为本课题组调研所得。

二、"旧改＋加梯"的相关经验及特色做法

杭州市积极稳妥地推进老旧小区综合改造提升工作，以打造更多"有完善设施、有整洁环境、有配套服务、有长效管理、有特色文化、有和谐关

系"的宜居小区，切实提升居民获得感、幸福感和安全感。同时，将加装电梯与老旧小区综合改造提升工作相结合，取得了明显成效。这些成效的取得离不开以下经验与特色做法。

（一）以制度为先，搭建结合推进的"四梁八柱"

调研发现，能成片整小区推进加装电梯工作的，一定是注重将加装电梯与老旧小区综合改造相结合进行制度设计，并且强化统筹协调工作的。以临平区为例，因行政区划变更，仍延续使用《余杭区老旧小区综合改造提升及既有住宅加装电梯工作实施方案》（余旧改〔2020〕1号）及《关于印发〈余杭区老旧小区综合改造提升操作指南〉的通知》（余旧改〔2020〕3号），且详细规定了两者结合的具体要求及实施流程。截至2024年12月底，临平区结合旧改加装电梯271台，实现12个成片整小区加装电梯，约占全市整小区加装电梯总量的20%。（详见图2）

全市整小区加装电梯总量

■临平区　■其他区

图2　临平区整小区加梯数量与其他区整小区加梯数量占比

注：数据为本课题组调研所得。

滨江区立足顶层设计，通过制订"争取3年、确保5年"的加梯行动计划，并细化每年民生实事项目计划，形成了"政府主导、住建主规、街道主抓、社区主导、居民主体"的安置房老旧小区加装电梯总体原则。同时结合工作实际，配套制定了资金保障、实施流程、技术规范等一系列制度规定，有力保障了加装电梯的组织实施。按照"加装电梯统基准、综合改一次"的工作要求，将旧改与加装电梯设计方案相结合，统一规划、统一设计、统一审批，有效美化单元出入口景观绿化，最大限度地减少加装电梯对低楼层住户的影响；将旧改和加装电梯合署办公，统筹协调、统一指挥，有力保障加装电梯的组织实施，已有 88 个小区结合"旧改"实施加装电梯，占全区加装电梯项目总量的 83.8%。（详见图 3）

滨江区加装电梯项目总量

图 3　滨江区结合"旧改"加梯数量与未结合"旧改"加梯数量占比

注：数据为本课题组调研所得。

（二）以资金为基，理好统筹实施的"经济账本"

加强加装电梯和"旧改"项目统筹可有效节约管线迁改和工程建设等费用，能够切实减轻居民负担。调研发现，滨江区注重做好资金政策叠加工作，在用足 20 万元 / 台的加装电梯补助政策的同时，增加"旧改"项目资金兜底政策，个别项目还可积极申请央补资金。以污水管迁改为例，通过整小区实施改造，将污水管由原"U"字形改成"一"字形，不仅降低了施工成本，也减少了管道的堵塞隐患。单元首层门厅的装修以加装电梯项目为主，建筑外立面的整修以"旧改"项目为主，避免了重复列项、出资的问题。如缤纷小区 65 个单元结合"旧改"整体加装电梯，共节省项目费用约 100 万元。临平区充分使用 8000 元 / 台的前期工作经费，在实施的小区内通过项目属地平台公开招募社会组织，参与加装电梯宣传动员、意见征询、民主协商、方案讲解、工厂考察、加装电梯试乘、签约服务、矛盾调解等工作，促进民众加装电梯意愿和谐统一。

（三）以项目为要，打破反复施工的"老大难题"

按照"最多改一次"工作要求，在老旧小区综合改造工作中同步做好加装电梯管线迁改、绿化迁移、加装电梯位预留等工作，可有效避免二次进场、重复开挖、施工扰民等问题。如滨江区针对施工难问题，通过加装电梯与老旧小区改造项目统筹实施、有序推进，实现小区"地下、地面、立面"更新的有效统一，打破项目施工单位和管线单位之间的壁垒，将施工工序由"串联"改"并联"，实现各方有序衔接、无缝对接，消除管线重复开挖的困扰。特别是针对项目集中开工、管线迁改慢的问题，探索提出"三看二议一交叉"和"一轴一基准"管线迁改法，大大提升了管线迁改效率，每月可同步完成80台。以缤纷区块3个小区为例，通过采用"旧改＋加梯"模式，实现165个单元整体加装电梯，同时完成包括增设停车位、充电桩、污水零直排、安防监控在内的系统性整治提升，成为2021年全省未来社区建设示范点，居民获得感很高。临平区推行"统一招标、统一品牌、统一施工"的旧改加装电梯推进模式，通盘协调"旧改"与加装电梯工程建设时序和矛盾困难，高效协调作战，提升两项工作的配合度，逐步从"零星化"向"成片化"转变，打造"成片化"电梯加装的"临平样板"。

三、"旧改＋加梯"存在的主要困难和问题

杭州市结合"旧改"推进加装电梯的工作已取得阶段性成效，但调研发

现，各地在推进加装电梯结合"旧改"工作时仍面临着一些困难和问题。

（一）顶层设计上还需加力

从市级层面看，加装电梯和"旧改"两项工作隶属于不同部门，加装电梯工作属市住房保障和房产管理局，"旧改"工作隶属市建委，两个部门虽有联动，但信息同步没有常态化，特别是对"旧改"工作来说，加装电梯是"提升项"，而不是"必选项"，在顶层设计上缺乏统筹联动制度。从区级层面看，属地加装电梯办、旧改办往往属于不同科室，一定程度上存在信息不共享的问题，在前期制定"旧改"方案时较少会同步考虑加装电梯。如上城区比胜庙巷11幢一单元、二单元两处加装电梯项目于2020年10月通过联审，2021年1月进场施工，但因2020年实施老旧小区"微更新"时并未将加装电梯的工作同步规划、设计，雨污水管没有改造到位，致使加装电梯项目基础开挖后被迫停工，后经多方联动才完成了管线迁移，最终成功加装电梯。

（二）工作机制上还需完善

加装电梯和"旧改"工作属于不同考核机制，属地政府因"旧改"涉及面广、效果明显，往往将更多精力放在"旧改"工作上，加之担心居民加装电梯意愿统一难，可能影响旧改进程，存在畏难且求快心理。同时，两项工作结合推进需要市、区、街道、社区相关部门、单位的协同联动，但一些地市因缺乏条抓块统的工作机制，在协调加装电梯与旧改工程建设的环节和矛盾上，缺乏联动性和可操作性。在调研时发现，辖区采用加装电梯与旧改结合推进工作机制的，往往推进效率高，如西湖区松木场社区成立了老旧小区加装电梯工作组，建立区住建（区加装电梯办）、街道、社区、专班四级联动工作机制，确保加装电梯方案及时联审、快速施工。

（三）项目实施上还需强化

市住房保障和房产管理局注重指导各地加强加装电梯旧改统筹的实施，但一些地区在组织实施时没有将加装电梯、"旧改"工作进行统一规划、设计，也未能结合实际制定方案、明晰路径，在组织加装电梯、"旧改"意见征求时未做好充分引导和协调，在推进"旧改"时未能提前科学规划空间、预留位置等，导致二次施工等问题时有发生。如上城区未央村3号"旧改"项目于2020年12月完工，但因"旧改"未与加装电梯结合推进，2021年7月又启动了加装电梯项目，造成二次施工给居民生活带来不便。

（四）宣传发动上还需加强

加装电梯是让群众有机会感受老旧小区改造带来幸福感的必要条件，但目前老旧小区在改造中对整体加装电梯的宣传力度不够大。调研发现，注重加强宣传引导的地区，加装电梯结合"旧改"的氛围更好，居民意愿更易统一。如西湖区松木场社区创新运用党员带头、抓骨干、抓质量、抓效果的"一带三抓"加装电梯工作法，发挥"加装电梯联盟小组"、加装电梯"帮帮团"作用，做好居民意愿协调和参与楼道意愿摸排、宣传发动工作，仅用一周就完成王家弄8号24户居民表决意向书的签订。

四、"旧改＋加梯"的推进路径

将加装电梯与老旧小区综合改造提升工作相结合，是推进城市更新的有效举措，为实现"综合改一次"的目标，可结合本市和其他试点城市探索创新的经验，继续稳步推进"旧改＋加梯"，将其作为城市更新行动的重要抓手，整体推动城市结构优化、功能完善、品质提升，形成可复制推广的经验。

（一）注重顶层设计，强化"旧改＋加梯"系统性

建议谋划制订市级层面加装电梯与旧改结合推进的相关制度、机制，细化举措、责任，进一步强化统筹协调。总结滨江区、临平区、西湖区结合"旧改"加装电梯的工作经验，各地应根据《杭州市老旧小区住宅加装电梯管理办法》及实施意见，制定完善且符合辖区实际的结合"旧改"加装电梯的相关制度，确保两项民生工程同轴同步、互为补充。摸清家底，通过制订加装电梯与老旧小区综合改造工作计划，明晰下阶段的工作重点与方向，推进两项工作的整体化、体系化。

（二）注重条抓块统，增强"旧改＋加梯"统筹性

老旧小区住宅加装电梯是杭州市老旧小区改造的重要内容，小区的"旧颜"换"新颜"亟须进一步提升条抓块统的能力。区住建局可建立健全老旧小区改造和加装电梯定期会商、信息流转、联合检查、考核通报等工作制度；各街镇成立项目施工指挥部，街道、社区专班人员以及设计、监理、施工单位的代表共同入驻，通盘协调旧改与加装电梯工程建设时序和矛盾困难，高效协调作战，提升两项工作的配合度、可持续性和可操作性。

（三）注重方案路径，提升"旧改＋加梯"操作性

按照"统一规划、统一设计、统一意见征求、统一民意表决，同步施

工、同步验收"的"四统一、两同步"机制来指导各地做好"旧改"与加装电梯结合文章。坚持因地制宜、分类施策,对具备加装条件且住户达成统一意见的单元,各地在组织"旧改"和加装电梯工程时,要通过统一规划、统一设计,并由区住建局组织"旧改"、加装电梯专班统一审批,统筹推进项目实施,力争实现同步施工、同步验收;对具备加装条件但暂未达成统一意见的单元,通过"旧改"优化空间,先行启动管线迁改、位置预留等工作,为后续加装电梯夯实基础。

(四)完善议事机制,强化"旧改＋加梯"保障性

继续指导各地实际,制定相应结合"旧改"推进的优惠政策,要用好、用足各自的扶持政策,帮助老百姓解决实施主体多、资金筹措难等问题。指导各地进一步发挥街道、社区在项目实施推进过程中的主导作用,强化党建引领,积极搭建民主协商和矛盾调解平台,妥善化解基层意见分歧,组建"加梯临时党支部",借鉴"一带三抓五好加梯工作法",党员发挥带头作用,通过抓骨干、抓设计、抓效果,宣传好、调解好、计算好、支撑好、结合好的工作方法化解邻里矛盾;积极成立"帮帮团",充分借助加装电梯企业、法律咨询等专业人员,以及公益组织、热心群众等社会力量,助力街道、社区和谐推进老旧小区改造和加装电梯民生工程。

管理、服务与自治：社区服务社会化趋势下居委会角色新释①
——基于桐庐县S社区邻里食堂的实践观察

丁雨婷[*]

摘要： 社区服务社会化趋势构建了居委会角色新情境，有必要重新调适居委会的角色与功能。该文采用个案研究方法，考察桐庐县S社区邻里食堂的社会化过程，根据马克思公共性思想来解释S社区居委会在邻里食堂社会化过程中的角色实践。该文认为，在邻里食堂社会化过程中，S社区居委会扮演了"公共人的管理者""公共生活各主体的服务者""社区共同体的治理者"三种角色。因而，在社区服务社会化趋势下，居委会应发挥管理功能打造"社区公共人"，发挥服务功能打造"社区公共生活"，发挥自治功能打造"社区共同体"。

关键词： 社区服务社会化；居委会；角色

① 本文系2024年度浙江省党校系统社科联规划课题"'从行政走向公共'：社区服务社会化趋势下的居委会角色研究"（项目编号：ND24040）、2024年度杭州市社科联立项课题"'从行政走向公共'：社区服务社会化趋势下的居委会角色研究"（项目编号：2024HZSL-ZC016）阶段性成果。
* 丁雨婷，法学硕士，中共桐庐县委党校讲师，主要研究方向为基层治理。

一、问题的提出

习近平总书记指出："加强社区服务能力建设，更好为群众提供精准化精细化服务。"社区服务关系民生，强化社区为民、便民、安民功能，是落实以人民为中心的发展思想、践行党的群众路线、推进基层治理现代化建设的必然要求。居委会是社区服务的基层组织，是社区服务的最后一站。然而，当前居委会承载社区服务面临巨大压力：一方面上级政府下发的任务愈加繁重；另一方面财政支持愈发收紧，造成居委会在资金、人力等方面的紧张局面。面对两难，社区服务出现了引入社会力量参与实现社会化的实践趋势。

居委会作为居民自我管理、自我教育、自我服务的基层群众性自治组织，具有应然的自治功能、服务功能和管理功能。然而，在实践过程中，社区服务社会化趋势给居委会的角色功能带来了诸多变量：一是在社会化倡导下，政府直接支持力量的减少使得过去居委会作为政府行政代理人的角色正在弱化，长期过度行政化[①]的问题得到改善，居委会的自治功能得到强化；二是在社会化趋势下多样化的社会主体参与到社区事务中，丰富了居委会管理、服务的对象，扩大了管理、服务的范围，加剧了居委会工作的复杂性。面对上述变化，研究居委会如何重新调整角色功能做好社区服务就成了应有之义。本文立足于社区服务社会化趋势，旨在重新解释居委会角色功能，以利于居委会更好地发挥职能，提供更高质量的社区服务。

本文以桐庐县 S 社区居委会为研究案例，在马克思公共性思想和社会角色理论基础上建构分析框架。通过对 S 社区邻里食堂的观察，总结面对邻里食堂社会化的情境，S 社区居委会如何运作好邻里食堂，并根据情境需要调整自身功能角色，做出相应行动，在此基础上提炼社区服务社会化趋势下居

---

① 孙柏瑛：《城市社区居委会"去行政化"何以可能?》，《南京社会科学》2016 年第 7 期。

委会的角色定位与功能。本文主要采取访谈法和非参与式观察法收集案例资料，笔者对案例涉及对象进行开放式访谈，主要分为 4 类群体：一是居委会成员，特别是对居委会主任进行深入的追踪访谈，前后共 7 次，每次时长 2—3 小时；二是在邻里食堂用餐的各年龄段居民共 5 人，包括 60—90 周岁老人2 人，90 周岁以上老人 1 人，60 周岁以下居民 2 人；三是邻里食堂的承包经营单位主管及工作人员共 5 人；四是桐庐县民政局、街道相关负责人共 2 人。

二、角色情境：邻里食堂的社会化趋势

为了解决高龄、空巢老人用餐难等问题，深化"一老一小"民生工程，建设老年食堂、提供居家养老助餐成为社区服务的重要内容。但建设老年食堂面临资金、人力等各方面压力，同时，社会其他人群对社区就餐也存在需求，因而政府逐步推动老年食堂向邻里食堂转型，扩大服务人群，引进社会力量参与，邻里食堂逐渐显现出社会化的趋势。

（一）政策背景

杭州市《关于实施"春雨计划"的意见》指出："通过政府购买服务、合作共建等方式推进社区食堂建设运营，支持老年食堂向社区食堂转型，在重点满足老年人用餐服务需求基础上，兼顾全年龄段社区居民就餐的便利性、多样性，推动不同收入水平、不同年龄阶段的新老市民随心吃。"桐庐县《"春雨计划"实施方案》指出，要"从布局嵌入、资源整合、市场融合、供给多样等方面破题。有条件的社区，通过改进食堂设施、提升食品质量、丰富菜品选择等方式，提升食堂的服务水平，实现服务对象从老年人向全龄段转型，让邻里食堂更有活力和生命力。推进社会力量参与，引导一批知名

快餐企业参与社区食堂运营，提高整体运营绩效"。

（二）问题与挑战

在社会化改造前，桐庐县邻里食堂的运营面临诸多问题和挑战。一是社会化率低。截至 2023 年 11 月 22 日，全县 169 个助餐服务点中向外承包 10 家、与餐饮企业合作 36 家、接受邻村辐射送餐服务 18 家、与养老机构合作 14 家，社会化率不到 50%。二是政策配套少。桐庐县已有政策注重硬件设施投入，在养老服务设施运营、养老服务质量、撬动市场等方面的政策导向性不够。三是资金压力大。2023 年全县养老专项资金仅 434.5 万元，目前正常运营的老年食堂基本需集体经济负担支出 10 万—20 万元 / 年，独立运营能力弱。①

（三）S 社区邻里食堂的社会化过程与服务成效

S 社区邻里食堂隶属于浙江省桐庐县 S 社区，全称为"回家吃饭·邻里食堂"。食堂于 2023 年 8 月正式开业，建筑面积 600 平方米，由 S 社区居委会主管，通过购买第三方服务为辖区居民提供健康饮食套餐，按照老年人的健康营养标准进行荤素搭配，每日提供中、晚两餐服务。针对 60 周岁以上的居民，制定了关爱老人的优惠制度，辖区内 60 周岁以上老人用餐统一餐标为两荤两素 10 元 / 人，90 周岁以上老人免费用餐。

1. 建造

S 社区邻里食堂属于 S 未来社区项目的七大场景之一。S 未来社区项目

---

① 数据来源于桐庐县民政局 2023 年 11 月 22 日提供的《桐庐县养老服务体系建设工作汇报》。

位于城南街道朝霞路，是浙江省第五批旧改类未来社区创建项目。该项目自2022年10月正式动工，2023年7月进入试运营阶段，规划单元面积115公顷，实施单元面积18公顷，西至乔林路，北至滨江西路，东至崂山北路，南至320国道，实施单元受益1894户，总人口4380余人。S未来社区是桐庐县第一个接受省级验收的未来社区，并成功入围了引领型未来社区名单。S未来社区项目覆盖城南街道上杭、龙潭、三合等3个社区，针对原朝霞路美食街进行提升改造，设置了邻里食堂、日间照料中心、托育、健身房、书房、幸福学堂等7个项目，打造出功能集成型街区，由S社区主管。S社区包含居民住宅小区9个，实行物管小区6个，组建社会组织5个，住户2054户，户籍人口1324人，常住人口4928人，设立1个党支部，下辖5个网格支部，党员32人。社区居民呈现出下山集聚民多、拆迁安置居民多、新桐庐人多的特点。

2. 运营

S社区邻里食堂由桐庐好百纳餐饮有限公司承包经营。桐庐好百纳餐饮有限公司是桐庐县一家连锁快餐品牌公司，在桐庐县城区拥有多家营业店面，与政府机关食堂深入合作。2023年8月邻里食堂试营以来，公司聘请食堂工作人员共18人，自费采购厨房设备并自负盈亏。社区对好百纳餐饮有限公司首年免收取租金。邻里食堂营业时间为每日10：00到13：00、16：30到19：00，每日为居民提供中餐、晚餐，且不限制户籍和年龄，任何人均可来食堂用餐。此外，S社区通过一系列制度来激励保障邻里食堂可持续运营。

（1）老年人优惠政策。每餐出品8菜，每周不重样，60周岁以上老年人10元/人，2荤2素自由选择搭配，90周岁以上老年人免费用餐。邻里食堂支持杭州市"百膳惠老全城通享"智慧助餐系统，注册"全城通·百膳惠老"的老年人均可在食堂享受优惠用餐，支持长者码、身份证、支付宝刷脸认证等验证方式，首次使用须以老年人身份证，录入老年人人脸识别信息，老年人在助餐点刷卡或人脸识别即可享受优惠。

（2）服务老年人奖励政策。一是考核奖励制度。桐庐县民政局根据"百膳惠老全城通享"智慧助餐系统中助餐点新会员的录入人次和使用频次对助餐点进行考核，最高可奖励10万元。二是S社区根据服务老年人次数按比例返还房屋租金，每日服务老年人500人次以上返还100%租金，服务300人次以上返还60%租金，以此类推。

（3）60周岁以下人员就餐政策。与老年人就餐窗口分开，菜品2.79元/两，自助选餐。同时提供充值优惠活动。

3. 服务成效

2023年8月试营业期间每日中餐＋晚餐共服务群众820余人，其中60周岁以上老人530余人。截至2024年3月，每日用餐量超500人次，入选桐庐县五星级老年食堂配餐点，获桐庐县民政局10万元的顶额奖励。夏秋旺季每日用餐超800人次，冬季每日平均500余人次，每日服务老年人用餐150余人次，每日固定用餐的老年人达20余人。承包经营的好百纳餐饮有限公司每日营业额超1万元，目前已基本收回前期投入成本。

三、角色实践：邻里食堂社会化过程中S社区居委会的角色与行动

马克思公共性思想注重维护人的真实的公共性需要和普遍的个人利益，注重实现人自由而全面的发展，协调社会发展的内在冲突，通过构建合理的社会秩序和规则释放公共性的巨大潜力，以期实现对人类社会公共利益的维护。[①] 以马克思主义公共性的视域研究社区服务社会化趋势下的居委会角色是比较

---

① 桑明旭：《马克思的"公共性"概念》，《宁夏社会科学》2019年第1期。

贴合的。

马克思公共性思想的精神实质主要表现在以下几点。第一，人的公共性。马克思认为"现实的人"本质上是"社会关系的总和"，这便使人具备了公共性的特点，社会关系决定了个人的发展程度。第二，活动方式的公共性。公共活动方式建立在公共人的基础上，人的生产和交往提高了生产力，促进了广泛交往，最终形成了世界历史性存在。公共活动方式围绕共同利益展开，任何社会都存在利益公约数，并且发挥巨大作用，要保护这些公共利益，并以此为前提开展活动。公共利益是马克思公共性思想的重要概念和核心内容。第三，实现人的自由全面发展的共同体。社会形态的发展最终是要形成真正的共同体，"只有在共同体中，个人才能获得全面发展其才能的手段，也就是说，只有在共同体中才可能有个人自由"。公共关系成为人与人之间存在的根本关系，公共性成为任何人的根本属性。[①]

（一）居委会作为"公共人"的管理者

S 社区居委会在邻里食堂的运作中，致力于挖掘居民的公共需求，提升居民的素质，将居民打造为"公共人"。

1. 制定"公共人"标准

"公共人"的关键指标在于居民参与公共活动的频率。对此，S 社区居委会建立了一套完善的积分制度，以量化居民参与公共活动的频率，激励居民积极参与。居民可以通过签订社区邻里公约、报名参加活动、签到等方式获取积分，积分可以兑换纸巾、毛巾等生活物资，而生活物资来源于企业和慈善组织的捐赠。当居民发生未遵守邻里公约、做出不文明行为、报名后无

[①] 张晓：《马克思公共性思想及其当代价值研究》，博士学位论文，电子科技大学，2019 年。

故不参与活动等情况时，积分也会相应扣减。S社区制作了社区专用微信小程序"山居云庐"，积分累计、活动预约、食堂菜品查看等都可以通过小程序实现。

2. 管理"公共人"行为

S社区居民人口呈现出下山集聚民多、拆迁安置居民多、新桐庐人多的特点，大部分居民保留了农民时期的生活习惯，尚未习得市民的生活习惯与规范，素质参差不齐。居委会采取积分奖励与惩罚、口头劝导等多种方式，推动居民遵守规范；同时通过在社区范围内发放规章制度宣传单、群聊宣传等方式提高规范的影响力和知晓率。居委会的作用可体现在对三件事的管理上。

（1）食堂桌椅摆放——居民行为的劝导。居委会用柔性的语言和行动策略劝导居民改善不文明行为：

> 这边的桌子、椅子都是拖来拖去的，他们就喜欢哪有太阳、哪空他们就拖到哪里。比如说今天拖到那边去了，有些居民可能看到我在那边拖，然后过两天就给我拖回来，真的会有这样的小变化。有个居民，我那天说你这个素质我还是比较喜欢的，至少你帮我把东西给规整回来了，你还是个好同志。表扬了一次以后，就经常看到他把桌椅拖回来。可能每个地区的人素质不一样，但是相处起来人还是有改变的。夸就好了，你一直不断地夸，夸了他就会想去做。（S社区居委会主任）

（2）唱戏和广场舞——社团的管理。S社区有很多社团组织，但对社团活动的管理，居委会在尊重的基础上以维护公共秩序为优先级：

> 我们门口有些人刚开始的时候唱戏，楼上的居民很反感，我们

就开放活动室，让他们去唱。刚开始不愿意唱的，我跟他讲去那边唱，练好了以后送他们去我们的舞台上唱。比如重阳宴的时候，我们就把唱戏的这支队伍叫去现场唱。广场舞，我们也不允许在广场上跳，声音太大，扰民的，我们的健身房、操房用得比较少，我就把操房共享出来，每天下午让他们跳广场舞。（S 社区居委会主任）

（3）棋牌还是麻将？——餐后场景的筛选。

我们这边没有麻将馆，××村那边有一个麻将馆，每天报警五六次，为了一块钱都要报警的，老年人可能为了一块钱就拍桌子。而且麻将馆脏，我每天要找志愿者去搞卫生，还容易产生纠纷。打牌也不允许玩钱，这样他们不会吵到哪里去。居民娱乐可以防止老年痴呆，也是需要的。（S 社区居委会主任）

居民在邻里食堂用餐后就地开展休闲活动是普遍的现象，但 S 社区居委会对休闲活动的选择富有思考和策略，比如只允许不涉及钱财的棋牌而不是麻将，这在一定程度上保证了社区的安静和整洁，减少了纠纷的发生，极大地维护了社区的公共环境。

（二）居委会作为公共生活各主体的服务者

S 社区居委会当好邻里食堂各参与主体的服务者，在不干扰其他主体的前提下维护各主体的利益，使各主体在参与过程中都有"获得感"。

1. 保障商家自主经营

居委会需充分保障承包经营的商家利益，在自身不干涉商家经营的同时，也将政府奖励直接全部发放给商家，并且通过租金返还的制度来激励商家扩大服务范围，增加服务老人数量。商家自行举办促销活动，如充值活动（充值200元送30元，充值300元送50元，充值500元送100元，充值会员卡后每餐可享受95折优惠）。

> ××社区之前的食堂有专门的一批志愿者做这个事情，每天要轮班，包括算账、买菜，各种事情都要社区去关心。我们这边就不需要我每天管，只要定期抽查一下食品样本，没有安全隐患的话就可以正常运营下去。其实他们也都是很资深的，比我们都专业。他们是餐饮集团的，去年年底的时候，快要过年了，生意肯定淡下去，餐饮集团就把这边的服务员调到其他门店去，可以资源统筹，餐饮集团内部就可以调动了。（S社区居委会主任）

2. 保障居民利益

居委会对居民用餐实行分年龄段优惠政策，同时保障菜品的安全、环境的舒适和安全。出台政策以保障老年人优惠就餐，其他居民享受便利用餐。

（1）老年人、特殊人群获得就餐优惠。60岁以上老年人10元2荤2素自由选择搭配，90岁以上老年人免费用餐。S社区邻里食堂不限制老人户籍，只要在杭州市"百膳惠老全城通享"智慧助餐系统中注册过的老年人都可享受优惠。老年人对邻里食堂的评价很高。比如，93岁居民王大伯说："我每天都来这里吃饭，免费的，菜又好，共产党好啊！"此外，邻里食堂对退伍军人、医护工作者、人民教师、社区工作者、环卫工人、残疾人等特殊人群给予8折优惠，凭工作证或其他有效证件即可享受。

（2）全年龄段获得就餐便利。相比于县内其他社区食堂普遍只开放午餐、只向老年人提供助餐服务的情况，S社区邻里食堂营业时间为每日10：00到13：00、16：30到19：00，开放了中餐和晚餐，且不限居民的年龄和户籍，普通居民来邻里食堂就餐，可通过自助称重计费的方式，挑选约

20 种丰富的营养餐食。

（3）保障就餐安全和质量。制定《为老助餐食品安全和管理服务规范》，实行"七公示"制度（食品安全许可证，健康证，收费价格以及对老年人的优惠，食品安全管理制度，食品安全承诺书，举报电话，每月收入支出、就餐人数、接受捐赠等上墙公示）。同时加强对邻里食堂许可证、人员以及食品制作过程的监督和管理，保障就餐的安全和质量。

3. 提供其他社会力量参与的舞台

居委会吸纳各种社会力量，以活动为载体，满足他们的各方面需求，吸纳社会资源为社区服务，如S社区仅在2023年12月就举办活动34场。

（1）党建联建单位合作共建。S社区吸纳了30余家党建联建单位，为了加强统筹和规范，S社区居委会建立了结对共建制度：一是目标责任制，结对共建党组织必须把抓好结对共建活动作为一项重要职责，加强联系、检查督促；二是联席会议制度，结对共建党组织定期召开一次联席会，沟通信息，通报情况，交流经验；三是共建活动制度，结对共建党组织要结合各自实际，协商决定共建活动的方式、内容，发挥单位党员的先锋模范作用；四是搞好"双向服务"制度，共建单位充分发挥自身优势，实现资源共建共享，积极地为社区建设出谋划策，尽职为社区提供各项服务。如居委会与周边小学合作常态化，小学教师每周来社区免费讲授手工、艺术课程。

（2）正规商家宣传合作。居委会为商家免费提供场地，商家为社区居民免费提供课程，如手工课、故事课等，居委会在不花费资金的情况下既满足了商家宣传的需要，也丰富了社区的活动、集聚了社区的人气。如居委会邀请"小伟讲故事"团队来社区开课，为其免费提供场地，而"小伟讲故事"培训课程的市场价达到200元／课时，在社区听课则是免费的。

（3）志愿者队伍。S社区拥有强大的志愿者服务力量，内外联合发力。外部志愿者来源于桐庐县新时代文明实践中心、桐庐县彩虹公益等机构和组织，居委会联合这些志愿者队伍组织公益服务活动。除了外部力量，S社区居委会也注重社区自身志愿者队伍的建设，S社区居委会志愿者队伍主要由5部分组成：一是先锋党员志愿者服务队；二是"里长"服务站（矛盾调解）；三是"她力量"巾帼志愿服务队；四是薪青年议事会；五是新生代萌芽会。这样S社区志愿者队伍呈现出党员、居民、女性、青年、学生5种力量共同发力的局面，同时居委会还在各项活动中持续吸纳新成员加入。如S社区的"妈妈团"志愿者队伍，每月在邻里食堂组织一次免费包饺子活动，送给需要的老人。

（三）居委会作为社区共同体的治理者

S社区居委会充分发挥主观能动性，致力于促进"公共人"和公共生活的有机融合，打造社区共同体。

1. 坚持公有制，推动社区服务普惠共享

S社区坚持邻里食堂的企业承包经营模式，将邻里食堂的所有权掌握在社区手中，避免因居委会对邻里食堂失去控制而丢失服务居民的核心功能。在日常运营中，居委会尊重承包企业的独立经营权，但也可以通过各种形式加强社区和承包企业的合作。例如在重阳节举办"重阳宴"，由邻里食堂请社区老人免费吃饭，在加强社区整合的同时推动更多居民享受到实惠。S社区居委会在邻里食堂建立之初，面对慈善组织、企业等各方捐款，设想成立一个"S社区基金会"，但最终在实际运营中放弃了成立基金会的方案，舍弃社区基金的模式，而将社会组织捐助的善款直接转化为慈善物资，投入食堂运营中，避免了居委会的人事调动而对基金运营产生影响，同时避免了廉政风险。

2. 营造社区共同体文化

S社区营造的文化环境虹吸周边地区人口，助力邻里食堂运营。

（1）平等文明、互相尊重的邻里文化。社区下山集聚民多、拆迁安置居

民多、新桐庐人多，部分居民仍处于由农民向市民转型的阶段，素质参差不齐。同时这部分居民还保留了邻里社交的习惯，特别是老年人群体的社交需求更加强烈。对此，社区需打造平等文明、互相尊重的邻里文化。

（2）温暖家文化。打造"S社区喊你回家"品牌，包含"回家吃饭""回家就业""回家社交"等子品牌。如2023年S社区举办了7场职业培训，每场报名居民50余人。组织"妈妈团"志愿队，自备材料每月包饺子或馒头，上门送给需要的老年人。

（3）开放包容的街区文化。依托街区七大场景建设，社区在街区范围内平均每月开展活动30场。并采取会员积分制度对参与活动成员进行激励，积分可换取相应奖品。同时，S社区计划打造夜市经济、文旅集市，以丰富街区业态，集聚街区人气。

（4）人人参与的社团文化。S社区自2023年8月以来陆续成立交谊舞社、书法社、舞蹈社、乒乓球社、剪纸社、汉服社、越剧社、手工社、美妆社等9个社团，由居民担任社长并组织活动。

（5）快乐奉献的志愿文化。社区与学校、医院、机关、企业合作，邀请专业人员进社区提供志愿服务。如社区依托"家学堂"品牌，邀请周边学校教师进社区公益授课，如植物拓染、手作纸鸢等课程。

四、角色期望：社区服务社会化趋势下居委会的角色定位与功能

在社区服务社会化的趋势下，S社区居委会的行动充分体现了马克思公共性思想的精神实质，也给居委会重新调适角色功能指明了方向。

（一）居委会发挥管理功能，打造"社区公共人"

马克思认为，人的本质是"一切社会关系的总和"。[①] 社会关系决定了一个人的发展程度。这说明，人有发展社会关系的需求，在社会中的人需要与他人交往，形成个人社会关系网络，而人的有序交往，需要依据相应的社会规范。居委会作为社区与社区服务的管理者，在社区服务社会化过程中转移了社区服务的提供者身份，但相应地也要承担起社区服务管理者的角色，以营造良好的社区服务环境。一是制定公共人规范。制定系统全面的社区服务规范，对象涵盖社区服务的提供者、享受者和管理者，形成和谐有序的社会关系，使社区服务有序开展。规定社区服务的相关准则和要求，使包括居民、居委会成员、社区服务承包服务人员在内的所有社区服务相关人员都能遵守规范行事，使无论是提供者、享受者还是管理者都成为"社区公共人"。二是管理公共人行为。按计划实施公共人规范，并采取措施应对"失范"行为。在社区服务过程中出现的一些不文明行为，居委会应及时制止，并采取长效措施以避免再次发生。

（二）居委会发挥服务功能，打造"社区公共生活"

公共生活寻求共同利益的聚合，在小小的社区中，也存在普遍利益公约数，而居委会的存在就是要最大化这个普遍利益公约数，使各群体在其中的利益都能受到保障，做公共利益的维护者。一是做好社区服务的基础设施建设。居委会做好社区服务必需的设施、设备建设和采购，必要时寻求政府、社会力量的支持。二是配合和支持社会主体的正当利益。在社区服务社会化

---

① 中共中央马克思恩格斯列宁斯大林著作编译局：《马克思恩格斯选集》（第一卷），人民出版社 2012 年版，第 135 页。

过程中应服务好每一个参与的社会主体，打通参与通道，保障主体利益，使社会主体的参与顺畅有效。三是最大限度提高社区服务质量。社会化的目的始终是保障社区服务的可持续性，提升社区服务的质量。居委会在其中扮演了重要的把关者角色。居委会要考虑居民需求，修改完善服务机制，不断提高社区服务质量。

（三）居委会发挥自治功能，打造"社区共同体"

寻求"公共人"与"公共生活"的全面融合，人真正生活在共同体中，与共同体休戚与共，人才能实现真正的自由全面发展。共同体建立在"共同占有或共同控制"的基础上，由"联合起来的个人对他们的总生产实行控制"。公共关系变成任何人之间存在的根本关系，公共性成为人和人的根本属性。一是充分尊重社会主体的民主参与权利。营造公开、公正、公平的参与环境，使社会主体能够通过公开透明的方式参与社区服务，开展公平竞争，从而最大化社区居民利益。二是寻求普遍利益最大化，形成社区团结共同体。居委会要通过制度保障、机制建立、活动动员、文化营造等方式促进社区居民间的交往，充分发挥社会力量的作用，为社区服务，营造团结和谐的社区氛围，打造社区共同体。

五、结语

社区服务社会化的必然趋势，重构了居委会的角色情境。面对新的角色情境，居委会进行角色功能的调适是必要的。本文考察了桐庐县 S 社区邻里食堂的社会化过程，从马克思公共性思想出发，解释了 S 社区居委会在邻里食堂社会化过程中，分别作为"'公共人'的管理者""公共生活各主体的服务者""社区共同体的治理者"角色推进社区服务的进程，推动邻里食堂良性持续运转。在此基础上，本文提炼了社区服务社会化趋势下居委会的角色定位与功能：一是发挥管理功能，打造"社区公共人"；二是发挥服务功能，打造"社区公共生活"；三是发挥自治功能，打造"社区共同体"。当然，本文案例中，S社区邻里食堂通过企业承包经营转移社区服务职能提供仅代表了目前社区运用社会力量的一种模式，在其他模式下居委会是否也能遵循上述角色逻辑展开社区服务，可待后续研究探讨。

杭州市完善"一老一小"服务体系建设的实践经验与路径建议

——以西湖区为例

朱红亚　华彧婷　任　勇*

摘要："一老一小"是人口高质量发展的两个重要方面，做好"一老一小"服务工作，是以人民为中心的发展思想的重要体现，是保障和改善民生的重要内容，也是维护社会稳定的迫切需要。该文运用文献资料、实地考察、趋势分析等方法，对西湖区"一老一小"服务体系建设的经验做法进行梳理，总结"一老一小"服务体系建设中所面临的问题，并从服务设施共建共享、养老托育产业发展、要素保障支撑、运营监管机制优化、品牌宣传推广等维度提出杭州市完善"一老一小"服务的路径建议。

关键词："一老一小"；服务设施共建共享；养老托育产业；品牌宣传推广

---

*　朱红亚，杭州之江经济信息咨询有限公司，经济师，主要研究方向为社会公共服务、产业经济。华彧婷，杭州之江经济信息咨询有限公司，经济师，主要研究方向为共同富裕、产业经济。任勇，杭州之江经济信息咨询有限公司，助理经济师，主要研究方向为社会公共服务、产业经济。

　　党的十八大以来，以习近平同志为核心的党中央高度重视老有所养、幼有所育工作，准确把握人口发展大势，及时回应民生关切，统筹解决"一老一小"问题，推动相关政策法规体系不断健全、事业产业协同提速发展。2023年5月，习近平总书记主持召开二十届中央财经委员会第一次会议，会议指出："以人口高质量发展支撑中国式现代化。"2021年6月印发的《中共中央　国务院关于优化生育政策促进人口长期均衡发展的决定》提出，以"一老一小"为重点，建立健全覆盖全生命周期的人口服务体系。党的二十大报告提出："优化人口发展战略，建立生育支持政策体系，降低生育、养育、教育成本。实施积极应对人口老龄化国家战略，发展养老事业和养老产业，优化孤寡老人服务，推动实现全体老年人享有基本养老服务。"党的二十届三中全会审议通过的《中共中央关于进一步全面深化改革、推进中国式现代化的决定》提出："以应对老龄化、少子化为重点完善人口发展战略，健全覆盖全人群、全生命周期的人口服务体系，促进人口高质量发展。"作为人口高质量发展的两个重要方面，"一老一小"不仅是牵动亿万家庭的家事，而且是关乎"国之大者"的大事。

　　2023年，杭州入选首批全国婴幼儿照护服务示范城市，整体推进托育服务能力建设。西湖区是省委、省政府所在地，也是杭州市的核心区之一。近年来，西湖区全力构建"一老一小"多元化服务体系，通过创新业态模式、拓宽服务供给，围绕试点先行、塑造西湖品牌，统筹多方资源、创新政策体系，加速实现公共服务均衡可及、优质共享，努力绘就"老有颐养、幼有善育"的"朝夕美好"画卷。本文以关爱"一老一小"为切入点，通过对西湖区"一老一小"服务体系建设实践经验的梳理与总结，找准症结，破解民生难题，为缓解老龄化、少子化等我国人口发展面临的结构性矛盾提供路径建议和实践经验。

一、"一老一小"概念及发展趋势

（一）"一老一小"概念

"一老"是指 60 岁及以上老年人，"一小"是指 3 岁以下婴幼儿群体。《2023 年度国家老龄事业发展公报》数据显示，截至 2023 年末，全国 60 周岁及以上老年人口 29697 万人，占总人口的 21.1%，已达到"中度老龄化社会"指标；国家卫生健康委调查显示，我国现有 3 岁以下婴幼儿群体近 3000 万名，超过 3 成的婴幼儿家庭有入托需求，而北京、上海、广州等一线城市有入托需求的家庭超 2/3。2024 年 9 月，《国务院关于推进托育服务工作情况的报告》显示，受行业发展阶段等诸多因素影响，全国实际入托率仅 7.86%。因此，"一老一小"群体将长期成为国家和社会的重点关注群体。

（二）发展趋势

1. "一老一小"政策体系逐步完善

近年来，为积极应对"一老一小"的人口结构性压力，我国在宏观层面编规划、出政策、建机制，陆续出台《"十四五"国家老龄事业发展和养老服务体系规划》《"十四五"积极应对人口老龄化工程和托育建设实施方案》《关于促进养老托育服务健康发展的意见》《关于促进 3 岁以下婴幼儿照护服务发展的指导意见》等系列文件，为"一老一小"服务行业的长期发展创造良好环境。全国各地纷纷整合资源力量，拿出土地、住房、财政、投融资、人才等"真金白银"的政策包，促进养老托育服务高质量发展。2023 年 2 月，国家发展改革委召开"一老一小"现场经验交流会，全国已经有 429 个地市级的城市（区）编制了"一老一小"整体解决方案，实现了地市级全覆盖。

2. 多元主体参与供给总量快速增加

国家"一老一小"服务体系建设围绕保基本、促普惠、市场化展开，持续发挥中央预算内投资的撬动作用，积极引导社会资本投入，逐步形成了政府、社会组织、市场主体等多方力量协同参与"一老一小"服务体系建设的发展格局，"一老一小"服务行业进入快速扩张时期，养老托育机构数量并喷式增长。截至 2023 年末，全国共有各类养老机构和设施 40.4 万个，养老床位合计 823 万张[①]；全国千人口托位数达 3.38 个，共有托位 477 万个，包含社区嵌入式托育、用人单位办托、家庭托育点、托育综合服务中心、幼儿园托班等多种类型[②]。

3. 养老托育新业态新模式不断涌现

在需求牵引下，出现了嵌入式养老托育、老幼"代际融合"、智慧养老等新模式。如国家发展改革委、住房城乡建设部、自然资源部等三部门支持苏州、合肥、成都等 56 个城市率先开展城市社区嵌入式服务设施建设，向居民提供养老托育等应急服务；新加坡在"智慧国家 2025"计划中提出利用数字技术来提升老年人生活质量，深化智慧养老体系，涵盖了远程健康监测、紧急响应系统、智能家居设备和数字化社交平台等项目；美国圣文森特代际学习中心将养老院和幼儿园放置于同一栋楼中，为"一老一小"群体提供共同学习、活动的室内共享空间；杭州滨江区创新推出产业园区"嵌入式幼儿园""多代同楼"等模式，不断提升"一老一小"服务体系。

---

① 数据来源于民政部、全国老龄办发布的《2023 年度国家老龄事业发展公报》。
② 数据来源于雷海潮《国务院关于推进托育服务工作情况的报告——2024 年 9 月 10 日在第十四届全国人民代表大会常务委员会第十一次会议上》。

二、西湖区"一老一小"服务体系建设的实践经验

西湖区是较早进入老龄化社会的城区，也是至今仍旧保留有农村社区的主城区。近年来，西湖区紧紧围绕"赋能、融合、借力、造景"的思路，坚持整体智治、资源整合、各方协同、规范管理，加快完善"一老一小"服务体系，初步形成了以家庭为基础、社区为依托、机构为补充的多元化婴幼儿照护服务体系和老龄健康服务体系，把"一老一小"照护体系这两张民生"大网"织得更细更密，积累了比较好的实践经验。

（一）围绕需求多样化，以模式创新打造试点、推广示范

为着力满足"一老一小"多样化的需求，西湖区在多个领域先行探索，以试点建设体系化、标准化推进服务供给，形成了极具"西湖辨识"的服务模式。一是在为老服务上打造"大社区养老"模式。即通过统一规划布局、腾挪共建、租赁置换等方式，推进主城区街道建设不少于 1 家社区嵌入式养老机构、N 家社区嵌入式养老服务点的"1＋N"嵌入式养老服务体系，实现补齐硬件设施短板与提升专业服务水平双突破；积极探索家庭养老床位和家庭病床"两床融合"，与社区卫生服务中心合作开展"养老一张床"服务，引导居家养老上门服务由原先以家政为主向家政与医疗护理相结合转变。2022 年 5 月，西湖区被列为省级康养服务体系建设试点城区；2023 年 7月，"医养融合"上榜全国 200 例医养结合典型经验。二是在为小服务上打造"3＋3"托幼模式。即通过合理安排幼儿园场地、适当改造现有园所结构、合并班级和调配师资等举措，盘整和挖掘资源，开展试点公办和部门办幼儿园延伸学前服务；同时，引导社会力量广泛地参与托育机构运营，满足老百姓的入托需求，目前已形成全托育、混龄托育、全年段托育三种托育环境，全日制、半日制、小时制三种托育模式的"3＋3"西湖托幼一体化模式，截至

2023 年底，西湖区先后制定 3 轮"学前教育行动计划"和"学前教育均衡优质发展'1＋5'"等政策，深化全国名校名园集团化办学发源地的示范引领作用。

（二）围绕服务广覆盖，以载体创新夯实基础、提质增效

为有效解决"一老一小"人群基数大、增速快、覆盖广的难题，西湖区将"线下线上"服务相结合，以载体建设精细化、数字化推进服务供给，形成了有相当知名度的"西湖品牌"。一是在线下服务上打造幸福荟民生综合体。即立足西湖实际和群众需求，按照整体开发和整合优化的方式，因地制宜地打造"旗舰式""星月式""珠链式"三式民生综合体模式，构建"10 分钟民生服务圈"。在综合体服务供给上注重集成，结合每个镇街的不同实际情况，因地制宜地探索民生综合体集成供给机制，从集成空间场地、财力资源到服务力量，实现"碎片化、低水平"服务向"集约化、高水平"服务转变。如古荡街道民生综合体形成养老、教育、活力、健康、慈善、双托（托幼和托老）等 7 个主题服务空间和 29 个活动阵地。二是在线上服务上打造"幸福荟"数智平台。即找准"一老一小"民生领域各部门之间的关联性、耦合性，借数字化改革之风，搭建多跨协同应用场景，让民生服务触手可及。如重点解决老年人"数字鸿沟"问题，设置"一键养老"应用场景，包含"问医生""不上当""去听课""云书房"等板块，还设置有"SOS"求救按钮和电话急救热线。"一键养老"还上线了通用版，老年人亲属可通过完成亲情关注，为家里老人代为下单、支付乃至评价，共享服务过程，通过物联网感知设备实时监测老人身体健康数据、视频连线老人在家情况等。同时，在幼儿教育上，西湖区也入选了浙江省智慧教育试点单位。

（三）围绕高质量建设，以机制创新增强效能、激发动力

为积极助推"一老一小"服务高质量发展，西湖区探索建立长效建设机制，以体制机制规范化、科学化推进服务供给，形成了颇具成效的"西湖实践"。一是在精准服务上打造议事协商机制。即在服务需求上发挥民意选择的力量，真正做到"群众需要什么，我们就干什么"，通过"民意小圆桌""民生圆桌会""居民议事会"等途径，广泛听取村社干部、居民群众等人员以及辖区单位的多方意见建议，从而提高民生综合体建设精准度和居民感受度。如转塘街道积极开展以少年儿童和老年群体为主的议事协商活动，鼓励少年儿童、中老年人根据自身的经历和知识，在互动交流的过程中自由表达和思考。二是在科学服务上打造专业化服务。选择有社会服务经验的社会组织整体运营民生综合体、养老服务机构、婴幼儿成长驿站等载体，提前介入设施改造、功能设置，切实提高"一老一小"各类设施和服务的专业性。如在嵌入式养老服务中，西湖区鼓励由街道、社区提供场地，引入社会力量举办，改造社区中的公共房屋或设施，打造能快速响应老人需求的社区"养老微机构"；并支持养老机构和居家养老服务机构与周边具备相应资质和能力的医疗卫生机构开展签约合作，鼓励社会办医疗机构、医养结合机构参与家庭医生签约服务，为签约人员提供家庭病床服务等。同时，打造"养老顾问"专业队伍，建立养老顾问团队的服务标准。

三、西湖区"一老一小"服务体系建设面临的主要问题

（一）服务供给存在缺口，专业化水平亟待提升

西湖区是较早进入老龄化社会的城区，截至2023年末，西湖区常住人

口达 117.1 万人；预计到 2025 年末，常住人口总量将达 125 万人左右，其中，60 周岁及以上的老龄人口占比将达 18% 以上，达 22 万人以上，处于高位水平。老年人口老龄化、高龄化、失能化、空巢化"四化"叠加趋势加剧，需要更加专业化、规范化、普及化的养老服务供给。另外，按照共同富裕每千人托位 4.6 个要求，西湖区托育服务仍存在约 1200 个托位缺口。且随着人均消费能力和水平的不断提升，对托育服务、养老照护服务的多元化需求将持续增加，但从西湖区养老托育整体供应体系看，专业化水平仍待提升。

表 1　西湖区老年人口分布情况（按户籍人口口径统计）

镇街	2022 年初总人口数 / 人	2022 年末总人口数 / 人	60 岁以上老年人口数	
			合计 / 人	占年末总人口 /%
北山街道	37792	37654	10716	28.46
西溪街道	102206	101118	17016	16.83
灵隐街道	37309	36769	10091	27.44
翠苑街道	80532	83047	14063	16.93
文新街道	75441	76350	12667	16.59
古荡街道	56181	56896	13335	23.44
转塘街道	81345	85082	15778	18.54
留下街道	40101	41761	6242	14.95
蒋村街道	43550	46862	6637	14.16
三墩镇	153255	162187	21676	13.36
双浦镇	66233	68280	16353	23.95
合计	773945	796006	144574	18.16

注：数据来源于区级部门统计。

表 2　西湖区 0—3 岁婴幼儿人口分布情况

镇街	2021 年末	2022 年末	
	0—3 岁人数 / 人	0—3 岁人数 / 人	占比 /%
北山街道	1232	1079	2.87
西溪街道	4425	3703	3.66
灵隐街道	918	720	1.96
翠苑街道	3464	3098	3.73
文新街道	3536	2970	3.89
古荡街道	2312	2025	3.56
转塘街道	4699	4170	4.90
留下街道	1953	1674	4.01
蒋村街道	3153	2718	5.80
三墩镇	9120	8336	5.14
双浦镇	3411	3189	4.67
合计	38223	33682	4.23

（二）托育行业标准模糊，收费问题需引起关注

因机构类型、服务和托育时间等不同，目前全国托育服务机构的收费价格暂无统一标准。截至 2022 年，西湖区公建民营及企事业单位开办的托育机构平均报价为 3105 元 / 月，最低档与最高档仅相差 600 元 / 月，整体差距不大。而社会兴办机构平均报价在 3655 元 / 月，最低档报价 2200 元 / 月，低于平均水平 1455 元 / 月；最高档报价却达 12600 元 / 月，高于平均水平 8945 元 / 月；最低档与最高档相差 10400 元 / 月，收费差距过大但服务标准却较难界定。托育行业标准尚不明确，在课程设置、服务项目、费用定价等方面，仍是处于"摸着石头过河"的阶段，社会兴办机构最易产生收费乱象，急需加快探索托育机构收费服务标准的优化研究。

（三）机构运营成本高企，整体服务质量参差不齐

截至 2022 年，西湖区已备案托育机构有 38 家，以社会兴办为主，共计 30 家；拥有养老机构 16 家，以公办和公建民营为主，民办民营机构仅 3 家。从整体看，全区养老服务机构数量较少，而能够提供优质服务的民办养老机构更为匮乏。从机构运营看，民办的养老托育服务机构以租用商业楼宇、商铺等为主要形式来开展，相关房租、人工、装修、运营等成本占总收入的比例较高，普遍面临着前期投入多、运营成本高、投资回收周期长、抗风险能力弱等问题。由于前期投入较大，且在落地实施过程中，机构在设施设备、卫生健康、安全防护、人员配备等方面的配置尚不完善，整体服务质量参差不齐。

四、加快完善杭州市"一老一小"服务体系的路径建议

（一）聚焦补短板，优化服务设施共建共享

推动"一老一小"普惠服务向社区延伸，重点聚焦"一老一小"服务设施短板，加快推进相邻社区及周边地区统筹建设、联动改造，加强设施共建共享，完善"15 分钟生活圈"。一是科学布局养老设施。建立以供求关系为主要依据的养老床位建设引导机制，合理布局康养联合体、公民办养老机构、镇（街道）示范型居家养老服务中心、照料中心等机构点位，推进各层次、各类别的养老服务机构错位有序发展。加快推进老年活动中心、部分公办敬老院改造提升。推动养老床位结构性调整，养老机构护理型床位达到 65% 以上。二是提升养老设施建设水平。完善为老助餐服务网络，进一步提升配送餐效率，加强消防安全、食品安全的监管，逐步打破老年食堂优惠享

受的区域限制，调整并完善老年食堂的优惠政策。完善各类养老服务机构的等级评定和养老服务标准设定，持续开展老旧小区公共设施适老化改造，加快推进既有住宅加装电梯，支持开发适老型住宅并为其提供配套物业服务。三是推进社区托育设施建设。严格落实《杭州市婴幼儿照护服务设施配建办法》，合理规划布局与常住人口规模相适应的婴幼儿照护服务设施，并将其纳入社区配套用房统筹规划建设。鼓励新建托幼一体化幼儿园，有条件的幼儿园可开设托班。在满足现行规划和不减少幼儿园规模的基础上，鼓励在新建居住区建设托幼一体化幼儿园；已建成的居住区更新扩建幼儿园，有条件的可附设托班。鼓励有条件的企事业单位在卫生健康、民政、教育部门监管下建设托育机构，提升婴幼儿父母随托看护率。

（二）聚焦强基础，加快养老托育产业发展

在吸收国内外先进城市发展经验的基础上，优化养老托育市场发展环境，发展壮大养老托育产业和服务市场主体，深化数智赋能，探索"一老一小"整体解决方案。一是提升养老托育服务专业化水平。支持养老托育服务向品牌化、连锁化发展，培育引进一批专业、规范、面向"一老一少"的健康管理与服务促进机构，打造居家上门服务、日间照料服务、喘息服务、机构短期托养服务的连续性照顾服务。深化校企合作，支持推行养老托育"职业培训包"和"工学一体化"培训模式，鼓励产教融合型企业、实训基地发展。二是培育智慧养老托育新业态。引导市场力量提供老年人所需的个性化、多样化养老产品和养老服务。加快推进"智慧养老托育产业"发展，创新发展健康咨询、紧急救护、慢性病管理、生活照护、物品代购等智慧健康养老服务，提供互联网直播互动式家庭育儿服务，鼓励开发婴幼儿养育课程、父母课堂等。鼓励企业充分考虑老年群体的使用感受，研究开发适老化智能产品，简化应用、程序的使用步骤及操作界面。三是深化医养有机融合

发展。培育一批面向老年人的专业健康管理与服务机构。支持养老服务品牌化、连锁化发展，培育一批养老服务行业龙头企业。支持面向老年人的健康管理、预防干预、养生保健、文化娱乐、旅居养老等业态的深度融合。加快家政服务业发展，为老年人提供优质服务。发展老年服装服饰、日用辅助产品、生活护理产品、康复训练及健康促进辅具等老年用品产业。

（三）聚焦强服务，提供多元要素支撑保障

不断健全政策体系，高度重视"一老一小"专业人才队伍建设，加大资金投入，保障项目建设，打造"一老一小"服务体系多元要素支撑体系。一是加大政策资金保障力度。加强政府兜底职能，对养老托育行业在资金投入、规划、用地用房、税费减免、金融保障、人才培养培训上予以更大支持。继续落实养老服务人才补助政策，推进养老服务队伍年轻化、专业化、职业化建设。探索建立鼓励生育"一揽子"政策，推行新生儿红包、生育保险、婴幼儿照护"以奖代补"等政策，加强对示范型托育机构的政策扶持。探索"托育消费券"制度。通过"公办民营""民办公助""以奖代补"等形式，积极推动普惠性托育托位建设。二是强化专业人才技能培训。完善从业人员职业资格的准入制度，提高入职门槛，健全从业资质与标准，提高对保育员、育婴师等职业证书要求。完善从业人员继续教育体系，提升人才队伍的专业素养与服务能力。依托住房就业创业服务中心、实训基地等，定期开展业务培训，确保托育从业人员持证上岗。进一步发挥成长驿站的服务功能，提供临时托、小时托等特色服务。三是强化重点项目支撑。积极回应"一老一小"民生热点，做好"一老一小"重点项目全周期管理工作，狠抓项目实施进度，确保项目保质按时投入使用。在年度建设用地供应计划中统筹保障养老托育用地需求，支持各类主体利用存量低效用地和商业服务用地等开展养老托育服务。

（四）聚焦优供给，优化行业运营监管机制

养老托育服务模式的建立与创新，都需要政府、市场多元力量的参与并发力。同时，服务与监管并举，全面提升养老托育服务监管能力和监管质效，对于持续构建阳光行业生态具有重要意义。一是支持多元运营模式发展。结合"强社惠民"，引导强社公司在居住社区、工作单位等场所单独或联合举办非营利性托育机构，为社区居民、单位职工提供"一老一小"服务。支持社会资本以单独或入股方式参与公办机构运营，试点结合住宅配套服务设施、商务办公、教育、科研、文化等建设，综合建设"一老一小"设施。鼓励开发长期护理商业保险，支持商业保险机构举办养老服务机构或参与建设运营。二是优化政府引导和中介服务。引导"公建民营"模式发展，可借鉴上海市杨浦区的做法，政府开办社区托育机构，采用"公建民营"的方式，由政府提供场地，再通过购买服务引入专业组织负责对托管点的日常运营。加大第三方"一老一小"中介服务机构招引，为社会组织、企业、事业单位和个人积极提供符合家庭多样化需求的服务。组织开展专业培训，促进托育和养老服务市场发展。三是建立行业监管与安全防护机制。联合发改、卫健、教育、妇联、人社、民政、财政等相关部门，建立统筹协调的"一老一小"管理机制。将市场上现有的"一老一小"服务形式纳入监管，并制定符合现阶段发展特征、科学、灵活的准入机制。建立健全安全防护制度，加强对场地和设施设备的安全检查。保障饮食饮水卫生安全，切实做好日常健康检查、疾病预防控制等卫生保健工作。完善养老托育服务质量评估制度，加强对开展养老托育服务评估、培训等第三方中介机构的监管。

（五）聚焦促发展，加大杭州品牌宣传推广

围绕养老托育杭州品牌塑造，持续推广并擦亮杭州首创品牌，让"杭州盆景"代表"浙江风景"而引领"全国风尚",在养老托育体系建设中形成一些可复制推广的经验,以提升群众获得感、幸福感、认同感。一是全力打造品牌服务阵地。以社区服务综合体为统领,实行资源整合、一室多用、空间共享,逐步实现党群服务、便民服务、协商议事、组织培育、养老照料、文化体育、健康休闲、公益志愿等社区生活服务设施的集成共享,切实增强"一老一小"产品和服务的供给能力,更好地匹配和适应不断增长的养老育幼需求;利用物联网、大数据等技术,建设智慧养老院,让老年人共享智慧城市新生活;建立健全婴幼儿照护服务体系,深入开展"医育结合"照护服务;大力发展银发经济和托育相关产业,加快构建全龄友好型社会。二是加强"线上+线下"同步宣传。线上通过短视频、电话、短信、公众号信息推送等形式来进行养老服务、未成年人保护、社会救助等普惠政策宣传;线下通过入户入养老院点对点政策宣传、开展社区主题活动现场答疑、实地发放宣传手册等方式,提高儿童和长者对品牌的认知。三是推广喜闻乐见的服务活动。积极开展"一小"研学活动,以西溪湿地、西泠印社、杭州博物馆、人工智能小镇等作为活动地点,让儿童在参观古建筑、历史文物和自然风光的同时感受历史文化的丰富内涵、科普自然知识;联合幼儿园和养老院举办趣味运动会等活动,赛出"一老一小"独有的友谊。

推动残疾人高质量就业的地方创新实践与未来政策取向
——以余杭区为例

张　柔　叶梦雨[*]

摘要： 2023年是"八八战略"实施20周年，"八八战略"指引全省实现了全方位、系统性、深层次的精彩蝶变，也写就了全省残疾人事业发展跃升的光彩篇章，绘就了全省各级残联组织担当奉献的图景。提高残疾人收入作为残疾人事业的重要内容，也是促进残疾人全面发展和共同富裕的必然要求。2021年以来，余杭以创建浙江省"高科技企业助残先行区"为契机，不断推动残疾人就业，形成按比例就业、集中就业、个体就业、灵活就业多管齐下的残疾人就业格局，实现有就业诉求的残疾人100%就业，应届残疾人大学生100%就业，有培训诉求的残疾人100%享有职业技能培训，开启了残疾人高质量事业现代化新征程的宏伟蓝图。该文通过数据分析、实地调研等方式，对余杭区不同类型残疾人就业情况进行分析，梳理总结余杭区在推动残疾人就业方面开展的创新实践，发现

---

* 张柔，硕士，区残联挂职副理事长，区发改局社会建设发展科科长，研究方向为共同富裕、设备更新与消费品以旧换新等。叶梦雨，大学本科，区残联办公室办事员，研究方向为基层残疾人服务。

在自身因素、社会意识和服务支持方面，均对残疾人高质量就业存在一定影响，并结合美国、英国、德国等发达地区先进经验，为余杭区残疾人高质量就业提供了政策、体系、环境方面的建议。

关键词： 残疾人就业影响因素；余杭区实践；高质量就业政策

一、余杭区残疾人就业现状

（一）全区残疾人群体现状分析

2025 年 1 月，为进一步摸清余杭区残疾人现状，联合区残联，通过数据抓取分析及实地调研的方式，对全区 22530 名持证残疾人从规模总量、年龄、性别、残疾类别和程度、劳动就业能力等维度进行分析。

1. 从分布情况看，良渚等地残疾人数量居多

从镇街分布情况来看，余杭区 12 个镇街中良渚街道残疾人群体规模最大，共 3692 人，占全区残疾人群体的 16.39%；余杭、仁和、瓶窑、径山 4 地残疾人数量均超 2000 人，分别为 2742 人、2745 人、2681 人和 2582 人，共占全区残疾人群体的 47.71%。从各镇街残疾人占比情况来看，鸬鸟镇、百丈镇、黄湖镇残疾人占比相对较大，分别占 9.89%、6.92%、6.72%。（见图 1）

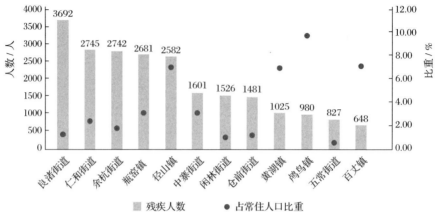

图 1　全区残疾人地域分布情况

注：数据来源于残疾人基础信息数据动态分析平台。

2. 从年龄构成看，劳动年龄段残疾人并不多

全区 0—17 周岁残疾人共 573 人（占 2.54%）、18—59 周岁残疾人共 6757 人（占 29.99%）、60—80 周岁残疾人共 12486 人（占 55.42%）、80 周岁以上残疾人共 2714 人（占 12.05%）。数据显示，处于劳动年龄阶段的残疾人所占比例不到总数的 1/3，残疾人老龄化现象突出。（见图 2）

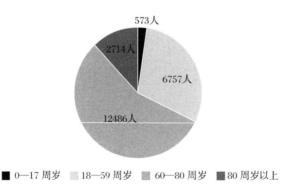

图 2　全区残疾人年龄分布情况

注：数据来源于余杭区残联。

3. 从性别比例看，男性残疾人数量偏多

全区 22530 名残疾人中，男性群体共 12410 人，占比 55.08%，女性群体共 10120 人，占比 44.92%。

4. 从残疾类别看，肢体残疾群体规模较大

全区 22530 名残疾人中有 897 人为多重残疾，10716 人（含多重残疾，下同）患有肢体残疾，4758 人患有听力残疾，2081 人患有智力残疾，2056 人患有视力残疾，1779 人患有精神残疾，243 人患有言语残疾。同时。根据《特困人员认定办法》中对无劳动能力残疾人的定义，全区共有 5884 名残疾人为重度残疾，占比 26.12%，属于不具备劳动能力的人群。（见图 3）

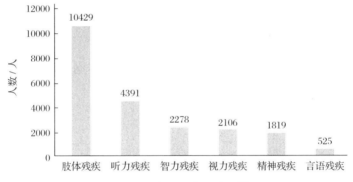

图 3　全区残疾人残疾类型情况

注：数据来源于残疾人基础信息数据动态分析平台。

（二）残疾人群体就业情况分析

1. 从就业率看，残疾人就业仍存在提升空间

截至 2025 年 1 月 7 日，全区在就业年龄段且具有就业劳动能力的残疾人共 5835 人，占群体总数的比重仅为 25.9%，其中实现就业的残疾人 4157 人，就业率为 71.24%，仍有近 3 成具有就业劳动能力的残疾人尚未实现就业。已就业残疾人平均年收入 6 万余元，且多从事传统制造、居民服务和修理等劳

动密集型行业，与全区整体就业率、平均工资相比，差距依然较大，残疾人就业质量还需进一步提高。

2. 从地域看，西部乡镇残疾人就业水平相对较低

从 12 个镇街的残疾人就业情况来看，目前五常、仁和、闲林、中泰、瓶窑、鸬鸟、黄湖 7 个镇街残疾人就业率达到全区平均水平（71.24%），其中以鸬鸟镇残疾人就业率最高，达 72.62%。只有仓前街道残疾人就业率未超过 70%，仅 69.89%。（见表 1）

表 1　各镇街残疾人就业情况

地区	已就业 / 人	未就业 / 人	总数 / 人	就业率 /%
五常街道	174	67	241	72.2
仁和街道	484	185	669	72.35
良渚街道	681	288	969	70.28
闲林街道	289	116	405	71.36
仓前街道	260	112	372	69.89
余杭街道	495	204	699	70.82
中泰街道	317	127	444	71.40
径山镇	390	166	556	70.14
瓶窑镇	668	257	925	72.22
鸬鸟镇	122	46	168	72.62
百丈镇	104	43	147	70.75
黄湖镇	173	67	240	72.08
合计	4157	1678	5835	71.24

注：数据来源于全国残联信息化服务平台。

3. 从残疾类型看，听力残疾的残疾人就业率最高，智力精神残疾的就业较为困难

总体来看，在具备劳动能力的残疾人中，视力残疾、听力残疾、语言残疾以及肢体残疾的残疾人就业率较高，均超过 80%，智力残疾和精神残疾就业率较低，分别仅有 42.11%、49.01%。残疾程度和就业率整体呈现正相关性，各类四级残疾的人群平均就业率达 82.33%，而各类一级残疾的人群平均就业率仅 56.13%。（见表 2）

表 2　劳动年龄段不同残疾程度残疾人就业情况

残疾类别	已就业一级/人	一级就业率/%	已就业二级/人	二级就业率/%	已就业三级/人	三级就业率/%	已就业四级	四级就业率/%	已就业合计	合计就业率/%
视力残疾	54	64.29	69	75.82	75	97.4	260	93.86	458	86.58
听力残疾	114	87.02	81	80.20	163	90.06	151	89.88	509	87.61
语言残疾	7	58.33	13	76.47	14	93.33	39	97.50	73	86.90
肢体残疾	37	28.68	223	55.20	719	91.94	1144	93.69	2123	83.71
智力残疾	4	8.89	36	16.74	162	46.42	246	54.07	448	42.11
精神残疾	1	20.00	46	30.07	184	51.11	142	58.44	373	49.01
多重残疾	85	64.39	31	50.82	36	62.07	21	72.41	173	61.79
合计	302	56.13	499	47.89	1353	74.26	2003	82.33	4157	71.24

注：数据来源于残疾人基础信息数据动态分析平台。

4. 从性别看，男性残疾人就业率高于女性残疾人

全区具备劳动能力的残疾人中，男性就业率为 72.87%，女性就业率为 68.34%。较之残疾男性，女性残疾人的劳动参与率更低、就业质量更差，女性残疾人在就业过程中，易受到残障和性别双重歧视。（见表 3）

表 3　劳动年龄段不同性别残疾人就业情况

性别	已就业 / 人	未就业 / 人	总数 / 人	就业率 /%
男	2726	1015	3741	72.87
女	1431	663	2094	68.34
合计	4157	1678	5835	71.24

注：数据来源于残疾人基础信息数据动态分析平台。

（三）影响残疾人就业的因素分析

1. 残疾人的身体状况较差是造成残疾人与非残疾人之间就业差的主要原因

残疾人在生理与心理上具备一定的特殊性，不具备从事高强度体力劳动、高危险性工种的身体条件，同时，部分残疾人由于存在行动不便、精神智力方面的问题，不适宜从事需进行长途通勤的工作，极大地限制了残疾人对于就业岗位的选择。

2. 残疾人受教育水平较低对于残疾人与非残疾人之间就业差产生重要影响

2023 年，我国高中阶段毛入学率为 91.8%，高等教育毛入学率为 60.2%，而残疾人接受教育的比例仅为 78.9%，高中阶段残疾人入学率为 69.5%，高等教育阶段残疾学生数量 9.7 万人。相较于健康人群，残疾人受教育机会更少，受教育程度更低，学历水平的限制导致残疾人更多从事劳动密集型工作，极大地影响了残疾人对高技术工作岗位的选择。

3. 社会保障状况不够完善对于残疾人与非残疾人之间就业差存在一定影响

残疾人作为社会中的特殊困难群体，其需享受的社会民生保障与非残疾人存在一定差距。残疾人有质量的生活及出行都需要无障碍设施及定期康复训练的保障，而在目前社会上，对于残疾人系统、整体的康复训练体系尚未形成，企业中无障碍设施的建设仍有待完善。

4. 地区经济发展水平不一样是导致残疾人与非残疾人之间就业差的关键因素

不同地区经济发展程度、产业发展情况及人口密度不同，直接造成了不同区域间就业资源和就业机会的差异，经济发达、人口密度高、产业发展好的地区能提供更多的就业岗位，有着更多样化的就业渠道。

二、推动残疾人高质量就业的"余杭实践"

（一）一家一品行动，塑造残疾人就业"金名片"

余杭区以残疾人之家为依托，结合当地文化特色资源，开展"一家一品"服务提升行动，不断推动就业创业共富，打造"助残共富"新体系。如余杭街道设立"禹上稻乡助残共富实践基地"和"共富同行"工作室，搭建了致富平台。瓶窑镇在传统来料加工的基础上，创新推出瓶窑残疾人之家手工花、"扭扭棒"等文创作品。径山镇通过加强点茶、插花、团扇等技能培训，辅助推进线上线下销售，为残疾人每月带来上千元收入。鸬鸟镇启动"一鸬守护——助残共富工坊"活动，通过送手工上门等辅助性就业帮助残疾人实现就近就地、灵活稳定就业。全区 12 个镇街实现了三星级以上的"残疾人之家"全覆盖。（见专栏 1）

专栏 1：全区发展"一家一品"典型案例

省残联公布的 2022 年全省五星级"残疾人之家"名单中，余杭区余杭街道残疾人之家、瓶窑镇残疾人之家、径山镇残疾人之家获评浙江省五星级残疾人之家。

余杭街道：内设辅助就业区、多功能活动区、康复训练区、休闲交流区、培训室、医务室、心理辅导室、烘焙室、午休室等功能区。同时，设立"禹上稻乡助残共富实践基地"，设立"共富同行"工作室，发挥禹上稻乡港澳青年创意基地及石榴籽家园的统战资源和阵地作用，统筹全街道资源以助力残疾人生产生活、物质精神共同富裕，努力建设成为集宣传教育、创新创业、公益慈善、学习提升于一体的综合性阵地。

瓶窑镇：连续两年获评浙江省五星级残疾人之家，是全区投入最大、学员最多、功能区块最丰富的残疾人之家，为辖区残疾人提供康复、教育、就业、心理辅导等全方位服务。以"携手陶礼，窑相呼应"为服务主题来发动残疾人学习和传承陶窑文化，组织手工制作活动，为手工成品开辟销售渠道，将"指尖技艺"变为"指尖经济"。

径山镇：通过充分挖掘和利用丰富的非遗资源，结合传统宋韵文化，为当地残疾人朋友提供点茶、插花、团扇等培训项目，在学习宋韵美学的同时提升其就业技能。深化"径山五美"建设，培育成熟的残疾人之家和茶企，全链条协作"径善径美·共富茶礼"，通过商会、爱心企业、美好直播间等平台进行线上线下销售，目前已完成600份订单，为残疾人每月带来上千元收入，拓宽了残疾人之家辅助性就业增产新路子。

（二）春风行动推动，打造残疾人就业"直通车"

余杭区积极举办春风行动系列活动，以线上＋线下的方式开展了多场招聘活动，通过为残疾人等重点群体提供一对一的求职登记、岗位推荐和求职介绍等方式，做好跟踪服务，实施动态管理，掌握就业困难群体中的个人最新情况和就业意愿。据统计，2023 年初余杭区"春风行动"暨就业援助月系列招聘活动共吸引到访人数 2000 余人，直播带岗线上浏览量超 80000 人；活动上，特设残疾人专区，遂曾生物、正冠电器、帝龙新材、碳友科技等 4 家企业提供了多个面向残疾人的工作岗位，致力帮助更多残障人士实现自身价值。

（三）科技助残牵引，搭建残疾人就业"新平台"

区残联持续深化"高科技企业助残先行区"建设，拓宽残疾人共同富裕实践路径，增强科技助残影响力。聚合程天科技、强脑科技等 20 余家高科技辅助器具企业，在全省成立首个高科技企业助残联盟。依托高科技企业，积极在产品测试、发布、展销环节中开展残疾人招用工作，累计为 20 多名残疾人提供了高技术含量的岗位。"科技赋能残疾人精准康复"连续 3 年被列入区政府民生实事项目，每年康复服务 2000 人次以上，为残疾人免费适配智能仿生手、智能仿生腿等高科技辅具，助力其提升生活品质。同时，区残联通过推动余杭高科技辅具企业与浙江特殊教育职业学院共同开发辅具技术应用等课程，共同建设辅助技术服务、无障碍管理等专业，面向特殊教育教师、特殊儿童家长、残疾人用人企业等开展辅具推广工作，让科技助残的成果"飞入寻常百姓家"。

（四）新兴业态赋能，开拓残疾人就业"新模式"

余杭区积极整合社会各界力量和电商平台资源，打造"互联网＋"残疾人就业创业新模式。启动实施百名残疾人电商就创业助力项目，开展定制化电商运营等线上线下培训，同时以瓶窑镇残疾人之家、百丈好竹意直播间为试点，遴选 100 家有发展潜力的标杆残疾人商家，打造残疾人就创业商家标杆。以党政机关、事业单位和国企带头安置为示范引领，持续开发村、社区残疾人专职委员、保洁、后勤服务等公益岗位。大力推广残疾人电子竞技运动，依托"亚残运"契机，开展全国残疾人电子竞技项目推广活动。（见专栏2）

专栏2：新业态就创业典型案例

径山镇推动文创赋能传统农业：立足当地茶文化特色，开启"家企合作"模式，打造高品质文创产业，开发"径善径美·共富茶礼"，推进农产品走向省农博会，帮助残疾人之家的学员增收近万元。

百丈镇推动直播电商助农助残：大力支持"好竹意"残疾人直播产业的发展壮大，积极引导基地探索"电商＋直播＋创业＋助农"发展新模式，搭建电商直播技能提升平台、产品展销平台、就创业平台和兴农助农平台，示范引领、带动更多的残疾人在直播电商领域就创业。

（五）精准服务支撑，建立残疾人康复"强保障"

联合未来科技城医院、儿童康复机构，按照科学精准、一人一策的原则，为残疾人提供包括儿童康复训练、入户康复、家庭病床、辅具适配和心理疏导、社会融合活动等康复服务，目前已完成儿童康复训练、入户康复、家庭病床、辅具适配、心理健康疏导3000余人次。全链条推进无障碍环境建设，针对困难的重度残疾人家庭开展无障碍改造，实行"一户一方案"，2021—2024年共实现无障碍设施进家庭改造270余户，持续扩大15分钟无障碍生活圈。依托"亚残运"契机，对停车位、卫生间、垂梯、无障碍标志等持续开展"微改造、精提升"，不断优化无障碍服务。建设余杭区残疾人康复中心，提供住院康复、门诊康复、康复评估、康复培训等服务。

（六）就业政策引领，激活残疾人就业"动力源"

余杭区先后出台了《关于加快推进残疾人全面小康进程的实施意见》《关于实施残疾人创业就业贷款贴息补助的通知》《关于促进残疾人电子商务、文化创意及辅助性就业创业的实施意见》《2023年余杭区残疾人就创业职业技能提升实施方案》等政策文件，现有与残疾人就业相关政策5类15项，其中涉及职业技能培训政策1项，用人单位安排残疾人就业扶持激励政策3项，辅助性就业机构开办支持政策4项，残疾人自主就创业补贴支持政策4项，实施城乡就业基地残疾人培训安置与培训补贴政策3项。政策涵盖集中安置、分散安置、自主创业等形式，对象覆盖就业培训机构、种养业基地和残疾人个人的补助等。（见表4）

表4 2018年后国家、省、市、区出台推动残疾人就业相关政策

政策等级	政策名称	出台时间
国家级	《关于扶持残疾人自主就业创业的意见》	2018年
	《关于促进残疾人就业税收优惠政策的通知》	2017年
	《促进残疾人就业三年行动方案（2022—2024年）》	2022年
	《"十四五"残疾人职业技能提升计划》	2022年
浙江省	《关于完善残疾人就业保障金制度更好促进残疾人就业的实施意见》	2020年
	《浙江省促进残疾人就业行动方案（2022—2025年）》	2022年
	《浙江省机关、事业单位、国有企业带头安排残疾人就业实施办法》	2022年
杭州市	《关于进一步推进残疾人就业创业工作的通知》	2018年
	《杭州市残疾人事业发展"十四五"规划》	2021年
	《关于进一步完善残疾人就业创业补贴制度的通知》	2022年
	《杭州市促进残疾人就业行动方案（2023—2025年）》	2023年

续表

政策等级	政策名称	出台时间
余杭区	《杭州市余杭区"十四五"残疾人事业发展规划》	2021 年
	《2023 年余杭区残疾人就创业职业技能提升实施方案》	2023 年
	《关于高质量推进省市区政府助残民生实事项目的实施方案》	2023 年
	《杭州市余杭区残疾人救助保障实施细则》	2023 年
	《关于进一步落实残疾人就业创业补贴制度的通知》	2023 年

注：资料来源于中国政府网、浙江省残疾人联合会官网、浙江省人民政府网站、杭州市人民政府网站、杭州余杭门户网站等。

三、残疾人就业存在内部外部双重障碍

（一）在自身因素层面，就业技能与可持续性较为欠缺

一是自身技能和素质问题。残疾人受自身生理和心理特殊性的影响，受到获取就业技能的限制，就业技能的专业化程度较低且不够多元，导致其很难适应竞争机制下的就业需求。在精神意识层面，残疾人缺乏市场经济条件下的商品意识、竞争意识和创新意识，尚不具备参与社会竞争的积极态度。二是职场发展可持续性问题。尽管不少残疾人大学生毕业后会在大城市实现就业，但 70% 的毕业生月平均收入仅为 3000 元，大多数残疾人大学生依然从事技术含量低的工作，由于对工作满意度低等因素，残疾人大学生的职场发展可持续性较差，流动性更强。三是就业意愿和动力问题。部分未完全丧失劳动力的残疾人长期依靠政府各项补贴政策生存，导致个人就业意愿不强、信心不高、动力不足。此外，受多方面因素影响，部分残疾人虽然个人有一定的就业意愿，但在家人的长期反对中意愿基本消失殆尽。

（二）在社会意识层面，就业歧视及偏见问题依旧严峻

一是社会认同不够。残疾人就业歧视在就业市场中仍是较为突出的问题，残疾人在参与应聘的过程中往往会遇到直接歧视和间接歧视，由于招录的残疾人员工在工作岗位、效率上均与正常员工有很大差异企业需进行特殊设置，部分企业为了保证企业收益，构建内部"狼性"企业文化，对残疾人群体存在隐性歧视，不愿雇用残疾员工。二是自我认同不够。一直以来，残疾人被社会大众划分为社会弱势群体，这在一定程度上导致存在部分群众歧视、漠视残疾人的问题，让部分残疾人产生自卑、孤独、受挫等心理。同时，在当前市场竞争越发激烈的背景下，残障人士的求职过程相较于非残障人士更加艰难，亦会加剧残疾人因求职失败而产生的挫败感。三是企业动力不足。在经济下行的影响下，部分企业也存在内忧外患，对吸纳残疾人就业的热心程度不够，在残疾人岗位设置、匹配上均存在困难。

（三）在服务支持方面，残疾人群体劳动市场有待完善

一是就业服务多样性有待强化。覆盖专业培训、就业辅导、创业帮扶、就业渠道拓展等方面线上、线下联动的残疾人就业服务网络还待建立。残疾人尤其是心智残疾的人群，就业难度更大，对于帮扶指导需求更多。目前全区在就业辅导、创业帮扶方面的服务仍需进一步探索强化，就业辅导专员队伍建设仍有不足，对就业情况跟踪力度有待提升。二是精准服务水平有待提高。目前针对残疾人就业的服务以共性化为主，缺少对于不同情况和不同类型残疾人的针对性服务和帮扶举措，聚焦残疾人心理健康和自身素质等软性品质的精准化服务供给不足。同时，企业无障碍设施服务建设力度尚待提升，更加人性化、更适宜残疾职工工作的环境有待建立。

四、推动余杭区残疾人高质量就业的对策建议

（一）全面完善就业服务生态

一是技能升级加速，强化残疾人培训体系建设。坚持分类指导、精细培训、加强扶持、促进就业的原则，进一步完善区级统筹、镇街联动、覆盖城乡的培训工作机制，打造辅助性技能培训和社会化职业培训多元互补的职业技能培训体系。持续推进开展"一家一品"镇街特色培训，进一步提高残疾人的职业技能水平，提升残疾人的就业创业能力。探索残疾人订单式培训模式，依托余杭区技工学校、良渚职业高级中学等职教院校，建立企业下订单、劳动者选单、培训机构列单、政府买单的培训模式，结合当前市场的用工需求，挖掘花卉种植、电商、茶艺等培训需求大、就业前景好、适合残疾人的专业。积极开展专项技能培训，选送有职业相关需求的视力残疾人参加盲人保健按摩师、医疗按摩师培训，确保培训学员能够实现技能就业和自主创业。

二是服务供给加大，完善就业专业服务工作网。强化残疾人求职、职业能力测评、企业招聘等服务，全面构建线上＋线下残疾人就业服务网络。依托余杭区灵活用工平台，持续完善"灵活就业用工市场"岗位数据库，鼓励合作企业设立残疾人岗位并线上公开发布，结合残疾人求职者基本信息、求职意愿等情况，多条件匹配适合的岗位，自动投递匹配岗位。鼓励对在就业年龄段却未就业残疾人进行基础信息核对，对其中有就业需求的残疾人组织职业能力评估，进行就业需求登记。探索建立残疾人就业辅导员队伍，根据其专业知识来评估残障人士的工作能力，帮助其确定工作岗位，并提供持续跟踪和支持。持续开展区级春风行动系列活动，推动提供招聘会线上线下联办、扫码投递简历、AI 视频面试、求职进度全流程跟踪、24 小时就业热线等服务，为残疾人提供全方位就业渠道。

三是强村公司加码，创新农村就地就业模式。充分发挥强村公司作用，

建立"强村公司＋协会＋基地＋残疾人户"的残疾人农业就业模式，辐射带动更多残疾人开展生产劳动，推动残疾人在家乡就地就近就业。鼓励为每户有劳动力的残疾人免费提供果蔬苗、有机土壤等生产物资，并采取技术支持、跟踪服务、成品回收等措施，推动残疾人在基地开展农产品种植。围绕残疾人农业实用技术，引导相关农业协会设置种植养殖实用技术和高效栽培技术、农产品直播营销等教学模块以及残疾人心理辅导等服务，帮助农村残疾人掌握现代化的种植生产技术，发展农业生产，使农村贫困残疾人从单纯靠国家救助和社会支持变为自食其力的劳动者。

（二）着力推动自我就业创业

一是丰富就业形态，提供多元化就业创业机会。充分发挥全区 12 个残疾人之家的基层阵地作用，积极对接辖区内爱心企业，持续将文具拼装、贴牌、电线管套等操作简单、危险性小的就业项目引入残疾人之家。结合残疾人生理、心理特征，鼓励依托高科技助残联盟，组织阿里等头部平台对接残疾人就业需求，每年定向开放一批岗位，为残疾人提供"互联网＋"新商贸、新零售和抖音电商带货等相关职位，打造数字经济就业新形态。鼓励建设残疾人辅助性就业餐厅、咖啡厅等空间，为残疾人提供茶饮冲调员、收银员、货品整理员、清洁员等不同类型岗位，让残疾人真正融入社会，实现就业心愿。

二是建设孵化空间，打造残疾人创业新型载体。建立"残疾人创业就业孵化基地"，打造孵化残疾人创业梦想的"造梦工厂"。设立多功能教室、办公区、残疾人手工品展示厅、网络直播间、心理咨询室等，无偿为残疾人提供共享办公场地、搭建资源共享平台，提供心理疏导、技能培训、创业孵化、党群服务、法律援助、政策咨询等一站式服务，以创业带动就业，搭建残疾人向上流动的阶梯。定期开办创业培训班，邀请全国名师讲课，以创业意识培训、创业能力分析、创业项目筛选、创业风险评估等为重点进行专题辅导，提高残疾人创业者的综合素质。依托全区共富工坊空间资源，鼓励有手工制作等一技之长的残疾人以开展培训和生产制作产品的形式进行创业，以"工坊承揽、居家生产"的模式，招募辖区残疾人共同就业，成为残疾人家门口的"共富平台"。

三是打造最美人物，挖掘余杭残疾人创业之星。发挥全区数字经济集聚效应与人才高地作用，联动直播电商等新业态企业，打造残疾人创业明星、残疾人网红 IP 等，实现"培训＋造星＋创业"的三维集成。鼓励开设"网红主播"专题培训班，鼓励经培训的残疾人主播开设网络电台、签约网络直播平台，并创办电台节目。鼓励联合电视台、宣传部等相关主体，每年开展全区创业之星评选活动，建立镇街推选申报、区残联审核、报请区政府审定的评选模式，充分挖掘全区残疾人网红人物。设立创业之星创业奖励扶持资金，对入选残疾人给予一定现金奖励，并颁发荣誉证书。

（三）充分强化社会帮扶氛围

一是推动主体联动，力争消除社会偏见及歧视。鼓励政府机关、国有企业、事业单位发挥示范作用，选择符合残疾人就业特点、适合残疾人工作的工种和岗位，在招聘计划中安排一定数量的岗位，用于定向招聘符合条件的残疾人，对于已安排残疾人就业的机关和事业单位，应当按照有关规定向社会公示。联合工会、妇联、社会机构等积极举办残疾人交流活动，邀请优秀残疾人代表分享其自强不息的奋斗经历，帮助其他残疾人树立积极正确的人生态度。深化推动各级各类职业学校和职业培训机构及其他教育机构落实国家接纳残疾学生的有关规定，持续加强学校无障碍环境建设。鼓励学校提高残疾人的自理能力、社交能力和生活技能，帮助残疾人更好地适应社会生活，增强他们的自信心和自主能力，消除社会对残疾人的歧视和偏见。

二是强化村社联系，打造残疾人居家就业社群。鼓励村社委员会在残疾人就业中充分发挥联系、关心作用，统筹协调党建联盟单位、辖区爱心企业、各类社会组织资源，打造残疾人就业社群。聚焦残疾人群居家灵活就业需求，将一些简单加工产品向有需求但出行不便的特殊残疾人家庭延伸，并提供送货到家、上门收购等服务，使其在家就能就业。强化互联网赋能作用，大力开发视频审核、电商客服、美工设计、文案撰写、软件测试、社群电商等适合残疾人居家就业的岗位，推动实现居家平台化就业。鼓励有手工技能的残疾人居家开设网店，从活动运营、店铺诊断、课程教育、就业辅导、社群活动等5个方面提升残疾人商家运营能力。

三是探索美丽工坊，优化女性残疾人就业环境。针对女性残疾人就业困境，强化与妇联等女性群众组织的合作，探索在镇街层面开展美丽工坊试点。打造集展销、体验、参观、培训等多维度场景于一体的工坊，切实发挥女性群体在非物质文化遗产传承、手工制作等方面的优势，开设手工制作、电商营销等通用性广、时尚前沿、产品市场需求量大的手工技能培训项目。鼓励掌握技术的女性残疾人集中开展手工制作，或将材料带回家制作后再带到工坊展览售卖，实现"居家＋集中"灵活就业。聘用成绩优秀并通过考试的残疾人学员开展手工文创产品制作。打造美丽工坊直播间，聘请女性残疾人开展直播，在线推广手工艺品。引导申报国家"美丽工坊"项目，对于申报成功的美丽工坊给予一定奖励。

（四）深化构建制度保障体系

一是强化顶层支持，高站位部署就业创业工作。建立健全党委领导、政府负责、社会参与、残疾人组织充分发挥作用的残疾人事业领导体制和工作机制。针对残疾人高质量就业工作，鼓励各部门出台相关政策，明确分工与职责，从拓宽渠道、强化服务、提升技能等方面，统筹推进残疾人高质量就业工作的稳步开展。探索开展年度述职、重点工作督查等制度，形成高效协同的工作合力。建立党政机关、事业单位和国有企业带头安置残疾人就业的常态化机制，落实残疾人按比例就业岗位补贴和超比例奖励办法，探索国有企业预留岗位定向招聘残疾人就业制度，持续推动村社残疾人政策性帮扶岗位配备。在区级层面研究出台推动智能化康复辅助器具行业应用的相关政策，推进将智能化康复辅助器具纳入医保范围，推动更多残疾人康复就业。

二是强化科技助残，建立创新型民生保障体系。持续深化"高科技企业助残先行区"建设，聚合更多的力量、资源，让科技的成果惠及残疾人。面向特殊教育教师、特殊儿童家长、残疾人用人企业等开展辅具推广工作，持续提高无障碍设施覆盖率。推动企业无障碍环境建设，鼓励企业联合强脑科技、程天科技、诺尔康电子、爱听科技等高科技助残企业，结合企业功能分布、实际用途，建设残疾人无障碍环境。鼓励依托社区卫生服务中心打造智能化残疾人"康复之家"，为残疾人建立智能健康数据档案，将病史管理、体检相关指标、运动数据等进行在线化管理，推动存量康复之家积极配备智能康复设备，用科技力量帮助残疾人恢复身体机能，增加就业机会。创新社会救助保障模式，为残疾人提供云视频、云交友、云游戏等科技关爱服务，增强生活就业信心。

三是强化山城协作，构建城乡互动就业新模式。联合企业等市场主体，强化城乡在残疾人就业方面的区域协作，化解城乡残疾人就业机会不平衡的问题。盘活各村镇闲置厂房的存量空间，引进阿里巴巴、浙江赛目、永和昌文创等数字科创、绿色金融、文化创意、农业科技等创新型企业，在当地注册中小型农文旅工作室，并设立农特产、文创产品电商平台，为残疾人提供电商直播、网店运营等就业岗位。会同区文旅局等部门做强民宿产业，策划打造民宿（农家乐）余杭品牌整体形象，鼓励有闲置农房的残疾人参与民宿建设，创办民宿爱心助残培训班，为辖区内残疾人提供免费学习管家服务、客房技能、餐饮知识等民宿管家技能的培训课程，并帮助优秀学员解决就业。

提高基本公共服务设施布局均衡性、可及性研究
——以余杭区为例[①]

湛东升　王羽丰[*]

摘要：基本公共服务设施均衡性和可及性不仅关乎区域发展的公平性和居民设施使用的便捷性，还直接影响城市居民生活质量和幸福感。本研究基于杭州市公共服务设施布局兴趣点（POI）和2023年杭州城市体检社会满意度调查等多源融合数据，以杭州市余杭区为研究案例，使用核密度分析法详细探讨了余杭区基本公共服务设施空间分布特征，并分别使用泰尔指数法和最短距离法测度了其设施布局的均衡性与可及性。该研究发现：余杭区基本公共服务设施整体呈现出东密西疏的空间分布特征；设施均衡性差异主要来自社区间差异，并且中低收入居民设施满意度普遍低于中高收入居民设施满意度；设施可及性大体呈现东高西低态势，西北部山区设施水平有待提高。基于余杭区的案例分析，该文对杭州市的基本公

---

① 本文系课题"余杭区提高基本公共服务设施布局均衡性、可及性"（课题编号：Yhsk24C16）的研究成果。

* 湛东升，博士，浙江工业大学副教授，研究方向为城市与区域发展、住房与房地产经济和资源环境管理等。王羽丰，浙江工业大学博士生，研究方向为住房与房地产经济、城市建成环境规划。

共服务设施建设与布局提出如下建议：一是加强基本公共服务设施的供需匹配，进一步提高设施配置的空间公平性；二是推进基本公共服务设施的均衡性建设，不断提升基本公共服务设施的质量；三是完善文体设施的建设体系，满足居民的文化体育服务需求；四是精准改进中低收入群体的设施配套问题，提升全体居民对基本公共服务设施的获得感；五是加大基本公共服务设施使用体验的社会调查力度，及时准确地了解城市居民的设施需求。

关键词： 基本公共服务设施；均衡性；可及性；余杭区

一、引言

（一）研究背景与意义

党的二十大报告强调"健全基本公共服务体系，提高公共服务水平，增强均衡性和可及性，扎实推进共同富裕"，公共服务是改善人民生活质量、提升人民幸福感的主要手段之一。基本公共服务设施布局的均衡性关乎不同区域、不同收入水平的居民能否平等地享受到设施带来的居住福祉，而可及性直接关系到居民能否便捷地使用这些设施。因此，详细研究基本公共服务设施布局的均衡性和可及性，不仅关乎区域发展的公平性与可持续性，还直接影响到城市居民的生活质量和幸福感。

合理的基本公共服务设施布局对于改善城市人居环境质量、提升居民福祉和促进城市持续健康发展起着至关重要的作用。本研究基于人民群众对美好生活的需要，构建了余杭区基本公共服务设施布局指标体系，运用泰尔指数法和核密度分析法等方法测度了余杭区基本公共服务设施布局的均衡性和可及性，以期完善杭州超大城市内部创新活力区域的基本服务设施配置评价，为进一步优化余杭区基本服务设施空间规划布局和改善杭州城市人居环境质量提供实践指导依据。

（二）研究设计

1. 研究数据

本研究使用的数据主要包括余杭区基本公共服务设施数据、人口密度数据、余杭区基本服务设施满意度数据等。其中，基本公共服务设施数据来源于高德 API，基础教育设施数据通过余杭区政府网站等平台进行进一步补充，具体选取的基本公共服务设施类型和名称如表1所示。人口密度数据来源于 WorldPop2020 数据集 100m*100m 分辨率数据，涵盖了丰富的社会经济属性，包括年龄结构、性别结构、出生率、人口流动和航班联系等数据。这些数据是通过多种来源的数据融合而成的，包括人口普查数据、土地覆盖数据、MODIS NPP 数据、海拔和坡度数据等多源数据，获得了包括联合国开发计划署、联合国环境署等的广泛认可。本研究按余杭区社区地图进行掩膜提取。余杭区基本服务设施满意度数据来源于 2023 年城市体检社会满意度调查，研究筛选出 965 个问卷样本，选取其中涉及基本公共服务设施布局均衡性、可及性的相关问题进行分析。其中，针对基础教育设施选取了"您所在社区的幼儿园是否存在以下问题""您周边的小学是否存在以下问题""您周边的初中及高中是否存在以下问题"等三个问题，统计了"不存在问题""没有幼儿园 / 学位数量少"和"离家太远"等三种回答情况。针对医疗卫生设施选取了"您所在社区卫生服务中心是否存在以下问题"的提问，统计了"不存在问题""药品种类不全""医疗设备不完善""开放时间短"和"缺少全科医生服务"等回答情况。针对文体设施选取了"您认为城市公共文化设施（图书馆、剧院等）使用是否方便"和"您认为城市体育场地和健身设施是否充足"两个问题。另外，选取了"您所在街区周边的多功能运动场地是否存在以下问题"和"您所在街区周边的文化活动场地（图书室、青少年活动中心、老年活动中心、美术馆等）是否存在以下问题"两个问题，统计了"不存在问题""场地面积或设施数量、类型不足""设施布局不合理"和"没有向公众开放"等情况，选取"您家所在街区周边的公园绿地是否存在以下问题"的提问，统计了"不存在问题""场地面积不足"和"公园绿地布局不合理"等情况，针对公共交通设施选取了"您认为公共交通站点设置是否方便""您认为轨道交通站点设置是否方便"两个问题，统计了各评价选项的占比。基于此，本研究对基本公共服务设施布局的可及性、均衡性存在的问题进行分析。

表 1　基本公共服务设施指标体系

设施类型	设施名称
基础教育设施	幼儿园
	小学
	中学
医疗卫生设施	诊所
	卫生院
	综合医院
文体设施	运动场馆
	图书馆
	博物馆
	公园广场
公共交通设施	公交站点
	地铁站点

2. 研究方法

（1）核密度分析法。余杭区基本公共服务设施空间分布分析采用核密度分析法。核密度分析法用于计算点要素测量值在指定领域范围内的单位密度，可以体现研究对象在空间上的聚集情况。本研究运用核密度分析法可以展示余杭区基本公共服务设施的集聚态势，并在空间上进行展示。核密度估计值越大，基本公共服务设施的空间分布密度越高、集聚特征越显著。计算公式如下：

$$f_h(x) = \frac{1}{nh} \sum_{i=1}^{n} K\left(\frac{x-x_i}{h}\right)$$

式中，$K\left(\frac{x-x_i}{h}\right)$ 是核密度方程，h 是宽窗，n 是阈值内点的数量，$(x-x_i)$ 是估计点 x 到测量点 x_i 的距离值。

（2）泰尔指数法。余杭区基本公共服务设施布局均衡性主要采用二阶段嵌套泰尔指数来衡量。泰尔指数是一种特殊的广义熵指数，可用于测度区域不平等程度。由于其具有优良的可分解特性，因此泰尔指数常被用于识别发生在不同层级的不平等状况及其对总体不平等状况的贡献。最常见的泰尔指数分解方法为"一阶段泰尔指数分解方法"，将总体区域差异分解为区域内差异和区域间差异两部分。在一阶段分解的基础上，可以进一步进行"二阶段嵌套泰尔指数分解"。二阶段嵌套泰尔指数分解总体差异公式如下：

$$
\begin{aligned}
T_d &= \frac{1}{n} \sum_i \sum_j \sum_k \frac{y_{ijk}}{\mu} \log \frac{y_{ijk}}{\mu} \\
&= \frac{1}{n_{ij}} \sum_i \sum_j \frac{n_{ij}\mu_{ij}}{n\mu} \sum_k \frac{y_{ijk}}{\mu_{ij}} \log \frac{y_{ijk}}{\mu_{ij}} + \sum_i \frac{n_i\mu_i}{n\mu} \sum_k \frac{n_{ij}\mu_{ij}}{n_i\mu_i} \log \frac{\mu_{ij}}{\mu_i} + \sum_i \frac{n_i\mu_i}{n\mu} \log \frac{\mu_i}{\mu} \\
&= T_{wp} + T_{BP} + T_{BR}
\end{aligned}
$$

式中，n 表示空间单元个数，y 为基本公共服务设施个数，μ 为基本公共服务设施均值，下标 i 表示 i 区域，在本研究中表示余杭区，j 表示 j 街道，k 表示 k 社区。总体差异被分解为街道间差异（T_{wp}）、社区间差异（T_{BP}）和社区内部差异（T_{BR}）。本研究设置街道为第一层级，社区为第二层级，对余杭区基本公共服务设施布局的均衡性进行研究，探究基本公共服务设施分布差异来自街道还是社区层面，泰尔指数值越大说明差异越大，越接近零说明差异越小。

（3）最短距离法。余杭区基本公共服务设施布局可及性分析采用最短距离法。最短距离法是一种常用的计算可及性的方法，它主要基于动态规划的思想，通过计算从起点到终点的最短路径来衡量可及性，距离越近，可及性越好。本研究通过计算余杭区各社区中心点到最近的各种类型的基本公共服务设施的距离来进行可及性分析。

（4）城市体检社会调查。余杭区基本公共服务设施布局均衡性、可及性的主观评价数据来自2023年的城市体检社会满意度调查。城市体检的调查方式主要有两种：社区管理员通过随机抽样来选取符合条件的被访者，被访者在线上App或网站上填写问卷；对于信息化水平较低的老人和其他群体，采用社区管理员现场辅导、问答的方式完成问卷填写。为确保调查数据的代表性、可靠性和丰富性，调研过程还采取了等比例分层抽样、交叉控制配额抽样和随机抽样等多种抽样相结合的方法，来有效控制受访者的总体样本结构特征和空间分布特征，以保证受访者总体样本具有充分的代表性。本研究选取其中关于基本公共服务设施布局均衡性、可及性的相关问题进行统计分析。

3. 研究框架

本研究先进行文献收集整理，结合数据可得性等因素选择余杭区基本公共服务设施作为具体研究对象；再收集整理数据导入ArcGIS等分析软件中进一步分析。先使用核密度分析法对客观的基本公共服务设施分布情况进行初步探究，再结合主观城市体检满意度问卷调查数据中基本公共服务设施相关问题进行分析，运用二阶段嵌套泰尔指数研究基本公共服务设施布局均衡性，使用最短距离法研究基本公共服务设施可及性，综合上述结论，提出具有针对性的政策建议。

二、余杭区基本公共服务设施现状

（一）基本公共服务设施空间布局特征

1. 基础教育设施分布总体呈现东密西疏和南高北低的特征

基础教育设施空间分布情况总体呈现东密西疏和南高北低的分布态势，主要集中在良渚街道南部、瓶窑镇东部以及余杭、五常、仓前街道邻接处附近。

分设施来看，幼儿园核密度值较高的区域为良渚街道杜甫村、崇福社区、西塘河村、良港村附近，瓶窑镇新窑社区、瓶窑社区、南山村附近，以及余杭街道凤联社区附近。但西北部山区幼儿园分布数量较少，核密度值较低。小学核密度值较高的区域为良渚街道勾庄村附近区域，仓前街道苍南社区，余杭街道大禹社区，闲林街道联荣村、万景村附近，以及五常街道洪园社区附近区域。在黄湖镇、百丈镇和鸬鸟镇内分别仅有一所小学分布，当地适龄儿童就近上学的便利性问题仍需改善。中学的分布方面，分布密集区域与小学重合度较高，核密度值较高的区域有良渚街道勾庄村附近区域，余杭街道南部的西塔村、通济社区、上文山社区等区域附近和五常街道五常社区、永福社区和洪园社区附近。

2. 医疗卫生设施覆盖较为均衡，但西北部山区医疗设施相对不足

医疗卫生设施总体分布呈现东密西疏态势，主要集中在仓前街道南部、五常街道北部以及良渚街道南部等区域。

分设施来看，诊所的空间分布最集中，核密度值较高的区域有良渚街道北秀社区、玉鸟社区、金家渡社区附近，瓶窑镇华兴社区、瓶窑社区附近以及五常街道文一社区、云创社区和仓前街道苍南社区、朱庙社区附近区域。卫生院在医疗卫生设施中分布最广泛，除黄湖镇、百丈镇和鸬鸟镇外，余杭区的各个街道均有分布，核密度值较高的区域有仁和街道的獐山社区、东塘

村和云会村附近，闲林街道民丰村、万景村和余杭街道通济社区、南安社区和沈家店社区附近区域。综合医院分布方面，核密度值较高的区域有瓶窑镇南山村、杨梅坞社区、凤都村附近，良渚街道良渚村、良港村聚贤社区附近，仓前街道苍南社区、苕溪村、葛巷社区等周边地区，以及余杭街道通济社区、南安社区、大禹社区附近区域。但西部山区的医疗卫生设施较为缺乏，居民就近就医的需求未能得到满足。

3. 运动场馆和博物馆空间分布较为集中，其他文体设施空间分布较为均衡

从文体设施空间分布情况看，运动场馆主要分布在余杭街道南部、仓前街道南部、五常街道西部和良渚街道南部附近的位置，这些地点集中于余杭区的东南部，而其他区域的运动场馆设施存在较大空缺；博物馆主要分布在良渚街道西部和瓶窑镇东部邻接区域；图书馆和公园广场分布相对较广，总体呈现出东密西疏的分布。

分设施来看，运动场馆是居民日常运动的主要场地，核密度值较高的区域有仓前街道葛巷社区、宋家山社区、苍南社区、朱庙社区等社区附近区域，五常街道永福社区、云创社区、顾家桥社区、横版桥社区等社区附近区域，以及余杭街道沈家店社区和闲林街道华丰社区、联荣村、万景村附近，但余杭西部和北部区域没有运动场馆分布。博物馆分布方面，核密度值较高的区域有以打造"乡村博物馆第一村"的百丈镇溪口村附近，以及以良渚文化遗址为中心的附近社区，如良渚街道新桥社区、良渚文化村社区、杜甫村附近，瓶窑镇里窑社区、长命村、大观山村附近区域。图书馆的分布方面，核密度值较高的区域有良渚街道良渚文化村社区、杜甫村、崇福社区附近以及仓前街道灵源村、苍南社区和五常街道文一社区附近区域。公园广场是居民日常休闲活动的主要场地，核密度值较高的区域有仓前街道灵源村、葛巷社区和五常街道文一社区附近，良渚街道良渚文化村社区、聚贤社区、昌运社区，以及余杭街道华坞村、洪桐村和闲林街道方家山社区、翡翠社区周边附近区域。

4. 公共交通设施相互补充，公交站点分布广泛，地铁站点主要集中于东部地区

从公共交通设施空间分布情况看，公交站点和地铁站点的空间分布几乎覆盖了余杭全区，为余杭区居民出行提供了更多选择。

分设施来看，公交站点核密度值较高的区域主要在西北山区黄湖镇、百丈镇、鸬鸟镇三镇，以及余杭街道南部、良渚街道南部以及五常街道东部及附近区域。地铁站点主要集中在良渚街道的 2 号线以及仓前街道、五常街道、余杭街道的 3 号线、5 号线和 19 号线。公交与地铁作为公共交通的重要组成部分，是许多居民出行的第一选择，因此全面的公共交通设施覆盖会给居民的日常出行带来极大的便利。

（二）基本公共服务设施需求主要集中于良渚街道、五常街道、闲林街道及余杭街道

本研究使用余杭区各社区街道人口密度空间分布表征基本公共服务设施需求。一般而言，人口密度越高的地区对基本公共服务设施的需求也越大，相对应的基本公共服务设施的建设也应当更加完善。总体来看，余杭区基本公共服务设施需求高值集中在中东部城区的良渚街道、五常街道、闲林街道及余杭街道。其中人口密度最高的社区有鸬鸟镇秀山社区（15799 人／平方千米）、良渚街道管家塘社区（11065 人／平方千米）、五常街道友谊社区（10583 人／平方千米）和良渚街道金家渡社区（10583 人／平方千米），这些区域的基本公共服务设施水平需重点关注。

余杭区人口密度低值区主要在西部山区的径山镇、黄湖镇、百丈镇和鸬鸟镇。其中人口密度最低的社区有鸬鸟镇太公堂村（7 人／平方千米）、瓶窑镇奇鹤村（14 人／平方千米）和百丈镇仙岩村（17 人／平方千米），这些地

区虽然人口稀疏，但是也需要一些基本公共服务设施保障居民生活，因此对这些区域的研究也具有重要意义。

（三）基本公共服务设施布局均衡性、可及性主观满意度评价特征

1. 小学、中学学位数量少，幼儿园离家太远问题有待解决

图1展示了余杭区基础教育设施问题占比情况。分设施来看，幼儿园存在的问题最少，选择"不存在问题"的居民超过了半数，幼儿园存在的最大问题是"离家太远"，占总问题数量的19.39%。小学设施最大的问题是"学位数量少"，占比达到26.06%。中学设施最大的问题是"学位数量少"，占比达到29.56%。

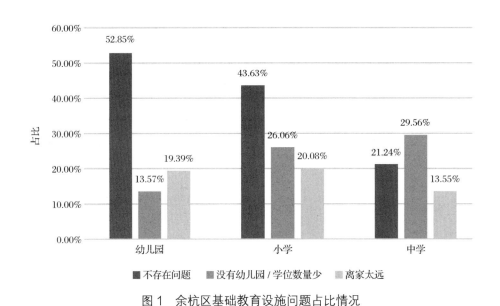

图1 余杭区基础教育设施问题占比情况

2. 医疗设备不完善问题较突出，医疗卫生服务质量均衡性受影响

图2展示了余杭区社区卫生服务中心问题占比情况。"医疗设备不完备"

是统计中问题占比最高的，达到 22.97%，同时"药品种类不全"占问题总数的 18.44%。医疗设备和药品种类反映了医疗配备问题，社区卫生服务中心的这些问题凸显，很大程度上影响其均衡性。质量不均的医疗卫生服务，可能会使不同区域的居民享受到的服务程度不同，削弱其获得感、幸福感，因此基本公共服务设施均衡性建设不仅体现在空间布局上，还体现在设施服务质量上。

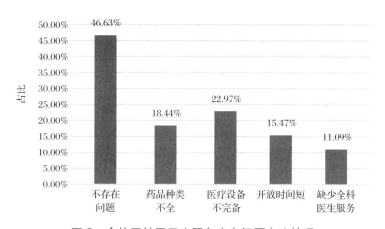

图 2　余杭区社区卫生服务中心问题占比情况

3. 文体设施面积、数量种类不足较大影响均衡性水平

图 3 展示的是余杭区文化可及性和体育设施均衡性满意度评价情况。在文化设施可及性方面，33.58% 的居民认为比较方便，26.95% 的居民认为很方便，但仍有 10.84% 的居民认为城市公共文化设施不太方便，3.37% 的居民更是认为其很不方便。在体育设施均衡性方面，36.15% 的居民认为城市体育场地和健身设施很充足，28.42% 的居民认为其比较充足，但也有 10.87% 的居民认为体育设施不太充足，2.51% 的居民更是认为其严重不足。

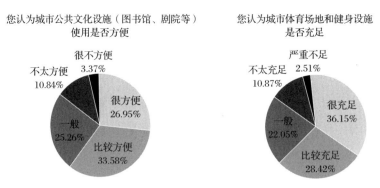

图 3　余杭区文化可及性和体育设施均衡性满意度评价情况

　　图 4 展示的是余杭区文体设施问题占比情况。从问题来看，余杭区文体设施存在的最大问题是"场地面积或设施数量、类型不足"，三种基本公共服务设施都有超过 40% 的问题占比，且均为三种设施中问题占比最高的，设施不充足是影响基本公共服务设施均衡性最直接的因素，直接影响到文体设施不完善地区的居民的文化体育需求。从设施类型来看，文化活动场地在"场地面积或设施数量、类型不足"问题上最为突出，问题占比更是达到了 56.87%；公园绿地在"设施布局不合理"问题上最为严重，问题占比达到 20.27%；多功能运动场地和文化活动场地在"没有向公众开放"问题上的占比分别为 9.77% 和 7.89%。

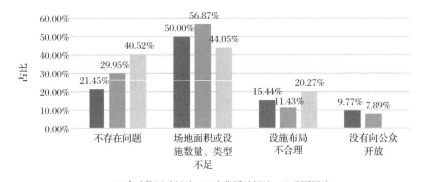

图 4　余杭区文体设施问题占比情况

4. 公共交通设施便利性总体满意度评价较高，可及性、均衡性较好

图 5 展示的是余杭区公共交通设施满意度评价情况。在公交站点方面，40.95% 的居民认为到公交站点比较方便，32.53% 的居民认为可以很方便到达公交站点，而有 5.26% 的居民认为到公交站点不太方便，1.79% 的居民认为很不方便。在地铁站点方面，38.27% 的居民认为到地铁站点比较方便，32.88% 的居民认为到达地铁站点很方便，而有 6.24% 的居民认为不太方便到达地铁站点，2.96% 的居民认为到达地铁站点很不方便。

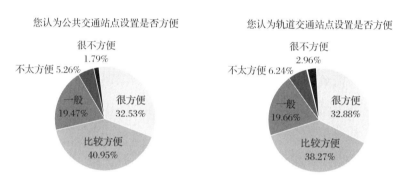

图 5　余杭区公共交通设施满意度评价情况

（四）小结

本节从主客观视角探究了余杭区基本公共服务设施的空间分布情况、需求分布情况以及满意度评价情况。发现余杭区基本公共服务设施空间分布大致呈现东密西疏、南高北低的特征，与其需求的分布情况大致一致，说明余杭区基本公共服务设施基本能满足各街道社区居民的需求，但仍存在西北部山区医疗卫生设施过少等问题需要关注。另外结合了城市体检社会满意度调查数据发现对余杭区各基本公共服务设施居民反映的具体问题，如小学、中学学位数量少和幼儿园离家太远问题，医疗卫生设施质量问题，文体设施面积、种类不足问题等，需要进一步改进。

三、余杭区基本公共服务设施均衡性评价

（一）余杭区基本公共服务设施空间分布均衡性评价

余杭区基本公共服务设施的空间分布不均衡主要来自社区间的差异，文体设施的均衡性有较大提升空间。

表2展示的是余杭区基本公共服务设施二阶段嵌套泰尔指数结果及各层级的分解情况。从各层级的均衡性来看，社区间的不均衡是导致余杭区基本公共服务设施各区域间存在差异的关键。各设施社区间泰尔指数均大于街道间差异和社区内部的泰尔指数或泰尔指数绝对值，说明余杭区各社区的基本公共服务设施配置存在较大差距，但相对整个街道来说，均衡性水平差异不是很明显，应当尽可能地合理优化社区间资源配置，保障各社区居民公共服务设施的均衡性。

表 2　余杭区基本公共服务设施二阶段嵌套泰尔指数值

设施类型	设施名称	街道间差异	社区间差异	社区内部差异	泰尔指数	均值
基础教育设施	幼儿园	0.2893	1.3942	−0.2201	1.4633	1.5482
	小学	0.2518	1.4142	−0.2055	1.4605	
	中学	0.3228	1.5570	−0.1590	1.7208	
医疗卫生设施	诊所	0.9214	1.1751	−0.3411	1.7554	1.4173
	卫生院	0.4751	0.8872	−0.2891	1.0732	
	综合医院	0.6146	1.1105	−0.3016	1.4234	
文体设施	运动场馆	0.7144	1.6217	−0.0691	2.2670	2.4500
	图书馆	0.6410	2.2709	−0.2173	2.6946	
	博物馆	1.1711	2.1619	−0.0228	3.3102	
	公园广场	0.5545	1.3422	−0.3684	1.5283	
公共交通设施	公交站点	0.1421	0.4371	0.0816	0.6609	1.4049
	地铁站点	0.6894	1.5023	−0.0430	2.1488	

从各基本公共服务设施种类来看，文体设施（2.4500）是余杭区各设施中均衡性最差的种类，公共交通设施（1.4049）和医疗卫生设施（1.4173）的均衡性相对较好。从各具体设施来看，博物馆（3.3102）差异相对最大，公交站点（0.6609）在各设施中均衡性相对较好。以下针对各基本公共服务设施种类在各街道的均衡性进行评价分析。

仁和街道基础教育设施均衡性有待提升，中学的分布相对不均衡。

表 3 展示的是余杭区各街道基础教育设施的泰尔指数值。分设施来看，中学（1.3530，拥有该设施的街道泰尔指数值均值，下同）是余杭区各街道中分布最不均衡的基础教育设施，小学（1.5109）的均衡性相对较好。从各街道比较来看，仁和街道（1.9596，拥有各设施的街道泰尔指数均值，下同）、鸬鸟镇（1.2973）和径山镇（1.6487）基础教育设施均衡性较差，五常街道（0.9793）和余杭街道（1.1522）基础教育设施均衡性相对较好。

表 3 余杭区各街道基础教育设施泰尔指数值

设施名称	余杭街道	仓前街道	闲林街道	五常街道	中泰街道	仁和街道	良渚街道	瓶窑镇	径山镇	黄湖镇	鸬鸟镇	百丈镇
幼儿园	0.9569	1.3952	0.8263	0.8880	2.2623	2.2206	1.4405	1.7682	1.3218	1.7918	1.9459	1.7918
小学	1.1527	1.2993	1.2725	0.8171	1.5993	1.7123	1.7033	1.4350	1.6094	1.7918	1.9459	1.7918
中学	1.3470	1.3582	1.7346	1.2328	1.0783	1.9459	2.0133	1.7187	2.0149	1.7918	0.0000	0.0000

闲林街道医疗卫生设施均衡性较差，综合医院分布均衡性有待提升。

表 4 展示的是余杭区各街道医疗卫生设施的泰尔指数值。分设施来看，综合医院（1.0986）是余杭区各街道中分布最不均衡的医疗卫生设施，大型的综合医院能够提供全方位的医疗服务，有充足的药品和器械供应，能够满

足各种患者的需求，在居民心中，综合医院往往代表着更高的医疗水平和更先进的治疗手段，因此综合医院均衡性的提升更能有效提升居民居住福祉。从各街道比较来看，闲林街道（1.7382）和仁和街道（1.6633）医疗卫生设施分布均衡性较差，五常街道（0.7064）和仓前街道（0.7090）医疗卫生设施均衡性相对较好。

表 4　余杭区各街道医疗卫生设施泰尔指数值

设施名称	余杭街道	仓前街道	闲林街道	五常街道	中泰街道	仁和街道	良渚街道	瓶窑镇	径山镇	黄湖镇	鸬鸟镇	百丈镇
诊所	2.0794	0.8045	2.1967	0.8604	0.0000	3.0445	1.1110	1.4561	0.0000	0.0000	0.0000	0.0000
卫生院	0.9808	0.4917	1.2834	0.7732	1.9459	0.5683	0.9734	0.8574	1.6094	0.0000	0.0000	0.0000
综合医院	1.0141	0.8308	1.7346	0.4855	2.6391	1.3771	1.0896	1.3042	2.7081	0.0000	0.0000	0.0000

余杭区各街道文体设施均衡性有待改善，设施完备街道较少，图书馆和博物馆分布较不均衡。

表 5 展示的是余杭区各街道文体设施的泰尔指数值。分设施来看，图书馆（1.5633）和博物馆（0.7430）的分布较不均衡，图书馆和博物馆是重要的文体设施，博物馆通过展示历史文物和艺术品，帮助人们了解历史、文化和发展，而图书馆则通过提供书籍、期刊、报纸等文献资源，满足人们的学习、研究和娱乐需求，两者都能充实居民的精神文化生活，是基本公共服务设施中不可或缺的一部分，因此普及图书馆和博物馆能满足居民精神文化需要。从各街道比较来看，仁和街道（1.1892）和良渚街道（2.3242）是余杭

区文体设施均衡性较差的街道，其中仁和街道还存在运动场馆和博物馆的缺失。仓前街道（0.9786）在余杭区各街道中文体设施均衡性相对较好，但也出现了博物馆设施缺失的情况，因此，余杭区要在保证各街道文体设施种类齐全的情况下，尽可能地满足均衡性的要求。

表 5　余杭区各街道文体设施泰尔指数值

设施名称	余杭街道	仓前街道	闲林街道	五常街道	中泰街道	仁和街道	良渚街道	瓶窑镇	径山镇	黄湖镇	鸬鸟镇	百丈镇
运动场馆	2.1383	0.7304	1.7346	0.8321	2.6391	0.0000	2.8936	2.9957	0.0000	0.0000	0.0000	0.0000
图书馆	0.0000	1.7614	2.8332	2.5649	1.9459	3.0445	2.4315	2.3026	0.0000	1.7918	0.0000	0.0000
博物馆	0.0000	0.0000	0.0000	2.5649	0.0000	0.0000	2.6626	1.8971	0.0000	0.0000	0.0000	1.7918
公园广场	1.1582	1.4236	1.0415	2.5649	1.5993	1.7123	1.3090	1.1066	1.6094	0.0000	0.0000	0.0000

五常街道和仓前街道公共交通设施分布均衡，地铁站点均衡性相对较差。

表 6 展示的是余杭区各街道公共交通设施的泰尔指数值。分设施来看，公交站点（0.5822）的均衡性好于地铁站点（0.9716，由于公交站点的分布更加广泛，余杭区西部山区的交通出行主要依赖公交车的运行，东部城区则是地铁站点广泛分布，形成互补。从各街道来看，在兼具地铁站点和公交站点的街道中，五常街道（0.7654）和仓前街道（0.8724）均衡性较好，良渚街

道（1.7088）和闲林街道（1.6357）均衡性相对较差。从公交站点均衡性来看，仁和街道（1.5753）、闲林街道（1.0929）和仓前街道（1.0929）均衡性相对较差，百丈镇（0.1621）、径山镇（0.1891）和中泰街道（0.1945）均衡性较好。

表6　余杭区各街道公共交通设施泰尔指数值

设施名称	余杭街道	仓前街道	闲林街道	五常街道	中泰街道	仁和街道	良渚街道	瓶窑镇	径山镇	黄湖镇	鸬鸟镇	百丈镇
公交站点	0.3983	1.0929	1.0929	0.2993	0.1945	1.5753	0.9415	0.5041	0.1891	0.2490	0.2868	0.1621
地铁站点	1.7311	0.6518	2.1785	1.2314	1.9553	1.4351	2.4760	0.0000	0.0000	0.0000	0.0000	0.0000

（二）余杭区市民的基本公共服务设施满意度评价

本小节在上一小节的基础上，对于问卷问题"您的家庭年总收入约为（一起居住的家庭人口的总收入，包含工资和年底奖金分红等）"区分不同收入的人群，进一步分析不同人群的满意度情况，以探究余杭区基本公共服务设施在不同社会人群中的均衡性情况。

首先，中低收入居民对基础教育设施满意度更低，其中幼儿园数量问题和中小学可及性问题更加明显。

图6展示的是余杭区各收入人群对基础教育设施满意度评价情况。在幼儿园满意度方面，在选择"没有幼儿园"的居民中，家庭年收入在"10万—19.9万元"和"20万—29.9万元"区间的占比最高，分别占46.81%和

19.15%，而"50万元以上"居民仅占4.26%。选择"离家太远"的居民中，家庭年收入在"10万—19.9万元"和"20万—29.9万元"区间的占比最高，分别占32.35%和23.53%，而"50万元以上"居民仅占1.47%，说明幼儿园设施在中低收入居民中均衡性较差，特别是在"没有幼儿园"问题上较高收入居民存在更多问题。

在周边小学的满意度方面，在选择"学位数量少"的居民中，家庭年收入为"10万—19.9万元"和"20万—29.9万元"区间的占比最高，均占29.01%，而家庭年收入在"50万元以上"的占4.58%。在选择"离家太远"的居民中，家庭年收入在"10万—19.9万元"和"20万—29.9万元"的居民占比最高，分别占29.13和23.30%。而家庭年收入在"50万元以上"的居民仅占3.88%。在周边初中及高中满意度方面，在选择"学位数量少"的居民中，家庭年收入在"10万—19.9万元"和"20万—29.9万元"区间的占比最高，分别为33.46%和21.67%，在选择"离家太远"的居民中占比最高的为"10万—19.9万元"和"20万—29.9万元"区间，分别占38.25%和21.86%，而年收入为"50万元以上"的居民仅占2.73%，说明在小学和中学设施上，中低收入居民享受福祉的均衡性较差，且在"离家太远"的问题上更为明显。

您所在社区的幼儿园是否存在以下问题

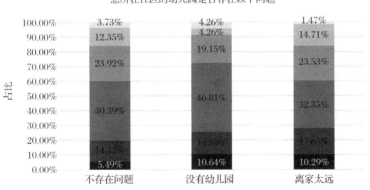

您周边的小学是否存在以下问题

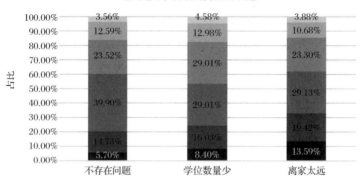

您周边的初中及高中是否存在以下问题

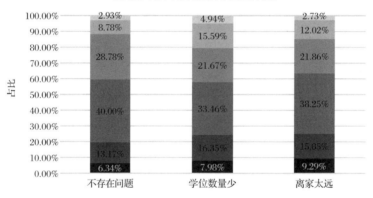

图6 余杭区各收入人群对基础教育设施满意度评价情况

其次，中低收入居民对医疗设施满意度相对较低，中高收入居民对全科医生服务问题更关注。

图7展示的是余杭区各收入人群对医疗卫生设施满意度评价情况。各问题中占比最高的区间是居民家庭年收入均为"10万—19.9万元"和"20万—29.9万元"，在"药品种类不全"问题上占比分别为37.29%和16.95%，在"医疗设备不完备"问题上占比分别为38.78%和21.09%，在"开放时间短"问题上占比分别为35.64%和19.80%，在"缺少全科医生服务"问题上占比分别为29.69%

和21.88%，而家庭年收入"50万元以上"居民对这些问题的占比均在5%以下，低于中低收入居民提出问题的占比，因此医疗卫生服务在不同收入居民中的均衡性也较差。尤其在"缺少全科医生服务"的问题上，家庭年收入"50万元以上"（14.06%）的居民占比超过了"5万元以下"（9.38%）和"5万—9.9万元"（12.50%），说明在中高收入居民中，全科医生服务的问题更受关注。

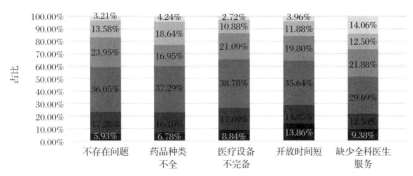

图7　余杭区各收入人群对医疗卫生设施满意度评价情况

再次，体育场地和健身设施方面中高收入群体满意度相对较低，中低收入群体在公共文化设施便利性相对不足。

图8展示的是余杭区各收入人群对文体设施满意度评价情况。在城市体育场地和健身设施方面，从满意度较低的选项"不太充足"和"严重不足"来看，家庭年收入"50万元以上"居民占比（6.80%和6.25%）高于家庭年收入在"5万元以下"的居民占比（3.88%和6.25%），说明城市体育场地和健身设施在中高收入人群中均衡性较差，也可能是该类人群更加关注运动健身活动。在城市公共文化设施方面，从满意度较低的选项"不太方便"和"很不方便"来看，家庭年收入在"5万元以下"居民占比（6.73%和8.33%）高于家庭年收入在"50万元以上"居民占比（5.77%和4.17%），说明中低收入居民在公共文化设施便利性方面的均衡性较差。

您认为城市体育场地和健身设施是否充足

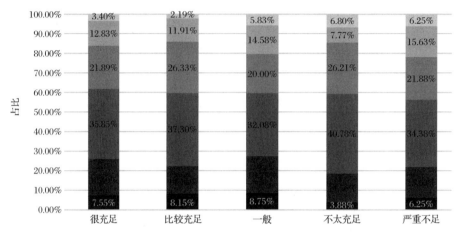

您认为城市公共文化设施（图书馆、剧院等）使用是否方便

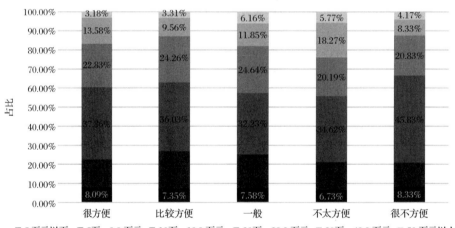

图8　余杭区各收入人群对文体设施满意度评价情况

最后，公共站点设置的便利程度对中低收入群体均衡性相对不足，中高收入群体对地铁站点设施便利性满意度相对更低。

图9展示的是余杭区各收入人群对公共交通设施满意度评价情况。在公交站点设置便利性方面，从满意度较低的选项"不太方便"和"很不方

便"来看,家庭年收入在"5万元以下"占比(4.00%和11.76%)高于家庭年收入"50万元以上"占比(6.00%和5.88%),说明中低收入群体在公交站点设置便利程度方面的均衡性较差。在地铁站点设置方面,从满意度较低的选项"不太方便"和"很不方便"来看,家庭年收入在"50万元以上"占比(6.78%和10.71%)高于家庭年收入在"5万元以下"占比(6.78%和7.14%),说明中高收入群体对地铁站点的设置便利性满意程度相对更低。

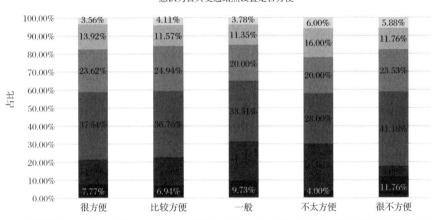

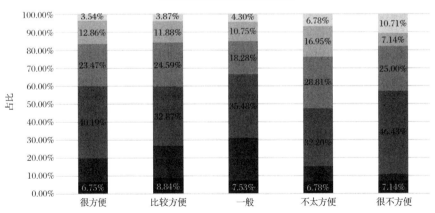

图9　余杭区各收入人群对公共交通设施满意度评价情况

（三）小结

本节先使用了泰尔指数分析了余杭区基本公共服务设施各街道社区间的差异，再结合城市体检社会满意度调查衡量了不同人群享受基本公共服务设施的均衡性。研究发现，余杭区基本公共服务设施的不均衡主要来自社区间的差异。分各设施来看，中学、综合医院、图书馆、博物馆和地铁站点在各类型中的均衡性相对较差。从各街道来看，仁和街道的基础教育设施和文体设施以及闲林街道的医疗卫生设施均衡性相对不足。从城市体检满意度调查来看，中低收入的余杭区居民对基本公共服务设施满意度相对更低，但中高收入人群则更加关注全科医生服务、体育场地和健身设施、地铁站点设置等方面，应针对不同居民群体，满足其不同的设施需求。

四、余杭区基本公共服务设施可及性研究

（一）基础教育设施可及性总体由东到西逐渐降低，各设施在街道内部呈现中心性特征

从余杭区基础教育设施最短距离可及性情况总体来看，可及性呈现由东到西逐渐降低的态势，各设施在街道内部呈现以设施点为中心逐渐降低的中心性特征，说明基础教育设施基本能够惠及各个街道。

分设施来看，幼儿园可及性最好的社区有闲林街道联荣村（45米）、余杭街道通济社区（81米）和仓前街道葛巷社区（113米），可及性较差的社区前三有中泰街道白云村（7241米）、中泰街道紫荆村（6672米）和鸬鸟镇太公堂村（5920米）。总体而言，幼儿园集中于东部城区，西部地区的可及性相对较差。小学可及性最好的社区有余杭街道大禹社区（96米）、良渚

街道杜甫村（131 米）和良渚街道万年桥社区（149 米），可及性较差的社区有鸬鸟镇仙佰坑村（6601 米）、鸬鸟镇秀山社区（5993 米）和径山镇平山村（5796 米）。中学可及性最好的社区有闲林街道山水社区（174 米）、中泰街道新明社区（191 米）和仓前街道太炎社区（279 米）。中学可及性较差的街道有百丈镇半山村（14992 米）、百丈镇石竹园村（11872 米）和百丈镇百丈村（11049 米），西北部山区各街道虽有中小学分布，但是可及性均较差。

（二）医疗卫生设施可及性总体由东到西逐渐降低，西部山区医疗卫生服务覆盖有待加强

从余杭区医疗卫生设施最短距离可及性情况总体来看，医疗卫生设施的可及性呈现由东到西逐渐降低的态势，其中综合医院由于分布于东部城区最为集中，其可及性相对较差。

分设施来看，诊所可及性最好的社区有良渚街道铭雅社区（32 米）、良渚街道亲亲家园社区（45 米）和瓶窑镇华兴社区（54 米），可及性较差的社区有百丈镇半山村（28908 米）、百丈镇石竹园村（25743 米）和百丈镇百丈村（25595 米）。卫生院设施可及性最好的社区有五常街道沿山河社区（42 米）、瓶窑镇溪东社区（82 米）和良渚街道吴家库社区（112 米），可及性较差的社区有百丈镇半山村（20826 米）、百丈镇石竹园村（17794 米）和百丈镇百丈村（17473 米）。卫生院在基层医疗卫生服务体系中扮演着至关重要的角色，农村地区一般不会拥有较先进的综合医院，而卫生院能够为农村居民提供便捷、及时的医疗服务，因此西部山区卫生院的建设和可及性的提升至关重要。综合医院设施可及性最好的社区有瓶窑镇溪东社区（82 米）、良渚街道吴家库社区（112 米）和瓶窑镇杨梅坞社区（113 米），可及性较差的社区有百丈镇半山村（23299 米）、百丈镇石竹园村（20726 米）和百丈镇百丈村（19854 米）。

（三）文体设施总体可及性情况较好，各分设施可及性分布较不平衡

从余杭区文体设施最短距离可及性总体来看，各设施相互补充可及性情况较好，除运动设施外最远距离未超过20千米，但各分设施可及性情况不平衡，居民文化和体育生活的便利性并未得到充分满足，因此各街道社区应当针对缺失的文体设施进行补足。

分设施来看，运动场馆可及性最好的社区有仓前街道朱庙社区（69米）、中泰街道新明社区（141米）和余杭街道沈家店社区（159米），可及性较差的社区有百丈镇半山村（32407米）、百丈镇石竹园村（29301米）和百丈镇百丈村（29061米）。图书馆可及性较好的社区有闲林街道方家山社区（90米）、良渚街道铭雅社区（359米）和仓前街道太炎社区（439米），可及性较差的街道有百丈镇半山村（14137米）、径山镇平山村（13325米）和鸬鸟镇山沟沟村（13053米）。博物馆可及性较好的社区有瓶窑镇里窑社区（117米）、百丈镇溪口村（123米）和五常街道五常社区（315米），可及性较差的社区都来自中泰街道，有白云村（19399米）、紫荆村（18460米）和南峰村（16834米）。公园广场可及性较好的社区有瓶窑镇里窑社区（77米）、良渚街道施家湾社区（210米）和仁和街道花园村（129米），可及性较差的社区有百丈镇半山村（19878米）、百丈镇石竹园村（17471米）和百丈镇百丈村（16433米）。

（四）公共交通设施总体覆盖全面，西北部山区依赖公交出行，东部城区地铁出行较为便利

从余杭区公共交通设施最短距离可及性分布总体来看，公共交通设施覆盖较为全面，公交站点在西部山区可及性较好，东部城区地铁站点则更加便利。

　　分设施来看，公交站点可及性较好的社区有余杭街道文昌社区（37米）、中泰街道幸福河社区（48米）和余杭街道洪桐村（51米），可及性较差的社区有仁和街道奉口村（4231米）、良渚街道南庄兜村（4039米）和仁和街道东风村（14006米）。地铁站点可及性较好的社区有余杭街道金星村（133米）、中泰街道石鸠社区（137米）和五常街道永福社区（158米），可及性较差的社区有百丈镇半山村（33811米）、百丈镇石竹园村（30966米）和百丈镇百丈村（30388米）。

（五）小结

　　本节使用最短距离法分析了余杭区各街道基本公共服务设施布局的可及性。分设施来看，基础教育设施可及性由东南到西北逐渐降低，各设施可及性在街道内部呈现中心性特征。医疗卫生设施西部山区可及性有待加强，东部城市可及性较高。文体设施总体可及性较好，但各分设施布局的可及性较不平衡，体育场馆、图书馆和公园广场的可及性东高西低，博物馆则呈现北高南低的态势。公共交通设施总体覆盖较全面，西北部山区公交出行较为便利，东部城区地铁站点可及性较好。

五、结论与建议

（一）研究结论

　　首先，余杭区基本公共服务设施空间分布与设施需求基本匹配，但居民设施满意度仍有提升空间。

　　余杭区基本公共服务设施在空间上大部分都呈现东密西疏、南高北低分布态势，与设施需求（人口密度）的分布基本匹配，说明余杭区基本公共服务设施资源配置较为合理。但从城市体检满意度调查问卷情况来看，余杭区居民反映中学学位数量少和小学离家太远问题、医疗卫生设施质量问题、文体设施面积种类不足问题等需要进一步改进。

其次，余杭区基本公共服务设施不均衡主要来自社区间的差异，并且中低收入居民设施满意度普遍低于中高收入。

从泰尔指数分析发现，余杭区基本公共服务各设施泰尔指数分项均为社区间差异最大，说明设施不均衡主要来自各社区之间的差异。从不同收入居民对基本公共服务设施的满意度分析来看，中低收入居民满意度普遍低于中高收入居民，且发现中高收入居民对全科医生服务、体育场地和健身设施、地铁站点设置等方面更加关注。

最后，余杭区基本公共服务各设施可及性大部分呈现出东高西低的态势，西北部山区的基本公共服务设施配套亟待提升。

具体来看，基础教育设施可及性由东南到西北逐渐降低，各设施可及性在街道内部呈现中心性特征。医疗卫生设施西部山区可及性有待加强，东部城市可及性较高。文体设施和公共交通设施总体分布较均衡，但在西北部山区分布较不全面，存在一定的设施缺失现象，此与当地的地形环境存在一定关系。

（二）政策建议

本研究基于杭州市余杭区个案的研究，拟对杭州市基本公共服务设施建设及空间布局提出如下建议。

1. 加强基本公共服务设施供需匹配，进一步提高设施配置的空间公平性

基本公共服务设施建设应当与周边的需求量相匹配，各区域设施应当均

衡提升，因地施策，继续完善公共服务设施的保障体系。杭州市东部城区人口稠密、需求集中，应加快现有设施的升级扩建，并合理规划新的服务设施，以确保居民能够便捷地享受到高质量的基本公共服务，提高设施的利用效率和居民的服务体验。杭州市西北部山区相对东部城区基本公共服务设施水平较低，对于西北部山区，应充分考虑其自然环境和人口分布特点，采取灵活多样的设施建设模式，如建设小型化、分散化的服务设施，利用移动服务车等方式，将基本公共服务延伸到偏远山区，以确保西北部山区居民也能享受到基本的生活和教育医疗服务。杭州市东西部基本公共服务设施建设需共同完善，推动整体公共服务水平的均衡提升。

2. 促进基本公共服务设施均衡性建设，不断提升基本公共服务设施质量

在城市体检社会满意度问卷调查中发现对各设施特别是医疗卫生设施的质量提出了如"药品种类不全""医疗设备不完备"等许多问题，基本公共服务设施的均衡性不仅体现在设施的分布上，还体现在设施的质量上。基础教育设施保障其师资教育水平；医疗卫生设施完善其医疗服务设备，以提升医疗服务质量；文体设施尽可能提供全面完备的服务；公共交通设施重点建设其无障碍通道及指引等措施，实现设施的高效运行服务。另外，还可以利用信息化手段，通过构建智慧教育、智慧医疗、智慧交通等系统，提高设施的建设质量，提供更加精准、个性化的服务。

3. 完善文体设施建设的查漏补缺，满足居民的文化体育服务需求

文体设施可以促进居民之间的交流和互动，提升居民的身体健康水平，充实居民的精神文化生活。文体设施种类中各设施的作用属于互补型，每一种类型都提供了不同的功能。运动场馆给特定的运动项目提供了场地，图书馆可以促进社区居民之间的文化交流与理解，博物馆传承历史，提供了丰富的教育资源，公园绿地是居民日常休闲放松的场所。除了标准的运动场馆、图书馆外，还应充分考虑不同年龄层、不同兴趣偏好的居民需求，建设多样化的文体设施，还可以增设青少年活动中心、老年健身中心、户外拓展基地等，为居民提供丰富多彩的文化体育活动选择，更好地满足居民日益增长的文化体育需求，促进居民身心健康，提升区域整体的文化品位和生活质量。

4. 精准改进中低收入弱势群体的设施配套问题，提升全体居民对基本公共服务设施的获得感

将不同人群的城市体检社会满意度调查结果进行对比发现，在基础教育设施中的学位数量和可及性问题、医疗卫生设施的质量问题、文体设施和公共交通设施的可及性问题上，中低收入居民与中高收入居民存在较大差异，满意度普遍偏低。杭州市政府必须针对弱势群体重点关注的问题，采取针对性的提升措施，通过优化资源配置、加强政策扶持、提升服务质量等手段，确保中低收入人群能够公平地享受到高质量的基本公共服务，增强社会弱势群体的归属感和幸福感，提升其居住福祉。

5. 加大基本公共服务设施使用体验的社会调查，及时准确地了解城市居民的设施需求

通过对泰尔指数的研究发现，基本公共服务设施在各社区间差异较大，类似城市体检社会满意度调查可以在一定程度上反映杭州市社区内基本公共服务设施的问题，但由于其覆盖面较广，其精细度和样本数量不够。杭州市政府可以组织针对基本公共服务设施的社区调查，通过深入社区，倾听居民的声音，收集其对设施功能、便利性、安全性以及服务质量等方面的直接反馈，可以充分了解居民的实际需求与期望。这种调查不仅有助于发现设施在使用过程中存在的问题和不足，还能为后续的设施改进、优化布局以及提升服务质量提供宝贵的参考依据。

城市社区养老服务整合式递送实践研究
——以拱墅区为例

朱麟飞　苏星瑶*

摘要： 随着我国逐步迈入中度老龄化社会，老年群体的多元化需求与照护资源供给之间的矛盾日益加剧，成为亟待解决的社会问题。杭州市拱墅区作为城市社区养老服务创新的先行者，积极探索并实践社区养老服务的整合式递送，旨在提升养老服务的专业化、精细化和多元化水平。该文剖析了拱墅区养老服务的实践案例，总结了该区域在递送识别精准化、递送渠道信息化、递送主体多元互构以及递送保障完善等方面的创新举措。通过政府主导、社会协同与智慧科技的深度融合，拱墅区成功构建了线上线下相结合、个性化与标准化并重的养老服务体系，有效提升了老年人的生活质量与幸福感。同时，也存在养老服务市场化进程缓慢、照护从业人员专业性不足以及信息平台建设碎片化等问题。针对这些问题，该文尝试提出了相应的优化路径。

关键词： 城市社区；养老服务；整合式递送

---

* 朱麟飞，浙江理工大学社会工作系讲师，主要研究方向为社会工作与社会发展。苏星瑶，上海大学社会工作硕士生，主要研究方向为老年社会工作。

一、研究背景

在老龄化社会背景下，老年群体对多元化养老服务的需求与当前照护资源供给之间的矛盾日益凸显，成为社会关注的焦点。历经多年探索与实践，我国已初步构建起由政府主导，以居家为基础、社区为依托、机构为补充，医养结合的养老服务体系。其中，社区居家养老模式作为当前实践的重点，旨在促进老年人在熟悉的生活环境中保持独立生活能力，同时确保他们能够及时获得全面而必要的关怀与支持。然而，随着居家养老服务体系的快速推广，一系列挑战与不足逐渐显现，如中短期托养服务供给不足、喘息服务机制滞后、专业服务水平有待提升等问题，这就迫切需要更为精细化的管理与创新策略。

浙江省杭州市拱墅区作为中国东部沿海城市养老服务的典范，积极响应国家及地方政府关于加快建设基本养老服务体系的号召，通过一系列具有针对性的政策举措，致力于满足老年人基本生存需求，并积极推动养老服务向多元化、专业化、精细化的高品质方向迈进。本文聚焦于杭州市拱墅区养老服务的具体实践，通过深入剖析其养老服务整合式递送实践，探讨政府、社会、市场及智慧科技在养老服务中的耦合作用，旨在为新时代背景下养老服务的新路径探索提供宝贵的案例与启示。

二、国内外社区养老服务递送实践概况

（一）国外社区养老服务递送的实践

1. 居家养老：日本社区养老服务递送实践

日本在推动养老事业发展方面，采取了多维度、系统性的策略。[1] 首先，通过构建与完善社区老年服务制度，为老年人提供了坚实的制度保障。[2] 其次，创新性地推出"介护保险"制度，有效缓解了老年人及其家庭的经济负担。[3] 同时，日本还高度重视对专业人才的培养，通过严格的考核与培训，打造了一支高素质的服务队伍。[4] 最后，日本注重老年教育，通过开设老年大学与老年班，促进了老年人的终身学习与精神文化生活的丰富。日本精细化与人性化协同管理的服务理念对于我国构建和完善养老服务体系具有重要的启示意义。

2. 专业服务：新加坡社区养老服务递送实践

新加坡自 1999 年始便积极倡导"原居安老"理念。在构建社区养老服务体系的过程中，新加坡政府以社区日间护理中心与老年活动中心为核心平台，积极引入社会组织合作社与志愿者福利机构参与。[5] 在服务递送体系的

① 王岩：《日本的社区老年服务制度及对我国的启示（下）》，《中国社会工作》2017 年第 19 期。

② 朱文佩、林义：《日本"医养结合"社区养老模式构建及对我国的启示——基于制度分析视角》，《西南金融》2022 年第 1 期。

③ 杨慧：《日本介护保险制度及对我国的启示》，《赤峰学院学报（汉文哲学社会科学版）》2019 年第 7 期。

④ 康越：《日本社区嵌入式养老发展历程及其经验》，《北京联合大学学报（人文社会科学版）》2017 年第 4 期。

⑤ 李静、闫彩旭、刘华清：《优势视角下家庭养老功能复归与重塑的国际经验与中国路径》，《人口与社会》2023 年第 1 期。

精细化建构上，新加坡采取了需求导向的策略。[①] 同时，经过专业培训的社会工作者、志愿者及专业护理人员将按照计划提供精准服务，确保了服务递送的专业性与高效性。[②] 新加坡的养老服务体系展现出高度的专业化与规范化特征。首先，新加坡社区养老服务实现了流程上一站式的高效整合。其次，新加坡社区养老服务在递送主体上凸显了高度的专业化特质，为全球社区养老服务提供了典范。

3. 政府主导：英国社区养老服务递送实践

在英国，社区照顾的实施主体是地方社会服务局（SSD），其服务对象覆盖全体老年人，服务内容细分为健康照护与社区照护两大领域。健康照护由中央健康单位主导，专注于医疗与护理服务的提供，确保健康服务的有效管理。而社区照护则植根于地方社会服务局，侧重预防性照护、日常照料等综合性服务。[③] 尤为显著的是，英国社区照顾体系构建了严谨的需求评估机制，依据老年人的健康状况与经济条件，灵活地调整服务内容与形式。[④]

英国相对完备的社区照护体对中国社区养老服务的发展具有深远的启示与借鉴价值。首先，在主体架构上，英国社区照顾模式彰显了递送主体的多元化与政府责任的明确化。其次，在内容设计上，英国社区照顾模式展现了服务递送的层次性与需求的精准对接。

---

① 李进涛、陈思敏：《国外公共住房养老政策及社区养老服务配置》，《中国房地产》2020 年第 33 期。

② 付春雨：《立足双向赋能的新加坡养老服务实践和经验借鉴》，《科学发展》2023 年第 12 期。

③ 周艺梦、胡克瑶：《英国非正式照料者支持政策及其启示》，《社会建设》2024 年第 3 期。

④ 王莉莉、吴子擎：《英国社会养老服务建设与管理的经验与借鉴》，《老龄科学研究》2014 年第 7 期。

（二）国内社区养老服务递送实践的演变

随着社区功能的深刻变迁与时代特征的日益凸显，社区老年照顾服务的组织递送正经历着前所未有的转型与重塑。社区，作为社会结构的微观映射，其管理理念正由传统的"大政府、小社会"模式深化为服务递送的核心逻辑，实现了从"单位制"桎梏向"社会化"格局的跨越，进而迈向了强调多主体协同共治的"社区治理"新纪元。

1. 迈向共治时代：社区治理中的多元参与与协商民主

回溯我国传统体制下的"单位制"，那是一种国家权力高度集中的社会管理模式，单位不仅是工作场所，更是涵盖了居民生活各个方面的全能型组织。在此框架下，社区与单位界限模糊，形成了"单位办社会"的独特现象，这严重制约了社区的自主发展与居民的社区认同感。然而，经济体制改革的浪潮彻底打破了这一格局，单位制的瓦解伴随着"去单位化"进程，促使个体从单位束缚中解脱出来，转变为独立的"社会人"乃至"社区人"。[①]这一过程不仅释放了社会活力，也促使政府权力逐步下放，公共服务职能向社区层面下沉，为社区服务的兴起奠定了基础。

20世纪80年代以来，我国社区服务迅速崛起，社区管理与服务功能日益完善，各类服务设施如雨后春笋般涌现，构建了覆盖广泛的服务网络。[②]更为重要的是，政府开始意识到凭借单一力量难以支撑庞大的社会福利体系，于是提出了"社会福利社会化"的构想，旨在动员社会各界力量共同参与社会福利事业，推动社区服务走向资金与服务来源的多元化、管理主体的社会化。在养老服务领域，这一趋势尤为显著，随着居家养老体系的不断完善，绝大多数老年人将依赖于社区提供的社会化支持，而社区在资源整合与

---

① 杨敏、杨玉宏：《"服务—治理—管理"新型关系与社区治理新探索》，《思想战线》2013年第3期。

② 曹永森：《中国福利社区化：背景、进程与改进措施》，《晋阳学刊》2004年第5期。

管理方面的能力，直接关乎老年人的生活质量与福祉。

2. 跨越行政边界：从管理迈向治理的深刻转型

长期以来，社区往往被视为政府权力的延伸，承担着繁重的基层管理与社会控制任务，导致其服务职能被边缘化。为改变这一状况，学界不断呼吁社区"去行政化"，强调应减少行政干预，提升服务效能。[1] 然而，值得注意的是，完全摒弃行政化并非现实之路，关键在于如何合理界定政府角色与职能。当前，政府应在社区服务中发挥引导作用，通过政策扶持、资金投入与监管指导，为社区服务的发展创造良好环境。[2]

在此背景下，"社区治理"的理念应运而生，它倡导政府、市场、社会等多元主体共同参与社区管理与服务，形成良性互动的合作机制。[3] 社区治理的核心在于发挥各主体的建设性作用，通过资源整合与优势互补，提升社区服务的专业化、精细化水平。具体而言，政府应扮演规则制定者与监督者的角色，确保服务递送的公平与效率；市场则以其灵活性与创新性，为社区服务提供多样化的产品与服务；而社会组织与居民则作为重要参与力量，通过志愿服务、社区参与等方式，增强社区凝聚力与自治能力。

（三）国内外社区养老服务递送实践的经验启示

在当前全球社区养老服务体系建设的广阔视野下，杭州作为一座现代化城市，其社区养老服务体系的整合与递送层面尚有诸多待完善之处。首先，尽管杭州在推动社区养老方面政策频出，展现了政府对此领域的高度重视与积极作为，但这些政策文件之间尚未构建起一个系统性强、逻辑严密的政策体系。其次，从服务递送的实际操作层面来看，社区养老服务种类繁多，但

---

[1] 徐中振、徐珂：《走向社区治理》，《上海行政学院学报》2004 年第 1 期。

[2] 潘小娟：《中国基层社会重构：社区治理研究》，中国法制出版社 2004 年版。

[3] 陈伟东、李雪萍：《社区行政化：不经济的社会重组机制》，《中州学刊》2005 年第 2 期。

尚未形成一个紧密联结、相互支撑的服务网络体系，缺乏一套清晰、高效的整合式服务递送机制，导致服务资源的碎片化与低效利用。最后，鉴于杭州城市基层社区的高度异质性与多样性，服务整合与递送策略的制定与执行必须更加精准地反映不同社区的独特需求与实际情况。

三、拱墅区社区养老服务整合式递送开展的现状

2016 年 7 月，民政部、财政部发布的《关于中央财政支持开展居家和社区养老服务改革试点工作的通知》（民函〔2016〕200 号），标志着我国养老服务业综合改革试点工作的正式启动。拱墅区作为杭州市养老服务创新的示范区，通过深入探索与实践，成功探索出具有地方特色的社区养老服务整合式递送路径。该路径在系统整合、精准识别、信息化保障、多元主体协同以及政策法规协同等方面均展现出高度的学术专业性和实践创新性。

（一）递送识别的精准化：个性化需求的满足与社区归属感的构建

拱墅区在社区养老服务整合式递送实践的探索中，尤为注重递送识别的精准化，通过深度挖掘老年人的个性化需求，并据此提供定制化服务，同时强化老年人的社区归属感，构建了具有鲜明特色的养老服务递送体系。

1. 精准递送识别机制的构建

拱墅区通过构建精准递送识别机制，实现了对老年人需求的全面把握与分类梳理。该机制巧妙融合了传统的人情关怀与现代科技手段，依托助老员、志愿者等基层力量深入社区，与老年人建立紧密的情感联系，通过面对面的交流深入了解其个性化需求与潜在困难。同时，借助大数据分析技术，将老年人的多元化需求进行系统化、智能化分类，形成需求库，并特别依据

老年人的健康状态（如健康、自理、轻度失能、中度失能、重度失能）进行
细致划分，为后续的个性化服务提供科学依据。

2. 个性化服务的实施

基于精准递送识别机制，拱墅区设计了一系列个性化养老服务方案。针
对高龄、独居、空巢等特定老年群体，提供上门探视、心理慰藉等温馨服
务，这有效缓解了其孤独感与无助感；而对于失能、半失能老年人，则依托
专业的医疗与护理团队，为其提供生活照料、康复护理等全方位的服务，保
障其基本生活质量与身心健康。此外，通过"墅智养"等线上平台，利用现
代信息技术实现养老服务的智能化匹配与高效递送，进一步提升了老年人对
服务的满意度与幸福感。

3. 社区归属感的塑造

拱墅区还通过组织丰富多彩的社区活动，强化老年人的社区归属感与认
同感。这些活动不仅丰富了老年人的精神文化生活，还促进了老年人与社区
其他成员之间的互动与交流，增强了他们对社区的情感联系与归属感。这种
归属感的形成，不仅有助于提升老年人的生活质量与幸福感，还为精准识别
与满足老年人多元化、个性化需求提供了有力支撑。递送主体能够更加细腻
地洞察老年人的内心世界，理解其真实需求与期望，从而设计出更加贴心、
有效的服务方案。

（二）递送渠道的信息化保障：线上线下融合的服务平台

拱墅区高度重视递送渠道的信息化保障，通过构建线上线下深度融合的
养老服务递送平台，实现了服务效率与便捷性的显著提升，为老年人提供了
更加优质、高效的养老服务体验。

1. 物理空间布局

拱墅区通过打造覆盖广泛的养老服务网络，以居家养老服务中心等综合

性服务平台为核心，辅以遍布社区的为老服务点与社区食堂，不仅为老年人提供了日常照料、健康咨询、文化娱乐等一站式服务，还成为社区内老年人交流情感、享受生活的温馨港湾。这些物理空间的存在，为养老服务的线下递送提供了坚实的支撑。

2. 信息化平台建设

（1）智慧养老的精准递送

拱墅区积极引入现代科技手段，通过打造区级"墅智养"平台与社区级"阳光大管家"信息平台，实现了线上线下服务的无缝对接与互融共通。这一创新举措不仅提升了服务效率，还融入了更多的人文关怀元素。通过智慧养老的精准递送系统，老年人可以通过智能化呼叫平台轻松获取所需服务，而服务商则能够根据大数据分析结果，为老年人提供更加个性化、精准化的服务方案。此外，依托物联网技术，老年人的健康状况与需求变化得以实时监测，为紧急救援与日常关怀提供了有力保障。

（2）监管体系与服务模式的创新

拱墅区通过对服务商的动态监管、养老设施场地的全天候监控以及对上门服务的闭环式管理，确保了服务质量的稳步提升与老年人权益的有效保障。同时，全域统一的养老服务支付结算形式以及多样化的支付方式选择，不仅为老年人提供了更加便捷的服务体验，也进一步推动了养老服务的市场化与产业化进程。

（三）递送主体的多元互构：政府主导与社会协同

拱墅区构建了政府主导与社会协同的多元共治模式，这一模式不仅彰显了政府在养老服务发展中的战略引领作用，还充分调动了社会力量的积极性与创造力，实现了资源的最优配置与服务的精准对接。

1. 政府引领：战略规划与资源整合的核心驱动力

（1）明确政府在养老服务发展中的责任与目标

拱墅区政府通过发布一系列政策文件，如《关于推进养老服务事业高质量发展暨打造"全域没有围墙的养老院"实施方案》等，明确了养老服务的总体思路和发展模式，为养老服务的递送构建提供了政策导向与制度保障。同时，政府还通过跨部门协同机制，打破组织壁垒，实现资源的最优配置与服务的无缝衔接。民政、卫生健康、住房和城乡建设等多部门紧密协作，共同推动了养老服务的高质量发展。

（2）政府主导下的社区养老服务深化

拱墅区注重发挥社区在养老服务递送中的基础性作用。通过加强社区养老服务设施建设、提升社区工作人员专业化水平等措施，拱墅区成功构建了以社区为依托的养老服务网络。社区不仅成为老年人获取服务的重要窗口，还成为老年人参与社会活动、增进邻里情感的重要平台。

2. 多元共治：社会力量激活养老服务新生态

随着政府职能的转变与社区治理的深化，社会组织在养老服务中扮演着越来越重要的角色。拱墅区积极鼓励和支持各类社会组织、企业等社会力量参与养老服务供给，形成了政府、市场、社会三元互动的协同治理格局。社会组织凭借其专业性与灵活性，为老年人提供了多样化、个性化的服务选择，有效弥补了政府服务的不足。而企业则以其敏锐的市场洞察力和丰富的服务经验，为老年人提供了高质量、高效率的付费服务，推动了养老服务的市场化与产业化发展。

在具体实践中，拱墅区通过政府购买服务、合作共建等多种方式，与社会力量建立了紧密的合作关系。政府与企业合作设立医养结合项目，为老年人提供医疗、康复、护理等一体化服务；与家政服务企业合作，为老年人提供家政、助餐、助浴等日常生活照料服务。这些合作模式不仅提高了服务效率和质量，还促进了养老服务的可持续发展。

（四）递送保障的完善：政策法规的协同作用

拱墅区在社区养老服务整合式递送的实践中，高度重视递送保障的完善，通过政策法规的协同作用，构建了清晰、系统的制度框架，为养老服务的有效递送提供了坚实的支撑。

1. 政策法规的引导性作用：构建清晰的服务框架与标准

政策法规在养老服务递送体系中发挥着至关重要的引导作用。拱墅区政府通过制定一系列全面、系统且具有前瞻性的政策法规，明确了养老服务的目标定位、服务内容、服务标准与监管要求，为养老服务的发展提供了明确的制度导向。这些政策不仅涵盖了养老服务的各个方面，还注重与其他社会政策的协调与衔接，确保了养老服务递送体系的系统性与连贯性。

2. 财政支持：确保服务供给充足与可持续

财政支持是养老服务递送体系优化的重要保障。拱墅区政府通过政策扶持与资源倾斜，加强了养老服务设施的建设与升级。通过加大财政投入力度，实施了一系列养老服务项目，如建设居家养老服务中心、增设社区为老服务点等，为老年人提供了更加便捷、舒适的养老服务环境。同时，政府还通过制定优惠政策，鼓励社会力量参与养老服务供给，推动了养老服务的市场化与产业化发展。

四、拱墅区社区养老服务整合式递送开展中面临的问题

（一）养老服务市场化艰难

在杭州市拱墅区社区养老服务整合式递送的推进过程中，养老服务市场化成为首要问题。尽管近年来国家及地方政府对养老服务市场的重视在不断

提升，但市场化进程仍面临诸多挑战。

1. 社区角色的边缘化与功能缺失

在社区居家养老模式中，社区本应作为连接养老服务机构与老年群体的关键桥梁，发挥监督、协调与服务等多重功能。然而，在现实情况中，社区的角色往往被边缘化，其在实际工作中的影响力与执行力大打折扣。尽管存在反馈机制，但养老企业针对老年人反馈的改进措施往往难以有效落实，社区作为监督者的角色也未能充分发挥作用。此外，社区工作人员与老年人之间的紧密联系未能充分建立，导致社区对老年人真实需求的把握不足，影响了服务的精准性与有效性。因此，强化社区在居家养老服务中的纽带作用，提升其服务能力与监督效能，成为亟待解决的问题。

2. 老年家庭的社会福利依赖

居家养老服务作为政府公共服务的重要组成部分，其补贴与优惠政策在一定程度上滋生了部分老年家庭的社会福利依赖心理。这种心理现象不仅加重了政府与社区的负担，也削弱了家庭在养老中的基础性作用，对传统孝道文化的弘扬构成了挑战。部分老年人及家庭过分依赖政府提供的养老服务，忽视了自身的赡养责任与家庭支持的重要性，导致养老服务资源分配不均与利用效率降低。因此，需要引导老年家庭树立正确的养老观念，增强自我养老与家庭养老的责任感，促进养老服务体系的多元化发展。

3. 养老机构之间缺少交流合作

（1）交流壁垒与经验孤岛

拱墅区众多的养老机构虽同为养老服务市场的参与者，却鲜有深入的交流与合作。这种交流的缺失主要体现在：除政府民政部门主导下的定期会议之外，机构间几乎没有自发性的经验分享与问题探讨机制。这一现状导致各养老企业在服务实践中的宝贵经验无法得到有效传播与借鉴，服务过程中出现的问题与不足也难以得到及时的纠正与指导。长此以往，不仅限制了服务质量的整体提升，更加剧了行业内知识资源的浪费与重复劳动。

（2）标准不一与差异服务

养老行业内部存在运作机制、服务标准、时间安排及纠纷解决渠道等方面的显著差异。这种差异化虽然在一定程度上体现了市场的多样性与灵活性，但同时也加剧了不同社区的老年人享受居家养老服务的不均等性。同时，由于各养老组织实力悬殊，在政府招标过程中往往出现强者恒强、弱者愈弱的马太效应。加之交流合作的缺失，使得弱小组织难以获得后发优势，进而加剧了行业垄断的风险。养老服务作为公共服务的重要组成部分，其垄断趋势无疑将损害公共服务的公平性与可及性。

（3）垄断隐忧与服务质量停滞

养老机构间交流合作的缺失将不可避免地影响到老年人的生活质量与福祉。在行业缺乏竞争与交流的环境下，服务质量的提升动力将逐渐减弱甚至消失。当服务提供者无须承担被市场淘汰的压力时，其改善服务的意愿与能力都将大打折扣。这不仅可能导致服务质量的停滞不前，更可能引发服务水平的倒退与消费者信任度的下降。对于本就处于弱势地位的老年群体而言，这一变化无疑将对其生活质量构成严峻挑战。

（二）照护从业人员专业性不足

照护从业人员的专业性是确保养老服务质量的重要保障。然而，在拱墅区的实践中，照护从业人员的专业性不足成为制约整合式递送服务发展的因素之一。一方面，养老服务领域缺乏专业的照护人才，现有的从业人员普遍存在技能水平低、职业素养差等问题；另一方面，社区工作人员的低专业、低水平，难以满足养老服务市场快速发展的需求。这种专业性不足的现状，严重影响了养老服务的整体效果，制约了整合式递送服务的有效运行。

1. 专业照护人才的缺失

在整合式养老服务递送中，一线照护者的助老员和老年社会工作者虽能提供一定的初级服务，如陪伴聊天、生活照料等，但普遍缺乏心理关爱与精神健康方面的专业介入能力，难以满足老年人深层次的情感需求。同时，他们在医疗护理与日常照护方面的专业技能不足，难以应对失能、半失能等特殊老年人的照护需求。这一现状不仅影响了互助服务的质量与效果，也挫伤了服务者的参与积极性。因此，需要加强对老龄群体服务技能的培训与指导，提升其专业服务能力与水平。

2. 社区养老服务递送流程的缺位

在拱墅区社区养老服务体系中，管理模式的行政化倾向与专业化程度不足成为制约其发展的又一难题。社区管理内容单一、缺乏新意，导致服务模式僵化、效率低下。同时，社区工作人员的专业化程度较低，缺乏医疗、护理等专业知识与服务意识，使得养老服务难以真正惠及需求者。因此，需要推动社区管理模式的改革创新，加强社区工作人员的专业培训与队伍建设，构建稳定、专业的社区养老服务递送体系。

3. 助老志愿者队伍服务的随机性大

在探讨养老服务体系构建与优化的背景下，助老志愿者队伍作为一股不可忽视的社会力量，其独特的作用与面临的挑战并存。尽管志愿者队伍在规模上展现出一定的壮大趋势，其服务的随机性与不确定性却成为制约其效能充分发挥的关键因素之一。具体而言，这种随机性不仅体现在志愿者参与频次的不稳定上，也反映在服务质量的波动性上，这对于构建长效、稳定的养老支持体系构成了挑战。

（三）信息平台建设碎片化

1. 平台的重复建设

在智慧养老的浪潮中，信息平台的重复建设问题成为制约拱墅区社区养老服务整合式递送发展的又一因素。不同部门、不同企业之间各自为政，建设了多个功能相似、数据不互通的养老服务平台。这种碎片化、孤岛化的信息平台建设模式，不仅浪费了宝贵的资源，还增加了老年人的使用难度与成本。更为严重的是，数据孤岛与信息壁垒的存在，使得养老服务资源难以实现有效整合与高效利用，严重影响了养老服务的整体效能与服务质量。

2. 多元主体间协同机制不完善

信息平台建设的碎片化问题实质上反映了社会治理体系中的部门分割与利益冲突。在养老服务领域，不同部门、不同企业之间往往存在利益诉求的差异与沟通机制的缺乏，导致难以形成统一的规划与标准。在这种局面下，信息平台的建设往往陷入各自为政的困境，难以实现数据的共享与平台的互通。因此，要打破信息孤岛与信息壁垒的桎梏，必须推动社会治理体系的改革创新，加强部门之间的协调与合作，构建开放、协同、共赢的信息生态系统。

3. 适老化设计的不足

在探讨智慧养老服务的深化与普及过程中，"银色数字鸿沟"的凸显成为一个不容忽视的社会现象。这一现象不仅揭示了技术进步与老年群体需求之间的错位，也深刻反映了当前智慧养老服务平台在设计与实施层面的适老化不足。具体而言，现有平台往往过于依赖产业职能的单一划分逻辑，而忽视了老年人群体内部复杂多样的需求层次结构，这种粗线条的服务分类方式，无疑限制了服务供给的精准性与有效性。

根据马斯洛需求层次理论，老年人的需求同样遵循着从生理、安全到更高层次的心理与社会需求的递进规律。然而，当前智慧养老服务平台在服务项目的设计上，往往只侧重满足基本的生理性保障需求，如"助洁""助餐"等，而对于安全需求乃至更高层次的心理慰藉、情感交流等需求则关注不足。这种服务供给的失衡，不仅难以全面覆盖老年人群体的多元化需求，更可能加剧其感到孤独与被边缘化的趋势。

五、拱墅区社区养老服务整合式递送开展的优化策略

（一）深化养老服务市场化改革

1. 重构社区角色与功能：强化社会资本的桥梁作用

社区不仅是物理空间上的聚居地，更是社会资本积累与传递的关键节点。因此，要深化养老服务市场化改革，首要任务是重构社区的角色与功能，使其真正成为连接养老服务机构与老年群体的坚实桥梁。这就要求社区不仅要具备监督与协调的职能，还需成为情感交流、信息汇聚与资源共享的中心。通过强化社区的社会资本积累能力，促进老年人与服务机构之间的信任与合作，从而推动养老服务市场的健康发展。

2. 重塑老年家庭养老观念：弘扬家庭伦理与社会责任

老年家庭作为社会的基本单元，其养老观念的转变对整个养老服务体系具有深远影响。因此，要引导老年家庭树立正确的养老观念，不仅需要从政策层面进行宣传与教育，更需要深入挖掘家庭伦理与社会责任的内在价值。通过弘扬传统孝道文化、强化家庭成员的赡养责任与凸显家庭支持的重要性，同时鼓励老年人积极参与社会活动，促进老年人实现自我价值与社会价值的双重提升。

3. 重建养老机构的协同机制：促进标准化与市场竞争

（1）建立常态化的交流合作机制

为打破养老机构间的信息壁垒，需建立起常态化的交流合作机制。这包括由政府民政部门主导、定期举办的养老服务机构交流会议，为行业内的智慧碰撞与经验分享提供了广阔平台。同时，借助现代信息技术手段，构建线上信息共享平台，实时传递行业动态、政策导向与服务案例，促进机构间的即时沟通与知识共享。这一举措不仅有助于提升行业整体的服务水平，也体现了人文社科对信息交流与社会互动的高度重视。

（2）推动服务标准化与规范化

服务标准化与规范化是提升养老服务质量的关键所在。为此，需联合行业协会、专家学者及服务机构等多方力量，共同制定居家养老服务的标准化流程、服务内容与质量标准。通过服务认证与评估体系的建立与完善，对养老服务机构的服务质量进行定期评估与认证，激励机构不断提升服务水平，保障老年人的合法权益与生活质量。这一过程不仅体现了人文社科对服务质量与公平正义的不懈追求，也促进了养老服务行业的规范化与可持续发展。

（3）促进市场竞争与合作并存

在养老服务市场化改革的背景下，市场竞争与合作并存的良性生态对于行业的健康发展至关重要。一方面，需优化政府招标机制，采用更加科学合理的评价标准与指标体系，以确保招标过程公平、公正与透明；另一方面，鼓励养老服务机构之间的跨机构合作与资源共享，发挥各自优势，实现优势互补与共赢发展。同时，大型机构对小型机构的帮扶与指导也是促进整个行业共同进步的重要途径。这一过程不仅体现了人文社科对市场竞争与合作关系的深刻洞察与理解，也为养老服务行业的未来发展指明了方向。

（二）提升照护从业人员专业性

1. 构建多元化照护人才培养体系

照护人才培养，不仅要关注专业技能的提升，更强调人文素养的培育。因此，应构建多元化的照护人才培养体系，将医学、护理学、心理学、社会学等多学科知识融入其中，培养具备跨学科素养的复合型照护人才。同时，加强与高校、职业院校及国际组织的合作与交流，引进先进的教育理念与培训模式，提升照护人才的整体水平。

2. 强化社区工作人员的专业化建设

社区工作人员作为养老服务的重要执行者，其专业化水平直接影响服务的效果与质量。因此，应加强对社区工作人员的专业化培训，提升其医疗、护理、心理关爱等方面的专业知识与技能。同时，建立科学的职业发展路径与激励机制，激发社区工作人员的工作热情与专业成长的动力。通过构建专业化的社区工作队伍，为老年人提供更加优质、高效的养老服务。

3. 优化为老志愿者服务体系

一是精细化管理社区型队伍。社区作为老年人日常生活的重要场域，其志愿服务的规范化与精细化对于提升老年人的生活质量至关重要。我们需将社区型为老服务置于志愿服务战略的核心地位，通过深化社区、楼道结对等模式，构建一张细密而高效的服务网络。这一网络不仅应覆盖精神慰藉、医疗服务、生活照料、法律服务等基本需求，还应容纳文体活动，丰富老年人的精神文化生活。在此过程中，应大力倡导"家庭志愿者"理念，鼓励居民将志愿服务精神融入日常生活中，形成邻里互助、关爱老人的良好风尚。同时，积极探索多样化的志愿服务方式，如结对式、定期日、广场式、超市型等，以满足老年人多元化、个性化的服务需求。

二是专业化打造专业型队伍。面对老年人日益增长的专业化服务需求，我们需充分利用现有专业队伍数据库资源，进一步扩大卫生医疗、法律维权、应急救援等领域的志愿服务队伍在社区的服务范围与影响力。这要求我们在队伍建设上要注重专业化与精细化并重，通过定期培训、交流研讨等方式，不断提升志愿者的专业素养与服务能力。此外，启动青年文明号集体服务居家养老行动，不仅是对青年志愿者社会责任感的召唤，更是将青年人的活力与创造力注入为老服务领域的重要举措。通过这一行动，我们旨在搭建起一座连接青年与老年、专业与需求的桥梁，共同推动为老志愿服务向更高水平发展。

（三）整合信息平台建设

1. 推动信息平台建设的协同治理

在信息平台建设中，应打破部门分割与利益冲突的限制，推动政府、企业、社会组织及公众之间的协同治理。通过建立统一的规划与标准体系，整合现有养老服务平台资源，实现数据的共享与平台的互通。同时，加强跨领域、跨部门的沟通与协作机制建设，确保信息平台建设的顺利推进与高效运行。

2. 提升信息平台的人文关怀与用户体验

在信息平台建设中，应充分考虑老年人的使用习惯与心理需求，提升平台的人文关怀与用户体验。通过简化操作流程、提供多样化的服务入口与便捷的支付方式等措施，降低老年人的使用难度与成本。同时，加强平台的智能化与个性化建设，为老年人提供更加精准、贴心的养老服务体验。

3. 产品分类的细化与服务提升

以近年来排名前列的智慧居家养老服务案例为鉴，在"居家养老服务"这一广泛范畴下，诸如"助洁""家政服务"（内含"擦玻璃"等细分项目）以及"代办服务"等具体服务项目并未形成清晰、明确的分类界限，导致在数据统计与分析过程中，各服务项目之间的边界模糊，难以精准反映老年人真实的服务需求与平台服务的实际效能。对智慧养老服务平台的产品分类进行更为细致、明确的划分，不仅是对平台内容架构的梳理与重构，更是对服务数据潜力的深度挖掘与释放。通过细化产品分类，能够有效提升服务项目数据的汇总分析效率，为政府及相关部门在智慧居家养老服务的产品设计、供给调整、满意度评估等方面提供更加精准、有力的数据支撑。这不仅有助于优化资源配置，提升服务效率，更能在宏观层面推动整个智慧养老服务体系的健康发展。

数字赋能视角下基层智慧养老的现状与对策
——以富阳区为例

王萌萌 *

摘要：促进养老供需匹配是世界各国养老改革的普遍目标。作为浙江省共同富裕示范区首批试点之一，富阳区养老服务工作坚持以推进基本公共服务均等化和"扩中提低"改革为指导，深化养老服务供给侧结构性改革，老年人的获得感和幸福感显著提升。目前，富阳区形成了"居家为基础、社区为依托、机构为补充、医养相结合"的多层次智慧养老服务体系。但是在调研过程中，可以发现基层智慧养老实践中普遍面临供给侧结构性改革不足、体验感有待提升、服务标准少、成本高等困境。建议从适配度、服务配套、针对性与产品规范等方面完善基层智慧养老服务供需体系。

关键词：智慧养老服务；数字赋能；供需匹配

党的二十届三中全会提出以应对老龄化、少子化为重点完善人口发展战略，健全覆盖全人群、全生命周期的人口服务体系，促进人口高质量发展。

---

* 王萌萌，管理学硕士，中共杭州市富阳区委党校讲师，研究方向为基层治理。

近年来，我国人口老龄化问题日益凸显，预计 2025 年我国 60 岁及以上人口将超过 3 亿人，2050 年将达到 4.8 亿人。老龄化增速快，养老和健康服务需求的不断增长给我国经济发展和社会保障带来了巨大的挑战。作为信息技术与养老服务业深度融合的产物，智慧养老是继传统社区养老、机构养老、家庭养老之后的一种新型养老组织模式，是破解养老供需不均衡、资源分布碎片化、管理主体分散化等问题的国家战略选择。但从国内实践情况来看，智慧养老作为新兴业态，尚处于初级阶段，对其培育发展仍然面临着诸多挑战。近年来，富阳区作为浙江省共同富裕示范区首批试点，一直在智慧养老上不断探索改革，并取得了一系列成绩。当然，改革中也不乏一些问题亟待破解，这是基层智慧养老的一个缩影。

一、富阳区的智慧养老实践

第七次全国人口普查结果显示，中国人口老龄化趋势进一步加剧。基层独居老人数量逐渐增多，其中残障或失能的独居老人甚至占到 6 成以上。富阳区比全国提前 12 年进入老龄化社会，且人口老龄化、高龄化、空巢化、失能化"四化叠加"的趋势不断加剧加深。为积极应对人口老龄化的严峻形势，杭州富阳区坚持从供需匹配角度出发，通过大数据等信息技术充分赋能社区和家庭，融通社区、居家和机构医养康养服务，持续推进"幸福养老"示范区建设，让专业的养老服务触手可及，为老年人提供全生命周期的养老服务。在智慧养老服务的发展上侧重通过智慧引导供给、智慧匹配需求、智慧搭建平台三个方面，助力供需平衡。

（一）智慧整合，侧重供给主体，形成供给与需求的有效链接

社会资本参与智慧养老服务平台模式是一个多方参与的、复杂的生态系统。富阳出台的一系列举措有效吸引了相关市场主体参与智慧养老服务，并在永昌镇投资建设智慧康养项目。同时，富阳注重统筹发展，全面夯实"15分钟服务圈"这一基层养老服务网，结合"未来社区""未来乡村"试点中养老服务设施建设，优化布局"一中心两网"，并引入社会组织运营。推进供给侧结构性改革，对标"幸福养老"示范区建设目标，统筹利用各类养老资源，采取与养老机构、社区办公用房、社区卫生服务站、公共文体活动用房等设施合建，以及通过改建、购置、置换、租赁等多种方式，实现示范型居家养老服务中心、村（社）居家养老服务照料中心及互助服务点、老年食堂、助餐服务点等养老服务设施全域有效覆盖。在可及的范围内实现为老年人提供大社区、社区、小区和居家多层级的"家门口"智慧式照护服务。开展"养老护理员赋能行动"，计划通过 3 年时间，对在职满 3 年、5 年以及参加职业技能培训的养老护理员进行一次性奖补，以此巩固队伍，提升专业化水平。

（二）智慧丰富，侧重供给内容，畅通供给与需求的多维对接

对基层养老服务资源的合理利用具有较大难度，供需双方的矛盾日益突出。从需求角度分析，健康活力老人的服务需求主要集中在文化娱乐、发挥余热方面；空巢老人的需求主要集中在精神慰藉、居家安全保障方面；失能老人的需求主要集中在医疗康复、专业照护方面。为丰富智慧养老的供给内容，富阳成功探索形成"1＋1＋N"模式，即"以乡镇（街道）为单位，依托 1 家示范型居家养老服务中心实现区域智慧养老功能全覆盖，引进 1 家机构提供智慧及专业服务，配套多个公益项目提供个性化服务"，打造功能完

善、规模适度、覆盖城乡、服务多元的升级版居家养老服务体系。富阳区所有示范型居家养老服务中心均实现了社会化运营，因此，基础服务更规范，智慧服务更个性化，活动娱乐更常态化，针对性服务更专业化。该区日间照料已覆盖近 8 万老年人，可提供中短期全托床位约 700 张，并通过慈善助力引入社会组织，丰富居家养老服务清单，向低保、低边困难家庭中的失能老人提供智慧安全守护、生活护理、健康保健、心理慰藉等专业养老服务，全年累计提供服务 13 万余人次。

（三）智慧适老，侧重需求主体，构建空巢老人"生命救援防线"

基于 TOF 技术的非接触感知和多传感器融合技术，研发智能安全守护平台、云端智慧安防来提高效率，有效解决了对独居老人意外服务不及时，老年人不好用、不愿用的难题。"空巢老人安全守护系统"有效解决了当前老人居家安防意外发现不及时、老人摔伤或者无意识状态无法主动呼救的难题。该系统不改变老年人的生活习惯、不传输隐私画面，深受老年人欢迎，大家普遍接受度高，解决了现有防护模式老人接受度低的问题。该系统创造性地建立老年人智能监测服务新模式。在保护老人隐私的前提下，实现了监测全天候（24 小时数据发送），建立起家庭、社区、社会组织三级救援机制，同时依托公益创投项目，引入狼群应急救援服务中心为 100 位独居老人提供 24 小时救援响应服务。该系统有效提升了老人安全感和子女放心度。运用智能技术服务老年人的机制，大大提升了老年人的居家安全感，有效缓解了子女的后顾之忧。"空巢老人安全守护系统"是养老服务从粗放式、简单式转向精细化、适老化的有效探索，对全国运用智能技术，为空巢老人构建"生命救援防线"具有重要的借鉴意义。

（四）智慧融合，注重需求内容，迭代"互联网＋"养老服务

推行"互联网＋养老"优化管理，落实"简化办""网上办""移动办"，养老服务标准化办事流程进一步优化，养老服务补贴给付实现"一证通办"，老年食堂刷市民卡结算以及老年优待证办理"一次不用跑"。服务上围绕"可及度"有所创新，依托数字化平台，重点突破"约服务"单元。一方面，整合医卫、志愿服务资源，以东洲街道黄公望村为试点，开通"远程诊疗""远程慰藉"等服务；另一方面，以"养老时间银行"为载体，建立起"社区＋物业＋养老"特色服务队伍，将蓝天助浴打造成为具有富阳辨识度的服务品牌。

（五）智慧定价，侧重需求策略，推动供给与需求的动态均衡

政策上围绕"保兜底"有所创新。制定出台"两低一难"家庭中的失能老人入住养老机构的补助标准。根据需求层次分析结果，形成基于需求的定价策略。老龄用户对服务类型的需求弹性系数从低到高依次为安全健康监测、生活照料和医疗健康管理、精神慰藉、定制化服务。基于需求弹性的高低，应对不同的服务制定不同的价格，以实现社会效益最大化，率先在省内出台《困难老年人入住养老机构补助方案》。在财政资金有限的情况下，政府优先补贴需求弹性小的服务类型，补贴的优先顺序为安全健康监测类、生活照料类和医疗健康管理类、精神慰藉类、定制化服务，这样的补贴策略也体现了基层政府优先保障基础性养老服务的原则。

二、数字治理驱动下基层智慧养老的困境

技术服务的本质是服务。虽然富阳区形成了"居家为基础、社区为依托、机构为补充、医养相结合"的多层次智慧养老服务体系，但是基层在智慧养老实践中普遍面临以下痛点。

（一）智慧养老服务仍需加强供给侧结构性改革

随着老龄化程度的加深和社会的发展，传统的养老模式已无法全面适应当前日益多变的养老需求，寻求新型的多元复合治理手段解决老年人的多层次需求成为趋势。发展智慧养老是我国积极应对人口老龄化的重要举措，但是在推进"智慧＋养老"深度融合的过程中，国内诸多地方建设的智能产品忽视了老年人的需求和自身体验，而过度强调产品的技术与功能，并不符合老年人的操作水平和动手能力。这些本应服务老人的智慧养老产品，最终沦为养老机构的"噱头"或者老人家中的"摆设"。智慧养老包括智慧助老、智慧用老、智慧孝老，而现在在助老上的实践较多，在用老、孝老方面则要加强。基层老年群体对于物质和非物质方面的需求较为特殊且复杂，智慧养老设施或者平台很难及时对老人的个性化需求做出反应，也不能将风险和需求信息准确无误地传递到管理者手中。因此，从整体而言，智慧养老还无法满足老年人多元化、个性化的养老需求，也无法满足居家养老、社区养老、机构养老、慢病控制的养老服务需求，更难以形成智慧养老生态圈和银发群体经济生态。

（二）智慧养老产品的体验感有待提升

智慧养老要以养老服务为中心，其目的应该是从服务端去方便老人。从

智慧养老的现实角度出发，可知养老是核心，技术是"皮"，智慧是"毛"。也就是说，技术手段易得，关键是要通过技术把养老服务体系搭建和完善起来。只有有了一块扎实的"皮"，才能有鲜亮的"毛"。很多智慧养老产品考虑精度很多，但对服务体验考虑较少。对于老年人来讲，技术不是万能的，方便操作、好用更为重要，在调研中，可以发现仅有不到 20% 的老年人群体对市场上养老产品使用的体验感表示肯定。

（三）智慧养老服务面临标准少、成本高的问题

调研发现，当前国内智慧养老场景中的产品和服务价格普遍较高，对老年人的消费习惯和消费能力造成了较大压力。基层养老机构和养老院也面临较高的软件购置成本和运维风险。另外，市场上各类智慧健康养老产品和系统采用的接口标准各不相同，缺乏统一的行业规范，数据处理和共享利用困难，不同的产品与系统之间的数据端口不同，缺乏统一的行业规范，难以实现互联互通。对于城区的老人而言，其成本基本可以接受，但是对于偏远地域的农村老人而言，智慧养老成本超出负担能力。

（四）重线上，轻线下

智慧养老护理人才队伍发展难。目前，富阳区共有持证养老护理员 395 人，每万名老年人拥有 23 人，护理员平均年龄为 58 岁，平均月薪约为 3500 元。大龄、低薪制约了养老护理员队伍的专业化发展。尽管很多地区在推进智慧养老的过程中，已对智能养老设施进行了部分适老改造，但是基层养老服务设施底子仍然较差。一方面，已建居家养老服务用房依然存在"老破小"问题，部分村社居家养老服务用房设施陈旧、面积不达标、挪作他用，与辖区医卫资源结合度低。新建小区居家养老服务用房随楼配建，存在小、

散问题，影响投用效果和管理。建议在规划社区、新建楼盘时统筹前置考虑居家养老服务设施的选址、布局。另一方面，村社照料中心、老年食堂运营组织多为老年协会，以志愿服务为主，缺乏可持续性。

（五）养老机构使用智慧养老产品积极性不高

课题组经过调研发现，杭州市多家养老机构认为智慧养老服务发展中面临的困难是价格昂贵，占提供智慧养老服务养老机构的 71.4%；有 4 家养老机构认为智慧养老服务发展中面临的困难是缺乏相应的技术支持，占 57.1%；有 4 家养老机构认为智慧养老服务发展中面临的困难是技术人才不足，占 57.1%；有 3 家养老机构认为智慧养老服务发展中面临的困难是政策支持力度不够，占 42.9%。智慧养老服务供需情况不容乐观，问题主要存在于养老费用和服务类型两方面。老年人的智慧养老服务需求在养老费用月 1000 元以下和 3000—5000 元这两个分段与养老机构智慧养老服务供给存在着差异。在养老费用月 1000 元以下的情况下，老年人的智慧养老服务需求大于机构的供给；在月 3000—5000 元的情况下，老年人的智慧养老服务需求小于机构的供给。

三、数字化赋能背景下基层智慧养老的优化路径

智慧养老高质量发展不仅有助于更好地满足老年人的需求，还可以优化资源配置、缓解劳动力供给压力、培育经济增长新引擎。[①]

---

① 高传胜：《推动智慧养老高质量发展，何以可为?》，《社会科学辑刊》2024 年第 6 期。

（一）注重智慧养老服务的适配度

智慧养老的关键是"适老"，只有深度理解老年群体的需求才是好的养老产品。感知易用性和感知有用性是促进老年人产品依恋产生的内生动因，其中初老老人和低龄老人更注重产品的使用价值，高龄老人则更注重产品使用的便利程度。[①] 根据课题组调研，建议从以下几个方面来优化适配度。一是以老年人需求为中心。用云数据及时对智慧社区活动的海量有效数据进行系统化、分类化处理，深层次挖掘老人的需求本质，发布服务指令、调度资源，精准地提供各项养老服务。从老年人使用的智能设备与身体条件状况相匹配、养老成本的角度出发，对老年人群体进行细分，构建基于护理服务和能力自立的智慧养老多元模式，探索提供不同层次的智慧养老服务。二是应用为要。智能产品是一种回应需求、解决问题的工具，而非展示和摆设。只有让用户看得见、摸得着、用得上，替代人力、减少成本，才有使用的价值。智慧养老的关键是"适老"，要适合老年人。智慧养老产品技术要适合。新概念不一定是新技术，最新技术也不一定最适合老年人的日常需求。三是价格可控。要兼顾性价比，考虑社会养老金的平均水平，根据老年人的消费习惯、收入情况，研发适合大众的产品。否则，养老产品会"高不可攀"，无法普及和推广。四是服务适配。智慧养老的快速发展取决于大数据、互联网等技术的赋能。对于老年人而言，优质的养老服务还需提升服务的适配度。提升服务质量和适配度的关键在于加强对养老服务的监管。通过对养老服务的全流程监管，倒逼相关机构提升服务质量和满意度，尤其是涉及养老的食品安全监管、疫情防控和服务资质等，亟须相关部门予以规范。以此倒逼大数据开发公司和养老服务机构对相关服务进行迭代升级，提升养老服务机构和工作人

---

① 韦艳、谢怡良、陈瑶瑶：《基于依恋理论的老年人智慧健康养老产品持续使用影响因素研究》，《人口与社会》2024 年第 6 期。

员的工作能动性和积极性。五是操作简易。智慧养老产品的生命力源于"好用"。老年人接受新鲜事物较慢，智能产品必须简单、易学、方便上手。让老年人及其家庭的生活变得更加简单，才是智慧养老的精髓。要区分智能产品的前端和后端，后端可以无限复杂，但前端务必最优且便捷。在这个前提下，要高度注重产品后端的技术能力、安全稳定，要尽可能减少出错率和维修率，使智能产品成为老年人日常可依赖的一部分。企业应将与老年用户建立情感关联提升至战略层面，子女应通过增加与父母之间的情感互动以助力老年人数字接入，政府应推动智慧健康养老产品业态成熟发展。[①]

（二）注重智慧养老的服务配套

智慧养老不能只是飘在云端的系统，要实现线上线下良性互动、有机结合的服务闭环。每一个智能产品或先进技术，都要有匹配的服务来支撑。智慧养老，要注重落地。一要注重线上与线下的融合。智慧养老，养老是核心；而养老服务，重点在服务。打造智慧养老新模式，必须建立"智能产品—匹配服务—后台支撑"的闭环，在老年人居家生活或照护服务的更多场景中发挥作用，才能成为老年人安享晚年生活的有力支撑。建议以智慧养老服务平台为纽带，通过呼叫指挥中心、App 小程序等方式，"线上＋线下"有机结合，实现社区居家养老需求叫号、派单服务、计时定位、实时监控"一条龙"常态化服务。将 60 岁以上老年人、辖区内养老服务机构全部纳入平台管理服务，并与卫健、公安、社保机构实现数据互通，打造"没有围墙"的智慧养老院。二是打通智慧养老场景中的数据壁垒。针对高龄、重残、低保等特殊老年人，量身定制适老化改造方案，通过数字化技术高效链接家政公

---

① 韦艳、谢怡良、陈瑶瑶：《基于依恋理论的老年人智慧健康养老产品持续使用影响因素研究》，《人口与社会》2024 年第 6 期。

司、餐厅、心理咨询师等其他第三方服务商，整合第三方专业服务资源为老人提供一些个性化服务，例如生活照料、心理咨询、家政、康复护理、理发助洁、电器维修等服务，拓展服务覆盖面。此外，养老服务数据也将归档到老人的相关档案中，通过大数据平台可以分析老人的行为数据，通过 AI 智能为老人量身定制更贴心、个性化的养老服务体验。而数据金矿的挖矿也将有效降低传统养老机构的运营成本。

（三）提升智慧养老产品的针对性

服务提供是养老直接的表现形式，既有生活照料、医疗保健、精神慰藉、文化娱乐等基本服务，又有上门照护、远程查看、人文关怀、安全守护等升级服务。建议开展调研，针对养老服务中的痛点，实现精准服务。一要聚焦上门照护。技术的最大价值在于提高效率、降低成本。对养老服务而言，智慧养老的首要使用价值是通过科技手段实现对某些传统养老服务的替代。比如，用技术减轻人工护理的照护压力，缓解家庭的陪护压力。同时，依托邻里互助点"小微"优势，成功解决了农村养老服务"地形复杂，设施选址难""地区广阔，服务覆盖难""投资较高，机构运营难"的三难问题，使居住在深山区的独居老年人也能享受到便捷、温馨的养老服务。邻里互助点的服务全部由老年人熟悉的邻居来提供，使老年人可以放心地打开大门享受居家养老服务，真正地将养老服务送到老年人的周边、身边、床边，打通了居家养老服务的"最后一公里"。邻里互助员可以通过转介服务，将老年人的需求反映给区级养老服务指导中心下设的呼叫中心、镇级养老机构、村级幸福晚年驿站。其发现服务需求、转介对接服务资源的功能，可将"区、镇、村"三级养老服务机构设施功能有效串联融合，在养老服务体系中发挥核心关节点的作用，初步形成了"以院统站、以站带点"的高效养老服务资源协调调动机制，使各类养老服务资源融合成一张互联互通、便捷高效的养老服务保障网。二要聚焦人文关怀。对老年人而言，智慧养老产品不能完全替代老年人自主自立，要增加智慧养老产品的人文色彩和温度，围绕老年人行为习惯、情绪情感等，通过辅助性手段，为老年人"赋能"，增强老年人自理、自主的生活能力。当前部分地区在提升养老服务的针对性上有一定的有益探索，比如北京市密云区探索建立邻里互助点养老服务模式，实现建设成本低、服务覆盖面广，与独居老年人"情感亲"、距离"离得近"、遇事"帮的上"，基本满足了独居老年人的多种养老需求。为进一步提升智慧服务水平，建议以智慧养老应用场景为主，以邻里互助点为辅，通过在老年人家中安装智能传呼装置来链接邻里互助点。

（四）注重智慧养老服务的产品规范

工业和信息化部等印发的《智慧健康养老产业发展行动计划（2021—2025 年）》，为智慧养老服务发展提供了有力支撑，此行动计划提出四大发展愿景，包括不断优化完善产业生态、推动建设服务信息平台、建立智慧健康养老标准体系、研究制定 20 项以上行业急需标准。目前，国内针对智能养老的标准化研究内容主要集中在养老服务领域，在智慧养老信息化建设、老年智能产品标准制定、智慧养老服务升级方面亟须加强。[①] 有部分学者提出智慧养老服务标准体系框架。一是关于线上智慧产品。倡导以富阳区智慧养老应用场景为试点，探索树立行业规范，将老年人满意程度视作开展、评价、检验产品服务的首要标准，以此倒逼相关机构提供更优质和更实惠的养老服务。同时，打通智慧养老的数据壁垒和隔断，建立数据安全管理规范。通过智能服务网络将资源集聚在同一平台，实现数据共享、主体互补，树立统一的行业规范，节约时间和人力成本来提高服务质量。二是关于线下服务

---

① 刘小静、杨瑛：《智能养老标准化现状和需求研究》，《中国标准化》2016 年第 16 期。

质量。建议借鉴北京市密云区的举措，制定制度规范，实行邻里互助点位和邻里互助身份双公开。制定统一邻里互助点标识牌、邻里互助员身份卡和邻里互助点联系卡，点位门口统一悬挂标识牌，邻里互助员入户服务时统一佩戴身份卡，在独居老年人家里张贴联系卡，方便老年人寻求帮助。实行"三项制度"上墙，出台《城乡邻里互助养老服务点服务内容》《城乡邻里互助养老服务点服务规范》和《城乡邻里互助养老服务点应急制度》三项规范，统一悬挂，从语言礼仪、行为要求、老年人突发疾病救助等方面对邻里互助员的服务进行全面培训和规范。三是关于养老服务质量。建议由区民政局和第三方监管机构在智慧养老服务项目的中期、末期，根据智慧养老产品、每家管理机构服务次数和老年人满意率进行量化打分，评估服务效果，总结经验，查找不足，促进智慧养老模式日臻完善。

总而言之，智慧养老对于居家养老、社区养老、机构养老等传统养老模式具有创新意义，但是智慧养老并非脱离传统养老模式而单独存在。本文并未简单地将智慧养老视作一种新的养老服务模式加以界定，而是将其视为一种新的观念能量、技术能量和智慧能量，将之注入传统养老模式中，借助信息化应对人口老龄化。同时，在智慧养老视域下探讨基层智慧养老的供需匹配机制，智慧养老不应仅局限于强调养老服务技术手段的变革，还应强调以人为本、需求导向、供给有效以及适配，更应在理念与技术、传统与现代等相融合的基础上系统施策。

专业注入和集体激活：农村职业经理人助推乡村振兴的作用机制①

杨曦娥　富　晶　徐钊虹②

摘要： 以"大人才观"全力打造中国式现代化建设者大军，是浙江在高质量发展中实现"两个先行"的关键。农村职业经理人，是现阶段乡村人才振兴的实践产物，是以市场化手段推动乡村振兴的重要力量。该文基于集体行动理论视角，对临安区指南村的个案研究发现：在农村基层党组织的领导下，农村职业经理人通过关系融合、技能补位、理念更新的作用机制发挥专业特长，降低交易成本、提升社会效益、增强价值认同，从而激活乡村集体行动，与村"两委"、村民共同参与乡村发展，从而提升乡村振兴水平。该文为农村职业经理人助力乡村振兴提供政策建议：一是遵循乡村发展运行逻辑；二是打造"乡村振兴共同体"；三是重视专业人才队伍培育。

关键词： 农村职业经理人；乡村振兴；集体行动；专业服务；作用机制

---

① 本文系2024年度浙江省委党校系统社会科学联合会规划课题（课题编号：ND2024034）的阶段性成果。

② 杨曦娥，中共杭州市临安区委党校教师高级讲师。富晶，中共杭州市临安区委党校社会培训科科长。徐钊虹，中共杭州市临安区委党校高级讲师。

一、引言

乡村振兴战略，作为全面建设社会主义现代化国家进程中具有全局性、历史性意义的重大任务，是新时代"三农"工作的总抓手。在乡村振兴中，村民以"人熟""地熟""业熟"的本土优势参与乡村发展，与乡村形成了一种密不可分、相互依赖的关系。[①] 然而，在我国长期以城市为主的现代化进程中，城市掌握着人才的培养、支配着人才的使用，并吸引着大量的人才资源为推进城市现代化提供智力支撑。传统精英人才"落叶归根式的城乡有机循环"，逐渐被离乡进城人才的单向流动所取代。[②] 农村人口长期下降，尤其是青壮年劳动力的外流，削弱了乡村振兴的基础。[③] 农业产业化发展和农村现代化建设，因缺乏高质量的劳动力而出现生产性衰落。[④] 农村因人才"失血"而呈现出村庄"失活"的状态。

乡村振兴是时代赋予乡村的新价值。不过，新价值无法在封闭的内部环境中产生，只有通过与外部异质系统的不断交流，才会发现新的乡村发展模式。[⑤] 乡村振兴内生动力不足，其核心是人才的缺乏。为此，党和国家从战略全局出发，提出"乡村要振兴，人才必振兴"，要"引导城市人才下乡，推动专业人才服务乡村，吸引各类人才在乡村振兴中建功立业……为全面推

---

① 韩利红：《乡村振兴内生动力与本土人才生成的逻辑关系》，《理论视野》2023 年第 3 期。

② 李航：《冲突、诊断与弥合：多重制度逻辑视角下的村庄经营——以"职业经理人入村"为例》，《现代经济探讨》2023 年第 11 期。

③ 赵周华：《中国农村人口变化与乡村振兴：事实特征、理论阐释与政策建议》，《农业经济与管理》2018 年第 4 期。

④ 叶兴庆：《新时代中国乡村振兴战略论纲》，《改革》2018 年第 1 期。

⑤ 刘云刚、陈林、宋弘扬：《基于人才支援的乡村振兴战略——日本的经验与借鉴》，《国际城市规划》2020 年第 3 期。

进乡村振兴、加快农业农村现代化提供有力人才支撑"。① 以农村职业经理人为代表的经营型人才驻村，是打通乡村人才振兴"最后一公里"的重要抓手。农村职业经理人对村庄资源进行整体性、市场化、专业化的运营，破解了农村招商难、造血难、引才难、增收难的问题，激活了乡村振兴的内生动力，实现美丽生态、美丽经济、美好生活的有机融合，为乡村振兴提供了样板和典范。当前，学术界对农村职业经理人参与乡村振兴的实践价值和经验作用进行了分析，但是对于农村职业经理人如何推进乡村发展的微观机制还有待于进一步研究。因此，本文在已有研究基础上，基于集体行动理论构建分析框架，从多角度收集数据和分析资料，通过具体案例分析研究，拟回答农村职业经理人如何通过发挥专业特长来激发乡村集体行动，促进乡村经济社会发展，从而揭示农村职业经理人助推乡村振兴的微观作用机制。

二、文献回顾和分析框架

（一）文献回顾

2018 年中央一号文件《关于实施乡村振兴战略的意见》明确指出，"扶持培养一批农业职业经理人、经纪人、乡村工匠、文化能人、非遗传承人等"，为乡村振兴培养专业化人才。随着乡村振兴战略的全面推进，乡村发展对人才的需求在不断提高，乡村需要大量有文化、懂技术、会管理、善经营、爱农村的实用型人才。② 因此，在国家政策鼓励和农村发展新形势的要求下，农村职

---

① 《中共中央办公厅　国务院办公厅〈关于加快推进乡村人才振兴的意见〉》，《中华人民共和国国务院公报》2021 年第 7 期。

② 魏后凯：《人才是乡村振兴中最关键最活跃的因素》，《农村工作通讯》2018 年第 9 期。

业经理人这一职业应运而生。农村职业经理人，是一个全新的概念，主要是指受外部委托，专门负责规划乡村布局、激活乡村资产、经营乡村产业、壮大集体经济的运营团队，包含乡村运营师、乡村 CEO、投资公司管理者以及盘活乡村资源的经营性人才。[①] 农业职业经理人与农村职业经理人虽表述相似，但在行业范畴、功能定位和经济成分上存在显著差别。[②] 本文所涉及的农村职业经理人是将农业经理人纳入其概念范畴之内的。

农村职业经理人作为现代管理人才，懂市场、会经营，能够帮助乡村盘活各类资源，避免乡村在参与市场化竞争中产生收益流失的现象。[③] 通过提供生产、管理、销售等方面的专业服务，农村职业经理人在实现农业现代化生产、提高农民收入、增强小农户幸福感和获得感、推动乡村振兴等方面发挥了重要作用。[④] 通过文献梳理发现，农村职业经理人驻村服务，无疑为乡村振兴注入了新要素、新活力与新动能。但是，对于农村职业经理人如何发展专业特长促进乡村发展的作用机制的研究则显不足。乡村振兴涉及政府、村集体、村"两委"、村民、社会组织等多元主体，是一种典型的集体行动。由于农村社会的原子化发展趋势以及农民组织化程度的不足，基层党组织领导社会建设的统筹力度还不够[⑤]，乡村振兴的集体行动力长期较弱。农村职业经理人与其他主体一样，均面临要突破乡村发展集体行动困难的挑战。这些挑战突出表现在集体行动的成本分担、效率提升、信任机制建设等方面，

① 温啸宇、彭超：《农村职业经理人赋能乡村振兴的实践模式、问题挑战与经验启示》，《农业农村部管理干部学院学报》2023 年第 4 期。

② 董杰、陈锐、张社梅：《聘用职业经理人改善了农民合作社绩效吗——基于"反事实"框架的实证分析》，《经济学家》2020 年第 3 期。

③ 吴一凡、徐进、李小云：《城乡人才要素流动：对接现代性的浪漫想象——"乡村 CEO"的理论分析与现实困境》，《贵州社会科学》2023 年第 1 期。

④ 程亚、罗华伟：《农业职业经理人与现代农业发展新机制研究》，《人民论坛·学术前沿》2019 年第 24 期。

⑤ 张克：《从地方社工委到中央社会工作部：党的社会工作机构职能体系重塑》，《行政论坛》2023 年第 3 期。

最终会影响乡村振兴的效率和质量。①

此外，过去的研究对于以村"两委"为代表的政治强人、以乡贤为代表的经济强人以及驻村第一书记等"强势"的行动主体关注比较多，认为乡村集体行动主要应由这些"强势"的主体推动。② 在乡村振兴中，农村职业经理人尽管具有专业优势，但是与村"两委"、驻村第一书记、乡村能人和乡贤等相比，因其在村庄缺乏权威而显得弱势。然而，通过观察农村职业经理人的成功实践，笔者发现"弱势"的农村职业经理人也能推动乡村集体行动，从而推动乡村振兴。鉴于已有研究对于"强势"主体的关注较多，本文则通过对农村职业经理人这类相对"弱势"的主体如何推进乡村集体行动并促进乡村建设进行研究，可以丰富中国实践下的集体行动理论。同时，本文尝试基于集体行动理论视角对实践案例进行剖析，以此探究农村职业经理人推进乡村振兴的作用机制。

（二）分析框架

集体行动理论由个体构成的集团、共同利益、集体决策和制度安排四个要素构成，主要探讨团体内的成员为了共同的目标和利益而采取的统一行动。③基于此，本文中的乡村集体行动实际就是具有相互依赖关系的村民遵从相关制度，就面临的公共事务问题进行协商，为增进共同利益而采取的活动。研究表

---

① 周生春、汪杰贵：《乡村社会资本与农村公共服务农民自主供给效率——基于集体行动视角的研究》，《浙江大学学报》（人文社会科学版）2012 年第 3 期。
② 舒全峰、苏毅清、张明慧等：《第一书记、公共领导力与村庄集体行动——基于CIRS "百村调查" 数据的实证分析》，《公共管理学报》2018 年第 3 期。韩旭东、杨慧莲、郑风田：《经营村庄：能人带动村庄发展的逻辑与路径分析》，《农林经济管理学报》2022年第 3 期。
③ 苏毅清、秦明、王亚华：《劳动力外流背景下土地流转对农村集体行动能力的影响——基于社会生态系统（SES）框架的研究》，《管理世界》2020 年第 7 期。

明，并非所有的集体行动都能达成，一个人是否会参与集体行动，是理性分析和选择的结果，集体行为的困境受利益分配、组织者能力、组织成本和团体规模等因素的影响。[①] 交易成本是指信息搜集、广告宣传、市场运输以及谈判签约、监督执行等活动所花费的成本。[②] 社会资本的核心概念包含网络资源、相互信任与合作行为，即基于网络过程所形成的行为规范和人们之间的信任，它们能促成产生好的社会和经济结果。[③] 奥斯特罗姆从制度经济学视角指出，集体行动建立在一定的社会资本积累的基础上。[④] 社会资本有利于促进个体之间的合作和协调，从而降低交易成本，推动集体行动的实现。[⑤]

根据上述集体行动理论的相关内容，本文具体的分析框架如图 1 所示。一是关系融合。村庄集体行动受村庄社会资本的影响，而社会信任与关系网络会影响村庄社会资本的积累。[⑥] 农村职业经理人应转变自身身份，在和村"两委"、村民的交往互动中，与其建立信任和合作关系，促进社会资本的积累，从而降低乡村振兴中集体行动的交易成本。二是技能补位。农村专业服务人才的缺乏使得公共服务供给效率较低[⑦]，而农村职业经理人驻村则能增加乡村专业人才资源的供给。农村职业经理人通过人际交往技能、信息分析方法、产品品牌塑造、市场营销技巧等发挥其专业特长，赋能乡村人力资本，提升乡村集体行动

① ［美］曼瑟尔·奥尔森：《集体行动的逻辑》，陈郁、郭宇峰、李崇新译，上海格致出版社、上海人民出版社 2011 年版。

② R. H. Coase, "The Nature of the Firm", *Economica*, vol.16, 1937.

③ S. Durlauf, M. Fafchamps, *Empirical Studies of Social Capital: A Critical Survey*, University of Wisconsin, 2003.

④ E. Ostrom, "A General Framework for Analyzing Sustainability of Social-Ecological Systems", *Science*, vol.325, 2009.

⑤ 蔡起华、朱玉春：《社会信任、关系网络与农户参与农村公共产品供给》，《中国农村经济》2015 年第 7 期。

⑥ 贺雪峰：《熟人社会的行动逻辑》，《华中师范大学学报（人文社会科学版）》2004 年第 1 期。

⑦ 张和清、廖其能：《发展型社会救助的中国社会工作实践探索——以广东"双百"为例》，《西北师大学报（社会科学版）》2021 年第 6 期。

的社会效益。三是理念更新。农村职业经理人以身示范，带动村"两委"、村民转变观念，有效激发其互助合作和志愿服务意识，从而增强乡村集体行动的价值认同。同时，农村职业经理人也认识到优化工作方法和融入乡村社会，有利于利用熟人社会关系网降低工作成本。总之，农村职业经理人通过关系融合、技能补位、理念更新的作用机制发挥专业特长、降低交易成本、提升社会效益、增强价值认同，从而激活乡村集体行动，与村"两委"、村民共同参与乡村发展，从而提升乡村振兴水平。

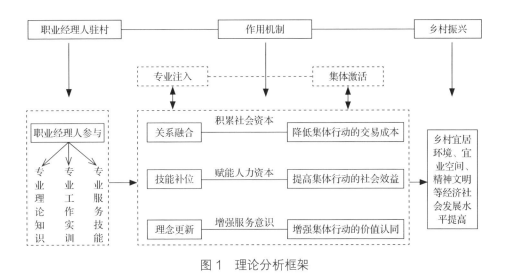

图1 理论分析框架

三、研究方法和案例背景

（一）研究方法

本文研究的目标是揭示农村职业经理人参与乡村发展的内在机理。案例研究有助于对研究对象所处的真实环境进行细节性、情景性分析，深入挖掘经验世界和探求经验细节，并通过概念归纳和经验过程的分析，系统展现因果机制和过程。① 因此，本文主要采用案例研究方法，通过对单个实践案例进行考察和分析，从微观层面探究农村职业经理人通过发挥专业特长助力乡村振兴的作用机制。

（二）案例选取理由和资料收集情况

本文以指南村农村职业经理人助力乡村振兴为案例，主要有以下理由：第一，典型性。指南村是临安区农村职业经理人参与乡村发展的试点村，拥有农村职业经理人共 16 个。自 2020 年以来，指南村被评为"全国民主法治示范村""全国生态文化村先进典型"和"第二批全国乡村治理示范村""杭州市第一批共富村"。指南村的农村职业经理人从产品业态、服务理念、营销策划等方面，全方位提升村民参与乡村发展的能力，并在临安区文旅局的支持下将其发展模式扩展到周边，形成典型的示范效应。第二，代表性。实施"千万工程"20 多年以来，该村具备了较好的发展基础，广大村民对美好生活的需求也在不断增加。农村职业经理人驻村开展经营服务，顺应了乡村振兴过程中人民对美好生活向往的发展趋势。第三，可分析性。农村职业经理人入驻指南村开展运营工作已达 4 年，比较成功地融入了村庄经济社会发展，积累了大量实践经验。该村的乡村振兴具有可持续发展的基础和被深入研究的价值。

在资料收集上，本文所涉及的资料主要是在实地调研中形成的一手资料和通过业务主管部门、官方媒体、统计年鉴等渠道收集的二手资料。其中，一手资料是本文的主要资料，课题组分别于 2020 年 9 月、2021 年 4 月、2022 年 6 月、2023 年 8 月和 2024 年 3 月对该村进行实地调研。访谈的对象主要包

---

① 张静：《案例分析的目标：从故事到知识》，《中国社会科学》2018 年第 8 期。

含干部群体（含村"两委"和业务主管部门工作人员）、农村职业经理人代表和村民代表三大类。访谈的内容主要是农村职业经理人开展运营工作的历程与发展所面临的瓶颈、乡村环境、产业发展和乡风文明等方面的变化。

（三）案例介绍

指南村位于杭州市临安区太湖源镇。近 20 年来，指南村坚持绿色发展，2015 年创成"指南红叶小镇"，2017 年建成村落景区，2018 年创建国家 3A 级旅游景区。然而，景区造好了，乡村变美了，人气却不旺。美丽乡村面临"发展悖论"的困境——"有美丽无特色""有输血无造血""有想法没办法"。2020 年 9 月，杭州太湖源生态旅游有限公司开始加入指南村落景区的运营管理工作。农村职业经理人进驻指南村以后，升级改造农家乐、整合村庄资源、开发研学产品、丰富旅游线路，原本靠秋景出圈的指南村，从"一季红"变成了"四季旺"。农村职业经理人驻村运营先后经历以下三个发展阶段。

一是初始融合阶段（2020 年 9 月—2020 年 12 月）。农村职业经理人驻村后，关键是要全面了解村情和民情，以获得村民的信任和支持。指南村的农村职业经理人通过入户走访、参与完善乡村基础设施建设及设计规划村庄发展等公共事务，逐步了解和熟悉村庄情况，意识到村庄的集体意识薄弱、村民服务意识不强、年轻劳动力外流严重、村里精神文化活动匮乏、农家乐以老年人经营为主且品质不高等问题。

二是全面探索阶段（2021 年 1 月—2021 年 12 月）。农村职业经理人全面开展运营工作。首先，打响乡村名气。依托"处处是景、村景相融、全村皆是景"的乡村环境，以"全国摄影大赛开镜暨红叶指南小镇开街仪式"为契机，引导更多的知名高校、研究机构、新闻媒体等关注和报道指南村，倾力打造"红叶指南"乡村运营品牌。其次，聚焦产业融合。精心谋划"生态＋"的融合产业，发展生态绿色农林业、生态观光旅游业等适应美丽经济发展需求的新产业、新业态，促进产业特色化、融合化、高质化和绿色化发展，将村内的生态优势转化为产业优势。最后，助力富民增收。盘活乡村闲置资产和开展"空间革命"，围绕丰富的旅游业态，提升网红民宿知名度，吸引更多游客来到指南、游在指南、住在指南。

三是成熟稳定阶段（2022年1月至今）。历经近4年，指南村的农村职业经理人在入户调查、村庄规划、盘活资源、运营管理等方面，摸索出一套适合乡村发展的工作模式。2020—2023年，游客从每年40万—50万人上升到每年60万—70万人，村民人均年收入从4.2万元上升到8万元，累计带动返乡青年近20人，吸引新村民110人。仅2023年指南村旅游收入近1亿元，全村80%的劳动力都在从事旅游相关的产业。村"两委"和村民在文化生活、经济收入、服务意识、市场理念、村民关系等方面发生了较大变化（见表1）。

表1 农村职业经理人下乡服务前后村庄社会变化情况对比

序号	内容	农村职业经理人下乡前	农村职业经理人下乡后
1	干部工作角色	管理者	服务者
2	干部服务角色	供给导向	需求导向
3	服务设施利用	利用频率不高，设施单一老旧	利用频率较高，设施更新且多样化
4	文化活动内容	打牌和下棋	新增年俗风情旅游节、糯米酒开坛仪式、菊花文化节、重阳节、红色研学活动等
5	旅游产品	旅游产品单一	聚焦生态和文化资源，打造乡村品牌，由"一季红"到"四季旺"
6	服务意识	不愿意参与公共事务性活动	积极参与村集体活动、村集体荣誉感提升
7	市场理念	低价竞争、相互拉客	成立民宿协会，相互交流学习，信息共享、合作共赢
8	经济收入	以老年人在家经营农家乐为主，基本维持生活	农家乐升级改造，收入持续增加，青年回乡创业就业

续表

序号	内容	农村职业经理人下乡前	农村职业经理人下乡后
9	村民关系	村民联系少，干群间信任度低	村民联系增多，干群间信任度提高

注：根据访谈资料整理。

四、案例分析

指南村引入农村职业经理人，既是乡村经济社会发展水平上升，村民对建设美好家园、就地过上现代美好生活的迫切需要，也是地方政府部门推动乡村全面振兴的发展结果。但是，其实质则是顺应以产业强、环境美、精神和为主要内容的农业农村现代化建设的变化趋势。指南村地处杭州市临安区，与其他经济发达地区的农村一样，其经济社会发展水平相对较高，村民对宜居环境、宜业空间、精神文明的需求也日益增强。虽然乡村发展要充分发挥村民的内生动力，但是在实现乡村全面振兴过程中对专业技能和专业知识则有着更高要求。在专业服务资源下沉、数量有限的情况下，乡村发展面临着专业人才缺乏和集体行动乏力的挑战。

指南村农村职业经理人在助力乡村振兴的过程中取得了一定的突破，他们以"党政结合＋乡村运营"的形式，不断增强与村"两委"、村民的互动合作。通过关系融合、技能补位和理念更新的作用机制，降低交易成本、提升社会效益、增强价值认同，激活乡村集体行动，最终推进了乡村振兴。

（一）关系融合：降低集体行动的交易成本

农村职业经理人驻村面临的现实问题是村民人数多，其首要任务是激活村民集体行动，充分发挥村民在推进乡村振兴中的主体作用。在熟人社会，社会关系中的互惠互利、人情互动、可信赖行为等是建立信任机制的基础。[①] 成员之间的信任，有助于积累乡村建设的社会资本，增强成员参与集体行动的自愿性和自觉性，从而降低集体行动中的沟通、组织、规则制定和执行等交易成本，因而行动主体间社会资本的积累能促进集体行动。[②] 因此，农村职业经理人驻村后，需要积极融入村庄的社会关系网、加强与村"两委"的联结、提升村民对村"两委"的信任度，从而不断积累其在村庄的社会资本，降低运营过程中集体行动的交易成本（见图 2）。

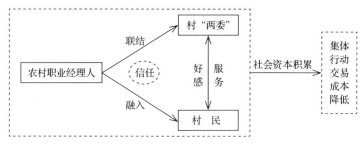

图 2　关系融合机制作用过程

一是建立与村民的关系网络。农村职业经理人在农村开展运营工作，和他们在城市开展经营活动是有区别的，这种区别主要体现在驻村开展运营的方式上。农村职业经理人通过走村入户调研，了解村民的需求和意愿，这种近距离的接触不仅有利于农村职业经理人与村民建立深厚的感情，也有利于农村职业经理人更加关注村民利益，从而使村民更加信任和支持农村职业经理人的工作。正如 2020 年来到指南村的农村职业经理人周静秋所言："我们开展乡村运营工作，第一步就是要和村民建立信任关系。进村和驻村最大的

---

①　罗家德、李智超：《乡村社区自组织治理的信任机制初探——以一个村民经济合作组织为例》，《管理世界》2012 年第 10 期。

②　罗兴佐：《有动员无组织：熟人社会中的集体行动——对一起农村群体事件的分析》，《江苏行政学院学报》2013 年第 5 期。

区别是在情感联系方面。"同时，农村职业经理人在乡村社会扮演着引导者的角色，他们通过宣传国家政策、推广先进的市场理念、引导村民参与公共事务等方式，提升村民的素质和能力，促进乡村社会和谐。另外，农村职业经理人通过提供就业机会、传授专业技能等方式，帮助村民提高经济收入、改善生活条件，从而与村民建立直接的经济联系。农村职业经理人在情感、经济等日常的互动互惠中，增进和村民之间的理解和信任。社会信任促进社会资本的积累，能够降低乡村运营中集体活动的组织、协调和沟通成本。

二是增强与村"两委"的联结。村"两委"是乡村振兴的关键力量，是组织村民集体行动和制定集体规则的领导核心。农村职业经理人在取得村"两委"的理解、支持和信任后，可以有效增强其在村庄开展运营工作的合法性和公信力。首先，深入了解与沟通。农村职业经理人通过主动与村"两委"交流，深入了解当地的发展情况、资源优势以及存在的问题和挑战。同时，介绍自己的专业背景、运营理念和经验，以便获得村"两委"对运营工作的理解和支持。其次，共同制订发展规划。农村职业经理人通过与村"两委"共同制订乡村发展规划，明确发展目标、产业定位、项目布局等，确保运营工作符合村庄实际和村"两委"的期望，促进双方的紧密合作。最后，参与村级事务管理。农村职业经理人通过协助村"两委"参与村级事务管理，如参与村民会议，协助宣传文稿写作、项目书申报、信息填报等公共事务的处理，维护双方的合作关系。由此可见，农村职业经理人不仅要做好专业工作，而且要在遵从权力运行规则的前提下做好村里的行政事务。

三是增进村民对村"两委"的信任。由于信息不对称、"搭便车"、沟通渠道不畅等问题，普通村民无法及时将自身的需求传达给村"两委"。[1] 村"两委"不能及时全面地掌握村民的真实需要，而农村职业经理人则发挥了

---

① 李南枢、何荣山：《社会组织嵌入韧性乡村建设的逻辑与路径》，《中国农村观察》2022 年第 2 期。

桥梁纽带的作用，能够将村民诉求以合适的形式反馈给村"两委"。例如，农村职业经理人在开展驻村调查后，与村里主要负责人沟通后，策划了"村'两委'答村民问"的活动，20 多名村民参与并提出有关村庄环境、村庄规划、民宿发展、政策支持等 15 个问题，村"两委"代表均逐一予以解答。其中，有村民反映村庄缺少公共文化活动空间，指南村党支部书记、村委会主任郤华锋现场承诺早日建成村民文化礼堂。农村职业经理人在村党组织的领导下开展运营工作，其专业能力和文化素养让村民感受到自己被尊重和重视，这无形中增强了村民心中村"两委"的可信度和公信力。

（二）技能补位：提升集体行动的社会效益

指南村在推进全面乡村振兴战略中，遇到了乡村建设主要依靠财政投入、"千村一面"、乡村产业造血功能弱、专业化运营缺乏等问题。经研究表明，以农村职业经理人为代表的专业力量参与乡村振兴，为乡村产业经营注入发展活力。[①] 指南村利用村庄的文化、资源和区位优势引入农村职业经理人。农村职业经理人驻村后，主要承担参与村庄发展规划、项目投资、招商投资、产品开发、旅游营销、日常运营、综合管理等职能，并以扮演"第二村委会"角色参与村庄发展和村民议事。因此，农村职业经理人的技能补位作用，主要表现为提供专业服务、赋予村"两委"能力和激发村民热情三个方面（见图 3）。

一是提供专业服务。农村职业经理人的专业知识和技能服务、工作方法和工作理念，有利于调动村民参与运营工作的积极性，从而激发村民参与乡村振兴的内生动力。指南村的农村职业经理人接受过较为系统的专业理论知

---

① 温啸宇、彭超：《农村职业经理人赋能乡村振兴的实践模式、问题挑战与经验启示》，《农业农村部管理干部学院学报》2023 年第 4 期。

识，他们分别具有旅游管理、市场营销策划、景区景观设计、项目管理、新媒体等农业农村实用学科专业背景，在驻村之前其大部分都有活动策划、发展规划、服务管理、涉农经营等相关工作经历，学历一般在本科及以上，年龄普遍在 28—45 岁。总之，农村职业经理人呈现出"两高两化"的特点，即高学历、高素质、专业化、年轻化，基本具备乡村经济社会发展的综合素养。农村职业经理人的专业性具体体现在以产品设计、乡村策划、营销推广、招商引资等商业手段参与乡村经济社会发展，运用市场思维来解决乡村发展问题，使得乡村与外部市场建立了广泛联系，促使乡村市场环境逐步规范和完善[1]，提升乡村集体行动的社会效益。

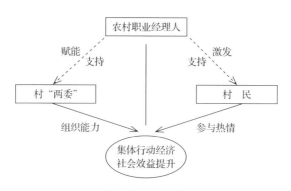

图 3 技能补位机制作用过程

二是赋予村"两委"能力。在乡村振兴过程中，村"两委"是领导核心，但现实中村"两委"因组织能力弱化，主体作用难以充分发挥。[2] 研究表明领导者的组织能力越强，越能提升成员的信任度，所组织的集体行动也

---

① 吴茂英、张镁琦、王龙杰：《共生视角下乡村新内生式发展的路径与机制——以杭州临安区乡村运营为例》，《自然资源学报》2023 年第 8 期。
② 陆自荣、张颖：《党组织建设引领农村公共服务供给创新的逻辑——基于"市场—科层"机制的效力分析》，《清华大学学报（哲学社会科学版）》2022 年第 4 期。

更容易实现。①指南村的农村职业经理人通过各种大型集体活动来提升村"两委"的组织能力，提升村"两委"在政策制度支持、土地资源筹集、乡村人员协调等方面的工作效率。因此，农村职业经理人不仅能有效解决乡村产业发展问题，而且能赋予村"两委"动员村民参与乡村发展的组织能力。

三是激发村民热情。农村职业经理人融入村民中，并与其建立信任关系后，能更好地激发村民参与运营工作的热情。农村职业经理人协作村党组织成立"志愿服务队"，参与分担村公共活动的事务性工作，减少集体行动中的组织成本。例如，在举办"秋季的红叶节"时，游客大量涌入指南村，村民志愿者从游客的角度出发，特别是针对中老年群体，提供全方位、个性化的服务。在景点导览、住宿接待、餐饮服务等方面，力求做到细致入微，让游客感受到家的温暖和舒适，起到了"小投入大效应"的效果。此外，指南村的"七古""十八碗""太平灯舞"等非遗乡土文化实现三次升级，这与农村职业经理人的专业策划和包装宣传，以及村"两委"和村民的配合支持、积极参与是密切相关的。

（三）理念更新：增强集体行动的价值认同

农村职业经理人参与乡村振兴，面临的挑战之一是如何实现乡村本土化发展。年轻的农村职业经理人刚开展运营工作，其实践经验不足，村"两委"和村民对农村职业经理人助推乡村振兴的价值认识也有限。面对这些问题，指南村的农村职业经理人与村"两委"、村民在共同开展乡村运营的过程中，尝试更新服务理念、扩大服务认知范围，从而增强大家对村庄集体行动的价值认同（见图4）。

---

① 黄珺：《信任与农户合作需求影响因素分析》，《农业经济问题》2009年第8期。

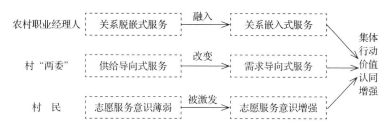

图 4　各主体的服务理念在农村职业经理人驻村前后的变化

就农村职业经理人而言，在将理论知识转化为实践工作的过程中发现：在农村开展运营工作，如果只专注于本职工作，而不积极融入村庄的熟人社会，即农村职业经理人的关系脱嵌于村庄，运营工作不仅成本会增加，而且还会遇到各种阻碍。除了坚持"利用村庄资源发展村庄"的工作理念外，指南村的农村职业经理人还尝试着调适和更新服务理念。例如：尊重、开发和利用本村的传统民俗文化；理解和遵从乡村的权力运行。这样，农村职业经理人逐步嵌入乡村关系。经过磨合，指南村成功举办了春季的油菜花节、夏季的避暑纳凉节、秋季的红叶节、冬季的年俗活动。通过这些活动，村"两委"和村民的认知水平得到提高，服务理念也得到更新。农村职业经理人也体会到，村庄的熟人社会关系网虽具有一定的复杂性，但同时也存在向外的张力。只要他们找准平衡点，积极主动地融入村民当中并取得他们的信任，就能够增强村民在乡村运营中集体行动的价值认同。

就村"两委"而言，在农村职业经理人的影响下，村"两委"的服务理念由供给导向向需求导向转变。指南村党支部书记、村委会主任邵华锋一直致力于提高村"两委"的服务意识，他经常说："我就是大伙儿的服务员，哪儿需要我，我就在哪儿。"在具体行动上，他组织建设了指南村乡村振兴馆、历史展览馆，领导建立村级工作制度，推行村"两委"坐班制，提出以"共建美好家园"为核心内容的二十二条村规民约，积极推动村"两委"心往一处想、劲儿往一处使。但是，这种说教方式对提升村"两委"服务意识的作用是有限的。农村职业经理人驻村后，他们的工作态度和行为方式都不同程度对村"两委"产生了影响。与农村职业经理人工作接触较为频繁的村文化宣传员姚女士说："开展乡村运营工作，他们总是把游客需求放在第一位，尽可能地换位思考。在和我们村'两委'打交道时，他们的态度也很谦和，对村民也很尊重。这种影响是直接的，效果也更深刻。"另外，农村职业经理人对村"两委"在思维上也产生了影响。之前，村"两委"大多是以考核为工作导向的。农村职业经理人驻村后，村"两委"服务思维开始转向以需求为导向。党支部书记、村委会主任邵华锋的变化也很明显，他说："这些农村职业经理人一来，我发现很多事情就变得不一样了。他们喜欢以游客和群众的视角看村庄发展，这给我们带来了新的视野。"伴随着这种服务思维的转变，村"两委"开始从游客和村民的立场考虑村庄资源利用和业态布局，这有助于激发村民参与村庄建设的热情，增强村民对于村庄发展的获得感，更好地推进乡村振兴。

就村民而言，因为村庄持续良好的发展，其生活获得感和满足感增强。指南村的村民对农村职业经理人有了更多的好感和信任。村民余军涛在农村职业经理人的建议下，带头将农家乐改成了民宿，并尝到了甜头。他说："我们家之前是把自家的老房子装修一下开农家乐，一年营业额 60 多万元，心里觉得蛮不错的。2022 年在运营团队的指导下，我们花了半年时间对农家乐进行提升改造，把农家乐改成民宿。光是秋天 3 个月的时间，营业额就超过了 60 万元。"同时，指南村的村民也更加愿意参与和协助村庄的日常事务，对村"两委"的日常工作也更加支持和配合。在指南村客流量最大的时候，单日的客流量就达 2 万人次。对于缺少大型停车场的高山村落来说，在接待能力和停车位供给上备感压力。指南村村民在村"两委"的带领下，主动参与客流引导、停车服务等志愿活动。一般而言，村民既是乡村振兴的享受者，也是乡村振兴的参与者和贡献者。随着指南村农村职业经理人驻村发展的成熟稳定，村庄环境更美了，村民收入更高了，精神文化生活更多了。

村民真正享受到村庄发展的红利，也更加主动地参与村庄活动、回馈村庄发展。

五、结论和建议

农村职业经理人作为专业人士，运用市场手段实现产业植入，是破解美丽乡村"两难困境"的金钥匙。本研究基于集体行动理论构建分析框架，选取指南村农村职业经理人的实践案例进行分析。研究发现：指南村的农村职业经理人在基层党组织的领导下，通过关系融合、技能补位、理念更新的作用机制，积极融入乡村经济社会发展，在产品设计、发展规划、营销推广、招商引资等乡村产业发展中，不断注入专业技能，探索形成"党政结合＋乡村运营"的发展模式，推动乡村生产、生活、生态质量的提升。这种发展模式的核心机制是：第一，农村职业经理人发挥其在乡村经济社会发展中的专业优势，即"专业注入"；第二，农村职业经理人通过发挥专业优势激活乡村集体行动，即"集体激活"。从政府视角看，文旅部门牵头在乡村开展整体运营，有利于整合乡村资源并吸纳社会力量参与乡村振兴。从农村职业经理人的角度而言，指南村的乡村运营依托村党组织的直接领导，有利于调动和激活乡村集体行动，促进内外部资源的整合和利用，减少提供专业服务和管理的成本。同时，农村职业经理人应在尊重村民在乡村发展中主体地位的基础上，探索和寻求突破乡村集体行动的困境，以便持续地推进乡村振兴。因此，本研究对农村职业经理人破解乡村振兴过程中存在发展悖论困境的政策建议有如下几方面。

一是遵循乡村发展运行逻辑。乡村熟人社会蕴含着人情往来、地方认同等乡土逻辑，这和国家行政、社会力量的运行逻辑存在一定的差异。社会力量必须嵌入乡村社会网络中才能发挥作用。因此，农村职业经理人驻村服务，应遵循乡村发展的运行逻辑和权力规则，尊重乡土情景中的村规民约、人情信任。紧紧围绕"以乡村发展为本"的价值理论，通过互惠互利、互补互促的方式，寻求多种行动主体逻辑上的关系融合，促进乡村内外部主体的和谐共生，为推动全面乡村振兴奠定坚实基础。

二是打造"乡村振兴共同体"。乡村振兴既是长远的战略指引，也是宏大的系统工程。指南村在坚持"市场有效、政府有为、企业有利、百姓受益"的原则基础上，探索引入农村职业经理人，对整村资源进行系统化运营。以"党政结合＋乡村运营"的发展模式来激活乡村集体行动，形成"村民是主人、村委会是股东、农村职业经理人是'主角'、投资商是'配角'、专家是'师爷'、政府'跑龙套'"的乡村振兴共同体，各方分工明确、资源共享、活动共办、市场共推，共同参与乡村发展，实现本土力量与政府力量、社会力量的有机融合，有力推进了乡村经济发展和社会治理现代化。

三是重视专业人才队伍培育。农村职业经理人，是现阶段乡村人才振兴的实践产物，是以市场化手段推动乡村振兴的重要力量。要从人才振兴的战略高度来认识农村职业经理人的作用，将对农村职业经理人的奖励，纳入乡村振兴人才奖励政策范围。通过建档立卡、跟踪培训、系统培育等系列措施，不断提升农村职业经理人的从业能力和专业水平。对吸纳就业能力强、辐射带动农户增收作用明显、积极促进绿色生产的农业职业经理人给予奖励，激发其带动小农户增收、盘活农村资源要素的工作热情和主观能动性。

楼宇政务服务驿站的功能与运行机制
——以拱墅区 B 社区为例

赵陆蓉 *

摘要： 营商环境作为中国国家治理现代化的新内容和地方经济高质量发展竞争的新场域，是地方政府治理水平和服务能力的重要体现。而楼宇政务服务驿站建设正是政务服务增值化改革的重要抓手。本研究从浙江政务服务增值化改革的背景出发，以拱墅区 B 社区政务服务驿站建设为例，基于资源整合和全链条服务的视角，关注基层党组织、政府、企业、社会组织等多元治理主体在构建全周期全链条为企服务模式过程中的功能和运行逻辑，抓住党建引领资源整合建设服务驿站的主线，从问题提出、实践做法、经验总结、思考启示四个层面由浅入深地研究楼宇政务服务驿站的功能与运行机制，进而探讨在营商环境优化过程中政府与市场、顶层设计和基层探索之间的关系，以期为杭州乃至浙江多地提供可资借鉴的营商环境样板经验。

关键词： 政务服务增值化改革；楼宇政务服务驿站；全链条；高质量发展

---

* 赵陆蓉，浙江工商大学公共管理学院研究生。

一、问题的提出

　　企业是推动区域经济发展的重要引擎，如何优化营商环境从而促进区域创业活跃度的提升，成为地方政府亟待回答的重要问题。"把基层党组织建设成为有效实现党的领导的坚强战斗堡垒""加强新经济组织、新社会组织、新就业群体党的建设"被写入党的二十大报告。从此，作为政务服务的重要组成部分，楼宇政务服务驿站成为城市营商环境建设的焦点。受经济形势、地理区位以及社会思想等因素变迁的影响，当下企业——尤其是新兴产业中的小微企业不可避免地在社会中以弱势方形象出现，它们渴望着政务服务的便利、政府与市场的关注。2023 年 9 月，浙江省委召开全面深化改革委员会第七次会议，审议关于全省推进政务服务增值化改革的实施意见，强调要充分发挥政务服务增值化改革的牵引作用，以改革攻坚推动民营经济高质量发展。在此背景下，楼宇政务服务驿站建设是新时期党和国家在优化营商环境、解决企业急难愁盼系列问题上的积极探索，是实现高质量发展和良好治理的关键抓手。作为治理体系上下、左右、内外各类主体协同的治理活动，服务驿站在组织形态上虽具有多元性，但都是对传统科层制结构的延展和突破。那么，应如何建设楼宇政务服务驿站，发挥服务驿站的功能和作用，从而优化营商环境呢？

　　当前，学界在政务服务增值化改革优化营商环境方面，既有研究主要分为三类。一是强调数字赋能，将数字技术作为营商环境优化的主要影响因素。在数字政府环境下，政务服务数据的流通与共享能够有效促进业务重组与流程优化，形成政务服务链，提升政府治理能力。[1] 二是政、社、企协同，关注有为政府、有效市场和有机社会形成合力以推动政府服务增值化改革，[2] 将营商环境

---

① 徐晓林、明承瀚、陈涛：《数字政府环境下政务服务数据共享研究》，《行政论坛》
2018 年第 1 期。
② 胡小君：《从分散治理到协同治理：社区治理多元主体及其关系构建》，《江汉论坛》
2016 年第 4 期。

建设视作一个系统性工程，具有复杂性、动态性和过程性特征，需要"政、企、社"多元主体相互协同为市场经济建设良好的外部环境，最大限度地增进公共利益。三是建立健全政务服务标准体系，量化为企服务的成效和质量。推进政务服务标准化，就是要将标准化的理念、原则、方法引入行政管理服务部门，通过制定和实施适用于政务服务的标准体系，提高政务服务的质量和水平。[①]

基于此，政务服务驿站模式下所体现出的不仅是"项目制"的支持，而且是具有内在驱动力量的协同发展模式；其参与主体也不仅限于政府，而且有更加多元的市场主体和企业力量，展现出高质量发展背景下对"全周期全链条治理"与"产业资源整合"两条主线的交汇。本文聚焦楼宇政务服务驿站这样一种新型的为企服务模式，对杭州政务服务增值化改革、优越的营商环境构建及背后的治理逻辑脉络展开更为深入的解释。

二、资源整合与全链条服务：一个分析框架

资源整合是服务驿站建设的核心和主线，是指将各种不同类型、来源和形式的资源整合在一起，以实现更高效、更综合的利用和管理。[②]在政务服务增值化改革领域，资源整合也是一项重要的战略举措，旨在最大限度地发挥资源的潜力，提高资源利用效率，实现协同效应和综合优势。强调资源的多元性和综合性，这包括资金、设备、场馆以及其他生产资料等物质资源，以及人力资源、数据资源、合作伙伴关系网络等社会资源。通过将以上资源进行优化配置和重组，可以充分发挥资源的互补性和协同效应，提高资源的利用效率。全链

---

① 魏礼群：《推进政务服务标准化 提升政府治理现代化水平》，《行政管理改革》2015年第12期。

② 董保宝、葛宝山、王侃：《资源整合过程、动态能力与竞争优势：机理与路径》，《管理世界》2011年第3期。

条全周期管理则是一种先进的管理理念，是一种全面管理和协调控制的管理方法，全链条服务和全周期管理旨在解决社会公共管理中存在的碎片化、运动式治理现象，实现政务服务生命周期的全面优化和价值最大化，即应该运用有效的资源整合办法，依托现代先进的数字技术，借助政府部门之间以及政府与私人部门之间的联系优化流程实现环环相扣，在空间和时间两个维度均形成闭环管理，以应对日益复杂的社会问题和公共服务需求。[①]

首先，全周期全链条管理关注政务服务从需求产生到问题解决的整个生命周期，包括申请、分流、研判、处理、反馈等环节，通过对整个服务生命周期的综合管理和协调控制实现资源的最优配置和增值。其次，全周期全链条管理强调全面性和协同性，需要各个部门和各个环节之间的紧密协作和密切配合，以确保流程的顺畅和效率的提升。注重多元主体之间的协同和配合，对资源进行有效配置的前提是对多元主体进行合理组织和引导，确保各项资源能够物尽其用，形成良性循环，[②] 还需要充分考虑各种资源之间的关联性和相互影响以避免冲突和浪费，最大限度地发挥资源的整体效益。全周期全链条管理还强调数据透明和信息共享。在为企服务的各个环节中，需要实时收集、分析和共享相关数据和信息，以便及时调整和优化服务策略和流程。[③] 通过建立信息化平台和数字技术赋能场景应用，可以实现对整个服务周期的实时监控，提高管理的精细化和智能化水平。

资源整合与全链条服务为拱墅区 B 社区服务驿站的建设构建了全面、系统的分析框架。在浙江政务服务增值化改革的背景下，研究以党建引领资源整合为主线，从社区党组织、上级政府、辖区企业、社会组织等多元治理主

---

① 刘良：《全周期管理理论视野下超大型城市社区的"城市病"及其治理路径——以北京"回天地区"为例》，《华北电力大学学报（社会科学版）》2024 年第 2 期。

② 彭华涛、吴嘉雯、刘勤：《数字赋能视角的全周期创业教育模式与路径研究》，《高等工程教育研究》2023 年第 4 期。

③ 韩旭东、刘闯、刘合光：《农业全链条数字化助推乡村产业转型的理论逻辑与实践路径》，《改革》2023 年第 3 期。

体的互动中探究楼宇政务服务驿站的治理链条与运行机制，从而打破传统化、碎片化治理的困境，推动营商环境的优化进程。

三、楼宇政务服务驿站的做法

为贯彻落实省第十五次党代会精神，推动软件产业园区党建统领共同富裕现代化基本单元建设，打造商圈楼宇社区化发展新模式，进一步优治理、稳经济、促发展，拥有 14 幢楼宇、总建筑面积 39.9 万平方米的拱墅区 B 社区于 2023 年 10 月正式成立了楼宇政务服务驿站。楼宇政务服务驿站主要承担加强党的领导、统领楼宇治理、优化营商环境、促进企业发展、引领先进文化、关爱凝聚职工等 6 项工作职责，为探索更精细的企业服务模式，推出助企共富"幸福十条"。

（一）优化要素，建立精准集成服务机制

楼宇政务服务驿站的"红盾驿＋"创新建立"12315"工作机制，即 1 张党建联建清单，2 条便捷服务通道，3 支优商暖商队伍以及 15 件嵌入式即办事项。地方总工会成立了专业助企服务队"晓跟帮"，以工会"娘家人"身份跟踪企业发展，帮助企业排忧解难，同时利用走访将政策、服务等各类资源送上门。根据企业需求，组织一线职工参加疗休养、组织高温慰问活动、开展为建筑工人免费健康体检、办理医疗互助等。B 社区政务服务驿站秉持为企业服务、为职工服务的理念，抓紧抓实思想引领、自身组织、素质提升、维权服务"四大建设"，紧紧围绕地方党工委的工作要求和工作部署，以党建带工建、党群共建、党群互促为重点，推动服务驿站为企服务工作实现高质量发展。此外，B 社区政务服务驿站实现政务下沉"就近办"，服务企业零距离，2023 年共推出 41 个"就近办"事项。

表1 楼宇政务服务驿站"就近办"事项

序号	所属部门	事项名称	序号	所属部门	事项名称
01	区税务局	税务注销即时办理	23	区市场监管局	公司董事、监事、高级管理人员备案
02		发票验（交）旧			
03		发票票种核定	24		合伙企业合伙协议修改备案
04		代开增值税专用发票	25		合伙企业合伙期限备案
05		发票领用	26		企业违法违规记录查询
06		代开增值税普通发票	27		分公司变更登记
07		一照一码户信息变更	28		公司设立登记
08		开具税收完税证明	29		合伙企业变更
09	区公安分局	申请无犯罪记录证明	30		合伙企业注销
10		《浙江省居住证》签注	31		合伙企业设立
11		大中专院校应届学生毕业落户（迁入就业地）	32		合伙企业合伙人认缴或者实际缴付的出资数额、缴付期限和出资方式备案
12		居民户口簿的申领、换领、补领			
13		流动人口居住登记	33		有限责任公司股东或者股份有限公司发起人认缴的出资数额
14		合法稳定就业居住证办理			
15	区人力社保局	生育津贴支付	34		分公司注销登记
16		基本医疗保险参保人员历年账户家庭共济	35		公司注销登记
			36		公司变更登记
17		个人权益记录查询打印	37		对公司章程修改备案
18		高等学校等毕业生接收手续办理	38	市公积金中心	租赁自住住房提取住房公积金
19		出具劳动保障信用报告	39		住房公积金汇、补缴
20		职工参保信息变更登记	40		购买自住房提取住房公积金
21		职工参保登记（医保）	41		偿还购房贷款本息提取住房公积金
22		参保人员参保信息查询			

注：该表内容为执笔人于 2024 年 1 月前往拱墅区 B 社区调研所得。

（二）资源协同，强化特殊单元治理效能

服务驿站推动园区党建统领共同富裕现代化基本单元建设，打造商圈楼宇社区化发展新模式。以"六大职责""六大机制""五进楼宇"为主要内容，构建舒心、省心、暖心、安心、放心的幸福共同体，推动地方"产业生态圈"进一步迭代升级，形成产业发展重要的推动力。杭州不同园区根据其特色探索了不同做法。例如，泰嘉园党总支以楼宇结对为抓手，一幢楼宇结对一支"党员责任队伍"，努力使问题在楼宇掌握、措施在楼宇落实，通过活动让"门对门不相闻"的企业走到一起、合作交流。奉嘉园的党企充分融合，深化企业服务，打造专属"党企通"。乐富智汇园党总支不断拓宽党建阵地的应用面，使其可用于产业交流、创意展示、休闲阅读等场景中。双创平台党组织围绕"党建强、发展强、文化强"、立足企业实际，抓引领、促融合、谋发展，彰显党建引领在引产、育企、用才方面的独特优势，培育科技型企业的示范基层党组织，形成"党建红引领科技蓝"的工作格局。

（三）体制重构，创新为企服务组织体系

在 B 社区服务驿站党组织之外，更有团工委、妇联、科协等多个组织参与当地为企服务建设。首先，以"三服务，一加强"为主要职能的大运河数智未来城科协创新服务模式，广泛收集大运河数智未来城科技工作者的意见为科学决策服务，通过为科技工作者搭建学术交流平台等手段，提升大运河数智未来城科技人才的创新能力，营造崇尚创新的氛围，正逐步有效地提升企业科技实力，为传统企业转型升级营造了优良环境。其次，妇联围绕助企纾困，着力打造大运河数智未来城巾帼"助企服务小管家"服务团队，构建"共富裕"发展生态，累计走访企业 600 余家，解决问题 100 余个；通过线上线下相结合的方式开展 10 余场"企呼我为 助企纾困"志愿服务活动，为

企业、员工提供"云"政策解读、助企及便民服务。最后，团工委根据非公企业团建工作的要求，已发展团支部 50 余家，团员 800 余名，以党建带团建，对高新区规上企业、高新企业、上市企业、互联网企业进行走访摸排，建立非公企业团组织；通过"楼宇建团""园中园建团"等形式，建立联合团支部，不断夯实基层团组织建设、激发基层活力。

四、楼宇政务服务驿站建设的经验

驿站应以党建引领、组团发展、共同富裕为总要求，以产业叠加做大、项目共建做强、强弱结对帮带为总原则，以党建共建、项目共推、矛盾共解、实现共富为总路径，全区域打造楼宇政务服务驿站，逐渐走出一条赋能组团发展、彰显地方特色的高质量发展新路径，为加快实现高质量发展提供有益借鉴。

（一）坚持党建引领，凝聚主体共识

党是最高领导力量，坚持党的领导是推进国家治理现代化的需要，浙江共同富裕建设工作必须坚持党的领导。营商环境优化和服务型政府建设非一日之功，中国共产党在其前进的道路上将始终扮演"引领者"的角色，为服务驿站的建设把方向、谋大局、定政策、促改革。

在浙江推进政务服务增值化改革、促进高质量发展的新形势和新常态下，楼宇政务服务驿站优化公共服务体系、健全矛盾化解体系、改善社会保障体系、完善应急管理体系，力争在更高水平上实现新质生产力的发展，实现企业的做大做强梦，让人民群众满意。服务驿站将企业作为政策设计与制度构架的出发点、落脚点，将企业的拥护与赞成、高兴与答应作为共同富裕

建设得失的根本标准，不断增进广大中小企业的福祉，让发展成果更多、更公平地惠及人民群众。驿站应深入宣传产业工人建功立业的火热实践，广泛宣传工会服务职工群众的积极作为，引领职工与党同心、与时代同行。大力弘扬劳模精神、劳动精神、工匠精神，以争创工人先锋号活动为载体，进一步增强高新区职工的主人翁意识，充分激发职工的创新活力和劳动热情。

（二）创新协同方式，搭建交流平台

服务驿站创新协同方式以及交流平台的搭建对于推动服务驿站的发展和提升其竞争力至关重要。在服务驿站中，各类企业、研究机构甚至行政部门都涉及创新活动，但由于资源和能力的限制，单打独斗难以得到优质成果，而汇集各方的优势资源和专业能力，共同开展创新活动，可以实现资源共享、风险分担和协同创新，提高创新效率和质量。搭建交流平台也是促进服务驿站创新协同的重要手段之一，服务驿站入驻了众多企业、机构和个人，其中隐藏着丰富的知识、经验和资源，需要通过有效的交流与合作来实现共同创新。因此，可以通过举办各类论坛、研讨会、展览会等活动，搭建起企业间、企业与政府间、企业与研究机构间的交流平台，以促进信息共享、经验交流和合作对接，推动服务驿站的创新发展。此外，利用信息技术构建数字化交流平台也是推动服务驿站创新的重要途径。

（三）优化制度设计，强调惠企政策的落地

楼宇政务服务驿站优化制度设计，数字赋能打造集成服务以推动政策落实。围绕企业、职工全生命周期事项"最多跑一次"的落地集成，服务驿站通过党群服务中心进行提升改造、党建联建共享企业阵地等方式提供政策咨询、证照办理、培训学习、组织活动等服务落实惠企政策。首先，数字赋能

制度设计是服务驿站的亮点工作，基层可依托"社区智治在线""红领智治通"等数智平台，贯通楼宇、企业、人才等数据资源，搭建企业画像、安商稳商、楼宇经济、重点产业等应用场景，构建"专员一线收集、专班限时交办、部门实时办理"的企业诉求一键直达机制，强力支撑服务驿站各项工作。其次，服务驿站推出红色楼宇发展指数评价体系，开展"区域经济活力""楼均论英雄"晾晒比拼，切实提高经济运行、分析研判工作效率。

五、思考与启示

杭州市拱墅区楼宇政务服务驿站的生动实践表明，作为一种政务服务提供的平台，楼宇服务驿站具有可行性和有效性，构建楼宇政务服务驿站是推进政务服务增值化改革的新路径。

（一）以人民为中心：被动管理转主动服务的厘正

楼宇政务服务驿站全链条治理是一项综合性的管理策略，是将人民的利益和需求置于管理的核心位置，旨在实现从被动管理到主动服务的转变。其厘正的逻辑核心是建立一个以人民为中心的管理体系，通过全链条全周期的治理，提高政务服务驿站的服务水平和行政效率，从而促进经济发展质量的提升，和谐政企关系。以人民为中心的理念是服务驿站全链条治理的核心驱动力，从被动管理到主动服务的转变是楼宇政务服务驿站以人民为中心的最佳逻辑体现。在以往经济高速发展的阶段，政府部门多以被动应对问题为主，缺乏前瞻性和主动性。现在迈入经济高质量发展阶段，随着楼宇政务服务驿站的建立，园区管理者和上级部门需要更加主动地为企业解决问题，提前预判风险，为企业和企业职工提供高质量的服务。因此，服务驿站全链条治理强调以主动服务为导向，通过建立全面、系统的管理机制和服务体系，提高园区管理者的主动性和服务水平，满足企业的需求和期待。

（二）资源整合：跨层级、部门与要素的集合

从个体化到整体化，需要抓牢楼宇政务服务驿站这一重要抓手，通过楼宇共治等手段打破资源禀赋的短板，形成驿站与企业、企业与企业之间的利益联结，通过利益将原本松散的个体链接成一个整体，当个体的利益和集体的利益息息相关且能够得到可持续发展时，整体化的内生动力便极大地增强了。利益联结又引起社会联结。为振兴产业园区经济，变"单打独斗"为"协同作战"的过程也是园区治理体系得到改善的过程，更是产业园区共同体的向心力和治理能力极大增强的过程，加快了企业从个体化到集体化的转变。从个体化到社区化则呼唤秩序的重建，服务驿站的全链条治理模式带来治理能力的提升和治理力量的下沉，提升了园区治理韧性和服务质量，构建以自驱动、自治理为运作特征的治理共同体能有效重建产业园区秩序，推动"单打独斗"到"共同体社会"的转变，不断提升服务驿站的治理能力。

（三）全链条"智"理：数字技术与治理体制的协同

社会治理"关键在体制创新"是习近平总书记倡导加强和创新社会治理的核心精神，由此可见，体制创新是社会秩序与活动的基础，而数字技术手段在矛盾纠纷化解中日益频繁而深入的运用，正在深刻改变着治理体制的进步。技术与治理体制的协同既保障了技术创新牵引体制改革，也促进了体制在数字技术的需求下转型优化。楼宇政务服务驿站利用智慧治理手段，实现了技术优势与体制效能的协同提升。在纵向层级上，在一个多级政府的框架下，不仅要有效激发地方政府的竞争活力，充分调动地方政府发展经济和追

求公共利益的积极性；也要有利于上下级政府以及同级政府间的政策协调，约束遏制地方政府的机会主义行为，实现职能优化。通过数字技术赋能治理体制以及落实实现营商环境优化目标的步骤和政策，从而把群体力量调动起来。在横向主体上，通过党建引领将龙头公司、中小企业、楼宇大厦等相对分散的无序的横向治理力量组织起来，使之形成既有分工又有统一领导的完整的、有序的政治力量。

"新杭州人"基本公共服务优质共享体系化建设的实践路径及经验启示
——以余杭区为例

孙天宇[*]

摘要： "新杭州人"是基本公共服务优质共享重点关注的群体。在我国新型城镇化加速推进，公共服务可及性和均等化水平稳步提高，杭州地区"新杭州人"规模不断扩大的现实背景下，余杭区作为"新杭州人"重要聚集区之一，在争当"两个先行"排头兵，纵深推进杭州城市新中心建设的过程中，以公共服务现代化建设为抓手，坚持新老杭州人优质普惠共享的原则，围绕托幼、医疗、教育、灵活就业等广大人民群众急难愁盼的问题，以体系化建设为思路，采用"集团化"模式、"数字化"手段、"系统化"方法，着力破解新老杭州人在基本公共服务优质共享中存在的资源分布分散化、信息链路封闭化、服务体系碎片化等问题，为全市乃至全省探索基本公共服务一体化改革提供模式参考与经验借鉴。

关键词： "新杭州人"；基本公共服务；余杭区

---

* 孙天宇，博士，中国计量大学马克思主义学院讲师，中国计量大学计量与新质生产力研究院研究员，研究方向为基本公共服务一体化。

近年来，随着新型城镇化的加快发展，关于城镇流入人口的基本公共服务保障问题，成为中国式现代化进程中亟待解决的民生问题。杭州作为新产业、新业态的重要策源地，吸引了全国各地的人口，逐渐形成"新杭州人"群体。目前，学术界对于"新杭州人"概念存在分歧，本研究从户籍的角度出发，认为"新杭州人"是指 2015 年之后迁入杭州的户籍人口和长期在杭州生活或工作的非户籍人口。在 2015 年之后，杭州流入人口速度加快，"新杭州人"的规模持续扩大，杭州逐渐从特大城市跃升为超大城市。如何不断满足"新杭州人"日益增长的民生需求，实现新老杭州人基本公共服务的优质共享，成为杭州奋力推进"两个先行"的先手棋。余杭区作为杭州的经济大区，也是"新杭州人"重要的集聚区之一，在争当"两个先行"排头兵、建设杭州城市新中心的进程中，始终以高质量建设公共服务现代化为重要抓手，不断提高新老杭州人基本公共服务可及性、普惠性和均等化水平。余杭区在推动"新杭州人"基本公共服务优质共享体系化建设过程中的实践与经验，对全市乃至全省推动基本公共服务一体化改革都具有十分重要的借鉴意义。

一、"新杭州人"基本公共服务优质共享体系化建设的背景

加快推进新型城镇化与提高公共服务可及性和均等化水平是中国式现代化的重要内容。自党的十八大以来，党中央就深入推进新型城镇化和基本公共服务均等化做出了一系列重大决策部署，推动了"新市民"的基本公共服务保障。新型城镇化旨在解决人民日益增长的美好生活需要和不平衡不充分的发展之间的矛盾，由常住人口城市化转变为农业转移人口市民化。[①] 提高

---

① 杨开忠：《健全推进新型城镇化体制机制的核心要义》，《中国社会科学报》2024 年 9 月 3 日，第 1 版。

公共服务可及性和均等化水平则为新市民提供了基本社会保障。新型城镇化解决了"新市民"的增量问题，基本公共服务均等化解决了"新市民"的服务质量问题。

（一）以人为本新型城镇化战略加快推进

习近平总书记深刻指出："城镇化是现代化的必由之路。"党的十八大提出将推进城镇化建设作为我国"新四化"的重要内容。党的十九届五中全会进一步提出"推进以人为核心的新型城镇化"，明确了新型城镇化的目标任务和政策举措。党的二十大报告又进一步强调，要深入实施新型城镇化战略，"推进以人为核心的新型城镇化，加快农业转移人口市民化"。2024 年 7 月，国务院正式发布了《深入实施以人为本的新型城镇化战略五年行动计划》（以下简称"五年行动计划"），以体制机制改革为动力，稳步提高城镇化质量和水平，为中国式现代化提供强劲动力和坚实支撑。[①] 在国家政策的大力推动下，我国的新型城镇化工作成绩斐然。到 2023 年，累计有 1.65 亿农业转移人口在城镇落户，城镇常住人口达到 9.33 亿人，我国的城镇化率达到了 66.16%，现仍处于快速发展阶段。2024 年，国务院在"五年行动计划"中明确提出未来 5 年，常住人口城镇化率提升至接近 70% 的目标，进一步缩小与发达国家的差距。根据测算，我国城镇化率每提高 1 个百分点，每年就可以新增 2000 多亿元的消费需求，拉动万亿元规模的新增投资需求。[②] 然而，我国城镇化率快速增长必然会带来上学难、看病贵、就业卷等社会性问题。解决好流入人口的基本公共服务问题，正是以人为本新型城镇化建设的题中之义。

---

① 《国务院关于印发〈深入实施以人为本的新型城镇化战略五年行动计划〉的通知》（国发〔2024〕17 号），2024 年 7 月 31 日，http://www.gov.cn/zhengce/zhengceku/202407/content_6965543.htm。

② 熊丽：《提升城镇化率接近 70% 意味什么》，《经济日报》2024 年 8 月 9 日，第 5 版。

（二）公共服务可及性和均等化水平稳步提高

习近平总书记指出："要着力补齐民生短板，破解民生难题，兜牢民生底线，办好就业、教育、社保、医疗、养老、托幼、住房等民生实事，提高公共服务可及性和均等化水平。"提高公共服务可及性和均等化水平是推进共同富裕、实现中国式现代化的重要举措。党的二十大报告强调，着力解决好人民群众急难愁盼问题，健全基本公共服务体系，提高公共服务水平，增强均衡性和可及性，扎实推进共同富裕。党的二十届三中全会进一步提出，在发展中保障和改善民生是中国式现代化的重大任务，必须坚持尽力而为、量力而行，完善基本公共服务制度体系，加强普惠性、基础性、兜底性民生建设，解决好人民最关心、最直接、最现实的利益问题，不断满足人民对美好生活的向往。全会提出，推行由常住地登记户口所在地提供基本公共服务制度，推动符合条件的农业转移人口社会保险、住房保障、随迁子女义务教育等享有同迁入地户籍人口同等权利，加快农业转移人口市民化。经过 10 多年的发展，我国已建成世界上规模最大的社会保障网[1]，全国社保持卡人数 13.8 亿人，覆盖 98% 的人口，基本养老参保人数 10.7 亿人，也是世界规模最大的养老保险体系。[2] 同时，我国还建成了世界规模最大且有质量的教育体系，各级教育普及程度均达到或超过中高收入国家平均水平。

（三）杭州地区"新杭州人"规模不断壮大

杭州作为区域内的核心城市，凭借其发达的经济与优质的公共服务，对

---

① 《人社部：我国已建成世界上规模最大的社会保障网》，2024 年 9 月 24 日，https://www.chinanews.com/gn/2024/09-24/10291397.shtml。

② 《覆盖 10.7 亿人！我国建成世界最大养老保险体系》，2024 年 5 月 31 日，https://www.gov.cn/lianbo/bumen/202405/content_6954668.htm。

周边地区形成了巨大的"虹吸效应"，逐渐形成了一支规模不小的"新杭州人"群体。自 2015 年富阳撤市设区以来，杭州城区人口首次突破 500 万人，杭州正式步入特大城市行列。在随后数字经济大潮以及举办 G20、亚运会等重大国际赛会的推动下，杭州的基础设施建设日渐完善，城市面貌与国际形象得到巨大提升，吸引了来自全国乃至世界各地的人口。到 2022 年末，杭州常住人口总数达到 1237.6 万人[①]，成为我国第 10 个超大城市。根据杭州市统计局发布的 2024 年杭州市人口最新数据显示，杭州全市常住人口为 1262.4 万人，比 2023 年再增加 10.2 万人[②]。从表 1 可见，2015—2024 年，杭州累计吸引了 240.9 万人，大大推动了杭州的经济发展与城市建设。但是大量人口流入超大城市导致的"拥挤效应"[③] 逐渐显现，对教育、医疗、托幼、就业等需求激增，对杭州本地基本公共服务的质量和水平提出了新要求。

表 1 2015—2024 年杭州市新增人口情况

单位: 万人

时间	2015年	2016年	2017年	2018年	2019年	2020年	2021年	2022年	2023年	2024年	总计
新增人口	12.6	17	28	33.8	55.4	28.2	23.9	17.2	14.6	10.2	240.9

注：数据来源于杭州市统计局。

余杭区是近年来杭州经济发展最快的行政区，2023 年全区以 2936.43 亿

① 《2022 年杭州市人口主要数据公报》，2023 年 3 月 2 日，https://www.hangzhou.gov.cn/art/2023/3/2/art_1229063404_4144634.html。
② 《2024 年杭州市人口主要数据公报》，2025 年 3 月 11 日，https://www.hangzhou.gov.cn/art/2025/3/11/art_1229063404_4336594.html。
③ 兰峰、王晨、孙伟增等：《拥挤效应还是规模效应：人口流入对基本公共服务水平的影响研究》，《华东师范大学学报（哲学社会科学版）》2022 年第 1 期。

元 ① 的地区生产总值跃居全省第一。经济的发展推动了人口的流入，余杭区也成为杭州流入人口较多的区之一，成为"新杭州人"的重要聚集地，也是杭州最具代表性的地区。杭州市余杭区 2020 年第七次人口普查数据显示，2010—2020 年的 10 年间，余杭区新增 64.5 万人。②2021 年、2022 年和 2023 年又分别新增 8.1 万人、5.5 万人和 4.1 万人，增长率分别为 6.7%、4% 和 3%，增速虽有放缓，但仍是杭州人口增长最快的区。2023 年，余杭区常住人口 140.5 万人 ③，超过上城区，排名杭州第二。众多的"新杭州人"群体中，余杭区人才总量超过 43 万人，核心区域杭州未来科技城就业人群的平均年龄仅为 32.5 岁。④ 引进大量年轻的高学历人才，在推动余杭区新产业、新业态发展的同时，众多拖家带口的夫妻、适龄婚育的青年以及从事新产业、新业态的灵活就业人员，对余杭区的教育、医疗、托幼等基本公共服务需求增加，特别是对优质的公共服务资源的诉求显著提升。

二、"新杭州人"基本公共服务优质共享体系化建设的余杭实践

余杭区作为"新杭州人"聚集地之一，锚定建设杭州城市新中心目标，高质量打造现代化公共服务体系，着力推进"新杭州人"在托育、医疗、教

---

① 《2023 年杭州市余杭区国民经济和社会发展统计公报》，2024 年 4 月 1 日，https://www.yuhang.gov.cn/art/2024/4/1/art_1229178044_4250912.html。

② 《十年新增 64 万人，人口素质持续提高！余杭区 2020 年第七次人口普查主要数据公布！》，2021 年 5 月 21 日，https://mp.weixin.qq.com/s/kzCTZKfE_mViwen4hyFYPQ。

③ 《2023 年杭州市余杭区国民经济和社会发展统计公报》，2024 年 4 月 1 日，https://www.yuhang.gov.cn/art/2024/4/1/art_1229247534_4250926.html。

④ 《十大体系！84% 覆盖率！家门口就可上"名校"！》，2021 年 5 月 21 日，https://mp.weixin.qq.com/s/vOivYcHdR4Gqu2nTZhRfgA。

育、灵活就业等领域的基本公共服务优质共享的体系化建设。

（一）打造新老"余杭人""舒心育儿"普惠共享新样板

余杭区以"舒心育儿"为目标，依托数字化技术优势，着力构建以家庭为基础、社区为依托、机构为补充的多元化婴幼儿照护服务体系，补齐"托育短板"，推进"幼有所育"，实现"幼有优育"，为新老余杭人提供无差别的优质托育服务。

1. 构建全面的组织架构与政策体系

余杭区为确保能够高质量地推进托育工作，成立由区政府分管领导为组长，区卫健局主要负责人为副组长，民政、教育等部门分管领导负责人为成员的区婴幼儿照护服务健康发展工作领导小组，乡镇（街道）行政主管部门负责属地监管的组织架构体系。同时，余杭区政府还分别出台了《关于促进3岁以下婴幼儿照护服务健康发展的实施方案》《余杭区婴幼儿照护服务机构质量评估标准（试行）》等政策，形成了较为完善的托育工作政策体系。

2. 打造"三方供给"多元服务供给体系

第一，聚集多方合力，强化普惠托育服务供给。鼓励市场主体参与办托是"三方供给"、实现多元服务供给的重要举措。余杭区仓前街道葛巷未来社区内建设了首个公建民营普惠性托育园，目前隶属于启桢教育集团，为周边社区0—3岁婴幼儿家庭提供优质的养育照护服务。第二，探索嵌入式办托。余杭区将单位嵌入式办托模式纳入普惠型托育服务体系，积极探索打造产业园区嵌入模式、医育结合模式、用人单位＋第三方运营模式，推动机关、企事业单位、产业园区等各类用人单位积极创建符合规范建设标准的托育机构，助力解决职工最关心、最迫切的入托需求。余杭区依托之江实验室开办了全区首家事业单位办园区嵌入式托育机构，同时还开办了浙江大学校友企业总部经济园嵌入式托育园、良渚启梦科创园嵌入式托育园等，为园区内高端人才与职工解决后顾之忧。第三，鼓励托幼一体发展。余杭区卫健局与教育部门合力挖掘幼儿园的办托潜力，22家幼儿园托育部通过卫生健康部门备案，全区12个分镇街道已实现普惠托育机构或幼儿园托育部全覆盖，为婴幼儿家庭提供质量有保障、价格可承受、方便可及的普惠托育服务。

3. 搭建"舒心育儿"数字化管理服务平台

该平台以杭州市育婴数字平台为基础，搭建起"驾驶舱＋服务端＋治理端"的"一舱两端"平台架构。同时，平台通过接入"浙里办""健康余杭区"等微信小程序，实现托育供需的精准匹配；通过接入"浙政钉"，搭建"镇街—部门—区"三级管理组织架构，实现管理部门的精准监管；通过建立"镇街评估提交，部门协同审核，评价结果应用"等机制，对备案并规范管理的托育机构给予财政补助，实现政府—机构的精准服务。余杭区通过平台给予备案托育机构每个实际使用托位每月200—300元的补助。余杭区还通过"舒心育儿"平台，生成托育服务需求热力地图，以可视化方式助力托育机构的布局优化，引导托育机构向群众需求度高的区域合理布点。同时，平台还为家长提供了所有余杭区托育机构的基本信息、收费情况、剩余托位数、从业人员配置等信息，而且还提供一键预约入托服务。

（二）打通新老"余杭人""舒心就医"优质共享新通道

余杭区以"舒心就医工程"516专项行动为核心，以实现卫生健康现代化为目标，聚焦公共卫生领域的难点堵点问题，大力推进优质医疗资源集聚，实现家门口乐享优质医疗服务，打通新老余杭人"舒心就医""最后一公里"。

1. 加快推进优质医疗资源集聚

余杭区全力推进浙大一院总部二期（国家医学中心）项目建设，积极推动浙大妇院、浙大儿院、市一医院等省市头部医院与余杭区签约，省（区、市）共建"浙江大学医学院附属儿童医院余杭儿童诊疗中心"和"浙江大学医学院附属妇产科医院余杭院区"。引进浙大口腔余杭诊疗中心、浙大二院骨科余杭中心、邵逸夫医院"陈恩国名医工作室"等机构落户余杭区，组建包括 324 位省市名医的专家库，加快形成"1+3+4+12+X"的集医疗、预防、保健、康复于一体的服务网络，推动省市优质医疗资源的规模化集聚。

2. 打造"数智 11631"两慢病全周期闭环管理模式

余杭区依托县域医共体和城市医联体，在数智化信息系统的基础上，着力打造慢病一体化门诊、以患者为中心一站式服务、6 个评价维度和 31 个动态监测指标的"数智 11631"体系[①]，实现医防融合、全专联合、经济高效的两慢病患者全周期管理，有效破解糖尿病、高血压等老年病的医治难题。同时，凭借数智化信息系统，打通总院与分院、区级医院与上级医院间的信息壁垒，加大了高质量医疗资源下沉基层的力度，进一步深化医共体改革。截至 2023 年底，余杭区已建成全省唯一两慢病改革示范基地，两慢病一体化门诊已实现 12 个镇街全覆盖，径山分院获评全省唯一"两慢病综合改革示范基地"，筛查两慢病患者并发症比例由改革前的 4% 上升为 73.95%。[②]

3. 以"15 分钟健康服务圈"推进家门口乐享优质医疗服务

余杭区充分发挥浙大一院总部的辐射作用，持续优化医疗机构网络布局，改善 3 家区级医院的软硬件设施，稳步推进社区卫生服务中心、社区卫生站新改扩建工作，提升社区医疗服务内涵与整体服务水平，完善"医共体总院—社区卫生服务中心—社区卫生服务站"三级医疗的网络架构，推动优质医疗资源下沉。截至 2023 年底，已完成改扩建社区卫生服务中心 5 家

---

① 《2023 年度浙江省卫生信息学会数字健康"十佳案例"——"数智 11631"打造两慢病全周期闭环管理示范样板》，2024 年 4 月 9 日，https://mp.weixin.qq.com/s/W1y69wuq28ytK0_G8RJQiA。

② 《喜报！余杭区这个案例荣获省级"十佳"！》，2024 年 2 月 19 日，https://mp.weixin.qq.com/s/ac57g_IC7ITRnC3myIqXJg。

（径山、黄湖、仓前已投用）、社区卫生服务站 15 家[①]，打通服务群众健康的"最后一公里"。同时开展"交一个医生朋友"的活动，以家庭医生串联起基层医疗网络，夯实"舒心就医"医患基础，提升群众就近就医的舒适感。2023 年，累计为 33.24 万人提供家庭医生签约服务。[②]

（三）推动新老"余杭人"共享"美好教育"

教育是最大的民生工程，是留住人才的重要基础，也是最具吸引力的营商环境。余杭区从农业大县跃升为浙江经济第一区，依托的是"人才引领、创新驱动"及其教育的强大支撑。目前，余杭区学校许多学生是"新杭州人"的子女，实现优质教育资源的普惠共享，是解决"新杭州人""引育用留"问题的关键。余杭区以"城市新中心 余杭好教育"为目标，致力于建设与杭州城市新中心相匹配的美好教育，让余杭区的孩子们能在家门口"上好学""好上学"，打造优质均衡、人民满意的高质量教育。[③]

1. 优化教育资源布局，夯实优质教育"底图"

在"新杭州人"大量涌入余杭区的背景下，余杭区加快优质教育资源的全区布局，全面加强学校项目建设。在整体规划上，余杭区先后出台《余杭区教育项目布点规划（2021—2035 年）》《余杭区 2022—2024 年新建类教育项目建设计划》《余杭区教育项目建设管理办法》《余杭区中小学（幼儿园）设计导则》等政策文件，加快优质教育资源的全区布点，满足不断新增的教育需求。截至 2024 年 9 月，余杭区已累计投用教育项目 88 个，新增学位

---

① 《重磅！余杭区卫生健康系统 2023 年十件大事正式发布》，2024 年 1 月 22 日，https://mp.weixin.qq.com/s/bBSx9MstcnXvl7S6YZ9SMA。

② 《2023 年杭州市余杭区国民经济和社会发展统计公报》，2024 年 4 月 1 日，https://www.yuhang.gov.cn/art/2024/4/1/art_1229247534_4250926.html。

③ 《美好教育工程：加快发展与城市新中心相匹配的美好教育》，2022 年 10 月 10 日，https://www.yuhang.gov.cn/art/2022/10/10/art_1532128_59026861.html。

8.09 万个，现有各级各类学校、幼儿园 175 所，在校（园）学生 16 万余人，教职员工 1.5 万余人，教育设施总面积达 410 万平方米，美好教育的"施工图"渐成全域的"实景图"。[①]

2. 实施名校集团化办学，打造优质均衡教育

余杭区自全面启动"美好教育工程"以来，通过"名校挂牌""名校领办""名校长领衔"等模式，不断推进和完善名校集团化办学体制机制。自 2024 年以来，余杭区先后成立了"杭州育才余杭教育集团""杭州市余杭区未来教育集团""浙大教科附属南湖实验学校"，启用杭师大附属未来科技城学校（西站校区）等 23 个学校项目。截至 2024 年 9 月，名校集团化办学已覆盖了 1010 个镇街 68 所学校，形成了浙师大系、杭师大系、浙外系、首师大附属系、杭二学军系、文澜系、天元系、育才系、理想未来系、浙大教科系十大名校集团化体系，名校集团化在校生覆盖率达 84%，推动了优质教育资源扩优提质。[②]

3. 积极推行居住证积分入学政策，优化持证随迁子女入（转）学政策

余杭区在 2023 年 4 月 6 日发布了《杭州市余杭区义务教育阶段随迁子女入（转）学实施办法（试行）》，针对义务教育阶段随父母（或其他法定监护人）来余杭区居住且持有余杭区有效《浙江省居住证》的非杭州市区户籍的流动人口随迁子女，可以享受与本地户籍生同等的优质义务教育，保障随迁子女在家长常住地享有无差别基本公共服务。

4. 搭建"入学早知道"平台，数字赋能打通入园入学供需两端信息沟通渠道

大量人口的涌入导致余杭区教育资源紧张。为有效解决入学入园难等教

---

① 《以理想为帆，余杭区教育向美而行！》，2024 年 9 月 29 日，https://mp.weixin.qq.com/s/K4Lb-GJkK-cUkS87Q40dmA。
② 《以理想为帆，余杭区教育向美而行！》，2024 年 9 月 29 日，https://mp.weixin.qq.com/s/K4Lb-GJkK-cUkS87Q40dmA。

育供需问题，余杭区以"入园入学预警"为切口，依托杭州城市大脑App平台，搭建"入学早知道"数字化平台，不仅能通过人口数据分析和预测模型，向政府部门提供最新的入学入园供需状况，为政府进一步优化教育资源配置提供决策依据，而且能通过"浙里办"等平台，为家长提供入学预警、学区范围、入学政策等信息查询服务。

（四）以灵活就业增值服务体系　建设构筑舒心就业环境

近年来，新产业、新业态、新模式的发展颠覆了传统的就业方式与劳资关系，出现了外卖小哥、网络主播、共享员工等一批群体青年化、就业灵活化、技能专业化的灵活就业人员。余杭区是浙江数字经济发展大区，也是新产业、新业态、新模式的主阵地，吸引了全国各地约3.5万灵活就业人员。[①]为保障这部分"新杭州人"无差别享受舒心的就业服务，余杭区以灵活就业增值服务体系建设为重点，加快推进"线上＋线下"融合服务体系，为灵活就业人员构筑舒心就业环境。

1. 构建覆盖全区的灵活就业线下服务体系

余杭区坚持"一园多点"的布局方式，建构起"区级服务中心—镇街服务专区—散点服务驿站"的三级灵活就业服务体系。第一，打造"一站式"区级灵活就业服务中心。余杭区依托区级零工市场，为灵活就业人员提供求职招聘、政策咨询、技能培训、权益维护等一体化服务。首创"即时快招"服务模式，简化企业与灵活就业人员的面试、洽谈和签约流程，提高求职面试的效率。建立分级服务机制，对低收入家庭、残疾人等就业困难的弱势群体，给予优先安排、优先推荐录用等服务。自成立以来，区级服务中心为灵

---

① 《余杭区打造灵活就业增值服务体系　构筑新经济新业态舒心就业环境》，2023年10月23日，https://mp.weixin.qq.com/s/Vd33lc_1qrh-VVG-sSCtSQ。

活就业人员提供就业登记、面试、社保、医保、公积金办理等全流程"一站式"服务。截至 2024 年 9 月，已累计举办技能培训 45 场次，举办直播带岗活动 42 场次，服务企业 2876 家次，提供岗位 11871 个次，服务求职者 27593 人次，其中有 14212 人次与企业达成初步意向。[①]第二，打造"嵌入式"镇街灵活就业服务专区。针对灵活就业人员集聚的镇街社区，余杭区通过整合镇街公共就业服务机构、党群服务中心、人力资源市场、社区等空间资源，分时分区地"嵌入"零工对接服务专区。对于部分镇街灵活就业人员所属的行业特色（如主播、家政、保洁等），服务专区配备了直播间、就业指导室等功能区，增设母婴室、婴幼儿成长驿站等服务功能板块，满足不同行业领域的灵活就业人员就业与培训等公共服务需求。第三，打造"散点式"微型灵活就业服务驿站。余杭区通过引入第三方机构的方式，依托各镇街党群服务中心、市民客厅、爱心企业和商户等机构空间，布局灵活就业服务驿站，探索"政府＋社会"的共建模式。服务驿站围绕"医、食、驻、行"等公共服务需求，为灵活就业人员提供饮水、热餐、上网、充电、理发、体检、子女托教等 10 余项免费即时服务，不定期组织体育竞技、书画培训、交友聚会等文娱活动。截至 2023 年 10 月，余杭区已建成服务驿站 20 个，国家级服务驿站 1 个，为灵活就业人员提供了"歇脚驻足"之地。

2. 搭建灵活就业数字化线上服务平台

为解决灵活就业人员就业难、企业招工难等现实性问题，打破求职与招聘的信息壁垒。余杭区围绕灵活就业人员全周期服务需求，通过搭建"浙里办"服务端、"浙政钉"治理端、数字驾驶舱等数字化应用，打造"新业态灵活就业服务"在线平台。第一，精准摸排灵活就业人员数量，搭建零工岗位数据库。从年龄、学历、性别和户籍 4 个维度，对全区 3.5 万灵活就业人

[①] 《培训赋能让"零工"成为"灵工"》，2024 年 9 月 12 日，https://www.yuhang.gov.cn/art/2024/9/12/art_1532128_59111894.html。

员进行精准摸排，为其绘制求职就业"画像"，夯实灵活就业人员求职就业数据库。筛选"美团""饿了么"等网络平台发布的灵活就业岗位信息，汇总整理后导入灵活就业服务平台，搭建区级零工岗位数据库。第二，打通部门间的数据壁垒，畅通求职信息供需通道。余杭区推出"政策智推"功能，打通市场监管、邮政管理、交通等部门间的数据壁垒，以及数字平台与就业创业政策申报库政策数据壁垒。一方面，能够及时为用工单位和员工自动推送"可享受政策"与"已享受政策"等信息；另一方面，通过绘制"技能人才需求地图"的形式，为政府机关、企事业单位及求职人员提供呈现全区技能岗位技工缺口数量以及缺工类型的信息。第三，优化培训补贴政策，将灵活就业人员纳入补贴范围。余杭区持续优化培训与补贴政策，将网约配送员、家政服务员等灵活就业人员纳入职业技能培训与补贴范围，通过制定企业职业技能等级认定标准，定期开展岗前职业培训活动，提升灵活就业人员的专业技术水平。截至 2023 年 10 月，余杭区已累计开展线上线下培训活动 20 多场，培训 1300 人次，已有 22 家企业获职业技能等级认定，并开展培训活动 6797 人次，累计补贴 245.95 万元。[1] 此外，余杭区还搭建了"用人单位—主管部门—属地街道"工会体系，为骑手提供"骑手保"等服务，构建起全方位的权益保障体系。

3. 完善来余青年人才发展机制

余杭区坚持青年优先发展战略，不断完善青年人才发展机制，着力打造青年向往之地，促进青年人才来余杭区就业落户。余杭区围绕青年求职住宿、首次就业补助、西部工作补贴、人才住房保障、公共交通优化等 5 个方面，提出"青才来余"5 项举措。第一，"求职来余免费住"。选择余杭区、五常、良渚 3 处便捷酒店作为青年人才驿站，为来余杭区求职的专科以上应

---

[1] 《余杭区打造灵活就业增值服务体系　构筑新经济新业态舒心就业环境》，2023 年 10 月 23 日，https://mp.weixin.qq.com/s/Vd33lc_1qrh-VVG-sSCtSQ。

届高校毕业生提供免费 7 天入住服务。自 2023 年 7 月挂牌至 11 月，已累计入住近 3000 人次，一天入住近 55 人次。第二，"引才入余拿补助"。延长企业初次用工补贴政策，对区内企业招录初次来杭州市就业的青年，按学历给予相应补贴。第三，"西部建余有补贴"。对在余杭区径山镇等其他镇街工作且参保满 6 个月的应届生，给予一次性 1000 元的生活补贴。第四，"工作在余拎包住"。完善实物配租和货币补助相结合的人才住房保障体系，推出 500 套人才房，助力青年人才"一入园就有房，一入企就有房"。第五，"生活融余享便捷"。通过优化公交线、增设公共自行车点位、增加地铁周边接驳等方式，为青年公共出行提供便利。

三、经验启示

余杭区在高质量建设公共服务现代化进程中，以"集团化"模式、"数字化"手段与"系统化"方法，推进优质资源的高效集聚，畅通供需服务信息通道，打造复合多元的服务体系，着力解决了新老余杭人在托幼、医疗、教育和灵活就业等领域面临的资源分布分散化、信息链路封闭化、服务体系碎片化等问题，成为全市乃至全省探索基本公共服务一体化改革的重要经验。

（一）以"集团化"模式推进基本公共服务优质资源高效集聚

"集团化"是余杭区解决新老余杭人基本公共服务差异化、碎片化等问题，探索基本公共服务优质共享体系化建设的重要经验之一。余杭区牢牢抓住了"优质资源""高效集聚"这两个关键词，探索以"集团化"模式整合优质基本公共服务资源，充分发挥资源集聚的"规模效应"。同时，优化服务点位布局，发挥"支点效应"，以"点面结合"的方式来实现优质资源的高效集聚，提高基本公共服务的均衡布局、科学配置与普惠共享，推动基本公共服务高质量发展，为新老余杭人在家门口提供更加优质的无差别的基本公共服务。

在教育方面，余杭区启动"美好教育"工程，不断完善名校集团化办学，形成了覆盖全区的十大名校集团化体系，推动优质教育资源的集聚与下沉，打通新老余杭人在家门口"上好学"的"最后一公里"。在医疗领域，余杭区启动"舒心就医"工程，积极推动浙大一院、浙大妇幼、浙大儿院、邵逸夫医院、市一医院等优质医疗资源的集聚与落地，提高优质医疗服务的可及性，实现家门口乐享优质医疗服务，打通新老余杭人"舒心就医"的"最后一公里"。

（二）以"数字化"手段打破基本公共服务供需的"信息茧房"

"数字化"是余杭区为解决新老余杭人享受优质基本公共服务的过程中存在的"信息茧房"问题，推动优质服务信息在供需两侧传递畅通的方式。余杭区紧跟浙江省数字化改革大潮，在"适应数字化"到"驾驭数字化"的发展过程中，积极发挥数字经济策源地的先发优势，率先推进基本公共服务的数字化改革。余杭区依托省市数字化改革成果，搭建既有杭州特色又有余杭本色的数字化平台与系统，畅通服务与需求信息在省（区、市）供给端与广大群众需求端之间的快速传递通道，应对传统信息获取方式存在的"信息茧房"与"信息孤岛"等问题，为全区群众提供更加便捷、及时、有效的基本公共服务信息，也为政府与企业等供给端决策的科学性提供依据。

在医疗方面，余杭区依托县域医共体和城市医联体，搭建了一套覆盖患者全周期的数智化信息系统，打破了医疗机构间的信息壁垒，大大促进了优质的医疗资源向基层下沉，提升了新老余杭人对优质医疗服务的可及性。在托育、教育、灵活就业等方面，余杭区依托省市数字化平台，搭建"舒心育儿"数字化管理服务平台、"入学早知道"平台和"新业态灵活就业服务"
在线平台等,通过建设托育、教育与灵活就业等信息数据库,并接入"浙里
办""浙政钉"等数字化应用,让用户更加便捷、无负担地获得最及时有效
的信息,打破托育、教育与灵活就业供需两端的信息壁垒,为新老余杭人提
供及时、高质量的基本公共服务。

(三)以"系统化"方法实现基本公共服务的提质增效

习近平总书记指出,系统观念是具有基础性的思想和工作方法。浙江推动
以"七优享"工程为代表的基本公共服务建设,本身就是一个系统性的民生工
程,涉及多元主体、多方机构和多个领域,必须坚持系统观念。"系统化"是
余杭区坚持系统观念,探索基本公共服务优质共享体系化建设的科学方法。余
杭区紧紧围绕新老余杭人关注的教育、医疗、托幼、住房、就业等基本公共服
务需求,从政策、机构、服务三方面入手,以政策手段撬动市场主体参与基本
公共服务供给的"系统化"方法,着力打造多层次复合型优质服务体系。

在托育方面,余杭区通过鼓励市场主体参与的方式,探索公建民营式、
园区嵌入式、托幼一体式等形式,着力打造"三方供给"多元托幼服务体
系,实现普惠托育的全区覆盖,为新老余杭的宝爸孕妈提供质量有保障、价
格可承受、方便可及的普惠托育服务。在就业方面,余杭区针对灵活就业人
员,搭建"一园多点"的灵活就业服务体系,构建"区级服务中心—镇街服
务专区—散点服务驿站"多层次就业服务体系,以平台化手段整合灵活就业
资源,为有需求的新老余杭人提供更优质的就业培训与咨询等服务。在引才
方面,余杭区坚持青年优先发展战略,围绕就业、住房、交通等青年人关注
的服务需求,着力打造"求职来余免费住""引才入余拿补助""西部建余
有补贴""工作在余拎包住""生活融余享便捷"的"青年来余"政策服务
体系,解决青年人才来余择业的后顾之忧。

基层派出所非警务警情处置的法治进路
——以杭州市 L 区公安分局 C 派出所为例

李吉映[*]

摘要： 基层派出所作为公安机关与群众交流的前沿，承担着维护社会秩序、保障人民权益、打击违法犯罪等重要作用，然警力资源被过度占用、非警务警情回流、民警执法素质不高、基层警务配合不力等问题已成为基层派出所完善非警务警情处置工作的阻碍因素。为规范基层非警务警情处置、推动基层警务深度融入基层治理，宜通过提高指挥中心的警情分流能力、加强派出所警务改革实现非警务警情源头治理；健全三级分流、协同保障、利用专群结合方式完善联动处置机制；完善执法考核激励、律师驻所，提升基层民警执法质效；优化村社、专职队伍纠纷调解工作，促进非警务警情处置工作的规范化、专业化、法治化。

关键词： 公安派出所；非警务警情；警情分流；规范执法

---

* 李吉映，法学硕士，杭州市公安局法制支队三级警长、市警察协会特约研究员，研究方向为行政法学、数字法学。

习近平总书记强调："要把基层一线作为主战场。"公安派出所是与人民群众打交道最广泛的公安机关基层组织，[①]110 接处警作为公安工作中社会治理的前沿阵地，更是社会治安的"晴雨表"。近年来，公安机关对警情社会联动机制建设的探索也从未停止过。2016 年公安部召开"岳阳会议"，要求全国各地学习借鉴岳阳 110 报警服务台与 12345 社会求助服务平台全面对接融合的社会联动服务机制，做好非警务警情的分流工作。2022 年国务院办公厅发布了《关于推动 12345 政务服务便民热线与 110 报警服务台高效对接联动的意见》（以下简称"《意见》"），在提升协同联动处置效率、缓解非警务警情占用警力资源方面开展了积极探索。

一、观察对象的选择：C 派出所

C 派出所位于杭州市西北部三区交界处，截至 2024 年 6 月底，全所共有民警 28 人（其中所领导 6 人），男民警 25 人，女民警 3 人；所内协辅警 195 人（包含街道巡防队员、保安 61 人），属于中型派出所。位置处于城乡接合区域，所辖区面积为 40 平方千米左右，管辖 19 个村社，其中 7 个社区、12 个行政村，常住人口 6 万余人，流动人口 13 万余人（以外来务工人员、主城区外溢人员为主），实有人口约 20 万人，C 街道警民比例约为 1.4∶10000。[②]

选择 C 派出所这样的基层公安派出所作为观察对象，基于以下考虑：其一在于所处位置。C 派出所位于杭州市西北部区域，处三区交界处，近年来，受杭州主城区的城市化推进、征地拆迁等因素的影响，C 街道的社会治安形

---

① 　参见翁振贵：《关于中国式警务现代化若干问题的思考》，《公安研究》2023 年第 8 期。

② 　警民比例的国际标准是每 1 万人中拥有 30 名左右的警察。我国万人警力配比的平均水平为 12.86，北京、上海、广州等一线城市的平均水平为 21.3，杭州的警力缺口较大。

势日趋复杂，具有社会发展阵痛期的典型性。其二在于 C 派出所目前已与其他相关部门建立了合作联动机制，包括街道部门、司法所、社区组织与社会工作机构等，强化了 110 报警服务台与基层治理四平台、社会应急联动平台、12345 政务服务便民热线的对接联动，但实际效果仍有待加强。其三在于 C 地区外来人口众多，主要包括江西、河南、安徽、山东等省份的务工人员、投亲家属等，相较其他区域矛盾纠纷易发性普遍较高，110 报警、自接警中的非警务警情数量较高，具有较强研究价值。

2022 年全年，C 派出所共接 110 派单警情 1.4 万余起，纯联动警情 5000 余起，共计 2 万余起警情（不含自接警、重复警情），其中非警务警情 5300 余起，占比超过 1/4。2023 年 110 派单警情 1.2 万余起，纯联动警情 6000 余起，共计 1.9 万余起，其中非警务警情 5900 余起，占比近 1/3。相比而言，在 C 派出所总体警情略有下降的情况下，非警务警情却有明显提升，具体到 C 派出所 2023 年的 5900 多起非警务警情，其种类繁多、占比不一（见图 1）。

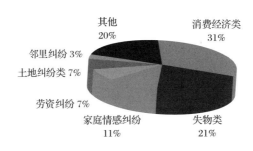

图 1　C 派出所 2023 年非警务警情种类情况

由图 1 可看出，除家庭情感类纠纷外，C 派出所 2023 年其他各类非警务警情数量相较于 2022 年均呈明显上升趋势，非警务警情的总体占比也明显上升。在 2023 年非警务警情中，消费经济类纠纷占比近 1/3，呈现一枝独秀的态势，相较于失物类求助纠纷，消费经济类、劳动纠纷类、土地纠纷类等这些非公安职责范围的杂事、难事、怪事，对基层派出所警力资源的占用不可小觑，处理不当引起的投诉也会成为公安信访工作的重要来源。

二、派出所非警务警情处置存在的问题

社会稳定是国家现代化进程的基础，现代社会问题愈发多元化，基层治理也需适应多层次、多领域、多层次的需求，而非警务警情本身的隐蔽性加剧了派出所处置的肆意性，检视实践，可以发现部分制约非警务警情规范处置的因素。

（一）非警务警情过度占用警力资源

在2023年全年C派出所处置的警情中，过度维权、纠纷求助非警务警情繁多，如土地纠纷、消费纠纷、婚姻纠纷、劳资纠纷、财物丢失等求助纠纷警情，不在公安机关职责范围内的非警务警情占C派出所有效警情的比重超过1/4，几乎每天都有6起以上的经济消费纠纷，这已经是经过联动平台初次分流后的结果，却仍耗费了大量警务资源。对于专业的经济、劳动纠纷，此类警情往往具有矛盾深、妥协难、耗时久的特点，对普通民警法律素质、专业能力的要求较高，且此类纠纷存在较大"民转刑"的风险，尤其是在年关节点上，虽为非警务警情，基层派出所仍不敢等闲视之，更挤占了原本就十分有限的警力资源，还有大量自接警未纳入官方警情统计中，基层工作负担之重可想而知。

（二）分流的非警务警情回流至派出所

作为三区交界的"城乡接合部"，C 街道承载了城区很大的挤压资源，因此，C 派出所辖区内流动人口、外来务工人员、小微企业众多，征地拆迁、劳资纠纷等治安难点与热点频现，虽已建立了"基层镇街联动机制"[①]，但联动处置矛盾纠纷的效果并不十分理想。基层派出所大部分非警务警情来源于联动平台的分流，在纯联动总警情中，需派出所处置的非警务警情占比达 2/3，导致基层派出所仍然是纠纷的"集聚地"，剩余 1/3 左右的联动警情才由镇街相关部门进行处置，联动效果不足。此外，街道相关部门在聚焦群众诉求方面已做出巨大努力，但相应工作制度仍不够健全，因此，在处置流程、现场操作、权利保障、群众回访等方面与当事人的要求还存在差距，导致当事人重复报警、警情倒灌、矛盾纠纷"拖而不决"，提高了恶性事件的发生概率。[②]

（三）基层民警的执法水平有待提升

经调研发现，基层派出所目前仍存在部分民警法治意识淡薄、工作责任心不强等问题，尤其是对待纠纷类的非警务警情，处警过程中存在"混过去"的想法，未能严格落实相关法律法规的要求，导致在现场执法过程中产生了不少法治隐患。还有部分民警不愿处置复杂的非警务警情，善用"拖"字诀，让当事人自己协商，当事人在派出所"坐一天"的情况时有发生，且

---

① 基层镇街联动机制是浙江省大综合一体化改革中建立的特色机制，是由属地党委政府联合联动处置力量，明确联动处置工作范围、标准、流程和考核，构建以综合治理、行政执法为一体的基层治理模式。

② 2023 年 C 街道"众安宸瀚里讨薪事件"，前期部分农民工报警求助，后通过联动平台流转至街道劳资纠纷调解部门，但欠薪纠纷久拖不决，后续部分农民工联合将 C 街道办持续围堵，事件影响较为恶劣。

调解仅就事论事，并未能从根本上解决问题。在感情纠纷、消费争议、欠薪讨债纠纷中，部分调解人员（存在协辅警单独调解情况）的专业水平和经验不足，且违反《公安机关办理行政案件程序规定》，缺乏法治素养，导致调解质量不稳定，达成调解后却不执行，导致重复报警现象时有发生。此外，对求助类警情态度较冷漠、缺乏工作热情，部分民警对非警务警情的现场处置存在不打开执法记录仪或未能全过程录音录像的情况，法律风险较高。

（四）矛盾纠纷化解的协同配合不足

治安调解是一种非诉讼纠纷解决机制，可以有效解决日常生活中的纠纷和矛盾，避免法院诉讼。派出所作为基层警务机构，在落实"派出所主防"职能定位中，承担着当事人矛盾纠纷化解的主要工作，在多元化解矛盾纠纷中处于前沿位置，[①] 而非警务警情中的矛盾纠纷往往呈现出广泛性、复杂性和多样性的特点。C 街道地处城乡接合位置，涉及土地征收、拆迁安置的部分历史遗留问题，矛盾纠纷复杂程度较高，一般仅靠一两个部门是无法完成化解工作的，且很多矛盾纠纷的调处并不属于公安机关的本职工作，专业问题也非民警所擅长的内容，因此需要各部门之间相互协作。[②] 但实践中，由于缺乏自上而下的系统性规划和安排，街道部门分工不够清晰，针对联动的非警务警情处置工作，各单位之间互相推诿的现象较为普遍，村委社区介入调解的动力也明显不足，基层派出所通常只有有限的资金和资源，难以维持长期有效的调解机制，因此矛盾纠纷化解工作未能形成有效合力，影响化解效果。

---

① 张兵、吴章学、刘剑郁：《主动高效新警务模式构建研究》，《中国人民警察大学学报》2023 年第 3 期。
② 参见于龙刚：《法治与治理之间——基层社会警察"解纷息争"机制分析》，《华中科技大学学报（社会科学版）》2016 年第 3 期。

三、非警务警情处置困境的成因分析

（一）"全能机构"与警力资源不对等

《中华人民共和国人民警察法》第二十一条规定：对公民提出解决纠纷的要求，应当给予帮助。由于公安队伍长期以来树立的权威性，又是 24 小时"营业"，1991 年福建漳州 110 提出的"四有四必"承诺让"有困难找警察"的理念更加深入人心，群众遇到问题的第一想法就是先报警，夫妻间争吵、邻里矛盾、消费纠纷、维护维修等烦琐复杂的非警务警情消耗了大量的警务资源。[1] 而基层派出所往往身兼数职、身负重任，现有警力资源又十分有限，警民万人比远低于预期。以 C 派出所为例，所内共有民警 28 人（3 名女警），四天一班，每班 6 人（含所领导），值班民警平均每人处理 10 余起警情，加之大量非警务警情分流至派出所，部分明显超出公安机关的职责范围，过多占用了民警处置紧急警务工作的时间和精力，导致"四天一轮班""人少事多"的基层派出所"压力山大"，"警累民烦"成为警民关系的写照，影响警情的高效处置。

（二）联动平台"联而不动"情况突出

12345 政务服务便民热线与 110 报警服务台建立非警务警情分流联动机制，联动平台分流部分非警务警情在杭州早已先行先试，而基层镇街"联而不动"则是由于相关部门服务水平参差不齐，在实践中受工作和作息时间、专业处置力量不足的限制，难以做到 24 小时全天候回应群众需求，一般反

---

[1] 参见王世卿：《110 接处警的历史、现状、问题及规范化研究》，《中国人民公安大学学报（社会科学版）》2016 年第 6 期。

馈时间较长，积压易形成安全隐患，造成非警务警情无法有效移送和流转，公安派出所作为纠纷处置的"万能钥匙"，相较于其他政府部门又具备了执法强制力的威慑，无疑是疑难问题的"兜底者"，绝大部分警情仍然会回流至当地派出所。因此，联动平台未能有效减轻派出所的出警压力，也导致群众对联动平台的满意度下降。

（三）考核压力过大、激励机制不合理

由于基层派出所的内外部考核压力较重，民辅警疲于应对上级部门多条线的考核考评考试，小到每日一测、周三夜学、每月法制考核，大到打处考核、红蓝对抗、大型活动安保等，致使部分民警疲惫不堪。对于部分非警务警情、自接警（上门报警、电话报警），部分民辅警为了避免麻烦，影响发案量考核，所以态度冷漠，能推就推，能不受案则不受理，因此执法不规范问题突出，群众的满意度下降。且部分民警在高强度的工作压力下，接受专业的业务知识培训次数较少，执法专业化程度不高，规范化执法水平能力不足。再者，基层派出所的"躺平"现象较为普遍。一方面，责任下移导致"多做多错、不做不错"的怪圈，严重挫伤了年轻民警处理非警务警情工作的积极性；另一方面，传统"重打击轻治理"的考核使得老民警无缘评奖评优、立功受奖，民警"50＋躺平"现象在部分派出所内较为普遍，进一步加剧了警力紧张与资源浪费。

（四）纠纷化解协作机制运用不当

基层非警务警情中的矛盾纠纷内容纷繁复杂，仅靠派出所"一家之言"往往难以彻底化解矛盾纠纷，民辅警在调解纠纷过程中也会因为自身的局限性而对各村社的具体民情了解不够，尤其情况较为复杂的地区或历史遗留问

题，[①] 基层派出所联合镇街、村社多元矛盾纠纷化解的综合协作机制运用不到位。此外，基层派出所的非警务警情尤其是人民调解制度的适用，矛盾纠纷化解上倾向于就事论事，一般不会过多深挖矛盾纠纷背后的本源，较多呈现"短暂和平"状态，又因当事人履行协议的约束力不足，容易留下执法风险，甚至造成矛盾升级，未能从根本上实现事了人和，因此化解矛盾纠纷的效果并不理想。

四、完善派出所非警务警情处置的法治路径

（一）非警务警情的源头治理

2019 年，公安部发布了《为公安派出所减负 10 项措施》，要求加快非警务警情的分流处理。当下基层派出所工作任务繁重，基层民警超负荷工作现象十分普遍。因此，要让基层派出所从繁杂的非警务警情中解脱出来。

1. 进一步提高指挥中心警情分流能力

完善非警务警情流转、处置、反馈闭环，加强 110 报警服务台业务培训，提高对非警务事项的甄别和转办能力，并以最短时间发出最准确指令、以最优流程完成最高效调度。通过制定非警务警情分流的操作规程，包括警情评估的标准、流程、信息共享机制等，明确各部门的职责和权限，确保非警务警情顺利分流和处理，[②] 从源头上减少非警务警情流转到基层派出所，助推镇街"小脑＋手脚"基层治理体系长效、实效发展。

---

① 管晓静：《公安派出所矛盾纠纷化解：现状调查、困境思考与机制优化》,《中国人民公安大学学报（社会科学版）》2023 年第 2 期。
② 王薇、姜兰昱：《公安 110 非警务警情分流与机制优化》,《中国刑警学院学报》2020 年第 1 期。

2. 进一步加强派出所警务改革

围绕"大预防"现代警务机制，健全"两队一室"勤务架构及工作职责，110警情经过指挥中心分流后，应再次经派出所综合指挥室筛选，[①] 对上级公安机关指派的非警务报警经处置核实，属于非紧急非警务报警的，通过基层纯联动平台分流至镇街或职能部门，办理移交后警力可以撤回，使警力资源发挥最大效用。

3. 进一步细化接处警流程

改革完善基层派出所的值班备勤制度，探索建立符合派出所辖区治安状况、主防责任落实、事件闭环管理的值班备勤制度，通过健全接处警机制、强化接处警保障，规范分级分类、就近处警、支援派出所赋能一线接处警。对于如C派出所等治安复杂的所队可在综合指挥室中建立一支由辅警组成的"轻装小分队"，保障"110"接处警快速响应、应出尽出、精准布警，推动接处警流程更加规范化、专业化、法治化。

深化110社会联动是现代警务机制发展的应有之义，《意见》明确要求各地加快建立职责明晰、优势互补、科技支撑、高效便捷的对接联动机制。杭州市是浙江省公安厅非警务警情基层镇街协同处置机制的试点地区，要当好先行先试的领头雁，高效处置非警务警情，保障公民合法权益，为联动机制贡献"杭州样板"。

（二）完善协同联动处置机制

1. 完善警情分流体系

明确非警务警情分流转办清单和规则，依托浙江省"大综合一体化"改

---

① 张玲、姚添、王禹淋：《我国现代警务机制改革的价值取向、演进逻辑与路径选择》，《中国人民公安大学学报（社会科学版）》2021年第6期。

革，推动镇街综合治理指挥中心迭代升级和执法队伍、矛盾纠纷调解队、网格员队伍的规范化建设，通过构建市、县区、镇街三级非警务警情分流体系，形成政府部门协同履职、110 及时响应处置突发警情的多元处警工作格局。[1] 健全非警务报警分流清单、规则规范、跟踪管理、监督评价机制，确保转得出、能落地、不回流，避免不必要地占用警务资源，为解决群众诉求提供更加专业、精准、高效的综合服务。

2. 协同保障警情处置

强化基层派出所综合指挥室和乡镇（街道）综合治理指挥中心"双脑联动"，健全警情事件分析研判、风险会商、隐患督导、闭环管理机制，发挥平安建设考评作用，推动将警源治理纳入平安考评，加强与有关部门、单位、基层组织的协作配合。[2] 合理布置警力，适应重心下移，优化警力配置，依托在一线的综合执法队伍，配套警情首接责任制、情况报告制度和先处理后移交、派员参与现场处置等制度，固化新警优先补充基层派出所机制，充分考虑新老搭配、多岗轮训，确保各类非警务警情电话有人接、问题有人管、解决有渠道、处理有反馈，[3] 推动派出所工作标准化、规范化、法治化。

3. 完善即时处置机制

依托县级社会治理中心和镇街"基层治理四个平台"建立非警务警情事项即时处置机制。区县、镇街两级联动平台强化值班值守，建立联动部门 7×24 小时值班制度，高效开展即时签收、实时派单、指挥调度、规范处置、按时反馈、考核评估等工作。同时联通 119、120 等紧急热线和水电油气等公

---

① 王忠敏：《构建现代警务模式　提升警务工作效能》，《法治日报》2022 年 1 月 27 日，第 5 版。

② 张兵、吴章学、刘剑郁：《主动高效新警务模式构建研究》，《中国人民警察大学学报》2023 年第 3 期。

③ 参见孙梓翔：《公安 110 非警务警情分流机制研究》，《辽宁警察学院学报》2023 年第 1 期。

共事业服务热线，做到即呼即应，保证合力响应、妥善处置。[①]

4. 采用专群结合方式

可通过发动群众参与到非警务警情接处警工作中来，探索形成由 1 个民警、2 个辅警及警务助理和调解队、义警队、巡防队组成"一警两辅三队"基本架构的村社警务工作团队，将社区网格员、保安员、各行业热心公益事业的群众等发展为志愿者，坚持专群结合、人力科技结合，加强对辖区违法犯罪线索、风险隐患苗头排查监测预警，推动"一管三防"更加精准，做到早发现、早控制、早处理、早化解，共同助力调解纠纷，解决求助事项。

（三）提升基层民警执法能力

1. 优化基层考核激励机制

要激发派出所自我改革的动力和创造力，避免公安各条线的考核层层加码，防止因派出所之间考核数据的"内卷"导致非警务警情被推出门外。要结合各派出所辖区人口、警情、警力等实际情况制定考核指标，避免"一刀切"式的公平，允许民警试错、适当容错。同时建议依托大数据分析和智慧平台，结合派出所辖区面积、人口组成、过往情形和复杂程度，并综合考虑派出所民警年龄、执法能力、办案意愿等因素，下达科学指标，强化派出所"主防"功能定位，防化矛盾风险，为非警务警情等事项的处置预留足够的警力和空间，及时把矛盾纠纷化解在基层、化解在萌芽状态，让考核"狼牙棒"变成群众满意的"风向标"。此外，激励基层民警争优创先、选树典型、正向引导，并保障各项荣誉奖励向一线倾斜，同时提高"50＋"民警每日的出警量、非警务警情的处置量，发挥其经验优势和警力价值。

---

① 　吴轶民、周洁：《非警务类警情分流处置的难点与改善路径研究》，《公安教育》2024年第 4 期。

2. 提高基层民警专业素养

减少集体集中培训，利用好基层派出所的"每周一学"与钉钉掌上学堂系列教学片，通过真实警情视频编辑、动画模拟、真人拍摄等多种短视频形式，不断加强对民辅警的法律知识、案件疑难问题处置和矛盾纠纷处理技能的培训，确保每名调解人员都接受系统、全面的培训，包括法律知识、心理学、沟通技巧等知识。[①] 同时注重培养民辅警的职业操守和服务意识，鼓励有条件的基层派出所组成"教官团队"，有针对性、专业化地指导民辅警进行接处警全过程处置，以老民警的丰富经验进行"传帮带"，让年轻民辅警愿意学、主动学、规范学。重视易引发社会关注和涉警舆情的非警务警情，以"教科书式执法"为目标，防止因机械、冷漠、粗暴等不当执法行为诱发冲突、形成炒作，促进基层民警规范执法、文明执法、柔性执法。

3. 完善专业律师驻所制度

C 派出所接警大厅律师驻所模式是值得推荐的，即接警大厅每周一至周五下午均有一名驻所律师（实习律师）协助坐堂民警处理上门求助的纠纷类警情，此举较好地将公安民警从纷繁复杂的非警务警情中解脱出来，然目前此举仍有较大完善空间。基层公安派出所可与律所建立合作关系，在派出所内设立"驻所律师调解工作室"，固定 5 名律师工作日轮岗联勤，针对涉家庭邻里、欠薪讨债、消费纠纷、债务赔偿等民事纠纷，由律师调解、公安协助，在提升民辅警处置复杂非警务警情能力的同时引导公民理性维护权益，依法表达诉求，提高非警务警情的处置效率。

---

① 李嘉庆：《规范执法筑牢公安工作"生命线"》，《人民公安报》2022 年 12 月 13 日，第 7 版。

（四）优化矛盾纠纷化解机制

社会治理现代化趋势之一是加强多元化社会参与，包括政府、市民、社区组织等多方参与，使决策更具代表性和民主性。而基层派出所矛盾纠纷化解机制的建立和良性运行既是实现公安机关基层社会治理目标的前提和基础，[①] 也是完善非警务警情处置工作机制的重要组成部分。因此，需不断优化基层派出所矛盾纠纷化解工作机制，充分践行新时代"矛盾不上交、平安不出事、服务不缺位"的"枫桥经验"。

1. 规范基层民警依法行政

基层民警在承担矛盾纠纷化解工作时，要坚持公正、公平、中立的原则，倾听双方的诉求，依法促进双方的沟通和理解。对存在风险的纠纷，可根据 L 区公安分局《"谐调一件事"矛盾纠纷风险等级评估细则》进行评估，对高风险矛盾纠纷事件和需关注的一般纠纷事件，及时派发民警处置和申请"警网协同"。[②] 派出所可以建立履行监督机制，跟踪调解协议的履行情况，对不履行的当事人采取相应措施。同时结合实际提供相关法律知识、解释相关政策，注重维护双方合法权益，做到非警务警情矛盾纠纷的源头化解，预防恶性事件发生，促进社会和谐稳定。

2. 健全村社纠纷化解机制

针对情况较为复杂的地区或历史遗留问题，基层派出所可以对接属地村社，与村社共同建立起矛盾纠纷化解机制，共同推动调解工作，共享资源。[③] 包括设立村社调解员、矛盾纠纷调解中心等。整合村社相关负责人、部门业

[①] 管晓静：《公安派出所矛盾纠纷化解：现状调查、困境思考与机制优化》，《中国人民公安大学学报（社会科学版）》2023 年第 2 期。

[②] 杨林、赵秋雁：《矛盾纠纷多元预防调处化解综合机制研究——基于三种实践模式的分析》，《中国行政管理》2022 年第 6 期。

[③] 刘星臣：《公安机关在社会矛盾纠纷化解中的困境与出路》，《领导科学论坛》2023 年第 6 期。

务科室人员、社区民警的力量共同参与纠纷化解工作，[①] 选择有调解能力的村委、社区人员及时介入矛盾纠纷，帮助当事人从源头解决问题与纠纷，真正实现"定分止争"的调解效果，同时减轻基层派出所在非警务警情中的工作压力。

3. 合理引导纠纷司法路径

在非警务警情中的矛盾纠纷可能无法通过调解、协调解决或者通过司法途径实现更优选择时，基层派出所可以及时引导当事人通过劳动仲裁、提起诉讼等司法途径解决。负责案件处置的民警应当对当事人进行权利救济引导，向其解释相应的法律程序，提供相关法律援助信息，如当地司法所、公职律师、法院的联系方式、地址等信息，耐心做好信息服务保障工作，帮助其增加法律援助资源，及时引导当事人向法院提起诉讼，让司法机关来解决相关争议问题。

---

① 管晓静：《基层治理中治安调解机制优化研究——以山西省 J 市 T 区 H 公安派出所为例》，《公安研究》2022 年第 11 期。

"五社联动"背景下杭州市专业化服务集成供给的优化路径
——以天新社区党群服务中心为例

黄蓉　张叶平　肖剑忠[*]

摘　要："建设人人有责、人人尽责、人人享有的社会治理共同体"是实现国家治理体系和治理能力现代化的重要途径。该文以杭州市天新社区为例，通过实地调研和深度访谈等方式探讨在"五社联动"背景下社区党群服务中心专业化服务集成供给的新内涵与新要求，并总结该社区党群服务中心经过长期实践所取得的成效。通过调研分析，发现该社区党群服务中心在专业供给体制机制、专业供给质量以及社区慈善资源挖掘等方面还存在不足。基于此，提出聚焦"标准＋""服务＋""动力＋""特色＋"等优化路径，以期推动社区党群服务中心高质量发展，进而推动社区基层治理现代化。

关键词：五社联动；党群服务中心；集成供给；优化路径

＊ 黄蓉，浙江工业大学马克思主义学院硕士研究生，主要研究方向为马克思主义中国化。张叶平，杭州市上城区笕桥街道天新社区党总支书记。肖剑忠，浙江工业大学马克思主义学院教授，浙江新时代党的统一战线研究浙江工业大学基地执行主任，主要研究方向为中共党史党建研究。

党的十八大以来，党中央高度重视基层治理体系和治理能力建设。习近平总书记指出"要加强和创新基层社会治理，使每个社会细胞都健康活跃，将矛盾纠纷化解在基层，将和谐稳定创建在基层"。在基层治理中，社区党群服务中心作为基层党建的物化依托和基层治理的前沿阵地，是集政治性、服务性等特点于一体的功能平台，它发挥着政治引领、便民服务、宣传教育、资源整合的功能，对夯实党的执政根基、推动城市基层治理体系和治理能力现代化、打造共建共享的社会治理格局，发挥着重要的作用。探讨城市社区党群服务中心如何建好、用好，如何融入基层社会治理，具有重要的理论价值和现实意义。因此，本文旨在以实地考察、深度访谈等形式，分析在"五社联动"背景下杭州市天新社区党群服务中心专业化服务集成供给的新内涵、新要求，并重点分析该社区党群服务中心专业化服务集成供给的实践模式、运营机制，并剖析当前面临的困境，以探寻社区党群服务中心高质量发展的优化路径，进而推动社区基层治理现代化。

一、"五社联动"对社区党群服务中心专业化服务集成供给的新要求

2021 年，《中共中央　国务院关于加强基层治理体系和治理能力现代化建设的意见》出台，强调"完善社会力量参与基层治理激励政策，创新社区与社会组织、社会工作者、社区志愿者、社会慈善资源的联动机制"[1]。该意见所蕴含的"五社联动"理念成为各级政府部门、城乡社区、社会服务机构和基金会共同推动社区治理的政策依据。作为我国基层治理全新机制的

---

[1] 《中共中央　国务院关于加强基层治理体系和治理能力现代化建设的意见》，《人民日报》2021 年 7 月 12 日，第 1 版。

"五社联动"，其显著特征就在于突出了专业社会工作的功能和作用，使其与社区、社会组织、社区志愿者、社会工作者、社会慈善资源一起共同推进基层社会治理共同体建设，最终实现"1+1+1+1+1>5"的合力（见图1）。在"五社联动"助推社区治理的时代背景下，深化社区党群服务中心专业化服务集成供给改革需要回应以下几个命题：

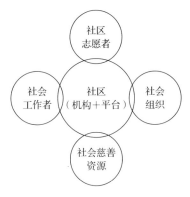

图1 "五社联动"关系

（一）主体联动：多元主体协同以打造合作平台

社区党群服务中心是基层党建的"物化"依托，也是加强基层党建、夯实基层治理根基、凝聚党心民心的"有形"战斗堡垒及服务综合体。有学者认为依托社区党群服务中心平台，各治理主体可以更好地汇聚组织合力，聚焦基层治理的多元需求，精准开展治理服务，从党政社商等力量主体"各做各"变为"一起做"，把"多条线"织成"一张网"，实现治理主体的嵌入融合，从而推动社区党群服务中心的发展。[1] 可见，在社区治理中，多元参与的治理模式依托社区党群服务中心，联动社会工作者、社区志愿者、养老服

---

[1] 许远旺、孙晓倩：《协同治理视角下"五社联动"的实践反思与优化进路》，《河北师范大学学报（哲学社会科学版）》2024年第4期。

务中心等多方资源有效地参与到社区治理中去，实现资源利用效率的最大化，可以更好地、更多地为社区居民提供丰富多彩的服务，增强社区居民对社区的责任感和归属感。因此，实现主体联动是"五社联动"的关键，各行动主体在新治理格局下发挥各自的职能优势，并实现优势互补、协同互动。

（二）供需联动：精准匹配供需以提高服务质量

从理性主义的视角出发，治理主体参与"五社联动"系统运转的重要原因是利益联结，即多元利益主体在供求关系的作用下互相合作、紧密联系，共同推动"五社联动"系统的运转。[①] 首先，"五社联动"的基础是"政社互动"。政府虽然不是"五社联动"的主体，但作为社会治理的主导力量，依托社区为相关利益主体提供政策、资金等要素支持。其次，社区需求来源于社区居民的建议和诉求，是社区居民意志和共同愿景的表达，是实现社区供需联动的内部动力。社区党群服务中心通过居民个人或社会工作者、社区社会组织了解居民意见和诉求，并上升为社区需求，以此打造社区定向服务清单。此外，社区党群服务中心还可联动专业社会组织，搭建供需对接平台，聚合现有资源，实现供需精准对接，从而提升社区服务质量和水平。因此，实现供需联动是"五社联动"的具体要求之一，它以居民需求为依据提供定向服务清单，并联合社区多种力量，进而提升社区服务质量。

（三）资源联动：合理配置资源以激发社区活力

在社区治理中，不同主体掌握着技术、知识、资金等优势资源，参与

---

① 原珂、赵建玲：《"五社"联动助力基层社会治理共同体建设》，《河南社会科学》2022 年第 4 期。

"五社联动"的主体必须共享优势资源、互通有无、协同合作，才能实现社区党群服务中心的高质量发展。优化社区资源配置，实现资源联动共享是激发社区内部活力的重要途径。社区内部资源是政府自上而下拨付的，在资源配置过程中强调标准化、流程化，注重保障基层民众权利。社区外部资源来源于社会组织、社会企业、社会慈善力量的资源让渡。外部资源配置灵活，在社区居民身心健康服务、亲子教育服务、残疾人服务以及扶贫救助等多元化领域发挥重要作用。因此，资源联动也是"五社联动"模式的基本途径之一，它要求注重内部资源的稳定性、公平性与外部资源的灵活性、丰富性，从而盘活社区内外部资源，实现社区资源有效联动。

二、"五社联动"背景下杭州市天新社区党群服务中心深化专业化服务集成供给改革的做法与经验

近年来，为了全力打造社区治理现代化，持续擦亮"党建引领＋"金名片的目标，杭州天新社区党群服务中心大力推行党群服务中心专业化服务集成供给改革，以"群众有所需、服务有所应"为目标，不断优化运营模式，大力提高社区党群服务中心专业化服务集成供给质量，并取得了一定的成效。

（一）杭州市天新社区党群服务中心的概况

1. 基本概况

天新社区是笕桥街道第一个城市型社区，于 2009 年 9 月正式成立，毗邻杭州火车东站，主要包括红街公寓和红街天城 2 个小区，共有居民 3086 户、常住人口 8650 多人。天新社区的地理位置靠近火车东站核心区，使其

具有流动人口多、出租户多、临街商户多、小区异质性强等基本特征，同时使得社区治理先天面临着出租房多、安全隐患多、商户油烟污染和噪声扰民等影响社区和谐的社区治理难题。"新聚汇"党群服务中心是天新社区主要的社区基层党组织。为了营造"和谐社区"，增强社区居民的幸福感、获得感和安全感，天新社区坚持社区党组织的核心领导地位，充分发挥各方面治理主体的作用和优势，大力推进治理手段和治理方式创新。

2. 功能性质

政治引领功能。"新聚汇"党群服务中心以习近平新时代中国特色社会主义思想为指引，具有为各级党组织开展机关事业党建、"两新"党建等活动提供包含教育培训、组织关系接转等在内的组织、协调和指导服务的政治功能。

资源整合功能。一方面，"新聚汇"党群服务中心积极整合各类资源，并将资源汇集在党群服务中心平台，让居民群众能够方便快捷地享受集成服务。另一方面，"新聚汇"党群服务中心将需求清单与资源清单进行精准匹配，形成精细服务清单，从而最大限度优化所辖社区的资源配置。

服务拓展功能。"新聚汇"党群服务中心作为党组织在基层的战斗堡垒，其主要职责就是为基层群众提供服务，并通过密切党群联系，更好地了解群众诉求，将其落实到基层治理的决策和实践中，以调解人民内部矛盾、改善民生、维护社会稳定，为建设服务型党组织、提升基层治理效能提供支持。

（二）杭州市天新社区深化专业化服务集成供给改革的主要做法

为进一步总结和提炼杭州市天新社区党群服务中心深化专业化服务集成供给改革的主要做法，课题组对天新社区进行了实地走访和调研分析，结果如下：

1. 优化组织架构，统筹服务供给总体设计

"新聚汇"党群服务中心以社区党组织为核心，整合居委会、业委会、物业公司、社会组织等多元主体，建立社区"大党委"，并推行"双向进入、交叉任职"，吸纳业委会、物业公司负责人担任社区党组织兼职委员，增强党组织统筹协调能力。此外，它还建立社区社会组织孵化基地，提供场地、资金、培训等支持，培育一批服务型、公益型、互助型社会组织，满足居民多样化需求，以优化服务供给总设计。

2. 培育"天新号"党建品牌，打造特色服务供给体系

"新聚汇"党群服务中心结合自身特色，将社区工作、愿景、品牌与列车文化有机结合，通过合唱、舞蹈、情景剧、朗诵等方式精彩展现其独特文化"天新号"——聚汇天新，驶向未来。自"天新号"党建品牌创建以来，天新社区党群服务中心积极探索"政府主导、专业运营、多元联动"运营体系。比如，引入专业化运营机构，以空间换服务，努力实现自我"造血"可持续发展。再如，社区食堂探索"政府补一点＋企业让一点＋慈善捐一点"供需平衡模式，采取免租金、电费补贴等形式实现企业优惠不亏本、群众实际可受益。

3. 打造群众满意窗口，提高专业供给服务质量

"新聚汇"党群服务中心始终把提升服务质量作为第一要务，积极优化服务流程，推行"一站式"服务，最大限度方便群众办事。同时，中心积极探索"互联网＋党建服务"新模式，推出"小区码"小程序，实现组织关系转接问询、流动党员管理、发展党员等多项业务"指尖办"，进一步拓展服务的广度和深度。除此之外，中心大力实施"党建＋志愿服务"项目，深入社区、网格、楼栋，围绕环境整治、政策宣讲、民生服务等组建多支专项志愿服务队，积极开展志愿服务，增强群众生活幸福感。

4. 关注"一老一小"，深化民生保障工作

"新聚汇"党群服务中心聚焦爱心助餐、医康共享、智慧养老三大板块功能，用心用情探索"健康＋智慧＋便捷"老年服务新模式。具体而言，优化居家养老场馆、亲子活动室和图书馆的配套设置，提供"爱心陪同队"服务，其内容涵盖微心愿满足、暑假作业辅导、上门慰问等结对帮扶活动，进一步提升了该群体的满足感。同时，党群服务中心积极优化社区服务设施，如增加了躺椅、设立休闲区等，并大幅增加老年人和儿童喜爱的图书数量。此外，中心还举办了免费剪发、测量血压、便民义诊、书法学习、防诈骗宣传等惠民活动，切实打造"一老一小"工程，增强群众的获得感、幸福感和安全感。

（三）杭州市天新社区党群服务中心的主要经验

从党的建设与社区治理和服务的综合视角来看，杭州市天新社区党群服务中心积极探索专业化服务集成供给的优化路径，有很多值得借鉴的经验：一是打造链式制度架构，强化社区党总支领导核心的角色。具体而言，社区党群服务中心需要利用党组织的政治优势，打破社区条块分割的现状，整合体制内的资源，提升社区党群服务中心的统合能力。二是运用社会化、专业化工作方法，创新链式活动载体，赋能社会组织打造政社协同发展平台。三是积极构建和优化链式数据平台，实现专业化供给集成服务工作的智慧化管理，从而提高科学性和精准性，进一步推动供需精准对接。

三、"五社联动"背景下天新社区党群服务中心专业化服务集成供给面临的困境

从实地调研来看，天新社区党群服务中心的发展仍处于相对初级阶段，在专业化服务集成供给改革过程中面临不少困难和挑战，主要表现在社区党群服务中心专业供给体制机制不够健全、社区党群服务中心专业化服务集成供给质量有待加强、社区慈善资源的撬动力不强。

（一）社区党群服务中心专业化服务集成供给体制机制不够健全

作为社区社会组织，社区党群服务中心在"五社联动"工作中发挥着重要作用，"五社联动"的核心在于多元治理主体之间的有效联动，而建立健全高效的联动机制是提高社区治理效能的关键。结合实际来看，天新社区"五社联动"虽然基本具备"五社"的主体要素，但尚未形成清晰明确的治理思路，联动机制仍在摸索构建的过程中，主要表现为：一是多元主体之间缺乏边界感，混淆其职能分工，简单行政化或短期利益化倾向明显。在社区治理中，"社区（社区党群服务中心）、社会组织、社区工作者、社区志愿者和社区慈善资源"这五个主体各自扮演着重要的角色，主体职责边界不够清晰导致分工不明，产生资源浪费。例如：社区党群服务中心和社会组织之间可能存在工作重叠的情况，导致资源浪费；社会工作者和社区志愿者之间也可能存在职责不清的情况，使得工作效率降低。二是在制度、资金、人才等方面的保障机制力度不够，缺乏长效性。目前，政府已出台了一系列培育扶持社会力量发展的制度或政策，但关于政府购买社会力量的优惠政策适用范围较小、购买力度仍有较大空间，政府购买社会服务公开招标透明度不够，"五社联动"监管制度有待完善。此外，由于社会组织获取生存和发展所需资源较难，社区党群服务中心的"造血功能"不足，发展水平还较低，吸纳社会慈善资源的能力也较弱，难以有效履行社会服务职能。

（二）社区党群服务中心专业化服务集成供给质量有待加强

社区党群服务中心作为连接党和广大社区居民的纽带，承担着传达党的政策方针、服务社区居民、促进社区和谐发展的重要职责。然而，在实际运行中，部分社区党群服务中心在专业供给服务质量上还存在一些不足，亟须加以改进和强化。主要表现为：一是专业人才匮乏，服务能力有待提升。"五社联动"对社会工作者的专业素质提出了新要求，尤其体现在社区服务项目中。然而，社会上大多数人不认识社会工作者，一提到社会工作者就会想到义工、志愿者和社区工作人员，这是大家对社会工作者的误解，群众的不理解导致社会工作者的职业认同感低，社工机构无法吸引专业社工人才。同时，随着社区规模的扩大，原先社会工作者人才规模变得局限，薪酬水平、晋升保障、奖惩机制也会受到影响，人员队伍缺乏稳定性，进而导致社区党群服务中心服务质量有所下降。二是居民参与不足，自治意识有待加强。社区居民作为社区服务项目和各类活动的主体，推动社区自治。但实际上，由于社区人口结构复杂，大多数是"新杭州人"，社区居民的归属感不强，对参与治理的兴趣不高，自治意识相对薄弱。社区居民没有形成共同利益，只关注个人、家庭的事务，并没有把自己当成社区的一员，即使社区的发展对自己有利，大部分居民也只倾向于"搭便车"，享受某些社区积极分子争取的利益。因此，居民在治理模式实践中往往处于被动状态，社区服务工作动力不足。

（三）社区慈善资源的撬动力不强

社区慈善资源是"五社联动"机制中的重要组成部分，对社区治理和服务项目推进至关重要。但实践调研发现社区慈善资源的活性不足，主要表现为：一是社区慈善主体参与不足。社区慈善是"社会性"的一项事业，强调社区成员在慈善活动中的主体地位，除了关注社区多方主体的慈善捐赠外，还强调要发挥好不同慈善主体结点的辐射作用，利用不同资源主体的优势，实现主体与主体间的横向链接。[1] 社区慈善主体不仅包括社区基金会、志愿服务组织及辖区单位，还包括物业公司、社区、业主委员会、社区居民以及

---

① 王杰：《社区基金会何以形塑社区慈善共同体——评朱志伟〈社会基金会资源动员的行动过程研究〉》,《学术评论》2023 年第 6 期。

其他各类社区社会组织等非正式个人或组织等，尤其是除社区志愿者之外参与社区慈善活动的主体力量。[①] 但是在访谈中，相关负责人表示居民对于社区慈善活动知晓度并不高，在每年开展的"慈善一日捐"活动中居民参与度不高。可见，杭州市许多大型企业以及慈善基金会作为潜在的资源提供方，难以有效地下沉到各个社区。二是社区慈善资源整合不足。社区慈善的资金来源于民众的捐赠，包括社区居民的捐款、捐物以及志愿者的捐赠等。然而目前社区慈善资源的来源相对单一，主要依赖于政府拨款和少数企业的捐赠，缺乏多元化的筹资渠道，也缺乏长期性、稳定性的筹资机制，以及有效的资源链接和共享平台等。因此，社区很难形成强有力的慈善捐赠网络，没有稳定的供给资金支持。

四、"五社联动"背景下天新社区党群服务中心专业化服务集成供给的优化路径

基于上述问题，要通过聚焦"标准＋"，全面促进提质增效；聚焦"服务＋"，精准资源供需匹配；聚焦"动力＋"，增强多元主体协同；聚焦"特色＋"，精心培塑社区名片等路径，探索"五社联动"背景下天新社区党群服务中心专业化服务集成供给的新路径。

（一）聚焦"标准＋"，全面促进提质增效

"五社联动"的参与主体往往有着各自的利益诉求和价值取向，如何在

---

① 汪来杰、任晓见：《以社区慈善增能社区韧性治理》，《三晋基层治理》2024年第2期。

运行过程中找到各方平衡，是"五社"实现联动的关键和难点，这就需要构建一个容纳不同参与主体的标准体系，同时必须有一个相对权威并被各个主体所接纳的领导者。无疑，社区党群服务中心承担了这一角色。因此，社区党群服务中心在"五社联动"建立有效的组织架构和协作机制过程中发挥着至关重要的作用，为"五社联动"的发展提供了强有力的保障和支持。具体而言，第一，必须健全责任体系，优化组织架构。在建立"五社联动"的组织架构和协作机制时，必须建立一套科学的领导机制，包括领导人员的选拔、培养和管理。领导干部要通过严格的选拔、考核和监督，确保社区干部能够履行好自己的职责。第二，必须筑牢服务阵地，推动扩面提标。把社区党群服务中心纳入城市公益性服务设施建设规划，在老旧小区、城中村改造等工作中统筹考虑，对内不断优化党群服务中心阵地的空间布局，完善党群服务中心内部的功能设置；对外采取多种途径、多种方式整合区域资源，着力打造集群化、特色化党群服务矩阵。

（二）聚焦"服务+"，精准资源供需匹配

坚持自下而上的需求把握和自上而下的资源整合相统一，是社区党群服务中心做实专业供给服务功能的有效路径。社区党群服务中心在发挥日常功能的同时，还要全要素多方位整合分散资源，放大阵地综合服务功能，用好基层党员群众资源，扩大社会力量参与，将有限的基层党组织资源最大限度加以利用，打造基层党群服务圈，提升党群服务的质量高度、内容宽度、管理精度。[①] 具体而言，第一，要搭建信息化联动平台，实现资源共享。社区党群服务中心可以利用信息技术和社交媒体等现代工具建立起一个联动平

---

① 张伟炜、杨晓晨、周媛：《打造基层党群服务圈释放党群服务新活力——以苏州市吴中区胥口镇为例》，《江南论坛》2019 年第 6 期。

台，促进"五社联动"各个主体之间的沟通和交流，为其提供更好的专业化供给服务。第二，夯实社区慈善资源，推动"输血"向"造血"的转变。社区公益慈善资源主要来自政府的专项资金和极少数个人或组织的捐赠，社区活动的开展依赖政府，无法实现自运营。社区应该从"输血"向"造血"转变，拓展社区公益慈善资源渠道。比如，社区可以与社区附近的商家合作，由商家提供资金或产品，双方互利共赢；社工可以开展爱心义卖活动，在社区摆放宣传海报，向社区居民宣传公益理念，扩充社区公益慈善资源，实现"取之于居民，用之于居民"的长效运营等。

（三）聚焦"动力＋"，增强多元主体协同

"五社联动"参与主体有其自身的资源、职责、利益和优势，平衡参与主体的地位和权利，是促进"五社联动"有效协调和合作的前提条件。要避免"五社"主体各自为政，就需要积极拓展社区党群服务中心与其他主体联合参与机制，从而实现协同行为的多元化，促进社区党群服务中心的发展。具体如下：第一，制定灵活多样的协同机制和合作模式。如联合工作组、共同策划项目等，充分发挥各个主体在项目中的专长和优势，提高协同效率。同时，要建立合理的利益分配机制和责任分担机制以激励"五社"主体的参与性，平衡各方利益和责任，推动协同合作取得良好成果。第二，提高参与主体的行动能力。社区工作者的专业能力直接影响着社区党群服务中心的服务质量。因此，要加强专业联动力量整合，建立社区"能人库"，挖掘和培育党员、社区各类组织带头人等社区骨干力量，加强品牌社会工作领军人物培养选拔，加大社区心理咨询师、社会工作者等专业人才队伍建设力度，促进各类人才投身社区治理和服务。同时，要通过政府引导，引进专业团队运营，广泛组织开展志愿服务活动，并探索建立分类培训机制，健全共治共享机制，创新志愿服务星级评定机制，推动志愿服务常态长效。

（四）聚焦"特色＋"，精心培塑社区名片

推动基层治理由分割向整合、党建工作由标准向精细、组织认同由引领向自觉转化，离不开技术和文化的加持。第一，要坚持数智赋能提升工作实效。应设立智慧党建指导中心，统筹各相关部门，整合现有各系统信息资源，打通数据壁垒，从而打造一键式基层党群服务平台；也应开发"社区党群服务中心"小程序，涵盖党群阵地地图、党建资讯、党务知识、党群活动、党群服务预约等板块，实现社区党群服务中心线上互联、资源共享。第二，要坚持文化融合拓宽服务半径。共同的地域文化或社区文化对于区域内居民具有重要的价值规范功能，能增强居民对所在地域或社区的认同感和归属感。因此，党群服务中心不仅要注重"形"的基础，更要突出"魂"的凝聚，积极融入地域文化要素，不断提升文化认同和可持续性。比如，可以以文化地标为中枢，聚焦游客、居民、市民等群体，规划打造以文化传承智慧服务为主线的社区党群服务中心、驿站，辐射带动周边区域；也可以以核心区块为重点，引导核心区块深挖区域特色亮点和传统文化资源，从而形成让群众听得懂、看得见、融得进的党群服务品牌，推动党建资源向地标区域蔓延，形成全市域品牌效应。

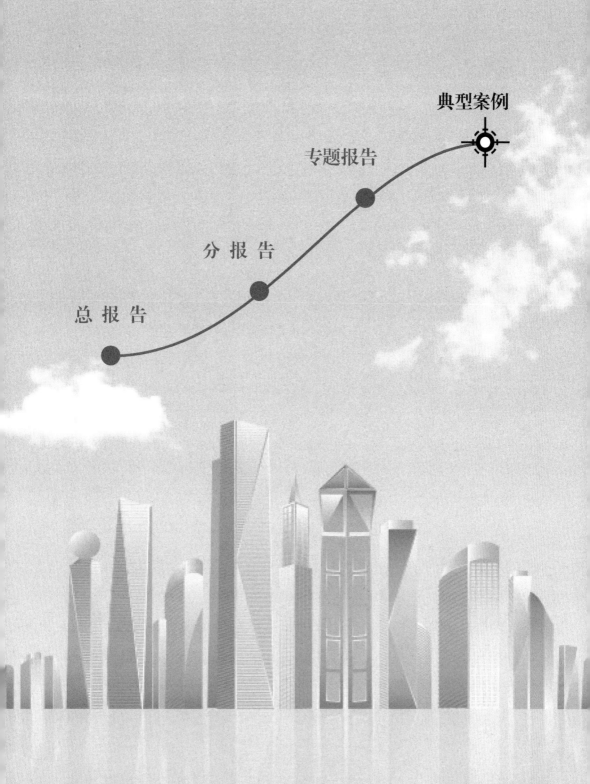

典型案例

专题报告

分报告

总报告

构建全包式整体服务模式破解安置房小区问题电梯更新难题的临平探索与启示

叶 杰 徐 锐*

摘要： 随着城市化的加速，我国大量安置房小区涌现，其中电梯安全问题日益突出。由于建设成本低、质量差，以及电梯更换和运维筹资困难，电梯频繁出现"关人""卡人"等问题。因此，老旧住宅超期服役的问题电梯成为社会潜在风险源之一，严重影响了居民的人身安全和生活居住体验。为此，临平区在康庭和苑等安置房小区开展电梯更新试点，将电梯设备、运维服务与商业利用整体打包成电梯综合服务，构建电梯全包式整体服务模式，实现电梯服务的专业化、长期化和规模化，成功破解安置房小区、老旧小区超期服役问题电梯的更换、运维和利用难题，为浙江省安置房小区电梯等特种设备更换提供了有益借鉴，例如：运用系统思维，统筹安全发展、激发企业内生动力，推动相关服务升级、聚焦重点领域，不断完善更新机制、多措并举，加强事中事后监管。

关键词： 安置房小区；老旧小区；电梯改造；全包式整体服务模式

---

* 叶杰，浙江工商大学公共管理学院副教授，硕士生导师，主要研究方向为基层政府改革创新。徐锐，浙江工商大学公共管理学院研究生，主要研究方向为基层政府改革创新。

一、我国城市回迁安置房的总体情况与发展阶段

安置房小区指的是政府为了解决城市化过程中被拆迁居民的住房问题而专门规划建设的住宅区域。这些小区通常位于城市的老城区或城乡接合部，用于替代原有的城中村或棚户区，以满足被拆迁居民的居住需求。安置房小区的建设是政府为了改善民生、促进社会和谐稳定而采取的重要举措。政府制定了一系列政策和规划，确保安置房小区的建设过程和质量均符合国家和地方的要求。安置房小区的发展经历了从探索起步到规模化建设，再到品质提升和市场化运作的过程。每个阶段都有其特定的目标和要求，反映了我国城市化进程的动态演变和社会需求的不断变化。

随着我国城市化进程的加快，安置房小区建设逐渐成为城市建设的重要组成部分。从20世纪80年代开始，为满足城市化进程中大量农村人口向城市转移住房的需求，政府开始将安置房小区建设提上议程。经过几十年的发展，我国安置房小区建设取得了显著的成果，在改善民生、促进社会和谐稳定等方面做出了积极贡献。自20世纪80年代以来，我国政府就开始关注安置房小区建设，并为此制定了一系列政策和规划。1985年，国务院发布了《关于加强城市规划工作的通知》，明确提出要解决好城市住房问题，特别是低收入家庭的住房问题。随后，各地政府纷纷出台相关政策，加大对安置房小区建设的投入力度。在规划设计方面，我国政府高度重视安置房小区的规划设计，要求各地在充分把握居民的生活需求基础之上，合理布局公共设施，提高居住品质。同时，政府还鼓励采用绿色建筑、节能建筑等新技术，提高安置房小区的可持续发展能力。

随着我国城市化进程的加快，安置房小区建设规模逐年扩大。近年来，随着国家对保障性住房建设的重视，安置房小区建设速度进一步加快。在安置房建设初期，政府财政拨款是建设资金的主要来源。随着安置房小区建设规模的扩大，单一的财政拨款已经无法满足建设需求。为此，我国政府采取

了一系列措施，拓宽资金来源渠道。一方面，政府通过发行地方债、企业债等方式筹集资金；另一方面，政府鼓励社会资本参与安置房小区建设，形成了政府、企业、社会多方共同投资的格局。

为了保证安置房小区建设的质量，我国政府加强了对建设项目的管理。首先，政府对建设项目实行严格的审批制度，确保项目符合国家和地方的规划要求。其次，政府加强对建设项目的监管，对违规行为严肃查处。最后，政府还建立了完善的质量保障体系，对建设项目进行全面检查，确保安置房小区的建设质量。此外，为了提高安置房小区居民的生活品质，我国政府高度重视配套设施和公共服务的建设。在配套设施方面，政府要求各地在安置房小区建设过程中，同步规划建设教育、医疗、文化、体育等公共设施，满足居民的基本生活需求。在公共服务方面，政府加大了对公共交通、环境卫生、社区服务等领域的投入，提高了安置房小区的公共服务水平。

我国城市回迁安置房的发展历程是一个复杂而多维的过程，涉及政策制定、实施、调整和优化等多个环节。历经的主要阶段及其特点如下。

（一）探索起步阶段（1978 年—20 世纪 90 年代初）

该阶段时值改革开放初期，城市化进程加快，大量农村人口涌入城市，产生了大量的住房需求。针对住房需求，政府开始尝试进行原有城中村、棚户区改造以及安置房建设。这一时期的回迁安置房主要以简易住宅为主，设施简陋，居住环境较差，同时，改造与建设规模较小，政策也不够完善。

（二）规模化建设阶段（20 世纪 90 年代中后期—21 世纪初）

随着城市化进程加速推进，大量的拆迁和城市建设使得被拆迁居民的住房需求不断上升，亟待解决。在该阶段，政府加大投入力度，大规模建设回迁安置房，以满足日益增长的住房需求。这一时期的回迁安置房在数量和质量上都有所提升，政策也逐渐规范化，形成了一套较为完善的操作流程。但仍存在一些问题，如规划不合理、配套设施不完善等。

（三）品质提升阶段（21 世纪头十年）

随着城市化进程的深化、人民生活水平的不断提高，居民对回迁安置房的品质要求也逐步提高，为此，政府开始关注安置房的建设品质和居民生活环境。例如，为提升回迁安置房的舒适度与安全性，政府在建设过程中引入现代化建筑技术和材料，并加强质量监管。此外，政府还加强了配套设施的建设，如学校、医院、商业设施等。

（四）市场化运作阶段（2010—2016 年）

随着城市化进程的进一步深化，回迁安置房的规模需求以及质量要求不断提高，政府面临资金压力增大的问题，需引入社会资本参与回迁安置房建设。为此，各地探索采取 PPP 等模式吸引社会资本参与，减轻政府财政压力。市场化运作提升了回迁安置房的建设效率和品质。同时，也推动了房地产市场的发展，使得回迁安置房成为一个重要的市场领域。

（五）多元化供应阶段（2016 年至今）

近年来，随着城市化进程步入高质量发展阶段，安置房居民多元化诉求不断涌现，政府需为其提供多样化的住房选择。在该阶段，政府提供多种类型的回迁安置房选择，如货币化补偿、产权调换等，以满足不同居民的需求，提升安置效率和公平性。此外，政府还鼓励居民自主购房或租赁住房，形成多元化的住房供应体系。

(六)可持续发展与智能化阶段

未来,随着环保和绿色生活理念深入人心,回迁安置房建设也需符合绿色发展理念。同时,随着科技的发展,智能化技术的应用将进一步提升回迁安置房的管理水平和居住体验。推广绿色建筑技术,优化居住环境,打造宜居社区。政府加强回迁安置房的后期维护和管理,确保其长期安全使用。利用物联网、大数据等数字技术实现回迁安置房的数字化管理。提升管理效率,优化居民的生活体验。例如:通过智能家居系统控制室内温度、照明等设备;利用大数据分析居民出行习惯和需求,提供更便捷的服务;等等。

回顾我国城市回迁安置房的发展历程,我们可以看到一个从探索起步到规模化建设再到品质提升的过程。在这个过程中,政府不断调整和完善相关政策和措施,以适应时代发展和居民需求的变化。未来,随着我国城市化进程的深入发展以及科技水平的不断提升,我们有理由相信城市回迁安置房将会变得更加绿色、智能化和人性化。这不仅能够提高居民的生活品质和满意度,也将为城市的可持续发展做出积极贡献。

二、回迁安置房小区电梯运行存在的问题及其原因

安置房小区的电梯质量问题是一个不容忽视的公共安全议题。随着城市化进程的不断推进,安置房小区如雨后春笋般涌现,电梯作为高层住宅不可或缺的垂直运输工具,其安全运行直接关系到千家万户的生命财产安全。然而,受限于种种因素,安置房小区电梯存在不同程度的质量问题。回迁安置房小区电梯运行中存在的这些突出问题,不仅影响了居民的日常出行,也威

胁到居民的生命安全。主要表现在以下方面。

第一，安全隐患。一是制动性能不佳，部分电梯的制动系统存在性能不稳定的问题，可能导致电梯在运行中突然停车或下滑。二是门机故障，电梯门机容易出现故障，如门无法正常开启或关闭，增加了乘客的安全隐患。三是应急响应不足，在电梯出现故障时，应急响应机制不完善，导致乘客在电梯受困时难以及时获救。

第二，使用不便。一是等待时间过长，由于电梯数量不足或调度不合理，乘客在高峰时段需要长时间等待电梯。二是运载能力不足，部分电梯的运载能力有限，无法满足高峰期乘客的出行需求。

第三，设施老旧。一是设备老化，长期运行的电梯设备容易出现老化问题，如缆绳磨损、导轨变形等。二是维护不足，由于资金或管理等原因，部分电梯得不到及时的维护和保养，加剧了设备老化的速度。

第四，服务问题。一是维保不及时，电梯的维护保养工作不够及时，导致小故障积累成大问题。二是救援效率低，当电梯发生故障时，乘客等待救援人员到达时间过长，影响了乘客的安全和出行体验。

形成这些问题的原因是复杂的，既有技术性问题，也有社会性问题，但主要还是资金问题。

第一，电梯制造与采购问题。电梯本身的制造和采购环节是安置房小区电梯质量问题的起点。在制造环节，可能出于成本控制的需要，部分电梯生产厂商使用次级材料或者在生产过程中偷工减料，导致电梯在投入使用前就"先天不足"。在采购环节，由于对电梯行业的了解有限和成本预算的限制，安置房小区的开发商或管理方可能难以准确评估电梯质量，从而选择了价格低廉但质量不佳的产品。

第二，电梯安装与施工问题。电梯的质量不仅取决于产品本身，还受安装和施工质量的影响。在安装过程中，若施工队伍专业性不足或监理不到位，可能存在电梯安装精准度不足、层门系统安装规范性欠佳等问题，为日后的安全运行埋下隐患。此外，电梯施工是一个复杂的工程，涉及土建、钢结构、电气安装等多个环节，任何一个环节的疏忽都可能影响电梯的整体质量。

第三，后期使用与维护问题。电梯使用和维护也是影响其质量的重要因素。由于住户众多、使用频繁，安置房小区中常常出现电梯不当使用的情况，如过载使用、强行阻门、杂物入梯等，从而加速电梯磨损，增加故障率。同时，电梯维保工作常常被忽视，维修不及时、保养不到位，使得小问题积累成大隐患。更有甚者，为了节省成本，物业管理方可能会选择非专业的维保团队，这些团队由于技术能力的限制，难以保障电梯维保的质量。

第四，安全管理与监督问题。电梯安全不仅是技术问题，也是管理问题。在安置房小区，电梯安全管理工作往往容易受到忽视。例如，安置房小区缺乏定期的安全检查、应急演练和安全教育，导致住户对电梯安全知识了解不足，遇到紧急情况时应对不当。同时，安置房小区还存在电梯安全的监管力度不足、相关法规和标准的执行力度不够以及缺乏有效的质量追溯和责任追究机制等问题。

第五，资金筹措问题。资金问题是安置房小区建设与运营过程中许多问题的来源。一是高昂的更换成本：电梯采购费用，新电梯的购置费用是一笔不小的开支，尤其是对于规模较大的小区来说；运输费用，新电梯在运输过程中也会产生一定的费用；拆除费用，旧电梯的拆除也需要一笔不容忽视的费用；安装费用，除了电梯本身的购置费用外，安置房小区还需要支付安装过程中的人工费、材料费等。二是居民筹资难度大：居民意见不统一，部分居民可能认为更换电梯并非必要，或者对更换费用有异议，导致筹资困难；经济条件差异，小区内居民的经济条件存在差异，部分居民可能无法承担较高的更换费用；缴费意愿不高，即使居民同意更换电梯，也可能因为缴费意愿不高而影响筹资进度。三是政府资金支持有限：财政压力大，政府需要投入大量资金用于基础设施建设、公共服务等方面，因此，其对老旧小区电梯更换的资金支持可能有限；政策限制，政府可能会制定相关政策来限制或引导老旧小区电梯更换工作，但具体资金支持仍需视实际情况而定；维修基金积累不足，使用受限，部分老旧小区的维修基金积累可能不足以支持电梯更换；同时，维修基金的使用通常受到严格的规定和监管，可能无法满足电梯更换所需的全部费用。

三、更新回迁安置房小区"问题电梯"的基础条件与社会意义

更新回迁安置房小区"问题电梯"主要有两个关键契机：一是大规模设施设备更新政策。针对城市基础设施建设和维护，国家开始正式实施大规模设施设备更新政策，即政府通过投入资金，对城市的供水、供电、供气、排水、交通、通信等基础设施进行更新改造，提高城市基础设施的运行效率和服务水平。这一政策的实施有助于提高城市的综合承载能力，促进城市经济社会的可持续发展。二是老旧小区改造。老旧小区改造是指对城市中建成年代较早、设施老化、环境较差的住宅小区进行综合性改造的活动。政府通过投入资金，对老旧小区的供水、供电、供气、排水、绿化、道路、公共设施等进行改造升级，提高小区居民的居住环境与生活质量。在改造过程中，政府鼓励居民参与，从而形成政府、企业和居民共同参与的改造模式。

国家大规模设施设备更新政策为老旧小区改造提供了一系列机遇。这一政策不仅能够改善居民的生活环境，还能促进城市的整体发展。一是提升基础设施水平。供水供电改造，更新政策针对老旧小区供水和供电设施进行了改进，提高了供水和供电的稳定性和安全性。交通状况改善，通过更新政策，老旧小区周边的交通状况得到了改善，如道路翻新和公共交通设施的升级，使得居民出行更加便利。网络通信优化，政策还涉及网络和通信设

备的更新，提供了更高速的网络服务，满足了现代居民对信息化生活的需求。二是增强环保节能效果。节能设备应用，政策推广使用节能降碳的设备，如 LED 照明和节能型电梯，减少了能源消耗，降低了碳排放。绿色建筑材料，在改造过程中，小区采用绿色环保的建筑材料，提升了建筑的保温隔热性能，减少了对环境的影响。垃圾分类处理，政策推动了垃圾分类设施的建设，提高了垃圾处理的效率和环保水平。三是提高安全标准。消防设施完善，通过更新政策，老旧小区的消防设施得到了全面检修和升级，提高了火灾防范与应对能力。监控系统安装，政策支持在老旧小区内安装监控系统，增强了小区的安全监控能力，保障了居民的人身和财产安全。四是推动城市整体发展经济带动效应，大规模设备更新政策实施所带来的市场需求，带动了相关产业的发展，创造了就业机会，促进了经济增长。城市形象提升，老旧小区的成功改造提升了城市整体形象，形成了一定的旅游资源，吸引了更多的投资。政策实施后，居民的居住环境和生活质量得到显著提升，居民的归属感与幸福感增强。五是促进社会公平。缩小城乡差距，通过设备更新政策，老旧小区的基础设施得到了显著改善，缩小了城乡之间以及不同区域间的发展差距。提升公共服务，对教育、医疗等公共服务设施的更新，提升了公共服务质量，实现了社会的公平与正义。六是增强居民参与感。尊重居民意愿，在政策实施中，充分听取并尊重居民的意见和需求，增强了居民对改造过程的参与感和满意度。信息透明公开，政府在政策实施过程中保证了信息的公开性和透明性，使居民能够及时了解改造进度和效果。七是提升管理效率。智能化管理，政策支持在老旧小区内引入智能化管理系统，如智能门禁和远程监控，提升了社区的管理效率。长效维护机制，建立了长效的设施维护和管理机制，确保改造后的设施能够持续有效运行。

综上所述，国家大规模设施设备更新政策为老旧小区改造提供了一系列机遇，从基础设施的改善到管理效率的提高，这些改造措施不仅提升了居民的生活质量，还促进了城市的整体发展。并且，在政策实施过程中居民参与和信息透明的实现，也增强了居民对项目的认同和支持。

除国家政策引导之外，老旧小区更新电梯的契机主要还体现在市场需求与居民需求、技术创新与进步、财政支持与金融创新以及社会责任与企业参与等方面。这些因素共同作用，为老旧小区电梯更新提供了有力的支持和保障。随着政策的不断完善和实践的深入，老旧小区电梯更新工作有望取得更加显著的成果，为居民提供更加安全、便捷的出行环境。

市场需求与居民需求方面：一是老龄化社会需求。随着我国人口老龄化趋势加剧，老年人对电梯的依赖程度越来越高。老旧小区的电梯更新改造不仅有助于老年人生活质量的提高，还有助于应对老龄化社会的挑战。二是居民生活品质需求。随着经济发展和生活水平的提高，居民对居住环境的品质要求也越来越高。电梯作为重要的配套设施之一，其更新改造能显著提升居民的生活品质。

技术创新与进步方面：一是技术成熟度提升。随着技术的不断进步和创新，新型电梯产品的安全性更为可靠，性能更加优越。这为老旧小区电梯更新提供了更多选择和可能性。二是智能化发展趋势。随着智能电梯技术的快速发展，电梯操作更加安全与便捷。老旧小区将智能化技术应用于电梯更新中，能够提升电梯使用体验和管理水平。

财政支持与金融创新方面：一是政府财政补贴。政府通过财政补贴等方式，为老旧小区电梯更新提供必要的资金支持。这些补贴可以用于电梯采购、安装、维护等环节，以减轻居民的经济负担。二是金融创新。除了政府补贴外，还可以探索金融创新模式来筹集电梯更新资金。例如，引入社会资本参与、设立专项基金等，为电梯更新提供多元化的融资渠道。

社会责任与企业参与方面：一是企业社会责任。鼓励电梯制造企业履行社会责任，积极参与老旧小区电梯更新工作。企业可以通过捐赠、技术支持等方式，为电梯更新贡献力量。二是产业链协同发展。推动电梯制造、安装、维保等相关企业形成产业链协同发展格局，共同推进老旧小区电梯更新工作的顺利进行。

　　回迁安置房更新问题电梯具有重要的现实意义和深远的社会影响。这一举措不仅能够提升居民的安全感和生活品质，还能推动社会公平和谐、促进产业发展、增强政府公信力等。因此，这是一项值得大力推进的民生工程。一是提升居民安全感和满意度。"问题电梯"往往存在诸多安全隐患，如制动失灵、门机故障等，这些问题对乘客的生命安全存在严重威胁。更新这些电梯将直接消除这些安全隐患，大幅提升居民的安全感，从而进一步增加居民对回迁安置房的满意度和信任感。二是改善居住体验。老旧电梯经常会出现故障、运行不平稳等问题，给居民的日常通行带来极大不便。在老旧小区更新电梯后，居民将享受到更为稳定、快速的电梯服务，提升电梯乘坐体验。三是提升回迁安置房的整体形象。电梯作为回迁安置房的重要组成部分，其外观与性能直接影响到回迁安置房的整体形象。因此，更新电梯这一行为，不仅能提升回迁安置房的现代化水平，还对回迁安置房整体形象的优化产生积极影响。四是促进社会公平和谐。在回迁安置房中，电梯是居民共享的重要设施。许多邻里纠纷和社会矛盾均是电梯问题所引发的。为此，更新"问题电梯"将确保小区居民都能享受到公平、安全的电梯服务，从而营造社区的公平与和谐氛围。五是推动电梯行业的技术创新和进步。基于电梯更新而产生的大规模需求将刺激电梯行业的发展，推动电梯企业在技术研发和服务模式等方面的创新，从而提升整个行业的竞争力和水平。六是增强政府公信力和执行力。政府通过更新问题电梯，展现了对民生问题的关注和解决问题的决心，这将增强政府的公信力和执行力，提升居民对政府工作的认可度和支持度。七是带动相关产业的发展。电梯更新涉及电梯制造、安装、维护等多个环节，将带动相关产业的发展，创造就业机会，促进地方经济的增长。八是提升环境品质。更新的电梯通常更加节能、环保，符合绿色发展理念，有助于提升回迁安置房的环境品质，为居民创造更加宜居的生活环境。九是为其他城市提供经验借鉴。杭州市在回迁安置房电梯更新方面的成功经验可为其他城市提供借鉴，推动全国范围内回迁安置房的电梯更新改造工作。十是增强社区凝聚力。在电梯更新过程中，居民共同参与有关电梯更新的讨论、决策，将增强社区凝聚力和向心力，营造社区的和谐发展氛围。

四、临平区探索构建全包式整体服务模式的做法与成效

临平区统筹安全治理与产业发展，以党建联建统筹协调街道、社区、物业公司、辖区西奥电梯各方利益相关者，激发电梯企业内生动力，将电梯设备、运维服务和商业利用整体打包成电梯综合服务，构建全包式整体服务模式。临平区更换安置房小区超期服役的问题电梯，有效推进电梯安全隐患治理，助推电梯行业高质量发展。

全包式整体服务模式坚持大安全大服务理念，以政府信誉机制和企业专业能力为基础，重构社区利益联结机制，以电梯全周期服务一体化和服务供应商的集成化为路径，用社区付款时间置换企业市场空间，以电梯质量和企业能力对赌整体服务成本，大幅降低了问题电梯的更换门槛，有效提升了群众安全感和满意度。

（一）总体思路：强化大安全大服务理念，构建全包式整体服务模式

全包式整体服务模式以解决安置房小区问题电梯难题为目标，强化大安全大服务理念，运用系统思维，有效整合政府、社区、物业、企业等各个主体资源。

1. 大安全理念

从安置房小区问题多、质量差、群众意见大的历史事实及政府责任出

发，坚持系统观念，由属地政府牵头，整合社区、物业、电梯企业和群众等社会主体及其资源，全面、系统地预防和控制安置房小区问题电梯对群众人身安全造成的威胁和危害。

2. 全包式整体服务

强化大服务观念，充分运用市场机制，引导电梯生产企业向安置房小区提供包含电梯安装、零件更换、维修保养和商业利用等全生命周期的全包式整体服务。此举旨在推动安置房小区问题电梯更换与运维工作的专业化、长期化与规模化发展，有效破解电梯服务碎片化及安全责任链条过长的难题。

3. 以政府信誉机制为保障

全包式服务的合同周期通常长达 5 年甚至 10 年以上。在商品房社区中，甲方（业主委员会）班子的更换，往往会影响到后续合同的履行。为此，安置房小区以属地政府和社区的信誉机制为基础，确保整体服务模式的合同履约不因合同甲方（社区）班子的更换而受到干扰，从而提升了整体服务模式的稳定性。

（二）关键机制：运用系统思维，推动服务集成、责任集中

全包式整体服务模式采取电梯全周期服务一体化和电梯服务主体集成化，实现服务集成与责任集中，从而为电梯安全运行和企业盈利提供长期保障。

1. 统一供应商实现服务集成和责任集中

以电梯生产、安装、使用、维修、保养和利用一体化，生产主体与运营主体集成化为路径，提供电梯持续安全运行和群众乘梯安全舒适的专业能力支撑，确保电梯服务和管理责任清晰明确，避免扯皮现象，为降低成本和盘活电梯资源奠定基础。

2. 用小区付款时间置换企业市场空间

将问题电梯更换的 15 年全周期综合服务费用（包括电梯设备费用）做分期支付：小区对每部电梯首期仅需支付 7.5 万元，后期每年支付 0.8 万元，15 年偿清。这一举措将有效缓解社区在更换问题电梯时所面临的资金短缺困境，首期仅需为每部电梯支付 7.5 万元，显著减轻了社区一次性筹资的压力。同时，这也在经济下行时期为企业减轻了销售压力。

3. 以电梯质量和企业能力对赌成本

根据电梯 15 年的报废周期以及电费、年检费等固定费用的计算，按照社区和企业现行的定价标准，企业需要确保电梯质量达到既定标准，以便有效控制维修和保养成本；必须高效盘活和使用电梯的空间资源，才能通过全包式整体服务模式实现长期盈利。

（三）底层逻辑：创新利益联结机制，确保模式可持续可推广

全包式整体服务模式成功运行的关键在于找准基层政府、社区、物业和企业的利益结合点，重构利益联结机制，实现多方共赢。

1. 社区减轻筹资压力

在更换问题电梯之前，康庭和苑小区的 93 部电梯每年的修理和维护费用高达 68 万元，再加上 30 万元的电费，平均每部问题电梯每年的费用达到了 1.05 万元。然而，实施全包式整体服务模式之后，除了首期 7.5 万元用于更换电梯外，每年只需支付 0.8 万元，这大大减轻了社区资金一次性筹集的压力。

2. 供应商开发业务新模式，开辟盈利新赛道

在房地产市场低迷背景下，电梯企业面临巨大压力。通过推行全包式整体服务模式，实现服务链条的全面整合、内部化与专业化，不仅降低了市场准入门槛，还有效延长了服务价值链，开辟了新的盈利增长点。这一模式有

效挖掘了超期服役问题电梯这一庞大市场，实现电梯产业从制造业向现代服务型制造业转变。

3. 政府、社区和物业减少安全风险，提升群众满意度

在更换问题电梯之前，社区需每年投入 0.73 万元 / 部的修理和维保费用，这只能确保电梯不"吃人"，但经常会出现"卡人""关人"等问题。采取全包式整体服务后，企业通过全链条服务集成和责任集中，大大提高了电梯安全性能和群众满意度。

五、经验启示与政策建议

临平区在更新安置房小区问题电梯的过程中积累了宝贵的经验，这些经验为其他城市或地区提供了重要的启示：一是政府主导与多方协同。政府统筹，政府在电梯更新过程中发挥主导作用，统筹规划、协调各方力量。多方参与，整合社区、物业、电梯企业等各方资源，形成合力推进电梯更新工作。二是创新利益联结机制。重构利益关系，通过创新利益实现形式，构建多方共赢的利益联结机制。保障各方利益，确保社区、物业、企业和居民等各方利益得到妥善保障和平衡。三是全包式整体服务模式。一体化服务，采用全包式整体服务模式，提供电梯安装、维护保养、零件更换等一站式服务。长期化运营，通过全包式服务模式实现电梯的长期化运营和专业化管理。四是尊重历史事实与大安全理念。尊重历史，充分尊重安置房小区的历史遗留问题，因地制宜地制订电梯更新方案。坚持大安全理念，以系统观念预防和控制电梯安全问题，确保群众人身安全不受威胁。五是经费筹措与经济压力缓解。分期支付，通过分期支付的方式减轻社区一次性筹资的压力和企业的销售压力。市场空间置换，用社区付款时间置换企业市场空间，降低问题电梯的更换门槛。六是质量与成本对赌。质量保障，企业必须保证良好

的电梯质量以控制修理、维保成本。盈利模式创新，通过盘活电梯空间资源，实现企业的长期盈利和可持续发展。七是数字化管理与智能化升级。数字技术应用，利用物联网、大数据等数字技术实现电梯的数字化管理。智能化升级，推动电梯智能化升级，提高电梯的安全性和运行效率。

综上所述，临平区在更新安置房小区问题电梯的过程中所积累的经验启示具有重要的借鉴意义。这些经验不仅有助于解决类似问题，也为提升城市管理水平和居民生活品质提供了有益的参考。

聚焦老旧住宅电梯"老龄化"和"带病运行"等问题，临平区运用系统思维，统筹安全与发展，开展安置房小区电梯更新试点，构建了具有普遍意义的电梯全包式整体服务模式。这一服务模式对防范老旧住宅电梯风险隐患、推动电梯产业高质量发展具有借鉴意义。建议：加大试点支持力度，将安置房小区、老旧住宅超期服役的问题电梯更新纳入国家大规模设备更新计划，激发市场主体内生动力，推动服务迭代升级，抓住关键环节完善机制，推进电梯安全隐患治理，助推电梯行业高质量发展。具体来说，包括以下内容。

首先，运用系统思维，更好地统筹安全与发展，谋划安置房小区问题电梯的更新工作。其一，运用系统思维，统筹做好安全治理与产业发展，将老旧住宅电梯的更新纳入国家大规模设备更新计划和各级政府的民生实事项目。其二，统筹协调发改、住建、规划、消防、市场监管、城管等部门，建立集中审批、协同推进和联合验收等机制。属地政府应积极联合住建等部门以及企业、施工、社区等单位，组建电梯更新专班，高效推进。其三，总结临平区安置房小区电梯更新全包式整体服务的做法，结合城市更新、城镇老旧小区改造工程，加大试点支持力度。

其次，不断激发企业内生动力，推动全包式整体性电梯服务的迭代升级。其一，电梯的全包式整体服务模式的运行需要激发企业内生动力、长周期服务合同和服务的规模效应等条件。为此，建议：加大财税、金融等政策的支持力度，增强企业投资老旧住宅电梯更新的意愿和投入力度，推动电梯设备的硬件采购与维保服务的一体化。以小区为招投标的基本单元，由同一家电梯公司向同一小区提供电梯综合服务，以促进电梯服务的专业化、规模化、长期化。其二，鼓励电梯制造企业产业链向服务端延伸，推动制造与服务的深度融合，发展服务型制造。推动电梯产业从强调产品和设备制造，转向基于制造的销售、更新改造、修理维保和商业利用等服务的一体化，实现由依靠技术引进向提升自主研发创新能力的转变。

再次，聚焦重点领域关键环节，不断完善老旧住宅电梯的更新机制。其一，将老旧住宅电梯安全评估纳入城市体检指标体系，列入为民办实事项目。以政府购买服务等形式，对投入使用满15年的老旧住宅电梯滚动实施全覆盖安全评估，建立评估信息共享和风险预警机制。其二，创新筹措资金的思路。除了优化住宅专项维修资金提取程序，还可以考虑按照社区以延长电梯服务周期换取一次性支付电梯设备费用、企业以设备换市场的双赢思路。将电梯轿厢内的广告投放、小区经营性收入等，作为电梯全包式整体服务费用的一部分，在不增加政府和居民支出的条件下，筹措电梯综合服务资金。其三，鼓励推广用维修资金增值部分购买保险，探索"保险＋服务""电梯养老保险"等保险新模式，推动建立维修资金后期筹措机制。

最后，多措并举，加强事中事后的监管。其一，坚持系统思维和全链条治理理念，整合电梯安全的属地管理责任、行业监管责任、企业主体责任，建立衔接事中、事后全过程的新型监管机制。其二，成立志愿服务队，形成多元共治格局。试点小区可成立电梯安全众保志愿者服务队，来负责日常问题收集、安全知识宣传、电梯运行监督等相关工作。其三，加大宣传力度，防范电梯安全事故和故意毁坏电梯及电梯内财物的行为发生。

服务集成与协同运营：社区服务供给机制研究
——以临平区红湖社区党群服务中心为例

林玉雪　秘立元　袁旭娇　张丙宣[*]

摘要： 社区是公共服务和社会服务供给中的重要一环。该文以红湖社区的党群服务中心为例，从服务集成和协同运营的维度构建分析框架，研究新时代以党群服务中心为重要载体的社区服务供给机制。研究发现，党群服务中心实现了公共服务、市场服务和志愿服务等的集成，链接政企社资源，采取社会化市场化运营方式，构建专业化、集成化的服务体系，更好地响应了社区居民的个性化需求，为其提供更精准和贴心的服务。

关键词： 党群服务中心；服务集成；协同运营

[*]　林玉雪、秘立元，浙江工商大学公共管理学院研究生。袁旭娇，杭州市临平区东湖街道红湖社区支部书记。张丙宣，浙江工商大学公共管理学院教授。

一、问题的提出

优化社区服务供给机制是提升新时代居民生活质量、建设美好社会的关键问题。2023 年 11 月，国家发展改革委印发的《城市社区嵌入式服务设施建设工程实施方案》强调，在城市社区（小区）公共空间嵌入功能性设施和适配性服务，推动优质普惠公共服务下基层、进社区。近年来，国家越来越重视基层治理和服务体系建设，并推动优质公共服务下基层、进社区。我国各地积极创新服务供给模式，力图构建高效、便捷、人性化的社区服务体系。临平区东湖街道红湖社区党群服务中心通过服务集成与协同运营，为社区居民提供全方位、多层次的服务，探索社区服务供给新路径。

既有研究从党群服务中心的功能定位、服务内容、运行过程和优化路径 4 个方向展开。在功能定位上，推进基层治理变革，保持与社会的有机互动，是中国共产党推进党群治理、优化党群关系的重要实践进路[1]，而党群服务中心作为重要实践平台，承载着党组织领导、工作统筹及动员服务群众的功能[2]，并作为一种社会治理技术，承担整合公共服务资源的责任[3]；在服务内容上，把服务群众、造福群众作为基层治理的出发点和落脚点[4]，为社区居民提供公共服务是党群服务中心的重要服务内容，也是走好新时代党的群众路线的方式[5]；从运行过程看，党群服务中心建设尚在探索阶段，面临规范化建设的挑战[6]，部分服务缺乏针对性和创新性，呈现出高度的相似性而非

① 付建军：《党群治理转型与基层协商民主的发展逻辑》，《探索》2021 年第 3 期。

② 王浦劬、汤彬：《基层党组织治理权威塑造机制研究——基于 T 市 B 区社区党组织治理经验的分析》，《管理世界》2020 年第 6 期。

③ 沈亚平、王麓涵：《赶超型协同：走向整合的社区治理——以社区党群服务中心为例》，《理论学刊》2022 年第 1 期。

④ 赵东来、李德：《基层治理要突出系统性》，《人民论坛》2022 年第 3 期。

⑤ 《走好新时代党的群众路线》，《人民日报》2024 年 7 月 1 日，第 8 版。

⑥ 黄健：《党群服务中心规范化建设探析》，《领导科学论坛》2023 第 11 期。

根据各社区的独特性进行定制化设计①；在优化路径上，社区党群服务中心应构建多元、系统、有规划的多层次服务体系和社区支持网络②，推动党组织向基层延伸，将基层的工作做好③。

宏观上，既有研究明确了党群服务中心在党建引领基层治理中的关键作用，强调党群服务中心在政治引领、基层党建、服务群众和基层治理中的重要性；中观上，既有研究均聚焦于党群服务中心所提供的服务内容，深入探讨如何为社区居民提供多样化、全方位的公共服务；微观上，提出社区党群服务中心需从服务方式单一转向多元治理主体合作生产，构建多层次服务体系和社区支持网络。但仍有若干关键问题尚未得到解决，现有研究对党群服务中心如何更有效地满足居民个性化需求、提升服务质量与效率的探索不足，还缺乏针对性和创新性。虽然认识到党群服务中心整合公共服务资源的重要性，但在实际操作中，如何建立高效的资源整合机制，协调各方利益，实现资源的最优配置，尚未有明确的解决方案。

作为基层党组织密切联系群众、服务群众的基本阵地，社区党群服务中心如何发挥功能作用？如何集成多种类型服务？如何推动服务迭代升级？基于此，本文以临平区东湖街道红湖社区为例，从服务集成和协同运营的维度，构建分析框架，对社区党群服务中心展开深入探究，剖析其是如何借助服务集成与协同运营，拓展服务领域、创新服务方式和提升服务效率的。红湖社区成立于 2020 年 7 月，区域面积约 0.25 平方千米，下辖多个融合共生的混居安置小区及 148 家沿街商铺，分为 6 个网格、43 个微网格，实际居住人口 8043 人，其中本地人口 3586 人，流动人口 4457 人。下文将着重探讨红

---

① 陈家喜、白瑜：《党建引领城市基层数字治理的实践探索与理论反思——深圳市 P 区"社区党群服务中心＋民生诉求系统"的案例研究》，《社会治理》2023 第 3 期。

② 朱红艳：《深圳市社区党群服务中心面面观》，《中国社会工作》2017 年第 33 期。

③ 杨畅、蔡婷：《以党建引领提升社区治理效能——基于长沙市天心区社区治理的实践探索》，《中国行政管理》2022 年第 10 期。

湖社区党群服务中心在服务优化与运营模式上的创新实践。

二、服务集成与协同运营：分析框架

本文从服务集成与协同运营两个维度出发，构建分析框架。在社区服务供给中，服务集成与协同运营双轮驱动，共同推动社区服务体系的优化。在功能定位上，党群服务中心作为治理核心，其服务集成机制有助于更有效地履行党建引领的职责，并促进公共资源的整合；在服务内容上，集成多种公共服务，增强党群服务中心服务的系统性和针对性，为群众提供更全面的服务体验；在优化路径上，服务集成与协同运营是党群服务中心发挥功能作用、实现功能迭代升级和完善运行机制的关键，两者共同推动多方合作治理，构建多层次的服务体系。

集成并非模块间的简单堆砌，而是依据特定的集成方式进行构造，实现集成整体功能的增加和新功能的涌现。① 服务集成是指在社区服务供给过程中，通过多元化的服务内容与资源的高效整合，以实现服务质量的提升与效率的优化。社区服务是地方政府等主体向社区成员提供的公共服务，是一系列以居民社会需求为导向的社会活动，目标在于解决居民面临的重大社会问题，强化居民的社会安全保障，推动社区的可持续发展。② 杨贵华指出，社区资源的整合旨在充分挖掘社区内部资源，以实现共建共享。通过将社区中未得到充分利用、未能发挥更大效益的资源加以合理运用，从而达成资源效益的最大化。③

---

① 海峰、李必强、冯艳飞：《集成论的基本问题》，《自然杂志》2000 年第 4 期。

② 孙建春：《社会工作》，中国社会出版社 2009 年版。

③ 杨贵华：《社区共同体的资源整合及其能力建设——社区自组织能力建设路径研究》，《社会科学》2010 年第 1 期。

协同运营在社区服务供给中强调多方主体之间的互动与合作，确保各类资源能够在服务过程中发挥整合效应。汪欢欢等学者认为，社区运营主体之间的利益平衡存在一定难度，应鼓励组建联盟，进一步深化多方合作。[1] 容志等学者指出，韧性的多样性是社区保持稳定与可靠的基础，而要实现这种稳定性，需要构建一种协同网络关系。这种协同网络关系应基于兼容性的合作目标、有序的协同行动、守望相助的合作氛围以及嵌合支撑的合作内容。[2]

社区服务面对的是多元化的居民需求，既包括基本的公共服务需求，也涵盖更广泛的社会服务需求。将多种混合服务进行集成和协同，可以形成一个更为全面、灵活的服务体系，更好地满足居民的多样化需求。服务集成为协同运营提供了坚实的基础和丰富的资源，将多种服务集成于党群服务中心，使多元主体在统一的服务平台上进行高效运作；协同运营借助各服务主体的协作配合，保障集成后的服务功能得以有效发挥。

通过功能集成和协同运营，社区可以充分利用不同服务之间的互补性，构建稳固、高效的服务体系。当服务集成能够有效地整合各类资源时，协同运营的基础便得以夯实，进而保障服务的持续性和稳定性；若缺乏有效的协同运营，服务集成也可能因各方缺乏沟通与合作而导致资源浪费、服务低效。在以居民个性化需求为导向的服务集成的模式下，与协同运营有机结合，将有效提升服务的针对性和满意度；在资源稀缺的社区中，强调协同运营的整合与优化，能够有效实现资源的公平分配与服务质量的均衡提升。因此，只有将服务集成与协同运营有机结合，才能实现社区党群服务中心的高效服务供给，满足居民的多样化需求，推动社区和谐发展。

---

① 汪欢欢、姚南：《未来社区：社区建设的未来图景》，《宏观经济管理》2020 年第 1 期。

② 容志、宫紫星：《理解韧性治理的一个整合性理论框架——基于制度、政策与组织维度的分析》，《探索》2023 年第 5 期。

三、东湖街道红湖社区的探索

作为一个"年轻社区"，红湖社区面临着资源整合难、服务供给碎片化、供需不匹配等挑战，对原有社区服务体系构成冲击，亟须创新服务流程、转变服务供给方式以提升其服务效能。社区60周岁及以上老年人915人，占比11.4%；3—12周岁儿童788人，占比9.8%。这一人口结构特点直接导致服务种类和服务数量的显著增加。

红湖社区采取服务集成与协同运营的策略，构建特定的社区服务供给机制，其优势在于服务供给的多元化、专业化和高效化。服务集成与协同运营在社区服务供给中相互依存、相互促进。服务集成为协同运营提供丰富的资源，反之，协同运营推动服务集成不断深化。两者共同推动社区服务体系的优化升级和治理能力的提升。通过集成，红湖社区打破了传统服务供给的局限，整合了各类资源，提供一站式服务，满足居民多样化需求；协同运营意味着社区、政府、企业和社会组织等多方力量的共同参与，并形成强大合力，共同推动社区服务的创新发展。

（一）党群服务中心的服务集成

服务集成作为社区党群服务中心的重要功能之一，彰显了综合服务供给的创新模式。约1800平方米的红湖社区党群服务中心于2021年12月投入使用，现已成为社区居民享受多样化服务的重要场所。除了党员活动中心、便民服务大厅、心理咨询室等功能性场所，社区还设立了图书室、婴幼儿成长驿站、居家养老服务照料中心等阵地，实现社区治理与服务的高效协同。不同服务场所间紧密配合，使社区居民可以在这个综合性平台上享受全方位服务。

1. 服务区域拓展与功能优化

社区在空间布局上采用"专项服务空间独立化＋多功能集成一体化"新模式，构筑全方位、高效率的"一站式"综合服务体系矩阵，涵盖"优质教育服务圈""宜居生活环境服务圈"和"畅享文化生活服务圈"三大核心服务范畴，致力于打造一个集教育、生活、文化于一体的理想家园（见表1）。

表 1 红湖社区党群服务中心场地分布

场地类型	具体类型	功能介绍
行政场地	党员活动中心	为党员提供学习交流、开展活动的场所，强化党员教育管理，提升党员党性修养
	党群活动室	用于党组织与群众开展各类互动活动，增进党群关系，促进基层治理
	便民服务大厅	集中为居民办理各类行政事务，提供一站式便捷服务
	"三务"公开栏	公开党务、村务、财务信息，增强工作透明度，接受群众监督
	小事儿便民服务中心	解决居民生活中的小事、琐事，提高居民生活便利性
	心理咨询室	为居民提供心理咨询服务，关注居民心理健康
文娱场地	红书签读书角	提供书籍阅读空间，营造良好的学习氛围，促进居民文化素养的提升
	电子阅览室	方便居民进行电子阅读和信息查询，拓宽知识获取的渠道
	舞蹈室	为居民提供舞蹈活动场地，丰富居民业余文化生活
	缤纷书画堂	供居民进行书画创作和交流，培养居民艺术兴趣
	儿童成长驿站	为儿童提供学习、游戏、成长的空间，促进儿童全面发展
	居家养老服务中心	为老年人提供日间照料、康复护理等养老服务，提升老年人生活质量

资料来源：根据调研整理而成。

在优化空间布局的过程中，社区深度剖析并精准把握居民需求的多元化与个性化特征，对阵地进行科学、合理的区域划分，设立独立的业务办理专区，确保居民能够高效、便捷地办理日常行政性事务；以"一地多用"的混合型功能设计理念为核心，开辟融休闲、娱乐、学习于一体的多功能文娱空间，场地使用效率实现飞跃式提升。在老年人活动专区及普惠性绿色通道等关键领域，运用独立性空间设计，彰显社区治理的现代化理念与成果。

2. 服务模式创新

社区党群服务中心在创新服务模式上，采取"内循环强化与外联动拓展"的双重战略架构，以党建工作为引领核心，深度挖掘并拓宽资源整合路径，实现从基础普惠性公共服务向深度专业化服务的跨越式升级。

在内循环机制上，社区着重关注并发挥"社区达人"的积极作用，通过实施"三百走访"和"七必访"等策略，在社区进行全覆盖式走访调研，深入挖掘居民中的骨干力量与潜在资源，构建一套内部自我驱动的服务生态系统。这一系列服务项目的推行有效激发了社区自我发展的内在活力，促使整个生态系统形成良性循环。在这一生态系统中，居民以服务受益者和服务提供者的双重身份，参与活动项目，为社区服务的内循环提供了内生动力和创新源泉。

在对外联动上，社区积极构建开放合作的区域化党建联建格局，与周边学校、医疗机构、市场监管等部门紧密联动，共享政策与资源，共同开发服务项目。通过引入具备专业能力与综合实力的社会组织，成功解锁多元化的就业培训与服务项目，为居民提供更丰富、专业的成长与发展机会。这种外联动模式增强了社区的外部影响力，以强大合力推动社区的可持续发展。

3. 特色服务项目

老人与儿童作为社区两大特殊群体，其需求特征显著。为精准对接这些需求，红湖社区党群服务中心在服务集成框架内，对"一老一小"的需求匹配给予高度重视，实现了条线资源与社区需求之间的高度精准对接。立足于社区党群服务中心资源整合的强大功能，社区服务被赋予更加贴近民生、服务民众的使命。特别是在婴幼儿服务领域，社区致力于打造一个全方位、高效率且充满人文关怀的内循环服务体系，满足婴幼儿健康成长的多维度需求。

随着老年群体对精神文化生活的需求日益增长，社区积极推进"老年学习共同体"的构建进程。通过前期的社区调研，全面掌握了老年群体的兴趣偏好与实际需求，其中，戏曲课与广场舞课因蕴含深厚的文化底蕴且拥有坚实的群众基础，在社区内赢得广泛认同。鉴于此，社区充分利用自身资源，依托居民骨干搭建"老年学堂"平台，成功组建舞蹈、太极拳、戏曲、旗袍秀等多个领域的老年文化团队。通过引入专业师资力量，有效提升了教学质量与艺术表现水平，推动社区文化团队向自主管理、自我发展的方向迈进，实现了从外部驱动到内部自转模式的转变。

在探索社区治理创新与服务优化的过程中，缝纫铺服务的转型成为社区内部能人挖掘与资源高效利用的典型个案。依托社区党建，将闲置的场地创造性地改造为缝纫铺，实现空间功能的重塑，构建"无偿＋低偿"并行的服务模式，精准地平衡服务提供者的经济收益与社区居民实际需求之间的微妙关系，开启社区服务运营从外部"输血"向内部"造血"转变的关键之门。在此过程中，社区精准识别并有效动员拥有缝纫技能的阿姨群体，实施定人定岗的灵活用工策略，根据业务量的动态变化灵活调整工作时间，保障阿姨们的稳定收入及服务的连续性和响应性。这种基于社区内部人力资源的深度挖掘与灵活配置，是社区内生动力被激活的重要体现。

（二）党群服务中心的协同运营

协同运营理念着重于多元主体间的资源共享、优势互补及深度合作。党群服务中心通过与社会组织、政府机构及私营部门的合作，有效整合社区内外资源，共同策划和实施服务项目，成功搭建了一个以共建单位联建服务为基石、部门条线下沉服务为引导、群众社团自我服务为活力源泉以及第三方机构专业社会服务为补充的多层次、立体化协同运营框架。

1. 联动共建单位，构建资源共享平台

红湖社区党群服务中心吸纳了14家共建单位作为联建合作伙伴，通过资源共享和项目共同推进的方式，与周边学校、医院、市场监管所等机构建立党建联建机制，构建政府与社会互动、资源共享的良性循环格局。红湖社区党群服务中心始终坚持以居民需求为核心导向，创新性地采取"社区提出需求清单，联建单位响应并分配任务"的运作模式，开展暑期课堂、智能手机应用、服装搭配技巧等多类型的培训课程。此外，社区还积极地与小区底商建立联系，将教育培训机构和烘焙店等纳入社区教育资源库，通过志愿积分兑换机制，为居民提供职业技能培训，丰富社区"专业课程资源库"的内容与层次。

2. 引入第三方机构，提供多元化社会服务

社会组织是党群服务中心协同运营的重要力量。社区通过有效整合内外部资源，从单一服务向多元共治转变。通过积极引入多家第三方机构，依托其专业优势，为社区提供包括教育、文化、养老、托幼等在内的多元化、高质量社会服务，有效弥补了社区自我服务能力的不足。

小红花托育园作为区域内的首家普惠型托育机构，是社区协同运营模式的一个典范。托育园由社区提供场地，并由一家具有优质背景的民办非企业主导运营，以普惠价格向社区居民提供高品质的托育服务，并创新性地推出临时托服务，有效解决了居民因临时事务而无法照看婴幼儿的难题。依托其前身为社会组织的深厚积累，以及在杭州市区多个托育点位的成功运营经验，小红花托育园在日常运营中充分发挥其专业优势，为婴幼儿提供全方位的照护服务，并承担课程研发、教师培训、家长沟通等关键环节的工作，确保托育园服务的高质量发展与可持续性，为社区协同运营注入新的活力与内涵。

3. 链接优质资源，打造社区服务平台

依托党群服务中心，社区链接、整合优质资源，精心构筑社区百姓健身房，创造性地将健身房一楼空间打造为水吧，出租给专业运营方，所得收益悉数充盈社区公益账户。通过这种"无偿服务＋有偿体验"的模式，居民既可凭借志愿积分兑换健身时长与服务，亦可选择以优惠价格自费购买，极大地拓宽了社区居民的健身路径。通过水吧出租的创新模式，有效促进社区公益资金的累积，为社区的持续发展奠定了坚实基础。

社区积极联结具备综合能力的社会组织，深度开展多元化的就业培训活动。依托社会组织的深厚实力，持续推进家政服务等专业技能培训工作，并安排相关职业资格认证考试。在此基础上，相关就业培训单位充分利用社区党群服务平台，助力学员在小区、联建单位及产业创新带等场所开展业务推介，旨在实现共同富裕。通过精准定位与广泛宣传，有效助力社区内的宝妈、应届毕业生、失业人员等群体实现就业与再就业，极大地提升了党群服务品牌的学术影响力与社会知名度。

4. 以志愿服务为牵引推动居民参与社区治理

志愿服务是党群服务中心协同运营的重要组成部分。红湖社区志愿者队伍主要来自社区商铺和社区居民。社区巧妙整合既有资源，倡议并引领理发店、教育培训机构、烘焙工坊、眼镜专卖店等沿街商铺参与组建"社区底商文化共富联盟"，丰富社区志愿服务的主体构成；通过实施志愿积分兑换机制与"卓越商铺"评选体系，有效激发商业主体的参与热情与社会责任感。

社区居民是党群服务中心的直接服务对象，也是协同运营的重要参与者。社区根据居民群体的年龄层次与具体需求的差异，精心策划并组建多样化的志愿服务队伍。"小小议事员"团队促进儿童参与社区治理，"金月亮舞蹈队"丰富老年人文体生活，"向日葵托育小组"专注婴幼儿成长关怀，"妈妈驿站"丰富宝妈群体就业机会等，这些队伍共同构成覆盖广泛、功能互补的志愿服务网络，构建起一个兼具深度、广度的多元化社区志愿服务体系，

显著提升社区党群服务中心的服务效能。

四、讨论与结论

将红湖社区党群服务中心的个案与其他社区服务案例进行对比分析，可以发现其在服务集成与协同运营方面具有独特性与普遍性。相较于部分仅聚焦于单一服务领域的党群服务中心，红湖社区的服务范围更广，其涵盖了从党建引领到民生服务的多个方面，在服务集成上展现出高度的全面性和系统性；某些社区可能侧重于政府与社会组织的合作，而红湖社区则更加注重构建包括政府、社会组织、居民志愿者在内的多元化协同网络，强调居民的主体性和参与性，形成了更为广泛的协同效应。各方力量在共同的目标和愿景下紧密合作、相互支持，推动社区经济发展、文化建设、环境保护和社会治理等多个方面的进步。

与既有研究进行对比，可以发现红湖社区在理论和实践上都有新的进展。在理论上，服务集成与协同运营理论作为现代管理和服务创新的重要理念，在社区服务中的适用性于红湖案例中再次得到证实；在实践创新方面，红湖案例展示了服务集成与协同运营的具体操作模式，也探索了如何通过机制创新等手段不断优化服务流程、提升服务效能。这些新进展不仅丰富了既有研究的理论体系，也为社区服务模式的创新性发展提供了新思路。

红湖社区党群服务中心作为服务集成与协同运营理论的实践样本，凸显社区治理中多元主体合作的重要性。通过与共建单位、社会组织、私营部门等多方合作，成功实现从单一服务向多元共治的转变，体现了协同治理理论中资源共享、优势互补的核心理念，也展示了如何在实践中具体操作和优化这一模式。

社区居家养老"医养结合"服务模式实现路径研究
——以西湖区"养老一张床"为例①

张　莉*

摘要： 推动社区居家养老服务医养结合，既是当前医养结合养老服务模式发展的突出短板，也是新时代养老服务体系的重要内容。西湖区"养老一张床"服务模式立足"四项创新"，依托"四化赋能"，打造"四个场景"，使"医康养"服务深度融合，为破解当前养老服务"医养结合"的发展困境提供可供参考的样板。推进社区居家养老"医养结合"需进一步优化服务方案、加强队伍建设、完善结算机制、弥合数字鸿沟。

关键词： 人口老龄化；社区居家养老；医养结合

人口老龄化是我国当前及今后较长一段时间的基本国情。随着我国人口老龄化程度的日益加剧，老年人的养老服务需求和健康服务需求与日俱增，

---

① 本文系浙江省社科基金课题"失能老人长期照护的责任分担研究"（22NDJC180YB）的阶段性成果。

* 张莉，社会学博士，中共杭州市委党校讲师，研究方向为社会政策、社会工作。

利用政策创新与模式创新，实现医疗和养老资源的有效整合，推动"医养结合"服务体系的建设，已经成为新形势下我国积极应对老龄化、满足老年人群美好晚年生活需求的重要举措。

一、养老服务"医养结合"的发展困境

"医养结合"是指以满足老年人多元化养老需求为目标，在提供养老服务的基础上兼顾医疗、健康咨询、健康检查、疾病诊治、护理、大病康复和临终关怀等一系列专业化服务的新型养老模式。"医养结合"本质上是一种医疗资源与养老资源有机结合的养老模式，该模式对养老服务和医疗服务的关系进行了全新的审视，实现了"医""护""养"三者的策略性协同，为患病老年人提供综合性的养老服务供给。因此，"医养结合"养老服务模式是实现养老资源有效供给的一种有益探索，对于满足老年人的健康养老需求，改善其生命质量具有积极作用。

我国自 2000 年进入人口老龄化阶段以来，老年人口规模大幅增长，老年人的照料和护理问题日渐突出。在家庭养老功能日渐式微的背景下，为了满足人民群众日益增长的养老服务需求，2011 年我国提出了加快建立以居家为基础、社区为依托、机构为支撑的社会养老服务体系。老龄事业和老龄产业在获得快速发展的同时，服务市场化不足、供需失衡等问题也日益明显。而且，随着我国老龄化程度加深，老年人在长期照护服务中对医疗卫生、健康服务的需求也愈加突出，养老服务与医疗卫生服务融合发展的呼声日益强烈。2013 年，《国务院关于加快发展养老服务业的若干意见》（国发〔2013〕35 号）首次提出"积极推进医疗卫生与养老服务相结合"，成为我国"医养结合"政策的原点。2015 年，国务院办公厅转发了国家卫生计生委等 8 部门联合发布的《关于推进医疗卫生与养老服务相结合的指导意见》，对"医

养结合"发展的原则、目标、重点任务、保障措施、组织实施等进行了明确要求，成为"医养结合"政策中一个重要的里程碑。2017 年，国务院办公厅下发的《"十三五"国家老龄事业发展和养老体系建设规划》，明确提出要构建"居家为基础、社区为依托、机构为补充、医养相结合的养老服务体系"，这是在我国养老服务体系的内容中首次明确提出"医养相结合"的具体要求。2019 年，国家卫生健康委就进一步推进"医养结合"工作，专门印发了《关于深入推进医养结合发展的若干意见》，提出了包括强化医疗卫生与养老服务衔接、推进医养结合机构"放管服"改革、加大政府支持力度减轻税费负担、优化保障政策等，进一步加大了对医养结合工作的政策支持力度。2021 年，中共中央、国务院印发《关于加强新时代老龄工作的意见》，提出构建居家社区机构相协调、医养康养相结合的养老服务体系和健康支撑体系。这些重要政策文件为"医养结合"养老服务的发展提供了制度保障和行动指南。

为了进一步鼓励和推动地方进行"医养结合"的模式创新与探索，国家于 2016 年开始在全国范围内开展国家级医养结合试点工作，并于 2020 年启动了老龄健康医养结合远程协同服务试点工作，大大推动了地方先行先试，积极探索、创新医养结合的政策与实践。从已有的实践探索来看，医养结合养老服务模式大致可分为三种类型。一是功能整合模式。包括两种方式：以养为主，拓展医疗功能、健全养老服务，医养结合的方式表现为在养老机构中内设医疗服务；以医为主，整合医疗资源向老年人提供专业、持续的医疗服务，通过医疗机构开设养老机构、医疗机构转型为老年康复院等方式实现医养结合。二是合作运营模式。以"合"为主，通过"医""养"资源有机整合、功能互补，建立老年人就诊绿色通道，实现双向照料，合作方式为养老机构与医疗机构共同签订协议，整合资源，提供互补性医养结合服务。三是网络辐射模式。多方合作，以区域为基础配置资源，互补优势，构建医养结合服务网络，扩大辐射范围，医养结合方式推动成立区域老年医养协作联盟，实现合理分工，整体联动。

医养结合相关政策颁布至今，地方试点通过多年探索已积累了丰富的实践经验，形成了一些特色模式，在很大程度上为医养结合的进一步发展提供了行动和技术支持。但在政策推行和具体实践中因机制设计不完善、服务功能整合错位等造成供给质量和效率低、结构适应性差、有效需求不足等问题。医养结合养老服务模式发展面临三大困境。

一是"重结构、轻功能"。医养结合养老服务模式的既有探索实现的是养老机构和医疗机构的结构性整合，但在功能上并没有形成深度融合，尚处于"表合里分"的状态。其中一个重要的原因在于政策协调融合性不足。医养结合事实上是一种医疗服务与养老服务资源的深度融合，包括服务内容、管理、标准、人才、服务输送等多方面、多层次的融合，这不仅涉及两个不同体系上服务资源的对接、融合，更涉及政策、标准、规范等方面的衔接与整合，它不仅需要理论、实践上的深层次融合，更需要政策、管理部门的有效沟通与对接。但从目前的实际来看，医养结合涉及医疗卫生、医疗服务、医疗保障等多块业务，涉及卫健、民政、医保等多个部门，在政策体系、管理理念、服务标准、人才培养、监管体系等方面存在着明显的部门分割与政策碎片，部门间联动机制的形成尚需时日，政策体系间的衔接融合还需要进一步加强。

二是"重养老、轻医疗"。应对老年人高龄化、长寿风险的挑战，健康防护应是最基础的养老服务需求，但现有的养老服务内容以老年人日常生活照料为主，如助餐、助洁、助浴等家政服务，难以满足老年人的护理、康复服务需求。医养结合服务中的医疗服务更多地集中在急病救治、疾病诊疗过程，而针对大多数老年人健康管理、疾病预防、术后康复、长期照护过程中的医疗与养老服务融合内容较少。而且，我国医疗资源整体不足，医疗机构任务繁重，医护人员超负荷工作，在医疗任务之外再加上养老服务，对医疗行业来说缺乏内生动力。因此，从服务内容来看，医养结合中"医""养"

服务严重失衡，"医"的服务缺位较为突出。

三是"重机构、轻社区"。根据我国养老服务"9046"体系，居家养老和社区养老是养老照护的主体，前者满足 90% 的养老照护需求、后者满足 6% 的养老照护需求，而机构养老仅服务于 4% 的老人。这意味着我国有 96% 的老人是选择居家或社区养老的。而已有的医养结合服务模式的实践大多集中于养老或者医疗机构中，社区居家医养结合养老服务发展滞后。医养结合"重机构而轻社区"的模式与现实养老需求无法契合。

综上，推动社区居家养老服务医养结合，既是当前医养结合养老服务模式发展的突出短板，也是新时代养老服务体系的重中之重。如何有效破解医养结合服务模式发展面临的困境，提升社区居家服务的专业化、精准化水平，打造"社区—机构—居家"一体的"医康养"融合型养老服务体系，是值得深入研究的理论和实践议题。

二、社区居家"医养结合"养老服务模式的实践创新

杭州自 2016 年被列为首批国家级医养结合试点单位后，着力探索养老服务医养结合模式。为有效化解老旧城区养老机构护理型床位不足、家庭缺乏专业服务支持等养老难题，2019 年，杭州开始探索建设家庭养老床位，打破传统养老服务的场域限制，将专业的养老机构床位"搬进"老年人家里。"养老一张床"是在"家庭养老床位"基础上的迭代升级，通过组建养老服务机构与社区卫生服务中心服务联合体，将家庭养老床位和失能老人家庭医生签约服务进行创新融合，并且通过数字赋能，打造"医康养"一体的社区居家养老服务场景，为建床老年人输送专业、精准、持续的上门"医康养"结合服务。2022 年，西湖区开展"养老一张床"服务模式试点，将原来两条平行的就医、养老服务路线合二为一，有效为老年人提供了便捷医疗服务和

个性化的生活照料服务，使老年人的居家健康有了更稳定、更有力的保障，受到广大老年人的欢迎和好评，老年人及其家属回访满意率达100%。

（一）"养老一张床"服务模式的主要做法

"养老一张床"服务模式针对居家养老服务的痛点，立足"四项创新"，依托"四化赋能"，打造"四个场景"，使"医康养"服务深度融合，以满足老年人多层次多样化服务的需求。

1. 立足"四个创新"，满足精准服务需求

一是服务对象创新。以往家庭养老床位的服务覆盖范围较小，重点接纳失能、半失能老年人，而忽视了具备行为能力老人的健康养老需求，造成部分老人的有效需求无法获得满足，影响"医养结合"服务可及性。"养老一张床"服务模式将年满60周岁且能力评估达到中、重度失能以及80周岁及以上的老年人均纳入建床对象，服务对象更加广泛，体现了普惠性的原则，让更多有需求的老年人能够获得便捷优质的服务。

二是服务机构创新。以往居家养老服务主要是提供简单的生活照料类服务，服务的专业性不强，尤其是针对失能失智等特殊老人的专业照护服务水平明显不够，服务不够精准，与老人养老服务需求有一定差距。"养老一张床"服务模式将医养结合、专业服务的理念贯穿到家庭养老床位建设全过程，要求建立家庭养老床位的机构必须是开展养老服务的医养结合机构，与周边医疗机构签约合作的养老机构、示范型居家养老服务中心，通过明确服务机构的准入门槛，确保为老服务的专业性水平。

三是服务标准创新。改变以往居家养老服务层次低、服务内容单一、医养结合服务"养"多"医"少等问题，"养老一张床"服务模式拓展了服务内容，实行家庭适老化改造、智能设备安装、辅助器具配置和上门服务"四位一体"模式，并且参照养老机构的服务标准，实行24小时动态管理和远

程监护，明确规定每月累计上门服务时长不少于 30 小时，每 2 周医护人员至少上门服务 1 次，确保服务的标准化和规范化。

四是支付方式创新。"养老一张床"服务模式实行老年人付费和政府适当补助相结合的支付方式，政府依据服务合同并按照实际支付费用的 50% 给予护理补贴，为真正有需要的老年人建立家庭养老床位。同时，西湖区还积极引入公益基金，扩大服务资金来源。例如，中央专项彩票公益金支持居家和社区基本养老服务提升行动项目下拨给杭州西湖区 491 万元，用于家庭养老床位建设和居家养老上门服务支出，为困难老年人提供更多的资金补助。

2. 依托"四化赋能"，提升专业服务能力

一是床位申请"亲民化"。实施政策找人，依托"互联网＋养老"平台，主动筛选出目标老年群体。秉持在"家庭养老照护床位"中植入"家庭病床"服务和在"家庭病床"中引入"家庭养老照护床位"服务的理念，双向寻找目标老年人群体，精准适配有"养老一张床"建床需求的老年人。实行便捷服务，开辟"线上""线下"申请渠道，"线上"可通过手机一键申请，"线下"可直接到社区办理，方便老年人在家门口就能完成建床申请。实现后台结算，无须老年人收集凭证，免除"跑去报销"的麻烦。

二是床位使用"人性化"。优化环境设施，对老年人家庭进行必要的环境设施适老化改造，安装离床感应、体征监测、紧急呼叫等基本智能设备，使其更加符合老年人起居行动需求。提升智能照护能级，搭建物联网平台，便于实时掌握老年人居家的动态情况、开展各类照护服务。如遇紧急情况，启动应急响应，更快地解决突发问题。重构亲情互动模式，老年人亲属可以通过智能手机进入应用场景，通过物联网感知设备实时监测老年人身体健康数据、视频连线老年人在家情况，也能足不出户享受便捷的上门医疗服务，群众获得感大幅提升，服务更具温度。

三是床位补助"温度化"。针对老年人支付能力有限的困境，"养老一张床"服务模式加大床位补贴力度，给予每张床位 3000 元的一次性建设补助和每人每月最高不超过 600 元的护理补助,有效降低了老年人生活照料成本,减轻家庭经济负担。同时,推行养老补助互通,老年人可以直接用养老服务电子津贴"重阳分"余额抵扣建床后上门服务的费用,减少老年人的实际支付金额。

四是床位管理"智慧化"。建立了多种算法模型,运用数字化、智能化的技术手段,强化老年人居家风险防范能力。推出健康日报等增值服务,推行动态监管,避免了上门服务"遗漏服务"和"突击上门"。同时配合老年人及其家属手机端发布的星级评价和服务评价,能够在第一时间掌握到服务的质量成效。

3. 打造"四个场景",擦亮"幸福颐养"底色

一是迭代升级服务场景。打造"建床一件事"服务场景,以"建床无缝对接、'医养'服务融合、床位有序转换"为目标,进一步健全并完善"家庭床位"信息数据共享互通。按照"人床匹配"要求,家庭养老床位服务机构通过标准化接口,将建床和服务数据归集到市级平台,加强流程闭环管理,确保服务记录完整、真实、连续。

二是简化建床申请场景。全市老年人或家属可统一在"浙里办"服务端"杭向颐养—建家床"应用模块进行申请,市级管理平台依托一体化智能化数据平台,自动匹配老年人身份信息、老年人能力评估结果、家庭床位可享政策等信息后,形成"建床指导清单"。

三是强化医养融合场景。在"一键养老"应用场景中开设"养老一张床"模块,内设"家庭养老照护床位"和"个性化签约服务"两个板块,促进家庭养老床位服务人员与老年人家庭签约医生间的信息互通共享。"个性化签约服务"板块设立老年人签约巡诊记录,模块内标注上门服务的签约服务项目,由签约医生上门服务时勾选服务内容,按月汇总数据。

四是探索床位转介场景。深化床位互转,建立家庭养老床位和家庭病床、养老机构床位的互转渠道,老人能力评估结果实行互认,推动老年人档

案在医、康、养、护服务中的连续记录，实现"床随人走"，服务无感无缝衔接。如符合家庭病床建床条件的，可通过市级平台发起转介申请，打通医养数据传输渠道，将老人信息和服务档案等相关数据共享至卫健部门；需要转至养老机构入住的，将老人信息和服务档案等转至意向入驻机构。

（二）"养老一张床"服务模式的实践效果

"养老一张床"服务模式的关键在于实现家庭养老床位和家庭病床的深度融合，提升医康养结合服务的能力和水平。具体而言，西湖区"养老一张床"服务模式实现了四个方面的深度融合。

一是申请融合，老年人在申请家庭病床和家庭养老床位的时候只需要提交一次申请，经过评估后确定申请老人是否符合家庭病床或者养老床位申请条件。老年人和其家属可通过手机一键申请，也可委托社区工作人员代办。在"一键养老"应用场景"问医生"模块设置了"我要建床"功能，老年人只要有建床意愿，不分家床、病床，均可一次性完成申请，改变以往老年人通过不同渠道分别申请的状况。

二是评估融合，由社区卫生服务中心医生统一对老年人进行能力评估，民政的"家床"评估量表与卫健的"病床"评估量表合二为一，避免了老年人两头评估。同时充分运用全省老年人自理能力评估结果，接通"浙里康养"数据库，在有效期内，老年人不需要重新进行评估，由社区卫生服务中心医生给予确认即可。评估的时候将家庭病床的表单和养老床位的表单进行融合，对老年人身体状况进行评估，评估结果互认。

三是数据融合。家庭病床和养老床位的数据进行融合。区民政部门与卫健部门加强数据对接，努力实现家庭养老床位、家庭病床数据共享，便于为老年人建立健康档案，增强慢病管理的效果。同时双方对老年人上门服务情况在一个平台进行记录，实现服务数据互通，根据老年人的身体状况动态调整服务计划，大大提高了服务的精准度。

四是服务融合。将家庭病床的医疗服务和养老床位的照护服务进行结合。全区经公开招标确定的五家专业服务商（本身也有医疗服务资源）与各社区卫生服务中心组建服务联合体。根据老年人及其家属需求，制订个性化服务计划，精准动态匹配服务。由服务机构负责老年人的生活照料、基本护理和平台看护服务，由社区卫生服务中心负责医疗卫生服务。按照老年人的不同状况，推出三类服务套餐。

（三）"养老一张床"服务模式的经验启示

居家养老在养老服务体系中起着基础地位的作用，无疑是养老服务工作的重中之重。当前，社区居家养老服务"医养结合"尚处于探索阶段，西湖区"养老一张床"服务模式为推进"医养结合"发展提供了一个实践样本，具有一定的示范价值。

1. 优化顶层设计，夯实医养结合服务基础

我国医养结合管理存在"多龙治水"的现象，部门权责界定不明晰，职能交叉，条块分割严重，出现问题易出现利益纷争和推诿扯皮，难以实现政策协同、发挥政策合力。因此，推进社区居家医养结合养老服务首先要优化顶层设计，构建整体解决方案，以避免出现服务机制衔接不畅的问题。结合"养老一张床"服务模式的实践经验，可以从三个方面夯实医养结合服务基础：一是制度基础。西湖区由民政和卫健两部门牵头，征求各镇街、服务机构、社区卫生服务中心意见，制定出台《关于建立"养老一张床"服务机制的实施方案（试行）》，明确服务对象、服务流程、服务费用、服务监管等具体内容，部署实施方案的阶段性任务，为"养老一张床"服务模式的实施提供了制度支撑。同时，制定一系列配套规范制度，包括"养老一张床"服务清单、服务协议、家庭养老照护床位和家庭病床各项管理制度及操作规范

等，提升"养老一张床"服务的标准化、规范化水平。二是组织基础。民政和卫健部门分别派出业务骨干组建专班小组，每周召开例会，及时研究、解决出现的各类问题，为"养老一张床"服务模式的实施提供组织保障。三是技术基础。信息技术公司按照业务标准、流程，在原康养服务一体化平台的基础上完善技术方案，搭建好技术框架，开发应用场景。

2. 加强多元协作，提升医养结合服务水平

推进社区居家医养融合养老服务关键在于充分整合社区资源，实现多元服务主体协作融合。西湖区"养老一张床"服务模式从三个层面加强服务主体之间的合作：一是加强政府部门之间的联动。发挥区民政牵头作用，明确民政和卫健部门职责分工，共同推进"两床"融合工作。民政和卫健两大主要职能部门加强沟通，充分梳理业务与流程，打通"两床融合"的瓶颈，破解医疗服务入户难题，在优化为老服务机制上达成共识，制订整体实施方案，并且以工作专班的形式，保证服务实施过程中的充分合作。二是加强服务主体之间的联动。在"养老一张床"服务模式中，由养老服务机构、社区卫生服务中心和信息技术公司组成服务联合体，共同为老年人提供居家服务。这三大服务主体通过服务融合、数据共享、平台共用等形式建立紧密的互动合作关系，实现养老服务"医康养"深度融合。例如，养老服务机构在居家护理过程中发现老人身体出现异常，可直接联系签约医生上门服务；家庭医生在服务中发现的问题也能及时反馈给养老服务人员。通过建立起双方对老人服务情况信息的互通机制，可以根据老人的身体状况动态调整服务计划，从而提高服务的适配度和专业性。三是加强居家服务与社区的联动。"养老一张床"服务模式将社区纳入服务联动机制中，当智慧平台显示老年人出现异常状况时，服务中心会第一时间联系社区，由社区工作者上门确认保障老年人的安全。此外，"养老一张床"服务模式还积极撬动、整合社区资源，拓展为老服务队伍。例如，西溪街道成立了以党员先锋为主力的"吾心护老"医疗服务团队，推动先锋党员、志愿者、社会组织等力量共同参与为老服务。

3. 强化数字赋能，打造医养结合服务场景

在构建"居家为基础、社区为依托、机构为补充、医养相结合"的养老服务体系的实践中，理想的模式就是将四者融合起来，相互补充，扬长避短。通过数字赋能，利用智能化信息设备、大数据平台，可以将居家养老、社区养老、机构养老、医养康养有机结合起来，使"家院一体"整合式连续性照护服务成为现实。一是建立大数据平台。数据是基础，采集和存储老年人基本情况、身体健康和服务需求等方面的信息，构建完善的居家养老服务信息数据库。依托"互联网＋养老"系统，横向与卫健、医保、公安、人社等多部门实现数据交互，纵向对接省、区县、镇街三级信息系统，动态掌握老人年龄、户籍、健康状况等基础信息，实现功能整合、数据交换、信息共享，完善供需信息整合共享机制，为政府养老服务提供大数据基础。二是搭建社区居家医养结合信息共享平台。可以将社区卫生服务中心和社区养老服务中心（如社区日间照料中心、养老驿站、社区嵌入型养老机构）作为服务主体和管理中枢，同时整合社区内的老年服务资源、公共信息服务平台（如紧急救援和呼叫服务）等，构建全方位的为老服务网络，以实现社区健康服务及照料资源的深度融合。三是加强数字化健康管理。依托科技手段，汇集居家智能化服务设备、智慧养老信息平台、"医、康、养"服务等多项数据，建立动态更新的老年人健康档案，实现"社区—养老机构—医疗机构"之间的信息共享。

三、完善社区居家"医养结合"养老服务的对策建议

"养老一张床"服务模式打通了居家社区机构之间的屏障，实现"医康养"有效融合，有效建立从家庭到社区到机构的全方位、全周期服务，增强老年人的获得感和幸福感。"养老一张床"模式虽已形成较为完善的服务机

制，但仍存在医养服务融合不充分、多方参与有待激发、数字鸿沟有待弥合等问题和挑战，需要进一步完善并优化服务场景。

（一）优化医养结合养老服务方案

"养老一张床"服务模式在服务内容供给方面采取"套餐＋定制"的选择模式，根据老年人的需求设计三种服务套餐，同时设置"个性化签约服务"板块，尽量为老年人提供多样化、专业化的照护服务，但现阶段依然存在有待提升的地方。一方面，服务方案的灵活性不足，服务套餐相对固定，不能根据老人的需求及时调整服务方案；另一方面，服务内容的专业化有待拓展，目前的服务内容以居家日常照料和康复护理为主，对老年人心理疏导、个案工作等服务相对比较薄弱。对此，建议进一步优化服务方案，以满足老年人居家养老服务需求为导向，设计系统化、专业化、多层次的家庭养老床位服务套餐，推动养老服务资源和医疗健康服务资源有序共享。同时，引入心理咨询、社会工作、临终关怀等专业服务，全面提高老年人的生活质量，增进老年人福祉。

（二）加强医养结合服务队伍建设

社区居家养老医养结合模式的实施，有赖于专业岗位的全科医生和专业的护理人员。当前我国养老服务队伍的基本现状是护理人员不足，其整体素质较低，人员流动性强，专业化的人才队伍短缺已经成为制约养老服务高质量发展的关键因素。"养老一张床"服务模式能够获得良好成效，其重要基础就是由专业养老服务机构、社区卫生服务中心、信息技术公司共同组建了一支专业化的服务团队。但是，从长远发展来看，现有的服务队伍将难以支撑规模还在持续增大的服务对象群体。因此，亟待加强社区居家"医养结合"

养老服务队伍建设。建议加强对养老服务人员的技能培训，包括医学知识、护理技能、沟通技巧等专业技能，提升养老服务的专业化水平。同时，提升社区卫生服务中心的服务能级，加大家庭签约医生参与医养结合养老服务的力度。

（三）完善医养结合服务结算机制

目前，老年人支付医养结合服务中的资金来源主要包括自费、医保报销和政府津贴。其中医保支付的部分依然主要集中在疾病诊疗阶段，而康复护理、术后护理的筹资与支付模式依然很不完善。从"养老一张床"服务模式的实践情况来看，医养结合养老服务在支付结算方面还未完全打通，医保经费和养老经费两条线之间依然处于平行状态。例如：医护团队在提供上门医疗服务的过程中，如果是在家庭病床的建床期间，则可以刷医保卡支付；若不在家庭病床的建床期间，产生的医疗费用则需归到居家服务套餐内，再由养老服务机构转账支付给社区卫生服务中心。因此，要进一步完善结算机制，建议适当放宽居家养老服务中医保支付的限制，支持社区卫生服务中心或者养老机构上门提供医疗服务费用由医保结算。同时，加快建立长期护理保险制度，降低老年人购买照护服务的支付成本以及医养结合养老服务经费对政府财政的依赖。

（四）弥合医养结合服务数字鸿沟

在"互联网＋"的时代背景下，利用智能化养老服务设施开展线上为老服务，运用大数据、云计算等信息化手段搭建医养结合养老服务信息共享平台和老年人健康管理数据库，为医养结合服务运行提供信息和技术支撑。但是，从实施情况来看，社区居家医养结合养老服务中的数字鸿沟问题较为普遍。一方面，部分智能养老服务产品的适老化、人性化设计不够，老年人对这些产品的使用不方便或者存在一定难度；另一方面，老年人因受传统观念的影响，对智能设备存在一定的排斥，导致智慧养老产品的使用效率较低，服务效果大打折扣。例如，由于老年人对智能监控设备的排斥，加大了智慧平台巡诊和监测的难度，影响智慧养老服务的正常运行。对此，建议加大对智慧养老产品的宣传和普及力度，提升老年人对智能设备的接纳度和使用能力。同时，探索在社区建立智能化的家庭养老服务中心，提供家庭养老床位体验服务，及时收集社会反馈和建议，为服务供应商和设备制造商指明服务改进和设备升级的方向，为进一步优化服务内容提供交互支持。

数字赋能基层全周期居民健康管理体系
——以萧山区小病慢病不出村（社）基层医疗服务场景为例

何凯锋　鲁建锋[*]

摘要："小病慢病不出村（社）"基层医疗服务体系是国家对基层医疗卫生服务体系的重视和改革需求，旨在提升基层医疗服务能力，解决群众看病难、看病贵的问题，特别是针对小病和慢性病的预防、诊断与治疗。党的二十届三中全会提出要"实施健康优先发展战略"，构造"优质医疗资源扩容下沉和区域均衡布局，加快建设分级诊疗体系，推进紧密型医联体建设，强化基层医疗卫生服务"。近年来，作为"建设共同富裕现代化基本单元领域"试点的萧山区，以基层公共卫生领域为重点，全量归集县域层面健康医疗数据，打造"小病慢病不出村（社）"数字化场景，实现健康医疗大数据的创新应用，形成了"防未病、治小病、管慢病、转大病"的基层全周期健康管理体系，为人民健康提供可靠保障。该文以萧山区"小病慢病不出村（社）"数字化场景实践，构建基层全周期

---

[*] 何凯锋，杭州市萧山区戴村镇人民政府副镇长候选人。鲁建锋，杭州市萧山区卫生健康局科教信息科副科长，杭州市萧山区第一人民医院党委委员、副院长。

居民健康管理体系为例，通过总结实践做法、分析实践意义，并对未来如何进一步做好基层医疗服务体系提出针对性的建议。

关键词： 健康医疗；公共卫生；为民办实事；小病慢病

党的二十届三中全会提出"实施健康优先发展战略，健全公共卫生体系，促进社会共治、医防协同、医防融合，强化监测预警、风险评估、流行病学调查、检验检测、应急处置、医疗救治等能力"，强调要"优质医疗资源扩容下沉和区域均衡布局，加快建设分级诊疗体系，推进紧密型医联体建设，强化基层医疗卫生服务"。浙江省在推进共同富裕的过程中，始终将健康优先作为重要战略，致力于提升居民健康水平，实现全民健康覆盖。萧山区作为"建设共同富裕现代化基本单元领域"的试点，入选浙江省首批高质量发展建设共同富裕示范区，持续以基层为重点，将健康融入所有政策，人民共建共享。

为进一步提升基层医疗服务水平，以预防为主、防治结合的方式解决群众看病难、看病贵的问题，萧山区通过全量归集县域层面健康医疗数据，以"小病慢病不出村（社）"数字化场景实现健康医疗大数据的创新应用，形成了"防未病、治小病、管慢病、转大病"的基层全周期健康管理体系，为人民健康提供了可靠保障。

一、政策与需求背景

（一）政策背景

"小病慢病不出村（社）"基层医疗服务体系政策背景主要源于国家对基层医疗卫生服务体系的重视和改革需求，旨在提升基层医疗服务能力，解决群众看病难、看病贵的问题，特别是针对小病和慢性病的预防、诊断与治疗。

《健康中国"2030"规划纲要》指出"需强化覆盖全民的公共卫生服务，实施慢性病综合防控战略，加强国家慢性病综合防控示范区建设，强化慢性病筛查和早期发现，开展重点癌症早诊早治工作"，对慢性病的筛查和早期发现治疗提出了整体要求。《"十四五"国民健康规划》指出"聚焦重大疾病、主要健康危险因素和重点人群健康，强化防治结合和医防融合；坚持以基层为重点，推动资源下沉，密切上下协作，提高基层防病治病和健康管理能力"，进一步强调基层单位要通过上下联动的方式加强防病治病和健康管理能力，为该数字化场景提出了具体意见。再者，《浙江高质量发展建设共同富裕示范区实施方案（2021—2025年）》要求"全省域推行'健康大脑＋智慧医疗'，迭代升级'互联网＋医疗健康'新服务，率先推进健康多跨场景应用，使人人享有便捷化、智能化、有温度的卫生健康服务"，这不仅是对省内智慧医疗场景的搭建提出了细化要求，更是为全省建设共同富裕示范区、打造为民长效办实事的高效医疗服务场景指明了正确的方向。此外，《杭州市公共卫生事业发展"十四五"规划》同样指出要完善医防协同体系，提升传染病医疗救治能力，健全重大疫情救治体系，提升对突发公共卫生事件的敏感性和应对能力，提升对慢性非传染性疾病的防控能力，将风险隐患消灭在萌芽状态或降至最低。

从这里可以看到，各级政策文件均对全民公共卫生服务建设、慢性病综合防控战略实施提出了细化要求。进而为群众提供以"防治结合"为主要服务内容，通过"互联网＋"数字赋能医疗健康新服务体系，从而打造大健康场景应用，增强群众医疗健康领域的获得感与幸福感。

（二）需求背景

"小病慢病不出村（社）"基层医疗服务体系的构造是基层健康管理服务的核心场景，是提升基层医疗服务水平、深化分级诊疗、增强群众就医获得感的重要举措。经过调研分析发现，该应用场景需满足三大核心需求，以提升基层医疗的能力及水准。

张臣福等研究者指出我国分级诊疗制度是目前医药卫生体系改革重点，特别是农村地区急需通过"网络医院"打造分级诊疗制度。[1] 卢祖洵等研究者提出需要通过社区首诊制进一步打造层次分明、分工合理的卫生服务体。[2] 针对城市老年人分级诊疗服务的研究指出，需要采用互联网技术将分级诊疗与养老服务有机融合，构建基于医疗网络平台的医养护一体化分级诊疗模式。[3] 来自基层慢性病健康管理的研究指出，目前基层医疗卫生服务机构慢性病管理存在人才不足、全科医生较少、知识更新不及时等问题[4]，需要逐步落实基层患者医防融合，提升慢性病患者的自我管理能力，完善基层慢性病医疗卫生服务模式。来自医疗资源下沉探索的研究指出，目前医疗卫生资源形成了从大、中型城市到乡、镇、村等基层的"倒三角形"结构，其原因主要为基层医疗卫生机构普遍存在综合业务能力薄弱、医疗质量控制欠佳[5]，亟须通过推动医疗卫生工作重心下移、建设医疗联合体、促进医联体

[1] 张臣福、魏东海、田军章等：《基于网络医院建立农村分级诊疗制度的探析》，《中国卫生事业管理》2017 年第 7 期。
[2] 卢祖洵、李文祯、殷晓旭：《社区首诊制可行性研究必要性的探讨》，《中国全科医学》2017 年第 1 期。
[3] 魏东海、曹晓雯、周其如等：《医养护一体化分级诊疗模式的实践与探索——基于医疗网络平台》，《卫生经济研究》2018 年第 3 期。
[4] 周爱民：《基层慢性病患者健康管理模式的探索与实践》，《浙江临床医学》2022 年第 9 期。
[5] 马海波：《优质医疗卫生资源下沉的实践述评及思考》，《中国社会医学杂志》2022 年第 6 期。

内部优质医疗资源上下贯通等方式打造基层优质医疗健康体系。

从相关理论研究和实际需求出发，当前基层医疗服务体系仍存在难点堵点，亟须通过医疗健康场景体系创新，重点攻克"小病和慢性病的预防、诊断与治疗"这一重要领域，提升基层医疗体系综合能力。从需求层面展开，"小病慢病不出村（社）"基层医疗服务体系一是可以满足分级诊疗优化的需求。目前基层医疗机构的诊疗能力与服务水平不足，无法将常见病、多发病的患者留在基层受诊，亟须完善分级诊疗和转诊机制，使患者能够根据病情得到合理的分流，从而满足分级诊疗优化的需求。二是可以满足疾病"早预防"的需求。在新冠疫情期间，医疗机构"重治轻防"的老问题暴露出诸多弊端，亟须弥合医防裂痕，从而实现对患者疾病的"早发现、早诊断、早治疗"。三是可以满足医疗资源下沉的需求。目前医疗资源存在总量不足、分配不均、配置错位等问题，亟须推动医疗资源下沉扩容和区域均衡分布，打通优质医疗健康服务的"最后一公里"。

二、萧山区公共卫生基本情况及难点堵点与场景建设需求

（一）区内公共卫生基本情况

为满足人民日益增长的健康需要和公共卫生事业发展需要，萧山区统筹建设区域公共卫生服务体系，完善医疗健康服务。截至2022年底，萧山区拥有各类医疗卫生机构776个，其中7家区级医院、24家社区卫生服务中心、269个村服务站。拥有床位10828张，其中医院床位10658张。有各类专业卫生技术人员16007人，其中执业（助理）医师5880人，注册护士7087人。

2022年，新增社区卫生服务站21个，其中智慧健康站5个。完成城乡

居民免费健康体检 23 万人，完成重点人群免费接种流感疫苗 8.9 万剂。新增婴幼儿托位 1903 个，婴幼儿成长驿站 38 家。

2023 年，萧山区将积极落实民生实事项目，包括新改扩建社区卫生服务站 8 个、开展居家康复护理 3000 例、新增公共场所 AED100 台等；大力发展普惠托育服务，扩大"托幼一体化"，力争到年底，每千人口拥有托位数达到 4 个；针对老年人的需求，提升老龄健康服务水平。

（二）区内现存难点堵点

1. 区内健康数据归集现状

近年来，萧山区卫健局不断提高卫生健康数字化和互联互通水平，开展建设区域全民健康信息平台、区域影像信息系统、区域电子病历系统。但限于各医院、各信息系统、各厂商标准不一，存在多种品牌商的 HIS、LIS、PACS、EMR、RIS 等信息系统，数据层面的互联互通多以接口的方式实现，如接口地址失效、变更，将对前端使用造成影响，相互独立的信息系统还存在数据孤岛及业务难以协同的难点。因此，需要建立统一的健康数据共享互通中心，实现所有医疗机构的数据统一在线服务，完成全区范围内的医疗健康数据资源的统一存储、统一调阅、实时共享。

同时，初期区域信息化建设已实现互联互通及数据的归集和部分业务协同应用工作，但对厘清全区卫生健康数据一本账还存有不足，全区的整体健康数据资产清单不够清晰，需要利用数字化技术综合治理现有数据，形成全区卫生健康数据一本账，实时数据清单和接口清单，以及从不同的维度（人、病、费用、药械、考核等）进行数据分析，支撑各类应用场景。

2. 区内医防融合体系建设现状

区内医防融合体系仍然存在三大堵点：一是医防融合度有待加强，由于管理体制机制以及医疗与公卫数据融合度低等原因，公卫与医疗高效协同方面仍存在众多问题，多跨协同难开展。医防融合度不够，还无法适应有效保护人群整体的健康并进行全生命周期健康管理的需求。二是专病筛防存在短板。疾病风险筛查是我国公共卫生工作的一块短板，大多数居民的自我健康管理意识还不够强，常出现"不查不知道、一查中晚期"的现象。当前区域疾病普筛覆盖面小，特别是慢性肾脏病、胃病、骨质疏松等常见病、多发病的普筛工作亟待开展。三是慢性管理难度较大。"两慢"人群基数大，慢病管理服务机制不够完善，萧山区在档管理的"两慢"病患者有近 22 万人，其中高血压患者就高达 17.1 万人，糖尿病患者 4.6 万多人，且仍处于上升趋势。老年人、"两慢"人群数量庞大、医疗需求多，就医过程中配药难、入院办理繁、复查检验难等诸多问题导致群众就医满足感低，因此亟须完善"两慢"管理服务机制，形成慢病服务全周期管理，增强基层群众就医获得感。

（三）"小病慢病不出村（社）"分析

为实现疾病预防关口前移，进一步完善医防融合体系，应利用健康大脑数据底座，建设"小病慢病不出村"五大应用场景，形成"防未病、治小病、管慢病、转大病"的"基层服务网"。同时，联动村社服务站、社区卫生服务中心、区级医院、医共体牵头医院，以胃病、慢阻肺、肺结节、冠心病等八大专病为切入口，打造"筛防管治康"全周期管理模式的专病管理中心，形成"大病不出省"的"专病管理网络"。

建设"小病慢病不出村"体系形成"基层服务网"，满足基层群众在家门口看病就医和健康管理的需求。面向全区 559 个村社的 33.7 万老年人推出"日常监测、常规检验、慢病配药、住院办理、康复护理"5 个场景，打造"小病慢病不出村"管理服务数字应用体系，为"两慢"人群提供更加精准、科学、便捷的健康管理和诊疗服务，增强群众对慢病管理改革的获得感和满意度，解决群众切实的医疗需求。一是慢病配药不出村。健康大脑慢病配药模型分析出目标配药需求人群，"大脑"进行批量精准的处方开具，药品提前配送到村站，实现慢病配药在村站。二是入院办理不出村。整合区域床位资源，家医统一申请，入院准备在云中心统一受理，实现入院手续家门口办。三是监测服务不出村。设立自助监测点并发放个人智能穿戴设备，动态实时监管居民健康状态，当异常状态出现时家医及时干预。四是常规检验不出村。大数据筛查目标人群，精准推送检查检验提醒，患者在村站即可完成常规检验。五是康复护理不出村，建立"家全专"三级联动机制，为患者提供连续、可及的康复护理服务，实现康复护理在基层。

以"专病管理网络"实现"一般病在区县"。为补齐区域专病筛防短板，如群众看病就医难题、医共体内医防协同不足等问题，建立区域专病管理中心。从影响人民健康的常见疾病和主要问题着手，以医疗"数据要素"为抓手，明确村社服务站、社区卫生服务中心、区级医院、医共体牵头医院四层机构在筛防、治疗稳定期、复发转移这三个阶段的各自职能，强化区级医院与医共体牵头医院在确诊治疗和上下转诊中的统筹协同作用。针对"慢阻肺、冠心病、骨质疏松症、脊柱侧凸、慢性肾病、胃病、肺结节、痤疮"等病症建立完善的医学诊疗和管理路径，打造"筛防管治康"全周期管理模式。通过大数据筛查分析病因、风险人群智能判断引导需求、区域诊疗资源共享协同防治，在解决大病重症"不查不知道，一查中晚期"的同时，提升本地医疗机构防病治病和健康管理能力。做到一般病在基层，常见病、多发病在区县，从源头上预防和控制重大疾病，为人民健康提供可靠保障。

三、主要做法与推行成效

（一）"小病慢病不出村（社）"的主要做法

"小病慢病不出村（社）"以健康大数据贯通为核心，以"两慢病"全周期管理为切入点，重点打造以慢病配药、康复护理、入院办理等 5 个应用场景为主的一站式基层服务体系。

1. 依托"健康大脑"底座，归集全域健康数据

运用该场景贯通全区 7 家区级医院、24 家社区卫生服务中心、269 个村（社）服务站所涉及的 236 套信息系统，归集全区就诊、检验检查、居民体检等医疗数据，实现医疗大数据在"筛、防、管、治、康"中的全程赋能。2023 年 11 月共归集健康数据 521TB，构建了 19 项数据主题库，形成全区 165 万建档居民的全生命周期健康数据和"健康画像"、全区 15637 名医卫人员的能力数据，以及全域 28335 种疾病的图谱数据。同时，可根据医疗数据生成 11 项精准预测模型和决策分析算法模型，对高糖、高脂等"两慢病"的前兆风险进行预警，归结某一地区普遍性的症状及规律，从而实现疾病的早发现、早治疗。

2. 深化五大惠民场景，健全基层健康服务体系

一是"慢病配药不出村"。根据慢病规律用药人群的用药目录和用药数量，预测未来 2—3 周慢病用药的个性化需求，将药品提前精准配送至村站，方便规律服药人群配药。2023 年 11 月全区共有药品目录 1893 种，新增慢病药品 1124 种，新增配药人数 1.7 万人。二是"常规检验不出村"。将 100 多种常规检验检测服务下沉至村站，实现 24 家社区卫生服务中心与上级医院的检查检验结果智能共享互认，并通过"健康大脑"动态感知，筛选出指标不稳定人群、定期复检人群及其他风险患者，生成标准化检验项目清单，将常规检验指标结果回传至医生和居民（家属）。自该场景正式上线至 2023 年 11 月，已累计服务 98.5 万人次。三是"入院办理不出村"。借助"健康大脑"将全区 4791 张床位资源开放给基层医疗机构，居民在村社即可一站式办理全区医疗机构的入院预约、登记等手续，实现"住院指标远程查，住院手续服务站办"，截至 2024 年 4 月已有 6994 人次通过该方式办理入院。四是"监测服务不出村"。在各村（社）服务站医疗点、活动中心、养老服务中心等设立血压、血糖自助监测点，实现智能自助监测设备 100% 覆盖。向居民发放智能个人穿戴设备 1133 套，并进行周期性的血压、血糖测量，数据自动上传，居民可定期收到健康评估报告和健康自我管理建议。五是"康复护理不出村"。"健康大脑"后台系统自动初筛失能/半失能、低保低边、残疾等特殊人群，经专业 ADL（日常生活活动能力）评估精筛后，居民可按需求享受预约上门护理、居家康复指导或申请入驻数字家庭病床服务。该场景自运行以来，截至 2024 年 11 月，已累计服务 9543 人次。

3. 构建全病程管理网络，实现疾病治疗上下联动

根据"健康大脑"形成的区域疾病地图，自动生成发病率高、诊疗负担高的重点疾病清单，以"线上＋线下"模式统筹建设"慢阻肺"等 8 大专病管理中心，实现医疗从"按区域诊治"到"按疾病共管"的转变。同时，建立"筛查、预防、管理、治疗、康复"全病程管理体系，向上联动省级头部医疗资源，向下联动"五个不出村"场景应用，明确村社服务站、社区卫生服务中心、区级医院、医共体牵头医院各方在"诊前、诊中、诊后"的职能分工。通过大数据筛查分析病因、风险人群智能判断引导需求、区域诊疗资源共享协同防治，在解决大病重症"不查不知道，一查中晚期"的同时，实现"日常疾病在基层解决，一般疾病在市县解决"的目标。

（二）"小病慢病不出村（社）"推进成果

1. 数字医改完善"三医联动"

建立两慢病动态监测智慧管理系统，形成小病慢病以"社区为主、医院为辅"的日常管理模式，推动更多的优质医疗资源向大病重症治疗倾斜。全周期、多病种、全轨迹记录"两慢病"患者情况，有力支撑"按人次管向按人头管"医保结算改革；实现"备药有零库存预测、发药有总分院分工、服药有依从度监测"的目标，大幅提升药事管理水平。2023年12月，基层就诊率提升7.58%，"两慢病"就诊率提升14.78%。

2. 医疗模式转向"主动预防"

智能设备数据实时传输记录至"两慢病"管理平台，方便家庭医生密切关注重点病患，掌握实时动态。同时，家庭医生可主动发起上门问诊或随访，若发现患者检验情况异常，还可发起上级会诊或直接发起"云住院"。该应用场景上线以来，截至2023年12月底，全区健康风险监测AI提示干预了21.2万人。

3. 医疗资源实现"普惠下沉"

居民可通过线上问诊的方式让家庭医生协助配药，药品配送至服务站后，可直接在服务站坐诊的家庭医生处领取，无须自行下单购买，且服务站属于一级医疗机构，按照患者参保情况还可提高医保报销比例5%—30%，有效节约了购药成本和时间。目前家庭医生配药模式累计服务人数25.6万人次，人均医疗支出降低120元，平均就医时间减少3小时。

4. 萧山经验得到"广泛好评"

改革经验和理论成果在《人民日报》（2022年8月23日）、中央电视台（2024年12月22日）、新华社（2022年9月6日）等20家国家级、省市级媒体刊登报道，被省委改革办《竞跑者》（2023年2月21日）、政研室《浙江政研（数字化改革实践创新）》（2022年9月30日）等专题刊发。场景应用在重庆市，四川省西昌市，浙江省绍兴市、丽水市和台州市等多地受到欢迎，相关创新体系、理论成果均被复制。

四、成效与下一步发展方向

（一）小病慢病不出村（社）场景成效

1. 形成区域"数据一张网"

"健康大脑"采用多源异构数据融合和云梯技术，共计融合各医院病历数据1436万份、影像数据3.4亿张、检验数据5648万份、医嘱信息6126万份、处方数据2.3亿条等，总计健康数据597T，构建19项数据主题库，形成全区163万建档居民的全生命周期健康数据和"健康画像"、全区12134名医卫人员的能力数据，以及全区24128种疾病的图谱数据。加强区域一体化项目建设，采用区级医院标准接口接入、基层统一建设实施的方式，完成了全民健康信息平台、区域影像、区域病历、区域分级诊疗、区域绩效考核等项目建设。通过全民信息平台的数据总线功能，整合了全区号源信息、处方信息、检查检验信息、病历信息等各类诊疗信息，解决了系统各自建设的信息孤岛问题，诊疗信息互通共享得以实现。

2. 完善"医防协作网"

通过小病慢病不出村与专病管理中心建设，形成区域分级诊疗新格局，助力实现共同富裕的目标。以配药服务为例，1.2万人原在省市区级医院配药的老年人回流至村（社）服务站配药，全区已累计服务超17万人次，现有药品目录1825种，新增慢病药品1124种，新增配药人数1.9万人；专病管理中心实现对专病患者的全流程数字化管理，现已纳管5000余人，通过数字化进行全域全量人群筛查，已完成青少年脊柱健康筛查86694人，其中2150人脊柱异常，实现疾病的早发现，完成近视筛查建档37301人次，有效保障"一老一小"服务体系建设。

3. 筑牢传染病"安全防护网"

利用"健康大脑"底座，打造"传染病多点监测预警处置"应用场景，通过 AI 大数据自动研判模型，提升传染病监测、预警的敏感性、准确性和及时性，实现了"预警／上报—处置—反馈—结案"的疫情处置管理闭环，将疫情首次处置时间加快至 6 小时内。2023 年该场景上线后，在传染病发病人数和疫情数量与往年同期相比大幅上升的情况下，发病人数在"10 人以上的聚集性疫情数量"同比下降了 65.6%，实现了传染病疫情"早发现、早控制"，有效降低了社会面的经济损失。

（二）小病慢病不出村（社）场景意义

萧山区通过全量打通、归集区域医疗、公卫数据，推动数据赋能，发挥数据要素价值，建设多跨部门协同场景，构建"健康大脑"数据体系，为打造省域"健康大脑"数据体系提供了萧山模板。萧山区"健康大脑＋"数字化改革成果先后被评为 2022 年浙江省城市大脑（智慧城市）场景应用优秀案例、2022 健康中国创新实践案例、浙江省数字社会 2022 年度最佳应用、浙江省综合医改 2022 年度"十佳典型案例"、杭州市卫生健康 2022 年度"十大有影响力事件"。

1. 打造数据融合共享

在区域数字医共体建设的基础上，萧山区利用先进的 XTL 与云梯技术，建设"健康大脑"数据底座，进一步加快区域医疗健康数据全量归集，实现数据跨部门交互共享利用，加强数据回流赋能，同时探索数据治理标准化体系，建设全省统一标准、隐私保护、风险可控的数据共享模式，形成区域医疗健康数据治理标准化体系与共享复用机制。

萧山区"健康大脑"数据治理模式解决了医疗健康数据量庞大、数据结构复杂、数据标准不一等问题，突破了数据壁垒，解决了医疗数据孤岛问题。同时，为"将健康融入所有政策"，充分发挥数据的复用价值，萧山区"健康大脑"还支撑了多类多跨协同的场景应用，如：健康大脑＋公安场景，对涉案人员病情快速评估；健康大脑＋人社场景，实现养老待遇退休人员就医诊疗数据共享、退休人员待遇资格无感认证；健康大脑＋检察场景，对14周岁以下未成年人被动伤害进行监测；健康大脑＋教育场景，对在校学生重大疾病传染病实时监测；健康大脑＋民政场景，使60岁以上人员的住院诊疗信息实现实时共享；健康大脑＋纪检场景，实现滞留人员健康状况动态评估。

2. 构建业务流程再造

萧山区利用"健康大脑"底座，在全省率先打造"传染病多点监测预警处置"应用场景，通过归集区域医疗数据和多跨部门数据互联互通，利用症状识别、疾病诊断预警等大数据算法模型，实现传染病"症状、诊断、检测阳性结果"自动研判，风险实时预警，覆盖全域全人群风险监测预警，并能将疫情地点精准定位，重塑业务流程，形成信息触发、处置、反馈、监管，实现全程数智化在线闭环管理。传染病多点监测预警处置系统在"发现—研判—预警"三位一体为主体的传统预警体系基础上，改变以往传染病监测预警上报不及时、事后处置、人工上报、预警滞后的难点，基于全域健康数据分析，利用AI智能技术，建立多点触发预警机制，实现疫情风险智能分析，提升预警的准确性、敏感性和及时性。

3. 突破体制机制改革

依托萧山区"健康大脑"，打造"小病慢病不出村"全周期服务管理体系，其中"慢病配药不出村"通过"三医联动"模式以及大数据智慧赋能，算法模型预测慢病患者用药，医共体总院完成批量精准处方开具，药品提前配送至村站，实现慢病配药村站配。打破固有机制模式，突破"一品双规"及医保总额限定等制度限制，实行基层村站配药单列单支，站点药品新增1124种，实现"备药有零库存预测、发药有总分院分工"的目标。

（三）小病慢病不出村（社）场景发展方向

"小病慢病不出村（社）"智慧场景建设，在下一步将坚持以人民健康为中心，坚持预防为主的指导思想，以健康大脑为基础，持续推动区域医疗卫生公共服务转向更优质化、科学化、持续化方向发展，进一步促进公共卫生服务均等化，不断增强人民群众获得感、幸福感、安全感。

一是数据归集，夯实健康大脑数据底座。持续推进区域公共卫生数据互联互通，扩大数据归集范围。开展民营医疗机构数据归集工作，数字化监管民营机构诊疗行为，规范民营医疗机构诊疗数据；推进多跨部门数据融合互通，赋能更多跨协同场景应用，夯实萧山区健康大脑数据底座。二是优化升级，完善基层服务体系。持续提升基层健康服务内容，优化"小病慢病不出村（社）"服务体系，扩大慢病药品目录，联合区域民政、残联等多部门，开展业务融合，满足基层群众多样化服务需求；继续完善专病管理网络建设，健全现有专病管理中心运行管理体系，优化软硬件建设标准和相关机制保障，加强评估推广。三是省区共建，打造学科"新高地"。以省区共建形式，建设真实世界疫苗效果评价平台，于萧山区健康大脑，整合全区医疗系统、多点触发症状监测、预防接种等数据开展疫苗保护效果真实世界研究；建设疫苗应用全流程安全性评价平台，建立疫苗安全性评价的标准定义库，探索预防接种预检的自动预警，开发疫苗接种后多点触发不良反应监测预警系统。

医疗体制改革中数字技术与制度变革双向驱动机制研究

——基于富阳区医检互认改革的实践分析

梁　娟[*]

摘要： 该文从数字时代和共同富裕的背景出发，以杭州市富阳区医检互认改革实践为分析案例，梳理富阳区以数字化改革为牵引，通过医疗、医保、激励等制度性变革，构建"互认标准、数字应用、制度保障"三大体系，推动实现医学检查检验结果互认互信，破除医疗体制改革中因普遍存在的"以检养医"带来的"不愿认""不好认""不敢认"难点，从互认规则、数字应用、制度建设三个维度，深入剖析数字技术与制度变革双向驱动机制在医疗体制改革中如何发挥作用，并从深化改革成果、推动普惠共富的角度出发，提出坚持基本方向、加强制度保障、探索延伸拓展等进一步优化建议。

关键词： 数字技术；制度变革；医检互认

---

* 梁娟，杭州市改革研究与促进中心助理研究员。

数字时代下，数字技术不仅是单纯的治理工具，也是一种治理载体，形塑着治理行动中各方参与主体的思维和能力，推动主体间互动关系、互动模式的嬗变。尤其在公共管理和公共服务领域，数字技术的引入一方面提升了治理和服务的精准性、有效性，同时，也推动了与之适配的制度、规则和组织变革，实现数字技术与制度变革的双向驱动。换言之，数字时代下任何成功的公共领域改革，都需要数字技术与治理机制在互动调适中走向融合，从而推动公共管理和服务模式持续创新。[①]

"以检养医"、重复检查一直是公共医疗领域的"沉疴顽疾"，也是近年来医疗体制改革试图重点突破的难点。2021年，杭州市富阳区率全国之先，通过医疗、医保、激励等一体化改革，以数字化改革为牵引，构建"互认标准、数字应用、制度保障"三大体系，以微小的改革成本，实现医院、患者、政府都满意的改革成效，走出一条医学检查检验结果互认的可行路径。本文以杭州市富阳区医检互认改革实践为分析案例，深入剖析数字技术与制度变革双向驱动机制在医疗体制改革中应如何发挥作用，并从深化改革成果、推动普惠共富的角度出发，提出进一步优化建议。

一、改革背景和困境分析

早在2006年，原卫生部发文要求推进检查检验结果互认，以提高医疗资源使用效率，减轻患者看病负担。2020年，国家卫生健康委再次明确要求在2021年6月底前，紧密型城市医疗集团和县域医疗共同体内要实现检查资料共享和结果互认的目标。但是由于长期以来存在的"以检养医"问题

---

① 郁建兴、陈韶晖：《从技术赋能到系统重塑：数字时代的应急管理体制机制创新》，《浙江社会科学》2022年第5期。

以及缺乏统筹配套机制，这项改革一直无法落地，成为医疗卫生体制改革中一块难啃的"硬骨头"。2021 年 7 月 16 日，国家卫生健康委办公厅再次发文，要求加快推进医学检查检验结果互认工作。然而在现实情况的推进中，医学检查检验结果互认面临三大难点，各地虽有尝试但一直未能取得实质性成果。

（一）难点一"不愿认"：改革触及的利益难以协调

公立医院作为差额拨款事业单位，医院发展和医生收入都迫使医院重视经济效益。近年来，通过集中带量采购改革，药品、耗材已实现零差价，"以药养医"已成为历史，但"以检养医"问题始终没有解决。据不完全统计，公立医院收入约 1/3 来源于检查检验收费，自基层医院至高等级医院依次递增。以富阳区为例，2019 年全区主要公立医疗机构和医共体分院总检查检验收入约占总医疗业务收入的两成。一旦实现检查检验结果互认，医院这部分收入会大幅降低。

（二）难点二"不好认"：互认的标准规范尚未形成

医学检查检验结果的准确可靠是开展互认、保障医疗质量安全的基本要求和前提。但针对临床检验结果互认的项目、规则、技术标准等尚缺乏权威、专业的规范。省、市、县各级医院的检验仪器和检验水平差异并不大，但医疗检查检验项目繁多，有些同一检查不同病种或同一病种不同医院检查的细分指标也不同，还有些项目受医生主观判断影响较大，难以标准化。加之不同医院使用的检验仪器不同，导致同一检查项目在不同检查仪器中的编码不同，一定程度上加剧了结果互认的难度。

（三）难点三"不敢认"：存在产生医疗安全事故纠纷风险

疾病本身就处于不断变化之中，同一疾病同一项目在不同时间检查可能产生不同检查结果，加之检查检验本身因设备或医生操作原因也存在误差，当医生面对来自其他医院的检查检验结果时，因无法与检验、影像医生及时沟通，也容易影响诊治。因此，开启检查检验结果互认后，医疗质控方面会面临更大风险挑战，不仅医患之间容易产生医疗纠纷，医院与医院之间也会出现医疗责任以及随之引发的法律责任难以界定的问题。

二、富阳区推进检查检验结果互认的实践做法

（一）构建科学规范的互认标准体系和质量控制机制

1. 明确互认项目

按照"分类分批"、科学推进互认的方法，以省级基本医疗保险检验检查项目为总目录库，按照"群众所需、高频应用、风险可控"的原则，结合医保控费、医改考核、绩效评价等要求，从全区医保账户中支出的费用、检查频次这两个维度，梳理出排名靠前的高频检验检查项目，分类、分批地确认互认项目。

2. 统一互认规则

对于因检验检查项目名称不统一、基础数据不规范、质量控制体系不健全等导致医生"想认而无法认"的问题，富阳区在全国率先探索检验检查结果互认规则。参照国家有关检验检查收费项目规范名称，将检验检查项目细化到最小颗粒度，建立项目统一目录编码规则，由区域质控中心统一项目名称及套餐组合名称，在各医院系统、区域平台上按统一编码更新维护，打造

共享互认的基础。此举将全区医学检验项目减少至原有数量的 30%，医学检查项目减少至原有数量的 10%。

3. 规范互认标准

为最大限度地压缩医生的"自由裁量"权，破解"可认可不认""想不认就不认"的困局，富阳区依据相关政策法规、临床诊疗规范，综合省市卫生系统的指导意见和专家建议，推出互认项目标准。除"不宜互认"的共性情形外，细化明确每个项目的互认时限、适用范围和例外情况，"一个项目一套标准"，作为医生互认操作手册，实现互认项目"标识明确、同步实施、精准互认、区域一体"的目标。

4. 构建质控机制

组建由省、市、县三级医学、医务、法务专家组成的专家委员会，出台《富阳区域医学检查检验结果互认共享质控管理办法》，推进互认项目申请、审核、实施、评价四个环节的质量控制，实施质量控制闭环管理。

（二）以数字化改革破除部门壁垒，构建智慧高效的数字应用体系

1. 打通跨部门数据系统，构建检查检验结果数据库

富阳区由卫生健康部门牵头，联动医保、人社等部门，打通医保卡、社保卡、市民卡、健康卡等跨部门数据系统，贯通区内主要公立医院多套业务系统，建立"医学影像云"数据库和以身份证为唯一标识的患者 ID，实现数据共享、标识统一。

2. 推动诊疗流程再造，实现互认项目智能匹配

针对互认流程缺失、医生操作不便捷等问题，再造诊疗流程，改革诊疗模式。医生可通过系统快速地调阅患者已有的相关检验报告和检查影像，结合标准判断是否直接互认，若选择不可互认则需要做出说明。互认后，减免项目、费用节省等信息会直接推送给患者，保障其知情权。管理人员则可以

通过后台的数据模块，实时跟踪分析"共享率、调阅率、互认率"指标，促进各医院互认检查结果，规范诊疗行为。

（三）推进医疗卫生制度重塑，保障各方利益不受损

1. 构建结果互认医保激励制度，调整检查检验相关利益格局

针对医检费用占医院收入比重大，检验检查结果互认面临"软抵制"的问题，从改革体制机制入手，通过出台医保激励、财政补助和绩效考核等一系列配套制度，奖管并重，从源头上确保取消或减少重复检查，将医生收入与检查收入剥离，从根本上改变医生检查提成的收入办法，进一步促进合理检查和合理治疗。对于因结果互认所造成的医院和医生收入减少部分，由相应的医保基金节省费用予以激励和财政补助，把设备耗材、人员配备等成本节约转化为医保和患者节支部分，最终达到"医保和患者受益，医院和医生收入不减少"的共赢局面，最大限度地调动了改革各方主体的积极性。对于"多互认、多补助"可能带来的非必需、过度互认，也设置了相应的行政监管和经济调节机制。

2. 引入医疗事故商业保险，完善互认后风险防控机制

富阳区以政保合作的方式，由财政出资购买"医学检查检验互认互信职业责任险"，医务人员如因检查检验结果互认而产生医疗纠纷的，由商业保险机构予以患者一定限额的赔付，消除医生开展结果互认的后顾之忧。商业保险作为市场机制引入后，有效解决了医保和财政激励制度无法解决的医疗风险事后追偿问题，在原有互认质量控制基础上，多加了一道"保险栓"。

三、富阳区医检互认改革分析

（一）坚持需求导向是医检互认改革的逻辑起点

坚持需求导向的本质即坚持以人民为中心的发展思想，及时回应广大群众的民生需求，从"小切口"需求牵引推动体制机制大改革。群众需求既是医检互认改革的出发点，也是改革的落脚点。医检互认改革作为医疗卫生领域的体制改革，减少重复检查、减轻患者就医负担，满足人民群众对高质量公共服务的需求是这项改革的逻辑起点，医检互认改革成效如何关键看其是否有效增强了群众的满意度、获得感。从实践成果看，医检互认改革从提升医学检查检验结果互认率入手，通过数字赋能和制度重塑，有效降低了群众重复检查频次，节省了检查费用和时间，同时也减轻了医生和医院的检查检验投入，有效节省了诊疗时间、成本和医保支出，增强了患者和医生的获得感和满意度，有利于医疗资源的集约利用、优化配置，是一项利民惠民的民生改革。

（二）坚持制度重塑是医检互认改革的本质内容

医检互认作为数字化技术与制度变革双向融合的典型案例，数字赋能只是路径和手段，制度变革才是这项改革的核心内容和本质特征。与单纯的数字赋能最本质的不同在于，医检互认改革通过数据流整合决策流、执行流、业务流，以数字逻辑驱动制度变革，推动工作体系重构、业务流程再造、体制机制重塑，从而优化医疗卫生公共服务体系、提升服务能力。线上打通数据系统、整合数据资源、构建数据规则，线下通过一系列制度为重塑和组织变革提供支撑，确保线上系统的数据流程、数据规则形成闭环机制，从而发挥数字治理效能。如果脱离线下制度性改革，单纯推动线上数据共享和流程再造是无法落地的。

这项改革创新制定了一系列检查检验的技术标准，比如医学影像检查的角度、尺度、精度等，医学生化检验的指标、参数、时间要求等，不仅促进检查检验质量的提升，也有助于检查检验技术的进步。同时，检查检验结果的信息化、共享化无形中也是一种监督管理，促使医生更加注重医疗质量和医疗安全，让医生回归技术本源。可以说，医检互认改革不仅在技术层面构建了互认标准、互认规则，建立了共享数据库，在组织层面对医院资源配置、人员结构、诊疗流程等也产生了深远影响，还在制度层面撬动了绩效考核、管理方式、分级诊疗、医保支付、薪酬制度等更深层次、系统的医疗体制变革，有效推动了医疗卫生领域的机制重塑和组织变革，实现了技术理性向制度理性的跃迁。

（三）坚持多跨协同是医检互认改革的基本路径

医检互认改革本身是一场集成改革，要通过流程再造、规则重塑、功能重构，改革医疗资源配置机制，重塑医疗卫生监管部门与医疗机构、医疗从业者和患者之间的制度链接，促进医疗卫生公共服务各方参与主体实现跨领域、跨部门、跨层级高效协同，协同化、体系化、闭环化是这项改革的典型特征。

1. 医检互认改革是多方主体高效协同的过程

医检互认改革涉及医疗卫生监管部门、医院、医生、患者、第三方数字服务企业等多方主体，改革的过程也是各方主体利益调节、关系协同的过程。从技术层面看，必须打通卫健内部以及卫健、医保、公安等跨部门系统数据，才能构建共享数据库、建设线上数字系统；从制度层面看，破利益格局是最大难点，只有通过制度性安排，建立卫健和医保的协同保障机制，才能解决因医检互认所带来的医院和医生收入下降问题，实现利益格局创新性平衡，扫除改革最大阻力。从组织体系看，只有通过创设省、区、市三级联动的跨领域专家委员会，才能为互认规则创新找到合适的主体，将互认质控的主导权、风险压力，由单纯管理部门承担，改为由专家型群体与行政管理部门共担。同时通过引入市场化商业保险机制，进一步为改革预装了"保险栓"和"减压阀"。通过数字技术、制度安排和组织体系创新，相关各方主体实现了利益平衡、高效协同，改革才得以有序推进。

2. 医检互认改革是体系化推进的过程

体系化推进的核心在于通过系统性的方法来整合和优化各种资源和要素，以实现更高效、更有序的发展。医检互认改革在具体推进过程中，纵向上需要省、市、县、乡各层级一体协同，横向上需要卫健、医保等部门协同，线上需要平台、数据、场景等业务统筹规划、一体推进，从而发挥整体最优改革效应。要实现体系化推进，首先要加强顶层设计。医检互认改革作为数字化改革试点项目在富阳区落地。从顶层设计看，一方面纳入数字化改革体系开展改革谋划、需求分析和可行论证，充分发挥了区县试点先行、基层首创的能动性，同时省、市两级卫健、医保等条线业务部门对其开展业务指导和进程把控，通过条与块的一体推进，一定程度上保障了试点方向可控、效果可控。其次要坚持重点突破。医检互认改革的核心突破点并不在于数字技术和互认规则的创新，而在于通过制度重塑调试平衡各方利益格局。富阳区试点首创的最大贡献在于，创设了一套医保返还、财政兜底、商业保险加持的制度设计，从技术层面到制度层面都具有可复制、可推广的落地性和长效性，从而保证基层改革试点经验可以在市域、省域甚至全国范围内复制推广，撬动更大范围、更广领域的深层次改革。

3. 医检互认改革是量化闭环管理的过程

数字化改革是推动实现治理、服务量化闭环的重要手段，突出量化闭环管理是其重要特征。通过建立完善指标体系、工作体系、政策体系和考核体系，细化量化"做什么""谁来做""怎么做""怎样才算做好"，从而推动职责分工有序、整体运转高效，实现工作闭环管理。在数字时代下，闭环量化管理必然要借助信息技术、数字技术、人工智能等现代科技手段，通过对数据资源的开发利用，对原有业务进行流程再造，实现量化闭环，发挥数据生产要素对经济社会发展的放大、叠加、倍增作用，更好地运用数字化手段感知经济社会运行态势，实现治理和服务的科学化、精准化。医检互认改革通过明确互认项目、统一互认规则、规范互认标准、构建质控机制、建设互认系统、再造互认流程，以及出台医保激励、财政补助和绩效考核等一系列配套制度，构建了从线上到线下双向融合的"决策—控制—反馈—改进"闭环机制，确保改革目标可落地、改革成效可量化。

四、进一步深化改革的建议

2021年7月，在富阳区成功试点的基础上，杭州市建立市级工作体系、制度体系和数字系统，全市域推进医学检查检验结果互认互用。同年10月，全省推广杭州和富阳区经验。2022年1月，相关国家部委向全国推介医检互认改革模式。此后多个省、市地区参照富阳区模式，推进医学检查检验结果互认，但从实际落地效果看，数字技术与制度变革的融合情况，一定程度上决定了各地医检互认模式的落地实效。因此，要进一步迭代深化医检互认改革，使其在更大范围发挥改革影响力，提升人民群众的获得感、满意度，还需关注以下问题。

（一）坚持"以人为本"和数字赋能相融合

推进检查检验结果互认改革充分体现了"以人民为中心"的发展思想，通过改革，破除了"以检养医"的利益格局，极大降低了医疗成本，提升了医疗资源利用效率，减轻了患者的医疗负担，提高了人民群众的获得感和满意度。"数字赋能"大大提升了改革的效能，数字化医改场景的应用和延伸，促进了诊疗流程的改进，推动了诊疗质效的提升，展示了数据共享和分析带来的生产力和效率提升。只有将"以人为本"理念与"数字赋能"两者相结合，坚持在"以人为本"的前提下，找准改革痛点和难点，以数字技术赋能改革过程，推动更多体制机制改革和制度性重塑，才能深化医检互认改革，放大改革效应。

（二）在更高战略维度上强化制度性保障

在更高的战略维度上强化制度性保障机制至关重要。当下，富阳区在检查检验结果互认改革方面成效显著，这一"一地创新"之举赢得了广泛赞誉。然而，我们也必须清醒地认识到，县域标准在权威性方面存在一定的局限性，并且在推进过程中遭遇了若干亟待突破的法律障碍。鉴于此，省、市两级应当在全面深入总结富阳经验的基础上，积极发挥主导作用，大力推动地方人大进行立法工作。通过完善的法治保障，不仅能够为这一改革举措的持续深化和推广筑牢坚实根基，更有望为全国范围内的医疗卫生体制改革提供可资借鉴的成功范例，从而引领医改事业朝着更加科学、规范、高效的方向迈进，切实提升广大人民群众的就医体验和健康福祉。

（三）探索医检互认改革向更多领域拓展

富阳区医检互认改革的成功在于其不是单兵突进地推进检查检验结果互认，而是坚持医疗体制医疗、医保、分配等相关各方面、各环节系统集成、高效协同，同时，数字化手段的深度运用也为改革插上了翅膀，"数字赋能"让信息流通更加顺畅、精准，极大地提升了改革的效率与质量。如今，改革步入深水区，各行业各领域都面临着诸多复杂艰巨的挑战，存在一些难啃的"硬骨头"。我们应积极汲取富阳经验，从小切口精准切入，撬动大改革格局，持续发力以推动数字技术与制度重塑深度融合，打破行业壁垒，探索医检互认的理念和模式向更多领域拓展延伸。通过跨领域的拓展，形成强大的聚合效应，将各领域的零散改革成果汇聚起来，构建起一个全方位、多层次的数字治理体系，从而全面提升数字治理的整体效能，推动社会各方面事业稳步发展，为经济社会高质量发展注入新动力，开创改革发展的新局面，让广大民众共享改革红利。

社区公共服务资源整合机制及其优化路径研究
——以临平区梅堰社区为例

方　适[*]

摘要： 社区是居民生活的基本场所，也是落实公共服务的基础单元，公共服务资源整合的重心向社区下沉成为基层治理和公共服务高质量发展的新要求。但社区在公共服务资源整合方面仍存在一些明显的问题。近年来，杭州市临平区梅堰社区为了破解社区公共服务资源整合的困境，在阵地、平台和队伍资源整合机制方面进行了一系列的探索并取得了明显成效，为社区提高公共服务水平提供了有益参考。展望未来社区公共服务资源的有效整合，仍需在存量资源、专业服务水平、数据资源共建共享、资源长效管护机制、基层自治等方面进一步优化，以期推动公共服务高质量发展，满足人民日益增长的美好生活需要。

关键词： 公共服务；社区；资源整合

---

* 方适，博士，中国计量大学马克思主义学院讲师，计量与新质生产力研究院研究员。

党的二十大报告指出："紧紧抓住人民最关心最直接最现实的利益问题，坚持尽力而为、量力而行，深入群众、深入基层，采取更多惠民生、暖民心举措，着力解决好人民群众急难愁盼问题，健全基本公共服务体系，提高公共服务水平，增强均衡性和可及性，扎实推进共同富裕。"[①] 社区是落实公共服务的基础单元，也是解决好人民群众急难愁盼问题的"神经末梢"，更是对生活具有幸福感、归属感和获得感的重要承载体。通过优化社区公共服务资源整合机制，能够有效从源头上提升公共服务的质量和效能。近些年，浙江省杭州市在未来社区建设的基础上，进一步对社区整合公共服务资源进行了探索。本文以临平区梅堰社区作为主要案例研究对象，探寻其社区公共服务资源的整合机制，为其他经济欠发达地区的社区整合当地公共服务的资源提供一定借鉴意义。

一、社区公共服务资源整合的现状与困境

党的十八大以来，以习近平同志为核心的党中央高度重视公共服务，坚持以"人民为中心"的发展理念，将公共服务作为保障和改善民生的重点工作，推动城乡社区服务体系建设取得积极进展，以党群服务中心为基本阵地的城乡社区综合服务设施建设加快推进，城市社区综合服务设施实现全覆盖，农村社区综合服务设施覆盖率达到 84.6%。服务供给不断扩大，城乡社区普遍能够提供基本公共服务办理、代办等服务，便民利民服务办理更加便捷。在基本公共服务均等化水平不断提高的背景下，人民日益增长的美好生活需要对公共服务提出了新的更高要求。党的二十大报告指出总体要求

---

① 习近平：《高举中国特色社会主义伟大旗帜 为全面建设社会主义现代化国家而团结奋斗》，人民出版社 2022 年版，第 46 页。

是"着力解决好人民群众急难愁盼问题，健全基本公共服务体系，提高公共服务水平，增强均衡性和可及性，扎实推进共同富裕"[①]，党的二十届三中全会提出"社区嵌入式托育""培育社区养老服务机构"等优化社区公共服务的具体要求。这表明，在新时代新征程的道路上，推动公共服务高质量发展的重点仍在社区。但是由于受到传统的自上而下的公共服务设施建设和运营体系、传统基层公共服务资源由政府垄断性供给等方面影响，街道和社区层面在整合公共服务资源方面与公共服务高质量发展的目标要求还有一定差距。

（一）社区公共服务资源配置呈现分散化状态

自 20 世纪 80 年代中期"社区服务"概念被提出以来，我国社区服务模式经历了持续的演变，基本形成了由政府统一规划住区配套公建，公建和居住用地以"毛地"整体出让，配套公建设施由竞拍所得地块的开发商出资建设，以"实物分摊"的方式落实到地块内不同建筑中的基本模式，这也是国内大部分城市社区配套设施建设的基本模式。随着现代生活水平的提高，分散式社区服务资源供给模式的弊端日益突出，普遍存在服务设施总量不足、设施配套功能不全、规模小、层次低等问题，社区公共服务资源配置呈现分散化状态，即各类公共服务设施在空间布局上显得杂乱无章，服务覆盖范围存在重叠与盲区并存的现象，这与公共服务高质量发展所需的综合集成化要求相悖。特别是在城市中心区域，受空间和资金的双重影响，社区服务场所的数量和质量都难以满足居民需求，部分社区在选址、投资和协调方面面临重重困难，老旧小区可用于建设运营的空间资源有限，改扩建难度大；而次

---

① 习近平：《高举中国特色社会主义伟大旗帜 为全面建设社会主义现代化国家而团结奋斗》，人民出版社 2022 年版，第 46 页。

新类、新建类社区则面临空间利用效率低、供需不匹配的问题。这种分散化的社区公共服务资源配置状态不仅降低了资源的利用效率，还导致服务供给与居民需求之间的不匹配，进一步影响了服务的质量和可及性。居民在寻求服务时不得不耗费更多的时间和精力，即便社区内外拥有丰富的场地、图书、体育器材等公共资源，但是由于缺乏有效整合，这些资源的利用率仍然不高，最终社会资源闲置率不断攀升。

（二）社区公共服务资源整合的内容"重"基础设施资源，"轻"运营维护资源

基础设施的完善程度直接关系到居民的生活质量，是社区提供公共服务的基础与前提，但缺乏运营维护资源也难以有效发挥公共服务"硬"基础的作用。党的十九大以来，为了快速响应政策要求，各级政府投入大量资源用于完善社区内关于养老、托育、体育等公共服务领域的建设。例如，通过新建或改造养老服务机构、实施特殊困难老年人家庭适老化改造等措施，显著提高了养老服务设施的覆盖率和服务水平。与基础设施资源的建设与扩充程度相比，后续的运营维护资源则相对被忽视，这一问题在农村社区更为突出。这主要是由于社区自筹资金能力较弱、缺乏内生造血机制和长效管护机制、运营维护意识较弱，不少建设项目一味追求对设施硬件的打造，而忽视了后续商业可持续化运营的切实需要，一些前期投入大量资金建成的公共服务基础设施随着时间的推移，出现占用、损坏，甚至因没有及时修复而陷入无法使用的状态。同时，相关信息更新滞后，居民也无法及时获取到最新的设施使用信息，加之一些设施存在安全隐患，进一步加剧了问题的严重性。这种"重建设、轻维护"的资源整合倾向，会造成基础设施老化加速和荒废闲置，更是对前期公共服务基础设施硬资源的浪费。

（三）社区公共服务资源整合的主体沟通协同不畅

社区中的公共服务资源涉及主体部门、单位众多，管理机构繁杂，既包括政府、社区居委会，也包括社区民间组织、驻社区单位和企业等。政府作为政策制定者，通过出台相关法规、政策和规划，为社区服务提供方向和指导；社区居委会负责组织和协调资源，确保服务的顺利开展；社区民间组织提供专业服务和志愿支持；驻社区单位和企业则通过资源共享、志愿服务等形式参与社区服务，满足居民的需求。党的二十大报告指出，高质量发展是全面建设社会主义现代化国家的首要任务。对于公共服务而言，高质量发展要求多元主体之间形成协同合作、资源共享、监督管理与反馈机制，共同推动社区服务的发展和完善。然而，由于受传统政府扶持社区公共服务建设的管理体制机制、各主体间缺少有效信息交流机制、不同主体之间存在利益冲突等因素的影响，社区公共服务资源整合过程中出现主体沟通不畅的现象。例如，民政部门和卫生部门在社区养老服务方面可能存在职责交叉，但由于沟通不畅，无法形成合力，服务效率低下。其次，社会组织与政府部门之间的协同不足。社会组织具有灵活性和专业性，但由于与政府部门沟通不畅，难以充分发挥其优势。最后，社区居民作为服务的对象和重要主体，往往缺乏参与资源整合的渠道，他们的需求无法及时传达给相关主体，导致服务与实际需求脱节，造成资源闲置和需求无法满足的矛盾突出。

（四）社区公共服务资源整合的技术方法程度欠缺

高质量的公共服务不仅需要完善的管理体系和充足的资源支持，更离不开先进技术的推动。在数字化浪潮的推动下，数字技术在赋能公共服务方面的作用愈加显著。通过数字化手段，可以提升公共服务的效率和便捷度，如电子政务、智慧医疗等。但是由于资金投入不足、专业人才匮乏以及技术更新滞后等，社区在整合公共服务资源上应用技术的程度欠缺。例如在城市社区中，社区医疗资源与养老服务资源之间的衔接仍普遍不够顺畅，往往需要居民自己去各个部门咨询和协调；在农村社区，关于居民对公共服务资源的需求、使用情况的记录有时仍是依靠网格员、村干部的手工操作和纸质记录，无法充分利用现代信息技术手段，导致资源浪费和服务效率低下。

二、实践个案：临平区梅堰社区公共服务资源整合的机制探索

浙江省作为改革先行区、共同富裕示范区，在推动现代社区建设和共同富裕现代化基本单元建设等行动中，较早推动了与高质量发展相符合的社区公共服务资源的整合与创新。2019 年 11 月 11 日，浙江省人民政府办公厅发布《关于高质量加快推进未来社区试点建设工作的意见》，指出支持创新试点项目社区业态和生活服务供给，通过预留规划布点、推动模式革新、促进资源下沉等方式，优先配置文化教育等优质公共服务资源。2022 年 8 月 17 日，《浙江省城乡现代社区服务体系建设"十四五"规划》指出，要大力推进城乡社区服务体系现代化建设，从深化幸福颐养服务、发展普惠托育服务、优化帮扶救助服务、提升医疗健康服务、加大社区就业服务、完善终身教育服务、健全文化体育服务、强化公共法律服务、加强公共安全保障、提升便民生活服务水平和优化社区物业服务等 11 个方面推进城乡现代社区公共服务优质共享工程。

在市委、市政府的引导和支持下，杭州市也在优化和推动社区公共服务资源整合方面出台了一系列相关政策和建议，形成了一系列具有标志性的创新探索。2023 年 7 月，杭州市政府办公厅发布的《关于高质量全域推进未来社区建设的实施意见》指出："鼓励国有企事业单位将闲置房产提供给社区使用，助力社区公共服务事业发展。推动企事业单位向社区开放教育、文体

等活动设施和停车场地，实现错时共享、资源利用最大化。"随后，杭州市民政局发布《关于加强城乡社区服务综合体建设的指导意见》，提出要加快建设位置便利、布局合理、服务多元、智慧共享的社区服务综合体，推动社区服务综合体成为资源链接地、服务集约地、基层共治地、宜乐宜业地的目标，并且以"资源共享、功能互融"原则统筹服务阵地，设置党群服务、便民办事、居民议事、养老育幼、生活服务等 5 项基础性和 X 项特色化服务区域优化社区服务综合体功能布局。经过持续不断的探索与实践努力，杭州市域内在打造未来社区建设的基础上，社区公共服务资源综合集成已取得了阶段性成果。全市已累计开展未来社区创建 300 个，已建成并通过验收项目 76 个，87 个社区上榜全省共同富裕现代化基本单元"一老一小"服务场景名单，新建社区服务综合体 220 个，形成了一系列社区集成式公共服务品牌。

杭州市临平区梅堰社区是这一进程中的典范。杭州市临平区梅堰社区因梅潭堰而得名，区域范围东至红丰路，南至梅堰河，西至梅堰路，北至邱山大街。梅堰社区始建于 20 世纪 90 年代，并于 2001 年建立了全区第一个社区居委会，是典型的老旧小区。辖区面积 26 万平方米，现有居民 3138 户，总人口达 9725 人，规模庞大，人口密度较高，60 周岁以上户籍老年人占比达 20%，18 周岁以下的小孩子也占 20%。随着城市化进程的不断加快，小区环境问题、配套服务问题、社会治理问题急剧放大，原有社区基本公共服务已难以服务这一庞大复杂群体。面对痛点，梅堰社区党委以党建为引领，以项目为抓手，打造未来社区建设与旧改有机结合。在未来社区建设中，强化了基层社会治理能力。通过深度整合各类公共服务资源，不仅成功构建了包含党群服务、便民办事、居民议事、养老育幼、生活服务等在内的综合服务体系，还创新性地设置了多个特色化服务区域，有效提升了社区居民的幸福感和满意度。梅堰社区的实践，充分展示了社区在整合公共服务资源中的创新思路和显著成效，为其他地区提供了可借鉴的经验。其资源整合机制梳理如下。

（一）构建多场景融合嵌入机制，整合服务阵地资源

鉴于大型城市土地资源的稀缺性，获取大面积地块构建综合性公共服务一体化集中供给成本较高，再者，由于城市面积较大，公共服务功能区过于分散会影响公共服务的效率和可感可及性。因此，必须打破传统服务界限，推动多样服务场景无缝衔接与资源共享。为此，梅堰社区构建了多场景融合嵌入机制，建立梅堰邻里中心服务主阵地，整合服务阵地资源。邻里中心主阵地内包含三大区块，即社区卫生服务站、集中配餐中心与市民中心。社区卫生服务站主要依托于医共体建设，社区卫生服务中心＋社区卫生服务站＋区级综合医院实现服务融通、资源共享，构建"小病在中心，大病到总院，康复回社区"的医疗服务模式，配置 2 名全科医生、自动血压仪、远程就诊系统等，为老年人提供家门口医疗服务，家庭责任医生健康签约，实现了小病不出社区，解决看病、配药等难题，最高每天就诊达 280 人次。集中配餐中心主要采取"配餐＋定制"的供餐模式，"线上＋线下"的供餐方式，延伸"便民＋共富"的供餐服务。一方面，社区为活力老人提供线下就餐点；另一方面，符合条件的困难群体和高龄、行动不便的老年群体可以在线上点单，由配餐中心集中配餐，同时帮忙购买生活物品并送货上门。市民中心为多场景融合嵌入功能区，其中 1 楼设有邻里广场、棋乐阁、联心厅、儿童之家趣享阁以及成长驿站，主要是老幼共融活动区域空间。2 楼设有多功能厅和梅堰印象馆，为居民提供集体活动区域，如舞蹈室或中小型会议室，以及体现梅堰特色的历史文化馆。3 楼设有音影室、读书阅读区、心理咨询室、青少年之家，梅堰社区以该功能室和 1 楼部分区域为基地，打造"青梅学院""邻里共成长"和"赋能成长"等品牌，推出假日课堂、专业医生义诊、职业技能培训等活动，嵌入教育文化和就业等领域的公共服务。临平梅堰社区以"居家＋机构＋智慧养老"模式布局"十分钟养老服务圈"，因此，社区内绝大部分老年人仍以居家养老为主，邻里中心 4 楼主要作为社区的日间

照料中心，并与老年线下就餐区和社区卫生服务站共同组成了临平梅塘社区的"社区嵌入式养老"模式。5 楼设有社会工作站、社会发展中心以及孵化平台，以孵化志愿者和社会组织反哺公共服务资源的供给，优化服务质量。

（二）搭建数字技术与场景适配机制，整合服务平台资源

基于当前数字化时代的发展趋势，数字技术使"万物皆可联"，数字技术与公共服务多场景相适配，既可以细致地划分和动态更新场景，精准匹配不同场景群体所需服务，实现优质服务的快捷化；同时数字技术为公共服务提供技术支持，也有利于强化系统思维，优化公共服务场景的多跨协同建设，加强不同部门之间的协同互助，推动服务场景由分散式向系统化转变。为此，梅塘社区首先着手打破部门间资源数据壁垒，通过数字化改革，打通人、房、企、事、物等信息数据，将资源、数据、服务直接下沉至社区，形成一站式数据信息圈。同时，社区创新性地搭建了街道智慧养老平台，即"智慧养老大脑"，该平台由一个老年人综合数据中心和七大养老服务模块组成，既对线下服务场景数据，如对就餐、配送餐等服务数据的次数、预约单、个性化需求定制、评价等数据进行整合利用，也包括对线上服务场景数据的整合利用。如通过在老年人家中安装智能产品，掌握居家老人，尤其是独居老人的生理、生活状况的信息，为其提供更为精准和及时的公共服务。具体包括根据身体各项指标和生命体征等信息，提供医养结合的上门服务，或在突发情况下使用"一键呼叫"主动预警等，也可利用家中安装的智能辅助设备、手机端 App、服务热线，通过数据平台实现"点单式"公共服务，从而实现线上线下公共服务多场景的融合。此外，梅塘社区还开发了"梅塘未来社区"小程序，统一调度社区公共服务资源，确保居民能随时随地获取所需服务。居民不仅能通过手机提出意见、爆料事件，还能实时跟踪处理进度，真正实现了服务零等待，展现了数字治理的高效与便捷。这一系列举措

共同推动了梅堰社区服务场景由分散向系统化转型，实现了多场景服务平台资源的整合，提升了公共服务的整体效能。

（三）搭建多元主体联动机制，整合服务队伍资源

公共服务涉及的服务主体众多，既包括党和政府提供的基本公共服务，也包括社区与居民自治组织等提供具体的服务、非营利性组织或志愿者等提供的对特殊群体的服务，还包括第三方市场等提供的优质公共服务等。这些主体在公共服务中具有不同的地位和优势，有效协同不同主体队伍的力量有利于实现公共服务资源的共享和互补，提高公共服务效率与质量，避免资源的浪费和重复建设。梅堰社区坚持以党建为引领，发挥社区"大党委"的统筹整合能力。坚持党建在公共服务多元主体中的主导作用和引领作用，既有利于把握公共服务的正确方向，坚持"以人民为中心"的价值理念，将为人民服务的价值习惯融入并延伸至社区公共服务的各个角落，把党的价值优势真正转化为社区建设的行动惯性，也有利于发挥政治统合作用推动公共服务资源的集中配置、调度和使用，将公共服务下沉所携带的相关资源精准靶向社区，以此强化公共服务的基层基础。与此同时，梅堰社区坚持在党建引领下强化多元主体联动，一方面整合街道组团联社干部、社区干部、党员、居民代表、热心居民等区域内力量，组建社区联动队伍，另一方面建设由党建引领的"五瓣梅"五社联动联盟，以邻里中心民生综合服务体为落脚点，链接社区公共服务力量和资源。例如联动社区志愿者"临梅红"组织提供常态化的服务，联动社工组织提供社区内的多项就业技能培训公共服务，联动社区内第三方市场主体，践行以空间换服务等，以多元主体联动整合公共服务资源。

梅堰社区通过创新公共服务资源整合的一系列机制不仅实现了服务常态化，确保了居民能够随时享受到稳定、可靠的公共服务，极大地增强了公共服务的可及性、可感性。同时，服务的综合集成也带来了显著的成本效益，

资源的共享和整合降低了服务提供的成本，使得社区能够以更低的成本为居民提供更加优质、高效的服务。更重要的是推动了公共服务一体化发展，缩小了社区内部和周边的居民享受的公共服务的差距，从不同年龄段、不同需求的角度出发，为居民提供全方位、全过程的服务，真正做到了"以人为本"。此外，通过公共服务资源整合也锻炼了社区基层的治理能力，在这一过程中，社区不断探索和完善治理机制，如建立多元主体参与机制、强化信息沟通与反馈机制等，这些都有助于提升社区的整体治理效能，有效破解了整合碎片化的局部治理问题。

三、社区公共服务资源整合的优化路径

临平区梅堰社区通过创新公共服务资源整合的一系列机制，有力地推动了当地公共服务的发展。但在基层调研时仍发现了一些问题，如对社区公共服务存量资源挖掘不够充分、社区公共服务专业人员素质和结构有待提升和优化、数据信息共建共享水平有待提高等。为推进临平区梅堰社区整合公共服务资源的发展，未来可以在以下几个方面进行优化和提升。

（一）在"存量"换"增量"中拓宽社区公共服务资源整合的渠道优势

梅堰社区通过 2020 年老旧小区先行试点综合改造提升项目，新建了包括市民大厅、邻里中心等在内的公共服务空间。随着社会发展，居民对公共服务的需求日益多样化和个性化，单纯依靠新建服务设施已难以满足所有需求。因此，梅堰社区需要进一步立足于现有存量资源，规范和盘活存量资源，挖掘资源的潜在价值，通过对现有资源的细致梳理与优化配置，释放其

最大效能。一是释放有效资源，顺应时代需要。人口老龄化是人口变化的重要趋势，梅堰社区应当根据人口变化趋势增加社区养老服务资源，尤其是增加社区的康养联合体建设。二是统筹低效资源，扩大服务半径。针对社区内一些使用效率不高的资源，如部分活动场地、设施设备等，梅堰社区可以通过统筹规划和合理调配，扩大其服务半径，提高使用效率。例如，可以建立社区资源共享平台，将不同社区的活动场地、设施设备等资源进行整合，实现跨社区共享，满足更多居民的需求。同时，还可以通过定期举办社区活动、开展志愿服务等方式，引导居民积极参与社区生活，提高资源的利用率。三是盘活闲置资源，贴近居民需求。对社区内的存量设施资源，要进行定期摸底和评估，明确其使用状况和功能定位。针对那些长期闲置或使用效率不高的设施，如空置的地下室、未充分利用的架空层等，应制订具体的改造和利用计划。可以通过改造为居民活动室、图书室、儿童游乐区等方式，为社区居民提供更多的活动空间和便利设施，满足居民多样化的需求。对社区内的存量人力资源，在结合居民个人意愿和特长的基础上，邀请有特长的居民开设兴趣班、工作坊等，将居民的兴趣转化为实际的社区服务，丰富社区文化娱乐资源。

（二）在提升人员专业水平中培育社区公共服务资源整合的人才优势

优质公共服务的提供离不开专业化的社区公共服务队伍，这是提升社区公共服务质量的关键。梅堰社区作为基层治理的典范，其社区服务人员队伍在近年来得到了显著加强。但从整体情况来看，一方面社区服务人员年龄结构偏大，另一方面仍以传统的社区工作者为主体，导致在整合公共服务资源方面仍存在专业能力上的不足。如何提升公共服务人员的专业能力？一是引入多元化人才。除了传统的社区工作者外，还应积极引入具有专业技能和背景的人才，如社会工作师、心理咨询师、法律顾问等，以丰富服务内容和提升服务质量。二是定期组织培训。针对社区服务人员的不同岗位和需求，定期组织专业技能培训，提升他们的业务能力和服务水平。三是加强实践锻炼。鼓励社区工作者参与公共服务的实际工作，通过实践锻炼提升他们的业务能力和综合素质。同时，可以选派优秀社区工作者到高校学习公共服务的理论、政策及专业知识，培训一批优秀的专业人才和工作者队伍。

（三）在加强信息共建共享中扩大社区整合公共服务资源的技术优势

在社区居家养老和老年人助餐方面，梅堰社区创新性地搭建了"智慧养老大脑"平台，有效整合了社区内养老领域的公共服务资源。然而，信息数据共建共享方面的不足制约了大数据技术优势的发挥。例如，关于其他公共领域方面的数据资源未接入统一数据平台、与周边街道社区资源的共建共享不足等，导致信息孤岛现象仍然存在，而且数据安全和隐私保护机制尚需进一步完善，以确保居民信息的安全性和隐私性。为了扩大社区在利用数智技术整合公共服务资源方面的优势，梅堰社区需要进一步加强信息数据的共建共享。一是积极接入技术统一大平台。通过接入区级平台"邻里治"（"盈丰里"）等，梅堰社区能够更及时、准确地获取上级的政策指导，同时，其丰富的基层数据也能为全区决策提供有力支撑。这不仅将极大地提升社区工作效率，更将促进社区服务质量的全面提升。二是推动跨部门共建共享。梅堰社区应主动与周边街道社区、相关部门建立合作关系，共同制定数据共享协议和标准。通过定期召开联席会议、开展联合项目等方式，推动各部门之间的数据交流与共享。此外，可以探索建立数据交换平台或数据共享中心，实现数据的实时更新和共享，推动服务数据互联互通。三是强化信息安全保障。强化信息安全保障是在加强信息数据共建共享中的关键环节。梅堰社区应建立健全信息安全管理制度，明确数据收集、存储、使用、传输等各环节的安全责任。加强数据加密、访问控制、防火墙等安全技术措施的应用，防止数据泄露和非法访问。同时，加强居民信息安全教育，提高居民对信息安全的认知和防范意识。此外，与专业的信息安全服务机构合作，定期进行信息安全风险评估和漏洞扫描，及时发现和修复安全漏洞。

（四）在建立长效管护机制中巩固社区公共服务资源整合的成果优势

缺乏有效的运营管理机制，就会导致社区资源整合成果难以巩固和扩大。梅堰社区通过老旧小区改造项目实现了社区公共服务质量的显著提升，然而，为了确保这些改造带来的公共服务能够持续发挥效用，后续必须着手建立一套健全的长效管护机制。一是制定完善的资源管理制度。鉴于梅堰社区当前公共服务设施齐全，但部分功能嵌入式服务存在的空间与管理区分的难题，需要明确各类公共服务设施的权属、使用规则、维护责任及资金筹措方案。同时，也要通过细化设施分类管理，设定清晰的运维标准和周期，确保每一项服务设施都能得到及时有效的维护与更新。二是实施精细化与动态化管理。社区应定期对公共服务资源的使用情况进行评估，根据居民的实际需求和外部环境的变化，灵活调整资源的配置和管理策略。例如，可以根据季节变化、居民年龄结构等因素，调整设施的使用时间和功能布局，以满足不同居民群体的需求。三是建立资源整合的监管评估机制。为了确保资源整合工作的顺利进行，社区需要建立一套完善的监管评估机制。如定期对工作进行评估和反馈，及时发现问题并进行改进。此外，监管评估机制还应与奖惩制度相结合，对在资源整合工作中表现突出的个人或团队给予表彰和奖励，对存在问题的环节进行问责和整改。

（五）在提升社区自治能力中培养社区整合公共服务资源的内生优势

社区自治能力的提升意味着社区能够更自主地整合和利用内外部资源，避免资源的浪费和重复建设，提高资源的使用效率。同时，通过提升社区的自治能力，社区能够更自主地处理日常事务和解决内部问题，从而减轻政府在基层公共服务方面的负担。为培养社区整合公共服务资源的内生优势，梅塆社区应提升社区自治能力。一是建立健全社区自治组织体系，明确社区自治组织的职责和权限，鼓励居民积极参与社区自治组织的建设和管理，形成社区自治的良性循环。二是加强居民的参与意识和自治能力，鼓励居民积极参与社区公共服务资源的整合和管理过程。例如，继承梅塆社区在旧改期间的"小区圆桌会""小区共建会"，将公共服务资源整合纳入社区自治共建议程中，通过定期召开居民会议、开展服务满意度调查等方式，及时了解居民需求，调整服务策略，确保公共服务资源真正惠及每一位社区居民，实现社区服务的可持续发展。

让"菜篮子"拎得更放心
——数字法治背景下食用农产品高质量发展的市场监管路径

陈　莹[*]

摘要： 近年来，党中央多次强调要用最严谨的标准、最严格的监管、最严厉的处罚、最严肃的问责，确保广大人民群众"舌尖上的安全"。食用农产品安全执法需要正确处理"最严厉的处罚"与"执法温度"之间的矛盾，违法责任大、查验义务多与违法收益小之间的矛盾，保障"菜篮子"安全和关注弱势群体之间的矛盾，等等。该文对萧山区2019—2023年食用农产品抽检及执法统计数据进行汇总分析，深入分析执法中存在的问题，提出合理化对策建议，以期改进食用农产品执法及监管的理念和方式，建立健全质量安全监管体系，以小切口保障大民生，着力办好"助企惠民"的民生实事，促进食用农产品高质量发展。

关键词： 食用农产品；过罚相当；风险问题；民生实事；高质量发展

---

* 陈莹，硕士，萧山区市场监督管理局三级主任科员。

萧山区食用农产品主要依靠外埠购入，有华东地区较大规模的水产品集散地之一浙江新农都物流中心水产市场，年成交额达 70 亿元。产地重金属污染等环境因素对萧山区食品安全的影响逐渐显现，农药兽药残留超标已成为抽检中最主要的不合格因素。近年来，不合格食用农产品的监管问题屡屡引发社会关注。不同的法院有不同的裁判意见，不同的部门有不同的认定，不同的网民更有不同的声音。对抽检不合格食用农产品的处罚裁量，从不同的角度出发，会得到不同的结论。

萧山区市场监督管理局坚持"一站式集成、多维度支撑、全社会共享"的工作理念，通过实施"明责落责"、深化数字化改革、发挥全域联动机制功能，打造食品安全溯源管理智治体系的创新实践，加快建强食品安全风险预警闭环管理责任链、保障链、服务链，在推动食用农产品质量安全提档升级、数字化手段的应用方面发挥了重要作用，切实守护群众的"菜篮子"安全，全方位、多层次、立体式地抓好市场监管领域民生实事工作。

一、食用农产品抽检及案件查办现状

2019—2023 年，萧山区食用农产品监督抽检近 1.2 万批次，占监督抽检总批次的 48.0%。其中检出不合格样品近 600 批次，不合格发现率为 5.0%，占所有不合格样品的 44.1%。

表 1　2018—2023 年萧山区食用农产品执法统计数据

年份	2018 年	2019 年	2020 年	2021 年	2022 年	2023 年
案件数 / 个	32	46	72	69	106	201
罚款额 / 万元	30	40	32	42	30	60
罚没额大于 1 万元案件数 / 个	7	10	13	7	81	15

续表

年份	2018 年	2019 年	2020 年	2021 年	2022 年	2023 年
罚没额小于 1 万元案件数 / 个	25	36	59	41	68	186
免于处罚案件数量 / 个	0	0	0	21	36	66
免于处罚案件比例 /%	0.00	0.00	0.00	30.43	33.96	32.84
罚没额小于 1 万元案件比例 /%	78.13	78.26	81.94	59.42	64.15	92.54
平均罚没额 / 万元	0.94	0.87	0.44	0.61	0.28	0.30

二、食用农产品风险原因分析

2023 年萧山区年食用农产品问题发现率较 2022 年增加了 1.4 个百分点，水产品、果蔬等不合格率均超过整体不合格率（4.3%），农药兽药残检出率较 2021 年也有一定上升。从表 1 可见，近年来免于处罚比例虽有所增长，但最高也就达到 1/3 左右，可见农产品追溯问题是城市治理和食品安全监管的难题。因此，对实践中的监督抽检河虾中含有呋喃西林等禁用农药残留案，检测项目不合格可能是养殖环节的原因，也可能是储运过程中的问题，需要排除在储运、经营等环节被非法添加、被环境污染等可能性之后，才有追溯力。具体表现在以下几方面。

（一）源头风险较高

习近平总书记强调，农产品和食品安全问题，是底线要求。农产品和食品安全，既是产出来的，也是管出来的，但归根到底是产出来的，要加强源头治理，健全监管体制，把各项工作落到实处。萧山区食用农产品主要依靠外埠购入，源头产地质量管控情况直接关系全区食品安全水平。一方面，环境因素对食品安全的影响逐渐显现。产地重金属污染治理周期长、难度大。另一方面，农药兽药残留超标问题比较突出，已成为抽检中最主要的不合格因素。在定量抽检方面，以萧山区为例，从检出不合格项目的数量来看，有农药、兽药残留，重金属元素超标，禁用农药、兽药等。农兽药残留问题占比较高。在食品快检方面，由于快检试剂品种单一、快检技术存在局限性，农兽药残留快检准确率极低，不合格检出率不到定量监督抽检的1/20，不能有效发挥快检作为监督抽检补充的作用。而除快检手段外，经营者、监管者无法通过肉眼辨别是否存在"农兽药残留"，这就可能导致潜在农兽药残留超标农产品进入消费者餐桌。同时新型非食用物质不断涌现，因食品安全标准滞后、检测方法更新慢、检验机构资质认定较为复杂等，一些潜在的食品安全风险难以通过常规监管措施化解，从而引发食品安全风险。如鱼类暂养水兽药残留问题，因缺乏相应的判定依据，无法判定是否超标；丁香酚等渔用麻醉剂安全问题，因国家没有制定水产品中丁香酚残留限量标准，也没有渔用麻醉剂使用的明确规定，无法禁止使用。

（二）零售商索证索票难

一方面，农产品销售活动呈现出"收益小、货源散、环境乱"的特征，经营单位没有索证索票的意识。部分食品经营者文化程度不高，诚信意识和法律意识不强，对食品安全认识不到位，对质量管控水平较低，存在采购未经检验检测的农产品，对食品添加剂使用原则、标签标识等知识了解不够等问题。另一方面，制度规范缺失、主体参与不足、传统习惯影响等因素导致农产品无法像食品药械等，根据批号、生产厂家等信息确认批次。部分食用农产品如水产品，因鲜活性难以进行有效标记，故无法根据批号等信息溯源，超过"浙食链"应用范围的主体。

（三）批发商追溯源头难

水产品经纪人的 "隐形" 加大了溯源难度。水产品批发商基本上都并非从养殖户直接进货，而多是依赖于经纪人的 "搭桥"。经纪人实地考察水产品质量，并收购多个养殖户的货物，加 "介绍费" 后销售给批发商。在这样的模式下，批发商与养殖户其实互不相识，每批次的水产品可能含有多个养殖户的货物，批发商无法分辨对照。根据交易关系，批发商的货款是支付给经纪人的，在不合格溯源时，应提供经纪人的相关台账，但多数经纪人为规避风险、隐藏自身信息，仅会提供养殖户的身份、票据资料，且存在隐瞒事实、伪造票据签名等个别恶劣情况，甚至会因合作关系的结束，而全盘否认水产品的交易记录，这种情况加大了不合格水产品溯源的难度。当其他省区市的零售商摊位上抽出不合格农产品时，追溯到上家供货单位，部分批发商因自身未建立齐全的进货台账，不愿意开具销售票据，或者 "巧妙" 提供不相符的销售票证，故而相互推诿抽检不合格责任事件多发，目前仍存在部分无法溯源或源头不清的案件。如 2023 年，浙江新农都物流中心水产品市场以经营抽检不合格水产品为事由立案 21 起，其中免予行政处罚仅 16 起。

三、查处抽检不合格食用农产品案件时面临的困境

2023 年 6 月，国家市场监督管理总局公布了修订的《食用农产品市场销售质量安全监督管理办法》（以下简称新《办法》），自 2023 年 12 月 1 日起施行。新《办法》结合食用农产品市场销售以个体散户为主的突出特点，按照 "警示为主，拒不改正再处罚" 的基本原则设置法律责任，从立法层面缓解了部分矛盾。然而，从表 1 可见，近年来，食用农产品抽检不合格案罚没款达 3000 元 / 件，对抽检不合格食用农产品的处罚需依据《中华人民共和国

食品安全法》（以下简称《食品安全法》），高额的罚款起点仍是市场监管执法人员无法回避的问题。

（一）法规纷繁复杂，执行困难

1. 对适用减轻处罚的困惑

食药类法律法规纷繁杂乱、标准不一，实际贯彻执行难。甚至法规之间也存在部分条款相互冲突，如《浙江省食品小作坊小餐饮店小食杂店和食品摊贩管理规定》（"三小一摊"规定）未将农产品纳入，《浙江省农产品质量安全规定》的制定未与《食品安全法》相衔接，部分条款内容直接违反《食品安全法》第二条第二款的规定，让执法人员无所适从。以对实践中的监督抽检河虾中含有呋喃西林等禁用农药残留案为例，对于卖一斤不合格河虾的农产品店，依据《食品安全法》第一百二十四条规定，没收违法所得和违法生产经营的食品、食品添加剂，并可以没收用于违法生产经营的工具、设备、原料等物品；违法生产经营的食品、食品添加剂货值金额不足一万元的，并处五万元以上十万元以下罚款。《食品安全法》对很多违法行为罚款动辄 5 万元、10 万元起步，对此，很多生产经营者纷纷表示无力承担。对于卖一斤不合格河虾的小食杂店，《浙江省食品小作坊小餐饮小食杂店和食品摊贩管理规定》第二十三条规定，市场监管部门没收违法所得，并处 3000 元以上 1 万元以下罚款。从表 1 可见，2023 年食用农产品抽检不合格案罚没款小于 1 万元的案件数占比 92.54%，尽管对大部分食用农产品抽检不合格案适用了减轻处罚，执法人员心中的担心却没有减轻，既害怕没有减轻到位，引起舆论的风波，又害怕突破"起罚点"减轻处罚，被提起公益诉讼或被判渎职犯罪。

2. 对处罚幅度不一致的困惑

流通领域食用农产品执法的依据主要包括《食品安全法》、《中华人民共和国食品安全法实施条例》、《中华人民共和国农产品质量安全法》（以下简称《农产品质量安全法》)、《食用农产品市场销售质量安全监督管理办法》等,裁量规定执行难。依《农产品质量安全法》第七十条、第七十一条、第七十二条的相关规定,对农产品生产经营者的违法行为采取重罚。如第七十一条规定,"对违法生产经营的农产品进行无害化处理或者予以监督销毁,没收违法所得,并可以没收用于违法生产经营的工具、设备、原料等物品;违法生产经营的农产品货值金额不足一万元的,并处五万元以上十万元以下罚款,货值金额一万元以上的,并处货值金额十倍以上二十倍以下罚款";而对于农户的罚款额度则明显较低,如第七十一条规定,"对农户,并处五百元以上五千元以下罚款"。监督抽检不合格农产品案同质性较强,涉案不合格食品货值基本为 1 万元以下,属于同一档次;监督抽检不合格食品的法律危害后果一般仅限于销售不合格食品,没有造成人身、财产或者其他损害。从分析数据看,抽检出不合格农产品后做出的行政处罚,有的免予处罚,有的罚款几千元,有的罚款几万元,案件处理结果差异较大,行政处罚的公平性难以体现。比如对经营面积 60 平方米的农产品店销售不合格河虾起步罚款 5 万元,而面积在 50 平方米以内的商店同类行为只需要处罚 3000 元。根据过罚相当、综合裁量、公平公正、教育与处罚并重的裁量原则来说,应减轻处罚为几千元较妥当,然而根据自由裁量规定只能从轻处罚 5 万元。而且减轻处罚的适用情形和具体幅度,上级并没有细化标准,到底该减轻多少,难以把握,容易导致地区之间、部门之间、个案之间的畸轻畸重,影响执法权威。

笔者建议:更多地考量法规与现实、法规与法规之间是否公平合理的问题。建议出台一部《食品类总法及其配套细则》,修订《农产品质量安全法》等法律法规及部门规章;建议《浙江省食品小作坊小餐饮店小食杂店和食品摊贩登记管理办法》将农产品纳入进去,同时增加一些其他的常见违法类型,并修改完善"三小一摊"的认定标准。建议国家局、省局层面按照细化、合理、可操作性原则修订自由裁量标准,建议国家层面参照最高院发布"指导性典型案例",重点就法律适用和裁量问题进行典型示范,以统一全国执法尺度。

（二）认定标准不明确，免于行政处罚适用难

执法实践中，对抽检不合格食用农产品销售者免于行政处罚的认定不明确。大多数执法人员对于食用农产品销售者进货查验义务有哪些，是否需要查验供货商的销售资质，是否需要查验检验报告等质量合格凭证，"有充分证据证明其不知道所采购的食品不符合食品安全标准"中的"充分证据"如何收集，被免予处罚的销售者能否再次被免予处罚等问题把握不准，因此采取了最严苛的认定标准，要求只有在销售者提供了供货商的有效营业执照、食品经营许可证、该抽检批次食用农产品的进货凭证及抽样检验或者快速检测合格报告的情况下，才能免予处罚。从表 1 可见，近年来免于处罚比例虽有所增长，但最高也就达到 1/3 左右，2018—2020 年均未发生食用农产品抽检不合格而免于处罚案。执行严苛的认定标准就意味着销售者在进货过程中必须履行严苛的查验义务，一般认为，一份食品检测报告对同一批次的食品是有追溯力的，食用农产品与食品（狭义）虽有性质上的不同，但检测报告追溯力可以参照食品，不过深入细究，则不能简单化处理，需要区别对待并做出精确认定。

笔者建议，农产品具有鲜活易腐、保质期短、不经过工业加工等特点，法律没有规定也不会规定销售每一批食用农产品必须经检验（快检），销售者在销售每一种食用农产品时，都需取得上述所有材料，这显然不合理，那就不应要求所有销售者在进货时查验产品质量合格凭证等材料。

（三）追溯机制不健全，协同配合难

1. 跨区域执法协作不畅

《食品安全法》第四十二条规定："国家鼓励食品生产经营者采用信息化手段采集、留存生产经营信息，建立食品安全追溯体系。国务院食品药品

监督管理部门会同国务院农业行政等有关部门建立食品安全全程追溯协作机制。"但目前全国统一的食用农产品全程追溯平台尚未建立，农产品质量安全标准不统一，各地各部门农产品安全监管及溯源数据存在"信息孤岛"，无法归集、共享、联动、应用。虽然"浙食链"在浙江有了较大程度的推广应用，有力地推动了省内各范围内水产品抽检不合格后的溯源处置，但省际、市域范围内不相通，跨部门间信息共享不足等问题仍客观存在。在不合格溯源处理的过程中，仍出现了普遍问题。以浙江省为例，浙江省市场监管局 2021 年 3 月在全国率先上线"浙食链"，实现了产品信息、产地证明、检疫证明全链共享，全链电子索票索证、一证通行。截至 2024 年，"浙食链"系统与"浙农码"（浙江省农产品承诺达标合格证管理系统）等 132 个系统融会贯通，与 1559 个单位交互数据。浙江省内激活应用"浙食链"系统的经营主体近 100 万家，实现全省 90 个县（市、区）应用全覆盖、在产食品生产企业全覆盖、所有农批市场全覆盖、所有大型商超全覆盖、猪肉等重点品种追溯全链条覆盖。经营主体通过"浙食链"系统出入库食品和食用农产品逾千万批次，但与浙江以外的省市不相通。比如，很多案件涉及外地甚至外省的单位和个人，需要当地监管部门及时介入调查处理并共享信息和证据的，往往不及时、不深入。

2. 跨领域协同监管标准不一

《农产品质量安全法》于 2022 年 9 月修订，自 2023 年 1 月 1 日起施行，从立法层面缓解了部分矛盾。然而，农产品生产领域与流通领域仍然处于分裂状态，监管部门有关法规和监管执法标准在一定程度上存在冲突。如对实践中的监督抽检河虾中含有呋喃西林等禁用农药残留案，对于河虾养殖企业，农业部门依《农产品质量安全法》第七十条、第七十一条、第七十二条的相关规定，对农产品生产经营者的违法行为采取重罚，如第七十一条规定，"对违法生产经营的农产品进行无害化处理或者予以监督销毁，没收违法所得，并可以没收用于违法生产经营的工具、设备、原料等物品；违法生产经营的农产品货值金额不足一万元的，并处五万元以上十万元以下罚款，货值金额一万元以上的，并处货值金额十倍以上二十倍以下罚款"；而对于农户的罚款额度则明显较低，如第七十一条规定，"对农户，并处五百元以上五千元以下罚款"。对于河虾经营者，市场监管部门依据《食品安全法》第一百二十四条规定，没收违法所得和违法生产经营的食品、食品添加剂，并可以没收用于违法生产经营的工具、设备、原料等物品；违法生产经营的食品、食品添加剂货值金额不足一万元的，并处五万元以上十万元以下罚款；货值金额一万元以上的，并处货值金额十倍以上二十倍以下罚款；情节严重的，吊销许可证。对不合格农产品农户处罚很轻，而对下游经营者处罚却很重，多部门分段监管容易导致衔接不畅及推诿扯皮。不合格农产品的最终源头为养殖企业，从目前的后处理程序上看，虽然流通环节抽检不合格信息要抄送养殖企业所在地的监管部门，但是缺少养殖地监管部门处理结果的反馈机制，在实践中也没有收到一份标示养殖者所在地监管部门处理的回函，因此难以确定不合格农产品的养殖单位是否受到处罚。

笔者建议：食用农产品定义表述模糊，导致部分特殊产品属性难以在监管部门间达成一致，造成监管空白。在实践中，农业部门与市场监管部门职责不清的情形仍然存在。进一步完善农业部门和市场监管部门的协调合作机制，对于实现食用农产品质量安全监管无缝衔接、实现"从农田到餐桌"的全程监管、保障人民群众"舌尖上的安全"来说尤为重要。建议《食品安全法》借鉴《农产品质量安全法》的相关规定，对于不存在违法主观故意的小规模销售者，大幅降低罚款数额，为农产品销售者减负，降低基层执法人员履职风险，同时也避免舆论热评。

3. 行刑衔接不顺

由于执法手段和执法力量有限，一些按常理或掌握的证据线索来看有可能是犯罪的案件，却难以查清当事人主观故意性和货值金额，这些案件不符合公安机关立案追诉标准，公安机关无法接收并予以立案侦查。但如果只是行政处罚，又极有可能放过"犯罪分子"。如非法使用6-苄基腺嘌呤、4-氯苯氧乙酸钠、赤霉素等物质制发"毒豆芽"案件往往出现法律适用难题。根据《农产品质量安全法》，农产品只有质量安全与否的区分，没有合格与否之分，在实践中"毒豆芽"案件及类似案件不能适用现行刑法规定的生产、销售有毒、有害食品罪和生产、销售不符合安全标准的食品罪，也不能适用生产、销售伪劣产品罪予以打击，可能出现打击漏洞。

笔者建议：对案件涉及外地违法单位和个人，如外地监管部门协作不主动不及时的，可以跨区域执法。同时完善食药刑事案件移送标准和违法线索共享协作机制。比如，对目前证据尚不构成犯罪但实际可能犯罪的案件，允许行政机关先行处罚，事后根据公安部门反馈的信息，及时采取案件中止措施，重新对其做出行政处罚，或因当事人受刑事处罚而销案处理等。

四、萧山区打造食品安全溯源管理智治体系的创新实践

为进一步加强流通领域食用农产品的质量安全监管，萧山区市场监督管理局全面落实《浙江省"菜篮子安全守护微改革"实施办法》及市局重点实施"明责落责、增量扩面、提质增效"三大行动，食品安全风险治理水平得到了显著提升，获得央视《新闻联播》等权威媒体报道点赞。

（一）实施"明责落责"，在防范化解风险隐患上下功夫

突出有感导向。把每一件实事都办成老百姓点赞的民生工程，让民生答卷更有"厚度"，群众感受更有"温度"。调研中发现，对食用农产品质量安全的监管侧重于对一般销售者抽检不合格情况的行政处罚。查处的案件中，有些食用农产品检验不合格不是一般销售者造成的，销售者没有违法主观故

意，却承受了罚款额度较大的质量安全违法责任。这种抽检了罚款额度较大的质量安全后处罚的监管模式只是事后惩罚，追溯不到农产品不合格的原因，易引起网络舆情，既不能让当事人诚服，让其他销售者警醒，也不能让大部分人认可。因此，调整监管理念，压实主体责任至关重要。

1. 把好食用农产品的进入关

落实市场开办者责任。集中交易的农产品批发市场是农产品流通的主渠道。推动农批市场、农贸市场举办方加强快检室改造提升、设备更新和数据归集以切实保障食品快检有效开展。督促批发市场开办者向入场销售者提供统一销售凭证，或者指导入场销售者自行印制销售凭证或提供电子凭证等，以此作为入场销售者的销售记录和相关购货者的进货凭证。督促批发市场开办者对场内销售的食用农产品进行抽样检验，主体自检与第三方快检相互补充。坚持结果导向，建立信用监测制度。对多次检验检测不合格的食用农产品品类，确定必检目录。农批市场、农贸市场开办者负责做好问题食品闭环处置工作，通过协议或约定对问题食品进行销毁或无害化处理，留存问题样品闭环处置影像信息，并定期向属地市场监管所（分局）报告。按照《食品快速检测信息公布要求》，全区农批市场、农贸市场开办者须在经营场所的醒目位置及时公布快检结果信息，包括但不限于样品名称、被抽样（送样）单位（摊位）、检测日期、检测结果等信息。上述义务的履行保证了在集中交易市场内销售的食用农产品都是可追溯的，并且质量大致可控，实现食用农产品"进入即安全，出去也可控"。

2. 把好食用农产品的零售关

落实食品经营企业责任。鼓励食品经营主体采购先进、可靠的具备自动上传数据功能的快检仪器设备，以提高检测的精准性、靶向性和高效性。强化大中型食品批发企业、大中型配送企业、连锁商超及连锁便利店总部、生鲜电商平台等单位履行食品进货查验义务，鼓励引导有条件的企业设立快检实验室，或者委托专业第三方，常态化开展主体自检。推动大型连锁超市、生鲜电商平台、校园食材配送企业，实现"批批检"（包括合格证明、自我承诺），组织连续多年或者同年度多批次不合格企业跟踪抽检和整改"回头看"，督促指导企业通过快检强化内控管理。严格监督小规模销售者履行法定义务。

3. 把好食用农产品的抽检关

抽检监测是食品安全监管工作的"撒手锏""指挥棒"。坚持以预防为主，发挥监测"雷达"作用，提高发现问题隐患的能力。加速快检室建设，统筹快检车、快检室的应用，做好快检和监督抽检的有效衔接，推进"监督抽检、评价性抽检、研究性抽检、联动抽检、快速抽检"五位一体的抽检监测工作矩阵建设，实现快筛、快处和精准抽检，高效精准地防范化解风险隐患。萧山区政府连续 2 年将食品安全检测能力建设列入区政府十大民生实事项目，全区 56 家农贸市场检测室的检测能力进行了迭代升级。区质量计量监测中心可开展食品检测参数 710 项，综合检测能力水平在浙江省县区技术机构中位居前列。区公安分局投入 1000 万余元，建成全省第一个区级环食药实验室并正式启用，成为全省首家获得食品领域 CMA 资质的公安检验检测机构。萧山区新农都市场引入全省首家农产品批发市场第三方检测中心，日均检测 130 批次以上，市场检测中心能力提升列入全省"菜篮子安全守护微改革"项目。全面配强食品安全抽检监测、风险研判和不合格食品核查处置等三支核心队伍。2023 年以来，萧山区市场监督管理局多次在省、市食品抽样技能比武大赛、食品生产检查员检查技能竞赛中斩获佳绩，2 名干部入选省局执法办案能手，多名办案骨干参加市场监管总局、省局食品专案组。

（二）深化数字化改革，在质量追溯体系建设上下功夫

聚焦改革创新。为深入推进长三角食品安全监管一体化，在上海市、江苏省、浙江省、安徽省市场监管局的共同推动下，《长三角地区食品和食用

农产品信息追溯》作为全国首个区域性食品安全信息追溯地方标准，从农产品全生命周期的视角全局规划，通过体制机制变革重塑，有效调集资源、要素、政策向民生领域汇集倾斜，构建长三角"菜篮子"质量安全生产及流通服务体系，以信息化手段为长三角乃至全国消费者打造食得放心、买得安心的"菜篮子"平台，切实解决一批长期想解决而未解决的民生难题。

1. 用数字化手段助力全国统一的食用农产品全程追溯平台建设

打通"数据孤岛"，形成跨省市食品安全信息追溯闭环。由农业农村部牵头，与市场监管总局签订协作备忘录，明确追溯标准和规范，联合开发"国家食用农产品全程追溯平台"信息系统，在技术上实现种养殖领域至零售市场经营户、消费者信息可追溯。推进"一品一码"，督促落实主体责任。"一品一码"追溯体系建设突出体现两个特点：一是食品有身份，使食品质量安全有了更为直观的载体和证明，可以让老百姓快捷方便地了解食品安全信息；二是追溯全链条，使追溯体系实现"来源可溯、去向可追、责任可究"，既有效监督了食品生产经营者落实主体责任，也打通了各部门各环节之间相互孤立的数据，实现了"从农田到餐桌"的全程监管。

2. 用数字化手段助力食用农产品监督抽检信息共享机制建设

全面应用省局"百姓点检"数字化改革成果，鼓励老百姓通过支付宝小程序申请抽检，成为食品安全"云监工"。在此基础上，萧山区与高德公司合作，在地图上标识公布了全区 57 个"百姓点检"送检点，免费为周边居民提供食品安全检测服务，形成 15 分钟便民检测服务圈，营造食品安全"人人关心、人人共享"的良好氛围。"百姓点检"系列品牌活动先后被央视《新闻联播》《每周质量报告》等权威媒体宣传报道，取得了良好的社会反响。

结合落实《浙江省食品安全数字化追溯规定》，推动抽检数据"上链"，抽样时记录追溯码，及时在"浙食链"中录入快检结果。充分发挥"浙食链"的追溯功能，遇到问题样品，及时通过系统查询并精准锁定同批次食品。同时在市场监管总局开发的"国家食品安全抽样检验信息系统平台"基础上,增设农产品种养殖领域子板块,实现农业农村与市场监管部门的不合格信息公示、核查处置信息公示、案件处罚信息公示等信息共享,建立农产品监督抽检"一张网"。如提升"智慧抽检"功能模块,实现部省市抽检任务线上下达、主体随机分配、变革创新农产品监管,对基地和产品实现全程智慧监管。迭代升级"数智农安"应用系统,强化数据的归集、录入、更新,配合"浙农优品"工作,加强大数据应用,推动农产品质量安全监管智能化、服务在线化、应用便捷化。加大与"浙农码"融合,实现通过"浙农码"提供一键查询农产品产地、生产主体、检测记录等信息以及开具和打印食用农产品合格证的目标,提升合格证的"公信力"。如针对水产品等高风险品种,强化水产市场准入把关,新农都水产市场探索建立问题批次产品"一地预警、全省联动"工作机制。对2个月内同一品种源头供应商连续2次(含)以上被检出食用禁限用兽药的,通过"浙食链"和索证索票等方式溯源倒查确定问题水产品所在乡镇的源头供应商,实行禁止进场交易一段时间的"熔断机制"。同时将食用农产品追溯平台建设运行情况,如农兽药残留超标线索核查回复情况、立案处罚率等列为政府食品安全考绩、平安省市建设考核等重点指标,最终达到规范种养殖、遏制农兽药滥用的目的。

3. 用数字化手段助力食用农产品抽检大数据的分析应用

持续扩大追溯覆盖面,深度挖掘追溯信息的数据价值,强化分析应用,有效开展风险预警、食品召回、信息查询、公众互动等工作,充分发挥追溯体系服务监管执法、服务社会公众、服务食品产业发展的作用,为做好食品安全工作注入持久动力。依托杭州市食品安全风险感知平台,运用数字化手段收集上报风险信息、分析研判检测数据,实现风险发现、预警、处置、反馈、评价的有效串联。后续拟将该平台与"区红领通基层智治综合应用"系统进行贯通,借助村社网格员的点状分布巡查,最大化地收集、督办各类食品安全风险隐患,为织密食品安全风险预警网提供数智支撑。另外,加强农产品质量安全工作调查研究,加强分析预测,加大普遍性指导和个性化帮带，发挥典型作用，带动整体提高。

（三）发挥全域联动机制功能，在强化监督解决问题上下功夫

强化系统集成。将民生实事项目作为全系统牵一发而动全身的重大项目，紧紧围绕民生实事项目建设重点领域、关键环节，加强改革举措的前后呼应、相互配合、协同发力，实现政策"一篮子"打包、举措"一杆子"集成、项目"一站式"推进。

1. 聚合力，加强部门协作和区域联动

加强内部协调，主动与行业、执法等业务单位沟通，统筹安排监测计划和监管力量。加强部门协作，常态化与市场监管、公安等部门会商，加强联合执法、检打联动、行刑衔接，推动农产品基地准出和市场准入衔接，做到农产品质量安全案件有案必查，坚持对违规违法生产行为"零容忍"，加大打击和震慑力度。

首先，织密一张防控网。建立"1＋6＋22＋42＋2048"食品安全治理网络，即 1 个区级食品安全风险综合治理中心，6 个部门风险综合治理分中心，22 个镇街风险综合治理工作站，42 个风险预警交流监测哨点，以及 2048 个村社治理网格，实现机构建设横向到边、纵向到底，风险治理最小单元化。2023 年以来，萧山区通过"区红领通基层智治综合应用"系统上报食品安全风险隐患 1.28 万余条。

其次，构筑一个指挥中心。设立萧山区食品安全风险综合治理中心，配强工作人员，落实"平战结合"运行机制，平时对辖区内各哨点、网格收集的预警信息进行分析、研判、处置、上报，战时可发挥"临时指挥中心"功能，统筹全区食品安全风险防控。

再次，建立一套工作制度。配套制定杭州市萧山区食品安全风险治理一体化运行工作制度等 10 项制度规范，进一步明确工作职责、处置流程、标

准规范，确保风险隐患快速、高效、闭环处理。

最后，完善一套协同机制。建立信息共享交流预警制度，定期开展跨部门风险会商。2023 年以来，共通报食品抽检信息 29 期，召开风险预警交流会议 5 次，向公安部门移送食品安全领域案件 8 件，破获的一起制售伪劣牛肉制品案获公安部贺电。

2. 促创新，形成全社会共治共享局面

首先，构建一套帮扶体系。加大明察暗访力度，建立常态化工作机制。坚持监管和服务双轮驱动，建立并完善以"监管干部＋属地包保干部＋协会志愿者"为主体的"三方协同"网格化帮扶体系，常态化走访帮扶食品生产经营企业。萧山区重点对近两年多批次抽检不合格的食品生产企业进行走访调研，开展生产指标全链条分析，帮助企业从源头查风险、防隐患、抓整改、促提升。截至 2024 年，9 家生产企业的抽检合格率较去年提升了 43%。

其次，打造一批宣传阵地。借助舆论监督的力量，通过媒体报道、公众留言、来信来访等渠道发现问题线索，及时掌握、回应群众反映强烈的问题；及时梳理消费者投诉举报信息，用足用好举报手段，不断提高监管效能。积极利用各种渠道帮助广大消费者了解农产品质量安全监管工作和知识。在"萧山市场监管"微信公众号上设置"检测查询"板块，实时公布全区所有农贸市场当天的检测数据和结果。在《萧山日报》设置专栏，连续 11 年公示每月抽检监测结果。持续开展食品安全"五进"宣传活动，截至 2024 年，共开展线下活动 59 场次，线上直播 4 场次，向全区市民推送食品安全科普短信 230 万余条。

家校政社协同机制下社会工作介入在校儿童青少年服务模式探索
——以上城区学校社会工作服务项目为例

张　红　王敏珠*

摘要： 根据生态系统理论，儿童青少年在成长过程中与环境中的各子系统联系紧密。学校、家庭、社会是儿童青少年赖以生存和发展的生态环境，是其成长的重要载体。该文主要以上城区社会工作服务机构进驻学校为纽带，将家庭、学校、政府、社会等服务主体紧密联系和衔接起来，从而构成家庭、学校、政府、社会、社会工作服务机构多方联合行动的有机整体，并以此对本土情境下在校儿童青少年全人服务进行可行性探讨。结合上城区学校社会工作服务项目实际，从多方协同作用发挥、在校服务精准实施、本土人才同步培育、本土服务体系构建及倡导政策发展完善等 5 个方面提出社会工作介入在校儿童青少年服务的路径。

关键词： 社会工作；儿童青少年服务；家校政社协同

---

* 张红，研究生，杭州市上城区社会工作协会会长，高级社会工作师，研究方向为儿童青少年社会工作、社区治理。王敏珠，本科，杭州市上城区彭埠街道社会工作站站长，社会工作师，研究方向为儿童青少年社会工作、社会组织培育管理。

近年来，中国正处于社会结构的调整关键期，也是社会矛盾的易发和高发期。由社会变迁带来的变化对儿童青少年的成长产生了重大影响，行为偏差、校园暴力、儿童忽视等现象频发。学校是儿童青少年发展的重要场所，也是问题的集中爆发地之一。在此基础上，本文从社会工作专业理论出发，结合笔者督导的学校社会工作服务项目实践，探索和总结社会工作专业介入在校儿童青少年服务的路径，以期深化学校社会工作服务领域，为社会工作机构基于学校场域开展全人服务提供参考。

一、社会工作介入学校场域下儿童青少年服务的可行性分析

（一）基于生态系统理论的分析

生态系统理论认为：人生来就有与环境和其他人互动的能力，人与环境的关系是互惠的，并且个人能够与环境形成良好的相互调和度[①]；个体能否与生态子系统之间形成正向的互动关系，这直接决定其生活状态。如果个体不能有效地利用生活环境中已有的资源，或者其环境中不存在其所需的资源，则个体就与生活环境之间不能建立起正向的互动关系。与此相关，系统及子系统之间也存在积极的互动关系，系统主动地进行调试和适应，而不是消极地接受和顺应。在系统不断维持平衡的动态变化过程中，其内部各子系统之间也存在着多元互动或互为因果的循环关系。生态系统理论认为，通过改变系统以及系统与个体之间的互动关系可以实现对个体需求的满足。

---

① 关盛梅：《生态系统理论视角下的青少年社会化与社区服务》，《当代青年研究》2009年第10期。

（二）社会工作服务机构的定义

2014 年印发的《民政部关于进一步加快推进民办社会工作服务机构发展的意见》中提出：民办社会工作服务机构是以社会工作专业人才为主体，坚持"助人自助"宗旨，遵循社会工作专业伦理规范，综合运用社会工作专业知识、方法和技能，开展困难救助、矛盾调处、权益维护、人文关怀、心理疏导、行为矫治、关系调适、资源链接等服务的民办非企业单位。民办社会工作服务机构是社会工作专业人才发挥作用的重要平台，是整合社会工作资源、提供社会工作服务的重要载体，是承接政府社会服务职能的重要依托。根据机构参与或提供社会工作服务方式的不同，民办社会工作服务机构可以分为三类：第一，以提供专业社会工作服务为主要业务的社会组织，如浙江省之江社会工作发展服务中心、上城区紫薇原点社会工作发展中心等。第二，其他社会组织，其主要业务是提供其他社会服务，但为了服务需要，又设置了相应的社会工作岗位，如上城区雅歌婚姻家庭咨询中心。第三，为社会工作者及社会工作机构服务的社会工作专业型行业组织，如上城区社会工作协会等。本文所指的社会工作服务机构包括开展学校社会工作服务项目及社会工作督导的以上三类服务机构。

（三）生态系统理论视角下社会工作服务机构介入的优势

在生态系统理论的视角下，社会工作服务机构介入在校儿童青少年服务的优势表现在以下三个方面：第一，将宏观环境与日常生活辩证地统一起来思考，有助于我们整体地、有机地、动态地认识复杂的社会问题和人的整体性需求，从而整合地思考在校儿童青少年服务，更好地探索社会工作介入的途径和机制。第二，将服务对象视为一个完整的人，试图超越和包容个案、小组、社区三大工作方法，重视多方资源的整合利用和一线社会工作者的创造组合能力，通过多种介入方法与技巧的灵活组合来最大限度地解决服务对象在日常生活中的问题。[①] 这也能更好地体现以人为本的专业精神，并能充分挖掘家校政社协同的潜力和优势。第三，更好地顺应社会的发展，整合社会资源，融合社会教育、学校教育和家庭教育三方的力量，形成学校、家庭、社会的良性互动，变封闭式教育为开放式教育，并形成全方位的育人网络。

二、社会工作介入在校儿童青少年服务实践模式

从理论层面看，社会工作专业与在校儿童青少年服务有较强的联结。下文将从实务实践层面，以上城区学校社会工作服务项目为例，阐述社会工作介入儿童青少年全人服务的实践过程与内容，凸显社会工作介入服务独有的实践优势。

（一）上城区学校社会工作服务项目背景

1. 国家政策大力倡导

2021 年 6 月 1 日，新修订的《中华人民共和国预防未成年人犯罪法》正式施行。《中华人民共和国未成年人保护法》明确"地方人民政府应当培育、引导和规范有关社会组织、社会工作者参与未成年人保护工作，开展家庭教育指导服务，为未成年人的心理辅导、康复救助、监护及收养评估等提供专业服务"。《中华人民共和国预防未成年人犯罪法》明确"国家鼓励、支持和

[①] 韩江风：《社会工作的整合介入模式：理论基础与介入过程》，《中国社会工作》2019 年第 19 期。

指导社会工作服务机构等社会组织参与预防未成年人犯罪相关工作，并加强监督"，"教育行政部门鼓励和支持学校聘请社会工作者长期或者定期进驻学校，协助开展道德教育、法治教育、生命教育和心理健康教育，参与预防和处理学生欺凌等行为"。2023年5月，教育部等十七部门联合印发《全面加强和改进新时代学生心理健康工作专项行动计划（2023—2025年）》，明确部署了8项重点工作，包括五育并举促进心理健康、加强心理健康教育、规范心理健康监测、完善心理预警干预、建强心理人才队伍、支持心理健康科研、优化社会心理服务和营造健康成长环境等，强调"发挥共青团、少先队、学生会（研究生会）、学生社团、学校聘请的社会工作者的作用，增强同伴支持，融洽师生同学关系"，"民政、卫生健康、共青团和少先队、妇联等部门协同搭建社区心理服务平台，支持专业社工、志愿者等开展儿童青少年心理健康服务"等具体措施。

2. 社会工作嵌入学校服务的优势

与学校目前的心育德育工作体系相比，学校社会工作服务引入更加多元的介入形式，更加强调系统综融的介入方法，整合政府、家庭、社会等优势资源和多方主体，构建更加立体化的全人健康干预体系，对于深层次、大范围地解决中小学生的身心健康和发展问题具有重要作用。同时，专业机构的服务也不易被学校教学工作干扰。而大部分中小学还是存在将编制留给考试科目教师的现象，认为心理健康教育课程既然没有被列入考试科目，就没有必要开齐、开足。[1] 教师的大部分时间被班级管理、学科授课、行政任务等工作牵扯。社会工作服务机构专业嵌入学校的模式很大程度上破解了学校教师编制困境。目前，上城区学校社会工作服务主要依托专业社会工作服务机构以购买服务派驻学校的方式进行，部分缓解了学校因编制紧张而难以招聘

---

① 阮朝辉、张金运：《中小学心理健康教育教师专业化发展的困境与对策》，《教育文化论坛》2024年第3期。

足量心育德育教师的问题。专职社会工作者进驻学校，有助于专业地推进在校儿童青少年全人健康服务。

3. "多方协同"资源支撑

2021年初，为了确保学校社工驻点服务的顺利开展，上城区民政局携手上城区教育局及驻点学校从场地、经费和人员等三个方面强化对社会工作服务机构的配套支持。在场地方面，政府积极沟通试点学校配置学校社会工作室，根据各个学校不同的办学特色和理念，规划设置了学生咨询角、沙盘治疗区、减压舒缓区、心动信箱等，为后续服务的开展营造了良好的互动环境。在经费方面，上城区从省福彩公益金、区级公益创投项目、政府购买服务等经费中筹措资金，专门配备了学校社会工作专项服务经费和专业督导项目经费。在人员方面，上城区教育系统培养出88名持全国社会工作者职业水平证书的教职工，分别分布在辖区内40所中小学和幼儿园，与社会工作服务机构的社会工作者、志愿者形成服务共同体，为后续学校社会工作服务的开展提供人才支撑。2021年3月，上城区发布全省首个学校社会工作系统性发展规划《上城区学校社会工作发展书》，同时为学校社会工作人才成长支持中心揭牌，标志着上城区学校社会工作服务项目正式启动。

（二）上城区学校社会工作服务项目目标

上城区学校社会工作服务项目的总体目标如下：助力在校儿童青少年提高适应学习和生活的能力，形成健全的社会化人格，能够积极地面对逆境和挑战，有效地解决生活中的问题或困扰，满足未来人才发展的需要。具体来说，包括以下几个方面。

第一，发挥专业行业指导部门的作用，开展学校社会工作发展联席会议，形成校内外专业资源和优势互补，促进政府、学校、家庭、社会、专业机构的良性互动；第二，总结经验成果，进一步拓展学校社会工作服务的内涵，探索出符合上城实际的学校社会工作内容与模式，形成对其他地区具有借鉴意义的样本；第三，在学校社会工作领域至少形成 3 个特色品牌，形成惠及学生和家校政社生态系统社会教育服务的样本，为国内学校社会工作领域的深入推进提供浙江经验。

（三）上城区学校社会工作服务项目内容

1. 服务内容

项目核心在于将社会工作的原则、方法与技术运用到学校环境中，促成学校、家庭和社会之间的协同合作，协助学校形成科学育人的良好环境，解决学生遇到的困境，引导学生健康发展，使学生建立社会化人格并习得适应现在与未来生活的能力。但是，这只有在家校政社通力合作的基础上才能实现，因此项目内容主要包括四个层面。

第一，党委领导、政府负责下的社会协同。依托学校社会工作联席会议，建立专业互动机制，联动各相关部门（如区委社会工作部、区民政局、区教育局、区卫健局、区司法局、团区委、区妇联等）、高校及属地街道等进行顶层沟通，对学校社会工作服务发展的制度化设计达成共识，协商达成战略合作协议，以保障服务持续开展。由行业协会聘请高校教师和实务专家开展项目督导，促使各方专业力量形成合力，确保项目服务围绕成效目标高效高质量地完成。以项目形式争取专项资金支持，用于现有教师队伍人才能力建设、校内特殊学生个案及小组服务、校内教师专业化成长和家长成长支持等内容。

第二，学校场域内的专业服务。一方面，开展特殊学生个案介入及特殊学生群体小组辅导。驻校社工协同教师发挥个案发现作用，对校内可能存在个案跟进需求的学生进行初步的筛选评估，积极跟进并介入有需求的学生探索服务计划。招募存在共性问题的青少年群体，开展相关的小组及团辅活动，如厌学、逃学、校园暴力、网络成瘾等不良行为群体或学习成长小组。另一方面，开展学校老师支持服务及师生关系服务。配合学校的政策与发展，协助学校开展校内空间访谈、家访等学生信息资料收集，为有需要的老师提供专业支持和咨询服务。为加强师生之间的情感连接，开展丰富的校园活动，引导教师与学生共同参与团体活动，搭建师生沟通桥梁，形成师生友善、共学成长的氛围。

第三，家庭层面的介入服务。一方面，开展家长支持服务。依据需求调研，实施助力星级家长执照项目，开发旨在改善隔代教育、促进病态家庭生态系统重建和帮助家长克服教育焦虑的"隔代教育""良性家庭关系构建""焦虑舒缓"等课程，为家长的成长助力。另一方面，开展亲子沟通工作坊。将有需要的家长与孩子邀请到现场，通过精心设计的亲子互动游戏，借助社会工作团辅技巧，帮助改善家庭亲子关系，帮助父母提高与孩子的沟通技巧，实现社会工作助人自助的宗旨和目的，促进家庭祖辈、父母辈（单亲或双亲）与儿童青少年形成良好的互动关系。

第四，社会层面的合作服务。对于有校外服务需求的儿童青少年，驻校社工依托街道社会工作站和社区社会工作室，整合社会资源开展困境学生的家校帮扶支持，定期进行复杂个案的互动研讨，联合开展困境学生家访、个案建档和社区关怀等服务。驻校社工在协助服务对象的过程中可向社区机构的专业人员（如社区心理医生）咨询或转介，与社区及其他组织社工开展合作，将服务与社区特色文化相结合，开展主题活动，强化服务对象的社会支持网络。同时，可将驻校服务与社区弱势群体服务结合起来，引导儿童青少年关注社区困弱人士，让他们在身体力行地开展志愿服务的过程中，逐渐培养健康的社会意识与公益精神。

2. 服务模式

项目通过3年的实务积累，探索形成了"1335"驻校社工服务模式，其中，"1"是指党领导下的社会工作发展核心；"33"是指项目面向3类服务对象（学生、家长和教师），开展3项学校社会工作服务（预防性工作、治疗性工作、发展性工作）；"5"是指联动5类主体提供公共服务（社会工作者、政府、学校、社区、志愿者）等。机构社会工作者既是项目的发起者，也是项目的策划者和实施者，承担着重要的角色和任务。他们在社会工作督导的陪伴下，结合上城区本土实际，将社会工作专业方法贯穿于项目服务始终，并进行本土模式总结、提炼和反思。

3. 服务创新

项目在学校社会工作服务中的创新主要有三个方面。

第一，社工信箱。社工信箱是通过设置固定的信箱，邀请学生将自己的困扰和需求写成书信投递到信箱里，学校社会工作者及时阅读信件并回信，给予学生辅导和陪伴的一种服务方法。如彭埠街道驻校社工链接基金会资源，以"长腿叔叔"这个孩子们喜爱的形象介入，以积极心理学、社会情感等理论为依据，组织志愿者以"长期通信"的方式，为孩子们提供常态化的通信服务。通过倾听、共情和陪伴去疏导儿童的负面情绪，预防心理问题的发生，引导他们健全成长。社工信箱以积极正向的价值观体系，为孩子提供了一个平等、安全、温暖的"第三空间"，对儿童起到很好的陪伴效果。积极参与通信的孩子更多感受到被关爱、被支持，在构建与自我、他人和世界的关系方面（"自我探索""师生关系""朋辈关系"等）有所改善。截至2024年10月底，信箱已落地街道6所学校，共设置了20多个信箱，招募了2000余名志愿者，两年通信量约4000封，志愿汇等平台计入公益时长逾5万小时。

第二，教育戏剧。针对孩子们日常的困惑和问题，驻校社工选择《卡夫卡变形记》等耳熟能详的故事，并进行戏剧化改编，让孩子们通过故事中的情境和角色扮演来理解和表达自己的感受，学习解决问题的技能，发展同理心和社交能力，并最终建立起自信和自我效能感。通过对故事的讨论和戏剧活动，孩子们不仅能够在认知上获得新的洞见，还能够在情感上获得支持和鼓励，帮助他们健康成长。教育戏剧提供了一个试验场，孩子们在这个试验场里面可以试错，复盘思考，进而积累应对的经验。

第三，父母茶座。上城区首创的父母茶座是指利用学校、社区的空间场馆，让更多的家庭成员能够聚在一起吐露心声，共同参与形式多样的家庭活动以增进感情。社会工作机构携手街道社会工作站、社会组织服务中心等平台，链接专业社会组织、企事业单位等资源，通过个案、小组或整合性的工作方法，协助解决服务对象的家庭问题。社会工作者通过服务"家庭个案"，满足家庭的个性化需求，并在"家庭个案"及其他系列活动的开展过程中联动学校、政府（如妇联、卫健、公安）、社区等组织部门，借助专业的志愿者力量，共同发现孩子的问题、商讨分析原因、给出解决方案，协同解决问题，建立起家长家庭教育的社会支持网络。

（四）上城区学校社会工作服务项目成效

经过近 3 年的实践探索，上城区社会工作协会在上城区委社会工作部、上城区民政局的指导下，联合紫薇原点、之江社工、雨露、亲民、新家庭、芋园、长腿、向日葵、雅歌、千手公益等社会工作服务机构的力量，联动 14 个街道社会工作站和 203 个社区社会工作室，在超 20 所学校开展在校儿童青少年服务，基本形成了以解决社会问题为导向的本土化实务实践模式，相关做法获《中国社会工作》《中国社区报》等媒体报道，先后获得了时任浙江省副省长王文序、浙江省委社会工作部副部长陆维等调研肯定。截至 2024 年 10 月底，驻校社工在校内共开展个案服务超过 1200 人次，介入校园危机个案 16 个，组织主题班会 258 次，开设新生适应、戏剧教育、社会心理等小组工作坊 58 个，组建"智慧父母成长营""超人爸爸棒球队""爸爸驾到""澎友家话""世界咖啡屋"等家长成长小组 65 个，举办各类主题活动 2000 余场，年级团辅等惠及学生 12000 余人次。针对儿童心理健康问题，开辟家庭心语驿站热线，由持证心理医生和社会工作者免费提供有关家庭教育、心理辅导等专业指导，在学校引进"长腿叔叔信箱""社工信箱"等项目，共计收到孩子们的来信 10000 余封，以专业志愿者匿名信件回应的方式帮助儿童应对学习、人际交往、生活等方面的困惑和烦恼。在党员和社工的带领和影响下，项目形成了"参与志愿服务"的辐射效应，现阶段包含家长志愿者、社区志愿者等在内的服务儿童青少年的志愿者人数已突破 2 万人，为儿童青少年健康成长营造了良好的社会环境，成为社会工作助力基层治理体系和治理能力现代化的生动案例。

三、社会工作介入在校儿童青少年服务路径探讨

理论分析和实务实践表明，社会工作专业与在校儿童青少年服务具有极强契合性。笔者依据上城区学校社会工作服务项目实践，从以下 5 个方面提出社会工作介入在校儿童青少年服务的路径。

（一）以五社联动为支点，发挥多方协同作用

"五社联动"的内涵主体包括社区、社会组织、社会工作者、社区志愿者和社会慈善资源，意在调动多元主体力量参与社区治理和社区服务，构建共建共治共享的社区治理新局面。该项目在党委政府的推动下，以学校场景为突破口，由社会工作服务机构负责承接和督导服务项目，专业社会工作者负责策划、组织、执行校内外专业服务，并充分利用街道社会工作站、学校社会工作室、社区社会工作室等现有服务平台，链接与儿童青少年身心发展有关的多类专业志愿者资源、发掘和培育骨干志愿者，并在此基础上组建了持续性服务队伍，为在校儿童青少年提供专业化、精细化、常态化公共服

务。同时，社会工作者注重链接和协调各类社会慈善资源，为在校儿童青少年，尤其是困境学生及其家庭提供必要的协助服务。在此过程中，社会工作者充分发挥了"服务提供者""支持者""资源筹措者"的角色作用。

（二）以服务项目为载体，精准实施在校服务

以项目制驱动服务实施是社会工作介入在校儿童青少年服务的重要途径。社会工作者从生态系统理论视角出发，以"五个精准"为服务原则，设计和实施专业服务。第一，精准把握服务对象信息。一人一档，持续跟进，建立并完善服务对象的信息档案。第二，精准评估服务对象需求。结合儿童青少年的个人健康、朋辈交往、师生关系、家庭情况、社区环境等多维度视角，评估儿童青少年及其社会环境的优势资源、主要困境和发展需求等。第三，精准提供服务内容。家庭探访、亲子主题活动、社区参与服务已被证实是行之有效的基础服务。此外，还需结合需求评估结果，动态调整服务框架，做到服务普遍性和个别化相结合。第四，精准遵循服务程序。依据社会工作通用过程模式，整合性、系统性地提供服务，做到服务设计精准化、方式多样化、过程规范化。第五，精准评估服务效果。在家访、个案咨询、小组和团辅活动后，分发活动满意度表，陈述个人改变，评估服务对象满意度和知晓率调查，并采用跟踪回访制度，定期回访儿童青少年、教师及家庭，追踪评估服务成效。

（三）以社会资本为目标，同步培养本土人才

社会工作者以学校为场域开展服务，其目标之一在于挖掘学校和社会的人力资源，培育本土人才与志愿者，形成在校儿童青少年服务队伍，从而确保在校儿童青少年公共服务的持续、长效供给。实践表明，社会工作者（含

持证教师）能力提升和家长志愿者队伍培育是在校儿童青少年服务的重要切入口。社会工作者主要提供学校咨询服务，依据儿童青少年的成长周期和发展情况，对儿童青少年、教师及家长进行个案辅导，提升儿童青少年科学学习、情绪管理、心理适应、抗逆力发展、社会交往等能力，提高家长与儿童青少年的互动频率，这是项目服务的核心内容。家长志愿者须每月定期学习儿童青少年教育知识、完成社工信箱非紧急信件的回信工作、协助社工开展日常服务，整个过程中志愿者需要投入较多时间和精力，工作具有极大的挑战性。如何培育好家长志愿者队伍，确保儿童青少年服务不间断、高效率是社会工作者需要思考的重点。同时，如何将学校社会工作服务供给与学校自身的教学规划相联结，撬动教师日常在校服务提供也是一个需要深入思考和实践的议题。

（四）以服务创新为驱动，构建本土服务体系

现有的服务内容主要以学校社会工作室为依托，以服务需求和紧急程度为标准，开展相对应的介入服务。如何结合本土儿童青少年生长、发展特点和其家庭发展普遍性和特殊性辅导需求，并结合学校特色文化和发展规划，创新驻校服务是接下来需要深入探索的实务主题。同时，以学校为平台，综合运用个案工作、小组工作和社区工作方法实施亲子服务和社会参与服务，充分融合社会工作专业元素，建立一套以全人健康服务、亲子家庭服务和社会参与服务为核心的本土内容体系是关键所在。服务模式方面，社会工作者、政府、学校、社区、社会组织、家庭等多方主体参与项目服务的模式应和本土实际相结合，各方角色、功能、责任和分工还需进一步明确化和制度化。

（五）以专业服务为试点，倡导政策发展完善

项目得益于党委领导、政府推动的上城区儿童青少年阳光成长行动计划的开展，通过本土实践充分说明，社会工作介入在校儿童青少年服务具有合理性、科学性和有效性，但要寻求规模上的突破还需抓住"双减"、未成年人犯罪预防、儿童友好社区建设、儿童青少年心理健康服务等时事契机，推广探索一条公益服务项目由试点示范向普及推广转化的道路，并将经验及模式向更多学校和地区推广。在推广服务过程中，收集资料、积累经验、加强研究、扩大宣传，使此类专业服务实现由项目化运作到政策倡导的转变，争取使此项服务惠及更多相关人群。

四、结语

在校儿童青少年的成长犹如一粒种子，从破土而出到生根、发芽，再到长成一棵枝繁叶茂的大树，成长中的每一寸时光都离不开社会与环境的影响，离不开家庭、朋辈、教师和社会正向力量的滋养。在中共中央办公厅、国务院办公厅印发《关于进一步减轻义务教育阶段学生作业负担和校外培训负担的意见》后，我国在校儿童青少年公共服务供给还需更多社会力量的参与，共同搭建好学校、家庭、政府、社会沟通协作桥梁。以学校为场域，探索社会工作介入在校儿童青少年服务，对于让在校儿童青少年及其家庭在"校门内外"都可享受系统化、专业化的社会工作服务具有理论和现实意义。

楼大为 主编

杭州蓝皮书
2025 年杭州发展报告

（文化卷）

赵国青 执行主编

浙江工商大学出版社
ZHEJIANG GONGSHANG UNIVERSITY PRESS
·杭州·

图书在版编目（CIP）数据

2025 年杭州发展报告. 文化卷 / 赵国青执行主编.
杭州 : 浙江工商大学出版社, 2025. 4. --（杭州蓝皮
书）. -- ISBN 978-7-5178-6414-1

Ⅰ. F127.551；G127.551

中国国家版本馆 CIP 数据核字第 20254EC055 号

杭州蓝皮书

2025 年杭州发展报告（文化卷）

HANGZHOU LANPISHU
2025 NIAN HANGZHOU FAZHAN BAOGAO（WENHUA JUAN）

楼大为 主编　赵国青 执行主编

策　　划	陈丽霞
责任编辑	金芳萍
责任校对	林莉燕
封面设计	朱嘉怡
责任印制	屈　皓
出版发行	浙江工商大学出版社
	（杭州市教工路 198 号　邮政编码 310012）
	（E-mail：zjgsupress@163.com）
	（网址：http://www.zjgsupress.com）
	电话：0571-88904980，88831806（传真）
排　　版	杭州浙信文化传播有限公司
印　　刷	杭州宏雅印刷有限公司
开　　本	710mm×1000mm　1/16
总 印 张	73.5
总 字 数	1032 千
版 印 次	2025 年 4 月第 1 版　2025 年 4 月第 1 次印刷
书　　号	ISBN 978-7-5178-6414-1
定　　价	218.00 元（总三册）

编撰委员会

主　任：周国如

副主任：朱学路　章　琪　杨　毅　楼大为

　　　　苏晓松　周小忠

委　员：梁　坤　孙立波　周旭霞　陆文荣

　　　　尹晓宁　赵国青

目录
CONTENTS

典型案例
283

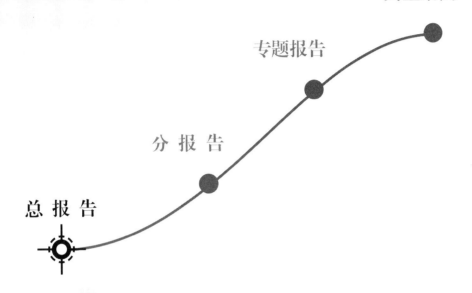

典型案例

专题报告

分　报　告

总　报　告

杭州文旅融合发展报告

赵国青　吴　娴*

摘要：党的十八大以来，习近平总书记多次强调，要推进文化和旅游深度融合发展，把文化旅游业培育成为支柱产业。杭州是历史文化名城和旅游胜地，在新时代的背景下，文化与旅游的融合发展成为推动地方经济和社会发展的重要路径。本报告客观分析杭州文化与旅游融合发展的实践历程，比较国内外文旅融合发展优秀城市的做法，总结其中的创新做法与经验价值，提出进一步推动杭州文化与旅游融合发展的对策建议。

关键词：杭州；文旅融合；发展报告

杭州作为中国七大古都之一，拥有悠久的历史和丰富的文化遗产，是中国历史文化名城的重要代表。自古以来，杭州便是文人墨客的向往之地，其优美的自然景观和深厚的文化底蕴吸引了大量游客。2011年，西湖申遗成功后，杭州的国际知名度进一步提升，旅游人数和收入呈现稳步上升的趋势。

* 赵国青，杭州市社科院党建研究所所长。吴娴，吴理人民俗艺术馆副馆长，工艺美术师，市民建书画院理事。

近年来，随着旅游业的迅猛发展，杭州凭借文化与自然资源，成为国内外游客的热门目的地。根据《2023 年度杭州文化和旅游大数据报告》，2023 年，杭州全年接待游客量超过 1 亿人次，旅游总收入超过 1800 亿元人民币，总消费金额恢复到 2019 年的 98.4%，同比 2022 年增长 42.7%。其中，外地消费同比增长 36.6%，本地消费同比增长 44.0%。全年接待过夜游客 7481.2 万人次，省外客源占比从 2022 年的 63% 提升到 2023 年的 71%。除了传统的江浙沪市场，东北、京津冀和川渝市场成为增幅最大的省外客源地。此外，2023 年来杭境外游客数量超 144 万人次。以上数据显示出杭州旅游业的强大恢复力和增长力。

随着杭州在文化和旅游融合方面的深入探索和丰富实践，文化遗产与现代化旅游业的结合逐渐成为杭州经济增长的重要驱动力。杭州的茶文化、丝绸文化和自然资源等融入现代化的展示与体验活动，显著加深了游客的文化体验，增强了游客对杭州的文化认同感。这不仅使得游客能够在欣赏自然景观的同时体验文化的魅力，还有效地推动了杭州的旅游行业从单一的观光型模式向更加多样化的体验型、互动型、沉浸型模式转变。通过文化与旅游的深度融合，杭州成功地挖掘了文化资源的经济价值，促进了相关产业链的延伸，为自身经济发展注入了新的活力。此外，文化旅游的兴起也为文化产业提供了更多发展机遇，促进了文化的传承与创新。杭州的文旅融合经验为全国其他地区提供了有益的借鉴和参考，即通过文化与旅游的融合来推动地方经济发展、提升城市形象与文化软实力。

一、杭州文旅融合发展历程

（一）初步探索：文化与旅游的早期融合

早在 2000 年初，杭州市政府就意识到，单靠自然景观难以持续吸引大量游客，需将内涵丰富的文化资源与旅游深度融合。为此，杭州提出了"文化旅游"的概念，启动了一系列政策措施，推动文化遗产与旅游业融合发展。例如，在西湖景区的开发过程中，杭州市政府不仅关注自然美景的打造，更重视对文化历史的挖掘与推广。具体来说，政府通过立法保护文化遗产，如从2004年8月1日起施行《杭州西湖风景名胜区管理条例》，并定期进行文化资源普查，将古迹、文化名人故居、民俗活动等融入旅游线路。政府为此还推出了一些重点项目，例如，对西湖景区文化元素的发掘与推广，使西湖不只是一处自然景观，更是与白居易、苏轼等历史文化名人相关的文化景观。通过景区内设置的文化主题展览、文化标识牌和讲解服务，游客可以更好地理解西湖的历史文化内涵。在政府的推动下，西湖景区的文化吸引力大大增强，吸引了更多的国内外游客，文化与旅游的初步融合也得以实现。杭州在这一阶段的文旅融合举措推动了旅游业的快速发展，使杭州成为全国"文化＋旅游"模式的先行者。

（二）深入推进：政策引领下的文旅融合发展

随着杭州文化旅游产业的深入发展，政府在推动文化与旅游融合方面进一步加大了政策支持力度。杭州市人民政府办公厅于2017年发布的《杭州市文化创意产业发展"十三五"规划》就明确提出"促进文化产业与旅游产业融合发展"的战略方向，强调要依托杭州深厚的文化底蕴，将文化资源融入旅游产品设计和线路规划中，开发体验式、互动式文化旅游产品。同时，政府还成立专门的文旅融合发展领导小组，统筹协调文化、旅游、教育等多个部门，保障项目的顺利实施。京杭大运河南段的桥西历史文化街区的打造就是这一阶段的典型案例。街区以"老杭州的非遗生活"为主题，引入非遗文创、国医国药、手工体验等业态，服务居民与游客。由杭州运河集团文化旅游有限公司、杭州市京杭运河（杭州段）综合保护中心、拱墅区政府三方联合审核业态及形象方案，确保街区历史风貌与商业发展的协调统一，同时持续推进街区外立面升级，打造独特的文化商业环境。依托原工业遗存厂房（杭州通益公纱厂旧址），建设手工艺活态馆，聚焦非遗传承，提供展示、体验与亲子互动服务，并与中国刀剪剑博物馆等周边文化场馆形成联动。诸如吴理人民俗艺术馆这样的民办文化场馆，也成了大运河文化传播的重要窗口，通过文创销售、艺术培训及民俗体验等形式，深度展示大运河文化精髓。街区与居民区紧密结合，商业业态注重提升当地居民生活品质，并结合邻里节等常态化活动，增强社区互动与文化活力，实现居民、游客与街区的共生共融。街区不断完善交通网络，整合地铁、水上巴士、自行车等多种出行方式，为游客提供便利的交通体验；完善服务与反馈机制，提升街区的服务质量与游客满意度；借助新媒体平台传播纪录片《话说运河》等，使街区的非遗文化获得广泛关注；同时结合展会与设计比赛等活动，线上线下联合推广，不断扩大街区及艺术馆的影响力。2023 年，街区客流量达 550 余万人次，同比增长 1 倍，成为杭州文旅新地标。

（三）创新发展：数字技术赋能文旅融合

随着信息技术的快速发展，杭州充分发挥数字经济先发优势，将互联网技术与文化旅游相结合，推动智慧旅游技术的广泛应用。2022 年，杭州上线了全国首个实现实时文旅数据在线查询、即时下载的数据开放平台"杭州文化和旅游数据在线"。在政府的主导下，杭州推出了智慧旅游平台，通过大数据、人工智能（AI）、虚拟现实（VR）等技术手段提升游客的旅游体验。依托杭州数字经济产业的先发优势和文旅产业的深厚积淀，一批在数字文旅领域具备技术创新能力的企业蓬勃发展，如：以网易、杭州游科互动科技有限公司、浙江中南卡通股份有限公司、浙江华策影视股份有限公司等为代表的数字文化内容企业，以菲住布渴未来酒店等为代表的数字旅游体验服务企业，以浙江深大智能科技有限公司、杭州绿云科技有限公司等为代表的数字文旅技术服务企业，以飞猪、游侠客等为代表的数字文旅平台，以华数传媒网络有限公司、新华智云科技有限公司、阿里云计算有限公司等为代表的数字文旅新型基础设施服务企业等。杭州各区县都积极参与到数字文旅产业的建设中。余杭区打造中国（良渚）数字文化社区，这是一个以游戏、影视、动漫、直播、数字技术为核心产业，以文化出海为目标的"数字＋文化＋旅游＋贸易"融合共生发展区；上城区推出元宇宙应用场景体验馆、德寿宫"词雨弄潮"互动沉浸式长卷；拱墅区创新数字演艺新空间；西湖区打造首个数字文娱极致体验产业集群 M511 光影汇、文三数字生活街区；临平开设元宇宙体验馆；富阳建成富春山居·数字诗路文化体验馆；桐庐开通数字旅游专线；淳安上演千岛湖·梦之岛光影秀；等等。2023—2024 年，杭州市"智能交互沉浸式旅游体验项目专项资金"共补助扶持西溪洪园沉浸式演艺项目、"如梦上塘"江南古运河文化实景夜游演出项目、良渚古城遗址公园莫角山区域 AR 项目等 18 个项目，扶持了一批线上线下高流量、在线在场相融合的沉浸式数字文旅体验空间和消费产品。2023 年全市数字文旅五大产业营收总额约为 8600 亿元，呈现强劲的领先增长势头和显著的辐射带动效应。2024 年 11 月，杭州发布了《杭州市数字文旅产业创新发展三年行动计划（2025—2027年)》，进一步对文旅产品的开发和服务进行创新，推动文旅产业高质量发展。

二、杭州文旅融合发展成效显著

近年来，杭州通过文化与旅游的融合，以文塑旅、以旅彰文，让人们在领略杭州自然之美的同时，感悟到了杭州的文化之美，陶冶了心灵之美。同时文化搭台、科技赋能助推了杭州经济的显著增长，现代东方文化典范之城、博物馆之城、演艺之都、会展之都的建设加速推进。根据《2023 年度杭州文

化和旅游大数据报告》，2023 年杭州全市推出近 40 个演艺新空间和近 5000
个文艺赋美示范点，共开展 6.8 万场文艺赋美演出，累计服务市民游客超过
5000 万人次。另外，根据"杭州文化和旅游数据在线"平台有关数据统计，
文化旅游产业成了推动杭州经济持续增长的重要引擎。以下是近年来杭州旅
游业的相关数据。

（一）在游客数量上，2019 年杭州接待游客约 2.08 亿人次，同比增长率
达 68.1%。2020 年尽管受疫情影响，游客数量有所下降，但杭州仍接待游客
超 1.75 亿人次，显示出了旅游业的恢复力。2023 年杭州全年游客接待量超过
1 亿人次，约恢复至 2019 年的 57.3%，如表 1 所示。2024 年 1—6 月，全市
接待游客 1.37 亿人次；全市旅游收入 1786.8 亿元。

表 1　2019—2023 年杭州市接待游客总人数情况

年份	游客量 / 万人次
2019	20813.7
2020	17573.1
2021	8951.8
2022	8058.3
2023	11927.9

（二）在旅游收入上，增长量与游客数量相匹配，2019 年杭州旅游总收
入达到 4004.61 亿元人民币。2020 年，尽管全球旅游业受到了严重影响，但
杭州旅游总收入仍然达到了 3335.36 亿元人民币。2021—2022 年杭州旅游总
收入下滑，但 2023 年整体有所回暖，全年旅游总收入超过 1800 亿元人民币，
比 2022 年增长 39%，如表 2 所示。

表 2　2019—2023 年杭州旅游产业旅游总收入情况

年份	旅游总收入／亿元人民币
2019	4004.61
2020	3335.36
2021	1524.18
2022	1297.74
2023	1804.20

（三）在文旅项目开发上，杭州通过"春日经济""赛会经济""农事节庆"等项目掀起旅游热潮，乡村游、文化体验游热度攀升。2023 年杭州景区业务全面恢复，各大景区累计接待游客超过 1900 万人次，同比增长 320%。西湖风景名胜区在五一假期成为全国十大热门景区之首，接待游客 282.1 万人次，恢复至 2019 年的 110.1%。亚运期间，杭州各景区景点（含乡村旅游）共接待游客 1387.9 万人次，比 2022 年同期增长 47.2%。在住宿接待方面，亚运期间全市酒店及民宿共接待过夜游客 597.1 万人次，比 2022 年同期增长 9.8%。亚运期间掀起体育运动消费热潮，日均消费额较平日增长 38.1%，日均消费人数较平日增长 69.2%。"赛""会"为城市引流，"演出＋旅游"激发出文旅消费热点。杭州入选"全国游客满意十佳城市"，"文旅深度融合工程"省对市考核保持全省领先，重大文旅项目投资综合指数连续两年排名全省第一，非遗保护发展指数评估连续六年排名全省第一。

（四）在涉外旅游上，政策不断优化，入境游稳步复苏。受互免签证政策、支付便利化及国际航班增密等利好影响，全市接待入境游客数量增长明显。2024 年上半年，杭州接待入境游客 56.71 万人次。其中，中国香港、日本、中国澳门是主要入境客源地，而韩国、泰国、新加坡、中国台湾、马来西亚、葡萄牙、西班牙也入围入境客源地前十。

通过文化与旅游的深度融合，杭州近年来的游客数量、旅游收入及文化项目的经济效益得到显著提升。具体数据表明，文化与旅游的融合，不仅有效推动了旅游产业的持续增长，还带动了文化创意、生态保护等相关产业协同发展。这些成功的举措不仅为杭州提供了经济上的回报，也为全国其他城市的文旅融合发展提供了宝贵经验。

三、文旅融合发展的国内外城市比较

（一）国内城市对比——西安

1. 西安的文旅融合发展

西安作为中国的古都之一，历史文化底蕴深厚，以其丰富的历史文化资源闻名于世，拥有兵马俑、华清池、大明宫等世界级文化遗产。西安通过加强文化遗产保护和旅游开发，形成了"文化旅游双轮驱动"的发展模式。西安市政府积极推动文化旅游产业一体化，通过举办高质量的文化节庆活动（如丝绸之路国际旅游博览会、长安文化节等），吸引了大量国内外游客。

西安将历史文化遗产与现代文化相结合，充分发挥"文化传承"与"旅游开发"的双重作用。这种深度融合主要体现在对历史文化景点的开发上，例如对兵马俑既注重保护与展示，又通过现代化展览、数字化技术手段增强文化的互动体验。此外，西安还利用其"丝绸之路"的文化背景，开发了一系列与"一带一路"相关的特色文化旅游项目。

西安文旅融合成功的原因在于强有力的政府政策支持、丰富的历史文化资源以及创新的文化项目开发。通过数字技术的应用，西安文化景区的体验性和互动性显著提升，如"数字博物馆"项目和兵马俑的全息展示尤其吸引了大量年轻游客。

西安尽管在文化旅游方面取得了显著成绩，但由于历史文化资源过度集中于少数标志性景点（如兵马俑、城墙等），在资源分散开发方面仍存在不足，且游客对其他非著名文化景点的关注度较低。

2. 杭州与西安的对比分析

在文化资源上，杭州的文化资源呈现出更强的多元化特征，包括宋韵文化、西湖文化、良渚文化、运河文化、亚运文化、茶文化、丝绸文化等，与西安以历史文化遗产为主的文化资源形成了互补。杭州在发展文化旅游时更注重生活方式与文化体验的融合，而西安则更专注于历史文化遗产的保护与展示。

在文化创新上，杭州有着更强的现代化手段，如"互联网＋文化＋旅游"模式，通过数字化、智能化技术全方位提升游客体验。相比之下，西安虽然也在数字化展示方面有所突破，但整体上仍以传统的展示形式为主。

在旅游结构上，西安的旅游结构更依赖其古老的历史文化景区；而杭州则通过丰富的自然与文化景观相结合，打造了更加多层次的旅游体验，如西湖的自然与文化景观有机结合、西溪湿地的生态与文化深度结合。因此，杭州的旅游结构更具多样性和灵活性。以沉浸式体验为特点、多元业态融合形成的景区更受青睐，为游客提供了更加多元化的旅游体验。"今夕共西溪"智慧旅游沉浸式体验新空间、"如梦上塘"江南古运河文化实景夜游演出、"明日世界"多元年轻文化的沉浸式娱乐体验、青山湖景区"奇幻水森林"光影秀、"梦之岛乐园"千岛湖奇幻元宇宙世界等通过不同的场景设计，满足消费者对于互动、体验、沉浸的诉求，成为主客共享的美好生活新载体、新空间。"演出＋旅游"模式有效激发了文旅消费热点。

（二）国外城市对比——巴黎、巴塞罗那

1. 巴黎的文旅融合发展

巴黎作为世界著名的文化旅游城市，有着丰富的历史遗迹、博物馆和文

化活动，吸引了全球大量游客。巴黎的文化旅游融合做法具有典型性，其成功之处在于将艺术、建筑和文化生活深度结合，打造了极具吸引力的多元文化体验。

巴黎的主要做法是精心保护历史文化遗产（如卢浮宫、埃菲尔铁塔等），并利用这些文化符号打造旅游品牌。同时，巴黎的文化创意产业与旅游业紧密结合，文化节庆活动（如巴黎时装周、法国美食节）也吸引了大量游客。此外，巴黎特别注重文化产品的商业化与国际化，通过全方位的全球文化推广和前沿的创新文化体验（如互动展览、沉浸式艺术体验）不断提升城市的文化吸引力。

巴黎文旅融合的成功，得益于其丰富的文化遗产、成熟的文化创意产业及国际化的旅游推广策略。巴黎通过将文化资源商品化，成功将文化转化为经济增长的动力。同时，通过不断地举办国际性文化活动，巴黎进一步巩固了其在全球的文化影响力。

尽管巴黎的文化与旅游融合取得了巨大成功，但游客过多使景区的承载负荷增大，部分文化遗产因过度使用而结构受损，正面临保护与开发的平衡难题。

2. 巴塞罗那的文旅融合发展

巴塞罗那以其独特的建筑风格和创意文化闻名，尤其是安东尼·高迪的建筑艺术作品（如圣家堂、米拉之家等），吸引了大量游客。巴塞罗那通过将文化创意产业与旅游业深度结合，成功发展了城市的文化旅游产业。

巴塞罗那主要通过将创新设计与历史建筑结合，塑造了极具吸引力的城市形象。例如，通过设计节、艺术展览等活动，巴塞罗那将创意设计融入旅游体验。此外，政府积极推动文化旅游项目的开发，如将高迪建筑品牌进行全球推广，吸引国际游客。文化体验活动（如加泰罗尼亚传统节日）也为游客提供了丰富的互动机会。

巴塞罗那成功的关键在于能够将传统建筑与现代创意文化产业紧密结

合，特别是在设计、艺术领域的创新能力。此外，巴塞罗那通过品牌推广和国际文化活动，提升了其全球影响力，成为文化旅游热点城市。

与此同时，巴塞罗那也面临着世界级的与巴黎类似的挑战，即如何在游客数量增加的同时，保护文化遗产不被破坏。此外，由于游客过度集中在核心文化景区，巴塞罗那其他区域的旅游产业发展相对滞后。

3. 杭州与巴黎、巴塞罗那的比较分析

在文化资源上，巴黎和巴塞罗那以建筑和艺术闻名，其文化旅游的主要吸引点是那些著名的历史文化遗产和艺术作品。相比之下，杭州的文化资源更侧重与日常生活紧密相关的文化，如茶文化、丝绸文化和宋韵文化，文化资源的类型和体验方式更为多样。

在创新方式上，杭州通过智慧旅游、互联网技术等提升了游客的文化体验；而巴黎和巴塞罗那则更多依靠艺术创新和文化节庆活动。在文化传播的方式上，杭州利用数字化技术增强游客的互动体验；而巴黎和巴塞罗那则侧重通过全球文化推广与国际文化活动吸引游客。

在游客体验上，杭州注重文化与自然资源的结合，如西湖和西溪湿地通过文化与生态旅游的融合，创造了多元化的旅游体验。相比之下，巴黎和巴塞罗那则侧重文化艺术体验，游客参与的更多是艺术、建筑相关的文化活动。

（三）对比总结

在政府推动与政策导向方面，无论是国内的西安，还是国外的巴黎和巴塞罗那，成功的文旅融合都离不开政府政策的支持和推动。杭州通过政府的政策和法规推动文化资源的系统化开发，特别是在智慧旅游、数字化展示等方面走在前列，这使得杭州在文旅融合发展过程中展现出较强的创新能力。

在文化资源的保护与开发方面，与其他城市相比，杭州不仅在文化遗产保护方面有所成就（如西湖、良渚古城遗址、大运河申遗成功），而且通过将文化资源与现代科技创新结合，使文化旅游项目具有更强的互动性和沉浸感，吸引了更多年轻游客。

在面临的挑战与建议方面，巴黎和巴塞罗那面临的文化资源过度使用问题值得杭州高度重视。随着游客数量的不断增长，杭州需要更加审慎地平衡文化遗产保护与旅游开发的关系，防止过度开发导致文化资源被破坏。

四、杭州文旅融合高质量发展的思考和展望

（一）借助文旅融合促进文化产业链延伸

文化创意产业与旅游业的相互促进理论是文化与旅游融合的重要理论基础。文化创意产业的本质是通过创造、生产和传播文化内容来实现经济价值，这与旅游业通过文化吸引力提升游客体验的目标高度契合。两者的融合可以产生显著的协同效应，有力推动经济增长。

文化与旅游产业的结合，不仅可以促进文化的传播，还可以带动文化创意产品和服务的创新与发展，能够有效提升旅游产品的文化内涵和附加值。在文化创意产业中，创意内容的生产和消费不仅依赖文化本身的独特性和吸引力，还要借助旅游业的传播平台，向更广泛的受众群体推广文化产品。旅游业则可以通过文化创意产业丰富其内涵，提升其吸引力，从而提升游客的参与度和满意度。英国学者约翰·霍金斯（John Howkins）在其《创意经济》一书中提出，创意经济的核心在于创意产品的创新和商业化。这一观点同样适用于文化与旅游的融合发展。通过将文化创意内容融入旅游体验，城市可以更好地满足游客对文化体验的需求，并推动当地经济发展。

文创产品作为文化与旅游融合的重要创新点，在杭州的文旅产业发展中占据了重要地位。杭州利用丰富的文化资源，将本地传统文化与现代设计相

结合，开发了一系列特色鲜明的文创产品。这些文创产品不仅能够满足游客的消费需求，还提升了旅游体验的文化价值。其具体的开发过程可分为以下几个阶段。

第一阶段：文化资源挖掘。文创产品的开发首先基于对文化资源的深入挖掘。杭州的茶文化、丝绸文化、宋韵文化等为文创产品提供了丰富的创意源泉。例如，开发者在对龙井茶文化进行深入发掘后，赋予其现代设计元素，生产出多种龙井茶主题的茶具、茶叶礼盒、茶点等旅游商品。开发过程中，开发者注重对传统文化内涵的尊重和现代化表达的结合，确保文创产品既保留了文化特色，又符合现代审美和消费需求。

第二阶段：设计与生产。在设计环节，杭州通过与知名设计师、文化创意机构的合作，借助数智化手段，确保文创产品的设计具有高质量和创新性。例如，杭州的丝绸文化产品融合了现代设计理念，生产出具有现代时尚感的丝绸围巾、手包等产品。这些产品不仅是文化的载体，还是时尚潮流的象征，吸引了大量年轻游客的关注。

第三阶段：市场化生产与推广。在产品设计完成后，生产和市场推广是成功的关键环节。杭州市政府与本地企业合作，建立了一套完整的生产与推广体系，确保文创产品能够快速进入市场。通过线上线下渠道的结合，文创产品的推广力度得到了大幅提升。杭州市还推出"文化旅游节"，定期展出新的文创产品，吸引国内外游客前来购买。

第四阶段：多渠道销售。文创产品通过线上电商平台与线下旅游景点、博物馆、文创集市等多个渠道进行销售。例如，龙井茶、丝绸产品等不仅在景区内销售，还通过淘宝、天猫、京东等电商平台在全球销售，吸引了大量国际游客。线上电商平台不仅打破了地域限制，还为文创产品提供了更广阔的市场。比如，杭州游科互动科技有限公司开发的游戏《黑神话：悟空》于2024年8月20日上线，首日销售额就超过15亿元，远超投资成本，引爆全球游戏市场。它不仅是一款成功的游戏，还带动了游戏场景对应的现实取景地的旅游热潮，成为 AI 数字技术赋能文创产业、文旅产业新模式的典范。

此外，文化旅游消费是一种体验型消费。游客旅游不仅是为了参观景点，更是希望通过深度参与当地文化的互动与体验，获得丰富的感官和情感享受。"体验经济理论"由约瑟夫·派恩二世（Joseph Pine II）和詹姆斯·H.吉尔摩（James H. Gilmore）在 1999 年提出。他们认为，体验经济是继农业经济、工业经济和服务经济之后的第四种经济形态。在体验经济中，消费者购买的是一系列难忘的体验，而不仅仅是产品本身。在这一理论视角下，文化旅游融合可以被看作是一种体验经济模式的典型应用。

例如，游客来到龙坞参加杭州的龙井茶采摘活动，不仅可以品味茶香，还可以亲身参与采茶、炒茶等过程，这种沉浸式体验能够增强游客的感知和记忆，从而为旅游业带来更高的经济效益。体验经济理论强调，旅游产品应具备个性化、情感化、故事性等特征。比如，宋城演艺持续创作高品质演艺作品，不断夯实千古情主秀的核心竞争力，同时不断丰富园区内容，优化空间布局、硬件配置和游览路线，打造新颖奇特的景区和度假体验。坚持传统文化和时尚潮流的共生发展，坚持精神内核和演艺科技的统一表达，推动千古情系列之外的各类演出和体验定向抓取年轻人、亲子等各类细分人群。根据财报数据，2023 年宋城演艺实现营业总收入 19.26 亿元。2024 年第一季度，公司实现营业总收入 5.60 亿元，同比增长 138.70%；归母净利润 2.52 亿元，同比增长 317.33%；扣非净利润 2.49 亿元，同比增长 349.07%；经营活动产生的现金流量净额为 3.48 亿元，同比增长 109.93%。这为文旅融合促进文化产业链延伸提供了理论依据和现实依据。

文化产业链与旅游业的协同发展理论主张，通过延伸文化产业链，可以推动旅游业的创新与发展。文化产业链包含文化资源的开发、生产、传播和消费等多个环节，而旅游业可以作为文化产业链的重要组成部分，通过旅游活动带动文化产品的消费和传播。文化与旅游的结合，不应局限于景区景点的开发，还可以延伸至文化创意产品的开发、文化活动的组织等多个层面，形成"文化＋旅游"的全产业链协同模式。杭州通过将文化创意产业与旅游业相结合，使文化资源的商业化和市场化进一步延伸。

（二）利用数智技术赋能文旅融合发展

党的二十届三中全会提出，要"探索文化和科技融合的有效机制，加快发展新型文化业态"。《"十四五"旅游业发展规划》提出："要坚持创新驱动发展，加快推进以数字化、网络化、智能化为特征的智慧旅游，深化'互联网＋旅游'，扩大新技术场景应用。"科技是第一生产力，快速发展中的数字技术开辟了文旅融合发展的新赛道。杭州是"全国数字经济第一城"，有着十分深厚的数字基因，通过大数据、虚拟现实（VR）、增强现实（AR）、人工智能（AI）、5G、区块链等技术的应用，杭州的"互联网＋文化＋旅游"模式有效提升了游客的体验感和参与感，智慧旅游和数字文旅有助于塑造文旅融合高质量发展的新动能、新优势，让文旅在更广范围、更深层次、更高水平上实现融合，为文化旅游产业注入新的活力。

1. 大数据、VR/AR 技术在文旅融合中的应用

杭州积极利用大数据、VR/AR 技术，推动"互联网＋文化＋旅游"模式的发展，为游客提供更加个性化、沉浸式的文化体验。

杭州通过大数据分析，实时监测游客的旅游习惯、偏好和行为。通过分析游客的浏览数据、消费记录和反馈信息，政府和景区能够根据游客需求设计定制化旅游产品和路线。大数据还帮助管理部门优化景区管理，如通过预测客流高峰期合理安排入园时间，减少游客排队时间，提升游客的旅游体验。例如，西湖景区利用"智慧西湖"App 等大数据平台，让游客可以查看景区实时人流量、天气情况、推荐旅游线路等信息，并结合游客的行为数据，为游客推荐个性化导览服务，显著提升了游客的满意度；在西溪湿地等景区，游客可以借助 AR 技术获取景区的历史文化介绍和数字文化地图，并与虚拟

动植物互动，大大增强了游客的参与感和游览过程的趣味性。

杭州利用 VR/AR 技术，让游客在不受时间和空间限制的情况下，体验文化旅游的魅力。利用 VR 设备，游客可以沉浸式地游览西湖、龙井茶园、丝绸博物馆等文化景点，体验历史场景虚拟复原，与文化名人虚拟互动等。AR 技术的应用则让游客在景区内通过手机扫描，即可看到隐藏的文化信息，或与虚拟人物进行互动，例如，AR 技术的应用让游客能够与西湖历史文化人物进行互动，了解他们的故事和贡献，让珍贵的文物和文化遗产动起来、活起来。

2. AI 技术在文旅融合中的应用

AI 技术作为未来技术的重要组成部分，将为文化旅游产业带来更多创新。AI 技术可用于优化游客服务，提升个性化体验。例如，智能导游机器人可以提供多语言讲解服务、定制旅游线路规划，甚至通过语音识别技术与游客互动。AI 技术还可用于分析游客需求，并自动推荐最佳的文化活动和路线，确保游客的旅游体验更加便捷和高效。AI 技术在文化遗产保护和文化体验展示中也有广阔的应用前景。例如，通过 AI 图像处理技术修复和重现古代文物的细节，或通过智能翻译技术帮助国际游客更好地理解文化遗产的背景，助力杭州地域文化 IP 的强势输出。

3. 5G 技术在文旅融合中的应用

2023 年，工业和信息化部联合文化和旅游部印发《关于加强 5G ＋智慧旅游协同创新发展的通知》，深入推进 5G 在旅游业的创新应用，赋能旅游业数字化、网络化、智能化转型升级，培育发展智慧旅游新业态、新模式，推动 5G 智慧旅游协同创新发展。凭借高速网络和超低延迟，5G 将为 VR/AR 等技术的广泛应用提供技术支持，提升游客的沉浸式体验。例如，游客可通过 5G 网络实时观看高清的西湖景区全景直播，并与远程导游进行互动。此外，5G 技术还将增强景区内的智能化管理，通过物联网（IoT）技术实现景区内的全时空监控和游客流量智能分配，提升旅游的安全性和管理效率。

4. 区块链技术在文旅融合中的应用

区块链技术在文创产品溯源、文化遗产保护等领域也有着广阔的应用潜力。通过区块链技术，可以建立文创产品的可信溯源系统，确保产品的真实性与文化价值。在文化遗产的数字化记录和保护方面，也可以借助区块链技术实现更安全和高效的管理。

（三）实现文化资源保护与商业开发之间的平衡

文化资源是杭州文旅融合的核心，但在追求经济效益的过程中，文化资源保护与商业开发之间的矛盾逐渐显现。例如，部分历史建筑和文化遗产在过度商业化的旅游开发中面临破坏风险。在文化资源开发的过程中，过度注重经济效益可能导致文化内涵被削弱或扭曲，失去原有的历史和社会意义。一个典型的例子是一些历史文化街区的商业化开发。尽管这些街区通过引入商业项目提高了人气和经济效益，但过度的商业活动可能导致文化资源被异化，失去文化传承的价值和独特性。为此，建议如下。

加强文化资源的立法保护。为了确保文化资源在商业开发中的完整性和真实性，政府应进一步完善文化遗产保护的法律框架，明确规定哪些文化资源可以进行商业开发，哪些必须得到严格的保护。例如，可以对历史文化街区、古迹、非物质文化遗产等划定严格的保护区域，防止开发过程中破坏原有文化元素。

建立文化资源评估机制。在进行文化资源开发时，应通过专家评估机制，评估开发项目对文化资源的影响，确保商业开发不会破坏文化资源的历史价值和文化内涵。同时，政府可以建立文化资源开发的负面清单，明确禁止或限制过度商业化的开发行为，保护资源的原真性。

推动文化资源的可持续利用。在开发文化资源的同时，应确保资源的可持续性。例如，开发世界文化遗产旅游等项目时，可以采用小规模、精细化的开发模式，既满足游客需求，又不过度消耗文化资源。此外，可以通过数字化手段展示和传播文化遗产，如虚拟导览、数字化保护等技术，最大程度减少对物理资源的依赖。

（四）减少游客过载对文旅生态环境的影响

随着文化旅游产业的快速发展，西湖、龙井茶园、西溪湿地等著名景区的游客数量激增，给自然环境带来了巨大压力。例如，西湖景区在旅游高峰期游客数量严重超载，导致了植被破坏、垃圾增加、湖水污染等问题。环境问题不仅影响了游客体验，也威胁到了文化与自然资源的可持续发展。核心地区节假日交通拥堵更是让游客体验感不佳。为此，可以考虑以下几个办法。

推动绿色旅游发展。杭州可以大力推广绿色旅游理念，要求景区在发展旅游项目时必须采取环保措施。例如，在景区内推广低碳出行，鼓励游客使用公共交通或绿色交通工具（如共享单车、电动车）进入景区。同时，持续改善公共设施，如增加垃圾分类站点、推广可再生能源等，减少旅游活动对环境的负面影响。

分流游客，缓解景区压力。在旅游高峰期，可以采取限流措施，通过预约系统合理分配游客流量，避免景区在短时间内过度拥挤。此外，还可以通过开发其他文化景点或推广周边文化旅游项目，分散核心景区的游客压力。例如，推广杭州周边的乡村旅游，将游客引导到相对人少的文化体验项目中，既能促进区域均衡发展，也能减少核心景区的环境压力。

加强环境保护与教育。可以在景区内加强环保宣传，增强游客的环保意识。例如，设置醒目的环保标识、发放绿色旅游手册，或通过数字媒体和互动体验等方式，向游客传递环境保护的重要性。景区管理者还应加强对环境的实时监测，通过智能监控系统及时发现并处理环境问题，确保景区的可持续发展。

（五）建立更加高效的统筹协作机制

文化与旅游的融合涉及多方利益相关者，包括政府、企业、文化团体、当地社区和游客。如何协调这些利益相关者的需求和利益，确保文化旅游的可持续发展，是文旅融合过程中的一大挑战。例如，文化资源的开发往往涉及文化保护组织的担忧和企业的商业利益之间的冲突，当地社区的居民可能也会因游客的增加而面临生活不便等现实问题。为此，可以从以下几方面加以考虑。

建立多方协作机制。政府应建立一个有效的协作机制，将文化保护组织、旅游企业、当地社区等各方纳入决策过程，确保在文化资源开发的每个阶段都能听取不同利益相关者的声音。可以成立文旅融合委员会，由政府、企业和文化代表组成，共同商讨如何平衡各方利益，推动文化与旅游的可持续发展。

推进村社参与和共享发展红利。当地乡村、社区是文化旅游发展的重要利益相关方。政府应确保村社能够参与文化旅游项目的开发，并通过旅游业的发展共享经济红利。例如，可以鼓励当地群众参与文化旅游项目的运营，如开设民宿、参与文化体验活动等。这样不仅能够提升居民的收入，还可以增强村社对文化资源的保护意识。

推动政府与企业的合作。政府可以通过政策激励，鼓励企业在开发文化旅游项目时注重社会责任，主动积极参与文化资源的保护。例如，政府可以设立文化旅游奖励基金，奖励那些在文化保护与旅游开发中表现优异的企业，同时配套提供税收减免、融资支持等政策激励，推动企业承担更多文化保护的责任。

（六）设立可持续发展的文旅保护基金

在文化与旅游融合过程中，文化资源的保护往往需要大量的资金支持。无论是历史文化遗产的修复、非物质文化遗产的传承，还是环境的保护，都常常受到资金这一关键因素的制约。为此，可以从以下几个方面入手。

设立专门的文旅保护基金。政府可以设立专门的文化旅游保护基金，专门用于文化遗产的保护、修复和传承。这一基金的来源可以包括政府拨款、企业捐赠、旅游门票收入等。同时，可以鼓励社会资本通过慈善捐款、赞助等方式支持文化资源的保护工作。文化保护基金的设立，将确保文化资源在开发过程中不会因资金不足而被忽视或破坏。

推进文化资源保护的市场化运作。除了政府拨款和企业捐赠，文化资源保护还可以通过市场化运作获得资金支持。例如，推出"文化认养"计划，吸引企业或个人赞助特定文化遗产的修复和维护工作，并通过多样化的宣传和品牌推广给予其回报。此外，可以通过拍卖或售卖带有文化标志的文创产品，将部分收入用于文化资源保护。

寻求国际合作与援助。杭州作为文化与旅游融合的典范城市，可以主动出击，积极寻求国际合作与援助，通过引入国际组织的技术和资金支持，推动文化资源的保护与开发。例如，可以与联合国教科文组织合作，开展文化遗产保护项目，在提升国际影响力的同时获得技术和资金支持。

杭州文化与旅游融合发展的成功经验为其他城市提供了宝贵借鉴。通过文化赋能、技术创新和政策支持，杭州不仅实现了文化与旅游的深度融合，还推动了地方经济的高质量发展。2023 年，杭州市人民政府制定出台《关于加快促进旅游业高质量发展的实施意见》，在新时代的背景下，继续探索和创新文化与旅游的融合发展路径，这对于提升城市文化软实力和旅游竞争力、加快建设"具有世界影响力的历史文化名城"和"国际重要的旅游休闲中心"具有重要意义。

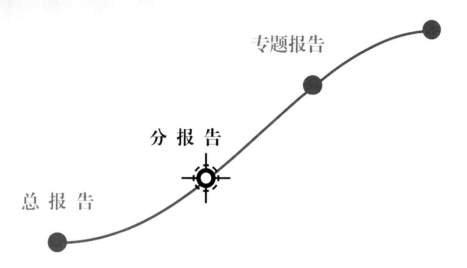

典型案例

专题报告

分 报 告

总 报 告

杭州以新质生产力赋能文旅产业高质量发展研究报告

吴 爽[*]

摘要： 新质生产力的特点是创新，关键在质优，本质是先进生产力。在全球化与数字化交织的新时代，新质生产力理念的提出为文旅产业的高质量发展建构了理论逻辑，提供了解决方案。本报告以杭州上一阶段以新质生产力赋能文旅产业高质量发展的探索实践为基础，从以科技全域嵌入进一步促进文旅要素优化与业态创新、以深度融合赋能进一步拓展文旅产业发展空间、以体制机制创新进一步营造国际文旅消费环境、以多元主体共建进一步完善数字文旅产业人才体系等方面提出再提升策略。

关键词： 新质生产力；文旅产业；高质量发展

高质量发展是新时代的硬道理，亟需新的生产力理论来指导。习近平总书记在二十届中央政治局第十一次集体学习时指出"发展新质生产力是推动

---

* 吴爽，杭州市社会科学院党建研究所助理研究员，研究方向为数字经济和基层党建研究。

高质量发展的内在要求和重要着力点……必须继续做好创新这篇大文章，推动新质生产力加快发展"[1]；在党的二十届三中全会上强调"健全因地制宜发展新质生产力体制机制"[2]。习总书记关于新质生产力的重要论述，丰富和拓展了习近平经济思想的内涵，不仅深化了对生产力发展规律的认识，更为文旅产业高质量发展提供了科学指引。

作为中国历史文化名城之一的杭州，文旅资源极为丰富。2023 年，杭州文化产业增加值 3211 亿元，旅游休闲产业增加值 1097 亿元，文旅产业占全年地区生产总值的比重为 21.5%。据初步统计，2024 年，这一比重突破25%。足见，文旅产业的高质量发展已然成为杭州市经济社会高质量发展的重要组成部分。新质生产力的发展，不仅将成为推动杭州文旅产业高质量发展的新力量，更将成为持续推动杭州社会经济发展的强大动力。本文基于对新质生产力基本内涵的理论探索，深入分析新质生产力赋能文旅产业高质量发展的内在逻辑，并围绕杭州以新质生产力赋能文旅产业发展的创新实践，提出切实有效的优化提升策略，以期充分发挥杭州特色文旅资源新优势，壮大产业发展新动能，推动产业逐步由"粗放发展"向"提质增效"转型，加快建成世界一流旅游目的地。

---

[1] 习近平：《发展新质生产力是推动高质量发展的内在要求和重要着力点》，《求是》，2024 年第 11 期。

[2] 《中国共产党第二十届中央委员会第三次全体会议文件汇编》，北京：人民出版社，2024 年，第 27 页。

一、新质生产力赋能文旅产业高质量发展的理论基础

（一）内涵厘定

1. 新质生产力

2023 年 9 月 7 日，习近平总书记在主持召开新时代推动东北全面振兴座谈会时首次提出"新质生产力"这一概念。他指出："加快形成新质生产力，增强发展新动能。"[①] 次日，在听取黑龙江省委和省政府工作汇报时，习近平总书记强调："整合科技创新资源，引领发展战略性新兴产业和未来产业，加快形成新质生产力。"[②]2024 年 1 月 31 日，在中共中央政治局第十一次集体学习时，习近平总书记对新质生产力的概念和内涵进行了全面系统阐释，"新质生产力是创新起主导作用，摆脱传统经济增长方式、生产力发展路径，具有高科技、高效能、高质量特征，符合新发展理念的先进生产力质态。它由技术革命性突破、生产要素创新性配置、产业深度转型升级而催生，以劳动者、劳动资料、劳动对象及其优化组合的跃升为基本内涵，以全要素生产率大幅提升为核心标志，其特点是创新，关键在质优，本质是先进生产力"[③]。2024 年 3 月 5 日，习近平总书记在参加十四届全国人大二次会议江苏代表团审议时再次强调，"要牢牢把握高质量发展这个首要任务，因地制宜发展新质生产力"[④]。2024 年 6 月，《求是》杂志第 11 期刊发习近平总书记的重要文

[①] 《习近平主持召开新时代推动东北全面振兴座谈会强调　牢牢把握东北的重要使命　奋力谱写东北全面振兴新篇章》，《人民日报》，2023 年 9 月 10 日第 1 版。

[②] 《习近平在黑龙江考察时强调　牢牢把握在国家发展大局中的战略定位　奋力开创黑龙江高质量发展新局面》，《人民日报》，2023 年 9 月 9 日第 1 版。

[③] 《习近平在中共中央政治局第十一次集体学习时强调　加快发展新质生产力　扎实推进高质量发展》，《人民日报》，2024 年 2 月 2 日第 1 版。

[④] 《习近平在参加江苏代表团审议时强调　因地制宜发展新质生产力》，《人民日报》，2024 年 3 月 6 日第 1 版。

章《发展新质生产力是推动高质量发展的内在要求和重要着力点》，文章强调"新质生产力的显著特点是创新，既包括技术和业态模式层面的创新，也包括管理和制度层面的创新。必须继续做好创新这篇大文章，推动新质生产力加快发展"。习总书记关于新质生产力的重要论述表明，新质生产力本质上是区别于传统生产力形式、适配新生态发展需求的先进生产力，其与第三次工业革命以来形成的生产力形式有显著差异，其内在要求和重要着力点是科技引领、创新驱动、绿色发展和体制改革。新质生产力的提出，为杭州加快建设世界一流的旅游目的地注入了强大动力，更为新时代杭州文旅产业实现高质量发展提供了理论基础和实践指引。

2. 文旅产业高质量发展

新时代消费者的偏好变化和对产品、服务的高品质追求，推动着旅游业从业者由"以量取胜"向"以质争先"转变。旅游业迈入从高速增长转向高质量发展的关键转型期，而文旅产业的融合为旅游业迈向高质量发展带来了契机。

"文旅融合发展"这一议题最早来源于国内外学界对文化与旅游相互作用关系的研究外延。"十四五"规划以来，文化与旅游产业迅速发展，成为我国国民经济的重要支柱产业。随着我国产业转型升级进程的推进，文化与旅游产业的融合发展已成为我国宏观发展和产业进步的客观要求。习近平总书记指出："文化产业和旅游产业密不可分，要坚持以文塑旅、以旅彰文，推动文化和旅游融合发展，让人们在领略自然之美中感悟文化之美、陶冶心灵之美。"[1] 2018 年，国家旅游局和文化部合并为文化和旅游部，在行政规划上明确了文化与旅游融合发展的目标方向。2019 年，国务院办公厅发布了《关于进一步激发文化和旅游消费潜力的意见》，明确指出要加快"促进文化、

---

① 习近平:《论把握新发展阶段、贯彻新发展理念、构建新发展格局》，北京：中央文献出版社，2021 年，第 403 页。

旅游与现代技术相互融合",“提升文化、旅游产品开发和服务设计的数字化水平"。文化和旅游部发布的《"十四五"文化和旅游发展规划》也指出,要"推动文旅深度融合、创新发展",“推进数字经济格局下的文旅融合发展",这为文旅融合高质量发展明确了目标、内容和实施路径。

"高质量发展"是一个多维度的概念,而不仅仅是指经济总量和物质财富数量的增长。它是在系统性和全面性的视角下,将创新作为第一动力,把人民日益增长的美好生活需要作为标准,着重解决在社会经济发展过程中出现的不平衡、不充分问题。文旅融合高质量发展是文旅产业转型升级的必经之路,通过提升旅游服务质量、丰富旅游产品形式、提升游客体验,最终实现旅游目的地在经济、社会及环境方面的可持续发展。

(二)内在逻辑

1. 新质生产力为文旅产业高质量发展提供理论和实践支撑

在新质生产力概念中,新质生产力具有高科技、高效能、高质量特征,其不仅关注物质资源的数量和质量,更强调创新力量在推动产业转型升级过程中的基础作用,追求生产力质的飞跃。科学技术创新是推动新质生产力产生的最主要因素,也是使新质生产力符合新发展理念、脱离传统经济增长方式、实现新的发展路径的关键所在。文旅产业既是一门经济产业,同时也是一项社会事业;既有经济属性,同时也有社会属性与文化属性;既发挥着推动经济增长的关键动力作用,也发挥着满足人民日益增长的精神文化需要的社会民生作用。其高质量发展更加注重经济效益与文化价值的统一,要求在不断优化旅游体验、深入挖掘文化价值的基础上,对优秀文化进行进一步传承与创新,全面提升文旅产业核心竞争力。

2. 新质生产力为文旅产业高质量发展开辟新领域、新赛道

新质生产力以创新为根本驱动力,依赖新型生产要素的产生以及全要素

的优化，为文旅产业提供技术支撑和创新动力，不断推动文旅产业拓展新业态、新模式与新场景，推动文旅产业实现突破性创新、融合性创新和持续性创新。

一是新质生产力通过推动传统生产要素的升级和新型生产要素的产生，推动文旅产业实现突破性创新，使得新产品层出不穷。新质生产力是一种优化重塑力量，通过推动传统生产要素升级，改善传统生产关系，优化传统市场环境，推动传统文旅产业整体向现代化生产关系、产业关系、市场体系过渡，加速传统文旅产业转型升级。当前文旅领域的数据资源主要有两方面来源：一方面，从供给侧的文化存量资源经由数字化采集、存储、解构、重构等转化而来，文旅空间服务场景开始走向"云端"。例如，故宫博物院官网上设立了"云游故宫""数字多宝阁"等栏目，市民游客可以足不出户欣赏馆藏文物和展览；还有"联馆模式"，即联合多个博物馆，将一定范围内的博物馆展览或藏品整合起来，进行数字化展示。另一方面，从需求侧的文旅消费数据生成存储而来，这些数据在游客消费需求洞察与产品定制、服务优化等方面发挥着重要决策作用。

二是新质生产力以科技要素集成配置推动文旅产业实现持续性创新，催生文旅产业新业态。以 5G、人工智能、虚拟现实、物联网、大数据等为代表的新一代数字技术，构成了文化科技融合推动文化创新的技术矩阵。例如，依托数字技术的集成配置与灵活组合，数字孪生、3D 实景、全息投影等集成技术在文旅产业广泛应用，实现了对文化旅游目的地的逼真拟态再现、交互式参与、沉浸式体验，打破了文化旅游消费体验的时空屏障，极大地拓展了文化旅游消费体验的表现空间与感知空间，推动文化旅游消费生态从传统线下观光式走向线上与线下一体化，构建了在线、在地与在场相链接的场景模式。例如，杭州宋城景区深度挖掘并创新性再现了宋代历史人文风貌，通过综合运用高科技手段，如全息投影、虚拟现实等，不仅复原了宋代街市的繁华景象，还精心打造出宫廷生活、市井百态等多个场景，使游客仿佛穿越时空，亲身体验到宋代文化的独特韵味。

三是新质生产力以高势能产业升级推动文旅产业实现融合性创新，助力传统文旅产业转型升级。文旅产业作为一种文化经济形态，其高附加值、高融合性、高渗透性的经济特性，与新质生产力所依托的新一代信息技术产业、数字创意产业等战略性新兴产业和未来产业存在着天然联系。一方面，网络文学、影视作品、动漫游戏、创意设计等新兴产业与文旅场景相互关联。例如，在电视剧《繁花》播出后，剧中场景成为去沪旅游的热门打卡地；《黑神话：悟空》游戏爆火，带动山西古建"出圈"。另一方面，文旅产业资源创新性转化、内容创意生产、文化传播推广、文旅消费体验等，均离不开新兴产业与未来产业对全环节、全领域、全方位的创新支撑。比如一些沉浸式展览展示，使游客深度介入、互动体验，从而形成一种新的旅游产品和新的消费服务场景。新兴产业与未来产业作为集聚最前沿智能科技、最先进创意思维、最高层次知识活力的高势能产业，其与文旅产业如何实现互动共生、深度融合以及价值共创，将成为新质生产力赋能文旅产业高质量发展的重要影响因素。

综上，新质生产力的培育始终伴随着数字技术的迭代升级与集成创新，从而不断催生出文旅产业的新产品、新业态、新模式、新场景。数字技术所释放的创新红利将持续推动文旅产业的发展向更深层次、更高水平迈进。

二、杭州以新质生产力赋能文旅产业高质量发展的探索实践

杭州作为国内数字经济先行城市，在数字经济领域有着多年的积累和布局，为以数字技术为内核的新质生产力赋能文旅产业高质量发展提供了良好的生态环境。在新质生产力的引领推动下，杭州市数字文旅经济建设成效显著：2023 年全市数字文旅五大产业营收总额约为 8600 亿元，正呈现强劲的

领先增长势头和显著的辐射带动效应。据相关部门初步统计，2024 年杭州全年接待中外游客 24458.1 万人次，同比增长 7.5%，增速居全国第七名；接待过夜游客 14124.9 万人次，体量居全国第一名，同比增长 16%，增速居全国第 4 名；实现旅游总收入 3450 亿元，同比增长 8.5%。2024 年，杭州再获"全国游客满意十佳城市"殊荣，"文旅深度融合工程"省对市考核保持全省领先，重大文旅项目投资综合指数连续两年排名全省第一，非遗保护发展指数评估连续六年排名全省第一。

（一）赋能文旅新业态蓬勃发展

《中华人民共和国国民经济和社会发展第十四个五年规划和 2035 年远景目标纲要》提出："充分发挥海量数据和丰富应用场景优势，促进数字技术与实体经济深度融合，赋能传统产业转型升级，催生新产业新业态新模式，壮大经济发展新引擎。"[①] 近年来，杭州文旅产业发展日新月异，各类创新应用场景和探索案例层出不穷，借助虚拟沉浸式体验新技术、新手段全方位展示本地文旅资源。例如，上城区积极打造德寿宫"词雨弄潮"互动沉浸式长卷，拱墅区创新构建数字演艺新空间，西湖区着力培育首个数字文娱极致体验产业集群 M511……这些实践"融"出了文旅新业态、新气象。通过融合全息投影、扩展现实（XR）等前沿科技手段，杭州为游客打造的一个个具有全方位、多感官互动体验环境的智能沉浸式文旅项目，已经成为杭州构建文旅新业态、促进文旅新消费的关键驱动力。从《宋城千古情》到《印象西湖》，从《如梦上塘》到《今夕共西溪》，从"明日世界"到"梦之岛乐园"……杭州市作为中国历史文化名城和国际旅游胜地，已经成为国内沉浸式文旅项

---

① 《中华人民共和国国民经济和社会发展第十四个五年规划和 2035 年远景目标纲要》，https://www.12371.cn/special/ssw2035/。

目发展的前沿阵地。《宋城千古情》自 1997 年首演至 2024 年 5 月，已演出近 3.7 万场次，累计吸引 1 亿多人次观看，使游客在杭州平均逗留时间延长 0.36 天；《印象西湖》实景演出作为 G20 杭州峰会重要欢迎活动之一，受到与会各国元首的高度评价；"南宋御街"通过复原古代市井生活场景，让游客在购物、品尝美食的同时，也能感受到浓厚的历史文化氛围；良渚古城"舞态新遗：沉浸式舞蹈活态赋能文化遗产"项目获得 2024 "全球世界遗产教育创新案例奖"（AWHEIC）——"探索之星奖"，具有全球创新示范意义。此外，湖滨 in77、工联 CC、文三数字生活街区等相继推出沉浸式体验项目，吸引不同群体，融合多元体验，为城市经济发展引入新业态、注入新活力。

（二）赋能文旅新内容不断丰富

杭州市深挖文旅资源内容，并通过将线下资源数字化上线的方式丰富文旅资源内容，让民众感受杭州的多元文化。一是打造多元文旅资源形式。2024 年，杭州市取消了全市所有 A 级景区的预约制度，同时积极策划举办各类演艺活动和赛事，吸引万千目光，持续推进文旅"焕新"工程，为城市文旅发展带来新的内容和活力。同时，还联动各区县（市）举办"'宋'福杭州年""杭州奇妙夜""户外休闲旅游节""大学生旅游节"等活动。2024 年 7 月 12 日—14 日举行的"杭州奇妙夜"活动，3 天时间共吸引线上线下市民游客达 251 万人次（其中，钱江世纪公园现场参与人次达到 37.2 万，全城欢唱点参与人次达到 37.5 万，线上观看人次超 175.8 万），活动总曝光量超过 5.5 亿次。二是挖掘亚运文旅资源价值。为充分利用亚运"长尾效应"、推动文旅产业发展，杭州市积极开展"跟着赛事游杭州"2024 文体旅融合新消费促进年活动。该活动贯穿全年，以优质赛事资源为核心，通过线上线下渠道，全面推出以马拉松、电竞、马术、水上运动等热门运动为重点的特色旅游休闲产品，推出"跟着赛事游杭州"休闲旅游套餐，既有"跟着赛事游杭州"经典线路推荐，又有交通出行、酒店住宿、租车包车、景区门票、美食餐饮等多种配套组合，个性化定制多款"体育＋旅游"文体旅融合专属产品并上架销售；组织秋季"三江两岸"户外露营大会、"跟着健儿游杭州"和"跟着赛事 City 游"等系列活动，不断利用亚运遗产资源拓展文旅新资源、新内容。三是以文化 IP 延伸文旅资源内容。为满足春节游客的旅游需求，2024 年春节期间杭州市以线上线下相结合的方式，精心打造包括"新春送吉利"在内的"'宋'福杭州年"系列活动，让旅游内容更加新颖，从而达到了提振文旅消费的目的。"杭州文化和旅游数据在线"平台统计数据显示，2024 年春节长假杭州市景点接待游客 1350 万人次，与 2023 年同期相比增长 53.9%，其中，接待外地来杭游客约 716 万人次，与 2023 年同期相比增长77%。2024 年，仅"'宋'福杭州年"活动就拉动了文旅消费累计超 57 亿元。

（三）赋能文旅新服务升级优化

杭州的智慧服务使市的各个角落紧密相连，为游客提供舒适便捷的旅行体验。从预订酒店、购买门票到餐饮推荐、交通规划，一切皆可通过智能平台轻松搞定。特别是杭州文旅数字人"杭小忆"，集杭州文旅资源之大成，充分利用公共数据授权、行业数据授权、个人数据授权和商业数据采集，对文旅服务资源开展数字化改革。通过异构数据的整合集成和深度挖掘，融合多模态伴随式大模型、全流程工具链协同、触碰式交互等关键技术，为旅游产品消费者、旅游产品提供者和公共服务提供者创新性地构建了支持文旅应用批量生成和管理的一体化数字文旅智能服务平台，解决了"活需求，死数据""多平台、杂信息"等问题，形成全流程、多场景、跨时空、虚实融合、时空伴随、情境触发、"所触即所得"的触碰式交互体验的数字文旅服务新模式，最终实现文旅产品信息的精准触达和个性化服务。通过"杭小忆"，游客可获取高铁出行、酒店入住、交通预订、客流测算、景区导览、门票购买、餐饮美食、旅游气象、停车泊位、智慧公厕等海量旅游数据，得到全方位、个性化、一站式、实时有效的旅游服务体验。2024 年夏季，杭州还首创"轻松游"行李服务改革方案，聚焦游客在杭旅途中的行李负担，通过探索"国企让利＋民企运营＋多元参与"的运营机制，构建起景区、酒店、商圈、交通站点之间的多场景行李托运服务体系。"轻松游"行李服务改革案例继入选"浙江省首批交旅融合优秀案例"后，于 11 月再获"全国交旅融合发展示范案例"殊荣。此外，杭州还积极探索利用区块链技术建立旅游商品溯源系统，为消费者提供权益保障服务；推出智能穿戴设备，为游客提供健康监测与紧急救援服务等。这些创新举措不仅为杭州的文旅产业注入了新的动力，更让每一个来到杭州的游客在享受美景的同时，感受到了杭州这座城市的细腻与关怀。

（四）赋能行业新活力持续迸发

作为国家历史文化名城，杭州独具特色的文化产业是推动文旅融合高质量发展的深层次力量。近些年，杭州市不断加大文化产业的数字化技术投入力度，促使数字出版、网络游戏、影视动漫等行业百花齐放，成为拉动杭州文旅产业高质量发展的新引擎。首先是构筑发展生态。杭州在企业发展、人才培育、金融扶持、平台建设等方面，先后制定实施了一系列卓有成效的产业政策和举措，构建了较为完善的文化产业政策体系，通过不断优化"服务＋政策"的机制，营造了良好的产业发展环境。据专业机构研究分析，杭州规上文化企业的规模化率、产业利润率、人均产出率等多项指标居全国各大城市前列。其次是推动产业集聚。在产业带的引领带动下，杭州基本形成了以数字内容、影视生产、动漫游戏、创意设计、现代演艺等为优势行业的文化产业高质量发展格局。一是钱塘江畔的之江文化产业带，通过聚焦"文化＋互联网"，加快资源要素、创新能力、政策环境和产业平台集聚度的提升；

二是大运河（杭州段）文化产业带，依托世界文化遗产资源优势，秉持"文化＋"和创新发展理念，培育壮大了一大批特色文化产业平台；三是推动国际文化产业集聚，通过举办国际会展活动，培育了多个国家文化出口重点企业和重点项目以及国家文化出口基地，并在全国率先设立海外文化产业推广平台。最后是结合数字技术。以数字和文化融合为特色的数字内容产业持续壮大，数字展览、数字艺术、网络直播、数字创意、沉浸式体验等新兴业态不断崛起。网易云音乐、微念品牌、中南卡通等一大批数字文化企业蓬勃发展。杭州通过完善文化产业链，做大做强文化产业，进而推动了文旅深度融合，极大地激发了文旅产业的活力。

（五）赋能文化遗产与生态环境保护

博物馆作为保护文化遗产的重要机构，既是传承城市文化精华的载体，也是展示城市精神文明建设成果的窗口。以浙江省博物馆的发展历程为例，从西湖边孤山社址时期的蹒跚起步，到 2009 年在西湖文化广场增设武林馆区进入运河时代的高速发展，再到 2023 年 8 月 29 日之江新馆全新开放，正式开始了之江时代。这不仅是浙江省博物馆的发展史，更是杭州的博物馆发展的生动缩影。截至 2024 年 9 月底，杭州拥有博物馆 224 家，其中，经登记备案的国有博物馆 54 家、非国有博物馆 33 家，乡村（社区）博物馆 140 家（3 家已登记备案）。按常住人口计算，相当于每 5.59 万名杭州人就拥有一家博物馆。其中，许多博物馆都设计了大量互动类、研学类的体验式展览，开展各种线上线下互动活动，并利用各类数字化技术，让收藏在博物馆里的文物真正"活起来"。据杭州市园林文物局数据统计，2017—2019 年，杭州的博物馆全年总参观人次均在 150 万左右；2020—2022 年，全年总参观人次均在 500 万—600 万之间；而 2024 年 1 月—8 月，全市博物馆接待观众就已经达到 1096.2 万人次，接近 2023 年全年参观量，同期举办临时展览 221 个，超过 2023 年全年总量（188 个），举办社教活动 5610 场次，活动服务公众 153.7 万人次。这些博物馆有效拓展了杭州公共文化服务边界，极大程度地催化了文旅融合发展，促进了乡村振兴，为全市经济社会发展提供了丰富的文化滋养。同时，在智慧文旅的推动下，杭州还利用大数据、云计算等先进技术，对西湖、灵隐寺等文化遗产进行全方位的数字化保护与管理。通过对文物健康状况的实时监测与科学管理，确保了这些珍贵遗产的完整性与可持续性；并通过智慧旅游管理系统对游客流量进行精准预测与动态调控，有效缓解了热门景点的拥堵问题，既保护了文化遗产的生态环境，又提升了游客的游览体验。

（六）夯实赋能文旅产业高质量发展的政策基础

杭州市以浙江省文旅产业"十四五"规划为依托，结合自身情况，相继出台了《杭州市人民政府关于加快促进旅游业高质量发展的实施意见》《杭州市加快促进旅游业高质量发展专项资金实施细则（试行）》《杭州市数字文旅产业创新发展意见》《杭州市数字文旅产业创新发展三年行动计划（2025—2027 年）》及全国首个《数字文旅标准体系建设指南》等一系列文件，通过政策引导全力推动文旅产业数字化转型升级。杭州市正在逐步完成：1. 构建"一个阵地"。杭州市文旅发展中心在市政府等多部门支持下，加速推进数字技术在文旅产业中的运用，最终构建了高效的文旅公共服务阵地。2. 实现"两个融合"。杭州市利用数字技术构建了线上与线下融合、文化与旅游融合的文旅产业发展模式。3. 聚焦"三个维度"。杭州市以数字技术为支撑，聚焦文旅公共服务"最后一公里"的服务温度、城乡均等化共同富裕的发展高度、家门口精神家园的文化厚度，全面提升文旅服务质量。4. 打造"四个空间"。在数字技术支撑下，杭州市构建了智慧旅游、智慧文化、智慧便民、智慧文旅宣传的四大服务空间，极大地提升了文旅服务效率。5. 形成"五个体系"。

文旅产业发展需要完善的服务保障，为更好地满足公众的文旅需求，杭州市构筑了五大服务保障体系，通过管理体系、人才体系、数字体系、服务体系、活动体系营造良好的文旅环境，极大地增强了公众的文旅体验感。

三、杭州以新质生产力赋能文旅产业高质量发展的再提升策略

近年来，从康养旅游、夜间旅游、智慧旅游等文旅新业态的竞相涌现，到淄博、哈尔滨、天水等网红城市的频频"出圈"，再到"特种兵式旅游""City Walk"等新兴旅游方式的出现，这些都启示杭州，文旅产业已经进入转型升级、数字赋能传播、旅游体验更趋个性化的深度调整期与高质量发展新阶段。面对新阶段、新形势，杭州应以习近平总书记关于新质生产力的重要论述为指引，紧扣《杭州市数字文旅产业创新发展三年行动计划（2025—2027 年）》，在以科技全域嵌入进一步促进文旅要素优化与业态创新、以深度融合赋能进一步拓展文旅产业发展空间、以体制机制创新进一步营造国际文旅消费环境、以多元主体共建进一步完善数字文旅产业人才体系等方面再接再厉、再创辉煌。

（一）以科技全域嵌入进一步促进文旅要素优化与业态创新

一是加强数字技术在文旅资源整合与要素流通中的作用，提升全要素生产率。重点加强数字技术、数据要素在文旅资源转化以及资源配置中的动力作用，充分释放科技在文旅产业中的生产动能，实现创造性转化与创新性发展。不仅要以数字技术创新文化旅游资源的艺术表现形态，拓展数字文博、数字演艺、网络直播等文化旅游新空间，还要实现文旅数字化、要素资产化

以及资源共享与数据流通，推动文旅产业高质量发展。为此：首先，要加强各区县（市）文旅资源的数字化整合及协同，为全市数字文旅产业优化升级、创新发展夯实基础、指明方向。其次，全面落实国家《"数据要素 ×"三年行动计划（2024—2026 年）》要求，推动"数据要素 × 文化旅游"重点行动在杭州先行先试，探索构建全国领先的"数据要素 × 文化旅游"的行业标准体系。以"中国数谷"建设为主线，以"杭州文化和旅游数据在线"平台为依托，在保证数据安全的前提下，持续加强文旅公共数据建设，探索建构完善的数据资产转化机制以及不同部门、不同主体间的文旅数据资源协同共享机制，打通政府与企业等市场主体间的合作渠道，完善杭州文旅产业现代化数字管理体系、服务体系、人才培养体系等。最后，要以数字技术不断完善杭州文旅产业的服务功能，重点推进文旅服务大模型示范应用。支持企业、高校院所和第三方机构建立高质量、开放式、安全可靠的文旅行业多模态数据集。推动大模型与文旅服务场景叠加应用，迭代升级杭州文旅数字人"杭小忆"等典型应用，支持数字人主播、云旅游、景区虚拟形象等数字文旅应用，率先形成文旅专用大模型应用示范场景，进而完善杭州数字化的文旅公共服务体系。

二是打造互动性文旅内容的营销新生态。从淄博烧烤到哈尔滨冰雪旅游，再到甘肃天水麻辣烫，诸多城市旅游"网红式出圈"，表明以广告投放、线下推广等为主的传统文旅营销方式正向以线上平台推荐为主的口碑式营销新模式转型，小红书、抖音等平台正在成为大众获取旅游消费信息和决策参考的重要阵地，短视频、直播等网络文娱形式也成了文旅产业内容营销的关键载体。因此，杭州应通过数字科技加强对大众消费需求的识别，打造互动性文旅内容时不仅要满足文旅消费需求，还要迎合大众的社会交往需求、尊重需求、自我实现需求等更高层次的精神需求。通过加强线上平台与线下实体活动的融合，调动平台、网络达人、企业和普通用户等多元主体力量，携手打造杭州城市品牌和文旅数字营销矩阵，共同创新杭州文旅内容生态。

三是丰富沉浸式文旅场景应用，驱动杭州文旅消费从体验转向文化叙事，释放持续性的场景红利。从"特种兵式旅游"到"City Walk"，从"大唐不夜城"到"长安十二时辰"，与传统的观光式旅游相比，现代大众的文旅消费选择更趋向于具有鲜明个性与文化特色的旅游方式。因此，未来杭州可从两个方向打造沉浸式文旅场景：一方面，做大做强依靠技术手段打造虚实结合的文旅场景，增强沉浸式体验感与互动性，如《宋城千古情》等沉浸式演艺、沉浸式展览等；另一方面，做精做优 IP 主题开发、创意美学营造、城市特色展现等文化叙事，以情境化的场景、沉浸式的体验，引导观众通过主动的文化参与、积极的文化创造激发深度的情感共鸣，如德寿宫"词雨弄潮"互动沉浸式长卷等，构建在线、在地、在场的文化体验，为杭州文旅产品及业态创新创造新动能。

（二）以深度融合赋能进一步拓展文旅产业发展空间

一是推动文化产业与旅游产业的深度融合。党的二十大报告指出："坚持以文塑旅、以旅彰文，推进文化和旅游深度融合发展。"文化产业与旅游产业的深度融合，绝非浅表化、形式化的简单相加，而是追求相互赋能的乘数效应。为此：首先，要加强更深层次的融合，推动杭州特色文化资源与旅游资源的整合利用，以文化内涵的创意转化推动全市旅游产业链各个环节，产生具有杭州特色的文化价值。其次，要推动更广范围的融合，积极探索网络视听、游戏电竞、数字动漫等优势新型文化产业在全市旅游产业中的多元应用，为旅游产业开辟新赛道，如杭州灵山景区与《黑神话：悟空》游戏共同打造的线下沉浸式实景体验活动等。最后，要促进更高水平的融合，将全市文化事业、文化产业以及旅游产业统筹考虑，创新文旅全产业链融合发展机制，增强杭州文化旅游产业发展协同程度，打造具有杭州特色的文旅集群和以杭州城市文化 IP 为核心的世界级文旅品牌。

二是以"文旅+"丰富文化旅游生产与服务空间。首先，要促进五大产业、七大未来产业与文旅产业的深度融合。五大产业、七大未来产业囊括了杭州最新质的劳动工具、最前沿的知识与技术资本等最活跃的创新要素，加强文旅产业与这些产业的融合是形成杭州文旅新质生产力的关键条件。为此：一方面，要聚焦文化旅游产业数字化，推动全市文旅产业内容端、经营端与消费端全面向"数"转型、向"智"升级，如推进人工智能产业与文旅产业的深度融合，加快实现全市域的智慧旅游、数字文化旅游、虚拟文化旅游等；另一方面，要促进文旅产业与农业、工业等传统产业的深度融合，以乡村文化旅游、休闲农业、工业旅游等为抓手，创新产业发展动能。

三是以文旅激活城市空间文化活力，赋能城市高质量发展。文旅产业是一门高附加值的经济产业，从老厂房改造成文化空间，到艺术介入城市公共空间建设，再到城市更新过程中的创意空间营造，大量城市存量空间与微型空间所释放出的空间红利与文化旅游产业潜力，构成了城市文化生产力的新形态，如杭州大运河历史文化街区的成功改造。因此，要充分利用好城市空间资源，支持市场主体依托旅游景区、度假区、休闲街区、工业遗产、博物馆等场所，通过空间的复合利用与功能置换、艺术美学的创意营造、文旅的产业转化，通过 AR（增强现实）、VR（虚拟现实）、数字孪生、全息影像等数字技术和装置设备的运用，打造一批线上线下高流量、在线在场相融合的数字文旅体验空间和消费产品，为建构具有鲜明特色的城市文化叙事创造出更多可能。

（三）以体制机制创新进一步营造国际文旅消费环境

一是完善入境旅游服务，营造便利化的国际旅游服务环境。随着我国与越来越多国家签订免签协议，杭州应以加快建设世界一流旅游目的地为抓手，提升入境旅游便利化程度。为此：要重点破解签证办理、移动支付、网络漫游三大入境旅游痛点问题，为海外游客来杭营造便利化的旅游环境；要按国际通行规则对旅游标识系统、交通系统等进行整改，优化多语种服务，进一步降低涉外酒店接待门槛；还要用好"一程多站"以及 144 小时过境免签等政策，进一步推动政策便利化，全市域、全方位提升国际旅游服务能力。

二是加强与国际市场的规则标准对接，坚持以市场为主体的体制机制创新。紧抓杭州打造国家数据要素综合试验区城市范例的机遇，在《区域全面经济伙伴关系协定》（RCEP）等框架下，积极探索"自贸＋文旅"协同发展模式，高水平建设以数字文化出口、数字旅游服务为核心的全国标杆性"国家对外文化贸易基地"，推动数字文旅创新链、产业链、资金链、人才链融合发展。充分发挥市场在丰富旅游产品及服务多元供给中的主体作用，通过引入优质文旅项目，深化与海外市场主体的合作。依托良渚论坛、全球数字贸易博览会、中日韩文化产业论坛等高能级平台，放大世界旅游联盟（WTA）落户效应，推动优质数字文旅产品"走出去"、国际先进数字文旅企业"引进来"；在此基础上，着力提升举办国际会议会展活动的承载能力，壮大国际文化和旅游会展产业。此外，还应积极做好国内市场相关政策的解读以及产品开发的市场对接工作；做好旅游宣传推介，聚焦入境旅游高净值客群，借助直播、短视频、内容社区加大海外推广力度，优化文旅消费服务与产品供给结构。

（四）以多元主体共建进一步完善数字文旅产业人才体系

结合杭州文旅产业发展的实际需求，依托现有资源建立文旅数字化人才孵化基地，聚焦数字文旅人才、文化科创人才、文化艺术人才等的培养，将构建集研发、运营、管理、服务于一体的高层次复合型人才体系作为工作的着力点，进一步打破学科壁垒与行业界限，推动产学研之间的深度融合。为此：一要构建多元化的人才培养体系。依托在杭高校增设文旅数字化技能培训与管理、服务等方面的综合性课程，实现专业的事情由专业的人干；加强高校与科研机构、科技文旅企业的合作，搭建实践育人平台、组建实践育人团队、确立实践育人项目和开展实践育人活动，创新人才培养的管理体制机制，培养具备跨学科知识背景和创新能力的数字文旅人才。二要加大人才的引进力度。应该充分利用杭州的地域优势和政策优势，靶向吸引国内外数字文旅领域高精尖人才和技能型人才来杭发展。通过设立人才引进计划，为来杭人才提供优厚的待遇和良好的工作环境，激励其为杭州数字文旅产业的创新发展贡献智慧和力量。三要加强人才的交流与合作。文旅产业的创新发展需要集思广益、群策群力，可通过搭建人才交流与合作的平台，促进不同领域、不同背景的人才之间的交流与合作；可通过举办文旅产业创新论坛、研讨会等活动，让人才在交流中碰撞思想，激发创新灵感；还可通过开展常态化的文化人才交流合作项目，以人才共育与共享促进人才要素的流动。

文旅融合背景下杭州大运河夜游产业发展分析报告

沈　芬　蒋　奇　黄　刚 *

摘要： 2014 年中国大运河的成功申遗标志着我国运河开发进入"后申遗"时代，统筹好保护、传承与利用的关系成为大运河建设的核心要务。2018 年文化和旅游部的成立标志着我国文旅融合发展进入新阶段，夜游经济与大运河建设是文化和旅游部的关注重点。夜游产业作为夜间经济有机组成部分，在拉动市场内需、促进区域发展等方面发挥着积极作用。大运河资源为夜游产业开发提供支撑，夜游产业为大运河资源转化提供路径，定制化策略是衔接二者的桥梁，文旅融合是推动二者发展的动力。杭州是大运河沿线重要节点城市与实践先行者，对大运河杭州段夜游产业定制化开发路径进行分析，可为我国大运河夜游产业发展提供有益借鉴。

关键词： 大运河；夜游；定制化；文旅融合；杭州

---

* 沈芬，政治学硕士，杭州市社会科学院党建所副研究员，研究方向为基层党建和基层文化研究。蒋奇，淳安县社科联综合科科长。黄刚，苏州大学博士。

一、互补型资源：大运河建设与夜游产业融合发展空间

（一）"后申遗"时代的大运河立体化开发

2014 年中国大运河的成功申遗，不仅意味着这一古老工程得到世界认可、我国针对大运河的保护与传承工作得到世界肯定，也对大运河建设提出了更高要求。有学者指出："运河主航道无疑是最重要最具典型性意义的一个，但并不能因此而掩盖或降低许许多多支流水系的历史作用，它们是大运河存在与繁荣的前提条件。"[①] 因而，"后申遗"时代大运河开发需采用立体化思维，从立体发展的原则、立体建设的内容、立体利用的时空三个维度入手。立体发展的原则表现为统筹好保护、传承、利用的关系，其中保护是基础，传承是途径，利用是衍生。一方面，大运河沿线存在众多物质文化遗产与非物质文化遗产，不能过度追求建设效率与经济效益，应在确保遗产真实性和完整性的前提下加以利用；另一方面，大运河保护不能只是静态展示，而是既要进行系统梳理、深度发掘、有机整合、活态传承，又需注入时代精神，将文旅融合、文化创意等观念与之结合，进一步激发大运河的社会价值与经济价值。因此，立体发展的原则为大运河夜游产业开发标定了限度与向度。立体建设的内容体现为大运河资源开发的多元性，既指大运河资源本身的丰富性，又指资源利用方式的创新性。其一，大运河拥有丰富的生态景观资源、物质文化资源与非物质文化资源，不同资源类型都有与之相匹配的建设方式。其二，随着时代变迁、科技进步，对大运河特定资源的利用方式也愈发多元，例如漕运功能曾是大运河最主要的价值，但目前取而代之的是大运河的文化价值。其三，大运河建设还需配套相关资源，形成产业集群，例如运河古镇

[①] 董卫、柴洋波、王沈玉等：《江南文明背景下的运河遗产保护——由大运河产业遗产保护引发的一些思考》，《城市规划》，2010 年第 7 期。

需要配套餐饮、交通、住宿等基础设施。因此，立体建设的内容为大运河夜游产业发展奠定了物质基础。立体利用的时空强调大运河开发的全域性与全时性。一方面，大运河流经我国8个省（市），需要从全域视角策划建设方案，既突出共性，又兼顾个性，赋予其"纵横南北""通江达海""流动的文化"等深层内涵；另一方面，尽管大运河流动不分昼夜，但目前的开发多集中于白昼，针对夜间经济的实践相对薄弱。因此，提升资源时空利用率成为大运河深度开发的必然选择，夜游产业则成为其重要抓手。

（二）以内容为主导的夜游产业建设

夜游产业从属于夜间经济范畴，具有夜间经济活动的某些共性特征。近年来，为拉动市场内需、促进城市发展、丰富大众生活，北京、上海、广州、南京、福州、西安、成都等地纷纷出台相应政策。如2020年浙江省商务厅等7个部门联合发布的《关于开展省级夜间经济试点城市创建工作的通知》提出："以'浙里来消费·美好夜生活'为主题……加强夜间经济整体规划布局、打造地标性夜生活集聚区、创新夜间经济业态模式、丰富夜间经济消费场景、提升城市综合配套保障水平、优化夜间营商消费环境。"毛中根等人指出："整体看来夜间经济具有经济和社会双重属性。经济属性强调夜间发生的经济活动，主要指与休闲、娱乐等服务业有关的生产或消费行为。社会属性强调在夜间城市这个公共空间内发生的各种日常活动和社交行为。"[1] 相较于夜间经济内涵的广泛性，夜游产业更具针对性，岳超等人将"夜间旅游"定义为"游客从开始晚餐到就寝之间的时段内，所进行的各类旅游和休闲活动"[2]。以"游"为主的夜游产业强调人们的互动参与，既要聚焦内容建设、打造精

---

① 毛中根、龙燕妮、叶胥:《夜间经济理论研究进展》,《经济学动态》,2020年第2期。
② 岳超、荆延德:《中国夜间旅游研究综述》,《旅游论坛》,2013年第4期。

品活动，也要依托地域文化资源、营造夜游氛围。只有契合地域文化特征、生动有趣、休闲舒心、配套完善的活动，才能吸引本地居民与外地游客参与。本地特色资源（尤其是第一资源）要有机融入夜游产业，避免内容同质化。

综上所述，"后申遗"时代大运河建设向着多元、立体、深化、全面的趋势发展，精细化标准成为运河保护、传承和利用的内在要求，夜游产业因其全时性、经济性、互动性、文化性等特征成为当下大运河建设的有效途径。与此同时，在新经济常态下，夜游产业对社会发展、文旅开发、城市建设、大众生活等方面的重要性日益凸显，大运河为夜游产业提供了丰富素材与发展契机。大运河建设与夜游产业开发在运营模式、发展空间、资源匹配等维度具有较强的互补性，存在融合发展潜力。对相关流域文旅资源进行系统梳理与有机整合是实现二者协同发展的前提。

二、定制化开发：大运河建设与夜游产业融合发展桥梁

（一）多维平衡的大运河夜游产业建设

在"后申遗"时代，不仅大运河立体开发与夜游产业建设存在融合发展空间，而且融合发展也是二者的必然选择。近年来，中央和地方针对大运河建设出台了一系列指导意见。早在 2006 年，时任浙江省委书记习近平在视察杭州运河综保工程时就指出："希望杭州用好运河这张'金名片'，把运河真正打造成具有时代特征、杭州特色的景观河、生态河、人文河，真正成为'人民的运河''游客的运河'。"[①]2019 年 2 月，中共中央办公厅、国务院办

---

① 王逸群：《文化为魂　千年运河焕新生　精心打造景观河生态河人文河》，https:// hznews.hangzhou.com.cn/chengshi/content/2021-07/01/content_7998686.htm。

公厅印发了《大运河文化保护传承利用规划纲要》，标志着大运河建设正式上升到国家战略高度。夜间经济对我国社会发展的影响愈发明显。以浙江省为例，为繁荣夜间经济、培育夜间消费新热点，省文化和旅游厅等七部门于2020 年 8 月联合公布了浙江省夜间经济试点（培育）城市名单、夜间经济试点（培育）城市重点建设的夜坐标，总计 27 个城市。此外，2018 年国家旅游局和文化部重组合并为文化和旅游部，标志着我国文旅融合发展进入新阶段，大运河夜游建设正是其有机组成部分。然而，在大运河开发、夜间经济发展、文旅融合建设过程中，出现了同质化竞争、夜间扰民现象、产业形态较单一等问题，因此大运河夜游产业建设不仅要避免已知隐患，也要提供解决问题的途径，而多维平衡正是其高质量发展的保证。大运河夜游产业开发的多维平衡，首先体现在环境与经济、娱乐与休息、产业与管理等共性维度上。为了确保流域生态多样性与沿线遗址完整性，大运河空间需要进行多层次划分，明确建设重点。张飞等人指出："（1）以大运河河道为中心线，外扩 30～80m 范围内，既是大运河世界文化遗产的核心区与缓冲区，也是大运河国家遗产与生态廊道的核心保护范围。该区域以遗产与生态保护为主，部分区域可适当开展游憩活动。（2）100～3000m 为大运河遗产廊道重点保护范围，可有序开展与大运河主题相关的游憩活动。（3）3000m 以外的大运河所经区县地域，可以有效整合为大运河游憩空间，提供多元化游憩产品。"[①]在核心保护范围内，应当避免过度开发，以河景灯光、游船夜景等项目为主；运河餐饮、演艺活动等项目则可以设置在重点保护范围内。当前大运河夜间经济开发多以沿线城市为主，沿岸聚集了大量居民，如何在保证活动趣味性的同时避免扰民，成为衡量大运河夜游产业成效的核心指标。此外，相较于白昼经济，夜间经济更强调安全性、合法性、道德性、兼容性，因而在基建

---

① 张飞、杨林生、石勇等：《大运河文化带游憩空间范围及层次研究》，《地域研究与开发》，2019 年第 6 期。

水平、社会管理、项目运营等方面提出了更高要求，需要考虑噪声控制、夜间交通、应急处置、医疗保障等内容。可见，大运河沿线资源虽然丰富，但并非都能用于夜游产业，所以对适用资源需做到物尽其用，这也是定制化思维所强调的理念。大运河夜游产业开发的多维平衡还体现在已有成果与兴建项目之间的平衡上，在避免重复开发的同时，需要更好地利用现有成果、汲取经验教训。杭州市不仅出台了全国首个运河保护地方性法规《杭州市大运河世界文化遗产保护条例》，成立了全国首家经营水上公交的企业，还推出了游船项目，打造了桥西历史文化街区、小河历史文化街区等运河特色街区；同时大力推动经济建设，推出西湖夜间音乐喷泉、武林夜市、吴山夜市、钱江新城灯光秀等活动。因此，杭州段运河夜游产业建设需要充分整合上述成果，例如在灯光秀项目中，结合钱塘江畔的"城之魂""水之灵""光之影"主题，使不同河段展示遥相呼应，呈现大运河"通江达海"的主题。可见，大运河夜游产业开发不仅需要对资源物尽其用，还需要针对性地利用现有建设成果，从而达到事半功倍的效果。

（二）物尽其用的定制化发展理念

"定制"（bespoke）一词起源于英国伦敦萨维尔街上的男士服装行业。不同于传统"生产—消费"的单向线性模式，定制强调生产者和消费者的双向互动。一方面，生产者在整合内在产业优势的基础上展开市场调研，明确属于自己的特定消费群体；另一方面，消费者进入市场前端，将自身诉求融入产品设计、生产过程中。定制而成的产品既能最大程度展现生产者的工艺水准，也能最大限度满足消费者的个性需求。由于定制化生产在产品效益、用户定位、客户满意度等方面具备优势，"私人定制"概念融入服装、互联网、旅游等社会经济领域，其内涵也在多元化实践过程中不断丰富。可见，定制化发展理念的突出特点与独特优势集中体现在生产者与消费者的双向互动及对资源的高效利用两个层面。随着社会分工愈发精细，大众消费观也愈发个性化，赵小惠等人指出："经济实力和生活品质的提升使得人们的消费观念发生了巨大的变化，产品设计也随着人们日益攀升的个性化需求逐渐从大规模量产式转向客户个性化定制式。在竞争激烈的定制市场中，精准、全面获取客户定制需求是企业抢占市场、赢得客户群的前提。"[①] 运河夜游产业是由餐饮、购物、演艺、游船、灯光秀等具体内容有机组合而成的综合产业形态，其本质是面向顾客的产品，而消费者的满意度是衡量大运河夜游产业发展的重要指标，所以在建设前需要广泛调研、充分听取群众的建议，有针对性地提供夜游产品。同时，由于大运河夜游产业开发需要兼顾多方，开发方需要对适用资源进行有机整合与精细化开发。以让乌镇在一众特色小镇中脱颖而出的"乌镇戏剧节"和"世界互联网大会"两个拳头产品为例：前者的策划人针对戏剧市场与文化艺术发展的需要，定制化统筹利用乌镇文化资源、水乡戏剧传统、江南崇文古风等要素，搭建了一个集戏剧艺术交流、演出、赏析于一体的国际舞台，使得乌镇戏剧节成为行业认可、国家支持、世界瞩目的具有国际影响力的艺术活动；后者的策划人针对互联网巨头间合作交流、中国文化走向世界的需要，定制化统筹利用乌镇便捷的交通地理位置、悠久丰富的历史文化、完善的餐饮住宿服务保障等要素，搭建了一个贯穿古今、富有中华文化基因、兼具传统和现代风采的国际性互联网交流合作平台，使得乌镇成为全球现代新兴巨头企业聚会的平台、中华优秀传统文化对外传播的活态窗口。正是乌镇对自身特色资源、现有成果的充分利用，使得其近年来的特色化建设成为我国特色小镇发展的标杆，也为大运河夜游产业建设提供了有益借鉴。

综上所述，大运河夜游产业建设因涉及资源精准利用与夜间经济特征，

---

① 赵小惠、周爱琴、石杨斌等：《基于情境—需求本体的客户定制需求挖掘》，《包装工程》，2021年第4期。

要求平衡多维关系，相对复杂的产业形态使得定制化开发成为促进大运河夜游产业开发的有效手段，大运河建设与夜间经济也借助定制化开发这一桥梁融汇互通、深化发展。定制化思维所具备的以顾客为中心、物尽其用等特点有助于平衡多维关系、精准利用区域资源、有效整合建设成果，能够有效提升大运河夜游产业发展质量。

三、杭州实践：大运河建设与夜游产业融合发展模式

（一）大运河南源夜游资源系统梳理

中国大运河流经 8 省（市），沿线城市众多，各地区结合区域现状与需求，在针对性利用流域资源方面已取得一定成果，如苏州市运河体育公园、北京（通州）大运河文化旅游景区、天津运河新天地夜市等项目各具特色。本文聚焦杭州段大运河夜游产业定制化开发策略研究，此研究基于大运河夜游产业建设共性与个性维度的考量，即杭州既具备先行者的探索潜力，也提供了具备普及性的实践经验。从共性维度看，大运河夜游产业建设至少需要满足四个方面的条件：其一，运河资源，即运河流经该区域；其二，基础设施，即交通、照明等要素；其三，潜在消费力，即区域内总人口、人口组成情况；其四，经济发展水平、产业形态、政府扶持力度等因素。杭州充分满足以上条件。首先，中国大运河共拥有 56 项世界遗产点，其中有 11 项遗产点位于杭州段；其次，杭州在城市管理、基础建设等方面在我国名列前茅，其数字治理指数更是位居全国第一；再次，2019 年杭州常住人口已突破千万人，新增人口、人口净流入量均居全国第一；最后，作为我国历史古都和代表性旅游城市，杭州在西湖环线景区、良渚古城、吴山夜市等文旅项目开发过程中的实践经验为运河夜游建设提供了借鉴。从个性维度看，杭州不仅拥

有大运河南源得天独厚的地理位置，还拥有西湖、良渚两个世界文化遗产，以及西溪湿地、钱塘江、南宋御街等诸多自然人文资源。此外，作为我国创意之城、动漫之都，其新颖多元的产业形态也可助力运河夜游产业的发展。因此，定制化梳理相关资源成为大运河杭州段夜游产业发展的首要前提。

一方面，需要对杭州段运河资源、现有建设成果进行针对性的梳理。由于大运河杭州段里程较长，流经余杭区、拱墅区等多个行政区域，各段沿线资源不尽相同，需要加以梳理并凸显不同区域的个性特征。对大运河杭州段各区域的资源类型、产业形态、流域范围等要素进行综合分析，其主要环境与产业特征如表1所示。

表 1　大运河杭州段各区域环境与产业特征

河段	环境特征	产业特征
余杭段	距离长，流域面积广，可用空间丰富，拥有田园、丘陵等多样化地形，自然风光秀丽	拥有中国大运河南源首镇塘栖，但沿岸开发程度整体较低
拱墅北段	沿岸植被丰富，水域开阔，以平原为主，靠近半山国家森林公园，沿线居民区较多，生活气息浓厚	拥有拱宸桥、小河历史文化街区、桥西历史文化街区等物质文化遗产与运河石桥建造技艺、半山立夏习俗等非物质文化遗产，历史人文资源丰富，开发程度较高
拱墅南段	接近杭州市中心，南段靠近西湖，人流量较大，沿线多广场与商业体，居民区较多	沿线聚集了西湖文化广场、武林广场、国大城市广场等现代大型综合商业体，同时受西湖景区旅游热度影响，游客数较多，开发程度较高，现代气息浓郁

余杭段运河资源特点可用"郊游""运动""田野"概括；拱墅北段可用"市井""生活""闲适"概括；拱墅南段可用"现代""消费""繁荣"概括。

另一方面，还需要对杭州夜游资源进行梳理。据不完全统计，杭州现有主要夜游项目及其地理分布状况如表2所示。

表2 杭州夜游项目及其分布状况

夜游项目	主要内容	所在区域
运河夜游游船	运河市井观光等	武林门游船码头—拱宸桥码头
钱塘江夜游游船	钱塘新城灯光秀等	滨江—奥体中心码头—三堡—钱江四桥
夜间喷泉（西湖音乐喷泉、武林广场喷泉、钱江新城喷泉等）	音乐、灯光、喷泉等元素相结合的艺术景观	西湖区、拱墅区、上城区等
西湖环线夜景（南山路"火树银花"、西湖夜游船等）	灯光、游船、建筑等元素相结合的自然人文景观	西湖区
钱塘江灯光带	"城之魂""水之灵""光之影"主题灯光秀	上城区
宋城夜间演艺	《WA！恐龙》《大地震》《幻影》《上甘岭》等演艺节目，泼水、嗨潮趴等项目	西湖区
夜市（吴山夜市、武林夜市等）	集美食、购物、游玩于一体的综合性夜间消费	上城区、拱墅区等
十大夜地标（杭州湖滨步行街、南宋文化夜地标、运河文化夜地标等）	步行街、地域文化、宵夜、文创产业等多元化休闲活动	拱墅区、上城区等

　　尽管杭州拥有丰富的运河资源与发展夜间经济的基础，但在实际建设过程中也遇到了诸多困难。例如，2019年9月，浙江商务研究院消费与流通研究中心主任张希明指出："相比上海、广州、深圳，甚至成都、西安等地，杭州的夜经济还是落后的。……发展夜经济不仅需要高端综合体，更需要多样化的形式和手段。"[1] 当前杭州段运河夜游产业还停留在静态游船观景、绿道漫步的层面，夜游项目数量较少，互动性较差，群众参与度较低。因此，在系统梳理杭州运河资源与夜游项目的基础上，还需进一步探究杭州段运河夜游产业

---

[1] 王益敏、楼纯：《夜经济的排行榜上，杭州想往前挤一挤》，https://town.zjol.com.cn/czjsb/201909/t20190907_10967461.shtml。

带定制化建设策略。

（二）杭州运河夜游产业带定制化建设

杭州拥有丰富的运河资源、新颖多元的产业结构及一定数量的夜游项目，具备发展运河夜游产业的可能性，但也面临诸如夜游项目形式单一、运河建设资源配套雷同等问题。定制化开发杭州运河夜游产业需要从运河保护、空间分布、时间变化、消费者需求四个维度展开。

大运河开发要遵循保护先行的原则，以最高标准、最严要求确保遗产的真实性、完整性和生态的多样性。在针对性梳理杭州段运河资源的基础上，建立数字档案，实施分级分类管理，明确亟待抢救性保护的资源、需要创新性激活的资源、适合夜游产业开发的资源。例如，距大运河河道30—80米范围内的区域，既是大运河世界文化遗产的核心区与缓冲区，也是大运河国家遗产与生态走廊的核心保护范围。该区域的夜游项目开发需要充分考虑生态保护因素，以灯光展示、无接触观赏等方式为主。在科学保护的前提下，有效传承与合理利用大运河资源是打造夜游产业带的具体途径。针对大运河兼有的遗迹、文化、生态、水利、旅游等多元价值，对大运河资源的传承与利用既要展现物质层面的风采，又要讲述精神方面的内涵，还要激活传统产业的活力，实现夜游项目的可视化、生动化、特色化和产业化，使杭州段运河夜游产业开发主次清晰、重点突出、特色鲜明。

在空间分布层面，余杭段运河里程最长，空间开阔，开发程度相对较低，运河沿线居民区较少，拥有中国大运河南源首镇塘栖，适合兴建大型夜游项目，开展大型夜游活动，可以聚焦打造夜间骑行（拱宸桥—塘栖单程21千米）、农家乐聚会、塘栖古镇夜景、运河游船歌舞剧等夜游项目。拱墅与上城段运河尽管都位于杭州中心城区，但前者沿线居民区较多，物质文化遗产与非物质文化遗产聚集，围绕运河的基础配套建设比较完善，可用空间较少，可以借助博物馆场地资源开展夜间亲子活动，利用居民区人气资源打造运河夜间市集；后者沿线多为商业体，可凭借武林广场、西湖文化广场、国大城市广场的场地与商业优势开展现场演艺、户外影视、音乐喷泉、美食购物等大型娱乐休闲活动。两块区域都不适合过度兴建夜游项目，而是需要对已有内容进行针对性的再利用。由于二者资源类型、建设条件相似，在定制化打造夜游项目的过程中更需凸显各自的首要优势。以运河市集为例，拱墅段可以突出"市井生活"主题，以日常生活用品、零食、手工艺品为售卖内容；上城段则可以突出"现代消费"主题，以奢侈品、特色美食、旅游纪念品为售卖内容。此外，也需要整合各区块特色项目，联动开发杭州段运河夜游资源。以农家乐休闲项目为例，可以赋予其"运河生态盛宴"的内涵，在拱墅、上城中心城区河段推出河景餐饮，在余杭段打造"透明厨房"，让食客能够通过休闲垂钓、亲子菜园等项目自主获取食材、亲近运河。

时间维度的定制化开发，主要体现在昼夜变化与四季变化两个层面。一方面，为提升资源利用效率，夜游项目建设特别是新兴夜游项目的打造需要考虑其在白昼的用途。例如为游船歌舞剧演出打造的河畔舞台，在白昼可以作为亲水平台使用，也可作为展示江南传统戏曲、运河文艺资源的窗口。另一方面，可以根据季节和传统节日推出主题夜游活动。例如在夏季，运河天地公园、北星公园等可以推出水上休闲项目，绿地中央广场、D32时尚街区等广场可以推出消暑夜宵；在中秋佳节，可以打造以"水中月影"为主题的赏月活动。因为季节性定制化夜游活动的时效性更强，所以应优先考虑在现有设施基础上加以改造而非兴建，在避免资源浪费的同时有针对性地满足不同时节消费者的共性需求。

契合消费者的个性化需求，也是杭州段大运河夜游产业定制化建设的核心要点。首先，在定制化打造杭州段运河夜游项目前，需要展开充分的市场调研，明确消费者需要怎样的夜游体验。这既需要借鉴国内外成功的夜游项目经验，也需要捕捉当前消费热点，预测未来消费需求。应当充分利用当前

的大数据技术，发挥杭州城市数字治理的优势。其次，在定制化打造杭州段
运河夜游项目过程中，要平衡本地消费者与外来游客的需求，明确共性需要，
厘清个性差异，使本地居民的生活、工作、休闲需求与外地游客的旅游需求
在尽量互不干扰的前提下都能得到满足。例如，在规划运河露天宵夜场所时，
要尽量避开居民区；在打造运河夜游娱乐项目的同时也要保障交通、餐饮、
安全等基础设施建设，不断提升城市管理水平。最后，要善于听取消费者反
馈，建立通畅的运河夜游活动反馈通道，不断提升夜游产业的发展质量。

四、结语

文旅融合背景下，大运河建设与夜游产业存在融合共生空间，具备协同
发展可能：一方面，以文化资源为代表的大运河沿线资源及其现有开发成果
为夜游产业提供了内容支撑；另一方面，夜游产业具备的时空特色与消费特
性能够有效提升大运河资源利用效率。由于大运河建设要统筹多元要素、夜
间经济发展要兼顾多方平衡，因而强调物尽其用、精准量化的定制化开发是
实现二者协同发展的具体路径。作为我国社会经济发展的前沿实践，大运河
夜游产业定制化开发需要遵循"应用示范—分步推广"的模式。杭州既是大
运河"后申遗"时代深化建设的先行者，也是夜间经济发展的桥头堡，具备
应用示范的基础，其探索经验不仅为大运河杭州段建设提供了实践范本，也
为我国大运河系列发展战略的部署提供了经验借鉴。

文旅融合推动杭州"三江两岸"品牌IP建设研究报告

李　婷[*]

摘要： 杭州作为浙江省的省会，既是全省的经济、文化、科技中心，也是长江三角洲的重要枢纽。作为国家历史文化名城，杭州凭借深厚的文化底蕴和秀美的自然风光，致力于成为中国最具吸引力的文化旅游城市之一。加快把杭州建设成国际化旅游名城，是习近平总书记对杭州发展的殷切期望，也是推动杭州经济社会高质量发展的内在要求。2024年杭州市政府工作报告提出，要推进文旅深度融合，高水平开发"诗路文化·三江两岸"世界级文化旅游带和城市漫步体验线路，打造最佳国际旅游目的地城市。打造"三江两岸"水上黄金旅游线，既能实现对钱塘江流域文化的整体传承保护和产业的创新发展，又能撬动西部区县跨越式高质量发展，助力实现共同富裕。因而这一项目的建设正当其时，意义重大。

关键词： 文旅融合；"三江两岸"品牌；共同富裕

---

* 李婷，杭州市社会科学院党建研究所助理研究员，研究方向为基层党建和城市文化研究。

一、杭州"三江两岸"建设的基本情况

钱塘江是杭州的"母亲河"，也是杭州城市与旅游发展的重要轴线。以不同支流交汇处和新安江大坝为分界，钱塘江水系可划分为新安江、富春江、钱塘江、千岛湖四段。1982 年，富春江—新安江风景名胜区被国务院批准列入第一批国家重点风景名胜区。杭州境内的"三江两岸"区域全长 235 千米，上游起始于淳安千岛湖，下游止于钱塘区与绍兴接壤处，纵贯 6 区 3 县（市），连接 70 多个乡镇街道、380 多个村庄，包含 2 个国家级风景名胜区（西湖、"两江一湖"）、2 个国家级旅游度假区（湘湖、千岛湖）、6 个国家森林公园、2 个 5A 级旅游景区、17 个 4A 级旅游景区、8 个 3A 级旅游景区，以及星罗棋布的历史文化名镇、名村和文物古迹，是中国旅游资源最密集、最具人文气息、最具度假开发潜力的水域之一。"三江两岸"沿线拥有丰富的诗词歌赋、绘画艺术资源，向来是文人墨客创作的"人间天堂"，有 1000 多位历史名人在此驻足并留下了 3000 多首诗词佳作，因而"三江两岸"有浙西"水上唐诗之路"之称。此外，这里也是元代画家黄公望的名作《富春山居图》的取景地。

开发"三江两岸"水上黄金旅游线，是想在更高层面上实现对钱塘江流域文化的挖掘传承和产业的创新发展，推动"都市旅游休闲核""千岛湖休闲增长极"的联动发展，助力杭州从景点旅游向全域旅游跨越，构建以城带乡、以东带西、城乡共富共美的新格局。同时，"三江两岸"黄金旅游线位于浙赣皖的核心区，将极大地助力"杭黄世界级自然生态和文化旅游廊道"的打造，有效地串联起名山（黄山）、名城（杭州）、名水（千岛湖）、名乡（婺源），形成浙赣皖"生态旅游金三角"、浙西特色黄金旅游线。2012 年 4 月 28 日，杭州市旅游委员会启动打造"三江两岸"黄金旅游线，以绿道建设为核心带动沿岸旅游资源开发，但当时大规模水上开发尚不成熟。近年来，杭州水上旅游已发展形成一定规模的产业基础，水上交通基础设施和旅游重点项

目建设不断推进，城市阳台、秦望码头等一批重要码头正在建设，浙江第一码头、六和塔码头等主城区码头的合法手续正在办理，滨江码头已正常投入使用，水上游船的建设也在持续推进中，夜游、短途观光游、运动休闲游等水上项目逐步投入运营，沿线景观风貌正在逐步提升，宣传推广活动也在陆续开展。

2021 年，"三江两岸"水上接待游客（不包括千岛湖）约 45 万人次，水上产业收入（不包括千岛湖）达 4600 余万元。2022 年，杭州积极打造"三江两岸"水上黄金旅游线，成立市委"诗路文化·三江两岸"水上黄金旅游线领导小组，组建"一办五组"工作专班集中办公；统筹沿线区、县（市）文旅资源，成立"三江两岸"旅游运营公司，开展"三江两岸"水上黄金旅游线路设计大赛，推出 30 条"三江两岸"水上黄金游线，并与携程、飞猪等 OTA 平台联动，线上销售额达到 3000 多万元。2023 年，杭州举办"世界旅游联盟·杭州之夜""三江两岸"会奖旅游国际推广周；紧抓亚残运会火炬接力的契机，通过电视直播全方位宣传"三江两岸"旅游资源和文史脉络；举办 2023 杭州市民艺术节之"三江两岸"音乐节；完成"三江两岸"人文历史综合应用项目编制、导游词编写；新建完成游船 7 艘、提升改造存量景区 19 个。2024 年，杭州重点把握五大历史机遇，以"五重"建"五城"，实施五大"焕新"行动。"五大历史机遇"是：后亚运时代"国际赛会之城"打造、世界旅游联盟总部落户杭州、"平急两用"政策发布对重大项目推进和"三江两岸"旅游开发的利好、旅游经济总体复苏向好、以文旅力量推动经济发展。杭州应把握历史机遇，加快推动法国狂人国主题乐园、欢乐谷的选址和商务谈判，做大做强"三江两岸"这篇大文章，让更多人认识"三江两岸"，投资"三江两岸"，把"三江两岸"打造成世界一流的滨水旅游目的地，让"三江两岸"沿线沿岸既有国际品牌游乐项目，又有轻奢度假、康养运动服务，形成以住宿度假产品为核心的"众星拱月"式产品体系，以旅游业高质量发展撬动西部区县发展，实现共同富裕。

二、杭州"三江两岸"建设的总体思路

"三江两岸"是杭州文旅产业发展的新蓝海，其地处吴越文化与宋韵文化一脉相承的"人间天堂"，是元代黄公望的名作《富春山居图》的取景地，蕴藏着千年严州府文化的沧桑与沉淀，有着东汉隐士严子陵醉钓富春江的传世美谈，也是钱塘江"唐诗之路"的精华段，更有着天下奇观"钱江潮"，汇聚了世界级的文化和旅游资源。杭州市依托"三江两岸"流域优质文化旅游资源，以"三江两岸"水上旅游为突破口，打造高品质旅游产品体系，优化流域内旅游产业布局，辐射带动西部山区旅游产业高质量发展，构建全域共建共享、共富共美新格局，力争将"三江两岸"打造成为世界一流滨水旅游目的地、一幅人与自然和谐共生的世界级山水人文画卷和共同富裕示范区城市范例的文旅样本。

"三江两岸"建设的总体思路是：以现代版"富春山居图"、钱塘江"唐诗之路"为主题，按照"做精岸上、突破水上、水岸互动、众星拱月"的发展导向，形成"一线双链四区七心群珠串联"水上旅游空间发展格局，打响"三江两岸"水上黄金旅游线的品牌知名度。"众星拱月"即构建水岸互动的高品质文旅产品体系。水上要发展游轮、游船、游艇、水上巴士、水上运动五大系列旅游项目，打造以游轮度假产品为龙头，由水上观光、休闲、夜游、美食、研学、运动、商务等类别的产品组成的"众星拱月"式水上旅游产品体系。岸上要谋划引进世界级主题乐园和国际顶级 IP，打造具有强大引流效果的龙头文旅项目；利用存量改造提升富阳黄公望、新沙岛、东梓关、桐洲岛、桐庐桐君山、严子陵钓台、建德梅城、淳安千岛湖等重要文旅场景，擦亮"三江两岸"文旅金名片；创新开发一批包含露营、美食、康养、户外运动、低空旅游、文化演艺等在内的小而美的特色项目，形成"众星拱月"式的国际一流文旅产品体系。"一线"即"三江两岸"水上黄金旅游线。"双链"包括水上游船链，岸上自驾、高铁、公路客运、骑行、步行交通链。"四区"

是指四大旅游区块,即主城区都市休闲游、富阳至桐庐富春山居游、建德新安文化游、淳安千岛湖度假游。"七心"是指依托主要码头,建设七大水岸互动的重要水上旅游换乘集散中心,即上城区江河汇旅游码头、西湖区袁浦旅游码头、富阳区东洲码头、桐庐县洋洲码头、建德市梅城码头、建德市双江街码头、淳安县千岛湖旅游码头。"群珠串联"是指通过游线策划,将丰富多样的文旅产品串珠成链,形成沿线区域共同富裕的通道。

"三江两岸"水上黄金旅游线现有 4 个系列(共包含 10 条游线),分别为船·递精彩系列(4 条)、船·越古今系列(2 条)、船·视佳作系列(1 条)和船·为美谈系列(3 条)。船·递精彩系列将山水美景与休闲运动组合、与亚运场馆关联,让游客既能探访亚运场馆、感受亚运激情,又能欣赏三江名山秀水、沉浸体验风光;船·越古今系列将古村古镇、非遗文化、传统民俗与山水美景组合,突出水岸互动,提供沉浸式的非遗体验;船·视佳作系列将名作与美景组合,主要聚焦艺术文化,体验黄公望笔下的富春山水之美;船·为美谈系列将名人故事与美景组合,打造出以桐君药祖与桐庐美景为主题的研学产品、以严子陵与富春山水为主题的散客产品、以海瑞与新安江美景为主题的廉政教育型产品。

三、杭州"三江两岸"建设存在的不足

"三江两岸"旅游资源丰富,有良好的发展基础,既具备无可比拟的自然风光,又有着深厚的历史文化积淀,是中国旅游资源最密集、最具人文气息、最具度假开发潜力的水域之一。但与国内外先进城市的成功案例相比,杭州"三江两岸"开发建设起步晚、经验不足,在基础设施、运营统筹、产品设计、品牌营销等方面尚存在一些不足,具体表现为以下几个方面。

（一）基础设施建设瓶颈仍存

一是码头建设不足。受钱塘江饮用水水源保护、"两江一湖"风景名胜区保护等限制，钱塘江主城区段五丰岛至三堡船闸、"两江一湖"核心区等区域内的岸线无法利用，主城区旅游码头建设困难，规划在建码头审批要求严格、手续繁杂，码头建设推进缓慢，游船停靠受限。二是受沿线桥梁大坝限制。其中作为"全国重点文物保护单位"的钱塘江大桥高仅 7.1 米，限制了通行船只的高度及吨位；富春江大坝船闸通行能力弱；新安江大坝没有通航船闸，下游船只无法与千岛湖连通；钱塘江、运河旅游联动过闸时间长。上述因素均会影响游船建造与运营。三是航道承载量低。钱塘江是四级航道，只能满足 500 吨级船只通航，导致游船经营经济性不足。上述因素直接导致"三江两岸"沿线基础设施和配套不足，与世界著名航道莱茵河（码头数超 50 个，每日超 200 航次）和塞纳河（码头数超 30 个，每日超 100 航次）相比规模差距明显，难以串联各地产品，甚至无法深入西部地区。

（二）运营统筹机制尚不明确

一是缺乏实质上的"一体化"运营主体。尽管市级层面已成立"三江两岸"运营公司，但统筹力度不够大，实际运营公司仅负责主城区流域，而富阳、桐庐、建德、淳安流域分别由当地国有旅游公司负责，区县（市）合作机制尚不成熟，导致各水域各自发展，只有"盆景"没有"风景"。二是缺乏社会资本进入规则。一方面水上建设参与难，目前不少民营公司想参与游艇码头乃至"三江两岸"基础设施建设，但缺乏进入渠道；另一方面岸上项目竞争大，外来投资者大量进入，对本地小经营者造成压力，形成恶性竞争。三是行业人才配备不足。游轮旅游产业是资本、技术、人才"三密集"产业，对从业者要求较高，目前复合型人才相对缺乏。并且现阶段行业人才如船长、海务、机务都没有纳入杭州高技能人才范畴,从业人员荣誉感不足、积极性不够。

(三)文旅融合产品供给不足

一是水岸互动不佳。水上项目短程多、长线少,游客深度参与度不足,直接导致西部地区过夜游客量较少,岸上项目有基础但精细化程度不足,无法形成"众星拱月"式旅游产品体系。二是缺乏优质文旅项目引领发展。"狂人国"落地余杭径山、欢乐谷选址仍未确定,"三江两岸"区域既缺乏世界级文旅 IP,又缺少小而美的现象级爆款产品,难以形成持续的旅游热潮。三是旅游线路设计不够精细化。现有 4 个系列 10 条游线几乎均有回头路,"最后一公里"问题没有解决,游客对线路的体验感有待提升。

(四)品牌营销欠缺统一形象

一是营销方式碎片化。各大平台上关于"三江两岸"的景点、娱乐、交通等信息碎片化分布,对住宿、美食、活动等的推荐不足,游客难以高效获取所需信息。二是区域联动宣传意识不足。主流官方媒体的运营处于起步阶段,融媒体平台各自为政,新媒体渠道依赖 UGC(用户生成内容),未形成全媒体营销矩阵。三是地方性文旅特色不够鲜明。"三江两岸"沿线有"两胜两湖",有众多历史文化名镇、名村、古迹和多处非物质文化遗产,但营销热点重感官,缺乏故事性、沉浸式营销,不能充分体现杭州的独特韵味。

四、各地可借鉴的文旅融合创新案例

（一）巴黎塞纳河内河游轮

巴黎塞纳河作为国际著名的城市河流，其城市观光游船旅游模式对世界上其他城市河流观光旅游项目的开发极具借鉴价值。塞纳河及其周边的风景决定了巴黎整个城市的面貌，塞纳河观光游船使国际游客对艺术之都巴黎、对唯美塞纳河有了更加全面的了解。在对"三江两岸"区域的开发中，如何汲取巴黎塞纳河观光游船产业发展的经验，并凸显具体的旅游品牌个性，将是一个重要的研究方向。巴黎塞纳河观光游船产业的发展成果要归功于以下几个发展策略。

一是河道治理在先。与西方其他河流的发展历史相似，20 世纪 20 年代的巴黎塞纳河也遭受过污染，从河道治理到航运功能实现再到今天的旅游功能转型，巴黎塞纳河在品牌形成的过程中抓住了一系列的关键因素。首先是水体质量的优化。塞纳河的河水清澈见底，水面平静而整洁，使人顿生安逸宁静之感。其次，塞纳河以岸景闻名，埃菲尔铁塔与巴黎圣母院等都被包含在内。优质的水承载着沿途华丽的岸景，这样的形象成就了巴黎塞纳河的品牌。同时，为了体现品牌价值、提升游客满意度，巴黎塞纳河的游船服务非常注重人性化。在巴黎随处可见的创意文化和艺术气质也很好地融入了塞纳河的游览视野，塞纳河流经的 37 座桥，每一座都有其艺术性和历史积淀，其中也不乏世界级的珍品。

二是城市品牌在外。河流的品牌发展离不开城市的助力。对于塞纳河旅游产业而言，如果没有巴黎的名声在外，很难有人能将塞纳河的识别度提升到现在的高度。同样，塞纳河的品牌发展也为巴黎成为国际旅游大都市增添了助力。打造一个国际大都市，其中的河流旅游品牌应该作为重点开发对象，借城市观光游船旅游，助内河旅游品牌提升城市品牌形象。

三是政府引领为主。从 1830 年开始,经过 40 年的整治工作,巴黎塞纳河水深由 1 米提升到 3—4 米,河道由当初的宽窄不一变为今天的整齐协调,此时旅游活动初具规模。1889 年巴黎市政府开始对塞纳河实施分段治理,划分出旅游区、商业区和工业区,并设置相关的法规政策实施管理。同时,授权巴黎港务局、市政和园林局等部门对河道与景观进行分类管理。1997 年又出台《巴黎市塞纳河美化计划》,其中提出了三大著名行动目标,分别是保护城市历史景观、鼓励休闲亲水活动和加强河道的运输功能。今天的巴黎市政府在塞纳河的旅游品牌管理中仍然扮演着领导角色,相应的河道总体线路、景观规划等均由政府负责审批。而为了推广与发展塞纳河观光游船旅游项目,政府在针对游船公司的管理上又转为监督的角色。

(二)长江三峡旅游线路

长江三峡景色壮美,三峡旅游线路是我国最早向国际市场开放推介的黄金旅游线路之一。近年来,三峡地区在全域旅游、文旅融合方面取得重要进展,旅游发展的瓶颈问题得到进一步破解,旅游的聚集和辐射功能进一步增强,大三峡与大都市、大武陵并列为重庆三大旅游目的地。三峡旅游线路的建设采取了以下几个策略。

一是水岸互动建强基础设施。以长江为纽带,培育水上休闲旅游全产业链,打造江岸互动综合型旅游走廊。以打造世界级内河游轮旅游带为目标,依托内河游轮核心产品,在长江及主要支流沿岸地区打造一批水上旅游项目。建设主城游轮母港,建成万州、丰都游轮辅港和涪陵游轮基地,升级沿江旅游码头,提升三峡游轮旅游品质。大力发展水上巴士,推进水岸互动。依托诗歌文化、三国文化、三峡文化、三线文化和红色文化等文化资源,打造长江三峡文化长廊。

二是优化旅游产品体系。依托长江三峡雄奇的自然山川和峡谷景观,顺应体验性、多样化、参与式等旅游消费新趋势和新需求，加快沿江精品景区提档升级，推进沿江两侧腹地向纵深发展，推动"一干多支"协同联动。重点发展观光旅游、峡谷探险旅游、科考研学旅游等旅游产品。充分挖掘和活化三峡文化资源，按照可看、可玩、可参与的要求，打造创新性、个性化、品质化的"诗画人文"体验型产品，重点发展文化体验旅游、节会演艺旅游和文创体验旅游等产品。

三是交旅融合打造立体交通体系。加强交通与旅游协同联动，建设畅达的通景旅游交通路网，打造特色旅游交通风景廊道，优化旅游交通便捷服务体系，构建"快旅慢游、便捷安全、高效换乘"的水陆空旅游立体交通体系。一方面，通过优化水上旅游交通、完善高速旅游交通、建设自驾车旅居车营地，满足不同游客的旅游需求；另一方面，加快通景道路建设，强化高速、铁路、航空等旅游交通方式之间的衔接，以万州为中心，构建"1+6+N"旅游集散体系，畅通游客进出通道。

（三）威海"千里山海"自驾旅游公路

山东省威海市"千里山海"自驾旅游公路，作为交通干线与旅游资源融合的典型代表，入选第一批交通运输与旅游融合发展十佳案例。这条公路串联起威海市90%的核心旅游度假资源，以1001千米全域山海景观环道，让快进慢游沉浸体验成为可能。"千里山海"自驾旅游公路的开发，为我们提供了以下成功经验。

一是智能化理念建强基础设施。威海市打造"自在威海智慧旅游"平台，实施滨海旅游公路智慧系统建设，打造"千里山海云导览"VR小程序、元宇宙等智慧旅游项目，全景式和虚拟化展现威海文旅资源，为游客提供智慧化导航导览服务。其中的特色导视系统吸引了众多游客，通过打造彩虹路、音乐公路、盘山路等具有"网红感"、感官冲击力强的创意特色路段，形成自带流量的"网红打卡点"。

二是构建全域全时品牌产品体系。出台《千里山海自驾旅游公路驿站设置及服务规范》地方标准,以标准化引领威海自驾旅游市场规范化、品质化发展。以"春游—初见、夏游—热恋、秋游—相知、冬游—表白"为主题,结合康养游、露营游、微度假等时下热门旅游元素,打造独具威海 IP 特色的"爱在威海"四季文旅品牌产品,发布精品旅游攻略、网红线路和打卡点,提供四季全时旅游产品体验。

三是全媒体矩阵助力裂变式营销。在主流媒体平台开设主题专栏、进行深度报道、策划采风活动等,持续营造宣传热点,加大宣传力度。在新媒体平台开设"'千里山海'自驾旅游公路"话题,吸引原创自驾旅游攻略短视频近千条,累计播放量近亿次,实现流量裂变式传播。围绕中秋假期"威海小伙驾游'千里山海'自驾旅游公路迎娶新娘"事件,成功策划"最美迎亲路"主题事件营销。

五、打造"三江两岸"文旅融合品牌 IP 的对策建议

根据 2023 年制定的"诗路文化·三江两岸"水上黄金旅游线实施规划,打造"三江两岸"黄金旅游线路是一个长达 30 年的中长期目标,需要持续发力、久久为功。为此,特聚焦现阶段"三江两岸"面临的突出问题,包括亟须解决的体制机制难题、阻碍发展的基础设施建设、不足的产品供给以及待优化的营销策略问题等,在国家推进"平急两用"公共基础设施建设、交旅融合发展以及省区市"文旅西进"的政策期,推动"三江两岸"品牌 IP 建设,促进杭州旅游业高质量发展。

（一）明确自身定位，破解深层次体制机制障碍

以打造世界一流的滨水旅游目的地为总体目标，参考借鉴法国塞纳河等国际水域黄金旅游线，对标长江三峡等国内知名内河旅游带，在工作机制、运营管理及政策力度上谋求提升。

第一，建立政企协同的攻坚治理机制。鉴于目前旅游线路仍在培育期且基础建设堵点未突破，建议在市委、市政府领导下，继续保持政企协同，推动"三江两岸"水上旅游工作专班的实体化运行和攻坚，保持市发改委、市文广旅游局双牵头工作机制，统筹协调推进"三江两岸"水上旅游开发各项任务落实，简化优化各项审批流程，重点突破旅游码头审批、客运船舶建造、饮用水源保护环评及《杭州港总体规划（2021—2035 年）》报批等环节梗阻，强化事中事后监管与服务。

第二，在运营管理上探索资产运营新模式。采取"政府为主导、企业为主体、市场化运营"的模式，由职能部门牵头采取共建和加盟的方式，线下搭建加盟商合作平台，线上升级"三江两岸"智慧旅游平台，构筑以路为核心的运营生态体系。探索成立"三江两岸"轻资产运营公司，运营公司收取固定的管理酬金，开展经营性活动，获取收入上缴"三江两岸"沿线地区，再依据其前期投入、资源禀赋实施分红。在开发建设上，依据新修订的《基础设施和公用事业特许经营管理办法》，推进沿线旅游交通基础设施建设，采用"使用者付费＋政府可行性缺口补助"的回报机制，鼓励民营企业参与。

第三，在政策保障上加大支持力度。全面落实促进文化和旅游发展的用地政策，依法依规保障项目合理用地需求。充分利用"平急两用"政策期，支持通过低效土地再开发利用、城乡建设用地增减挂钩等方式增加建设用地供给，鼓励更多资本参与"平急两用"酒店、文旅公共设施、旅游休闲综合体等的建设改造和运营维护。加强游轮从业人员的培养培训工作，建议将游轮相关专业人才纳入杭州高技能人才队伍，提升其职业荣誉感与积极性。

（二）建强基础设施，打造交旅融合发展金名片

把握交旅融合高质量发展的政策期，打造杭州"交通＋旅游"金名片，推进"三江两岸"水岸基础设施建设，构建"快进""慢游"旅游交通设施网络，打造"浙西水上唐诗之路"。

第一，统筹推进旅游基础设施建设。根据《杭州港总体规划（2021—2035 年）》明确时间节点，加快推进"三江两岸"沿线水上客运中心、码头、停靠点的新建工作，推动小散码头整治工作，针对目前不具备"港口经营许可证"的码头，通过软硬件综合提质、完善审批手续等途径改造提升，推动其尽快取得资质。推动沿线景观再造，对部分通航河道两岸进行灯光亮化提升，开展灯光秀、水幕电影、游船赏花专线等活动。

第二，推动水陆空交通网络高效接驳。一方面，加快推进富春江、钱塘江"四改三"航道建设，改建沿线跨河碍航桥梁，实现主通道的高标准、高效率通航；另一方面，落实浙江省省级绿道网规划，重点打通省级绿道三江段，构建区域绿道体系、完善区县（市）交界面段衔接。同时，整合衔接各区县（市）级旅游集散系统，建立"三江两岸"旅游集散中心，在重要节点设置集散站，辐射链接高铁站、公路客运枢纽等节点，打通"最后一公里"，让八方来客无障碍地"进得来""出得去"。

第三，合理盘活亚运场馆存量资源。后亚运时代的"三江两岸"区位优势突出，56 个亚运场馆中有 32 个位于"三江两岸"沿线，紧抓打造国际"赛""会"之城的历史机遇，利用演艺赛事集聚的人气，主动衔接"三江两岸"黄金旅游线路，对沿线餐饮企业、智慧商圈、夜经济集聚区等联动促消费主体提供相应的扶持政策，实现"演赛展商旅"全方位覆盖。

（三）丰富产品供给，提升"三江两岸"品牌影响力

"三江两岸"水上黄金旅游线由水岸互动形成，现阶段两岸景点发展成熟，但水上游还有巨大的发展空间。据调研了解，内河游轮客户群体及其需求近年来发生转变，在年龄结构上转向更为年轻化的旅客群体，他们更注重个性化的旅游体验，对服务质量要求更高。同时，与国外河轮市场的高复购率相比（水晶内河游轮可达 50%，维京内河游轮也能达 30%），国内市场的渗透率仅为万分之一。数据证明，这是一个潜力巨大的客源市场，更需要高品质产品与之匹配。

第一，聚焦杭韵打造品牌 IP。聚焦"三江两岸"区域内的山水生态、江南风情、诗路文化、城市风貌等资源特色，打造互联互通的旅游线路，尤其是杭温高铁、杭衢铁路等交通线建成，放大桐庐、建德"X"型交通网络优势，确保游客可从各条线路直接进入"三江两岸"大景区，强化"三江两岸"品牌 IP。可通过举办"三江两岸"水上黄金旅游线 logo、广告语征集等活动扩大品牌效应，为"三江两岸"旅游线路量身定制一句广告语、一个 logo、一组歌曲＋MV、一部宣传片和一本游轮护照，构筑起水上线路专属品牌形象体系。后续，在游轮舱内设置盖章区，邀请游客打卡集章，形成持续性的"盖章旅游"。

第二，捕捉情绪推出爆点产品。针对"Z 世代"新兴群体注重情绪价值和新奇体验的用户需求，推出"情绪＋旅游"，建构"情绪价值＋品牌故事"的新模式。围绕当地的历史底蕴、文学风韵等独特资源，深挖游客内在的情绪需求，打造情绪动线，比如，针对年轻人渴望在周末有限的时间内释放工作压力的情绪需求，推出"游船慢生活"，开发城市 City boat、山间古刹游、景区慢直播等活动形式，持续营造流量热度；针对游客对治愈休憩的向往，依托自然山水开展户外徒步、野外骑行等休闲活动，串联"三江两岸"露营地等资源。

第三，联动周边推动产品共享。立足于长三角一体化发展，与安徽黄山等地联合打造世界级自然生态和文化旅游廊道，如在淳安、桐庐等旅游发展基础良好的区域主推轻奢游，结合水上运动、马术等项目打造时尚轻奢的旅游体验；在建德等相对小众的目的地推出"反向旅游"，挖掘原生态山村山水与浓厚历史底蕴相结合的反差感。与沪、苏联动做热激活夜间经济，升级打造"不夜天堂·乐购杭州"品牌，如以亚运场馆为出发点，串联周边的旅游资源，根据演出演艺时间周期适时推出"跟着演出去旅行"活动，活化利用集聚的人气。

（四）策划精准营销，提升旅游目的地的核心竞争力

从淄博到哈尔滨，从天水到开封，"文旅热"成为现象级话题。文旅产品营销的重要性不言而喻。"三江两岸"在品牌营销上仍存在较大改进空间，需从品牌体系、营销方式、传播主体等多方面发力。

第一，构建全域全时品牌营销体系。推动各区县（市）、各类企业、各机构的联动合作，打造全区域全产业链联合营销模式。"三江两岸"涉及的 9 个县（市、区）文旅主管部门宜加强合作联动，实现信息互享、产品互推、游客互送、共同营销，打造区域旅游统一形象。如打造以"四时之花＋四项运动＋四季体验"为主题的"三江两岸"品牌营销体系，结合亲子、露营、研学、非遗等热门文旅元素，春季主推"玉兰、马术、City walk"，夏季主推"荷花、帆船、夜市"，秋季主推"桂花、骑行、观潮"，冬季主推"梅花、滑雪、温泉"，每个季度推出特色精品主题线路和网红打卡点，发布城市漫游图鉴、旅游攻略及指南等，打造四季全时旅游产品体验。

第二，水岸互动策划现象级营销案例。现阶段在缺乏世界级文旅 IP 的背景下，可探索自设"网红打卡点"吸客引流。在夜景灯光上做统一升级，全面塑造钱塘江沿线夜景格局，建设"三江两岸"夜景灯光全域"一键调度"

智控系统，实现"三江两岸"多种夜景灯光模式的切换展示，围绕主城区灯光秀、梅城光影秀、兰江渔家灯火等沿线光影盛宴，策划现象级营销案例。在沿线绿道上规划"网红打卡点"，打造彩虹路、音乐公路、盘山路等具有"网红感"、感官冲击力强的创意特色路段。

第三，打造全媒体矩阵助力热点传播。在主流媒体平台开设主题专栏、进行深度报道、策划采风活动等，持续营造宣传热点，加大宣传力度。在新媒体平台开设"三江两岸"黄金旅游线路相关话题，吸引旅游攻略短视频创作。在抖音、快手、小红书以及视频号等平台推出"'三江两岸'美好旅行直播季"活动，同步直播"三江两岸"沿线景区，为旅游企业线下引流送客。与旅游平台合作，打造精品游轮旅游线路，精准辐射目标人群，推出"三江两岸"游轮攻略，发布热门打卡点和游轮线路推文，从而吸引更多游客。

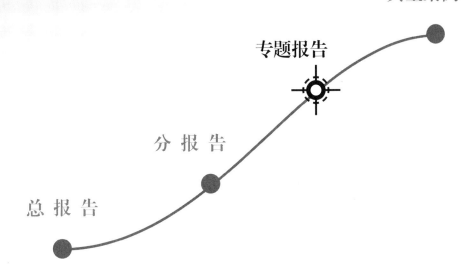

典型案例

专题报告

分报告

总报告

文体旅融合视野下杭州马拉松赛事品牌提升研究

高　丹[*]

摘要： 近年来，马拉松等路跑赛事在市场化运作模式下，吸引了越来越多的群众参与，成为"体育＋文旅"深度融合发展新路径的重要组成部分。2023—2024 年，杭州每年举办包括杭州马拉松、区县（市）马拉松和部分特色马拉松在内的 800 人以上规模马拉松赛事 10 余场。杭州马拉松赛事经过精心打造和多年运营，已形成展示沿途风景的"美丽"赛道、打造易跑口碑的"高速"赛道、赋予多元内涵的"特色"赛道、提供女性平台的"专属"赛道 4 大品牌特色，不少赛事在省内乃至国内产生了较好的文旅拉动效应。但是，杭州马拉松赛事也存在赛事同质化、赛期协调缺位、文旅融合不深等不足之处，特别是运营管理与服务保障方面的问题在经过社交媒体的传播与发酵后，损害了赛事的品牌形象甚至杭州的城市形象。当前，杭州马拉松赛事与文旅融合发展的市场前景可观、政策导向明确、群众需求热切，可以通过加强监管、创新形式、突出差异等主要措施，实现以文体旅融合为方向的杭州马拉松赛事品牌提升。

---

* 高丹，中共杭州市委党史研究室（杭州市人民政府地方志办公室）编研三处副处长，研究方向为杭州市情、地方历史文化、方志年鉴编纂等。

关键词： 文体旅融合；杭州马拉松；赛事品牌

在国际经济形势不断变化和全球化背景下，旅游业的持续快速发展和跨文化传播的日益活跃，使得文化和旅游的深度融合变得更为可行和迫切，文旅融合成为学术界关注的热点。而跨界融合，已成为文旅产业发展的新趋势。[①] 在国外，文旅融合主要有文化遗产旅游、主题公园旅游、乡村文化旅游、影视文化旅游、节事会展旅游、体育文化旅游等6种特色鲜明且较为成熟的发展模式。在国内，体育旅游产业以每年14%的速度增长，远超旅游产业每年4%—5%的整体增长速度，显示出巨大的市场潜力和发展前景。全国多地积极探索"体育＋文旅"深度融合发展新路径，拓展文体旅融合发展空间，打造文体旅融合发展的新场景、新业态、新模式、新机制，"跟着赛事去旅行"等新颖的融合项目不断涌现，吸引了大量游客的关注和参与。

近年来，马拉松等路跑赛事[②] 凭借其竞技性、大众性、表演性等特点，在市场化运作的模式下，吸引了越来越多的群众参与，成为最受青睐的大众体育赛事之一。特别是在健康中国和全民健身国家战略的背景下，以马拉松为代表的中国路跑赛事快速回暖，知名马拉松赛事的报名人数和参赛人数普遍超额，屡创历史新高。2023年，全国范围内共举办参赛人数800人以上的路跑赛事（不含越野及山地项目）699场，总参赛规模605.19万人，其中马拉松及半程马拉松赛事622场，参赛规模344.5万人。[③] 据中国田径协会测算，到2025年，国内路跑及相关运动赛事数量有望增加至2500场，大众马拉松

[①] 中国产业研究院：《2024—2029年中国文旅融合行业投资策略分析及深度研究报告》，2024年5月发布。

[②] 根据世界田联竞赛与技术规则，路跑赛事是指在人工铺设路面上的跑步比赛。

[③] 数据不含港澳台地区，见中国田径协会、果动科技：《2023中国路跑赛事蓝皮书》，2024年3月发布。

参赛规模将增加至 1000 万人次。[①] 当前，越来越多的地方通过举办城市马拉松、山地马拉松[②]、特色马拉松等体育赛事活动，将文化、旅游和体育元素紧密结合起来，打造具有地方特色的旅游品牌，甚至出现同一个比赛日全国有几十场马拉松鸣枪开赛的火爆场面，城市与城市之间、赛事与赛事之间的竞争日益激烈。在这一背景下，把当前杭州的马拉松赛事放在文体旅融合的视野中进行思考，运用社会调查、文献分析等方法梳理现状与不足，对进一步提升杭州马拉松赛事品牌、促进杭州市文化体育旅游产业融合发展具有重要意义。

一、杭州域内马拉松赛事基本情况

2023 年，浙江省举办 800 人以上规模路跑赛事 79 场，数量位居全国第一，其中认证赛事 27 场，数量位居全国第二（第一为江苏，举办 61 场，其中认证赛事 36 场）。[③] 据笔者统计，2023 年，杭州域内共举办 800 人以上规模马拉松赛事 12 场；2024 年，共举办 800 人以上规模马拉松赛事 15 场，具体情况如表 1 所示。目前，除杭州马拉松外，市辖各区、县（市）均举办了马拉松赛事，其中不乏女子马拉松、竞潮马拉松、山地马拉松、马拉松接力赛等特色赛事。

---

① 中国田径协会:《2023 中国田径协会路跑工作报告》，2024 年 1 月发布。
② 根据 2024 年 11 月 26 日发布的《中国田径协会关于规范马拉松名称使用的指导意见》第八条，"非人工铺设路面上举行的山地与越野跑等赛事，应准确使用项目名称，不得以'山地马拉松''森林马拉松'等非标准方式命名"。
③ 中国田径协会、果动科技:《2023 中国路跑赛事蓝皮书》，2024 年 3 月发布。

表 1　2023—2024 年杭州域内马拉松赛事一览表

时间	赛事	等级	地点	设置项目	规模／人
2023 年 3 月 4 日	2023 浙江马拉松接力赛	C	滨江区	全马接力赛	1800
2023 年 3 月 26 日	2023 杭州钱塘女子半程马拉松	A1	钱塘区	半程、3.5 公里	10000
2023 年 3 月 26 日	2023 杭州临安半程马拉松	C	临安区	半程、7.5 公里、2 公里	5000
2023 年 3 月 26 日	2023 杭州梦想小镇半程马拉松	A1	余杭区	半程、5 公里	9500
2023 年 4 月 16 日	2023 杭州湘湖半程马拉松	A1	萧山区	半程、4.5 公里	10000
2023 年 4 月 22 日	2023 第八届戴村山地马拉松	C	萧山区	42 公里、21 公里、10 公里	800
2023 年 5 月 7 日	2023 杭州女子半程马拉松	A1	杭州市	半程、5 公里	10000
2023 年 10 月 29 日	2023 桐庐半程马拉松	A1	桐庐县	半程、3.5 公里	12000
2023 年 11 月 12 日	2023 萧山钱塘江竞潮·半程马拉松	—	萧山区	半程、5 公里	980
2023 年 11 月 19 日	2023 建德 17℃新安江马拉松	A1	建德市	全程、半程、5 公里	12000
2023 年 12 月 3 日	2023 千岛湖马拉松	A1	淳安县	全程、半程、4 公里	12000
2023 年 12 月 17 日	2023 杭州马拉松	A1	西湖区	全程、半程、3.5 公里	36000
2024 年 3 月 16 日	2024 浙江马拉松接力赛	C	滨江区	全马接力赛	1500
2024 年 3 月 17 日	2024 临平半程马拉松	A2	临平区	半程、5 公里	10000
2024 年 3 月 31 日	2024 杭州湘湖半程马拉松	A1	萧山区	半程、4.5 公里	10000
2024 年 3 月 31 日	2024 杭州梦想小镇半程马拉松	A1	余杭区	半程、5 公里	10000
2024 年 4 月 21 日	2024 杭州钱塘女子半程马拉松	A1	钱塘区	半程、3.5 公里	12000
2024 年 4 月 21 日	2024 杭州富阳·富春山居半程马拉松	A1	富阳区	半程、4.5 公里	6000

续表

时间	赛事	等级	地点	设置项目	规模/人
2024 年 10 月 20 日	2024 杭州临安半程马拉松	B	临安区	半程、7.5 公里、2 公里	8000
2024 年 10 月 20 日	2024 萧山钱塘江竞潮·半程马拉松	—	萧山区	半程、5 公里	980
2024 年 10 月 20 日	2024 杭州西湖（铜鉴湖）山地马拉松	ITRA	西湖区	半程	1500
2024 年 10 月 27 日	2024 桐庐半程马拉松	B	桐庐县	半程、3.5 公里	14000
2024 年 11 月 3 日	2024 杭州马拉松	A1	杭州市	全程、半程、3.5 公里	36000
2024 年 11 月 17 日	2024 建德 17℃新安江马拉松	B	建德市	全程、半程、4.2 公里	12000
2024 年 11 月 23 日	2024 第九届戴村山地马拉松	C	萧山区	42 公里、21 公里、7 公里	800
2024 年 12 月 1 日	2024 杭州女子半程马拉松	B	杭州市	半程、10.2 公里	8000
2024 年 12 月 1 日	2024 千岛湖马拉松	B	淳安县	全程、半程、8.8 公里	15000

注：1. 本表仅收录 800 人以上规模马拉松赛事；2. 规模人数非实际参赛人数；3. 数据统计时间截至 2024 年 12 月 1 日。

（一）杭州马拉松

杭州马拉松（以下简称"杭马"）的前身为分别举办于 1987 年 10 月、11 月的西湖桂花马拉松和中日友好西湖马拉松，是国内历史第三悠久的马拉松赛事，仅次于 1981 年 9 月创办的北京马拉松和 1987 年 5 月创办的大连马拉松。在中国马拉松赛事还处于起步阶段的时期，杭州马拉松凭借杭州独特的自然风光和人文魅力，成功吸引了众多国内外跑者的关注。1999 年，赛事更名为"浙江省暨杭州市国际马拉松赛"，由浙江省和杭州市联合举办，不仅提升了赛事规格，也扩大了赛事影响力。2006 年，赛事再次更名为"杭州国际马拉松"，进一步突出了杭州市作为主办城市的地位。2012—2014 年，杭马实现从中国田协铜牌赛事跃升至金牌赛事。2015 年起，赛事正式定名为"杭州马拉松"，并向国际级马拉松赛事跃进。2017—2019 年，杭马成功从国际田联铜标赛事升级为金标赛事。2021 年（最终因疫情取消办赛）和 2022 年，杭马连续两年被国际田联评为精英标牌赛事。2024 年 11 月 3 日，2024 杭州马拉松举行，设置全程、半程、欢乐跑 3 个项目，参赛规模达 36000 人。

（二）区、县（市）马拉松

在杭州各区、县（市）举办的马拉松赛事中，时间最早的是创办于 2015 年的千岛湖马拉松，由淳安县人民政府主办。2018 年，杭州梦想小镇半程马拉松、临安半程马拉松、桐庐国际半程马拉松纷纷创办。杭州梦想小镇半程马拉松由余杭区人民政府主办，首次办赛即成为中国田径协会 A1 类赛事，赛道位于杭州未来科技城，展示了余杭区现代化建设成果和区内多个创新地标；临安半程马拉松、桐庐国际半程马拉松分别由临安区人民政府、桐庐县人民政府主办。2019 年，首届建德 17℃新安江国际半程马拉松举办，后增设全程项目，更名为建德 17℃新安江马拉松，由建德市人民政府主办，是目前浙江省内唯一自创办起每年举办的马拉松赛事。同年，由萧山区人民政府主办的首届杭州湘湖国际半程马拉松在萧山湘湖风景区鸣枪开跑。2024 年，由富阳区人民政府主办的首届杭州富阳·富春山居半程马拉松在富春江畔鸣枪开跑，临平区人民政府也首次在区内主办大型全民马拉松赛事——临平半程马拉松。

（三）特色马拉松

杭州主要特色马拉松赛事有杭州钱塘女子半程马拉松、杭州女子半程马拉松、萧山钱塘江竞潮·半程马拉松、戴村山地马拉松、杭州西湖（铜鉴湖）

山地马拉松、浙江马拉松接力赛等。

萧山区戴村镇是浙江省首批 7 个运动休闲小镇之一，多年来已成功举办多届（次）山地马拉松、山地越野赛、山地自行车赛及其他各级各类体育赛事。戴村山地马拉松由戴村镇人民政府主办，自 2016 年开赛以来，每年都会吸引 1000—2000 人报名。杭州钱塘女子半程马拉松原名杭州国际女子马拉松，创办于 2017 年，是国内较早设立的大型女子马拉松赛事，经过多年运营，已成为国际田联标牌赛事，具有广泛的影响力和较高的知名度。浙江马拉松接力赛同样于 2017 年创办，主办单位为滨江区人民政府，是目前国内规模最大的马拉松接力赛事，参赛队伍以"团队＋接力"的形式跑完一个全马。2024 年，浙江马拉松接力赛采用了杭州第 19 届亚运会马拉松比赛"同款"路线，来自省内外的 200 多支队伍、1400 余名跑者参加了比赛。2022 年，由萧山区人民政府主办的萧山钱塘江竞潮·半程马拉松首次举办，3 年来，参赛规模从 300 余人增加至近千人。2023 年，首届杭州女子半程马拉松在武林广场鸣枪起跑，该赛事由杭州市体育局、上城区人民政府、拱墅区人民政府、西湖区人民政府、杭州西湖风景名胜区管理委员会联合主办，是杭州域内马拉松赛事中主办单位最多的一个。2024 年，西湖区文化和广电旅游体育局主办杭州西湖（铜鉴湖）山地马拉松，该赛事为 ITRA（国际越野跑协会）认证赛事，有 1500 余人参赛。

此外，杭州域内还有诸如三墩兰里乡村马拉松、浙江大学校园国际马拉松、西湖大学校园马拉松等规模相对较小的马拉松赛事。

二、杭州域内马拉松赛事品牌现状与特色

杭州域内的马拉松赛事经过精心打造或多年运营，大部分已形成自己的品牌特色，不少赛事在省内乃至国内都具有较大的影响力和吸引力。

（一）展示沿途风景，创"美丽"赛道

杭州马拉松的赛道串联了黄龙体育中心、北山街（西湖）、杨公堤、虎跑路、市民中心、复兴大桥、滨江绿道、奥体中心等杭州地标建筑和人气景点，使得杭马不仅是一场奔跑的盛宴，更是一次穿越杭城历史与现代的旅行，使以"跑过风景跑过你"为口号的杭马品牌深入人心。淳安县是国家 5A 级景区千岛湖的所在地，千岛湖马拉松致力于打造穿越千岛湖核心景区的"中国最美丽马拉松赛道"，参赛选手从秀水广场出发，途经风光旖旎的秀水大桥、美丽的环湖公路——淳杨线、纵览湖光的上江埠大桥……最后回到秀水广场完成冲线。近年来，千岛湖马拉松更是凭借"高铁直达＋绝美风景"，成为让全国跑友向往的赛事之一。杭州湘湖国际半程马拉松围绕"美丽湘湖"规划赛道，九成路线位于湘湖风景区内，沿途空气清新、景观独特。建德 17℃新安江马拉松的赛道设计注重自然风光与文化底蕴的结合。浙江马拉松接力赛每届均在滨江区闻涛路"最美樱花跑道"举行。

（二）打造易跑口碑，创"高速"赛道

桐庐国际半程马拉松历经 5 届的摸索发展，以"赛道平坦、容易出成绩和沿途风景美"的口碑，在全国县域马拉松版图上拥有了一席之地。2024 桐庐半程马拉松以"能不能更快"为主题，在赛道转弯及折返处以鲜艳的橘黄色箭头标记出"PB"[①]线，引导选手跑出最精准切线，节省时间，取得更好的成绩。报名正式开启还不到 1 小时，8000 个名额即全部报满。经组委会综合考虑，赛事名额扩充至 14000 人，又在半小时内被抢报一空，最终创下桐庐

---

① PB 是 Personal Best 的缩写，意为个人最佳成绩。对于跑者来说，PB 意味着在某个项目中跑出的最短时间。

马拉松赛事报名人数的历史新高，该赛事的受欢迎程度可见一斑。临安半程马拉松曾以"奔跑在幸福的田野上"为主题，在经历了赛道的两次升级后，完成"从深厚文化，跑过美好生态，跑向未来科创"的特色品牌打造，2024临安半程马拉松的赛道被选手们评价为最容易"PB"的赛道之一。

（三）赋予多元内涵，创"特色"赛道

杭州梦想小镇半程马拉松自首届起就打出"以梦为马"的口号，重点展现杭州除"风景美"以外的"科技美"特点，在数年前就充分展示了智能机器人、人脸识别、芯片计时等科技元素。杭州富阳·富春山居半程马拉松主要展示富阳作为现代版"富春山居图"的独特魅力。临平半程马拉松让参赛者在奔跑中感受"杭州城东新中心"的活力。萧山钱塘江竞潮·半程马拉松从钱塘江南岸观潮胜地——南阳街道美女坝出发，经沿江大堤到钱江世纪城沿江公园结束，不仅将自然风光与城市景观完美融合，同时也是一场按潮汛时间（下午1点）起跑、全程与潮水赛跑的特色赛事，展示出"奔竞不息、勇立潮头"的萧山弄潮儿精神，与马拉松的运动精神同声相应。2024杭州西湖（铜鉴湖）山地马拉松的赛道贯穿灵山景区和铜鉴湖景区的精华部分，沿途经过九曲红梅茶园及多个江南特色村落，特别融入了当前热门的"黑悟空"等西游元素，丰富了赛事文化内涵。

（四）提供女性平台，创"专属"赛道

杭州域内有两种女子马拉松赛事①。杭州钱塘女子半程马拉松赛事落地钱

---

① 根据2024年11月26日发布的《中国田径协会关于规范马拉松名称使用的指导意见》第六条，"赛事名称需与参与人群范围相一致，除医师跑者与配速员外，单性别赛事原则上不得有其他性别人员参赛"。

塘江北岸高颜值沿江跑道，作为女子马拉松中不多见的 A1 类赛事，结合专业性、竞技性、趣味性和娱乐性，注重营造女性专属氛围，增强女性跑者的参赛"体验感"，为女性提供展示自我、挑战自我的专属平台。历届参赛服和奖牌颜色均以粉色为主，浪漫而又充满少女心。杭州女子半程马拉松以"奔跑的你，美如西子"为口号，从参赛选手到官方配速员、急救跑者、赛事开道交警等，全部由女性组成；路线以繁华的武林广场（2024 年起调整为湖滨步行街）为起点，途经西湖、钱塘江等多个"醉美"风景点，最终结束于城市阳台的杭州大剧院，可称得上"一路风景，一路美丽"。

三、杭州域内马拉松赛事存在的主要问题

尽管杭州域内的马拉松赛事品牌形象总体良好，但在办赛过程中存在的一些不足，经过自媒体传播与发酵产生的负面效应，损害了一部分赛事的品牌形象。同时，考虑到今后马拉松赛事举办可能面临的激烈市场竞争，当前杭州的马拉松赛事也还有一些可改进之处。

（一）赛事同质化，总体品牌辨识度不高

当前马拉松赛事如雨后春笋般在全国各地涌现，在数量激增的同时，赛事同质化现象愈发严重。许多赛事都选择在城市主要道路或风景区进行，导致参赛者在不同的赛事中可能体验到相似的路线和风景。此外，赛事主题缺乏创新，如仅仅局限于传统竞技和健身范畴，营销策略缺乏创意和差异化，也会导致赛事对公众的持续吸引力不足。特别是区县级以下赛事和新创办的马拉松赛事，如果不能打造自己鲜明的品牌辨识度，长此以往，无论是参赛者还是观众对赛事的新鲜感和期待值都将逐渐降低。同时，品牌商在选择赛

事赞助时，通常也会考虑赛事知名度、影响力和品牌价值。同质化赛事因品牌辨识度不高，难以吸引大品牌商赞助，导致赞助收入减少，影响赛事经济效益，进而影响到赛事组织，甚至损害赛事形象和城市形象。

（二）时间缺乏协调，赛事撞期常有发生

受天气等因素影响，春季的 3—5 月和秋季的 10—11 月是马拉松赛事的"赛季"。据《2023 中国路跑赛事蓝皮书》，国内举办马拉松等路跑赛事场次最多的月份是 4 月，其次是 11 月、10 月。[①]且马拉松一般在早晨鸣枪开跑，需要参赛者提前领取芯片号码布等参赛物资，考虑到赛事筹备和方便参赛者等因素，比赛大多安排在周日举行。而春、秋季周末数量有限，导致全国各地马拉松在"赛季"扎堆举办，有时同一天可达数十场。如 2024 年 11 月 2 日—3 日，全国范围内举行的各类路跑赛事超过 30 场，总规模约 40 万人。在杭州每年举办的 10 余场马拉松赛事中，撞期也常有发生。如，2023 年 3 月 26 日举办了钱塘女子半程马拉松、临安半程马拉松、梦想小镇半程马拉松 3 场赛事。2024 年，这一现象更为突出，3 月 31 日、4 月 21 日均同日举办 2 场赛事，10 月 20 日同时举办了临安半程马拉松、萧山钱塘江竞潮·半程马拉松、西湖（铜鉴湖）山地马拉松 3 场赛事。撞期的赛事让不少本地和外地跑者很难取舍，造成了在全省乃至全国"抢人大战"中的"友军内讧"问题。

（三）文旅融合深度不够，效应发挥不足

马拉松赛事是展示城市形象、促进文旅发展的重要平台，但部分马拉松赛事在文旅融合的深度和效应发挥上仍存在不足。如杭州马拉松作为国内知

---

① 中国田径协会、果动科技：《2023 中国路跑赛事蓝皮书》，2024 年 3 月发布。

名的马拉松赛事之一，每年吸引大量国内外跑者和游客前来参赛与观赛，但赛事期间文化活动相对单一，与其他旅游资源联动不够紧密，一些重要文化内涵未被深度挖掘，游客在赛事前后难以获得丰富的文旅体验。从这个角度来说，杭马不仅与国内其他知名赛事如无锡马拉松、南京马拉松、兰州马拉松等尚有差距，而且即使在省内，也应对标学习绍兴马拉松的文旅配套。市内赛事中，在文旅融合方面评价较好的是湘湖半程马拉松、桐庐半程马拉松等部分区、县（市）马拉松。如杭州湘湖国际半程马拉松自创办起，即发放湘湖旅游大礼包，受到了参赛者的一致好评。

（四）运营管理与服务保障问题致差评较多

从问卷调查结果看，七成参赛者对杭州域内马拉松赛事的整体体验感受积极，对赛事的组织持满意和肯定态度。但具体到对杭州马拉松的体验感受，满意率下降一成以上。结合小红书、抖音等自媒体平台上的跑者反馈，参赛者对杭州马拉松的意见主要集中在：马博会的内容和活动不够丰富、赛事咨询渠道不通畅、交通配套无优惠、全半马分区不合理、前半程赛道拥挤易摔、途中补给和医疗物资不足、观赛氛围清冷、奖牌设计一般、衍生纪念品缺乏等。2023 杭州马拉松赛事报名期间曾发生报名系统页面崩溃、登录后显示他人隐私信息的事件；2024 杭州马拉松又因"男子冠亚军选手因误判手势跑错方向"的乌龙事件而冲上热搜。这些事件在一定程度上影响了杭州马拉松甚至整个杭州域内马拉松的形象。

四、杭州马拉松赛事与文旅融合发展的背景支撑

马拉松是一项能够在赛事中完美展现城市面貌和人文内涵的大众体育运

动。统计数据表明，一半的马拉松跑者有外地参赛经历。一场优秀的马拉松赛事能对城市品牌塑造、知名度推广起到积极作用，所带来的价值不可估量。

（一）市场前景可观

从经济角度看，举办一场马拉松赛事的收益极为可观。报名费、赞助费是赛事本身的直接收入，从外地赶来的参赛者又能直接拉动城市交通、住宿、餐饮、旅游等方面的收入。2023 年，国内一线城市举办的大型路跑赛事办赛总收入平均值为 2910.24 万元[1]。据报道，2024 年，兰州马拉松创造直接经济收益 5.38 亿元，其中跑者消费达 4.81 亿元；无锡马拉松创造直接经济收益 2.83 亿元，其中餐饮、住宿经济收益分别为 1.27 亿元和 1.17 亿元。据网上披露的《东北证券研报》预测，2025 年，马拉松赛事经济将达到 500 亿元规模，未来马拉松衍生经济规模有望超过 4000 亿元。马拉松赛事已成为城市经济的"金蛋"，市场前景十分可观。

（二）政策导向明确

2023 年 9 月，国务院办公厅印发《关于释放旅游消费潜力推动旅游业高质量发展的若干措施》，提出要推进文化和旅游深度融合发展，丰富"赛事＋旅游"等业态。2024 年 6 月，国家发展改革委、农业农村部、商务部等五部门联合发布《关于打造消费新场景培育消费新增长点的措施》，围绕培育文旅体育消费新场景，提出深化旅游业态融合创新等发展方向。马拉松赛事正是当前文旅体育消费的重要新场景之一。与此同时，2024 年以来，中国田径协会新修订或新出台实施《中国田径协会路跑赛事认证管理办法》《中国田径

---

[1] 国家体育总局：《中国户外运动产业发展报告（2023—2024）》，2024 年 10 月发布。

协会路跑赛事管理办法》《中国田径协会路跑赛事起终点规范》等政策文件，对马拉松赛事的规范组织和管理提出了更高要求，为马拉松产业的健康可持续发展提供了保障。

（三）群众需求热切

笔者针对马拉松赛事进行了问卷调查，结果显示，36—45 岁受访者人数占到总受访人数的 44.22%。这一比重，与 2024 杭州马拉松赛后大数据公布的统计数字——35—44 岁年龄段参赛人数占参赛总人数的 45.28%——基本相符。作为马拉松参赛人群的主力，这一年龄段的群体恰好也是消费能力最强的。受访者中，有 59.86% 的人每年参加马拉松赛事 4 场及以上，七成跑者选择在参赛城市停留两天一夜；55.10% 的受访者把"趁机旅游"作为报名马拉松赛事的主要目的，72.79% 的受访者表示愿意为参加马拉松赛事制订专门的旅行计划；九成以上参赛者认为，马拉松赛事对当地文旅市场的影响是积极的。在参赛者的文旅消费项目中，住宿、餐饮和旅游景点消费占到前三位；"历史遗迹与文化体验""美食探索与品尝""自然风光与户外探险"则列最受参赛者欢迎的文旅元素前三位；"提供更多文旅信息指南""增设赛事相关文旅活动""组织旅游团或提供优惠套餐"则列最受欢迎的特色文旅服务前三位。当面对同日多场赛事需要做出选择时，"知名度高"（78.91%）、"服务好"（76.19%）、"城市吸引力强"（71.43%）、"等级高"和"有特色"（均为 67.35%）是跑者会考虑的主要因素。以上数据，可为杭州马拉松赛事品牌提升的方向与策略提供参考。

五、以文体旅融合为方向的杭州马拉松赛事品牌提升策略

（一）加强监管，优化组织服务，提升跑者参赛体验

各地马拉松赛事往往以各级政府为主办单位，采用市场化方式运营办赛，杭州马拉松赛事也不例外。因此，政府及相关管理部门应同时扮演好"组织者""监管者""统筹者"的角色，加强赛事组织管理，提升跑者的参赛体验。一是整合政府与社会资源，建立赛事运行监管体系，构建监管网络，确保赛事安全、公正、规范。二是运用大数据与人工智能技术，整合信息，精准分析，为赛事优化提供支持，为跑者提供个性化训练建议和比赛策略。三是完善跨部门和跨区域协调机制，强化合作，高效协同，保障赛事顺利进行，合理协调赛期，实现区域整体"共赢"。四是建立赛后反馈与改进机制，设立多种跑者反馈渠道，定期收集并分析跑者意见，不断优化赛事组织与服务，提升跑者满意度。

（二）创新形式，开发衍生产品，丰富赛事文旅配套

创新是马拉松赛事的生命力所在。杭州马拉松赛事应当围绕科技创新、文化创新和内容创新，丰富赛事文旅配套。一是增加数字化体验，利用 AR、VR 技术模拟赛道沿线风景，展现大杭州人文历史等方面的特色，在赛前赛后为跑者提供沉浸式赛道体验，使跑者更充分地感受杭州的独特魅力；二是融入更多文化旅游元素，如在赛事前后举办文化展览、艺术表演、音乐节、City walk、跑者沙龙等活动，推出包括特色住宿、美食体验、景点游览等在内的马拉松主题旅游套餐，吸引参赛者和观赛者参与；三是拓展跨界合作领域，与知名运动品牌、文化机构、旅游企业等合作，通过特色补给站、文化互动区等增加赛事趣味性和互动性，联名开发创意衍生品，并通过线上线下

多渠道销售，或利用区块链技术发行赛事数字藏品等。

（三）突出差异，形成独特优势，增强品牌竞争实力

从长远来看，只有坚持差异化发展路径，形成不同于国内其他地区马拉松赛事的独特优势，才能提升杭州马拉松赛事的品牌竞争力。一是差异化赛道体验，除了传统的城市路跑、景区路跑，可增设如大运河沿岸跑、红色文化主题跑等特色路线，打造如乡村田园跑等"小而美"的赛事。二是加强赛事宣传营销，利用微信、抖音、小红书等社交媒体平台，结合短视频、直播等形式，传播赛事亮点、跑者故事，增强线上互动性和参与度；建立跑者社群，提供赛事交流、训练指导、心理调适等服务，增强跑者对赛事的归属感与忠诚度。三是倡导绿色生态理念，强调赛事的环保性与可持续性，如使用可降解材料制作奖牌、参赛包，鼓励参赛者使用公共交通工具到达赛场，在赛事前后举办如旧衣捐赠、赛道清洁等环保主题活动，推动赛事可持续发展，树立绿色马拉松的良好品牌形象。

杭州民族特色村寨文旅体融合助推乡村振兴的分析与展望
——以杭州市 1 个民族乡 19 个民族村为例

甘怡瑶　刘华章　林　航*

摘要：党的二十大报告提出"全面推进乡村振兴"。民族特色村寨凭借其深厚的文化底蕴和独特的生态环境，在发展文旅体融合项目中具备显著优势，是推进乡村振兴的重要载体之一。本文以杭州市桐庐县莪山畲族乡和 19 个民族村为例，深入分析其发展现状、既有成效、发展困境，提出"五点"促"五度"的实践路径，以期为民族乡村在产业、人才、文化、组织等领域的全面振兴提供有力支持。

关键词：杭州市；民族特色村寨；文旅体融合；乡村振兴

在当前社会生产力迅猛发展和科技革命日新月异的背景下，社会结构正

---

* 甘怡瑶，杭州师范大学人文学院历史学（历史学＋思想政治教育本硕衔接试验班）（师范）学生，研究方向为民族史。刘华章，杭州师范大学人文学院团委副书记，研究方向为马克思主义理论。林航，杭州师范大学人文学院副院长、教授，研究方向为中华民族共同体意识、北方民族史。

经历急剧转型，城乡区域发展不平衡的问题日益凸显，乡村振兴因此成为国家发展的重中之重。实施乡村振兴战略，旨在解决新时代我国社会的主要矛盾、实现"两个一百年"奋斗目标和中华民族伟大复兴，具有重大而深远的意义。2022 年，党的二十大报告强调"抓党建促乡村振兴"，"持续整顿软弱涣散基层党组织"，并"扎实推动乡村产业、人才、文化、生态、组织振兴"，为新时代农村基层组织建设和乡村振兴成效的提升指明了方向。

国家民委明确指出，"争取将少数民族特色村寨建设纳入本地乡村振兴战略等相关规划"。民族特色村寨凭借其深厚的文化底蕴和独特的生态环境，在发展文旅体融合项目中展现出显著优势，成为推进乡村振兴的重要载体。文旅体融合发展，即文化、旅游和体育产业之间的跨界融合与协同发展，通过资源共享、优化配置、协同创新和互利共赢，提升各产业的综合竞争力、可持续发展能力和公共服务水平，为全社会创造更大的经济、社会和文化价值。

将民族地区文旅体融合发展融入乡村振兴战略的各方面，特别是在产业、人才、文化、生态、组织等振兴领域，可以有效拓展民族乡村地区的产业模块，完善产业链条，奠定民族乡村振兴的经济基础。同时，这种融合有助于实现民族乡村地区生态环境的绿色、低碳、可持续发展，保护"绿水青山"。此外，这种融合还能促进民族乡村地区组织机构的完善，高效协调各方、统筹全局，最终实现民族乡村地区的全方位振兴。

当前，杭州市少数民族村落的文化旅游产业规模正在逐步扩大，成为支撑当地经济的重要支柱产业。桐庐县莪山畲族乡通过发展特色产业创建了全域 3A 级景区，年接待游客量达 50 万人次，旅游综合收益超亿元，另有 9 个民族村内有特色民宿运营，总数达 41 家。2021 年，19 个民族村全部实现集体经济总收入 50 万元的目标，其中 18 个村实现集体经济经营性收入 30 万元的目标，实现率为 94.7%。2022 年，杭州市农村集体经济总收入为 182.56 亿元，经营性收入为 137.25 亿元，均居全省第一。由此可见，近年来杭州市莪山畲族乡和 19 个少数民族村文旅产业的生产总值正稳步增长，文旅融合项目对当地生产总值的贡献率逐年提升，成为民族地区经济增长的主要动力之一。

本文旨在深入剖析杭州市民族地区在文旅体融合方面的实践策略和模式，探索如何在有效保护和传承少数民族特色文化的基础上，同步推进产业结构的转型升级与基层治理体制的创新。通过对杭州市民族地区文旅体融合实践的研究，总结并归纳出一条切实可行的乡村振兴路径，进而构建一个包含有效驱动机制的框架体系。这一框架不仅能够增强乡村全方位发展的内在动能，还将为民族地区乡村的可持续发展提供坚实的理论依据与有效的实践指导。

一、杭州市少数民族村文旅体融合的发展路径

（一）基础：村寨先天优势

杭州市民族特色村寨发展文旅融合产业具备四大区位优势：一是地理位置优越。杭州民族特色村寨地处经济发达的长三角区域，与上海、南京、苏州等大都市紧密相连，拥有丰富的潜在游客资源。二是文化资源独特。杭州市民族村寨深深植根于丰富的民族文化与历史土壤之中。如莪山畲族乡的莪山民族村因"三月三""六月六"等文化节庆活动、"凤凰装"服饰以及棍舞、竹竿舞等民族舞蹈而声名远扬；龙峰民族村则凭借丰收节、祈福节的独特氛围，以及马头墙、青瓦屋顶等古朴典雅的建筑元素，吸引着无数游客的目光，为文旅体融合提供了丰富的创造灵感与素材。三是生态资源丰富。村寨林木覆盖率高，空气质量优良，生物多样性丰富，自然风光旖旎，"原山""原水""原村落"为发展生态旅游、休闲度假提供了得天独厚的自然条件。四是治理结构完善，基层组织健全。如新丰民族村、龙峰民族村等设有村民委员会及村民小组，采用数字化治理和"3＋2"矛调信访处置机制，提升治理效率。

（二）需求：政府、村寨与企业

文旅体融合项目的成功实施根植于政府、村寨与企业等多方主体的共同需求与愿景，这一理念在杭州市多个民族村寨的实践中得到了生动诠释。

以莪山畲族乡为例，乡党委及政府积极探寻村寨文旅体融合发展的新路径，致力于塑造独具特色的旅游品牌。通过连续成功举办多届畲族风情节，乡党委和政府深入挖掘和展示了畲族丰富的民族文化底蕴，同时还积极与江苏久聚建设工程有限公司、浙江沪马旅游开发有限公司携手，创新性地引入了山地户外运动项目，诸如越野跑、山地自行车赛事等，实现了民俗文化与体育运动的深度融合与相互促进。这一举措意在构建一个集休闲、度假、运动功能于一体的综合性旅游度假区，不仅极大地激发了乡村旅游的活力，还有效地促进了当地农产品的销售和民宿业的繁荣，为乡村振兴战略的实施注入了强大动力。

与此同时，杭州市内的其他民族村寨也在积极探索文旅体融合的新模式，例如富阳区新登镇双江村，作为浙江省民族团结进步小康村和杭州市"百千"工程示范村，该村充分利用自身得天独厚的自然风光和丰富的民族文化资源，精心打造"畲香美寨、诗画双江"品牌，通过第七届民族风情节、"三月三"民族风情夜等活动，以"美丽畲寨"驱动"美丽经济"发展。此外，双江村还通过政协牵线搭桥，成功促成了本村畲乡园食品有限公司与物美超市的合作签约，为村民提供了更多的就业机会和增收渠道。

在这些成功的案例中，党委和政府的核心诉求在于依托当地的民族文化底蕴和自然资源优势，开发独具特色的旅游产业，并以此为杠杆，撬动其他特色产业的转型升级，最终实现全乡民众的共同富裕。而企业的需求则聚焦于开发新兴的特色旅游项目，以确保企业的长期可持续发展。这两大需求与当地民众追求富裕生活的愿望高度契合，共同促成了民族特色村寨文旅体融合项目的顺利落地。这一过程不仅体现了多方共赢的理念，也为乡村振兴战略的实践探索提供了宝贵经验。

（三）契机与协同发展

杭州市民族特色村寨文旅体融合项目的成功落地，既是基于对时代脉搏的精准把握，也是村寨居民、地方政府与企业间深度协同合作的成果。

党的十九大明确提出乡村振兴战略，要准确把握乡村振兴的科学内涵，挖掘乡村的多种功能和价值，统筹谋划农村经济建设、政治建设、文化建设、社会建设、生态文明建设和党的建设，注重协同性、关联性，整体部署，协调推进。如表1所示，杭州市少数民族村寨将打造民族乡村共富标杆作为总体目标，发展文旅体融合项目，统筹谋划，协同推进，力求在保护中发展、在发展中传承。

表1 2013 年以来杭州市少数民族特色村寨文旅体融合项目

文旅项目	特色地标	人才培养	文体项目
"西湖边的畲乡"等区域文旅品牌	畲族馆地标	"三个 100"畲族人才培育计划	民间畲歌大赛
"云上民族村寨"工程	山哈风情大道	莪山畲乡教育实践基地项目	畲族武术表演赛
"山哈老家客"品牌	山哈风情街区	市级非遗传承基地	少数民族运动会
红曲文化村落建设项目	红曲酒馆	"石榴红·百人计划"	竹竿舞比赛
"三月三""六月六"畲族文化节	李氏花厅	"135"优秀中青年人才培养计划	民族团结进步趣味运动会
"富春山居图里的畲村"	畲乡文创中心	——	"三月三"文化节
"之江同心·石榴花开"品牌	团结门	——	"红街畲寨"演艺体系
"新登古城—双江畲村"旅游路线	罗隐故居	——	——

续表

文旅项目	特色地标	人才培养	文体项目
"石榴红·幸福畲"民生综合街区项目	畲族文化广场	—	—

注：本表由作者根据调查资料整理而成。

为实现这一宏伟蓝图，杭州市少数民族村寨采取了一系列创新举措。通过实施"云上民族村寨""富春山居图里的畲村"等系列工程，村寨巧妙地将生态优势、农耕文明与畲乡文化融为一体，转化为吸引游客的独特魅力。同时，村寨整合畲族馆、古村落、古民居及非物质文化遗产等文化资源，打造了一系列文化展示窗口，如畲族文化馆、畲医畲药馆、红曲酒展示馆等，让游客在沉浸式体验中深刻感受畲乡文化的独特韵味。此外，村寨还举办了开酒节、开笋节等民俗节庆活动，进一步丰富了文旅产品，提升了知名度和影响力。

近年来，在文旅体融合项目的推动下，杭州市少数民族村寨在乡村振兴方面取得了显著成效。通过多轮村庄环境综合整治，村寨面貌焕然一新，实现了洁化、序化、美化、亮化和景区化。同时，新建的畲族食品生产基地不仅促进了当地经济的蓬勃发展，还为村民提供了大量就业岗位，显著提高了村民的收入水平。以西金坞自然村为例，通过闲置农房改建、自然景观提升和运营方式创新等举措，该村探索出了"环境入股＋保底分红"的增收模式，村集体每年保底分红达 30 万元，村集体收入更是突破了 240 万元的大关。

在这一进程中，莪山畲族乡作为杭州市少数民族村寨的杰出代表，更是乡村振兴战略的坚定实践者。面对人口流失与经济不振的双重困境，莪山畲族乡党委、政府决定以旅游业为突破口，引领人口回流与地方经济振兴，与江苏久聚建设工程有限公司、浙江沪马旅游开发有限公司携手，共筑特色旅游胜地。筹备初期，政府、企业与村寨居民紧密协作，深挖本土资源与文化底蕴，以红曲酒文化为核心，融合畲族传统与现代旅游元素，策划了一系列别具一格的旅游项目，在保留"高山流水千人席"传统精髓的基础上进行创新改良，使其满足现代游客需求，同时尊重村民文化传承与生活习俗。项目落成后，政府与企业对其进行持续优化，研发新品，完善产业链，共同推动文旅体融合项目的落地生根。在此过程中，村寨居民不仅是项目的受益者，更是积极的参与者和建设者，他们用自己的双手和智慧，为景区的成功运营贡献了自己的力量。

截至 2023 年，莪山畲族乡实现了"1113"重大突破：成功打造了 1 个文旅品牌——"西湖边的畲乡"，保障了 1 档热门综艺节目——浙江卫视《我们的客栈》顺利录制，招引了 1 个亿元级项目——云上畲乡文旅综合体，并圆满举办了 3 项重大活动——第四届中国（浙江）民族服饰设计展演、浙江省"云上民族村寨"工程启动仪式、民族服饰文化研究与文旅融合发展学术论坛暨中国民族服饰研究会 2023 年年会，显著提升了"中国畲族第一乡"的知名度和美誉度。[1] 此外，畲族大米、高节竹笋、高山茶叶、红曲酒、畲乡龙须等特色农产品也在文旅融合项目的推动下得到了开发。[2]

二、杭州市少数民族村文旅体融合发展面临的挑战

（一）非遗人才外流，村寨活力待振

2010—2020 年间，杭州市各民族村寨及村寨所在县镇人口结构发生了显

---

[1]　杭州市民族宗教事务局:《桐庐县莪山畲族乡实现"1113"突破　持续提升"中国畲族第一乡"知名度和美誉度》，https://mzj.hangzhou.gov.cn/art/2024/1/17/art_1632183_58917730.html。
[2]　柳丹宁、高红梅:《基于"短视频＋直播"的农产品推广策略研究——以莪山畲族乡为例》，《现代商业》，2021 年第 24 期。

著变化（见表2）：在常住人口减少的同时，15—64岁劳动人口比例明显下滑，呈现金字塔形失调状。造成这一现象的原因多种多样，其中主要的原因是交通不便、就业机会匮乏及教育资源稀缺。大部分年轻人被迫外出务工以寻求更好的生活与发展机会，劳动力流失与村庄空心化问题日益严重，成为制约民族村寨可持续发展的主要因素。

表2　杭州市民族村寨人口数据

杭州民族村寨（县镇）	2010年常住人口/人	2020年常住人口/人	升降情况	2010年0—14岁人口总数/人	2020年0—14岁人口总数/人	升降情况	2010年15—64岁人口总数/人	2020年15—64岁人口总数/人	升降情况
莪山畲族乡	6537	5351	↓	1102	637	↓	5312	3615	↓
枫树岭镇	10829	8203	↓	1677	920	↓	7660	4898	↓
万市镇	16860	13651	↓	2504	1449	↓	12925	9463	↓

数据来源：第六次人口普查数据和第七次人口普查数据。

随着文旅体融合项目在多地成功落地，部分民族村寨产业结构开始得到优化，但劳动力与专业人才（尤其是非遗文化传承人才）短缺的问题仍待解决。人才与劳动力是经济增长的核心，对引入新知、科技创新、提升生产效率及产品品质至关重要。为此，各民族村寨所在地的乡政府、居民及企业应共同努力，以深挖民族文化核心竞争力为导向，以优化基础设施及制定优惠政策提升地区吸引力为两翼，在满足居民现代生活需要的同时不断强化产业发展。只有构建起有利于人才集聚与产业发展的环境，吸引并留住具有专业技能与创新能力的人才，才能持续为各民族村寨的经济社会发展注入动力。

（二）文旅竞争激烈，特色亟须凸显

杭州市各民族村寨的文化旅游资源虽源自本土，却未能充分释放其独特魅力。许多传统民俗文化资源的开发仅仅停留在历史展示阶段，缺乏实质性的文化传承与创新实践。部分带有文化烙印的大型活动与节日庆典虽对传统民俗保有形式上的延续，但其中许多富有民族特色的习俗已逐渐淡出年轻一代的记忆。近年来，尽管国家大力倡导非物质文化遗产的保护与传承，鼓励年轻一代参与其中，但在少数民族风情不断稀薄的形势下，不少村寨的传统技艺和民风民俗还是开始陷入无人继承的困境。

此外，在"衣食住行游购娱"的旅游体验构成中，杭州市各民族村寨丰富的文化底蕴——包括独特的民俗风情与深厚的民族文化传统——在旅游产品中并未得到充分展示。如图 1 所示，随着少数民族与汉族生活的不断交融，各民族村寨受汉文化影响的范围也在不断扩大，具体体现为各地区特产形式趋同、带有显著的汉文化特色，如典型的茶文化、书法文化相关产品，以及在传统观念中多与汉人及江南水乡关联的特色伞具等。这类千篇一律的旅游产品既缺乏鲜明的文化标识与持久的吸引力，又不能为后续的文旅宣传带来助力，成为食之无味、弃之可惜的尴尬存在。

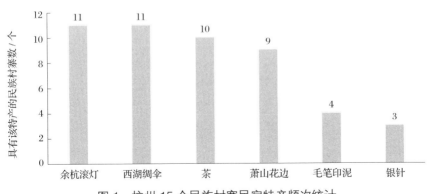

图 1　杭州 15 个民族村寨民宿特产频次统计

注：本图由作者根据调查资料，选取杭州 15 个民族村寨相关数据整理而成。

不仅旅游产品具有单一化、同质化的问题，杭州市各民族村寨的文旅开发目前也面临着同样的挑战。受多数农村旅游景区开发模式的影响，不少民族村寨景区以吸引流量为主，风格单一且严重缺乏民族文化及民风民俗特色。以杭州市莪山畲族乡参与的综艺节目《向往的生活》为例，尽管节目在畲族乡取景，但对当地民族特色文化的植入却显得匮乏。观众对该地区的民族文化了解有限，认知仅停留在表层，自然不会产生前往了解的想法，而畲族乡也因此错失节目播出带来的大量流量。同时，尽管莪山畲族乡拥有民族特色文化活动资源，但这些资源并未得到系统性开发，导致乡村旅游产品业态不够丰富，民族特色不够鲜明，即便是现有的活动也存在同质化现象，缺乏足够的差异性来吸引游客。

（三）宣传力度不足，运营水平亟待提升

在新媒体兴起的时代，开通官方账号，通过抖音、小红书等新媒体平台进行宣传不失为一种高效的文旅推广渠道。但如图 2、图 3 所示，相较于其他地区，杭州市各民族村寨新媒体账号如官方抖音号"桐庐文旅""畲味莪山"等开通时间较晚，视频数量较少且质量参差不齐，制作的相关推广内容往往面临着社会话题度和关注度不高、数据欠佳、粉丝黏性不足等问题，很难爆火出圈。而由于宣传推广力度不够，杭州市不少民族村寨的文化旅游知名度都处于尚待提升的状态，目前的游客群体来源主要局限于浙江本省及邻近省市。杭州市民族村寨距离打造全国范围内的民族村寨金字招牌还有较长的路要走。因此，如何在传承与发扬民族文化的同时提升文化旅游的知名度和吸引力，成为杭州市各民族村寨亟须解决的重要问题。

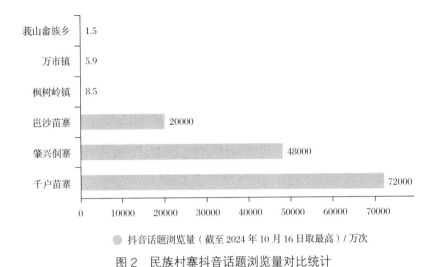

图 2　民族村寨抖音话题浏览量对比统计

注：本图由作者根据调查资料整理而成，数据统计截至 2024 年 10 月 16 日，取最高值。

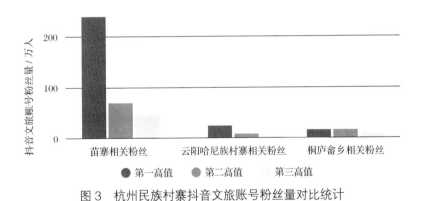

图 3　杭州民族村寨抖音文旅账号粉丝量对比统计

注：本图由作者根据调查资料整理而成，数据统计截至 2024 年 10 月 16 日。

三、"对点腾飞"——杭州市民族村寨文旅体融合发展措施分析

杭州市莪山畲族乡和 19 个民族村皆兴于民族特色，但也与全国许多因旅游东风而振兴，而后又对未来发展陷入迷茫的乡村一样，都处在重要的转

折点。基于理论分析和实践调研，本文提出增进政策落实精准度的"五点"促"五度"实践路径：通过文化传承的"亮点"，提升民族品牌的"辨识度"；打造高端定制的"卖点"，增强产业融合的"稳固度"；聚焦人才培养的"焦点"，提高服务技能的"专业度"；借助宣传推广的"热点"，扩大影响力的"传播度"；立足治理创新的"基点"，确保有效落实的"精准度"。通过全方位推进民族村寨文旅体融合发展，实现利用民族文化脱困，推动民族文化与时代相结合，铸牢中华民族共同体意识，推进全民共同富裕。

（一）通过文化传承的"亮点"，提升民族品牌的"辨识度"

一是举办差异化活动，提升文化活动的辨识度。同样身为畲族聚居地，杭州市莪山畲族乡村寨与丽水、温州等地的畲族民族村具有不同的文化特色，应当挖掘自身的特色，将民族文化特色与"莪山十景""一指搬石"等自然景观和乡土建筑遗存相结合，开展"高山流水千人席"等具有历史背景和文化内涵的特色活动；建德大慈岩镇双泉村也可依靠"十里荷花"、古建筑群等地方特色资源，开展差异化观光旅游、开设农家乐等。二是设立文化传承基地，提升文化内涵的丰富度。政府应与社会各界携手，通过文献记载、口述历史、实地考察等方式，全面搜集和保存当地丰富的传统文化资源。建立畲族文化数据库和档案馆，为后续的文化传承与旅游开发提供坚实基础，避免出现如合作综艺节目《向往的生活》中莪山畲族乡民族文化传播失真或片面化等问题。三是增设动态体验项目，提升游客对民族文化的体验感和参与度。在文化传承基地内，除了通过静态方式展示畲族文化的成果，还应通过动态方式展示传统手工艺品的制作过程、民族歌舞的表演过程等，让游客能够亲身体验并深入了解畲族文化。

（二）打造高端定制的"卖点"，增强产业融合的"稳固度"

以市场需求为核心导向，推动文化、旅游和体育产业的深度融合，是杭州市莪山畲族乡和 19 个民族村实现旅游产业升级、增强吸引力的关键策略。一是建设农文体旅综合体、打造特色旅游线路，增强产业融合的协同度。开发"畲＋手工艺／美食／医药／文创"等特色衍生产品，设计以畲族"三公主"古老历史传说为主题的文化体验游览，开展如徒步穿越民族古村落、攀岩探秘畲族山区等活动，将体育元素融入旅游产品，满足游客的探索欲，推动产业协同发展。二是构建区域旅游合作网络，增强产业合作的紧密度。杭州市政府可借鉴金华市武义县温泉小镇与周边景区的联动发展模式，实现区域旅游资源的整合和优化配置。

（三）聚焦人才培养的"焦点"，提高服务技能的"专业度"

一是推动内生培养，提高文化传承的持续度。当地居民既是非物质文化遗产的主要传承者，也是文旅融合项目的开发者。以贵州省黔东南州凯里市为例，该市与省内高校合作建立了"苗族刺绣传承基地"，提升了当地居民的刺绣技艺和服务能力。杭州市可以借鉴这一经验，结合自身的民族文化特色，设立类似的传承基地，如"畲族文化传承基地"，通过系统化的培训和实践，以内生发展模式，培养新一代的文化传承者和专业的文旅服务人员。二是开展对外合作，增强人才引进政策的吸引力。为吸引和留住优秀人才，市政府应出台相关的政策措施。以丽江为例，该地深入实施"兴丽英才支持计划"，通过提供高额特殊生活补贴和项目经费等措施，引育高层次文旅人才。杭州市可以借鉴丽江的经验，制定更符合本地民生民情的人才政策，吸引更多优秀人才投身文旅产业，提升服务技能的"专业度"，提高民族文化传承水平。

（四）借助宣传推广的"热点"，扩大影响力的"传播度"

一是拓展新媒体运营渠道，扩大宣传推广的覆盖度。可以与网红合作，邀请杭州乃至浙江地区知名的旅游博主、美食博主、文化达人，如"杭州小黑""舌尖上的杭州""杭州小日子"等，进行实地探访，进一步扩大民族特色村寨在互联网上的影响力。二是探索合作营销模式，提高旅游产品的知名度。与携程、去哪儿、飞猪等国内知名的在线旅游平台合作，开设民族特色村寨的专题页面，详细介绍景区信息并提供路线规划、门票预订等服务。

（五）立足治理创新的"基点"，确保有效落实的"精准度"

一是推动多元共治，增强社会治理协同度。杭州市莪山畲族乡及19个少数民族村落应联合政府、社会、市场等多方力量，形成协同合作的良好格局。例如，贯彻落实杭州市文化广电旅游局发布的"文旅赋能乡村振兴6+X实施计划"，发动旅行社等资源，以资源开发、营销推广、文化基因解码等方式，助力当地民族村落的文旅产业发展。二是强化数字化治理，提高基层治理效能。莪山畲族乡应进一步推广使用"亲民快速道"微信小程序，实现信息多"跑路"、群众少"跑路"的目标，提升基层工作效率。三是优化基层建设，提升党团组织覆盖度。农村基层党支部和村委会作为农村基层组织建设的核心，应不断优化基层组织设置，加强基层组织人才培养，提升民族地区的治理能力和水平。四是鼓励社区参与，增强社区居民参与度。政府应充分调动居民参与旅游开发的积极性与创造性，例如通过设立专项基金支持民族特色村寨的旅游基础设施建设、文化项目的挖掘以及旅游产品的创新研发。

四、结语

除杭州市的莪山畲族乡和 19 个少数民族村外，浙江省还有景宁畲族自治县。另外，全国不少民族自治县正面临与改革开放初期杭州市少数民族地区相似的发展困境。杭州市少数民族地区作为极具典型性的民族特色区域，为民族地区在文化、产业、人才、组织等多领域的振兴发展提供了实践样本。

当今经济发展大势下，民族文化在自身恢复和重建的过程中时刻面临着如何保护、培育和发展的问题。当民族文化中的传统元素不利于民族文化的发展时，更应该吸收现代化的元素来推动该文化发展，民族文化的发展离不开文化现代性建构。文旅体融合助推乡村振兴的路径正是一项优解。要使得民族文化跟上时代步伐、走向现代、走向世界，实现经济文化双重繁荣，借鉴先进文化元素、拓宽"文旅体融合"发展路径、建构现代性文化无疑是一条康庄之途。

文旅体融合之路上，民族经济与文化的协同发展，当在注重文化保护的同时，传承文化精华，迎合市场需求，以适应市场经济的发展，从而获得持续的生命力。将实践探索和理论创新相结合，引导市场经济与文化现代性建构，使得民族文化获得自我更新和"造血"功能，自发地创造文旅一体的可持续产业循环，才能真正促进民族经济与文化持久发展。

杭州农耕文化与乡村旅游深度融合的创新模式及多元发展

毛　薇　韩子阳　陈　龙　朱赵乾[*]

摘要：杭州拥有底蕴深厚的农耕文化，涉及农村生活各个方面。探索农耕文化与乡村旅游深度融合，能为农村发展注入新动能。本报告对杭州农耕文化与乡村旅游的融合现状进行分析，总结其发展经验，并对良渚文旅融合模式的典型案例进行深入研究。根据所面临的挑战，在展望农文旅体融合发展趋势的基础上，进一步提出多条发展路径：聚焦顶层设计，为农文旅融合提供强根基；挖掘农耕文化蕴含的重要价值，推进中国式农业农村现代化进程；以旅游为载体，拓宽农耕文化宣传渠道；提炼特色农耕文化的价值内涵，开展主题鲜明的农文旅融合活动；等等。通过这些路径助力农耕文化与乡村旅游的深度融合，推动乡村产业振兴和文化振兴。

关键词：农耕文化；乡村旅游；文化发掘；乡村振兴；创新模式

---

* 毛薇，杭州电子科技大学管理学院，副研究员。韩子阳，杭州电子科技大学管理学院，硕士研究生。陈龙，杭州电子科技大学管理学院，硕士研究生。朱赵乾，杭州电子科技大学管理学院，本科生。

一、引言

我国农耕文化源远流长，现代农业脱胎于传统农业，继承了大量的农耕文化。农耕文化是农业文化遗产的重要组成部分，是指以人类农事活动为中心，围绕农作物生产、农业生态与农人生活等要素而形成的一种文化类型。乡村旅游是文化的载体，实践探索农耕文化与乡村旅游的深度融合，是推进乡村全面振兴、推动实现中国式现代化发展所必须坚持的农业基础[1]。加强农耕文化和乡村旅游的深度融合，是推进乡村文化振兴和乡村产业振兴的重要途径。

本报告在研究杭州农耕文化与乡村旅游融合发展实践现状的基础上，总结和归纳农耕文化与乡村旅游深度融合的创新模式，进而寻找农耕文化与乡村旅游融合的多元化发展路径，以期实现农耕文化与乡村旅游的相互促进，推动杭州美丽乡村的建设。

二、研究背景

农耕文化是一个地区长期以来在农业生产中形成的独特文化体系，包括传统的耕作方法、农具、民俗、节庆活动等[2]。在杭州，农耕文化彰显着人与自然和谐共生的理念，它承载着当地居民的生活方式，贯穿农村生活的各个方面，具有深厚的历史积淀。比如在饮食习惯上，径山茶宴、十六回切家宴等融入了当地的风土人情和历史故事，是当地优秀农耕文化的体现。随着乡

---

[1] 吴理财、解胜利:《文化治理视角下的乡村文化振兴：价值耦合与体系建构》,《华中农业大学学报（社会科学版）》，2019 年第 1 期。

[2] 蒋文恬、张学明、张琳琳:《中华优秀农耕文化融入高校教育的价值与路径探索》,《农业技术经济》，2024 年第 9 期。

村旅游的兴起，这些文化元素为游客提供了丰富的文化体验，让游客在享受自然美景的同时，也能感受到浓厚的地方文化特色。

在乡村旅游迅速发展的今天，越来越多的游客希望在游览过程中体验到当地的传统文化与生活方式[①]。杭州的乡村，不仅是观光的目的地，更是文化的发源地。通过乡村旅游，游客可以体验传统农耕文化的魅力，形成个体独特的文化体验[②]。农耕文化与乡村旅游的深度融合能够带动多方面、多产业协同进步、共同发展[③]。

在文化保护方面，农耕文化与乡村旅游的融合为传统农耕文化赋予了新的时代意义[④]，是推动传统农耕文化适应现代化农村发展的关键。依托融合发展理念，构建起科学完整的生态文化价值体系[⑤]，将农耕文化传承发展与农村生活相结合[⑥]，可以有效调动人们保护农耕文化的积极性。在生态文明方面，发展乡村旅游能够在推动经济发展的同时，保护生态环境，实现经济、社会、文化与生态的良性循环[⑦]，增强生态文明建设的文化助推力，增强人们对建设美丽乡村的共识和认同[⑧]，让人民群众在美丽乡村中共享自然之美、生命之美、

[①] 龙文军、张莹、王佳星：《乡村文化振兴的现实解释与路径选择》，《农业经济问题》，2019 年第 12 期。

[②] 傅才武、程玉梅：《文旅融合在乡村振兴中的作用机制与政策路径：一个宏观框架》，《华中师范大学学报（人文社会科学版）》，2021 年第 6 期。

[③] 钟漪萍、唐林仁、胡平波：《农旅融合促进农村产业结构优化升级的机理与实证分析——以全国休闲农业与乡村旅游示范县为例》，《中国农村经济》，2020 年第 7 期。

[④] 熊艳：《新时代农村传统文化资源传承创新发展的人才支撑方略》，《郑州大学学报（哲学社会科学版）》，2021 年第 4 期。

[⑤] 柏振平：《中华优秀传统生态文化赋能和美乡村建设的语境、向度与进路》，《内蒙古社会科学》，2024 年第 3 期。

[⑥] 罗康隆、何治民：《生态文化的"四生观"：以农业文化遗产为中心》，《青海民族研究》，2024 年第 2 期。

[⑦] 郑海友：《论实现生态文明与共同富裕协同推进的三大体系》，《哈尔滨工业大学学报（社会科学版）》，2024 年第 5 期。

[⑧] 张劲松：《铸牢中华民族共同体意识　助推乡村振兴高质量发展的实践路径》，《社会科学家》，2024 年第 4 期。

生活之美，走出一条生产发展、生活富裕、生态良好的文明发展道路。在旅游发展方面，通过深入挖掘和展示农耕文化元素，将自然景观与传统文化相结合，可以使游客获得切实体验文化建设成果的机会和场所[①]，有利于吸引更多的游客，并使他们产生更深的情感共鸣，进而提高游客的满意度。在经济建设方面，通过将农耕文化与乡村旅游相结合，可以开发出丰富多样的旅游产品，提升旅游产业的整体质量[②]。同时，还可以促进相关产业的发展，从而形成多元化的经济体系，推动地方经济的转型与升级[③]。

随着人们生活水平的提高和休闲方式的多样化，乡村旅游逐渐成为新的消费热点。而农耕文化与乡村旅游的深度融合，不仅能够提升乡村的旅游吸引力，还能够推动地方经济的可持续发展。这种融合有如下的意义：（1）通过乡村旅游的方式，有效促进农耕文化的保护与传承，有助于增强文化自信、弘扬优秀农耕文化。（2）通过发展生态农业、绿色旅游等模式，实现经济、社会、文化与生态的良性循环，有助于推动生态文明的建设。（3）通过深入挖掘和展示农耕文化元素，将农耕文化与乡村旅游进行深度融合，能够吸引大量游客，带动相关产业发展，有助于实现农民农村共同富裕。

---

① 闫琳、董蓓菲：《从"文化探索"到"文化体验"：文化认同的形成机制及教育路径》，《全球教育展望》，2023 年第 1 期。
② 罗杰、杨绍骏、谭超：《非物质文化遗产保护与乡村旅游经济融合发展——以乐山市为例》，《山西财经大学学报》，2024 年第 S1 期。
③ 张自强、何婕：《共同富裕目标下社区主导乡村旅游发展的逻辑与出路——以贵州省黔东南郎德苗寨为例》，《地域研究与开发》，2024 年第 2 期。

三、杭州农耕文化与乡村旅游深度融合的创新模式

（一）杭州农耕文化概述

杭州地处中国东南部，其优美的自然景观与丰厚的文化底蕴，共同造就了杭州发达的旅游业。杭州独特的农耕文化是中国农耕文化的重要组成部分，具有深远的发展历史，保存了大量珍贵的农耕文化遗产。距今 5300—4300 年间，良渚先民建造了规模庞大的良渚古城，是杭州城市发展的起源。他们所建设的规模宏大的水利系统是迄今已知的中国最早的大型水利工程，同时也是世界上最早的水坝系统。该水利系统兼具防洪、灌溉与运输等多项功能，是杭州已知最早的农耕文化遗产。自古以来，杭州农业得到了良好的发展。隋朝时期，随着大运河的开凿，杭州的优质农业产品如临平的塘栖枇杷，能够被推广到大运河沿岸各地。时至宋朝，杭州农业文化发展速度加快，楼璹在临安担任县令时，深入田地，对农业生产生活进行了长期观察，并借助自身高超的艺术造诣，绘制了《耕织图》。这幅图对于中国传统农耕文化研究的价值可与《天工开物》《农政全书》相媲美，其中记载的很多农耕知识与生产工具至今仍在使用。《耕织图》是我国古代为劝课农桑，翔实记录耕作与蚕织场景的系列图谱，生动地描绘了农民的耕织场景与农业生产过程，在普及农业生产知识、推广耕织技术、促进社会农业生产方面发挥了巨大作用，是杭州农耕文化的宝贵遗产。明朝时期，杭州的农耕文化发展迎来了鼎盛时期，留下了西湖龙井、桐庐深澳古村水利系统等涉及农业生产、种类丰富的农耕文化遗产。清朝康熙年间，宫廷画家焦秉贞重新绘制了《耕织图》。

综上所述，杭州农耕文化的发展在中国农耕文化发展的历程中占据了重要地位，杭州丰富的农耕文化遗产蕴含着巨大的开发价值。杭州拥有西湖、京杭大运河、良渚古城遗址三大世界文化遗产，其所蕴含的丰厚历史文化底蕴至今源源不断地吸引着来自各地的游客。杭州也是我国乡村旅游发展的重

点地区之一。

杭州的农耕文化内容丰富，包含了历史传承、生活方式和地域特色等诸多方面，具有鲜明的地方特色。农耕文化不仅体现了先民对自然的依赖与尊重，还承载了深厚的历史记忆和社会情感。传统农具、耕作习俗、节庆活动等元素是农耕文化体系的重要组成部分。

农耕文化旅游资源是指对旅游者具有吸引力的农耕文化相关资源，主要划分为物质文化和非物质文化。杭州农耕文化旅游资源分类具体如图1所示。

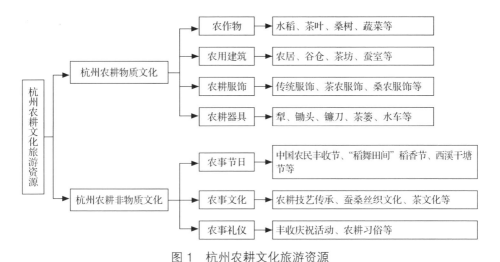

图1 杭州农耕文化旅游资源

耕作习俗是农耕文化的重要组成部分。杭州地区的农民根据当地的气候、土壤特性及农作物的生长规律形成了一系列独特的耕作习俗。通过乡村旅游，这些农业耕作习俗得以广泛地展示和传播，从而帮助游客更深入地了解杭州的农耕文化。

节庆活动是农耕文化的重要表现形式。在杭州，许多传统节庆活动都围绕着农耕生活展开。每个节庆活动都有极具地域特色的仪式和习俗，农户与游客参与其中，不仅是出于对传统文化的尊重，也是出于对乡土情怀的认同。这些活动使农耕文化的内涵得到了丰富，使农耕文化精神得到了传承，使游客形成了独特的文化认同感。

　　杭州拥有丰富的农耕文化资源，这些资源不仅充分展示了地区传统的农耕技术与生产、生活方式，也为乡村旅游和社区文化建设提供了多元化的发展路径，更为杭州农文旅的融合发展提供了良好条件。杭州各地都根据自身农耕文化资源，因地制宜地进行了相应的农耕文化与乡村旅游融合开发，已形成四种典型模式：一是农耕文化村。在已有的农耕设施的基础上进行开发，建设结合新技术的农耕文化村，打造旅游与农耕相结合的旅游模式，让游客可以体验学习传统农耕方式。二是农耕文化主题博物馆。收集、整理、挖掘所处地区悠久的农耕文化遗迹、文物，系统展示农耕历史及技术，为游客提供农具展览、视频讲解、文化交流讲座等服务。三是农耕文化节。各地根据习俗，结合时令节庆，自主举办包含农耕技艺比赛、民俗表演等项目的农耕文化节，有效提升了游客的体验感。四是生态农业旅游。将自然景观与农耕文化深度结合，打造具有深厚文化底蕴的生态农业旅游模式。以上四种模式的具体案例见表 1。

表 1　杭州农耕文化旅游资源开发模式

开发模式	主题特点	相关活动	典型案例
杭州农耕文化村	体验式学习，传统农耕方式	游客亲身参与耕作、播种、收割等农事活动	1. 荻浦村位于桐庐县江南镇，以凿沟引水方式灌溉周围农田，形成了独特的农耕文化； 2. 深澳村位于桐庐县江南镇，建设了明暗渠用水系统，很好地满足了村内生活用水及灌溉用水需求，具有现代城镇用水规划的雏形； 3. 指南村位于临安区太湖源镇，在村子的左右两侧分布着约 470 亩梯田
杭州农耕文化主题博物馆	系统展示农耕历史及技术	农具展览、视频讲解、文化交流讲座	1. 李家镇位于建德市，李家镇传统榨油技艺展示馆展示了榨油的各种工具，介绍了榨油技术和流程； 2. 汾口草龙展示馆位于淳安县汾口镇，主要展示编制草龙的用具、草龙成品和各种耕作工具； 3. 东沙农耕博物馆位于萧山区，博物馆展出了东沙人在长期的农耕生活中制作、使用过的农具和生活用具等

续表

开发模式	主题特点	相关活动	典型案例
杭州农耕文化节	结合时令节庆，乡村自办	举办丰收节、农耕技艺比赛、民俗表演	1. 河上龙灯胜会，源于萧山区河上镇溪头村，连续五天进行民俗表演活动； 2. 径山茶宴，源于杭州市余杭区径山镇，是一种以茶代酒的独特饮茶仪式，融合了制茶与饮茶过程； 3. 花朝节，源于拱墅区祥符镇。在农耕时代，该节日有种植花木、挂红护绿、游春、扑蝶、为女儿祈福等习俗
杭州生态农业旅游	自然与文化结合，倡导生态保护	生态种植体验、乡村民宿体验、农产品采摘	1. 良渚文化村，位于余杭区瓶窑镇，是集文化、人居、旅游三大产业于一体的组团文化区域； 2. 横一村位于萧山区临浦镇，该村借助山水林田湖等丰富的自然资源，打造出稻香田园、古柿树园、野郊公园相融合的田园风光； 3. 石门村位于临安区高虹镇，依托自身保护良好的古梯田，打造出了中小学劳动实践基地

（二）杭州推动农耕文化与乡村旅游融合的成功经验

1. 政策引导和支持，为融合创造了良好的发展环境

杭州相继出台了《杭州市人民政府办公厅关于推进旅游产业城乡一体化发展的实施意见》《杭州市人民政府关于加快促进旅游业高质量发展的实施意见》等文件，杭州农文旅产业融合已取得了一定的成效。农耕文化是祖先留下的宝贵遗产。农文旅融合发展可以推动乡村产业结构优化、农民收入持续增长，推动实现共同富裕。杭州市以优质的农耕文化为基底，融合了休闲农业开发、农产品深加工等多个环节，打造了农文旅融合发展的新业态。

2. 整合乡村资源，发展新型产业，形成经济增长新动力

在乡村产业方面，通过整合农耕文化遗产和乡村自然景观等资源，促进乡村经济效益的增长。杭州凭借自身深厚的文化底蕴打造出良渚古城、杭州运河等优秀旅游名片，创造了具有市场竞争力的文旅项目，每年都会吸引大量游客来杭，进而带动相关产业发展，形成了经济增长的新动力。农文旅深

度融合的需要推动传统旅游业转型，使原来单调的旅游观光模式转向体验式旅游模式，提高了原有旅游资源的经济价值。农文旅产业融合打破了产业间的壁垒，实现了优势互补，优化了景区和乡村的整体性发展。除了景区门票和体验项目能带来直接收入，游客在旅游过程中的其他消费也间接带动了当地其他产业的发展。

3. 引入科技新元素，赋能文化新活力

在乡村文化方面，农文旅融合过程中引入新技术，加大了对文化的保护和传播力度。优秀传统文化的传承始终面临着传播渠道少、对年轻人的吸引力不足等问题。而在农文旅融合过程中引入的虚拟技术、大数据、信息化建设等科技元素，使得传播载体不再局限于传统的文字、图片，而是拓展到更加真实的 VR 全景、3D 打印实体等，在提供多样化的文化体验和旅游服务的同时，满足了人民群众日益增长的精神文化需求，提升了社会整体的幸福感和满意度。农文旅融合发展为当地居民提供了更多的家门口的旅游地，加深了当地居民对本地文化的认知，提升了其对文化的认同感与自豪感。

4. 完善发展规划，提升生态效益

在生态发展方面，农文旅融合应坚持生态优先，完善发展规划，实现农文旅产业的可持续发展。一方面，农耕文化和生态环境互为依存，因此在融合过程中应注重生态环境的保护与利用，合理规划旅游产业的建设，通过发展生态旅游、绿色旅游等方式，实现经济效益与生态效益的双赢；另一方面，农文旅产业融合发展促进了乡村基础设施的完善和环境质量的提升，如通过大数据智能监测平台实时监控环境质量，为当地居民和游客提供了更好的生态环境。

（三）良渚农耕文化与乡村旅游融合发展典型案例

1. 良渚农耕文化概述

良渚文化是中国新石器时代晚期的一种文化，其遗址位于浙江省杭州市，是中华民族五千年文明的现实写照。良渚文化以高度发达的农业和种类丰富的玉器文物而出名。得益于温暖的气候与适宜的地貌，良渚孕育了独特的农耕文化。以下是良渚农耕文化的主要内容。

（1）农业基础与特点

良渚农耕文化以发达的稻作农业为主要特征。良渚位于杭州市余杭区，地处长江下游的太湖流域，土地肥沃且水道发达，为稻作的生长提供了优越的自然环境。在长期的演变中，良渚已发展出较发达的稻作农业，在良渚的各处遗址中保留了稻作文化的证据，比如在莫角山遗址中挖掘出了大量的炭化稻谷及大型粮仓遗址。据考古测算，良渚文化时期的水稻的平均亩产量能达到 141 千克。

（2）农耕技术与工具

良渚农耕文化的发展离不开当时先进的农耕技术与工具。在考古挖掘出的物品中有成套的农耕用具，如石犁、木耜、割穗刀、石镰等。每一种工具都是古代劳动人民的智慧结晶。以石犁为例，它是人们对小型的等腰三角形石器加以改造而制成的可犁地的工具。石犁的使用极大地提高了翻土的效率。石犁的出现也使得良渚先民的农业生产方式逐渐从"耜耕农业"发展为"犁耕农业"，实现了耕作制度的革新。除此之外，良渚先民还利用河、沟、溪等自然水源，挖掘水井，开凿水渠，修建了一系列水利工程来解决季节更替带来的水源不足问题。

2. 良渚遗址的农文旅融合发展路径

（1）统一认识，强调规划统筹与资源整合

政府部门间的高效协同，使得良渚遗址的资源得到充分利用，打造出集遗址保护、教育科研、游览休闲等多项功能于一体的综合性旅游地。在良渚遗址的农文旅融合初始阶段，相关部门进行了高度统筹规划，以保障产业融合的正常进行。杭州政府与万科等开发主体公司紧密合作，从总体规划到局部修建，逐步推进整体项目的开发。这一过程中，开发方不仅充分考虑了良渚遗址的保护与展示，还在其中融入了休闲旅游、居住、经济文化等多种功能，形成了"新型旅游地"的发展方向。在资源整合方面，良渚遗址充分利用了其独特的自然生态资源和深厚的文化底蕴。

（2）文化项目带动与产业联动

良渚古城遗址公园的建设项目是文旅融合的重要载体。通过该项目的带动，遗址的知名度和影响力得到进一步提升，打造出以良渚这一 IP 为核心的产业集群。在产业联动方面，良渚古城遗址公园积极与农业、手工业等产业进行融合，联合推出一系列具有农耕文化特色的旅游产品和活动，截至 2022 年底已开发文创产品 13 大类总计 500 余款，在公园内还设置了文创产品专门售卖区。遗址公园还建设了研学体验区，向游客开放集美术展示、文化教育、休闲游览功能于一体的多功能良渚文化艺术中心，进一步丰富了旅游业态，延长了产业链条。游客也可参与采茶、田间耕作等体验式旅游项目，这些项目增强了游客的参与感和体验感，并且能够提升农作物的经济价值。

（3）产业渗透融合的发展模式

产业融合是一个持续的过程，重点在于衍生出可持续的文旅经济产业。首先，单一的文创产品虽然能带来一定的经济收益，但并不足以维持一个新产业的运转。因此，良渚遗址在农文旅融合过程中，注重将农耕文化元素深度融入旅游产业的各个环节，不仅是文创产品的设计和景观的设计，还包括以农耕文化为核心的游览线路的设计及游客体验项目的设计。在遗址公园内的良渚文化艺术中心里，设有文化展示馆、教室、演播厅，使游客得以深入学习良渚文化。

（4）科技创新手段的应用

科技赋能产业融合能给产业发展带来新活力。良渚古城遗址公园积极推动信息化建设，运用先进技术打造 5G 智慧景区，让游客获得沉浸式的游览体验，感受古老的良渚文化的独特魅力。同时，利用大数据、云计算等技术手段对游客行为进行分析和预测，在景区导览、游客分流、交通秩序维持等方面实现智能化管理。良渚遗址的农文旅深度融合还体现在教育与旅游的巧妙结合上。景区内设置了研学体验区，通过静态展示与动态体验相结合的方式，让游客在游玩中学习农耕文化知识，精神与身体都能得到愉悦感受。这种寓教于乐的方式不仅提升了旅游的教育价值，也让游客深刻地体会到了农耕文化集自然崇拜、农事活动、和谐理念于一体的核心内涵，以此有效推进农耕文化的传承与保护。

综上所述，良渚遗址的农文旅融合模式充分体现了产业一体化与渗透融合的理念。通过规划统筹、资源整合、项目带动、产业联动等方式实现了农文旅产业的深度融合，同时注重农耕文化元素的深度融入、科技赋能、文化创新，以及教育与旅游的有机结合，为其他地区的农文旅融合发展提供了有益的实践经验。

四、杭州农耕文化与乡村旅游深度融合面临的挑战

杭州乡村旅游的发展虽然取得了一定成效，但在发展过程中仍面临一些挑战。这些挑战主要体现在旅游基础设施建设滞后、农民参与度不高、文化传播力度偏弱等方面。

（一）缺乏系统性和整体性的规划

在农耕文化与乡村旅游的结合上，还缺乏系统性、整体性的规划。虽然一些地方旅游企业在尝试将农耕文化融入旅游中，但乡村旅游实际上往往依赖家庭自主经营，缺乏科学合理的规划管理，整体的文化整合与品牌建设仍显不足。这就使得一些优秀的农耕文化资源未能得到深入的挖掘和有效的利用。

（二）同质化现象严重

乡村旅游的开发欠缺差异化理念，部分乡村在旅游项目开发中模仿其他地方的成功经验，导致提供的服务单一、建设风格乏味，在设计和经营模式上高度相似，缺少特色产品、乡土品牌，村与村之间缺少差异，重复的景观建设既消磨了游客的旅游热情，也影响了乡村旅游收入与景观建设成本回收。虽然乡村旅游活动丰富，但许多活动仍然停留在物体层面的场景还原，缺乏深入的文化内涵。例如，游客参与的农耕体验活动往往只是简单的劳作，没有系统地介绍农耕文化的背景和相关知识，未能有效传递农耕文化的深刻内涵。一些乡村把"田园风光""乡村风情"作为主题，提供几乎相同的服务，缺乏具有特色的乡村旅游项目。而对以《耕织图》为代表的杭州农耕文化遗产的价值发掘与宣传推广还有待加强。因此，如何突出地方特色、保持乡村旅游吸引力成为乡村旅游发展中亟待解决的问题。

（三）农耕文化挖掘不足

一些乡村在发展旅游时，忽视了对农耕文化的保护、传承和发展，文化传播穿透力仍显不足。部分乡村对于特色文化的发掘并不能够与乡村旅游有机结合，乡村旅游与乡村文化融合的举措主要集中在旅游纪念品设计层面，并未对乡村文化进行深度发掘，乡村旅游模式也仅停留在"景观观光"表面。其仅仅是将自然资源优势转化为经济收益，但是对农民生产生活与自然的互利共生缺少关注。虽然农耕文化内容丰富，但在实际的旅游活动中，游客对这些文化的了解往往停留在表面。例如，许多游客参与农事活动时，仅仅是体验过程，而缺乏对农耕文化背景和历史的深入了解。

（四）文化传承意识欠缺

乡村旅游所带来的精神价值在近年来得到重视。随着现阶段城市生活节奏不断加快，许多来自城市的旅游者希望在乡村旅行中放慢生活节奏，享受乡村的文化与景色。但在乡村的现代化建设中，大量乡村建筑已被重建成楼房，传统的景观、建筑都已经被改作他用。随着年轻劳动人口的大量外流，许多传统文化行为被简化。除此之外，乡村老年人口的减少也对乡村文化的传承产生了影响。这些因素使得很多乡村都出现了文化传承的断层。而且乡村农耕文化的精神内涵在旅游开发中经常被忽视，乡村旅游开发中的精神文化资源整合与精神文化产品转化意识还有所欠缺。

五、杭州农耕文化与乡村旅游深度融合的多元化发展路径

在经济快速发展的同时，旅游产业的规模也日渐扩大。仅 2024 年上半年，我国国内出游人次已达 27.25 亿，同比增长 14.3%；国内游客出游总支出 2.73 万亿元，同比增长 19.0%。这些数据有力表明了旅游业的复苏，且旅游业正在重新释放对经济复苏的驱动力。消费者对乡村旅游的热情也在不断上升。根据《中国乡村旅游发展白皮书 2024》中的数据，2024 年一季度我国

农村接待游客的人数已经达到了近五年的同期最高值。而杭州依托其深厚的农耕文化和优越的地理位置，采取农耕文化与乡村旅游融合的发展模式，吸引了大量的游客，促进了旅游业的发展。杭州市文化和旅游发展中心（杭州市旅游经济实验室）发布的《2023 年度杭州文化和旅游大数据报告》指出，2023 年全年杭州旅游总消费金额已经恢复到了 2019 年的 98.4%。在 2024 年前两个季度，杭州旅游消费依然保持增长态势。随着游客对于乡村旅游的文化体验与研学探索需求的不断增加，预计 2025 年杭州的乡村旅游热度将会攀升至新的高度。为了更好地抓住乡村旅游的发展机遇，推动农耕文化与乡村旅游深度融合，本文提出如下发展路径。

（一）聚焦顶层设计，为农文旅融合提供强根基

1. 政策全力支持与保障

政府应发布相关政策，推动农耕文化与乡村旅游结合。设立专项扶持资金，支持开展各项活动及产品开发。改善各项基础设施建设，提升游客的满意度，促进乡村旅游业的持续发展。杭州应加强农耕文化与旅游产业相关的公共设施和配套服务建设，如交通、住宿、饮食等，为游客提供便利，提升游客的满意度，进一步拓展文旅融合的深度和广度。通过税收减免、补贴，激励农户参与乡村旅游开发，发展有杭州味道的农家乐和民宿产业，激发农户传承、保护和发展农耕文化的热情。

2. 技术支持与培训

政府除提供政策扶持外，还应提供各项技术的支持，助力乡村旅游提升管理服务水平。可组织职业技术培训，提升农民及旅游从业者的专业素养，帮助他们掌握旅游服务所需的专业技能。引入先进的科技手段，如利用大数据分析游客的需求，通过智能化管理提高服务效率，助力乡村旅游提升管理服务水平。以良渚文化的发展传承为标杆，学习良渚古城遗址公园的成功

经验。

3. 多方共同携手、合作共赢，打造具有乡味、趣味、新味的农文旅游

（1）鼓励农民与旅游企业的合作

农民与旅游企业的合作在乡村旅游发展中至关重要。农民可借助企业的市场资源提升经营能力，而旅游企业可利用农民的农耕文化和特色产品进一步丰富旅游项目，如农田采摘和农业观光项目，让游客体验乡村田园生活。旅游企业应优先与具有文化传承能力、能发掘地方特色的农民合作，这种合作模式不仅能为农民带来稳定收入，还能进一步增强旅游产品的文化吸引力。

（2）促进文化机构对乡村旅游的参与

文化机构在乡村旅游发展中有着重要作用。政府应鼓励文化机构参与乡村旅游项目的规划和实施，并策划农耕文化节、手工艺展览等活动，吸引游客并提升其文化认知。此外，文化机构可协助乡村建立文化传承机制，如设立文化传承基地、成立农耕文化遗产保护协会，保护地方特色农耕文化，通过多方合作实现资源共享与优势互补，促进乡村旅游可持续发展。

（二）挖掘农耕文化蕴含的重要价值，推进中国式农业农村现代化进程

农业是立国之本、强国之基，在推进农耕文化与乡村旅游深度融合发展的进程中，应重视农业这个根本。在推进中国式农业农村现代化进程中，应当深入挖掘农耕文化所蕴含的优秀思想观念、人文精神等重要价值，围绕《耕织图》等杭州优秀农耕文化遗产，精心打造农文旅融合模式，组织农耕文化研学之旅，让游客亲近自然，体验农耕乐趣，深入了解我国悠久的农耕文化历史与传统农业智慧。将优秀的农耕文化融入乡村产业，使其成为推动乡村产业振兴的新动能。推动农耕文化传承，提高社区参与度。通过乡村社区主导的各项活动，增强农民的归属感与参与感，使其成为文化传播主体。

举办节庆活动时，鼓励农民展示传统农耕技艺，如民间舞蹈、手工艺、地方美食等，通过互动来增强游客的参与感，使农耕文化以生动有趣的方式得到传承。

（三）凸显农耕文化的独特魅力和价值，助力精神共富

旅游对于游客而言就是离开自己的常住地、去往他地而发生的游览活动，游客期望在该过程中获得精神上的愉悦感受。杭州早在史前时期就已有人类在此繁衍生息，进而形成了包含农业生产、耕种方式等内容的历史悠久的农耕文化。杭州地貌特征丰富，是典型的江南鱼米之乡，西部在山地和丘陵之上改造梯田，东部根据平原地势开垦了水田，发展出了丰富的农耕活动。而杭州的农耕文化包含了有形的经典农耕文化景观乡村、农具、饮食和颇具特色的传统农俗活动、相关节日等，为早已远离农事活动的游客提供了对农耕文化的情感体验，丰富了杭州乡村旅游的内涵。杭州应通过农耕文化为乡村旅游赋予精神内涵，增添其独特性。

（四）以乡村旅游为载体，拓展农耕文化宣传渠道

对于农耕文化，如仅通过单一的媒体宣传，消费者只能通过个别渠道了解农耕文化，而对其的了解也只是停留在表面，导致农耕文化的保护和传承收效甚微。而杭州以乡村旅游为载体，开发出农耕文化产品，例如以农耕活动为主题、带有农产品元素的各类文创产品，包括手提袋、冰箱贴等。除了实物商品，杭州还开展与农耕文化相关的活动，如八卦田南宋农耕文化节、宋城采茶表演和西湖区青年农耕文化节等。杭州应将乡村旅游作为农耕文化宣传的载体，为农耕文化赋予文化和经济价值，推动当地农耕文化的保护、传承和发展。

（五）加强农耕文化与乡村旅游的合作效应，构建多产业融合的农旅新场景

为实现农耕文化和乡村旅游"1＋1＞2"的效果，杭州在原有产业发展模式的基础上，着力推动农耕文化和旅游的深度融合，采用了多种文旅融合的发展模式，例如产业渗透融合发展模式。杭州应积极构建农耕文化与旅游产业一体化发展体系，通过政策引导、项目带动、市场运作等方式，推动两个产业在规划、建设和运营等各个环节的深度融合。具体而言，杭州整合农耕文化资源与旅游资源，打造了一批具有鲜明农耕文化特色的旅游景区和度假区，如以农耕为主题的农夫公园，融合了本土文化的乡村民宿集群、农家乐等。这些项目不仅丰富了旅游业态，而且促进了农业、住宿、手工业等相关产业的协同发展，形成了不同产业间的良性互动和优势互补，助力了新型产业的发展。

（六）科技赋能，助推乡村旅游融合的新模式

随着大数据、物联网、虚拟技术的发展，科技成了推进农文旅加速融合的动力。一方面，科技能够为游客提供新的体验场景。农耕文化与数字技术相结合，使得农耕文化拥有了文字、图片、实物等多种呈现形式，例如通过视频的方式，农耕文化的呈现变得更加生动，增添了游客体验的新鲜感。另一方面，科技能够促进农文旅融合新业务的开发。在农耕文化与旅游产业相融合的关键节点，科技手段的加入孕育了新的服务业务，例如在线服务平台、虚拟数字文化产品、云研学等。科技元素的融入能推动农文旅产业的数字化转型，助力农文旅产业获得更大的竞争优势。

（七）提炼特色农耕文化的价值内涵，开展主题鲜明的农文旅融合活动

充分发掘农文旅深度融合的潜力，坚持"一镇一特色、一村一风格"的发展理念，深入发掘并弘扬乡村农耕文化的价值内涵，结合具体村情、民情，实现农耕文化、特色产业、特色生态与特色美景的有机融合。通过"以特取胜"的途径，差异化打造民俗村、乡村乐园、田园综合体等农耕文化旅游项目，构建多业态融合的农文旅发展新场景，开展个性化且主题鲜明的农文旅融合活动。结合农耕文化资源，打造多样化的旅游体验项目，如：设置农田采摘区，让游客体验劳动乐趣，了解农业生产方式和农作物的季节性特点；设计传统手工艺体验项目，如陶艺、织布、木工工艺等活动，增强游客对传统工艺的理解和认同。针对年轻游客群体，可举办如摄影比赛和"乡村探秘"等多样化活动。

（八）打造地方特色品牌，为乡村旅游增加独特的杭州味道

品牌建设是乡村旅游发展的重要环节，可借此提升乡村旅游的市场知名度，吸引更多游客。例如，以"杭州农耕文化之旅"为主题，结合当地特色，打造系列旅游品牌，如"龙井茶园之旅""千年古村落探秘""再现《耕织图》"等。这些品牌不仅要反映当地农耕文化特色，还要紧密结合游客的需求，形成鲜明的市场定位。在品牌建立后，需通过多渠道积极宣传与推广，利用社交媒体、旅游网站和视频平台，加大对地方乡村旅游品牌的宣传力度，吸引潜在游客的关注。乡村旅游推广应注重品牌形象的塑造，突出"绿色、健康、原生态"主题，展示具有地方特色的农耕文化，形成独特的品牌定位。结合季节和节庆适时推出主题旅游产品，丰富游客的选择，为游客提供新鲜体验。

　　杭州应当因势利导，借助自身技术优势充分发掘乡村旅游中的农耕文化内涵，借助先进技术打造顺应时代发展趋势的新时代农耕文化发展模式，让古老的农耕文化遗产借助先进技术焕发勃勃生机。

　　未来，杭州应继续探索农耕文化与乡村旅游融合的多元化发展路径，实现可持续发展目标。深度融合农耕文化与乡村旅游，不仅能提升经济水平，还能促进社会和谐与文化传承，为全国乡村发展提供宝贵的经验，向着乡村振兴的目标不断前进。

杭州旅游驿站推动文旅体融合的发展现状与对策[①]

吴思齐　沈旭炜　胡玉海[*]

摘要： 旅游驿站作为推进旅游公共服务高质量发展、提升旅游品质的重要抓手，在推动文旅体融合的实践方面具有重要的研究价值。本报告探讨了杭州市旅游驿站在推动文旅体融合方面的实践与成效。报告首先回顾中国古代驿站的发展历史和现代旅游驿站的发展过程，强调旅游驿站在提供旅游公共服务、促进地方经济发展和文化传承方面的重要作用；其次分析近年来杭州旅游驿站的建设概况、实践阶段和主要类型，通过案例分析归纳了旅游驿站在推动文旅体融合过程中的实践经验和创新做法，包括融合模式、功能辐射、科学布局、区域品牌和多元运营等；最后，提出旅游驿站推动文旅体深度融合的对策建议，以期为其他地区提供理论借鉴与实践参考。

关键词： 旅游驿站；文旅体融合；杭州；旅游公共服务体系

---

① 本文系浙江外国语学院校级博达科研提升专项计划青年基金项目（2023QNZD4）"共同富裕情境下文化遗产保护多中心治理机制研究"阶段性研究成果。

* 吴思齐，浙江外国语学院文化和旅游学院，研究方向为文旅融合、旅游公共服务。沈旭炜，浙江外国语学院新型国际关系高等研究院大运河国际研究中心副主任，博士，研究方向为大运河文化、手工艺保护。胡玉海，杭州市京杭运河（杭州段）综合保护中心，文博助理馆员，研究方向为文化旅游。

旅游公共服务在现代旅游业体系中的地位日渐突出,不断受到各级党委和政府部门的高度重视。旅游驿站是旅游公共服务的重要载体,也是发展全域旅游、提升旅游品质的重要抓手。本报告分析了杭州旅游驿站的建设概况、实践阶段和主要类型,归纳了旅游驿站在推动文旅体融合过程中的实践经验和创新做法,以期为其他地区提供理论借鉴与实践参考。

一、实践背景

旅游公共服务是以满足旅游者直接的、非商业性的共同需要为主要目的,由政府或非营利组织主导提供,由政府、企业、社会组织共同生产,具有公共性、公益性的旅游设施和服务的总称。[①] 作为旅游公共服务的新型承载空间和重要表现方式,旅游驿站的建设以新时代游客在途旅游公共服务需求为导向,以更好满足人民的美好生活需要为最终目标,在串联目的地风景、提供优质的在途刚需服务、展示地方文化形象、拉动区域经济和带动就业增收等方面彰显重要作用,成为提升旅游公共服务水平的重要抓手。包括杭州在内的浙江各地级市在旅游驿站的建设实践中不仅做得早,而且做得好,积累了丰富的实践经验。杭州的旅游驿站建设,对于进一步丰富旅游公共服务载体的形式及内容、进一步提升旅游公共服务水平、更好地满足新时代游客的多样化需求和加快推进旅游强省、文化强省建设,都具有十分重要的理论价值和现实意义。

---

① 曾博伟:《旅游公共服务通论》,北京:中国旅游出版社,2022年,第28页。

二、历史演变和当代发展

（一）古代驿站历史演变

作为官方设立的通信和交通机构，中国古代驿站的主要作用是传递政府文书、军事情报，以及为官员提供途中食宿和换马服务。最早的驿站可追溯到先秦时期，根据甲骨文记载，在通衢大道沿线，商朝政府设立了许多据点和止宿之处，就此形成了最初的驿站制度和驿站设施。这些据点称为"堞"，它大约是用木栅墙筑成的防守工事。后来"堞"发展为"次"，"次"有止舍安顿之意，即可以暂住的旅舍。在此基础上又正式建立"羁"，即"过行寄止者"，是商王朝专为商王、贵族建筑的道边旅舍，不仅供止宿，而且供应饮食。周朝设有专门用于军事用途的烽火台，并有邮驿传递军报。先秦时期，以车传送称作"传"，步递称作"邮"，马递则称作"驿"，为驿传设置的中途停驻之站称作"置"，为邮递设置的中途停驻之站称作"亭"。[①]

秦统一六国后，邮驿体制逐渐在全国范围内发展健全，驿传法律体系也建立了起来。湖北云梦睡虎地秦墓出土的《行书律》详细规定了邮驿制度、机构的设置。根据记载，当时传送、收受文书必须记录发文及收文的月、日、朝、夕。文书若有遗失，应立即上报官府。若未能及时送达，也要追究相关人员的责任。汉承秦制，驿传系统更加完备，驿传效率提高。

唐宋时期，水驿得到显著发展。根据《大唐六典》记载，唐朝最盛时期全国有水驿 260 个、陆驿 1297 个和水陆兼办驿站 86 个。唐代杜甫《舟中》句"风餐江柳下，雨卧驿楼边"，白居易《蓝桥驿见元九诗》句"每到驿亭先下马，循墙绕柱觅君诗"等，均赋予了中国古代驿站以诗情画意。《太平

---

① 王子今：《中国古代驿站与邮传》，https://chiculture.org.hk/sc/china-five-thousand-years/2243。

广记》引《朝野金载》："唐定州何明远大富，主官中三驿。每于驿边起店停商"，反映了"驿边"有利于商业和服务业的发展。

元代幅员辽阔，邮驿更是达到空前的发展水平，在当时处于世界领先地位。元代民间志书《析津志》记载，"宣朝廷之政，速边檄之警报，俾天下流通而无滞，唯驿为重"，可见邮驿不仅影响着军事、政治，而且有利于社会、经济与民生。明清时期，驿站继续发挥重要作用，为统治者管理广阔的国土提供支持。民国时期，原有的驿站相继被裁撤，并被现代邮政局取代。

除了官方设立的驿站，民间自发设置的凉亭、酒馆、客栈等，在一定程度上也承担了类似驿站的功能。凉亭通常设置在交通要道上，供旅途中的人歇脚、纳凉或避雨，同时也作为迎宾送客的礼仪场所。酒馆、客栈则是民间经营的餐饮、住宿设施，为旅行者提供餐饮、住宿等多种服务。这些设施随着社会的发展和人们交往的增加而兴起，虽然它们不具备官方驿站的通信功能，但同样为古代人们的出行提供了诸多便利。作为中国古代文明的一项重要创造，驿站的建设影响着政治、军事、经济和文化的方方面面；同时，商人、使者等在驿站之间的往来也推动着各地域之间特色文化的交流和进步，形成了古代丝绸之路、茶马古道等众多的文化线路。

（二）现代旅游驿站的发展

古代驿站为现代驿站的出现、发展和成熟提供了文脉支撑。现代驿站在铁路、高速公路、机场等不同场景被赋予新含义，其边界和功能也在不断扩展。纵观现代旅游驿站的发展历程，可以大致将其划分为如下三个阶段。

1. 初期发展阶段

改革开放以来，中国旅游业得到迅猛发展，随着现代交通体系和旅游集散体系的不断完善，旅游驿站也得到相应的发展。总体而言，这一时期全国旅游驿站建设尚处于探索阶段。浙江、山东、四川、河南、内蒙古、海南等省区都有零星建设的旅游驿站，但多数地方对于旅游驿站的概念仍比较陌生。旅游驿站的实际建设也多处于自发建设、无序生长的初级阶段。缺少足够的政策导向支持和理论研究、足够的标准规范指引，也缺乏丰富的可借鉴经验。交通、旅游、文化、城管等建设主体多，内部功能设置单一，服务对象基本仅限于自驾游客、团队游客等少数群体，忽略了以骑行、徒步等方式出行的游客的需求。服务内容也仅能满足游客的咨询、补给等最基本的旅游公共服务需求。

2. 转型发展阶段

党的十八大以来，中国旅游步入发展快车道，旅游业日益成为新兴的战略性支柱产业和具有显著时代特征的民生产业、幸福产业。2018年，文化部和国家旅游局重组合并成文化和旅游部，回应了广大人民群众对美好生活的新期待。新成立的文旅部门开始关注旅游驿站的发展现状和存在的问题，着手从规划、标准和政策等层面引导地方全面推进旅游驿站建设。但一定程度上，旅游驿站的建设依然缺乏可借鉴经验，处于摸着石头过河的转型阶段。如很多旅游驿站的功能定位依然不够清晰，容易和原有的游客中心、集散中心的功能重复混淆；辨识度有待提升，部分旅游驿站的建设发展缺乏整体谋划和统筹设计，在彰显地方文化特色、产业特色、环境特色等方面存在不足；公共服务属性不够明显，其内部设施设备、服务内容、管理机制等与旅游驿站服务对象的需求结合不足，提供的咨询、志愿服务等功能比较简单；运营管理不够完善，尚未建立统一健全的旅游驿站管理运营机制，少数驿站存在明显的"假运营"现象，日常管理和部门协作机制均有待完善。这个时期的旅游驿站选址较为随意，规模大小不一，功能杂而无序，管理运营水平良莠不齐，仍难以满足游客的多元化、综合性需求。

3. 高质量发展阶段

党的二十大报告指出，"高质量发展是全面建设社会主义现代化国家的首要任务"。旅游业是国民经济战略性支柱产业，推动其高质量发展不仅关乎经济社会增长，更是满足人民对美好生活向往的重要抓手。国务院于 2022 年 1 月 20 日发布的《"十四五"旅游业发展规划》提出，要在"十四五"期间加快建设旅游驿站、推出一批自驾车旅居车营地和旅游驿站。从全国范围来看，浙江、山东、四川、河南、内蒙古等省区已经启动旅游驿站建设。浙江将旅游驿站建设明确写入《浙江省旅游业发展"十四五"规划》，提出了"十四五"期间全省建设 1000 个旅游驿站的工作目标。浙江从 2021 年至 2023 年 6 月已经建成 301 个省级旅游驿站，涵盖景区依托、绿道依托、乡村依托、公路依托、城市主干道依托、码头依托等多种类型，搭建起一个个供游客在赶路之余修养身心、感受文化的特色空间。通过全域统筹、引导分类布局，因地制宜、推进多样化建设，打造精品、强化品质提升等措施，全面推进旅游驿站合理布局和有序发展。旅游驿站在提升区域旅游公共服务水平、促进城乡协同一体化发展等方面发挥了显著作用。

这一阶段，在旅游驿站的建设、运营和发展过程中，主体单位开始充分考虑当地居民与游客的共同需求和利益，注重主客共享。旅游驿站为游客提供丰富旅游体验的同时，也通过提供各种日常便民服务、共享公共文体空间，提升了当地居民的生活水平，成为居民的休闲空间、城市公共服务的重要组成部分。旅游驿站也成了展示和传播当地文化特色的窗口，带动了当地文化振兴。

三、杭州市旅游驿站实践发展

（一）基本概况

2020 年，浙江省文化和旅游厅在全国率先提出并尝试在省域范围内推广旅游驿站作为旅游公共服务新型空间的创新举措。《浙江省文化和旅游厅关于开展旅游驿站建设的通知》（浙文旅公共〔2021〕22号）的发布，标志着浙江旅游驿站建设在全省范围内正式启动。在这一背景下，杭州迅速响应，根据相关要求，结合本地实际，测算和规划了杭州"十四五"期间市域范围内旅游驿站建设的数量、规模、初步选址方案以及新建或改扩建方案，并积极启动立项、规划、设计和建设工作，大力推进旅游驿站建设试点工作。随着旅游驿站概念的不断明晰、规范和标准的不断完善，杭州旅游驿站的建设呈现出类型多样、亮点纷呈的良好发展态势。截至2024年10月，杭州已建成3批3种等级的省级旅游驿站共69个，其中一级旅游驿站20个、二级旅游驿站31个、三级旅游驿站18个（见表1）。这些旅游驿站根据功能和地域特点可进一步细分为城市场景共享型、乡村业态融合型、交通干道（绿道）复合型和开放型景区（度假区）依托型等4种类型，其中占比最多的是乡村业态融合型旅游驿站，占比达37.7%（见表2）。

表1　杭州市3批3级省级旅游驿站名单

等级	区县（市）	第一批	第二批	第三批
一级20个	拱墅	京杭大运河·杭州景区旅游驿站		
	滨江	网易蜗牛读书馆旅游驿站		
	萧山	欢潭村旅游驿站		
	余杭		大径山旅游驿站	青山访客中心旅游驿站
	临平		运河·五杭景区旅游驿站	姚虞琴文化馆旅游驿站
	富阳	龙门古镇旅游驿站	黄公望隐居地旅游驿站	峥山小叠空旅游驿站
	临安	柳庄驿站、圣鹤驿站	大明山景区旅游驿站	8300旅游驿站
	桐庐			生仙里旅游驿站
	淳安	骑客驿站		慢生活广场旅游驿站
	建德		新安绿道鸥滩幕色旅游驿站	稻香小镇旅游驿站、千荷园旅游驿站

续表

等级	区县（市）	第一批	第二批	第三批
二级 31个	上城	皋亭山旅游驿站	桃花湖公园旅游驿站	
	拱墅	智慧网谷小镇旅游驿站	杭州新天地骊悦酒店旅游驿站、秦河旅游驿站	
	西湖		龙坞茶镇九街旅游驿站	灵山旅游驿站
	滨江		白马湖动漫广场旅游驿站、白马湖旅游驿站	
	萧山	未来大地旅游驿站、湘湖（湖山广场站）旅游驿站	河上店旅游驿站、凤凰坞旅游驿站	浙农东巢艺术公园旅游驿站
	余杭		良渚遗址未来乡村公园旅游驿站	新港村旅游驿站
	临平			杭南欢嘻旅游驿站
	钱塘			红驿·猪头角旅游驿站
	富阳	富春桃源旅游驿站、湖源乡新一廊桥旅游驿站	场口东梓关旅游驿站、安顶山旅游驿站	状元里旅游驿站
	临安		浙西大峡谷旅游驿站	琴山码头旅游驿站、太阳湾旅游驿站
	桐庐			合岭村旅游驿站、桐庐旅游驿站、慢生活体验区旅游驿站
	淳安		桃源凌家旅游驿站	
	建德			望山旅游驿站
三级 18个	拱墅			达那福无障碍旅游驿站
	西湖	兰里张家塘旅游驿站		
	余杭	小古城驿站、径山客驿站		
	临平	艺尚小镇旅游驿站、运河·塘栖古镇旅游驿站、超山风景名胜区北园旅游驿站	彩虹旅游驿站	陈家木桥旅游驿站
	建德			四象轩旅游驿站
	桐庐	百江镇旅游驿站	双坞旅游驿站	大路村旅游驿站

续表

等级	区县（市）	第一批	第二批	第三批
三级 18个	淳安	上江埠驿站	狮城客厅旅游驿站	贝欧驿站、青田驿站、星空旅游驿站

注：本表由作者整理而成。

表2　杭州市旅游驿站主要类型数量和占比情况

类型	名称	占比
城市场景共享型（14个）	网易蜗牛读书馆旅游驿站、智慧网谷小镇旅游驿站、桃花湖公园旅游驿站、杭州新天地骊悦酒店旅游驿站、白马湖动漫广场旅游驿站、白马湖旅游驿站、良渚遗址未来乡村公园旅游驿站、狮城客厅旅游驿站、浙农东巢艺术公园旅游驿站、姚虞琴文化馆旅游驿站、慢生活广场旅游驿站、红驿·猪头角旅游驿站、桐庐旅游驿站、达那福无障碍旅游驿站	20.3%
乡村业态融合型（26个）	欢潭村旅游驿站、湖源乡新一廊桥旅游驿站、小古城驿站、径山客驿站、艺尚小镇旅游驿站、百江镇旅游驿站、龙坞茶镇九街旅游驿站、凤凰坞旅游驿站、场口东梓关旅游驿站、安顶山旅游驿站、桃源凌家旅游驿站、双坞旅游驿站、青山访客中心旅游驿站、生仙里旅游驿站、稻香小镇旅游驿站、千荷园旅游驿站、状元里旅游驿站、新港村旅游驿站、陈家木桥旅游驿站、杭南欢嬉旅游驿站、合岭村旅游驿站、望山旅游驿站、四象轩旅游驿站、慢生活体验区旅游驿站、大路村旅游驿站、青田驿站	37.7%
交通干道（绿道）复合型（11个）	圣鹤驿站、骑客驿站、湘湖驿（湖山广场站）旅游驿站、上江埠驿站、新安绿道鸥滩暮色旅游驿站、彩虹旅游驿站、8300旅游驿站、琴山码头旅游驿站、太阳湾旅游驿站、贝欧驿站、星空旅游驿站	15.9%
开放型景区（度假区）依托型（18个）	京杭大运河·杭州景区旅游驿站、龙门古镇旅游驿站、柳庄驿站、皋亭山旅游驿站、未来大地旅游驿站、富春桃源旅游驿站、兰里张家塘旅游驿站、运河·塘栖古镇旅游驿站、超山风景名胜区北园旅游驿站、大径山旅游驿站、运河·五杭景区旅游驿站、黄公望隐居地旅游驿站、大明山景区旅游驿站、秦河旅游驿站、河上店旅游驿站、浙西大峡谷旅游驿站、崤山小叠空旅游驿站、灵山旅游驿站	26.1%

注：本表由作者整理而成。

（二）主要类型及典型案例

1. 城市场景共享型

城市场景共享型旅游驿站主要依托和整合城市消费场景，共同营造一种便捷、休闲、慢节奏的社交生活圈层。杭州市滨江区政府和网易合力打造的公益文化阅读项目——网易蜗牛读书馆属于典型的城市场景共享型旅游驿站。该驿站融合了沉浸式阅读和数字化阅读模式，构建起领读、共读、分享、互动等细分阅读生态，以有趣、独特的阅读体验方式推广全民阅读理念；线上开通文化地图功能，为城市文化地标提供宣发渠道，为年轻用户提供文化打卡功能。2022年《杭州市旅游驿站等级评定申报材料》显示，该驿站旅游咨询中心年接待读者31万人次，借阅图书12.2万册，年举办活动超300场，拥有自媒体粉丝超3万人，吸引抖音、小红书、B站等平台的大V旅游博主前来打卡，成为深受青年文艺群体喜爱的网红打卡点。馆藏纸质书籍8万余册，包含旅行、文化、美食、建筑、文学、艺术、历史、诗歌和科技等内容。服务双语化，提供中英文双语杭州旅游地图和简介材料，部分接待人员可提供中英文双语咨询服务。平均年开展旅游文化体验活动60多场，其中有杭州非遗手工体验活动、杭州历史文化名家讲座、青年音乐Party等。作为网易蜗牛读书App的线下延伸空间，该驿站利用Wi-Fi、GPS等技术，实现了500米范围内3万余册电子书免费阅读，其中包括大量旅游地理类书籍，并提供文化地标线上打卡功能。

网易蜗牛读书馆旅游驿站将网易文创元素植入书馆应用场景，推出网易研学、沉浸式红船闯关党史教育等活动，受到青年党员喜爱；打造蜗牛直播间、书馆短视频媒体矩阵等，满足不同层次的用户需求。馆内设有杭州非遗文创展示和售卖空间，有西兴灯笼、杭州刺绣、蓝布印染、西兴盘扣、宋式文人香、丝绸画绘、宋代点茶等非遗项目展示，并定期开展杭州非遗讲座和体验活动，有效推动了文旅融合。驿站于2018年对外开放，2022年被浙江省文化和旅游厅认定为第一批浙江省旅游驿站，在 2021 年长三角最美公共文化空间大赛中获得优秀公共文化空间奖项，入选杭州市文化和旅游 IP 第一批培育名单、十大最美杭州书房，获得杭州亚运人文体验点等称号。

2. 乡村业态融合型

乡村业态融合型旅游驿站是乡村振兴的重要成果，通过旅游驿站的形式对乡村旅游、乡土文化和乡愁产业进行深度融合。位于杭州市桐庐县合村乡后溪村的桐庐生仙里旅游驿站则是典型案例。该驿站与合村乡小镇客厅实现共建共享，占地面积 1669 平方米，建筑面积 1029 平方米，是以浙江省旅游业"微改造、精提升"行动为契机，在原有服务设施和业态基础上打造而成的旅游驿站。一楼为集旅游咨询、展示接待、阅读休闲、网红日料等服务功能于一体的综合服务区。二楼为合村乡运动项目体验区，整合了雅鲁激流探险、铁人三项赛、雪山激流回旋、桐庐生仙里国际滑雪场、竹溪乐园等特色运动和景点资源，让游客可以体验到合村山地运动旅游特色。三楼为中式餐饮服务区，游客在品尝合村特色美食的同时还能俯瞰合村后溪美景。该驿站配备了一键智慧游系统，搭配手绘地图，有找景点、找乡村、找民宿、找美食等模块，帮助游客实现手机扫码一键游。该驿站展示了省级非遗合村绣花鞋工艺、瓦雕工艺等传统特色非遗文化。神似网红书店"钟书阁"造型的阅读空间吸引游客前来打卡，为驿站带来流量。

建德大同稻香小镇旅游驿站是乡村业态融合型旅游驿站的又一典型范例。该驿站配备 1500 平方米绿地草坪，室内面积 1600 平方米。驿站以游客服务为中心，除了提供吃、住、行、游、购等基本服务，还可根据游客个性需求，在线上和线下为游客定制旅游路线。驿站以导览、宣传与教育为主要功能，建立了展示所在旅游地特色文化的具有教育意义的展厅，开展面向中小学生的研学活动。同时，设置新安江工匠教育培育基地、大学生农业创业实训基地等，让游客获得"游中学"的旅游体验。驿站以农旅结合的做法，打造四季田园风光，发展农田休闲观光、农作体验项目；成功举办"稻香小镇"首届开镰节和稻香小镇啤酒音乐节;打造青农创客空间,设计"创意灯泡＋农耕牛"的创意 IP 形象——农创牛;依托共富直播间开展特色农产品展销及新农人培训活动,开启"以商养驿"运营新模式。驿站内设有当地特色农产品、文创产品、户外用品、农创客产品展销区域,并提供当地特色农产品、文创产品售卖服务,带动乡村振兴,实现共同富裕。

3. 交通干道(绿道)复合型

交通干道(绿道)复合型旅游驿站主要依托交通干道或绿道所带来的车流与人流,服务来往游客和其他人群。如享有"浙西天路"美誉的临安华浪线(起点浪广村、终点华光潭村)是一条全长 40 千米、风景优美的自驾路线,沿线汇集了众多景区景点,并建有 8300、一路向北、望湖、转山等多个旅游驿站。8300 旅游驿站位于"浙西天路"昌化段,是沿线驿站中面积最大、功能最齐全、覆盖范围最广的驿站,占地面积达 121 亩。该驿站由原国营 8300 厂遗址改造而成,内部现存建筑 47 幢,这些原有的建筑经过改造和运营,散发出了新的生机和活力。驿站自营品牌 8300 咖啡馆,在环境布置、文创设计、小食饮品、配套服务等方面都体现了细致入微的服务理念。该驿站与 8300 户外运动中心共建共享,以骑行、徒步、越野等各类户外运动爱好者和过路游客为主要服务对象,提供休憩补给、设备租赁、车辆维修、信息咨询、观景打卡等服务,受到游客欢迎。8300 驿站成功举办了嘉年华以及市集等活动,举办了当地舞龙和特技表演,吸引了大量游客。8300 驿站还吸引了众多骑行俱乐部入驻,为在途游客和户外运动爱好者提供更为专业、优质、便捷的旅游公共服务。在国内众多骑行驿站中,8300 旅游驿站是唯一将吴越文化、驿站历史、骑行户外、咖啡美食相融合的驿站。

4. 开放型景区(度假区)依托型

开放型景区与封闭型的中小景区不同,往往指的是以若干景区、景点为单位组合而成的大中尺度的旅游区或者度假区。余杭区大径山旅游驿站是开放型景区(度假区)依托型旅游驿站的典型代表之一,毗邻径山 4A 级旅游景区，是余杭区为顺应近年来自驾游兴起趋势，整合现有资源，在大径山旅游集散中心的基础上打造的集旅游服务、文化宣传、会务培训、文创设计展示、农产品深加工等功能于一体的综合性旅游驿站。驿站内设有旅游咨询区域、智慧旅游平台、阅读空间、旅游厕所、径山茶展示区域、VR 体验区、地下停车场、为游客免费提供接驳服务的接驳大厅、医务室、餐饮区、物品寄存处等。驿站以茶、花、画、香等经典元素再现宋代生活场景，将宋代生活艺术与径山自然资源相融合，诠释宋文化之精粹，展示宋艺术之风雅，依托茶圣陆羽所著《茶经》，以"茶"为题突出弘扬中国传统禅茶文化，推出的大径山"陆羽与茶小僧"文旅 IP 已入选省级文旅 IP 库。大径山旅游驿站入选杭州市第一批宋韵杭式生活体验基地。

另一个具有代表性的开放型景区驿站是柳庄驿站。柳庄驿站位于青山湖国家级森林公园中，临近水上森林段的核心区域，是青山湖环湖旅游驿站群中的驿站之一。该驿站周围交通便利，环境优美，过往的自驾、骑行、徒步游客众多。站内设有服务前台、公共休闲、文化阅览、便民服务、旅游厕所等功能区块，为游客提供休憩补给、信息咨询、展示体验、导览讲解、医疗救治等服务，是集宣传、公益、服务功能于一体的浙江省一级旅游驿站。

（三）旅游驿站推动文旅休融合的实践经验

1. 经验一：模式上，做好融合文章

"不求所有、但求所用"是旅游驿站建设的重要特征。杭州市旅游驿站通过与公路服务站、废弃工业遗存、农业设施用房等既有资源共建共享，在保证基本刚需功能的前提下做好融合文章，不断延展服务功能，纵深呈现在地文化，创新消费场景，焕发出持续的内生动力和发展活力。如 8300 旅游驿站是在原国营 8300 厂工业遗址的基础上改造而成的，与户外运动中心共建共享，吸引众多骑行俱乐部入驻，盘活了"沉睡"的国有资产，提升了驿站使

用效率；拱墅区京杭大运河·杭州景区旅游驿站，融合了运河文化、非遗文化、古镇文化等特色文化，成为市民和游客了解、品味和体验当地文化的重要打卡点。

2. 经验二：功能上，发挥辐射效应

旅游驿站不仅具备服务设施的公共属性，还也具备旅游产品供给的产业属性，对区域经济具有良好的带动作用。杭州市不少旅游驿站积极寻找和旅游产业链各环节的契合点，形成文旅产业升级的新增长点，发挥了拉动区域经济、带动就业增收等辐射效应。旅游驿站的建设带动了区域旅游业发展，拉动了旅游服务业的经济增长。随着越来越多的游客打卡驿站，旅游驿站的存在间接促进了周边酒店、宾馆、餐饮业的快速发展和交通条件的改善，对骑行、手工业、农副产品生产等周边行业的发展也产生了积极的影响。驿站的建设发展也为当地居民提供了更多的就业岗位。

3. 经验三：空间上，坚持科学均衡

旅游驿站的布局既要考虑规律性，又要彰显独特性。根据《浙江省旅游驿站评分细则》的要求，杭州市旅游驿站综合考虑在途游客、周边居民的需求，重视业态融合和区域赋能，加快推进全域均衡化建设布局，优化等级结构，打造以一级驿站为引领、二级驿站为主干、三级驿站为补充的城乡旅游驿站格局，放大全域联动发展效益。杭州市大部分旅游驿站的点位设置在景区入口、交通枢纽、绿道、城市主干道、乡村村庄、城乡交汇处、码头等地，对周边生态环境、交通环境、文化资源、产业资源等因素进行了较为综合的考虑。

4. 经验四：品牌上，凸显区域特色

杭州市在旅游驿站建设过程中有较强的区域品牌建设意识，注重区域特色主题的打造。一些地方已通过全方位的努力和持续的投入，合理规划旅游驿站功能，凸显区域特色，充分利用自身的特色资源优势，积极打造具有独特性的旅游驿站地方品牌，打造出一批形象辨识度高、感官体验佳、文化

传播力强的旅游驿站，提升了旅游驿站的市场竞争力并使其实现可持续发展。如桐庐生仙里旅游驿站以生仙里为地区品牌，在进行对外宣传、景点推荐、土特产展示和售卖时，多冠以"生仙里"品牌名称，如生仙里大米、生仙里番薯干、生仙里国际滑雪场等，目前生仙里品牌已颇具知名度并获得多项荣誉。建德大同镇稻香小镇旅游驿站打造"创意灯泡＋农耕牛"创意 IP 形象——农创牛，"建德稻香小镇·农创梦工场"是大同镇特色小镇品牌，也是大同镇农产品区域公用品牌，还是大同镇农创客的创新创业平台。在品牌管理上，主体单位建立了稻香小镇官方网站，对其进行宣传推广。

5. 经验五：运营上，建立多元模式

经调研发现，少数驿站在运营过程中仍高度依赖政府，这种运营方式相比市场化程度高的驿站运营方式，略显活力不足，不仅增加了地方财政负担，也难以形成持续、有效的运营机制。因此需要建立多元运营模式，通过全部或者部分服务外包的形式，积极探索个性化、市场化、社会化的运营管理机制，引入社会力量中的专业团队参与旅游驿站的建设和管理运营，从而减轻政府负担并激发市场活力。

四、旅游驿站推动文旅体融合的对策建议

杭州旅游驿站的建设，以新时代游客在途旅游公共服务需求为导向，以更好满足人民群众的美好生活需要为最终目标，在串联目的地风景、提供优质的在途刚需服务、展示地方文化形象、拉动区域经济和带动就业增收等方面发挥了重要作用，应作为文旅部旅游公共服务典型案例向全国各地推广。

（一）探寻旅游驿站与在地文化、体育活动的契合点

旅游驿站应进一步探寻与当地文化和体育活动的契合点，推动文旅体深度融合发展。一是创新服务模式。旅游驿站的建设在满足旅游公共服务需求的基础上，也要兼顾特色文旅体验功能、对外窗口平台功能等。鼓励旅游驿站结合当地有名的文化工程、非遗文化等主题，打造特色旅游驿站群、特色旅游驿站线路。开发与文化、体育活动相结合的服务项目，如提供地方特色运动体验，利用科技手段，如虚拟现实（VR）、增强现实（AR）等，为游客提供沉浸式的历史文化和体育运动项目体验。通过这些活动，游客不仅能在驿站进行休息和补给，还能深入了解和体验当地的文化和体育生活。二是建立合作机制。旅游驿站应与当地的文化机构、体育组织和旅游企业建立合作关系，共同开发旅游产品和活动，推动民间文化艺术、节庆活动、艺术展览、文旅市集、读书歌咏等文化艺术体育活动走进旅游驿站。通过合作，旅游驿站可以整合现有的资源，提升自身的服务能力和吸引力。

（二）放大融合功能和辐射效应

旅游驿站的建设要注重放大共建共享的融合效应，立足驿站原有的功能，传承古驿站的文化底蕴，确立全域旅游时代旅游驿站作为旅游公共服务新型空间的新定位。一是因地制宜地利用好现有资源。积极尝试在博文图美等公共文化场馆开设旅游公共服务专区，推动公共文化服务和旅游公共服务高质量融合发展；依托已建成的绿道和沿海、环湖、环岛等旅游风景道，整合利用道路沿线普通公路服务站、废弃工业遗存、农业设施用房以及村集体用房等既有建筑，将其规划改造成样貌更美、形式更新、功能更全、供给服务更多元化的旅游驿站。二是激发内生动力和发展活力，拓展服务边界，展示当地文化，提升运营能力。将旅游驿站与露营地、观景平台、农产品电商直播

等形式相结合，拓展旅游驿站的服务功能；将传统文化展示、旅游信息咨询、全民阅读学习、文旅志愿服务融合为一体，建设共享型旅游驿站。三是鼓励机制创新，通过线上线下联动，积极探索政企合作有效模式，开拓出文旅融合、交旅融合、农旅融合、旅体融合等多样融合形态的旅游驿站类型。

旅游驿站在串联目的地风景、提供优质的刚需服务、展示地方文化形象的同时，也在拉动区域经济和带动就业增收方面发挥了重要作用。各地应该看到旅游驿站的建设对于骑行、手工业、农副产品生产等周边行业的积极影响，以及旅游驿站在促进周边旅游、住宿、餐饮产业发展和为当地居民提供大量就业岗位等方面重要的辐射作用，从而采取一些举措。一是将旅游驿站的建设纳入区域旅游发展规划，与周边的旅游资源、交通网络和社区发展紧密结合，形成区域联动发展。二是完善旅游驿站周边的交通连接体系，提供便捷的公共交通服务，方便游客和当地居民的交通往来。

（三）提升旅游驿站的旅游公共服务品质

近年来，国内旅游市场呈现出新特征，面临着新契机。都市休闲、周边和近程旅游成为旅游高质量发展的市场重心，反向旅游、平替旅游、治愈旅游等"45°躺平"的旅游方式带动非传统旅游目的地和非热点城市受到关注。旅游业进入散客化和自助游时代，游客对个性化体验和专业化定制的需求陡增，在途旅游的公共服务需求凸显。如何顺应新时代自助游、入境游迅速发展的趋势，值得各地考虑。一是全面提升旅游公共服务质量。各地应着手制定旅游驿站建设与服务指南，明确旅游驿站建设、服务与运营的基本原则、建设目标、场景内容和指标体系，标准化、个性化推动旅游驿站服务场景、产品、水平提质，提高旅游驿站工作人员的业务水平。二是推动旅游公共服务智慧化。以旅游驿站线上查询，数字化、智慧化掌上服务和线下智能服务设施、智能管控系统等高精尖产品应用为突破口，提升旅游驿站智慧服务水平，推进旅游驿站智慧建设。加强与交通、气象、应急管理（消防救援）、市场监管、文旅体、水利、能源等部门或行业的公共信息数据共享，及时发布游客需要的各类旅游公共信息。推动各地充分运用数字技术，开发地方旅游公共信息服务数字化应用，与 OTA（Online Travel Agency，在线旅行社）平台进行深度合作，完善线上旅游驿站服务信息建设，并提供周边信息查询功能。

（四）提升旅游驿站的数字化水平

旅游驿站数字化主要体现在旅游驿站运用现代信息技术和数字化手段，提升服务效率、丰富游客体验、促进文化传播等方面。一是设置数字化运营管理平台和物联网管理系统，并运用智能科技和设备，使游客可一站式体验当地特色运动项目，如滑雪、高空滑翔等；打造 5D 影院、VR 体验等场景，让游客感受身临其境的震撼。二是组建专业团队，运用微信公众号、短视频账号等数字化运营工具，对旅游驿站场馆进行数字化运营、管理以及品牌推广。三是在旅游驿站内设置数字化触屏设备，让游客更加便捷地了解当地文化和旅游信息。同时驿站内还可以开展农创直播，围绕传统的农产品种植、加工、销售过程，开展数字化改造提升，拓展直播带货、农旅融合等新业态。

（五）加大宣传推广力度

少数驿站在品牌建设和宣传推广方面仍存在意识不强的问题。由于旅游驿站是一种新兴的旅游公共服务平台，一些地方主管部门对旅游驿站品牌建设的意识还不够强，缺乏系统性的品牌规划和宣传策略，导致旅游驿站的辨识度和公众知晓度较低，甚至很多消费者对于旅游驿站的功能和用途还不是很清楚，这种现状严重影响了驿站效能的发挥。因此各地需要不断加大宣传和推广力度，通过多渠道、多形式的宣传提升旅游驿站的知名度和影响力，引导更多游客使用旅游驿站服务。一是在旅游指南和地图上标注旅游驿站的位置，提供关于旅游驿站的详细信息，方便游客规划行程，在有需要时前往。二是利用数字媒体，通过社交媒体平台（如微博、微信、抖音等）、旅游网站和博客，发布旅游驿站相关信息，利用数字广告提高在线可见度。三是制作高质量的宣传内容，如旅游驿站的介绍视频、博客文章、旅游攻略和用户体验故事，以吸引和保持受众的关注。四是与旅游公司、酒店、航空公司和当地旅游机构建立合作关系，通过它们的渠道和网络向游客群体进行旅游驿站的介绍和宣传。

良渚遗址保护地周边村落的文旅融合发展路径

刘 艺 吕微露 牧 骑*

摘要：良渚遗址是中国五千多年文明史的重要实证，也是世界文化遗产中的瑰宝，见证了中华文明的起源和传承。随着政策的不断推进和实践的深化，特别是在乡村振兴政策的推动下，良渚遗址保护地周边村落的文化与旅游融合发展迎来了外部机遇，但同时仍面临一些亟待解决的问题。本报告以良渚遗址保护地周边村落为主体，探讨其文旅融合的发展路径。报告首先总结良渚遗址保护地周边村落的文旅发展现状，并对良渚遗址保护地周边村落的文旅资源进行梳理，最终从文化价值挖掘、文化康养融入、宣教活动开展、深化文明互鉴四个方面提出良渚遗址保护地周边村落的文旅融合发展路径，为其文旅融合发展提供思路，并为未来的遗产保护和文化传承行动提供策略参考。

关键词：良渚遗址；乡村旅游；文旅融合；乡村振兴

---

* 刘艺，浙大城市学院艺术与考古学院良渚文明研究中心，讲师，研究方向为文化遗产活化利用与环境疗愈。吕微露，浙大城市学院艺术与考古学院良渚文明研究中心，教授，研究方向为文化遗产保护与活化利用。牧骑，浙大城市学院艺术与考古学院良渚文明研究中心，讲师，研究方向为遗产价值阐释研究。

一、引言

良渚遗址是中国五千多年文明史的重要实证，也是我国具有重大价值的大遗址保护区之一。2021 年国家文物局印发的《大遗址保护利用"十四五"专项规划》提出了"提升大遗址展示利用水平"的发展目标，着力推动遗址及周边地区与教育、科技、旅游等领域的深度融合，吸引社会力量积极参与展览、教育和文创项目的开发，充分展现古代与现代中国的文化风貌。良渚遗址保护地周边分布着多个村落，其中余杭区良渚街道北部的八大村落发展特色尤为突出，包括安溪村、杜城村、新港村、纤石村、港南村、石桥村、荀山村和良渚村。这些村落多位于保护区内，同时承担着文物保存、农业生产和生态保护的职责。2019 年，随着良渚古城遗址成功申遗，遗址保护工作进入新的阶段，也对周边村落的发展模式提出了更高要求。如何借助文旅融合，带动周边村落经济发展，同时实现对遗址的有效保护，成为一项重要议题。

在此背景下，随着政策的不断推进和实践的深化，良渚遗址保护地周边村落的文旅融合发展成果正逐步显现。遗址保护地与村落的联动发展，不仅催生了丰富的文旅融合形式，还为推动遗产保护与乡村振兴的结合提供了实践范例。八个村落尝试通过农文旅结合的方式寻求发展路径，取得了一些阶段性成果，但仍面临着各种挑战，特别是从 2022 年起，这些村落被整合纳入"良渚基地未来乡村公园"建设计划项目。该项目旨在通过统一的农文旅产业布局，实现"遗址＋乡村"的创新模式，推动八村组团形成良好效应，打造以遗产保护为核心的未来乡村共同成果示范区。在平衡遗址保护与乡村发展的前提下，进一步挖掘遗产地的经济与社会价值。

二、良渚遗址保护地周边村落的文旅发展现状

余杭区良渚街道北部的八个村落是良渚遗址保护地周边村落文旅经济发展的典型代表。从 2021 年底开始，良渚街道对八个村落进行统一规划，提出了打造"中华文明保护与传承展示之窗"、展现人地和谐的水乡田园生态之美、探索幸福经济模式下的遗产发展路径等目标。2022 年，这些村落一同被并入"良渚基地未来乡村公园"建设项目，顺应乡村振兴和共同富裕的趋势，统一发展农文旅产业，目标是打造遗产地未来乡村共同富裕示范带。同年 12 月，杭州市余杭区委提出建设"良渚文化大走廊"的发展构想，并计划通过"两廊一轴"空间格局推动区域经济社会协调发展。杭州城西科创大走廊和五千年发展轴，对文化、生态、产业、城市和乡村资源进行串珠成链式开发。2023 年初，杭州市政府工作报告将良渚文化大走廊纳入市级发展规划，将其定位为未来区域发展的重要引擎。良渚遗址保护地周边村落的文旅发展是建设"良渚文化大走廊"的重要环节。2024 年，良渚周边的纤石村和新泰村入选了浙江省美丽宜居示范村。周边其他村落通过举办田园花会、良渚艺术生活节等丰富多彩的活动，坚持文化赋能，打好"良渚牌"，以一域之光为全局添彩，持续提升良渚的美誉度和影响力。

尽管在政策支持和资源整合的推动下，良渚所在地周边的八大村迎来了文旅发展的机遇期，但仍面临一些亟待解决的问题。首先，资源联动的协调性有待提升。村庄之间的旅游线路尚未有效串联，资源联动不足，整体协同效应不明显。其次，重点资源的挖掘和利用不足。虽然八个村落本身的旅游资源丰富，但其独特的文化底蕴和自然禀赋尚未得到深度挖掘和有效的价值转化，限制了旅游吸引力的提升。最后，市场竞争压力较大。现阶段文旅盈利主要依赖周边居民和亲子游客，但周边市场同类产品竞争激烈，下一步需要精准定位新的消费群体和目标市场。综上所述，良渚遗址保护地周边村落的文旅融合发展需要进一步强化村落间的资源联动，挖掘各村的文化和生态

特色，拓展新型文旅市场，并结合良渚遗址保护地的发展目标，加强推广宣教，加强国际交流互鉴，以更好地实现文旅共荣和人地和谐的目标。

三、良渚遗址保护地周边村落的文旅资源梳理

良渚遗址保护地周边村落大多历史悠久，以安溪村为代表的一系列村落具有深厚的历史文化底蕴。在农文旅资源方面，良渚遗址保护地周边村落拥有丰富的自然和人文资源，其地理特征为"港汊交错、山水清秀、村庄罗布"，东苕溪贯穿其中，北部为连绵山体，南部为密布水网，呈现出典型的江南水乡湿地特色。区域内古桥、寺庙、粮仓等乡土文化遗产随处可见，自然资源与人文景观交相辉映，为乡村旅游提供了优质的发展基础。文旅资源和特色项目主要包括：安溪古镇（安溪渡、安溪阁），以其悠久的历史和独特的水乡文化为特色。位于港南村的杉道秘舟，是一处以水杉河道为核心的网红打卡地，景色宜人，两岸水杉成荫，形成了静谧悠长的绿色走廊，游客可在此处体验手划船、脚踏船等水上活动，适合亲子游览和休闲娱乐。杜城村的东王庙，始建于明代嘉靖年间，是道教信仰中心之一，作为历史遗迹和文化传承地，展现了当地深厚的宗教和民俗文化。荀山村的荀山岛（大悲漾水乡湿地），岛上融合了农耕文化体验与自然观光功能，提供茶饮、餐食等服务。外围大悲漾水乡湿地因传说中的"龙抬头"而闻名，绿树环绕、景色如画，水面形状与良渚玉鸟相似，极具特色。新港村的风逸荷塘，园区建筑采用民国风格，环境优美，是生态旅游的理想之地。龚晓南院士入驻的院士村也位于风逸荷塘区块，兼具历史文化与现代旅游元素。纤石村的上纤埠，在民国时期曾是繁荣的商埠，被誉为"小上海"。老街上原有各类商铺，但随着水路运输的衰落，其商业功能逐渐消失。现今的上纤埠已转型为乡村旅游地，既保留了历史记忆，又展现了江南水乡的宁静风貌。

在特色休闲服务资源方面，各村落结合自身地域特点，依托自然资源并遵照保护区管理办法，不断推陈出新。例如新港村以运动为主题，建设专业的足球场、网球场等场地，通过举办专业赛事、提供日常训练等方式带动村落文旅经济的发展。

在农业休闲项目资源方面，良渚遗址保护地周边村落拥有丰富的农业休闲资源，提供采摘、垂钓、野游等体验活动，集生态种养、农业拓展与休闲娱乐功能于一体。例如杜城村的悦幕·安溪里露营地是深受年轻游客青睐的休闲选择地，营地沿东苕溪布置，提供露营、烧烤、露天观影和飞盘等活动，营造出了慢节奏的乡村生活氛围。

四、良渚遗址保护地周边村落的文旅融合发展路径

（一）挖掘文化价值，强化文旅融合基础

良渚遗址保护地周边村落集良渚文化、运河文化、千年古镇文化和苕溪文化于一体，历史底蕴深厚，文化脉络清晰。这些文化资源为文旅融合发展提供了坚实的基础，但仍需进一步挖掘和转化。

其一是良渚文化。良渚文化是良渚遗址保护地周边村落的"文化金名片"，也是最核心的文化资源之一。作为中华文明多元起源的重要组成部分，良渚文明以稻作农业为经济支撑，具有显著的社会价值，体现了统一信仰的特征，其玉器文明尤为突出，开创了"藏礼于器"的传统。琮、玉璧、玉钺等器物构成了良渚文化的礼仪体系，体现了当时王权与神权的高度统一。良渚文化不仅是中华文明的重要标志，也在人类早期文明中占据着重要地位，为良渚遗址保护地周边村落的文旅融合发展提供了不可替代的文化资源。

其二是运河文化。良渚遗址周边区域内的东苕溪、西塘河和余杭塘河是

杭州运河水系的重要组成部分。例如纤石村曾是一个商贸繁荣的港口，旧称上纤埠。这里是东苕溪通向西塘河的北部要津，连接湖州、德清及杭州，曾是水运商贸的集散地。随着陆路交通的发展，昔日的繁华日渐消退，但水运遗址仍然是研究运河文化的宝贵素材，成为良渚遗址保护地周边村落文旅发展的潜在亮点。

其三是古镇文化。良渚遗址保护地周边村落不乏历史悠久的古镇，其中安溪古镇就是千年古镇的代表。安溪古镇始建于北宋端拱二年（989），至南宋时期已成为重要商贸集镇，被称为"钱塘四镇"之一。明代《万历钱塘县志》中提到安溪闸和税课司，充分彰显了古镇的经济地位。明清时期，安溪古镇的商贸规模达到顶峰。安溪古镇是杭州水乡文化的延展地，也是东苕溪沿线的重要集镇。虽然如今的古镇已不复当年的繁华景象，但其山水风貌、古老街巷和文化遗存仍保存完好，为文化旅游项目提供了独特的历史价值。

其四是苕溪文化。苕溪是余杭区的母亲河，苕溪流域是良渚文明的发源地之一。苕溪作为浙江八大水系之一，流域涵盖了余杭、临安、湖州等地区，是吴越文化的重要载体。苕溪不仅孕育了良渚文明，还吸引了众多历史文化名人。苕溪流域留下了大量诗文作品和历史遗迹，显示出了文人骚客对这片土地的深厚情谊。通过深入挖掘这些文化资源，可以将良渚遗址保护地周边村落打造成融合文化传承与旅游开发的示范区域，有助于增强村落的历史文化吸引力，强化村落之间的文化连接，提升区域整体文化旅游价值。

（二）融入文化康养，丰富文旅产业形式

随着人们对自身健康重视程度的不断增加，以及对传统文化的热情回归，文化康养逐渐成为一个备受关注的主题。文化康养是指通过文化活动、文化体验、文化环境等多种方式，促进身体健康、心情愉悦、社会融合的综合性康养模式。它不仅关注人们的身体健康，还强调通过文化的滋养，满足人们

的精神和情感需求，从而帮助人们获得全面的健康，通过文化力量的加持来促进心理和情感的康复。良渚遗址保护地周边村落有着丰富的自然资源和农耕资源，为休闲康养产业的发展提供了重要的基础条件。同时，从文化角度出发，挖掘文化资源，构建多元的文旅体验，实现文化传承与健康生活的有机结合。

在文化对人体健康的促进作用方面，文化活动不仅能激发人们的创造力和情感共鸣，还能通过心理调节缓解压力、抑制焦虑，从而提升人体的综合健康水平。将文化资源与旅游发展相结合，不仅能带动地方经济的发展，还能丰富游客的文化体验，实现放松身心和提升文化认知的双重目的。营造具有文化底蕴的环境，使游客能够沉浸其中，享受一种深度的文化体验，从而增强大众对中华优秀传统文化的理解和认同。良渚所在地及其周边村落拥有丰富的文化资源，这些资源为文旅融合奠定了坚实的基础。良渚遗址是新石器时代晚期的古文化遗址，它见证了中华文明早期的辉煌，集中展现了良渚先民在农业、社会组织、宗教祭祀以及玉器文化等方面取得的重要成就。良渚遗址周边村落拥有丰富的自然资源和人文景观，如古桥、传统村落、江南水乡等。这些村落保留了独具特色的地域文化和古老的风俗，这里不仅有历史悠久的文化遗址，还有得天独厚的自然景观，适合开发文化康养旅游产品。

在文化康养与文旅融合的实践路径方面，以文化康养为核心理念，可以通过以下路径来实现文旅融合。

首先，结合当地的自然资源和传统文化，打造具有文化底蕴的康养小镇。通过文化主题小镇的打造，将小镇的历史文化、民俗风情、传统工艺以及生态环境相结合，形成一个集文化体验、休闲度假、健康疗养、教育培训等多种功能于一体的复合型文化疗愈目的地。例如，可以在村落内设立文化创意中心、手工艺坊、传统美食街等，开展文化艺术展览、民俗表演、传统工艺体验等活动，使游客在欣赏自然风光的同时也能深刻感受良渚文化。通过文化浸润，游客不仅能够提升文化素养，还能够放松身心，获得精神层面的康养体验。

其次，结合良渚文化与现代康养理念，开发康养文旅产品。例如，在良渚遗址保护地周边村落的山水环境中，可以设置以"文化疗养治愈"为主题的健康度假区，提供文化活动与自然疗养结合的康养体验。在这里，游客不仅可以体验高品质的康养活动，如瑜伽、太极、养生美食等，还可以通过参加良渚文化讲座、参观文化现场、体验民间传统艺术等方式，获得历史文化的滋养。另外，可以开发一系列基于良渚文化的康养活动，如"古玉文化疗愈""稻作文化养生体验"等，利用良渚文化元素来设计丰富的具有创意的养生课程。通过将"玉文化"讲解与冥想相结合，帮助游客在冥想和艺术互动中放松身心，释放压力。这些活动不仅有利于良渚文化的传承，还能通过文化与康养的融合，为游客提供全方位的愉悦体验。

再次，可以开发"文物疗养"与"文化体验康养"相结合的文旅产品。"文物疗养"是指通过参观文化遗址与文物，调节游客的心理状态，帮助其达到身心放松的目的。良渚遗址保护地作为一个文化遗产宝库，可以充分利用自身优势开发文物疗养项目，例如设计沉浸式的"文物相伴"疗养项目，游客可以在遗址周边静谧的自然环境中参观遗址和玉器等文物展品，深入了解这些文物的文化价值与历史背景，同时通过与文物的"对话"获得心灵的宁静与愉悦。通过与文化的亲密接触，游客不仅能获得身体上的放松，还能从中汲取精神力量。此外，还可以开展文化体验式的康养活动，如文物修复体验、古乐瑜伽等活动，让游客在实际操作中接触历史文化，在增强文化认同感的同时获得心灵的抚慰。通过这种结合了文化与康养的互动形式，游客能够获得身心的双重愉悦。

最后，可以将健康旅游与生态环境相结合。良渚遗址保护地周边村落的自然景观丰富，水系纵横，山脉环绕，是开展生态旅游和健康旅游的理想之地。通过将自然景观和康养旅游产品结合，提升游客的身心健康水平。例如，可以开发森林浴、步道徒步等生态旅游项目，提供以生态为背景的健康养生方案，让游客在呼吸清新空气、感受自然的同时，也能锻炼身体、调节压力。另外，可以结合周边村落的农田、湿地等自然资源，开展"绿色康养"活动，如生态农业体验、农耕文化体验等活动，让游客亲近自然，感受农耕文化的悠久历史，享受从田间到餐桌的健康美食，提升身心健康水平。

文化康养的理念将在良渚遗址保护地周边村落的文旅融合发展中发挥重要作用。通过文化与健康有机结合，不仅能推动文化遗产的传承与保护，也能促进当地经济的可持续发展。良渚文明是中华文明的重要组成部分，良渚遗址保护地周边村落所蕴藏的丰富文化资源为文化康养产业的发展奠定了得天独厚的基础。通过科学的规划和创新产品的开发，良渚遗址保护地周边村落可以被打造成集文化体验、健康养生、历史传承功能于一体的康养旅游目的地，推动文旅融合新发展。

（三）开展宣教活动，展示中华文明魅力

在良渚遗址保护地周边村落的文旅融合发展中，可以借鉴良渚博物馆的创新宣教模式，将文化与旅游相结合，借助多元化的宣教活动和丰富的文旅主题，提升文化吸引力和游客体验感。

其一是"落地＋沉浸式体验"模式。良渚遗址作为中华五千年文明的重要实证，其独特的文化资源适合用于开发沉浸式体验项目。例如开展沉浸式夜游活动，参考洛阳博物馆的"夜宿博物馆"项目，在村落内或遗址附近设置夜间文化体验活动。开展"探秘良渚文明之夜"活动，让游客扮演良渚文明中的重要角色（如玉器工匠或祭司），在剧情引导下探索玉器制作工艺、稻作农业和祭祀仪式。进一步推出"良渚密码"剧本杀项目，将周边村落的历史、传说和文化符号融入剧情，让游客在解谜的过程中深度了解良渚文化背景。

其二是"场景＋文创产品"开发。借鉴苏州博物馆围绕建筑特色开发文

创产品的成功模式，结合良渚遗址的玉器、稻作农业等文化符号设计文创产品。例如，可以开发玉琮拼图、稻作农业种植套装，或者将良渚神徽元素融入文具、饰品等的设计中，让游客通过购买和使用文创产品对良渚文化形成深刻记忆。定期推出与传统节日或良渚文化主题相关的限定文创产品，例如"新年祈福琮佩"或"丰收节稻米礼盒"等。

其三是"安置＋数字化宣教"手段。开发虚拟展览与数字漫游项目，利用数字化手段对良渚遗址及其周边村落进行三维扫描，打造"良渚文化线上博物馆"，吸引外地游客线上参与，游客可以通过虚拟漫游了解遗址及村落的全貌。在社交媒体平台上搭建"良渚村落直播间"，邀请文化学者讲解良渚文明的特色，或直播良渚周边村落的特色活动（如农作物采摘、玉器手工艺制作等），提升直播间的互动性。可以开发小游戏，如《猜玉器》《打造村落》等，让游客在娱乐中学习文化知识。还可以通过微信公众号定期发布良渚文化科普类的文章和短视频，与读者和观众保持互动。

其四是"安置＋教育研学"项目。打造良渚文化研学基地，与学校和教育机构合作，围绕代表性玉器制作、稻作文化、运河历史等主题进行研学课程设计。组织面向家庭的文化体验活动，如手工制作良渚玉器模型、传统稻田插秧比赛等，让家长和孩子共同学习良渚文化知识。

其五是"场景＋综艺与影视合作"。可以借鉴洛阳综艺节目的成功经验，与影视综艺团队合作，利用良渚遗址和周边村落的场地拍摄综艺节目或短片，通过全景化呈现，讲述良渚遗址的历史，吸引更多年轻人的关注。

其六是"遗址＋文物公开课"。邀请文物专家或学者在良渚遗址周边村落内开设文物公开课，解读良渚玉器、稻作农业、信仰文化等内容，并通过视频录制和在线传播，打造持续性的文化教育品牌。

其七是"遗址＋跨界合作"。与其他文旅项目或商业品牌联动，推出主题快闪店或文化创意市集，如良渚文化周、良渚村落艺术季等，吸引游客前来体验和消费。

（四）深化文明互鉴，保护与发展并存

为实现良渚文化的国际化推广和交流互鉴，良渚遗址保护地周边村落的文旅融合发展，还需紧密结合国际古迹遗址理事会（ICOMOS）制定的相关遗产保护方法，尤其是在保护与发展并存、文化展品普及和关注焦点群体等方面。良渚遗址作为中华文明的重要遗产，承载着五千年文化的记忆和智慧。在对遗址进行保护和传承的同时，也需要结合当代的文化旅游需求，实现遗址的可持续发展。因此，合理规划、科学保护、创新传播以及关注社会焦点群体，将是良渚遗址保护地周边村落未来文旅融合发展的重要策略。

在保护与发展并存的策略方面，根据国际古迹遗址理事会提出的理念，保护遗产是首要任务。在良渚遗址保护地周边村落的发展中，应遵循保护优先原则，开发轻旅游产品，避免大规模商业化开发对遗址和传统村落的文化与自然景观造成破坏，同时将生态作为资源，引导旅游业与社会经济发展。例如，可以通过生态保护与文化景观保护相结合，采用原生态的建筑风格、材料和村落布局，使旅游开发与村落原貌相协调。利用当地的水乡湿地、古桥、庙宇等人文景观，设计出文化与自然和谐共生的文旅产品，在良渚遗址周边村落内可以规划出有效的文化旅游线路，让游客不仅可以了解良渚文化，还可以欣赏到水乡的独特风景。此外，可以通过设置局部生态保护区，减少建设带来的负面影响。同时，可以借助科技赋能文旅开发，特别是通过沉浸式体验和互动项目来提升游客的参与感。例如，利用 VR 技术、全景式展示、多重历史场景等手段，让游客在感受古代民间文化的同时，也能深入理解良渚文化的历史和价值。另外，村落内的传统工艺、非遗技艺可以通过手工集市、文化工作坊等形式，与游客进行互动，让当地的文化特色不仅得以保存，还能获得传承与创新。

在文化展品的创新传播方面，良渚遗址保护地及周边村落的文旅融合发展，必须注重文化展览的普及。文化遗产不仅要保存下来，还应通过多种途

径普及给大众，让更多人了解并传承这些宝贵的文化资源。首先，可以在文旅项目中增加展览环节，展示良渚文化的核心内容，如良渚的玉器文化、稻作农业的起源、早期国家的社会结构等，通过展览品、景观、模型等形式，让游客近距离接触并详细了解良渚遗址的历史和文化背景。其次，结合现代技术手段、开展数字化传播是文旅融合中的重要发展方向。通过数字化手段将文物进行复制，开展虚拟展览，使公众可以通过网络远程观看，了解文物的细节和背景历史。还可以推出数字文物展览、虚拟漫游等项目，为游客提供身临其境的沉浸式文化体验。这样不仅能增强游客的参与感，还能通过互联网吸引更广泛的群体，尤其是无法亲临现场的人群。另外，文创产品的开发也是文化传播的重要途径。例如，可以结合良渚遗址的特色文化，开发具有创意和地方特色的文创产品。设计以良渚玉器为灵感的珠宝饰品，推出以历史故事为主题的文化书籍、教育玩具等。这些文创产品既能让游客带走美好回忆，又能作为文化传播的载体。通过销售这些文化创意产品，可以进一步推动良渚文化的传播与普及，增强游客的文化认同感。

在关注焦点群体、提升文化吸引力方面，国际古迹遗址理事会在遗产保护方法中强调"文化保护性"，即文化遗产的保护和发展应考虑到不同社会群体的参与，保障所有参与者的权益，尤其是特殊群体，让所有参与者能够平等地享受文化遗产带来的价值和乐趣。首先，在遗产保护和文旅项目开发中，要考虑到老年人、儿童、残障人士等特殊群体的特殊需求。可以通过优化无障碍设计，提供方便、清晰的提示和引导系统以及适合的旅游设施，让这些群体也能方便地参与到文化旅游中来。例如，设置无障碍通道、手语翻译、触摸式展示板等设施，使有视觉、听觉障碍的人也能有美好的文旅体验。同时，可以为儿童设计专门的文化活动项目，让他们在轻松愉悦的氛围中接触和学习良渚文化。其次，应开展面向低收入人群的文化活动，确保在经济条件方面处于弱势的群体也能享受文化的魅力。例如，定期举办免费的文化讲座、工作坊、乡村体验活动等，使更多贫困群体及当地居民能够接触并参与文化活动。此外，可以通过定向项目为特定群体（如留守儿童、特殊儿童、老年人）提供专门的文化服务，让遗址的保护和发展成果惠及每一个社会成员。

良渚遗址保护地周边村落的文旅融合发展，在实施过程中必须始终坚持文化遗产的保护优先原则，在此基础上充分利用现代科技、创新传播方式以及公平有效的社会参与机制，推动遗产保护与文化旅游的协调发展。在国际古迹遗址理事会制定的遗产保护方法指导下，结合文化传播、文创产品开发、弱势群体关注等方面进行综合策划，确保文化旅游能够惠及更广泛的群体，实现可持续发展，并为未来的遗产保护和文化传承提供积极的示范作用。

五、结论

良渚遗址是中国五千年文明史的重要实证，也是世界文化遗产中的瑰宝，见证了中华文明的起源和传承。随着良渚古城遗址在 2019 年成功申报世界文化遗产，遗址的保护、传承和利用进入了一个新的阶段。特别是在乡村振兴政策的推动下，良渚遗址保护地周边村落的文化与旅游融合发展迎来了机遇期。如何通过文旅融合方式促进这些乡村的经济和文化双重发展，成为推动遗址保护和乡村振兴过程中的一个关键议题。良渚遗址保护地周边村落的文旅融合发展，不仅依赖良渚遗址本身的文化价值，还需要挖掘和利用各个村落独特的农业、生态和历史文化资源，为游客提供丰富的农业文化体验，满足游客多样化的生态旅游需求。通过挖掘这些地域特色，良渚遗址保护地周边村落可以为游客提供丰富多样的旅游产品，提升其文旅融合项目的吸引力和市场竞争力。另外，文化价值的深度挖掘也是文旅融合发展的关键，特别是良渚文化、运河文化、古镇文化和苕溪文化等，为文旅融合发展奠定了重要基础。通过沉浸式体验和文化创意产品的开发，不仅可以让游客感受历史的魅力，还可以让他们在互动中更好地理解良渚文化的独特性。

在良渚遗址保护地周边村落的文旅融合发展过程中，保护与发展并存是文旅融合的核心理念，文旅发展必须严格遵循保护遗产的原则，避免过度开发对场地造成破坏。应通过科学的规划设计和合理的开发模式，将遗产保护与乡村旅游、生态保护、文化传承等有机结合，实现发展成果的永续利用。

同时，还需要考虑不同社会群体的参与，实现社会效益最大化。除了吸引游客，文旅融合还应该关注居民的利益，推动乡村发展和共同富裕。发展旅游产业，不仅可以为当地居民提供就业机会，还可以带动当地产业的转型升级。此外，还可以通过建立文化传承基地、开展研学旅游等方式，提升当地的文化软实力，增强文化自信和社区凝聚力。

总之，良渚遗址保护地周边村落的文旅融合发展是一个复杂而充满机遇的过程，既要保护遗址，又要带动当地经济和社会发展。通过整合文旅资源、提升文化价值、贯彻保护与发展并重理念，良渚遗址保护地周边村落必将成为文化遗产保护与乡村振兴相结合的成功范例。

从杭剧看杭州的文化遗产保护与文旅特色塑造 ①

刘　畅　顾嘉怡*

摘要：杭剧，其历史渊源可追溯至明代中期，蕴含着深厚的历史积淀与文化精髓。作为一种独具魅力的传统艺术形式，杭剧以其鲜明的表演艺术风格、多变的曲调结构及引人入胜的叙事手法而闻名遐迩。在杭剧的多元化保护与传承过程中，文化与旅游的融合策略显得尤为重要。该策略旨在提升杭剧的公众知名度及传播效应，使其更好地融入现代社会。此外，数字媒体技术的运用为杭剧的传承提供了新的机遇。借助网络平台和数字化手段，杭剧得以触及更广泛的观众群体。此类创新性措施不仅为杭剧的发展注入了新的活力，也为其他非物质文化遗产的保护与传承提供了值得借鉴的宝贵经验。

关键词：杭剧；地方戏剧；文化遗产保护；文旅融合

---

①　本报告系 2024 年度浙江省哲学社会科学规划青年课题"浙江杭剧的历史传承与文化记忆研究"（课题编号：24NDQN149YBM）和浙大城市学院 2023 年度科研培育基金之基础性研究课题"杭剧的历史沿革与传承保护"（课题编号：J-202301）的研究成果。
*　刘畅，历史学博士，浙大城市学院浙江历史研究中心讲师，研究方向为中世纪英国史、浙江地方文化。顾嘉怡，浙大城市学院医学院，杭剧课题组成员。

2024 年 8 月 6 日，习近平总书记在关于加强文化遗产和自然遗产保护、传承与利用工作的指示中强调，必须妥善保护中华民族的文化财富与自然遗产，以确保这些遗产在新时代能够焕发出新的生命力，展现出更加璀璨的光彩。习总书记指出了文化遗产和自然遗产对于民族身份认同和文化自信的重要性，并强调了在现代社会中对这些宝贵资源进行有效保护和合理利用的必要性。[①] 为响应习近平总书记历年来关于文化遗产保护的重要指示，杭州市人民政府发布了《杭州市全面加强新时代文物工作打造文化遗产保护利用示范城市实施方案（2023—2027 年）》（以下简称《方案》）。该《方案》深入贯彻以保护为核心、强化管理、深化价值认识、促进合理使用、激发文物活力的方针，突出了文化遗产保护的紧迫性和重要性，旨在通过实施系统性措施，将杭州市建设成为全国文化遗产保护与利用的典范。[②] 地方戏曲作为文化遗产的重要组成部分，具有典型意义。2024 年 8 月 30 日，陈丽君等浙江小百花越剧院及温州市越剧院演员出演的舞台纪录电影《新龙门客栈》首映，引起广泛关注，成功展现了地方戏曲艺术的魅力。而杭州市同样拥有独具特色的地方戏曲艺术——杭剧。

杭剧，是杭州地方戏曲艺术的重要组成部分。它不仅承载着杭州乃至江浙地区的文化记忆和历史情感，更是连接过去与现在、传统与现代的文化桥梁。杭剧以其独特的艺术魅力和地方特色，成为杭州非物质文化遗产的重要代表，体现了杭州的城市文化精神。然而，随着全球化和现代化的浪潮来袭，杭剧的保护与传承面临着诸多新挑战。这些挑战主要源于现代社会的快速变迁、多元文化的冲击以及市场经济和科技发展对传统艺术形式的影响。这些

---

① 《习近平对加强文化和自然遗产保护传承利用工作作出重要指示强调：守护好中华民族的文化瑰宝和自然珍宝　让文化和自然遗产在新时代焕发新活力绽放新光彩》，https://www.gov.cn/yaowen/liebiao/202408/content_6966752.htm。

② 《杭州市人民政府办公厅关于印发杭州市全面加强新时代文物工作打造文化遗产保护利用示范城市实施方案（2023—2027 年）的通知》，https://www.hangzhou.gov.cn/art/2023/5/26/art_1229063387_1831896.html。

因素导致传统戏曲观众减少，并面临传承断代的风险，使杭剧等传统艺术形式在当代社会的存续与发展遭遇困境。不过，这些挑战也为文旅融合发展带来了新的机遇。通过市场化和产业化的路径，杭剧有望在更广阔的舞台上展现其独特的艺术价值，吸引更多的观众，推动杭州文化旅游的发展，并为戏曲行业自身的发展注入新的活力。在这一背景下，杭州市应进一步加强对杭剧的保护与传承，鼓励创新与融合，提升杭剧在现代社会中的影响力与吸引力，以确保这一宝贵文化遗产在新时代继续绽放璀璨光彩。

一、杭剧的历史与发展

（一）杭剧的起源与发展脉络

杭州，作为中国历史悠久的七大古都之一，承载着深厚的历史文化底蕴。历经数千年的积淀，杭州不仅保留了丰富的文化遗产，还见证了无数传统文化变迁。这些历史与文化的积淀，使得杭州在中华戏曲发展史上占据了重要地位。自古以来，各个时期的历史文化因素都对杭州本土戏剧——杭剧的形成和发展产生了深远的影响。特别是杭州深厚的佛教传统及其衍生的民间艺术形式——宣卷，构成了杭剧独特魅力的基石，为杭剧的产生和发展提供了最为关键的动力。

杭剧，作为一种具有鲜明地域特色的戏曲形式，其诞生与清末民初时期流行的宣卷艺术有着紧密关联。宣卷，即宣讲宝卷。宣卷艺术自明代中叶起便在民间逐渐流行开来，成为民众宗教生活的一部分。无论是在佛教寺庙的法会中，还是在前往杭州的朝圣船上，宣讲宝卷的声音都随处可闻。宣卷者不仅包括佛教僧侣，还有被称为"道人"的民间宗教职业者。到了清代，江浙地区的宣卷活动发展出两种不同的形式：一种与民间宗教活动紧密相连；

另一种则与民间信仰活动相结合，共同促进了杭剧的形成和发展。① 当时杭州的宣卷文化极为繁盛，成为当地文化传统中不可或缺的一部分。在这种文化背景下，许多艺术家在宣卷的基础上进行创新和尝试，逐渐催生出一种新的戏曲形式——杭剧。因此，杭剧不仅继承了宣卷的宗教和文化精髓，还融合了杭州的地方特色和艺术创新，进而成为一种具有鲜明地域特色的戏曲艺术。

1923 年，宣卷艺术爱好者与织绸工人裘逢春等人组建民乐社，将宣卷艺术形式搬上舞台，编排了一部以杭州本土故事为蓝本的剧目《卖油郎独占花魁女》。在演出中，剧目不仅保留了宣卷的传统唱腔，还巧妙地融合了扬州清音中的"梳妆台"等元素。② 1924 年 1 月，杭剧在杭州大世界游艺场首次公演，深受欢迎，被赋予"化妆宣卷"的美誉。由于杭州在南宋时有"武林"之称，该表演团体也随之被命名为"武林班"。这一事件标志着杭剧雏形的形成，杭剧自此赢得了观众的广泛赞誉。③

1925 年，杭州民乐社首次跨出本土，赴外地演出，此举在当时引起了广泛关注，社团因此在江浙沪地区声名鹊起。次年，该社团开创性地引入女性演员参与演出，这一创举在杭州戏剧史上具有划时代意义，为杭剧的创新与发展注入了新的活力。④ 1932 年，杭剧春秋社的成立和"杭剧"名称的正式使用，为杭剧的规范化和系统化发展奠定了基础。1934 年，民乐社的演出范围扩展至杭嘉湖、宁波、金华、绍兴以及上海和苏南等地区。同时，部分杭剧团体的优秀演员还与上海的胜利、丽歌、百代等知名唱片公司合作，录制

---

① 车锡伦:《江浙吴方言区的宣卷和宝卷》,《民俗曲艺》, 1997 年第 3 期。关于宣卷与杭剧形成的关系, 见车锡伦:《清及近现代吴方言区民间宣卷和宝卷概况》,《温州师范学院学报（哲学社会科学版）》, 2003 年第 3 期。

② 朱旭:《杭剧 青山依旧 红颜不改》,《今日浙江》, 2015 年第 17 期。

③ 胡文礼:《杭剧》,《中国演员》, 2014 年第 1 期。

④ 陈漪:《杭剧的形成与早期发展——兼谈杭剧在首届西湖博览会上的展演》,《戏曲艺术》, 2016 年第 1 期。

了唱片。这一时期是杭剧的成熟与繁荣期,是杭剧发展史上的重要阶段。

中华人民共和国成立后,"武林班"正式更名为"杭剧",标志着这一地方戏曲获得官方认可。1957 年,江苏宜兴的德记舞台迁回杭州成为杭州杭剧二团,原杭州春秋杭剧团为杭剧一团。1958 年,两团合并成立杭州杭剧团,1959 年并入杭州实验剧团。1961 年,随着杭州实验剧团被撤销,杭剧团得以恢复。其间,在杭州市政府与文化局的联合推动下,杭剧团成功启动了一项重点招募计划,吸引了包括编剧、导演、音乐与美术专家及资深民间艺术家在内的 108 名专业人员加入杭剧团。新团队通过跨专业协作,对杭剧进行了深入改革,显著刷新了杭剧的艺术风格。①

然而,杭剧改革的步伐在 1968 年突然中断,杭剧《李慧娘》首先受到指摘,随后杭州杭剧团被撤销,杭剧一度陷入沉寂。直到 1973 年,杭剧改革组成立,尝试振兴杭剧,但由于经费、场地困难和演员后继乏人等问题,改革组不久后解散。② 到 1985 年,杭剧已近乎消失。

2005 年 5 月 30 日,杭剧被列入浙江省第一批非物质文化遗产代表作名录,这为杭剧的复兴打下了基础。2009 年,杭州杭剧团重新成立,汪谊华被评为杭剧浙江省级代表性传承人。杭剧团和汪谊华老师的共同努力,不仅为杭剧的持续传承注入了动力,也为这一传统艺术形式的创新与发展指明了新的方向。2018 年,汪谊华举行了授徒仪式,将杭剧的火种传递给了新一代,这标志着杭剧复兴的开始。③

---

① 张群明:《杭剧的兴衰及其保护与继承》,《浙江师范大学学报(社会科学版)》,2009 年第 1 期。
② 张星:《杭剧的现状及传承发展对策》,《浙江艺术职业学院学报》,2014 年第 2 期。
③ 厉玮:《潘婷拜师汪谊华 杭剧终于有了名正言顺的后继之人》,https://hznews. hangzhou.com.cn/wenti/content/2018-09/11/content_7065669.htm。

（二）杭剧的曲调艺术与文化底蕴

杭剧，作为杭州独有的地方戏曲剧种，其形成基础是一种坐唱曲艺——宣卷。宣卷源于元明时期，是一种不依赖乐器伴奏的说唱艺术，主要形式是以木鱼击拍，一人独唱，众人合唱尾声"南无阿弥陀佛"。这种艺术形式以传递正能量、劝导人们行善为主要目的。至清末民初，宣卷已经发展成为广受杭州市民喜爱的自娱自乐的流行艺术形式。

杭剧唱腔曲调丰富多变，令人着迷。杭剧的唱腔不仅包括平板、大陆板、宣卷调等多种曲调，还吸收了丰富的民歌和器乐曲元素。[①]这些曲调的融合与发展，使杭剧形成了独特的音乐风格。杭剧唱腔从游魂调到基本杭曲腔，从南词俞调到杭滩腔，追求在多样性中实现和谐，创造出悠扬而动听的旋律。杭州方言的音韵深厚，使杭剧唱腔在去除句尾拖腔后更显跳跃与灵动，增强了曲调的表现力和感染力。例如，在创作《苏小小》《龙凤锁》《母亲的泪》等剧目时，资深艺术家汪谊华巧妙地将杭曲与杭滩的唱腔音乐相结合，并注入创新元素，推动了剧种的发展，获得了业界的广泛认可。[②]

杭剧具有深厚而独特的文化底蕴，令人惊叹。剧目多取材于历史典故、民间传说及戏曲文学，如《五子哭坟》《顾鼎臣》《卖花龙图》。[③]这些作品通过细腻的人物塑造和情节展开，休现了对传统文化遗产的尊崇与延续。近年来，杭州黄龙越（杭）剧团致力于传统剧目的编排与演绎，推出了包括《新龙凤锁》《苏小小》在内的多部经典大戏，以及《西湖美景天下扬》等戏曲表演，这些作品充分展现了杭剧的韵味与魅力。同时，《双下山》《小姑贤》《断桥》等折子戏也以其精彩的故事和表演深受观众喜爱。这些作品广为人

---

① 朱永炜、王与昌：《杭剧音乐的探索和研究》，《交响－西安音乐学院学报》，2006 年第 1 期。

② 张星：《杭剧的现状及传承发展对策》，《浙江艺术职业学院学报》，2014 年第 2 期。

③ 胡文礼：《杭剧》，《中国演员》，2014 年第 1 期，第 69 页。

知，且融入了西子湖、断桥等标志性景观，彰显了杭州文化的深厚底蕴。在表演中，戏曲演员们巧妙运用"杭州腔""杭剧调"等特色唱腔，以及念白、舞蹈等技艺，使表演栩栩如生，为观众提供了一场场沉浸式的杭州戏剧文化体验。杭剧独特的艺术表达不仅展示了自身的艺术魅力，也为传承和发扬杭州的地方文化做出了重要贡献。

（三）杭剧的代表性剧目

杭剧的代表性作品包括《银瓶》《李慧娘》《苏小小》等传统剧目和《雷锋》《母亲的泪》等现代剧目。这些剧目不仅彰显了杭剧的艺术风采，也成为杭剧传承与学术探讨的关键载体。杭剧的代表性剧目及内容见表1。

表1　杭剧的代表性剧目

剧目名称	剧目归类	剧目简介
《银瓶》	历史故事剧	由陆高平编剧。音乐与唱腔设计巧妙融合了武林调与杭滩，以分别表现激昂与抒情的场景。该剧于1961年国庆前夕在新中国剧院首演，获得了广泛的好评。作为杭剧改革后的首部公演作品，它不仅实现了音乐唱腔方面的创新，也展现了舞台美术的现代转型，为观众呈现了杭剧艺术的新面貌
《李慧娘》	昆曲改编剧	基于孟超的同名昆剧改编而成的作品，以杭滩音乐为基调，结合武林调唱腔，并采用无伴奏人声增强气氛。1963年元旦前夕在胜利剧院首演。著名戏剧家田汉观看后评价其"与北昆相比，各有所长"。该剧的"游魂调"婉丽缠绵，优美动听，动人心弦
《苏小小》	民间故事剧	该剧以约1500年前西子湖畔的苏小小传说为蓝本，由黄龙越（杭）剧团投入重金、联合众多戏剧界知名人士与杭剧学者共同打造。该剧致力于展现杭剧的传统唱腔与曲调，同时融入现代舞台艺术，旨在打造一部融合杭州深厚人文底蕴与杭剧独特艺术风格的经典剧目
《雷锋》	现代戏	由杭剧改革组创作演出，1963年首演，受到观众欢迎。该剧在音乐上融合了杭剧的传统唱腔和现代表现手法，展现了杭剧在现代戏方面的创新

续表

剧目名称	剧目归类	剧目简介
《母亲的泪》	现代戏	2009 年由杭州杭剧团首演。该剧通过杭剧的表演形式，展现了现代生活中的情感纠葛和社会问题，是杭剧现代戏的代表作品之一

以上这些代表性作品不仅展现了杭剧独特的艺术魅力，更对杭剧的传承和发展起到了关键作用。它们成为杭剧艺术家们不断探索和创新的动力源泉，也是学术界研究和讨论的重要对象。通过这些作品，我们可以看到杭剧这一古老剧种在传统戏曲文化中的重要地位，以及它在现代社会中重新焕发出的活力和生命力。

二、非遗视角下杭剧的传承

（一）杭剧传承现状

1. 杭剧传承人

2007 年，陈谊君与章驷群被认定为杭剧浙江省级代表性传承人。两年后，汪谊华与王与昌也跻身此列。其中，章驷群作为首批被认定的杭剧浙江省级代表性传承人之一，对杭剧这一杭州独有的地方戏曲剧种的传承与发展起到了非常重要的作用。章驷群于 1958 年加入杭州杭剧团，随卢影湘、尚荣芳学艺，主攻老生行当。他不仅在艺术实践方面有着丰富经验，还对杭剧及杭滩的演变历史有着深刻的理解。章驷群不仅教授和演出杭剧，还积极参与剧本的改编、小戏和小品的创作。如他曾在现代戏《母亲的泪》的排练中担任指导，并负责历史剧《银瓶》的唱腔设计。演员和基层剧团领导的双重身份，让他在杭剧方面拥有了丰富的实践经验和对剧团发展的深刻理解，从而成为杭剧这一传统艺术的重要传承者和推动者，为杭剧的现代发展和舞台呈现做出了显著贡献。

汪谊华同样是杭剧浙江省级代表性传承人之一，其艺术生涯和对杭剧的贡献在杭州文化中占有重要地位。汪谊华学艺超过六十年，不仅在舞台上表现卓越，更致力于培养新一代杭剧演员。她向新一代杭剧演员传授了 40 多出杭剧及相关曲目。她对杭剧《银瓶》中张宪这一角色的诠释，充分展现了她深厚的表演功底和对角色的深刻理解。在杭剧传承方面，汪谊华强调"活态传承"，即在保持传统的基础上实现创新。她认为，只有将传统艺术与现代元素相结合，才能使杭剧在当代社会中保持活力与吸引力。2018 年，通过"钱塘余韵"活动，汪谊华正式收青年演员潘婷为徒，此举成为杭剧传承的重要一步。[①] 此外，汪谊华还在新编杭剧大戏《结发缘》的创作和演出中发挥了关键作用。该剧融合了杭州方言、杭州滩簧和杭州乡土风情，既展现了杭剧的传统魅力，又实现了杭剧的现代创新。[②] 通过这种方式，汪谊华不仅传承了杭剧的经典元素，还将其与当代观众的审美需求相结合，使杭剧在新时代焕发出新的生机。

作为 20 世纪杭剧曲折发展历程的亲历者，这些艺术家对杭剧有着深厚情感，秉持着坚守精神。他们不仅是这一艺术形式的见证者，更是其传承与发展的参与者。当杭剧的传承与发展面临挑战时，他们深切地期望有人能够站出来，投身于杭剧的保护、传承、研究与创新发展的事业中。这些艺术家的目光中充满了对未来的期待，他们希望看到更多的年轻人加入保护和振兴杭剧的行列。他们相信，只有通过共同的努力，才能让这一古老的艺术形式在现代社会中继续焕发光彩。为此，老一辈杭剧艺术家积极参与各类活动，推

---

① 厉玮:《潘婷拜师汪谊华 杭剧终于有了名正言顺的后继之人》, https://hznews. hangzhou.com.cn/wenti/content/2018-09/11/content_7065669.htm。

② 杭州西湖风景名胜区岳庙管理处:《以杭剧之名，讲杭州故事》, http://westlake. hangzhou.gov.cn/art/2021/5/20/art_1639430_59032373.html。

动杭剧的普及与传播，鼓励更多人了解和欣赏这一独特的文化遗产。事实上，这些艺术家的坚守与努力，不仅是出于对杭剧的热爱，更是出于对文化传承的责任。他们希望杭剧能够在新时代中焕发新的生机，成为连接过去与未来的桥梁。

2. 杭剧团

在杭州的戏曲舞台上，杭州滑稽艺术剧院与黄龙越（杭）剧团共同肩负着传承杭剧的使命，各自以独特的方式推动着这一传统艺术形式在现代的创新演绎。

杭州滑稽艺术剧院作为杭剧的守护者与创新者，在杭剧的保护工作中扮演着重要角色。作为官方认定的非物质文化遗产保护单位，它不仅是艺术传承的中心，也是新剧目创作的摇篮。该剧院采取了创新的"动态＋静态"保护策略，定期开展培训活动，培育新一代戏曲人才，同时保持着定期推出新剧目的传统，积极探索杭剧在当代社会的新表达。这种策略不仅确保了杭剧的传统精髓得以延续，也为其注入了新鲜血液，使其更符合现代观众的审美需求。

黄龙越（杭）剧团自 1988 年成立至今，已成为民营戏曲团体中的佼佼者。该剧团不仅在越剧领域取得了显著成就，更为杭剧的复兴做出了突出贡献。自 2003 年杭剧传承项目启动以来，该剧团推出了多部脍炙人口的杭剧作品，如《苏小小》。2008 年，该剧团正式以黄龙杭剧团的名义，继续深入杭剧领域进行创作，推出了包括《龙凤锁》在内的多部获奖剧目。

通过不断的演出和推广活动，这些剧团不仅提升了杭剧在杭州本地的知名度，更将这一充满地方特色的戏曲艺术形式推向了全国乃至国际舞台，吸引了更多观众的目光，使杭剧的艺术魅力得到了更广泛的认可和欣赏。总而言之，杭州滑稽艺术剧院与黄龙越（杭）剧团在杭剧的传承与创新方面发挥了不可或缺的作用。通过这些剧团的共同努力，杭剧不仅保留了传统特色，还在现代社会中焕发出了新的生机与活力。

3. 政策支持

一直以来，杭州市政府高度重视文化遗产的保护工作，制定了一系列政策与措施。根据《杭州市人民政府办公厅关于保护和传承杭剧的若干意见》（杭政办〔2008〕9号），政府采取了包括强化对杭剧的维护与传承工作、推动杭剧学术研究、重建并运作杭剧团体、策划并执行杭剧创作与表演计划等在内的一系列措施。同时，政府亦致力于杭剧这一非物质文化遗产的保护与传播，创建展示杭剧的平台，提供财政支持，并着力培养杭剧领域的专业人才。这些措施不仅为杭剧的传承打下了坚实的基础，也为其创新发展创造了良好的环境。

此外，杭州市政府还提出了一系列行动计划，譬如完善名录体系、培育传承人才、实施差异化的保护策略等。这些行动计划旨在建立整体性保护的示范点，提高相关设施的建设标准，探索杭剧与现代元素的融合及杭剧的创新，扩大杭剧的社会影响力，并通过宣传和推广活动提高公众对杭剧文化价值的认识与理解。

这些措施共同构成了一个全面的支持框架，旨在确保杭剧这一传统艺术形式能够得到有效的保存，并在当代社会中焕发新的活力。通过政府的积极介入与社会各界的共同努力，杭剧不仅能够保持其传统魅力，还能够在当代社会中找到新的发展路径。

（二）文旅融合背景下的杭剧发展

随着旅游活动的日益丰富，越来越多的游客在欣赏自然风光的同时，也渴望体验各地独特的文化。因此，本土戏曲文化成为展示城市魅力的重要名片，不仅能提升旅游城市的知名度，还能有效传播当地的传统文化。自"八八战略"启动以来，杭剧经历了从边缘化到重焕生机的转变，这一变化不仅体现了"八八战略"文化振兴理念的成功实践，也成为传统文化保护与发展的成功案例。

在 2024 年暑期，杭州市旅游市场迎来了显著增长，共接待游客 8643.8 万人次，同比增长 433.1%，酒店入住率也增长至去年同期的 110.2%。避暑旅游和亲子游成为市场热点，推动了与动植物亲密接触的亲子项目和博物馆文化的流行。在 2024 年国庆假期，杭州市接待旅客量高达 1758.5 万人次。[①] 这些数据不仅显示出了杭州文化旅游市场的持续增长，也反映出了游客对多样化文化体验的需求日益增强。在此背景下，杭剧作为杭州的文化符号，发挥了重要作用。它不仅吸引了大量游客前来观看演出，还通过丰富的艺术表现形式提升了游客的整体旅游体验。杭剧的演出与杭州的自然景观和历史文化相结合，使游客在欣赏美丽风光的同时，也能深入了解和体验当地的传统文化。这种文化与旅游的深度融合，不仅增强了杭剧的影响力，也为杭州的文化旅游市场注入了全新动力，进一步提升了城市的文化品牌形象。因此，杭剧在促进旅游业发展的同时，也成了吸引游客和提升旅游体验的重要因素。

2021 年 3 月，新编杭剧《结发缘》的首演，成为杭剧艺术与文化旅游深度融合的又一案例，体现了文化传承与创新的协同效应。该剧以南宋时期为背景，通过讲述一对夫妇的爱情故事，再现了杭剧的传统艺术形式，同时巧妙地融入了杭州的历史文化元素和地域特色，从而强化了观众对杭州文化的认知和归属感。《结发缘》在中国旅游日的首演，吸引了大量游客。该剧凭借深刻的主题思想和高水平的表演艺术，创新了传统的杭剧表达形式，为杭州旅游业发展开启了新篇章。在文化创新与现代表达方面，杭剧也在不断探索。例如《永远的雷锋》，将传统艺术形式与现代话题相结合，探讨和表达新时代雷锋精神，反思当下核心价值观建设。这种戏曲创新性演绎与现代社会观念的融合，不仅丰富了杭剧的表现形式，也使其在树立社会主义核心价

[①] 数据来源于杭州文化和旅游数据在线平台，https://data.wgly.hangzhou.gov.cn/home/#/。

值观、增强爱国主义信念方面更具吸引力，有助于更好地与新时代观众产生情感共鸣。

杭剧的发展也得到了政府和社会各界的支持与重视。作为浙江省首批非物质文化遗产之一，杭剧的保护、传承和发展获得了相关政策的支持。黄龙越（杭）剧团作为基层剧团，自 2022 年起在黄龙洞景区持续演出，吸引了大量观众，成为杭州文化旅游的一大亮点。值得一提的是，2024 年 9 月 4 日晚"文化走亲·走近长沙"专题文艺晚会"杭州长沙一家亲"在滨江文化园举办。其间，杭剧《白蛇传》选段精彩亮相，杭剧独特的艺术魅力在三馆一厅内大放异彩，令现场观众陶醉其中。此次晚会以文化为媒，以亲情为旨，续写两城文化交流新篇章，深化了杭州与长沙两座"中国最具幸福感城市"的文化情谊。

将杭剧引入旅游市场，无疑为该剧种的传承与创新创造了新的契机，同时也为游客提供了沉浸式的文化体验，提升了杭州作为文化名城的品牌形象，实现了文化遗产保护、旅游业增长和城市文化品牌提升的三重效益。在西湖等杭州标志性景点定期举办的杭剧演出活动中，游客不仅享受了自然景观，还得以亲身体验杭州深厚的文化底蕴。杭剧的艺术形式和剧目内容加深了观众对杭州文化的认知和情感联结。

三、展望杭剧传承保护新模式

（一）文旅融合扬杭剧风帆

传承地方戏曲的关键在于激发其内在活力。将杭剧融入旅游，不仅是因为杭剧是一种重要的文化旅游资源，更在于实现对杭剧这一珍贵文化遗产的保护与传承。为了实现这一目标，现提出以下几种保护路径与传承模式。

1. 创建杭剧主题博物馆

借鉴北京戏曲博物馆、中国昆曲博物馆和中国黄梅戏博物馆等国内著名戏曲博物馆的建设经验，创建杭剧博物馆。杭剧博物馆可以成为保存和展示杭剧艺术历史与精髓的重要文化空间。馆内可设置不同展示区域，以动静结合的方式呈现杭剧的丰富内涵。静态展示区内可陈列杭剧老艺人的手稿、戏曲文物、精美服饰、传统乐器以及经典剧本，让参观者能够直观地感受到杭剧的艺术魅力和历史沉淀。动态展示区内则可采用现代多媒体技术，通过大屏幕播放杭剧传统与现代精品剧目，让剧目的音韵流转和表演艺术生动地展现在观众面前。

2. 举办杭剧旅游文化节

为弘扬杭剧文化，可以通过两种途径来举办戏曲文化节。第一，专门针对杭剧或结合其他戏曲剧种，打造独立的戏曲文化节。这样的节日可集中展示杭剧的传统剧目与现代剧目，让观众沉浸在杭剧的艺术海洋中。第二，可以将杭剧文化融入杭州现有的大型节庆旅游活动中。在这些活动中安排杭剧表演，使戏曲不仅是活动的点缀，更成为吸引游客的重要文化元素。这将有助于提升杭剧在更广泛群体中的知名度和影响力。

3. 开发杭剧文创纪念品

推出杭剧专题的音像制品、打造杭剧人物脸谱工艺品、设计杭剧角色的剪纸和泥塑作品等，都是文创产品开发值得探索的方向。此外，还可以尝试开发介绍杭剧的画册、明信片、挂历、书签等文创产品。通过与其他知名品牌联名合作，发挥品牌效应，进一步加大杭剧的宣传力度。创造性地开发杭剧文创纪念品，这不仅可以为游客提供收藏品，也有助于推动杭剧的多渠道传播。杭剧与文创产品的融合巧妙地将杭剧、旅游、观众与游客串联起来，构建了新型的旅游互动模式，有效提升了杭剧的旅游吸引力，同时增强了杭剧的持续发展动能。

（二）数媒风潮彰杭剧之魂

科技的迅猛发展使现代社会进入互联网时代，这不仅改变了人们的生活方式，也给戏曲传承带来了新的挑战。电子设备的普及使得人们的娱乐焦点发生了转移，导致戏曲观众逐渐减少。传统媒体也在新媒体浪潮的冲击下显得力不从心，戏曲亟需寻找新的传播途径，以适应时代的变迁。

1. 多媒体技术巧妙融入杭剧表演

多媒体技术的引入，丰富了杭剧表演的艺术表现力，进而吸引了更多现代观众。高清投影和 LED 屏幕为传统舞台带来生动的动态背景，提升了视觉体验的震撼感。此外，互动体验技术的应用，使得观众可以通过手机应用直接参与剧情，享受前所未有的沉浸感。虚拟现实（VR）和增强现实（AR）技术的使用，让观众能够身临其境地体验杭剧的故事世界，感受角色的情感和历史的氛围。同时，智能音效和灯光控制系统能够根据剧情的起伏变化，营造出更加立体和沉浸的观剧体验。此外，数字化的剧本和资料库，也可为演员和创作者提供便捷的学习和研究平台，使其能够更好地理解和传承杭剧的艺术精髓。在线直播和点播服务则打破了地域限制，让世界各地的观众都能随时欣赏到精彩的杭剧演出，这为杭剧的传播开辟了新的可能。

2. 社交媒体与数字化教育工具的结合

社交媒体的宣传和数字化教育工具的开发，进一步降低了接触和学习杭剧的门槛，让更多年轻人有机会了解并爱上这一传统艺术形式。通过社交平台，杭剧的精彩片段、幕后花絮和互动活动得以迅速传播，吸引了大量关注。此外，数字化教育工具，如在线课程和互动学习平台也提供了丰富的学习资源，帮助年轻人深入理解杭剧的历史、表演技巧和音乐元素。这些工具提供了视频教程、在线讨论和练习等多种学习方式，有利于增强"外行人"学习杭剧的趣味性和参与感。例如，可以利用某些平台邀请杭剧大师开设在线讲座，让更多群体有机会直接向专家请教。通过收集和分析观众的反馈和行为数据，戏剧团体可以不断优化演出内容，调整剧目设置和宣传策略，以便更好地满足观众的期待与需求。这种基于数据的决策过程，使得杭剧能够更加贴近现代观众的喜好，从而提升杭剧的吸引力。这种创新与传统的结合，可为杭剧的传承和发展开辟新的道路，使其在数字时代焕发出更加璀璨的光彩。

3. 影视化转型打造杭剧品牌

杭剧的影视化转型可以借鉴越剧《新龙门客栈》的创新演绎和电影《追月》的叙事手法，旨在提升杭剧的知名度和影响力，同时打造特色杭剧品牌。影视化转型通过融合现代审美和技术手段，实现传统艺术的当代复兴。杭剧的影视化转型，既要将创新叙事结构和现代视觉艺术相结合，又要充分运用多媒体和特效等技术手段，同时增强跨媒介互动，以扩大杭剧的社会影响力。同时，通过融入"穿书"形式的剧本杀，杭剧能够迎合年轻一代的娱乐偏好，提供沉浸式体验，增强群体参与感、体验感和互动感。此外，利用网络社交媒体，杭剧的推广将更加精准地触及每一名观众。通过线上互动与线下营销的结合，构建一个复合型的传播体系，从而有效传播杭剧，实现传统文化的现代传承与发展。

四、结语

杭剧，作为杭州文化体系中不可或缺的组成部分，不仅记录了杭州地区的历史演进，更承载着人民丰富的文化情感与艺术追求。从诞生到发展脉络的演变，从曲调艺术的精妙构造到代表性剧目的丰富内涵，杭剧始终彰显出鲜明的地域特色与民族风情。

基于杭剧传承与发展所面临的双重挑战，当前杭剧的保护与传承工作主要依托于三大支柱：首先是杭剧传承人，他们通过口传心授的方式，将艺术精髓代代相传；其次是杭剧团，作为艺术实践与创新的主体，他们不断探索与实践，以适应时代的需求；最后是相关的政策和措施，政策引导与资源配置为杭剧的传承与发展提供了坚实保障。这三大支柱相互依存，共同维系着这一古老艺术形式的生命力，确保其在现代社会中继续绽放独特的艺术魅力。

在文化遗产保护的大背景下，杭剧不仅是文化传承的载体，更是连接古今的桥梁。为使杭剧在更广阔的舞台上展现魅力，可将杭剧融入旅游推广中，如：开发以杭剧艺术为核心的旅游线路，设计相关文创产品，以及举办专题文化节庆活动。这些举措不仅可以拓宽杭剧的受众范围，也可为杭州的文化旅游注入创新元素，提升城市的文化吸引力。这种跨领域的融合策略，为杭剧的系统性保护与活化传承提供了更为广阔的舞台，同时为杭州文化旅游的宣传与推广增添了深层次的文化价值和吸引力，彰显了文化与旅游深度融合、协同发展的良好态势。此外，数字化媒体的兴起为杭剧的传播与普及提供了新的途径，助推这一传统艺术形式跨越时空的限制，触及更广泛的受众群体。

展望未来，杭剧的保护与发展需要社会各界共同努力，继续深化文旅融合力度，创新传播方式，提升杭剧的社会影响力。加大对杭剧传承人和团体的支持力度，培养新一代的杭剧艺术家，确保这一非物质文化遗产能够代代相传。更重要的是，应不断探索杭剧与现代社会相结合的新路径，携手前行，在保护中发展，在发展中创新，让杭剧焕发出更加璀璨的光芒，成为杭州乃至中国的文化瑰宝，书写新时代独具特色的杭州故事。

文体旅深度融合视角下杭州闽语方言岛的非遗保护开发

徐　越　林艺菲　蒋晓艺[*]

摘要： 杭州市区范围内分布着多种方言，除吴语、徽语、畲话外，还分布着闽语。杭州闽语属再移民方言，其源头在福建省泉州市安溪县，后随人口流动迁移至浙江省温州市平阳县，在此停留 200 多年后再移至杭州。民间部分人群称杭州闽语为"温州话"或"平阳话"，其来源于闽语的真相长期未为外人知晓，却已面临传承断代的危机。在当今传承和弘扬非遗文化的大背景下，本报告从文体旅深度融合的角度出发，厘清杭州闽语的来源真相，梳理其迁移历史，分析其生存现状。在此基础上，提出在杭州市区范围内建立以杭州方言文化为主，杭州闽语、杭州徽语、杭州畲话、余杭话、萧山话、临安话、富阳话等其他方言文化为辅的"众星拱月"式的方言文化活态保护区和古村落。

关键词： 文体旅深度融合；杭州闽语方言岛；非遗保护与开发

---

* 徐越，杭州师范大学人文学院教授。林艺菲，杭州师范大学人文学院在读硕士。蒋晓艺，杭州师范大学人文学院在读硕士。

一、杭州闽语的隐蔽性及其非遗价值

杭州市区范围内除吴语区外，还有少量闽语方言岛。杭州范围内的吴语主要有包括杭州小片的杭州方言、属湖州小片的余杭方言，以及属临绍小片的富阳、萧山、临安方言等。闽语主要分布在西湖区和余杭区，在临安区和富阳区也有零星分布，是浙南闽语的一个分支。

（一）杭州闽语来源的隐蔽性

杭州闽语属再移民方言，它是浙南闽语在浙北的一个小分支。杭州闽语的源头在福建安溪凤城一带，后随人口流动迁移至浙江平阳水头，在此停留200多年后再迁至杭州。

作为一种再移民方言，长期以来，其来源于闽语的真相一直未为外人所知。闽语方言岛内村民都自称温州人或平阳人，并理所当然地认为其老家就是温州市平阳县水头镇，其方言就是温州话或平阳话。仅个别村民知其老家是福建省安溪县，知其方言是闽南话的真相。

民间因这些人从温州平阳等地迁移而来，又不能通话而听之任之，直接默认其温州人、平阳人的身份，默认其方言是温州话、平阳话。杭州闽语在杭州的分布区域较为偏远，集中在西部山区。杭州闽语使用人数不多，据不完全统计，目前使用人口约2万人。随着村内老人的大量过世，会讲闽语的人数正在急剧减少。例如：西湖区屏峰社区10年间使用闽语人数已减少300多人；长埭村自2018年以来，使用闽语人数年均减少近百人。这些因素更增添了杭州闽语来源真相的隐蔽性。

杭州闽语移民目前已繁衍至第六代，前五代闽语保存完好，到了第六代，代际传承突然发生断裂，其来源的真相尚未为大家知晓，就已经走到了消失的边缘。

（二）杭州闽语方言岛的非遗价值

杭州闽语以方言岛的形式散布于杭州西部山区。在长期的演变过程中，杭州闽语既保留了一些比福建安溪话更为古老的语言成分，又先后受到浙南吴语平阳话和浙北吴语余杭话、杭州话等方言的渗透，出现了一些既有别于安溪闽南话，又有别于浙南闽语的新特点。杭州闽语方言岛与浙江境内慈溪燕话、温岭箬山话等其他闽语方言岛也不一样，是一种不多见的再移民闽语方言岛，是语言接触研究中不可多得的活样本。

现在村里六七十岁的老人都是"语言天才"，他们的语言能力极强，语码转换自如，用他们自己的话说就是"见什么人说什么话"——对家里长辈开口就是闽南话，对周边的余杭人张口便是余杭话，对杭州人说杭州话，对孩子说普通话，对不知底细的人也说普通话。如此，闽南话、余杭话、杭州话、普通话，4 种语言在他们的日常生活中并存，其间也没有明显的主次之分，语码转换轻松自然。

对于杭州闽语，以往文献少有提及，我们仅能从零星旁证和村民口述中窥见一斑。我们调查杭州闽语的历史与现状，思考杭州闽语的未来发展方向，这对于研究移民历史、移民文化，考察方言分布、方言接触和濒危方言，以及保护人类语言文化多样性，均具有重要意义。

二、杭州闽语的历史源头及村民口述

杭州闽语属再移民方言，根据零星文献记载和村民口述，在 350 多年前福建省泉州市安溪县移民先迁至浙江省温州市平阳县水头镇一带，经 200 多年的停留后，在 150 多年前再迁至杭州。

（一）两次迁徙的零星记载

对于移民从福建到浙江的这两次迁徙，由于规模不大，文献中没有专门记载，在杭州、余杭、临安等市、区志书中也均未提及，我们只能从其他历史资料中得到一些零星信息。

1. 福建安溪至浙江水头的首次迁徙

《方言与俗语研究》载："据族谱记载，（浙南闽南话）大都是明万历年间从福建漳州、泉州一带迁来。"[1]

《温州方言志》载："水头镇的这拨移民大多为明清易代之际，清初对台的禁海政策，促使大批漳泉移民迁至苍南（当时为平阳南部）、平阳、泰顺。"

《廖氏家谱》记载及屏峰社区廖氏居民口述：当年福建安溪一带地少人多，百姓食不充饥，生活难以为继。廖姓宗族中有两兄弟率先从安溪县凤城镇北上，寻求生机，至平阳县水头镇一带时，发现那里依山傍海的地形酷似安溪老家，便就此停留，垦荒定居，繁衍生息。

2. 从水头至杭州的再次迁徙

《浙江省语言志》载："这些搬到温州地区的闽语移民人口，后来还继续外迁，近的如丽水、景宁，远的如浙北长兴、安吉、临安，江苏宜兴……都可见到"温州人"移民形成的方言岛，实际多是说浙南闽语的。"

杭州西湖区转塘街道长埭村概况：长埭村的 8 个自然村居民，仅有柯村人为本地籍人士，其余人口大多系近代从温州平阳等地迁徙至此。

《杭州市余杭区镇乡街道简志》载："该村（百亩地村）村民的祖先是从温州迁移此地，全村 90% 以上的人会说闽南话。"

---

[1] 温端政:《从浙南闽南话形容词程度表示方式的演变看优势方言对劣势方言的影响》，载《方言与俗语研究：温端政语言学论文选集》，上海：上海辞书出版社，2003 年，第 38 页。

（二）村民口述中的第二次迁徙

与上述零星文献记载相比，廖、郑两位村民的口述则较为具体。第一次迁徙由于时间较为久远，对于其具体过程村民已无从知晓。

据屏峰社区居民廖氏回忆，清朝末年，平阳水头一带旱涝灾害极其频繁，庄稼绝收，百姓草衣木食，生计极度艰难，为求生存，只能再次迁徙。当时其太爷爷听说有个远房姑父已先行在杭州落脚，便带上四个年幼的儿子，也随迁徙的人流北上投亲靠友。经半个多月的跋山涉水，最后在杭州郊外荒芜的小和山东麓落脚，并开枝散叶至今。同行的移民大多也都是当时水头镇凤卧湾、内塘（现均属凤卧镇）等村的廖姓村民。现在这些村民均聚居在小和山东麓，呈一字散开，形成了屏峰、小和山和石马等村落。

据长埭村村民郑氏回忆，他一家的迁徙历程与廖家大体相仿。与郑家同行的移民大多为当时水头镇凤林（现属凤卧镇）、七沙（现并入内塘村）等村的郑姓村民，现均聚居在小和山西麓的长埭村、上城埭村和中村村一带。

（三）两次迁徙的主要特点

综上所述，迁徙特点大致可总结为以下四个方面。

1. 迁徙时间

两次迁徙从开始到结束的时间均长达百余年。首次迁徙，大致从明朝中晚期一直延续至清朝初年。再次迁徙，大致从清朝末年一直延续至 1958 年，因 1958 年我国开始实行严格的户籍管理制度，故时断时续的福建移民再迁徙才终止。

2. 迁徙原因

逃荒避难求生存是两次迁徙的主要原因。第一次以推力为主，迁出地福建泉州一带地少人多，自然资源枯竭；海上倭患严重、陆地变乱迭起，加上政府海禁严厉，多重消极因素相叠加，致使民不聊生，逼迫原住民迁出。第二次以拉力为主，迁入地杭州西部山区有较好的自然资源，土地肥沃，有大片无人居住的山谷，尤其是太平天国后清政府推出的优惠的招垦政策，各种积极因素叠加，吸引迁移者源源不断迁入。

3. 迁徙方式

投亲靠友是移民的主要迁徙方式。福建人宗族观念强，一人在外扎根后，会自发地从老家带出一大帮人来。首次迁徙因年代较为久远，其间细节无从考证。再次迁徙完全是靠人和人之间的关系网带动，从亲戚带亲戚，到老乡带老乡，以先带后，以一带十，缓慢推进。从今天杭州闽语移民姓氏高度集中于郑、林、廖、黄、洪、陈六姓，亦可反观当时迁徙情景。

4. 客居形式

这些移民在郊外无人山地聚族而居，从一个自然聚居村壮大为多村落聚居区。无论是在水头依山傍海居住，还是在杭州沿山脚居住，均是采取聚族而居的形式。小和山东麓长埭村下辖的长埭路南、长埭路北、天平山、大山脚、孵鸡湾、杨府庙、达公园等自然村落，就是这样共同形成了一个多村落聚居区。相近的聚居区之间村民往来频繁，亲戚关系错综复杂。如廖氏一家，屏峰社区有姐姐，石马社区有妻弟妻妹，长埭村有舅舅，百亩地村有大舅嫂，大毛坞等村也都有本家远房亲戚。

三、杭州闽语代际传承的现状调查及成因分析

20多年来，我们通过零星线索，陆续发现并核实了 24 个杭州闽语方言岛社区与村落。

（一）杭州闽语的地理分布

杭州闽语主要分布在西湖区和余杭区，在临安区、上城区和富阳区也有零星分布，如表1所示。

表1　杭州闽语地理分布

西湖区	留下街道屏峰社区、小和山社区、石马社区，转塘街道上城埭村、中村社区、长埭村（长埭路南、长埭路北、天平山、大山脚、孵鸡湾、杨府庙、柯村、达公园）、三墩镇水月社区
余杭区	中泰街道桃源社区，径山镇小古城村，余杭街道沈家店社区、上文山社区、华钨村、凤凰山社区，闲林街道西溪源村（大毛坞、杨家坞）、联荣村（茅草山），瓶窑镇石濑村（安中口）、西安寺村（长山、木溪口、梧桐弄）
上城区	九堡街道、彭埠镇杨家桥社区、王家井社区
临安区	锦北街道平山村（公家头、高畈）、玲珑街道玲珑村（大畈地、毛沟畈）
富阳区	银湖街道（受降、高桥）

事实上，再迁徙的福建移民仅小部分在杭州停留，大部队继续北上至德清、安吉、长兴、宜兴、溧阳、广德、黄山等地，其分布在地理上连成一片，构成一张浙南闽语移民在浙苏皖交界处的迁徙路线图，形成了今天浙南闽语最北的分布区域——太湖浙南闽语区。

（二）杭州闽语的代际传承现状

杭州闽语移民现已繁衍至第六代，150多年来，这些移民的语言生活发生了翻天覆地的变化。第一代移民基本不与外界接触，属于只说闽语的单语人。第二代移民开始与外界接触，接触范围一代比一代扩大，至第四、第五代，移民大多会说闽语、余杭话、杭州话和普通话。与此同时，闽语的使用空间却一代比一代缩小，第六代已经完全不懂闽语。虽然40岁以上的移民后裔一般都会说闽语，但在村子里基本上听不到闽语。只有当没有外人在场、没有孩子在场的时候，村民们才会用闽语进行交流，连八九十岁的老人也不例外。中青年村民只在跟家里长辈交流时才说闽语，并且会时不时地掺入一些余杭话、杭州话或普通话。这种情景与 20 世纪 80 年代之前大相径庭，那时无论是在公共交际还是在家庭交流中，人们讲的都是清一色的闽语，不会讲闽语就无法在村子里生存。但现在，老年人没机会讲、中青年回避讲、外地人不想学、小孩子没环境学，水头移民不再迁入，多种因素叠加，内外夹击，致使原本就十分有限的闽语使用空间越缩越小。

为了更好地了解杭州闽语的盛衰轨迹，我们以屏峰社区廖氏一家六代人 150 多年的语言生活为样本展开考察。廖氏全家现有 8 人，分别是老夫妻俩、两个女儿、两个女婿、两个外孙，其中 4 人会说闽语，4 人不会说闽语，属于村中闽语保存比较好的一个家庭。

第一代廖氏曾祖父，从水头迁至杭州，只说闽语。

第二代廖氏祖父，年幼时随父迁至杭州，对内说闽语，对外说余杭话。以说闽语为主。

第三代廖氏父亲，对内说闽语，对外说余杭话，有重孙后开始说普通话。以说闽语为主。

第四代廖氏本人，对内说闽语，对余杭人说余杭话，对杭州人说杭州话，对孩子、对不知底细的人说普通话。4 种话没有明显的主次之分。

第五代廖氏女儿，对孩子、对配偶、对不知底细的人说普通话，对余杭人说余杭话，对杭州人说杭州话，对家里长辈说闽语。因两个女婿均为外地人，平时以说普通话为主。

第六代廖氏外孙，只说普通话，听得懂余杭话和杭州话，不懂闽语。

综上，由闽语单语人成为多语人的过程缓慢而自然，由多语人变成普通话单语人的过程迅速而突然。现 24 个杭州闽语方言岛社区和村落使用闽语的人数仅万余人，随着老人的大量过世，讲闽语的人数正在以更快的速度下降；

而市镇建设过程中的大规模拆迁，更加快了杭州闽语消亡的速度。

（三）杭州闽语代际传承断裂的主要原因

杭州闽语代际传承的断裂，跟它与流入源头的彻底切断不无关系。1958年我国开始实行严格的户籍管理制度，水头的亲朋好友从此不能再源源不断地迁入，使杭州闽语从此变成了断源之水。除此之外，杭州闽语的传承断代还与闽语交际空间的变化密切相关，具体说明如下。

1. 闽语公共交际空间的丢失

我国农村开始实行家庭联产承包责任制后，村民的劳作方式发生了根本性的改变，不再像以前那样天天聚在一起，边劳动边交流，而是各家各户各自劳动，致使闽语在村子里失去了最主要的公共交际空间。

2. 闽语家庭交际空间的缩小

过去，外来媳妇和上门女婿进门后的头等大事都是学说闽语。改革开放后，随着其家庭地位的改变，家庭交际语言也发生了根本性的改变。他们不再需要苦学闽语，反而是全家主动迁就他们，改说余杭话、杭州话或普通话，从而使闽语在很多家庭中的使用空间大大缩小。

3. 闽语心理交际空间的倾斜

闽语与周边吴语差异很大，互相不能通话，相对于周边方言处于弱势地位。在与周边方言的接触中，村民在语言心理上出现了倾斜，觉得闽语"土"，认为说闽语会被人瞧不起，便主动学习余杭话、杭州话和普通话，由此练就了"见什么人说什么话"的语码转换能力。弱势方言带来的语言自卑感，导致了语言心理上的微妙变化，更缩小了闽语的交际空间。

4. 闽语习得空间的缺失

在与外界接触范围日益扩大的同时，村民们普遍认为闽语太难懂，担心跟孩子说闽语会影响其学习普通话，进而影响学习成绩。他们虽主观上认为母语方言需要保护和传承，但客观上都不希望孩子学习和使用闽语。因此，只要有孩子在场，大家都自觉改说普通话，导致孩子的闽语习得空间彻底缺失。

四、杭州闽语及其相关方言的活态保护与文体旅深度开发对策

杭州闽语的发展历程，不禁让我们担忧其未来的走向。而类似的濒临消失的汉语方言不计其数。即便像杭州话、上海话、苏州话等尚未被列为濒危方言的城市方言，其使用空间也已开始缩小，其方言土语的特征正在快速减退和消亡。据权威专家估计，到 21 世纪末，在全世界的大部分地区，约 90% 的语言种类可能被其他强势语言取代。即便是今天的杭州话，如果得不到妥善的保护，也根本延续不到 21 世纪末，更不用说杭州闽语了。语言一旦消亡，以它为依托的地域文化、民俗民风都将随之消失，永远无法恢复。面对汉语方言迅速衰亡的严峻态势，我们需要充分认识现实，切实做好方言的保存保护工作。

我们认为建立方言文化活态保护区，是目前最为切实有效的途径。在杭州市区范围内逐渐形成以杭州方言文化为主，杭州闽语、杭州徽语、杭州畲话、余杭话、萧山话、临安话、富阳话等其他方言文化为辅的"众星拱月"式的方言文化活态保护区和古村落。

（一）建立杭州方言文化活态保护区

杭州方言文化活态保护区其实是一种开放式的语言文化生态博物馆，即用活态的手段，为语言文化的自然传承提供一个优良的环境，对杭州的方言

文化进行完整的保存、保护和自然传承。

地域上，该保护区兼具开放性、完整性及广阔性，以概念化的方式融入杭州居民的生活。具体来说，杭州方言文化活态保护区可分为内核和外核两个区域。内核区是杭州方言文化的活态传承区，致力于杭州方言文化的传承。外核区是内核区在地域上的延伸和辐射，也是杭州范围内其余各方言的活态文化保护村所在地，致力于方言文化的多方位展示，同时和杭州的行政地理相辅相成。

内核区作为方言文化的活态传承区，具有一套完整的自我造血系统。该区域以杭州方言的保护及传承为重点，以区内居民正常的学习、工作和生活为背景，不仅保留了学校、超市、菜场、卫生所、交通设施等基础设施，还融合了文化熏陶、文化欣赏、文化体验、旅游观光等多种功能，全方位、多维度呈现杭州自南宋以来的语言文化传承脉络与生活艺术的沉淀。具体措施如下。

1. 认定条件

拟定方言文化传承家庭认定条件，区内每个家庭原则上为杭州方言文化传承家庭，均与政府签订合同，由政府颁发证书。

2. 传承传播举措

方言文化传承传播的主要举措是在区内建设杭州方言文化传播传承的综合体，如"南宋百老汇"，集文化熏陶、欣赏、体验、旅游、生活等多种功能于一体。

3. 政府扶持政策

在领导小组办公室的指导下，由市委、市政府主要领导牵头，制定相应扶持政策，为区域内每户家庭提供一定年度补贴，并实行年度考核制度，制定切实可行的考核标准，设置激励措施。

外核区是内核区的延伸和辐射，可以从以下三个方面加以提升。

1. 整合区内历史文化古迹

系统整合区内已有的历史文化古迹，如清河坊历史文化特色街区、五柳巷历史街区、吴山景区、城隍阁景区、杭州博物馆等，并与周边"宋代玉器""八卦田遗址""杭帮菜博物馆"等其他文旅项目有机结合。

2. 增加杭州方言解说词和报站

在区内各处，增加精心打造的杭州话解说词，并在进入区内的各类公共交通工具上率先增加杭州话报站，做到普通话、杭州话、英语的同步报站，并逐步向全市公共交通推广。

3. 传播共赢理念

传播"了解杭州话，学好普通话，提高英语水平"的共赢理念，编写杭州方言、普通话、英语三语对照的有声方言常用语学习册子，并在各历史文化街区和古街古巷等场所，融入一些应景的简单易学的杭州方言。

（二）设立杭州其他方言文化活态古村落

在杭州方言文化活态保护区的外围，依托西湖区屏峰社区、临安区太阳镇枫树岭畲族村、建德新叶村等方言文化特色明显的村落，分别建立杭州闽语文化活态古村落、杭州畲话文化活态古村落、杭州徽语文化活态古村落等。以村内居民正常的学习、劳作和生活为背景，除了建立方言文化博物馆、名人名家纪念馆等特色文化设施，还应建设"风味菜馆""特色小吃""茶艺茶道馆""民俗风情体验街""方言学习互动区""方言文化礼品专卖店""特色精品民宿""特色农副产品集散地"等配套设施，全方位、多维度呈现语言文化传承的脉络与生活艺术的积淀，使活态方言文化得到活态保护和活态传承。

村内长住村民需具备一定的资质，例如世居本地、方言地道、熟悉地方文化、有保护母语方言的意识和愿望、有积极参与社区活动的热情等。对有家谱、有故事、本地民俗文化保持较好的家庭给予优惠待遇。

村内一切活动均围绕自身的方言文化展开，除上述方言文化传播传承设施外，还应系统性开发研学考察、欣赏熏陶、实地体验、旅游生活等多个系列的项目，每个系列均与其他系列相辅相成，相得益彰，深度融合。以杭州闽语文化古村落为例，各系列大致包括以下主要内容。

1. 研学考察系列

研学考察系列主要包括以下几个方面的内容：考察杭州闽语移民前后两次迁徙的历史足迹；探讨其迁徙和再迁徙的主要原因；讨论杭州闽语的代际传承突然断裂的主要内因和外因；提出目前最行之有效的保护保存措施；探讨学习方言与学习普通话、学习英语的关系。

2. 欣赏熏陶系列

欣赏熏陶系列主要包括以下几个方面：策划一台大型的闽语文化演出，集历史、方言、文化、习俗等元素于一体，展示杭州闽语文化的鲜明特色；编写图文并茂、通俗易懂、音视频同步的闽南话系列小册子作为辅助，进一步推进杭州闽语文化与旅游的深度融合；开放具有闽南韵味的传统民居建筑供游客参观，如红砖大厝、皇宫起、四点金、下山虎、竹竿厝、驷马拖车、四水归堂等。

3. 实地体验系列

实地体验系列主要包括以下几个方面：策划系列沉浸式体验秀，例如闽南服饰"讨海衫"体验秀、闽南传统婚礼"喜娘"体验秀、闽南传统节日体验秀、闽南民俗风情体验秀、闽语成语谚语谜语秀等。在此基础上，策划学习活动，学唱《爱拼才会赢》《欢喜就好》等闽南语流行歌曲，学说历史悠久、寓意深厚的闽南话成语、谚语、谜语等。如：习近平主席在出席博鳌亚洲论坛 2018 年年会开幕式时引用的闽南话民歌歌词"久久不见久久见，久久见过还想见"；民间流传甚广的祖训"宁卖祖宗田，不忘祖宗言"；富有情趣的童谣"天黑黑，要落雨，阿公仔拿锄头要掘芋，掘啊掘掘啊掘，掘到一尾旋鰡鼓，依呀嘿都真正趣味"；等等。

4. 旅游生活系列

旅游生活系列主要包括吃、穿、住、行、游等多个方面：打造闽南味一条街、闽南文化购物中心、闽南习俗博物馆等；策划一个边玩边说闽南话、边玩边唱闽语歌的健身旅游活动；建造闽南移民传统古村落建筑，突出其闽南建筑风格，如"红砖白石双坡曲，出砖入石燕尾脊，雕梁画栋皇宫式"等，再现闽南民居特点。

丰富多彩的汉语方言，历来是延续我们乡土文化的血脉，是寄托家国情怀、维系社会和谐稳定的重要基础。任何一种方言的消亡，都将是传统文化的重大损失。尤其像杭州闽语这种形成方式独特、来龙去脉清楚、历史文化底蕴深厚的小众方言，更应得到特别的重视。

上述的文体旅深度融合和有效开发措施，使大众不仅能够体验民俗风情，也能感受汉语方言独特的表达魅力，同时还提高了认知、锻炼了体格、陶冶了情操。所以在建立杭州方言文化活态保护区的基础上，建立杭州市区范围内不同方言文化古村落，在文体旅深度融合的视角下进行活态保护和深度开发，不仅能很好地传承、弘扬非遗文化，使其成为维系当代人民精神生活共同富裕的纽带，更能为保护和促进人类语言文化多样性贡献出杭州经验、杭州方案和杭州智慧。

参考文献

［1］傅国通、郑张尚芳：《浙江省语言志》，杭州：浙江出版联合集团、浙江人民出版社，2015年。

［2］杭州市余杭区地方志编纂委员会办公室：《杭州市余杭区镇乡街道简志》，北京：方志出版社，2003年。

［3］温端政：《方言与俗语研究：温端政语言学论文选集》，上海：上海辞书出版社，2003年。

［4］徐越：《浙北杭嘉湖方言语音研究》，北京：中国社会科学出版社，

2007 年。

[5] 徐越:《关于抢救性建立杭州方言文化活态保护区的建议》,《浙江社科要报》, 2022 年第 151 期。

[6] 郑张尚芳:《温州方言志》, 北京：中华书局，2008 年。

新"西湘记"背景下西湖和湘湖文旅融合发展研究

楼微君　孙　娟*

摘要： 2023 年，西湖与湘湖达成以唱好"西湘记"、缔结"姊妹湖"为主题的战略合作。在"西湘记"的背景下，本文结合西湖和湘湖的文化基因，分别从西湖和湘湖的各自"独唱"、相互"对唱"、共同"合唱"三个角度提出西湖和湘湖文旅融合发展的路径，希望更好地推动西湖和湘湖的共同发展。

关键词： 文化基因；西湖；湘湖；"西湘记"

一、课题背景分析

（一）西湖与湘湖的发展现状分析

杭州的湘湖和西湖是钱塘江南北的"姊妹湖"，山清水秀，景色迷人，自然与人文资源相得益彰、和谐交融。

---

* 楼微君，杭州湘湖（白马湖）研究院实习研究员，研究方向为地方史文化。孙娟，杭州湘湖（白马湖）研究院助理研究员，研究方向为地方史文化。

西湖是个文化湖，她的三潭、两堤以及四周沿岸，处处是故事。由西湖自然山水、"三面云山一面城"的城湖空间特征、"两堤三岛"景观格局、"西湖十景"题名景观、西湖文化史迹和西湖特色植物这六大要素组成的西湖文化景观在一千多年的持续演变中日臻完善，使其成为享誉世界的"东方文化名湖"。2002 年，西湖综合保护工程启动，西湖的"东南西北中"得到全方位保护和整治，环湖公园景点和博物馆全部免费开放，还湖于民、还景于民，杭州西湖景区成为全国首个免费开放的 5A 级旅游景区。2011 年，杭州西湖被联合国教科文组织评为世界文化景观遗产。

湘湖位于杭州市萧山区西部，距杭州市中心约 20 千米，隔钱塘江与西湖风景名胜区相对，与西湖、钱塘江共同构成杭州旅游风景的金三角。虽说湘湖湖光山色"不在西湖之下"，却是"藏在闺中人未识"。自北宋政和二年（1112）起，萧山县令杨时率百姓"依山为湖，筑土为堤"，建成湘湖，用湘湖的蓄水灌溉周边九个乡的 14 万亩稻田，九乡民众由此告别水旱之苦。然而，湘湖自建成之后，命运多舛。此后，虽不断有人保湖，但私侵屡禁不止。经历了宋、元、明、清几个朝代，湘湖的面积大为缩小，迫近湮废。直到 2003 年，萧山区政府做出"圆梦湘湖、还湖于民"的重大决策。2006—2016 年，湘湖一期、二期、三期工程相继建成，湘湖呈现出"一湖秀水，两岸美景"的迷人风貌。2008 年，湘湖被评定为国家 4A 级风景旅游区。2015 年，湘湖成功创建国家级旅游度假区。

（二）西湖与湘湖签订战略合作协议

2023 年 6 月 28 日，杭州西湖风景名胜区和湘湖国家旅游度假区签订战略合作协议，西湖与湘湖正式缔结"姊妹湖"。根据协议，西湖与湘湖将通过品牌共建、智库共享、文化共兴、旅游共荣、赛事共办、文创共拓、商业共育和资源共融八大机制，在更高层次、更宽领域进行交流合作，实现优势互补、要素互通,全面奏响新时代"西湘记"最强音、擦亮"人间天堂·最忆杭州"金名片。

西湖与湘湖一北一南分布在钱塘江两岸,水域面积相近、自然景观相似,山水交融、人文璀璨是两湖共同的景致特色。西湖与湘湖将以"一盘棋"理念,着力打破边界概念,进一步拉近双方的物理距离、心理距离、思想距离,实现有域无界、一体发展。

(三)唱好"西湘记"的前景分析

2001年,作为未来杭州市级中心之一的钱江新城在钱塘江沿岸正式动工建设,这标志着杭州城市从"西湖时代"开始向"钱塘江时代"迈进。此后,杭州迎来拥江发展时代,并提出要努力把钱塘江沿线建设成为具有独特韵味、别样精彩的世界级滨水区域。

但是,面对激烈的城市竞争态势,支撑杭州未来发展的动能究竟在哪里?进入新发展阶段,杭州要献给世界一座什么样的未来之城?要留给后人一座什么样的经典之城?在现代化经济体系中,区域经济一体化是必然的趋势,因为其符合经济比较优势和规模经济降低投入成本、提高产出效益的原理。从人和社会全面发展的角度来说,区域经济一体化也是符合人性需求的。2023年,西湖与湘湖达成以唱好"西湘记"、缔结"姊妹湖"为主题的战略合作。"西湘记"的提法很妙,易记且有韵味。它形象地反映了区域联动、协同和一体化发展的思路和行动。

隔钱塘江相望的西湖与湘湖跨江"认亲",对于杭州打造世界一流的旅游目的地的意义非同小可,这将作为杭州深入推进拥江发展的强大引擎,进一步集聚人才、技术、资本、信息等高端资源要素,带动全市域、全流域高质量可持续发展,更好地辐射杭州都市区、都市圈,努力成为服务全省乃至长三角一体化发展、主动融入新发展格局的强劲活跃增长极。新时代"西湘记"将顺应杭州城市格局拓展的需要，构筑一个全新的空间格局，向世界展示一个更加开放、多元的杭州。在新"西湘记"背景下，开展西湖和湘湖文旅融合发展的课题研究已极为迫切。本文针对西湖和湘湖的文化基因，分别从西湖和湘湖的各自"独唱"、相互"对唱"和共同"合唱"三个角度探究西湖和湘湖文旅融合发展的路径。

二、新"西湘记"背景下西湖和湘湖文旅融合发展的路径探究

（一）"独唱"路径的探究

1. 文化符号植入"独唱"策略研究

（1）西湖和湘湖文化符号现状分析

西湖的文化符号底蕴深厚，不仅有丝绸文化、茶文化、良渚文化作为背景支撑，还蕴含着很多民间传说、民间故事。王星记扇子、丝绸、龙井被称为杭州特产三绝，此外，还有张小泉剪刀等特产。这些丰富的元素都可以成为创作的灵感来源和素材，既有鲜明的地域特色，又有深厚的文化底蕴。

湘湖文化有着鲜明的地域特色、深远的历史意义和独特的文化韵味。湘湖文化符号是对湘湖文化的提炼与萃取，它能够充分彰显湘湖的精神实质和文化内核，具有一定的抽象性，但也可以通过具象化的载体呈现给受众。常见的湘湖文化符号包含人文历史、建筑景观、自然环境、生活饮食、语言民俗、非物质文化遗产等类别。每一种湘湖文化符号都代表着湘湖独特的自然人文风貌，传递着湘湖文化特有的精神实质和内涵。

西湖和湘湖，都是由园林中的大水景统领整个园景，水是其主要元素。西湖的水上有"十年修得同船渡"的白娘子传说，湘湖的水下埋藏着八千年

前的"中华第一舟",两湖之间的钱塘江上波澜壮阔。古湘湖流域之苎萝山边,传说中国古代"四大美女"之一的西施曾在此浣纱,有"沉鱼"之说。杭州的白蛇、潮神伍子胥、范蠡西施、梁祝等传说故事,是西湖和湘湖所特有的文化符号。但是,与西湖相比,湘湖景区在文化符号植入方面的水平有待提升。

（2）与现代场景相融合,提升湘湖文化符号的植入水平

湘湖文化符号的植入,需依托数字媒介,创造出更与时俱进、富有活力的设计,让场景构建变得更生动、有趣,展现出丰富多样的文化内涵,吸引观众的注意力。例如,湘湖越王城遗址作为古越国的军事遗址,承载着重要的历史意义。越王勾践坚忍不拔、卧薪尝胆的精神,是萧山精神、浙江精神的重要源头。而越王城遗址不仅是湘湖历史文化的一张金名片,更是湘湖文化的精神高地。建议在越王城山下建立越王城遗址历史文化展示厅。越王城遗址是大众了解古越国政治、军事、经济、文化的重要窗口。可以合理利用城山广场已有建筑（如越苑）,建立越王城遗址历史文化展示厅,以数字化和实物展陈相结合的方式,充分展示越王城遗址及与之相关的越文化,让游客、市民充分了解古越国的历史文化。在越王城山上的越王祠展厅内,可以制作越王城遗址的虚拟场景。越王城遗址作为春秋战国时期的军事城堡,集中体现了越国先民的智慧。可以与浙江省文物考古研究所合作,通过前期的考古勘探和文献研究,制作越王城遗址虚拟场景,再现城堡的军事设施、生活设施,为互动式展览和艺术装置提供丰富的可能性,运用触摸屏、运动传感器、声音传感器和摄像头等设备在越王城虚拟场景中开展实时互动,让游客和市民更生动、直观地了解越国固陵城的空间布局。

（3）通过独特的细节设计,提升湘湖文化符号的植入水平

湘湖文化符号的植入可以存在于景区的方方面面。独特的细节设计往往能为景区的文旅融合锦上添花。利用富有地域特色的细节符号,营造出具有整体性的文化氛围,这有助于实现湘湖文化符号的全景化植入。例如在墙面、

路牌、照明灯具上描绘湘湖历史人物故事。在湘湖边的茶室酒楼等现代商业场所内，合理融入湘湖文化符号，大到店内装修装饰，小到菜单和饮食用具，都进行特色定制，融入历史文化细节，打造湘湖景区的地域特色。

2. 景观对标提升"独唱"策略研究

（1）西湖与湘湖文化景观现状分析

2011 年，西湖文化景观正式被列入《世界遗产名录》。西湖文化景观为佛教文化、道教文化等中国传统文化的传承与发展提供了特殊见证，是中国历代文化精英秉承的"天人合一""寄情山水"的中国山水美学理论下景观设计的杰出典型，具有显著的持续性和关联性[1]。例如三潭印月是西湖"两堤三岛"独特景观格局中的重要岛屿之一，经历年疏浚，在明万历三十五年（1607）由挖出的葑泥堆筑而成。岛屿上的建筑、小品与植物以"诗情画意"的艺术风格体现了历代文人的"天人合一"思想[2]。

与西湖相比，湘湖的景观存在较大差距，需要大幅提升。建议充分挖掘典型景观特征以提升湘湖景观。湘湖的景观提升要在原貌保护与恢复性保护的基础上进行，充分挖掘和利用典型景观的特征和价值，突出特点，并结合文化和地方特色，组织适宜的游赏项目，使人们充分领略景观之美，同时寓景于情，寓教于游。

（2）注重植物景观的文化功能，提升湘湖景观

植物是景观风貌中的重要元素。在植物景观的配置中融入文化和地域性展示，可以对湘湖历史文化的传承起到积极作用。植物在园林中除了具有观赏功能和构景功能，还具有文化功能。西湖景区内许多著名的景点都是以植物来命名的，如柳浪闻莺、云栖竹径等。湘湖在历史上也有一些类似的景点，例如西村梅雨、水漾坞采莼等，但是这些景点现在已经消失了，现阶段湘湖

---

① 《杭州西湖文化景观申报世界文化遗产文本》，2009 年。
② 施奠东主编：《西湖志》，上海：上海古籍出版社，1995 年，第 145—155 页。

的植物景观常被人诟病，需要进一步优化提升。

3. 文化战略嫁接"独唱"策略研究

（1）西湖与湘湖的文化战略分析

西湖是世界文化遗产，文化西湖的形象享誉世界。而湘湖虽有着八千年的跨湖桥文化、两千五百年的越文化、千年宋韵文化、百年红色文化，具有独特的风采，但文化湘湖的形象尚未深入人心。需要利用湘湖文化打造文化湘湖，这既是人们的共识，也是亟待解决的难题。

（2）借助文化战略活化湘湖历史文化

建议通过规划赋能，凝聚湘湖文化。当前湘湖景区规划建设中存在着一些影响长远发展的问题。比如景区欠缺可持续发展的理念。景区规划起点还不够高，视野还不够宽，眼光还不够长远。在景区空间发展上，应综合考虑湘湖景区的资源禀赋、历史沿革、文化特色、环境承载、功能定位等因素。建议完善对古建筑的评估与统筹规划，深入研究古地图，为景区编制规划提供依据，根据古文献提升规划层级，布局文旅 IP 新空间。建议通过艺术赋能，打造诗路文化带，建设文创剧场，运用"戏剧＋影视＋文化访谈"的方式，制作穿越式文化类综艺节目，让湘湖文化亮起来。注重挖掘湘湖文化中的优质 IP 元素，将湘湖文化 IP 作为湘湖数字文创产品开发和湘湖文旅融合项目开发的重要依据。通过产业赋能，让湘湖文化兴起来。

西湖凭借深厚的文化底蕴，衍生出了丰富的文化故事、多元的文化场景以及多样的文旅产品等，吸引了四方游客。而湘湖在文化战略方面还有很大的提升空间，需要全方位挖掘、研究并活化利用现有文化资源，以提升自身的知名度与影响力，将湘湖文化的精髓融入文化湘湖建设中，使其为湘湖景观、产业及城市发展赋能。

（二）"对唱"路径的探究

1. 吴越文化"对唱"策略研究

（1）西湖与湘湖的吴越文化分析

吴越文化是西湖和湘湖共性文化基因的重要组成部分。吴越文化又称"江浙文化"，其分布范围以太湖流域为中心，大致包括今日的苏南、赣东北的上饶地区、皖南、浙江省以及上海市。吴越文化可分为"吴文化"和"越文化"，越灭吴后，吴文化和越文化融合成统一的吴越文化。西湖主要归属吴文化，湘湖主要归属越文化。但是，吴文化和越文化"同俗并土、同气共俗"，在相互交融、激荡、流变与整合的过程中逐渐形成统一的文化类型。

西湖边的吴山和湘湖边的越王城山，是吴越文化的代表。

吴山位于杭州老城区东南部，其山体深入城区。因为山上建有伍公庙，吴山又称胥山。说起"吴山"这个名字的来历，就必须要提起两千多年前的那场大战。春秋战国时期，吴山一带是吴越两国的边界，也是兵家必争之地。当时吴国国都在今苏州，越国国都在今绍兴，两国屡"战于浙江之上"。越国固陵港是钱塘江上最早的港口和水军基地。公元前 494 年，吴王夫差大败越国，越兵退到绍兴（当时称为会稽），杭州就此归入吴国。而吴山是吴国最南面的一座山，由此得名。明代田汝成《西湖游览志》卷十二和清代顾祖禹《读史方舆纪要》卷九十均有相关记载。如《西湖游览志》卷十二："吴山，春秋时为吴南界，以别于越，故曰吴山。"

越王城山海拔虽然只有 150 余米，但其山势陡峭，四周又有众多小山环绕，易守难攻，是天然的军事堡垒。汉代史书《越绝书》中有对越王城山的记录："浙江南路西城者，范蠡敦兵城也。其陵固可守，故谓之固陵。所以然者，以其大船军所置也。"东汉史书《吴越春秋》也记载了越王勾践入臣于吴，群臣送至浙江之上（钱塘江边）的故事。越王城的遗迹至清代仍然存在。据浙江省社会科学院历史研究所原所长林华东考证，越王城山上的越王城即为固陵，包括湘湖、白马湖在内的广阔区域都是越国的军港。越王城的城垣至今基本保存完好，系利用山脊走向依山而建，蜿蜒于山岗之巅。原萧山市文物管理所主任倪秉章在《萧山越王城遗址的调查考察》一文中指出，对城堡地面及城墙进行的多次调查和试掘结果证实，越国曾在此构筑军事城堡。越王城四周山脊总长1091.2米，其中东城垣353.7米，南城垣256.5米，西城垣65米，北城垣416米。根据史书记载，越王城山上曾有祭祀越王勾践的建筑——勾践祠，此外，越王城山还留下了筑城抗吴、馈鱼退敌、临水祖道、卧薪尝胆、西施别越、东南称霸等历史记载和传说故事。

虽然西湖吴山和湘湖越王城山是春秋末期列国争霸局面的缩影，在这里上演的曾是相互征伐的复仇故事，但吴越二国彼此竞争直至最后统一，这一过程在客观上推动了该区域的融合发展，并形成了共同的文化基因。

（2）定期举行吴越文化研讨会

关于吴越文化"对唱"策略，可以定期举行吴越文化研讨会。目前，西湖文化研讨会每年举行一次，但是湘湖文化研讨会没有形成规制。建议由相关机构牵头建立吴越文化研讨会组委会，专门负责研讨会筹备事项。吴越文化研讨会可每年举办一届，可以在西湖举办，也可以在湘湖举办，邀请国内外相关研究领域的顶尖专家，定期开展高层次的学术研讨活动，深入研究吴越历史文化，以此形成吴越文化研究的团队力量，集聚吴越文化的研究成果，提升吴越文化的品位，扩大吴越文化的影响力，为西湖和湘湖的保护与建设工作提供支撑。

2. 名人文化"对唱"策略研究

（1）西湖与湘湖的名人文化分析

名人文化，是西湖文化中举足轻重的元素。在杭州几千年的历史文化长河中，出现过众多不同领域的历史名人，他们从各自的视角出发，以不同的方式活跃在杭州的历史舞台之上。所以，西湖的美，不仅在于湖光山色，更在于深厚的人文底蕴。这里有苏东坡、白居易，有岳飞、济公，有秋瑾、苏小小、白娘子，游客走几步便能在各个景点邂逅这些名字与他们留下的文化印记，体会到一种时空交融的历史厚重感。湘湖的名人文化同样底蕴深厚。很多在湘湖边留下过足迹的名人也与西湖有着颇深的渊源，比如西施、陆游、洪珠、张岱等。

西施最早出现在《越绝书》和《吴越春秋》中。萧山很早就建有用于纪念西施的寺庙。把西湖比作"西子"（即西施），这一说法源自北宋苏轼的《饮湖上初晴后雨》中的诗句"欲把西湖比西子，淡妆浓抹总相宜"。明代绍兴知府洪珠，是推动西湖与湘湖文化基因进一步融合的又一关键人物。明嘉靖十年（1531），绍兴知府洪珠到属县萧山巡视，在湘湖边的石岩山上建亭并亲笔题写亭名，还为亭边的"香泉"题字。碰巧的是，当时杭州府正奉旨重修西湖边的岳王墓，洪珠为新坟照壁题写了"尽忠报国"四个楷体大字，还在左方落款"莆人洪珠书"。明清之际的史学家、文学家张岱在杭州生活了很长一段时间，写了很多关于西湖的文章，人们比较熟悉的应该是《湖心亭看雪》一文。张岱也多次到过湘湖，写有一篇题为《湘湖》的文章。他在《明圣二湖》中写道："余以湘湖为处子，眠娗羞涩，犹及见其未嫁之时；而鉴湖为名门闺淑，可钦而不可狎；若西湖则为曲中名妓，声色俱丽，然倚门献笑，人人得而媟亵之矣。"南宋文学家、史学家、爱国诗人陆游写了很多关于西湖和湘湖的诗词。陆游曾多次来到杭州，其中二次应试、四次为官、数次公务述职，他与杭州有着千丝万缕的联系。陆游写有《西湖春游》《自真珠园泛舟至孤山》等吟诵西湖山水的佳作，也写有很多关于湘湖的诗词，比如《灯下读玄真子渔歌因怀山阴故隐追拟》《长相思》等。陆游所作诗词对两个湖泊的景色描写较多，而在这些诗词的背后，不仅有他对悠闲、安逸生活的向往，还有他对恢复大宋江山的热切期盼。只可惜彼时陆游已年迈体衰，纵有满腔抱负，也有心无力了。

综上所述，西湖和湘湖有很多共同的文化名人，其中以西施、陆游、洪珠、张岱等人最为典型，他们在西湖和湘湖边都留下了痕迹，或是故事，或是诗文，或是墨迹，构成了西湖和湘湖共同的名人文化。因此，我们可以开展西湖和湘湖名人文化的"对唱"。

（2）同步开设"西湘名人馆"

可以在西湖和湘湖同步开设以西施、陆游、洪珠、张岱等人物为主题的"西湘名人馆"，展示西湖和湘湖共同的名人文化。当然，名人馆的内容也要有所侧重。西湖名人馆应侧重于展示名人与西湖的相关内容，湘湖名人馆则应侧重于呈现名人在湘湖的相关事迹，二者各有特色，异曲同工。以"西湘名人馆"里的陆游为例，他写了很多关于西湖和湘湖的诗词。在西湖，陆游常常以高亢吟唱爱国豪情或低回悲叹报国无门的形象出现；而在湘湖，他更多展现出"莼鲈之思"和隐逸情怀。陆游对湘湖莼菜情有独钟，常常坐着乌篷小船，游览湘湖，采莼自娱。"西湘名人馆"能够向游客展示一个多面的陆游，以及以陆游为代表的西湖和湘湖的名人文化。

（3）对标西湖的于谦祠，提升湘湖魏骥墓的保护与开发水平

在同一时期，对西湖和湘湖都有很大贡献的代表人物是于谦和魏骥。于谦和魏骥出生于同一时代，两人官职相当，贡献各有千秋。在朝为官期间，两人不仅有很多交集，还都是爱国爱民的清官。魏骥和于谦都官至尚书，任职时清正廉洁，与权臣王振划清界限。"土木之变"时，两人为对瓦剌用兵献计献策，屡被朝廷采纳施行。"土木之变"后，南京吏部尚书魏骥与兵部尚书于谦同时呼吁誓守京城，坚决主张朝廷绝不能妥协南迁。最后，明朝将士在这两位杭州老乡的鼓舞和于谦的直接领导下，取得了北京保卫战的胜利。于谦死后葬在西湖边，而魏骥的墓在湘湖边。现在于谦墓已经发展成为一个内容丰富的名人墓风景区，被列为全国重点文物保护单位，但是魏骥墓还有待进一步开发。

历史上，西湖和湘湖都曾具有水利属性，发挥着农业灌溉的功能，因此两湖在水利文化方面也有相似的基因。北宋以来，权豪占湖为田的现象时有发生，西湖不时被挤占，乃至濒于堙废。历代有识之士多次不畏权势，勇于

斗争，恢复西湖水利，造福于后世，特别是苏轼和杨时，他们对于西湖和湘湖有开凿之功。除水利文化外，两湖的人文故事同样丰富多彩。西湖有许仙与白娘子的传说，湘湖有范蠡与西施的佳话。出生在湘湖流域的蔡东藩曾在西湖边留下故事，郁达夫也曾在西湖和湘湖边讲学。这些都是西湖与湘湖名人文化"对唱"的优质资源，西湖和湘湖可以联手开发名人文化资源，丰富杭州的旅游产品。

3. 饮食文化"对唱"策略研究

（1）西湖与湘湖的饮食文化分析

杭州饮食文化源远流长。杭帮菜依托江南水乡丰富的物产，吸纳南北烹饪手法的长处，融合西湖胜迹的风貌，成就了独具古都韵味的江南菜。其特点是原汁原味，色彩鲜明，味美香醇，咸香得宜，酸甜适中，清新典雅，精致悦目。西湖边的老字号菜馆有楼外楼、天外天、山外山、状元馆、天香楼、奎元馆、知味观等，知名菜品有西湖醋鱼、杭州小笼包、东坡肉、西湖莼菜汤、葱包桧儿、片儿川、龙井虾仁等，引无数游客慕名而来。

（2）重构湘湖特色饮食图谱

湘湖的饮食与西湖的饮食从菜系上看，都属于杭帮菜。与西湖相比，湘湖饮食缺乏自己的特色，所以在饮食文化"对唱"的过程中，湘湖需要重构自己的特色饮食图谱。笔者仔细考察了明清《萧山县志》《萧山湘湖志》《萧山县志稿》（来裕恂）中关于湘湖特产的记载，可以看出，历史上湘湖的物产以植物为多，动物次之，人工产品又次之，主要是天然食物。其中又以湘湖莼菜为大宗。莼菜是在西湖和湘湖都很有名的天然食物，宋代时莼菜为贡品，康熙皇帝甚至还写有《莼赋并序》，足见其特殊地位。由于种种原因，湘湖的特产食材并未形成品牌，在民间的知名度也有限。建议以湘湖的特产食材为基础，采用"食材—菜式—品牌"的发展模式。菜品由特产食材（例如萧山萝卜干、三黄鸡等）构成，有着很强的地域相关性。将若干个菜式整合起来，就可以形成"萧山湘湖"的饮食品牌，从而为湘湖旅游服务。在文旅融合的思路下，打造具有湘湖特色的美食之旅，统筹规划湘湖餐饮图谱，在一定程度上可以为湘湖旅游加分。

（3）在西湖与湘湖开设流动茶馆

在西湖与湘湖的饮食文化"对唱"中，茶是最有意思的部分。西湖的茶文化丰富多彩，其中由龙井茶衍生出的活动或习俗有：春分时节"喊茶"；"女采茶，男炒茶"；清明前后吃清明团，有新茶常采常青的好寓意；炒茶之夜，吃红糖鸡蛋；采茶对时间十分讲究；立夏之日，有"七家茶""吉祥茶"；除夕之夜，讲究"三茶六酒"；大年初一，贴纸元宝、泡春茶。以茶为主题的市井活动包括"点花茶"等①。而湘湖的茗山茶在宋朝是与龙井齐名的国饮。唐代时，萧山隶属越州，湘湖为萧山产茶地，而茗山茶为湘湖最好的茶叶。宋代杭州的"白云"和"香林"名茶与越州的"日铸""卧龙""茗山"茶齐名。明代以后"白云"和"香林"演变成西湖龙井，茗山茶则变成了湘湖旗枪（后称"湘湖龙井"）。宋代王十朋在《会稽风俗赋》中写道"茗山斗好"，这一说法不仅指茗山茶是上等好茶，更指宋代盛行的"斗茶"活动曾在此举行，可见茗山茶的历史之悠久。明嘉靖《浙江通志》云："萧山之茗山，在县一里。"茗山是湘湖的一处景观，也是引得诗人咏诵的名胜之地。建议将西湖与湘湖的茶通过船沟通起来，从西湖到钱塘江再到湘湖，在船上设立流动的茶馆，还可以在茶船上安排丝竹演奏和表演，让游客真正体验到江南文化的独特韵味。

4. 景观命名"对唱"策略研究

（1）西湖与湘湖景观命名分析

西湖自南宋之后，逐渐形成"西湖十景"等经典景观。而湘湖的景观被人熟知，则要从明代"萧山八景"开始。仅从景观命名的角度，也可窥见西

---

① 邬夏依：《文旅融合背景下杭州西湖文化空间品质提升策略研究》，浙江工业大学，硕士学位论文，2020 年。

湖和湘湖相似的隐性文化基因。

西湖景观的命名，最早可以追溯到宋代，1129 年宋室南迁至杭州，随之而来的画院画家惊艳于西湖山水之美，因景作画，因画命景，造就了中国历史上首例标题齐整的四字景名，称为"西湖十景"，如今也称"老十景"。"十景"分别是苏堤春晓、断桥残雪、曲院风荷、花港观鱼、柳浪闻莺、雷峰夕照、三潭印月、平湖秋月、双峰插云、南屏晚钟。景观名称的四字结构可粗分为两个部分，前两个字通常用以指位，表达地点，如"苏堤春晓""花港观鱼"中的"苏堤""花港"，后两字用以描写景观和意境，表达景观的突出特点或典型的欣赏视角，寄予了无穷的乐趣和遐想，如"雷峰夕照""断桥残雪"中的"夕照""残雪"。所以，在这些四字组合中，前两个字写地（写实），后两个字写景（写意），是采取写实兼具写意的构词方法来为西湖景观命名的。这种拟名方法得到了社会的普遍认同，并成为对风景、胜迹进行命名的重要方法，对我国园林与旅游文化的发展产生了广泛而深远的影响。20 世纪 80 年代，杭州市政府发动民众参与评选"新西湖十景"。2007 年杭州市政府又评选出了"三评西湖十景"。

湘湖景观的命名中有"萧山八景"和"湘湖八景"之分。乾隆《萧山县志》所载的萧山八景为：湘湖云影、罗刹涛声、渔浦烟光、清江月色、北干松风、西村梅雨、书院遗芬、文峰拱秀。《湘湖孙氏宗谱》所收录的湘湖八景为：龙井双涌、跨湖春涨、水漾鸣蛙、湘湖秋月、尖峰积雪、越城晚钟、柴岭樵歌、湖中落雁。而《马谷周氏宗谱》记录的湘湖八景为：跨湖桥泛棹、寨岭庵闻钟、越王城玩月、水漾坞采莼、九里墩戏鹭、三善桥观鱼、至湖岭踏雪、缸窑湾听涛。与西湖景观命名方式类似，"萧山八景"和"湘湖八景"名称的前半部分是景点名称，后半部分是写意，或者是赏景的动作。这样的四字景名或五字景名，一般是在原有地名基础上，进行艺术加工和美的再创造的结果，所创造出的新景名便成为原有地名的别名或雅称。在四字景名中，还有少数景名的四个字全是描写景观或其意境的，如"湘湖云影"，其具体地点并不确定,但却代表了整个湘湖的风景特色。当前,无论是"萧山八景"还是"湘湖八景"都已经发生了很大的变化,甚至有些景点已经不复存在。

对三代"西湖十景"的评价是个见仁见智的话题。不少人带着先入为主的观念,认为"老西湖十景"最出色,其后则一代不如一代。方文标、吕洪年曾著文对"新西湖十景"的命名逐一提出批评,认为"新西湖十景"的命名存在"不实、不雅、不当、缺乏诗情画意、没有雅俗共赏性"等缺陷。而当年参与"新西湖十景"评选的两位专家陈文锦、乌鹏廷随后发文反驳并指出,新西湖十景,是群众智慧的结晶,受到社会众多好评,对这些题名需要用心去体味,用情去观察,才能领略到其优美[1]。

(2)湘湖的景观命名要注重文化内涵和艺术价值

当前,湘湖正在进行"新湘湖八景"的评选及命名活动。景观命名并非易事。一个好的景观题名得来不易,它不仅要使命名的审美意蕴、文化底蕴和功能价值都得到最大限度的体现,还要平衡好审美性、文化性、功能性三者之间的相互制约关系,找到一个明晰的契合点,最大限度地接近并概括出景观特点。在新的命名中,西湖有很多值得湘湖学习的地方。建议两湖增进交流合作,将景观命名作为一种艺术来对待,充分认识到其中的复杂性,杜绝敷衍草率、生拼硬凑的情况,使景观命名文化得到传承和发展。

(三)"合唱"路径的探究

1. 景观连线"合唱"策略研究

(1)西湖与湘湖景观现状分析

2002年,西湖综保工程根据自然环境特征和城市发展状况,运用了"加"与"减"的手法对西湖各景区进行整体梳理和局部补充,使西湖山水紧密相

---

① 张先亮、王敏:《试论"西湖十景"的命名艺术》,《文艺争鸣》,2014年第7期。

依，景区与城市和谐相融，形成既富有历史文化感，又具典雅、秀丽、舒展特征的空间格调。2003 年，湘湖也启动了保护与开发工程，历经三期工程，连通钱塘江，基本恢复了古湘湖的历史形态，重塑了湘湖优越的山水风貌，推动湘湖区块形成"产城人文"融合发展的新模式。

（2）建议举办西湘国际马拉松赛

整治后的西湖与湘湖，古韵今风相互交融，湖景与城市交相辉映。在尊重西湖和湘湖山水环境基础格调的前提下，应进一步延续和创新西湖和湘湖的山水园林艺术。可以通过在西湖与湘湖两地之间举办一些活动，比如西湘国际马拉松赛、西湘骑行活动等，将西湖和湘湖的景观串联起来。以西湘国际马拉松赛为例。目前每年西湖和湘湖都有各自独立的马拉松赛。2024 年 3 月湘湖半程马拉松成功举办，该比赛的线路把湘湖的历史、文化、生态串联起来，让来自海内外各地的 1 万名参赛者充分领略到湘湖的魅力。2024 杭州马拉松在 11 月正式举行。杭州马拉松线路的起点在黄龙路，途经保俶路、北山街、杨公堤、虎跑路、之江路、钱江路，经过复兴大桥，跨过钱塘江，最终结束于奥体中心体育场。2024 萧山钱塘江竞潮·半程马拉松于 10 月在南阳美女坝激情开跑。上述马拉松比赛在展示城市面貌和人文内涵方面发挥了重要作用。所以建议西湖与湘湖联合举办西湘国际马拉松赛，串联西湖—钱塘江—湘湖一路的历史文化景观。

同时，可以在西湖和湘湖之间打造水系文化景观廊道，通过钱塘江连通西湖和湘湖，并通过水上巴士、水上婚礼等方式打造江南水景旅游线。

2. 宣传联手"合唱"策略研究

宣传是旅游文化品牌塑造的重要环节。与西湖相比，湘湖的宣传较为薄弱。湘湖需要与西湖联手宣传，借西湖的"东风"扬帆"出海"。湘湖要集中力量抓好旅游宣传促销工作，对湘湖进行全方位、多层次的旅游宣传。

（1）采取"文旅＋交通"模式，实现西湖和湘湖的宣传联手"合唱"

新媒体时代，信息技术、网络平台、新型媒介等重构了宣传生态，西湖与湘湖的联手宣传可以采取视听赋能下“文旅＋交通”的文旅发展宣传策略。这里的“交通”主要指的是地铁、公交和飞机。可以选择地铁一号线作为宣传的载体，地铁一号线的行进线路刚好将两个湖连接了起来，可以在沿途的各个站点和车身内通过文字、图片、短视频等方式展示西湖和湘湖的旅游景点、旅游宣传口号等。此外，公交线路、萧山国际机场等也是宣传西湖和湘湖的优质窗口。

（2）通过与中国美术学院合作，实现西湖和湘湖的宣传联手“合唱”

中国美术学院于1928年创建于西子湖畔，揭开了具有真正现代意义的中国高等艺术教育新纪元。2023年中国美术学院湘湖校区正式启动。建议与中国美术学院展开合作，依托西湖和湘湖的自然风貌与文化积淀，开展一系列传承中华文脉、描绘时代气象的艺术创作和教学活动，向公众呈现一场场由青年艺术家、设计师、学者等共同打造的艺术盛宴，将西湖和湘湖的美广泛传播开来。

（3）通过创作文学作品，实现西湖和湘湖的宣传联手“合唱”

杭州湘湖（白马湖）研究院正在推出的《西湘漫游记》绘本就是一个很好的尝试。《西湘漫游记》为杭州文旅知识绘本，以奇幻故事讲述了西湖和湘湖两个姊妹湖从古至今的渊源，其中包含了两地的历史名人、成语典故、知名景点等内容。绘本故事以西湖的莲小西与湘湖的鱼小悠这两位好友的时空历险为主线，她们作为西湖和湘湖最有生命力的代表，被时空秩序使者舟爷爷选中，通过时空罗盘，结伴经历了五个历史时期的冒险，最终取得了龙之双目，完成了帮助钱塘神龙再次腾飞的使命。姊妹俩阅遍两湖的风土人情、地理风貌、特色特产，她们所代表的西湖和湘湖也完成了从相识、相知到相融的情感升华，成为真正意义上的“姊妹湖”。该绘本旨在通过巧妙新颖的构思、连贯有趣的故事情节和富有感染力的画面，充分展现西湖和湘湖的历史人文景观，是当前唱响“西湘记”的代表性文旅知识绘本。

3. 产品共销"合唱"策略研究

（1）西湖与湘湖的旅游产品现状分析

西湖的文化、生态、资源优势，以及较完善的城市服务产业体系，为其打造区域乃至世界级的旅游产品奠定了基础。湘湖拥有杭州极地海洋公园、杭州乐园等4家4A级景区，以及第一世界大酒店、跨湖楼、湘湖渔村、湘湖小隐等众多餐饮住宿品牌，形成了以湘湖为核心，涵盖跨湖桥遗址博物馆、开元森泊度假乐园、浙江省现代陶艺博物馆、烂苹果乐园等50余个景点的优质产品资源。

（2）通过联票方式实现西湖和湘湖的产品共销"合唱"

从地理区位来看，湘湖是杭州主城区的"后花园"，要重点满足市民日常休闲，特别是节假日休闲的需求。相比西湖，湘湖在满足市民休闲需求方面具有空间大、人流量少的优势。基于此，西湖和湘湖可以通过发行联票的方式，合作开发并共同销售专题旅游产品。2014年，西湖首次推出联票，精选了西湖核心景区内8个极具西湖文化特色的景点，组成了A、B、C三条各具特色的西湖联票线路，每条线路均由4个景点组成，给游客以超值的旅游体验。但是，西湖联票中没有湘湖的景点。截至2024年，湘湖也未推出联票，可以考虑从这一方面入手，推出"西湘"联票，推进西湖和湘湖的产品共销，将"西湖印象""湘湖雅韵"等大型山水实景演出产品共同推向市场并加以整合推广，打造杭州旅游的拳头产品，推动杭州旅游产业的发展。

4. 资源互补"合唱"策略研究

（1）西湖与湘湖旅游资源现状分析

西湖拥有得天独厚的风景旅游资源，自然赋予的独特环境和几千年人类文化的积淀，使西湖成为我国东南部首屈一指的风景名胜之地。西湖旅游资源的主要特点是数量多、类型丰、品质优、分布广、有特色。西湖风景名胜区包括环湖、北山、植物园、灵竺、虎跑、钱江、五云、凤凰山、吴山九个景区。分析整个景区的土地资源，可以看出，这个地方的地形以山区为主，平地为辅，还有小范围的水域覆盖。西湖的西、南、北三面都是山，东面毗邻城区，地势较为平缓。这种地形与周围的山峦相映成趣，形成了雄伟壮观的景致，被形象地描述为"三面云山一面城"。西湖的风景带给了人们广阔的想象空间和深刻的美学体验。西湖秀丽的山水、古朴的建筑以及悠久的历史文化都令人向往和敬仰。每年，无数游客慕名而来，欣赏美丽的西湖风景，体验传统文化氛围。

湘湖拥有众多独特的旅游资源，其中有不少在全国乃至全世界都是独一无二的，例如独木舟，它不仅在中国，在世界范围内也有一定的知名度。此外，卧薪尝胆、程门立雪等典故也有非常高的知名度。湘湖在无形资产评价中最具优势的指标是地理位置、土地使用权等。但湘湖在利用优势资源扩大竞争优势方面表现欠佳，在市场占有率、品牌知名度、营销渠道等方面都表现平平。例如，湘湖景区虽与省内的多家旅行社有良好的合作关系，但客源市场仅仅局限于浙江省内，对于杭州这样的国际旅游城市来说，还远远不够。

（2）通过智慧旅游实现西湖和湘湖的资源互补"合唱"

尽管西湖声名远扬，游客众多，但西湖的整体旅游产品也存在一些亟待解决的问题。例如景区内用餐难、住宿难、价格高，游客量大导致行游拥挤，尤其是在几个黄金周期间，大量游客集中涌入，而西湖旅游区本身客容量有限，致使游客非意愿滞留率大幅升高。另外，配套服务设施方面也存在停车位少、公共厕所少、固定休闲场所少等问题，亟待优化升级。相较之下，湘湖在这方面有很大的优势，可以通过智慧旅游 App 等途径加以引导，实现西湖和湘湖的资源互补，从而加速推进杭州旅游产业发展。

"宋韵杭州十大遗迹"的文旅融合串联效应研究

成鸿静　蔡艳婷　胡　琪*

摘要： "宋韵杭州十大遗迹"的推出对于杭州旅游科学体系的完善与旅游区协作体系的打造具有较大提升作用。"宋韵杭州十大遗迹"具有两大显著特点：一是其南宋特性，二是多数位于西湖景区周边。"宋韵杭州十大遗迹"的推出有助于提高公众对宋韵遗迹的认识和重视程度，促进这些遗迹的保护、利用与发展。相关的文旅融合措施为杭州文化旅游发展带来了显著成效，提升了城市品牌形象，推动了文旅经济发展，丰富了文旅产品供给，增强了市民的文化认同感，促进了文化遗产的保护与利用，并创新了文旅融合模式。但是，在相关遗迹的串联效应上，西湖周边遗迹"一枝独秀"，其他遗迹存在感相对不高，串联式的主题游览活动还未充分开展，十大遗迹在沉浸式文旅游览方面也存在不足。针对这些问题，本报告提出以下建议：一是加大政策规划和引领力度，推动宋韵文化旅游共同体的构建；二是更加注重主题导向，打造更优更便利的串联模式；三是与时俱进，探索串联体系的多元开发利用模式；四是"超

---

* 成鸿静，杭州市富阳区委党校教师，杭州市委党校城市文化软实力研究中心特约研究员。蔡艳婷，杭州市富阳区委党校教师。胡琪，浙江省文物考古研究所助理馆员。

越"西湖，走向全市，更快更好实现省际串联。

关键词："宋韵杭州十大遗迹"；串联效应；文旅融合

宋韵文化是具有中国气派和浙江辨识度的重要文化标识。作为宋韵文化重要发祥地的杭州，近年来在传承、弘扬全域文化旅游方面持续发力。杭州自宋代开始便积累了大量物质遗迹，近年来，随着文化旅游热兴起，"宋韵杭州"无疑成为杭州最重要的文化名片。2022 年 12 月，杭州市"宋韵杭州十大遗迹"[①] 评选出炉。"宋韵杭州十大遗迹"的推出有哪些重要意义？推出后在客观上呈现了怎样的文旅效果？对其进行串联提升的必要性、空间度如何？本报告将围绕这些问题展开，深入分析"宋韵杭州十大遗迹"打造过程中的类型化问题，通过调研、论证，提出具有针对性的对策建议，以期更好地服务于杭州市宋韵文旅事业，进一步凸显宋韵文化金名片的价值。

一、文旅融合意义："宋韵杭州十大遗迹"的推出

从南宋时期起，经过长期的历史沉淀和多年的考古发掘，杭州积累了大量宋韵遗迹，包含有宋代（960—1279）物质遗存的文物遗迹点。为深入挖掘杭州市宋韵文化资源的价值和内涵，打造南宋文化品牌，让千年宋韵在新时代"流动"起来、"传承"下去，杭州市园林文物局在 2021 年上线了"宋韵迹忆"主题全媒体传播平台，该平台精心遴选展示了全市 81 处宋代文物遗迹。

① "宋韵杭州十大遗迹"：南宋皇城遗址（含德寿宫遗址）、北山南宋名臣墓（岳飞墓、陈文龙墓）、南宋官窑遗址、杭州碑林（南宋石经）、飞来峰造像（含灵隐寺石塔经幢）、六和塔、西湖十景、洞霄宫遗址、泗洲造纸作坊遗址、南宋古桥（西山桥、忠义桥）。

　　面对数量众多的宋代遗迹，为进一步打造更具知晓度的文化 IP，2022 年 11 月，杭州市园文局、杭州市社科联（院）、杭州市政协文史委联合橙柿互动，共同推出了"宋韵杭州十大遗迹"评选活动。活动前期，专家学者们综合衡量各大遗迹的历史价值、文物价值、艺术价值，从杭州 81 个不可移动宋代文物中遴选出 30 个备选遗迹，后历经两周市民网络投票，从 30 个备选遗迹中进一步遴选出了 15 个，最终由考古、文史、社科等方面的专家学者从这 15 个中评出"宋韵杭州十大遗迹"。这十处遗迹是杭州最具宋韵典型特征的物质遗迹，地域上覆盖了杭州全市域。

　　"宋韵杭州十大遗迹"评选活动的初衷是推动宋韵文化的传承和传播，加强对宋韵遗迹的保护和利用。"宋韵杭州十大遗迹"自推出以来，在文化传承、教育普及、旅游开发等方面体现出重要意义。首先，"宋韵杭州十大遗迹"的推出有助于深入挖掘和充分展示宋代文化的独特魅力，增强市民对本土文化的认同感和自豪感，并为后代留下宝贵的文化遗产。这些遗迹不仅是历史的见证，也是生动的教材，可以让市民更加直观地了解宋代历史和文化，并可增强公众对文化遗产的保护意识，形成了全社会共同关注和支持保护文化遗产的良好氛围。其次，十大遗迹的推出为杭州市的文化旅游开发提供了新的亮点。这些遗迹成了市民休闲娱乐的好去处，丰富了市民的文化生活。"宋韵杭州十大遗迹"评选活动提高了公众对宋韵文化的认识和重视程度，让这些"家门口的遗迹"为更多人所熟知，让城市里每一处遗迹都"火起来""火出圈"。这些遗迹各具特色，既有皇城、墓葬、官窑等历史遗迹，也有碑林、造像、古桥等文化景观，吸引了大量游客前来观光游览，促进了旅游业的发展。最后，十大遗迹不仅注重历史和文化价值，还兼顾了科学价值。这些遗迹在考古发掘和研究中具有重要的科学意义，为学术界提供了丰富的研究素材和实物证据。在"宋韵杭州十大遗迹"评选过程中，专家们充分考虑了区域平衡因素，确保选出的遗迹在地域上覆盖全市域，这种做法有助于推动杭州市各区县（市）宋代遗迹的均衡发展，提升整体文化软实力。

总而言之，"宋韵杭州十大遗迹"评选活动有助于增强公众对宋韵遗迹的保护意识，促进这些遗迹的保护和合理利用。可以通过文旅融合的方式，将文化遗产转化为旅游资源，实现文化遗产的活化利用。

二、地域空间维度："宋韵杭州十大遗迹"的布局与特点

总体来看，"宋韵杭州十大遗迹"的评选标准是以历史价值为主，兼顾旅游效应；以文化价值为主，兼顾区域平衡；以科学价值为主，兼顾遗迹类型平衡。最终评选出的十大遗迹既包含皇城、墓葬、官窑、碑林、造像、塔、桥、造纸作坊等文化景观，又体现佛家、儒家、道家等遗迹文化。这些景观大部分都是南宋时期的遗迹。若从空间布局上来看，"宋韵杭州十大遗迹"分别为：1. 位于西湖风景名胜区的南宋名臣墓（岳飞墓、陈文龙墓）、西湖十景、飞来峰造像、六和塔及位于西湖区留下街道的南宋忠义桥；2. 位于上城区的杭州碑林（南宋石经）、南宋皇城遗址（含德寿宫遗址）、南宋官窑遗址；3. 位于富阳区的泗洲造纸作坊遗址；4. 位于临安区的洞霄宫遗址；5. 位于建德市的南宋西山桥。（见表 1）

表 1 "宋韵杭州十大遗迹"信息表

序号	名称	时代	地区	地址	保护级别
1	岳飞墓	南宋	西湖景区	栖霞岭南麓岳庙内	国保
	陈文龙墓	南宋	西湖景区	葛岭南坡智果寺西侧	市保

续表

序号	名称	时代	地区	地址	保护级别
2	西湖十景 ① 断桥残雪 ② 柳浪闻莺 ③ 曲院风荷 ④ 雷峰夕照 ⑤ 苏堤春晓 ⑥ 花港观鱼 ⑦ 双峰插云 ⑧ 三潭印月（三潭石塔） ⑨ 南屏晚钟 ⑩ 平湖秋月	南宋至清	西湖景区	西湖	国保
3	飞来峰造像 ① 飞来峰造像 ② 西湖南山造像之天龙寺造像	① 五代—元 ② 北宋乾德三年（965）	西湖景区	① 灵隐寺前飞来峰 ② 慈云岭西南侧天龙寺后的山岩上	国保
4	六和塔	南宋	西湖景区	钱塘江北岸月轮峰上	国保
5	杭州忠义桥	南宋	西湖区	西湖区留下街道	国保
	杭州西山桥	南宋	建德市	乾潭镇下梓洲村	国保
6	杭州碑林（南宋石经）	唐至民国	上城区	上城区清波街道府学巷8号	国保
7	南宋皇城遗址	南宋	上城区	上城区南星街道馒头山社区凤凰山东麓宋城路一带	国保
	德寿宫遗址	南宋	上城区	上城区小营街道西牌楼社区望江路北侧	国保
8	南宋官窑遗址	南宋	上城区	上城区乌龟山、凤凰山北麓	国保
9	泗洲造纸作坊遗址	宋	富阳区	银湖街道泗洲村凤凰山北麓	国保
10	洞霄宫遗址	西汉—清	临安区	青山湖街道洞霄宫村	国保

　　"宋韵杭州十大遗迹"具有两大显著特点。其一，从时间维度看，十大遗迹具有鲜明的南宋特性。通常来说，狭义的杭州宋韵文化专指南宋时期的杭

州文化,杭州也正是从宋代开始逐渐积累大量宋韵物质遗迹的。因此,南宋特性是"宋韵杭州十大遗迹"在历史时间维度上的显著特点。宋代是中国历史上一个重要的文化高峰时期,其独特的艺术风格和审美观念对后世产生了深远影响。其二,从空间维度看,西湖风景区和西湖区内的遗迹占据了"宋韵杭州十大遗迹"的半壁江山。杭州西湖承载着悠久的历史,是杭州的"根"和"魂"。西湖景区坚持把弘扬中华优秀传统文化和提高中国文化影响力融入保护管理工作中,通过各种创新活动传播文化,致力于让文物"活起来",讲好杭州故事,传承"文化名湖"的深厚底蕴。西湖文化史迹一直是西湖景区非常重要的组成部分,其中作为"宋韵杭州十大遗迹"之一的"西湖十景"并非人文景观与自然景观的简单组合,而是一种随着经济、文化等时代背景持续发展演变、内涵不断更新的文化景观。有学者对西湖旅游环境的舒适度进行了评价,还用条件价值法对西湖风景名胜区旅游资源的游憩价值进行了评估。[①] 无论在学术研究还是文旅开发方面,西湖风景区内的遗迹都具有重要的价值,对其进行开发与宣传成为"宋韵杭州十大遗迹"相关工作中的关键。西湖文化是宋韵杭州遗迹中最重要的要素,对其旅游价值的挖掘与开发有助于优化旅游产业 IP,通过各类媒介对该 IP 进行宣传也有利于激发文旅消费活力,进而加快构建具有杭州特色的现代化服务业体系,促进区域经济增长方式转变,助力长三角地区打造全球性的旅游发展都市群。"宋韵杭州十大遗迹"自推出以来,不仅很好地传承和弘扬了宋韵文化,还积极推动了文旅融合,为杭州的文化旅游发展带来了显著成效。

---

① 王国新、钱莉莉、陈韬等:《旅游环境舒适度评价及其时空分异——以杭州西湖为例》,《生态学报》,2015 年第 7 期。

三、社会空间维度："宋韵杭州十大遗迹"文旅融合效果

"宋韵杭州十大遗迹"评选活动及后续的文旅融合措施为杭州的文化旅游发展带来了显著成效，提升了城市品牌形象，推动了文旅经济发展，丰富了文旅产品供给，增强了市民文化认同感，促进了文化遗产的保护与利用，并创新了文旅融合模式。为了探求"宋韵杭州十大遗迹"的实际文旅效果，我们对游客的旅游满意度进行了调研与分析。结果显示，自评出"宋韵杭州十大遗迹"以来，游客对其满意度总体较高。这表明"宋韵杭州十大遗迹"的推出为杭州市文旅发展带来了良好效果。其发展成效主要反映在以下方面。

首先，反映在提升城市品牌形象层面。城市品牌形象是衡量一个城市综合实力和文化影响力的重要指标。杭州作为历史文化名城，拥有丰富的文化遗产资源。通过"宋韵杭州十大遗迹"和宋韵文化的推广，杭州的城市品牌形象得以提升。例如，在亚运会期间，杭州利用宋韵元素打造了展现宋代风雅生活和文人雅趣的开幕式表演，让国内外观众感受到了宋韵文化的魅力。这种文化展示不仅增强了游客的体验感，还展现了"亚运风""宋韵味"，传递了宋韵文化金名片。"宋韵杭州十大遗迹"的核心在于传承和弘扬宋韵文化。"宋韵杭州十大遗迹"的文旅开发工作不仅保护了一批重要的历史文化遗产，还为现代城市注入了浓厚的文化气息。这种文化传承与创新相结合的做法，使杭州的城市形象更加鲜明独特。

其次，反映在丰富文旅产品供给层面。杭州推出了多条宋韵文化主题旅游线路，在这些线路中，对宋韵遗迹遗址的重视程度越来越高。以"迎亚运·游杭州"宋韵文化主题旅游线路为例，这些路线在设计上充分融合了宋韵遗迹遗址以及亚运会场馆、亚运人文体验点、特色餐厅等元素，为游客提供了丰富的文旅体验。西湖景区在文旅产品供给方面堪称成功典范。"宋韵杭州十大遗迹"，尤其是西湖风景区及其背后的宋韵文化，带动了城市旅游业的快速发展。西湖的"打开方式"越来越多，这是西湖能够长久保持吸引

力的重要原因。许多游客游览西湖时，不再局限于"到此一游"式的观光打卡。近年来，西湖景区深度挖掘秘境寻踪、文化体验等多种玩法，使得浴鹄湾、乌龟潭等区域，太子湾公园、郭庄、植物园等赏花胜地，以及中国茶叶博物馆、龙井村、满觉陇村等茶文化体验点，都深受西湖深度游游客的喜爱。西湖风景区始终注重用公共交通串联杭州宋韵遗迹。2023 年 3 月，杭州公交开通了"西湖内环线"和"西湖外环线"。其中，外环线解决了西湖北线和南线景区之间的衔接问题，将白堤、平湖秋月、雷峰塔等景区连接起来，极大地提升了游客游览的便利程度。据西湖风景名胜区管委会数据，2024 年国庆长假，西湖景区共接待游客 422.60 万人次，同比增长 30.92%。其中收费公园客流量 102.97 万人次，客流排名前三的依次是灵隐飞来峰、三潭印月、动物园。此外，杭州通过点燃"夜"经济，让宋韵"夜"文化成为杭城的一抹亮色，打造出新的消费场景，促进了城市经济活力的迸发。文旅集市等活动吸引了大量游客，直接拉动了文旅消费，有效提振了杭州的消费市场。

最后，反映在推动文旅经济发展层面。杭州在文旅融合方面不断创新，依托"宋韵杭州十大遗迹"，相继推出南宋皇城遗址公园、杭州国家版本馆、德寿宫、杭州奇妙夜等文旅新 IP，擦亮杭州文旅宋韵文化新名片。这些新 IP 不仅提供了衔接古今的文旅融合体验，还丰富了杭州的文旅产品供给。其中，作为杭州首个规模性展示南宋历史文化的重要载体，南宋德寿宫遗址博物馆自 2022 年 11 月 18 日开馆至 2024 年 11 月，已接待参观者超 160 万人次，成为杭城的热门文化地标。近日该馆还上榜了 2024 年全省数字文旅优秀示范案例名单，充分展现了其在博物馆界的实力和影响力。[①] 仅在 2024 年春节假期的 8 天时间内，德寿宫就接待了 27800 名游客，比 2023 年同期增长 114%。南宋德寿宫遗址博物馆的龙年美学艺术展、新春文化市集、汉服博主沉浸式

---

① 《从普通的遗址类博物馆成长为现象级的文化场所　德寿宫如何探寻更多"打开方式"？》，http://wwj.zj.gov.cn/art/2024/11/19/art_1639077_59062616.html。

演绎和"遇龙有礼""印龙纳福""寻龙集章"系列体验活动，不仅营造了浓厚的新春氛围，也起到了创新传承佳节重要民俗、弘扬中华优秀传统文化的重要作用。《人民日报》、浙江日报潮新闻、浙江文旅、杭州发布、杭州新闻联播等超过 30 家媒体就德寿宫的新春活动进行了直播或重点报道。其中，德寿宫宋画咖啡销售火爆，两三分钟就能卖出一杯，相关话题登上微博热搜，阅读量超 800 万次。此外，孔庙碑林、南宋遗址陈列馆在加强对场馆的保护与管理的基础上，不断提升公共服务能力与水平，在对物质遗产的活化利用方面也获得了良好效果。2023 年度，杭州孔庙碑林、南宋遗址陈列馆共接待游客 15 万余人次，发放第二课堂电子券 12875 张，在第二课堂活动中接待学校等团队 50 批次，有效发挥了两个场馆的社会教育和文化传播功能。

当然，文旅发展及其成效显现是一个渐进过程。"宋韵杭州十大遗迹"的文化供给未必能完全契合游客的实际需求，十大遗迹自身的文化串联程度和方式也存在很大提升空间。目前来看，"宋韵杭州十大遗迹"的文旅融合发展面临着如下具体问题：第一，西湖风景区内的遗迹"一枝独秀"，其他遗迹的存在感相对不高。这主要是受地理位置的影响。除了西湖周边的遗迹，其他"宋韵杭州十大遗迹"都比较分散，分别位于富阳区、临安区、建德市，对应的三项遗迹的影响力也有较大提升空间。例如，富阳区泗洲造纸作坊遗址是我国现已发现的年代最早、规模最大、工艺流程保存最为完整的古代造纸遗址，遗址总面积约 16000 平方米，现已发掘的遗迹主要属于南宋时期。2023 年 8 月，以泗洲造纸作坊遗迹发掘为契机，富阳区举办了泗洲纸文化节。纸文化节采取了"研讨交流＋主题特展＋文创大赛"的形式，旨在进一步弘扬优秀传统文化，讲好纸文化故事，传递中国纸的多样性用途和独特魅力。但是，泗洲造纸作坊遗迹在更广范围内的影响力还有待提升。第二，串联式的主题游览活动还未充分开展。西湖区和上城区的相关遗迹，虽然地理位置远比富阳、临安、建德便利，但基本都分布在西湖周边，城区交通相对拥挤，且上城区的三处遗迹相隔较远。以上因素使这些遗迹的串联和相关主题游径的策划、开发面临着巨大挑战。第三，十大遗迹在沉浸式文旅游览方面存在不足。十大遗迹本身具有极高的文旅价值，相关部门在学术研究和文旅宣传上做了很多工作。目前这些地方多由景区管委会在负责，但相关文旅活动的运营和运作方式还不够丰富，管理与服务水平仍需进一步提升，以构建全过程高效的服务链条。

四、文化空间统合下的应对之道：串联优化路径

一项文化综合工程的实施需要在实践中不断完善。深入挖掘历史遗迹的文化内涵、提升文旅效果、进行文化串联本身就是一项系统而精细的工作。旅游景观串联是激活旅游经济的关键举措。深度剖析串联体系内各大遗迹之间的相互联系，以及遗产要素与其所在环境、历史发展轨迹、功能组成要素之间的逻辑关联，能够帮助游客建立起对区域历史文化结构的全面理解。在此基础上，构建一套以文化主题为核心的叙事与阐释框架，进而规划出合理有序的线性空间布局。同时，积极探索串联线路的多样化、开放性利用模式，以此加强内部各元素之间的紧密联系与互动。此类实践既能使文化旅游相关元素以点带面、聚零为整，也能对相关资源进行整合推广，有助于文化的良性传承和发展。

因此，为进一步提升"宋韵杭州十大遗迹"的文旅融合串联效应，一方面，要借助宋韵文化这一核心主题，将区域内的文物资源与周边的自然风貌、旅游景观等非文物元素有机融合，使其融为一体；另一方面，则需依据文物资源的时代特征、性质类别及功能作用等因素，对文物资源进行有机整合，串珠成链，从而打造出更具吸引力和影响力的文化旅游新品牌。结合调研结果，本课题组建议从以下方面进行优化。

第一，加大政策规划和引领力度，推动构建宋韵文化旅游共同体。以政

府为主导，整合学术资源，系统挖掘和梳理与宋韵有关的文化资源、文化空间，系统规划宋韵文化布局。一方面，为建立文化特质协同、经济互补、区域共赢的宋韵文化旅游共同体，应深化总体布局、加强政策引导，将"宋韵杭州十大遗迹"纳入更高层级的政策领域，进行更广泛的推广。另一方面，要完善相关文旅人才配套体系，激发市场活力，打造宋韵产业集群，优化宋韵产业布局，把打造"宋韵杭州十大遗迹"文化品牌与提升杭州城市文化软实力深度融合，助力形成具有杭州特色、游客认可度高的文化旅游串联模式。

第二，更加注重主题导向，打造更优更便利的串联模式。一方面，根据各遗迹文化主题的不同特点，可围绕特定主题将几个遗迹进行串联。例如：围绕儒学与南宋政治发展的主题，可规划一条串联起杭州孔庙、南宋皇城遗址、南宋遗址陈列室的旅游线路；围绕宗教主题，则可将飞来峰造像和临安区洞霄宫遗址串联起来；等等。另一方面，针对遗迹沉浸式游览问题，可借鉴其他地区的经验，通过开展"场景表演＋不同年龄人群研学"等相关活动，对十大遗迹进行内核上的串联，同时注重加强对外宣传力度，提升宣传效果。此外，要致力于调动游客走近宋韵文化的积极性，开发更多的宋韵遗迹打卡活动，既让"藏在深闺"的宋韵遗迹为更多人知晓，也让已有的宋韵遗迹更加"火热出圈"。

第二，与时俱进、亲近社会，探索串联体系的多元开发利用模式。遗迹串联体系的价值实现与效益产出，关键在于其有效利用。文化遗产不仅承载着社会与经济功能，更需超越单纯保护的范畴，激活遗产资源，将其与地方发展、生态建设、社会经济活动及教育等领域深度融合，使之在社会与经济生活中发挥积极作用，从而彰显遗产的时代意义，确保历史文化的绵延与传承。为此，我们应充分发挥遗迹串联体系的观光游览与休闲体验功能，进一步促进文旅融合，推动地方旅游经济的繁荣。我们应在尊重历史传统的同时，展望未来，探索文物主题游径的多元化、开放性利用模式，拓展遗产资源整合开发的深度和广度。

　　具体而言，在串联体系的展现形式方面，应紧密贴合公众在出游、消费、娱乐及休闲体验等方面的需求，不断丰富并创新其呈现方式。例如：在整合串联历史文化资源的同时，融入自然风光和徒步、骑行、登山、远足、骑马等轻松愉悦的户外休闲活动；通过对遗产资源进行原址保护、整体展示与阐释，借助便捷的交通网络、多元化的解说系统及数字化展示技术，设计沉浸式研学、游览与文化体验活动，使公众在多样化的体验中深刻理解主题文化内涵，拉近遗产与公众的距离。在游径的产业融合方面，可采取"串联体系＋"模式，促进文化产业与游径区域内的旅游、农业、工业等产业的深度融合，开发出丰富多样的创意产品与服务，如夜间经济、乡村民宿、非遗文创产品等，为区域经济发展注入新动力。在信息传播、宣传营销层面，可借助多元化、立体化的传播渠道，如网络视频平台、移动设备应用等新媒体，以及艺术展览、电影节、特色文化演出等新型文化活动，实现游径历史文化内涵的全方位、深层次传播，塑造地域文化品牌，打造具有本土特色的文化符号。

　　第四，"超越"西湖、走向全市，更快更好实现省际串联。一是要将文旅打造工作逐渐向周边区县（市）延伸。加快宋韵文化旅游业态转型，推动发展格局从西湖周边遗迹"一枝独秀"，转变为向临安、富阳、建德等周边区县（市）全面延伸，进而打造集宋韵遗迹观景、宋韵文化感受、宋韵精神陶冶三种功能于一体的"三位一体"沉浸式文化体验。例如，位于上城区的杭州碑林、南宋皇城遗址（含德寿宫遗址）、南宋官窑遗址，要充分重视上城区在"宋韵杭州十大遗迹"串联工作中的重要地位。再如，富阳作为宋代泗洲造纸作坊遗址所在地，应进一步依托泗洲造纸作坊遗址，传承"富春宋韵"文化和传统造纸文化。富春文化是富阳本地的区域文化名片，近年来，在与宋韵文化的结合打造上取得了丰硕成果；作为宋韵遗迹的泗洲造纸作坊遗址在文化打造与传承方面也成绩斐然，近年来迅速"出圈"，吸引了众多游客。二是多措并举，更快更好实现省际串联。从其他地区的经验来看，无论是东北三省的区域旅游合作，还是衢黄南饶四城市间的"联盟花园"，抑或是绍兴串联老街景点的文旅实践，这些都在促进跨省旅游和全城旅游方面取得了一定成效。因此，在宋韵文化的发展和利用方面，杭州应进一步加强与河南开封的交流与合作，此举既能将区域文化推广到其他地区，也能实现"宋文化圈"的扩大与宋韵文化的传承。

随着宋韵文化热持续升温，公众不再仅仅满足于单纯的文化体验，而是开始追求对宋韵文化的实体感知和直观品鉴。杭州在浙江"宋韵文化传世工程"中占据着重要地位，理应在文化传承的历程中留下浓墨重彩的一笔。下一步，杭州可继续聚焦游客的需求与评价，秉持理性、科学的态度，梳理现有文旅实践的做法与成效，深入研究"宋韵杭州十大遗迹"和各区县（市）在宋韵文化方面的实践，进而助力杭州市扩大旅游串联规模，形成全域专题文化旅游新态势，打造更有影响力的文旅新名片。

参考文献

［1］尹晓宁:《挖掘拓展宋韵文化，打造杭州城市文韵体系》,《杭州》,2022 年第 7 期。

［2］刘志皎、明文彪:《推动宋韵文化产业高质量发展的思考》,《杭州》,2021 年第 22 期。

［3］潘如龙、周宇晗、吴晔:《如何让宋韵文化成为浙江文化金名片》,《浙江日报》,2021 年 9 月 10 日第 1 版。

［4］一平:《让千年宋韵"流动"起来》,《浙江日报》,2021 年 9 月 4 日第 1 版。

［5］姚梦雯、王欣、周俊楠:《杭州"西湖十景"文化景观历史层累及其演进现象》,《古建园林技术》,2020 年第 4 期。

［6］查爱苹、邱洁威:《条件价值法评估旅游资源游憩价值的效度检验——以杭州西湖风景名胜区为例》,《人文地理》,2016 年第 1 期。

［7］吴明:《假日旅游串联百业兴旺》,《监督与选择》, 2000 年第 9 期。

［8］郭青川、朱雄:《互联网视域下窥见民传非遗串联的旅游效应》, 2016 民族传统体育非物质文化遗产项目展演及研讨会论文, 上海, 2016 年。

［9］朱利亚、俞姝姝:《留下宋韵杭风——杭州留下古镇历史街区更新规划设计》,《城乡建设》, 2019 年第 8 期。

［10］汪婷婷:《东北三省区域旅游合作的现状与对策》, 云南师范大学, 硕士学位论文, 2007 年。

高水平打造杭州城市新中心核心区（中轴线）滨水空间文旅新 IP 对策研究

姚　远　武宇翔[*]

摘要：近年来，可持续发展理念的普及对城市滨水区的设计与规划能力提出了更高的要求。杭州作为具有独特东方韵味和全球重大影响力的世界名城，其城市新中心核心区（中轴线）的打造不仅关乎城市面貌的提升，更是推动产业发展的重要举措。高水平打造城市新中心核心区（中轴线）滨水空间文旅新 IP，旨在通过挖掘和利用滨水空间的文化、生态、科技等资源优势，打造具有鲜明特色和吸引力的国际旅游目的地，进一步提升杭州的城市竞争力和国际影响力。

关键词：城市滨水区；中轴线；空间规划

* 姚远，杭州国际城市学研究中心，浙江省城市治理研究中心研究人员，工程师，研究方向为城乡规划。武宇翔，杭州国际城市学研究中心，浙江省城市治理研究中心研究人员，工程师，研究方向为城市发展研究。

一、引言

城市是践行碳中和战略的重要阵地，城市规划和设计是实现双碳目标的重要手段。"碳中和"城市建设可借助城市滨水区规划。这不仅是生态文明建设与生态系统保护必须落实的重要内容，更是维护人类福祉、保护人类家园的关键举措，具有十分重要的战略意义。在具体实施过程中，可建设碳排放动态数据库、低碳产业体系、绿色交通体系、低碳市政设施体系、绿色基础设施等。

城市滨水区公园、湿地公园、郊野公园等开敞空间系统和生态保护区域是碳汇中心，在城市中心区与边缘区建设碳汇中心将起到碳捕捉、气候调节、污染控制、生态涵养等作用。

城市滨水区实现"碳中和"是一个庞大的系统工程，涵盖众多要素。其关键在于全方位重视碳排放的削减与碳汇的增加，并将这一考量提前纳入规划阶段，在建设和运营阶段坚定推进执行，确保城市尽快达成碳达峰、碳中和的目标。在新一轮国土空间规划中，需重点打造碳排放动态数据库，并将其作为低碳城市空间优化与问题研判的核心量化工具，从低碳产业体系、绿色交通体系、低碳市政设施体系、绿色基础设施等多个专题入手，提高城市生产生活中的碳排放管控效率，推动重要能源消费端增长达峰，通过城市生态系统建设提高蓝绿碳汇能力，早日实现城市碳氧平衡。

二、文献回顾

（一）滨水生态的国内外研究现状述评

水为生态之根基，水污染问题的日益严峻促使人们开始关注河湖水系生态。1938 年，学者 Seifert 提出"亲河川治理"这一概念，即通过采用近

自然的工程手段对河流加以整治，实现改善河流生态环境的目标。1992 年，
Hohmann 和 Konold 指出，通过生态治理，能够打造出一条具有不同的水流断
面、水深和流速，呈现出生态多样性的河溪[①]。2003 年，Mike John 从河道纵
向修复方法、河床修复方法、改善河道栖息地环境措施等方面提出了河流生
态修复的策略。

1997 年，Gerald 和 Galloway 针对密西西比河流洪水情况进行了反思，提
出了与经济、生态、文化可持续性相融合的河流治理技术[②]。2008 年，高辉巧
等人提出了"人水和谐"理念及坚持以城市生态规划为先导的河湖治理原则。
2012 年，韩玉玲等人围绕当前备受关注的河流健康问题，从河流系统角度，
归纳总结了河流系统健康的概念、内涵与特点。

（二）城市滨水空间的国内外研究现状述评

随着时代不断发展，人们对水生态、水文化、水景观的需求日益增多，
国内外不少城市先后提出构建生态水网体系的策略，国内外学者也开始对水
环境动力模型进行相关研究。2007 年，Chorus Schauser 提出，可以采取措施
对河湖水环境进行内外修复，从长远角度出发改善水质，并保护河湖水系周
边生态环境。2008 年，赵广琦等人以稳定坡岸和生态修复为目标，针对不同
地区的河段采用了不同生态护坡技术，进行综合效益上的比较分析，结果表
明坡岸绿化在河岸生态修复中起到了重要的作用。2010 年，刘劲与王金潮提
出河岸带生态护岸设计的原则与方法，并详细阐述了常用的护岸工程措施。
2013 年，叶春等人基于对湖泊缓冲带建设影响因素的分析，提出了湖泊缓冲

---

① 转引自刘伟毅:《城市滨水缓冲区划定及其空间调控策略研究——以武汉市为例》，华中科技大学，博士学位论文，2016 年。
② 转引自张曦:《基于景观生态学的重庆主城区滨江地带城市设计研究》，重庆大学，硕士学位论文，2010 年。

带的运行管理机制，以及湖泊缓冲带生态环境建设应遵循的原则。

综上，国内关于城市滨水空间绿色发展的研究内容较为丰富，但仍存在一些不足。从这些研究成果能够发现，理论和实践多聚焦于城市滨水空间绿色发展所涉及的用地布局、空间组织、景观整治、工业遗产保护等方面。然而，对于大范围尺度下的土地利用情形以及滨水空间格局，还有城市滨水空间绿色发展范畴内的空间发展格局及其影响机制的关注相对较少。因此，为打造生态文明先行区，加快树立人与自然和谐共生的现代化城市范例，学界迫切需要对这些领域进行重点关注和深入研究。

三、城市滨水区和滨水空间文旅新 IP 的概述

（一）城市滨水区的概念

城市滨水区这一概念是相对于乡村滨水区和自然滨水状态而言的。城市滨水区属于城市特殊空间区域，其建设可大致分为三种类型：一是开发区类型，即将非城市建设用地转变为城市建设用地；二是保护区类型，重点对现存且具有一定历史价值的滨水区进行修缮保护，从而保障其现有整体格局和历史风貌不受破坏；三是再开发区类型，指针对原有的环境开展重建工作，或者改变其功能后再加以利用。[①]

---

① 万华、甘灿:《城市滨水区景观生态规划与设计概述及思考》,《湖南农机》, 2007 年第 15 期。

（二）滨水空间文旅新 IP 的理论创新

城市滨水区作为城市生态类资源，正日益受到各个城市的重视，其价值不言而喻。滨水空间文旅新 IP 的理论创新主要体现在以下方面。

一是文旅融合新模式。文旅融合新模式旨在深度整合文化产业与旅游产业，以创新方式促进文化资源与旅游资源的融合利用，在对文化资源进行挖掘、保护与传承的同时，借助旅游产业的市场活力与经济效应，促使二者在相互交融中实现协同发展。

二是滨水城市空间形态演进。滨水城市空间形态正逐渐从沿河、江一侧转变为沿河、江两侧，现代技术助力滨水城市突破了江河的地理限制，使江、河城市能够较为自由地在滨水两侧实现空间拓展。这要求规划者把握滨水城市空间形态演进的趋势，明确滨水城市空间更新的目标，洞察滨水城市活力与生命力的根源，认识到"精细化""人性化"在滨水城市水资源管理、彰显城市人民性、提升规划设计品质，以及推动滨水空间可持续发展过程中的重要作用。

三是世界级滨水科创区城市设计。在新一轮全球城市竞争升级的背景下，城市积极向建设卓越的全球城市迈进，打造世界级滨水区，从传统的经济、金融、贸易、航运四大中心转向新时代的"产业中心＋科创中心"。依托"一江一河"滨水空间建设，以更高站位谋划世界级滨江科创区的建设。创新性地提出"科创森林"的滨水科创区规划设计理念，探索具有城市特色的滨水科创区发展新模式。

四是长江主轴时代下的滨江空间保护开发策略。滨江地区作为城市的珍贵空间，在生态资源、文化积淀、城市建设等方面表现卓越。其功能高度复合，生态、景观、防洪、交通、文化相互交织，奠定了其重要地位。[①] 在极具前瞻性的理念指引下，滨江空间宛如一块被精心雕琢的璞玉，正逐渐散发出璀璨光芒。滨江地区在滨江景观风貌塑造、生态绿化系统构建、亲水休闲功能优化等方面都展现出了独特之处。运用地形塑造、竖向设计等立体处理手法对场地进行抬升，使防洪墙与地面之间的高差实现自然过渡，完成江堤与公园、城市道路在空间上的无障碍衔接，从而使江景的可视范围最大化，增强滨水空间的亲水性和可达性。

五是提升滨水公共空间的文体旅功能。来自城市规划、综合交通、建筑设计、文化旅游等领域的专家学者就"文体旅功能怎么放、放什么、如何实现"等话题，从自身体验出发，给出了他们的建议。专家认为，在滨水空间的文旅产业发展中，精准把握市民需求、制造"热点事件"是关键，可以通过定期举办大事件，如音乐灯光秀、水秀等活动，在市民心中留下深刻印记。

六是从场所营造到场景创生。滨水空间作为独特的场所，不仅是自然系统的生态涵养空间，也是居民进行休闲与消费的空间。滨水环境的再生转型需要从场所营造迈向场景创生，整合场所营造的既有范式，打造具有社会认同感的日常生活景观，既关注由蕴含着生产生活的人地关系所构建的场所精神，也关注具有文化内涵的景观美学体验。

七是发掘传统水文化，推动滨水城市文旅融合发展。深入发掘传统水文化的内涵，彰显滨水城市的文化灵魂，弘扬人水和谐共生的生态环保理念，推动滨水城市传统水文化与现代旅游业深度融合，形成文旅新供给，为构建新发展格局、推动高质量发展注入新的活力。在这一过程中，坚持系统规划与因地制宜并重，打造省域文旅融合新亮点。

杭州西溪国家湿地公园为我国首处湿地公园，面积约 11 平方千米，

---

① 张志清：《长江主轴时代下武汉滨江空间保护开发策略》，载中国城市规划学会编：《面向高质量发展的空间治理——2021 中国城市规划年会论文集》，北京：中国建筑工业出版社，2021 年。

2009 年 7 月被列入《国际重要湿地名录》。自 21 世纪以来，杭州严格遵循湿地保护国际公约，坚持"积极保护"方针，成功实施"PPP＋POD"（Park Oriented Development）复合模式。这使得西溪国家湿地公园周边土地大幅增值，不仅反哺了该工程高达 150 余亿元的前期投入，还积累了充裕的资金①，这些资金被投入其他项目的生态保护工作中。在此过程中，西溪国家湿地公园的生态效益、社会效益以及经济效益得到了显著体现，由此构建出城市基础设施经营社区化的"西溪模式"。

（三）基于高水平打造杭州滨水空间文旅新 IP 的研究

杭州作为一座历史悠久、文化底蕴深厚的城市，近年来在城市建设方面取得了显著成就。随着杭州城市新中心核心区（中轴线）建设的加速推进，滨水空间作为城市的重要组成部分，其文旅价值的挖掘和提升显得尤为重要。高水平打造滨水空间文旅新 IP，不仅有助于提升城市形象和文化软实力，还能促进旅游业和相关产业的发展，为市民和游客提供更加丰富多样的文化体验。杭州城市新中心核心区（中轴线）的规划和建设，旨在打造一个具有未来感、国际范、创新性且年轻化的世界级城市中轴线。这一宏伟蓝图的实现，将极大地推动杭州城市新中心核心区（中轴线）周边的滨水空间文旅新 IP 的发展。

城市滨水区的开发要以文化为导向。城市滨水区通常蕴含着丰富的历史文化遗迹与人文景观，可以以文化产业发展逐步替代城市滨水区日益衰落的制造业、运输业等产业。通过对旧工业建筑进行改造和再利用，同时增设文化设施，使滨水地区重焕生机，进而推动旅游产业和商业发展②。城市是一个有机生命体，水体是城市形态与结构的重要组成部分，从古至今，任何一座

---

① 《温州目标：建设中国东南沿海地区最大区域中心城市》，http://blog.sina.com。
② 张晶：《城市中心区滨水空间设计探讨——以上海苏州河两岸滨水环境提升为例》，《中外建筑》，2020 年第 7 期。

城市的诞生和发展都离不开水。"逐水而居"体现了人类发展历程中的一种趋向。而依山傍水这一理念，则承载着人类对理想居住环境的美好憧憬，是人类在漫长岁月中对居住条件的一种高层次追求。四大文明古国皆因水而兴，没有水就没有文明的兴起，没有水就没有高品质的生活。

从农耕文明到工业文明，从水城分离到水城融合，从"京杭大运河""都江堰工程"到近现代中国城市水利规划建设实践，古往今来，人类对"水与城"关系的探索从未停止。从这个意义上讲，一部城市发展史就是人类持续探索"水城关系"的历史。在城镇化进程不断加快的过程中，一些客观问题也逐渐暴露出来。部分地区对水城融合缺乏重视，未能实现社会效益、经济效益和生态效益三者的有机统一，导致城市发展渐趋衰落。历史上的楼兰古城、锁阳城等，就是因为水源枯竭而湮灭。到了近现代，许多城市因不重视生态保护造成严重环境污染，被历史发展的滚滚车轮甩在身后。

"城市，让生活更美好"。迈入新时代，为加快实现城市高质量发展的目标，亟须改变传统的水城发展模式，坚持以水定城、以水定地、以水定人、以水定产，系统探索城市与水之间的和谐共生，不断满足人民对美好生活的向往。

四、高水平打造杭州滨水空间文旅新 IP 的探索实践

（一）杭州山水城市的发展脉络

早在 20 世纪 80 年代，钱学森先生就针对中国城市未来发展的趋势以及可能遇到的问题进行过深入研究，并创新性地提出了"山水城市"理论及未

来城市构想①，这一理念为中国城市建设指明了一条融合自然与人文、兼具科学性与前瞻性的发展路径。杭州，这座名副其实的山水城市，境内江、河、湖、溪纵横延展，仿佛是大自然精心编织的水之网络，又与大海相邻为伴。在国内乃至国际的城市之林中，像杭州这般集五种水资源于一身的城市实属罕见，堪称自然与城市和谐共生的杰出典范。杭州的城市发展历程，宛如一部生动的史书，每一页都镌刻着对水的依赖，记录着因水立足、因水繁荣、因水扬名的精彩故事。这座城市与水的缘分，深植于历史的脉络之中。水是杭州发展的命脉，是其灵魂所在，赋予了杭州独一无二的魅力与韵味。

一是杭州因水而生。从历史维度看，8000年前，跨湖桥人以独木舟为工具，在湘湖、钱塘江畔捕鱼狩猎、种养采集，创造了"跨湖桥文化"。水为其活动提供了空间与资源，是文化发展的重要基础。5000年前，良渚人于"美丽洲"繁衍生息、耕耘治玉，孕育了"良渚文化"。其中，良渚古城外围水利系统是中国最早的大型水利工程，体现了当时人们对水的治理智慧。良渚古城作为实证中华五千年文明史的圣地，被誉为"中华第一城"②。"跨湖桥""美丽洲"这两个地名也彰显出了杭州与水的紧密关联，水孕育了杭州早期文明，是杭州历史发展的根源与脉络。

二是杭州因水而立。自公元前222年秦王嬴政设立钱唐县起，至公元589年隋文帝设置杭州，悠悠八百余年间，杭州城始终与江相依，依江而建。在这段漫长的历史时期，钱塘江的航运功能成为杭州发展的关键支撑，钱塘江主导了杭州的发展。航运促进了人员与物资的流通，促进了经济的繁荣，也塑造了杭州早期的城市形态和发展格局。钱塘江宛如一条生命之带，维系着杭州的成长与发展。

---

① 王阳：《共话自然山水新精神　绘就人城相融新画卷：纪念钱学森诞辰110周年暨"山水城市"学术论坛举行》，《上海科技报》，2021年12月15日第1版。
② 王国平：《彰显"五水共导"城市特色　着力把杭州打造成"东方威尼斯"》，《杭州通讯（生活品质版）》，2008年第9期。

三是杭州因水而兴。隋代至宋元时期，南北大运河的贯通意义非凡，尤其是江南运河与钱塘江、浙东水系相互连通之后，杭州作为水运枢纽和河海大港的重要地位愈发凸显。这一时期，杭州仿若一颗镶嵌在水网之上的明珠，因水运之便，八方物资汇聚于此，人员往来络绎不绝。值得一提的是，吴越国和南宋先后定都杭州，政治中心的地位为其发展注入了强劲动力。在水运枢纽和政治中心的双重身份加持下，杭州迅速繁荣昌盛，开启了由运河主导发展的辉煌时期，在历史长河中留下了浓墨重彩的篇章。

四是杭州因水而名。自唐代始，随着对西湖的开发与利用逐步深入，西湖宛如一颗璀璨明珠，以其湖光山色吸引着无数文人墨客与游人驻足流连。尤其在元代之后，钱塘江的航运功能逐渐弱化，城内运河也开始出现淤塞，西湖的旅游功能也就显得愈发突出。西湖逐渐成为杭州的城市名片，杭州也随之进入了西湖繁盛期，声名远扬。

迈入 21 世纪，随着湘湖综合保护、千岛湖综合保护、余杭区南湖综合保护、市区河道综合保护、大江东新城建设等一系列工程的实施，杭州城市的发展进入"五水共导"的新时期。

（二）生活品质之城的探索实践

杭州围绕"水城关系"不断探索，就是为了回答好"城市发展到底为了什么"这一根本问题，从而确立科学的城市发展理念。结合杭州的实际情况，这个问题的答案就是共建共享"生活品质之城"。杭州提炼出江、河、湖、海、溪"五水共导"的城市治水新理念，全力打造"水清、流畅、岸绿、景美、宜居、繁荣"的亲水型山水宜居城市。可以说，自迈入 21 世纪以来，杭州城市发展的每一篇大文章皆围绕水展开。

一是做好江的文章，推进跨江发展。钱塘江，宛如一位伟大的母亲，世世代代滋养着浙江文明。它是杭州当之无愧的"母亲河"，承载着这座城市的历史记忆与深厚情感。杭州市内的钱塘江上游连接着新安江、富春江、千岛湖"两江一湖"国家级风景名胜区，下游串接西湖风景区和京杭大运河，最终向东汇入东海，主线全长 235 千米，流域面积约 1.3 万平方千米，占全市总面积的 80%，形成了"一江春水穿城过"的城市格局。2000 年，杭州市委、市政府提出了"保老城、建新城"的发展理念和"从西湖时代迈向钱塘江时代"的发展战略，推动城市发展模式从"摊大饼"向"蒸小笼"转变，再进一步向"网络化""组团式"发展模式迈进。在沿江开发、跨江发展、城市东扩、旅游西进等理念的引导下，杭州实现了萧山、余杭撤市建区，并相继建成了钱江新城、高新区（滨江）、大江东新城、城东新城、奥体博览城，为承办 G20 峰会、亚运会等大型高端国际会展活动创造了基础条件。

二是做好河的文章，实现申遗目标。杭州市委、市政府为了全面焕新运河面貌，对运河的脏、乱、差问题展开了重点整治。从 2002 年开始，杭州连续 10 年实施运河综合保护工程，通过落实水体治理、路网建设、景观整治、文化旅游、民居建设这"五大工程"，全方位强化京杭大运河（杭州段）的生态功能。在此过程中，不遗余力地将大运河塑造成为集时代特征、杭州特色、运河特点于一体的景观河、文化河、生态河。这条河承载着杭州的历史记忆，映射着当下的城市风貌，更孕育着未来的无限可能，成为展示杭州发展历程的世纪"新地标"。它就像东方的"塞纳河"，让传统文化与现代文化在此相互交融，碰撞出璀璨的火花，为杭州这座城市增添了独特而迷人的魅力①。2014 年 6 月，京杭大运河申遗成功，首批申遗的点段中有 11 处位于杭州，包含 6 个遗产点、5 段河道。杭州的申遗河道总长度 110 千米，申遗点段数量在全国各个城市中名列前茅。当前，围绕着运河文化遗产的保护、传承和利用，杭州正积极推进国家文化公园建设，力求让运河文化在新时代绽

---

① 王国平：《京杭运河（杭州段）综合整治与保护开发的思考》[EB/OL]，http://wenku.baidu.com。

放光彩。

三是做好湖的文章，提升城市品位。西湖是杭州的"根"与"魂"。从 2001 年开始，杭州围绕"保护西湖、申报世遗"的目标，遵循"保护第一、生态优先，传承历史、突出文化，以民为本、为民谋利，整体规划、分步实施"的原则，连续 10 年实施西湖综合保护工程①。首先是在保护上下功夫。秉持"保护第一、生态优先，突出文化、完善功能"的理念，坚持以人为本、以民为先。其次是在管理上下功夫。完善管理体制，创新管理机制，树立"以人为本、以游客为中心"的理念，坚持依法、从严、精细、长效管理，在服务中管理，在管理中服务。再次是在经营上下功夫。以市场为导向，创新经营理念，提升经营水平，用好景区资源，实现生态效益、社会效益和经济效益的最大化。最后是在研究上下功夫。只有将研究工作落实到位，我们才能真正了解西湖、切实保护西湖，助力西湖经久不衰、续写新的辉煌篇章。

四是做好海的文章，推进工业兴市。杭州邻海，钱塘江入海口——杭州湾就是以"杭州"来命名的。正是由于这一独特的区位条件，杭州在历史上曾是我国重要的贸易港口。按照"接轨大上海、融入长三角、打造增长极、提高首位度"的战略部署，杭州确立了打造"杭州的浦东"、再造一个"新杭州"的目标。

五是做好"溪"的文章，建设生态城市。西溪发现于东晋，发展于唐宋，全盛于明清。西溪国家湿地公园与西湖、西泠并称杭州"三西"，是国内第一个集城市湿地、农耕湿地、文化湿地于一体的国家湿地公园。一句"西溪且留下"让无数人心驰神往。2003 年 8 月，杭州启动了西溪湿地综合保护工程。围绕西溪湿地保护这一系统性工程，杭州在全国率先采用湿地公园模式，坚持 POD（Park Oriented Development）模式，即以城市公园等生态设施为导向，形成湿地公园"金镶玉"组团发展方式，实现了旅游、求学、居住、创

---

① 周乾松：《杭州古都文化保护与利用的探讨》，《中共杭州市委党校学报》，2008 年第 2 期。

业等城市价值的复合化和城市功能的集约化发展。通过综合保护，西溪湿地的自然生态得到较好修复，生物多样性进一步彰显，"城市之肾"功能进一步增强，西溪文脉也得以传承。

2009 年 7 月，获湿地公约秘书处批准，西溪湿地正式被纳入《国际重要湿地名录》。这不仅是对杭州实施西溪湿地综合保护工程的极大肯定，亦是杭州在生态城市建设进程中取得的标志性成果。西溪湿地由此成为浙江省首个被列入《国际重要湿地名录》的湿地。围绕西溪湿地公园，杭州市规划建设了相应的配套设施，在综合保护和开发利用之间找到了"最大公约数"，实现了"学在西溪、住在西溪、游在西溪、创业在西溪"，这一创新发展模式被誉为"西溪模式"。

迈入 21 世纪以来，杭州市先后获得了联合国人居奖、国际花园城市、中国最佳旅游城市、东方休闲之都、美丽山水城市、中国十佳宜居城市等众多"金名片"。杭州江河湖海溪"五水共导"的水城融合成功实践表明，一座城市有了丰富的水资源，才会有活力、灵气和生命力。杭州科学妥善地处理好水与城的关系，为建设生活品质之城打下了坚实的根基。

（三）城市发展和治理的鲜明导向

2020 年 3 月 31 日，习近平总书记在杭州考察时指出，"要把保护好西湖和西溪湿地作为杭州城市发展和治理的鲜明导向，统筹好生产、生活、生态三大空间布局，在建设人与自然和谐相处、共生共荣的宜居城市方面创造更多经验"[①]。在当前强调"水城融合""共生共融"的时代背景下，西湖、西溪综保工程为"城市发展和治理的鲜明导向"提供了实践范例与探索路径。概

---

① 中共中央党史和文献研究院编：《习近平关于城市工作论述摘编》，北京：中央文献出版社，2023 年，第 139 页。

括地说，"鲜明导向"的关键内涵在于努力做到"三个坚持"。

一是坚持转变城镇发展方式和经济发展方式两轮驱动。中央城镇化工作会议指出，要"按照促进生产空间集约高效、生活空间宜居适度、生态空间山清水秀的总体要求，形成生产、生活、生态空间的合理结构"①。在过去的一段时期内，众多地区将经济发展置于首位，却忽视了城镇发展，致使城镇化的进程落后于工业化，城镇发展水平也跟不上经济发展速度，进而使城镇发展呈现出"低水平、小规模、分散化、质量差"的状况。而城镇发展的这种不良局面又进一步导致产业结构恶化，使其呈现出"低端、小型、分散、劣质"的特点，最终严重制约了经济发展方式的转变。

理念决定思路，思路决定出路。唯有将经济发展方式转变与城镇发展方式转变紧密结合起来，才能突破两者各自面临的瓶颈。杭州通过总结推广西溪湿地综合保护的成功经验，推进"环境立市"发展战略，坚持"做城市做环境"，以一流的城市环境吸引一流的人才，以一流的人才兴办一流的企业。

二是坚持推进城市生态类基础设施社区化。城市基础设施是城市正常运作的前提条件，是提升城市居民生活品质的重要保证，也是城市产生集聚效应和规模效益的决定因素。城市滨水空间作为城市生态类基础设施，其重要性绝不亚于公路、桥梁等城市经济类基础设施。西溪国家湿地公园的建设是"城市基础设施社区化"这一核心理念的生动实践。它以"湿地公园"为核心，通过"15 分钟生活圈＋15 分钟通勤圈·就业圈·消费圈·社交圈·教育圈·医疗圈·运动圈·休闲圈·生态圈"的功能组合和系统构建②，打造"结构有序、功能互补、整体优化、共建共享"的"湿地公园型城市组团"，确保在区域内部实现生产、生活、生态功能的复合以及社会效益、经济效益和生态效益的"三效合一"发展。

---

① 任致远：《关于美丽中国"城市梦"构想的思考》，《城市》，2014 年第 6 期。
② 王国平、王宇熹：《以城市基础设施社区化破解政府负债难题》，《全球城市研究（中英文）》，2022 年第 3 期。

三是坚持以打造人与自然和谐共生的宜居城市为目标。杭州以构建城市中人与人、人与自然的良性关系为着眼点，致力于实现建设"宜居城市"的终极目标。杭州始终把"环境立市"战略作为城市发展的核心战略，不惜在环境建设方面投入大量成本，推动生活居住环境的国际化，使杭州跻身世界宜居城市之列。建设宜居城市就是满足人民对美好生活的向往，是"百年未有之大变局"这一时代背景下追求高质量发展的应有之义。

五、坚持城市基础设施社区化的理念和原则

（一）坚持"以民为本"

人为城之本，城市发展的根本宗旨就是为人民提供更优的生存、发展环境。以民为本是推进城市基础设施建设社区化的根本出发点和落脚点，是"立党为公、执政为民"理念在城市社区建设实践中的具体体现。以杭州的实践为例：在西湖综合保护工程中，杭州提出"打通西湖、还湖于民"，打通西湖沿线，免费开放西湖；提出"还山于民"，保留吴山"大碗茶"，恢复"吴山庙会"，让老百姓游得了吴山、游得起吴山；提出"景区美、寺庙兴、百姓富"，努力把梅家坞、龙井村、灵隐村等"景中村"打造成社会主义新农村建设示范村。在西溪湿地综合保护工程中，杭州提出"还溪于民"，强调要让西溪成为"人民的大公园"。在运河综合保护工程中，杭州围绕"还河于民、申报世遗、打造世界级旅游产品"三大目标，打通运河两岸游步道，加强城市基础设施建设，整治运河沿线旧小区，改善运河两岸危旧房，既解决了运河的可进入性问题，又改善了运河两岸居民的生活环境，特别是居住条件，使运河真正成为"人民的运河""游客的运河"。杭州始终强调，要把西湖、西溪湿地、京杭大运河打造成世界级旅游产品，以此提升杭州旅游的

核心竞争力，为杭州老百姓种下"摇钱树"，让杭州老百姓捧上"金饭碗"。

迈入 21 世纪以来，在实施各项重大工程的过程中，杭州始终强调坚持科学决策、民主决策，坚持走群众路线，落实"四问四权"，充分体现了"城市建设为人民、城市建设靠人民、城市建设成果由人民共享、城市建设成效让人民检验"的理念，生动诠释了以民为本的城市发展思想，也为其他城市提供了可借鉴的宝贵经验。

（二）坚持"生态优先"

城市是有生命的，有其生死兴衰的规律。保护好城市的自然生态，处理好城市与环境的关系，是维持城市旺盛生命力的关键。杭州始终强调把生态效益放在首位，在生态效益、环境效益与社会效益、经济效益发生矛盾时，坚持社会和经济效益无条件地让位于生态和环境效益。在西湖综合保护工程中，杭州提出了"淡妆建筑设施、浓抹花草树木"的要求，强调要尽最大可能降低建筑密度和人口密度，尽最大可能保护和修复自然生态，力求达到"虽由人作，宛若天开"的效果。在西溪湿地综合保护工程中，杭州又提出"最小干预"理念，强调严格控制建筑和建设规模，大力削减人类活动的强度，在生物资源调查和生态环境研究的基础上，保护和修复地貌、水域的原生性，保护好柿基鱼塘、桑基鱼塘、竹基鱼塘这些次生湿地的典型代表，加强湿地生态植物的培育，对现有植被进行必要修复，突出自然和野趣，充分体现湿地生物的多样性，恢复和重建西溪历史上的最佳生态，形成与国家湿地公园相匹配的生态环境。在"三口五路""一纵三横""五纵六路""两口两线"等道路综合整治工程和背街小巷改善、庭院改善、危旧房改善、市区河道综合保护等工程中，杭州提出"清洁、清静、亲水、绿色、无视觉污染"的理念，强调要努力让杭州的天更蓝、水更清、山更绿、花更艳，实现人与自然和谐相处。这些举措充分体现了生态优先的理念。

（三）坚持"系统综合"

城市是一个"生命体"，是一个复杂的巨系统。杭州始终坚持把城市三大类基础设施建设作为一项宏大的系统工程来推进，总体规划、分步实施，由点到面、由线到片，系统综合、有序推进。杭州提出以"路（河）有机更新"带整治、带保护、带改造、带建设、带开发、带管理，推动"城市有机更新"，充分体现了系统综合理念。"以路（河）带整治"，就是通过道路、河道的有机更新，对道路、河道两侧的绿化环境、建筑立面、电杆广告等进行全面整治；"以路（河）带保护"，就是通过道路、河道的有机更新，保护好道路、河道两侧的自然生态和人文生态，凸显"城市美学"，在不割断城市历史、不破坏城市原有特色的前提下进行城市建设；"以路（河）带改造"，就是通过道路、河道的有机更新，带动道路、河道两侧"城中村"改造，加快农转居多层公寓建设，真正走出一条"城中村"改造的新路子；"以路（河）带建设"，就是通过道路、河道的有机更新，推动沿路沿河的新农村建设，将市政基础设施向城乡接合部延伸，推进城郊农村地区的城市基础设施更新；"以路（河）带开发"，就是通过道路、河道的有机更新，带动道路、河道两侧地块开发，利用这些地块的土地出让收益，平衡道路综合整治的资金投入；"以路（河）带管理"，就是通过道路、河道的有机更新，推动落实道路、河道后续的长效管理，推动路河两侧环境的洁化、绿化、亮化、序化。从西湖综合保护工程坚持整治、绿化、引水、造景"四位一体"，到运河综合保护工程提出截污、驳坎、清淤、绿化、配水、保护、造景、管理"八位一体"，再到市区河道综合保护工程提出"流畅、水清、岸绿、景美、宜居、繁荣"目标，杭州的实践充分体现了系统综合的理念。

（四）坚持"品质至上"

以杭州的城市基础设施工程为例。杭州市始终强调坚持高起点规划、高强度投入、高标准建设、高效能管理的"四高"方针，强调"细节为王""细节决定成败"，强调精益求精、不留遗憾。杭州明确要求，工程实施前，规划设计方案应进行公开展示，广泛听取和采纳市民群众、专家学者和社会各界的意见；工程实施中，用料、施工、美化、视觉污染整治和植被恢复等各个环节都要严格遵守设计标准，严格执行施工规范，严格实施工程监理；工程建成开放前，要专门组织各方面专家和本地居民代表"挑毛病"，并及时整改到位，确保每一个景点、每一处建筑都经得起人民的检验、专家的检验、历史的检验，成为专家叫好、百姓夸赞的"世纪精品、传世之作"，成为"今天的建筑、明天的文物"。杭州高度重视城市基础设施工程的独特性、差异性甚至唯一性。在西溪湿地综合保护工程中，提出西溪国家湿地公园首先要打造以桑基鱼塘、柿基鱼塘和竹基鱼塘为特征的"自然景观牌"，因为这是西溪湿地最具独特性、差异性的景观特征；像中国湿地博物馆这样的新建筑，则要成为具有独特性、差异性甚至唯一性的标志性建筑。在市区河道综合保护工程中，杭州要求每条河道都要有独特性、差异性，防止"千河一面"。这些举措都充分体现了品质至上的理念。

（五）坚持"集约节约"

在城市基础设施建设中以最少的投入，获取最大的经济、社会和生态效益，是城市高质量发展的重要特征。在城市基础设施重大工程建设中，杭州始终高度重视集约节约利用土地资源和建设资金，强调集约用地、节约用地，强调打造"廉洁工程""节约工程"，不浪费纳税人一分钱，努力在集约节约与打造精品之间找到一个最佳平衡点。杭州坚持"一调两宽两严"原则，强调向规划要土地、要资金，通过调整优化规划，集约节约利用土地资源，借地生财、借地发展。杭州积极引入"紧凑型城市"发展理念，提出在钱江新城、钱江世纪城、下沙新城、杭州高新开发区（滨江）白马湖区块的局部区域开展"紧凑型城市"试点工作。杭州始终坚持"政府做地、企业做房"，重大工程建设涉及的所有出让地块，均按规定程序实行"招拍挂"，努力实现土地收益的最大化。对各项重大建设工程，杭州均实行严格的审计制度，有效节约建设达资金 20% 以上。杭州要求钱江新城努力打造资源节约型、环境友好型社会示范区，把市民中心建成节能型建筑的样板。杭州还专门组织力量，对西湖综合保护工程进行绩效评估。这些行动都充分体现了集约节约的理念。

（六）坚持"可持续发展"

可持续发展理论是现代城市发展的基础理论，也是城市基础设施建设必须遵循的基本规律。杭州在推进城市基础设施建设的过程中，始终坚持可持续发展理念，强调既满足现代人的需求，又不损害满足后代需求的能力，不吃子孙饭，不堵子孙路，充分体现"代际公平"。特别是在西湖综合保护、西溪湿地综合保护、运河综合保护工程中，杭州提出了城市是一个生命体的理念，强调城市也有自己的"生命信息""遗传密码"，必须在做好保护、管理、经营文章的同时，也做好研究的文章，收集城市的"生命信息"，破译城市的"遗传密码"，保护好城市的历史文化，让城市不忘"回家的路"，实现资源的永续利用和城市的可持续发展，让杭州这座千年古城"再活一个五千年"。

参考文献

［1］高辉巧、张晓雷、熊秋晓：《基于生态重构的城市河湖水系治理研究》，《人民黄河》，2008 年第 5 期。

［2］李德旺、雷晓琴：《城市水网构建中的生态水力调度原理与方法初

探》，《人民长江》，2006 年第 11 期。

［3］赵广琦、邵飞、崔心红：《生态河道的坡岸绿化技术探索与应用》，《中国园林》，2008 年第 11 期。

［4］王金潮、刘劲：《国外缓冲带护岸技术研究进展》，《水土保持通报》，2010 年第 6 期。

［5］叶春、李春华、邓婷婷：《湖泊缓冲带功能、建设与管理》，《环境科学研究》，2013 年第 12 期。

［6］韩玉玲、夏继红、陈永明等：《河道生态建设：河流健康诊断技术》，北京：中国水利水电出版社，2012 年。

［7］Seifert A. "Naturnaeherer Wasserbau," *Deutsche Wasserwirtschaft*, vol.33, no. 12(1938).

［8］Hohmann J, Konold W. "Flussbau massnah men an der Wutach und ihre Bewertung aus oekologischer Sicht," *Deutsche Wasserwirtschaft*, vol. 82, no. 9(1992).

［9］John M. "Santonio's River improvements project," *Innovation*, vol. 11(2003).

［10］Gerald E, Galloway M. "River basin management in the 21st century: Blending development with economic, ewlogic, and cultural sustainability," *Water International*, vol. 2(1997).

［11］Molina J L, et al. "Integrated water resources management of overexploited hydrogeological systems using Object-Oriented Bayesian Networks," *Environmental Modelling & Software*, vol. 4(2010).

［12］Schauser I, Chorus I. "Assessment of internal and external lake restoration measures for two Berlin lakes," *Lake and Reservoir Managenent*, vol. 23, no. 4(2007).

［13］中国电建集团华东勘测设计研究院有限公司、杭州城市学研究会：《水城融合城市滨水区规划发展研究》，北京：经济管理出版社，2022 年。

杭州市上城区打造人文旅游经济高地研究

周　膺　周易知　蒋伊凡[*]

摘要：杭州市上城区积极推动文化旅游产业人文化发展，努力打造人文旅游经济高地。上城区有吴越国文化、宋韵文化、钱塘江文化、西湖文化、运河文化、皋亭山文化、工商业旅游文化及非物质文化等多种地域文化资源，其中以南宋临安城为代表的宋韵文化资源最具代表性。本报告就杭州市上城区打造人文旅游经济高地提出以下对策建议：以宋韵文化为主体，打造中华文明重要地标和人文旅游大 IP；对优势资源进行现代转换，发展规模人文旅游经济，建设"杭州桃花源"和杭州世界慈善文化博物馆；在历史文化资源基础上叠加创意文化资源，创建"中国 AI 美学城"；实施全域旅游人文生态和人文向导建设计划，建设"大宋梦华城"；实施演艺大市场拓展计划，打造"演艺上城"品牌；实施当代艺术集聚发展计划，举办香港巴塞尔艺术展式的国际性展会，建设赵无极当代艺术馆；实施数字人文旅游计划，建设"数字宋韵"综合资源库。

关键词：人文旅游经济；人文资源；上城区

---

* 周膺，浙江省历史学会副会长、研究员。周易知，杭州科技职业技术学院讲师。蒋伊凡，五四宪法历史资料陈列馆助理馆员。

杭州市上城区致力于人文资源的深度开发，培育人文经济新质生产力，积极探索文化旅游融合发展新路径，打造创意旅游体系和发展新引擎。2023年上城区全域旅游总人数达4917万人次，同比增长64.6%，接待游客人次增速、住宿业营业额增速持续位居杭州市第一位。2024年1月至8月上城区全域旅游总人数达3680万人次。在全国市辖区旅游研究课题组和华夏佰强旅游咨询中心联合发布的《全国市辖区旅游研究报告2024》中，上城区列第六位，居浙江省第一位。在全球经济向人文经济跃升的新的历史条件下，上城区应当进行更高水平的战略设计，进一步强化发展优势。

一、积极推动文化旅游产业人文化发展

（一）以人文要素为文化旅游产业赋能

上城区通过发展文化产业、创意产业引入新质生产力，集聚区域发展优势。至2023年，全区21个文化重点项目已完工16个，在建4个，计划开工1个，投资总额超过265.74亿元，项目数量、投资额度均居全市前列。之江文化产业带"两极"、国家（杭州）短视频基地、吴山地下空间、五堡七堡TOD等重点项目建设加快，凌迪数字科技有限公司总部项目、毛戈平化妆品股份有限公司总部项目开工，东方电子商务园数字时尚中心、运河映巷影视文化街区开放，凤凰山南影视基地持续优化。320余家企业围绕宋韵文化进行创意设计、跨界融合、协同推进，先后推出雅生活、美妆、戏剧等十大系列400余种文化创意产品。

上城区通过挖掘文化要素，积极建设人文环境。2022年建成的南宋德寿宫遗址博物馆是南宋临安城遗址综合保护工程的开山之作，也是博物馆数字化的标杆性项目，更是浙江省宋韵文化传承和展示的重要载体。南宋德寿宫

遗址博物馆创新性地综合运用多种数字化手段，通过遗址实景虚拟还原、洞穴（CAVE）沉浸式投影、多媒体展示、互动装置展示技术等，构建了全景漫游展示系统，使观众能更加直观地看懂较难理解、形貌也较单调的考古遗址，沉浸式感受德寿宫的前世今生。自 2022 年 11 月开馆以来，南宋德寿宫遗址博物馆两年接待游客 160 多万人次，获得 2023 年度浙江省最美公共文化空间等省市荣誉，在 2024 年"5·18 国际博物馆日"浙江主会场获"浙江省最具创新力博物馆"奖。

杭州市政府编制了《杭州宋韵文化旅游专项规划》，挖掘整理了 300 多个宋韵文化元素，以上城区为重点，解码了 57 个重要元素。上城区积极发挥浙江省文化基因解码工程试点城区功能，梳理了 757 个基本文化元素，遴选出"宋代玉器""南宋官窑""八卦田遗址"等 38 个重点解码宋韵文化元素。依托 103 个文物保护单位（点）和 60 余家纪念馆、文化馆、博物馆组建"博物馆联盟"。聚焦"文商旅"融合发展，连续举办 6 届南宋文化节、3 届宋韵文化节，打造"宋韵杭州奇妙夜""宋福杭州年""苏东坡文化旅游节"等城市文化 IP，开展"宋韵时尚等你来秀""悦读宋韵""宋韵薪传·非遗大观园""吴山庙会"等品牌活动 150 余项。"杭州奇妙夜"被评为中国旅游研究院"2023 夜间经济创新案例十家"之一。上城区还开发了以"宋风·微旅"为主题的 10 条精品游线，发布了"南宋遗珍"等 201 条人文研学线路，打响了"宋韵杭式品质生活"品牌。创作了宋韵文化主题相关文艺精品 10 部以上。每年开展群众性文化活动突破 4500 场，惠及 140 万人次。推出《华灯上 月故乡》小型沉浸式演出，先后在南宋御街、湖滨 in77、西湖景区长桥、亚运主媒体中心和亚运村进行线下快闪表演，相关短视频传播量超 1 亿次。组织创编了多部表演艺术剧目。2023 年，重大题材电视剧《富春山居》《冰雪尖刀连》、历史人文纪录片《定风波》等先后在央视一套播出，亚运会主题电影《热烈》票房破 9 亿元。越剧现代戏《钱塘里》是第十八届中国戏剧节开幕参演剧目。《武汉日夜》等 7 部作品入选浙江省"五个一工程"奖，《大浪淘沙》等 7 部作品入选杭州市"五个一工程"奖。纪录片《让蜂飞》获浙江省纪录片"丹桂奖"。《运河边的人们》入选中央文化产业发展专项资金项目。上城区共申报省市文艺精品、动漫游戏专项资金项目 64 个,总量居全市第一。

(二)系统开发宋韵文化产品

杭州特美刻实业有限公司的"特美刻·宋盏"、杭州市上城区赵平加扇艺字画工作室的"平加扇艺·宋画团扇"、杭州知味观食品有限公司的"知味观·舌尖上的宋韵"等为爆款产品。杭州万事利丝绸文化股份有限公司推出国内首款"宋韵丝绸数字藏品",受到市场追捧。杭州麦双纺织科技有限公司(布料图书馆)以宋韵为主题设计的"jubjub"包热销。南宋德寿宫遗址博物馆推出兔年福袋、宫兔咖啡等"德寿重华"系列创意产品,开办"德寿宫手作"咖啡店等,深受旅客喜爱。毛戈平化妆品股份有限公司推出宋韵美妆系列产品,在农历兔年开工首日的 1 小时直播中便售出 11.8 万余件,销售额破 4000 万元。作为开发人文旅游经济的样板企业,毛戈平化妆品股份有限公司成立于 2000 年,与意大利、日本、韩国的世界顶尖实验室合作,推出彩妆品、护肤品及化妆工具,打造了有东方文化特色的毛戈平(MAOGEPING)、至爱终生(Love Keeps)两大高端美妆品牌,成为当代中国化妆品行业的明星企业。主品牌 MAOGEPING 稳居民族彩妆品牌第一梯队,也是少数能与国际美妆品牌在中高端百货商场"同台竞技"的民族品牌。根据欧睿国际(Euromonitor International)全球市场信息数据库(Global Market Information Database, GMID)的统计数据,2020 年 MAOGEPING 在国内百货商场渠道的高端彩妆产品中的市场排名为第十位,而前 9 位均为国际品牌。近几年公司营业收入年增长率超 30%。公司还办有 9 所毛戈平形象设计艺术学校。2019 年以来,公司与故宫文化服务中心合作开发了"气蕴东方"系列美妆产品,包括近 30

个品类，将具有标志性的传统文化元素与当代审美趣味相结合。上城区还举办了"风华宋韵"博物馆文创展、"方寸华美"宋韵陶模展等 5 场特展，新推出创新转化产品千余款，其中花灯等宋韵转化产品销售额突破 5 万元。

2023 年，上城区紧抓"宋韵亚运见"主题，提出"两 YUN"（宋"韵"、亚"运"）融合，对标"故宫文创"，打造浙江省代表性文创品牌"宋韵今辉"。将"人—货—场"文化消费统一到"供给端—转化端—消费端"，做到统一品牌、统一运维、统一策划、统一宣介"四个统一"，营建基因库、企业库、消费场景"两库一场景"。举办"梦溪杯"宋韵文化创新大赛、宋韵文化创意（人才）专题研修、"意造大观——宋代书法及影响特展"、"悠然见南山"艺术展演等特色活动，建立"宋韵今辉"展示中心。首届"梦溪杯"宋韵文化创新大赛征集到全球 19 个国家和地区的 9600 余件作品，赛事规格形制、作品数量质量、参与广度深度、转化成果成效等核心指标居国内同类赛事第一。2024 年，"宋韵今辉"产品参加"新杭线"海外文创巡展，在英国、意大利等地受到好评，并收到大量订货咨询。

（三）打造文化旅游街区

2020 年，上城区围绕"有限空间、无限发展"的建设理念，以打铜巷、大井巷等为重点，对清河坊历史街区进行提升改造，新建鼓楼内外广场、河坊街新宫桥广场、河坊街华光路和叭蜡子巷小广场等 5 个文化广场，通过景观布局调整、精神堡垒增设、城市家具布置等措施优化了主要出入口。在保护和利用传统特色建筑的基础上，深度结合宋韵文化、老杭州文化、工匠文化、潮流文化，紧扣时尚化、年轻化的业态发展方向，推行主理人制度，进行"小微精"招商和布局。2024 年以来已推出"福启新岁　华彩年年"新春美陈、传统民俗"迎财神　开年市"、时尚国潮季等形式多样的互动体验活动 20 余场。清河坊历史街区集旅游、购物、餐饮、娱乐、休闲等多种功能于一体，除保留王星记、张小泉、万隆火腿栈、胡庆余堂、方回春堂、叶种德堂、保和堂、状元馆、王润兴、义源金店、景阳观、羊汤饭店等著名老字号外，还以招租、联营等形式引入古玩、字画、旅游纪念品、工艺品、土特产品等经营商家约 200 家，成为"旅游者必到、杭州人常到"的特色文化街区，年接待海内外游客 2300 余万人次。街区先后荣膺"浙江省高品质步行街""中国著名商业街""中国民间文化街""国家 4A 级旅游景区""国家级旅游休闲街区""首批国家级夜间文化和旅游消费集聚区"等称号。

2022 年，上城区启动"品质上城·韵味百巷"创建行动，计划 5 年内完成。在大力推进湖滨、横塘等区块建设，实施清河坊和五柳巷等名街老巷提升改造工程的同时，推出 18 条街巷的改造计划。

（四）建设数字产业基地

上城区谋划打造一批行业级、区域级元宇宙产业基地，构建"一核多点"元宇宙产业创新发展矩阵，重点建设杭港科技大厦元宇宙"发展核"及笕桥街道米果基地等优质元宇宙产业"散列点"。围绕杭港科技大厦，以婺江路为中轴，以婺江路—富春路—望江路—钱江路合围区域为核心区域，构建"中国元谷"，形成集产业研究、孵化、投资、服务及场景展示等功能于一体的元宇宙产业综合体。杭港科技大厦分为杭州 Web3 Hub、应用研发中心、数字创意中心、未来产业孵化基地、产业服务基地、休闲商业配套区六大功能区块，重点引入杭港合作项目。2022 年，杭州米果控股集团有限公司在笕桥街道同协路 368 号设立浙江元宇宙产业基地，建筑面积约 4 万平方米，投资约 2 亿元。基地重点引进元宇宙算法技术、软件研发、硬件制造、场景应用等领域的企业，设有虚拟现实（VR）、增强现实（AR）、混合现实（MR）等沉浸式体验场景，配套有元宇宙项目开发数字技术基座、元宇宙实验室、数字技术应用成果展厅、学术交流厅、人才引进和培育中心、国际会议厅、多媒体路演厅，以及商业服务、体育休闲、共享公园、人才公寓等，并创办了浙江省元宇宙产业协会、元宇宙人才驿站、院士工作指导站、大学生元宇宙创新创业基地等机构。上城区还引进浙江凌迪数字科技有限公司、南华期货股份有限公司、新世界发展有限公司等多个项目，孵化数字经济类企业 90 余家。截至 2024 年底，全区拥有税收亿元楼宇 69 个。2023 年，杭州市政府、香港贸易发展局、浙江省商务厅签订《全球数字贸易博览会合作备忘录》，杭州市政府与香港贸易发展局签订《杭港科技协同创新平台合作备忘录》，上城区政府与香港贸易发展局签订《杭州—香港 Web3 产业联动备忘录》。上城区入选浙江省财政厅、浙江省经济与信息化厅 2024 年未来产业（人工智能）先导区财政专项激励实施对象，建设上城区人工智能创新应用先导区，以元宇宙为任务方向。

（五）进一步引入当代艺术元素

1985 年第 9 期《美术》杂志刊登了一篇题为《浙江美院的一场辩论》的综合报道，客观反映了浙江美术学院（现中国美术学院）对油画系毕业答辩的争论，在全国范围内产生了广泛影响。涉及的毕业作品具有实验精神，从种种传统束缚中突围而出，开辟出一个全新的艺术空间。1985 年前后，中国兴起了一场新潮美术运动，即所谓"85 美术新潮"，浙江美术学院是这场运动的重要策源地。1985 年，浙江美术学院举办了赵无极绘画讲习班。同年，美国明尼阿波利斯艺术与设计学院艺术史教授罗曼·J. 维罗斯科（Roman J. Verostko）又在浙江美术学院举办了"西方社会现代艺术史"系列讲座。作为 2024 年中法建交 60 周年的重要文化项目，"大道无极——赵无极百年回顾特展"于 2023 年 9 月 20 日—2024 年 2 月 20 日在中国美术学院美术馆（上城区南山路 218 号）举办。展览持续了 5 个月，吸引了全球参观者，线下观众达到 25 万人次，开展了 900 余场观众导览活动。20 世纪 80 年代以来，中国美术学院和杭州市的对外艺术交流日益频繁，上城区也成为杭州当代艺术的先发区，与当代艺术结合的文化产业逐渐崛起。

二、经济人文化背景下人文旅游经济发展的历史机遇

文化旅游产业的融合发展，是其产业系统的内部动力和外部推力两方面共同作用的结果。内部动力主要来自人文经济与文化旅游产业的强关联性。人文经济具有强烈的产业渗透力，文化旅游产业依靠人文资源赋能。人文经济的发展提高了文化（人文）资源的利用率，使之成为文化旅游产业的核心要素和灵魂所在。人文经济与文化旅游产业边界模糊，两者都具有开放性和延展性，很容易交叉、渗透、融合，从某种意义上说后者从属于前者，可称为人文旅游经济。现代文化旅游消费对陶冶情操、增长知识、体验生活的复合需要不断增长，人文经济的特征不断增强。过去的旅游资源较多局限于自然资源或文化景观，而现代旅游资源已经拓展为大文化资源，特别是具有人文精神的文化资源。立体的文化主题公园、文化街区正在成为文化旅游的主场景。人文旅游经济发展还得益于强大的外部推力。20世纪英国学者格里·约翰逊（Gerry Johnson）和凯万·斯科尔斯（Kevan Scholes）在《公司战略教程》一书中提出了PEST分析法。这是一种企业宏观环境分析模型，后来被拓展为STEP、DESTEP、STEEP、PESTE、PESTEL、PESTLE、LEPEST、STEEPLE、STEEPLED等分析法，涉及Politics（政治）、Economy（经济）、Society（社会）、Technology（技术）、Law（法律）、Environment（环境）、Education（教育）与Demography（人口统计）等因素。这些分析模型也可以用来解释人文旅游经济的发展原理，上述因素都是人文要素。经过40多年的改革开放，中国的大环境已经为文化旅游产业的人文化发展准备了必要条件。上城区是杭州市人文环境最好的城区之一，以人文经济为导向实现文化旅游

产业融合发展具有强大的内部动力和外部推力。

除内部动力和外部推力机制外，上城区还拥有吴越国文化、宋韵文化、钱塘江文化、西湖文化、运河文化、皋亭山文化、工商业旅游文化及非物质文化等多种地域文化资源，其中以南宋临安城为代表的宋韵文化资源最具代表性。上城区应当以宋韵文化为主体，打造中华文明重要地标，将各种地域文化与宋韵文化有机整合，形成内涵丰富、感召力强的人文旅游大 IP，打造世界级旅游目的地。

目前上城区的文化产业、创意产业总体发展水平还不够高，特色化优势不明显，新质生产力要素也不多，未来要致力于建设"人文上城"，制定人文经济发展战略，以人文经济理念促进文化旅游产业改造和升级，实现新的跨越式发展。

三、打造人文旅游经济高地的主要对策

（一）以宋韵文化为主体，打造中华文明重要地标和人文旅游大 IP

宋韵文化是中国古代文化的一次历史总结和发展高峰，也是具有中国气派和浙江辨识度的重要文化标识。临安是南宋都城，杭州因此成为当时全国的文化中心。南宋临安城遗址是宋韵文化最重要的标志性遗产，不仅具有唯一性，而且规模巨大，是杭州的重要地缘符号和品牌。南宋临安城遗址主要分布在上城区、拱墅区、西湖区，以上城区为主。其中的皇城遗址也位于上城区。多年来，省、市、区三级政府在遗产保护和资源挖掘利用方面做了许多工作，最为突出的是 2022 年 11 月 18 日南宋德寿宫遗址博物馆的建成开放。但总体而言，在地政府对遗产保护缺乏主体意识，遗址的基本面貌未能较清晰展现，品牌价值未能有效实现，人文旅游效能不高。南宋临安城中的

皇城在元初即被毁，明代沦为废墟，遗址面积约 55 万平方米。中华人民共和国成立后，原南宋临安城范围内进行了规模较大的现代化改造，皇城遗址上也新建了大量民居、企事业单位和道路。据不完全统计，与皇城遗址核心区大致重叠的馒头山区域内有居民 6956 人，总户数 2789 户，各类企事业单位 28 家，需拆迁安置的建筑面积总计约 157882 平方米。[1] 据初步估算，拆迁成本约需 300 亿元。虽然目前遗址结构还是清晰的，但环境清理工作基本未开展，遗产基本保存状况不明。属于临安城范围的德寿宫、太庙、景灵宫、三省六部、临安府治、御道、恭圣仁烈皇后宅、官窑等遗址虽可辨识或有部分留存，但破坏都已相当严重。德寿宫遗址总分布面积约 17 万平方米，南宋德寿宫遗址博物馆复建面积仅 12321 平方米。南宋皇城遗址范围内近几年还有房地产开发项目进行。其中，绿城西子御园建于皇城核心部分东华门与东便门之间的东宫遗址上，施工过程中曾出土许多建筑构件，如宝相花纹方形地砖、云龙纹石雕门廊残件等。该项目不仅对遗产造成无可估量的巨大破坏，而且给南宋临安城遗址申报《世界遗产名录》造成了巨大障碍。

有效保护南宋临安城遗址是上城区工作的重中之重，应当按照高水平保护的要求进行科学定位和战略规划设计。建议组建浙江省南宋皇城遗址保护和申报《世界遗产名录》领导小组及办公室，组织编制《浙江省南宋皇城遗址保护和申报〈世界遗产名录〉规划》。借鉴良渚古城遗址的保护模式，成立由省、市、区三级政府共建的杭州南宋临安城遗址管理区管理委员会（浙江省杭州南宋临安城遗址管理局）。管理委员会（管理局）的主要职责包括：实施有关法律法规，编制和实施保护规划、考古规划和保护工作计划；组织建设南宋皇城国家遗址公园和申报《世界遗产名录》，与地方政府共同组织做好拆迁和环境清理工作；审核涉及管理区的城市、交通、旅游等规划以及建

---

[1]　何琼华：《南宋临安城遗址保护与利用研究》，浙江大学，硕士学位论文，2020 年，第 56 页。

设项目，与有关单位共同做好日常监管和行政执法工作；开展普法教育活动，组织文物征集、收藏和宣传展示；开展学术研究和交流，指导和推动相关人文旅游产业发展。具体方案可由上城区委、区政府向杭州市委、市政府提出。

南宋皇城遗址保护和申报《世界遗产名录》的工作经费由省、市、区财政共同负担，纳入三级财政预算，以杭州市级财政为主。同时，应建立遗产保护与经济开发的互动和反哺机制，制定有效的人文旅游或商业与遗产保护相互促进的财政激励政策，以遗产品牌促进经济开发，以经济发展收益补充遗产保护经费。设立南宋皇城遗址保护基金，组建志愿者队伍，整合社会资源和国际性资源参与遗产保护。制定《杭州市南宋临安城遗址保护管理条例》，对遗产保护范围、保护要求、保护经费、考古发掘、文物收藏和展示、建设活动、日常管理等方面进行严格规范。集合各种上位法和下位法，对遗产进行有效的法治化管理。

（二）对优势资源进行现代转换，发展规模人文旅游经济，建设"杭州桃花源"和杭州世界慈善文化博物馆

传统地域文化资源必须通过创造性转化、创新性发展，才能产生时代价值。应当对仍有借鉴意义的传统文化元素进行符合当代需要的系统改造，根据新情况提出新问题，对传统文化元素进行补充、拓展和完善，赋予其新的生命力。

以南宋临安城为代表的宋韵文化是上城区的主体性地域文化，其他文化资源都应当围绕宋韵文化进行再梳理和再解释。钱塘江文化涉及整个钱塘江流域，西湖文化主要分布在西湖区，运河文化的重点展示区在拱墅区、临平区，皋亭山文化的核心是桃花文化。上城区应当突出区域内遗产的宋韵文化表达，如挖掘西湖沿线宋韵文化资源、上塘河宋代运河文化资源等，并结合工商业旅游文化以及非物质文化等资源，打造规模化的文化资本，由此系统

提炼地域文化精华，构建规模人文旅游经济体系，为培育发展新质生产力赋能。

整合国内外学术资源，从历史学、考古学、文化学、美学、社会学、经济学等多学科维度对上城区地域文化进行基因解码。如通过南宋临安城研究，建成具有全国影响力的研究平台，充分发掘历史文献和非物质文化遗产中的鲜活内容，形成体系完整、门类齐全、研究深入、阐释权威的研究体系。在有关高等学校设立相关硕士、博士研究方向或研究基地，组建宋韵文化研究院、宋韵文化研究会或宋韵书院，开设宋韵文化论坛，召开宋韵文化国际学术讨论会，出版一批标志性学术成果。大力开展以南宋皇城遗址保护和申报《世界遗产名录》为主的科学普及和宣传工作，出版一批科学普及读物，对遗产进行活态化保护和展示，增设街头艺术表演区，举办具有参与性的生动活泼的文化艺术活动，最大程度做到知识性与娱乐性相统一。将浙江省宋韵文化节打造为具有国际影响力的节庆活动。将全省各市大部分相关节庆活动统合为宋韵文化节的子项，如保留或改造杭州宋韵杭式生活节、钱塘江文化节、吴山庙会、鼓楼音乐节、花朝节、中国（杭州）苏东坡文化旅游节、清明诗会等，办好陆游诗歌节，在全年度分布安排宋韵文化主题活动，除举办一个主体活动外，每个季度或每个月都安排节庆活动，形成时空规模效应。以宋韵文化为号召、以"宋韵生活"为核心主题打造宋韵国际商品交易会品牌，构建雅生活文化艺术交流和商品交易平台，形成融汇古今的雅生活内容和雅生活方式国际性文化旅游品牌。

在《全国重点文物保护单位临安城遗址保护总体规划》划定的15.05平方千米范围内，现有设施或项目要最大程度进行宋韵文化植入，或有方向性地进行招商引资。对于具有一定规模遗产的地段，可以进行活态性、情境化改造，增强其可读性、可介入性和文化衍生性。以河坊街和德寿宫为轴构建大清河坊历史街区。进一步发挥德寿宫遗址的标识作用，对清河坊历史街区等进行特色化改造，将河坊街、南宋御街、高银街、大井巷、打铜巷、五柳巷、十三湾巷等打造成宋韵文化网红区，集中展示宋韵文化经典或宋代商业文化，开设宋韵餐馆、宋韵茶楼、宋韵琴棋馆、宋韵书店、宋韵书画馆等，增设街头艺术表演区。重点支持南宋书坊等标识性项目发展。在历史古迹较多的地段，也可以新建宋韵文化博物馆街区，进行服饰、钱币、官窑、玉器、铜器、木器等专题文物展示。在现有条件下尽量引进一些高水平文化设施如杭州世界钱币博物馆，有效建设"御见清河坊 宋韵最杭州"宋韵文化传承展示基地。充分利用吴山等室外空间，共构文化旅游历史情境。

皋亭山景区建设已粗具规模，但存在定位不准、主题不明确、特色不鲜明、创意特质少的问题，目前只是不断累加不同性质的项目，市场效应不明显，社会效益不突出，相关房产租用率低，2023 年旅游人次仅约 50 万，长期处于亏损经营状态，亟须调整规划方向，进行科学改造。应当以建设世界级桃花文化创意旅游基地为目标，在西湖、西溪湿地等现有知名地标之外，打造另一个著名的个性化地标"杭州桃花源"。为此，必须提炼主题，以桃花生态（桃花经济）、桃花文化（桃花源文化）为基本元素，结合宋代观桃文化和上塘河运河文化进行创意设计，重新整合、重新规划。一是生态资源再整合。皋亭山景区大体可分为观光游览区、创意产业区、休闲娱乐区、管理服务区 4 个部分。应当选择合适的区域构造桃花源、桃花潭、桃花涧、桃花溪、桃花渡、桃花岭、桃花谷、桃花崖、桃花径、桃花畈、桃花村等，形成以桃花景观为主体的植被系统和人居系统。设置栽培技术展示区、新品种展示区，形成系统的生产景观，反映桃花栽培文化。景观设计要兼具观赏价值和生产价值，构成特色地景或大地艺术。全面系统挖掘世界各地的桃物产，按照市场需求进行产品开发，如桃工艺（桃木剑、桃木斧、桃符、桃印、桃板、桃梧、桃弓、桃配饰、桃摆件等制品）、桃构筑、桃食品（桃花粥、桃花汤、桃花糕等）、桃花浴、桃医药等。重点开发桃花养生保健产业。二是文化资源再整合。整理开发桃花诗文、桃花乐舞、桃花书画、桃花碑刻、桃花信仰、桃花神话、桃花传说、桃花习俗（岁时、婚礼、葬礼等）、桃花禅（龙居寺、桃花庵等）、桃花生态文化等，创作桃花影视、桃花动漫等作品。建立全球性的桃花源文化研究组织，设立杭州桃花源文化节，进行广泛的文化宣传。

在中国文化中，桃花既具有儒家的伦理意涵，也具有道家的仙风神气，寄托了中国人的自然观、人生观、精神观、理想观和艺术观。皋亭山景区在构建广泛意义上的桃花文化意象时，要突出中国的桃花源文化。自陶渊明在《桃花源记》中借其曾任职的武陵（今湖南省常德市武陵区）虚构出桃花源后，"世外桃源"便成了人类理想的美好生活家园的代名词，形成独特的桃花源文化现象。皋亭山景区可依据《桃花源记》中的空间概念，将所有资源纳入桃花源主线进行规划布局。将桃树林和桃花文化置于最高层次，其余元素按层次插入分布。如桃花源聚落可以分为村居和田园等，桃特产可以分为花果和加工特产等，桃花文化有形展示可以分为世界桃花文化博物馆和桃花文化古迹等。其他各种小资源尽量按照桃花文化主题进行整合集约，形成规模化资源。桃花源文化所体现的平等自由、和谐安康、童叟无欺、衣食无忧、崇尚自然的大同社会理想，与当前社会倡导的共同富裕和人的全面发展高度契合。上城区或丁兰街道可以将桃花源文化元素融入地方特色文化品牌，将其打造成地方精神文明建设的永恒主题和特色品牌，在全国打响知名度。

杭州的慈善事业和慈善文化源远流长，当代杭州更是一座有温度的善城。建议利用皋亭山景区或西子智慧产业园的部分房产，建设杭州世界慈善文化博物馆，与桃花源文化相结合，打造中国首个慈善小镇，打响"善城杭州"品牌，形成展示新时代中国特色社会主义慈善文化和共同富裕成果的重要窗口。早在北宋元祐四年（1089），苏轼任杭州知州伊始，便建立安乐坊以收治贫者。崇宁元年（1102），朝廷将其改名为安济坊，向全国推广。北宋时杭州还设立了助葬机构漏泽园。宋代杭州还发展了荒政（救荒政治），并建立起社会保障常制。南宋董煟所著的《救荒活民书》是中国历史上第一部荒政学专著。该书提出完整的救荒思想体系，它在很大程度上是对南宋临安荒政实践的总结。元明清三代，杭州的慈善事业持续发展，晚清时更是出现中国古代历史上最大的慈善组织——杭州善举联合体，以及一代慈善大家丁丙，迎来慈善思想文化发展的高峰，并形成了世界级慈善品牌。丁丙是中国乃至世界上最具影响力、最有作为的慈善家之一，他担任杭州善举联合体总董 15 年，此后又主持实际工作 16 年，为改善民生倾尽毕生精力和家财。杭州善举联合体以普济堂、同善堂、育婴堂为主体架构，下辖 27 个机构，事实上履行了市政府的大部分职能，几十年来全面承担着杭州的民生事务，还对杭州大部分的公共设施进行了修建与完善，例如疏浚了流经上城区、临平区和海宁市的上塘河。目前，全国规格最高的慈善博物馆是位于江苏省南通市的中华慈善博物馆。杭州世界慈善文化博物馆可采取差异化发展路径，形成另一种特色：一是展陈主题聚焦慈善文化，突破单纯展示慈善事业的局限；二是展陈内容扩大到世界范围，将未来发展方向定位为国际交流窗口；三是文化展示与慈善事业相结合，如同时设立慈善基金会、慈善文化研究会等。其重点是在文献整理、学术研究和实践指导方面积累成果，形成世界慈善文化比较研究和国际交流的鲜明特色。中华慈善博物馆收藏展示的文物不多，杭州世界慈善文化博物馆可以在这方面争取更多优势。可借助杭州世界慈善文化博物馆的建设契机，整合丁兰街道的大量慈善设施，在设立国际性慈善基金会的同时，建立慈善产业基地，打造省级慈善文化特色小镇，发展慈善旅游经济。

（三）在历史文化资源基础上叠加创意文化资源，创建"中国 AI 美学城"

人文经济以满足人性需求为指归，具有强烈的个性化审美娱悦和创意实现特性，审美和创意是其核心要素，也是关键性的内生驱动力。在"日常生活审美化"的时代，大众的审美诉求呈现前所未有的激增趋势，审美动因变得强劲有力，审美和品位成为大众身份建构的重要因子，也成为人文经济的发展基础，创意经济则将成为全民美学运动的经济表现形式。审美是一种社会理想，创意不仅能够实现审美理想，还能孕育新的审美理想。以创意实现审美理想是社会发展和经济转型的关键因素，也是人文经济的主要价值实现路径。上城区丰富的历史文化资源应当转化成有效的审美文化资源，与创意文化资源相叠加，或者直接转化为创意文化资源，构成人文旅游的核心要素。

目前，上城区总体上尚未形成创意经济、人文旅游经济的特殊优势，这与其杭州市中心城区的区位不匹配。尽管上城区已出台不少文化产业扶持政策，区域内有各类文化企业约 2 万家，但这些企业总体上处于小而散的状态。创意产品大多依靠自发生产与销售，类型多集中在文具、茶具、工艺品、服饰方面，品种相对单一，附加值不高。文化创意活动多散见于特色街区的小型集市、节庆活动中，规模较小、影响有限。

要从根本上解决上城区的创意经济、人文旅游经济发展问题，除高水平建设历史街区外，还要规划建设规模化创意园区。建议以丁兰智慧小镇为主体，整合城北主要园区，创建"中国 AI 美学城"，与杭州城西未来科技城相呼应。丁兰智慧小镇位于丁兰街道，是浙江省首批 37 个特色小镇、杭州市 9 个重点建设特色小镇之一，规划面积 3.2 平方千米，包含"一心两带三区"（游客服务中心，以上塘河为主的智慧文化景观休闲带和以大农港河为主的智慧环保景观休闲带，智慧商务休闲区、智慧产业展示区和智慧生活体验区），主要项目包括启迪协信杭州科技城、西子智慧产业园、尚坤丁兰国际智慧产业园、尚坤数字智慧园等。由启迪协信科技城投资集团有限公司投资的启迪协信杭州科技城占地面积约 139 亩，建筑面积 35 万平方米，总投资 39 亿元。由西子联合控股有限公司投资的西子智慧产业园占地面积约 320 亩，建筑面积 43 万平方米，总投资逾 16 亿元，获评浙江省小微企业集聚发展优秀平台和浙江省四星级小微企业园，吸引了中国科学院资本数字经济创新中心等机构入驻。由杭州赵家股份经济合作社投资的尚坤丁兰国际智慧产业园占地面积约 38 亩，总建筑面积约 13 万平方米（甲级写字楼 2.5 万平方米，其余为五星级酒店），总投资约 7 亿元。由杭州建塘尚坤科技有限公司投资的尚坤数字智慧园占地面积 16692 平方米，建筑面积 78736 平方米，总投资约 6 亿元。此外，西子联合控股有限公司还在九堡街道新建了上城里·数字时尚产业园，占地面积约 155 亩，建筑面积约 35 万平方米，可以一并纳入"中国 AI 美学城"的规划范围。目前，丁兰智慧小镇已建成部分空置率较高，产业方向也不是很明确，可以借助"中国 AI 美学城"的品牌进行重新规划招商。可根据实际情况将美学城划分为若干区域，主体部分为以 ChatGPT 和 AIGC 为核心的数字经济区，其余部分可以建为文化产业区或人文旅游经济区。"中国 AI 美学城"将与当代设计对接，在杭州形成新的产业高地。建议出台与未来科技城对等的产业政策，开展特色化招商，在杭州城北打造新的"未来科技城"。

（四）实施全域旅游人文生态和人文向导建设计划，建设"大宋梦华城"

杭州的西湖、西溪湿地、良渚国家遗址公园、大运河等都形成了比较明确的文化标识系统，相应的人文生态建设也在持续优化。然而，上城区的文化标识系统一直较为模糊，上述宋韵文化、钱塘江文化、西湖文化、运河文化、皋亭山文化、工商业旅游文化等文化资源都缺乏应有的标识。

应以建设南宋皇城国家遗址公园为主要导向，对全区进行主题性文化标识。对《全国重点文物保护单位临安城遗址保护总体规划》划定范围内的所有公共环境和导向系统进行全面的宋韵文化标识，形成特色鲜明的城市标识系统环境。对吴越国文化、钱塘江文化、西湖文化、运河文化、皋亭山文化、工商业旅游文化等也要进行系统标识。在文化标识的基础上持续建设文化生态，使每个部分都有故事、有生气。根据标识和故事改造场地，进行文物活态展示，开展相应的文化活动。使"标识—场地—活动"融为一体，构建宋韵文化精神表达场域。通过众多标识地的串联，形成南宋皇城国家遗址公园的总体样貌，勾画出血肉丰满的人文旅游形象。

在科学研究和普及的基础上，出版系列人文旅游读物，编制宋韵文化地图，构建网络化的人文向导系统。培训具有人文修养的导游和志愿者，提升上城区的旅游精神体验价值。在中国历史上，南宋是被编造故事最多、为人误解最多的朝代之一。这些故事中，有的基于历史事实，有的则是史家的主观臆测，还有不少是好事者的改编和创作，民间演义更是不胜枚举。而南宋"生于忧患，长于忧患"[①]，却能史无前例地创造出一个开明发达的社会，尤其是其璀璨炫目的文化，将中华文明和古代中国的经济社会发展推向全新的高度，不可不说是历史奇迹。站在当今时代的我们，需要抛开成见，重新审视历史文本，还原一个真实的南宋。这也是一种人文精神的体现。

实施全域旅游人文生态和人文向导建设计划的总纲，是建设像西安市"大唐不夜城"一样的"大宋梦华城"。2002年，一种关于城市发展的"倒叙法"被引入西安市曲江新区：1年后，大雁塔北广场建成开放，恢宏的广场和仿唐建筑将人们带到了盛唐时代，曲江一跃成为西安人的"会客厅"。3年后，大唐芙蓉园开园。6年后，唐城墙遗址公园、曲江池遗址公园、唐大慈恩寺遗址公园建成开放。8年后，大明宫国家遗址公园开园。10年后，临潼国家旅游休闲度假区的首个大型文商旅综合体——大唐华清城开放。2010年，大唐不夜城开元广场开放，景观步行街全线贯通。2018年，大唐不夜城建成，并被列入全国示范步行街。大唐不夜城位于西安市曲江新区大雁塔脚下，北起玄奘广场，南至唐城墙遗址公园，东起慈恩东路，西至慈恩西路，贯穿玄奘广场、贞观文化广场、开元庆典广场3个主题广场，以及6个仿唐街区和西安音乐厅、西安大剧院、曲江电影城、陕西艺术家展廊四大文化建筑，南北长1500米，东西宽480米，占地面积936公顷，建筑面积65万平方米。

---

① 邓小南:《一个"生于忧患，长于忧患"的朝代》,《光明日报》, 2017年1月2日第6版。

杭州蓝皮书
2025 年杭州发展报告（文化卷）

其布局为"一轴、两市、三核、四区、五内街"。"一轴"即大唐不夜城文化商业轴；"两市"指贞观新风韵唐市、创领新时代都市；"三核"指大雁塔广场景观文化核心、贞观文化广场时尚艺术核心、创领新时代广场休闲时尚核心；"四区"指大雁塔盛唐景观人文风貌展示区、中华传统美食文化生活品鉴区、贞观国际艺术文化交流体验区、创领新时代都市休闲文化区；"五内街"指慈恩镇——陕西风情小吃文化街、新乐汇——中华传统美食文化街、欧凯罗——潮流音乐酒吧文化街、温德姆——品味生活咖啡文化街、阳光城——SKP 时尚青年艺术文化街。大唐不夜城以盛唐文化为背景，以唐风元素为主线，形成了集购物、餐饮、娱乐、休闲、旅游、商务于一体的一站式消费空间。它将历史文化与旅游经济相结合，成为中国人文旅游经济发展的典范。建议上城区相关部门到西安市进行全面考察，提出"大宋梦华城"规划建设的科学思路。

（五）实施演艺大市场拓展计划，打造"演艺上城"品牌

经济发展不仅依靠生产，更要依靠消费。当代经济是观念经济，观念经济能够创造无限消费。2023 年 3 月，美国乐坛"天后"泰勒·斯威夫特（Taylor Swift，霉霉）开启 151 场全球"时代巡回演唱会"。据 QuestionPro 平台数据统计，她的全球巡演将创造 50 亿美元的收入，超过 50 个国家的 GDP。类似的现象也出现在中国。新疆通过引进刀郎取得了巨大的社会和经济效益。2023 年，刀郎的新歌《罗刹海市》火爆全球，网络播放量达数百亿次，并持续攀升。迈克尔·乔丹（Michael Jordan）曾经的年薪仅几百万美元，整个球队的收入不超过 2000 万美元，而现在的 NBA 许多球员的年薪都在 5000 万美元以上，原因是球赛带动的综合消费大大增加了。2024 年 4 月，周杰伦"嘉年华"世界巡回演唱会（杭州站）的 4 场演出引来场内观众 20 万人次、场外观众 30 万人次，直接带动文化旅游消费 13.16 亿元。杭州奥体中

心体育场可容纳 8 万名观众，演唱会期间外围还会聚了约 8 万人。中国演出行业协会 2023 年发布的数据显示，演唱会门票消费对当地消费的拉动效应达到 1∶4.8。消费增加又带动收入增加，从而形成良性循环。

英国爱丁堡边缘艺术节又称爱丁堡艺穗节（Edinburgh Festival Fringe），是大型综合性艺术节——爱丁堡艺术节的一部分，也是世界上仅次于奥运会和世界杯的第三大最受欢迎的活动。1947 年首届爱丁堡艺术节举办期间，8 个表演团体不请自来，在外围区域展示自己。此后，每年都有许多民间演出团体光临艺术节，他们的自发演出更自由，获得越来越多的响应，边缘艺术节由此诞生，并逐步发展成为世界上规模最大的非主流艺术节。爱丁堡边缘艺术节一直以其极强的参与性著称，由于融合了前卫、创意、民间、多样性等多重因素，受到广泛欢迎。爱丁堡边缘艺术节于每年 8 月举行，为期 3 周，活动包括戏剧、舞蹈、音乐表演、电影、美术展览、行为艺术等各种形式。爱丁堡有许多音乐厅和剧场，但由于表演数量庞大，许多演出只能设在露天草地或街头巷尾，甚至餐馆、酒窖和公共汽车也成了表演场所。这些场地均对外出租，完全市场化运作，参与者只需登记并交纳一定费用，就可以找个场地开展活动。艺术节不开发布会、不设红地毯、不颁奖，完全是一个狂欢节。第七十六届爱丁堡边缘艺术节于 2023 年 8 月 4 日—28 日举办，在这座人口不到 50 万的城市的 288 个表演空间里，上演了来自 67 个国家的 3553 个剧目，吸引了近 170 个国家的艺术家、媒体人和观众，发售门票 244.5 万张。爱丁堡边缘艺术节还成为全球表演艺术最重要的交易平台之一。爱丁堡边缘艺术节产业协会（Edinburgh Festival Fringe Society）作为艺术节的主办方，专门开通了商务通道，为作品交易提供服务。2023 年，有来自 49 个国家的 1400 名注册代表以策展人、制作人、剧目采购方、经纪公司等身份到爱丁堡进行剧目观摩和交易。

西安旅游业有两大热点，一个是大唐不夜城，另一个是演出。数据显示，大型演唱会、音乐节、话剧等已成为西安旅游消费的重要引流项目。2023 年，西安曲江文化演出（集团）有限公司仅经纪类演出项目就有 37 场（含演唱会 10 场），驻演话剧演出共 67 场，定制类演出项目共 8 场。不论是伍佰、张信哲的演唱会，还是老戏骨、新势力的精彩话剧演出，都呈现了爆发式增长。西安还"顶着压力"举办"TFBOYS 十年之约"演唱会，2023 年 8 月 6 日—7 日出行总订单量同比增长 738%；门票收入 3576 万元，直接带动 4.16 亿元旅游收入。其中，除演唱会门票收入外，交通、住宿和餐饮收入占比 76%，购物、文化娱乐和旅游景区游览收入占比 24%。据第三方抽样调查统计，演唱会前后过夜游客占总接待人数的 79.73%，平均停留天数为 2.36 天；省外人群占比 81%；有 48.34% 的游客除了看演唱会还参观了其他景区，平均游览景区数量为 2.81 个。

相较之下，上城区虽然组织创编了一些表演艺术剧目，但具有规模市场的演艺项目却很少，杭州大剧院、胜利剧院、红星剧院等大型演出场所没有充分发挥市场作用，也没有成为人文旅游经济的有机构成部分。为此，需要进一步解放思想，实施演艺大市场拓展计划，紧跟世界潮流，邀请国际、国内著名艺人或网红明星举办大型演艺活动，实现文化消费国际化。建议组织团队到爱丁堡等城市进行系统考察，制订并实施演艺大市场拓展计划，统筹各种演艺场所，设置大型艺术节，规模化开发演艺产业，拓展演艺大市场。

（六）实施当代艺术集聚发展计划，举办香港巴塞尔艺术展式的国际性展会，建设赵无极当代艺术馆

上城区是中国新潮美术运动的重要策源地，但总体而言，艺术观念尚未完成当代性转变，尚未建立国际性艺术市场，杭州在国内的艺术影响力也不大。中国美术学院的办学方针长期处于保守状态，杭州美术界未拓展国际视野，没有引进具有市场影响力的画廊、拍卖公司和美术展会。杭州的其他艺术门类国际化程度也很低，如很少引入国际著名艺人或演出公司表演。现当

代艺术场馆和展会在杭州严重缺失。

　　建议上城区充分利用艺术资源，建设一批标志性项目，引进国际国内著名画廊、拍卖公司，举办香港巴塞尔艺术展式的国际性展会，引进国际性表演艺术。2013 年，香港国际艺术展（ART HK）被巴塞尔艺术展收购，正式更名为香港巴塞尔艺术展（Art Basel HK）。在 2024 年 3 月 28 日至 30 日的展会上，有来自 40 个国家和地区的 243 个画廊参展，72 个国家和地区的赞助商和私人藏家参加，3 天时间内参观人数达到 7.5 万人。瑞士巴塞尔国际艺术博览会是世界上最重要的艺术博览会之一，被视为当代艺术市场的晴雨表。它每年分别在瑞士巴塞尔、中国香港和美国迈阿密举办现当代艺术展会。巴塞尔艺术展不仅是一场艺术盛会，还能直接带动举办地文化旅游产业的发展。

　　世界上许多著名的现当代艺术馆也是文化旅游的热点。美国纽约现代艺术博物馆（The Museum of Modern Art）建于 1929 年，馆内收藏了 20 世纪以来各种艺术流派的作品，如野兽主义、立体主义、未来主义、表现主义、超现实主义、抽象主义和波普艺术等的作品，每年接待游客超过 300 万人次。法国巴黎乔治·蓬皮杜国家艺术和文化中心（Le Centre National d'art et de Culture Georges-Pompidou）建于 1977 年，设有现代艺术博物馆、公共参考图书馆、工业美术设计中心、音乐与声乐研究中心等功能区。其中，现代艺术博物馆收藏了立体主义、抽象主义、超现实主义、结构主义、概念艺术及流行艺术等各种流派的作品 2000 幅，公共参考图书馆收藏了现当代书籍 30 万卷、期刊 2400 种、幻灯片 20 万张、微缩胶卷 1.5 万个、唱片 1 万张及各种电影、录像、地图、磁带等。该中心每年接待游客超过 1000 万人次。英国泰特美术馆（Tate Gallery）收藏了 15 世纪迄今的英国绘画和各国现当代艺术作品。泰特美术馆首开于 1897 年，目前已发展为 4 个分馆，分别是泰特不列颠美术馆（The Tate Gallery of British Art）、泰特利物浦美术馆（Tate Liverpool Art Gallery）、泰特圣艾弗斯美术馆（Tate Saint Ives Art Gallery）和泰特现代美术馆（The Tate Gallery of Modern Art），每年参观人数都在 2000 万人以上。西班牙第二大城市巴塞罗那因安东尼·高迪·克尔内特（Antoni Gaudí i Cornet）的奇异设计而成为现代建筑艺术的代表城市，每年吸引游客超过 7000 万人次。上城区应当大力布局发展现当代艺术馆，在有条件的区域打造现代建筑艺术街区。赵无极家属有意愿捐赠赵无极作品，建议借此机会新建一座规模较大的赵无极当代艺术馆，同时引进世界著名的当代艺术博览会。

（七）实施数字人文旅游计划，建设"数字宋韵"综合资源库

随着智慧经济时代的到来，智慧产品生产对经济增长的拉动作用愈发显著，并开始居于主导地位。智慧经济是以创新性知识为主导、以创意为先导的新知识经济形态，它使智慧和知识功能化、价值化。数字人文旅游是未来旅游的重要方式，也是传统旅游不可缺少的辅助工具。在很大程度上，现场旅游是有限消费，网上旅游则是无限消费。如现场看表演是有限消费，网上传播则是无限消费。

上城区应当基于数字经济系统开发数字文化资源。目前南宋临安城遗址展示难度较大，可先进行全面的数字化复原展示。如德寿宫遗址数字化复原展示项目结合考古成果和文献、宋画等史料，高度还原了真实的历史场景，包括园林建筑景观、生活情境等。可在此基础上，建设"数字临安城"大数据库，包括不可移动文物数据库、可移动文物数据库、历史文献数据库、城市规划和建筑文化数据库、社会生活数据库等，对南宋临安城进行全面的数字化复原展示。进一步打造宋韵网络文化中心，建设宋韵文化数字博物馆，举办宋韵网上文化节，应用虚拟现实（VR）、增强现实（AR）、混合现实（MR）、扩展现实（XR）、全息影像或元宇宙等先进技术，进行数字化文化表现。创编大型文化旅游游戏，如古风模拟经营类手游《南宋临安城探秘》。向滨江区学习，系统开发数字文学作品、影视作品、动漫作品，深度挖掘《白蛇传》等传统主题，创编类似《梦华录》《清平乐》《知否知否应是绿肥红瘦》

的影视剧,特别是以南宋为时代背景的历史小说和影视剧,进行传统题材的现代转化和创新表达,并以当代艺术观创编符合世界潮流的数字文学艺术作品,形成动漫、游戏产业集群。引进如杭州游科互动科技有限公司这样的创意企业,开发《黑神话:悟空》一类的创意游戏作品。

上城区已打造了一批数字或科技产业园,这些项目也要按照工商业旅游园区的标准来建设,注重人文旅游内涵开发,形成人文旅游景区。

社交融媒语境下大运河（杭州段）文旅融合网络传播策略

倪佳佳　孙福轩　曹福然 *

摘要： 当前，杭州正以国家文化公园建设为抓手，在运河沿岸打造别具一格的文化地标，全力促进文旅融合发展，通过网络传播策略努力推动大运河（杭州段）文旅融合是其中的关键一步。然而，在推进大运河（杭州段）文旅融合网络传播的过程中，面临着受众关系变革、传播内容宽泛和发声渠道零散等复杂现状，暴露出不少问题，如传播主体较为单一和零散，社会性力量参与不足；传播内容不够深刻和鲜活，未形成具有地区特色的"标志性文化"；传播渠道不够多元和创新，尚未充分运用数字化技术；传播效果较为浅显和悬浮，还不能激发大众的"文化认同感"。后续应进一步依托国家文化公园建设的契机，通过品牌塑造与市场营销、数字化保护与展示、内容创新与多样化表达、大众参与大运河文化传播、平台搭建与国际化叙事等方式，促进大运河区域的民生建设和业态发展，

* 倪佳佳，浙大城市学院人文学院，浙江省大运河文化研究院科研秘书，研究方向为文化传播。孙福轩，浙大城市学院人文学院教授，浙江省大运河文化研究院执行院长，研究方向为古代文学。曹福然，浙大城市学院人文学院，浙江省大运河文化研究院副研究员，研究方向为工业遗产。

助力大运河（杭州段）成为向世界传播中国故事、展示文化自信的重要窗口。

关键词：社交媒体；大运河（杭州段）；文旅融合；网络传播；国家文化公园

中国大运河是世界文化遗产，是著名的国家文化名片，也是"中国故事"进一步实现国际传播的重要媒介与内容。习近平总书记高度重视大运河文化建设工作，在 2017 年 6 月对建设大运河文化带作出重要指示：大运河是祖先留给我们的宝贵遗产，是流动的文化，要统筹保护好、传承好、利用好。2023 年 9 月 20 日，习近平总书记在考察浙东运河文化园时强调，大运河是世界上最长的人工运河，是十分宝贵的文化遗产。大运河文化是中国优秀传统文化的重要组成部分，要在保护、传承、利用上下功夫，让古老大运河焕发时代新风貌。2018 年浙江省政府工作报告提出富民强省十大行动计划，明确将"推动大运河（浙江）文化带建设"列入"传承发展浙江优秀传统文化行动计划"。2023 年全省宣传思想文化工作会议提出全面启动实施中华民族现代文明建设浙江探索"十大行动"，力争到 2035 年全面建成高水平文化强省，成为中华民族现代文明走向世界的省域典范。

作为大运河南端的枢纽中心城市，杭州无疑是中国大运河时空演变、城河关系影响与价值阐释的缩影。杭州能否讲好运河故事，发挥大运河文化精神独特的影响力、感召力、生命力，对国家文化公园建设十分关键。2022 年，杭州正式印发《杭州市大运河文化保护传承利用暨国家文化公园建设方案》和《杭州大运河国家文化公园规划》，提出以大运河杭州段为轴，努力打造中国大运河国家文化公园的经典园，使之成为浙江共同富裕示范区的文化生态实践范本。通过网络传播策略努力推动大运河（杭州段）文旅融合是其中的关键一步。

进入 21 世纪以来，随着技术手段的不断革新，网络文化受众在悄然间发生改变，这为杭州大运河文化的传播带来了挑战，其中，如何吸引青年人成为一大难题。青年人依靠互联网汲取信息、表达诉求，也因互联网改变着自己的生活方式与观念，因循守旧的传播方式很难再吸引年轻化的受众群体。基于文化传播与网络媒介的高度依存关系，大运河文旅品牌的传播也正在积极拥抱互联网，着力打造多元化产品，包括各类互动体验、NFT 产品以及线上线下融合的文旅项目，力求在线上与线下同步焕发生机与活力，寻求"出圈"机会。通过与年轻人的爱好相结合，以更丰富的数字化艺术形式将大运河文化传播给更多的青年，让他们在了解中认同，在认同中接受，在接受中传承，同时在传承中创新，这是大运河文化传播的核心意义和未来方向。

2014 年，中国大运河成功入选《世界遗产名录》，2024 年是大运河成功申遗十周年。大运河是凝聚中国古代人民智慧的伟大工程、人类改造自然的标志性工程，大运河文化遗产的保护、传承和利用不仅要体现在学术研究中，更要付诸实践，使其更符合现代文化产业发展趋势。如何在新时代媒介技术的引领下将体量庞大的大运河文化更好地阐述与传播出去？如何在保证大运河文化遗产原真性与完整性的前提下，传承其优秀文化基因与内核，实现文化资源的二次开发创新，以满足不断变化发展的时代需求，最终实现大众对大运河文化的理解与认同？这些问题都亟待探究。

一、大运河（杭州段）文旅融合网络传播现状

近年来，杭州积极融入浙江省发展战略，以迎亚运为契机，通过在大运河沿岸打造别具一格的文化地标，统筹推进大运河文化的保护、传承、利用和大运河国家文化公园建设，助力打造中国大运河国家文化公园建设的最美段、经典园。同时以国家文化公园建设为抓手，在建设过程中通过优化文化

产品，进一步巩固省级公共文化服务示范区建设成果，打造特色文化惠民活动，推出一批标志性文化活动、文旅产品和文艺精品，打通"文化共富"的奇经八脉，打造"与民共享"的运河文化生活新模式。然而，在文旅融合高速发展的背景下，尽管杭州试图利用数字化优势，在实践中形成杭州独有的文旅融合网络传播路径，但这一过程也非一帆风顺。

（一）传受关系变革

互联网时代下，传播关系的变革主要体现在传受关系上。在传统的传播方式中，信息由传播者进行输出，受众只能被动接受。然而，在以互联网传播为主要传播方式的当下，受众已不再是被动的信息接收者，传受关系已从"传受对立"转变为"传受合一"。早期的单向传输方式随着互联网的兴起被改变，传播者与受众的关系变得更加紧密。传播者向受众输出信息，同时也从受众身上汲取新的信息与反馈，更有部分平台将受众培养成传播者，形成了目前最为流行的 UGC 模式（用户创作内容模式）。在互联网时代，受众的地位受到了更高的重视。随着 Web3.0 时代的到来，大众对信息的接收方式从被动转向主动，互联网不再是传播者单向输出的工具，而是变成了维系传播者与受众关系的纽带，双方可以通过这条纽带进行互动，同时互相影响。"互动"取代了"传播与接收"，变成了新时代传受关系的新关键词。生硬的知识输出已经不符合当今受众的诉求，拥有不同社会身份、文化背景的受众需要在自主吸收知识的基础上，获得属于自己的身份认同。大运河的文化传播必须要利用新型传受关系的特点，鼓励、吸引受众参与到大运河文化的传播之中，让受众在大运河文化中找寻到自己的归属感。[①]

---

① 刘凡进：《2020 年新媒体视域下洛阳隋唐大运河文化的传播研究》，载刘福兴主编：《洛阳文化发展报告（2020）》，北京：社会科学文献出版社，2020 年，第 168 页。

（二）传播内容宽泛

大运河（杭州段）文旅资源丰富，是大运河古迹保存最完整、底蕴最深厚、资源最丰富的一段。大运河（杭州段）河道总长约 110 千米，拥有凤山水城门遗址、富义仓、桥西历史文化街区、西兴过塘行码头、拱宸桥、广济桥 6 个遗产点，以及杭州塘、上塘河、中河、龙山河、浙东运河西兴段 5 段遗产河道，遗产点段共有 11 处，数量在全国各个城市中位居前列。此外，大运河（杭州段）还拥有诸如张小泉剪刀锻制技艺、杭州龙井茶制作技艺、白蛇传传说、半山立夏节、杭州评话、余杭滚灯等非物质文化资源，彰显了中华民族勤劳勇敢、自强不息的精神品格，承载着与时俱进、传承创新的时代价值。

然而，正是因为大运河文化体量庞大，内涵丰富，难以轻易提炼和概括，所以在内容传播过程中很难系统形成让人印象深刻的热点爆词。通过闻海大数据平台对近三个月的大运河（杭州段）相关主题内容进行抓取，笔者发现大运河（杭州段）的热门地点关键词为"大运河""杭州段""杭州""中国""京杭"等，对杭州整体化的呈现较多，而没有细分到拱墅、塘栖、西兴等大运河所在的具体区域，如图 1 所示。此外，相关联的传播内容也较为单一和浅显，同质化内容较多，且内容较为碎片化。

图 1　大运河（杭州段）热门地点词

注：本图由作者整理绘制而成。

（三）发声渠道零散

在互联网时代，尽管存在多种传播渠道，但它们之间的协同性和整合性不足，发声渠道零散化，导致传播效果分散，难以形成强大的传播合力。同时，虽然数字技术为大运河文化的传播提供了新的机遇，但目前的应用程度还不够深入和广泛。例如，5G、大数据、AR、VR 等技术在大运河文化创作与传播过程中的应用还有待加强。

互联网时代，国内的网络社交媒介按内容形式和核心功能的不同，可分为以下几类：一是以微博和百度贴吧等为代表的文字主导型媒介，适合信息快速传播与深度讨论；二是以抖音和 B 站（哔哩哔哩）等为代表的视频主导型媒介，具有强烈的视觉冲击力，容易在短时间内引爆舆论；三是以微信和小红书等为代表的混合型媒介，支持图文、视频等多样化内容融合，综合性更高。笔者通过在闻海大数据平台上对 2024 年 7—9 月各类社交媒介上的大

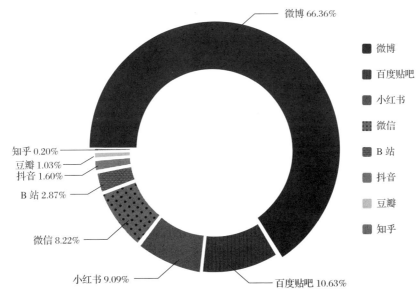

图 2　大运河（杭州段）发声渠道占比

注：本图由作者整理绘制而成。

运河（杭州段）相关数据进行抓取，发现微博、百度贴吧等渠道的相关报道居多，其中微博报道量最多，占比 66.36%，百度贴吧次之，占比 10.63%。而当前正大行其道的视频主导型媒介——抖音和 B 站等渠道中跟大运河（杭州段）相关的内容则不多。此外，"大运河"整体信息量最多，其余关键词影响力则偏弱，大运河（杭州段）影响力指数不高。

二、大运河（杭州段）文旅融合网络传播存在的问题

当前大运河（杭州段）在推进文旅融合网络传播的过程中仍面临一些问题，主要是：传播主体较为单一和零散，社会性力量参与不足；传播内容不够深刻和鲜活，未形成具有地区特色的"标志性文化"；传播方式不够多元和创新，尚未充分运用数字化技术；传播效果较为浅显和悬浮，不能激发大众的文化认同感。

（一）传播主体较为单一和零散，社会性力量参与不足

目前，大运河文化的传播主要依赖政府、博物馆等传统主体，传播过程大多是自上而下地由政府主导和推动的。然而，这些主体的资源和能力有限，难以满足日益增长的文化传播需求。因此，我们需要引入更多的社会力量，如企业、非政府组织、志愿者等，共同参与大运河文化的传播。此外，从实际操作层面来看，跨区域合作协调难度较大，难以形成长效的协作机制。民间群体和非政府组织虽然参与度不高，发挥的作用有限，但民间群体和非政府组织具有非官方属性，因而在传播和交流中往往比政府更能采取灵活多样的交流方式，在影响人们思想和感情方面具有独特作用，更容易获得他国政府和民众的接受与好感，影响也更为持久和深远。因而，未来既要发挥政府

的主导引领作用，又要调动更多社会力量参与，形成传播的合力。[①]

（二）传播内容不够深刻和鲜活，未形成具有地区特色的"标志性文化"

当前杭州大运河文化的传播内容往往停留在表面，缺乏对其深厚历史底蕴和丰富文化内涵的深入挖掘。例如，虽然大运河沿岸有许多历史遗迹和文化景观，但对这些资源的文化解读和宣传往往不够深入，导致公众对大运河文化的认知停留在浅层次。实际上，大运河文化的生动性和传承性更多地源于民间社会生活，但各地在这方面的宣传工作做得不足，对大运河周边日常生活文化关注度不够，未能充分挖掘和呈现其普遍价值，传播的大运河文化内容僵硬，缺乏灵活性、生动性和吸引力。此外，各地对大运河文化的建设规划虽大多依托城市特色，但在实际执行中普遍遵循一般模式，导致同质化现象严重，未形成具有地区特色的"标志性文化"。

（三）传播方式不够多元和创新，尚未充分运用数字化技术

数字媒体时代，大运河文化内容的创新是提升传播效能的关键。受众的选择日趋细分化、娱乐化，传播内容必须以受众为中心，投其所好，才能吸引受众的注意力，赢得更多受众。然而，目前大运河文化的传播内容缺乏深度挖掘和创新性表达。需要结合现代审美和技术手段，打造更多具有时代感和吸引力的文化产品。在大运河文化的展示和传播过程中，各地未能充分运用手机、互联网、数字电视和数字报刊等现代化媒体以达到充分传播大运河

---

① 张卫、樊佩佩、马岚:《大运河文化带建设国际性传播发展状况及策略——以江苏段为例》，载宫辉力主编:《运河研究年度文选（2019）》，北京：社会科学文献出版社，2021年，第260页。

文化的效果。虽然杭州在抖音等新媒体平台上开展了一些传播活动，但这些活动的影响力和覆盖面相对有限。新媒体平台的运用尚未形成规模化和常态化，缺乏持续的内容更新和互动机制。

（四）传播效果较为浅显和悬浮，不能激发大众的文化认同感

目前，大运河（杭州段）文旅融合的网络传播以产品、活动为依托，呈现出一种物化的、固态的、活动性的思路，缺乏引人入胜的故事性和情感共鸣，难以让受众产生深刻的文化认同感。这种传播的直接后果是，人们虽然看到了产品、参观了景点、参加了活动，但是对于大运河文化仍然缺乏清晰的概念，更不会从心底产生文化认同和归属感。因而，大运河文化的传播应该通过深入挖掘大运河文化的精神内涵和时代价值，通过生动的故事和案例来展现其独特的魅力和价值理念，将产品、活动、项目与品牌文化、品牌精神甚至生活方式等文化内涵相结合，实现大运河文化产品的实用价值和文化观念的传达。

三、大运河（杭州段）文旅融合网络传播的对策建议

大运河文化概念具有两个方面的意蕴：一是顶层设计层面，大运河文化承载着中华民族的文化基因，服务于国家与民族；二是共同价值层面，对大运河文化的保护和传承是对建立新型文化遗产保护和传承模式的创造性探索，在多元文化共存的人类命运共同体框架下，实现共同价值。[1] 因此，大

---

[1] 周泓洋、王粟、周扬：《大运河文化的多维价值与国家文化公园建设》，《中国名城》，2022 年第 7 期。

运河（杭州段）文旅融合网络传播需要对大运河文化的多维价值进行全面而深入的阐释，并且在实践中对大运河文化的创新性传承方式和创造性转化模式进行积极探索，在价值阐释、传播形式、传播载体、建设模式等方面进行深度挖掘，实现经济效益与社会效益的双赢，同时又能满足人们日益增长的精神文化需求。

（一）品牌塑造与市场营销，全力推进数字化保护与展示

从省域高度推进大运河文化 IP 的整体塑造和营销传播，系统规划大运河国家文化公园的集聚发展。建立统一的品牌形象，通过有效的市场营销策略，如社交媒体营销、KOL 合作等，扩大大运河的品牌影响力。同时，注重品牌故事的讲述，传递大运河深厚的文化底蕴和独特的旅游体验价值。通过系统挖掘和整理大运河丰富的历史文化资源，结合现代旅游发展需求，创造具有广泛吸引力的文化产品和服务。同时，利用 VR、AR 等数字技术手段增强游客的体验感，使优秀传统文化在现代社会焕发新生。

1. 构建大运河文化 IP

通过系统挖掘和整理大运河丰富的历史文化资源，结合现代旅游发展需求，打造具有广泛吸引力的文化产品和服务。构建大运河文化 IP 是推动大运河成为全球知名文化旅游目的地的关键一步。在把握大运河文化主题的基础上，实现活动融合、品牌融合和产品融合，推动大运河（杭州段）文创旅游IP 建设，培育"运河南"文旅 IP。推进大运河系列品牌打造，建设大运河戏曲廊道，激活各类社会文化阵地、草根舞台，创作更多群众喜闻乐见的文艺作品。实施"夜运河"品牌行动，支持杭州《X 秀》、《如梦上塘》、"开心麻花"等演艺品牌发展，培育沉浸式文旅消费场景等新业态。推动大运河非遗项目的传承与活化利用，推进省级大运河文化传承生态保护区的创建，支持都锦生丝绸、王星记扇子、张小泉剪刀等老字号品牌开发创新文创产品。实

施文旅重大项目高质量建设，全力推进京杭大运河博物院、大运河杭钢工业旧址综保项目、杭州音乐厅等重点文旅休闲项目建设，积极培育大运河文化标识。

2. 双线结合宣传文旅活动

举办中国大运河沿岸区县合作论坛、半山立夏节、长三角水上运动节、大运河国际艺术与科技节等具有国际知名度的大运河文化品牌活动和高端论坛，持续推进国际动漫节彩车巡游活动。营造大运河共享的特色文化生活方式，开展"船说·大运河老字号"活动，精心策划大运河文化和旅游节、运河文化"四季歌"等系列文化活动。塑造城市非遗活动品牌，深化传统工艺工作站的运营模式，持续举办"一河串百艺""少年非遗说""指津·非遗谭"大运河非遗讲坛等品牌活动。同时积极谋划开发线上项目，通过 VR、AR 等技术，开发线上展览和互动体验项目，让公众能够远程了解和体验大运河的魅力，吸引年轻人的关注，提高他们对运河文化的兴趣。

3. 突出文化旅游的特色

依托"遗产"和"水"两大核心元素，整合旅游资源，策划推出一批城市体验经典线路。结合大运河沿线的自然景观、历史遗迹和文化特色打造主题旅游线路，这些线路可以包括游船观光、文化探访、美食体验等活动，满足不同游客的需求。将杭州三大世界遗产有机串联起来，着重突出遗产价值和审美特色，兼顾团队游客和散客的需求，推出一日游、二日游和多日游等多种旅游线路组合。充分整合运河沿线资源，深挖文旅特色，推出运河游船·经典日游、运河游船·梦幻夜游、古镇塘栖·岁月之旅、钱运亨通·盛世之旅等 4 条经典特色游线，持续打响运河文旅融合新品牌。例如：（1）水上游线，打造钱塘江—大运河、大运河—西溪、大运河—良渚、武林门—塘栖、钱塘江夜游、上塘河夜游等游线。（2）主题游线，打造湘湖—三江汇流地区、武林门码头—塘栖—丁山湖—超山、拱宸桥—上塘河—半山—皋亭山、江河汇—南宋皇城小镇等经典文旅线路。（3）岸上游线，打造以文艺演出、非遗展示、民俗表演等地方特色活动为体验内容的运河沿岸景点游线。（4）跨省内河游轮线，打造杭州—苏州、杭州—无锡等内河游线。

（二）内容创新与多样化表达，广泛动员大众参与大运河文化传播

针对不同目标群体开发多样化的文旅产品和内容。比如，为年轻人设计互动性强、趣味性高的旅游活动；为家庭旅游者提供寓教于乐的亲子游项目。同时，运用多媒体手段丰富内容的表现形式，如短视频、直播等，以吸引更多的关注和参与。建立日常性大运河文化宣传推介体系，以及重大时间节点的特色大运河文化项目，将文化保护、开发与旅游发展相结合，活化历史文化遗产，让大运河文化发扬光大。深入了解、挖掘民众的普遍需求，积极推动社会力量广泛参与大运河沿线非物质文化遗产的宣传和传播，充分发挥新闻媒体的作用，使得非物质文化遗产走近人民群众、走入日常生活，形成人人参与、人人共享的良好格局。[1]

1. 开发文创产品与举办传统活动

挖掘大运河文化的内涵，深入研究大运河文化元素，如历史故事、民间传说、艺术形式等，将其融入文创产品的设计中。这样不仅可以提升产品的文化价值，还能增强其市场吸引力。鼓励与时尚品牌、科技企业等进行跨界合作，共同开发具有创新性和实用性的文创产品。例如，可以推出以大运河为主题的服装、配饰、家居用品等，让大运河文化走进千家万户。同时，大运河是杭州市井风韵、民俗风采的象征，是杭州的百姓之河，传承着庙会、集市等传统风俗。例如每年元宵期间，运河文化广场、京杭大运河博物馆、手工艺活态馆都会举办运河灯会，开展各种传统民俗体验活动、现代亲子体

---

① 刘景枝、刘烜锴：《大运河（沧州段）文化资源开发路径与建议》，载康振海主编：《河北文化产业发展报告（2022）》，北京：社会科学文献出版社，2022年，第198页。

验活动等。依托张大仙庙、财神庙、温元帅庙等，打造集祭神、游乐、贸易于一体的民间盛会。邀请民间艺人、街头艺人进行表演，通过杭州评话、杭州评词、杭州滩簧、小热昏、苏州评弹等本地和外地的曲艺表演，拉近大运河与百姓的距离。此外，正剧、杂技、魔术、皮影戏等表演形式也可融入其中。各类手工艺艺人也可以在现场边制作边销售自己的产品。

2. 推动社会参与和学术研究

鼓励和支持社区居民、艺术家、学者等社会各界人士参与到大运河的文旅融合项目中来，形成政府、企业、社会三方共同参与的良好局面。通过社区活动、文化节庆等形式，让当地居民成为文旅融合的受益者和传播者。开设专题课程，在中小学及高等院校中开设关于大运河历史文化的课程或讲座，培养学生对本土文化的认同感和自豪感。同时，也可以吸引国内外学者前来开展相关研究，推动学术交流。定期组织大运河相关的学术研讨会或论坛，邀请专家学者分享研究成果，探讨保护与传承大运河文化的新思路和新方法，从而提升大运河研究的深度和广度，促进学术界与实践界的交流与合作。招募并培训一支专业的志愿者队伍，参与大运河的保护、讲解和服务工作。志愿者可以通过讲解、导览等方式向游客传播大运河文化知识，增强游客的文化体验。组织各类公益活动，如清理河道垃圾、修复古迹等，提高公众对大运河的保护意识。同时，也可以鼓励社会各界人士参与到大运河的保护工作中来，共同守护这一宝贵的文化遗产。

（三）平台搭建与国际化叙事，创新大运河文化交流方式

加强国际文化交流和合作，借鉴国外成功的文旅融合发展经验，提升大运河的国际影响力。策划并承办国际性的文化交流活动或会议，如大运河文化节、大运河国际研讨会等。参与国际旅游展览，加入世界运河历史文化城市合作组织等国际机构，积极参与国际交流活动，以大运河两岸普通人的生

活为蓝本，利用杭州数字化名城的平台优势，打造一体化数字云平台，有效整合复杂、碎片化的信息，发挥融媒体优势，以多元融合的方式讲述既有民族特色、又有国际视野的大运河故事。

1. 打造大运河文旅信息数字一体化平台

充分利用"数字中国"的优势，将互联网、大数据、5G等新技术应用于文旅融合中，不仅可以优化游客体验，还能提高管理效率和市场反应速度。推广智慧旅游，利用移动互联网、大数据等技术，为游客提供便捷的在线预订、导览服务。通过智慧旅游平台，游客可以轻松规划行程，获取实时信息，享受更加舒适和个性化的旅游体验。整合碎片化信息，如利用抖音、小红书等新媒体平台开设相应板块：大运河诗文精细解读、大运河代表人物科普、大运河主题文章阅读、大运河传统美食展示、红色大运河文化呈现、大运河特色建筑信息展示、大运河非遗相关信息展示等。此外，利用现代信息技术手段，对大运河（杭州段）的历史、文化、建筑等进行全面的数字化记录，形成详细的数字档案库。打造若干大运河数字文化体验馆，对文化文物资源实体进行数字化、沉浸式展示，推动文化遗产信息资源数据共享，利用声光电技术提供互动式体验服务，增强互动性和感染力，健全工作协同与信息共享机制。推动传统大运河文化产业和旅游业的数字化转型，开发线上线下融合的新产品。

2. 运用前沿融合手段传播大运河故事

综合运用影视剧、纪录片、短视频、真人秀等多元化营销形式，传播大运河故事。"中国不乏生动的故事，关键要有讲好故事的能力"，要增强线上推介能力，创新营销推广方式，提升节庆活动内涵，扩大大运河在国内外的影响力。把大运河这一世界遗产介绍给世界游客，向世界讲好大运河故事，推进大运河休闲产业项目创新，吸引国际友人来中国旅游。如举办"相约大运河"短视频大赛，发动全民参与，提升影响力和传播力。同时应高度重视大运河文化内容的翻译质量，推动一批具有民族性、艺术性和可读性的大运河文化产品走向世界。选取契合受众需求、能引发普遍共鸣的传播内容，找到中国大运河文化与其他国家文化价值的契合点，揭示大运河文化所蕴含的独特而又能引起世界共鸣的东方价值，使大运河文化的传递具有国际思维，凸显包容性和国际共享性。同时要充分研究大运河故事国际表达的有效方式，形成能与国际交流的对外话语体系，努力加强对外文化输出，通过传播大运河故事，树立中国形象，形成助力中华民族伟大复兴的文化力量。要打造一支符合新时代国际传播需要的专业人才队伍，加强国际传播能力培训体系建设，构筑起对外宣传的人才高地。

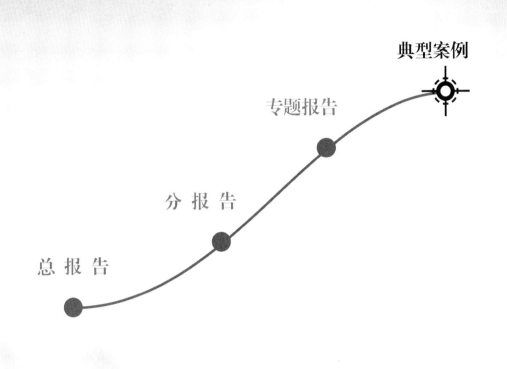

典型案例

专题报告

分报告

总报告

从《黑神话：悟空》出圈出海看杭州动漫游戏产业创新探索之路

周 晔 赵 鑫 韩 慧[*]

摘要：本文从中国文化"出海"、文化科技"融合"、传统文化"双创"、杭州游戏"蝶变"等四个角度分析了《黑神话：悟空》出圈出海的现实意义；总结了杭州动漫游戏产业发展的创新实践和经验启示，认为坚持以人文经济互融共促为引领、坚持以长期主义为理念、坚持以推进文化科技融合为驱动、坚持以提供高质量文化产品和服务为目的，是杭州动漫游戏产业走在全国前列的四大方面原因；剖析了当前杭州动漫游戏产业面临的新形势；从营造产业生态、促进能级跃升、深化跨界融合、强化人才支撑、提升国际标准等五个方面，提出了进一步推动杭州动漫游戏产业高质量发展的对策建议。

关键词：《黑神话：悟空》；动漫游戏产业；创新探索

---

[*] 周晔，中共杭州市委宣传部部务会议成员，杭州市文化产业发展中心（杭州市动漫游戏产业发展中心）副主任。赵鑫，杭州市文化产业发展中心（杭州市动漫游戏产业发展中心）经济师。韩慧，杭州市文化产业发展中心（杭州市动漫游戏产业发展中心）副研究员。

2024 年 8 月 20 日，由杭州游科互动科技有限公司（以下简称"杭州游科"）开发的《黑神话：悟空》在全球上线。作为国内首款真正意义上的 3A 游戏，该作品一经问世，便在全球掀起关注热潮。在发售后的 48 小时内，游戏同时在线人数突破 235 万人，登上 Steam 平台单机游戏历史同时在线人数排行榜第一。发售 1 个月后，全球销量超过 2000 万套，创下国产单机游戏的全球销售纪录。作为玩家公认的"中国第一款 3A 游戏"，《黑神话：悟空》所取得的巨大市场反响堪称史无前例。随着《黑神话：悟空》的迅速出圈出海，关于其为何诞生于杭州等相关的话题讨论持续不断。从《黑神话：悟空》这一现象级顶流之作入手，梳理杭州动漫游戏产业的创新发展之路，分析当前面临的新形势新机遇，有助于在更高站位上推动杭州动漫游戏产业高质量发展，推动杭州以更高标准打造"国际动漫之都""电竞名城"，加快建设国际文化创意中心。

一、《黑神话：悟空》出圈出海的现实意义

《黑神话：悟空》的成功出圈出海，不仅实现了中国 3A 游戏从无到有的突破、树立了国产游戏发展的里程碑，也成为彰显文化自信、提升中国文化传播力与影响力的成功典范，其意义深远。在被称为全球游戏界"奥斯卡"的年度游戏大奖（TGA）评选中，《黑神话：悟空》获得"最佳动作游戏"和"玩家之声"两大奖项。外交部对其做出"反映了中国文化的吸引力"的评价，并对《黑神话：悟空》获得 TGA 奖项表示祝贺。人民日报海外版刊文评价称"'出圈'的是一款游戏，'出海'的是中国文化"。新华社刊文评价称《黑神话：悟空》的成功出圈出海"将对整个国产游戏产业生态带来变革和启示"。央视新闻有关报道评价称"游戏成功提升了国产游戏的声誉和文化影响力"。有外媒评价道，"中国在游戏领域的国际影响力将继续提升"。

（一）中国文化"出海"的标志性成果

《黑神话：悟空》不仅为全球玩家提供了一场视觉与思想的盛宴，也在全球范围内掀起中国文化的热潮。游戏以中国传统名著《西游记》为蓝本，通过对角色与剧情的精心设计、对语言翻译的极致讲究、对西游文化精髓的深入挖掘展示，创造了一种适应国际表达的中国文化传播新范式。全世界的玩家记住了"WuKong"这个名字，不少外国玩家因为"孙悟空"这一角色而深挖游戏背后的《西游记》相关传说与故事，打破了海外对于西游故事乃至中国文化的某些标签式理解，拓宽了中国文化传播的广度和深度。正如海外论坛上的帖子所说："原来孙悟空的筋斗云不是从日本动画《七龙珠》得到的灵感，而是《西游记》里早就有的。"

（二）文化科技"融合"的代表性作品

作为现代科技与传统文化交汇催生的璀璨成果，《黑神话：悟空》是文化新质生产力的典型代表，不仅展现了科技赋能文化创新发展的广阔前景，更引领了文化科技融合创新发展的方向。整款游戏采用目前全球业界最先进的虚幻引擎 5（Unreal Engine 5）进行开发，应用 AI-NPC（人工智能 - 非玩家角色）与智能对话系统，让玩家与虚拟世界的互动更加真实与生动，自研运动模拟系统"陆吾"，运用各种高精尖技术提升渲染性能、模型精度、光影效果等，让全球玩家在"大片式""沉浸式"的游戏体验中感受"天命人"的西行取经路。

（三）传统文化"双创"的突破性标杆

《黑神话：悟空》在叙事技巧、视觉呈现及互动体验等方面都实现了开创性的突破，将传统文化中的音乐、美术、服饰、建筑、民俗等元素有机地融为一体，以焕然一新的形式向全球展示中华优秀传统文化的瑰丽风采，让中华优秀传统文化在新时代绽放耀眼光芒。在美术方面，游戏精心选取全国 36 个景点作为背景，对相关古建古迹进行高精度 3D 扫描，设计了大量中式景观；在配乐方面，大量采用古筝、钵、梆、锣等民族乐器，融入陕北说书等非遗文化，让游戏充满浓郁的中国文化特色。游戏收获的巨大流量带动了联名产品、衍生品、演艺活动的热潮，并在全国多地掀起跟着游戏场景打卡现实取景地的文旅热潮。

（四）杭州游戏"蝶变"的引领性案例

杭州游戏产业发端于 20 世纪末至 21 世纪初。经多年发展，杭州已拥有一批覆盖产业链各环节的游戏企业和高能级产业平台，集聚了一批适应行业需求的游戏人才，日益成为国内游戏产业重镇。杭州游科在艺创小镇潜心研发，历经近七年，最终成功打造了《黑神话：悟空》这一展示中国实力、具有世界水准的顶流之作，不仅为杭州游戏产业发展书写了浓墨重彩的一笔，也从实践层面印证了杭州游戏产业发展的优良生态，并为未来杭州游戏产业的发展注入了新的生机活力。同时，其出圈效应也带动了杭州动漫、文旅、会展等其他相关产业的发展，助力杭州形成新的经济增长点。

二、杭州动漫游戏产业发展的创新实践和经验启示

作为《黑神话：悟空》的诞生地，自 21 世纪初以来，杭州始终以高度的文化自信、前瞻的战略眼光，敏锐把握先机，加大扶持力度，持续推动动漫游戏产业的创新与蝶变。

（一）强生态，迭代优化政策体系

1.明确目标定位。2005 年，我国首个国家级国际化动漫专业节展——中国国际动漫节在杭成功举办，杭州提出打造"动漫之都"的目标。同年，杭州率先在全国出台《关于鼓励和扶持动漫游戏产业发展的若干意见（试行）》，制定实施动漫游戏产业发展专项规划，对打造"动漫之都"作出全面部署。2022 年，杭州出台实施《关于推进新时代杭州动漫游戏和电竞产业高质量发展的若干意见》，提出打造"国际动漫之都""电竞名城"的新目标。

2.明确政策举措。2008 年，杭州对全面打造"全国文化创意产业中心"作出部署，把动漫游戏产业作为重点发展的文化产业门类之一，并成立协调推进文化产业发展工作的杭州市文化创意产业办公室（中国国际动漫节节展办公室）[机构改革后更名为杭州市文化创意产业发展中心（杭州市动漫游戏产业发展中心）]。自 2005 年以来，杭州先后出台实施近 60 项文化产业相关政策文件，其中动漫游戏产业政策已历经六轮迭代，相关举措始终走在行业前沿。

3.明确资金扶持。多年来，杭州充分发挥动漫游戏产业专项资金的"四两拨千斤"作用，切实加大对动漫游戏产业的扶持力度。近三年，相关专项资金共扶持项目 350 余个，涉及资金 6800 余万元。杭州游科的《黑神话：悟空》相关技术研发项目于 2022 年作为优质项目获得扶持，2024 年相关出海项目再次获得扶持。曾位列中国影史动画电影票房榜第三的《长安三万里》也于 2022 年获得扶持。此外，从 2023 年开始，杭州出台电竞产业扶持细则，并给予 11 个项目 1400 余万元的资金扶持。

（二）强主体，大力夯实产业支撑

1.推进企业培育。杭州坚持稳存量、扩增量，积极培育壮大动漫游戏企业梯队。浙江中南卡通、杭州网易雷火科技、杭州电魂网络科技、杭州玄机科技、杭州绝地科技等一批本地企业不断做大做强。快手、游科互动、追光动画、睿宸影视、恺英网络等一批国内知名或具有高成长性的企业陆续在杭布局发展动漫游戏业务。2024 年，玄机科技入选"2024·全国成长性文化企业 30 强"；3 家杭州动漫游戏企业入选新一批国家级文化产业示范基地；多家动漫游戏企业入选省、市重点文化企业。

2. 推进人才集聚。杭州坚持"人才是第一资源"的理念，整合利用中国网络作家村、浙江大学、中国美术学院、浙江传媒学院等机构和高校的优势资源，创新加强动漫游戏人才引育。先后吸引蔡志忠、朱德庸、慕容引刀等一批动漫领军人才入驻，人才高地效应凸显。此外，杭州还推出中国动漫菁英培养计划、中国青年动漫家成长计划等人才培养活动，孵化培育了一批青年动漫游戏人才。

3. 推进产业集聚。杭州积极布局之江文化产业带和大运河（杭州段）文化产业带建设，网易杭州软件生产基地三期、电魂网络游戏软件生产基地项目等一批重点动漫游戏项目取得重大进展，位于之江文化产业带核心区域的艺创小镇集聚了游科互动、追光动画等一批优质动漫游戏企业。目前，杭州已拥有 2 家国家级动漫产业基地、3 家国家动画教研基地等国家级动漫产业发展平台。正在建设中的国家（杭州）短视频基地也将打造动漫短视频全产业链生态平台作为发展定位之一。

（三）强创新，有效激发动能活力

1. 强化数字赋能。充分发挥数字经济先发优势，推进 5G、人工智能生成内容（AIGC）、大数据、虚拟现实（VR）、增强现实（AR）等前沿技术在动漫游戏领域的应用。2021 年，网易雷火的"超大规模预训练模型云平台"入选浙江省科学技术厅 2022 年度"尖兵""领雁"研发攻关计划之尖兵计划项目。不鸣科技自研的 Chaos 游戏引擎在航天领域实现创新应用。中南卡通开发了"之江一号"AI 动画表演数字平台。一批动漫游戏企业入选国家高新技术企业、国家中小型科技企业、省数字文化企业梯度培育计划和省市数字文化示范企业。

2. 打造"AI＋"产品。近年来，杭州的一批动漫游戏企业积极探索创新，推动动漫游戏作品的创作生产向数字化、智能化方向转型。玄机科技从 2019 年开始尝试 AI 赋能动画制作，目前已经实现通过大数据和 AI 算法驱动"群众性"角色根据自己的身份进行自动"表演"。网易雷火的《逆水寒》手游成为国内首个大规模应用 AI 玩法的主流游戏。顺网科技开发的"灵悉"智能体引擎为上游厂商提供了共创 AI 游戏助手，并为赛事和活动提供定制化的 AI 陪伴角色。

3. 布局创新矩阵。在电竞领域，杭州于 2018 年引进 LGD 电竞俱乐部，开启了电竞产业化发展之路。借亚运会东风，杭州电竞中心成为全国首座亚运赛事标准的专业电子竞技场馆。王者荣耀、英雄联盟、第五人格等专业电竞赛事在杭州举办。2024 年 12 月，由亚奥理事会指导的首届亚奥（杭州）电子体育周也在杭州举办。在数字营销领域，纳视文化大量采用 AIGC 技术实现精细化运营，助力旗下的果燃 TV 成为电竞游戏数码领域的头部 MCN 机构。

（四）强品牌，做大做强名展名品

1. 办好重点节展。在国家有关部委和省委、省政府支持指导下，中国国际动漫节已在杭州成功举办 20 届，累计吸引全球 80 多个国家和地区的 2.1 万余家企业和机构参展，参与人数超 1810 万人次，意向交易额超 1650 亿元，先后 4 次入选国家文化发展五年规划，成为国内规模最大、人气最旺、影响力最广的动漫专业节展。以中国国际动漫节为引领，享有"中国动漫至高荣誉"美誉的"金猴奖"大赛等相关活动的权威性和影响力不断提升。

2.打造精品力作。杭州持续深耕打造优质原创动漫游戏 IP。近三年，杭州获得版号的网络游戏数量占全国总数的 20% 以上，获得发行许可的网络动画片数量占全国总数的近 30%。近五年，杭产电视动画片获国家广电总局推优数量居全国同类城市第一。动画片《郑和下西洋》、动画剧集《下姜村的绿水青山梦》、游戏《逆水寒》等一批杭产动漫游戏作品获全国或省"五个一工程"奖、中国文化艺术政府奖动漫奖等重要奖项。

3.融入城市气质。杭州积极促进动漫游戏与实体经济、城市治理、乡村振兴、市民生活等领域相融合，建成开放杭州中国动漫博物馆、蔡志忠美术馆等动漫专业场馆，推出动漫主题地铁、公交、航班，举办漫画大赛、动漫毅行、动画电影周、各类电竞赛事等贯穿全年、覆盖全城的系列活动，赋予了杭州这座历史文化名城年轻活泼的气质。2024 年国庆期间，在动漫爱好者群体中颇具知名度的 CP（COMIC UP）展首次从上海移师杭州并成功举办，不仅拉动了杭州文旅消费，也进一步提升了杭州作为"国际动漫之都"的形象。

（五）强开放，不断加快出海步伐

1.搭建开放合作平台。杭州依托中国国际动漫节这一中华文化"走出去"的重要平台，吸引了美国迪士尼、日本集英社、法国达高等一批国际头部动漫企业来杭展示交流、共商合作。2024 年，中国国际动漫节与七家国际知名节展共同签署《国际动画联盟合作备忘录》，促进彼此交流合作。

2.拓展境外交流渠道。杭州持续培育打造"新杭线""动漫万里行"等境外巡展品牌，连续十多年组织动漫游戏企业和机构参展法国戛纳电视节、德国科隆国际游戏展、日本东京电玩展、香港国际影视展等专业节展，加强"国际动漫之都"城市品牌的宣传推广，助力动漫游戏企业开拓境外市场。同时，借助在英国、意大利、瑞士、法国设立的 4 家海外杭州文化创意产业交流中心，加强杭州动漫游戏的宣传推介。

3. 发展数字文化贸易。杭州依托浙江数字文化国际合作区、国家对外文化贸易基地（杭州）等平台，积极推进杭产动漫游戏产品以 IP 授权、境外销售等方式走出国门。网易雷火、电魂网络、绝地科技、若鸿文化等一批杭州动漫游戏企业连续多年入选国家重点文化出口企业。据不完全统计，杭产动漫游戏产品已出口至全球 100 余个国家和地区。

（六）杭州动漫游戏产业始终走在前列的原因

多年来，杭州动漫游戏产业之所以能够不断创新突破，始终走在行业前沿、全国前列，主要原因可归结为以下四个方面：一是坚持以人文经济互融共促为引领。习近平总书记在《之江新语》中指出："所谓文化经济是对文化经济化和经济文化化的统称，其实质是文化与经济的交融互动、融合发展。"[①]2023 年全国两会期间，习近平总书记深刻提出人文经济学这一研究命题。动漫游戏产业作为文化产业的重要门类之一，不仅具有较高经济价值，还能促进文化传承和传播。杭州在推进动漫游戏产业发展过程中，不仅充分提升动漫游戏产业的经济价值，更注重彰显动漫游戏产业的文化属性、意识形态属性，成为践行人文经济学的生动案例。二是坚持以长期主义为理念。动漫游戏产业的发展需要经历较长的孵化培育过程。杭州始终秉持锚定目标不放松、一张蓝图绘到底的耐心和决心，通过精准的政策滴灌、贴心的服务保障静待"花开"。以《黑神话：悟空》为例，创作团队杭州游科所在的艺创小镇坚持"无事不扰、有事必应"的原则，为入驻企业提供细致入微的"保姆式服务"，全力确保企业专注研发。三是坚持以推进文化科技融合为驱动。

---

① 习近平：《之江新语》，杭州：浙江人民出版社，2007 年，第 232 页。

杭州有着深厚的互联网基因和信息产业发展基础，2005 年杭州布局发展动漫游戏产业的初衷之一就是促进高新技术产业与现代文化产业融合发展。随着文化数字化战略和数字经济创新提质"一号发展工程"的深入实施，杭州动漫游戏产业乘"云"驾"数"，加大与数字经济的融合力度，助力杭州打造文化数字化融合示范高地、高水平重塑"全国数字经济第一城"。四是坚持以提供高质量文化产品和服务为目的。杭州在发展动漫游戏产业的过程中，坚持把社会效益放在首位，实现社会效益和经济效益相统一，大力引导动漫游戏企业履行社会责任，创作生产彰显正能量的动漫游戏作品和产品，推进动漫游戏与文旅、教育等其他相关行业跨界融合发展，着力满足人们多样化、个性化、品质化的精神文化需求。

三、当前杭州动漫游戏产业发展面临的新形势

从总体上看，当前杭州动漫游戏产业发展具有深厚基础、面临良好机遇，但对标一流仍存在一些有待改进提升的短板和不足。

（一）从国际来看，动漫游戏产业蓬勃发展、方兴未艾

根据全球知名市场调查机构 Newzoo 于 2024 年 5 月发布的《2023 年全球游戏市场报告》，2023 年全球游戏市场总收入达到 1840 亿美元（约合 1.31 万亿人民币），同比增长 0.6%。游戏玩家数量同比增长 6.3%，达到 33.8 亿人，其中，付费用户同比增长 7.3%，达到 14.7 亿人。在《博德之门 3》《霍格沃茨之遗》等畅销大作的带动下，全球游戏市场预计将继续维持 1.3% 的年均增长率，到 2026 年市场规模将达到 2057 亿美元。而在动漫产业领域，随着 Netflix、Amazon Prime、YouTube 等各种流媒体服务的兴起及人工智能（AI）、

VR 等先进技术的大规模应用，全球动漫市场规模在过去几年中出现了大幅增长，预计未来几年将继续保持快速增长势头。

（二）从国内来看，动漫游戏产业日益成为新的经济增长点

近年来，我国动漫游戏产业整体发展迅猛，市场规模迅速扩大。根据中国动画学会数据，2020 年我国动漫产业总产值达到 2212 亿元，2023 年更是突破 3000 亿元。中国音像与数字出版协会发布的《2023 年中国游戏产业报告》显示，2023 年中国游戏市场实际销售收入为 3029.64 亿元，同比增长 13.95%，首次突破 3000 亿元关口；游戏用户规模达 6.68 亿人，创历史新高。在产业链下游，2023 年，中国电竞市场实际销售收入为 1329.45 亿元，同比增长 12.85%。与此同时，动漫游戏产业呈现出与旅游、快速消费品、演艺、会展等其他相关行业加速融合发展的趋势，成为赋能品牌价值、激发文化共鸣、带动市场消费的重要载体，在整个国民经济中的地位与影响力进一步提升。

（三）从行业来看，动漫游戏产业赋能新质生产力发展

包括动漫游戏在内的文化产业本身是新质生产力的重要载体和推动力量。回顾历史，动漫游戏等文化业态与科技创新一直相互驱动、共同发展。从早期的任天堂红白机到现在的 PS5 游戏机，游戏一直在推动芯片厂商研发速度更快、效率更高的运算及图形处理器。英伟达等公司对先进图形处理器的研发直接受到游戏行业需求的影响。以《黑神话：悟空》为例，有国外学者认为，不仅应将其视为一款成功的电子游戏，而且应把它看成是帮助中国

缩小与西方技术差距的催化剂。① 从产业发展实际来看，AIGC、虚拟制片、云渲染等技术越来越多地应用于动漫游戏领域，对以高技术、高效能、高质量为主要特征的新质生产力提出了更为广阔的需求。

（四）从现状来看，杭州动漫游戏产业发展仍有较大提升空间

虽然杭产动漫游戏屡有精品佳作赢得市场欢迎，《黑神话：悟空》更是成为杭州动漫游戏的高峰之作，但当前杭州动漫游戏产业仍存在作品质量参差不齐、对文化资源挖掘利用不够等问题，在内容创意策划、作品发行与销售、衍生产品开发等产业链前后端的竞争力也有待提升。同时，在动漫游戏人才引育方面有待进一步创新突破，尤其是相关技术研发人才、复合型人才缺口较大，行业对这类人才需求迫切。

四、进一步推动杭州动漫游戏产业高质量发展的对策建议

面对新形势，杭州动漫游戏产业应深入学习、积极践行习近平文化思想，贯彻落实党的二十届三中全会和省委、市委全会精神，抢抓深化文化体制机制改革的契机，围绕打造"国际动漫之都""电竞名城"的目标，进一步做大做强做优"杭州动漫""杭州游戏"品牌，推动创造更多具有鲜明杭州辨识度的"黑神话"，以高质量发展的突出成效为杭州加快建设国际文化创意中心、打造一流历史文化名城、发展新时代中国特色社会主义文化赋能添彩。

---

① 《外媒：〈黑神话：悟空〉或推动中国技术创新》，《参考消息》，2024 年 10 月 28 日第 9 版。

（一）注重政策引领，着力营造动漫游戏产业一流生态

1.融入总体规划布局。从 2005 年杭州出台实施全国首个城市层面动漫游戏产业发展专项规划以来，该规划始终引领着杭州动漫游戏产业的发展。2025 年国家将迎来"十四五"规划收官，同时启动新一轮规划制定工作。下一步要结合"十五五"规划的制定，从高从新谋划杭州动漫游戏产业发展布局和思路举措，进一步提升杭州动漫游戏产业的国内外知名度、美誉度和竞争力。

2.优化迭代专项政策。已经进行六轮迭代的杭州动漫游戏产业政策，无论在目标定位上还是在扶持力度上始终处于行业前沿，在全国具有引领性。下一步要在总结以往各轮专项政策优势和落地成效的基础上，谋划新一轮政策举措，为进一步推动杭州动漫游戏产业高质量发展营造更好的政策环境。

3.创新文化金融服务。杭州动漫游戏企业以中小微企业居多，而一个优质的动漫游戏产品从创作研发到上市运营往往需要一段较长周期，其中存在一定的不确定性，因此更需要有针对性地创新金融支持举措和服务模式。下一步，要进一步深化与金融部门、投资机构的合作，用好用活市文化金融贴息扶持政策和市文创产业投资引导基金，为动漫游戏产业发展提供更加及时、高效、精准的金融支持服务。

（二）注重集群发展，着力促进动漫游戏产业能级跃升

1.在重大项目建设上发力。依托之江文化产业带和大运河（杭州段）文化产业带，杭州大力推进动漫游戏产业集聚发展，取得了积极成效。下一步，要更加强化"项目为王"的理念，优化拓展文化产业发展空间布局，在高标准推进已有项目建设的同时，精准谋划和实施一批"大高好"项目，提升动漫游戏和电竞产业集群发展效益。

2. 在企业梯队打造上发力。杭州动漫游戏产业的发展壮大，离不开一大批优秀企业的厚积薄发、奋勇拼搏。下一步，既要在稳存量上下功夫，继续为企业提供更加优质的服务，让动漫游戏企业安心在杭创新创业、发展壮大，又要在扩增量上下功夫，积极招引一批国内外行业龙头企业、新兴企业，为杭州动漫游戏产业高质量发展提供充沛动能。

3. 在特色优势培育上发力。目前，杭州动漫游戏产业形成了以科技创新为驱动、以重点园区（基地）和品牌节展为平台、以名企名家名校为支撑、以国内外市场为导向、以促进经济转型升级和满足人民精神文化生活需求为根本的特色发展之路。下一步，更要厚植历史文化名城和"全国数字经济第一城"的特色优势，以更高标准办好中国国际动漫节，在数字动漫、网络游戏、电竞赛事等领域不断培育新品牌、形成新优势，同时推动单机游戏研发、动画电影制作等方面取得新突破。

（三）注重改革创新，着力深化动漫游戏产业跨界融合

1. 深化与数字经济的融合。随着信息技术的飞速发展，AIGC、元宇宙、大数据、云计算等新技术新应用被越来越多地应用于杭州动漫游戏领域。下一步，要充分激发动漫游戏企业科技创新的积极性，鼓励有条件的动漫游戏企业加强对相关行业大模型、智能体等的研发，将新技术更加广泛地应用于动漫游戏产品和场景打造。

2. 深化与文化旅游的融合。随着文旅融合的不断深入，杭州动漫游戏产业越来越多地与旅游业融合发展。下一步，一方面要持续释放和延续"黑神话"效应，将 IP 大流量转为文旅大"留量"，进一步提升杭州作为《黑神话：悟空》诞生地的知名度、美誉度和影响力；另一方面要结合数字文旅产业的发展，创新拓展动漫游戏产业发展新空间，不断丰富文旅新业态和新场景。

3. 深化与城市发展的融合。多年来，杭州动漫游戏产业发展始终与城市

发展同频共振。下一步，要把握"后亚运、2万亿、超大城市"的城市发展新阶段，进一步推动动漫游戏融入城市生活，不断放大动漫游戏的正向价值效应，为推动杭州全域文化繁荣、全民精神富有贡献更多动漫游戏力量。

（四）注重队伍建设，着力加强动漫游戏产业人才支撑

1. 构建人才雁阵格局。杭州不断优化人才发展生态环境，推进实施市级高层次人才认定、全球青年人才集聚"青荷计划"等重点人才项目。下一步，要结合动漫游戏人才的特殊性和成长规律，探索创新相关人才工作举措，更加广泛地吸引和集聚动漫游戏领域的名家大师、领军人才、骨干人才、新锐人才，以及相关上下游产业链各细分行业人才，着力构筑"头雁领航、群雁齐飞"的动漫游戏人才雁阵格局。

2. 加强人才培养培训。从杭州动漫游戏产业的发展实践来看，浙江大学、中国美院、浙江传媒学院等一批在杭或杭属高校不仅为杭州动漫游戏企业输送了大量人才，也为杭州动漫游戏产业发展提供了专家智库支撑。下一步，要更加强化产教融合、校企合作，不断提升相关高校动漫游戏人才的培养质量，着力培育壮大创新型、复合型、国际化的动漫游戏人才队伍，源源不断地为杭州动漫游戏产业发展提供新鲜活力。

3. 强化以赛育才聚才。多年来，杭州形成了以中国国际动漫节"金猴奖"大赛和亚运会电竞赛事为引领，涵盖 COSPLAY 超级盛典、声优大赛、"天眼杯"中国（杭州）国际少儿漫画大赛、"新星杯"故事型原创漫画大赛及不同类型电竞赛事的赛事体系。下一步，要结合打造"国际'赛''会'之城"的目标，优化提升一批品牌赛事，培育发展一批特色赛事，积极争取一批顶级电竞赛事落地杭州，为优秀动漫游戏和电竞人才脱颖而出提供更多机会和舞台。

（五）注重交流交融，着力提升动漫游戏产业国际水准

1. 在推进文化传承发展上体现更大作为。作为中国首批历史文化名城之一，杭州历史悠久、人文荟萃，拥有丰富厚重的优秀传统文化资源，为动漫游戏创作生产提供了源源不断的内容素材。下一步，要更加突出中华民族的文化主体性，深入挖掘和阐发中华优秀传统文化的精神内涵，积极探索打造更多承载中华文化基因、融汇国际话语表达的精品动漫游戏文化 IP，增强文化自信，推进文化传承与发展。

2. 在发展数字文化贸易上体现更大作为。近年来，数字文化产品掀起了文化出海"新热潮"，网络文学、网络游戏、网络影视成为中国文化出海的"新三样"。下一步，要依托全球数字贸易博览会、"中国联合展台"、"千帆出海"行动计划、国家文化出口基地、国家对外文化贸易基地、中国国际动漫节等国家级平台载体，充分发挥"新杭线""动漫万里行"等杭州本地文创出海特色平台和文化企业自身资源渠道的作用，共同培育杭州动漫游戏产业的国际竞争新优势，拓展国际市场新份额。

3. 在讲好新时代杭州故事上体现更大作为。动漫游戏是跨越国界的世界语言。越来越多的海外城市以动漫游戏为媒介，加强城市文化推介。比如：日本东京、法国巴黎在奥运会开幕式等重要场合融入具有本国特色和鲜明辨识度的动漫游戏元素；比利时布鲁塞尔打造"漫画之路"，用家喻户晓的丁丁、蓝精灵等经典动漫形象来装点整座城市。下一步，杭州要进一步发挥好动漫游戏产业的作用，推进城市国际传播，生动讲述新时代杭州故事，充分展现历史文化名城的独特韵味和"锦绣繁华人间新天堂"的创新活力。

《种地吧》：以农文旅融合发展为引擎探索乡村振兴新路径

吕佳颖　　祝秋晨 *

摘要:《种地吧》作为一档聚焦农耕生活的综艺节目，通过记录十个年轻人从播种到收获的全过程，展现了年轻人的吃苦耐劳精神和对农耕文化的理解与体验。节目在推动农文旅融合发展方面进行了积极探索，不仅丰富了乡村旅游的内涵，也促进了农业产业的升级与转型。本文围绕《种地吧》节目的农文旅融合发展展开案例分析，深入剖析其背景与意义、实践历程、创新做法、经验价值，并提出对农文旅融合发展的对策建议。

关键词:《种地吧》；乡村振兴；农文旅融合发展

---

* 吕佳颖，浙大城市学院国际文化旅游学院副院长、教授，研究方向为文旅产业发展、旅游目的地管理等。祝秋晨，浙江城市学院国际文化旅游学院，研究方向为文化遗产旅游。

一、背景与意义

（一）乡村振兴的背景与挑战

在城市化快速发展的背景下，乡村地区面临着诸多挑战。首先，人口流失严重，导致乡村地区劳动力短缺，经济发展缺乏动力。其次，产业结构单一，农业仍然是乡村地区的主要产业，但传统农业效益低下，难以满足农民日益增长的物质文化需求。此外，文化衰落也是一个不容忽视的问题，乡村地区的传统文化和民俗风情逐渐消失，导致乡村地区缺乏独特的文化魅力和吸引力。

（二）农文旅融合发展的意义

农文旅融合发展作为一种新兴的发展模式，对于推动乡村振兴具有重要意义。首先，农文旅融合发展可以促进农业产业的升级与转型。通过引入现代农业技术和经营理念，可以提高农产品的附加值和竞争力，推动农业向高效、绿色、可持续方向发展。其次，农文旅融合发展可以丰富乡村旅游的内涵。通过挖掘和传承乡村地区的文化遗产和民俗风情，打造具有地方特色的乡村旅游产品，可以吸引更多的游客前来体验乡村生活，从而推动乡村旅游产业的发展。最后，农文旅融合发展可以促进乡村地区的文化传承与创新。通过保护和传承乡村地区的传统文化和民俗风情，同时引入现代文化元素和创新理念，可以推动乡村文化的传承与创新发展。

（三）《种地吧》节目的诞生与意义

《种地吧》正是在乡村振兴和农文旅融合发展的背景下应运而生的。节目创意主要来源于对中国粮食自给自足和土地耕作问题的关注。此外，当前综艺市场缺乏真正关注乡村和大自然的题材，节目组敏锐地捕捉到了这一市场空白。节目希望通过展现年轻人吃苦耐劳、奋勇奋进的精神面貌，以及他们对农耕文化的理解和体验，让观众重新认识到农业是立国之本、强国之基，农民是乡村振兴的主体，从而引发人们对农业的关注和对农民的尊重。《种地吧少年》不仅仅是一档综艺节目，更是推动乡村振兴和农文旅融合发展的重要载体。通过节目的影响力，可以激发人们对乡村地区的关注和兴趣，推动乡村地区的经济发展和文化传承。

二、实践历程

（一）节目选题

在综艺市场各种类型节目层出不穷的背景下，"种地"题材具有很强的新鲜感和独特性，能够迅速吸引观众的注意力。以往的田园农业综艺多侧重于展现悠然闲适的田园农家生活，而《种地吧》直接聚焦土地上的劳作艰辛，真实展现农耕生活，这种差异化的呈现方式使节目更容易在综艺市场脱颖而出。同时，随着城市化进程不断加快，很多年轻人逐渐远离耕地、远离农业生产，对农耕知识和乡村生活缺乏了解。该节目可以让观众直观地了解农作物的生长过程、农业技术的应用及乡村生活的现状。此外，在现代社会中人们生活压力繁重，观众观看综艺节目并非只为解压和娱乐，而是希望节目能够观照现实生活，满足其内在需求，提供正向情绪价值。"种地"这种需要付出辛勤努力、脚踏实地去完成的活动，能够让观众在观看节目的过程中感受到坚持、努力、团结等积极的品质，同时在快节奏的生活中找到一份宁静和踏实。

（二）选角与团队组建

《种地吧》节目的成功，离不开严格的选角和专业的团队组建。节目组在选角过程中，广泛招募并筛选了拥有不同职业背景的面试者，既有具备演艺经历的候选人，也有纯素人（与明星、网红等公众人物相对，无社会名气的普通人）。节目组共收到 200 多份简历，通过初步筛选、试拍考核、深度沟通等环节，最终确定了十位既有潜力又愿意真正体验农耕生活的年轻人作为节目的主要参与人员。这些年轻人各具特色，他们的加入为节目增添了无限活力和看点。

在团队组建方面，节目组注重专业性和创新性。团队成员来自不同的专业领域，包括农业、旅游、文化、传媒等，他们具有丰富的经验和创新思维，能够为节目的策划、制作和推广提供有力的支持。同时，节目组还积极与当地政府、企业和社会组织合作，共同推动节目的落地和实施。

（三）第一季：初探农耕生活

第一季节目在 142.8 亩的土地上展开，对于十位毫无农耕经验的年轻人来说，这无疑是一项巨大的挑战。他们需要在这片土地上逐步学习和适应农耕生活，从播种、灌溉、施肥到收获，全程体验农业生产的每一个环节。这一季通过真实记录这些年轻人的农耕生活，让观众感受到了农业生产的艰辛与乐趣，也为后续的农文旅融合发展奠定了基础。在第一季节目中，年轻人经历了对农业生产从陌生到熟悉、从失败到成功的全过程。他们不仅学会了如何耕种土地、收获作物，还了解了农业技术的应用和现代农业的发展趋势。同时，他们也感受到了乡村地区的魅力和活力，与当地居民建立了深厚的友谊和联系。这些经历不仅让这些年轻人实现了成长和蜕变，也让观众重新认识了农业和乡村地区。

（四）第二季：全面升级与拓展

第二季节目在多个方面进行了升级和拓展。首先，种植面积扩大到450亩以上，增加了大棚和鱼塘等设施；种植品种也更加多样化，除了传统的农作物外，还增加了草莓、辣椒等新品种。这些变化不仅丰富了节目的内容和形式，也提高了当地农产品的附加值和竞争力。其次，运营模式更加多元化。除传统的农作物种植和家禽家畜养殖外，节目还开展了蔬果衍生产品研发等业务。同时，节目还通过直播带货、农夫集市等形式，将农业与旅游业深度融合，实现了农产品的价值转化和增值。最后，第二季节目还注重与文化产业的融合。通过挖掘和传承乡村地区的文化遗产和民俗风情，打造了具有地方特色的乡村旅游产品。这些产品不仅吸引了更多游客前来体验乡村生活，也推动了乡村文化的传承与创新发展。

（五）第三季：探索更广阔的土地

第三季节目走出江浙沪地区，去讲述西北乃至更多地方的土地故事。这是一次全新的尝试和挑战。节目继续探索更广阔的土地，培育更多具有特色和经济价值的农作物品种。同时，节目还进一步引入和推广现代农业技术，根据不同地区的农业特点，展示更多适合当地的农业技术和创新应用。此外，第三季节目注重与当地农民、农业专家的互动和交流，通过不同的视角来展现农业生产和农村生活的故事，让观众更加深入地了解乡村地区的实际情况和发展需求。这些互动和交流不仅有助于节目的制作和推广，也有助于推动乡村地区的经济发展和文化传承。

三、创新做法

《种地吧》在推动农文旅融合发展方面采取了一系列创新做法，不仅为节目的成功提供了有力保障，也为其他地区的农文旅融合发展提供了有益借鉴。

（一）节目形式的创新

在节目形式方面，《种地吧》节目进行了大胆的创新和尝试。首先，节目采用了纪实的手法，真实记录了十位年轻人从播种到收获的全过程。这种节目形式不仅让观众能够身临其境地感受到农耕生活的艰辛与乐趣，也增强了节目的真实性和代入感。其次，节目还通过短视频、直播等形式与观众进行互动，让观众能够更加深入地参与到节目中来，提高了节目的影响力和传播力。这些创新做法不仅丰富了观众的观看体验，也为节目的成功提供了有力保障。

（二）农业经营模式的创新

在农业经营方面，《种地吧》节目进行了积极的探索和创新。一方面，节目通过直播带货、农夫集市等形式，将农产品转化为旅游产品，实现了农业与旅游业的深度融合，为农产品的销售和价值转化提供了新的渠道和方式。另一方面，节目还积极探索蔬果衍生产品的研发和销售。通过延展产业链条，提高了农产品的附加值和竞争力。同时，节目还注重与现代农业技术的结合。通过引入温控系统、自动施肥和灌溉等现代化科技手段，显著提升了农业生产效率和质量。这些创新做法不仅为节目带来了经济效益，也为农业产业的升级与转型提供了有力支撑。

（三）农文旅融合模式的创新

在农文旅融合方面，《种地吧》节目也进行了积极的探索和创新。一方面，节目通过举办农田文化节、农业展览等活动，增加了观众的参与感和体验感，丰富了乡村旅游的内涵和形式，吸引了更多的游客前来体验乡村生活。另一方面，节目还通过与当地农民、农业专家的互动和交流，从不同的视角来展现农业生产和农村生活的故事，增强了节目的文化性和教育性，让观众更加深入地了解乡村地区的实际情况和发展需求。此外，节目还注重与文化产业、教育产业等的融合，推动了农业与其他产业的深度融合发展，为乡村地区的经济发展和文化传承提供了新的思路和路径。

四、经验价值

《种地吧》在推动农文旅融合发展方面积累了丰富且宝贵的实践经验，对于后续乡村振兴战略的深入实施和相关综艺节目的创新制作均具有重要的参考价值。

（一）以人为本，激发内在动力

《种地吧》节目始终坚守以人为本的发展理念，将参与者的成长与蜕变作为节目的核心要素。十个年轻人从城市步入乡村，面对全新的农耕生活，他们经历了从陌生到熟悉、从挑战到适应的全过程。这种转变不仅体现在农业生产技能的提升上，更体现在心灵的洗礼和精神的升华上。通过节目，观众能够深刻感受到年轻人面对困难时坚韧不拔、勇于担当的精神风貌。这种积极向上的正能量传递，为乡村地区的农文旅融合发展注入了新的活力。以人为本的理念还体现在节目对乡村农民的关注和尊重上。节目通过与当地农民的互动和交流，展现了乡村生活的真实面貌，让观众感受到农民的勤劳与智慧，进一步增强了社会对乡村地区的认知和尊重。这种内外结合、以人为本的发展理念，为乡村地区的农文旅融合发展提供了强大的内在动力。

（二）文化传承，创新融合路径

《种地吧》在推动农文旅融合发展的过程中，高度重视文化传承与创新。节目不仅展示了传统的农耕方式和工具，让观众重新认识到农耕文化的重要性和价值，还积极探索现代农业技术的应用和推广，为农业产业的升级与转型提供了有力支撑。一方面，节目通过深入挖掘乡村地区的文化遗产和民俗风情，将传统文化与现代元素相融合，打造了一系列具有地方特色的文化旅游产品。这些产品不仅丰富了乡村旅游的内涵，还提高了乡村地区的知名度和美誉度。另一方面，节目注重与现代科技的结合，例如在种植草莓时运用大棚种植、滴灌等现代技术，提高了农作物的种植效率和质量。同时，节目大力弘扬科技助农的理念，展示了一些先进的农业设备和技术对农业生产的帮助。

（三）产业协同，构建多元化发展格局

《种地吧》在推动农文旅融合发展的过程中，注重产业融合与协同发展。节目通过直播带货、农夫集市等形式，将农业与旅游业深度融合，实现了农产品的价值转化和增值。同时，节目还注重与文化产业、教育产业等的融合，推动了农业与其他产业的协同发展。在农业与旅游业的融合方面，节目充分利用乡村地区的自然资源和人文景观，开发了一系列乡村旅游产品。通过举办农田文化节、农业展览等活动，吸引了大量游客前来观光游览和体验农耕

生活。这不仅为乡村地区带来了可观的经济收益，还提高了乡村地区的知名度和影响力。在农业与文化产业的融合方面，节目通过挖掘和传承乡村地区的文化遗产和民俗风情，打造了一系列具有文化内涵的旅游产品。这些产品不仅满足了游客的文化需求，还促进了乡村地区文化的传承与创新。在农业与教育产业的融合方面，节目通过与学校、教育机构等合作，开展了一系列农业教育和科普活动。这些活动不仅让学生了解了农业知识和农耕文化，还培养了他们的劳动意识和动手能力。这种产业融合与协同发展的做法，为乡村地区的农文旅融合发展注入了新的活力和动力。

（四）品牌塑造，提升市场影响力

《种地吧》在推动农文旅融合发展的过程中，注重品牌塑造和营销推广。节目通过精心策划和制作，打造了一系列具有地方特色和影响力的文化旅游品牌。这些品牌不仅提高了乡村地区的知名度和美誉度，还吸引了大量游客和投资者的关注和参与。在品牌塑造方面，节目注重挖掘和提炼乡村地区的独特元素和文化内涵，将其融入旅游产品的设计和开发中。通过打造具有地方特色的旅游产品和文化活动，形成了独特的品牌风格和形象。在营销推广方面，节目充分利用新媒体和社交平台的优势，开展了一系列线上线下相结合的宣传推广活动。通过发布精美的图片和视频、举办线上互动活动等方式，吸引了大量网友的关注和参与。同时，节目还积极与媒体平台合作，开展了一系列推广活动，进一步扩大了乡村地区的知名度和影响力。

（五）互动体验，增强观众参与感

《种地吧》通过让年轻人亲身参与农耕活动，以及通过直播、短视频等多种形式与观众互动，极大地增强了观众的参与感和体验感。这种互动体验模式不仅能让观众更加直观地了解农耕文化和乡村生活，还激发了他们对乡村地区的兴趣和向往。在农文旅融合发展过程中，可以借鉴这种模式，通过设计互动性强、体验性好的旅游项目，如农耕体验、手工艺品制作等，吸引游客积极参与，提高他们对乡村旅游的满意度和对农文旅融合品牌的忠诚度。

（六）跨界合作，拓宽发展视野

《种地吧》节目在推动农文旅融合发展的过程中，积极与农业、旅游、文化、教育等领域的专家和企业合作，共同探索新的发展模式和路径。这种跨界合作的方式不仅拓宽了项目的发展视野，还能借鉴其他行业的先进经验和做法，提高项目的创新性和竞争力。在农文旅融合发展过程中，应鼓励和支持跨界合作，通过引入外部资源和智力支持，推动项目的转型升级和高质量发展。

五、对策建议

为了进一步推动农文旅融合发展，结合《种地吧》的成功实践，我们提出以下对策建议。

（一）加强政策引导和支持

政府应加强对农文旅融合发展的政策支持和规划引领。制定相关规划和政策措施，明确发展方向和目标任务，为农文旅融合发展提供有力的政策保障和支撑。同时，加强对乡村地区的投入力度，完善基础设施和公共服务设施建设，提高乡村地区的吸引力和竞争力。

（二）创新投融资模式和机制

应创新投融资模式和机制，鼓励社会资本进入农文旅融合发展领域。通过设立投资基金、提供贷款贴息等方式，降低企业的融资成本和投资风险，激发市场活力和创造力。同时，加强对农文旅融合发展项目的评估和筛选工作，确保项目的可行性和可持续性。

（三）培养专业人才和团队

应加强农文旅融合发展领域的人才培养和引进工作。通过举办培训班、研讨会等活动，提高从业人员的专业素质和服务水平。同时，积极引进具有丰富经验和专业技能的人才，为农文旅融合发展提供强有力的人才保障。此外，加强与高校、科研机构的合作与交流，推动产学研用深度融合发展。

（四）强化品牌建设和营销推广

应注重品牌建设和营销推广工作。加强对农文旅融合发展品牌的培育和打造力度，形成一批具有地方特色和影响力的文化旅游品牌。同时，充分利用新媒体和社交平台的优势开展宣传推广活动，提高品牌的知名度和美誉度。加强与旅游机构、媒体等的合作与交流，共同推动农文旅融合发展的深入实施和持续发展。

（五）推动科技创新和应用

应积极推动科技创新和应用工作。加强对现代农业技术、物联网、大数据等先进技术的研发和应用力度，提高农业生产的智能化和现代化水平。同时，加强对乡村旅游资源的开发和利用力度，推动乡村旅游产品的创新和升级。通过科技创新和应用，推动农文旅融合发展的深入实施和持续发展。

（六）注重生态保护和可持续发展

在推动农文旅融合发展的过程中，应注重生态保护和可持续发展。加强对乡村地区生态环境的保护和修复力度，确保生态环境的稳定性和可持续性。同时，加强对农文旅融合发展项目的监督和管理力度，确保项目的合规性和可持续性。通过生态保护和可持续发展，推动农文旅融合发展的深入实施和长远发展。

六、结语

《种地吧》作为一档聚焦农耕生活的综艺节目，在推动农文旅融合发展方面进行了积极探索和实践。节目不仅让观众更加深入地了解了农耕文化和乡村生活，也为乡村地区的农文旅融合发展提供了新的思路和路径。未来，我们应继续加强政策支持和规划引领，创新投融资模式和机制，加强人才培养和引进工作，强化品牌建设和营销推广，推动科技创新和应用，注重生态保护和可持续发展，从而推动农文旅融合发展的不断深入和拓展。同时，我们也期待更多的综艺节目能够像《种地吧》一样，关注乡村地区的发展需求，为乡村振兴和全面建设社会主义现代化国家做出更大的贡献。

乡土文化激活乡村振兴的创新与实践之进化案例

田何兴 *

摘要： 习近平总书记在浙江考察时强调，浙江要在建设中华民族现代文明上积极探索，要更好担负起新时代新的文化使命。杭州市萧山区进化镇把大文化建设和乡土文化建设放到前所未有的高度上，谋在长远、干在当下，持续深化文化塑造、强化文明素养、优化发展生态，让乡土文化之花在乡村振兴和共同富裕的进程中绽放；精准把握乡土文化脉络，让乡土文化创新"破茧成蝶"。在乡土文化激活乡村振兴方面，进化镇的创新与实践是值得借鉴的成功案例。

关键词： 进化镇；乡土文化；乡村振兴

一、进化镇的实践

（一）创新背景

进化镇地处萧山南部生态经济样板区，南接诸暨店口，东连绍兴夏履，

---

* 田何兴，萧山区进化镇人民政府。

为杭州的东南门户。全镇总辖区面积 87.1 平方千米，是萧山区面积第二大镇，下辖 25 个村和 1 个社区，常住人口 4.8 万人，外来人口 1.2 万人。进化镇是古越文化的重要发祥地，是萧山的文物重镇，更是浙江省历史文化名镇。截至 2023 年 9 月，全镇共有不可移动文物 88 处（占萧山区的 20%），其中国家级文保单位 1 处（茅湾里窑址）、省级文保单位 6 处（占萧山区的 50%），明清古建筑总面积近 30 万平方米。

近年来，进化镇锚定高水平建设"历史文化名镇·休闲旅游新城"这条主线，深挖历史文化底蕴，打造了生态、文化、农业和旅游四张"金名片"，在山水人文交相辉映中共赴"诗和远方"，规划实施了全镇乡土文化激活乡村振兴的创新与实践，开辟了文化赋能乡村振兴的新篇章。

（二）创新做法

进化镇凭借人文荟萃、底蕴深厚的禀赋，深入挖掘、传承和发扬本土的文化基因，为城镇塑形、铸魂。

一是聚焦"四大文化"，彰显深厚底蕴。1. 名人文化。进化镇有抗击英军侵略、为国捐躯的定海总兵葛云飞，有"夙以时务致称，晚以铁路见贤"的布衣都督汤寿潜。进化镇通过打造名人纪念馆、讲好名人故事，充分释放了文化潜力。2. 陶瓷文化。民间流传的"周朝天子八百年，个个山头有窑烟"，就是进化镇传承瓷文化的真实写照。进化镇全域共有古窑址 25 处，其中茅湾里窑址为全国重点文物保护单位，是保存最完整的古窑址之一。2023 年，位于进化镇大汤坞新村的茅湾里印纹陶博物馆试运行开馆，成为 2023 年国庆假期的热门打卡点。茅湾里印纹陶博物馆不仅是展示印纹硬陶、原始瓷及古越文化的窗口，更是进化镇探索"展馆经济"、助推"农文旅"深度融合发展的新载体。3. 宋韵文化。"南宋古都看杭州，南宋古村看欢潭"，进化镇为立体呈现欢潭的宋韵文化和"五义"文化，在古村建设中，守住岳园，留住老洋房和二桥书屋，通过"修旧如旧"，合理布局古宅古院和新房新居，凝练了"千古南宋情，忠义文化村"品牌，努力打造具有"千年耕读寄国忧，一潭清水释乡愁"内涵的全省宋韵乡村典范，2021年，宋韵欢潭五义文化村成功入选首批"宋韵杭式生活体验基地"。除欢潭外，进化镇还对岳联、华锋等村落中具有宋韵文化符号的历史建筑进行保护，对名人事迹进行挖掘，多点打造宋韵文化景观。4.乡村文化。一村有一品，一品润一方，进化镇立足于"一村一品"的文化品牌建设，不断探索富有本土特色的社会治理模式，形成了"华锋五德""五义欢潭""孝义裴家坞"等多个乡村文化品牌。

二是守护文保遗存，加码文化赋能。作为文物重镇，进化镇切实加强对文物建筑和优秀传统文化的保护力度，让文物真正"活起来"。坚持保护为先，统筹考虑、分段实施，根据文物的受损程度和历史价值，对文物有计划、有步骤地进行修缮，近年来共完成了30余处省市文保单位（点）的修缮，让文物焕发新生机。同时引入社会力量共同参与，通过村级招商引资，吸引投资近300万元，让濒临倒塌的百年老房子重放光彩，打造了别具一格的太平桥村"一浮居"，投资人陈女士在萧山区2023年"文化和自然遗产日"主题活动中受到了表彰，获得了"文化遗产保护利用先进个人"称号。进化镇注重活化利用，凭借得天独厚的文化资源优势，在汤寿潜故居内打造了汤寿潜故居陈列馆，在老洋房内打造了欢潭村史馆、进化乡贤馆、统战馆，在二桥书屋内设立了非遗展陈室、第二课堂，在葛云飞故居、葛氏宗祠打造了葛云飞故居纪念馆、农耕馆等，生动展现了名人文化、乡村文化的深厚底蕴。传承非遗文化，推进非遗申报创建工作，目前进化镇已有市级非遗1项、区级非遗6项，并引入省级非遗1项。在第二届萧山区非遗文创产品大赛中，进化镇选送的宋韵圆茶桂花红茶获二等奖，越窑茶具获三等奖；"进化镇老忠实家庭农场"成功入选"中国传统制茶技艺及其相关习俗"浙江省保护发展联盟第二批成员单位；位于进化镇的萧山青梅酒制作技艺非遗工坊和"传统圆茶"非遗工坊被认定为萧山区非遗工坊；杭州天域开元观堂酒店入选首批杭州市非遗特色酒店。

三是做精乡村博物馆，打造文化矩阵。乡村博物馆承载着进化镇的文化基因和历史记忆，也是展示本土文化的重要窗口。进化镇着力打造"没有围墙的乡村博物馆群"，推动进化文化火起来、热起来，重点突出四个"有"：1.有"载体"。通过梳理修缮文物古建，还原文物古迹的历史脉络，结合镇域内的乡村历史文化展陈室、乡间非遗展示馆、民间博物馆、乡村研学基地等，为乡村博物馆的建设提供了合适的载体，形成"乡村博物馆进化矩阵"。2.有"历史"。通过与院校、文博机构、本土文史专家、名人后代等合作，挖掘提炼本土历史文化，做好历史文化传承的文章，使乡村博物馆建设更接地气、更有教育意义。例如，与浙江财经大学合作，提炼了"五义之乡，宋韵欢潭"的口号，将"五义"文化融入欢潭村史馆的建设中；联系走访葛理庸、葛树滋烈士的后代，烈士亲属不仅无偿提供了故居房屋，还捐出了烈士生前书信、照片、证书等数百件珍贵物品，生动展现了两位烈士"守疆卫国、忠荩可风"的爱国主义精神。3.有"联动"。对新时代文明实践站、文化礼堂活动和乡村博物馆研学活动进行资源整合，把一些优质的文化活动与博物馆相结合进行宣传，实现乡村博物馆月月有活动，2023 年进化镇的三个乡村博物馆累计开展红色教育、研学等活动 40 余场；牵手萧报小记者团，将乡村博物馆列入小记者的常态研学路线，并于 2023 年 9 月开展了"八八战略"主题宣传活动，小记者们来到乡村博物馆探寻历史文化印记；积极与西湖风景名胜区岳庙管理处、萧山区博物馆、萧山区文物局进行交流和合作，组织人员赴外交流学习，提升展陈水平；结合杭州市园林文物局"乡村博物馆旅游线路"推荐工作，将三个乡村博物馆与茅湾里印纹陶博物馆、天域开元观堂酒店、欢潭村整合起来，推出了乡村博物馆特色路线，并推出"打卡护照"，借助印纹陶博物馆和天域开元的游客资源扩大流量和影响力，进一步发挥乡村博物馆促进社会经济发展的作用。4.有"提升"。积极向上申报保护利用案例，进化镇的葛云飞故居入选了杭州市革命文物保护利用优秀案例。对汤寿潜故居纪念馆进行布展提升，并邀请知名专家陶水木教授撰写展陈文字大纲，不断丰富汤寿潜名人文化内涵，使展馆更富历史教育意义，提升后的汤寿潜故居纪念馆于2023年12月开馆。进化镇还联合萧山区文物局等举办"汤寿潜与近代中国"学术研讨会，不断提升汤寿潜名人文化效应。值得一提的是，2023年8月，全市博物馆工作半年度会议在进化镇召开，各博物馆负责人参观了进化镇乡村博物馆并给予了高度肯定。

四是涵养乡风文明，铸魂共同富裕。进化镇注重在文化活动中倡导向上向善，在潜移默化中提升百姓素养，重点抓好三方面：1.文明宣讲，培育文明新风。进化镇打造了"进化论"理论宣讲品牌和"进乡剧"文艺赋美品牌。"进化论"是由党员干部、青年群体、新乡贤、红领巾、村级代言人等各行业具有代表性的人物组成宣讲队伍，采取"线上＋线下"的形式，"线下"围绕"党的二十大""八八战略"等主题开展宣讲活动，"线上"开设"进化论"专栏，讲好进化故事的舆论通道。"进乡剧"是由镇级五团六社成员和热爱文艺的群众共同出力、聘请国家一级演员舒锦霞为文艺顾问而打造的家门口的农村欢乐大舞台。两个品牌有机相融，加入了政策宣传、文明宣讲、优礼传播等元素，与文化走亲活动有效结合，做到月月有活动、村村有特色，践行主流价值、活跃文化生活、倡导文明新风，实现新时代文明实践"开花结果"。2.榜样选树，强化精神文明。2023年，进化镇开展了第二届"美德标兵"评选，承办区级好人现场发布会，并启动美德人物先进事迹巡演巡讲。"进化论"理论宣讲员以情景剧、快板、三句半等群众喜闻乐见的形式，倡导人们学习身边的榜样，弘扬崇德向善精神，在全镇营造向上向善的价值导向和道德风尚。后续，进化镇还将出版书籍《进化人风采》，汇聚从古至今的进化正能量人物，加大文明美德的宣传力度，推动形成文明乡风、良好家风、淳朴民风，提升群众素质素养。3.阵地融合，提升文化配套。进化镇在"提星晋级"上下功夫，率先实现村级文化礼堂全覆盖，其中，截至2023年7月，有3家入选浙江省五星级农村文化礼堂。2021年，进化镇被评为省农村文化礼堂建设示范镇。2023 年以来，欢潭村围绕"五义之乡·宋韵欢潭"品牌，全力打造宋韵特色文化礼堂，后续将参与评审省级特色文化礼堂；进化镇在资源整合上做文章，将文明驿站、文化礼堂、爱国主义教育基地、美德档案馆、红色讲堂等阵地有机整合，特别是创新性地将新时代文明实践站与居家养老中心相结合，进行融合式文明公益创投，全镇每月开展近百场移风易俗、政策宣传、尊老爱亲等各类精彩活动，打造精神文明高地。

五是擘画文旅蓝图，助推乡村振兴。文化是旅游的灵魂，旅游是文化的载体，近年来，进化镇顺势而为、借势发力，不断探索文旅融合的发展路径。1. 构建发展框架。进化镇将浦阳江、区级骨干林道、大岩山景区等优势资源紧密结合，将宋韵文化传承之路与辖区内的吉山梅园、浦阳江、休闲酒店等进行有机串联，以"五义"文化引爆"杭州最具影响力乡村度假目的地"网红热点；通过将旅游资源和特色民俗、美食等相结合，推出"乡村博物馆＋研学旅行"模式，打造宋韵欢潭研学基地、萧山"农耕农趣"研学基地、微笑的梅子文化教育基地等，实现了宋韵杭式生活体验基地的遍地开花。2. 激活产业业态。进化镇积极探索村民入股、村企共建等新模式，对陶艺、二胡等传统手工艺以及麻糍、茶叶等特色美食进行提升包装，探索"古镇＋旅游""古镇＋文创"等新发展业态，并开发系列文创产品，走出了一条可持续发展的产业路径；招引优质项目，比如户外拓训基地项目、精品民宿项目等；通过持续加强产学研合作，设立了中国美术学院乡建工作室和中国美术学院环境艺术系实践基地，引进了乡村"米其林"白描艺术酒店（欢潭店）、东东方方圣学院和"悬崖"咖啡馆等；通过加大招商引资及产业融村力度，导入了以高端餐饮、乡村研学、传统手工艺制作为主的体验经济、分享经济等新经济业态，积极打通"绿水青山就是金山银山"理念的转化通道。3. 丰富活动体验。进化镇以宋韵文化为切入口，举办了"宋韵文化与宋韵进化"主题研讨会、"五义之乡·宋韵欢潭"岳飞忠义文化节等活动；开展了"生长着的欢潭"摄影作品展，以及《新山海经：共同富裕"浙"样走来》新书首发暨赠书等系列活动；举办了浙江省大学生乡村振兴创意大赛·进化文化赋能专项赛，吸引了 30 支队伍参与进化乡村振兴的规划，助力文创产品设计和美丽乡村建设。2023 年以来，进化镇举办了"休闲进化·畅享亚运"2023 首届休闲进化山谷音乐节、"同心亚运，寻梦进化"进化镇 2023 年河灯民俗文化节等活动。2023 年 1 月—9 月，全镇共接待游客 9.3 万人次，实现营收 2600 余万元。

（三）创新成效

一是深挖"富矿"、讲好故事。进化镇用好"山水相宜、古今交汇"的历史底蕴和文化"富矿"，传播了葛云飞、汤寿潜、葛理庸、葛树滋等在中华民族伟大复兴进程中发挥重要作用的名人的事迹及其精神，以茅湾里印纹陶博物馆开馆、汤寿潜故居陈列馆提升开馆和首届乡村博物馆节为契机，讲好进化名人故事、文化故事，让进化历史文化、乡土文化真正活起来、传开去，营造了活动氛围，深化了文化辐射效应，打响了进化在外知名度。

二是文艺赋美、文化留香。进化镇推进文明与文化的深度融合，通过开展"沉浸＋互动""固定＋流动"等多种形式的活动，融合"进化论""进乡剧"等载体，编创具有进化特色的文艺宣讲作品，将理论宣讲、美德事迹等搬上文艺舞台，打造群众喜欢看、看得懂的文艺活动，描绘了文艺赋美、乡风文明的新画卷，传播了社会主义核心价值观。

三是文旅融合、提质赋能。进化镇整合可游、可逛、可玩、可忆的文旅资源，探索了"文化＋旅游""文化＋文创"等融合发展新模式，以"展馆经济"助推农文旅深度融合的乡村振兴发展新路径，打造了许多"亮相即出圈"的网红打卡地，实现了从"吸睛"到"吸金"的转变，把"流量"变成了"留量"，使深厚的文化气息与新时代的产业气息相融合，让文化助推文旅产业焕发新活力、绽放新风采。

四是打造乡村公共文化空间。近年来，进化镇先后打造了汤寿潜故居纪念馆列馆、欢潭村史馆、进化乡贤馆、葛云飞故居纪念馆、葛理庸葛树滋故居纪念馆、宋韵欢潭展陈馆等一系列文化场馆，初步形成了以名人故居纪念馆、乡村历史文化展陈室、乡间非遗展示馆、民间博物馆、乡村研学基地等为代表的进化乡村博物馆集群。这些乡村博物馆充分发挥了文化传承作用，广泛开展各类文化研讨活动，如举办汤寿潜学术研讨会，进一步提升了进化镇的文化影响力。

五是打造乡土记忆留存地。进化镇各村结合美丽乡村建设，依托文化礼堂和祠堂、家庙，积极建设本村历史文化展陈室，展示本村的历史文化遗产，讲好乡村故事。这些展陈室已经成为移风易俗和文化传承的重要载体。

六是带动乡村经济发展。进化镇积极发挥乡村博物馆的带动作用，并将其融入村民生活与乡村发展，探索出了一条以"展馆经济"助推农文旅深度融合的乡村振兴发展新路径。将乡村博物馆与辖区内的吉山梅园、大岩山风景区及各景区村庄、土特产店、农庄和假日酒店相串联，开发了二日游和休闲度假游，打造了几条特色旅游线路，吸引了大量游客前来参观，促进了乡村经济发展。让村民"口袋""脑袋"一起富起来，让美丽乡村富出了味道、富出了品位、富出了成色。

七是融入护苗育苗培养，树立文化自信。进化镇把乡土文化融入学校教育，开发了"乡土文化"校本课程，培养学生爱国爱乡的情怀。进化镇第二小学开发了"走进梅乡"校本课程，以梅乡文化和梅文化为依托，促进学生个性化发展，培育"梅芽儿"。葛云飞小学通过知云飞、说云飞、写云飞、赛云飞、演云飞等一系列持之以恒的教育活动，开展社会主义核心价值观教育、革命传统教育和红色教育，让云飞精神扎根学生心中。欢潭小学以"岳飞"为品牌，开展忠、勇、孝、义等教育，通过乡土书籍、红色教育基地、爱乡教育课、地球村小学等形式，唤醒学生环保意识，让教育入脑入心。

二、进化镇的成功经验

2024 年以来，进化镇将党建与农文旅深度融合，依托历史文化底蕴和文物古建资源优势，以茅湾里印纹陶博物馆为核心，串联 6 大文博基地，打造具有进化特色的"非常 6＋1"农文旅共富工坊融合链，以党建引领统筹农文旅融合发展，将党建优势转化为发展优势。截至 2024 年 10 月底，进化镇已成功助推 16 个村提前完成村级集体经济年收入 120 万元的目标，其中 5 个村突破 150 万元。相关工作已被国家级权威媒体报道 29 次，其中被中央电视台报道 6 次。

（一）穿珠成链，活化文博资源

一是组织先行，强化要素整合。以强村公司党组织为总牵引，4 个村党组织合作组建共富工坊融合链，高校党建联建赋能，链接辖区内文博基地，整合生态文旅要素资源，孕育出农文旅融合式、电商直播式、来料加工式、品牌带动式等多种类型的共富工坊。

二是队伍强基，做实文保修缮。实施规范组织、建立机制、补助奖励三项举措，通过"头雁"领航，压实村支部书记第一责任制，实现治理服务一条龙。积极做好古建筑修缮工作，累计修缮古建 42 处，面积近 3.5 万平方米。探索"政、商、村、民"多元主体运营管理模式，在萧山区率先出台文物古建村社运维管理机制和奖励补助政策。2024 年以来，汤寿潜故居纪念馆、葛云飞故居纪念馆、葛理庸葛树滋故居纪念馆 3 家省级乡村博物馆均已注册为民办非企业单位。鼓励基层党员群众参与文物保护、安全巡逻、红色宣讲等志愿者队伍，充分发挥基层党员在文保传承与活化方面的先锋模范作用。

三是文旅融合，助力乡村振兴。进化镇坚持有规划、可持续地打造乡村特色产业和主题文化场景，加快富民增收步伐，发挥优势，因地制宜探索以文旅资源带动乡村共同富裕之路。以"非常 6＋1"农文旅共富工坊融合链为载体，推出"探古寻今、乡野闲寻、匠心非遗、饕餮之旅、田园之旅"五大农文旅特色板块，助推村级集体经济扩展营收渠道，提前完成既定目标。

（二）联建穿线，打造文博矩阵

一是推出一条红色精品线。以茅湾里印纹陶博物馆为核心，串联汤寿潜故居纪念馆、葛云飞故居纪念馆、葛理庸葛树滋故居纪念馆等 6 家乡村博物馆和文化馆，挖掘各自独特的文化内涵，设计统一的共富工坊标识，打造具有特色的"非常 6＋1"乡村博物馆群矩阵主题路线。充分挖掘红色旅游要素，以葛氏叔侄的爱国主义故事为题材，设计红色 IP 及相关文创衍生品，并引入大学生暑期实践团队，探索规划乡村博物馆红色主题游线，让红色党建看得到、摸得着。

二是建起一个党建联建带。以"乡村党组织—高校院系党组织"党建联建为纽带，整合地方和高校资源，搭建合作平台，创设服务载体。2024 年 8 月，进化镇党委与浙大城市学院艺术与考古学院党委签署党建联建协议，镇内四个村的基层党组织与学院党委下属 4 个党支部签署联建协议，将围绕当地文化及特色产业，开展文创产品研发和视觉方案设计。通过共建共治共享，扩大共富圈，提升影响力。

三是塑造一种共富新业态。探索"研学＋、NPC＋、文创＋、非遗＋"等新业态，丰富"非常 6＋1"品牌场景。联合区教育局、团区委，促成融媒小主播记者团、少年学报小记者团、莫家班等研学机构与乡村博物馆合作；打造"机车 NPC＋悬崖咖啡"网红新地标；推出"文武双全"文创雪糕；打造非遗技艺和民俗文化体验区。通过不断丰富"非常 6＋1"红色矩阵的文化内涵与创新业态，实现党建引领、区域联动、互学共促、合作共富的目标。2024 年 1 月至 10 月底，进化镇累计接待游客 17.89 万人次，创造营收约

2273 万元。

（三）深挖底蕴，唤醒乡村记忆

一是文化阵地联动协作，助推精神共富。聚焦文化阵地的社会性互动，以提升公共文化资源的服务水平和普及率为目标，以乡村博物馆为核心，协同党群服务中心、新时代文明实践站和文化礼堂，定期开展新书发布、文化宣讲、红色研学、学术研讨等活动，推动文明乡风建设，打造精神文明高地。2024 年 1 月至 10 月底，进化镇累计开展相关活动 108 场。

二是文化实践深度融合，活化红色教育。以党纪学习教育为依托，创新融合清廉教育资源和历史文化资源，将乡村博物馆串联成"清风之旅"线路，打造党员干部培训教育基地。同时，结合青少年爱国主义教育，以茅湾里陶瓷艺术馆、华家垫活动室共富工坊为载体，打造青少年红色研学教育基地，为传承乡土文化、历史故事和非遗技艺开辟新路径。截至 2024 年 10 月底，红色游线已接待 52 批次、3200 余名党员干部和青少年参观学习。

三是呈现形式创新多元，再现非遗传统。以沉浸式体验为发力点，挖掘本土文化内涵，在茅湾里印纹陶博物馆中引入立体投影、增强现实（AR）等多媒体技术，生动再现乡村历史场景。打造传统非遗技艺互动体验区，推出传统圆茶制作、越窑青瓷烧制、印纹陶烧制等体验项目，2024 年已开展活动 43 场。

三、乡土文化激活乡村振兴的建议举措

（一）以文化振兴赋能乡村振兴

乡村振兴，既要塑形，也要铸魂。文化振兴作为乡村振兴战略的关键一

环，是乡村振兴的智慧源泉和内在动力，对产业振兴、人才振兴、生态振兴、组织振兴具有引领和推动作用。只有乡村文化振兴，播撒文明的"种子"，才能帮助农民树立发展信心、振奋精神、激发活力，从而为乡村振兴注入强大的精神动力。

一要用"活"公共文化设施。随着农村经济社会的不断发展，乡村文化供给得到了明显提升，但种类单一、数量不足、利用率不高等问题仍然存在。公共文化设施作为涵养乡风文明的有形载体，既要建起来，更要用起来。各地在完善乡村公共文化基础设施建设时，要避免"一刀切"的做法，在设施标准上要因地制宜，在内容供给上要精准对路，把建设和维护结合起来，把完善硬件和提升软件结合起来，真正将设施建到群众的"心坎上"。通过用"活"设施开展各种文化活动，让广大农村居民享有更高质量的精神文化生活。

二要建"强"文化人才队伍。随着交通和网络的不断发展，农村青壮年劳动力开始大规模向城市转移，乡村文化主体缺失的现象日渐突出，乡村文化日渐式微。人才是干事创业的关键资源，乡村文化的繁荣离不开人才的精耕细作。各地要统筹抓好"引、育、用"三项措施，通过完善文化人才投入、创业扶持、激励保障、教育培训等政策，不断优化乡村文化人才发展环境，引导文化人才向乡村基层一线流动，切实建强文化人才队伍。此外，还要充分发挥本土群众的力量，深入挖掘本土艺人、非遗传承人等文化能人，通过资金扶持、师徒传承等措施，不断推动乡村传统文化技艺的传承与发展，形成乡村文化人才在传帮带方面的良性互动。

三要做"优"数字文化产品。乡土文化本身蕴含着强大的活力，若能从深厚的乡土文化土壤中找准切入点，选择合适的发展路径，再借助互联网的"东风"，乡村文化一样可以大火。优质的数字乡村文化产品可以为乡村文化振兴注入强大动力。要加强数字技术基础设施的建设，将乡村优秀传统文化与互联网、大数据等数字平台进行融合，打造自发生长、具有本土特色的文化产品，进一步丰富乡村文化供给形式。同时加大数字文物资源库的建设力度，为乡村文化治理提供数字化平台，传承和利用好乡村文化遗产，增强农村居民的文化认同感。

（二）创新思路确保"文化赋美"走深

一要因地制宜设置文化内容。根据乡村格局和不同区域、不同年龄人群的喜好，科学安排文化内容，兼具动与静、美与精，既符合乡村气质，又把丰富的民间乡土文化融入乡村风景。

二要恰到好处改变文化形式。一方面，改变传统的文化展演方式，探索更具互动性、沉浸感的形式；另一方面，开辟观众现场报名、参与表演的通道，搭建更亲民的互动平台。

三要精准发力提升文化团队。要充分发挥专业院校、专业院团的业务引领作用，对乡村群众文化组织进行辅导，进一步规范表演形式，激发群众文化活力。

（三）拓宽视野使"文化赋能"走新

一要提升文化跨界高度。以"文化赋能"培育融合演艺、非遗、展览、旅游等业态的新模式，让文化资源集聚新动能，助推美丽乡村、"千万工程"、未来社区等工作，不断以新的成绩彰显"八八战略"的生命力。

二要拓展文化跨项深度。与文化示范乡镇（村、社区）、戏曲之乡、文艺创作采风基地、民俗文化村、美育村等文化品牌争创工作相结合，与城市书房、文化驿站、乡村博物馆等新型文化空间建设工作相结合，通过"创建＋活动"双轮驱动，使广大乡村群众享受到更多的"文化服务红利"。

三要提升文化跨端准度。发挥数字化改革的撬动和引领作用，不断加强系统集成，拓展惠民圈层，线上线下共同发力，形成全民艺术普及"一站式文化链接"。此外，要用好用活自媒体平台，使"文化赋能"借梯登高。

放大"后亚运"效应 举办"百村"篮球赛 助力杭州赛事之城建设出圈出彩

王小奇 许珊珊[*]

摘要： 党的二十大报告提出"广泛开展全民健身活动，加强青少年体育工作，促进群众体育和竞技体育全面发展，加快建设体育强国"。这是从实现第二个百年奋斗目标的战略全局、实现中华民族伟大复兴的历史高度，以及实现中国式现代化总体部署出发，作出的重要指导方针和工作部署。体育关乎民生健康、民族未来，体育强则中国强。在体育强国战略的引领下，需要进一步加强体育事业、体育产业、体育文化的系统建设，这既是富阳绘写现代版《富春山居图》的必然要求，也是推动"中国运动休闲之城"发展的内在动力。2024 年以来，杭州市富阳区紧紧抓住"后亚运"效应，充分发挥"中国运动休闲之城""浙江省篮球之乡"等优势，巩固运用过去五届村级篮球赛的经验做法，学习借鉴贵州黔东南"村 BA"的创新模式，立足富阳乡村本土，成功举办富阳区第六届百村篮球赛，形成百村参与、千余名球员参赛、百万人次群众现场观赛、三千万人

---

* 王小奇，杭州富阳文化传媒集团形象推广部主任。许珊珊，杭州市富阳区文广旅体局市场开发科科长。

次网络观赛、二亿人次关注的"出圈出彩"效应，为群众体育赋能乡村振兴、共同富裕提供了有益经验。

关键词：百村篮球赛；中国运动休闲之城；"后亚运"效应；以赛养赛

一、富阳百村篮球赛举办的背景与意义

富阳百村篮球赛作为"后亚运"时代富阳的一项重要赛事，持续推动"文体旅融合""体育惠民"走深走实，带动乡村文旅发展，为富阳区委、区政府"建区十周年、冲刺一千亿、迈上新台阶"的奋斗目标贡献力量。

富阳篮球有着非常深厚的群众基础，办赛氛围极好。有"浙江省篮球之乡"称号的常绿镇，早已名声在外。20世纪50年代初，常绿各村的独轮车运输队的年轻人总会在车前挂上篮球，利用运货间隙与沿途村民切磋球艺。因生活艰苦，大多数人买不起篮球鞋，经常穿一双草鞋便上场，被称为"草鞋篮球队"。即便如此，1956年，常绿"草鞋篮球队"在杭州市农民篮球赛上夺得冠军，从此常绿篮球便声名远扬。

常绿人深刻体会到篮球的好处，参与篮球运动不但能强健体魄，而且能让人懂得团结、谦让的做人道理，更造就了"顽强拼搏、坚忍不拔"的常绿精神。篮球早已超越体育运动本身，融入常绿人的生活之中，成为乡村文化与风俗传承的纽带。2019年，常绿镇对篮球品牌进行系统规划，并建设了全镇第一座专业室内篮球馆，该馆成为常绿篮球品牌的标志性建筑，能容纳1500名球迷。常绿镇还开设青少年篮球培训研学基地，逐步培育和形成篮球运动产业，有力助推文体旅融合发展。

近年来，富阳各个乡镇（街道）的篮球联赛持续举办，以2024年为例，相继举办了2024"诸萧富"篮球邀请赛、2024年东洲街道首届男篮联赛、

2024 年大源镇第二届全运会篮球赛、2024 年洞桥镇篮球联赛等赛事，场场人山人海。

近年来，富阳体育基础设施不断完善。目前，全区共有标准篮球场 680 个，其中室内球馆 25 个，长期从事或者坚持篮球运动的人数超过 4 万人。篮球已成为最受富阳老百姓欢迎的体育运动项目，形成了"村村有球场、天天有球赛、家家有球迷"的良好氛围。富阳的篮球俱乐部、培训班等如雨后春笋般涌现，在培养大量篮球人才的同时，也满足了市民对篮球运动的需求。

大型篮球联赛和比赛是检验地方篮球水平的重要标志。2009 年，富阳区在全国首创百村篮球赛，赛事始终坚持扎根农村、服务农村的理念，之后分别于 2010 年、2013 年、2014 年、2018 年成功举办，以各行政村为单位组队参赛，到 2024 年第 6 届，已经成为省市规模最大、赛时最长、观众最多、影响力最广的群众篮球赛事。

乡村体育发展涵盖了乡风文明、人居环境、文化景观、旅游经济等丰富内容。2024 年，富阳百村篮球赛与巴黎奥运会的进行时间高度重合，进一步推动了全民健身和群众体育的发展，提振了信心，受到极大的欢迎，持续助力激活乡村发展的内在动力、推进乡村全面振兴。富阳加快文旅体赋能乡村振兴的步伐，持续擦亮"中国运动休闲之城"品牌。

二、富阳百村篮球赛的特色做法

（一）放大体育效应，办"老百姓"的百村赛

一是办"老百姓"的赛事。2024 年百村篮球赛覆盖面非常广，共吸引了富阳区全部 24 个乡镇（街道）的 100 个行政村组队参赛。例如，东洲街道、银湖街道均派出 12 支球队参赛，大源镇有 11 支球队参赛。队员参赛基本条

件为具备本村户口，1200 余名队员中有企业一线员工、农民、外卖骑手、学生、教师等，参赛人数创下历史新高。村民"一有闲暇时间就聚在一起，打场篮球再说"已经蔚然成风。

赛事于 2024 年 7 月 5 日开始，9 月 1 日结束，在近两个月时间内，高质量完成了 245 场比赛。本届赛事所有比赛通过 30 多个自媒体账号进行全程直播，仅抖音、微信视频号两大平台上的播放量就突破 3000 万人次，各项数据均创历史新高。

二是办"家门口"的赛事。在赛前训练期间，各球队充分运用辖区内已有的 680 个标准篮球场、25 个室内球馆等"15 分钟体育健身圈"，以及嵌入式体育设施建设成果，形成"村村有球场、天天有球赛、家家有球迷"的浓厚氛围。

在赛事举办期间，综合考虑场地距离、承办能力、周边配套、群众观赛需求等因素，除最后决赛阶段的四强赛安排在富阳区体育中心篮球馆举办外，其他比赛选择东西南北四个赛区的 10 多个农村篮球场地进行；还有多场比赛安排在承办过杭州亚运会射箭射击比赛项目的银湖体育中心内部篮球馆，场场座无虚席，这为"后亚运时期"场馆的市场化再利用提供了新思路。

每场比赛，各村球迷积极参与，加油声、呐喊声此起彼伏，成为一道亮丽的风景线。懂球的老百姓也特别多，无论老少，都能对比赛做出准确评论。据不完全统计，前往现场观看百村篮球赛的球迷突破 100 万人次，赛事真正做到了"还赛于民""为民办赛"。

三是办"准专业"的赛事。篮球是富阳区第一大运动，85 万常住人口中会打篮球的"篮球人口"超过 4 万人，包括各类篮球培训班、各级别球队的参与者等。在此基础上，富阳区举办篮球培训班、各级别球队比赛，使得群众体育竞技水平逐年提升。2024 年的百村篮球赛还吸引了代表浙江大学篮球队征战中国大学生篮球联赛（CUBAL）的曹思杰、参加浙江省男子篮球超级联赛的全钰阳等高水平球员参赛，比赛的专业性和观赏性不断提升。

在富阳，不仅专业篮球队众多，球员水平也非常高，球队之间的实力都在伯仲之间。在此次百村篮球赛中，多场比赛出现加时、双加时的情况，让球迷直呼"过瘾"。

2024 年 11 月 17 日，在萧山区楼塔镇结束的杭州市"和美乡村"百村篮球赛总决赛中，富阳第六届百村篮球赛冠军球队灵桥村以 64 比 55 战胜萧山楼英村，夺得总冠军，吸引了央视媒体前来报道。

在青少年篮球人才储备方面，在 2024 年 8 月结束的"路人王"2023—2024 赛季青少年全国总决赛 U12 组比赛中，"富阳小篮球队"以十战全胜的战绩拿下全国冠军，富阳人金轲夺得 MVP 兼得分王。金轲在采访中说："长大了，我也要参加富阳百村篮球赛。"

（二）放大社会效应，办"可持续"的百村赛

坚持"有为政府"与"有效市场"有机结合，把群众体育赛事融入东西部协作、农文旅融合、亚运场馆赛后利用、消费拉动和乡村精神共富等重点工作，形成综合效应。

一是坚持"以赛协作"。2013 年，贵州黔东南州锦屏县与富阳区结对，成为东西部对口帮扶地区，两地在经济、社会、文化等多方面进行了深刻对话，因此结缘。

作为民间篮球赛事的代表，贵州"村 BA"2022 年火爆出圈后，得到社会各界、国内外主流媒体的高度关注和积极评价，成为贵州乃至西部地区乡村振兴的一张金名片。在 2024 年 7 月 5 日富阳百村篮球赛开幕式上，主办方邀请来了一批特殊的客人——之前引爆全网的贵州黔东南"村 BA""全民星队"，以及以富阳百村赛队员为班底的"富村篮"联队，两队进行了一场友谊赛。两队作为农村篮球赛事的成功代表，进行球场比拼、深度交流，搭建起沟通的桥梁，为两地进一步发展提供了助力。富阳与贵州黔东南州在切磋

球技、增进友谊的同时，还开展了国潮国风、非遗展示、民族民俗、特色美食等交流活动，达成经常性开展篮球、足球等群众体育赛事交流及拓展文化旅游交流等的意向，以体育助力东西部协作向纵深发展。

黔东南"全民星队"领队兼教练孙蓉点赞道："浙江的篮球氛围、球队水平都是很高，我们要多学习、多交流。能组织这么多球队参赛，非常了不起，比赛非常精彩。"黔东南队"00后"队员田维富说："我是第一次来富阳，看到富春江非常漂亮。我们贵州是大山，风景也很好，没有那么多平原，各有各的美。"

二是坚持"以赛促旅"。赛事通过各大媒体的宣传和村民间的交流，展示了富阳美丽乡村的建设成果。主办方把赛事作为美丽乡村建设、文旅深度融合的大舞台，在赛事中场休息环节设置啦啦操、民俗舞蹈、花样跳绳、爵士舞、排舞等区域特色表演活动，在各个赛区设置文创、非遗、美食等"夜间经济"摊位200余个，吸引当地年轻人返乡创业，带动周边农家乐、民宿、文旅景区等持续发展，总销售额超过8000万元。

不少年轻人每晚跟着赛事走，比赛在哪里，摊位就在哪里，随赛市集成为新的商机，释放了新的经济活力。通过赛事，年轻人也看到了家乡的巨大变化和无限可能，他们中的很多人表示要将下一站发展目的地定在家乡，投身民宿、网络直播、文创与农产品开发等行业。

三是坚持"以赛养赛"。在赛事市场化运营方面，2024年上半年富阳半程马拉松赛的成功举办，为百村篮球赛的市场化运营提供了丰富的经验。来自全国各地的6000名选手参赛，共有近万名外地人员涌入，极大地带动了富阳区酒店、餐饮、旅游等行业的经济增长，销售收入突破1000万元。

从竞技到经济，百村篮球赛不断激活乡村内在动能。富阳将文旅体融合发展、赋能共同富裕示范区建设放在重要位置，在确保赛事群众性、公益性的同时，富阳适度运用市场化运作和社会办赛模式，引入市场主体参与品牌推广、赛事冠名、赛事赞助、场边广告、票务代理等工作。办赛费用中市场参与占比达 50%，超过 90% 的村篮球队都有赞助商，半决赛及冠亚季军赛通过大麦网公开售票并创下两分钟内售罄的火爆纪录，既促进了赛事的可持续运作和品牌推广，又提升了场馆使用效能。

（三）放大传播效应，办"大流量"的百村赛

将线下传播与线上传播、场上传播与场下传播、体育传播和文明传播紧密结合起来，形成"小赛事"也有"大流量"的传播效果。

一是各级媒体高度聚焦。为扩大富阳百村篮球赛的品牌效应，在 2024 年 7 月 5 日百村篮球赛开幕式上，主办方邀请火爆全网的贵州黔东南"村 BA""全民星队"与富阳"富村篮"联队进行友谊赛，此外还有受关注度极高的百村篮球赛决赛，这些比赛得到《人民日报》、新华社、中新社、浙江卫视、潮新闻、美丽浙江、《杭州日报》、杭州电视台等中央、省、市级媒体的广泛关注。新华社刊发《杭州富阳：文旅体融合激活乡村振兴活力》，中新网发布《浙江、贵州乡村篮球赛杭州切磋》《浙江"富村篮"遇上贵州"村 BA" 乡村篮球热度不减》等报道，美丽浙江抖音号发布《当贵州"村 BA"对上浙江"富村篮"》短视频，等等。赛事总曝光量超过 2 亿次，扩大了百村篮球赛的影响力和知名度。

同时，主办方以"村 BA""富村篮""熊猫半半"为话题，推出"杭野杯"富阳百村篮球赛短视频大赛，大大提高了富阳本土赛事的对外知名度。初步统计，带"我们的富村篮""富阳百村篮球赛"话题的参赛短视频有 500 多条，主要发布在抖音和微信视频号，总浏览量超 600 万次。

二是网络宣传"破屏出圈"。2024 年第六届富阳百村篮球赛的 245 场比赛全部采用自媒体网络直播方式，通过抖音、微信视频号、快手、小红书等平台，借助山羊体育、北东、百村等自媒体账号全程直播，让没有到现场的球迷在手机小屏上欣赏比赛，获得大量流量，给球迷留下深刻印象。此外，

百村篮球赛的各种短视频经过 300 多个自媒体账号转发、传播，提升了赛事影响力，仅抖音、微信视频号两大平台上的播放量就突破 3000 万人次。

三是文明观赛深入人心。245 场比赛得以平稳有序地完成，离不开各个赛场所在乡镇（街道）、行政村的大力支持。他们在场地布置、交通指挥、秩序维持、志愿服务等方面都提供了极大的帮助。工作人员、裁判员、志愿者等也为赛事的顺利进行付出了辛勤的汗水，留下很多温暖的瞬间。

此次赛事还得到球迷、村民、乡贤、企业家、志愿者、文艺工作者、媒体等各方的全力支持。几乎所有的球队都拥有自己的赞助商，赞助商多为企业家、乡贤。例如，银湖街道观前村周公坞自然村篮球场上的音响、电子屏等设备，便是由乡贤出资更换的。

赛事中，各方认真落实杭州市《关于进一步推进文明观赛（演）专项行动》的通知要求，发挥"富春风尚""最美现象"等品牌优势，在各个赛区场地植入文明观赛倡议、温馨提醒、公益广告、加油助威等内容。比赛期间，"红马甲"志愿者随处可见，本村村民主动腾出自家庭院、停车位、观赛位让给外村球迷等感人瞬间不断涌现。银湖街道大地村组建了近 50 人的志愿者队伍，以党员为主，排班执勤，全力保障赛事的顺利进行。很多村民都表示，有了篮球赛，村庄一下子热闹起来，邻里纠纷少了，喝老酒、打麻将等活动也少了。同时，各乡镇（街道）都利用微信公众号、宣传栏、横幅、手牌、文明观赛倡议书等多种形式，积极推广这一赛场上的"富春风尚"。

三、践行"以一流赛会成就一流城市"的对策与建议

（一）重振"中国运动休闲之城"品牌

富阳区作为《富春山居图》的原创地和实景地，以"天下佳山水"闻名

于世。2008 年，富阳成为首个"中国运动休闲之城"，既拥有山水之秀，又增添了运动之美，富春山水因此"动"起来。

2024 年，富阳紧抓"后亚运"时期发展契机，在富阳半程马拉松赛、富阳百村篮球赛等赛事成功举办的基础上，以富春山水为最大基底，以富春文脉为最厚底蕴，坚持以文塑旅、以旅彰文，促进文化和旅游深度融合，在高水平描绘现代版《富春山居图》的过程中展示文化底色、旅游魅力和体育活力，持续打造具有富阳辨识度的文化标识，重振"中国运动休闲之城"品牌。

富阳的体育产业基础深厚，是"中国球拍之乡"，年产羽毛球拍超过 1 亿副，占全球市场销售量的 70% 以上；富阳还是"赛艇之乡""龙舟之乡"，拥有众多体育器材生产企业，近年来逐步形成了银湖赛艇制造业、上官球拍制造业、新登龙舟制造业等体育制造产业集群区。

2024 年初，富阳区提出要重振"中国运动休闲之城"品牌，并明确了"重振之路"，推进 20 个重点文旅体项目，总投资约 171 亿元。其中，新招引的体育综合馆占地面积约 20 亩，建成后将拥有恒温标准泳池、篮球场、羽毛球场、乒乓球场等多种运动场地和配套设施。

2024 年 10 月 13 日，为期三天的国际皮划艇联合会"杭州超级杯"在富阳水上运动中心圆满收官。这是全球首创的在同一赛事中集齐皮划艇静水、皮划艇激流回旋、皮划艇马拉松和皮艇球四大竞赛项目的国际皮划艇顶级赛事，共产生了 11 枚金牌，提升了富阳的国际知名度。

此外，富阳还将举办 2026 年国际射联射击世界杯，推进富阳水上运动中心和富阳银湖体育中心两大亚运专业场馆的赛后综合利用，引进水上运动、射击射箭、低空飞行等高端运动的协会和俱乐部，打造特色体育用品生产地，力争到 2025 年体育产业总产出突破 100 亿元，通过上述举措不断提升城市发展势能，加快践行"以一流赛会成就一流城市"的发展理念。

（二）着力打造复合型消费场景

一是迭代国潮运动新场景。围绕体育运动休闲产业，结合中国风元素，立足新人群、新产品、新 IP、新营销，打造以赛事服务、赛事运营、赛事直播、运动康养等为核心的产业生态。将国潮元素植入城市门户、赛事场馆、颁奖典礼、体育用品等场景，用宋韵文化滋养运动休闲产业，用体育休闲活动传播中国文化。通过赛事传播和社交媒体"可视化"营销，打造一批国潮运动综合体和国潮休闲街区，推出一批具有国风气质的数字化"国潮"演艺，进一步组建新国潮运动联盟、发布国潮运动热点地图，全力构建国潮品牌力。

二是打造赛会旅游消费新场景。建立"赛事＋旅游"消费模式，引导培育线上消费、定制消费、智能消费等新场景，打造一批体育服务综合体，形成多场景布局、多业态融合、沉浸式消费的稳定长效经营模式，着力建设一批赛会综合体、运动休闲街、体育公园区、智能健身中心等综合性体旅消费场景。

共同富裕背景下打造产城人文景融合新高地
——以桐庐县为例

邱　萍[*]

摘要：产城人文景融合是一种综合性的城市发展理念，旨在实现产业、城市、人才、文化、生态环境"五位一体"的有机融合，是促进区域可持续发展的重要途径。近年来，桐庐紧扣"发展"和"美丽"两大主题，不断深化新时代"千万工程"，着力打造产城人文景融合高地的"桐庐样本"，努力以一域之光为全局添彩，为杭州的中国式现代化实践提供桐庐元素。本文以桐庐县打造产城人文景融合高地为案例，深入剖析其创新做法、经验价值、面临的问题，并提出对策建议，以供参考借鉴。

关键词：共同富裕；产城人文景融合；桐庐县

一、背景及意义

党的二十届三中全会提出，"必须统筹新型工业化、新型城镇化和乡村全

---

[*]　邱萍，中共桐庐县委党校讲师。

面振兴"，"构建产业升级、人口集聚、城镇发展良性互动机制"。产城人文景融合发展是中国式现代化的必然要求。一直以来，桐庐深入践行"八八战略"和"绿水青山就是金山银山"理念，走出了一条绿色崛起之路。桐庐县委十五届六次会议提出奋力打造全市高质量发展重要增长极、全域高品质美丽标杆示范地的宏伟目标。当前处在新的历史节点，打造产城人文景融合高地、绘就现代版《富春山居图》是桐庐实现高质量发展和共同富裕的重要路径。面临新发展阶段，本文总结分析了当前桐庐打造产城人文景融合高地的创新做法、经验价值及存在的问题，并提出相关对策建议，以期为加快建设"全市高质量发展重要增长极"和"全域高品质美丽标杆示范地"、为中国式现代化县域实践提供若干参考和借鉴。

产城人文景融合是一种综合性的城市发展理念，旨在实现产业、城市、人才、文化、生态环境"五位一体"的和谐共生与可持续发展。该发展模式是城市实现从单一产业区向融生产功能、生活功能、生态功能于一体的中心城区转变的关键，有助于实现产业结构的优化升级，提升城市的综合竞争力和可持续发展能力；同时，该发展模式通过人文与生态环境融合，提升城市的文化内涵和生态环境质量，为居民提供更高品质的生活空间。因此，打造产城人文景融合高地对推动桐庐实现跨越式高质量发展具有重要意义。

二、桐庐打造产城人文景融合高地的要素和条件

改革开放以来，经过多年接续奋斗，桐庐县已经完成从"山区小县"到"中国最美县"的华丽蝶变，具备打造产城人文景融合高地、建设"全市高质量发展重要增长极"和"全域高品质美丽标杆示范地"的基础和优势。

（一）全域美丽品牌出圈

桐庐位于"西湖—千岛湖—黄山"国家级黄金旅游线的中心地段，依托绝佳的资源禀赋，20 多年来驰而不息建设美丽乡村，不断深化"千万工程"。桐庐先后获得"中国最美县""国际花园城市""中国优秀旅游名县""第二批国家全域旅游示范区"等称号，并入选 2021 年度美国《国家地理》杂志公布的 25 个全球最佳旅行目的地。"诗乡画城·潇洒桐庐"的城市品牌已享誉全国，城乡风貌焕然一新，县域旅游综合实力稳居全国前列，长三角最佳短途旅居目的地品牌基本打响，为产城人文景融合高地的建设打下了坚实的基础。

（二）产业发展态势良好

近年来，桐庐聚焦视觉智能、磁性材料、新能源、生命健康和快递物流及装备等产业领域，培育发展新质生产力，四大百亿级产业链已基本成型，视觉智能、新能源、新材料、生命健康产业的规上产值分别达到 200 亿元、110 亿元、100 亿元、70 亿元，工业经济的"四梁八柱"不断夯实，产业发展呈现出强劲的增长势头和积极的创新转型态势。此外，桐庐不断深化农文旅体商融合发展，2024 年，美丽经济年总量突破 320 亿元；"桐庐味道"年销售额超 10 亿元；"桐庐民宿"年营收额超 8 亿元；全域接待游客 1155 万人次，"桐庐旅游"收入超 130 亿元。

（三）城镇人口有效集聚

按照"看二十年、谋五年、想三年、干当年"的发展思路，桐庐大力推进以县城为重要载体的城镇化建设，积极推动城乡一体化。经过 13 轮行政区划调整，桐庐从原有的 37 个乡镇 587 个行政村，调整为现在的 14 个乡镇（街道）183 个行政村，形成了"一主一副三极、两区三廊七片"的县域国土空间总体格局。通过城乡融合发展，人口向城区加快集聚，县城综合承载能力不断提高，要素有效融通。与 2012 年相比，2023 年桐庐县城镇常住人口从 24 万人增至 32.8 万人，城镇化率从 58.5% 跃升至 71.5%。

（四）城市能级不断提升

桐庐位于杭州近郊，在地理上最靠近杭州主城区，随着"三高铁三高速"立体交通网的覆盖，从桐庐出发最快 18 分钟可达杭州主城区。凭借"18 分钟"融杭接廊及"西进南下"第一站的区位优势，桐庐有条件承接杭州主城区的产业、资本、人才外溢，融入杭州产业生态圈。与此同时，桐庐的城市配套设施正在加速完善，公共服务供给持续优化，如建成启用杭州学军中学桐庐学校和杭州市第一人民医院桐庐医院，补齐了教育和医疗两块"短板"。

三、桐庐打造产城人文景融合高地的创新做法

（一）夯实美丽底色，全域环境迭代升级

桐庐不断深化新时代"千万工程"，一体推进美丽县城、美丽城镇、美丽乡村联创联建，2024 年获得省乡村振兴考核优秀和"大禹鼎"等荣誉，"桐掌柜"入围全省首批"浙农智富"品牌。一是提升县域承载力。推进以县城为重要载体的城镇化建设，有序推进青山、园林、金东、洋洲等区块有机更新，"富春画卷 未来之城"等省级风貌样板区全新亮相。二是优化乡村环境。开展美丽标杆示范点攻坚行动，推动梅蓉"黄金左岸"、江南古村落、芦

茨慢生活体验区等重点区块建设，匠心打造省级美丽宜居示范村 5 个、未来乡村 5 个，新增全省首批共富风貌驿 2 家、新时代美丽乡村共同富裕示范带 1 条。三是对景点进行"微改造、精提升"。迭代更新严子陵钓台、瑶琳仙境、垂云通天河、桐君山等老牌知名景区；盘活乡村闲置资源，打造水岸芦茨野奢露营、梅蓉吉木丘林农场、"我们的客栈"乡村会客厅等一批乡村旅游"热门打卡地"，以及天子地景区、桐庐生仙里国际滑雪场等"微改造、精提升"示范点位。

（二）放大美丽优势，精细化打造全域"大景区"

桐庐县立足全域，坚持把全域作为一个"大景区"来打造，放大美丽优势。一是编制《桐庐县推进全域旅游发展的若干政策》，将富春山居旅游片区、瑶琳仙境大景区、天溪湖度假区划定为三大核心区，建设"三江两岸"桐庐段水上黄金旅游线，通过核心景区联动都市旅游、乡村旅游，构建全域旅游发展新格局。二是在美丽乡村中，结合"微改造、精提升"改革，在"富春山居黄金左岸"、江南古村落、富春江慢生活体验区等六大区块重塑环境，打造没有围栏的景区。三是开展旅游村镇提升工程，全面推进"城、乡、景区三位一体发展"。通过激活核心景点和景区村镇的联动效应，以核心景区的引流力带动乡村旅游的持续力，逐步实现桐庐从单体景区向全域景区深化、从景点与村庄割裂向景区与村落共荣蝶变。

（三）发展美丽经济，全面绿色转型生"金"

桐庐县坚定不移走特色化、差异化、品质化发展之路，推动美丽经济做强做优。一是将生态优先和绿色发展的理念贯穿于美丽建设的全过程，积极促进农文旅融合发展，厚植生态底蕴，形成具有本土特色的旅游产业，以及

"蜂之语""雪水云绿"等"蜂、茶、果、药"特色产业。二是致力于项目招引，通过高能级文旅项目的落地，丰富四季文旅产品，延伸夜间消费产业链，逐步形成多元化文旅产品矩阵，使更多游客愿意来、留得住。三是深化活动引流，2024年桐庐成功举办第二届杭州（桐庐）国际马术公开赛、首届杭州"三江两岸"桐庐江鲜大会等赛事活动，圆满承办桐庐之夜·第33届浙江电视"牡丹奖"颁奖盛典，旅游接待总人次、总收入分别增长11.9%、9.7%，民宿营收增长17.9%，位列全国县域旅游综合实力百强县第九。

（四）致力品牌创强，助推城市"网红"变"长红"

持续培育一批融合地域特色和传统文化的桐庐地域性品牌产品，深挖旅游市场潜力，将消费潜力转化为消费动力，激发文旅消费链"长红"。依托十六回切、春江渔宴、江南时节宴等特色宴席，以及米粿、酒酿馒头、索面等地域风味，提升"百县千碗·桐庐味道"美食品牌；推进富春江慢生活体验区、旧县富春大岭图等区块建设精品民宿集聚区，打响"富春山居·宿在桐庐"宜居品牌；开发具有地方文化内涵、区域发展特色的旅游商品、非遗工艺品，构建"诗乡画城·桐庐游礼"文创品牌；开展"桐庐夜市""山野风物"等旅游市集、文化雅集活动，拓展"宋韵富春·爱上桐庐"市集品牌。

四、桐庐打造产城人文景融合高地的经验价值

（一）坚持规划先行，注重改革赋能

党的二十届三中全会指出，进一步全面深化改革要"更加注重系统集成，更加注重突出重点，更加注重改革实效"。桐庐坚持"县域一体、全域统筹"，

强化全局性谋划、战略性布局、整体性推进，充分体现了规划先行的原则，以改革赋能高质量发展和高品质美丽建设，形成相互促进、良性互动的生动局面。比如在顶层设计上，桐庐陆续出台《桐庐县推进全域旅游发展的若干政策》《桐庐县关于促进文旅产业高质量发展的若干政策》等文件，通过规划、政策和试点引领，将全域旅游纳入经济社会发展大局。推进城区"环卫一体化"改革，探索市政、环卫、园林一体化运作模式，实现保洁区域从"分割"到"整合"，使环境卫生和城市品质不断提升。探索建立长效化生态文明建设制度，将环境治理、垃圾分类、五水共治等内容纳入村规民约，开展小流域综合整治、农村生活污水治理等工程，引导村民自觉参与生态环境保护。

（二）坚持绿色发展理念，持续推进生态文明建设

"生态之美"是桐庐打造产城人文景融合高地最亮的底色和最宝贵的资源。桐庐县委、县政府聚焦"环境立县""生态立县""铸美富民"等战略目标，坚定不移走生态优先、绿色发展之路，积极探索"绿水青山"向"金山银山"转化的新路径。一方面，桐庐深入践行"八八战略"和"绿水青山就是金山银山"的发展理念，立足地方特色[①]，充分挖掘自身资源，打造具有历史文化底蕴的生态旅游景点，将资源优势转化为经济优势。将生态文明理念融入美丽乡村建设全过程，实现了从建设美丽乡村向经营美丽乡村的转变。另一方面，桐庐的旅游发展经历了多个阶段，从最初的瑶琳仙境开发，到后来的多元化发展，再到现在的全域旅游发展，每一步都体现了"一张蓝图绘到底"的精神。这种坚持不仅体现在政策的连续性和稳定性上，还体现在对

---

① 陈实：《全域生态视角下的美丽乡村建设——以浙江省桐庐县"全域生态建设"为例》，《社会治理》，2021 年第 2 期。

旅游资源、古建筑、传统村落的保护和利用上。

（三）坚持以人民为中心，强化共富引领

产城人文景融合的核心是人，聚焦提高人民生活品质、推动人的全面发展，最终目标是实现全体人民共同富裕。桐庐持续擦亮"最具幸福感城市"金名片，充分体现了以人为本的发展理念，生动展示了中国式现代化县域实践的美好图景。桐庐始终坚持产城人协调发展，实施优地优居改革，构建县城、集镇、中心村三级人口集聚体系，完善留桐融桐、下山集聚、安居乐业等政策，加快空间拓展、产业导入、品质提升；建立健全公共服务供给机制，注重民生保障，优化教育医疗、"一老一小"、文化体育、商业配套等布局功能，让城市发展成果惠及更多群众；始终把依靠人民群众作为力量之源，发挥多元主体力量，完善问计于民、问需于民、问效于民的长效机制，提升人民群众的获得感、幸福感、安全感和认同感。

五、桐庐打造产城人文景融合高地面临的问题和挑战

（一）产业集群不明显，企业创新不足，缺乏多元就业机会

与周边区县相比，目前桐庐经济总量相对较小，产业基础相对薄弱，比较优势不突出，产业结构有待完善，企业创新不足，缺乏对年轻人有吸引力的就业机会和发展方向。一是产业结构相对单一。目前，桐庐多元化和高端化产业不足，仍以劳动密集型企业为主，资金和技术密集型企业较少，薪资待遇不高，对人才缺乏经济吸引力。二是产业基础薄弱。一方面，招引的视觉智能、磁性材料、快递物流、医药健康等新兴战略产业尚处于成长阶段；

另一方面，针织、制笔、箱包、医疗器械等传统产业面临"低、小、散"问题，产业规模较小且处于低端水平。分散的产业布局导致桐庐企业在获取资源要素和市场信息方面很难形成集聚优势，产业实力有待增强。三是企业创新不足。大多数制造企业如传统箱包、针织企业，仍以贴牌生产为主在产品设计、功能性材料开发、新技术应用等环节多采用"拿来主义"，缺乏创新。

（二）消费活力欠缺，现代化城市品质有待提升，物质精神生活有待丰富

调研显示，新生代人才更倾向于融入"年轻有活力的发展型城市"的发展。一些年轻人认为，桐庐生态环境好、适合慢生活，但在满足他们的精神生活需求方面目前还存在不足。一是消费空间有限。目前桐庐县生活性服务业的商业布局不够合理，不能较好满足新生代人才的物质和精神需求，现有消费空间难以满足新兴消费需求，人口潮汐性流动制约了消费业态培育。二是消费供给质量有待提升。桐庐县区范围内缺少品质高、时尚感强、符合年轻人兴趣爱好的文娱新业态，咖啡厅、酒吧、夜市等夜生活娱乐新地标数量不足，尤其是商业化、特色化街区的开发不够，缺乏知名品牌和平台的入驻。三是高品质交流载体不足。囿于意识观念和资金条件，商务、学术、交友、社区活动等高品质交流平台供给较少，适合人才特别是年轻人八小时外生活社交的平台或载体不够丰富，导致新生代人才在桐归属感和获得感不足。

（三）人才招引困难，供需不匹配，青年人才集聚效果不明显

人才是县域高质量发展的关键，也是衡量一个地区发展潜力和发展水平的重要依据。然而，桐庐在人才招引和留存方面面临多重挑战。一是"抢人大战"背景下竞争优势不足。作为都市圈覆盖区域，桐庐面临着主城区"虹

吸效应"的冲击，存在人才外流现象；作为郊县，相比主城区、富阳区，桐庐存在人才红利梯次递减问题。二是人才招引困难。根据最新工业经济数据结构特征，视觉智能、快递物流、生命健康、磁性材料、新能源、半导体"5＋1"产业所需的高新技术人才供不应求，人才供给的数量和质量难以满足产业转型升级需要。三是大学生就业稳定性较差。在桐人才的流失率较高，即便引进人才，也难以长期留住。2021—2023 年，桐庐县共引进 35 周岁以下大学生 17859 人，其中目前已离桐 8668 人，仍在桐 9191 人。青年人才就业稳定性较差，人才留存困难，青年人才集聚力不强。位于桐庐的杭州技师学院，2022 届毕业生实际就业率为 99.35%，而留桐人数仅占实际就业人数的 25%；浙江工商大学杭州商学院（桐庐校区）2022—2024 年留桐人数仅占实际毕业人数的 3%。

六、桐庐打造产城人文景融合高地的对策建议

产业是城市发展的基础和动力，城市是产业发展的空间载体，而人才是产业发展的根本和支撑，城市人文生态影响产业和人才集聚。在新发展阶段，城市的发展不应该单纯倚重某一方面的发展，而应该注重产业、城市、人才、文化、生态环境之间的协调发展，最终形成产业引人、城市留人、产城人文景融合的良性循环发展态势，充分发挥产城人文景融合对城市经济增长的积极作用。

（一）与时俱进擦亮"中国最美县"金名片，打造现代化品质生活，增强人才吸引力

全域大美是桐庐最鲜明的特色品牌优势，绿色是桐庐的底色。桐庐应继

续建设宜居、宜业、宜游的城市环境，通过城市赋能实现"以城留人"，增强人才吸引力。一是打造大文旅融合。以"跨江发展""拥江发展"为牵引，构建从最美入城口到最美县城再到最美县的全域美丽体系，聚焦城市风貌提升改造，推动江北老城区和经济开发区建设的有机更新，一体推进和美乡村迭代与休闲旅游、康养产业融合发展，打造长三角最佳短途旅居目的地。二是完善城市功能。推动街区、厂区、园区的功能转换、业态创新，营造全龄友好的公共空间，打造 15 分钟活力街区，继续完善城市慢行系统和游憩空间，提升城市居住品质。引入一批符合年轻人消费心理的脱口秀、驻场秀、DIY 工坊等消费场景，鼓励举办电子竞技、文创大赛、青年骑行、青年夜校等活动，吸引更多年轻人来桐、留桐、融桐。三是提升城市治理水平。加大社会组织参与城市治理的力度，形成多元主体共治格局。鼓励各类社区建设，通过社区活动和中介组织的参与，丰富青年人才的社交生活，帮助青年人才融入桐庐。

（二）优化产业结构，加速产业集群，打造具有综合竞争力的特色产业优势

按照习近平总书记对桐庐作出的"做大做强、强化特色、拓展空间、城乡联动"重要指示精神，桐庐应把产业发展作为县域发展的基石，优化产业布局，做大做强经济总量。一是构建现代化产业体系。通过对长三角城市的比较分析，超前谋划全县产业发展布局，积极开展"以商引商""园区招商"，吸引更多产业链上下游的优质企业落户桐庐，形成良好的产业集聚态势，打造具有竞争力的特色产业体系。二是做强现有主导产业。科学制定视觉智能、磁性材料、快递物流、医药健康等产业的发展规划和目标，优化布局，做大做强现有主导产业。三是推动传统产业转型升级。以大规模设备更新为契机，推进传统制造业的智能化改造、数字化转型。鼓励兼并重组、鼓励创新发展，

推动传统产业加速向数字化、智能化方向发展。

（三）加强区域合作，提升融杭接沪新思路，推动形成大开放格局

一是主动接轨融入大都市圈发展。坚持"跳出桐庐发展桐庐"，探索建立跨区域合作机制和利益共享机制，全面融入长三角重要城市的发展，积极参与承接杭州城市分工，主动承接杭州主城区的溢出效应，加强产业对接、园区共建，形成优势互补、协同发展的产业格局。二是推动产业联盟合作交流。加强与浙江大学、西湖大学等高校和科研院所的合作交流，学习借鉴新昌县在杭州打造科创飞地的经验，在杭州、上海建立桐庐科创基地，搭建从创新孵化到产业化的链式服务平台，强化桐庐与杭州主城区及周边城市的产业关联度和上下游联动，在重塑人才链、产业链的过程中推动区域融合，拓展发展空间，打破孤岛效应。三是构建区域合作机制。针对劳动力、资金、技术等要素在不同城市之间流动时可能面临的困难或行政壁垒，出台相应的政策，合力为要素流动创造良好的制度环境。

（四）迭代人才激励政策，提高"亲和力"，增强人才留桐稳定性

一是完善人才政策。建议分类分层出台具有桐庐特色的人才支持政策，以前所未有的力度开展人才招引工作。如针对企业技能人才和教育、医疗公益性人才适当降低人才认定标准，对留桐大学生、紧缺实用人才给予租房购房等优惠，使人才政策发挥最大效益。二是加强人才保障。为人才提供保障性住房或盘活闲置的园区商业用房，规划布局产业园区"嵌入式"幼儿园和医院，为有需要的职工子女提供"爱心托"服务，解决人才的后顾之忧。三是拓宽人才培养渠道。主动对接各类高校、职业院校，推进人才培养和产业需求精准对接。引导浙江工商大学杭州商学院（桐庐校区）、杭州技师学院

等职业院校以需求为导向，优化专业学科设置，鼓励大学生留桐就业创业。

（五）优化县域文化，增强文化软实力，打造具有创新活力的城市新名片

推进现代化文化文明培育，打造物质与精神文明相协调的先行实践地。全面提升文化软实力，营造高品质人文环境，涵养城市气质，塑造城市品格，不断与时俱进，赋予桐庐崭新的时代意义。一是以多种方式开展各类活动。开展激发创新创业活力的各类活动，积极招引全国性、区域性的创新创业大赛、创新成果评比等系列活动，塑造具有创新活力的城市新IP，把桐庐打造成创新创业的一方热土，增强青年人才的县域认同感，推动县域由熟人社会向契约社会转型，简化行政审批流程，提升服务意识，增强市场主体活力。二是营造开放包容的软环境。营造鼓励创新、宽容失败、包容和谐的社会氛围，让青年人才能够在县域内舒心生活、专心创业和安心发展。重点培育城市新的人文价值观，塑造开放、包容、活力、友好的城市文化，提升市民的文明素养和道德水准。三是搭建交流平台。加强县域内外人才的交流互动，组织相关高校、科研院所、行业协会、乡贤进行研讨交流，促进信息共享和合作对接。这既能让在县域内发展的青年人才及时了解最新的动向与前沿的发展趋势，又能吸引更多在外的青年人才关注甚至回归县域发展，实现青年与城市、产业的双向奔赴。